Handbuch Business-to-Business-Marketing

Klaus Backhaus · Markus Voeth
Herausgeber

Handbuch Business-to-Business-Marketing

Grundlagen, Geschäftsmodelle,
Instrumente des Industriegütermarketing

2., vollständig überarbeitete Auflage

Herausgeber

Prof. Dr. Dr. h.c. Klaus Backhaus
Institut für Anlagen u. Systemtechnologien
Universität Münster
Münster, Deutschland

Prof. Dr. Markus Voeth
Institut für Marketing und Management,
Lehrstuhl für Marketing und Business
Development
Universität Hohenheim
Stuttgart, Deutschland

ISBN 978-3-8349-4680-5   ISBN 978-3-8349-4681-2 (eBook)
DOI 10.1007/978-3-8349-4681-2

Die Deutsche Nationalbibliothek verzeichnet diese Publikation in der Deutschen Nationalbibliografie; detaillierte bibliografische Daten sind im Internet über http://dnb.d-nb.de abrufbar.

Springer Gabler
© Springer Fachmedien Wiesbaden 2015
Das Werk einschließlich aller seiner Teile ist urheberrechtlich geschützt. Jede Verwertung, die nicht ausdrücklich vom Urheberrechtsgesetz zugelassen ist, bedarf der vorherigen Zustimmung des Verlags. Das gilt insbesondere für Vervielfältigungen, Bearbeitungen, Übersetzungen, Mikroverfilmungen und die Einspeicherung und Verarbeitung in elektronischen Systemen.

Die Wiedergabe von Gebrauchsnamen, Handelsnamen, Warenbezeichnungen usw. in diesem Werk berechtigt auch ohne besondere Kennzeichnung nicht zu der Annahme, dass solche Namen im Sinne der Warenzeichen- und Markenschutz-Gesetzgebung als frei zu betrachten wären und daher von jedermann benutzt werden dürften.

Der Verlag, die Autoren und die Herausgeber gehen davon aus, dass die Angaben und Informationen in diesem Werk zum Zeitpunkt der Veröffentlichung vollständig und korrekt sind. Weder der Verlag noch die Autoren oder die Herausgeber übernehmen, ausdrücklich oder implizit, Gewähr für den Inhalt des Werkes, etwaige Fehler oder Äußerungen.

Lektorat: Barbara Roscher | Birgit Borstelmann

Gedruckt auf säurefreiem und chlorfrei gebleichtem Papier.

Springer Gabler ist eine Marke von Springer DE. Springer DE ist Teil der Fachverlagsgruppe Springer Science+Business Media
www.springer-gabler.de

Vorwort zur 2. Auflage

Wie schon im Vorwort der 1. Auflage dieses Handbuches deutlich gemacht, gilt auch heute noch: Industriegütermarketing – die Vermarktung von Sach- und Dienstleistungen an Organisationen und Institutionen statt an Letztkonsumenten – ist eine Teildisziplin des Marketing, die in den letzten Jahren sowohl in Wissenschaft wie auch in Praxis erheblich an Bedeutung gewonnen hat. Mittlerweile gibt es eine Reihe von vorwiegend englischsprachigen Zeitschriften, die ausschließlich dem Industriegütermarketing gewidmet sind. Marketingüberlegungen hatten in der Vergangenheit besondere Akzeptanzprobleme im Industriegüterbereich, da dieser häufig sehr stark technik- und damit Ingenieur getriebene war. Techniker bzw. Ingenieure haben auch heute noch z. T. erhebliche Akzeptanzprobleme bei der Übernahme von Marketingverhaltensprogrammen. Die zunehmende weltweite Angleichung des Leistungspotenzials im technischen Bereich hat jedoch dazu geführt, dass die Kernidee des Marketing, die Suche nach relevanten Wettbewerbsvorteilen, auch von technologiegetriebenen Industrieunternehmen immer stärker akzeptiert werden muss.

Da die grundsätzlichen Herausforderungen des Industriegütermarketing auch heute noch die gleichen wie vor 10 Jahren sind, enthält dieses Handbuch einige Beiträge, die schon in der 1. Auflage enthalten waren. Diese wurden aktualisiert und überarbeitet.

Seit dem Erscheinen der 1. Auflage hat sich aber auch Einiges getan:

- Was bisher Industriegütermarketing hieß, wird im internationalen Bereich als Business-to-Business (B-to-B)-Marketing bezeichnet. Obwohl beide Begriffe nicht deckungsgleich sind, sind die Schnittmengen aber doch so groß, dass wir uns entschlossen haben, beide Begriffe in diesem Handbuch synonym zu verwenden, was auch der geänderte Titel und Untertitel deutlich machen sollen.
- Inzwischen scheint das B-to-B-Marketing einen solchen Reifegrad erreicht zu haben, dass mittlerweile auch im englischen Sprachbereich ein „Handbook of Business-to-Business Marketing" (Autoren Gary Lilien und Rajdeep Grewal) vorliegt, das im Jahre 2012 erschienen ist. Wir berichten über den Inhalt und vergleichen die Strukturen.
- In den Marketinginstrumenten haben sich neue Erkenntnisse ergeben. Wir geben deshalb für jedes Instrument einen Überblick, um dann einige Spezialitäten in ausgesuchten Beiträgen zu beleuchten.

Diesen Entwicklungen haben wir durch neue Beiträge und eine veränderte Struktur im Vergleich zur 1. Auflage Rechnung getragen. Insgesamt haben wir uns bemüht, die Struktur des Handbuches zu „verschlanken" und ein hohes Maß an Aktualität zu schaffen. Das war nicht so ganz einfach, weil einige zentrale Autoren nicht oder (zu) spät geliefert haben. Das ist für die Herausgeber schmerzlich, weil die pünktlich Liefernden z. T. (sehr) lange warten mussten.

Wie schon die 1. Auflage wendet sich auch die 2. Auflage sowohl an Wissenschaftler als auch Praktiker. Dem Wissenschaftler soll in kondensierter Form ein Überblick zum komplexen Themenspektrum des Industriegütermarketing gegeben werden. Dabei sollen durchaus auch offene Forschungsbereiche evident werden. Praktiker finden zahlreiche konzeptionelle Anregungen für ein erfolgreiches Industriegütermarketing.

Die Herausgabe eines solchen Buches erfordert nicht nur das inhaltliche und zeitliche Engagement vieler Autoren, sondern auch das unserer Mitarbeiter. Unserer besonderer Dank gilt Herrn M. Sc. Stephan Kasprzak, der sich für die Koordination dieser Auflage zur Verfügung gestellt hat. Darüber hinaus bedanken wir uns bei Frau B.Sc Valerie Greschner und Herrn Florian Wiedersich, die an der formalen Gestaltung dieser Auflage mitgewirkt haben. Trotz aller Sorgfalt ist uns sicher die eine oder andere Ungereimtheit oder der eine oder andere Fehler unterlaufen. Das geht natürlich zu unseren Lasten.

Danken möchten wir nicht zuletzt unserer Lektorin, Frau Barbara Roscher, die uns immer wieder an Zusagen erinnert hat.

Münster/Hohenheim

Klaus Backhaus
Markus Voeth

Inhaltsverzeichnis

Mitarbeiterverzeichnis XIX

Teil I Einführung

(Noch) ein Handbuch zum B-to-B-Marketing? 3
    Klaus Backhaus und Markus Voeth
    1   Zwei Handbücher zum Business-to-Business-Marketing 3
    2   Vergleich der Handbücher anhand ausgewählter Kriterien 4
        2.1   Interpretation von B-to-B-Marketing 4
        2.2   Die Konzepte: Vielfalt und spezifische Perspektiven 5
        2.3   Die Bezugsrahmen 6
        2.4   Die Inhalte: Welche Themen werden behandelt? 6
    3   Fazit: Zwei komplementäre Handbücher 14
    Literatur 15

Besonderheiten des Industriegütermarketing 17
    Klaus Backhaus und Markus Voeth
    1   Industriegütermarketing – eine vernachlässigte Disziplin? 17
        1.1   Indikatoren für ein Bedeutungswachstum 17
        1.2   Was umfasst Industriegütermarketing? 19
    2   Notwendigkeit für einen eigenständigen Ansatz
        im Industriegütermarketing 20
    3   Entwicklungstrends der Industriegütermarketingforschung 24
        3.1   Herkunft des Industriegütermarketing 24
        3.2   Gegenwart und Zukunft des Industriegütermarketing 26
    4   Fazit 28
    Literatur 29

Teil II Der Industrielle Kunde als Analyseobjekt

Buying Center-Analyse: Wo kommen wir her, wo stehen wir, wo sollten wir hin? 33
    Uta Herbst und Birte Kemmerling
    1   Einleitung 33
    2   Status Quo der Buying Center-Forschung 35
        2.1   Vorgehensweise und Überblick 35
        2.2   Systematisierungskategorien 36
    3   Kritische Reflexion 48
    Literatur 50

Interaktionen in Geschäftsbeziehungen 55
    Björn Ivens und Alexander Leischnig
    1   Problemstellung und Ziele des Beitrags 55
    2   Bedeutung und Formen von Interaktionen in Geschäftsbeziehungen ... 57
        2.1   Definition und Merkmale von Interaktionen in industriellen Märkten ... 57
        2.2   Formen von Interaktionen in industriellen Märkten 58
    3   Überblick über Modelle zur Erklärung von Interaktionen in Geschäftsbeziehungen 60
        3.1   Bestandsaufnahme und Systematisierung von Interaktionsansätzen 60
        3.2   Strukturmodelle zur Erklärung interorganisationaler Interaktionen ... 63
        3.3   Prozessmodelle zur Erklärung interorganisationaler Interaktionen ... 65
    4   Zusammenfassung und Ausblick 68
    Literatur 68

Marktforschung auf Industriegütermärkten 73
    Daniel Baier und Alexander Sänn
    1   Besonderheiten der Marktforschung auf Industriegütermärkten 74
    2   Instrumente der Marktforschung auf Industriegütermärkten 76
        2.1   Sekundärforschung auf Industriegütermärkten 77
        2.2   Primärforschung auf Industriegütermärkten 79
    3   Beispielhafte Aufgabenstellungen der Marktforschung auf Industriegütermärkten 81
        3.1   Marktchancen und -risikenanalyse mittels Lead User-Methode für einen Hard- und Softwareanbieter zur Sicherung Kritischer Infrastrukturen 81
        3.2   Entwicklung und Kontrolle konkreter marketingpolitischer Maßnahmen mittels Conjointanalyse für einen Hersteller von Flurförderfahrzeugen 85

	3.3	Kontrolle nichtmonetärer Erfolgskriterien im Großhandel mittels Kundenzufriedenheitsanalyse für einen Hersteller von Automatisierungstechnik	86
4		Schlussbemerkungen	87
Literatur		....	88

Teil III Geschäftsmodelle und Marketing-Strategien

Geschäftstypen im Industriegütermarketing 93
Klaus Backhaus und Katrin Muehlfeld

1		Geschäftstypen als Strukturierungsrahmen für Marketingstrategien auf Industriegütermärkten	94
2		Statische Perspektive: Grundlagen des Geschäftstypenmanagements auf Industriegütermärkten	94
	2.1	Systematik typologischer Ansätze im Industriegütermarketing ..	94
	2.2	Drei-Typen-Ansatz auf Basis der Transaktionskostenökonomik als Grundlage für die Entwicklung von Marketingprogrammen .	98
3		Dynamisches Geschäftstypenmanagement	110
	3.1	Strategische Erfordernis von Geschäftstypenwechseln und Identifikation von Wechselrichtungen	110
	3.2	Maßnahmen zur Umsetzung von Geschäftstypenwechseln	112
4		Fazit	116
Literatur		....	117

Transaktions- versus Geschäftsbeziehungsmarketing 121
Rolf Weiber und Katharina Ferreira

1		Herausforderung an die Erstellung von Marketing-Programmen	121
2		Das Verhältnis zwischen Transaktions- und Geschäftsbeziehungsmarketing	122
	2.1	Die Entwicklung von TM und GBM in der wissenschaftlichen Literatur	123
	2.2	TM und GBM als strategische Handlungsebenen im IGM und zentrale Differenzierungsmerkmale	128
3		Transaktionsmarketing (TM)	130
	3.1	Besonderheiten von Transaktionen im IGM	132
	3.2	Gestaltungsparameter des TM im IGM	133
4		Geschäftsbeziehungsmarketing (GM)	135
	4.1	Besonderheiten von Geschäftsbeziehungen im IGM	137
	4.2	Gestaltungsparameter des GBM im IGM	139
5		Entscheidungskriterien für die Wahl der Handlungsebene	142
Literatur		....	143

Vom Produkt- zum Lösungsanbieter 147
    Robert Wilken und Frank Jacob
    1   Warum spricht man zunehmend über „Lösungen"? 147
    2   Was bietet die Marketingtheorie zur „Lösung von Lösungen"? 149
        2.1   Die Grundstruktur von Austauschprozessen auf Märkten 149
        2.2   Die Service-Dominant Logic 151
    3   Was wissen wir bereits über Lösungen? 153
        3.1   Was sind Lösungen? 153
        3.2   Was muss ein Lösungsanbieter tun, um erfolgreich zu sein? ... 154
        3.3   Wie sollten Preise für Lösungen festgesetzt werden? 158
    4   Was müssten wir zusätzlich über Lösungen wissen? Denkanstöße für weitere Forschung 160
    Literatur 162

E-Business im Industriegütermarketing 165
    Rolf Weiber und Tobias Wolf
    1   Entwicklung zum E-Business 165
    2   Charakteristika des E-Business und betriebswirtschaftliche Konzepte .. 167
        2.1   Vielfalt im E-Business Verständnis 167
        2.2   Charakteristika und Leitidee des E-Business 169
        2.3   Koordinationsaufgaben und Aktivitätsfelder eines integrativen E-Business-Ansatzes 171
    3   Ausgestaltung integrativer E-Business-Systeme im Industriegütersektor 174
        3.1   ERP und APS als integrative Systeme im Unternehmens- und Partnerprozess 177
        3.2   CRM als integratives System im Marktprozess 181
    4   Kritische Würdigung und Ausblick 185
    Literatur 187

Kundenbindung im Industriegütergeschäft 191
    Ove Jensen
    1   Entwicklung der Kundenbindungsdiskussion 192
    2   Das Kundenloyalitätskonstrukt im Industriegütergeschäft 195
        2.1   Überblick zu Bezugspunkten der industriellen Kundenloyalität . 195
        2.2   Loyalitätsrelevante Merkmale industrieller Kunden 198
        2.3   Ein erweitertes Modell der Kundenloyalität im Industriegütergeschäft 203
    3   Kundenbindungsinstrumente im Industriegütergeschäft 210
        3.1   Stoßrichtungen von Kundenbindungsaktivitäten 210
        3.2   Kundenbindungsinstrumente auf der organisationalen Ebene ... 213
        3.3   Kundenbindungsinstrumente auf der individuellen Ebene 215

Kundenintegration 223
Sabine Fließ
1 Erscheinungsformen der Kundenintegration 223
2 Ziele der Kundenintegration 228
3 Prozessevidenz als Voraussetzung erfolgreicher Kundenintegration ... 229
4 Management der Kundenintegration mit Hilfe des Service Blueprints .. 234
    4.1 Das Service Blueprint im Überblick 234
    4.2 Die Line of Interaction 238
    4.3 Die Line of Visibility 240
    4.4 Die Line of Internal Interaction 241
    4.5 Die Line of Order Penetration 243
5 Zusammenfassung 244
Literatur 245

4 Zusammenfassung 217
Literatur 217

Beendigung von Geschäftsbeziehungen 249
Thomas Ritter
1 Kundenmanagement und Beendigung 249
2 Beendigungs-Prozess & Beendigungs-Kompetenz 251
3 Organisationale Beendigungs-Kompetenz 252
    3.1 Akzeptanz der Beendigung 252
    3.2 Identifikation unprofitabler Kunden 253
    3.3 Entwicklung von Beendigungsroutinen 255
    3.4 Entwicklung von Beendigungsanreizen 255
4 Zusammenfassung 256
Literatur 257

Teil IV Industriegütermarketing-Entscheidungen: Produktpolitik

Produktpolitik auf Industriegütermärkten – ein Überblick 263
Klaus Backhaus und Thorsten Wiesel
1 Einleitung 263
2 Definition der Produktpolitik 264
3 Geschäftstypologisch ausgerichtete Produktpolitik 265
    3.1 Geschäftstypenübergreifende Fragestellungen 265
    3.2 (Massen)Marktorientierte Produktpolitik (Produkt- und Systemgeschäft) 266
    3.3 Einzelkundenorientierte Produktpolitik 270
4 Zusammenfassung: Produktpolitik ist geschäftstypenspezifisch 274
Literatur 275

Leistungsindividualisierung und -standardisierung 277
    Frank Jacob und Michael Kleinaltenkamp
    1   Einführung 277
    2   Individualisierung und Standardisierung als strategische Optionen der
        Leistungsgestaltung 279
        2.1   Leistungsindividualisierung 280
        2.2   Leistungsstandardisierung 286
    3   Zusammenfassung: Die Dynamisierung von Strategien der
        Leistungsgestaltung 292
    Literatur 293

Innovationsmanagement in B-to-B-Märkten 297
    Martin Klarmann und Anja Hildebrand
    1   Einleitung 297
    2   Besonderheiten des Innovationsmanagements auf B-to-B Märkten 298
    3   Überblick über die Forschung 301
        3.1   Entwicklung 301
        3.2   Markteinführung 303
    4   Zentrale Fragestellungen für zukünftige Forschung 304
    5   Empfehlungen für die Praxis 306
    6   Zusammenfassung 307
    Literatur 308

Industrielles Servicemanagement 313
    Michael Kleinaltenkamp, Frank Jacob und Olaf Plötner
    1   Die steigende Bedeutung industrieller Serviceangebote 314
    2   Begriffsauffassungen, Merkmale und Arten industrieller Serviceangebote 316
        2.1   Begriffsauffassungen und Merkmale industrieller Serviceangebote 316
        2.2   Arten industrieller Serviceangebote 319
    3   Ausgestaltung des Serviceangebots 325
        3.1   „Bundling", „Unbundling" und „Mixed Bundling" von
            Serviceleistungen 325
        3.2   Preisgestaltung 327
        3.3   Träger industrieller Serviceangebote 327
    4   Erfolgsfaktoren des industriellen Servicemanagement 328
    5   Zusammenfassung und Ausblick 331
    Literatur 331

Teil V Industriegütermarketing-Entscheidungen: Kommunikationspolitik

Kommunikationspolitik für Industriegüter – ein Überblick 337
Manfred Bruhn
- 1 Kommunikationspolitik für Industriegüter 337
  - 1.1 Notwendigkeit der Kommunikationspolitik für Industriegüter .. 337
  - 1.2 Besonderheiten der Kommunikationspolitik für Industriegüter .. 339
  - 1.3 Aufgaben und Ziele der Kommunikationspolitik für Industriegüter 344
- 2 Entwicklungsstand der Kommunikationspolitik für Industriegüter 347
  - 2.1 Einsatz von Instrumenten der Unternehmenskommunikation ... 349
  - 2.2 Einsatz von Instrumenten der Marketingkommunikation 352
  - 2.3 Einsatz von Instrumenten der Dialogkommunikation 353
  - 2.4 Einsatz von Instrumenten der Netzwerkkommunikation 355
- 3 Schlussbetrachtung und Ausblick 358
- Literatur 359

Markenrelevanz auf Industriegütermärkten 365
Klaus Backhaus und Philipp Gausling
- 1 Marken in Industriegütermärkten auf dem Vormarsch 365
- 2 Die Grundsatzfrage: Marke und Markenfunktionen 371
- 3 Auf Industriegütermärkten ist alles anders, oder? 373
  - 3.1 Die grundsätzlichen Unterschiede 373
  - 3.2 Die empirische Relevanz von Marken und Markenfunktionen auf Industriegütermärkten 375
- 4 Markenrelevanz im Industriegüterbereich: Ein Fazit 379
- Literatur 380

B-to-B-Marken: Forschungsstand und Bezugsrahmen der Markenführung .. 385
Carsten Baumgarth
- 1 Bedeutung von B-to-B-Marken 386
- 2 Markenrelevante Besonderheiten des B-to-B-Bereichs 387
- 3 Forschungsstand zur B-to-B-Marke 389
  - 3.1 Theoretische Positionen 389
  - 3.2 Empirische Forschungsarbeiten 392
- 4 Bezugsrahmen der B-to-B-Markenführung 394
  - 4.1 Überblick und Bezugsrahmen 394
  - 4.2 Elemente der B-to-B-Markenführung 396
- 5 Fazit 404
- 6 Anhang: Empirische Arbeiten zur B-to-B-Marke (2006–2013) 405
- Literatur 408

Teil VI Industriegütermarketing-Entscheidungen: Vertriebspolitik

Vertriebspolitik für Industriegüter – Ein Überblick 417
Klaus Backhaus
  1 Einführung: Die drei Ebenen vertriebspolitischer Entscheidungen 418
  2 Ebenenspezifische Entscheidungsprobleme 420
     2.1 Strategische Vertriebsentscheidungen 420
     2.2 Operative Vertriebsentscheidungen 427
     2.3 Technische Vertriebsunterstützung 432
  3 Das Verhältnis von Vertrieb und Marketing 433
  4 Fazit 434
  Literatur 435

Vertriebsdifferenzierung im Industriegütergeschäft 437
Christian Belz und Michael Weibel
  1 Einleitung und Problemstellung 437
  2 Forschungsansatz und Vorgehen innerhalb der Studie 440
  3 Unterschiede und Gemeinsamkeiten für den Vertrieb von Industriegütern 441
     3.1 Die Erfolgswirkung auf Unternehmensebene 442
     3.2 Die Erfolgswirkung auf Mitarbeiterebene 443
     3.3 Die relevanten Erkenntnisse zum Produktgeschäft 445
     3.4 Die relevanten Erkenntnisse zum Projektgeschäft 446
     3.5 Die relevanten Erkenntnisse zum Systemgeschäft 447
     3.6 Die relevanten Erkenntnisse zum Integrationsgeschäft 447
  4 Folgerungen für das Management des Vertriebs von Industriegütern ... 448
     4.1 Handlungsempfehlungen für Produktanbieter 448
     4.2 Handlungsempfehlungen für Projektanbieter 450
     4.3 Handlungsempfehlungen für Systemanbieter 452
     4.4 Handlungsempfehlungen für Integrationsanbieter 454
  5 Fazit 456
  Literatur 457

Multi-Channel-Marketing in Industriegütermärkten 461
Thomas Werani und Michaela Leitner
  1 Einleitung 461
  2 Der Ansatz des wertbasierten Marketing als konzeptioneller
     Bezugsrahmen 463
  3 Management mehrkanaliger Marketingsysteme in Industriegütermärkten 465
     3.1 Ziele des Multi-Channel-Marketing 465
     3.2 Gestaltungsmöglichkeiten mehrkanaliger Marketingsysteme ... 466
     3.3 Ein Prozess zur Entwicklung optimaler Mehrkanalsysteme 471
     3.4 Probleme multipler Kanalstrukturen und Lösungsansätze 473

	3.5	Geschäftstypenbezogene Besonderheiten mehrkanaliger Marketingsysteme	477
4		Zusammenfassung	478
	Literatur		480

Wertbasiertes Verkaufen auf Industriegütermärkten 483
Andreas Eggert, Alexander Haas, Wolfgang Ulaga und Harri Terho
1	Wertorientierung auf Industriegütermärkten	484
2	Traditionelle Verkaufsansätze	485
3	Wertbasiertes Verkaufen	488
4	Erfolgswirksamkeit des wertbasierten Verkaufens	490
	4.1 Konzeptionelles Modell	490
	4.2 Empirische Studie	491
	4.3 Ergebnisse	492
5	Zusammenfassung und Ausblick	492
	Literatur	493

Teil VII Industriegütermarketing-Entscheidungen: Preispolitik

Preispolitik auf Industriegütermärkten – ein Überblick 499
Markus Voeth
1	Einleitung	499
2	Besonderheiten preispolitischer Entscheidungstatbestände	501
	2.1 Preisinformationen	501
	2.2 Preisfindung	506
	2.3 Preisabwicklung	511
3	Pricing-Prozesse in Industriegüterunternehmen	513
4	Fazit	514
	Literatur	515

Preise und Kosten – Preisbeurteilung im Industriegüterbereich 517
Mario Rese † und Valerie Wulfhorst
1	Das Verhältnis von Preisen und Kosten	517
2	Preisuntergrenzen in unterschiedlichen Geschäftstypen	519
	2.1 Preisuntergrenze im Produktgeschäft	519
	2.2 Preisuntergrenze im Projektgeschäft	521
	2.3 Preisuntergrenze im Integrationsgeschäft	523
	2.4 Preisuntergrenze im Systemgeschäft	529
3	Die Ergebnisse im Überblick	531
	Literatur	534

Preisverhandlungen 537
    Markus Voeth und Uta Herbst
    1   Zur Bedeutung von Preisverhandlungen auf Industriegütermärkten ... 538
    2   Bestandteile eines systematischen Verhandlungsmanagements 539
    3   Management von Preisverhandlungen 540
        3.1   Analyse 540
        3.2   Organisation 541
        3.3   Vorbereitung 543
        3.4   Führung 550
        3.5   Controlling 552
    4   Fazit 553
    Literatur 554

Submissionen 557
    Torsten Bornemann und Stefan Hattula
    1   Einleitung 557
    2   Ausschreibungsphase 559
        2.1   Festlegung der Vergabeart 559
        2.2   Festlegung der Leistungskriterien 561
    3   Angebotsbearbeitungsphase 562
        3.1   Anfragenselektion 562
        3.2   Preisfindung 566
    4   Entscheidungsphase 573
        4.1   Preisverhandlung 573
        4.2   Erteilung des Zuschlags 575
    5   Fazit 577
    Literatur 578

Teil VIII   Industriegütermarketing-Controlling

Marketing- und Verkaufscontrolling in Industriegüterunternehmen 583
    Sven Reinecke
    1   Marketingcontrolling: Sicherstellen von Effektivität und Effizienz des Marketing 583
    2   Engpässe des Marketingcontrollings in Industriegütermärkten 586
        2.1   Umsatzorientiertes Marketingcontrolling: Alles oder Nichts ... 586
        2.2   Trennung von Marketing und Verkauf 588
        2.3   Fehlendes Know-how und unklare Verantwortlichkeit für Controllership 589
        2.4   Mangelndes Vertrauen in die Marktforschung 590
        2.5   Unzureichend differenzierte Marketingplanung 591

3	Implementierung des Marketingcontrollings in Industrieunternehmen		591
	3.1	Instrumenteller Ansatz: Optimierung der Marketinginstrumente	592
	3.2	Holistischer Ansatz: Marketingaudit	593
	3.3	Kennzahlengestützter Ansatz: Entwicklung eines Marketingcockpits	598
4	Fazit: Lernprozesse in Marketing & Verkauf sicherstellen		601
Literatur			602

Die Bewertung von Kundenbeziehungen im Industriegütermarketing 605
Bernd Günter und Sabrina Helm

1	Die Bewertung von Kundenbeziehungen als Herausforderung für das Industriegütermarketing	605
2	Begriff und Determinanten des Kundenwertes	608
3	Ein Überblick über Methoden der Bewertung von Kundenbeziehungen	610
4	Kundenwertsteuerung in mehrstufigen Märkten	616
5	Fazit	618
Literatur		620

Vertriebssteuerung 623
Manfred Krafft und Christian Bosch

1	Einleitung		623
2	Steuerung durch Leistungsbeurteilungen und Zielvorgaben		626
3	Steuerung durch Besuchsvorgaben		629
4	Steuerung durch Trainingsmaßnahmen		631
5	Steuerung durch Leistungsanreize		634
	5.1	Monetäre Anreize	634
	5.2	Nicht-monetäre Anreize	641
6	Zusammenfassung		643
Literatur			645

Sachverzeichnis 649

Mitarbeiterverzeichnis

Prof. Dr. Dr. Klaus Backhaus Seniorprofessor und Direktor des Betriebswirtschaftlichen Instituts für Anlagen und Systemtechnologien am Marketing Centrum Münster der Westfälischen Wilhelms-Universität Münster.

Prof. Dr. Daniel Baier Inhaber des Lehrstuhls für Innovations- und Dialogmarketing in der Fakultät für Rechts- und Wirtschaftswissenschaften der Universität Bayreuth.

Prof. Dr. Carsten Baumgarth Professor für Marketing, insbesondere Markenführung an der Hochschule für Wirtschaft und Recht Berlin.

Prof. Dr. Christian Belz Ordinarius für Marketing und Geschäftsführer des Instituts für Marketing der Universität St. Gallen (HSG).

Prof. Dr. Torsten Bornemann Inhaber des Lehrstuhls für ABWL und Marketing an der Universität Stuttgart.

Christian Bosch wissenschaftlicher Mitarbeiter am Institut für Marketing der Westfälischen Wilhelms-Universität Münster.

Prof. Dr. Manfred Bruhn Ordinarius für Betriebswirtschaftslehre, insbesondere Marketing und Unternehmensführung, an der Wirtschaftswissenschaftlichen Fakultät der Universität Basel und Honorarprofessor an der Technischen Universität München.

Prof. Dr. Andreas Eggert Inhaber des Lehrstuhls für Betriebswirtschaftslehre, insbes. Marketing, an der Universität Paderborn.

Katharina Ferreira Wissenschaftliche Mitarbeiterin an der Professur für Marketing und Innovation an der Universität Trier.

Prof. Dr. Sabine Fließ Inhaberin des Douglas-Stiftungslehrstuhls für Dienstleistungsmanagement an der FernUniversität in Hagen.

Philipp Gausling Wissenschaftlicher Mitarbeiter am Marketing Centrum Münster der Westfälischen Wilhems-Universität Münster.

Prof. Dr. Bernd Günter Inhaber des Lehrstuhls für Betriebswirtschaftslehre, insbesondere Marketing, an der Heinrich-Heine-Universität Düsseldorf.

Prof. Dr. Alexander Haas Professor für Marketing an der Justus-Liebig-Universität Gießen.

Dr. Stefan Hattula Wissenschaftlicher Assistent am Lehrstuhl für ABWL und Marketing an der Universität Stuttgart.

Prof. Dr. Sabrina Helm Associate Professor for Retailing an der University of Arizona.

Prof. Dr. Uta Herbst Inhaberin des Lehrstuhls für Marketing II an der Universität Potsdam.

Anja Hildebrand Wissenschaftliche Mitarbeiterin in der Forschergruppe Marketing & Vertrieb am Institut für Informationswirtschaft und Marketing (IISM) am Karlsruher Institut für Technologie (KIT).

Prof. Dr. Björn Ivens Inhaber des Lehrstuhls für BWL, insb. Marketing, an der Otto-Friedrich-Universität Bamberg.

Prof. Dr. Frank Jacob Inhaber des Lehrstuhls für Marketing an der ESCP Europe, Campus Berlin.

Prof. Dr. Ove Jensen Inhaber des Lehrstuhls für Vertriebsmanagement und Business-to-Business Marketing an der WHU – Otto Beisheim School of Management.

Birte Kemmerling Wissenschaftliche Mitarbeiterin am Lehrstuhl für Marketing II an der Universität Potsdam.

Prof. Dr. Martin Klarmann Leiter der Forschergruppe Marketing & Vertrieb am Institut für Informationswirtschaft und Marketing (IISM) am Karlsruher Institut für Technologie (KIT)

Prof. Dr. Michael Kleinaltenkamp Inhaber der Professur für Business- und Dienstleistungsmarketing am Marketing-Department der Freie Universität Berlin.

Prof. Dr. Manfred Krafft Direktor des Instituts für Marketing am Marketing Center der Westfälischen Wilhelms-Universität Münster.

Prof. Dr. Alexander Leischnig Inhaber der Juniorprofessur für BWL, insbesondere Marketing Intelligence, an der Universität Bamberg.

Michaela Leitner Wissenschaftliche Projektmitarbeiterin an der Abteilung Business-to-Business-Marketing am Institut für Handel, Absatz und Marketing der Johannes Kepler Universität Linz.

Prof. Dr. Katrin Muehlfeld Inhaberin der Professur für Management, Organisation und Personal an der Universität Trier.

Prof. Dr. Olaf Plötner Professor und Dean of Executive Education, European School of Management and Technology Berlin.

Prof. Dr. Sven Reinecke Direktor des Instituts für Marketing und Titularprofessor an der Universität St. Gallen (HSG).

Prof. Dr. Mario Rese leitete an der Ruhr-Universität Bochum das Marketing Department und war zudem Full Professor an der European School of Management and Technology (ESMT), Berlin. Er verstarb am 5. März 2013 plötzlich und unerwartet.

Prof. Dr. Thomas Ritter Professor of Market Strategy and Business Development am Department of Strategic Management and Globalization der Copenhagen Business School.

Alexander Sänn Wissenschaftlicher Mitarbeiter am Lehrstuhl für Marketing und Innovationsmanagement am Institut für Wirtschaftswissenschaften der Brandenburgischen Technischen Universität Cottbus-Senftenberg und Gastwissenschaftler am IHP – Leibniz-Institut für innovative Mikroelektronik Frankfurt (Oder).

Harri Terho Turku School of Economics, Department of Marketing, Finnland

Prof. Dr. Wolfgang Ulaga Inhaber der Professur für Marketig and Strategy im IMD Lausanne.

Prof. Dr. Markus Voeth Inhaber des Lehrstuhls für Marketing und Business Development im Institut für Marketing und Management der Universität Hohenheim.

Dr. Michael Weibel Wissenschaftlicher Mitarbeiter und Projektleiter am Institut für Marketing der Universität St. Gallen (HSG).

Univ.-Prof. Dr. Rolf Weiber Inhaber der Professur für Marketing und Innovation sowie Vorstandsvorsitzender des Institut für Mittelstandsökonomie an der Universität Trier.

Prof. Dr. Thomas Werani Wissenschaftlicher Leiter des Universitätslehrganges für marktorientierte internationale Geschäftstätigkeit an der Johannes Kepler Universität Linz.

Prof. Dr. Thorsten Wiesel Inhaber der Professur für Wertbasiertes Marketing an der Westfälischen Wilhems-Universität Münster.

Prof. Dr. Robert Wilken Inhaber des Lehrstuhls für Internationales Marketing an der ESCP Europe Wirtschaftshochschule Berlin.

Tobias Wolf Wissenschaftlicher Mitarbeiter an der Professur für Marketing und Innovation an der Universität Trier.

Prof. Dr. Valerie Wulfhorst Professur im Bereich Elektronische Energietechnik an der Fachhochschule Südwestfalen.

Teil I
Einführung

(Noch) ein Handbuch zum B-to-B-Marketing?

Klaus Backhaus und Markus Voeth

Inhaltsverzeichnis

1	Zwei Handbücher zum Business-to-Business-Marketing	3
2	Vergleich der Handbücher anhand ausgewählter Kriterien	4
2.1	Interpretation von B-to-B-Marketing	4
2.2	Die Konzepte: Vielfalt und spezifische Perspektiven	5
2.3	Die Bezugsrahmen	6
2.4	Die Inhalte: Welche Themen werden behandelt?	6
3	Fazit: Zwei komplementäre Handbücher	14
Literatur		15

1 Zwei Handbücher zum Business-to-Business-Marketing

In Forschungsgebieten, die einen gewissen Reifegrad erreicht haben, wird der sogenannte State-of-the-Art regelmäßig in Handbüchern dokumentiert. Für das B-to-B-Marketing wurden inzwischen zwei Handbücher publiziert, eines in den USA (Lilien und Grewal 2012) und eines in Europa (Backhaus und Voeth 2004 bzw. 2014). Die englischsprachige US-Ausgabe nimmt – wie das in den USA üblich ist, fremdsprachige Literatur nicht zur Kenntnis – obwohl immerhin drei deutschsprachige Verfasser Artikel für das Handbook of Business-to-Business Marketing verfasst haben. In der ersten Auflage unseres Handbuches, die im Jahre 2004 erschienen ist, konnten wir das Handbook of Business-to-

---

Prof. Dr. Dr. h.c. Klaus Backhaus ✉
Universität Münster, Institut für Anlagen u. Systemtechnologien, Münster, Deutschland
e-mail: backhaus@wiwi.uni-muenster.de

Prof. Dr. Markus Voeth
Universität Hohenheim, Institut für Marketing und Management, Lehrstuhl für Marketing und Business Development, Stuttgart, Deutschland
e-mail: markus.voeth@uni-hohenheim.de

© Springer Fachmedien Wiesbaden 2015
K. Backhaus und M. Voeth (Hrsg.), *Handbuch Business-to-Business-Marketing*,
DOI 10.1007/978-3-8349-4681-2_1

Business Marketing noch nicht berücksichtigen, da es noch nicht erschienen war. Umso mehr ist es den Herausgebern dieses Handbuches wichtig, das Handbuch von Lilien und Grewal vergleichend vorzustellen und damit zur Kenntnis zu nehmen.

Den Vergleich der beiden Handbücher wollen wir systematisch vornehmen, indem wir verschiedene ausgewählte Kriterien dem Vergleich zugrunde legen. Zunächst wollen wir das Verständnis von B-to-B-Marketing vergleichen, das in den beiden Handbüchern jeweils verfolgt wird. Darüber hinaus sollen die Konzepte herausgearbeitet werden, die den Handbüchern zugrunde liegen, nach welchen also der Aufbau der Handbücher erfolgt ist. Ein drittes Vergleichskriterium stellt der theoretische Bezugsrahmen dar. Hier wird der Frage nachgegangen, ob die Beiträge in den Handbüchern auf einem einheitlichen theoretischen Ansatz basieren oder aber alternative Theorieansätze in den Beiträgen zum Ausdruck kommen. Schließlich werden in einem letzten Abschnitt des Vergleichs die konkreten Inhalte verglichen, die in den Beiträgen behandelt werden. Den anhand dieser vier Kriterien vorgenommenen Vergleich führen wir dann im Kap. 3 zu einem Vergleichsfazit zusammen.

2 Vergleich der Handbücher anhand ausgewählter Kriterien

2.1 Interpretation von B-to-B-Marketing

Lilien und Grewal (2012, S. 3) beginnen ihren Text mit dem Satz „What we now call business-to-business (B-to-B-Marketing) used to be called industrial marketing". Damit wird die enge Verbindung beider Begriffe deutlich herausgestellt.

Aber die Herausgeber zeigen auch auf, dass die beiden Begriffe nur teilweise den gleichen Sachverhalt beschreiben. Dies ist auch Backhaus und Voeth ein wichtiges Anliegen. Ihr Werk trägt den Titel „Handbuch Business-to-Business-Marketing – Grundlagen, Geschäftsmodelle, Instrumente des Industriegütermarketing". Auch hier erfolgt eine Konzession an die Mainstream-Entwicklung. Der Begriff B-to-B hat sich mittlerweile so durchgesetzt, dass es nicht sinnvoll ist, zu dogmatisch zu sein, und auf der nur leicht unterschiedlichen Interpretation zu bestehen. Auch im nicht englischsprachigen Bereich hat sich der Begriff B-to-B inzwischen fest etabliert. Auch Lilien und Grewal verstehen B-to-B-Marketing als „broader term" (S. 3) im Vergleich zum Begriff des Industrial Marketing, sehen die Erweiterung im Gegensatz zu Backhaus und Voeth nicht nur in der durch die beiden konkurrierenden Begriffe abgedeckten Handlungsfläche, nämlich auf die Vermarktung an den auf Konsumgüter ausgerichteten Handel, sondern „its meaning has grown to encompass the activity of building mutually value-generating relationships (including both products and services) between organizations (which include businesses but also government agencies, not-for-profit organizations and the like) and the many individuals within them … In contrast business-to-consumer (B-to-C) marketing is mainly focused on the final transaction between the firm (and the retailer) and the customer" (Lilien und Grewal 2012, S. 3).

Obwohl wir den Begriff Industrial Marketing bzw. Industriegütermarketing für klarer halten, werden die Begriffe mittlerweile als weitgehend austauschbar angesehen. Jedenfalls ist die Schärfe der Abgrenzung verloren gegangen. Auch wir folgen deshalb dem Mainstream und verwenden beide Begriffe synonym, wohl wissend, dass dies nicht ganz sauber ist. Dies dokumentiert sich in der 2. Auflage des Handbuchs darin, dass wir dem Buch den Titel „Handbuch Business-to-Business-Marketing" und zugleich den Untertitel „Grundlagen, Geschäftsmodelle, Instrumente des Industriegütermarkting" gegeben haben.

2.2 Die Konzepte: Vielfalt und spezifische Perspektiven

Ein Handbuch lebt davon, dass es möglichst für alle auftretenden Fragen in einem Forschungsgebiet Antworten parat hält. Das ist jedoch weder mit einem Werk, das 772 Seiten (Lilien und Grewal 2012) umfasst, noch mit einem Handbuch von 650 Seiten (Backhaus und Voeth, 2015) möglich. Deshalb haben Handbücher, gleichgültig wie umfangreich sie sind, immer ein wenig den Charakter einer kaleidoskopischen Perspektive. Das ist z. T. auch den Autoren geschuldet, die gerne ihre Spezialitäten einbringen.

Das trifft auch auf die beiden hier vorgestellten Handbücher zu. Während Backhaus und Voeth eine Kombination aus Geschäftstypenansatz und instrumentellem Ansatz verfolgen, sind Lilien und Grewal konzeptionell so ausgerichtet, dass sie das Buch in sieben Teile gliedern, deren Überschriften zum Teil so generisch sind, dass man Vieles darunter fassen kann (Beispiel: Part II Perspectives in B-to-B-Research, enthält manchen Beitrag, der auch anderen Teilen subsumiert werden kann, z. B. der Beitrag „Coordinating marketing and sales in B-to-B-organizations", der mehreren Teilen zugeordnet werden kann). Andere sind dagegen präzise (Beispiel: Part VII: Methodological Issues).

Vergleichbares gilt auch für das deutsche Handbuch. Auch wenn das Konzept vielleicht eine Idee geschlossener ist, sind manche Beiträge – bis auf die Überblicksartikel bei den Instrumenten – eher durch die Spezialgebiete der Autoren geprägt, als das für einen State-of-the-Art unmittelbar zielführend ist.

Bemerkenswert ist, dass sich beide Handbücher nur wenig überschneiden. Sie sind vielmehr eher als komplementär zu bezeichnen. So fehlt der methodologische Teil bei Backhaus und Voeth völlig (bis auf den Beitrag von Baier und Sänn) und die Vertriebsentscheidungen sind in dem US-Werk sehr viel „bunter". Die Beiträge adressieren spezielle Themen wie Salesforce Compensation oder den Einfluss des Internets auf Größe und Struktur des Vertriebs-Außendienstes. Andererseits gibt es auch thematische Überschneidungen (z. B. bei den Themen „Innovation, E-Commerce, Buying Center etc."), ohne dass die Beiträge deckungsgleich sind. Sie beleuchten vielmehr unterschiedliche Aspekte des gleichen Themas.

2.3 Die Bezugsrahmen

Beide Handbücher basieren auf nicht immer völlig geschlossenen konzeptionellen Bezugsrahmen. Sie nehmen dazu nicht verbindlich Stellung und richten die Beiträge auch nicht konsequent darauf aus. In einem „high-level overview" plädiert Ralph Oliva zwar für eine „value perspective" und begründet und erläutert dies. Jedoch gehen nicht alle Beiträge explizit darauf ein. Vergleichbares gilt auch für das deutsche Handbuch. Hier liegt implizit der Geschäftstypen-Ansatz zugrunde. Genau wie in dem US-Handbuch ist dem konzeptionellen Bezugsrahmen „Geschäftstypen-Ansatz" ein eigener Beitrag (vgl. Backhaus und Mühlfeld, Geschäftstypen im Industriegütermarketing) gewidmet. Dennoch sind nur ausgewählte Beiträge tatsächlich diesem Ansatz verpflichtet (z. B. Belz und Weibel, Vertriebsdifferenzierung im Industriegütergeschäft). Während bei dem Handbuch von Lilien und Grewal verschiedene konzeptionelle Ansätze dargelegt werden (z. B. Agency Theorie oder der „markets-as-networks-Ansatz"), gehen Backhaus und Voeth auf diese Konzeptionen kaum ein. Hier hat das deutsche Handbuch eine Schwäche. Einige Ansätze hätte man sicher darstellen können. Aber auch bei Lilien und Grewal ist die Auswahl sehr beschränkt. Man mag bspw. dem Netzwerkansatz der europäischen „Industrial Marketing and Purchasing Group (IMP)" durchaus kritisch gegenüber stehen. Dennoch ist dies kein Grund, die große Gruppe von eher qualitativ ausgerichteten, fallstudienorientierten Forschern in beiden Handbüchern zu negieren – zumal Lilien und Grewal in ihrem einführenden Überblick explizit darauf hinweisen, dass die häufig geringe Zahl von Kunden im B-to-B-Bereich keine großzahligen, quantitativen Analysen zulässt und deshalb eine der Hürden für erfolgreiche Marketingforschung im B-to-B-Bereich darstellt (vgl. Lilien und Grewal 2012, S. 7).

Vor diesem Hintergrund ist es nicht verwunderlich, dass die beiden Handbücher – auch wenn sie das gleiche Gebiet betreffen, wenige Überschneidungen aufweisen. Sie stehen vielmehr komplementär nebeneinander. Das allerdings erzeugt ein Spannungsfeld, dass die z. T. unterschiedlichen Positionen in der europäischen und US-geprägten B-to-B-Marketingforschung aufzeigt – obwohl die Forschungsanstrengungen natürlich global orientiert sind.

2.4 Die Inhalte: Welche Themen werden behandelt?

Das Handbuch von Lilien und Grewal ist in sieben Teile gegliedert:

1. Introduction and Overview,
2. Perspectives in B-to-B research,
3. B-to-B-marketing mix and strategy,
4. Inter-firm relationships in B-to-B marketing,
5. Personal Selling and sales management,
6. Technology and B-to-B marketing,
7. Methodological issues.

Im Vergleich dazu die Struktur des deutschen Handbuchs:

Teil 1   Einführung,
Teil 2   Der Industrielle Kunde als Analyseobjekt,
Teil 3   Geschäftsmodelle und Marketing-Strategien,
Teile 4–7   Industriegütermarketing-Entscheidungen (die instrumentell nach Produkt-, Kommunikations-, Vertriebs- und Preispolitik gegliedert sind),
Teil 8   Industriegütermarketing-Controlling.

Schon ein Vergleich der beiden Gliederungen zeigt die unterschiedlichen strukturellen Zugänge zu den Marketingproblemen im B-to-B-Bereich. Dies dokumentiert sich auch in den Inhalten. Während Kapitel I des US-Werkes im Vergleich zum einführenden Teil 1 des deutschen Werkes noch hohe Übereinstimmungsgrade aufweist („Was versteht man unter Industriegütermarketing (Industrial Marketing) im Vergleich zum B-to-B-Marketing?", „Wo liegen die Hürden, die eine schnellere Diffusion des B-to-B-Marketing be- bzw. verhindern?", „Wo liegen die Besonderheiten des B-to-B- gegenüber dem B-to-C-Marketing?" etc.) greifen die Unterschiede ab Kapitel II (Lilien und Grewal) bzw. Teil 2 (Backhaus und Voeth).

Kapitel II umfasst bei Lilien und Grewal 8 Beiträge, die aus verschiedenen Blickwinkeln das B-to-B-Marktgeschehen ausleuchten. Der erste Beitrag stammt von Ralph Oliva und behandelt den Value-Ansatz in seiner Strukturierungskraft für B-to-B-Marketingphänomene. Einen Blick aus der neo-ökonomischen Perspektive auf das B-to-B-Marketing werfen Bannerjee et al.. Sie zeigen auf, für welche Fragestellungen im B-to-B-Marketing die Agency Theorie herangezogen werden kann und sollte. Gosh und John zeigen den Erklärungswert der Governance Value Analysis (GVA) für ausgewählte Fragestellungen im B-to-B-Marketing. Sie entwickeln u. a. einen „Value Frame", der eine Entscheidungshilfe dafür bieten kann, an welcher Stelle ein Unternehmen in der Supply Chain tätig werden sollte. Warts und Van den Bulte verwenden einen Netzwerkansatz, grenzen sich dabei aber deutlich und klar von dem fallstudienbasierten Markets-as-Networks Ansatz der IMP-Gruppe ab. Ihr Vorgehen ist u. a. dadurch motiviert, dass ihrer Meinung nach die dyadische Perspektive einem Netzwerkkonzept lange im Wege gestanden hat.

Im 5. Beitrag entwickeln Morgan und Stotegraaf ein Fähigkeiten-basiertes Konzept. Ausgehend von einer Taxonomie, die verschiedene Gruppen von Fähigkeiten unterscheidet, entwickeln die Autoren eine „Roadmap for Managers".

Der 6. Beitrag stammt von Lusch und Vargo, die einmal mehr – jetzt für den B-to-B-Bereich – ihr Konzept der „service dominant logic" vorstellen.

Cespedes widmet sich im 7. Beitrag der schon lange ohne wesentlichen erkennbaren Fortschritt diskutierten Frage der Koordination von Marketing und Vertrieb bzw. Sales.

Schließlich untersucht Fahey im letzten Beitrag dieses Kapitels die Frage: Wie kritisch ist die Existenz eines leistungsfähigen Competitive Intelligence Systems für die erfolgreiche Vermarktung von Leistungen auf B-to-B-Märkten?

Kapitel III ist dem Standard-Repertoire des Marketing – hier auf B-to-B-Märkten – gewidmet: Marketing Mix und Strategie. Obwohl dies den klassischen Bereich des Marketing darstellt, enthält das Kapitel nur 5 Beiträge.

Der erste Beitrag von Schultz geht der hoch relevanten Frage nach, wie Kommunikation in Zeiten des Umbruchs gestaltet werden kann, in denen traditionelle Medien genauso zur Verfügung stehen wie neue (elektronische) Medien.

Im folgenden Beitrag von Thomas geht es um Marktsegmentierung von B-to-B-Märkten. Ausgehend von der These, dass die aus den B-to-C-Bereichen stammenden Segmentierungsansätze wegen der häufig kleinen Zahl von Kunden nicht transferierbar sind, entwickelt Thomas einen eigenständigen normativen Ansatz.

Der dritte Beitrag stammt von Keller und Kotler und bezieht sich auf Marketingforschung im B-to-B-Bereich. Sie präsentieren eine „Brand Management Scorecard", die als Checkliste fungiert und geben Hinweise für effektives Markenmanagement.

Gopalakrishna und Lilien diskutierten das Instrument des Messeauftritts aus den verschiedenen Perspektiven: Aussteller, Besucher und Messeorganisatoren.

Den Abschluss dieses Kapitels bildet ein Beitrag von Cressman zum Thema „Value-based pricing, a state-of-the-art review".

Kapitel IV umfasst im Handbuch von Lilien und Grewal einen Problembereich, der für das B-to-B-Marketing eine besondere Bedeutung hat, den Bereich der die einzelne Transaktion überdauernden Geschäftsbeziehungen zwischen den Akteuren auf B-to-B-Märkten. Hierzu präsentieren Lilien und Grewal 8 Beiträge, die in Abb. 1 in Kurzform vorgestellt werden.

Kapitel V umfasst 7 Artikel, die alle auf das nach Meinung der Herausgeber wichtigste Absatzförderungsinstrument für B-to-B gerichtet sind: Personal Selling und Sales Management.

Zunächst behandeln Bradford und Weitz die zwei zentralen Rollen von B-to-B-Außendienstlern: Die Rollen der „Beeinflusser" und die Rolle des „Value Creators" bzw. des Geschäftsbeziehungs-Managers und stellen Vermutungen darüber an, welche Bedeutung diese Rollen für Wissenschaft und Praxis haben.

Singh, Marinova und Brown hinterfragen auf Basis einer umfangreichen Literaturliste, inwieweit die „. . . -Arbeitsleistungen" Mythen oder Realität sind.

Die beiden deutschen Autoren Homburg und Bornemann liefern einen Beitrag zum Key Account Management (KAM), in dem sie aufzeigen, wie die notwendige kundenspezifische Koordinationsfunktion vor dem Hintergrund verschiedener Theorien und Dimensionen erfolgen soll.

Im vierten Beitrag des 5. Kapitels widmen sich Coughlan und Joseph der Entlohnung des Außendienstes. Auf der Basis einer Übersicht der verschiedenen Entlohnungs-Komponenten wird der Frage nachgegangen: Wie hoch sollte das Einkommen sein bei welcher Aufteilung zwischen Gehalt und Incentives? Es wird gezeigt, dass zur Beantwortung dieser Frage Lösungsansätze zur Verfügung stehen. Aber es existieren auch z. T. erhebliche Lücken.

Autoren	Inhalt
1. Bouwman	Vertragsbasierte und Nichtvertragsbasierte Relationships werden unterschieden und deutlich gemacht, dass der „Longitudinal effect" dynamische Forschungsansätze erfordert. („evolving approach ")
2. Beck/Palmatier	Beide Autoren plädieren für einen multi-level Ansatz, um Geschäftsbeziehungen zwischen Unternehmen erklären zu können.
3. Venkatesan/Kumar/Reinartz	Die Autoren versuchen, CRM-Systeme und damit zusammenhängende Konstrukte wie CLV vom Konsumgüterbereich auf die B-to-B Arena zu übertragen.
4. Scheer	Lisa K. Scheer untersucht das Konstrukt „Vertrauen". Dabei stehen dysfunktionale Konsequenzen von Vertrauen im Vordergrund. Implikationen für die Forschung und Praxis werden diskutiert.
5. Spekman	Der Beitrag behandelt die Bedeutung von Komplexität bei der Entwicklung von Strategischen Allianzen. Spekman diskutiert die Faktoren, die den strategischen Gebrauch solcher Allianzen behindern.
6. I Io/Ganesan	Die Autoren diskutieren die Bedeutung von Lernprozessen in kooperativen Beziehungen vor dem Hintergrund verschiedener theoretischer Erklärungsansätze.
7. Johnston/Chandler	Aufbauend auf dem aktuellen Wissen über das Management von organisationalen Buying Centern (OBC) werden weitere Herausforderungen für BCs diskutiert. Sie müssen sich integrieren in Innovationsprozesse, Wissensmanagement und Markenführung.
8. Varadarajan	Geschäftsbeziehungen als Erklärungsbasis für Outsourcing-Entscheidungen.

Abb. 1 Autoren und Inhalte des Teil 4: Die innengerichtete Perspektive (Quelle: Eigene Darstellung)

Ahearne und Lam entwickeln in ihrem Beitrag eine Typologie zur Vertriebsperformance-Messung und zeigen Wege für zukünftige Forschungsnotwendigkeiten auf.

Aus einer management-orientierten Perspektive entwickeln Zoltners, Sinha und Lorimer ein Außendienst-Effektivitäts-Konzept, das sie wohl schon mehrfach bei verschiedenen Firmen implementiert haben.

Im letzten Beitrag zu Kap. 5 diskutieren Mantrala und Albers die Auswirkungen von Internet-basierten Technologien auf die optimale Größe und Struktur der Außendienst-Mitarbeiter.

Kapitel VI beschreibt die Bedeutung von Technologie im B-to-B-Bereich. Es beinhaltet fünf Beiträge.

Im ersten Beitrag prüfen Mohr, Sengupta und Slater in einer Bestandsaufnahme die Literaturaussagen zum Technologiemarketing und benutzen dies, um einen Weg aufzuzeigen, der eine Theorie des Technologiemarketing ermöglichen soll. Tellis, Chandi und Prabhu stellen ein Modell vor, das als dreistufiger Ansatz konzipiert ist und stufenspezifische (Forschungs-)Fragen generiert.

Auch Cooper greift das Thema Innovation im B-to-B-Bereich auf. Er stellt das bekannte Stage-Gate®-Modell vor und entwickelt ein Set von zukünftigen Problemfragen, die zu lösen sind.

Der Beitrag von Shankar gibt einen Überblick zum E-Commerce im B-to-B-Bereich. Harney und Jap liefern einen Beitrag zum Design von Auktionen im B-to-B-Kontext.

Das letzte Kapitel des Handbuchs ist methodologischen Fragen gewidmet und umfasst vier Beiträge.

Die ersten beiden Beiträge behandeln Fragen der qualitativen Marktforschung. Dies erscheint besonders notwendig vor dem Hintergrund der Tatsache, dass in vielen B-to-B-Kontexten die Probandenzahl zu klein ist, um die aus dem B-to-C-Bereich stammenden Analysemethoden zu übernehmen.

Griffin greift diesen Gedanken auf und fragt, in welchen Situationen es sinnvoll ist, auf qualitative Methoden zurückzugreifen und welche wissenschaftlichen Anforderungen an qualitative Vorgehensweisen zu stellen sind.

Woodside und Baxter ergänzen die Ausführungen durch Analysen einer spezifischen Methode: Der Case-Analyse.

Rindfleisch und Antia arbeiten in ihrem Beitrag heraus, welche Anforderungen an Befragungen auf B-to-B-Märkten zu stellen sind und formulieren Richtlinien für eine rigorose Forschung in diesem Bereich.

Den Abschluss des Handbuches bildet ein Beitrag von Srinivasan, der sich der Frage von möglichen Metriken im B-to-B-Kontext widmet (Kapitel VII).

Insgesamt ist festzustellen, dass das Handbuch subjektiv geprägte Schwerpunkte setzt. Die Herausgeber schreiben dazu selbst: „As we acknowledged, it is possible to find many omissions here; in particular, many more methodological issues are relevant for B-to-B research than those discussed in Part VII. However we choose a ‚glass half-full' perspective: what these expert authors have covered here, though far from exhaustive, is important, provocative and likely to provide intriguing research directions for academics along with useful guidance for practitioners".

Das Handbuch, das Backhaus und Voeth vorgelegt haben, weist im Vergleich zu diesen Inhalten nicht nur eine abweichende Struktur, sondern auch unterschiedliche inhaltliche Foki auf. Nach dem oben bereits angesprochenen Einführungsteil (Teil 1) widmet sich der zweite Teil des Handbuchs mit drei Beiträgen dem industriellen Kunden. Hier setzen sich Herbst und Kemmerling mit der Buying Center-Forschung auseinander. Sie haben dazu mehr als 125 wissenschaftliche Artikel aus führenden Marketing-Journals analysiert, die sich mit Buying Center-Fragestellungen auseinandersetzen, und damit praktisch ein „Nachschlagewerk im Hinblick auf Erkenntnisse der Buying Center-Forschung" vorgelegt. Aus einer zeitlichen, inhaltlichen und methodischen Strukturierung dieses Literaturbestandes kommen sie zu Empfehlungen für zukünftige Forschung in diesem Bereich.

Im sich anschließenden Beitrag beschäftigen sich Ivens und Leischnig mit den Besonderheiten von Interaktionen in Geschäftsbeziehungen. Aufbauend auf einer Differenzierung unterschiedlicher Formen von Interaktionsbeziehungen in industriellen Transaktionen werden anschließend wichtige Struktur- und Prozessmodelle diskutiert, die die Industriegütermarketingforschung seit den 1980er Jahren entwickelt hat.

Der letzte Beitrag im zweiten Teil des Handbuchs von Backhaus und Voeth behandelt das für das Industriegütermarketing besonders wichtige Thema der Marktforschung auf Industriegütermärkten. Der Beitrag von Baier und Sänn stellt hierbei zunächst die Besonderheiten der Marktforschung auf Industriegütermärkten heraus. Diese sehen Baier und Sänn z. B. darin, dass sich die klassischen Marktforschungsaufgaben auf Industriegütermärkten häufig als besonders komplex erweisen, was eine Adaption klassischer Marktforschungsinstrumente erforderlich macht. Diese Adaptionen werden anschließend für die Sekundär- und Primärforschung auf Industriegütermärkten dargestellt und anhand von verschiedenen Praxisbeispielen beschrieben.

Im dritten Teil des Handbuches finden sich Beiträge zu Geschäftsmodellen und Marketing-Strategien. Insgesamt enthält das Handbuch sieben Beiträge zu diesem Feld. In einem ersten Beitrag setzen sich Backhaus und Mühlfeld mit Geschäftstypen im Industriegütermarketing auseinander. Nach einem einleitenden Abschnitt leiten die Verfasser zunächst transaktionskostenökonomisch einen Geschäftstypenansatz ab, der zwischen den drei Geschäftstypen des Produkt-, Projekt- und Verbundgeschäfts differenziert. Anschließend zeigen Backhaus und Mühlfeld Möglichkeiten auf, wie Unternehmen einen Geschäftstypenwechsel innerhalb ihrer Transaktionsbeziehungen vornehmen können.

Ebenso mit Geschäftstypen im weiteren Sinne beschäftigen sich Weiber und Ferreira im zweiten Beitrag des dritten Teils des Handbuchs. Sie unterscheiden zwischen Transaktionen und Geschäftsbeziehungen und leiten Empfehlungen für ein Transaktions- und Geschäftsbeziehungsmarketing ab.

Wilken und Jacob behandeln in ihrem Beitrag die Frage, wie sich Unternehmen vom Produkt- zum Lösungsanbieter entwickeln können. Hierzu setzen sie sich zunächst auf Basis verschiedener Theorieansätze mit dem Wesen einer „Lösung" auseinander und zeigen Voraussetzungen für ein erfolgreiches Lösungsgeschäft auf. Am Ende ihres Beitrags geben sie schließlich Denkanstöße für weitere Forschung im Bereich Lösungen und Lösungsangebote.

Der aktuell bereits hohen und zukünftig sicherlich noch weiter zunehmenden Bedeutung von E-Business im Industriegütermarketing tragen Weiber und Wolf in ihrem Beitrag Rechnung. Sie zeigen zunächst die Entwicklung des E-Business auf und setzen sich mit Begriff und Aufgabenfeldern des E-Business auseinander. Anschließend stellen sie verschiedene integrative E-Business-Systeme für den Industriegütersektor vor. Im Besonderen wird dabei auf ERP-Systeme und CRM-Systeme eingegangen.

Die drei weiteren Beiträge zu „Geschäftsmodelle und Marketing-Strategien" widmen sich verschiedenen einzelnen Strategieelementen. Zunächst setzt sich Jensen mit verschiedenen Perspektiven der Kundenbindung auseinander. Aus der Perspektive der Beziehungsatmosphäre erörtert der Beitrag das Konstrukt der Kundenloyalität für Organisationen. Aus der Perspektive der beziehungsbezogenen Aktivitäten diskutiert der Beitrag wichtige Kundenbindungsinstrumente von Industriegüteranbietern.

Anschließend beschäftigt sich Fließ mit Kundenintegration. Ausgehend von den Erscheinungsformen von Kundenintegration und den damit verfolgten Zielen zeigt Fließ die besondere Bedeutung von Prozessevidenz für Kundenintegration auf. Darüber hinaus wird diskutiert, wie sich Kundenintegration mit Hilfe von Blueprints managen lässt.

Ritter wendet sich im letzten Beitrag dieses Teils des Handbuchs der Beendigung von Geschäftsbeziehungen zu. Am Beginn zeigt er, dass dieser Teilaspekt des Geschäftsbeziehungsmanagements in der Literatur bislang am wenigsten behandelt worden ist, wenngleich es sich auch bei dieser Fragestellung um eine betriebswirtschaftliche Aufgabenstellung handelt. Dieser werden Unternehmen dann gerecht, wenn sie einen systematischen Beendigungsprozess für Geschäftsbeziehungen aufbauen und „Beendigungskompetenz" entwickeln.

Teile vier bis sieben des Handbuchs beschäftigen sich mit Industriegütermarketing-Entscheidungen. Entsprechend der gebräuchlichen Unterscheidung in die „4 P's" werden die vier Instrumente Produkt-, Kommunikations-, Vertriebs- und Preispolitik betrachtet. Der Aufbau der Teile ist dabei immer identisch: Zunächst wird in einem Einstiegskapitel ein Überblick über den jeweiligen Instrumentenbereich auf Industriegütermärkten gegeben. Anschließend werden spezielle Einzelproblemstellungen des betreffenden Instrumentenbereichs herausgegriffen.

Der Einstiegsbeitrag zur Produktpolitik wurde von Backhaus und Wiesel verfasst. Nach einem Herausarbeiten der Besonderheiten der Produktpolitik auf Industriegütermärkten setzten sich die Autoren separat mit den unterschiedlichen Phasen der Leistungsprogrammerstellung auseinander. Sie untersuchen die Phase der Festlegung der strategischen Stoßrichtung, der Ideenfindung sowie der Entwicklung von Produktideen und der Markterprobung.

In den weiteren Beiträgen zur Produktpolitik werden die Leistungsindividualisierung/-standardisierung, das Innovationsmanagement sowie das Servicemanagement als spezielle Problemstellungen der Produktpolitik auf Industriegütermärkten betrachtet. Zunächst setzen sich Jacob und Kleinaltenkamp mit dem Thema „Leistungsindividualisierung und -standardisierung" auseinander. Hierzu betrachten sie Merkmale, Instrumente und kritische Erfolgsfaktoren für die Individualisierung und Standardisierung von Leistungen auf Industriegütermärkten.

In ihrem Beitrag zum Innovationsmanagement in B-to-B-Märkten geben Klarmann und Hildebrand aufbauend auf den Besonderheiten des Innovationsmanagements auf B-to-B-Märkten einen Überblick über die Forschung zu diesem Thema. Hier unterscheiden sie zwischen der Forschung, die sich mit der Einbindung von Kunden und Vertrieb in den Entwicklungsprozess beschäftigt, und Forschungsarbeiten, die sich auf die Markteinführung von Neuprodukten auf B-to-B-Märkten konzentrieren. Aus diesem Forschungsüberblick entwickeln die Verfasser fünf Ansatzpunkte für zukünftige Forschung im Feld des Innovationsmanagement in B-to-B-Märkten sowie fünf Empfehlungen für die B-to-B-Praxis.

Den Abschluss des Teils zur Produktpolitik im Handbuch bildet ein Beitrag von Kleinaltenkamp et al. zum industriellen Servicemanagement. Die Autoren zeigen dabei unterschiedliche Arten von Serviceangeboten auf, diskutieren wichtige Fragestellungen bei der Ausgestaltung von Serviceangeboten sowie zentrale Erfolgsfaktoren.

Als zweites Marketing-Instrument enthält das Handbuch drei Beiträge zur Kommunikationspolitik. Wie bei allen Marketing-Instrumenten wird dieser Teil mit einem Übersichtsbeitrag von Bruhn eröffnet. Er unterscheidet zwischen vier verschiedenen Aufgabenbereichen der Industriegüterkommunikation (Unternehmenskommunikation, Marketingkommunikation, Dialogkommunikation und Netzwerkkommunikation). Für jeden dieser Aufgabenbereiche setzt sich Bruhn anschließend mit geeigneten Kommunikationsinstrumenten auseinander.

Die weiteren Beiträge zur Kommunikationspolitik auf Industriegütermärkten beschäftigen sich mit dem Thema Marke. In einem ersten Beitrag arbeiten Backhaus und Gausling die Relevanz von Marken auf Industriegütermärkten heraus. Hierzu präsentieren sie einen umfassenden Literaturüberblick zum Thema „Marken auf Industriegütermärkten" und zeigen vor allem auch die empirische Relevanz von Marken in unterschiedlichen Geschäftstypen auf Industriegütermärkten auf. Auch Baumgarth beschäftigt sich in seinem Beitrag zu Marken auf Industriegütermärkten mit dem Forschungsstand innerhalb der Industriegütermarketingforschung. Im Mittelpunkt seines Beitrags stehen allerdings die Entscheidungstatbestände der Markenführung bei B-to-B-Marken, die Baumgarth in der Markenorientierung, der Grundsatzentscheidung zur Etablierung von Marken, der Markenpositionierung, der Markenstrategie, dem Branding, der Markenanreicherung, der internen Markenführung sowie dem markenorientierten Marketing sieht.

Zum Marketing-Instrument „Vertriebspolitik", zu dem das Handbuch vier Beiträge enthält, wurde der einleitende Übersichtsbeitrag von Backhaus verfasst. Er unterscheidet zwischen drei Ebenen vertriebspolitischer Entscheidungen, den strategischen, operativen und technischen Vertriebsentscheidungen. Für jeden dieser drei Entscheidungsbereiche werden anschließend typische Vertriebsentscheidungen diskutiert.

Die folgenden drei Beiträge zu Spezialproblemen des Vertriebs für Industriegüter beginnen mit einem Beitrag von Weibel und Belz, die eine geschäftstypenspezifische Betrachtung von vertriebsseitigen Erfolgsfaktoren vorlegen. Auf Basis einer empirischen Untersuchung identifizieren die Verfasser spezielle Anforderungen, denen sich der Vertrieb im Produkt-, Projekt-, System- und Integrationsgeschäft gegenübersieht.

Werani und Leitner gehen anschließend auf das Multi-Channel-Management auf Industriegütermärkten ein. Im Mittelpunkt ihres Beitrags stehen Überlegungen zu den Zielen, den Gestaltungsmöglichkeiten, dem Entwicklungsprozess, den Problemen sowie den geschäftstypenbezogenen Besonderheiten von mehrkanaligen Marketingsystemen auf Industriegütermärkten.

Schließlich setzen sich Eggert et al. in ihrem Beitrag mit dem wertbasierten Verkaufen auf Industriegütermärkten auseinander. Hierzu wird zunächst die Besonderheit des wertbasierten Verkaufens im Vergleich zum traditionellen Verkaufen herausgearbeitet. Anschließend wird konzeptionell und empirisch die Erfolgswirksamkeit von wertbasiertem Verkaufen aufgezeigt.

Auch das letzte Marketing-Instrument, die Preispolitik, wird durch einen Übersichtsartikel eingeleitet. In diesem Beitrag, der von Voeth, verfasst worden ist, werden die Besonderheiten der Preispolitik auf Industriegütermärkten anhand der Stufen eines Pricing-Management-Prozesses diskutiert. Zunächst werden die Besonderheiten von Preisinformationen vorgestellt, anschließend die Besonderheiten der Preisfindung, bevor abschließend den Besonderheiten der Preisabwicklung nachgegangen wird.

Da Industriegüter häufig vor der Erstellung bereits vertrieben werden müssen – z. B. weil sie kundenindividuell erstellt werden –, spielt die Preisuntergrenze für die Preisfindung auf Industriegütermärkten eine ähnlich wichtige Rolle wie die Ermittlung der Preisobergrenze. Daher beschäftigen sich Rese und Wulfhorst in ihrem Beitrag speziell mit der Ermittlung von Preisuntergrenzen. Hierzu wird nach einleitenden Überlegungen für verschiedene Geschäftstypen separat gezeigt, wie sich jeweils die Preisuntergrenzen ermitteln lassen.

Eher mit der Preisobergrenze setzen sich Voeth und Herbst in ihrem Beitrag zu Preisverhandlungen auseinander. Sie starten mit dem Hinweis, dass Verhandlungen der typische Weg zur Ermittlung von Preisen auf Industriegütermärkten sind – und zwar unabhängig vom Geschäftstyp. Um dabei aus Sicht von Marketing und Vertrieb zu bestmöglichen Preisabschlüssen zu gelangen, sollte aus Sicht der Verfasser ein systematisches Preisverhandlungsmanagement betrieben werden. Dieses sollte mit einer Analysephase beginnen, anschließend auf die Organisation von Preisverhandlungen gerichtet sein, dann eine konkrete Vorbereitung von Preisverhandlungen enthalten, eine systematische Verhandlungsführung beinhalten und mit der Phase des Preisverhandlungscontrollings enden.

Mit den Besonderheiten der Preisfindung im öffentlichen Auftragswesen beschäftigt sich schließlich der Beitrag von Bornemann und Hattula. Sie zeigen zunächst, welche rechtlichen Vorgaben bei der Preissetzung bei öffentlichen Aufträgen zu beachten ist. Anschließend wird für die Phasen der Ausschreibung, der Angebotsbearbeitung sowie der eigentlichen Entscheidung verdeutlicht, nach welchen Spielregeln Anbieter und Nachfrager zu agieren haben und welche Gestaltungsmöglichkeiten für Anbieter bestehen.

Der letzte Teil des Handbuchs setzt sich mit dem Marketing-Controlling auf Industriegütermärkten auseinander. Hier beschäftigt sich zunächst Reinecke mit Hemmnissen und Implementierungsmöglichkeiten von Marketing-Controlling in Industriegüterunternehmen. An Implementierungsansätzen unterscheidet er dabei zwischen dem instrumentellen, dem holistischen und dem kennzahlengestützten Ansatz.

Das für das Marketing-Controlling wichtige Teilproblem der Kundenbewertung ist Gegenstand des Beitrags von Günter und Helm. Sie analysieren verschiedene Determinanten des Kundenwerts und geben zudem einen Überblick über Methoden zur Bewertung von Kundenbeziehungen.

Der letzte Beitrag im Handbuch stammt von Krafft und Bosch. Sie beschäftigen sich mit der Vertriebssteuerung. Hier werden die wichtigen Formen der Steuerung durch Leistungsbeurteilungen und Zielvorgaben, durch Besuchsvorgaben, durch Trainingsmaßnahmen sowie durch Leistungsanreize differenziert und im Detail diskutiert.

3 Fazit: Zwei komplementäre Handbücher

Die ausführliche inhaltliche Darstellung der beiden Handbücher hatte zum Ziel, einerseits einen kurzen Einblick in die diversen Themen der ausgewählten Artikel zum B-to-B-Marketing zu geben. Das vermittelt gleichzeitig einen Einblick in die jeweilige Struktur und den Inhalt der Handbücher. Beide Handbücher verweisen auf die Unterschiede zwischen Industriegütermarketing/Industrial Marketing und B-to-B-Marketing. Obwohl u. E. der Begriff Industriegüter- bzw. Industrial Marketing präziser ist, hat sich der breitere Begriff des B-to-B-Marketing weltweit durchgesetzt. Wir haben vor dieser Übermacht kapituliert und ordnen uns in die Reihe der B-to-B-Marketing-Forscher ein, verwenden die Begriffe Industriegütermarketing und B-to-B-Marketing folglich als Synonyma.

Basierend auf diesen definitorischen Ähnlichkeiten treten zwei Konzeptionen gegeneinander an, die eigentlich gar nicht im Wettbewerb stehen. Obwohl die Titel substitutive Effekte vermuten lassen, ist das Gegenteil der Fall. Das Handbuch von Lilien und Grewal folgt einer anderen Struktur als das Handbuch von Backhaus und Voeth. Ersteres betrachtet einzelne theoretische Zugänge, worauf Backhaus und Voeth praktisch ganz verzichten. Zwar betrachten beide Werke den Marketing Mix und Strategien, legen aber im Detail verschiedene Schwerpunkte.

Während bei Backhaus und Voeth die Instrumente gleichgewichtig nebeneinander stehen, liegt der Schwerpunkt der Mix-Betrachtungen in der Kommunikationspolitik, die durch einen Beitrag zur Preispolitik ergänzt wird. Dafür wird dem als besonders wichtiges Instrument gekennzeichneten Personal Selling/Sales Management ein ganzer Teil mit sieben Artikeln gewidmet.

Ein eigenständiges Kapitel zur interessanten Beziehung zwischen Technologie- und Marketingentscheidungen existiert nur im Handbuch von Lilien und Grewal. Bei Backhaus und Voeth wird dieses Thema nur implizit in einigen Beiträgen angesprochen. Gleiches gilt für den Bereich der methodologischen Fragestellungen: Hier ist das Angebot bei Lilien und Grewal deutlich breiter als im Handbuch von Backhaus und Voeth.

Zusammenfassend lässt sich festhalten: Das Handbuch von Backhaus und Voeth ist – das macht schon der Umfang klar – schmaler angelegt, hat aber eine klare Struktur: Nach einer Einführung wird der industrielle Kunde beleuchtet. Darauf bauen auch Geschäftsmodelle und Strategien auf, die sich je nach Geschäftstyp (Transaktion vs. Relationship) unterscheiden. Danach werden die Instrumente des B-to-B-Marketing behandelt. Den Schluss bilden Überlegungen zum Controlling.

Aus den Strukturen beider Handbücher wird deutlich: Es handelt sich bei beiden Handbüchern nicht um substitutive, sondern um komplementäre Werke.

Literatur

Backhaus, K.; Voeth, M. (2004) Handbuch Industriegütermarketing, Gabler-Verlag, Wiesbaden

Backhaus, K.; Voeth, M. (2015): Handbuch Business-to-Business-Marketing, 2. Aufl. Springer Gabler, Wiesbaden

Lilien, L.L.; Grewal, R. (2012): Handbook of Business to Business Marketing, Edward Elgar Publishing, Cheltenham

Besonderheiten des Industriegütermarketing

Klaus Backhaus und Markus Voeth

Inhaltsverzeichnis

1	Industriegütermarketing – eine vernachlässigte Disziplin?	17
	1.1 Indikatoren für ein Bedeutungswachstum	17
	1.2 Was umfasst Industriegütermarketing?	19
2	Notwendigkeit für einen eigenständigen Ansatz im Industriegütermarketing	20
3	Entwicklungstrends der Industriegütermarketingforschung	24
	3.1 Herkunft des Industriegütermarketing	24
	3.2 Gegenwart und Zukunft des Industriegütermarketing	26
4	Fazit	28
Literatur		29

1 Industriegütermarketing – eine vernachlässigte Disziplin?

1.1 Indikatoren für ein Bedeutungswachstum

Die Assoziationen mit dem Begriff Marketing sind auch heute noch vor allem durch die großen Markenartikel geprägt. Es sind Marken wie Milka, Nivea, Coca-Cola oder Marlboro, die imagebezogen fest mit dem Begriff des Marketing gekoppelt sind. Wer kennt

Prof. Dr. Dr. h.c. Klaus Backhaus ✉
Universität Münster, Institut für Anlagen u. Systemtechnologien, Münster, Deutschland
e-mail: backhaus@wiwi.uni-muenster.de

Prof. Dr. Markus Voeth
Universität Hohenheim, Institut für Marketing und Management, Lehrstuhl für Marketing und Business Development, Stuttgart, Deutschland
e-mail: markus.voeth@uni-hohenheim.de

© Springer Fachmedien Wiesbaden 2015
K. Backhaus und M. Voeth (Hrsg.), *Handbuch Business-to-Business-Marketing*,
DOI 10.1007/978-3-8349-4681-2_2

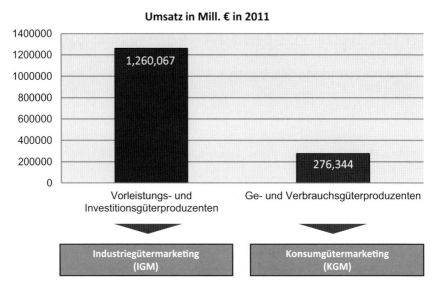

Abb. 1 Umsätze in Konsumgüter- und Industriegüterbranchen (Statistisches Bundesamt 2011)

da schon Marken wie Trumpf, DMG oder KUKA? Das ist insofern bemerkenswert, als gemessen am Umsatz die Markttransaktionen auf Industriegütermärkten rein quantitativ eine größere Rolle spielen als auf Konsumgütermärkten (vgl. Abb. 1).

Bezeichnet man als Industriegüter solche Leistungen, die von Organisationen beschafft werden, um weitere Leistungen zu erstellen, die nicht in der Distribution an Letztkonsumenten bestehen (Engelhardt und Günter 1981), dann wird auch deutlich, warum Transaktionsprozesse auf Industriegütermärkten gemessen an den getätigten Umsätzen sehr viel größer sind als die entsprechenden Werte auf Konsumgütermärkten: Es ist die Vielzahl von Vorlieferungs- bzw. Wertschöpfungsstufen, die, wie in Abb. 2 deutlich gemacht, dafür verantwortlich ist, dass der Umsatz auf Industriegütermärkten um ein Vielfaches über dem auf Konsumgütermärkten liegt.

Aufgrund der Tatsache, dass sich viele Industriegütermärkte mehr und mehr zu Käufermärkten entwickeln, gewinnen Vermarktungsfragen auch auf Industriegütermärkten eine immer zentralere Bedeutung. Die Zeiten, zu denen man über – nicht selten technologisch-induzierte – geschützte Alleinstellungs-Positionen verfügte, gehören in vielen Branchen und Märkten der Vergangenheit an. Dieser Bedeutungszuwachs von Marketing-Fragen auf Industriegütermärkten spiegelt sich daher sowohl in praktischen Marketing-Konzepten auf Industriegütermärkten wie auch in der wissenschaftlichen Literatur zum Industriegütermarketing wider.

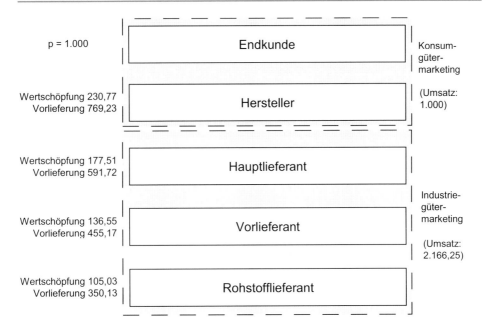

Annahme: An der Erstellung des dem Endkunden angebotenen Produktes sind vier Wertschöpfungsstufen beteiligt, die jeweils über eine Wertschöpfung von 30 % auf die von der vorgelagerten Wertschöpfungsstufe übernommenen Leistungen verfügen.

Abb. 2 Bedeutung des Industriegütermarketing (Quelle: Backhaus und Voeth 2014)

1.2 Was umfasst Industriegütermarketing?

Fragen des Industriegütermarketing werden in Literatur und Praxis auch unter anderen Bezeichnungen diskutiert, z. B. unter dem Titel Business-to-Business- bzw. B-to-B- oder Business Marketing (Michel et al. 2003), Investitionsgütermarketing (Engelhardt und Günter 1981) oder industrielles Marketing (Plinke 2000). Tatsächlich bestehen hier große Überschneidungsbereiche, wenngleich die Begriffe strenggenommen nicht identisch sind. So ist der Begriff des B-to-B-Marketing genau genommen mit den restlichen Begriffen nicht deckungsgleich, während Investitionsgütermarketing, Industriegütermarketing und industrielles Marketing weitgehend identisch verwendete Begriffe sind (vgl. Abb. 3).

Abbildung 3 macht die großen Überschneidungsbereiche von Industriegütermarketing (Investitionsgütern/industrielles Marketing) und B-to-B-Marketing deutlich. Der Unterschied besteht darin, dass die Vertreter des B-to-B-Marketing auch die Vermarktung an den konsumtiven Groß- und Einzelhandel mit in ihr Betrachtungsspektrum einbeziehen, während die Definition von Industriegütern dieses ausnimmt. Trotz dieses Unterschieds verwenden wir die Begriffe im Folgenden synonym, da sich der Begriff B-to-B-Marketing international inzwischen durchgesetzt hat. Allerdings werden Probleme, die innerhalb der Handelsstrukturen von Konsumgüterherstellern bestehen, aus der Betrachtung aus-

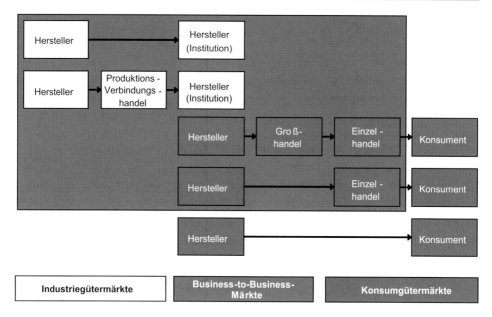

Abb. 3 Unterschiede Industriegütermarketing und B-to-B-Marketing (Plinke 1999)

geschlossen. Wenn im Folgenden also von B-to-B-Marketing gesprochen wird, dann sind typische Fragestellungen gemeint, die sich dem o. g. Verständnis von Industriegütermarketing (Investitionsgütern/industrielles Marketing) subsummieren lassen. Konkret geht es unserem Verständnis von Industriegütermarketing bzw. B-to-B-Marketing nach um die Vermarktung von Leistungen, die von Unternehmen oder Organisationen beschafft werden, um weitere Leistungen zu erstellen, die nicht allein in der Distribution an Letztkonsumenten bestehen (Engelhardt und Günter 1981).

2 Notwendigkeit für einen eigenständigen Ansatz im Industriegütermarketing

Konsumgütermarketing und Industriegütermarketing weisen konzeptionelle Gemeinsamkeiten auf. Diese bestehen vor allen Dingen darin, dass auf beiden Teilmärkten die gleiche Denkrichtung Anwendung findet: Es geht um das Management von Wettbewerbsvorteilen auf den jeweiligen Märkten mit dem Ziel, in der Wahrnehmung der Nachfrager eine der Konkurrenz überlegene Leistung anzubieten. Es ist das Konstrukt des komparativen Konkurrenzvorteils (KKV), das die gemeinsame Klammer aller Marketing-Entscheidungen auf Konsumgüter- und Industriegütermärkten bildet (Backhaus und Voeth 2014). Aber das effektive und effiziente Management von KKVs trifft auf Konsumgütermärkten auf andere Herausforderungen als auf Industriegütermärkten, da die jeweiligen Vermarktungsprozesse grundsätzlich unterschiedlich sind. Abbildung 4 zeigt einige wichtige Besonderheiten

Besonderheiten des Industriegütermarketing

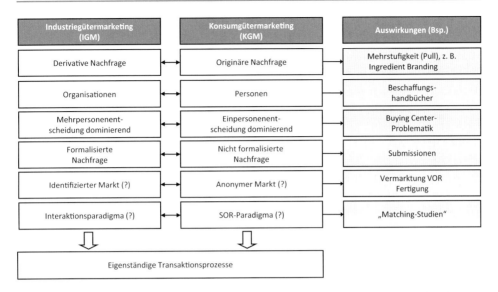

Abb. 4 Unterschiede zwischen den Vermarktungsprozessen auf Konsumgüter- und Industriegütermärkten

von Transaktionsprozessen auf Industriegütermärkten in Abgrenzung zu Konsumgütermärkten – jeweils mit beispielhaften Auswirkungen.

Zunächst sind die Transaktionsprozesse auf Industriegütermärkten dadurch gesteuert, dass es sich i. d. R. nicht um die Befriedigung einer originären, sondern um eine *abgeleitete Nachfrage* handelt. Die Nachfrage nach Stahlwerken steigt, weil auf nachgelagerten Märkten die Stahlnachfrage gestiegen ist. Daraus resultiert für Marketing-Entscheidungen häufig ein Mehrstufigkeitsproblem: Die Marketing-Entscheider müssen sich mit den Wettbewerbsproblemen auf den nachgelagerten Märkten ebenso auseinandersetzen wie auf den direkt bedienten Märkten. Die Folge ist zum einen eine zusätzliche Komplexität der Vermarktung – immerhin müssen Nachfrager- und Wettbewerbsaktivitäten von mehr als einer Marktstufe beachtet werden. Zum anderen ergeben sich zusätzliche Vermarktungsmöglichkeiten, z. B. im Bereich der Markenpolitik. Wegen der Mehrstufigkeit spielt dort bspw. zusätzlich die Frage des Ingredient Branding („Intel Inside") eine besondere Rolle.

Definitionsgemäß handelt es sich bei den auf Industriegütermärkten auftretenden Käufern um *organisationale Käufer*. Es geht um die Beschaffungsentscheidung von Unternehmen oder Behörden. Die Kaufentscheidungen solcher Institutionen laufen jedoch anders ab als Kaufentscheidungen auf Konsumgütermärkten. Häufig verfügen Unternehmen so bspw. über Beschaffungsrichtlinien, die das Kaufverhalten steuern. Ein gutes Beispiel liefern die Vergaberichtlinien für Bauleistungen der öffentlichen Hand, in denen jeweils spezifiziert ist, welche beschaffungsrelevanten Entscheidungen wie zu treffen sind.

Schließlich sind organisationale Entscheidungen determiniert durch *Mehrpersonenentscheidungen* (die Kaufentscheidung fällt in so genannten Buying Centers, vgl. Robinson et al. 1967). Die verschiedenen Mitglieder dieser einkaufsentscheidenden Gremien haben häufig unterschiedliche Präferenzen für unterschiedliche Lösungen, so dass das Marketing-Problem darin besteht, die Präferenzkonflikte effizient zu lösen. Obwohl solche Gruppenentscheidungen auch beim konsumtiven Kaufverhalten (z. B. Autokauf der Familie) eine Rolle spielen können, so sind sie jedoch eher für das Industriegütermarketing als repräsentativ anzusehen.

Um konkurrierende Anbieterlösungen vergleichen zu können, ist die Nachfrage organisationaler Beschaffer häufig stärker *formalisiert* als im Konsumgüterbereich. Das findet seinen Ausdruck z. B. darin, dass organisationale Beschaffungsentscheidungen den Weg der Ausschreibung der Leistungen wählen. Die Auftragsvergabe erfolgt also z. B. über Submissionen. Diese Form der Auftragsvergabe definiert häufig für alle Anbieter erkennbar Prozess und Vergabekriterien, denen die Auftragsvergabe folgt. Je nach Stringenz der Submissionsvorgaben kann eine leistungsbezogene Profilierung irrelevant werden, da sich alle Anbieter an die strikten Ausschreibungsbedingungen halten müssen.

Konsumgüter und Industriegüter lassen sich auch danach unterscheiden, ob das jeweilige Leistungsangebot auf einen *anonymen Markt* oder auf definierte *Einzelkunden* gerichtet ist. Bis vor einigen Jahren konnte noch davon ausgegangen werden, dass sich Industriegüter häufiger auf identifizierte Märkte richteten, während das Konsumgüterleistungsangebot stärker auf anonyme Märkte ausgerichtet war. Wie in Abb. 4 allerdings angedeutet, hat dieser Unterschied inzwischen an Bedeutung eingebüßt. Durch den verstärkten Einsatz neuer Informations- und Kommunikationsmedien lassen sich heute Beispiele für beide Marktfoki sowohl im Konsumgüterbereich als auch im Industriegüterbereich finden. Dennoch ist nicht zuletzt wegen der größeren Bedeutung der Auftragsfertigung im industriellen Bereich eine gewisse Schwerpunktlegung nach wie vor erkennbar. Richtet sich das Leistungsangebot von Industriegütern an eine überschaubare Kundenanzahl, z. B. bei der Vermarktung von Kraftwerken, dann ändert sich die zeitliche Struktur des Vermarktungs- und Leistungserstellungsprozesses. Beim identifizierten Markt liegt i. d. R. eine Auftragsfertigung vor, so dass der Vermarktungsprozess in seinen Kernelementen *vor* dem Leistungserstellungsprozess abgeschlossen ist. Das führt dazu, dass Leistung und Gegenleistung im Verhandlungsprozess festgelegt werden, was das theoretisch unterlegte *Verhaltensparadigma* verändert. Während für Markttransaktionen auf anonymen Märkten nach wie vor als Erklärungsansatz das SOR-Paradigma Verwendung finden kann, ist beim einzelkundenorientierten identifizierten Markt das Interaktionsparadigma zweckmäßiger. Das SOR-Paradigma bezeichnet im Wesentlichen eine einseitig gerichtete Gestaltung der Transaktionsbeziehung. Wie am Beispiel des Kaufs von Waschmitteln deutlich wird, formuliert der Anbieter für den anonymen Markt ein Marketing-Verhaltensprogramm, in dem im Wesentlichen die 4 Ps (Product, Price, Promotion, Place) vom Anbieter fixiert werden (Stimulus). Die Stimuli wirken auf den Käufer ein (Organism) und werden von ihm zu einer Reaktion (Response) – etwa in Bezug auf Kaufzeitpunkt, -menge oder Zahlungsbereitschaft – verarbeitet. Transaktionsbezogen finden keine gegenläufigen Einflusswirkungen statt. Anders das Paradigma beim Interaktionsansatz: Leistungsersteller und Leistungsnachfrager beeinflussen sich gegenseitig im Interaktionsprozess. Leistungen und

Gegenleistungen bei der Vermarktung eines Kraftwerkes werden so z. B. im Verhandlungsprozess zwischen Anbieter und Nachfrager – eventuell unter Einschaltung eines neutralen Dritten – verhandelt. Je nachdem, welcher Transaktionsprozess dominiert, entstehen unterschiedliche Marketing-Anforderungen. Beispielsweise haben beim Interaktionsparadigma die Ergebnisse der so genannten Matching-Studien besondere Bedeutung erlangt (z. B. Koch 1987). Diese zeigen, dass der Erfolg eines Transaktionsprozesses bei vorliegender Interaktion zwischen Anbieter und Nachfrager nicht nur von der Preis-/Leistungs-Performance, sondern auch von strukturellen und Verhaltensmerkmalen der interagierenden Parteien abhängig ist („Passen die Partner zueinander?").

Schließlich weist auch die Marketing-Organisation auf Industriegütermärkten Besonderheiten auf. Neben der Marketing-Abteilung ist in vielen Industriegüterunternehmen auch der Vertrieb an der Definition und Umsetzung typischer Marketing-Aufgabenstellungen beteiligt. Während das Marketing dabei eine eher kundenübergreifende Denkhaltung einnimmt und Strategien bzw. Maßnahmen entwickelt und umsetzt, die nicht nur den einzelnen Kunden oder Kundenauftrag zum Ziel haben, geht es dem Vertrieb eher um den einzelnen Kundenauftrag oder Kunden. Unabhängig davon, müssen Industriegütermarketing und -vertrieb eng miteinander verzahnt sein und bestenfalls partnerschaftlich im Industriegüterunternehmen zusammenarbeiten, da Marketing und Vertrieb letztlich voneinander abhängig sind: Marketing benötigt so z. B. die beim Vertrieb vorliegenden Markt- und Kundeninformationen, wohingegen der Vertrieb darauf angewiesen ist, dass auch kundenübergreifend formulierte Vermarktungsaktivitäten vom Unternehmen ergriffen werden (z. B. Messe-Auftritte). Insgesamt lässt sich feststellen, dass das Marketing im Industriegüterunternehmen nicht unabhängig von vertriebsseitigen Interessen formuliert werden kann.

Die Liste der Besonderheiten der Transaktionsprozesse ließe sich weiter verlängern. Die hier vorgestellte Auswahl von Besonderheitsmerkmalen zeigt jedoch bereits, dass die Transaktionsprozesse auf Konsumgütermärkten häufig von solchen auf Industriegütermärken differieren, so dass die Notwendigkeit für die Gestaltung eines eigenständigen Marketing-Verhaltensprogramms entsteht.

3 Entwicklungstrends der Industriegütermarketingforschung

3.1 Herkunft des Industriegütermarketing

Wenn wir den Status quo und die zukünftige Entwicklung der Industriegütermarketing-Forschung beurteilen wollen, müssen wir uns der Herkunft des Industriegütermarketing bewusst sein. Odo Marquardt, Gießener Gegenwartsphilosoph, hat das in die Worte gekleidet: „Zukunft braucht Herkunft". Die Herkunft des Industriegütermarketing lässt sich relativ gut zurückverfolgen. Wie Abb. 5 zeigt, beginnt gemessen an den publizierten Artikeln mit Industriegütermarketingbezug der Bedeutungsaufschwung des Industriegütermarketing Ende der sechziger/Anfang der siebziger Jahre des letzten Jahrhunderts. Es erscheinen so grundlegende Werke wie Robinson et al. (1967) oder Webster und Wind (1972).

Ab Beginn der 1970er Jahre des letzten Jahrhunderts nimmt die Zahl der Buch- und Zeitschriften-Publikationen zu Industriegütermarketing-Fragen dramatisch zu, während bis dahin die Zahl der Veröffentlichungen auf einem absolut geringen Niveau eingefroren schien (vgl. Abb. 1).

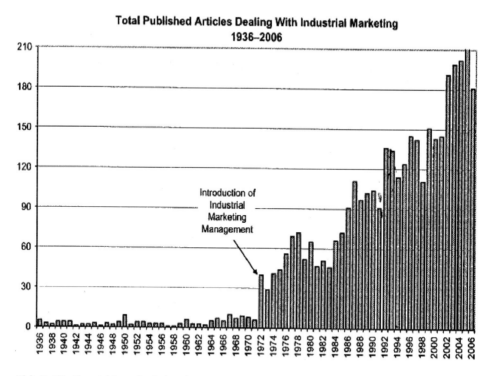

Abb. 5 Die Entwicklung des Industriegütermarketings in der öffentlichen Literatur (Quelle: LaPlaca und Katrichis 2009, S. 10)

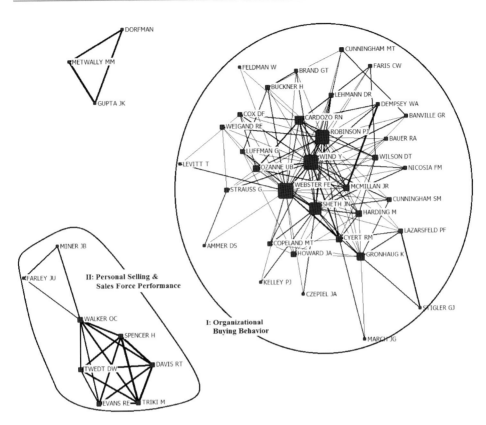

Abb. 6 Entwicklung des Industriegütermarketing in der ersten Phase (Quelle: Backhaus et al. 2011)

Teilt man die Wachstumsphase des Industriegütermarketing in vier Blöcke auf, und betrachtet die Schwerpunkte der Veröffentlichungen und diesen Blöcken, dann zeigt sich ein sehr aufschlussreiches Bild (vgl. Abb. 6 und 7).

Im oberen Teil der Abb. 7 und herausgehoben die 1. Phase in Abb. 6 sind die Ergebnisse einer bibliometrischen Analyse abgebildet. Durch Rückgriff auf die sogenannte Zitations- beziehungsweise Co-Zitations-Analyse entstehen Netzwerk-Bilder, die dadurch gekennzeichnet sind, dass die zentralen Punkte in einem Netzwerk die Autoren und deren Veröffentlichungsschwerpunkte definieren (vgl. zur Methode sowie zum Inhalt Backhaus et al. 2011; Lügger 2013). Betrachtet man die vier ausgewählten Episoden im Hinblick auf ihre Strukturen, so wird deutlich, dass in der ersten Periode, also in den siebziger Jahren, zwei große Forschungsnetzwerke die Industriegütermarketing Forschung bestimmt haben. Wie in der unteren Hälfte der Abb. 7 beschrieben, waren das die Forschungsgebiete Organisational Buying Behavior (OBB) und Personal Selling.

In der Folgezeit hat sich das Forschungsfeld sehr weit ausdifferenziert. Neben das Organisationale Beschaffungsverhalten und Personal Selling traten Probleme wie die Neu-

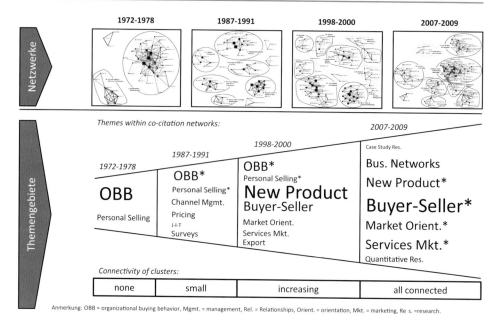

Abb. 7 Entwicklung des Industriegütermarketing in allen vier Phasen (Quelle: Backhaus et al. 2011)

produktentwicklung und Käufer/Verkäufer Beziehungen. Letzterer Bereich dominiert unter dem Etikett „Relationship Marketing" auch aktuell noch das Forschungsgeschehen im Industriegütermarketing.

Angesichts der „Ausfransung" des Industriegütermarketing ist es besonders verdienstvoll, dass das Institute for the Studies of Business Markets (ISBM) an der Penn State University einen Forschungsschwerpunkte-Katalog für eine mögliche zukünftige Forschungslandschaft im Business to Business Marketing entwickelt hat, der auf Basis einer empirischen Untersuchung zu erwartende Zukunftsforschungsfelder für das B-to-B-Marketing beschreibt und somit versucht, Forschungsergebnisse im B-to-B-Bereich zu kanalisieren.

3.2 Gegenwart und Zukunft des Industriegütermarketing

Das ISBM am Smeal College of Business Administration an der Penn State University in den USA – eines der führenden Forschungsinstitute, das sich schwerpunktmäßig mit B-to-B-Fragen befasst – hat im Jahre 2012 mit der sog. Business Agenda einen Blick auf den Stand und die Zukunft des B-to-B-Marketing geworfen, dessen Ergebnisse in drei Quellen dokumentiert sind (vgl. Lilien und Grewal 2012; Wiersema 2012; Griffin et al. 2013). Die Aussagen basieren auf „informed judgements" von 72 Unternehmen aus verschiedenen B-to-B-Branchen sowie 30 prominenten B-to-B-Marketingforschern (vgl. Wiersema 2013,

S. 470). Die Ergebnisse sind im Kern praxisorientierter Natur. Sie beziehen sich auf vier Schlüsselergebnisse:

1. Im Gegensatz zum Consumer Marketing rückt im B-to-B-Bereich das Marketing erst in den letzten Jahren stärker in den Fokus unternehmerischer Anforderungen. Die Erwartungen an das Marketing steigen wegen der gestiegenen Marktherausforderungen. B-to-B-Marketing gewinnt deshalb in Unternehmen an Bedeutung.
2. Als Treiber für die steigende Bedeutung des B-to-B-Marketing macht das ISBM vier Faktoren aus:
   - *Globalisierung*, die die Interessensschwerpunkte auf andere Länder (z. B. Emerging Countries) verlagert, erfordert ein differenziertes internationales Marketing.
   - Disruptive Technologieentwicklungen, wie z. B. Social Media, die das Nachfrageverhalten massiv ändern.
   - Veränderungsprozesse in Unternehmen, die Bedeutung erlangen, weil B-to-B-Unternehmen endlich erkennen, dass sie nur überleben können, wenn sie sich auf die Schaffung von Customer Value konzentrieren.
   - B-to-B-Marketing wird strategischer und wird dadurch hierarchisch aufgewertet.
3. B-to-B-Marketing wird sich stärker interfunktional bewähren müssen. Insbesondere das Verhältnis von Marketing und Vertrieb bedarf einer weitergehenden Klärung, aber auch die Beziehungen zwischen Marketing und Innovation sowie Marketing und Finance.
4. Daneben sollte im B-to-B-Marketing ein „granulareres Kunden- und Marktverständnis" entwickelt werden. Wir wissen immer noch zu wenig über das organisationale Beschaffungsverhalten. Neue Medien sollten im Hinblick auf mögliche Veränderungen des Kundenverhaltens analysiert werden.
5. Vier imperative Forderungen werden formuliert.
   1. Demonstriere den Beitrag des Marketing zum Unternehmenserfolg: Hier geht es um den Nachweis der Wirksamkeit von Marketing-Maßnahmen und damit die Verbindung zu Finanzierungszahlen.
   2. Denke an die Bedeutung mehrstufiger Märkte: Die Kunden der Kunden sollten bei der Entwicklung von Marketing-Konzeptionen eine Rolle spielen.
   3. Kläre das Verhältnis von zentralem Marketing zu den dezentralen Marketing-Anstrengungen: Dabei sollte klar werden, dass es die dominante Lösung nicht gibt.
   4. Entwickle Marketing-Talente: Der „War of Talents" wird maßgeblich mit über den Unternehmenserfolg entscheiden.

Die sich in den oben diskutierten Herausforderungen für das B-to-B-Marketing widerspiegelnden Aufgaben, die das B-to-B-Marketing zu lösen hat, werden das B-to-B Marketing grundlegend verändern und sollte daher sowohl von Praktikern, als auch von Wissenschaftlern adressiert werden. Das ISBM wird sich in der Zukunft prioritär mit zwei Entwicklungen auseinander setzen:

1. Das Interface zwischen Marketing und Innovation sowie
2. die Weiterentwicklung der Erkenntnisse zum organisationalen Beschaffungsverhalten.

In Europa zeichnet sich ab, dass der zweiten Frage nach einer langen Zeit der Vernachlässigung ebenfalls schon wieder deutlich mehr Augenmerk geschenkt wird (vgl. Herbst und Kemmerling, Buying Center Analyse: Wo kommen wir her, wo stehen wir, wo sollten wir hin?).

4 Fazit

Im vorliegenden Beitrag ging es um die Besonderheiten des Industriegütermarketing. Ausgangspunkt des Beitrags waren Überlegungen zur Abgrenzung und zur Bedeutung dieses Marketing-Feldes. Wir haben hierbei gezeigt, dass das als Vermarktung von solchen Leistungen an Unternehmen/Organisationen verstandene Industriegütermarketing, die diese Leistungen nicht allein an Endkunden distribuieren, sondern daraus weitere Leistungen erzeugen, eine wichtige Rolle in unserer Wirtschaft spielt. Darauf aufbauend haben wir uns mit der bisherigen Forschung im Industriegütermarketing sowie zukünftigen Forschungsfeldern dieses Bereichs auseinandergesetzt. Auch wenn sich hierbei gezeigt hat, dass die Industriegütermarketingforschung bereits auf eine jahrzehntelange Historie zurückblicken kann, bleibt als Fazit dieser Bestandsaufnahme zu konstatieren, dass das Industriegütermarketing im Vergleich zum Konsumgütermarketing bislang noch kein seiner wirtschaftlichen Bedeutung entsprechendes Gewicht in der Marketing-Wissenschaft einnimmt. Daher besteht Bedarf an einer Intensivierung der Industriegütermarketingforschung in den nächsten Jahren. Anhand einer (Forschungs-)Agenda des ISBM am Smeal College of Business Administration an der Penn State University in den USA wurden in unserem Beitrag erste Ansatzpunkte für eine zukünftige Industriegütermarketingforschung aufgezeigt. Diese sind allerdings nur beispielhaft zu verstehen. So sind darüber hinaus viele weitere Forschungsfragen im Zusammenhang mit der Vermarktung von Leistungen an Unternehmen/Organisationen offen. Beispielsweise spielen heute auf immer mehr Industriegütermärkten kooperative Leistungserstellungsmodelle zwischen Anbietern und Kunden eine wichtige Rolle. Nicht zuletzt die fortschreitende Digitalisierung von Geschäftsbeziehungen und -prozessen machen weit über eine „normale" Kundenintegration hinausgehenden Modelle möglich, bei denen Anbieter und Nachfrager gemeinsam agieren und gegenüber nachgelagerten Wertschöpfungsstufen gemeinsam auftreten. Insgesamt lassen sich allerdings solche, wie auch die vom ISBM eingeforderten Forschungsfragen nur angehen, wenn sich auch mehr Marketing-Wissenschaftler für das Forschungsfeld B-to-B-Marketing entscheiden. Eine wichtige Aufgabe der Industriegütermarketingforschung besteht daher auch in einer erweiterten Nachwuchsarbeit, um mehr junge Wissenschaftler für das Forschungsfeld „B-to-B-Marketing" zu begeistern.

Literatur

Backhaus, K., K. Lügger, und M. Koch. 2011. The structure and evolution of business-to-business marketing: A citation and co-citation analysis. *Industrial Marketing Management* 40: 940–951.

Backhaus, K., und M. Voeth. 2014. *Industriegütermarketing. Grundlagen des B-to-B-Marketing*, 10. Aufl. München: Vahlen.

Engelhardt, W.H., und B. Günter. 1981. *Investitionsgütermarketing – Anlagen, Einzel-aggregate, Teile, Roh- und Einsatzstoffe, Energieträger*. Stuttgart: Kohlhammer.

Griffin, A., B.W. Josephson, G. Lilien, F. Wiersema, B. Bayus, R. Chandy, E. Dahan, S. Gaskin, A. Kohli, C. Miller, R. Oliva, und J. Spanjol. 2013. Marketing's Roles in Innovation in Business-To-Business Firms: Status, Issues And Research Agenda. *Marketing Letters* 24(4): 323–337.

Koch, F.-K. 1987. *Verhandlungen bei der Vermarktung von Investitionsgütern*. Mainz.

Lilien, L.L., und R. Grewal. 2012. *Handbook of Business to Business Marketing*. Cheltenham: Edward Elgar Publishing Ltd.

Lügger, K. 2013. Das B2B-Marketing zwischen Emanzipation und Reintegration: Historische Entwicklungslinien als Ergebnis einer Zitations- und Koziationanalyse. *Die Betriebswirtschaft* 73(1): 51–72.

Michel, D., P. Naudé, R. Salle, und J.-P. Valla. 2003. *Business-to-Business Marketing: Strategies and Implementation*. Houndmills: Palgrave Macmillan

Plinke, W. 1999. Grundzüge des industriellen Marketing, unveröffentlichtes Manuskript, Berlin.

Plinke, W. 2000. Grundkonzeption des industriellen Marketing-Managements. In Technicher Vertrieb – Grundlagen des Business-to-Business-Marketing, Hrsg. M. Kleinaltenkamp, W. Plinke, 2. Aufl. Berlin: Springer

Robinson, P.J., Faris, C.W., und Y. Wind (1967). Industrial Buying in Creative Marketing. Boston-Mass.: Allyn and Bacon.

Statistisches Bundesamt (2011), https://www.destatis.de/DE/ZahlenFakten/Wirtschaftsbereiche/IndustrieVerarbeitendesGewerbe/IndustrieVerarbeitendesGewerbe.html

Webster, F.E., und Y. Wind. 1972. *Organizational Buying Behaviour*. Englewood Cliffs, NJ: Prentice Hall.

Wiersema, F. 2012. *The B2B Agenda: The Current State of B2B Marketing and a Look Ahead*. University Park, PA.: o. V.

Teil II
Der Industrielle Kunde als Analyseobjekt

Buying Center-Analyse: Wo kommen wir her, wo stehen wir, wo sollten wir hin?

Uta Herbst und Birte Kemmerling

Inhaltsverzeichnis

1	Einleitung	33
2	Status Quo der Buying Center-Forschung	35
	2.1 Vorgehensweise und Überblick	35
	2.2 Systematisierungskategorien	36
	2.2.1 Zeitliche Systematisierung	36
	2.2.2 Inhaltliche Systematisierung	37
	2.2.3 Methodische Systematisierung	46
	2.2.4 Zusammenfassung	47
3	Kritische Reflexion	48
Literatur		50

1 Einleitung

Seit mehr als vier Jahrzehnten beschäftigt sich die Industriegütermarketing-Forschung mit der Analyse des Beschaffungsverhaltens von Unternehmen. In diesem Zusammenhang kommt der Analyse des Buying Centers, als das für den organisationalen Einkauf verantwortliche Gremium, eine besondere Aufmerksamkeit zu (vgl. z. B. Webster und Wind 1972; Johnston und Bonoma 1981; Lilien und Wong 1984). Studien, die sich diesem Schwerpunkt widmen, untersuchen bspw., wie die auf der Kundenseite am Kaufprozess beteiligten Personen identifiziert werden können (vgl. z. B. McQuiston 1989) oder analy-

Prof. Dr. Uta Herbst ✉ · Birte Kemmerling
Universität Potsdam, Lehrstuhl für Betriebswirtschaftslehre mit dem Schwerpunkt Marketing II, Potsdam, Deutschland
e-mail: uta_herbst@uni-potsdam.de, birte.kemmerling@uni-potsdam.de

sieren das Kaufverhalten dieser Personen unter Berücksichtigung externer Einflussfaktoren, um Implikationen in Bezug auf die anbieterseitige Kundenansprache abzuleiten (vgl. z. B. Johnston und Bonoma 1981).

Im Gegensatz hierzu hat die intensive Auseinandersetzung mit den auf der Kundenseite befindlichen Buying Centern in der Industriegütermarketing-Praxis, obgleich hier Themen wie das Customer Relationship Management (vgl. z. B. Ryals und Knox 2001), das Key Account Management (vgl. z. B. Zupancic und Belz 2004) oder auch das Servicemanagement (vgl. z. B. Morris et al. 1992) bereits seit den 1990er Jahren umfassend diskutiert wurden, – wenn überhaupt – erst in den vergangenen Jahren an Bedeutung gewonnen (Klähn 2013).

Die Herausforderung der Buying Center-Analyse für die Unternehmenspraxis besteht dabei vor allem darin, dass im Gegensatz zum klassischen Konsumgütermarketing, bei dem der Fokus des Anbieters auf dem Einzelkunden liegt, ein Anbieter im Industriegütermarketing einer Gruppe von Nachfragern gegenübersteht (vgl. Büschken 1994; Patterson et al. 1997). Dies bedeutet, dass in der Regel mehrere Personen an einem Einkaufsprozess beteiligt sind, die sich nicht nur in ihren Funktionen, sondern auch aufgrund der von ihnen verfolgten Ziele und Absichten in Bezug auf den Beschaffungsprozess unterscheiden (vgl. Webster und Wind 1972; Sheth 1973). Ohne entsprechende Detailkenntnisse der jeweils vorliegenden Buying Center-Strukturen kann dies zu einer Fehlinterpretation im Hinblick auf den effektiven, dabei effizienten Vermarktungsansatz führen und damit einhergehend Umsatz- und Erlöseinbußen im Vermarktungsprozess hervorrufen.

Vor diesem Hintergrund sind und sollten die bislang gewonnenen wissenschaftlichen Erkenntnisse zur Buying Center-Analyse für die Industriegütermarketing-Praxis von hohem Interesse sein. Die Tatsache, dass sich die Forschungsbemühungen – wie bereits erwähnt – mittlerweile über einen Zeitraum von mehr als 40 Jahren erstrecken, liefert dabei zunächst Grund für die Annahme, dass die aus den Arbeiten generierten Implikationen ausreichend für die Praxis sind. Allerdings weisen bereits erste Übersichtsstudien zur Buying Center-Literatur aus den 1990er Jahren (vgl. Sheth 1996; Kauffman 1996; Johnston und Lewin 1996) weiteren Forschungsbedarf auf (z. B. hinsichtlich der Betrachtung des Buying Centers als Einheit auf der Gruppenebene). Darüber hinaus ist zu konstatieren, dass sämtliche der bestehenden Übersichtsstudien nicht explizit den Status Quo der Buying Center-Forschung betrachten, sondern vielmehr die Literatur zum organisationalen Beschaffungsverhalten im Allgemeinen berücksichtigen. Da zudem auch die bestehenden Studien einige Jahre zurückliegen, erscheint es aus wissenschaftlicher und praktischer Sicht von hohem Interesse, sich dem Status Quo der Buying Center-Forschung erneut und insbesondere explizit zuzuwenden.

Vor diesem Hintergrund ist es das Ziel dieses Beitrags, einen Überblick über die seit den 1970er Jahren bestehende Literatur zur Buying Center-Analyse zu schaffen. In diesem Zusammenhang sollen die Entwicklungen und der Status Quo jedoch nicht nur konstatiert, sondern vor allem auch kritisch reflektiert werden. Dabei geht es insbesondere darum, die Validität der Forschungserkenntnisse sowie deren Anwendung in der Praxis zu untersuchen, um zukünftige Trends der Buying Center-Analyse zu beleuchten und weiteren Forschungsbedarf in diesem Bereich aufzuzeigen.

2 Status Quo der Buying Center-Forschung

2.1 Vorgehensweise und Überblick

Um den Status Quo der Literatur zur Buying Center-Analyse so umfassend wie möglich untersuchen zu können, wurden folgende Journals ausgewählt: das Journal of Business Market Management (JBMM), das Industrial Marketing Management (IMM), das Journal of Business & Industrial Marketing (JBIM), das Journal of Business-to-Business Marketing (JBBM) und das Journal of Business Research (JBR), die jeweils einen Fokus auf den Bereich des Industriegütermarketing legen sowie das Journal of Marketing (JM), das Journal of Research in Marketing (JRM), das Journal of the Academy of Marketing Science (JAMS), als die vier am Höchsten gerankten allgemeinen Marketing-Journals. Da einige dieser Journals (insbesondere die speziellen Journals zum Industriegütermarketing) in den frühen Jahren der Buying Center-Forschung jedoch noch nicht existierten, wurde der Untersuchungszeitraum der einzelnen Journals individuell und in Abhängigkeit zum jeweiligen Erscheinungsjahr festgelegt. Eine Übersicht der ausgewählten Journals sowie die entsprechenden Untersuchungszeiträume sind in Tab. 1 dargestellt.

Auf Basis der ausgewählten Journals konnten insgesamt 127 Artikel zur Buying Center-Thematik identifiziert werden. Betrachtet man die Verteilung dieser Artikel auf die verschiedenen Journals (siehe Abb. 1), so fällt auf, dass der Großteil der Artikel im Industrial Marketing Management (IMM) veröffentlicht wurde, wohingegen ein vergleichsweise nur sehr geringer Anteil an Literatur in den anderen, speziell auf das Industriegütermarketing abzielenden, Journals (JBBM, JBIM, JBMM) zu finden ist. Allerdings sind diese Journals – wie bereits erwähnt – zum Teil auch sehr viel später erschienen. Darüber hinaus lässt sich feststellen, dass eine vergleichsweise große Anzahl an Artikeln zur Buying Center-Analyse auch im Journal of Business Research (JBR) und im Journal of Marketing (JM) veröffentlicht wurde.

Tab. 1 Im Rahmen der Literaturanalyse untersuchte Journals

Journal	Erscheinungsjahr	Untersuchungszeitraum
Journal of Business Market Management (JBMM)	2007	2007–2012
Industrial Marketing Management (IMM)	1971	1971–2012
Journal of Business & Industrial Marketing (JBIM)	1986	1986–2012
Journal of Business-to-Business Marketing (JBBM)	1993	1993–2012
Journal of Business Research (JBR)	1973	1973–2012
International Journal of Research in Marketing (IJRM)	1984	1984–2012
Journal of the Academy of Marketing Science (JAMS)	1973	1973–2012
Journal of Marketing (JM)	1936	1970–2012
Journal of Marketing Research (JMR)	1964	1970–2012

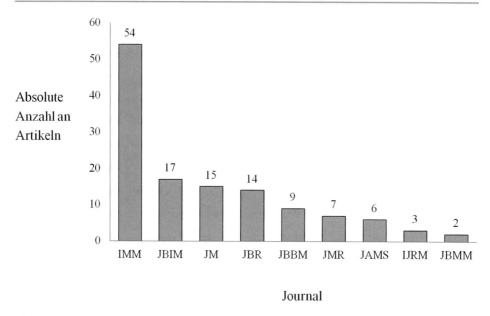

Abb. 1 Verteilung der Buying Center-Artikel nach Journals

2.2 Systematisierungskategorien

Um einen tieferen Einblick in die Literatur zu bekommen und die 127 Artikel zu systematisieren, nehmen wir eine zeitliche, inhaltliche und methodische Systematisierung vor. Anhand der zeitlichen Systematisierung wird untersucht, wann und in welchen zeitlichen Abständen die Buying Center-Thematik über die letzten 40 Jahre bearbeitet wurde. Bei der inhaltlichen Systematisierung hingegen werden die Inhalte der gesammelten Artikel strukturiert und analysiert. So kann nicht nur ermittelt werden, welche Inhalte bislang behandelt wurden, sondern auch aufgezeigt werden, in welchen Bereichen Bedarf an neuen Forschungsthemen besteht. Abschließend werden die empirischen Artikel im Rahmen der methodischen Systematisierung in Bezug auf die angewandten Analysemethoden untersucht, um diesbezügliche Entwicklungen zu konstatieren und methodischen Forschungsbedarf abzuleiten.

2.2.1 Zeitliche Systematisierung

Zunächst wenden wir uns der zeitlichen Systematisierung der Literatur zu. Dabei lässt sich die zeitliche Verteilung der Buying Center-Literatur in den oben genannten Journals anhand der Abb. 2 darstellen. Die eingezeichnete Trendlinie verdeutlicht, dass die Anzahl der Beiträge seit 1972 zunächst stark zunehmend ist. Ein Peak wird Anfang der 1980er Jahre erreicht. Ab Mitte der 1980er Jahre und vor allem während der 1990er Jahre nimmt das thematische Interesse jedoch kontinuierlich ab. Seit 2006 hat sich die Anzahl der Buying Center-Beiträge dann auf dem Niveau der frühen 1970er Jahre, also den Anfängen der Buying Center-Forschung, eingependelt.

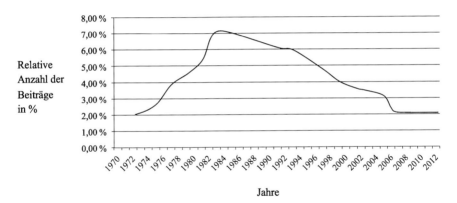

Abb. 2 Der Peak in der Buying Center-Forschung

2.2.2 Inhaltliche Systematisierung

Da es im Rahmen dieses Beitrags kaum möglich erscheint, eine umfassende Darstellung sämtlicher Artikel bereitzustellen, basiert die inhaltliche Analyse auf einer Kategorisierung, bei der die Inhalte der einzelnen Artikel in aggregierter Form beschrieben werden.

Für eine erste Kategorisierung bietet sich das Strukturmodell von Webster und Wind (1972) an. In diesem Modell beschreiben die Autoren unterschiedliche Einflussfaktoren auf das Kaufverhalten von Organisationen. Der Zusammenhang zwischen diesen Einflussfaktoren lässt sich wie folgt darstellen: Zunächst wirken Umweltfaktoren, z. B. in Form von Gesetzen, Kundenanforderungen oder auch anbieterseitigen Kommunikationsmaßnahmen, von außen auf die Organisation. Des Weiteren bestimmt die Organisation, vor allem durch ihre Organisationsstruktur, Technologien, Ziele und Aufgaben sowie ihre Mitarbeiter, die Struktur des Buying Centers. Soziale Faktoren in Form von Interaktion und Gruppenprozessen innerhalb des Buying Centers sowie individuelle Faktoren (z. B. Motivation, persönliche Eigenschaften) der Buying Center-Mitglieder wiederum beeinflussen den Entscheidungsprozess und somit letztendlich die Kaufentscheidung (vgl. Webster und Wind 1972). Zusammenfassend lässt sich sagen, dass das Modell sowohl die internen Prozesse des Buying Centers als auch dessen externe Einflussfaktoren abbildet und somit zunächst einen geeigneten Analyserahmen für die Buying Center-Forschung bietet. Die fünf Kategorien, die im Rahmen der Kategorisierung nach Webster und Wind (1972) unterschieden werden können, lauten: individuelle Faktoren, soziale Faktoren, organisationale Faktoren, Umweltfaktoren und Entscheidungsprozess.

Die Inhalte der bestehenden Buying Center-Literatur können nun entsprechend der vorangegangenen Ausführungen kategorisiert werden. Da sich die Studien jedoch oftmals nicht nur einer Kategorie zuordnen lassen, sondern mehreren Kategorien angehören, weil sie sich mit einer Kombination aus internen Prozessen und externen Einflussfaktoren des Buying Centers beschäftigen, sind die meisten Studien innerhalb der einzelnen Kategorien nicht überschneidungsfrei zuordenbar. So wird es, wenn dann, nur sehr selten der Fall

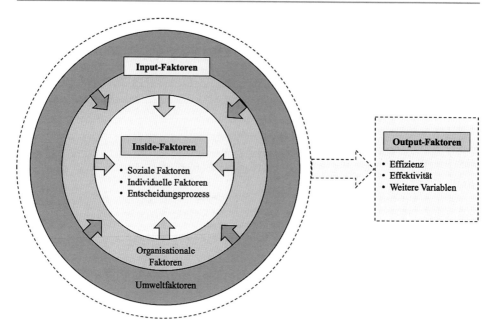

Abb. 3 Kategorisierungsschema in Anlehnung an Webster und Wind (1972)

sein, dass eine Arbeit sich bspw. nur mit dem Einfluss einzelner Buying Center-Mitglieder beschäftigt, ohne z. B. auch organisationale Faktoren wie die Organisationsgröße oder den Zentralisierungsgrad der Organisation in die Analyse einzubeziehen. Um die Bearbeitung der einzelnen Themenbereiche jedoch realitätsgetreu zu erfassen und abzubilden, ordnen wir solche Studien im Rahmen unserer Kategorisierung mehreren Kategorien zu.

Eine Übersicht des Kategorisierungsschemas befindet sich in Abb. 3.

Individuelle Faktoren. Die individuellen Faktoren des Buying Centers werden in der Literatur vor allem in Bezug auf die persönlichen Eigenschaften der Buying Center-Mitglieder und deren persönliche Präferenzen untersucht.

Die in der Literatur betrachteten Eigenschaften der Buying Center-Mitglieder können sich sowohl auf persönliche Eigenschaften dieser Personen als auch auf solche Eigenschaften beziehen, die vor allem im Zusammenhang mit der Funktion dieser Personen im Unternehmen und/oder ihrer Rolle im Buying Center stehen. Dawes und Lee (1996) analysieren bspw., inwiefern Eigenschaften, wie die Erfahrung mit einer Kaufsituation und die Betroffenheit von der Kaufentscheidung, die Bereitschaft zur Kommunikation mit anderen Buying Center-Mitgliedern beeinflussen. Des Weiteren untersuchen die Arbeiten von Moriarty und Spekman (1984) und Dawes et al. (1992) den Einfluss persönlicher Eigenschaften auf das Informationsverhalten von Buying Center-Mitgliedern im Kaufprozess. Weitere Studien hingegen beschäftigen sich damit, herauszufinden, welche Eigenschaften von den am Kaufprozess beteiligten Personen dazu geeignet sind, die eigene Position im Buying Center zu stärken und den eigenen Einfluss zu steigern. In diesem Zusammenhang werden in der Literatur sowohl Eigenschaften, wie bspw. die Erfahrung mit der Kaufsituation (vgl. Garrido-Samaniego und Gutiérrez-Cillán 2004), als auch unterschiedliche Arten von Macht (legitimierte Macht, Expertenmacht etc.) (vgl. Morris und Freedman 1984; Thomas 1984; Kohli 1989; Venkatesh et al. 1995; Tellefsen 2006) analysiert. Untersuchungen, die sich vor allem mit rollenspezifischen Eigenschaften der Buying Center-Mitglieder auseinandersetzen, betrachten bspw., wie diese ganz allgemein das Wahlverhalten im Kaufprozess beeinflussen (vgl. Wilson und Woodside 1995) oder auch wie speziell die Wahrnehmung und Selbsteinschätzung der eigenen Rolle einen Einfluss auf das eigene Verhalten im Kaufprozess haben (vgl. Spekman et al. 1995).

Autoren, die die individuellen persönlichen Präferenzen von Buying Center-Mitgliedern analysieren, beschäftigen sich vor allem mit Präferenzen in Bezug auf produkt- bzw. leistungsbezogene und/oder anbieterbezogene Merkmale. Wilson und Woodside (1995) analysieren bspw., welche Bedeutung die Qualität, der Preis, der Service und die Lieferung für Buying Center-Mitglieder aus verschiedenen Funktionsbereichen des Unternehmens in Bezug auf unterschiedliche Kaufklassen im Kaufprozess haben. Ebenso untersuchen auch Dadzie et al. (1999) welche leistungsbezogenen Kriterien (z. B. Komplexität und Kompatibilität der Technologie, verbesserter Kundenservice) für die Kaufentscheidung der am Kaufprozess beteiligten Personen bei innovativen Technologien besonders relevant sind. Dahingegen beschäftigen sich Kiser et al. (1975) in ihrer Studie hauptsächlich mit anbieterbezogenen Charakteristiken (insgesamt 65 Attribute wie z. B. Image, Knowhow, Zuverlässigkeit), um zu ermitteln, welche dieser Anbietereigenschaften den Buying Center-Mitgliedern bei der Auswahl eines Anbieters besonders wichtig sind. Herbst et al. (2008) haben sich in ihrer Status Quo Studie zur internationalen Buying Center-Analyse mit den Präferenzen von Buying Center-Mitgliedern aus verschiedenen Ländern auseinandergesetzt und geben einen Überblick über die nationalen Unterschiede in Bezug auf Buying Center-Präferenzen.

Soziale Faktoren. Wie oben bereits beschrieben, umfassen die sozialen Faktoren die Gruppenprozesse des Buying Centers und somit vor allem auch den Einfluss einzelner Buying Center-Mitglieder im Entscheidungsprozess sowie die Interaktion zwischen den Buying Center-Mitgliedern.

Die Analyse des Einflusses einzelner Buying Center-Mitglieder gehört zu den größten Forschungsbereichen im Rahmen der Buying Center-Analyse. Ein Großteil der Studien in diesem Bereich untersucht den Einfluss unterschiedlicher Buying Center-Mitglieder in Abhängigkeit von ihrer Funktion im Unternehmen (vgl. z. B. Lilien und Wong 1984; Naumann et al. 1984) und in unterschiedlichen Phasen des Kaufprozesses (vgl. z. B. Kelly 1974; Bellizzi 1979; Bellizzi und Walter 1980; Erickson und Gross 1980; Robles 1984; Polley und Shanklin 1993). In diesem Zusammenhang untersucht unter anderem Bellizzi (1979, 1981) wie der Einfluss einzelner Personen im Kaufprozess je nach Produkttyp und Organisationsgröße variiert und wie sich Einkäufer und Top Manager in Bezug auf ihren Einfluss in den unterschiedlichen Kaufprozessphasen unterscheiden. Des Weiteren analysieren Jackson et al. (1984) den relativen Einfluss von am Kaufprozess beteiligten Personen über verschiedene Kaufsituationen mit unterschiedlichen Produkten und Kaufklassen. Weitere Studien, die sich im Rahmen der Einflussanalyse unter anderem mit dem Produkttyp beschäftigen, sind z. B. die Arbeiten von Lilien und Wong (1984), McQuiston (1989), Lewin und Bello (1997) sowie Lewin und Donthu (2005). Neben den beschriebenen Untersuchungen werden, wie bereits unter den individuellen Faktoren erläutert, jedoch auch persönliche Eigenschaften wie bspw. Arten von Macht auf den Einfluss einzelner Buying Center-Mitglieder untersucht (vgl. z. B. Thomas 1984; Kohli 1989; Venkatesh et al. 1995; Dawes et al.1998; Tellefsen 2006).

Laut Wind und Robertson (1982) wurde die intraorganisationale Dynamik innerhalb eines Buying Centers in der Buying Center-Forschung der 1970er Jahre vernachlässigt. Um diesem Aspekt in der Forschung gerecht zu werden, schlagen sie vor, eine weitere Rolle in das dem Buying Center seit Webster und Wind (1972) zugrundeliegende Rollenkonzept aufzunehmen. Die sogenannte „pinrole" soll neben den Interaktionen innerhalb des Buying Centers auch die Interaktionen nach außen managen (vgl. Wind und Robertson 1982). Auch Morris und Freedman (1984), Morris et al. (1985, 1987, 1999) beschäftigen sich mit Interaktionen im Buying Center, indem sie die Koalitionsbildung von Buying Center-Mitgliedern untersuchen. Dabei analysieren sie zum einen, wie Koalitionen in kleinen Gruppen zustande kommen und zum anderen welche organisationalen Faktoren (z. B. das Belohnungssystem oder Erfolgskennzahlensystem) die Bildung von Koalitionen beeinflussen. Dawes und Lee (1996) hingegen untersuchen die Interaktion im Buying Center über die Intensität der Kommunikation zwischen Buying Center-Mitgliedern in Abhängigkeit von Netzwerk Charakteristiken (vertikale und laterale Beteiligung), individuellen Eigenschaften der Buying Center-Mitglieder und der spezifischen Kaufsituation (Komplexität, Wichtigkeit und Zeitdruck). Darüber hinaus wurde von Ronchetto et al. (1989) sowie Bristor (1992) untersucht, wie der Einfluss einzelner Buying Center-Mitglieder durch die Netzwerkstrukturen im Buying Center determiniert wird. Des Weiteren betrachtet die Studie von Lambert et al. (1986) Konflikte innerhalb des Buying Centers und analysiert den Umgang mit diesen im Rahmen der Buying Center-Interaktion.

Entscheidungsprozess. Bereits Webster und Wind (1972) sowie Sheth (1973) gehen in ihren Arbeiten auf den Entscheidungsprozess, bestehend aus einer individuellen Entscheidungsebene und einer Gruppenentscheidungsebene, ein. Während sie den Entscheidungsprozess jedoch eher am Rande untersuchen, betrachten Choffray und Lilien (1978) diesen detaillierter, indem sie den Einfluss von Buying Center-Eigenschaften, wie Informationsquellen, Evaluationskriterien und Interaktionsstrukturen auf die unterschiedlichen Phasen des Entscheidungsprozesses abbilden. Auch Bunn (1993) identifiziert in seiner Studie unterschiedliche Entscheidungsprozessphasen. Er entwickelt im Rahmen seiner Analyse sechs verschiedene Entscheidungsprozessansätze, die durch unterschiedlich starke Ausprägungen einzelner Phasen beschrieben werden und abhängig von situativen Variablen, wie z. B. der Wichtigkeit des Kaufs, in Buying Centern zum Einsatz kommen. Weitere Studien zum Entscheidungsprozess untersuchen bspw. die Beteiligung und den Einfluss von bestimmten Buying Center-Mitgliedern und Rollen in Bezug auf die unterschiedlichen Phasen des Entscheidungsprozesses (vgl. z. B. Kelly 1974; Laczniak 1979; Kennedy 1983; Lilien und Wong 1984; Polley und Shanklin 1993; Kauffman 1996).

Organisationale Faktoren. Die organisationalen Faktoren stellen wie oben beschrieben externe Einflussfaktoren auf die internen Prozesse, das heißt, die individuellen und sozialen Faktoren sowie auf den Entscheidungsprozess des Buying Centers, dar. Im Rahmen der Buying Center-Analyse werden vor allem folgende organisationale Faktoren untersucht: die Unternehmensgröße (vgl. z. B. Grønhaug 1975; Robey und Johnston 1977; Berkowitz 1986; Patton et al. 1986), die Kaufklasse (vgl. z. B. Hill 1972; Wind und Robertson 1982; Bellizzi und McVey 1983; Jackson et al. 1984; Anderson et al. 1987; Moon und Tikoo 2002; Lewin und Donthu 2005), der Produkttyp (vgl. z. B. Bellizzi 1979; Jackson et al. 1984; Lilien und Wong 1984), die Komplexität des Kaufs/der Transaktion (vgl. z. B. Reve und Johansen 1982; Jennings und Plank 1995; Brown et al. 2012) sowie Belohnungssysteme (vgl. Morris und Freedman 1984; Anderson und Chambers 1985; Morris et al. 1987). In Bezug auf die Unternehmensgröße untersucht Berkowitz (1986) bspw., wie diese die Buying Center-Größe beeinflusst, während z. B. Robey und Johnston (1977), Bellizzi (1981) und Lynn (1987) analysieren, wie die Unternehmensgröße auf die Partizipation und den Einfluss einzelner Personen im Entscheidungsprozess wirkt. Die Kaufklasse gehört zu den am meisten untersuchten organisationalen Einflussfaktoren des Buying Centers. Sie wird unter anderem als Determinante auf die Buying Center-Struktur, die Beteiligung, den Einfluss oder das Verhalten einzelner Buying Center-Mitglieder im Kaufprozess untersucht (vgl. z. B. Jackson et al. 1984; Lewin und Donthu 2005). Ähnlich verhält es sich auch in Bezug auf den Produkttyp, die Komplexität der Transaktion und Belohnungssysteme. So wird auch der Produkttyp in der Literatur vor allem auf den Einfluss von Buying Center-Mitgliedern (vgl. z. B. Bellizzi 1979; Bellizzi und McVey 1983) oder auf die Buying Center-Struktur (vgl. z. B. Spekman und Stern 1979) getestet. Des Weiteren untersuchen z. B. Morris und Freedman (1984) sowie Morris et al. (1987) die determinierende Wirkung von Belohnungssystemen sowie Robey und Johnston (1977) und McQuiston (1989) den Effekt der Komplexität einer Transaktion auf den Einfluss von Personen im Buying Center.

Da sich das Buying Center unmittelbar aus den organisationalen Faktoren ergibt (vgl. Webster und Wind 1972) zählen Studien, die sich mit der Buying Center-Struktur beschäftigen, ebenfalls zum hier beschriebenen Forschungsstrang der organisationalen Faktoren. Studien zur Buying Center-Struktur analysieren vor allem die Buying Center-Größe (vgl. z. B. Laczniak 1979; Crow und Lindquist 1985; Naumann und Lincoln 1989; Wood 2005; Homburg et al. 2010) den Formalisierungsgrad (vgl. z. B. McCabe 1987; Jennings und Plank 1995; Morris et al. 1995; Lau et al. 1999) und Zentralisierungsgrad (vgl. z. B. Lau et al. 1999; Wood 2005; Miocevic 2008) des Buying Centers, die Buying Center-Zusammensetzung (vgl. z. B. Doyle et al. 1979; Garrido-Samaniego und Gutiérrez-Cillán 2004), die Zugehörigkeit der Buying Center-Mitglieder zu unterschiedlichen Abteilungen bzw. Funktionsbereichen des Unternehmens (vgl. z. B. Hill 1972; Kelly 1974; Woodside und Sherrell 1980; Reve und Johansen 1982; Bellizzi und McVey 1983) und deren Rollen im Buying Center (vgl. z. B. Webster und Wind 1972; Grønhaug 1975, 1977; Sarin 1982; Wind und Robertson 1982). In Bezug auf die Buying Center-Größe analysieren Crow und Lindquist (1985) bspw., wie diese durch die Komplexität der Kaufentscheidung beeinflusst wird, während Naumann und Lincoln (1989) untersuchen, ob die Größe vom Formalisierungs- und Zentralisierungsgrad im Unternehmen abhängt. Lau et al. (1999) hingegen beschäftigen sich mit dem Einfluss von kaufspezifischen Faktoren, wie Zeitdruck, Wichtigkeit und Neuheitsgrad des Kaufs auf den Formalisierungs- und Zentralisierungsgrad im Buying Center. Der Formalisierungsgrad im Buying Center wird auch von McCabe (1987) analysiert, hier jedoch unter dem Einfluss von umweltbezogener Unsicherheit. Des Weiteren untersuchen Woodside und Sherrell (1980) sowie Doyle et al. (1979), wie die Zusammensetzung des Buying Centers über die verschiedenen Kaufprozessphasen und in Bezug auf unterschiedliche Kaufklassen (Neukauf, modifizierter Wiederkauf und reiner Wiederholungskauf) variiert. Darüber hinaus beschäftigen sich Silk und Kalwani (1982), Moriarty und Bateson (1982) sowie Brinkmann und Voeth (2007) in ihren Studien damit, Messmethoden oder Ansätze zu entwickeln, die es erlauben, Buying Center-Strukturen zu erfassen.

Umweltfaktoren. Umweltfaktoren stellen genau wie organisationale Faktoren äußere Einflüsse auf das Buying Center dar. Die Untersuchungen in diesem Bereich sind vielfältig. So untersuchen Banting et al. (1985) sowie Berkowitz (1986) z. B., wie die Industrie/Branche in der ein Unternehmen agiert, die Beteiligung bestimmter Unternehmensbereiche am Kaufprozess sowie den Einfluss von einzelnen Buying Center-Mitgliedern determiniert. Studien, wie die von Spekman und Ford (1977) sowie Morris et al. (1995) analysieren hingegen den Einfluss von umweltbezogener Unsicherheit auf das Verhalten der Buying Center-Mitglieder sowie die Buying Center-Struktur. So auch Roos et al. (1992), die in diesem Zusammenhang vor allem den Einfluss politischer Maßnahmen betrachten. Weitere Autoren untersuchen den Einfluss von anbieterseitigen Kommunikationsmaßnahmen wie Werbung (vgl. Gilliland und Johnston 1997), Produktplatzierung in Filmszenen (vgl. Lord und Gupta 2010) und Verkaufsbotschaften (vgl. Forrester und Locander 1989) sowie von gefühlsgeladenen Produkteigenschaften (z. B. Farbe, Text) (vgl. Wolter et al. 1989) auf Mitglieder oder Rollenprofile im Buying Center. In diesem Zusammenhang ermitteln Moriarty und Spekman (1984) sowie Bunn et al. (2001), welche externen Informationsquellen von am Kaufprozess beteiligten Personen bevorzugt genutzt werden und wie der Anbieter dies im Rahmen seiner Verkaufsbemühungen nutzen sollte. Wiederum andere Studien beschäftigen sich mit den interorganisationalen Prozessen die das Buying Center beeinflussen. Wind und Robertson (1982) berücksichtigen diese in der Beschreibung ihrer zusätzlichen „pinrole" im Buying Center, während Spekman und Johnston (1986) bspw. analysieren, wie ein strategisches Beziehungsmanagement dazu beitragen kann, anbieterseitig Einfluss auf einzelne am Kaufprozess beteiligte Personen zu nehmen. Abschließend lässt sich in Bezug auf die Umweltfaktoren feststellen, dass in den letzten Jahren vor allem auch Studien veröffentlicht wurden, die den Einfluss von

E-Commerce auf die Buying Center-Struktur sowie den Einfluss der Beteiligten im Beschaffungsprozess untersuchen (vgl. z. B. Osmonbekov et al. 2002).

Einfluss des Buying Centers auf andere Variablen. Die Literaturanalyse zeigt, dass das Buying Center-Konstrukt in der Literatur, insbesondere in den letzten Jahren, vermehrt auch als Einflussfaktor auf andere Variablen analysiert wurde. So untersuchen Dadzie et al. (1999) bspw., wie das Buying Center und seine Mitglieder den Adoptionsprozess von Produkttechnologien im Unternehmen beeinflussen. Des Weiteren betrachten Pae et al. (2002) sowie auch Woodside und Biemans (2005) die determinierende Wirkung von Buying Center-Strukturen, wie die Beteiligung am Kaufprozess und/oder die Unterstützung von Top Managern, auf die intraorganisationale Verbreitung von Innovationen. Homburg et al. (2010) hingegen analysieren wie das Buying Center, insbesondere dessen Größe und Heterogenität der Zusammensetzung, den Zusammenhang zwischen Markenwahrnehmung und Marktperformance beeinflusst. So auch die Studie von Brown et al. (2012), die sich mit der Analyse von Einflussfaktoren auf die Markensensibilität des Buying Centers beschäftigt. Des Weiteren untersuchen Austen et al. (2012), wie Buying Center-Zufriedenheit entsteht und wie sich diese auf die Wiederkaufabsicht auswirkt. Darüber hinaus gibt es Arbeiten, die sich mit der Buying Center-Effektivität und -Effizienz durch technologische Entwicklungen wie E-Commerce (vgl. Osmonbekov et al. 2002) oder in Bezug auf die Supply Chain beschäftigen. Da sich diese Artikel aufgrund der Weiterentwicklung der Forschung nur schwer in das Strukturmodell von Webster und Wind (1972) einordnen lassen, erscheint es sinnvoll, die zu Beginn der Literaturanalyse festgelegte Strukturierung um eine weitere Kategorie zu ergänzen. Hierunter werden Studien zusammengefasst, die sich mit dem Einfluss des Buying Centers auf externe Variablen beschäftigen.

Zusammenfassend fällt auf, dass die bestehende Literatur zur Buying Center-Analyse drei großen Forschungssträngen zugeordnet werden kann (siehe Abb. 4). So stellen die individuellen und sozialen Faktoren sowie der Entscheidungsprozess interne Faktoren des Buying Centers dar und werden somit im Kategorisierungsschema als (1) Inside-Faktoren bezeichnet. Die organisationalen Faktoren und die Umweltfaktoren hingegen gelten als Determinanten des Buying Centers. Sie werden im Rahmen dieser Analyse deshalb (2) Input-Faktoren genannt. Darüber hinaus werden die zuletzt identifizierten Studien, die sich mit dem Einfluss des Buying Centers auf externe Variablen befassen, als (3) Output-Faktoren in das Kategorisierungsschema aufgenommen.

Eine übersichtliche Darstellung der 127 Buying Center-Artikel, eingeordnet in die einzelnen Kategorien des Kategorisierungsschemas, befindet sich in Abb. 4.

Inside-Faktoren

Individuelle Faktoren

Eigenschaften der Buying Center Mitglieder
- Barath & Hugstad (1977)
- Spekman & Ford (1977)
- Krapfel Jr. (1982)
- Moriarty & Spekman (1984)
- Morris & Freedman (1984)
- Thomas (1984)
- Anderson & Chambers (1985)
- Crow & Lindquist (1985)
- Forrester Jr. & Locander (1989)
- Kohli (1989)
- Dawes, Dowling & Patterson (1993)
- Spekman, Stewart & Johnston (1995)
- Vankatesh, Kohli & Zaltman (1995)
- Wilson & Woodside (1995)
- Dawes & Lee (1996)
- Kauffmann (1996)
- Dawes, Patterson & Midgley (1997)
- Dawes, Lee & Dowling (1998)
- Tanner Jr. (1998)
- Bunn, Butaney & Hoffman (2001)
- Moon & Tikoo (2002)
- Garrido-Samaniego & Gutiérrez-Cillán (2004)
- Woodside & Biemans (2005)
- Tellefsen (2006)
- Marshall et al. (2007)
- Ferguson & Johnston (2011)
- Brown et al. (2012)

Individuelle Präferenzen der Buying Center Mitglieder
- Kiser, Rao & Rao (1975)
- Choffray & Lilien (1978)
- Martin, Daley & Burdg (1989)
- Wolter et al. (1989)
- Wilson & Woodside (1995)
- Dawes (1996)
- Dadzie et al. (1999)
- Brinkman & Voeth (2007)
- Herbst, Barisch & Voeth (2008)
- Lord & Gupta (2010)
- Töllner, Blut & Holzmüller (2011)

Soziale Faktoren

Einfluss
- Hill (1972)
- Webster Jr. & Wind (1972)
- Sheth (1973)
- Kelly (1974)
- Gronhaug (1975)
- Hillier (1975)
- Barath & Hugstad (1977)
- Robey & Johnston (1977)
- Choffray & Lilien (1978)
- Woodside, Karpati & Kakarigi (1978)
- Bellizzi (1979)
- Laczniak (1979)
- Silk & Kalwani (1979)
- Spekman & Stern (1979)
- Bellizzi & Walter (1980)
- Erickson & Gross (1980)
- Fortin & Ritchy (1980)
- Woodside & Sherrell (1980)
- Bellizzi (1981)
- Johnston & Bonoma (1981)
- Bellizzi & Belonax (1982)
- Johnston & Spekman (1982)
- Krapfel Jr. (1982)
- Reve & Johansen (1982)
- Sarin (1982)
- Silk & Kalwani (1982)
- Bellizzi & McVey (1983)
- Jackson Jr., Keith & Burdick (1984)
- Lilien & Wong (1984)
- Morris & Freedman (1984)
- Naumann, Lincoln & McWilliams (1984)
- Robles (1984)
- Thomas (1984)
- Möller (1985)
- Berkowitz (1986)
- Anderson, Chu & Weitz (1987)
- Lynn (1987)
- Ghingold (1988)
- Kohli & Zaltman (1988)
- Kohli (1989)
- McQuiston (1989)
- Ronchetto, Hutt & Reingen (1989)
- Thomas (1989)
- McQuiston & Dickson (1991)
- Roos, Veie & Welch (1992)
- Bristor (1993)
- Henthorne, LaTour & Williams (1993)
- Polley & Shanklin (1993)
- Tanner Jr. & Castleberry (1993)
- Webster (1993)
- Vankatesh, Kohli & Zaltman (1995)
- Farrell & Schroder (1996)
- Kauffmann (1996)
- Dawes, Patterson & Midgley (1997)
- Lewin & Bello (1997)
- Dawes, Lee & Dowling (1998)
- Ghingold & Wilson (1998)
- Tanner Jr. (1998)
- Dadzie et al. (1999)
- McNally (2002)
- Osmonbekov, Bello & Gilliland (2002)
- Garrido-Samaniego & Gutiérrez-Cillán (2004)
- Lewin & Donthu (2005)
- Tellefsen (2006)
- Brinkmann & Voeth (2007)

Interaktion
- Webster Jr. & Wind (1972)
- Sheth (1973)
- Wind & Robertson (1982)
- Morris & Freedman (1984)
- Möller (1985)
- Morris, Stanton & Calantone (1985)
- Lambert, Boughton & Banville (1986)
- Morris, Paul & Rahtz (1987)
- LaForge & Stone (1989)
- Ronchetto, Hutt & Reingen (1989)
- Barclay (1991)
- Bristor (1993)
- Buckles & Ronchetto (1996)
- Dawes & Lee (1996)
- Kauffmann (1996)
- Gilliland & Johnston (1997)
- Morris, Berthon & Pitt (1999)
- Osmonbekov, Bello & Gilliland (2002)
- Woodside & Biemans (2005)
- Ferguson & Johnston (2011)
- Austen, Herbst & Bertels (2012)

Entscheidungsprozess
- Webster Jr. & Wind (1972)
- Sheth (1973)
- Kelly (1974)
- Zaltman & Bonoma (1977)
- Choffray & Lilien (1978)
- Laczniak (1979)
- Johnston & Bonoma (1981)
- Johnston & Spekman (1982)
- Kennedy (1983)
- Wortzel (1983)
- Lilien & Wong (1984)
- Vyas & Woodside (1984)
- Möller (1985)
- Berkowitz (1986)
- Lambert, Boughton & Banville (1986)
- Spekman & Johnston (1986)
- Anderson, Chu & Weitz (1987)
- Lynn (1987)
- Ghingold (1988)
- Bello & Barczak (1990)
- Wilson, Lilien & Wilson (1991)
- Domanski & Guzek (1992)
- McWilliams, Naumann & Scott (1992)
- Roos, Veie & Welch (1992)
- Bunn (1993)
- Dholakia et al. (1993)
- Polley & Shanklin (1993)
- Bunn (1994)
- Morris, Hansen & Pitt (1995)
- Bunn & Liu (1996)
- Kauffmann (1996)
- Ghingold & Wilson (1998)
- Tanner Jr. (1998)
- Moon (2002)
- Brinkmann & Voeth (2007)
- Herbst, Barisch & Voeth (2008)

Abb. 4 Inhaltliche Systematisierung der Buying Center-Literatur

Buying Center-Analyse: Wo kommen wir her, wo stehen wir, wo sollten wir hin?

Input-Faktoren

Organisationale Faktoren

- Hill (1972)
- Webster & Wind (1972)
- Sheth (1973)
- Kelly (1974)
- Gronhaug (1975)
- Hillier (1975)
- Kiser, Rao & Rao (1975)
- Barath & Hugstad (1977)
- Gronhaug (1977)
- Robey & Johnston (1977)
- Spekman & Ford (1977)
- Zaltman & Bonoma (1977)
- Choffray & Lilien (1978)
- Bellizzi (1979)
- Doyle, Woodside & Michell (1979)
- Laczniak (1979)
- Spekman & Stern (1979)
- Fortin & Ritchy (1980)
- Bellizzi (1981)
- Johnston & Bonoma (1981)
- Bellizzi & Belonax (1982)
- Johnston & Spekman (1982)
- Reve & Johansen (1982)
- Sarin (1982)
- Thomas & Grashof (1982)
- Wind & Robertson (1982)
- Bellizzi & McVey (1983)
- Kennedy (1983)
- Wortzel (1983)

- Jackson Jr., Keith & Burdick (1984)
- Lilien & Wong (1984)
- Moriarty & Spekman (1984)
- Morris & Freedman (1984)
- Naumann, Lincoln & McWilliams (1984)
- Robles (1984)
- Anderson & Chambers (1985)
- Crow & Lindquist (1985)
- Möller (1985)
- Berkowitz (1986)
- Lambert, Boughton & Banville (1986)
- Patton, Puto & King (1986)
- Anderson, Chu & Weitz (1987)
- McCabe (1987)
- Lynn (1987)
- Morris, Paul & Rahtz (1987)
- Kohli (1989)
- McQuiston (1989)
- Naumann & Lincoln (1989)
- Ronchetto, Hutt & Reingen (1989)
- Thomas (1989)
- Barclay (1991)
- Wilson, Lilien & Wilson (1991)
- Domanski & Guzek (1992)
- Bunn (1993)
- Dawes, Dowling & Patterson (1993)
- Dholakia et al. (1993)
- Webster (1993)

- Bunn (1994)
- Jennings & Plank (1995)
- Spekman, Stewart & Johnston (1995)
- Vankatesh, Kohli & Zaltman (1995)
- Wilson & Woodside (1995)
- Buckles & Ronchetto (1996)
- Bunn & Liu (1996)
- Dawes & Lee (1996)
- Dawes (1996)
- Kauffmann (1996)
- Dawes, Patterson & Midgley (1997)
- Gilliland & Johnston (1997)
- Dawes, Lee & Dowling (1998)
- Ghingold & Wilson (1998)
- Lau, Goh & Phua (1999)
- Bunn, Butaney & Hoffman (2001)
- McNally (2002)
- Moon & Tikoo (2002)
- Garrido-Samaniego & Gutiérrez-Cillán (2004)
- Lewin & Donthu (2005)
- Wood (2005)
- Tellefsen (2006)
- Homburg, Klarmann & Schmitt (2010)
- Brown et al. (2012)

Umweltfaktoren

- Webster & Wind (1972)
- Sheth (1973)
- Spekman & Ford (1977)
- Zaltman & Bonoma (1977)
- Choffray & Lilien (1978)
- Sarin (1982)
- Thomas & Grashof (1982)
- Wind & Robertson (1982)
- Wortzel (1983)
- Moriarty & Spekman (1984)
- Anderson & Chambers (1985)
- Banting et al. (1985)
- Möller (1985)
- Berkowitz (1986)
- Patton, Puto & King (1986)
- Spekman & Johnston (1986)
- Anderson, Chu & Weitz (1987)
- Ghingold (1988)
- Forrester Jr. & Locander (1989)
- Wolter et al. (1989)
- Domanski & Guzek (1992)
- Roos, Veie & Welch (1992)
- Morris, Hansen & Pitt (1995)
- Spekman, Stewart & Johnston (1995)
- Bunn & Liu (1996)
- Kauffmann (1996)
- Gilliland & Johnston (1997)
- Lewin & Bello (1997)
- Bunn, Butaney & Hoffman (2001)
- Osmonbekov, Bello & Gilliland (2002)
- Brinkmann & Voeth (2007)
- Herbst, Barisch & Voeth (2008)
- Lord & Gupta (2010)

Buying Center Struktur

- Hill (1972)
- Webster & Wind (1972)
- Sheth (1973)
- Kelly (1974)
- Gronhaug (1975)
- Hillier (1975)
- Gronhaug (1977)
- Zaltman & Bonoma (1977)
- Choffray & Lilien (1978)
- Woodside, Karpati & Kakarigi (1978)
- Doyle, Woodside & Michell (1979)
- Laczniak (1979)
- Silk & Kalwani (1979)
- Spekman & Stern (1979)
- Woodside & Sherrell (1980)
- Johnston & Bonoma (1981)
- Johnston & Spekman (1982)
- Moriarty & Bateson (1982)
- Reve & Johansen (1982)

- Sarin (1982)
- Silk & Kalwani (1982)
- Wind & Robertson (1982)
- Bellizzi & McVey (1983)
- Kennedy (1983)
- Wortzel (1983)
- Robles (1984)
- Banting et al. (1985)
- Crow & Lindquist (1985)
- Möller (1985)
- Patton, Puto & King (1986)
- Anderson, Chu & Weitz (1987)
- McCabe (1987)
- Lynn (1987)
- Ghingold (1988)
- Mattson (1988)
- McQuiston (1989)
- Naumann & Lincoln (1989)
- Ronchetto, Hutt & Reingen (1989)
- Dawes, Dowling & Patterson (1992)
- McWilliams, Naumann & Scott (1992)
- Dawes, Dowling & Patterson (1993)

- Tanner Jr. & Castleberry (1993)
- Jennings & Plank (1995)
- Morris, Hansen & Pitt (1995)
- Kauffmann (1996)
- Lewin & Bello (1997)
- Ghingold & Wilson (1998)
- Lau, Goh & Phua (1999)
- Osmonbekov, Bello & Gilliland (2002)
- Pae et al. (2002)
- Garrido-Samaniego & Gutiérrez-Cillán (2004)
- Lewin & Donthu (2005)
- Wood (2005)
- Woodside & Biemans (2005)
- Brinkmann & Voeth (2007)
- Herbst, Barisch & Voeth (2008)
- Miocevic (2008)
- Homburg, Klarmann & Schmitt (2010)

Output-Faktoren

Buying Center Einfluss auf andere Variablen

- Dawes, Dowling & Patterson (1993)
- Dadzie, Johnston & Dadzie (1999)
- McNally (2002)
- Pae et al. (2002)
- Osmonbekov, Bello & Gilliland (2002)
- Woodside & Biemans (2005)
- Miocevic (2008)
- Homburg, Klarmann & Schmitt (2010)
- Austen, Herbst & Bertels (2012)
- Brown et al. (2012)

Abb. 4 (Fortsetzung)

2.2.3 Methodische Systematisierung

Um einen umfassenden Einblick in die existierende Buying Center-Forschung zu erhalten, haben wir nicht nur eine zeitliche und inhaltliche Systematisierung, sondern auch eine methodische Systematisierung vorgenommen. Ziel der methodischen Systematisierung war es, die in der Buying Center-Forschung angewandten Analysemethoden genauer zu untersuchen, um insbesondere vor dem Hintergrund aktueller Analysemethoden weitere Forschungslücken zu identifizieren. Hierfür mussten die 127 Artikel unseres Samples jedoch zunächst nach Artikeln empirischer oder konzeptioneller Art klassifiziert werden. Insgesamt konnten in diesem Zusammenhang 101 empirische Studien sowie 26 konzeptionelle Arbeiten identifiziert werden. Da im Rahmen der methodischen Systematisierung jedoch vor allem die empirischen Studien von Interesse sind, wurden die 26 konzeptionellen Arbeiten bei der folgenden Analyse nicht weiter berücksichtigt. Hingegen wurden die 101 empirischen Artikel unseres Samples ausführlich im Hinblick auf die angewandten Analysemethoden untersucht. Als Untersuchungsgrundlage diente in diesem Zusammenhang die Kategorisierung von Analysemethoden nach Reid und Plank (2000). Anhand dieser Kategorisierung konnten die in den empirischen Artikeln unseres Samples angewandten Verfahren entsprechend strukturiert werden. Die Ergebnisse dieser Strukturierung sind in Abb. 5 dargestellt.

Betrachtet man die Ergebnisse der Strukturierung genauer, fällt zunächst auf, dass ein Großteil der Studien einen Methodenmix, also mehrere unterschiedliche Analyseverfahren, anwendet. Dabei werten die meisten Arbeiten Daten vor allem mithilfe deskriptiver Statistiken (Häufigkeiten, Mittelwerte etc.) aus. Aber auch Mittelwertvergleiche und Regressionsanalysen werden vergleichsweise oft angewendet. Darüber hinaus scheint, wie Abb. 5 zeigt, auch die Strukturgleichungsmodellierung (SGM) ein geeignetes Instrument

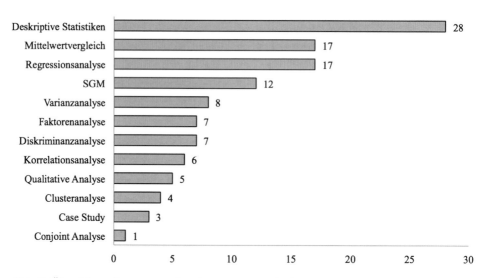

Abb. 5 Übersicht zu den angewandten Auswertungsmethoden

für die Buying Center-Analyse zu sein. So wird die Strukturgleichungsanalyse im absoluten Vergleich häufiger angewendet als die Varianzanalyse, die Faktorenanalyse oder auch die Diskriminanzanalyse. Neben den genannten quantitativen Verfahren lassen sich auch qualitative Analysemethoden in der Buying Center-Literatur identifizieren. Studien, bei denen eine qualitative Datenanalyse Anwendung findet, beruhen vor allem auf einer inhaltsanalytischen Auswertung. Case Studies, die eine Sonderform der qualitativen Analyse darstellen und in unserem Sample ebenfalls vorliegen, wurden in Abb. 5 zur besseren Übersicht separat zur qualitativen Analyse aufgeführt.

2.2.4 Zusammenfassung

Zusammenfassend lässt sich der Status Quo der Buying Center-Forschung in einer dreidimensionalen Grafik darstellen (Abb. 6). Die Grafik bietet, obwohl sie aufgrund der Vielzahl an Artikeln nicht ganz überschneidungsfrei ist, einen guten Überblick über die inhaltlichen und methodischen Entwicklungen der Buying Center-Forschung. Es wird deutlich, dass der Fokus in den 1970er Jahren vor allem auf den Inside-Faktoren der Buying Center-Analyse lag. Dabei wurden im Rahmen empirischer Studien eher einfachere statistische Methoden, wie deskriptive Statistiken und Mittelwertvergleiche, angewendet. In den 1980er Jahren spielen die Inside-Faktoren inhaltlich nach wie vor eine große Rolle, jedoch werden verstärkt auch Input-Faktoren in die Analyse einbezogen. In Bezug auf die Auswertungsmethoden lässt sich konstatieren, dass neben den vor allem zu Beginn der Buying Center-Forschung angewandten univariaten Auswertungsmethoden, nun auch erste multivariate Verfahren Anwendung finden. Die 1990er Jahre bringen in Bezug auf die Inhalte keine große Veränderung. So sind es weiterhin die Inside- und Input-Faktoren, die im Mittelpunkt der Analyse stehen. Gegen Ende der 1990er Jahre sind jedoch auch erste wenige Artikel zu konstatieren, die sich mit den sogenannten Output-Faktoren beschäftigen. Damit einhergehend werden auch die Auswertungsmethoden zunehmend komplexer. So werden neben multivariaten Varianz- und Regressionsanalysen nun auch umfangreiche Strukturgleichungsmodelle (SGM) gerechnet. Dieser Trend setzt sich ab dem Jahr 2000 fort. Hier ist die Strukturgleichungsmodellierung das am häufigsten angewendete Auswertungsverfahren im Rahmen der Buying Center-Analyse. Inhaltlich stehen dabei vor allem die Output-Faktoren im Vordergrund der Untersuchungen.

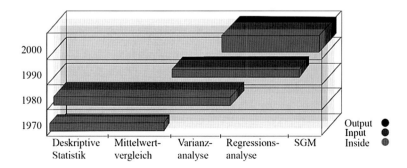

Abb. 6 Überblick zum Status Quo der Buying Center-Forschung

3 Kritische Reflexion

Welche Schlüsse lassen sich aus dem Status Quo ziehen? Zunächst ist zu konstatieren, dass die Erkenntnisse der Buying Center-Literatur relevante Implikationen für die Marketingpraxis liefern. So z. B. der Artikel von Brinkmann und Voeth (2007), der sich vor allem auf die Inside-Faktoren der Buying Center-Analyse bezieht und in dem die Autoren die Bedeutung der Vertriebsmitarbeiter des Anbieterunternehmens im Rahmen der Buying Center-Analyse aufzeigen. So stellen Vertriebsmitarbeiter im Rahmen der Präferenz- und Einflussmessung von Buying Center-Mitgliedern nachweislich eine valide und – im Vergleich zur klassischen Kundenbefragung – auch eine kostengünstige Informationsquelle dar (vgl. Brinkmann und Voeth 2007). Ein weiteres Beispiel, das sich vor allem mit den Input-Faktoren der Buying Center-Analyse beschäftigt, ist die Arbeit von Wood (2005). Dieser kommt zu der Erkenntnis, dass die Struktur des Kundenunternehmens wertvolle Rückschlüsse auf die Struktur des Buying Centers zulässt. In diesem Zusammenhang identifiziert er vier verschiedene Organisationstypen, die sich nicht nur in ihrer Struktur (Formalisierung und Zentralisierung), sondern damit auch in Bezug auf die Buying Center-Größe, -Formalisierung und -Zentralisierung unterscheiden. Wood (2005) leitet daraus letztendlich Implikationen für eine effiziente Ressourcenverteilung des Vertriebspersonals ab. Praxisrelevante Implikationen liefert darüber hinaus auch der Artikel von Austen et al. (2012), der sich mit dem Konstrukt der Buying Center-Zufriedenheit beschäftigt. So stellen sie fest, dass der Zusammenhang zwischen der individuellen Kundenzufriedenheit einzelner Buying Center-Mitglieder und der Buying Center-Zufriedenheit aufgrund von spezifischen Interaktionsmustern nicht-linear verlaufen kann, weil individuelle Unzufriedenheit nachweislich einen größeren Einfluss auf die Buying Center-Zufriedenheit hat, als individuelle Zufriedenheit. Wichtig für die Praxis ist es, dies im Rahmen ihrer Kundenzufriedenheitsbemühungen zu berücksichtigen sowie individuelle Unzufriedenheit im Buying Center aufzudecken und zu eliminieren (vgl. Austen et al. 2012).

Neben den soeben beschriebenen Beispielen lassen sich aus dem Großteil der hier untersuchten Studien zur Buying Center-Analyse viele weitere wichtige praktische Implikationen ziehen. Insgesamt soll unser Artikel somit als Sammlung bzw. Nachschlagewerk im Hinblick auf Erkenntnisse der Buying Center-Forschung dienen. Allerdings wirft unser Überblick auch einige Fragen auf. So wird nicht zuletzt aus Abb. 6 deutlich, dass viele Bestandteile der Buying Center-Analyse, insbesondere Input-Faktoren wie bspw. die Einfluss- und Präferenzmessung, hauptsächlich in früheren Jahren der Buying Center-Forschung sowie mit zumeist nur sehr einfachen statistischen Methoden analysiert wurden. Re-Analysen hierzu haben – wie bislang leider vielfach üblich in der Betriebswirtschaftslehre – bisher nicht stattgefunden. Damit stellt sich – insbesondere vor dem Hintergrund eines sich stetig verändernden organisationalen Beschaffungsverhaltens – die Frage, wie valide die Ergebnisse dieser Studien heute noch sind. Zu denken ist hier bspw. an den zunehmenden Einfluss technischer Entwicklungen wie E-Procurement Systemen oder aber an den Trend zur Aufteilung von Buying Centern in Verhandlungen (vgl.

z. B. Herbst und Austen 2011). Mit der Aufteilung von Buying Centern ist gemeint, dass Einkäufer und Nutzer nicht mehr gemeinsam mit dem herstellerseitigen Vertriebsteam verhandeln, sondern in separaten Verhandlungen zunächst leistungsbezogene Kriterien und hierauf aufbauend dann preisbezogene Aspekte verhandelt werden. Dies führt dazu, dass Verhandlungen härter werden, da Trade-offs zwischen den Variablen Preis und Leistung kaum mehr möglich sind.

Die aktuellen Trends bedingen jedoch nicht nur Re-Analysen bestehender Erkenntnisse, sondern werfen auch neue Themen und somit weiteren Forschungsbedarf auf. Erneut wollen wir dies am Beispiel der Aufteilung von Buying Centern verdeutlichen: Hier gilt es bspw. noch zu untersuchen, inwiefern durch die Aufteilung des Buying Centers kundenseitig Unzufriedenheiten entstehen, weil der Preis und die Leistung eines Produktes oder einer Dienstleistung separat verhandelt und Preisabsprachen somit häufig zuungunsten der Leistung getätigt werden. Zudem gibt es bisher keine Erkenntnisse darüber, inwieweit die Aufteilung von Buying Centern interne Prozesse und damit einhergehend den organisationalen Beschaffungsprozess in seinen Phasen verändert. Des Weiteren sollte sich die Buying Center-Forschung zukünftig, ähnlich der bereits untersuchten „pinrole" (vgl. Wind und Robertson 1982), auch mit dem Thema des Outsourcings beschäftigen, da aktuelle Entwicklungen zeigen, dass Beschaffungsprobleme besonders in der Verhandlungsphase zunehmend an sogenannte Agenten ausgelagert werden.

Zusammenfassend lässt sich sagen, dass die Industriegütermarketing-Forschung nach wie vor gefragt ist, sich der Herausforderung bestehender und neuer Themen im Bereich der Buying Center-Analyse zu stellen. Diese sollten zukünftig vor allem auch mit neueren Methoden wie z. B. der Multiebenentheorie von Kozlowski und Klein (2000) sowie auch mit Hilfe von experimentellen Herangehensweisen analysiert werden.

Bei der Interpretation der Erkenntnisse aus unserer Studie darf nicht übersehen werden, dass diese Limitationen unterliegt. Diese ergeben sich vor allem aus unserem Sample. So beruhen unsere Ausführungen zwar auf international publizierten Beiträgen zur Buying Center-Analyse, dennoch berücksichtigt das Sample bspw. keine Dissertationen oder deutschsprachigen Zeitschriften. Dies kann – vor dem Hintergrund des guten deutschen Forschungsstands zum Industriegütermarketing – dazu führen, dass Studien im Rahmen unserer Analyse vernachlässigt wurden. Darüber hinaus stellt das von uns gewählte Kategorisierungsschema in Anlehnung an Webster und Wind (1972) sicherlich nur eine von mehreren Möglichkeiten dar, die Buying Center-Literatur zu systematisieren. So kann es durchaus andere Verfahren geben, die bei ihrer Anwendung zu abweichenden Erkenntnissen führen. Zu guter Letzt bezieht unsere Analyse nur Artikel ein, die sich direkt mit dem Buying Center-Konstrukt auseinandersetzen. Im Rahmen der Literatursammlung sind wir darüber hinaus auf Artikel gestoßen, die das Buying Center am Rande ihrer Studie mituntersuchen. Diese wurden hier außen vorgelassen, weil sie unserer Ansicht nach primär anderen Forschungsbereichen des Industriegütermarketing entstammen.

Literatur

Anderson, E., W. Chu, und B. Weitz. 1987. Industrial Purchasing: An Empirical Exploration of the Buyclass Framework. *Journal of Marketing* 51(3): 71–86.

Anderson, P.F., und T.M. Chambers. 1985. A Reward/Measurement Model of Organizational Buying Behavior. *Journal of Marketing* 49(2): 7–23.

Austen, V., U. Herbst, und V. Bertels. 2012. When 3+3 does not equal 5+1 – New insights into the measurement of industrial customer satisfaction. *Industrial Marketing Management* 41(6): 973–983.

Banting, P., D. Ford, A. Gross, und G. Holmes. 1985. Similarities in Industrial Procurement across Four Countries. *Industrial Marketing Management* 14(2): 133–144.

Bellizzi, J.A. 1979. Product Type and the Relative Influence of Buyers in Commercial Construction. *Industrial Marketing Management* 8(3): 213–220.

Bellizzi, J.A. 1981. Organizational Size and Buying Influences. *Industrial Marketing Management* 10(1): 17–21.

Bellizzi, J.A., und P. McVey. 1983. How Valid Is the Buy-Grid Model? *Industrial Marketing Management* 12(1): 57–62.

Bellizzi, J.A., und C.K. Walter. 1980. Purchasing Agent's Influence in the Buying Process. *Industrial Marketing Management* 9(2): 137–141.

Berkowitz, M. 1986. New Product Adoption by the Buying Organization: Who Are the Real Influencers? *Industrial Marketing Management* 15(1): 33–43.

Brinkmann, J., und M. Voeth. 2007. An analysis of buying center decisions through the salesforce. *Industrial Marketing Management* 36(7): 998–1009.

Bristor, J.M. 1992. Influence Strategies in Organizational Buying. *Journal of Business-to-Business Marketing* 1(1): 63–98.

Brown, B.P., A.R. Zablah, D.N. Bellenger, und N. Donthu. 2012. *Industrial Marketing Management* 41(3): 508–520.

Bunn, M.D. 1993. Taxonomy of Buying Decision Approaches. *Journal of Marketing* 57(1): 38–56.

Bunn, M.D., G.T. Butaney, und N.P. Hoffman. 2001. An Empirical Model of Professional Buyers' Search Effort. *Journal of Business-to-Business Marketing* 8(4): 55–84.

Büschken, J. 1994. *Multipersonale Kaufentscheidungen: Empirische Analyse zur Operationalisierung von Einflussbeziehungen im Buying Center*. Wiesbaden: Springer.

Choffray, J.-M., und G.L. Lilien. 1978. Assessing Response to Industrial Marketing Strategy. *Journal of Marketing* 42(2): 20–31.

Crow, L.E., und J.D. Lindquist. 1985. Impact of Organizational and Buyer Characteristics on Buying Center. *Industrial Marketing Management* 14(1): 49–58.

Dadzie, K.Q., W.J. Johnston, E.W. Dadzie, und B. Yoo. 1999. Influence in the organizational buying center and logistics automation technology adoption. *Journal of Business & Industrial Marketing* 14(5): 433–444.

Dawes, P.L., G.R. Dowling, und P. Patterson. 1992. Determinants of Pre-Purchase Information Search Effort for Management Consulting Services. *Journal of Business-to-Business Marketing* 1(1): 31–61.

Dawes, P.L., und D.Y. Lee. 1996. Communication Intensity in Large-Scale Organizational High Technology Purchasing Decisions. *Journal of Business-to-Business Marketing* 3(3): 3–38.

Dawes, P.L., D.Y. Lee, und G.R. Dowling. 1998. Information Control and Influence in Emergent Buying Centers. *Journal of Marketing* 62(3): 55–68.

Doyle, P., A.G. Woodside, und P. Michell. 1979. Organizations Buying in New Task and Rebuy Situations. *Industrial Marketing Management* 8(1): 7–11.

Erickson, R.A., und A.C. Gross. 1980. Generalizing Industrial Buying: A Longitudinal Study. *Industrial Marketing Management* 9(3): 253–265.

Forrester, W.R., und W.B. Locander. 1989. Effects of sales presentation topic on cognitive responses in industrial buying groups. *Journal of the Academy of Marketing Science* 17(4): 305–313.

Garrido-Samaniego, M.J., und J. Gutiérrez-Cillán. 2004. Determinants of influence and participation in the buying center. An analysis of Spanish industrial companies. *Journal of Business & Industrial Marketing* 19(5): 320–336.

Gilliland, D.I., und W.J. Johnston. 1997. Toward a model of business-to-business marketing communications effects. *Industrial Marketing Management* 26(1): 15–29.

Grønhaug, K. 1975. Autonomous vs. Joint Decisions in Organizational Buying. *Industrial Marketing Management* 4(5): 265–271.

Grønhaug, K. 1977. Exploring a Complex Organizational Buying Decision. *Industrial Marketing Management* 6(6): 439–445.

Herbst, U., und V. Austen. 2011. Spielt die „Entscheidungshistorie" bei organisationalen Kaufentscheidungen eine Rolle? *Die Betriebswirtschaft* 71(6): 515–539.

Herbst, U., S. Barisch, und M. Voeth. 2008. International Buying Center Analysis – The Status Quo of Research. *Journal of Business Market Management* 2(3): 123–140.

Hill, R.W. 1972. The Nature of Industrial Buying Decisions. *Industrial Marketing Management* 2(1): 45–55.

Homburg, C., M. Klarmann, und J. Schmitt. 2010. Brand awareness in business markets: When is it related to firm performance? *International Journal of Research in Marketing* 27(3): 201–212.

JacksonJr, D.W., J.E. Keith, und R.K. Burdick. 1984. Purchasing Agents' Perception of Industrial Buying Center Influence: A Situational Approach. *Journal of Marketing* 48(4): 75–83.

Jennings, R.G., und R.E. Plank. 1995. When the purchasing agent is a committee. *Implications for industrial marketing* 24(5): 411–419.

Johnston, W.J., und T.V. Bonoma. 1981. The Buying Center: Structure and Interaction Patterns. *Journal of Marketing* 45(3): 143–156.

Johnston, W.J., und J.E. Lewin. 1996. Organizational Buying Behavior: towards an integrative framework. *Journal of Business Research* 35(1): 1–15.

Kauffman, R.G. 1996. Influences on organizational buying choice processes: future research directions. *Journal of Business & Industrial Marketing* 11(3): 94–107.

Kelly, J.P. 1974. Functions Performed in Industrial Purchasing Decisions with Implications for Marketing Strategy. *Journal of Business Research* 2(4): 421–434.

Kennedy, A.M. 1983. The Complex Decision to Select a Supplier: A Case Study. *Industrial Marketing Management* 12(1): 45–56.

Kiser, G.E., C.P. Rao, und S.R.G. Rao. 1975. Vendor Attribute Evaluations of "Buying Center" Members other than Purchasing Executives. *Industrial Marketing Management* 4(1): 45–54.

Klähn, A. 2013. Die wahren Entscheider. *Acquisa* 07-08: 56–59.

Kohli, A. 1989. Determinants of Influence in Organizational Buying: A Contingency Approach. *Journal of Marketing* 53(3): 50–65.

Kozlowski, S.W.J., und K.J. Klein. 2000. A multilevel approach to theory and research in organizations: Contextual, temporal, and emergent processes. In *Multilevel theory, research and methods in organizations: Foundations, extensions, and new directions*, Hrsg. K.J. Klein, S.W.J. Kozlowski, 3–90. San Francisco, CA: Jossey-Bass.

Laczniak, G.R. 1979. An Empirical Study of Hospital Buying. *Industrial Marketing Management* 8(1): 57–62.

Lambert, D.R., P.D. Boughton, und G.R. Banville. 1986. Conflict Resolution in Organizational Buying Centers. *Journal of the Academy of Marketing Science* 14(1): 57–62.

Lau, G.-T., M. Goh, und S.L. Phua. 1999. Purchase-Related Factors and Buying Center Structure. *Am Empirical Assessment* 28(6): 573–587.

Lewin, J.E., und D.C. Bello. 1997. Marketing innovative technology to institutional buyers in educational settings. *Journal of Business & Industrial Marketing* 12(1): 7–21.

Lewin, J.E., und N. Donthu. 2005. The influence of purchase situation on buying center structure and involvement: a select meta-analysis of organizational buying behavior research. *Journal of Business Research* 58(10): 1381–1390.

Lilien, G.L., und M.A. Wong. 1984. An Exploratory Investigation of the Structure of the Buying Center in the Metalworking Industry. *Journal of Marketing Research* 21(1): 1–11.

Lord, K.R., und P.B. Gupta. 2010. Response of buying-center participants to B2B product placements. *Journal of Business & Industrial Marketing* 25(3): 188–195.

Lynn, S.A. 1987. Identifying Buying Influences for a Professional Service: Implications for Marketing Efforts. *Industrial Marketing Management* 16(2): 119–130.

McCabe, D.L. 1987. Buying Group Structure: Constriction at the Top. *Journal of Marketing* 51(4): 89–98.

McQuiston, D.H. 1989. Novelty, Complexity, and Importance as Causal Determinants of Industrial Buyer Behavior. *Journal of Marketing* 53(2): 66–79.

Miocevic, D. 2008. Organizational buying effectiveness in supply chain environment: A conceptual framework. *Journal of Business Market Management* 2(4): 171–185.

Moon, J., und S. Tikoo. 2002. Buying decision approaches of organizational buyers and users. *Journal of Business Research* 55(4): 293–299.

Moriarty, R.T., und J.E.G. Bateson. 1982. Exploring Complex Decision Making Units: A New Approach. *Journal of Marketing Research* 19(2): 182–191.

Moriarty, R.T., und R.E. Spekman. 1984. An Empirical Investigation of the Information Sources Used During the Industrial Buying Process. *Journal of Marketing Research* 21(2): 137–147.

Morris, M.H., P. Berthon, und L.F. Pitt. 1999. Assessing the Structure of Industrial Buying Centers with Multivariate Tools. *Industrial Marketing Management* 28(3): 263–276.

Morris, M.H., und D.L. Davis. 1992. Measuring and Managing Customer Service in industrial Firms. *Industrial Marketing Management* 21(4): 343–353.

Morris, M.H., und S.M. Freedman. 1984. Coalitions in Organizational Buying. *Industrial Marketing Management* 13(2): 123–132.

Morris, M.H., S.D. Hansen, und L.F. Pitt. 1995. Environmental turbulence and organizational buying. *The case of health benefits in South Africa* 24(4): 305–315.

Morris, M.H., G.W. Paul, und D. Rahtz. 1987. Organizational Rewards and Coalitions in the Industrial Buying Center. *International Journal of Research in Marketing* 4(2): 131–146.

Morris, M.H., W.W. Stanton, und R.J. Calantone. 1985. Measuring Coalitions in the Industrial Buying Center. *Journal of the Academy of Marketing Science* 13(4): 18–39.

Naumann, E., und D.J. Lincoln. 1989. Systems Theory Approach to Conducting Industrial Marketing Research. *Journal of Business Research* 19(2): 151–164.

Naumann, E., D.J. Lincoln, und R.D. McWilliams. 1984. The Purchase of Components: Functional Areas of Influence. *Industrial Marketing Management* 13(2): 113–122.

Osmonbekov, T., D.C. Bello, und D.I. Gilliland. 2002. Adoption of electronic commerce tools in business procurement: enhanced buying center structure and processes. *Journal of Business & Industrial Marketing* 17(2): 151–166.

Pae, J.H., N. Kim, J.K. Han, und L. Yip. 2002. Managing intraorganizational diffusion of innovations Impact of buying center dynamics and environments. *Industrial Marketing Management* 31(8): 719–726.

Patterson, P.G., L.W. Johnson, und R.A. Spreng. 1997. Modeling the determinants of customer satisfaction for business-to-business professional services. *Journal of the Academy of Marketing Science* 25(1): 4–17.

Patton, W.E., C.P. Puto, und R.H. King. 1986. Which Buying Decisions Are Made by Individuals and Not by Groups? *Industrial Marketing Management* 15(2): 129–138.

Polley, P.J., und W.L. Shanklin. 1993. Marketing High-technology Medical Equipment to Hospitals. *Journal of Business & Industrial Marketing* 8(4): 32–42.

Reid, D.A., und R.E. Plank. 2000. Business Marketing Comes of Age: A Comprehensive Review of the Literature. *Journal of Business-to-Business Marketing* 7(2–3): 9–186.

Reve, T., und E. Johansen. 1982. Organizational Buying in the Offshore Oil Industry. *Industrial Marketing Management* 11(4): 275–282.

Robey, D., und W.J. Johnston. 1977. Lateral Influences and Vertical Authority in Organizational Buying. *Industrial Marketing Management* 6(6): 451–462.

Robles, F. 1984. Buying in a Matrix Organization. *Industrial Marketing Management* 13(3): 201–208.

RonchettoJr, J.R., M.D. Hutt, und P.H. Reingen. 1989. Embedded Influence Patterns in Organizational Buying Systems. *Journal of Marketing* 53(4): 51–62.

Roos, J., E. Veie, und L.S. Welch. 1992. A case study of equipment purchasing in Czechoslovakia. *Industrial Marketing Management* 21(3): 257–263.

Ryals, L., und S. Knox. 2001. Cross-functional issues in the implementation of relationship marketing through customer relationship management. *European Management Journal* 19(5): 534–542.

Sarin, S. 1982. Buying Decisions in Four Indian Organizations. *Industrial Marketing Management* 11(1): 25–37.

Sheth, J.N. 1973. A Model of Industrial Buyer Behavior. *Journal of Marketing* 37(4): 50–56.

Sheth, J.N. 1996. Organizational buying behavior: past performance and future expectations. *Journal of Business & Industrial Marketing* 11(3): 7–24.

Silk, A.J., und M.U. Kalwani. 1982. Measuring Influence in Organizational Purchase Decisions. *Journal of Marketing Research* 19(2): 165–81.

Spekman, R.E., und G.T. Ford. 1977. Perceptions of Uncertainty within a Buying Group. *Industrial Marketing Management* 6(6): 395–403.

Spekman, R.E., und W.J. Johnston. 1986. Relationship Management: Managing the Selling and the Buying Interface. *Journal of Business Research* 14(6): 519–531.

Spekman, R.E., und L.W. Stern. 1979. Environmental Uncertainty and Buying Group Structure: An Empirical Investigation. *Journal of Marketing* 43(2): 54–64.

Spekman, R.E., D.W. Stewart, und W.J. Johnston. 1995. An Empirical Investigation of the Formation and Implications of the Organizational Buyer's Strategic and Tactical Roles. *Journal of Business-to-Business Marketing* 2(3): 37–63.

Tellefsen, T. 2006. Antecedents and Consequences of Buying Center Leadership: An Emergent Perspective. *Journal of Business-to-Business Marketing* 13(1): 53–85.

Thomas, R.J. 1984. Bases of Power I in Organizational Buying Decisions. *Industrial Marketing Management* 13(4): 209–217.

Venkatesh, R., A.K. Kohli, und G. Zaltman. 1995. Influence Strategies in Buying Centers. *Journal of Marketing* 59(4): 71–82.

WebsterJr, F.E., und Y. Wind. 1972. A General Model for Understanding Organizational Buying Behavior. *Journal of Marketing* 36(2): 12–19.

Wilson, E.J., und A.G. Woodside. 1995. The Relative Importance of Choice Criteria in Organizational Buying: Implications for Adaptive Selling. *Journal of Business-to-Business Marketing* 2(1): 33–58.

Wind, Y., und T.S. Robertson. 1982. The Linking Pin Role in Organizational Buying Centers. *Journal of Business Research* 10(2): 169–184.

Wolter, J.F., F.R. Bacon, D.F. Duhan, und R.D. Wilson. 1989. How Designers and Buyers Evaluate Products. *Industrial Marketing Management* 18(2): 81–89.

Wood, J.A. 2005. Organizational configuration as an antecedent to buying centers' size and structure. *Journal of Business & Industrial Marketing* 20(6): 263–275.

Woodside, A.G., und W.G. Biemans. 2005. Modeling innovation, manufacturing, diffusion and adoption/rejection processes. *Journal of Business & Industrial Marketing* 20(7): 380–393.

Woodside, A.G., und D.L. Sherrell. 1980. New Replacement Part Buying. *Industrial Marketing Management* 9(2): 123–132.

Zupancic, D., und C. Belz. 2004. Internationales Key Account Management. In *Handbuch Industriegütermarketing*, Hrsg. K. Backhaus, M. Voeth, 577–600. Wiesbaden: Gabler.

Interaktionen in Geschäftsbeziehungen

Björn Ivens und Alexander Leischnig

Inhaltsverzeichnis

1   Problemstellung und Ziele des Beitrags 55
2   Bedeutung und Formen von Interaktionen in Geschäftsbeziehungen 57
    2.1   Definition und Merkmale von Interaktionen in industriellen Märkten 57
    2.2   Formen von Interaktionen in industriellen Märkten 58
3   Überblick über Modelle zur Erklärung von Interaktionen in Geschäftsbeziehungen ... 60
    3.1   Bestandsaufnahme und Systematisierung von Interaktionsansätzen 60
    3.2   Strukturmodelle zur Erklärung interorganisationaler Interaktionen 63
    3.3   Prozessmodelle zur Erklärung interorganisationaler Interaktionen 65
4   Zusammenfassung und Ausblick 68
Literatur 68

1 Problemstellung und Ziele des Beitrags

Viele Industriegütermärkte sind in hohem Maße dadurch gekennzeichnet, dass Akteure in mehr oder minder kurzen Abständen wiederholte Transaktionen miteinander durchführen. Dies gilt bspw. für die Zulieferindustrie im Automobilbereich ebenso wie für

---

Prof. Dr. Björn Ivens ✉
Otto-Friedrich-Universität Bamberg, Lehrstuhl für BWL, insbesondere Marketing,
Bamberg, Deutschland
e-mail: bjoern.ivens@uni-bamberg.de

Prof. Dr. Alexander Leischnig
Otto-Friedrich-Universität Bamberg, Juniorprofessur für BWL, insbesondere Marketing Intelligence, Bamberg, Deutschland
e-mail: alexander.leischnig@uni-bamberg.de

© Springer Fachmedien Wiesbaden 2015
K. Backhaus und M. Voeth (Hrsg.), *Handbuch Business-to-Business-Marketing*,
DOI 10.1007/978-3-8349-4681-2_4

Beratungsunternehmen oder für Anlagenbauer. In vielen verschiedenen Industrien pflegen Anbieter langfristige Geschäftsbeziehungen zu ihren professionellen Kunden. Diese Geschäftsbeziehungen können dyadische Kunden-Lieferanten-Konstellationen sein oder auch Netzwerkstrukturen annehmen, bei denen mehrere Unternehmen in Austauschbeziehungen zueinander stehen (Anderson et al. 1994).

Geschäftsbeziehungen sind „im Gegensatz zu Einzeltransaktionen von einer längerfristigen Perspektive gekennzeichnet, die über eine einzelne ‚Transaktionsepisode' (…) hinausreicht und von dem grundsätzlichen Willen der Partner geprägt ist, den einmal gefundenen Kontakt aufrechtzuerhalten und gegebenenfalls weiterzuentwickeln. Einzeltransaktionen und Geschäftsbeziehungen stellen gewissermaßen Endpunkte eines Kontinuums dar, auf dem Transaktionstypen unterschiedlicher Beziehungsintensität abgetragen werden können" (Diller 1995). Um von einer Geschäftsbeziehung sprechen zu können, müssen auf Grundlage obiger Definition verschiedene Kriterien erfüllt sein. Das Zustandekommen mehrerer aufeinanderfolgender Transaktionen ist dabei nur eine notwendige, nicht jedoch eine hinreichende Bedingung. Zusätzlich ist zumindest die willentliche Wiederholung von Kauf- bzw. Verkaufsakten mit demselben Marktpartner erforderlich. Somit werden zufällig entstehende Transaktionsfolgen zwischen ökonomischen Akteuren aus der Definition ausgeschlossen. Vielmehr müssen die handelnden Individuen bzw. Organisationen Gründe haben, die eine planmäßige Verknüpfung zwischen Austauschakten sinnvoll oder notwendig erscheinen lassen.

Zielgerichtet wiederholte Transaktionen führen dazu, dass zwei Marktakteure nicht nur weitgehend anonyme Spotgeschäfte durchführen, sondern in Interaktion miteinander treten. Die Interaktionen zwischen den Marktakteuren werden dabei als der Kern einer Geschäftsbeziehung angesehen (Håkansson und Snehota 1995). Zahlreiche Forscher, wie z. B. Macneil (1978, 1980), unterstützen die Ansicht, dass Austauschprozesse im Rahmen von Geschäftsbeziehungen auf Business-to-Business-Märkten den Normalfall darstellen und sogenannte diskrete Transaktionen – d. h. Geschäftsvorgänge, bei denen die beteiligten Akteure vor einem Austausch in keinerlei Verhältnis zueinander stehen, dies auch für die Zukunft nicht planen, Standardleistungen austauschen und ohne jegliche Ressourcenanpassung vorgehen – in der Realität kaum vorkommen.

Aufgrund der hohen Bedeutung von Geschäftsbeziehungen für Unternehmen in vielen verschiedenen Industriegütermärkten und der besonderen Rolle interaktionaler Austauschprozesse im Rahmen von Geschäftsbeziehungen zwischen Anbietern und ihren Kunden ist eine Auseinandersetzung mit diesem Themenbereich sowohl für die Unternehmenspraxis als auch für die Wissenschaft besonders wichtig. Es gilt, ein solides Grundverständnis davon zu entwickeln, was unter einer Interaktion zu verstehen ist, wovon sie geprägt ist, welche Faktoren zu erfolgreichen Interaktionen führen und welche Barrieren Interaktionen zwischen Marktakteuren verhindern bzw. erschweren. Ein klares Vorstellungsbild davon, wie Interaktionen in Geschäftsbeziehungen zielgerichtet und systematisch geplant, durchgeführt und gesteuert werden können, hilft Unternehmen Effektivität und Effizienz von Austauschprozessen zu steigern und letztendlich die Beziehungen zu Lieferanten und zu Kunden zu verbessern.

Gegenstand des vorliegenden Beitrags ist es, einen Überblick über bisherige Erkenntnisse zu Interaktionen zwischen Marktakteuren in Industriegütermärkten zu systematisieren. In einem ersten Schritt werden wir dazu zunächst eine Definition des Interaktionsbegriffs vornehmen und wesentliche Merkmale von Interaktionen im Business-to-Business-Kontext aufzeigen. Hieran anknüpfend werden unterschiedliche Formen von Interaktionen in Geschäftsbeziehungen dargestellt. In einem zweiten Schritt fokussieren wir uns dann auf interorganisationale Interaktionen und systematisieren bisherige Erkenntnisse zur Erklärung der Austauschprozesse zwischen organisationalen Marktakteuren. Wir treffen dabei eine Unterscheidung zwischen Strukturmodellen und Prozessmodellen und erläutern wesentliche Vertreter beider Untersuchungsperspektiven. Der Beitrag endet mit einer Zusammenfassung zentraler Erkenntnisse und einem Ausblick.

2 Bedeutung und Formen von Interaktionen in Geschäftsbeziehungen

2.1 Definition und Merkmale von Interaktionen in industriellen Märkten

Bevor wir uns im Rahmen dieses Beitrags mit verschiedenen Modellen zur Erklärung interorganisationaler Austauschprozesse in Geschäftsbeziehungen auseinandersetzen, ist es zweckmäßig, zunächst eine Verständnisgrundlage für den Interaktionsbegriff zu schaffen. Ein Blick in die wissenschaftliche Literatur zeigt dabei verschiedene Definitionsansätze, die unterschiedliche Facetten des Interaktionsbegriffs betonen. So definiert bspw. Medlin (2004) eine Interaktion als einen sozialen und ökonomischen Austauschprozess zwischen organisationalen Marktakteuren, welcher ein essentielles Element erfolgreicher Geschäftsbeziehungen darstellt. Ford et al. (2008) definieren Interaktionen als „a confrontation process that occurs between companies and which changes and transforms aspects of the resources and activities of the involved companies and of the companies themselves".

Obwohl unterschiedliche definitorische Ansätze für den Interaktionsbegriff existieren, besteht in der wissenschaftlichen Diskussion weitgehender Konsens dahingehend, dass Interaktionen Austauschprozesse darstellen, die durch Aktion und Reaktion der interagierenden Akteure gekennzeichnet sind (Kern 1990). Interaktionen werden dabei geprägt durch die Eigenschaften der Interaktionspartner, den Interaktionsprozess, Umfeldfaktoren sowie die Interaktionsatmosphäre (vgl. Håkansson 1982). Zudem weisen Interaktionsprozesse in Industriegütermärkten einige typische Merkmale auf, die sich in vier Punkten zusammenfassen lassen (vgl. Håkansson und Snehota 1995):

- Anpassung,
- Kooperation und Konflikt,
- soziale Interaktion und
- Routinisierung.

Untersuchungen haben gezeigt, dass Unternehmen im Rahmen von Interaktionsprozessen Strukturen, Prozesse, Ressourcen etc. aneinander anpassen. Beispielsweise werden in Interaktionen in Form von Verhandlungen zwischen zwei Unternehmen auf Industriegütermärkten Diskussionen darüber geführt, ob ein Anbieter seine Standardleistungen (Produkte und Dienstleistungen, Preise, Lieferbedingungen etc.) an die Bedürfnisse des Kunden anpasst. Unter Umständen beschließt der Lieferant oder der potenzielle Kunde, neue Mitarbeiter zur Abwicklung des Auftrags einzustellen oder in neue IT-Infrastruktur zu investieren.

Ein zentrales Ziel von Interaktionen in Geschäftsbeziehungen ist es, durch Kooperation für beide Seiten höhere Wertschöpfung zu ermöglichen als dies ohne kooperative Anstrengungen denkbar wäre. Zugleich besteht stets die Frage, welche der beteiligten Parteien welchen Teil des „zu verteilenden Kuchens" (englisch „pie") für sich beansprucht. Die hierbei ablaufenden „piesharing"-Prozesse können leicht zu Konflikten führen, welche die interagierenden Akteure dann zur Sicherung des langfristigen Erfolgs der Geschäftsbeziehung gemeinschaftlich lösen müssen. Hierbei ist jedoch zu berücksichtigen, dass Konflikt nicht per se als negativ einzustufen ist. Vielmehr haben Untersuchungen gezeigt, dass konstruktiver Konflikt positive Wirkungen entfalten kann.

Trotz der zunehmenden Bedeutung elektronischer Marktplätze, elektronisch durchgeführter Reverse Auctions, sozialer Netzwerke im Internet etc. bleiben persönliche Beziehungen zwischen Menschen in den allermeisten Fällen ein zentrales Element von Interaktionsprozessen auf Industriegütermärkten. Unternehmen können definieren, ob sie durch bestimmte Verhaltensregeln für ihre Mitarbeiter in Vertrieb oder Einkauf die relative Bedeutung der persönlichen Interaktion eingrenzen. Gänzlich ausschalten lassen sich Effekte persönlicher Sympathie oder Antipathie aber nicht, weshalb soziale Aspekte im Rahmen interpersonaler Austauschprozesse eine hohe Relevanz besitzen.

Interaktionen bringen typischerweise Routinen und Abläufe hervor, welche die beteiligten Akteure als normal und oft auch effizienzfördernd ansehen. Als problematisch erweisen sich Routinen meist dann, wenn sie die Weiterentwicklung der Interaktionsmuster (bspw. zur Anpassung an neue Marktbedingungen) verhindern und damit den Wert der Interaktion für einen oder alle beteiligten Interaktionspartner senken. Routinisierung im Rahmen von Interaktionen erfordert somit besondere Aufmerksamkeit, damit sie in den richtigen Bereichen der Interaktion ihre positive Wirkung entfalten kann und potenziellen negativen Effekten frühzeitig entgegengewirkt werden kann.

2.2 Formen von Interaktionen in industriellen Märkten

Nachdem im vorangegangenen Abschnitt unser Begriffsverständnis von Interaktionen in Geschäftsbeziehungen gelegt wurde und relevante Merkmale von Interaktionen dargestellt wurden, sollen im Folgenden verschiedene Formen von Interaktionen in Industriegütermärkten aufgezeigt werden (vgl. Abb. 1). Die Unterscheidung dieser Formen erfolgt

		Interaktionsebene	
		Individuelle Ebene	Organisationale Ebene
Anzahl der Interaktions-partner	Zwei Interaktionspartner	Dyadisch-personale Interaktion	Dyadisch-organisationale Interaktion
	Mehr als zwei Interaktionspartner	Multipersonale Interaktion	Multiorganisationale Interaktion

Abb. 1 Interaktionsformen in Industriegütermärkten (basierend auf Backhaus und Voeth 2014, S. 107 ff.)

anhand von zwei Kriterien, nämlich der Interaktionsebene und der Anzahl der interagierenden Akteure:

- Unter Berücksichtigung der Interaktionsebene gilt es zu unterscheiden, ob Austauschprozesse auf individueller Ebene zwischen Personen oder auf organisationaler Ebene zwischen Unternehmen stattfinden (vgl. u. a. Kern 1990).
- Hinsichtlich der Anzahl der interagierenden Akteure gilt es zu unterscheiden, ob zwei Partner (Dyade) oder ob eine größere Zahl von Akteuren in Austauschprozesse eingebunden ist (Netzwerk).

Dyadisch-personale Interaktionen sind durch Austauschprozesse gekennzeichnet, die zwischen zwei Personen verschiedener Unternehmen stattfinden. Die Auseinandersetzung mit dyadisch-personalen Interaktionen bildet einen zentralen Gegenstand der Personal Selling-Forschung (vgl. z. B. Crosby et al. 1990; Weitz 1981), welche besonderen Schwerpunkt auf die Analyse und Erklärung von Verkaufs- und Verhandlungsprozessen legt. Untersuchungen beschäftigen sich dabei mit Fragestellungen, wie z. B. der Ähnlichkeit von Verkäufer und Käufer hinsichtlich demographischer und persönlichkeitsbezogener Eigenschaften und den hieraus resultierenden Konsequenzen für Interaktionsprozesse (vgl. z. B. Dwyer et al. 1998) oder auch grundlegenden Orientierungen von Verkäufern in Verkaufsgesprächen, wie z. B. Absatz- versus Beziehungsorientierung (vgl. z. B. Weitz und Bradford 1999).

Im Gegensatz zu dyadisch-personalen Interaktionen sind multipersonale Interaktionen dadurch gekennzeichnet, dass mehrere Personen an Austauschprozessen partizipieren. Multipersonale Interaktion tragen somit der Tatsache Rechnung, dass in Industriegütermärkten oftmals nicht nur zwei, sondern mehrere Personen an Transaktionen beteiligt sind (vgl. Backhaus und Voeth 2014). Untersuchungen, die sich mit multipersonalen Interaktionen beschäftigen, gehen Fragestellungen nach, wie z. B. der gegenseitigen Beeinflussung von Akteuren in Buying und Selling Centern (vgl. z. B. Hutt et al. 1985) oder auch dem Management der Schnittstellen zwischen Buying und Selling Centern verschiedener Unternehmen (vgl. z. B. Spekman und Johnston 1986).

Kennzeichnendes Merkmal dyadisch-organisationaler Interaktionen ist, dass Austauschprozesse zwischen zwei Unternehmen nicht auf einer individuellen, sondern maßgeblich auf einer organisationalen Ebene erfolgen. Untersuchungen hierzu fokussieren dabei einerseits auf Kauf- und Verkaufsprozesse zwischen Organisationen und die Rolle verschiedener Governance-Mechanismen zur Steuerung der Austauschbeziehung (vgl. z. B. Zaheer und Venkatraman 1995). Darüber hinaus widmen sich Untersuchung zu dyadisch-organisationalen Interaktionen auch Themenbereichen, wie z. B. interorganisationalen Allianzen (vgl. z. B. Leischnig et al. 2014).

Multiorganisationale Interaktionen berücksichtigen im Gegensatz zu dyadisch-organisationalen Interaktionen, dass an vielen Kauf- und Verkaufsprozessen in Industriegütermärkten mehr als zwei Organisationen direkt oder indirekt partizipieren. In der Literatur wird dieses Phänomen häufig unter dem Stichwort „Business Networks" beleuchtet (vgl. Anderson et al. 1994; Halinen et al. 1999). Ein Netzwerk bezeichnet dabei zwei oder mehr verknüpfte Beziehungen zwischen Marktakteuren, welche dadurch gekennzeichnet sind, dass der Austausch in einer Beziehung abhängig ist von der Art und Weise, wie der Austausch in einer anderen Beziehung erfolgt (vgl. Cook und Emerson 1978). Der Netzwerkansatz befasst sich somit mit den Auswirkungen der „Eingebettetheit" von Geschäftsbeziehungen. Im Sinne der Systemtheorie stellen Marktakteure Systemelemente dar, die in Austauschbeziehungen zu anderen Systemelementen stehen. Die Verbindung zwischen zwei Systemelementen kann dann als eine Beziehung bezeichnet werden, welche eingebettet ist, in ein Netzwerk weiterer Austauschbeziehungen mit anderen Elementen des Systems.

3 Überblick über Modelle zur Erklärung von Interaktionen in Geschäftsbeziehungen

3.1 Bestandsaufnahme und Systematisierung von Interaktionsansätzen

Wie die Ausführungen in Abschn. 2 bereits vermuten lassen, hat sich die wissenschaftliche Literatur aus einer Vielzahl unterschiedlicher Perspektiven der Untersuchung von Interaktionen in Geschäftsbeziehungen gewidmet. Ergebnis dieser Forschungstätigkeit sind zahlreiche Modelle zur Erklärung von Austauschprozessen zwischen organisationalen Marktakteuren im Rahmen von Geschäftsbeziehungen. Ein wesentliches Unterscheidungsmerkmal dieser Modelle ist darin zu sehen, ob Interaktionen im Rahmen einer Querschnittsanalyse oder mittels einer Längsschnittanalyse untersucht wurden. Während erstgenannte Modelle einen Beitrag zum Verständnis relevanter Einflussfaktoren und deren Zusammenhänge liefern, ist der Erkenntnisbeitrag letztgenannter Studien vor allem in der Erklärung von Abläufen und einzelnen Prozessschritten zu sehen. Wir unterscheiden daher zwischen Strukturmodellen und Prozessmodellen zur Erklärung von Interaktionen in Geschäftsbeziehungen (siehe hierzu auch Dabholkar et al. 1994). Abbildung 2 gibt einen Überblick über zentrale Arbeiten, welche Struktur- und Prozessmodelle zu Austauschprozessen in interorganisationalen Geschäftsbeziehungen entworfen haben.

Strukturmodelle	Prozessmodelle
Achrol et al. (1983)	Bonoma und Johnston (1978)
Anderson et al. (1994)	Campbell (1985)
Anderson und Narus (1984, 1990)	Kutschker (1985)
Anderson und Weitz (1992)	Dwyer et al. (1987)
Boyle et al. (1992)	Ford (1980)
Cannon und Homburg (2001)	Frazier (1983)
Cannon und Perreault (1999)	Frazier et al. (1990)
Crosby et al. (1990)	Grewal und Dharwadkar (2002)
Dabholkar et al. (1994)	Heide (1994, 2003)
Diller und Kusterer (1988)	Holmlund (1997, 2004)
Doney und Cannon (1997)	Jap und Gansean (2000)
Ganesan (1994)	Jap und Anderson (2007)
Ganesan et al. (2010)	Narayandas und Rangan (2004)
Gundlach et al. (1995)	Palmatier et al. (2013)
Heide und John (1988, 1990, 1992)	Perdue und Summers (1991)
Hibbard et al. (2001)	Ring und Van de Ven (1994)
Kumar et al. (1995)	Wilson (1995)
Lusch und Brown (1996)	
Mohr et al. (1996)	
Morgan und Hunt (1994)	
Noordewier et al. (1990)	
Palmatier et al. (2007)	
Samaha et al. (2011)	
Stern und Reve (1980)	
Turnbull und Valla (1986)	
Wathne und Heide (2000)	
Wilson und Moller (1988)	

Abb. 2 Überblick über Arbeiten zur Charakterisierung interorganisationaler Austauschprozesse

Bisherige Arbeiten haben interorganisationale Austauschprozesse aus vielen verschiedenen Blickwinkeln betrachtet, die sich insgesamt vier wesentlichen theoretischen Betrachtungsweisen zuordnen lassen (vgl. Palmatier et al. 2007):

- Commitment-Trust-Theorie,
- Abhängigkeitstheorie,
- Transaktionskostentheorie und
- Relational Norms-Theorie.

Arbeiten, die Interaktionen in Industriegütermärkten aus Perspektive der Commitment-Trust-Theorie (Morgan und Hunt 1994) beleuchten (vgl. z. B. Anderson und Weitz 1992; Ganesan 1994), argumentieren, dass Vertrauen und/oder Commitment, welche ein Kunde gegenüber einem Anbieter zum Ausdruck bringt, zentrale Determinanten des Erfolgs von Geschäftsbeziehungen sind. Commitment, d. h. der dauerhafte Wunsch, eine als wertvoll angesehene Beziehung fortzusetzen (vgl. Moorman et al. 1993), und Vertrauen, d. h. die Zuversicht in Verlässlichkeit und Integrität eines Interaktionspartners (vgl. Morgan und Hunt 1994), werden dabei als Grundlage für die Bildung langfristiger Geschäftsbeziehungen angesehen. Kunden, die einem Anbieter vertrauen und ein hohes Maß an Commitment gegenüber diesem haben, werden sich eher positiv gegenüber diesem Anbieter verhalten – bspw. in Form von kooperativem Verhalten oder einer geringeren Wechselwahrscheinlichkeit – als dies Kunden tun würden, welche nur ein geringes Maß an Vertrauen in einen Anbieter haben und deren Commitment ebenfalls gering ausgeprägt ist.

Untersuchungen, die sich der Analyse von Interaktionen in Geschäftsbeziehungen aus Perspektive der Abhängigkeitstheorie widmen, konzentrieren sich im Gegensatz zu o. g. Arbeiten weniger auf Faktoren der Verbundenheit zu einem Anbieter, sondern vielmehr auf Abhängigkeitsstrukturen zwischen Kunde und Anbieter sowie hieraus resultierenden Konsequenzen für Austauschprozesse (vgl. z. B. Hibbard et al. 2001; Kumar et al. 1995). Es besteht dabei weitgehender Konsens dahingehend, dass gegenseitige Abhängigkeit und damit Gebundenheit von Kunde und Anbieter einen positiven Einfluss auf Austauschprozesse und die Geschäftsbeziehung hat (vgl. Hibbard et al. 2001).

Eine weitere Forschungslinie beschäftigt sich mit interorganisationalen Interaktionen aus der Perspektive der Transaktionskostentheorie (vgl. z. B. Heide und John 1990; Wathne und Heide 2000; Wilson 1995). Fokus dieser Arbeiten liegt auf den spezifischen Investitionen, die die Interaktionspartner in die Geschäftsbeziehung tätigen sowie der Gefahr opportunistischen Verhaltens durch die Interaktionspartner. Es wird davon ausgegangen, dass im Falle hoher Investitionen in eine Geschäftsbeziehung, welche als ein positives Signal für die Intention zur Aufrechterhaltung der Beziehung gewertet werden können, die Gefahr opportunistischen Verhaltens reduziert wird, was zur Folge hat, dass Interaktionspartner ein geringeres Maß an Kontrollmechanismen innerhalb der Austauschbeziehung installieren müssen (vgl. Heide und John 1990). Die transaktionskostenorientierte Betrachtungsweise von Interaktionen in Geschäftsbeziehungen trägt somit zu einem besseren Verständnis von Austauschprozessen unter Unsicherheit und der Gefahr opportunistischen Verhaltens von Interaktionspartnern bei und berücksichtigt dabei mögliche Governancemechanismen, die die Effektivität und Effizienz interorganisationaler Interaktionen verbessern.

Eine weitere theoretische Betrachtungsweise interorganisationaler Austauschprozesse stellt der Relational Norms-Ansatz (Macneil 1980) dar. Relational Norms bezeichnen Erwartungshaltungen an das Verhalten anderer innerhalb eines bestimmten Handlungsrahmens (vgl. Heide und John 1992) oder auch Richtlinien für angemessenes Verhalten (Scanzoni 1979). Hierzu zählen bspw. Solidarität, Flexibilität, Informationsaustausch, Rollenintegrität oder auch eine langfristige Orientierung (vgl. Ivens 2006). Relational Norms erfüllen damit die Funktion von Referenz- oder Ankergrößen, die die Verhaltensweisen von Akteuren im Rahmen interorganisationaler Interaktionen beeinflussen (vgl. Ivens 2009).

Zusammenfassend lässt sich feststellen, dass die bisherigen Erkenntnisse zu Interaktionen in Geschäftsbeziehungen ein umfassendes Bild über relevante Faktoren (wie z. B. Commitment, Vertrauen, gegenseitige Abhängigkeit etc.) entstehen lassen, die die Beziehungsbildung im Rahmen von Austauschprozessen fördern. Zudem haben bisherige Arbeiten Abläufe und Phasen identifiziert, anhand derer die Beziehung zwischen Kunden und Anbietern in Industriegütermärkten im Zeitverlauf beschrieben werden kann. Die pluraltheoretische Betrachtungsweise interorganisationaler Austauschprozesse hat zu einem vertieften Verständnis unterschiedlicher Formen von Interaktionen in Geschäftsbeziehungen beigetragen. Im Folgenden sollen ausgewählte Struktur- und Prozessmodelle vorgestellt werden. Wir konzentrieren uns dabei auf das Interaktionsmodell der IMP Group sowie das Modell von Heide und John (1988, 1990) zur Darstellung struktureller Zusammenhänge und die Modelle von Dwyer et al. (1987) und Holmlund (1997, 2004) zur Illustration phasenbezogener Betrachtungen von Interaktionen in Geschäftsbeziehungen.

3.2 Strukturmodelle zur Erklärung interorganisationaler Interaktionen

Ein Modell, das Interaktionen sehr umfassend beschreibt und das zahlreichen empirischen Studien als Grundlage diente, ist das Interaktionsmodell der Industrial Marketing and Purchasing Group (IMP Group, vgl. u. a. Håkansson 1982; Turnbull und Valla 1986). Dieses Modell geht davon aus, dass Märkte als Netzwerke von aus Individuen gebildeten Organisationen beschrieben werden können, die miteinander Austauschbeziehungen unterhalten. Nach Aussage dieses Modells unterscheiden sich Industriegütermärkte hinsichtlich ihrer Struktur, ihrer Dynamik, ihrer sozialen Umwelt sowie hinsichtlich ihres Internationalisierungsgrades. Jede Anbieter-Kunde-Beziehung auf einem Markt setzt sich in dieser Perspektive aus Einzeltransaktionen zusammen. Innerhalb einer Transaktion finden unterschiedliche Austauschprozesse statt, die den Fluss von Produkten, Geld, Informationen sowie die Pflege sozialer Beziehungen beinhalten. Die Art und Weise, wie eine Transaktion verläuft, hängt von verschiedenen Aspekten ab. Zum einen besteht ein logischer Zusammenhang zwischen zeitlich aufeinander folgenden Transaktionen. Zum anderen beeinflussen die Charakteristika von Organisationen (ihre Struktur, Technologien, Ressourcen und Strategie) sowie Charakteristika der sie bildenden Individuen (ihre Ziele, Einstellungen und Erfahrungen) die tatsächlichen Verhaltensweisen. Jede Beziehung findet in einer spezifischen Interaktionsatmosphäre statt, die sich aufgrund der vorgenannten Faktoren bildet. Das IMP-Modell stellt einen umfassenden Rahmen dar, der es erlaubt, die Einbettung einzelner Transaktionen in fortlaufende Interaktionen sowie fortlaufender Interaktionen in ein Marktumfeld zu betrachten. Abbildung 3 fasst das Interaktionsmodell der IMP Group grafisch zusammen.

Ein weiteres Modell, das in der wissenschaftlichen Literatur zu Interaktionen in Geschäftsbeziehungen große Beachtung gefunden hat, ist das Model von Heide und John (1988, 1990). Das Modell basiert auf der Abhängigkeitstheorie und der Transaktionskostentheorie und postuliert, dass transaktionsspezifische Investitionen Abhängigkeit zwischen den interagierenden Akteuren schaffen. Abbildung 4 fasst das Modell grafisch zusammen und zeigt die Zusammenhänge zwischen relevanten Größen des Modells auf. Transaktionsspezifische Investitionen sind solche Aufwände, die ein Akteur auf sich nimmt, um die Beziehung zu seinem Interaktionspartner aufrecht zu erhalten. Sie stellen so genannte „sunkcosts" dar und setzen einen Marktakteur der Gefahr opportunistischen Verhaltens durch den Interaktionspartner aus. So genannte „Offsetting Investments" mei-

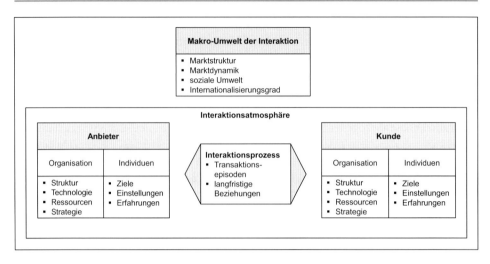

Abb. 3 Interaktionsmodell der IMP Group (Turnbull und Valla 1986, S. 5)

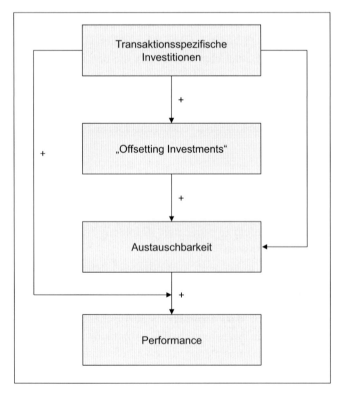

Abb. 4 Interaktionsmodell nach Heide und John (1988, 1990) (Heide und John 1988, S. 26)

nen Investitionen, mittels derer ein Interaktionspartner versucht, eine enge Bindung zum interagierenden Marktakteur zu entwickeln. Diese Investitionen dienen dem Zweck, transaktionsspezifische Investitionen zu schützen und Abhängigkeitsstrukturen zu reduzieren, indem sie als eine Form von Austrittsbarriere aus der Geschäftsbeziehung angesehen werden können. Heide und John (1988) betonen, dass diese Investitionen vor allem für kleine Anbieter Relevanz besitzen, denen eine vertikale Integration und die Durchsetzung umfassender vertraglicher Regelungen oftmals nicht möglich sind. Das Ausmaß, in dem ein Marktakteur seine transaktionsspezifischen Investments durch Bindungsmaßnahmen geschützt hat und damit die Abhängigkeit von einem Kunden reduziert werden kann, wird mit dem Terminus Austauschbarkeit (replaceability) bezeichnet. Es wird im Rahmen des Modells davon ausgegangen, dass dieses geringere Maß an Abhängigkeit von einem Kunden einen positiven Effekt auf die Unternehmensperformance hat. Dieser Effekt wird jedoch durch die Höhe transaktionsspezifischer Investitionen beeinflusst.

3.3 Prozessmodelle zur Erklärung interorganisationaler Interaktionen

Neben Querschnittsbetrachtungen von Geschäftsbeziehungen wurden (in temporaler Perspektive) Längsschnittansätze entwickelt, die sich der Identifikation und Analyse der Phasen von Geschäftsbeziehungen widmeten. Eine der frühen Untersuchungen, die sich mit einer phasenbezogenen Betrachtung von Geschäftsbeziehungen beschäftigte, ist die Arbeit von Dwyer et al. (1987). Die Autoren entwerfen ein Modell, welches insgesamt fünf Phasen beinhaltet und das durch das Wirken zahlreicher Subprozesse charakterisiert ist. Abbildung 5 fasst das Modell in vereinfachter Form zusammen. Grundgedanke

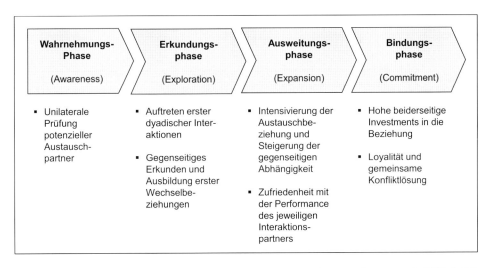

Abb. 5 Entwicklungsphasen einer Geschäftsbeziehung (in Anlehnung an Dwyer et al. 1987, S. 21)

des Modells ist, dass mit zunehmender Ausweitung der Austauschbeziehung zu einem Interaktionspartner die gegenseitige Abhängigkeit zwischen den jeweiligen Partnerunternehmen steigt. In der ersten Phase, der sogenannten Wahrnehmungsphase, finden Such- und Bewertungsaktivitäten statt, wobei Unternehmen den Markt nach potenziellen Beziehungspartnern screenen und diese bewerten. In der Explorationsphase erfolgt dann ein erstes „Abtasten" potenziell relevanter Beziehungspartner und die Aufnahme dyadischer Interaktionen. Diese Phase ist geprägt von fünf Subprozessen: (1) Initiierung der Interaktion, (2) Kommunikation und Verhandlung, (3) Machtausübung und Gerechtigkeit, (4) Normenbildung und (5) Ausbildung von Erwartungshaltungen. Kennzeichnend für die Ausweitungsphase ist ein gesteigertes Maß an Vertrauen zu und Zufriedenheit mit dem Austauschpartner und eine Intensivierung der Beziehung. In der Bindungsphase, welche als die höchste Stufe der Geschäftsbeziehung angesehen werden kann, weisen beide Interaktionspartner ein hohes Maß an gegenseitigem Commitment auf, welches reflektiert wird durch wesentliche und konsistente Investitionen beider Beziehungspartner in die Geschäftsbeziehung und die Fähigkeit, auftretende Konflikte gemeinsam und unter Berücksichtigung beidseitiger Zielvorstellungen zu lösen. Die fünfte Phase des Modells bezieht sich auf die Auflösung der Geschäftsbeziehung. Dieser Prozess kann bereits unmittelbar nach der Erkundungsphase einsetzen, aber auch erst zu einem späteren Zeitpunkt. Die Auflösung einer Geschäftsbeziehung ist dabei als umso schwerwiegender und konsequenzenreicher anzusehen, je fortgeschrittener eine Geschäftsbeziehung im Sinne o. g. Phasen ist.

Ein weiterer Ansatz, der sich mit der prozessbezogenen Betrachtung interorganisationaler Interaktionen beschäftigt, wurde von Holmlund (1997, 2004) erarbeitet. Abbildung 6 fasst das Modell einer Geschäftsbeziehung nach Holmlund (1997, 2004) grafisch zusam-

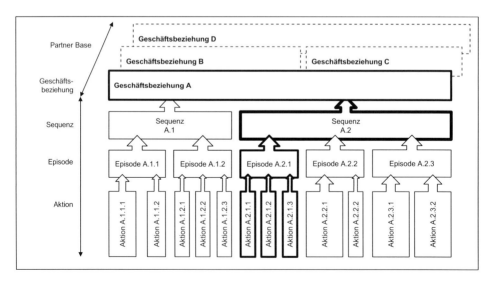

Abb. 6 Prozessmodell von Interaktionen in Geschäftsbeziehungen nach Holmlund (1997; 2004, S. 281)

men. Im Rahmen dieses Modells werden die einzelnen Aktivitäten von Unternehmen hierarchisch nach ihrer zeitlichen Reichweite gegliedert und entsprechend in aggregierter und disaggregierter Form dargestellt. Holmlund (1997, 2004) greift dabei die grundsätzlich bereits im Interaktionsansatz der IMP Group getroffene Unterscheidung von kurzfristigen und langfristigen Aspekten einer Geschäftsbeziehung auf und vertieft dieses Analyseraster. Sie geht von insgesamt fünf Analyseeinheiten aus, in die sich Geschäftsbeziehungen strukturieren lassen (Holmlund 2004):

- Aktionen,
- Episoden,
- Sequenzen,
- Geschäftsbeziehungen und
- Partner Base.

Als Aktionen bezeichnet Holmlund jeden einzelnen Vorgang zwischen zwei Geschäftspartnern, wie etwa ein Telefongespräch oder den Besuch einer Fertigungsstätte durch den Kunden. Sie können sich auf jedweder strukturellen Ebene von Geschäftsbeziehungen abspielen. Untereinander in einem logischen Zusammenhang stehende Aktionen sind auf einer übergeordneten Ebene zusammenfassbar. Die Autorin spricht in diesem Fall von Episoden.

Episoden „represent a minor natural entity on the next hierarchical level within the relationship" (Holmlund 1997). Hierunter kann z. B. ein Verhandlungsprozess subsumiert werden, der Gespräche, die Angebotserstellung und die Vertragsunterzeichnung umfasst, oder aber die Abwicklung eines logistischen Vorgangs, welcher etwa Telefonate, das Versenden von Papieren, die Lieferung und die Empfangsbestätigung durch den Abnehmer beinhaltet.

Verbundene Episoden ergeben eine Sequenz innerhalb einer Geschäftsbeziehung. Dieses Betrachtungsobjekt „may be defined in terms of a time period, a product, a campaign or a project or a combination of these which determine the boundaries of analysis" (Holmlund 2004, S. 282). Im Gegensatz zu Aktionen und Episoden können verschiedene Sequenzen einander überlappen, da Unternehmen bspw. zwei Produktentwicklungsprojekte parallel vorantreiben. In den Endpunkten von Sequenzen sieht Holmlund (2004) Geschäftsbeziehungen als besonders gefährdet an, da die Partner vor einer erneuten mittelfristigen Ausrichtung ihrer Geschäftstätigkeit stehen.

Erfolgreiche Sequenzen bilden die Grundlage für eine Geschäftsbeziehung. Dabei ist nicht unbedingt eine hohe Anzahl von Sequenzen erforderlich. In Abhängigkeit vom jeweiligen Geschäftstyp ist im Extremfall auch nur eine einzige, über Jahre andauernde Sequenz als Basis der Beziehung, wie u. a. im Zuliefergeschäft, denkbar. Im anderen Extremfall dauern Sequenzen hingegen nur wenige Wochen, die Geschäftsbeziehung setzt sich dafür aber aus zahlreichen Sequenzen zusammen. Einzelne Geschäftsbeziehungen beeinflussen den Unternehmenserfolg zum Teil beträchtlich. Dies hängt von ihrer Rolle innerhalb der Partner Base ab. Die Partner Base stellt die Gesamtheit aller Geschäftsbeziehungen eines Unternehmens zu einem bestimmten Zeitpunkt dar.

4 Zusammenfassung und Ausblick

Ziel des vorliegenden Beitrags war es, zu einem grundlegenden Verständnis von Interaktionen in Geschäftsbeziehungen beizutragen. Der Aufbau und die Pflege langfristiger und auf Vertrauen beruhender Geschäftsbeziehungen bilden wesentliche Bestandteile der Geschäftstätigkeit von Unternehmen in vielen verschiedenen Industriegütermärkten. Ein zentraler Bestandteil dieser Geschäftsbeziehungen stellt die Interaktionen zwischen Anbietern dar. Diese kann auf unterschiedlichen Ebenen und unter Einbeziehung eines oder mehrerer Interaktionspartner erfolgen. Die wissenschaftliche Literatur hat sich eingehend mit der Analyse interorganisationaler Interaktionen im Rahmen von Geschäftsbeziehungen beschäftigt und dabei eine Reihe unterschiedlicher Modelle hervorgebracht, die zu einem besseren Verständnis dieser Thematik beitragen. Die Modelle und Ansätze nehmen dabei unterschiedliche theoretische Betrachtungsweisen ein und unterscheiden sich zudem hinsichtlich ihres Erklärungsziels.

Im Rahmen dieses Beitrags haben wir uns auf die Erfassung und Systematisierung von Struktur- und Prozessmodellen zur Erklärung von Interaktionen in Geschäftsbeziehungen fokussiert. Im Rahmen eines Literaturüberblicks haben wir mehr als 40 Studien – aus dem vornehmlich englischsprachigen Literaturkreis – herauskristallisiert, die sich der Analyse von Geschäftsbeziehung in industriellen Märkten widmen. Diese Studien tragen zum einen zu einem besseren Verständnis relevanter Faktoren und ihrer Zusammenhänge bei, die für interorganisationale Austauschprozesse besonders relevant sind. Beispielhaft sei nochmals auf Konzepte, wie Commitment, Vertrauen, gegenseitige Abhängigkeit oder soziale Normen verwiesen. Darüber hinaus tragen diese Studien zu einem besseren Verständnis einzelner Phasen und Ebenen von Geschäftsbeziehungen bei.

Obwohl ein umfassender Literaturbestand zum Verständnis von Interaktionen in Geschäftsbeziehungen vorhanden ist, muss konstatiert werden, dass die Defizite dieser Interaktionsforschung vor allem in der Erklärung von Gestaltungszusammenhängen zu sehen sind (Backhaus und Voeth 2014). Ziel zukünftiger Forschungsaktivitäten sollte es daher sein, vorhandene Erkenntnisse in Strategien und Maßnahmen zur zielgerichteten Steuerung von Interaktionsprozessen in Geschäftsprozessen zu überführen.

Literatur

Anderson, J.C., H. Håkansson, und J. Johanson. 1994. Dyadic business relationships within a business network context. *Journal of Marketing* 58(4): 1–15.

Anderson, E., und B. Weitz. 1992. The use of pledges to build and sustain commitment in distribution channels. *Journal of Marketing Research* 29(1): 18–34.

Backhaus, K., und M. Voeth. 2014. *Industriegütermarketing*, 10. Aufl. München: Vahlen.

Cook, K.S., und R.M. Emerson. 1978. Power, equity and commitment in exchange networks. *American Sociological Review* 43(5): 721–739.

Crosby, L.A., K.R. Evans, und D. Cowles. 1990. Relationship quality in services selling: An interpersonal influence perspective. *Journal of Marketing* 54(3): 68–81.

Dabholkar, P.A., W.J. Johnston, und A.S. Cathey. 1994. The dynamics of long-term business-to-business exchange relationships. *Journal of the Academy of Marketing Science* 22(2): 130–145.

Diller, H. 1995. Beziehungs-Marketing. *WiSt – Wirtschaftswissenschaftliches Studium* 24(9): 442–445.

Dwyer, S., O. Richard, und C.D. Shepherd. 1998. An exploratory study of gender and age matching in the salesperson-prospective customer dyad: Testing similarity-performance predictions. *Journal of Personal Selling and Sales Management* 18(4): 55–69.

Dwyer, F.R., P.H. Schurr, und S. Oh. 1987. Developing buyer-seller relationships. *Journal of Marketing* 51(2): 11–27.

Ford, D., L.-E. Gadde, H. Håkansson, I. Snehota, und A. Waluszewski. 2008. *Analysing Business Interaction, Proceedings of the 24th Annual Conference of the Industrial Marketing & Purchasing Group*. http://www.impgroup.org/uploads/papers/6211.pdf

Frazier, G.L. 1983. Interorganizational exchange behavior in marketing channels: A broadened perspective. *Journal of Marketing* 47(4): 68–78.

Frazier, G.L., R.E. Spekman, und C.R. O'Neal. 1988. Just-in-time exchange relationships in industrial markets. *Journal of Marketing* 52(4): 52–67.

Ganesan, S. 1994. Determinants of long-term orientation in buyer-seller relationships. *Journal of Marketing* 58(2): 1–19.

Halinen, A., A. Salmi, und V. Havila. 1999. From dyadic change to changing business networks: An analytical framework. *Journal of Management Studies* 36(6): 779–794.

Håkansson, H. 1982. *International marketing and purchasing of industrial goods: An interaction approach*. Chichester: Wiley.

Håkansson, H., und I. Snehota. 1995. *Developing relationships in business networks*. London & New York: Routledge.

Heide, J.B., und G. John. 1988. The role of dependence balancing in safeguarding transaction-specific assets in conventional channels. *Journal of Marketing* 52(1): 20–35.

Heide, J.B., und G. John. 1990. Alliances in industrial purchasing: The determinants of joint action in buyer-supplier relationships. *Journal of Marketing Research* 27(1): 24–36.

Heide, J.B., und G. John. 1992. Do norms matter in marketing relationships? *Journal of Marketing* 56(2): 32–44.

Hibbard, J.D., N. Kumar, und L.W. Stern. 2001. Examining the impact of destructive acts in marketing channel relationships. *Journal of Marketing Research* 38(1): 45–61.

Holmlund, M. 1997. *Perceived quality in business relationships*. Helsinki: Swedish school of economics and business administration.

Holmlund, M. 2004. Analyzing business relationships and distinguishing differentinteraction levels. *Industrial Marketing Management* 33(4): 279–287.

Hutt, M.D., W.J. Johnston, und J.R. Ronchetto Jr. 1985. Selling centers and buying centers: Formulating strategic exchange patterns. *Journal of Personal Selling and Sales Management* 5(1): 33–40.

Ivens, B.S. 2006. Norm-based relational behaviours: Is there an underlying dimensional structure? *Journal of Business & Industrial Marketing* 21(2): 94–105.

Ivens, B.S. 2009. Wertschöpfungs-und Werteinforderungsnormen im Rahmen der „Plural Form Governance": Ein empirischer Test in Key-Account-und Nicht-Key-Account-Dyaden. *Zeitschrift für Betriebswirtschaft* 79(2): 135–160.

Kern, E. 1990. *Der Interaktionsansatz im Investitionsgütergeschäft.* Berlin: Duncker und Humblot.

Kumar, N., L.K. Scheer, und J.B.E. Steenkamp. 1995. The effects of perceived interdependence on dealer attitudes. *Journal of Marketing Research* 32(3): 348–356.

Leischnig, A., A. Geigenmüller, und S. Lohmann. 2014. On the role of alliance management capability, organizational compatibility, and interaction quality in interorganizational technology transfer. *Journal of Business Research* 67(6): 1049–1057.

Macneil, I.R. 1978. Contracts: Adjustment of long-term economic relations under classical, neoclassical, and relational contract law. *Northwestern University Law Review* 72(6): 854–905.

Macneil, I.R. 1980. *The new social contract.* New Haven: Yale University Press.

Medlin, C.J. 2004. Interaction in business relationships: A time perspective. *Industrial Marketing Management* 33(3): 185–193.

Moorman, C., R. Deshpande, und G. Zaltman. 1993. Factors affecting trust in market research relationships. *Journal of Marketing* 57(1): 81–101.

Morgan, R.M., und S.D. Hunt. 1994. The commitment-trust theory of relationship marketing. *Journal of Marketing* 58(3): 20–38.

Palmatier, R.W., R.P. Dant, und D. Grewal. 2007. A comparative longitudinal analysis of theoretical perspectives of interorganizational relationship performance. *Journal of Marketing* 71(4): 172–194.

Scanzoni, J. 1979. Social exchange and behavioral interdependence. In *Social exchange in developing relationships*, Hrsg. R.L. Burgess, T.L. Huston, 61–75. New York: Academic Press.

Spekman, R.E., und W.J. Johnston. 1986. Relationship management: Managing the selling and the buying interface. *Journal of Business Research* 14(6): 519–531.

Turnbull, P.W., und J.-P. Valla. 1986. Strategic planning in industrial marketing: An interaction approach. *European Journal of Marketing* 20(7): 5–20.

Wathne, K.H., und J.B. Heide. 2000. Opportunism in interfirm relationships: Forms, outcomes, and solutions. *Journal of Marketing* 64(4): 36–51.

Weitz, B.A. 1981. Effectiveness in sales interactions: A contingency framework. *Journal of Marketing* 45(1): 85–103.

Weitz, B.A., und K.D. Bradford. 1999. Personal selling and sales management: A relationship marketing perspective. *Journal of the Academy of Marketing Science* 27(2): 241–254.

Wilson, D.T. 1995. An integrated model of buyer-seller relationships. *Journal of the Academy of Marketing Science* 23(4): 335–345.

Zaheer, A., und N. Venkatraman. 1995. Relational governance as an interorganizational strategy: An empirical test of the role of trust in economic exchange. *Strategic Management Journal* 16(5): 373–392.

Weiterführende Literatur

Achrol, R.S., T. Reve, und L.W. Stern. 1983. The environment of marketing channel dyads: A framework for comparative analysis. *Journal of Marketing* 47(4): 55–67.

Anderson, J.C., und J.A. Narus. 1984. A model of the distributor's perspective of distributor-manufacturer working relationships. *Journal of Marketing* 48(4): 62–74.

Anderson, J.C., und J.A. Narus. 1990. A model of distributor firm and manufacturer firm working partnerships. *Journal of Marketing* 54(1): 42–58.

Bonoma, T.V., und W.J. Johnston. 1978. The social psychology of industrial buying and selling. *Industrial Marketing Management* 7(4): 213–224.

Boyle, B., F.R. Dwyer, R.A. Robicheaux, und J.T. Simpson. 1992. Influence strategies in marketing channels: Measures and use in different relationship structures. *Journal of Marketing Research* 29(4): 462–473.

Campbell, N.C. 1985. Buyer/seller relationships in Japan and Germany: An interaction approach. *European Journal of Marketing* 19(3): 57–66.

Cannon, J.P., und C. Homburg. 2001. Buyer-supplier relationships and customer firm costs. *Journal of Marketing* 65(1): 29–43.

Cannon, J.P., und W.D. Perreault Jr. 1999. Buyer-seller relationships in business markets. *Journal of Marketing Research* 36(4): 439–460.

Diller, H.; Kusterer, M. (1988): Beziehungsmanagement – Theoretische Grundlagen und explorative Befunde. Univ. der Bundeswehr.

Doney, P.M., und J.P. Cannon. 1997. An examination of the nature of trust in buyer-seller relationships. *Journal of Marketing* 61(2): 35–51.

Ford, D. 1980. The development of buyer-seller relationships in industrial markets. *European Journal of Marketing* 14(5/6): 339–353.

Ganesan, S., S.P. Brown, B.J. Mariadoss, und H. Ho. 2010. Buffering and amplifying effects of relationship commitment in business-to-business relationships. *Journal of Marketing Research* 47(2): 361–373.

Grewal, R., und R. Dharwadkar. 2002. The role of the institutional environment in marketing channels. *Journal of Marketing* 66(3): 82–97.

Gundlach, G.T., R.S. Achrol, und J.T. Mentzer. 1995. The structure of commitment in exchange. *Journal of Marketing* 59(1): 78–92.

Heide, J.B. 1994. Interorganizational governance in marketing channels. *Journal of Marketing* 58(1): 71–85.

Heide, J.B. 2003. Plural governance in industrial purchasing. *Journal of Marketing* 67(4): 18–29.

Jap, S.D., und E. Anderson. 2007. Testing a life-cycle theory of cooperative interorganizational relationships: Movement across stages and performance. *Management Science* 53(2): 260–275.

Jap, S.D., und S. Ganesan. 2000. Control mechanisms and the relationship life cycle: Implications for safeguarding specific investments and developing commitment. *Journal of Marketing Research* 37(2): 227–245.

Kutschker, M. 1985. The multi-organizational interaction approach to industrial marketing. *Journal of Business Research* 13(5): 383–403.

Lusch, R.F., und J.R. Brown. 1996. Interdependency, contracting, and relational behavior in marketing channels. *Journal of Marketing* 60(4): 19–38.

Mohr, J.J., R.J. Fisher, und J.R. Nevin. 1996. Collaborative communication in interfirm relationships: Moderating effects of integration and control. *Journal of Marketing* 60(3): 103–115.

Narayandas, D., und V.K. Rangan. 2004. Building and sustaining buyer-seller relationships in mature industrial markets. *Journal of Marketing* 68(3): 63–77.

Noordewier, T.G., G. John, und J.R. Nevin. 1990. Performance outcomes of purchasing arrangements in industrial buyer-vendor relationships. *Journal of Marketing* 54(4): 80–93.

Palmatier, R.W., M.B. Houston, R.P. Dant, und D. Grewal. 2013. Relationship velocity: Toward a theory of relationship dynamics. *Journal of Marketing* 77(1): 13–30.

Perdue, B.C., und J.O. Summers. 1991. Purchasing agents' use of negotiation strategies. *Journal of Marketing Research* 28(2): 175–189.

Ring, P.S., und A.H. Van de Ven. 1994. Developmental processes of cooperative interorganizational relationships. *Academy of Management Review* 19(1): 90–118.

Samaha, S.A., R.W. Palmatier, und R.P. Dant. 2011. Poisoning relationships: Perceived unfairness in channels of distribution. *Journal of Marketing* 75(3): 99–117.

Stern, L.W., und T. Reve. 1980. Distribution channels as political economies: A framework for comparative analysis. *Journal of Marketing* 47(4): 52–64.

Wilson, D.T., und K.E. Moller. 1988. Buyer-seller relationships: Alternative conceptualizations. In *IMP Conference (4th): Research developments in international marketing*, Hrsg. P.W. Turnbull, S.J. Paliwoda Manchester, United Kingdom: University of Manchester, Institute of Science and Technology.

Marktforschung auf Industriegütermärkten

Daniel Baier und Alexander Sänn

Inhaltsverzeichnis

1	Besonderheiten der Marktforschung auf Industriegütermärkten	74
2	Instrumente der Marktforschung auf Industriegütermärkten	76
	2.1 Sekundärforschung auf Industriegütermärkten	77
	2.2 Primärforschung auf Industriegütermärkten	79
	2.2.1 Befragungen auf Industriegütermärkten	79
	2.2.2 Beobachtungen auf Industriegütermärkten	81
3	Beispielhafte Aufgabenstellungen der Marktforschung auf Industriegütermärkten ...	81
	3.1 Marktchancen und -risikenanalyse mittels Lead User-Methode für einen Hard- und Softwareanbieter zur Sicherung Kritischer Infrastrukturen	81
	3.2 Entwicklung und Kontrolle konkreter marketingpolitischer Maßnahmen mittels Conjointanalyse für einen Hersteller von Flurförderfahrzeugen	85
	3.3 Kontrolle nichtmonetärer Erfolgskriterien im Großhandel mittels Kundenzufriedenheitsanalyse für einen Hersteller von Automatisierungstechnik	86
4	Schlussbemerkungen	87
Literatur		88

Prof. Dr. Daniel Baier ✉
Universität Bayreuth, Lehrstuhl für Innovations- und Dialogmarketing, Bayreuth, Deutschland
e-mail: daniel.baier@uni-bayreuth.de

M.Sc. Alexander Sänn
IHP – Leibniz-Institut für innovative Mikroelektronik, Abteilung System Design,
Frankfurt (Oder), Deutschland
e-mail: saenn@ihp-microelectronics.com

1 Besonderheiten der Marktforschung auf Industriegütermärkten

Obwohl in Deutschland auf Industriegütermärkten insgesamt ein etwa fünfmal so hoher Umsatz erzielt wird wie auf Konsumgütermärkten (vgl. z. B. Backhaus und Voeth 2014), findet diese Umsatzbedeutung in den Ausgaben für Marktforschung keine Entsprechung: So gibt der Arbeitskreis Deutscher Markt- und Sozialforschungsinstitute e. V. an, dass seine Mitglieder 2012 in der Konsumgüterindustrie einen Umsatz von 1,17 Mrd. € mit Marktforschung erzielt haben, in der Investitionsgüterindustrie hingegen nur einen Umsatz von 0,33 Mrd. Euro (ADM 2013). Man könnte daraus den Schluss ziehen, dass der Informationsbedarf auf Industriegütermärkten niedriger ist als auf Konsumgütermärkten, eine genauere Betrachtung führt aber zu anderen Schlüssen.

Die Marktforschung hat in Unternehmen eine Reihe wichtiger Aufgaben, die sich aus dem Verständnis ergeben, dass ein Unternehmen nur dann dauerhaft überleben kann, wenn es kunden- und marktorientiert Produkte entwickelt und diese zu einem wirtschaftlichen Preis und in ausreichender Stückzahl verkaufen kann. Man unterscheidet häufig drei Aufgabenbereiche der Marktforschung auf Industriegütermärkten.

- **Marktchancen- und -risikenanalyse:**
  Eine wesentliche Aufgabe der Marktforschung ist es, möglichst frühzeitig Hinweise zu liefern, mit welchen neuen oder verbesserten Produkten und auf welchen Märkten das Unternehmen künftig erfolgreich sein kann. Dazu gehört die Identifikation von Trends ebenso wie die Ermittlung konkreter Anforderungen und Bedürfnisse der Kunden sowie die Analyse des Wettbewerbs bis hin zur Identifikation geeigneter Marktsegmente und zur Bestimmung des zugehörigen Marktvolumens. Auf Industriegütermärkten umfasst diese Analyse auch die Analyse der nachgelagerten Märkte der Abnehmer. Von zentraler Bedeutung ist es, zu verstehen, wie der Wertschöpfungsprozess der Abnehmer durch eigene (neue oder modifizierte) Produkte verbessert werden kann. Hier reicht es häufig nicht aus, von Kunden Anforderungen an das Produkt abzufragen, einzelne Kunden müssen vielmehr in den Produktentwicklungsprozess integriert werden. Bewährt hat sich für derartige Fragestellungen in den letzten Jahren der Ansatz der Lead User-Methode, bei der besonders innovative Kunden ermittelt und an der Produktentwicklung beteiligt werden.
- **Entwicklung und Kontrolle konkreter marketingpolitischer Maßnahmen:**
  Eine weitere wichtige Aufgabe der Marktforschung besteht darin, geeignete produkt-, preis-, kommunikations- und distributionspolitische Maßnahmen zu entwickeln, sie evtl. vor ihrer Umsetzung hinsichtlich ihrer Erfolgschancen zu prüfen und nach ihrer Umsetzung ihren Erfolg zu kontrollieren. Auf Industriegütermärkten muss diese Entwicklung und Kontrolle den Besonderheiten Rechnung tragen. So muss z. B. bei der Entwicklung kommunikationspolitischer Maßnahmen berücksichtigt werden, dass es nicht einen einzelnen Entscheider im Unternehmen gibt, sondern die Maßnahme mehrere Personen erreichen muss, die zudem aufgrund ihrer unterschiedlichen Bewertungskriterien auch unterschiedlich angesprochen werden müssen (Buying Center, siehe u.a.

Bigler und Drenth 2013). Es ist allerdings zu beachten, dass aufgrund der geringen Anzahl an möglichen Abnehmern auf Industriegütermärkten nur in geringem Umfang breit streuende kommunikationspolitische Maßnahmen zum Einsatz kommen. Verbreitet ist hingegen die direkte Kommunikation, deren Erfolg entsprechend leicht – etwa über Kundendatenbanken – auch zu kontrollieren ist. Bei der – wichtigeren – Entwicklung produkt- und preispolitischer Maßnahmen muss andererseits der Komplexität der Produkte Rechnung getragen werden. Zum Einsatz kommen oft präferenzanalytische Methoden wie etwa die Conjointanalyse, die es ermöglicht, auf Basis der ermittelten Präferenzstrukturen Marktsimulationen und darauf basierend optimale Produktprofile zu ermitteln. Hieraus werden Empfehlungen zur Produktgestaltung abgeleitet.

- **Kontrolle nichtmonetärer Erfolgskriterien:**
Gerade auch auf Industriegütermärkten ist aufgrund der erforderlichen engen Geschäftsbeziehung zwischen Anbieter und Abnehmer die permanente Kontrolle auch nichtmonetärer Erfolgskriterien wie Bekanntheit, Image, Kundenzufriedenheit und Kundenbindung von großer Bedeutung. Aufgrund der geringen Anzahl an Abnehmern kann es sich kaum ein Industriegüterunternehmen leisten, dass ein Abnehmer zum Wettbewerber wechselt. Während auf Konsumgütermärkten mit ihrem häufig nur indirekten Kontakt zwischen Anbieter und Abnehmer die Erfassung derartiger Erfolgskriterien in der Regel mit Hilfe von externen Marktforschungsinstituten gelöst werden kann, ist dies auf Industriegütermärkten viel leichter zu kontrollieren, etwa indirekt durch systematische Auswertungen der Kundendatenbanken mit ihren dort erfassten Absatz- und Umsatzzahlen oder direkt durch regelmäßige Kundenbefragungen im Rahmen von Verkaufs- und Informationsgesprächen.

Zusammenfassend kann man feststellen, dass auch auf Industriegütermärkten die Marktforschung dafür zuständig ist, Anforderungen und Bedürfnisse aktueller und künftiger Abnehmer zu ermitteln und diese Informationen der Produktentwicklung zur Verfügung zu stellen. Da die Produkte auf Industriegütermärkten häufig komplex sind, sind diese Aufgaben hier besonders anspruchsvoll und erfordern daher besondere Instrumente bzw. den modifizierten Einsatz von Instrumenten aus der Marktforschung auf Konsumgütermärkten. Dazu kommt erschwerend, dass die Produktentwicklung auf Industriegütermärkten häufig von Personen mit einem ingenieur- oder naturwissenschaftlichen Bildungshintergrund verantwortet und durchgeführt wird, die eine andere „Sprache" sprechen als Personen, die in Marktforschungsinstituten arbeiten oder die Marktforschung in Unternehmen verantworten und durchführen.

So haben Rese und Baier (2006) in ihrer Studie gezeigt, dass der Informationstransfer von der Marktforschung in die Produktentwicklung besonders wichtig ist. Andererseits führt dieser aber auch zu einer Vielzahl von Konflikten, die z. B. durch unterschiedliche Interessen, Präferenzen, Normen und Werte bis hin zu emotionalen Spannungen reichen können. Befragt wurden 115 Produktentwicklungsleiter des deutschen Maschinen- und Anlagenbaus. Abbildung 1 gibt Ergebnisse dieser Studie als über die Stichprobe gemittelte Bewertungen wieder. Man erkennt, dass die Produktentwicklung durch eine Vielzahl

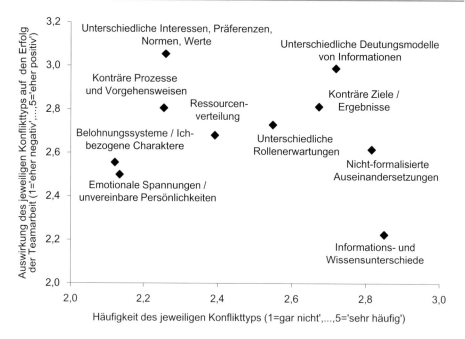

Abb. 1 Häufigkeit und Auswirkung verschiedener Konfliktursachen in der Produktentwicklung (Mittlere Bewertungen aus einer Befragung von 115 Produktentwicklungsleitern des deutschen Maschinen- und Anlagenbaus) (nach Rese und Baier 2006)

möglicher Konfliktursachen beeinträchtigt wird, dass von all diesen Ursachen aber insbesondere Informations- und Wissensunterschiede (zwischen allen am Projekt beteiligten Personen aus verschiedenen Unternehmensabteilungen wie Forschung und Entwicklung, Produktion, Marketing) besonders häufig sind und besonders negative Konsequenzen haben.

2 Instrumente der Marktforschung auf Industriegütermärkten

Aufgrund der Besonderheiten von Industriegütermärkten (vgl. Backhaus und Voeth, Besonderheiten des Industriegütermarketing) kommen zur Marktforschung auf Industriegütermärkten andere oder zumindest modifizierte Instrumente zum Einsatz als zur Marktforschung auf Konsumgütermärkten. Da etwa aufgrund der Komplexität der Produkte die Unterstützung von produkt- und preispolitischen Maßnahmen zentral ist, sollen dies durch empirische Untersuchungen belegt werden.

Abbildung 2 gibt Ergebnisse einer Befragung von 160 US-amerikanischen Unternehmen wieder (aus Cooper und Dreher 2010), die Stichprobe umfasst zu einem Großteil Industriegüterunternehmen (67,8 %). Die Befragten bewerteten Instrumente der Marktforschung (z. B. Kundenbesuche, Fokusgruppen, Kreativ- und Designworkshops,

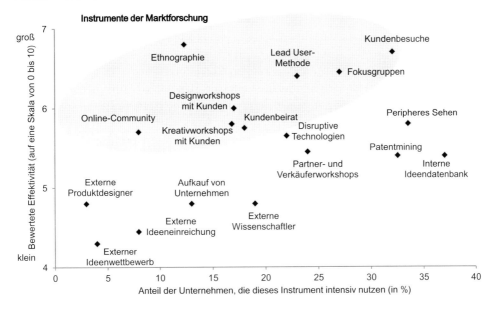

Abb. 2 Nutzung und Bewertung verschiedener Instrumente zur Produktgestaltung (Befragung von 160 US-amerikanischen Unternehmen) (nach Cooper und Dreher 2010)

Kundenbeiräte, Ethnographie, Online-Communities) aber auch Instrumente der Technologieforschung (z. B. Patentmining, externe Wissenschaftler, Partner- und Verkäuferworkshops) hinsichtlich ihrer Nutzungsintensität und ihrer Effektivität zur Produktgestaltung. In Abb. 2 sind die über die Stichprobe gemittelten Bewertungen bezüglich dieser beiden Kriterien dargestellt. Man erkennt, dass die Instrumente der Marktforschung (alle Instrumente im grauen Bereich der Abbildung) generell als effektiv bewertet wurden, und dass zusätzlich die Instrumente Kundenbesuche, Lead User-Methode und Fokusgruppe häufig eingesetzt wurden. Im Folgenden sollen diese einzelnen Instrumente im Hinblick auf ihren Einsatz zur Marktforschung auf Industriegütermärkten näher beschrieben werden.

2.1 Sekundärforschung auf Industriegütermärkten

Zur Bearbeitung der weiter oben diskutierten Aufgaben der Marktforschung auf Industriegütermärkten sollte zunächst – wie auf Konsumgütermärkten auch – aus Kosten- und Zeitgründen erst einmal geklärt werden, ob die benötigten Informationen nicht besser durch Sekundärforschung zu beschaffen sind. Mit Sekundärforschung wird in der Marktforschung eine Zweitauswertung bereits zu anderen Zwecken erhobener Informationen bezeichnet. Diese Informationen liegen bereits gedruckt oder elektronisch gespeichert im Unternehmen vor (interne Sekundärquellen) oder können – relativ leicht und kostengünstig – von außen beschafft werden (externe Sekundärquellen).

Als interne Sekundärquellen sollten heute in den meisten Industriegüterunternehmen z. B. Kundendatenbanken mit Charakterisierungen der einzelnen Kunden (z. B. Branche, Größe, Region), zum Umsatz mit ihnen (z. B. aufgeschlüsselt nach Zeitraum, Produkt(gruppe), Kundendienst und gewährten Konditionen) und zum Kontakt mit ihnen (z. B. aufgeschlüsselt nach Informationsanfragen, Berichte von Verkaufsmitarbeitern, Beschwerden) zur Verfügung stehen. Bereits aufgrund dieser Informationen sollten sich verschiedene Fragestellungen beantworten lassen, etwa nach der Wertigkeit einzelner Kunden (Kundenwertanalyse, Customer Lifetime Value), nach sinnvollen Marktsegmentierungen oder nach den Möglichkeiten ähnliche zusätzliche Kunden zu akquirieren.

Gerade beim Thema interne Sekundärquellen zeigt sich, warum es für externe Marktforschung auf Industriegütermärkten häufig so wenig Bedarf gibt: Da die Mitarbeiter des Unternehmens häufig in engem und regelmäßigem Kontakt mit den wenigen Abnehmern in ihrem Markt stehen, können bei diesen Kontakten quasi nebenbei benötigte Informationen erhoben werden, das heißt, das zentrale Problem des Unternehmens besteht lediglich darin, dafür zu sorgen, dass bei den Kundenkontakten die richtigen Informationen erhoben und danach geeignet verdichtet bereitgestellt werden. Beim Instandhaltungsgeschäft für Industriegasturbinen (siehe Reiff 2003) kann dies etwa dadurch gelöst werden, dass der Anlagenbestand und -status des Kunden in der Kundendatenbank erfasst und bei jedem Kundenkontakt aktualisiert wird. Jeder Mitarbeiter füllt beim Kundenkontakt bestehende Informationslücken und sorgt somit dafür, dass für künftige Planungs- und Verkaufsaktivitäten eine bestmögliche Informationsbasis zur Verfügung steht.

Als externe Sekundärquellen sind in erster Linie amtliche Statistiken (www.destatis.de) und Veröffentlichungen von Ministerien (z. B. www.bmbf.de, www.bmwi.de), Verbänden (z. B. www.vdma.org, ant.vdma.org), Kammern (z. B. www.ihk-berlin.de, www.muenchen-ihk.de, ahk.de), Marktforschungsinstituten (z. B. www.gfk.de), Unternehmensberatungen (z. B. www.simon-kucher.com, www.homburg-partner.com) und Forschungseinrichtungen (z. B. www.zew.de, www.diw.de, www.isi.fraunhofer.de, www.iao.fraunhofer.de) sowie öffentlich zugängliche Unternehmensdatenbanken (z. B. die Firmenprofile „Markus" bei www.creditreform.de mit detaillierten Daten zu mehr als 1,5 Mio. Unternehmen in Deutschland, Österreich und Luxemburg) zu nennen, zu denen man sich heute mit Hilfe des Internets relativ leicht und bequem Zugang verschaffen kann. Da viele Industriegüterunternehmen international aktiv sind, bietet sich hierfür auch das Portal www.gtai.de (Germany Trade & Invest) des Bundeswirtschaftsministeriums an, auf der man – weitgehend kostenlos – aktuelle Marktanalysen, Wirtschaftsdaten, Zoll- und Rechtsinformationen, Ausschreibungen und Projekthinweise aus über 120 Ländern abrufen kann, sowie die Webseite www.auma.de des Ausstellungs- und Messe-Ausschusses der Deutschen Wirtschaft e. V., auf der Daten zu mehr als 5000 Messen in Deutschland und im Ausland zur Verfügung gestellt werden.

2.2 Primärforschung auf Industriegütermärkten

Sekundärforschung sollte immer den ersten Schritt einer Marktforschung – gerade auch auf Industriegütermärkten – darstellen. Falls diese Form der Informationsbeschaffung aber nicht ausreichend ist – etwa aus Aktualitätsgründen oder zu großer Spezifik des Informationsbedarfs – müssen neue Informationen durch eigene Erhebungen beschafft werden. Man unterscheidet dabei Längsschnittuntersuchungen (z. B. Panel- oder Wellenerhebungen), die eine regelmäßige Erfassung bestimmter Informationen vorsehen oder – auf Industriegütermärkten weit häufiger – einmalige, so genannte Ad-hoc-Untersuchungen. Beispiele für Längsschnittuntersuchungen sind die regelmäßigen Erhebungen zur Konjunkturerwartung oder zum Innovationsverhalten der deutschen Unternehmen, wie sie etwa das Zentrum für Europäische Wirtschaftsforschung (www.zew.de) durchführt.

Für Ad-hoc-Untersuchungen bieten sich auch auf Industriegütermärkten im Wesentlichen Befragungen und Beobachtungen an. Zu beachten sind jeweils die Besonderheiten von Industriegütermärkten, so können Experimente und großzahlige Befragungen aufgrund der geringen Anzahl an Marktteilnehmern eher selten eingesetzt werden. Im Folgenden werden die genannten zwei Erhebungsmethoden näher diskutiert.

2.2.1 Befragungen auf Industriegütermärkten

Für Befragungen ist auch auf Industriegütermärkten zunächst zu klären, ob das erwünschte Ergebnis eher ein quantitativ-repräsentatives oder ein qualitativ-tiefergehendes sein soll.

Im ersten Fall wird man über eine **standardisierte Befragung** eine möglichst große Anzahl von Kunden erreichen, um so wichtige Größen wie Marktvolumen, Marktanteil oder Verteilung der Preisbereitschaft per Hochrechnung bestimmen zu können. Diese Form der Befragung bietet sich natürlich nur dann an, wenn entweder alle möglichen Kunden befragt werden können oder zumindest aus der Grundgesamtheit eine repräsentative Stichprobe von möglichen Kunden gezogen werden kann. Zum Ziehen dieser Stichprobe bieten sich z. B. die genannten öffentlich zugänglichen Unternehmensdatenbanken aber auch die eigene Kundendatenbank an. Die Befragung selbst kann dann

- persönlich („Face-to-Face", mit gedrucktem oder computergestütztem Fragebogen),
- telefonisch (i. d. R. computergestützt als Computer AssistedTelephoneInterviewing) oder
- schriftlich (offline/mit gedruckten Fragebögen oder online)

umgesetzt werden. Hierzu sind die Vorteile und Nachteile abzuwägen.

Für die **persönliche Befragung** spricht vor allem, dass die Auskunftsbereitschaft – etwa im Rahmen eines Messeinterviews oder bei einem Unternehmensbesuch – relativ hoch ist. Angesichts komplexer Produkte steht für zu erwartende Rückfragen ein Interviewer bereit und es kann bei Unklarheiten nachgefragt werden. Dem entgegen steht der erhebliche Kosten- und Zeitaufwand, da die möglichen Kunden in der Regel national oder sogar international erreicht werden müssen. Umgekehrt bietet sich diese Kommunikationsform aber auch an, wenn die zu Befragenden durch Unternehmensmitarbeiter sowieso besucht werden müssen, etwa im Rahmen von Kundendienstaktivitäten.

Die **telefonische Befragung** zeichnet sich – auch auf Industriegütermärkten – vor allem durch ihren geringen Kosten- und Zeitaufwand aus. Mit einem geringen Budget kann man bei einem standardisierten kurzen Fragebogen in kurzer Zeit eine beachtliche Anzahl an möglichen Kunden erreichen (siehe z. B. die Befragungen potentieller Kunden bei Reiff 2003), allerdings ist diese Form der Befragung nur bei sehr einfachen Fragen bzw. Fragen zu wenig komplexen Produkten geeignet.

Die **schriftliche Befragung** – sowohl als online- oder offline-Befragung, idealweiser bietet man beide Antwortmöglichkeiten an – verbindet die Vorzüge der persönlichen und der telefonischen Befragung: Bei geringem Kosten- und Zeitaufwand können auch Fragen zu komplexen Produkten gestellt werden. Je nach Gestaltung des Fragebogens und Interesse der Befragten für das Befragungsthema kann mit Rückläufen von 5 % bis zu 50 % gerechnet werden (siehe z. B. Rese und Baier 2011). Über Mail und Telefon kann zudem kostengünstig nachgefasst werden.

Im zweiten Fall – falls man an einem qualitativ-tiefergehenden Befragungsergebnis interessiert ist – können Tiefeninterviews und Gruppendiskussionen zum Einsatz kommen.

Bei einem **Tiefeninterview** werden wenige ausgewählte zu Befragende einzeln mit einführenden Fragen an den interessierenden Themenkomplex herangeführt. Je nachdem, wie der Befragte einzelne Fragen beantwortet, kann dann in unterschiedlicher Form nachgehakt werden, um tieferliegende Beweggründe und Bedürfnisse des Befragten zu erfahren.

Gruppendiskussionen – etwa im Rahmen der Instrumente Fokusgruppe, Kreativworkshop mit Kunden, Designworkshop mit Kunden aus Abb. 2 – haben eine ähnliche Zielsetzung, versuchen aber die Befragten durch die Gruppensituation zu öffnen. So diskutieren etwa bei einer Fokusgruppe ähnliche Personen – hinsichtlich ihrer beruflichen Interessen, ihrer Position und ihres Bildungshintergrunds – den interessierenden Themenkomplex unter Anleitung eines Moderators. Geht es etwa um die Gestaltung der Fahrerkabine eines neuen Lastkraftwagens, so kann man Kraftfahrer in einer Fokusgruppe bitten, ihre Zufriedenheit mit der Fahrerkabine ihres aktuellen Lastkraftwagens zu beschreiben und Verbesserungsvorschläge zu entwickeln oder vorhandene Verbesserungsvorschläge zu bewerten. Der Einsatz einer sich gegenseitig bestärkenden homogenen Gruppe für diese Diskussion stellt sicher, dass die Fahrer sich frei äußern können und keine sozial erwünschten Antworten geben. Anschließend versucht man die erhaltenen Antworten zu aggregieren und daraus Gestaltungshinweise zu entwickeln. Da man dem Buying Center-Gedanken Rechnung tragen muss – man hatte bisher ja nur die Verwender befragt –, ist es aber sinnvoll ergänzend zu dieser Fokusgruppe weitere Fokusgruppen durchzuführen – etwa mit Speditionsleitern oder mit Mitarbeitern der Flottensteuerung. Während derartige Fokusgruppen an einer homogenen Teilnehmergruppe interessiert sind, bietet es sich bei Kreativ- und Designworkshops mit Kunden im Gegenteil dazu an, mit einer heterogenen Gruppe von Teilnehmern zu arbeiten.

2.2.2 Beobachtungen auf Industriegütermärkten

Alternativ zu Befragungen bieten sich zur Marktforschung auf Industriegütermärkten auch Beobachtungen an. Hier ist insbesondere das Ethnographie-Konzept (auch als „Camping out with the customer" bezeichnet) zu nennen, bei dem ein Produktentwicklerteam den Kunden in seinem Alltag begleitet und beobachtet, wie er die bisherigen Produkte im Rahmen seines Wertschöpfungsprozesses einsetzt. Aus derartigen ethnographischen Beobachtungen werden – selten, aber dann mit gutem Erfolg, siehe Abb. 2 – Produktverbesserungen abgeleitet. Im Zuge der Digitalisierung nehmen speziell eingerichtete Kommunikationsplattformen auch auf Industriegütermärkten einen zunehmend größeren Stellenwert ein. Die Analyse mittels Netnography (vgl. Kozinets 2002) erlaubt die digitale Beobachtung der Kunden innerhalb der Plattform und die vertiefende Anwendung von Text Mining-Verfahren.

3 Beispielhafte Aufgabenstellungen der Marktforschung auf Industriegütermärkten

Nachfolgend wird zu den in Abschn. 1.1 vorgestellten Aufgabenstellungen jeweils ein Anwendungsbeispiel vorgestellt. Es geht dabei um eine Marktchancen- und -risikenanalyse mittels Lead User-Methode für einen Hard- und Softwareanbieter zur Sicherung Kritischer Infrastrukturen (Abschn. 3.1), um eine Entwicklung und Kontrolle konkreter marketingpolitischer Maßnahmen mittels Conjointanalyse für einen Hersteller von Flurförderfahrzeugen (Abschn. 3.2) und um eine Kontrolle nichtmonetärer Erfolgskriterien im Elektro-Großhandel mittels Kundenzufriedenheitsanalyse für einen Hersteller von Automatisierungstechnik (Abschn. 3.3).

3.1 Marktchancen und -risikenanalyse mittels Lead User-Methode für einen Hard- und Softwareanbieter zur Sicherung Kritischer Infrastrukturen

Unter Kritischen Infrastrukturen werden allgemein Einrichtungen für das allgemeine Wohl der Bevölkerung verstanden, deren Zusammenbruch die öffentliche Gemeinschaft gefährden könnte. Das Bundesministerium des Innern (BMI) zählt dazu insbesondere auch die Einrichtungen zur Versorgung der Bevölkerung und der Unternehmen mit Energie und Wasser, aber auch die Einrichtungen zur Bereitstellung von Informations- und Kommunikationsdiensten oder zur Aufrechterhaltung der Transport- und Verkehrssysteme (siehe z. B. BMI 2011). Gerade die Versorgung mit Energie und Wasser gilt dabei als besonders gefährdet. Für ihre Überwachung und ihren Betrieb werden rechnergestützte Steuerungssysteme benötigt, die auf eine sichere Datenverbindung zu einer Vielzahl ressourcenarmer (und damit schwer zu sichernder) Komponenten wie Sensoren und Aktoren angewiesen sind. Diese können leicht ge- und zerstört oder – noch schlimmer – als Einstieg missbraucht werden, um das gesamte Steuerungssystem und damit die Versorgung mit Energie und Wasser zu sabotieren.

Verschiedene Forschungseinrichtungen und Softwarehäuser haben sich darauf spezialisiert, IT-Sicherheitslösungen für derartige Steuerungssysteme zu entwickeln, darunter auch das IHP - Leibniz-Institut für innovative Mikroelektronik in Frankfurt (Oder) (siehe z. B. Sänn 2011), das im Rahmen eines BMBF-ForMaT-geförderten Projekts mit der BTU Cottbus die Sicherheitsplattform ESCI (für: Erweiterte Sicherheit für Kritische Infrastrukturen, www.esci-vrs.de) auf Basis umfangreicher Vorarbeiten und Programmbausteine konzipierte – die Verteilte, Reaktive Sicherheitsplattform VRS. Allerdings ist eine Überführung derartiger Forschungsergebnisse in ein marktfähiges Produkt hochkomplex. Der künftige Anbieter einer IT-Sicherheitslösung muss im Vorfeld gemeinsam mit den heterogenen Anbietern und Instandhaltern von Steuerungssystemen ebenso wie deren Kunden, den etwa 700 Energie- und Wasserversorgern in Deutschland, klären, unter welchen Rahmenbedingungen das Produkt zum Einsatz kommen und zur Bekämpfung welcher Angriffsarten es ausgelegt werden soll (siehe dazu Sänn und Krimmling 2014). Einfache Befragungen zur Ermittlung des Marktvolumens sind aufgrund der Komplexität des Produkts und seiner Einsatzbedingungen sicherlich nicht ausreichend. Stattdessen bietet sich ein Einsatz der so genannten Lead User-Methode an (siehe Sänn et al. 2013 zur ausführlichen Darstellung im Anwendungsbereich IT-Sicherheit und der Kombination mittels Präferenzmessung zur Einbeziehung durchschnittlicher Kunden).

Die klassische Lead User-Methode geht auf Eric von Hippel, Professor am Massachusetts Institute of Technology, zurück (siehe z. B. Von Hippel 1986, 1988; Von Hippel und Katz 2002) und zielt in Marktforschung und Produktentwicklung darauf ab, dass statt mit „normalen" Kunden vor allem mit „besonders innovativen" Kunden zusammengearbeitet wird. Gemeint sind nach von Hippel (1986, 1988) Kunden,

- die Marktbedürfnisse lange vor vielen anderen Marktteilnehmern wahrnehmen,
- einen hohen Nutzen durch die neue Problemlösung haben,
- sich bereits intensiv mit Anwendungsproblemen beschäftigt haben und/oder
- mit Bedingungen vertraut sind, die für die „gewöhnlichen" Kunden noch in der Zukunft liegen.

Man geht davon aus, dass derartige Lead User eine weit bessere Quelle für Hinweise auf die erfolgversprechende Gestaltung verbesserter oder neuer Produkte sind, da nur sie realistische und verlässliche Vorstellungen haben, wie künftige Rahmenbedingungen für den Einsatz der Produkte aussehen. Sie unterliegen damit nur bedingt dem psychologischen Einfluss der „Functional Fixedness" (siehe u.a. Adamson 1952). Nur mit ihnen ist es somit möglich sogenannte „breakthrough" Innovationen zu entwickeln.

Im Wesentlichen besteht ein Einsatz der Lead User-Methode aus vier Schritten: In einem ersten Schritt müssen branchenspezifische Kriterien definiert werden, anhand derer sich „innovative" von „normalen" Kunden unterscheiden lassen, bevor in einem zweiten Schritt anhand dieser Kriterien eine Stichprobe „innovativer" Kunden ausgewählt wird.

Häufig weitet man an dieser Stelle den Begriff des „innovativen" Kundens aus, indem man auch „innovative" Kunden aus Branchen mit ähnlichem Problemlösungsbedarf oder auch Personen mit einem entsprechenden Expertenstatus einbezieht. In einem dritten Schritt werden dann diese ermittelten Lead User gebeten, sich an der Spezifikation des verbesserten oder neuen Produkts zu beteiligen, und in einem vierten Schritt wird überprüft, ob mit den entwickelten Produktspezifikationen ein ausreichend großes Marktvolumen (auch bei „normalen" Kunden) erzielbar ist.

Im konkreten Projekt „ESCI" zur Gewinnung einer Produktspezifikation im Themenbereich IT-Sicherheitslösung für Energie- und Wasserversorger wurde in einem ersten Schritt mit Hilfe eines kleinen Expertenkreises festgelegt, worin sich branchenspezifisch „besonders innovative" Kunden von „normalen" Kunden unterscheiden. Bezogen auf Anbieter und Nutzer von Steuerungssoftware wurden so z. B. die Öffnung der eigenen Rechenzentren für Externe (und damit Kenntnis der Sicherungsproblematik), die Investition in Projekte der dezentralen Energieerzeugung oder das eigene Engagement zum Ausbau eigener Sicherheitslösungen festgelegt. Neben Kunden und Experten aus dem Bereich der Energie- und Wasserversorgung wurde die Suche auch auf Experten sowie Kunden der industriellen Automatisierung und der Gebäudeautomatisierung ausgedehnt, da in diesen Branchen ähnliche Problemstellungen wie im Zielmarkt vorliegen, z. B. die zunehmende Komplexität der Vernetzung, die Notwendigkeit leistungsfähige (Sicherheits-) Algorithmen einzusetzen, und die spezielle Sicherung ressourcenarmer Komponenten im Gesamtsystem sowie die Berücksichtigung drahtloser Kommunikation.

In einem zweiten Schritt konnte dann anhand dieser Kriterien eine Stichprobe von Lead Usern ermittelt werden. Zum Einsatz kam die sogenannte Pyramiding-Methode (siehe z. B. Baier und Sänn 2013), bei der man befragte Personen in Unternehmen und Forschungseinrichtungen bittet, weitere Unternehmen und Forschungseinrichtungen sowie Personen zu benennen, die hinsichtlich der genannten Kriterien besonders hervorzuheben sind. Man baut sich eine Pyramide mit zunehmender Lead Userness (vgl. Faullant et al. 2012) auf. Über Face-to-Face- und Telefonbefragungen wurden 162 Kontakte generiert, welche sich zu ca. 50 % aus Personen in Unternehmen der Energie- und Wasserversorgung aufteilten. Diese Lead User-Kandidaten wurden schließlich mittels einer Online-Befragung (siehe Abb. 3 mit einem Auszug aus dem Fragebogen) einer Lead User-Prüfung unterzogen. Zum Einsatz kam ein standardisierter Fragebogen, mit dem auch Bedarfe und Wünsche der Befragten zum Thema IT-Sicherheit bis hin zu ersten Vorschlägen einer Produktspezifikation erhoben wurden.

Der dritte Schritt – die Beteiligung ausgewählter Lead User an der Spezifikation der anzubietenden IT-Sicherheitslösung – erfolgte dann mittels klassischer Workshops (Herstatt und von Hippel 1992): In einem ersten zweitägigen Workshop in Frankfurt (Oder) wurden die Lead User mit dem „ESCI"-Projekt vertraut gemacht und nochmals vor Ort erläutert, warum die anwesenden Lead User ausgewählt worden waren. Die Diskussion der Rahmenbedingungen und der Sicherungsbedarfe lebte am ersten Tag von der offen gestalteten Gesprächsatmosphäre. Die aus unterschiedlichen Wissens- und Anwendungsbereichen stammenden Experten konnten sich umfassend über generelle Probleme der Steuerungs-

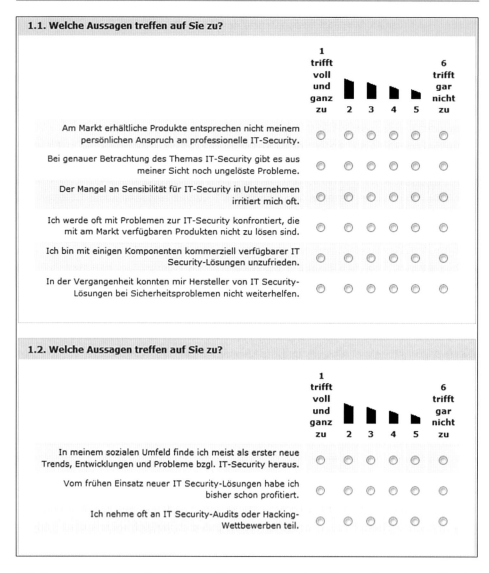

Abb. 3 Auszug aus einem Fragebogen zur Bestimmung von Lead Usern und einer ersten Ideenbewertung

systeme und mögliche Gefährdungspotenziale austauschen. Der zweite Workshop-Tag hingegen war klar durchstrukturiert mit dem Ziel, vor dem Hintergrund der diskutierten Rahmenbedingungen und der vorgestellten Möglichkeiten des „ESCI"-Projekts, eine Spezifikation für eine IT-Sicherheitslösung herauszuarbeiten. Die Lead User und Projektmitarbeiter wurden in Gruppen eingeteilt, jeweils acht Personen in eine Gruppe zum Thema Schnittstellensicherung und eine Gruppe zum Thema Feldbus-Sicherheit. Mit Ende des zweiten Workshop-Tages lagen dem Projektteam mehrere Produktspezifikationen vor, welche nachfolgend – wiederum in Zusammenarbeit mit den Lead Usern – detailliert und in einen Prototyp zur Prüfung des Interesses bei „normalen" Kunden überführt wurden. Die resultierende Sicherheitsplattform zeichnete sich schließlich durch den minimalinvasiven Ansatz zur Wahrung der Echtzeitfähigkeit aus. Dieser wird durch den Einsatz von Sensorknoten zur Überwachung des Netzwerkverkehrsinnerhalb einer sowie zwischen mehreren Anlagen ergänzt. Diese können auch regional verteilt sein. Dabei nutzt die spezifizierte VRS-Plattform moderne Verschlüsselungs- und Authentifizierungsalgorithmen, welche sonst ressourcenarmen Systemen vorenthalten blieben. Die Protokollunabhängigkeit ermöglicht eine grundlegende Nachrüstbarkeit in bereits vorhandene Systeme, welche mittels des Topologie-Editors unterstützt wird.

Der vierte Schritt – die Überprüfung, ob mit der entwickelten Produktspezifikation bzw. dem Prototypen ein ausreichend großes Marktvolumen (auch bei den „normalen" Kunden) erzielbar ist – erfolgte dann u. a. durch eine öffentliche Präsentation des Produkts auf der Hannover Messe 2013, einem Abgleich der Produktspezifikation mit den geäußerten Bedürfnissen und Wünsche der Kunden aus der Online-Befragung sowie einer Gruppendiskussion.

3.2 Entwicklung und Kontrolle konkreter marketingpolitischer Maßnahmen mittels Conjointanalyse für einen Hersteller von Flurförderfahrzeugen

Beim zweiten Anwendungsbeispiel (vgl. Baass und Forstner 2009) geht es um die Prüfung von Merkmalen und Ausprägungen eines Flurförderfahrzeugs zur Leistungssteigerung und Kostenreduzierung beim Kunden bei gleichzeitiger Sicherung des Betriebsergebnisses des Herstellers, der Jungheinrich AG. Für ein bestehendes Produkt waren im Rahmen von Workshops mit Mitarbeitern und Kunden eine Reihe von möglichen Produktverbesserungen vorgeschlagen worden (siehe Abb. 4), die es nun durch Marktforschung auf Akzeptanz im Markt bzw. mittels Präferenzmessung zu prüfen galt.

Zum Einsatz kam eine traditionelle Conjointanalyse (vgl. einführend Baier und Brusch 2009), bei der einer Stichprobe von Kunden und einer Stichprobe von Verkäufern aus verschiedenen Zielmärkten jeweils 16 Konzepte eines möglichen Flurförderfahrzeugs vorgelegt wurden. Sie wurden gebeten diese nach absteigender Präferenz zu ordnen. Die 16 Konzepte (auch: Stimuli) wurden auf Basis der Merkmale und Ausprägungen in Abb. 4 mittels Versuchsplanung als Merkmalsausprägungskombinationen generiert und entsprechend einem Fahrzeugkartenspiel auf Spielkarten notiert. 30 Verkäufer aus fünf wichtigen Zielmärkten (Belgien, Deutschland, Italien, Niederlande, Spanien) wurden aufgefordert, die Karten selbst zu sortieren und zusätzlich jeweils sechs Kunden zu befragen.

Anschließend konnte auf Basis der Kartensortierung die Wichtigkeit der einzelnen Merkmale und Ausprägungen bestimmt werden. Zum Einsatz kommt – wie in der Conjointanalyse üblich – ein regressionsanalytisches Verfahren, bei dem den einzelnen Merk-

Merkmal	Ausprägung
Verbesserte Ergonomie	Verbesserte Federung
	Verbesserte Sicht
	Verbesserte Beinfreiheit
Verbesserte Sicherheit	Fahrerrückhaltesysteme
	Verhindern des zurückrollens
	Kippsicherheit an Steigungen
	Zugangskontrolle
Batteriewechsel	Mit Kran/Stapler durch Kabine
	Mit spezieller Wechseleinrichtung
	Seitlich mit Stapler/Hubwagen
Nettopreis	+10 %
	Unverändert (wie heute)
	−10 %
Bedienelemente	Konventioneller Bedienhebel
	Mini-Bedienhelbel/Fingertipps
	Joystick (Multi-Pilot)
	Multifunktionslenkrad

Abb. 4 Merkmale und Ausprägungen zur Modifikation eines Flurförderfahrzeugs

malsausprägungen Punktewerte (Teilpräferenzwerte) so zugeordnet werden, dass die entsprechende Summe der Punktewerte eines Stimulus die Kartensortierung wiedergibt. Im Mittel über alle befragten Personen hinweg konnte festgestellt werden, dass ein Flurförderfahrzeug mit den Ausprägungen (Preis: − 10 %, Multifunktionslenkrad, verbesserte Sicht, Zugangskontrolle und seitlicher Batteriewechsel) am besten bewertet wurde. Die Bewertungen der Verkäufer und Kunden sowie über die verschiedenen Ländermärkte hinweg unterschieden sich nur wenig. Die so gewonnenen Marktdaten konnten zur Gestaltung eines verbesserten Flurförderfahrzeugs und seiner optimalen Bepreisung genutzt werden. Die Produktmodifikation mit Multifunktionslenkrad wurde zwei Jahre nach der Befragung mit großem Erfolg in den Zielmärkten eingeführt.

3.3 Kontrolle nichtmonetärer Erfolgskriterien im Großhandel mittels Kundenzufriedenheitsanalyse für einen Hersteller von Automatisierungstechnik

Wie bereits ausgeführt ist gerade auch auf Industriegütermärkten die permanente Kontrolle auch nichtmonetärer Erfolgskriterien wie Kundenzufriedenheit und Kundenbindung von großer Bedeutung. Aufgrund der geringen Anzahl an Abnehmern kann es sich kaum ein Industriegüterunternehmen leisten, dass ein Abnehmer zum Wettbewerber wechselt. Viele Industriegüterunternehmen erfassen daher regelmäßig die Zufriedenheit ihrer Kunden, um so rechtzeitig Hinweise auf mögliche Probleme und Verbesserungen zu gewinnen. So auch die in diesem Anwendungsbeispiel diskutierte Abteilung der Siemens AG, die für die Vertrieb von Produkten der Installationstechnik, Niederspannungs-Energieverteilung, Industrielle Schalttechnik und Automatisierungssysteme über den deutschen Elektro-Großhandel zuständig ist. Der „Kunde" ist in diesem Fall also der

Absatzmittler Elektro-Großhandel. Über ihn wird ebenso die Kundenzufriedenheit in den nachgelagerten Märkten – dem Elektro-Einzelhandel sowie den privaten oder industriellen Endabnehmern der Produkte im Elektro-Einzelhandel – sowie die mit dem Vertrieb der Produkte befassten Dienstleistungen erfasst. Es geht letztendlich um die Kundenzufriedenheit mit einem hybriden Leistungsbündel aus Sach- (z. B. den konkreten elektrischen Komponenten und Anlagen) und Dienstleistungen (z. B. Leistungskomponenten wie der Regionalen Beratung und Betreuung, der Auftragsabwicklung, der Angebotserstellung, der Belieferung bis hin zum After Sales Service).

Wie bei einer Erfassung von Kundenzufriedenheit bei Dienstleistungen oder hybriden Leistungsbündeln üblich, wurde zunächst ein Service Blueprint des gesamten Leistungsverwertungsprozesses erstellt (vgl. Shostack 1984, 1987) und zu den sieben resultierenden Leistungskomponenten (inkl. der Produkte) jeweils vier bis elf einfach bewertbare Leistungsbestandteile erarbeitet. So wurden u.a. für die Leistungskomponente „Regionale Beratung und Betreuung" die Leistungsbestandteile „Erreichbarkeit der Ansprechpartner", „Engagement der Mitarbeiter", „Reaktionszeit auf Anfragen" zugeordnet und jeweils eine Bewertungsskala von 1 (= „vollkommen unzufrieden") bis 5 (= „vollkommen zufrieden") festgelegt. Diese wurden in einem 21-seitigen Fragebogen mit ausführlichen Erläuterungen zusammengefasst. Im Fragebogen wurde abschließend auch eine Bewertung aller Aktivitäten und Produkte der Abteilung (als Indikator für die Kundenzufriedenheit) und eine Weiterempfehlungsabsicht (als Indikator für die Kundenloyalität) ergänzt. Der Fragebogen wurde allen Elektro-Großhändler im Rahmen von Auftragsabwicklungen durch Mitarbeiter übergeben und sie gebeten, eine möglichst objektive Bewertung vorzunehmen. Der Rücklauf umfasste 175 auswertbare Fragebögen.

Die erhobenen Daten wurden schließlich mit SPSS (für Konstruktprüfungen und einfache Regressionsanalysen) und smartPLS (für Pfadmodelle und Bootstrap-basierte Signifikanztests) ausgewertet. Zunächst zeigte sich bei der Auswertung, dass – wie erwartet – die Kundenzufriedenheit sehr stark (und signifikant) auf die Kundenloyalität wirkt. Auf die Kundenzufriedenheit wirken (signifikant) insbesondere die Leistungskomponenten (in abnehmender Stärke) „Auftragsabwicklung", „technische Unterstützung und After Sales-Service", „(Qualität der) Produkte und Vorvermarktung". Die Leistungskomponente „Regionale Beratung und Betreuung" wirkt vor allem direkt auf die Kundenloyalität. Die Erhebung konnte insbesondere auch genutzt werden, um den Vertriebsmitarbeitern noch einmal deutlich zu machen, wie wichtig die von ihnen verantworteten Leistungskomponenten sind.

4 Schlussbemerkungen

Trotz der relativ geringen Inanspruchnahme von externen Dienstleistern ist die Marktforschung auch auf Industriegütermärkten ein entscheidender Erfolgsfaktor für die Anbieter: Ohne die Bedürfnisse und Wünsche der Kunden oder die Probleme in der Kundenbeziehung zu kennen läuft ein Industriegüterunternehmen Gefahr, seine Kunden zu verlieren. Allerdings wird Marktforschung auf Industriegütermärkten aufgrund der dortigen Besonderheiten anders und mit angepassten Instrumenten sowie häufig „nebenbei" bei der Angebotserstellung, im Verkaufsprozess oder später beim Kundendienst durchgeführt. In diesem Beitrag konnte ein kleiner Überblick über wichtige Instrumente der Marktforschung auf Industriegütermärkten gegeben werden und anhand von drei Beispielen gezeigt werden, wie Anwendungen strukturiert sind.

Literatur

Adamson, R.E. 1952. Functional Fixedness as Related to Problem Solving: A Repetition of Three Experiments. *Journal of Experimental Psychology* 44(4): 288–291.

ADM. 2013. Umsatz der Mitgliedsinstitute des ADM, Arbeitskreis Deutscher Markt- und Sozialforschungsinstitute e. V., www.adm-ev.de.

Baass, S., und M. von Forstner. 2009. Produktentwicklung am Beispiel von Flurförderzeugen. In *Conjointanalyse, Methoden – Anwendungen – Praxisbeispiele*, Hrsg. D. Baier, M. Brusch, 163–182. Berlin: Springer.

Backhaus, K., und M. Voeth. 2014. *Industriegütermarketing*, 10. Aufl. München: Vahlen.

Baier, D., und M. Brusch. 2009. Erfassung von Kundenpräferenzen für Produkte und Dienstleistungen. In *Conjointanalyse, Methoden – Anwendungen – Praxisbeispiele*, Hrsg. D. Baier, M. Brusch, 3–17. Berlin: Springer.

Baier, D., und A. Sänn. 2013. Lead User bei der Entwicklung neuer Produkte. *wisu – Das Wirtschaftsstudium* 42(6): 799–804.

Bigler, L. und R. Drenth. 2013. Die neue Rolle des Marketing im Buying Center bei industriellen ICT-Investitionen. *Marketing Review St. Gallen* 30(4): 36–51.

B.M.I. 2011. *Schutz Kritischer Infrastrukturen – Risiko- und Krisenmanagement: Leitfaden für Unternehmen und Behörden*. Berlin: Bundesministerium des Innern (BMI).

Cooper, R.G., und A. Dreher. 2010. Voice-of-the-Customer-Analysis: What are the best Resources of New-Product Ideas? *Marketing Management Magazine* 19(4): 38–48.

Faullant, R., Schwarz, E.J., Krajger, I. und R.J. Breitenecker. 2012. Towards a Comprehensive Understanding of Lead Userness: The Search for Individual Creativity. *Creativity and Innovation Management* 21(1): 76–92.

Herstatt, C., und E. von Hippel. 1992. From Experience: Developing New Product Concepts via the Lead User Method: A Case Study in a "Low Tech" Field. *Journal of Product Innovation Management* 9: 213–221.

Kozinets, R.V. 2002. The Field Behind the Screen: Using Netnography for Marketing Research in Online Communities. *Journal of Marketing Research* 39(1): 61–72.

Reiff, G.W. 2003. *Innovative Vertriebs- und Marketingkonzepte für industrielle Dienstleistungen am Beispiel des weltweiten Instandhaltungsgeschäfts für Industriegasturbinen*. Berlin: Verlag Dr. Kovac.

Rese, A., und D. Baier. 2006. Conflicts in New Product Development: Frequency, Consequences, and Handling Recommendations. In *Proceedings of the R&D Management Conference 2006, Lake Windermere*, 5–7. England.

Rese, A., und D. Baier. 2011. Success Factors for Innovation Management in Networks of Small and Medium Enterprises. *R&D Management* 41(2): 138–155.

Sänn, A. 2011. Klasse statt Masse. *Innovationsmanager* 16: 66–67.

Sänn, A., und J. Krimmling. 2014. Neue Wege für die IT-Sicherheit. *a+s Zeitschrift für Automation und Security* 3(1): 27–29.

Sänn, A, Krimmling, J., Baier, D., und M. Ni. 2013. Lead User Intelligence for Complex Product Development – the Case of Industrial IT-Security Solutions. *International Journal of Technology Intelligence and Planning* 9(3): 232–249.

Shostack, G.L. 1984. Designing Service Through Delivery. *Harvard Business Review* 62: 133–139.

Shostack, G.L. 1987. Service Positioning Through Structural Change. *Journal of Marketing* 51(January): 34–43.

Von Hippel, E. 1986. Lead Users. A Source of Novel Product Concepts. *Management Science* 32(7): 791–805.

Von Hippel, E. 1988. *The Sources of Innovation*. New York: Oxford University Press.

Von Hippel, E., und R. Katz. 2002. Shifting Innovation to Users via Toolkits. *Management Science* 48(7): 821–833.

Teil III
Geschäftsmodelle und Marketing-Strategien

1 Geschäftstypen als Strukturierungsrahmen für Marketingstrategien auf Industriegütermärkten

Industriegütermärkte umfassen ein sehr heterogenes Leistungsspektrum. Dieses reicht von Standardschrauben über Spezialmaschinen bis hin zu komplexen Kraftwerken und Infrastrukturanlagen. Die Eigenschaften einer Leistung beeinflussen dabei nicht unwesentlich Art und Ablauf eines Transaktionsprozesses. Während Standardkomponenten in routinemäßigen Transaktionen, inzwischen teilweise sogar vollautomatisiert durch E-Procurement-Systeme beschafft werden, ist die Vermarktung eines Kraftwerks ein komplexer, hochindividualisierter Vorgang, der sich, angefangen mit einer Ausschreibung bis hin zur Installation der Anlage beim Kunden, über längere Zeit erstrecken kann.

Aufgrund dieser Heterogenität erscheint die Entwicklung von undifferenzierten Marketingprogrammen aus der Perspektive der Praxis wenig erfolgversprechend und somit auch aus Sicht einer anwendungsorientierten Marketingwissenschaft nicht zielführend. Andererseits besteht jedoch die Gefahr, durch Überbetonung der individuellen Transaktionseigenarten bis hin zur reinen Einzelfallbetrachtung dem (wissenschaftlichen und praxisrelevanten) Anspruch einer gewissen Generalisierbarkeit nicht gerecht zu werden.

Aus diesem Dilemma heraus wurden in den vergangenen Jahren in der Literatur zum Industriegütermarketing zahlreiche Typologisierungsansätze entwickelt. Gemeinsames Anliegen dieser methodisch stark variierenden Ansätze ist die Bildung möglichst aussagekräftiger Typen von Vermarktungsprozessen und die Ableitung von Handlungsempfehlungen für die Industriegütermarketingpraxis. Dabei sollte die reale Vielfalt unterschiedlicher Transaktionsprozesse auf Industriegütermärkten zu intern möglichst homogenen, zwischen einander möglichst heterogenen Typen zusammengefasst werden, damit sowohl Generalisierbarkeit wie auch praktische Aussagekraft gewährleistet sind. Die Typologisierungskriterien sind damit so zu wählen, dass sie eine hohe Relevanz bzw. Kausalität für die Gestalt einer Transaktion besitzen, damit die Ergebnisse nicht nur Ausdruck einer zufälligen Korrelation sind. Die Bildung solcher Transaktions- oder Geschäftstypen dient damit der Strukturierung der Vielfalt realer, situationsspezifischer Transaktionen mit dem Ziel, generelle strategische Stoßrichtungen auf Industriegütermärkten zu identifizieren und adäquate Marketingprogramme ableiten zu können.

2 Statische Perspektive: Grundlagen des Geschäftstypenmanagements auf Industriegütermärkten

2.1 Systematik typologischer Ansätze im Industriegütermarketing

Typologien erfreuen sich als Systematisierungsmethode, auch in verwandten Forschungsgebieten (z. B. Etzioni 1975; Miles und Snow 1978), großer Beliebtheit, obwohl umstritten ist, inwiefern sie über eine reine Deskription hinaus, einen Beitrag zur theoretischen Durchdringung komplexer Sachverhalten liefern können (bspw. Bacharach 1989; Doty und Glick 1994). In wesentlichen Teilen ist diese Debatte auf Unterschiede in der Begriffsdefinition und verschiedene Konzeptionen der Ableitung von Typologien zurückzuführen. Daher liegt den folgenden Ausführungen ein breitgefasstes Verständnis des Typologiebegriffs zugrunde.

Typologische Ansätze haben in der Forschung zum Industriegütermarketing eine lange Tradition. Die frühesten Ansätze standen klar in einer gütertypologischen Tradition, bspw. Marrian (1968), die eine Zwei-Ebenen-Klassifizierung entwickelt, bei der sie zunächst nach Art des Gütereinsatzes vier übergeordnete Klassen identifiziert (maschinelle Ausstattung und Anlagen, Werkstoffe, Betriebs- und Hilfsstoffe, und Dienstleistungen) und anschließend für jede dieser Oberkategorien nach Grad der „Wesentlichkeit" bis zu sechs Unterklassen bildet (vgl. auch Miracle 1965; Rowe und Alexander 1968). Diese güterbezogene Ausrichtung findet sich auch heute noch, vorwiegend in der amerikanischen Literatur (vgl. Jarrat und Fayed 2001; Hutt und Speh 2013). Die Systematisierung im Rahmen dieser Ansätze konzentriert sich auf die physisch-technischen Attribute der Transaktionsobjekte und hiermit möglicherweise verbundene nachfragerseitige Kaufgewohnheiten. Insbesondere im Rahmen der verstärkten Anwendung neoinstitutionenökonomischer Theorien auf Marketingfragestellungen entwickelte sich vor allem in der deutschen Literatur eine neue Strömung: Seit den 1990er Jahren wurden verschiedene typologische Ansätze auf Basis von transaktionskostentheoretischen oder informationsökonomischen Überlegungen entwickelt (Kaas 1992, 1995; Backhaus und Aufderheide 1995; Backhaus et al. 1994; Weiber und Adler 1995; Plinke 1997; Oster 1999; für einen Überblick bspw. Weiber und Kleinaltenkamp 2013).

Je nach zugrunde gelegter Strukturierungsmethode können verschiedene Arten von Typologisierungsansätzen im Industriegütermarketing unterschieden werden (Backhaus und Voeth 2014), wobei allerdings nicht immer eine eindeutige Zuordnung zu einer dieser Gruppen möglich ist (bspw. Mathur 1984; Coviello et al. 1997):

- **Morphologische Ansätze** sind Ansätze, bei denen in formal deduktiver Weise Güterkategorien gebildet werden. Ausgehend von der Gesamtheit aller Güter wird auf Basis von Untergliederungskriterien eine Güterhierarchie entwickelt (bspw. Pfeiffer und Bischof 1974; Homburg und Garbe 1996, im Bereich industrieller Dienstleistungen). Auf diese Weise gelingt zwar eine Systematisierung von Gütern, nicht jedoch zwangsläufig auch der (eigentlich relevanten) Vermarktungsprozesse. Als Folge finden diese Ansätze meist keinen expliziten Eingang in die Ableitung von Marketingprogrammen (bspw. Hutt und Speh 2013).
- **Empirisch-induktive Ansätze** beinhalten die Identifikation von Katalogen von Beschreibungsmerkmalen (bspw. Kaufhäufigkeit, Erläuterungsbedürftigkeit, relativer Wert etc.) für Verkaufs- und Kaufprozesse auf Basis empirischer Erkenntnisse. Anhand ihrer Ausprägungen mit Blick auf die jeweiligen Merkmale können daraufhin einzelne Güter charakterisiert bzw. Güterprofile identifiziert werden (bspw. Bensaou 1999; Cannon und Perreault 1999; Baumgarth 2008; der nach dem Grad der Leistungs-

individualisierung und dem Grad der Stufigkeit der Märkte bzw. vertikalen Reichweite eine Typologie von Marken im Industriegütermarketing entwickelt).
- **Theoretisch-deduktive Ansätze** sind dadurch gekennzeichnet, dass sie aus einem geschlossenen theoretischen Konzept (z. B. Informationsökonomik, Transaktionskostenökonomik) aufgrund theoretischer Vorüberlegungen unterschiedliche Typen von Vermarktungsprozessen ableiten, und diese daraufhin mit in der Praxis beobachtbaren Transaktionstypen verbinden (bspw. Backhaus et al. 1994; Backhaus und Aufderheide 1995; Lampach 2007; Weiber und Kleinaltenkamp 2013). Dabei stellen die theoretisch hergeleiteten Typen quasi Extrempunkte der in der Realität häufig kontinuierlichen Phänomene dar und es entstehen zwangsläufig Überschneidungsbereiche an den Rändern der Typen. Einen wesentlichen Beitrag zur aktuellen Verbreitung theoretisch-deduktiver Ansätze hat die Entwicklung der Neuen Institutionenökonomik geleistet. Diese erlaubt es der Marketingwissenschaft, unter Bezug auf im Vergleich zur neoklassischen Theorie oftmals deutlich realitätsnähere Annahmen bezüglich des Informationsstands und der Rationalität der Akteure, auf mikroökonomisches Gedankengut zurückzugreifen.

Weiterhin können Typologien im Industriegütermarketing nach der dominanten Akteursperspektive in angebotsorientierte, nachfrageorientierte und marktseitenintegrierende Ansätze unterteilt werden (Kleinaltenkamp 1994).

- **Angebotsorientierte Typologien** legen bei der Bildung der Gütertypen vor allem die Anbieterperspektive zugrunde (bspw. Riebel 1965; Arbeitskreis „Marketing in der Investitionsgüterindustrie" der Schmalenbach-Gesellschaft 1975; Engelhardt und Günter 1981; Plinke 1991, 1992; Baumgarth 2008). Engelhardt/Kleinaltenkamp/Reckenfelderbäumer (Engelhardt et al. 1993) bspw. entwickeln eine umfassende Leistungstypologie, die auf den Unterscheidungsdimensionen Leistungserstellungsprozess (autonom vs. integrativ) und Leistungsergebnis (materiell vs. immateriell) basiert.
- **Nachfrageorientierte Typologien** orientieren sich bei der Systematisierung an der Perspektive der Kunden. In der (verhaltenswissenschaftlichen) Analyse des organisationalen Beschaffungsverhaltens haben Kauftypologien schon seit langem eine wesentliche Rolle gespielt (vgl. bspw. Robinson et al. 1967; Kirsch und Kutschker 1978), ohne dass die Erkenntnisse jedoch unmittelbar für die Entwicklung von Marketingprogrammen fruchtbar gemacht wurden. Erst später stellen bspw. Weiber und Adler (1995) eine nachfrageorientierte Typologie vor, die zugleich explizit der Ableitung von Erkenntnissen zur Gestaltung von Marketingprogrammen dienen soll. Hierbei greifen sie auf die Informationsökonomik zurück, die, abhängig von den nachfragerseitigen Beurteilungsmöglichkeiten vor Kauf, unterschiedliche Eigenschaften (Such-, Erfahrungs- und Vertrauenseigenschaften) von Gütern identifiziert (Nelson 1970; Darby und Karni 1973) und stützen diese Typologie auch durch empirische Tests. Sie identifizieren verschiedene Transaktionstypen in Abhängigkeit davon, welche Eigenschaft(en) in einem konkreten Kaufprozess dominant ist bzw. sind. Aufgrund des wesentlichen Einflus-

ses der Nachfragerwahrnehmung und des beim Nachfrager vorhandenen Know-Hows auf die Beurteilungsfähigkeit einer Leistung, kann das gleiche Gut prinzipiell in dem einem Vermarktungsprozess der einen Kategorie, in einem andern einer alternativen Kategorie zuzuordnen sein. Damit betont der Ansatz insbesondere die entscheidende Bedeutung einer präzisen Zielgruppenansprache. Ein neuerer theoretischer Ansatz von Lampach (2007) betrachtet indes explizit die Besonderheiten des Kaufprozesses auf Industriegütermärkten. Durch eine Anwendung infomationsökonomischer Kaufverhaltensanalyse auf das organisationale Beschaffungsverhalten sollen die Defizite klassischer Rollenkonzepte in Buying Centern hinsichtlich der Verbindung zu tatsächlichen Kaufentscheidungsdeterminanten abgemildert bzw. gar überwunden werden. Dabei sind Kaufentscheidungen auf Industriegütermärkten vor allem durch das Bestreben des Buying Centers gekennzeichnet, Erfahrungs- und Vertrauenseigenschaften eines Gutes in Sucheigenschaften zu transformieren. Je nach Informationsverhalten der Buying Center-Mitglieder unterscheidet Lampach (2007) zwischen drei idealtypischen Rollen, den Fachsuchern, den Koordinatoren und den Machtinhabern. Diese gilt es aus Sicht des Anbieters zu identifizieren und im Rahmen der Geschäftsanbahnung gezielt anzusprechen, um so die kollektive Unsicherheit des Buying Centers bestmöglich zu reduzieren.

- **Marktseitenintegrierende Typologien** orientieren sich sowohl an Kaufprozessmerkmalen aus Nachfragersicht, integrieren jedoch auch die Anbieterperspektive auf die Erstellung dieser Leistungen und die Vermarktungsprozessgestaltung, um sowohl die Effektivitäts- als auch die Effizienzkomponente eines erfolgreichen Marketing abzubilden (vgl. Wagner 1978; Backhaus 1993; Backhaus et al. 1994; Kaas 1992, 1995; Kleinaltenkamp 1994, 1997; Plinke 1997, 2000; Backhaus et al. 2004; Richter 2001; Weiber 2007; Weiber und Kleinaltenkamp 2013). Sämtliche Ansätze bedienen sich dabei den theoretischen Ideen der Neuen Institutionenökonomik und weisen daher oftmals hohe Ähnlichkeiten auf. Kleinaltenkamp (1994, 1997) bspw. greift auf informationsökonomische Überlegungen zurück, indem er den Individualisierungsgrad der Leistungen, die Intensität der Anbieter-Nachfrager-Beziehung und den Materialitätsgrad der Leistungsergebnisse als Typologisierungsdimensionen verwendet. Hierauf aufbauend identifiziert er vier Transaktionstypen: Spot-Geschäft, Commodity-Geschäft, Anlagengeschäft, Customer Integration-Geschäft. Ebenso unterscheiden Backhaus et al. (1994) zwischen vier Geschäftstypen (Produktgeschäft, Anlagengeschäft, Systemgeschäft und Zuliefergeschäft), die auf Basis der Ex ante/Ex post-Unsicherheit sowie der Investitionsspezifität (Quasirente) differenzieren lassen. Plinke (1997) trifft unter Anführung transaktionskostentheoretischer Argumente die Unterscheidung zwischen Einzeltransaktionsfokus und Fokus auf einer Kette von Transaktionen. Da diese unterschiedliche Schwerpunktsetzung prinzipiell unabhängig voneinander sowohl auf Anbieter- als auch auf Nachfragerseite gegeben sein kann, leitet er aus der Kombination vier verschiedene Typen von Transaktionen ab. Kaas (1992, 1995) unterscheidet basierend auf Erkenntnissen der Neuen Institutionenökonomik Austauschgüter, Kontraktgüter und Geschäftsbeziehungen. Diese unterscheiden sich vor allem hinsichtlich des Ausmaßes an Qualitätsunsicherheit und des vorhandenen Raums für opportunistische Ausbeutung des Transaktionspartners. Aufbauend auf dem Spektrum bisher existierender markseitenintegrierender Ansätze entwickeln Weiber und Kleinaltenkamp (Weiber und Kleinaltenkamp 2013) einen Geschäftstypenansatz, der der zunehmenden Verschmelzung von Sachgütern und Dienstleistungen zu „integrierten Leistungsbündeln" (vgl. Engelhardt et al. 1993) Rechnung trägt. Anhand des Ausmaßes von geschäftsbeziehungsspezifischen und transaktionsspezifischen Investitionen identifizieren sie vier Geschäftstypen: Spot-Geschäft, Commodity Geschäft, Verbundgeschäft und Projektgeschäft. Je nachdem, ob eine hohe (niedrige) Objektspezifität auf Anbieter- und/oder Nachfragerseite vorliegt, wird das Verbundgeschäft zudem in vier weitere Subkategorien unterteilt: Erweiterungsgeschäft, Repetitivgeschäft, Spezialitätengeschäft und Verkettungsgeschäft. Hieraus leiten die Autoren direkt Implikationen für das Marketing der Anbieter ab.

Es hat sich gezeigt, dass insbesondere theoretisch-deduktive, marktseitenintegrierende Ansätze in der Lage zu sein scheinen, praxisrelevante Ergebnisse mit einer gewissen Generalisierbarkeit zu liefern (vgl. bspw. Plinke 1997; Sheth et al. 1988). Im Folgenden wird daher ein solcher Ansatz mit seinen Marketingimplikationen beispielhaft dargestellt.

2.2 Drei-Typen-Ansatz auf Basis der Transaktionskostenökonomik als Grundlage für die Entwicklung von Marketingprogrammen

2.2.1 Begründung des Ansatzes und Überblick: Spezifische Investitionen als Abgrenzungskriterium

Der hier vorgestellte Ansatz basiert im Wesentlichen auf den Überlegungen von Backhaus et al. (1994), die in Backhaus et al. (2004) und Mühlfeld (2004) aufgenommen und teilweise ausgebaut werden.

Backhaus et al. (1994) entwickeln unter Rückgriff auf die Transaktionskostentheorie einen Ansatz, der grundlegend zwischen Produkt-, Projekt-, und Verbundgeschäft sowie zusätzlich zwischen verschiedenen Unterkategorien differenziert. Die Unterscheidung basiert auf der Identifizierung von Art und Ausmaß vorhandener Unsicherheitsprobleme bezüglich des Handlungsrahmens, in dem sich die Betroffenen bewegen, wobei grundlegend zwischen *Ex ante-* und *Ex post*-Unsicherheit unterschieden wird.

Ex ante-Unsicherheit beschreibt dabei denjenigen Teil der Kaufunsicherheit, der (mit nicht-prohibitiv hohen Kosten verbunden) durch Suchprozesse vor Kauf beseitigt werden kann. Ex post-Unsicherheit bezeichnet demgegenüber solche Unsicherheiten, bei denen dies nicht möglich ist: Sie werden erst nach Abschluss des Kaufvertrags relevant, müssen jedoch im Entscheidungskalkül bereits berücksichtigt werden. Diese Art von Unsicherheit entsteht in der Folge spezifischer Investitionen: Investive Transaktionsentscheidungen können zu anhaltenden Bindungen zwischen Anbieter und Nachfrager führen, wenn Aktiva (Sach- oder Humankapital), die Anbieter und/oder Kunde in die Transaktion einbringen, genau auf den jeweiligen Partner zugeschnitten sind. Der aus ihnen angestrebte Ertrag kann deshalb in voller Höhe nur in dieser Transaktionsbeziehung erreicht werden. Der Einsatz dieser Aktiva in ihrer zweitbesten Verwendung wäre demgegenüber mit erheblichen Verlusten verbunden. Die Differenz zwischen erstbester und zweitbester Verwendung wird auch als Quasirente bezeichnet. Sie ist nur in der betreffenden Beziehung in voller Höhe realisierbar, so dass die Identität des Transaktionspartners für den angestrebten Erfolg entscheidende Bedeutung gewinnt. Die Entscheidung, eine spezifische Investition zu tätigen, führt zu einer fundamentalen Transformation der Ex ante Wettbewerbssituation zu einer Ex post-Monopolsituation. Inhaltlich können sich spezifische Investitionen auf eine Vielzahl von Sachverhalten beziehen. Williamson (1991, 1985) unterscheidet bspw.

- Standortspezifität (z. B. die Fabrikhalle des Zulieferers auf dem Gelände des OEM),
- Sachkapitalspezifität (z. B. Herstellung einer Spezialmaschine für einen einzelnen Kunden),
- „gewidmetes Kapital" (Aufbau von Kapazität zur Produktion von Gütern für einen einzelnen Kunden, z. B. im Rahmen eines Großauftrags),
- Humankapitalspezifität (z. B. die Schulung von Mitarbeitern für eine bestimmte Software),
- Markennamenspezifität,
- zeitlich bedingte Spezifität (z. B. Saisonware).

In einem ersten Schritt ist daher die Frage zu klären, ob eine der Transaktionsparteien spezifisch investiert. Ist dies nicht der Fall, so liegt ein *Produktgeschäft* vor, in dem sich für keine der Parteien signifikante Opportunismusspielräume eröffnen. Falls jedoch (mindestens) eine der Parteien spezifisch investiert, unterscheiden Backhaus et al. (1994) weitergehend nach dem Ausmaß der mit der spezifischen Investition verbundenen Opportunismusspielräume. Am geringsten sind diese, wenn eine eindeutige Verifizierung der Leistungserbringung durch Dritte (d. h. Beobachtung und (schieds-)gerichtliche Beweisbarkeit) möglich ist. Dies ist der Fall des Projektgeschäfts, für das der Abschluss umfassender Konditionalverträge kennzeichnend ist. Ist die Leistungserfüllung zumindest durch Dritte Ex post beobachtbar, so liegt ein Verbundgeschäft vor, mit entsprechend größerer Gefahr der spezifisch investierenden Partei(en), Opfer opportunistischer Ausbeutung zu werden. Verträge bleiben notwendigerweise unvollständig und werden durch Mechanismen informeller Selbstbindung ergänzt. Falls nicht einmal Beobachtbarkeit gegeben ist, kommt die Transaktion nicht zustande. Für die Fälle des Projekt- und Verbundgeschäfts unterscheiden Backhaus et al. (1994) weiterhin danach, ob Anbieter oder Nachfrager in höherem Maße spezifisch investiert.

Im Rahmen des Typologisierungsansatzes erfolgt damit eine andere Schwerpunktlegung als sie von Williamson (1985) vorgenommen wird: Während dieser bei der Wahl von Governancestrukturen unter Annahme gegebener Unsicherheit insbesondere die Auswirkungen variierender Spezifitätsgrade und Transaktionshäufigkeiten untersucht, rücken

Backhaus et al. (1994) neben dem Spezifitätsgrad das Konstrukt der Unsicherheit in den Vordergrund und abstrahieren von der Frage der Transaktionshäufigkeit.

Backhaus et al. (2004) bauen diesen Ansatz weiter aus und konzentrieren sich in der Abgrenzung verschiedener Transaktionstypen voneinander auf die Spezifität als zentrales, multidimensionales Konstrukt (vgl. zur multidimensionalen Interpretation von Spezifität auch Lohtia et al. 1994). Dabei unterscheiden sie

- die Fokussierung der spezifischen Investition,
- den Grad ihrer Spezifität und
- die Art der (geplanten) Amortisation der Investition.

Die *Fokussierung der spezifischen Investition* bezieht sich auf die Frage, für wie viele Akteure die spezifische Investition getätigt wird. Diese Fokussierung kann von einem einzelnen Kunden (z. B. die kundenspezifische Anfertigung einer einzelnen Spezialmaschine) bis hin zu einem ganzen Marktsegment reichen. Der *Grad der Spezifität* bezieht sich auf das Verhältnis zwischen der besten (d. h. der spezifischen) Verwendung und der zweitbesten (d. h. der Ausweich-) Verwendung. Spezifität als graduelles Phänomen bedeutet nicht zwingend, dass die Investition überhaupt nicht anderweitig verwendbar ist. Der Verlust bei Alternativverwendung der Investition kann prinzipiell von 0 % (unspezifisch) bis 100 % (komplett spezifisch) reichen. Die *Art der (geplanten) Amortisation* schließlich bezieht sich auf die Zahl der Transaktionen mit jeweils einem Kunden, die zur Amortisation der Investition realisiert werden müssen und entsprechend erwartet werden. Für die Absicherungserfordernis der spezifisch investierenden Partei macht es einen erheblichen Unterschied, ob die Amortisation bzw. der erhoffte Ertrag bereits im Laufe der anstehenden Transaktion erwartet wird (auch wenn der Zeithorizont bis zum Abschluss dieser Transaktion z. B. im Großanlagenbau Jahre betragen kann), oder ob dieser Ertrag erst in der Zukunft durch mehrere Transaktionen (in möglicherweise noch unsicherer Zahl) vollständig realisiert wird. Aus Nachfragersicht stellt sich dieses Problem bspw. bei der Beschaffung komplexer Systemsoftware – Erweiterungen und Updates bis zur zukünftigen Obsolenz des Systems und seinem Ersatz sind i. d. R. bei der Initialbeschaffungsentscheidung noch offen. Nichtsdestotrotz muss der Nachfrager sich eine Meinung über die in der Zukunft zu erwartenden Kosten- und Nutzenkomponenten aus Erweiterungs- und Ersatzinvestitionen im Zusammenhang mit dem System bilden. Diese Überlegungen werden in sein Kosten-Nutzen-Kalkül beim Vergleich der Angebote verschiedener Anbieter schon bei der Initialkaufentscheidung einfließen. Eine Systematisierung solcher Überlegungen bei der Beschaffung von EDV-Hardware und Software wird seit einigen Jahren im Rahmen des „Total Cost of Ownership" (TCO)-Ansatzes verfolgt (Ellram 2000). Basierend auf diesen Überlegungen diskutieren Backhaus et al. (2004) verschiedene mögliche Situationen mit den sich für den Anbieter ergebenden Marketing-Problemen.

Unter Verdichtung der Überlegungen zu spezifischen Investitionen in Marktsegmente auf die Fälle der unspezifischen Investition („spezifische" Investition bezogen auf einen

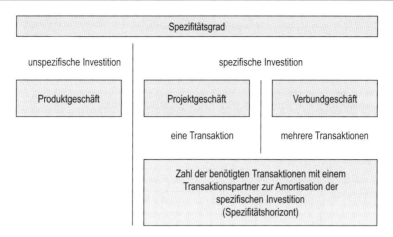

Abb. 1 Drei-Geschäftstypen-Ansatz auf Basis des Kriteriums spezifischer Investitionen

ganzen Markt) und der spezifischen Investition in einen einzelnen Kunden, beschränkt Mühlfeld (2004) sich auf einen Drei-Typen-Ansatz und unterscheidet der Terminologie von Backhaus et al. (1994) folgend Produktgeschäft (PDG), Projektgeschäft (PJG) und Verbundgeschäft (VG). Dabei wird deutlich, dass die Unterscheidung nach Art und Ausmaß vorhandener Unsicherheitsprobleme bei Backhaus et al. (1994) in engem Zusammenhang mit dem von Backhaus et al. (2004) verwendeten Kriterium der Art der geplanten Amortisation steht. Beide Argumente können als zwei Seiten einer Medaille, die im Folgenden als *Spezifitätshorizont* bezeichnet wird, betrachtet werden. Somit ergibt sich die in Abb. 1 dargestellte Einteilung in drei Geschäftstypen.

In Anlehnung an Überlegungen von Kleinaltenkamp (1994) und Plinke (1997) sowie gestützt auf Erkenntnisse der Sozialen Austauschtheorie zu symmetrischen und asymmetrischen Macht-Abhängigkeitsverhältnissen, differenziert Mühlfeld (2004) auf Basis dieser drei Geschäftstypen explizit nach Anbieter- und Nachfragerperspektive: Fasst man die Geschäftstypen als Spezifitätsposition der jeweiligen Partei mit Blick auf eine bestimmte Transaktion auf, so ergibt sich erst in der Zusammenschau („Konstellation") des jeweiligen Anbietergeschäftstyps und des Nachfragergeschäftstyps ein vollständiges, zugleich differenziertes Bild der Transaktion und der mit ihr verbundenen möglichen Abhängigkeiten der Transaktionspartner voneinander. Während der einzelne (Anbieter- oder Nachfrager-) Geschäftstyp also quasi die Bruttoperspektive aus Sicht der jeweils investierenden Partei darstellt, ergibt sich aus der Geschäftstypenkonstellation der Nettoeffekt: Offensichtlich macht es für einen spezifisch investierenden Anbieter (z. B. im Rahmen eines Projektgeschäfts bei der kundenindividuellen Programmierung einer Spezialsoftware) einen erheblichen Unterschied, ob der Kunde ebenfalls spezifisch investiert (z. B. durch das Einbringen von Know-How in den Leistungserstellungsprozess oder erhebliche Anzahlungen), sich damit auch im Projektgeschäft befindet, oder eben nicht (also im Produktgeschäft agiert). Im letztgenannten Fall sieht sich der Anbieter einer ungleich

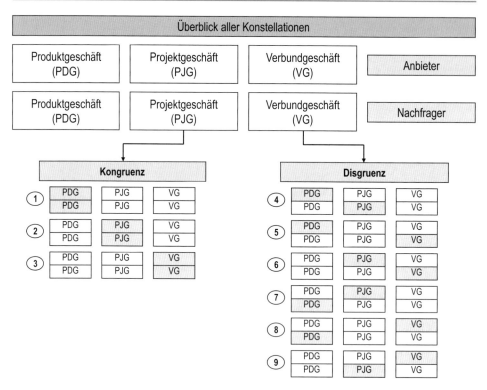

Abb. 2 Überblick der möglichen Geschäftstypenkonstellationen auf Basis des Kriteriums spezifischer Investitionen (Mühlfeld 2004)

größeren Gefahr opportunistischer Ausbeutung ausgesetzt und muss von Anfang an entsprechende Absicherungsmaßnahmen ergreifen und in das Angebot einkalkulieren.

Aus der vorangegangenen Argumentation ergeben sich in Kombination der drei Geschäftstypen aus Anbieter- und Nachfragerperspektive insgesamt neun mögliche Konstellationen, die in Abb. 2 dargestellt sind und jeweils eigenständige Anforderungen an die anbieterseitige Gestaltung des Marketingprogramms richten.

Als Beispiele seien die Konstellationen 1 (Kongruenz) und 8 (Disgruenz) herausgegriffen: Im Fall 1, dem Zusammenfallen von Anbieter- und Nachfragerproduktgeschäft, investiert keine der Parteien spezifisch in die andere. Eine etwaige vorzeitige Beendigung des Vertragsverhältnisses, z. B. eine Auftragsstornierung seitens des Kunden kurz vor dem vereinbarten Liefertermin, beinhaltet keine signifikanten Verluste für eine der Parteien, da sich relativ einfach, schnell und kostengünstig ein adäquater Ersatz für den ursprünglichen Transaktionspartner finden lässt. Zukünftige Transaktionsprozesse bleiben durch diesen Prozess unberührt. Ein solcher Fall wird bspw. in der Vermarktung bzw. Beschaffung von Standardbüromaterial häufig gegeben sein. Konstellation 8 spiegelt den Fall eines Anbieterverbundgeschäfts in Kombination mit einem Nachfragerproduktgeschäft wider.

Während der Nachfrager keine spezifische Investition tätigt, investiert der Anbieter spezifisch, und zwar über die Initialtransaktion hinaus, nämlich im Hinblick auf eine erwartete Kette von Transaktionen mit diesem Kunden. Aus Anbietersicht führt eine vorzeitige Beendigung der Geschäftsbeziehung, d. h. bevor die anvisierte Zahl von Transaktionen durchgeführt ist, zu Verlusten. Bei Verhandlungen im Rahmen folgender Transaktionen, die im Zusammenhang mit der Initialtransaktion stehen, sieht sich der Anbieter daher, anders als der Nachfrager, Beschränkungen gegenüber, die aus der ursprünglichen Kalkulation resultieren. Eine solche Situation kann z. B. eintreten, wenn der Anbieter als Zulieferer für einen Automobilhersteller (OEM) den Auftrag erhält, für ein neues Modell spezifisch einen Sitz zu entwickeln, der OEM die insgesamt voraussichtlich benötigte Auftragsmenge für den ersten Teil des geplanten Modelllebenszyklus im Rahmen einer Multiple-Sourcing-Strategie (z. B. Homburg 1995; Rubin 1990) jedoch auf mehrere Lieferanten verteilt. Backhaus und Büschken (1999) stellen in ihrer empirischen Untersuchung der deutschen Automobilindustrie fest, dass solche asymmetrischen Geschäftsbeziehungen durchaus stabil sein können.

Es fällt auf, dass die teilweise detaillierter vorgestellten, teilweise nur skizzierten marktseitenintegrierenden Ansätze wie auch das nachfrageorientierte Konzept von Weiber und Adler (1995) trotz teilweise unterschiedlicher Begrifflichkeiten und Analyseschwerpunkte im Kern erhebliche Ähnlichkeiten aufweisen. Dies gilt mit Blick auf die theoretischen Fundamente (Neue Institutionenökonomik bzw. Informationsökonomik), wie auch für die Ableitung der Typen, ihre Charakterisierung und die aus ihnen resultierenden Marketingimplikationen. Diese Kohärenz, verbunden mit der teilweise vorgenommenen empirischen Untermauerung, ist ein positives Signal für Sinnhaftigkeit und Aussagekraft der typologischen Ansätze im Industriegütermarketing. Die folgenden Abschnitte behandeln grundlegende Managementschwerpunkte bei der Gestaltung von Marketingprogrammen für einzelne Geschäftstypen (vgl. zu den folgenden Ausführungen Backhaus et al. 2004; Backhaus 2003, 2010). Dabei konzentriert sich die Darstellung auf die drei Typen Produkt-, Projekt-, und Verbundgeschäft. Unter besonderer Berücksichtigung der Unterscheidung zwischen Nachfrager- und Anbieterperspektive differenziert die Diskussion dabei explizit nach der anbieter- bzw. nachfragerseitigen Positionierung im jeweiligen Geschäftstyp. Vollzieht sich eine Transaktion in einer disgruenten Geschäftstypenkonstellation, so sind die jeweils relevanten Aspekte in ihrer Kombination zu beachten (z. B. die Vermarktung von proprietärer Systemsoftware, bei der sich der Nachfrager im Verbundgeschäft bewegt, während die Anbieterposition einem Produktgeschäft entspricht).

2.2.2 Marketing im Produktgeschäft

Da nach Vertragsabschluss keine Abhängigkeiten entstehen, lässt sich die charakteristische (Ex ante-)Unsicherheit durch Beschaffung von Informationen vor der Transaktionsentscheidung reduzieren. Da diese Informationsbeschaffung i. d. R. nicht kostenlos ist, wird sie selten vollständig erfolgen, sondern stattdessen bis zu einem von der betreffenden Partei als zur Unsicherheitsverminderung ausreichend empfundenen Niveau.

Kernproblem des Marketing ist daher die effiziente und effektive Informationspolitik vor der Transaktion. Die im Produktgeschäft agierende Partei sieht sich Partnern gegenüber, die für sie in hohem Maß austauschbar sind: Ein Anbieter vermarktet im Produktgeschäft Leistungen im Kern an einen anonymen Markt, für einen Nachfrager entstehen bei der Beschaffung im Produktgeschäft keine zeitlichen Kaufverbunde über die einzelne Transaktion hinaus für Folgekaufentscheidungen (Backhaus 2003).

Nachfrager, die eine Beschaffung im Produktgeschäft tätigen, d. h. nicht spezifisch in einen Anbieter investieren, sind vor allem bestrebt, Informationen über die betreffende Leistung und den voraussichtlichen Grad der subjektiven Funktionserfüllung zu gewinnen. Dieses Bedürfnis muss der Anbieter in seinem Marketingprogramm zentral adressieren. Der (potenzielle) Käufer benötigt Informationen darüber, welche Qualitäten das Leistungsangebot kennzeichnen (Produktpolitik), wo dieses Leistungsangebot verfügbar ist (Distributionspolitik) und zu welchem Preis es verfügbar ist (Preispolitik). Alle drei Elemente des Informationsbedürfnisses besitzen sowohl eine sach-inhaltliche wie auch eine informatorische Dimension. Im Idealfall fallen beide Dimensionen zusammen und erfüllen zudem die nachfragerseitigen Anforderungen. Verspricht die Kommunikation mehr, als das Angebot hält, liegt eine kommunikative Divergenz vor, die auf lange Sicht zu einer Erosion der Marktposition des Anbieters führen kann, falls die Kommunikationsstrukturen auf der Nachfragerseite für eine hohe Informationstransparenz sorgen. Für den Anbieter ergeben sich im Wesentlichen die beiden Optionen, seine Versprechungen im Rahmen der Kommunikationspolitik zurückzunehmen, oder sein Leistungsangebot im Rahmen der Produktpolitik entsprechend zu erhöhen. Auch der analoge Fall der inhaltlichen Divergenz beinhaltet Probleme: Das Angebot ist besser als sein Ruf bzw. der übermittelte Eindruck, so dass der Anbieter vermutlich nicht in der Lage sein wird, mögliche Preisbereitschaften voll auszuschöpfen. Die sach-inhaltliche Konkretisierung des Leistungspotenzials bildet somit die Basis der Kommunikationspolitik. Deren Aufgabe ist es wiederum in einer Welt, in der Information nicht kostenlos beschaffbar ist, den Nachfragern die relevanten Informationen möglichst effizient bereitzustellen und so die Qualitätsdimensionen des Leistungsangebots in ihrem jeweiligen Wahrnehmungsraum zu verankern. Diese Aufgabe der effizienten Informationsbereitstellung kann sich zudem darauf erstrecken, den Nachfragern Informationssurrogate z. B. in Form einer Marke zur Verfügung zu stellen. Diese erlauben es den Nachfragern Informations- und Suchkosten einzusparen. Darüber hinaus eröffnet der Aufbau einer Marke dem Anbieter Kundenbindungsmöglichkeiten, die insbesondere deshalb wertvoll sind, weil die Nachfrager keine (technologisch-funktionalen oder vertraglich bedingten) spezifischen Investitionen tätigen. Markenpolitik im Produktgeschäft zielt daher auf den Aufbau psychologischer Bindungen (Weiber und Beinlich 1994). Zentrales Charakteristikum einer so verstandenen Markenpolitik ist die Schaffung von Mehrwert, sowohl für den Anbieter, der ein Preispremium realisieren kann, als auch für den Nachfrager, dessen Informationskosten sich vermindern und dem sich potenziell Nutzenzuwächse (aus der psychologischen Dimension) eröffnen.

Anbieter, für die eine Vermarktungssituation ein Produktgeschäft darstellt, d. h. die nicht spezifisch in einen Kunden investieren, sehen sich ebenfalls einem Informationsproblem gegenüber: Auch wenn der einzelne Nachfrager hochgradig austauschbar ist, ist die Menge der Nachfrager als aggregierte Größe, d. h. in ihrem Marktverhalten, von entscheidender Bedeutung. Dieses Informationsbedürfnis kann der Anbieter durch umfassende Marktstudien mit möglichst repräsentativen Stichproben abdecken und z. B. versuchen, Informationen über vermutliche Preisabsatzfunktionen für den Markt oder einzelne Marktsegmente zu gewinnen.

2.2.3 Marketing im Projektgeschäft

Ein im Projektgeschäft agierender Akteur investiert spezifisch in den Transaktionspartner. Die Absicherung der entstehenden Quasirente stellt das entscheidende Element in der Realisierung des Geschäftserfolgs dar. Da sich die Investition allein auf die betreffende Transaktion bezieht, ist dies prinzipiell über den Abschluss (fast) vollständiger Konditionalverträge möglich. In diesen werden (möglichst) alle Eventualitäten (z. B. Störungen, die aus der Nichteinhaltung zeitlicher Termine resultieren, inhaltliche Komponenten des Leistungsversprechens, Struktur der Leistungserbringung) *vor* Eintritt der fundamentalen Transformation definiert und – i. d. R. unter Verweis auf eine Schiedsgerichtsstelle – geregelt. Praktisch ist diese Option nur begrenzt gegeben. Mit wachsendem Zeithorizont zwischen Abschluss des Vertrags und beidseitiger, vollständiger Leistungserfüllung, bspw. mit steigender Komplexität des Vertragsgegenstands und wachsendem Know-How-Gefälle zwischen den Transaktionspartnern, wird die Formulierung vollständiger Konditionalverträge zunehmend ineffizient bis unmöglich. Nichtsdestotrotz spielen Fragen der formalen Vertragsgestaltung eine entscheidende Rolle in diesem Geschäftstyp, sowohl hinsichtlich Anreiz- als auch Sanktionsmechanismen (z. B. Definition von Verzugspönalen).

Agiert der *Nachfrager* im Projektgeschäft, z. B. in dem er die Errichtung eines Fertiggebäudekomplex in Auftrag gibt, das auf einer proprietären Technologie beruht (und z. B. Fundamentaushebungen verlangt, die allein für die Konstruktion des ausgewählten Anbieters passen), so geht er ein erhebliches Ausbeutungsrisiko ein: Solange der Anbieter später nicht die vollständige Quasirente des Nachfragers über nachträgliche Preiserhöhungen abzuschöpfen versucht, bleibt es für den Kunden prinzipiell lohnend, die Leistungserstellung von diesem Anbieter vollenden zu lassen. Die glaubwürdige Kommunikation der zur Leistungserbringung erforderlichen Kompetenz, aber auch des Leistungswillens, d. h. des Verzichts auf opportunistische Ausbeutung, werden damit zu entscheidenden Elementen des anbieterseitigen Marketingprogramms. Herkömmliche Formen der Kommunikationspolitik besitzen in dieser Hinsicht wenig Aussicht auf Erfolg: „Talk is cheap" (Farrell 1995). Eine Unterfütterung dieser Kommunikation durch Investitionen signifikanten Ausmaßes ist deshalb unerlässlich, z. B. in Form von Investitionen in Ausstellungsräume oder Kompetenzzentren sowie in die Gewinnung von Referenzkunden.

Klassischerweise zeichnen sich Transaktionen, bei denen der *Anbieter* im Projektgeschäft agiert, dadurch aus, dass die kontrahierte Leistung im Vertrag spezifiziert, ihre Erstellung aufgrund der kundenindividuellen Anforderungen jedoch erst nach Vertragsabschluss begonnen wird. Häufig tritt der Anbieter zudem in Vorleistung, in dem er zunächst

z. B. in Reaktion auf eine nachfrageseitige Ausschreibung ein u. U. sehr detailliertes Angebot erstellt. Hier begibt sich der Anbieter teilweise in eine erhebliche Abhängigkeit und er wird dies i. d. R. nicht ohne eine institutionelle Absicherung, die das resultierende Risiko begrenzt, tun. Der Anbieter wird daher eine detaillierte vertragliche Absicherung unter besonderer Berücksichtigung der Definition der kundenseitigen Leistungsbestandteile anstreben. So sollte die zeitliche Struktur der (An-)Zahlungen des Kunden der zeitlichen Struktur der Erbringung der anbieterseitigen spezifischen Investitionen möglichst weitgehend angeglichen sein. Allerdings werden die (kostenverursachenden) anbieterseitigen Sicherungsmöglichkeiten wiederum durch den Zwang beschnitten, dem Nachfrager ein in Relation zum Wettbewerb attraktive(re)s Tauschangebot zu unterbreiten. Der Schutz der eigenen Interessen ist damit nur insoweit möglich, als die anderen Anbieter ebensolche Kosten verursachenden Mechanismen verwenden. Eine Übersicherung im Verhältnis zum Wettbewerb wirkt sich negativ auf die Angebotschancen aus, da sie zum einen die Bewegungsfreiheit des Kunden, und damit seine Möglichkeiten, sich opportunistisch zu verhalten, einschränkt. Zum zweiten kann eine Übersicherung auch die zahlungswirksamen Kosten des Anbieters erhöhen, so dass sein Preisspielraum enger wird. Gerade vor dem Hintergrund begrenzter Absicherungsmöglichkeiten ist für den Anbieter im Projektgeschäft die Anfragenselektion von entscheidender Bedeutung (Backhaus und Voeth 2014). Dies gilt insbesondere, wenn der Anbieter spezifisch in die Erstellung eines Angebots investieren muss, um überhaupt im Kreis der potenziellen Lieferanten Berücksichtigung zu finden. Auch wenn es dem Anbieter gelingen sollte, sich die spezifischen Kosten der Angebotserstellung (zumindest teilweise) vergüten zu lassen, bleibt die Auswahl „guter" Kunden mit geringer Opportunismusneigung entscheidend. Im Falle eines Marktes, der durch „schlechte" Nachfrager dominiert ist, bleibt den Anbietern schließlich, im Rahmen der rechtlichen Regelungen, nur die Möglichkeit, koordiniert gegen die Gefahr der opportunistischen Ausbeutung vorzugehen (Backhaus und Büschken 1999).

2.2.4 Marketing im Verbundgeschäft

Ein im Verbundgeschäft agierender Akteur investiert ebenfalls spezifisch in den Transaktionspartner, geht darin jedoch über den Horizont der einzelnen Transaktion hinaus. Die Absicherung der entstehenden Quasirente wird damit ungleich schwieriger, ist ihre vollständige Realisierung doch davon abhängig, dass eine vertraglich noch nicht fixierbare bzw. fixierte Anzahl von Transaktionen mit dem Partner durchgeführt wird. Die Option (weitgehend) vollständiger Konditionalverträge bleibt damit zwangsläufig verschlossen. Fragen der formalen Vertragsgestaltung spielen zwar auch in diesem Geschäftstyp eine wichtige Rolle. Entscheidend hinzukommen jedoch Mechanismen der informellen Selbstbindung, wie z. B. der Aufbau eine Reputation. Die Reputation eines Akteurs kann als Summe von Einzelerwartungen und -erfahrungen über Kompetenz und Vertrauenswürdigkeit interpretiert werden (Backhaus 2003). Die besondere Eignung einer (positiven) Reputation als Absicherungsmechanismus (im Sinne eines „Faustpfands") resultiert aus der Asymmetrie ihres Auf- und Abbaus: Während der Aufbau einer Reputation mühsam in einer Vielzahl von Einzeltransaktionen erfolgen muss und mit entsprechenden Kosten verbunden ist, kann ihre Zerstörung rasch und im Extremfall durch einen einzigen Fall des Fehlverhaltens erfolgen. Allerdings hängt die Wirksamkeit des Sicherungsmechanismus Reputation entscheidend von einer ausreichenden Aussicht auf und Bewertung von zukünftigen Erträgen als Folge dieser Reputation ab. Ist dies nicht gegeben, dominiert der Anreiz zur kurzfristigen Ertragserzielung durch opportunistische Ausbeutung des Transaktionspartners.

Im Falle des Vorliegens eines *nachfragerseitigen Verbundgeschäfts* steht das Management der wahrgenommenen Unsicherheit des Nachfragers im Zentrum des Anbietermarketingprogramms. Die wahrgenommene Unsicherheit wird wesentlich durch die Position des Anbieters gesteuert: Agiert dieser ebenfalls im Verbundgeschäft, so besteht für beide Parteien – sofern von intertemporalen Verschiebungen in den jeweiligen Quasirentenpositionen im Zeitablauf abstrahiert wird – eine gewisse Absicherung durch das resultierende „Gleichgewicht des Schreckens". Falls jedoch eine Disgruenzkonstellation gegeben ist, in der der Nachfrager befürchten muss, nach Vertragsabschluss opportunistisch ausgebeutet zu werden, kann dies im Extrem zu erheblicher Kaufzurückhaltung führen (Backhaus et al. 1994). Dieser Situation lässt sich prinzipiell auf zwei Wegen begegnen wie auch Abb. 3 verdeutlicht (Backhaus 2003; Reinkemeier 1998):

- zum einen durch den Aufbau einer anbieterseitigen Gegenposition zum wahrgenommenen nachfragerseitigen Bindungseffekt (z. B. durch Garantien oder glaubhafte Zusicherungen),
- zum anderen durch einen Abbau des Bindungseffekts.

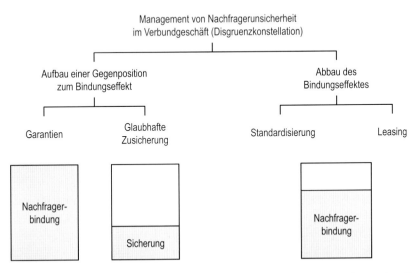

Abb. 3 Management der Nachfragerunsicherheit im Verbundgeschäft (bei Vorliegen einer Disgruenzkonstellation) (Backhaus 2003, S. 631)

Während der Abbau des nachfragerseitigen Bindungseffekts letztendlich in Richtung eines Wechsels des Nachfragergeschäftstyps führt (vgl. Abschn. 3), kann der Aufbau einer anbieterseitigen Gegenposition nicht nur im Verhältnis zum einzelnen Kunden erfolgen (wo er ebenfalls einen tendenziellen Geschäftstypenwechsel, allerdings des Anbietertyps bedeuten würde), sondern auch auf übergeordnetem Niveau mit Blick auf den gesamten Markt bzw. das Segment. Beispielsweise kann der Anbieter zu diesem Zweck allgemeine Garantien oder verschiedene Formen glaubwürdiger Bindungen, wie z. B. Testinstallationen, Gewinnung von Referenzkunden, oder den Aufbau eines umfassenden Servicenetzes in Betracht ziehen. Diese Maßnahmen können dabei auch dem übergeordneten Ziel des Aufbaus einer (positiven) Reputation für Kompetenz und Vertrauenswürdigkeit dienen. Zentrales Element einer solchen Strategie ist allerdings die kontinuierliche Erfüllung des Leistungsversprechens und der Verzicht auf opportunistische Ausbeutung der Kunden. Reputationsbestrebungen können sich z. B. im Aufbau einer starken Marke konkretisieren (Mudambi 2002). Die kommunizierte Marke erfüllt hier jedoch eine andere Funktion als bei Vorliegen eines nachfragerseitigen Produktgeschäfts: Nicht die Erhöhung der Informationseffizienz, sondern die Reduktion des wahrgenommenen Nachfragerrisikos steht im Vordergrund (Caspar et al. 2002; sowie Bergmann 1995), (insbesondere zur Rolle der Kommunikationspolitik in der Vermarktung von CIM-Systemen). Aufgrund ihrer Herstellerunabhängigkeit, die allerdings offensichtlich zugleich die Möglichkeiten der anbieterseitigen Einflussnahme beschränkt, erweisen sich redaktionelle Beiträge in Fachzeitschriften und User Groups (Kleinaltenkamp 1997; Erichsson 1994) als besonders wirksam. In preispolitischer Hinsicht bieten sich ebenfalls Möglichkeiten der Reduktion von Nachfragerunsicherheit durch relative geringe Preise für Initialinvestitionen, kombiniert mit relativ hohen Preisen für Folgeinvestitionen. Derartige Preisstrategien finden sich in vielen Bereichen des Industriegütermarketing, insbesondere in der Vermarktung von Computerhardware und Software und zugehörigen Serviceleistungen. Die konkrete Gestaltung der Preispolitik wird dabei in entscheidendem Maße auch von den Möglichkeiten zur Diskriminierung zwischen Initial- und Folgekäufern bestimmt.

Im Falle eines *anbieterseitigen Verbundgeschäfts* werden hinsichtlich der grundsätzlichen Absicherungserfordernis ähnliche Überlegungen relevant wie im Falle des anbieterseitigen Projektgeschäfts. Analog zum nachfragerseitigen Verbundgeschäft verlieren auch hier formale Absicherungsmechanismen an Effektivität. Für den Anbieter ergibt sich eine verschärfte Gefährdung seiner Quasirente: Das Problem mit der Amortisation in mehreren Geschäften resultiert aus der Veränderung der Entscheidungsgrundlage bei den Nachfragern. Zum einen werden durch die bereits realisierten Transaktionen nachfragerseitige Erwartungen durch Erfahrungen bestätigt oder nicht bestätigt. Dieses Lernen verändert die Entscheidungsgrundlage des Nachfragers für die Folgetransaktionen. Zum anderen können sich die exogenen Faktoren (Wettbewerb, rechtliche und technologische Rahmenbedingungen etc.) außerhalb der Dyade verändern. Diese können die Opportunismusspielräume des Nachfragers erweitern oder vermindern. Der in die Zeit hineinreichende Vektor an Transaktionsentscheidungen macht die Abschätzung des Gefahrenpotenzials äußerst schwierig. Dem Anbieter bleiben im Falle einer Disgruenzkonstellation im Wesentlichen zwei Optionen, nämlich Anpassungskonzepte einerseits, und Emanzipationskonzepte andererseits (Backhaus 2003; Freiling 1995).

Anpassungskonzepte sind auf Reaktion ausgerichtet. Der Anbieter versucht, den Nachfrageranforderungen möglichst genau zu entsprechen und seine Kompetenz und Vertrauenswürdigkeit mit Blick auf diese Aufgaben möglichst glaubhaft zu demonstrieren. Wichtige Maßnahmenfelder im Rahmen eines Anpassungskonzepts betreffen z. B. die Qualitätssicherung und Logistikintegration.

Im Rahmen von *Emanzipationskonzepten* versucht der Anbieter, aktiv auf die Kundenperspektive und das zu lösende Problem Einfluss zu nehmen. Das Ziel ist letztendlich eine Verminderung der Disgruenz zwischen den Geschäftstypenpositionen, entweder durch Abbau der Anbieterabhängigkeit oder durch Anregung des Aufbaus einer nachfragerseitigen Gegenposition zur Bindung des Anbieters. Oftmals sind Strategien und Maßnahmen zur Verfolgung dieser Ziele miteinander verknüpft. Eine Steigerung des Innovationspotenzials kann die Geschäftsbeziehung aus Sicht des Nachfragers stärken, d. h. die wahrgenommene Austauschbarkeit des Anbieters reduzieren, diesem aber gleichzeitig neue Akquisitionsmöglichkeiten mit Blick auf andere Nachfrager eröffnen, und so die Abhängigkeit des Anbieters reduzieren. Dabei ist allerdings zu beachten, dass letzteres nicht in gleichem Maße für spezifische Innovationen und spezifisches Innovationspotenzial gilt, die aus der Interaktion mit dem individuellen Kunden entstehen und auf in diesem Sinne spezifischem Know-How basieren. Eine Reduktion der Anbieterabhängigkeit kann hier nur insofern erreicht werden, als dass die grundsätzliche Fähigkeit und Bereitschaft des Anbieters zu derartigen Innovationen deutlich wird. Grundsätzlich kann ein Anbieter im Rahmen eines Emanzipationskonzepts versuchen, eine Verminderung der Disgruenz entweder direkt durch eigene Handlungen zu erreichen, oder indirekt durch Beeinflussung der nachfragerseitigen Handlungen.

- Zum einen kann der Anbieter versuchen, direkt durch eigene Aktionen seine Austauschbarkeit aus Nachfragersicht zu reduzieren. Dies kann z. B. durch den konsequenten Ausbau des eigenen Leistungspotenzials erfolgen. Eine Alternative stellt mehrstufiges Marketing z. B. im Sinne eines Ingredient Branding (Kemper 2000; Baumgarth 1998; Oelsnitz 1995; Rudolph 1989) dar. Besonders bekannte Beispiele eines erfolgreichen Ingredient Branding sind u. a. Kevlar und Teflon (Dupont), Pentium und Celeron (Intel), Styroforam (Dow) und Thinsulate (3 M) (Mudambi 2002). Nicht für alle Produkte und nicht für alle Marktsituationen ist eine mehrstufige Marketingstrategie gleich gut geeignet bzw. umsetzbar. Eine Voraussetzung ist, dass die betreffende Komponente eine wesentliche Bedeutung für die Qualität bzw. das Qualitätsimage des Gesamtprodukts besitzt. Zum anderen muss die Komponente für Nachfrager auf nachgelagerten Marktstufen identifizierbar sein (Backhaus 2003). Ein wichtiger weiterer Einflussfaktor sind die Machtstrukturen zwischen den beteiligten Unternehmen im Absatzkanal (Rudolph 1989). Bei Vorliegen eines Anbieterverbundgeschäfts und einer Disgruenzkonstellation in der dyadischen Betrachtung kann zunächst grundsätzlich von einem aus der spezifischen Investition des Anbieters resultierenden Machtvorteil des Nachfragers ausgegangen werden. Sofern der Nachfrager seine Interessen (z. B. mit Blick auf seine Beschaffungsfreiheit, Marketingkonzeption, oder sein Opportunismus-potenzial generell) bedroht sieht, sind Konflikte wahrscheinlich. Dass aber auch bei Vorliegen einer aus Anbietersicht ungünstigen Machtkonstellation eine mehrstufige Marketingstrategie Erfolg haben kann, zeigt z. B. der Konflikt zwischen Intel bei der Einführung ihres Ingredient Branding-Konzepts („Intel Inside") und dem Computerhersteller Compaq. Compaq trug den Konflikt zwischen den beiden Firmen in die Endnachfragermärkte hinein, indem Compaq eine Kampagne in offenem Widerspruch zu Intels Kampagne schaltete („When it says Compaq on the outside, you don't need to worry about what's on the inside"), musste den Widerstand gegen Intels Ingredient Branding Strategie jedoch später aufgeben.

- Zum anderen kann der Anbieter versuchen, den Nachfrager seinerseits zu spezifischen Investitionen in die Transaktionsbeziehung anzuregen. Die Erfolgsaussichten einer solchen Strategie sind abhängig von den Vorteilen, die dem Nachfrager verbunden mit einer stärkeren Bindung erwachsen. Diese Vorteile können z. B. aus der engeren, abgestimmten Zusammenarbeit im Rahmen von F&E Kooperationen entstehen. Über die dyadische Perspektive hinaus kann es für Nachfrager im Rahmen ihres Beschaffungsmarketing interessant werden, durch spezifische Investitionen eine stärkere Bindung an die andere Marktseite zu entwickeln und zu signalisieren, wenn die bestehenden, dominanten Opportunismuspotenziale auf Nachfragerseite zu einer unzufriedenstellenden Güterbereitstellung führen (vgl. grundsätzlich Akerlof 1970; unter besonderer Berücksichtigung der Automobilindustrie, Backhaus und Büschken 1999).

3 Dynamisches Geschäftstypenmanagement

3.1 Strategische Erfordernis von Geschäftstypenwechseln und Identifikation von Wechselrichtungen

Lange Zeit stand die Ableitung theoretisch fundierter Geschäftstypenansätze mit zugleich hoher Aussagekraft für die Marketingpraxis im Zentrum des wissenschaftlichen Interesses an typologischen Ansätzen im Industriegütermarketing. Inzwischen kann, trotz des Vorliegens begrifflicher und gewisser inhaltlicher Unterschiede, eine zunehmende Konvergenz einer Vielzahl dieser Ansätze in ihren Kernaussagen konstatiert werden. Damit verlagert sich der Analysefokus: Es geht nicht mehr zentral um die Entwicklung eines aussagekräftigen (statischen) Geschäftstypenansatzes, sondern um eine Erweiterung der bestehenden Ansätze, insbesondere um eine dynamischen Perspektive. Die bisher entwickelten Ansätze interpretieren die verwendeten Typologisierungsdimensionen als exogen gegeben, d. h. als Daten, die durch den Anbieter nicht beeinflussbar sind. Eine solche statische Betrachtung bedeutet notwendigerweise immer eine „Momentaufnahme", die vom Zeitablauf abstrahiert. Aus der Betrachtung der Marketingpraxis wird jedoch rasch deutlich, dass Anbieter im Zeitablauf z. T. fundamentale Wechsel ihrer (Marketing-)Strategien vornehmen, die in einen Wechsel des Geschäftstyps münden. Dies ist vor dem Hintergrund sich beständig verändernder Wettbewerbsbedingungen und dem kontinuierlichen Bestreben der Anbieterunternehmen, komparative Konkurrenzvorteile zu erlangen, nicht überraschend. Überraschen mag viel mehr auf den ersten Blick die Vielfalt an zu beobachtenden Wechselformen.

Beispiel 1: Intensive Marktstudien der Siemens-KWU hatten ergeben, dass eine zunehmende Zahl von (potenziellen) Kraftwerkskunden modular aufgebaute, vorgeplante Konzeptionen für Kraftwerke als vorteilhaft empfinden. Als ein Grund wird das verstärkte Eindringen unabhängiger Stromproduzenten in der Folge der Liberalisierung vieler Strommärkte vermutet. Als Reaktion auf diese Erkenntnisse begannen Siemens und die ABB Kraftwerke AG (Mannheim), modulare Konzepte für Kraftwerke „von der Stange" zu entwickeln und hierdurch Kosteneinsparungen sowie eine Verminderung der Konstruktions- und Bauzeit zu erreichen (Jopp 1998). Eine solche Modularisierung vormals hoch spezifischer, kundenindividueller Leistungen impliziert zugleich eine Verminderung der Abhängigkeit des Anbieters vom einzelnen Kunden, der für ihn austauschbarer wird. Sofern es sich um eine proprietäre Technologie handelt, sieht sich der Kunde weiterhin (zu reduzierten Kosten) in einem Projektgeschäft, während der Anbieter sich tendenziell in Richtung eines Produktgeschäfts und damit reduzierter Gefahr opportunistischer Ausbeutung bewegt.

Auf vielen Industriegütermärkten lassen sich in den vergangenen Jahren zunehmend Sättigungstendenzen und ein entsprechend verschärfter Wettbewerbsdruck feststellen. In dieser Situation versuchen viele Unternehmen, Ertragssteigerungen durch verstärkte Kundenbindung zu erreichen. Bei der Vermarktung homogener Güter geschieht dies z. B. durch Versuche, den Kaufprozess der Kunden vom Produktgeschäft ins Verbundgeschäft zu verlagern – nicht immer mit dem erhofften Erfolg.

Beispiel 2: Im Rahmen der Bekanntgabe eines Strategiewechsels kündigte der Automobilzulieferer Continental 2002 an, insbesondere in der Sparte „Automotive Systems" die Pläne, Systemlieferant zu werden, aufzugeben. Die Gewinne, die sich Continental wie zahlreiche andere Unternehmen von einer Strategie der Systemlieferantenschaft versprochen hatten, konnten wie in vielen anderen Fällen nicht realisiert werden. Für zahlreiche Unternehmen, die in der jüngeren Vergangenheit versucht hatten, ihre Position durch eine Entwicklung vom Komponentenzulieferer zum Systemlieferanten und -partner zu stärken, zahlte sich der Strategiewechsel nicht aus. Nicht nur Continental, sondern auch andere Unternehmen wie z. B. Bosch und die Automobilsparte von Siemens erzielen ihre größten Gewinne im Geschäft mit Basiskomponenten wie z. B. Reifen oder Zündkerzen (Financial Times Deutschland 2002).

Insgesamt ergibt sich damit auch aus wissenschaftlicher Perspektive die Notwendigkeit, zu untersuchen, welche Implikationen es aus theoretischer wie praktischer Sicht hat, die betreffenden Typologisierungsdimensionen als Gestaltungsvariablen aufzufassen. Das Ziel der Ableitung typspezifischer Marketingprogramme erfährt eine Erweiterung in Richtung der Gestaltung eines dynamischen Geschäftstypenmanagements.

zung des „Computer-Katalogs" auch den Bezug der benötigten Verbindungselemente der Bossard AG (Folgetransaktionen).

Vertraglich basierte Maßnahmen, die auf eine Erhöhung der nachfragerseitigen Spezifität und damit Bindung abzielen, bestehen z. B. in der Gestaltung von zweiteiligen Tarifen (Possmeier 2000; Büschken 1997; Simon 1992; Katz 1989; Tacke 1989).

Eine *Erhöhung der Spezifität der Anbieterinvestitionen* auf technologisch-funktionaler Ebene kann durch eine stärker kundenindividuelle Produktgestaltung erfolgen, die oftmals erfordert, dass eine Leistungsindividualisierung bereits in einem früheren Stadium des Produktionsprozesses einsetzt (Vorverlagerung des *freezepoint*). Die Gestaltung der zeitlichen Struktur der Zahlungen (Anzahlungen und Abschlusszahlungen) bietet Raum für eine vertraglich basierte Einflussnahme auf die Investitionsspezifität des Anbieters. Durch eine Verringerung der (An-)Zahlungen durch den Kunden zu Beginn der Leistungserbringung bzw. durch eine längere zeitliche Streckung der insgesamt geforderten Zahlungen investiert der Anbieter spezifisch in die Transaktionsbeziehung.

3.2.3 Maßnahmen zur Reduzierung der Investitionsspezifität

Eine Reduzierung der Investitionsspezifität wird auf technologisch-funktionaler Ebene durch eine verbesserte Schnittstellenkompatibilität erreicht. Vertraglich basierte Maßnahmen setzen an der Verwerfung zwischen Leistungserbringungs- und Gegenleistungserbringungszeitpunkt an. Sie beinhalten eine Verminderung dieser Verwerfung, d. h. weitergehende Zusammenlegung der Leistungserfüllungszeitpunkte der beiden Transaktionsparteien. Im Folgenden werden beispielhaft einige (technologisch-funktionale bzw. vertraglich basierte) Maßnahmen zur Reduzierung der Investitionsspezifität einer der Transaktionsparteien dargestellt.

Eine *Reduzierung der Spezifität von Nachfragerinvestitionen* kann (selbst bei gegebener technologischer Inkompatibilität in proprietären Systemen) dadurch erreicht werden, dass aus Nachfragerperspektive Nutzung und Investition stärker in Einklang gebracht werden. Ein Instrument, das diesem Ziel dient, ist z. B. Leasing. Dieses kann eingesetzt werden, um die durch hohe Anfangsinvestitionen bedingten Unsicherheiten zu reduzieren. Dies gilt insbesondere, wenn die Konditionen dieser speziellen Art von Mietverhältnis eine Anpassung an die Nutzungserfordernisse des Nachfragers beinhalten, z. B. durch Anpassung der Vertragslaufzeit an die Nutzungserfordernisse, eine hohe Austauschbarkeit der Leasingobjekte und insbesondere Produktionskapazitätenleasing, bei dem nicht das Industriegut mit konstanten Nutzungsmöglichkeiten im Vordergrund steht, sondern die Berechnung der Leasingraten in Abhängigkeit vom Auslastungsgrad des Systems erfolgt. Technologisch-funktionale Maßnahmen stellen eine stärkere Standardisierung der Produkte selbst, oder das Angebot von Adaptern zur Gewährleistung von Kompatibilität dar. Diese können die schlecht antizipierbaren, zukünftigen Anpassungskosten erheblich senken.

Der *Anbieter* kann seine Investitionsspezifität reduzieren, wenn es gelingt, innerhalb der Anbieterunternehmung technische Schnittstellen zu vereinheitlichen (z. B. über eine Modularisierung), so dass sich die Austauschbarkeit der Nachfrager in Bezug auf die Leistungsspezifikationen erhöht (vgl. das Beispiel zu neuen Kraftwerkskonzepten in Abschn. 3.1). Auf vertraglicher Ebene kann der Anbieter ein stärkeres Zusammenfallen seiner Leistungserbringung und der (An-)Zahlungen des Kunden anstreben. Zum Beispiel kann der Anbieter versuchen, sich den spezifischen Teil seiner Leistungserbringung unmittelbar abgelten zu lassen, während bei späteren Transaktionen nur noch eine Abgeltung der unspezifischen Leistungsbestandteile (z. B. Standardmaterialien) erfolgt. Später fällig werdende Teilzahlungsbeträge werden außerdem vielfach durch Wechsel oder Bürgschaften abgesichert.

3.2.4 Maßnahmen zur Veränderung des Spezifitätshorizonts

Eine Veränderung des Spezifitätshorizonts wird grundsätzlich durch die Aufsplittung einer Transaktion, die eine spezifische Investition beinhaltet, bzw. durch die Bündelung einer Transaktionskette, in deren Rahmen spezifische Investitionen getätigt werden, erreicht. Technologisch-funktionales Aufsplitten erfordert eine Definition zumindest einiger grundlegender funktionaler Bestandteile des vormaligen Leistungsangebots als Stand-Alone Produkte. Sollen diese den Nachfrager wiederum spezifisch über die möglicherweise entstehende Transaktionskette an den Anbieter binden, werden die entstehenden Schnittstellen weitgehend inkompatibel zu verwandten Konkurrenzprodukten gestaltet. Technologisch-funktionale Bündelung wird durch Integration vormals getrennter Produkte in einem (proprietären) System erreicht, wobei auch hier aus der veränderten Leistungsgestaltung zusätzlicher Nutzen erwachsen muss. Allerdings kann eine Veränderung des Spezifitätshorizonts auf technologisch-funktionaler Ebene aus verschiedenen Gründen schwierig sein kann (z. B. Gesamtsystem noch nicht verfügbar). Vertraglich basierte Maßnahmen zielen auf eine Veränderung der Verwerfung zwischen Leistungserbringungs- und Gegenleistungserbringungszeitpunkt. Wird eine vertraglich basierte Aufsplittung angestrebt, so gilt es, den Zeithorizont zwischen vollständiger Leistungs- und Gegenleistungserbringung auszudehnen, bspw. durch Kopplung von Garantieleistungen an den Bezug von Originalersatzteilen und Wartungsdienstleistungen durch den Hersteller. Soll eine Bündelung erreicht werden, muss diese Verwerfung verkürzt werden, d. h. die Leistungserfüllungszeitpunkte der beiden Transaktionsparteien müssen sich annähern. Vertraglich basierte Maßnahmen der Bündelung einer Transaktionskette konkretisieren sich z. B. im Abschluss sog. „Carefree"-Verträge (aus Nachfragerperspektive) bzw. darin, dass eine Kette von einzelnen Verträgen in einem Rahmenvertrag zusammengefasst wird (Anbieterperspektive). „Carefree"-Verträge z. B. eröffnen dem Nachfrager für einen begrenzten Zeitraum das volle Nutzungsrecht für das Produkt, ohne dass während dieses Zeitraums ein Bedarf an weiteren spezifischen Investitionen anfällt (z. B. für Ersatzinvestitionen oder Instandhaltungsservice). Rahmenverträge auf der anderen Seite sichern dem Anbieter eine erhöhte Planungssicherheit für eine spezifische Investition.

4 Fazit

Typologische Ansätze („Geschäftstypenansätze") haben sich in den vergangenen Jahren in der Forschung zum Industriegütermarketing etabliert. Insbesondere jüngere Ansätze, die auf Erkenntnissen der Neuen Institutionenökonomik fußen, haben sich aus theoretischer wie praktischer Perspektive als aussagekräftig erwiesen. Gemeinsames Merkmal dieser Ansätze ist die Bildung verschiedener Geschäftstypen zur Abbildung der realen Vielfalt an Vermarktungsprozessen und die Ableitung von Handlungsempfehlungen für die Industriegütermarketingpraxis. Dabei bedienen sich die einzelnen Ansätze durchaus abhängiger Kriterien, sodass identifizierte Geschäftstypen verschiedener Typologien oftmals starke Ähnlichkeiten aufweisen: In ihrem Zentrum steht die Identifikation von Transaktionstypen, die u. a. jeweils durch ein unterschiedliches Ausmaß an Unsicherheit aus Sicht der jeweiligen Transaktionspartner gekennzeichnet sind. Im vorliegenden Beitrag wurde einer dieser Ansätze beispielhaft mit einigen wesentlichen Marketingimplikationen skizziert. In diesem Ansatz werden Unterschiede zwischen den Typen im Kern auf die Spezifität der mit einer Transaktion verbundenen Investition zurückgeführt. Aus dieser Spezifität resultieren einerseits potenzielle Produktivitätsvorteile gegenüber Standardinvestitionen. Andererseits haftet ihnen der Makel einer i. d. R. erheblich höheren (wahrgenommenen) Ausbeutungsgefahr an. Das Ausmaß dieser möglichen spezifischen Investitionen auf Anbieter- und Nachfragerseite, sowie ihr Horizont, sofern die spezifische Investition auf zukünftige Entscheidungen über die einzelne Transaktion hinaus wirkt, bestimmen die in einer Transaktion vorherrschenden Geschäftstypen. Damit werden sie zugleich zum wesentlichen Einflussfaktor eines erfolgreichen Marketing, dass im „flüchtigen" Produktgeschäft zwischen hochgradig substituierbaren, nicht aneinander gebundenen Transaktionspartnern völlig andere Herausforderungen zu bewältigen hat, als im Verbundgeschäft, in dem möglicherweise ein im Zeitablauf schwankendes „Gleichgewicht des Schreckens" der beiden spezifisch ineinander investierenden Transaktionspartner zu balancieren ist. Jüngere Forschungen haben sich auf Basis der bestehenden Ansätze weitergehenden Fragestellungen zugewandt. In diesem Zusammenhang erweist sich insbesondere eine dynamische Perspektive als notwendig, die den anbieterseitigen Gestaltungsmöglichkeiten, nicht nur im Rahmen eines Marketing innerhalb von Geschäftstypen, sondern auch in Form eines Wechsels zwischen den Typen Rechnung trägt. Damit werden die Systematisierungsdimensionen nicht als Daten, sondern als Gestaltungsvariablen aufgefasst. Veränderungen der unternehmensinternen Gegebenheiten wie auch in verschiedenen unternehmensexternen Bereichen können Wechselstrategien auslösen, die durch eine Kombination technologisch-funktionaler und vertraglicher Maßnahmen umgesetzt werden können.

Literatur

Akerlof, G.A. 1970. The market for "Lemons": quality uncertainty and the market mechanism. *Quarterly Journal of Economics* 84(3): 488–500.

Arbeitskreis 1975. Einige Besonderheiten der Preisbildung im Seriengeschäft und Anlagengeschäft. *Zeitschrift für betriebswirtschaftliche Forschung* 30(1): 248.

Bacharach, S.B. 1989. Organization theories: some criteria for evaluation. *Academy of Management Review* 14(4): 496–515.

Backhaus, K. 1993. Geschäftstypenspezifisches Investitionsgütermarketing. In *Strategien für Investitionsgütermärkte, Antworten auf neue Herausforderungen*, Hrsg. W. Droege, K. Backhaus, R. Weiber, 100–109. Landsberg: verlag moderne industrie.

Backhaus, K. 2003. *Industriegütermarketing*, 7. Aufl. München: Vahlen.

Backhaus, K., und D. Aufderheide. 1995. Institutionenökonomische Fundierung des Marketing: Der Geschäftstypenansatz. In *Kontrakte, Geschäftsbeziehungen, Netzwerke – Marketing und Neue Institutionenökonomik* Zeitschrift für betriebswirtschaftliche Forschung, Bd. 47, Hrsg. K.P. Kaas, 43–60.. Sonderheft Nr. 35

Backhaus, K., D. Aufderheide, und M. Späth. 1994. *Marketing für Systemtechnologien: Entwicklung eines theoretisch begründeten Geschäftstypenansatzes*. Stuttgart: Schäffer-Poeschel.

Backhaus, K., C. Baumeister, und K. Mühlfeld. 2003. Kundenbindung im Industriegütermarketing. In *Handbuch Kundenbindungsmanagement*, 4. Aufl., Hrsg. M. Bruhn, Ch. Homburg, 193–222. Wiesbaden: Gabler.

Backhaus, K., und J. Büschken. 1999. The paradox of unsatisfying but stable relationships – A look at German car suppliers. *Journal of Business Research* 46(3): 245–257.

Backhaus, K., W. Plinke, und M. Rese. 2004. *Marketing – An economic perspective*. im Druck

Backhaus, K., und M. Voeth. 2014. *Industriegütermarketing*, 10. Aufl. München: Vahlen.

Baumgarth, C. 1998. *Vertikale Marketingstrategien im Investitionsgüterbereich: dargestellt am Beispiel von Einsatzstoffen*. Frankfurt a. M.: Peter Lang.

Baumgarth, C. 2008. *Markenpolitik: Markenwirkungen – Markenführung – Markencontrolling*, 3. Aufl. Wiesbaden: Gabler.

Bensaou, M. 1999. Portfolios of buyer-supplier relationships. *Sloan Management Review* 40(4): 35–44.

Bergmann, H. 1995. *Kommunikationsstrategien im Systemgeschäft: Die Vermarktung von CIM-Systemen*. Wiesbaden: Springer.

Büschken, J. 1997. *Sequentielle nicht-lineare Tarife*. Wiesbaden: Gabler.

Cannon, J.P., und W.D. Perreault. 1999. Buyer-seller relationships in business markets. *Journal of Marketing Research* 36(4): 439–460.

Caspar, M., A. Hecker, und T. Sabel. 2002. *Markenrelevanz in der Unternehmensführung – Messung, Erklärung und empirische Befunde für B2B-Märkte, MCM/McKinsey-Reihe zur Markenpolitik* Arbeitspapier, Bd. 4. Münster: MCM.

Coviello, N.E., R.J. Brodie, und H.J. Munro. 1997. Understanding contemporary marketing: development of a classification scheme. *Journal of Marketing Management* 13(6): 501–522.

Darby, M.R., und E. Karni. 1973. Free competition and the optimal amount of fraud. *Journal of Law and Economics* 16(1): 67–88.

Doty, D.H., und W.H. Glick. 1994. Typologies as a unique form of theory building: toward improved understanding and modeling. *Academy of Management Review* 19(2): 230–251.

Ellram, L.M. 2000. Total Cost of Ownership. In *The Purchasing Handbook*, Hrsg. J. Cavinato, R. Kauffman New York: Macgraw-Hill Professional.

Engelhardt, W.H., und B. Günter. 1981. *Investitionsgütermarketing*. Stuttgart: Kohlhammer.

Engelhardt, W.H., M. Kleinaltenkamp, und M. Reckenfelderbäumer. 1993. Leistungsbündel als Absatzobjekte: Ein Ansatz zur Überwindung der Dichotomie von Sach- und Dienstleistungen. *Zeitschrift für betriebswirtschaftliche Forschung* 45(5): 395–426.

Erichsson, S.K. 1994. *User Groups im Systemgeschäft: Ansatzpunkte für das Systemmarketing*. Wiesbaden: Springer.

Etzioni, A. 1975. *A comparative analysis of complex organizations*. New York: New York Free Press.

Farrell, J. 1995. Talk is cheap. *American Economic Review* 85(2): 186–190.

Freiling, J. 1995. *Die Abhängigkeit der Zulieferer: Ein strategisches Problem*. Wiesbaden: Deutscher Universitäts Verlag.

Hentschel, B. 1991. Beziehungsmarketing. *Das Wirtschaftsstudium* 20(1): 25–28.

Homburg, Ch. 1995. Single Sourcing, Double Sourcing, Multiple Sourcing. *Zeitschrift für Betriebswirtschaft* 65(8): 813–843.

Homburg, Ch., und B. Garbe. 1996. Industrielle Dienstleistungen – Bestandsaufnahme und Entwicklungsrichtungen. *Zeitschrift für Betriebswirtschaft* 66(3): 253–282.

Hutt, M.D., und T.W. Speh. 2013. *Business Marketing Management B2B*, 11. Aufl. Mason: South Western Educ Pub.

Jarrat, D., und R. Fayed. 2001. The impact of market and organizational challenges on marketing strategy decision-making: a qualitative investigation of the business-to-business sector. *Journal of Business Research* 51(1): 61–72.

Jopp, K. 1998. Das virtuelle Kraftwerk. *VDI nachrichten* 37: 25.

Kaas, K.-P. 1992. *Marketing und Neue Institutionenlehre, Arbeitspapier Nr. 1, Lehrstuhls der Betriebswirtschaft, insb. Marketing der Johann Wolfgang Goethe-Universität*. Frankfurt a. M.: Johann Wolfgang Goethe-Universität.

Kaas, K.-P. 1995. Marketing zwischen Markt und Hierarchie. In *Kontrakte, Geschäftsbeziehungen, Netzwerke – Marketing und Neue Institutionenökonomik* Zeitschrift für betriebswirtschaftliche Forschung, Bd. 47, Hrsg. K.-P. Kaas, 19–42.. Sonderheft Nr. 35

Katz, M.L. 1989. Vertical contractual relations. In *Handbook of Industrial Organization*, Hrsg. R. Schmalensee, R. Willig, 655–721. Amsterdam: Elsevier Science & Technology.

Kemper, A.C. 2000. *Strategische Markenpolitik im Investitionsgüterbereich*. Köln: Josef Eul Verlag.

Kirsch, W., und M. Kutschker. 1978. *Das Marketing von Investitionsgütern – Theoretische und empirische Perspektiven eines Interaktionsansatzes*. Wiesbaden: Springer.

Kleinaltenkamp, M. 1994. Typologien von Business-to-Business-Transaktionen – Kritische Würdigung und Weiterentwicklung. *Marketing – Zeitschrift für Forschung und Praxis* 16(2): 77–88.

Kleinaltenkamp, M. 1997. Kundenintegration. *Wirtschaftswissenschaftliches Studium* 26(7): 350–354.

Lampach, E. 2007. *Beschaffungsentscheidungen in Unternehmen: Eine informationsökonomische Analyse des Buying Centers*. Saarbrücken: VDM Verlag Dr. Müller.

Lohtia, R., C.M. Brooks, und R.E. Krapfel. 1994. What constitutes a transaction-specific asset? An examination of the dimensions and types. *Journal of Business Research* 30(3): 261–270.

Marrian, J. 1968. Marketing characteristics of industrial goods and buyers. In *The marketing of industrial goods*, Hrsg. A. Wilson, 10–23. London: Hutchinson.

Mathur, S.S. 1984. Competitive industrial marketing strategies. *Long Range Planning* 17(4): 102–109.

Miles, R.E., und C.C. Snow. 1978. *Organization strategy, structure, and process*. New York.: Stanford University Press.

Miracle, G.E. 1965. Product characteristics and marketing strategy. *Journal of Marketing* 29(1): 18–24.

Mudambi, S. 2002. Branding importance in business-to-business markets: three buyer clusters. *Industrial Marketing Management* 31(6): 525–533.

Mühlfeld, K. 2004. *Strategic shifts between business types – A transaction cost theory-based approach supported by dyad simulation*. Wiesbaden: Deutscher Universitäts-Verlag.

Nalebuff, B.J., und A.M. Brandenburger. 1996. *Co-opetition*. London: Crown Business.

Nelson, P. 1970. Information and consumer behavior. *Journal of Political Economy* 78(2): 311–329.

von der Oelsnitz, D. 1995. Ingredient Branding. *Wirtschaftswissenschaftliches Studium* 24(10): 791.

Oster, S. 1999. *Modern competitive analysis*, 3. Aufl. Oxford: Ed..

o.V. (2002) Continental ändert Zulieferstrategie. Financial Times Deuschland, 15.04.2002.

Pfeiffer, W., und P. Bischof. 1974. Investitionsgüterabsatz. In *Handwörterbuch der Absatzwirtschaft*, Hrsg. B. Tietz, 918–938. Stuttgart: Schäffer-Poeschel.

Plinke, W. 1991. Investitionsgütermarketing. *Marketing – Zeitschrift für Forschung und Praxis* 13(3): 172–177.

Plinke, W. 1992. Ausprägungen der Marktorientierung im Investitionsgütermarketing. *Zeitschrift für Betriebswirtschaft* 44(9): 830–846.

Plinke, W. 1997. Grundlagen des Geschäftsbeziehungsmanagements. In *Geschäftsbeziehungsmanagement*, Hrsg. W. Plinke, M. Kleinaltenkamp, 1–61. Berlin: Gabler.

Plinke, W. 2000. Grundlagen des Marktprozesses. In *Technischer Vertrieb: Grundlagen des Business-to-Business Marketing*, 2. Aufl., Hrsg. M. Kleinaltenkamp, W. Plinke, 3–100. Berlin: Springer.

Possmeier, F. 2000. *Preispolitik bei hoher Fixkostenintensität*. Lohmar: Josef Eul Verlag GmbH.

Reinkemeier, C. 1998. *Systembindungseffekte bei der Beschaffung von Informations-technologien: Der Markt für PPS-Systeme*. Wiesbaden: Deutscher Universitäts-Verlag.

Richter, H.P. 2001. *Investitionsgütermarketing: Business-to-Business-Marketing von Industriegüterunternehmen*. München: Carl Hanser Verlag.

Riebel, P. 1965. Typen der Markt- und Kundenproduktion in produktions- und absatzwirtschaftlicher Sicht. *Zeitschrift für Betriebswirtschaftslehre* 17: 663–685.

Robinson, P.J., C.W. Faris, und Y. Wind. 1967. *Industrial buying and creative marketing*. Boston: Allyn & Bac.

Rowe, D., und I. Alexander. 1968. *Selling industrial products*. London: Hutchinson.

Rubin, P.H. 1990. *Managing business transactions: controlling the cost of coordinating, communicating, and decision-making*. New York: New York Free Press.

Rudolph, M. 1989. *Mehrstufiges Marketing für Einsatzstoffe: Anwendungsvoraussetzungen und Strategietypen*. Frankfurt a. M.: Peter Lang.

Sheth, J.N., D.M. Gardner, und D.E. Garrett. 1988. *Marketing Theory: Evolution and Evaluation*. New York.: Wiley.

Simon, H. 1992. *Preismanagement – Analyse, Strategie, Umsetzung*, 2. Aufl. Wiesbaden: Gabler.

Tacke, G. 1989. *Nicht-lineare Preisbildung: höhere Gewinne durch Differenzierung*. Wiesbaden: Springer Gabler.

Wagner, G.R. 1978. Die zeitliche Disaggregation von Beschaffungsentscheidungsprozessen aus der Sicht des Investitionsgütermarketing. *Zeitschrift für betriebswirtschaftliche Forschung* 30: 266–289.

Weiber, R. 2007. Elemente einer allgemeinen informationsökonomisch fundierten Marketingtheorie. In *Innovationen für das Industriegütermarketing*, Hrsg. J. Büschken, M. Voeth, R. Weiber, 67–108. Stuttgart: Schäffer-Poeschel.

Weiber, R., und J. Adler. 1995. Informationsökonomisch begründete Typologisierung von Kaufprozessen. *Zeitschrift für betriebswirtschaftliche Forschung* 47(1): 43–65.

Weiber, R., und G. Beinlich. 1994. Die Bedeutung der Geschäftsbeziehung im Systemgeschäft. *Marktforschung&Management* 38(3): 120–127.

Weiber, R., und M. Kleinaltenkamp. 2013. *Business- und Dienstleistungsmarketing – Die Vermarktung integrativ erstellter Leistungsbündel*. Stuttgart: Kohlhammer.

Willée, C. 1991. Bossard Zug: CAD-fähige Kataloginformation (Fastothek). In *Erfolgreiche Leistungssysteme: Anleitungen und Beispiele*, Hrsg. C. Belz, M. Büsser, B. Bircher, 128–134. Stuttgart: Schäffer-Poeschel.

Williamson, O.E. 1985. *The economic institutions of capitalism: firms, markets, relational contracting*. New York: New York Free Press.

Transaktions- versus Geschäftsbeziehungsmarketing

Rolf Weiber und Katharina Ferreira

Inhaltsverzeichnis

1	Herausforderung an die Erstellung von Marketing-Programmen	121
2	Das Verhältnis zwischen Transaktions- und Geschäftsbeziehungsmarketing	122
	2.1 Die Entwicklung von TM und GBM in der wissenschaftlichen Literatur	123
	2.1.1 Vom Transaktions- zum Geschäftsbeziehungsmarketing	123
	2.1.2 Themenschwerpunkte des GBM in der jüngeren wissenschaftlichen Diskussion	124
	2.2 TM und GBM als strategische Handlungsebenen im IGM und zentrale Differenzierungsmerkmale	128
3	Transaktionsmarketing (TM)	130
	3.1 Besonderheiten von Transaktionen im IGM	132
	3.2 Gestaltungsparameter des TM im IGM	133
4	Geschäftsbeziehungsmarketing (GM)	135
	4.1 Besonderheiten von Geschäftsbeziehungen im IGM	137
	4.2 Gestaltungsparameter des GBM im IGM	139
5	Entscheidungskriterien für die Wahl der Handlungsebene	142
Literatur		143

1 Herausforderung an die Erstellung von Marketing-Programmen

Die Entwicklung maßgeschneiderter Marketing-Programme für den Kunden kann als primäres Ziel des Marketings angesehen werden, auf das letztendlich auch alle anderen Marketing-Aktivitäten ausgerichtet sind. Dabei gilt es, einerseits das Marketing-Programm so auf den jeweiligen Kunden abzustimmen, dass es aus dessen subjektiver

---

Univ.-Prof. Dr. Rolf Weiber ✉ · Dipl.-Kffr. Katharina Ferreira
Universität Trier, Fachbereich IV - Betriebswirtschaftslehre AMK, Trier, Deutschland
e-mail: weiber@uni-trier.de, katharina.ferreira@uni-trier.de

© Springer Fachmedien Wiesbaden 2015
K. Backhaus und M. Voeth (Hrsg.), *Handbuch Business-to-Business-Marketing*,
DOI 10.1007/978-3-8349-4681-2_7

Sicht seinen Anforderungen besser gerecht werden kann als das von Konkurrenten. Anderseits ist aber auch zu berücksichtigen, dass die Erstellung „optimaler" Marketing-Programme für einen Kunden auch mit Kosten für den Anbieter verbunden ist. Ein kundenoptimales Marketing-Programm ist deshalb für den Anbieter erst dann ebenfalls „optimal", wenn die Differenz aus Erlös und Kosten maximal wird. Allgemein basiert das in einer bestimmten Kundensituation gewählte Marketing-Programm auf der strategischen Entscheidung über die *Handlungsebene* im Marketing. Dabei kann grundsätzlich danach unterschieden werden, ob eine anstehende Transaktion mit dem Kunden eher ein „singuläres" Ereignis darstellt, das keine oder nur wenig Ansatzpunkte zur Kundenbindung bietet oder ob eine Kundentransaktion vor dem Hintergrund einer Geschäftsbeziehung mit dem Kunden zu sehen ist. Der erste Fall wird in diesem Beitrag als Transaktionsmarketing (TM), der zweite als Geschäftsbeziehungsmarketing (GBM) bezeichnet.

Vordergründig könnte sich der Eindruck einstellen, dass heutzutage in der Praxis alle Unternehmen nur noch dem GBM nachgehen; denn typischerweise sind Unternehmen an der Etablierung von Geschäftsbeziehungen interessiert (Simon 1985; Jacob 2002). Eine solche Ansicht aber täuscht; denn eine Studie von Coviello et al. (2002) zeigt, dass die Anzahl an produzierenden Unternehmen, die sich auf das TM konzentrieren, gleich hoch ist wie jene, die ein GBM betreiben. Lediglich bei Unternehmen, die sich in erster Linie als Dienstleister verstehen, dominiert das Verhältnis zugunsten des GBM. Somit kann also nicht von der Dominanz einer der beiden Marketing-Ansätze auf Business Märkten gesprochen werden.

Der vorliegende Beitrag verfolgt das Ziel, das TM und das GBM als *strategische Handlungsebenen* im IGM in ihren Grundzügen zu beschreiben und dabei neben den zentralen Unterschieden auch die Gemeinsamkeiten herauszuarbeiten. Zu diesem Zweck wird zunächst das Verhältnis zwischen TM und GBM beleuchtet. Anschließend werden die zentralen Charakteristika sowie Gestaltungsparameter der beiden Handlungsebenen dargestellt. Die *konkrete* Ausgestaltung von Marketing-Programmen im IGM, die vor dem Hintergrund der gewählten Handlungsebenen erfolgt, wird im Weiteren jedoch weitgehend vernachlässigt. Stattdessen wird an den entsprechenden Stellen auf vertiefende Beiträge in diesem Handbuch verwiesen. Diese tragen detailliert den konkreten Ausgestaltungsaspekten im IGM Rechnung. Der Beitrag schließt mit Hinweisen zur Entscheidung bei der Wahl zwischen TM und GBM.

2 Das Verhältnis zwischen Transaktions- und Geschäftsbeziehungsmarketing

Lange Zeit waren Marketingüberlegungen primär auf das Management von Transaktionen fokussiert und erst in den 1990er Jahren wendete sich die Marketingwissenschaft verstärkt dem GBM zu. Obwohl in der Wissenschaft seinerzeit teilweise das GBM als „Paradigmenwechsel" im Marketing bezeichnet wurde, so zeigt sich doch insbesondere für das IGM, dass ein solcher Wechsel weder stattgefunden hat noch zweckmäßig gewesen wäre. Im Folgenden wird deshalb zunächst die zeitliche Entwicklung beider Marketing-Ansätze vorgestellt und Themenschwerpunkte im industriellen GBM in der jüngeren wissenschaftlichen Literatur präsentiert. Abschließend wird eine Gegenüberstellung der beiden strategischen Handlungsebenen TM und GBM vorgenommen und dabei zentrale Unterscheidungsmerkmale herausgearbeitet.

2.1 Die Entwicklung von TM und GBM in der wissenschaftlichen Literatur

2.1.1 Vom Transaktions- zum Geschäftsbeziehungsmarketing

Allgemein kann die Analyse und Gestaltung von Austauschprozessen zwischen Anbieter und Nachfrager als ein Kernanliegen des Marketing bezeichnet werden, weshalb z. B. Hunt (1976) die Marketingwissenschaft auch als „the science of transactions" bezeichnete. Kotler (1972) stellt in diesem Zusammenhang fest: „The core concept of marketing is the transaction. A transaction is the exchange of values between two parties" (vgl. auch Bagozzi 1978). In den 1970er und 1980er Jahren stand das Transaktionsmarketing (Transaction Marketing) im Fokus der Marketingwissenschaft. Geprägt wurde es in erster Linie von den klassischen Marketing Management-Überlegungen, wie sie vor allem von Alderson (1957) vorgetragen wurden, wobei auch weitere Einflüsse, wie bspw. die Neoklassische Schule (Arndt 1983) sowie die Mikroökonomik (Carman 1980) Eingang fanden. Webster (1992) fasst die Strömungen dieser Zeit wie folgt zusammen: „there has been a long-standing and clear tendency for marketing practice and theory to focus on the sale, the single event of a transaction, as the objective of marketing activity and the dependent variable for analysis." Dabei wurden Transaktionen weitgehend gleich behandelt, und es erfolgt im Prinzip keine Differenzierung bezüglich der Profitabilität einzelner Verkäufe. Kritik an diesem „traditionellen TM" wurde in den 1980er und 1990er Jahren vor allem von Seiten sich neu bildender Forschungsrichtungen laut (Gummesson 1987). Zu nennen sind hier vor allem das IGM bzw. Industrial Marketing mit den Schwerpunkten Interaktion und Netzwerken (u. a. Axelsson und Easton 1992; Ford 1990), das Service Marketing (u. a. Gwinner et al. 1998) und das Database Marketing (u. a. Jenkinson 1995; Peppers und Rogers 1997). Als zentrale Kritikpunkte am (reinen) TM nennen Styles und Ambler (2003) u. a. die Fokussierung auf die *Marketinginstrumente* (Produkt-, Preis-, Kommunikations- und Distributionspolitik) und deren allgemeine und alleinige Gültigkeit. Des Weiteren wird die Vernachlässigung der unterschiedlichen *Profitabilität* einzelner Transaktionen kritisiert sowie die *kurzfristige Sichtweise* des TM. Weiterhin wird vorgetragen, dass soziale Aspekte eines Unternehmens sowie die *Netzwerke*, in denen ein Unternehmen eingebettet ist, vernachlässigt werden.

Mit dieser Kritik war vor allem die Forderung verbunden, stärker die Beziehungen im Rahmen einzelner Transaktionsprozesse sowie zwischen Transaktionen zu betrachten, womit sich der Fokus auf das GBM verlagerte. Das Konzept des GBM (Relationship Marketing) wurde seinerzeit in erster Linie von Berry (1983) in die Literatur eingeführt. Zur Erklärung von *Beziehungen* wurde in der Marketingwissenschaft auch auf andere For-

(2) Oberkategorie: Wert/Nutzen von Geschäftsbeziehungen
    Der gegenseitige Wert einer Geschäftsbeziehung resultiert aus der gemeinsamen Wertschöpfung der Partner sowie weiteren „weichen" Faktoren, wie bspw. gegenseitiges Vertrauen, Commitment und Loyalität. Insbesondere die Messung von Zufriedenheiten sowie die Feststellung, was für den Partner von Bedeutung ist, stehen im Zentrum dieser Betrachtungen.
(3) Oberkategorie: Strategische Ausrichtung von Geschäftsbeziehungen
    Geschäftsbeziehungen werden von unterschiedlichen Faktoren beeinflusst: Neben dem Faktor Mensch werden insbesondere strategische Faktoren, wie bspw. Abhängigkeiten der Partner, Kompatibilität der Partner oder Integrationsqualität der Prozesse als besonders relevant angesehen. Der Kenntnis der eigenen und gegenseitigen Ressourcen sowie Bedürfnisse und dem Wissen, diese in die eigenen oder Partner-Prozesse zu integrieren, werden in der Literatur eine elementare Bedeutung zugewiesen.

Werden die gesichteten Beiträge in ihrer Gesamtheit betrachtet, so kann festgestellt werden, dass dem GBM nach wie vor eine bedeutende Rolle im IGM beigemessen wird. Über alle Jahre hinweg lässt sich beobachten, dass sich ungefähr die Hälfte aller in den Zeitschriften erschienen Beiträge mit dem GBM auseinandersetzen. Teilweise steigt dieser Anteil sogar auf über 70 %, was jedoch u. a. auch auf Sonderausgaben zurückzuführen ist. Herauszustellen ist weiterhin, dass der Anteil an GBM-Beiträgen überproportional zur allgemeinen Zunahme der Beitragsanzahl gestiegen ist. So konnte bspw. für die Zeitschrift Industrial Marketing Management ein Wachstum an GBM-Beiträgen (bereinigt um das allgemeine Wachstum) von 10 % festgestellt werden. Werden die Betrachtungen auf die in der Studie von Weiber und Ferreira (2014) gebildeten Oberkategorien konzentriert, so können folgende zentralen Erkenntnisse gewonnen werden:

Insgesamt befassen sich 49 % aller GBM-Beiträge mit Akteursbeziehungen, 37 % der Beiträge thematisieren die strategische Ausrichtung von Geschäftsbeziehungen und lediglich 14 % beschäftigen sich mit dem Themenfeld „Wert/Nutzen von Geschäftsbeziehungen". Die Ergebnisse sind zwar vor dem Hintergrund der jeweiligen Anzahl an Unterkategorien zu relativieren, dennoch zeigt eine spezifischere Betrachtung in den einzelnen Unterkategorien, dass sich rund ein Viertel (23,60 %) aller GBM-Beiträge mit dyadischen Beziehungen zwischen einem Anbieter und einem Nachfrager befasst. Diese prozentual am stärksten vertretene Oberkategorie wird dabei nicht bestimmt über die Vielzahl an Unterkategorien, sondern in erster Linie über die Bedeutung der dyadischen Beziehungen. Mit etwas Abstand befassen sich dann vermehrt Beiträge mit allgemeinen Überlegungen zum GBM (16,71 %). Auf Platz drei der meist behandelten Themen befindet sich die Themenkategorie der Customer Satisfaction (14,47 %), die der Oberkategorie der strategischen Ausrichtung von Geschäftsbeziehungen zuzuordnen ist. Im zeitlichen Verlauf des Untersuchungszeitraums muss jedoch festgehalten werden, dass – obwohl die Anzahl der IGM-bezogenen GBM-Beiträge konstant bis wachsend ist – diese drei Unterkategorien im Verhältnis aber an Wichtigkeit verlieren, auch wenn sie in der Retroperspektive zu den größeren Kategorien gehörten.

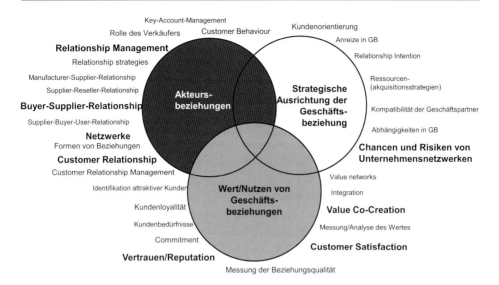

Abb. 2 Themenschwerpunkte der aktuellen GBM-bezogenen IGM-Literatur

Wird die Analyse auf Unterkategorien zu den gebildeten Hauptkategorien weiter ausgeweitet, so lässt sich das in Abb. 2 dargestellte Schaubild ableiten. Es kann als aktuelle „Landkarte" der GBM-bezogenen Themen in den analysierten IGM-Zeitschriften interpretiert werden. Die Unterkategorien sind in der Abbildung so angeordnet, dass sich inhaltliche Übereinstimmungen durch die Nähe von Kategorien erkennen lassen.

Größe und Dicke der Schrift liefern einen Hinweis auf die Häufigkeit, mit der diese Themen in der Literatur diskutiert wurden. Im Untersuchungszeitraum wurden insbesondere folgende Themenfelder überproportional häufig diskutiert: Value (Co)-Creation (11,97 %), Trust/Reputation (11,54 %), Chancen/Risiken Unternehmensnetzwerke (11,71 %), Netzwerke (10,16 %) und Customer Relationship (9,73 %). Auffällig ist dabei, dass diese Themen im Vergleich zu den übrigen Unterkategorien auch eine inhaltlich deutlich größere Nähe aufweisen. Das Leitthema ist dabei die *Value (Co-) Creation*, welche auch als Einzelthema zurzeit eine sehr hohe Aufmerksamkeit in der Literatur erfährt. Hierbei handelt es sich um die gemeinsame Wertschöpfung von Akteuren, die integrativ und reziprok „Wert" schaffen. Zeitgleich steht die Vermeidung von Kosten und Risiken, bspw. durch Vertrauen in den Partner bzw. in die jeweiligen Netzwerke, im Vordergrund. In diesem Zusammenhang wird meist von „*Value Networks*" gesprochen. Es ist zu erwarten, dass insbesondere dieser Kategorienblock auch zukünftig weiter an Bedeutung gewinnen wird.

2.2 TM und GBM als strategische Handlungsebenen im IGM und zentrale Differenzierungsmerkmale

Insbesondere in der IGM-Literatur wird die Unterscheidung zwischen verschiedenen Handlungsebenen im Marketing diskutiert (Kleinaltenkamp 2000; Plinke 1997; Weiber und Kleinaltenkamp 2013). Die Handlungsebenen unterscheiden sich dabei zum einen durch die Art der Beziehung zum Nachfrager und zum anderen durch das vom Anbieter verfolgte Marketing-Programm. Letztendlich werden durch die Handlungsebenen unterschiedliche „Wettbewerbsarenen" definiert, in der sich ein Anbieter bewegt und die durch unterschiedliche Wettbewerbsprobleme bestimmt werden. In diesem Beitrag wird zwischen den **strategischen Handlungsebenen** TM und GBM unterschieden, da ein Anbieter grundsätzlich entscheiden muss, ob er die Austauschbeziehung mit einem Nachfrager auf eine konkrete Einzeltransaktion fokussiert (TM) oder ob er eine vorhandene oder in der Zukunft mögliche Geschäftsbeziehung zu einem Nachfrager (GBM) im Blickfeld hat. Die Entscheidung zwischen TM und GBM hat grundlegende Konsequenzen für die Gestaltung des Marketing-Programms in den Transaktionen mit dem Nachfrager und ist für den Anbieter mit längerfristigen Entscheidungen verbunden. Allerdings ist die gewählte strategische Handlungsebene (TM oder GBM) zusätzlich für die *Handlungsfelder* anonymer Markt, Marktsegment oder Einzelkunde zu konkretisieren und beeinflusst dann dort das operative Marketing-Programm. Die *zentralen Unterscheidungsmerkmale* zwischen den strategischen Handlungsebenen, die in der Literatur als weitgehend anerkannt bezeichnet werden können, sind in Abb. 3 zusammengefasst (vgl. stellvertretend: Bruhn 2013; Hennig-Thurau und Hansen 2000; Sheth und Parvatiyar 1995).

Dabei wurde eine Differenzierung zwischen Unterschieden in den allgemeinen Charakteristika und den zentralen Gestaltungselementen der beiden Marketing-Ansätze vorgenommen. Im Folgenden konzentrieren sich die Betrachtungen auf die in der *Vertragstheorie* begründeten Unterschiede, wie sie insbesondere von Macneil vorgetragen wurden, da sich hierdurch die *grundsätzlichen Unterschiede* zwischen beiden Handlungsebenen sehr gut verdeutlichen lassen und Transaktionen im IGM durch Verträge getragen sind. Die weiteren Unterscheidungsmerkmale werden dann überwiegend in den beiden nachfolgenden Kapiteln zum TM und zum GBM in diesem Beitrag aufgegriffen.

Macneil (1978) versucht durch die von ihm vorgeschlagenen Vertragsformen die Verhaltensweisen in Austauschbeziehungen zu beschreiben und grenzt dabei unterschiedliche Transaktionsformen entsprechend ihrer relationalen Intensität (Beziehungsgefüge) zwischen den Vertragsparteien ab. Dabei unterscheidet er zwischen klassischen bzw. neoklassischen und relationalen Verträgen bzw. Regelungsformen im Rahmen eines ökonomischen Austauschs:

Klassische und neoklassische Verträge

Klassische Verträge sind als „vollständig" zu bezeichnen, da unterstellt wird, dass sich ein Austausch ex ante vollständig spezifizieren lässt. Demgegenüber sind neoklassische Verträge durch Unvollständigkeit und Unsicherheit gekennzeichnet, die aber durch verschie-

	Transaktionsmarketing	Geschäftsbeziehungsmarketing
Allgemeine Charakteristika		
Betrachtungsfokus	Einzeltransaktion	mehrere (verbundene) Transaktionen
Primäre Zielsetzung	Gewinnung profitabler Transaktionen (Neukunden)	Management von Kundenbeziehungen
Ökonomische Erfolgsgröße	Profitabilität der Einzeltransaktion	Profitabilität der Geschäftsbeziehung
Vertragsform nach Macneil	neoklassische Verträge	relationale Verträge
Fundamentale Strategie	Akquisition profitabler Einzeltransaktionen	Beziehungsaufbau/Kundenbindung
Transaktionsform	primär diskrete Transaktionen	relationale Transaktionen
Relationalität	gering; bezogen auf Einzeltransaktion	hoch; bezogen auf Kundenbeziehung
Zeitperspektive	kurzfristig	langfristig
Übergang Eigentumsrechte	einmalig	wiederholt
Konfliktlösung	situativ / reaktiv	kontinuierlich / proaktiv
Art der Beziehung	statisch / transaktionsbezogen	evolutionär/dynamisch / zeitraumbezogen
Gewinnung von Kundeninformationen	ad hoc / transaktionsbezogen	kontinuierlich
Erfahrungsfundus	keine Erfahrungen früherer Transaktionen beachtet	Erfahrungen aus früheren Transaktionen stark beachtet
Gegenseitige Abhängigkeit	gering	tendenziell hoch
Zentrale Gestaltungselemente		
Marketingprozesse	aktionistisch	systematisch / phasenbezogen
Marketing-Oberziele	Umsatz- und Marktanteile	Beziehungsqualität; Kundenzufriedenheit; Kundenbindung
Kundensteuerung	Steuerung des Gesamtmarktes oder von Segmenten	individuelle Steuerung von Kundenbeziehungen
Produktpolitik	möglichst Standardisierung	Individualisierung mit Wiederholungskäufen
Dominante Qualitätsdimension	Leistungsqualität	Leistungs- und Beziehungsqualität
Preispolitik	Wirtschaftlichkeit der Einzeltransaktion	kalkulatorischer Preisausgleich über die Zeit
Kommunikation	marktbezogen	einzelkundenbezogen

Abb. 3 Kernaspekte des Transaktions- und des Geschäftsbeziehungsmarketings

dene Mechanismen wie z. B. Verwendung von Standards auch beseitigt werden können. Bei beiden Vertragsformen unterstellt Macneil (1980) sog. *diskrete Transaktionen*, die vor allem dadurch gekennzeichnet sind, dass sie zeitpunktorientiert sowie kurzfristig sind und evtl. Erfahrungen aus früheren Transaktionen keine Berücksichtigung finden. Letztendlich lassen sich bei diskreten Transaktionen alle Rechte und Pflichten der Vertragspartner eindeutig bestimmen und deren Erfüllung vertraglich eindeutig fixieren.

Relationale Verträge

Relationale Verträge sind dadurch gekennzeichnet, dass sich der Austausch *nicht* auf eine diskrete Transaktion reduzieren lässt, sondern in ein soziales Beziehungsgefüge eingebettet ist. In diesem Zusammenhang wird von *relationalen Transaktionen* gesprochen. Größen wie z. B. Erwartungen, Erfahrungen, Flexibilität, Harmonie mit sozialen Normen oder Solidarität sind von besonderer Bedeutung für den Erfolg einer Austauschbeziehung (Macneil 1980). Dadurch können relationale Verträge auch keine (endgültige) Rechtsverbindlichkeit aufweisen, sondern es stehen relationale Normen und Verhaltensprinzipien im Vordergrund (Göbel 2002). Mit Blois (2002) kann zusammenfassend festgestellt werden, dass der relationale Vertrag nach Macneil „has as its primary focus those norms, which by operating within an exchange, enable parties to project their exchange into the future, it would thus seem his interest is centred on exchanges as having a relational component because they are embedded in society."

Diskrete und relationale Transaktionen bilden die Pole eines Kontinuums, auf dem sich unterschiedliche Formen von Verträgen verorten lassen, wobei die diskrete Transaktion in „Reinform" aber in der Realität eher nicht existiert. Auch diskrete Transaktionen können relationale Merkmale aufweisen, die dann aber auf die Einzeltransaktion und die dabei handelnden Akteure bezogen sind (Goldberg 1976). Diskrete Transaktionen mit transaktionsinhärenten relationalen Elementen können als typisch für das TM im IGM angesehen werden. Demgegenüber wird der Pol der „hoch" relationalen Transaktionen im Marketing mit der Geschäftsbeziehung gleichgesetzt (Jacob 2011; Kleinaltenkamp et al. 2011; Saab 2007). Zusätzlich zu den relationalen Elementen in der Einzeltransaktion kommt hier die Relation zwischen Anbieter und Nachfrager im Hinblick auf die Geschäftsbeziehung hinzu, die transaktionsübergreifende und die Beziehung zwischen Geschäften betreffende Aspekte adressiert. Diese können z. B. regelmäßige Kontakte, Vertrauen, Loyalität oder Commitment zwischen Geschäftspartnern betreffen. Diskriminierendes Merkmal des GBM ist damit, dass es nicht bei der Einzeltransaktion verhaftet bleibt, sondern die Relationalität auf die *Kundenbeziehung* bei wiederholten Transaktionen ausdehnt.

3 Transaktionsmarketing (TM)

Das TM stellt die Regelungen zur Einigung über den **Austausch** von Leistungen zwischen zwei Parteien in den Mittelpunkt der Betrachtungen und damit die Ausgestaltung einer Austauschbeziehung (Transaktionsdesign) zwischen einem Anbieter und dem Nachfrager. Es nimmt damit die einzelne Transaktion in den Blick ohne Beachtung einer möglichen Geschäftsbeziehung zum Kunden. Wird eine Einigung erzielt, so kommt es zu einer Transaktion, durch die allgemein ein Austausch von Werten zwischen den Austauschparteien vollzogen wird (Kotler 1991; Plinke 2000). Ziel dabei ist es, ein **Transaktionsdesign** zu finden, das die Zielsetzung der Austauschparteien möglichst gut erfüllt und durch das festgelegt wird, welche Leistungen in welcher Weise zwischen den Parteien getauscht werden sollen. Die Frage nach der auszutauschenden Leistung betrifft das *Transaktions-*

objekt, während die Frage nach den Rahmenbedingungen des Austauschs vor allem die *Beziehungs-* und die *Rechtsebene* betrifft.

Im Hinblick auf das **Transaktionsobjekt** ist die physische Beschaffenheit der zu tauschenden Leistung (z. B. Spezifikationen, konkrete Produktmerkmale, Preishöhe) zu regeln. Letztendlich geht es dabei um die Kernfrage, welchen Nutzen die jeweilige Austauschpartei mit dem Austausch erzielen kann und welche Opfer sie dafür in Kauf nehmen muss (Nutzenebene). Übersteigt der wahrgenommene Nutzen die wahrgenommenen Opfer (sog. Nettonutzendifferenz), so ist ein Austausch mit dem Anbieter als wahrscheinlich anzusehen, bei dem aus Kundensicht die größte Nettonutzendifferenzen erzielbar ist (Plinke 2000). Zusätzlich zum Wert bzw. dem Nutzen des eigentlichen Transaktionsobjektes kann ein Wert aber auch auf der **Beziehungsebene** entstehen. Diese beschränkt sich beim TM auf das *intraprozessuale* Management eines konkreten Transaktionsprozesses. Da Transaktionsprozesse im IGM unterschiedliche Komplexität und Länge aufweisen können, wird häufig der vom Kunden am Ende wahrgenommene Wert einer Transaktion wesentlich auch durch die Beziehungsqualität im Verlauf des Prozesses bestimmt. Im Unterschied zum GBM steht diese intraprozessuale Beziehungsqualität aber *nicht* im Zusammenhang mit der allgemeinen Beziehungsqualität zum Kunden, wie sie sich bei einer Geschäftsbeziehung auf der *interprozessualen* Beziehungsebene ergibt.

Auf der **Rechtsebene** wird von dem konkreten Transaktionsobjekt und der Beziehungsebene weitgehend abstrahiert und der Tausch von *Verfügungsrechten* betrachtet. Nach der *Property Rights-Theorie* ist der Austausch die verbindliche Einigung über den Tausch von Verfügungsrechten, die aufgrund von Gesetzen, Verträgen oder sozialen Verpflichtungen die zwischen Individuen vorgenommene Zuordnung von Ansprüchen an Ressourcen bzw. Gütern bestimmen (Göbel 2002). Wird die Transaktion in der Tradition von Commons (1934) als Einigung über die Übertragung von Verfügungsrechten verstanden, so ist damit auch ein unmittelbarer Bezug zur Nutzenebene herstellbar (vgl. zu dieser Sichtweise auch Dietl 1993; Plinke 2000; Ullrich 2004): Um einen Nutzen aus einem (physischen) Transaktionsobjekt ziehen zu können, sind nicht allein dessen physische Eigenschaften von Bedeutung, sondern vor allem die Handlungen, die mit bzw. an dem Transaktionsobjekt vollzogen werden dürfen. Diese aber werden durch die Verfügungsrechte festgelegt. Wirtschaftliches Handeln wird in der Property Rights-Theorie als Einsatz von Verfügungsrechten unter der Maxime der Nutzenmaximierung verstanden, und unterschiedliches Wirtschaften ist das Ergebnis unterschiedlicher Verfügungsrechtsstrukturen (Alchian und Demsetz 1973; Picot 1991). Bei Einzeltransaktionen, die spezifisch auf einen Einzelkunden zugeschnitten sind, liegt oftmals ein kompliziertes Geflecht von Aktivitäten der Übertragung, Rückübertragung und Absicherung von Verfügungsrechten vor. Daraus ergeben sich teilweise weitreichende Konsequenzen für die Anbahnung, Abwicklung und Kontrolle einer Transaktion und die Höhe der daraus resultierenden Transaktionskosten (Fließ 2001) sowie die damit einhergehende eigentliche Leistungserstellung.

3.1 Besonderheiten von Transaktionen im IGM

Das TM beschäftigt sich nach der Sprachregelung von Commons (1934) mit sog. *Bargaining Transactions*, bei denen die Transaktionspartner grundsätzlich Entscheidungsautonomie dahingehend besitzen, ob sie die Transaktion durchführen oder nicht und damit keine Bindung der Transaktionspartner vorliegt (Jacob 2002; Saab 2007). Typischerweise kommt es dann zu einer Bargaining Transaction, wenn die Akteure subjektiv der Meinung sind, dass sie aus einer Transaktion einen Nettonutzenvorteil erzielen können. Im IGM korrespondieren die Besonderheiten des TM mit den allgemeinen Besonderheiten des IGM (vgl. Backhaus und Voeth, Besonderheiten des Industriegütermarketing), wobei hier als Kristallisationsgröße auf die abgeleitete Nachfrage hingewiesen sei. Im IGM sind die Kunden Industrieunternehmen, die die zu beschaffende Leistung ihrerseits in ihren eigenen Wertschöpfungsprozessen einsetzen oder in ihre Absatzobjekte integrieren. Daraus ergeben sich Besonderheiten sowohl im Hinblick auf die *Transaktionsobjekte* als auch die Gestaltung der *Transaktionsprozesse*:

Die **Transaktionsobjekte** sind im IGM als äußerst heterogen anzusehen, da die Kunden im IGM durch ihre eigenen Wertschöpfungsprozesse Leistungen immer für nachgelagerte Märkte anbieten, die ihrerseits wiederum sowohl dem Industriegüter- als auch dem Consumer-Bereich zugeordnet sein können. Die Nachfrage im IGM betrifft somit Produkte und Dienstleistungen, die sowohl in die Prozesse als auch in Form von z. B. Zuliefererteilen in die Absatzobjekte der Kundenunternehmen Eingang finden. Die Spannbreite der Transaktionsobjekte reicht dadurch von sehr homogenen Gütern, wie z. B. Rohstoffen oder Energieträger über standardisierte Leistungen bis hin zu auf ein Kundenunternehmen hoch spezifisch angepasste Lösungsangebote. Mit Ausnahme der absolut homogenen Güter kann typischerweise aber davon ausgegangen werden, dass Anbieter-Leistungen in mehr oder weniger starkem Umfang eines *Customizing* bedürfen, durch das eine Anpassung der anbieterseitigen Transaktionsobjekte an die spezifischen Gegebenheiten des Kundenunternehmens erfolgt. Dadurch wird die Qualitätsbeurteilung der Transaktionsobjekte nicht nur durch dessen funktionale Qualität bestimmt, sondern auch durch die Fähigkeit, sich in die nachfragerseitigen Prozesse und ggf. Produkte zu integrieren (sog. *Integralqualität*). Die Transaktionsobjekte werden deshalb häufig erst nach der Kaufentscheidung durch die Anbieter im Rahmen des Transaktionsprozesses an die spezifischen Kundenbelange angepasst.

Die oben aufgezeigten Besonderheiten der Transaktionsobjekte im IGM führen auch zu Besonderheiten in den **Transaktionsprozessen**: Zunächst einmal kann festgestellt werden, dass auch die Transaktionsprozesse im IGM eine sehr unterschiedliche Komplexität aufweisen: Einerseits gibt es relativ **einfache Transaktionen**, bei denen sowohl die Transaktionsobjekte aufgrund ihrer Homogenität (z. B. Rohstoffe) oder dem Standardisierungsgrad keine besonderen Anpassungen erfordern und auch der Austausch über Standardwege (z. B. Warenbörsen, elektronische Plattformen) erfolgt. In diesem Fall ist in der Unternehmenspraxis häufig der Preis das entscheidende Kriterium für das Zustandekommen einer Transaktion. Andererseits existieren aber auch Transaktionen, die hinsichtlich des Transaktionsobjektes, der Dauer des Transaktionsprozesses, der erforderlichen Regelungen zwischen Anbieter und Nachfrager usw. als **komplexe Transaktionen** zu bezeichnen sind (z. B. im industriellen Anlagenbau). Entsprechend vielfältig und heterogen sind auch die Aktivitäten im Rahmen eines Transaktionsprozesses. Für das TM spannend und deutlich vom klassischen Consumer-Marketing verschieden, sind vor allem die komplexeren Transaktionsprozesse. Diese sind meist *kundenspezifisch*, wodurch die im Detail zu erbringende Anbieterleistung zum Kaufzeitpunkt meist noch nicht vollständig definiert ist. Die Kaufentscheidung liegt in diesen Fällen *vor* der eigentlichen Leistungserbringung durch den Anbieter. Dadurch stellen die Leistungen des Anbieters oft in weiten Teilen *Leistungsversprechen* gegenüber dem Kunden dar. Für den Nachfrager hat das zur Konsequenz, dass für ihn die Transaktionsobjekte aus informationsökonomischer Sicht verstärkt Erfahrungs- und Vertrauenseigenschaften aufweisen. Als Erfahrungseigenschaften werden dabei solche Leistungseigenschaften eines Transaktionsobjektes bezeichnet, die erst nach dem Kauf – meist im Rahmen der Nutzung – durch den Nachfrager beurteilt werden können, während Vertrauenseigenschaften selbst nach dem Kauf in ihrer Qualität nicht beurteilt werden können (Kleinaltenkamp 1992; Weiber und Adler 1995).

Im Ergebnis münden die aufgezeigten Besonderheiten darin, dass das TM im IGM meist mit einer vergleichsweise hohen *Unsicherheit* verbunden ist, wobei sich diese nicht nur auf der Kunden-, sondern auch auf der Anbieterseite niederschlägt. Die nachfolgenden Überlegungen zu den Gestaltungsparametern im TM fokussieren insbesondere die in diesem Abschnitt aufgezeigten Besonderheiten des TM.

3.2 Gestaltungsparameter des TM im IGM

Als zentrale Gestaltungsparameter des TM können vor allem die Marketinginstrumente genannt werden, mit deren Hilfe die zentralen Elemente des Austauschs geregelt und somit das Transaktionsdesign modelliert wird. Dabei ist allerdings die Ausgestaltung der Instrumente im Hinblick auf eine konkrete Transaktion sehr unterschiedlich, da die Transaktionen selbst – wie im vorangegangenen Abschnitt gezeigt – eine große Heterogenität aufweisen. Dem primär **instrumentellen Ansatz** kann vor allem bei relativ *einfachen Transaktionen* und weitgehender Leistungsstandardisierung (vgl. Jacob und Kleinaltenkamp, Leistungsindividualisierung und -standardisierung) im TM eine Dominanz zugesprochen werden. Die grundsätzlichen Gestaltungsmöglichkeiten der Marketinginstrumente im TM werden in Teil 4 (Industriegütermarketing-Entscheidungen: Produktpolitik) dieses Handbuches durch jeweils separate Beiträge ausführlich behandelt, sodass an dieser Stelle auf eine entsprechende Darstellung verzichtet wird. Ebenso ist darauf hinzuweisen, dass sich die Ausgestaltungen im TM insbesondere am organisationalen Beschaffungsverhalten (vgl. Herbst und Kemmerling, Buying Center Analyse) und dem jeweiligen Geschäftstyp (vgl. Backhaus, Mühlfeld Geschäftstypen im Industriegütermarketing) zu orientieren hat, die in diesem Handbuch ebenfalls in entsprechenden Beiträgen diskutiert werden.

Je stärker hingegen Leistungen individualisiert werden und je *komplexer* sich Transaktionen im IGM darstellen, desto weniger sind die Marketinginstrumente in ihren klassischen Ausgestaltungsüberlegungen alleine als ausreichend anzusehen. In diesen Fällen sind Einzeltransaktionen häufig Projekte, die ein meist umfangreiches Management des konkreten Auftrags (Jacob 2013a) und des Leistungserstellungsprozesses im Sinne des Projektmanagements erfordern, wobei aber darauf hinzuweisen ist, dass nicht jede Einzeltransaktion bzw. jeder Auftrag schon ein „Projekt" darstellt (Rabl 2013). Insbesondere bei **industriellen Lösungsgeschäften**, bei denen maßgeschneiderte Lösungen gemeinsam mit dem Kunden zu entwickeln sind, liegen tendenziell komplexere Transaktionen vor. Diese erfordern nicht nur ein besonderes Management (vgl. Wilken und Jacob, Vom Produkt- zum Lösungsanbieter), sondern implizieren häufig auch besondere Rollenverteilungen im Buying-Center auf der Kundenseite (Jacob 2013b). Entscheidend ist dabei zunehmend, dem Kunden nicht nur den Nutzen einer Leistung, sondern auch den konkreten *monetären Vorteil* aufzuzeigen, den ein Kundenunternehmen aus einer Lösung ziehen kann. Ein solches **Value Based-Selling** verlangt vor allem tiefgehende Kenntnisse des Business-Modells der jeweiligen Kunden (vgl. Eggert, Haas, Ulaga und Terho, Wertbasiertes Verkaufen auf Industriegütermärkten).

Komplexe Transaktionen stellen darüber hinaus auch besondere Anforderungen an die Gestaltung der **intraprozessualen Abläufe** der Transaktionsprozesse im TM. Dabei kommt vor allem der Gestaltung der *Interaktivität* eine herausragende Bedeutung zu, was zu besonderen Anforderungen an die *Interaktionskompetenz* der Kundenkontaktmitarbeiter führt. Die Interaktionskompetenz bestimmt sich dabei durch vielfältige Merkmale (z. B. Persönlichkeitsmerkmale, Fachkompetenz, Lernbereitschaft), die in den verschiedenen Phasen des Transaktionsprozesses unterschiedliche Bedeutung erlangen (Töllner et al. 2013). Probleme entstehen im Bereich der Interaktivität immer dann, wenn die interagierenden Parteien *konfliktäre Ziele* verfolgen. Diese können in Informations- und/oder in Anreizproblemen begründet liegen, die entsprechend zu managen sind. Zu einer detaillierten Analyse der Interaktivitätsproblematik sei der Leser verwiesen auf den Beitrag von Ivens und Leischnig, Interaktionen in Geschäftsbeziehungen, in diesem Handbuch.

Eine hohe Intensität der Interaktion zwischen Anbieter und Nachfrager ist vor allem auch dann zu erwarten, wenn eine starke **Kundenintegration** im Transaktionsprozess erfolgt oder wenn umfangreiche Integrationen der Angebotsleistungen in die Prozesse oder Absatzobjekte der Kunden erforderlich werden und besondere Anforderungen an die *Integralqualität* bestehen. Als ein Kernproblem der Kundenintegration im IGM kann dabei die sog. *Prozessevidenz* gesehen werden, die sich darin begründet, dass ein Partner (Kunde, aber auch Anbieter) über ein insgesamt nur mangelhaftes Problembewusstsein im Hinblick auf die Integration verfügt (Fließ 2001, 2006). Wie in solchen Fällen unter Beachtung unterschiedlicher Transaktionssituationen reagiert werden kann, zeigt der Beitrag von Fließ, Kundenintegration, in diesem Handbuch. In ähnlicher Weise steigen auch bei umfangreichen Integrationen von Anbieterleistungen in die Prozesse oder Absatzobjekte des Kunden tendenziell die Anforderungen an die Interaktivität. Lösungen hierzu können z. B. durch eine entsprechende Ausgestaltung der Servicepolitik in Form produktbegleitender Dienstleistungen gefunden werden (vgl. Kleinaltenkamp, Industrielles Servicemanagement).

In einer Zusammenschau der obigen Aspekte kann festgestellt werden, dass das TM im IGM tendenziell in einer erhöhten *Unsicherheit* sowohl auf der Anbieter- als auch der Nachfragerseite mündet. Insbesondere in solchen Fällen, in denen die Transaktionsobjekte den Charakter von Leistungsversprechen tragen, denen Erfahrungs- und oft auch Vertrauenseigenschaften inhärent sind sowie bei nur teilweise Determiniertheit der Anbieterleistung und stark kundenintegrierenden Erstellungsprozessen kommt es zu verstärkter Unsicherheit. Der dadurch auf der Nachfragerseite bestehenden Unsicherheit kann ein Anbieter durch eine entsprechende **Unsicherheitsreduktionspolitik** begegnen. Da Unsicherheit allgemein aus *Informationsdefiziten* resultiert, die sich letztendlich in Beurteilungsproblemen niederschlagen, können solche Defizite aus informationsökonomischer Sicht anbieterseitig durch ein entsprechendes *Signaling* reduziert werden. Begründen sich dabei Unsicherheiten im Transaktionsobjekt oder im Transaktionsprozess in Erfahrungseigenschaften, so liegen geeignete Signale z. B. in Garantien, Versicherungslösungen oder Performance-Zusagen des Anbieters. Bei Vertrauenseigenschaften hingegen, zu deren Beurteilung ein Nachfrager überhaupt nicht in der Lage ist, ist vor allem dem Aufbau von Vertrauen und Reputation eine herausragende Bedeutung beizumessen. Die *Glaubwürdigkeit* anbieterseitiger Maßnahmen zur Unsicherheitsreduktion hängt dabei wesentlich von der „*Geiselstellung*" durch den Anbieter ab. Eine „Geisel" liegt allgemein dann vor, wenn es für den Anbieter spürbare *negative Konsequenzen* hat, wenn er seine Zusagen nicht erfüllt. Der Wert einer „Geisel" muss wiederum so hoch sein, dass er die Vorteile mindestens aufwiegt, die ein Anbieter durch opportunistische Handlungen erzielen könnte (Weiber und Kleinaltenkamp 2013).

4 Geschäftsbeziehungsmarketing (GM)

Es ist nicht nur in der Unternehmenspraxis eine alte Weisheit, sondern auch in der wissenschaftlichen Literatur hinlänglich bekannt, dass es für Unternehmen sinnvoll bzw. sogar typisch ist, Geschäftsbeziehungen mit ihren Kunden aufzubauen. Dabei geht es nicht nur um die Amortisation der i. d. R. hohen Kosten bei der Neukundenakquisition, sondern auch um die Nutzung von Lerneffekten, die sich aus *wiederholten Transaktionen* ergeben. So können durch wiederholte Transaktionen zwischen denselben Partnern nicht nur z. B. Erfahrungen aufgebaut, Schnittstellen geklärt, gegenseitig Empathie erzeugt oder Vertrauen etabliert, sondern letztendlich auch Kontrollerfordernisse reduziert werden, was sich im Ergebnis auch merkbar auf die Kostenseite auswirkt. Dennoch ist die Entscheidung für ein GBM anbieterseitig als *strategisch* einzustufen, da einerseits Akquisitions- bzw. Etablierungskosten entstehen und andererseits die Profitabilität einer Geschäftsbeziehung für den Anbieter auch wesentlich von der Kundenattraktivität sowie ihrer Dauer abhängt. Letztendlich kann die Profitabilität einer Geschäftsbeziehung erst nach ihrer Beendigung verlässlich beurteilt werden.

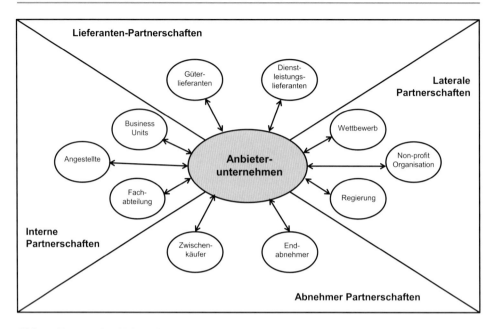

Abb. 4 Formen des GBM (Morgan und Hunt 1994, S. 21)

Der Begriff des Geschäftsbeziehungsmarketing (Relationship Marketing) bzw. des Geschäftsbeziehungsmanagements wird in der Literatur sehr unterschiedlich definiert und ist auch von der bei der Betrachtung eingenommenen Perspektive abhängig: So unterscheiden sich verhaltenswissenschaftliche Definitionen deutlich von ökonomisch orientierten Begriffsbestimmungen oder solchen aus einer Netzwerkperspektive. Eine detaillierte Analyse zu den unterschiedlichen Wissenschaftsdisziplinen, die sich mit Geschäftsbeziehungen auseinandersetzen, liefert Beinlich (1998). In gleicher Weise ergeben sich je nach Betrachtung der Akteure einer Geschäftsbeziehung sehr unterschiedliche Formen von Geschäftsbeziehungen, bei denen auch die verfolgten Ziele deutlich divergieren können. Abbildung 4 gibt zu den möglichen Formen einen zusammenfassenden Überblick.

In diesem Beitrag wird eine ökonomische und auf Anbieter-Nachfrager-Beziehungen in Vermarktungssituationen bezogene Sicht eingenommen, wobei die nachfolgenden Überlegungen primär aus der *Anbieterperspektive* vorgetragen werden. Geschäftsbeziehungen werden dabei als eine nicht-zufällige und damit in Verbindung stehende *Abfolge von Transaktionen* zwischen einem Anbieter und seinen Kunden verstanden (Plinke 1989; Jacob 2002; Weiber und Kleinaltenkamp 2013). Dieses Verständnis macht bereits deutlich, dass Einzeltransaktionen ein *integrativer Bestandteil* von Geschäftsbeziehung sind und somit das GBM immer auch ein TM beinhaltet, nicht aber umgekehrt. Damit gelten die in diesem Beitrag vorgetragenen Überlegungen zum TM auch für das GBM, wobei zusätzlich allerdings die *interprozessuale Sichtweise* hinzukommt, die das Verhältnis zwischen Transaktionen in den Blick nimmt. Im Folgenden konzentrieren sich die Überlegungen auf die Klärung zweier wesentlicher Fragen:

- Wann lohnt sich für einen Anbieter eine Geschäftsbeziehung mit einem bestimmten Kunden bzw. wann sollte eine solche beendet werden?
- Welche Aspekte sind für eine erfolgreiche Gestaltung der *Beziehung* zwischen einem Anbieter und seinen Kunden von besonderer Bedeutung?

Zur Beantwortung obiger Fragen werden im ersten Schritt die zentralen Besonderheiten von Geschäftsbeziehungen im IGM herausgearbeitet und anschließend Hinweise zu wichtigen Gestaltungselementen des GBM im IGM gegeben.

4.1 Besonderheiten von Geschäftsbeziehungen im IGM

Das GBM ist ein Beziehungsansatz, der auf das **interprozessuale Management** von Transaktionen fokussiert ist. Das bedeutet, dass es über das Management verschiedener Transaktionen mit einem Kunden hinaus die *transaktionsübergreifenden* Aspekte betrachtet, die die Beziehung zwischen einem Anbieter und einem Kunden betreffen. Das Beziehungsgefüge zwischen den Geschäftspartnern lässt sich aber nur schwer in eindeutigen Vertragswerken fassen, so dass Geschäftsbeziehungen im Sinne von Macneil (1980) *relationale Verträge* darstellen, die bereits in Abschn. 2.2 erläutert wurden. Typisch dabei ist, dass Geschäftsbeziehungen nicht in Verträgen streng geregelt werden, sondern die Partner *implizit* gebunden sind und sich vor opportunistischem Verhalten des Geschäftspartners durch *Pfandstellung* schützen (Jacob 2011). Aus einer transaktionsorientierten Sicht sind Geschäftsbeziehungen im Sinne von Commons (1934) eine **Abfolge von Bargaining Transactions**, womit wieder der Bezug zum TM deutlich wird. Zur Erfüllung der sich aus den einzelnen Bargaining Transactions ergebenen Verpflichtungen sind dann zusätzlich sog. *Managerial Transactions* erforderlich, die Transaktionen zwischen rechtlich nicht gleichgestellten Akteuren regeln (Jacob 2002; Weiber und Kleinaltenkamp 2013). Geschäftsbeziehungen umfassen somit sowohl Bargaining als auch Managerial Transactions, und es ist die „**innere Verbindung**" zwischen den Bargaining Transactions, die eine Geschäftsbeziehung begründen. Die Art der „inneren Verbindung" kann dabei sehr vielschichtig sein und reicht von Technologietreue über Systemtreue bis hin zur Marken- und Personentreue (Plinke 1997). Kleinaltenkamp et al. (2011) fassen die möglichen Gründe der „inneren Verbindung" zu solchen zusammen, die aus vergangenen Transaktionen herrühren (*history matters*) und solchen aus antizipierten Effekten späterer Folgetransaktionen (*shadow of the future*).

Grundsätzlich können Geschäftsbeziehungen geplant oder ungeplant entstehen (Plinke 1997). **Ungeplante Geschäftsbeziehungen** entwickeln sich erst allmählich und resultieren bspw. aus einer unspezifischen Ersttransaktion, mit der ein Kunde zufrieden war und daher erst *im Nachhinein* aus seiner Erfahrung heraus beschließt, erneut bei einem Anbieter zu kaufen. Eine solche „innere Verbindung" zum Anbieter ist freiwillig und entsteht z. B. aus Zufriedenheit mit der Qualität, dem Preis einer Leistung oder der Integralqualität der Prozesse. Im IGM ist jedoch dem Fall der *geplanten Geschäftsbeziehungen* tendenziell eine deutlich größere Bedeutung beizumessen, weshalb dieser in diesem Beitrag im Vordergrund steht.

Geplante Geschäftsbeziehungen werden *bewusst* eingegangen und Anbieter und/oder Nachfrager planen, auch in Folgetransaktionen zusammenzuarbeiten. Diese Zusammenarbeit kann dabei durchaus *freiwillig* erfolgen, wenn sich z. B. ein Nachfrager aufgrund der hohen Reputation eines Anbieters oder ein Anbieter aufgrund der hohen Attraktivität eines Kunden für den Partner entscheidet. Vielfach sind im IGM die geplanten Geschäftsbeziehungen aber „unfreiwillig" mit Folgetransaktionen verbunden, weshalb diese im Folgenden auch in den Vordergrund der Betrachtungen gestellt werden. Geplante Geschäftsbeziehungen mit *unfreiwilliger* Bindung ergeben sich z. B. dann, wenn sich aufgrund spezifischer Investitionen im Rahmen der Ersttransaktion oder durch den Abschluss von Rahmenverträgen der oder die Partner zumindest für eine gewisse Zeit in den Folgekäufen binden. Durch diese Entscheidung kommt es zu einer **fundamentalen Transformation** im Sinne von Williamson (1990), die den Übergang von einer unspezifischen (ex ante) Transaktionssituation in eine spezifische (ex post) Situation bei den Folgetransaktionen beschreibt. Das bedeutet, dass mit der Ersttransaktion einer oder beide Partner von der dort noch bestehenden Wahlfreiheit bzgl. des Partners, einer technischen Lösung u. a. in eine Situation der Bindung wechseln, die er bzw. sie nicht ohne weiteres mehr verlassen können (sog. *Lock-in-Situation*). Dieser Wechsel ist durch sog. **spezifische Investitionen** (Williamson 1990) begründet, die Investitionen in Ressourcen bzw. allgemeine Inputfaktoren darstellen, die vom Nachfrager und/oder vom Anbieter in eine Einzeltransaktion bzw. eine Geschäftsbeziehung eingebracht und für den jeweiligen Vertragspartner ‚*maßgeschneidert*' werden. Die Höhe spezifischer Investitionen lässt sich durch einen Vergleich der Werte einer Ressource in ihrer ursprünglich vorgesehenen Verwendung einerseits und in der besten Alternativverwendung andererseits feststellen. Ist der Wert einer Ressource in der ursprünglichen Verwendung höher als in der besten alternativen Verwendung, so wird die Wertdifferenz als „*Quasi-Rente*" bezeichnet. Diese kann gleichsam als „*Verlust*" interpretiert werden, der sich dann ergibt, wenn eine Investition nicht mehr im ursprünglich beabsichtigten Sinn verwendet werden kann.

Weiber und Kleinaltenkamp (2013) kategorisieren zur Analyse von Geschäftsbeziehungen im IGM die spezifischen Investitionen nach transaktionsobjekt-, transaktionsbeziehungs- und geschäftsbeziehungsspezifischen Investitionen: *Transaktionsobjektspezifische Investitionen* dienen dabei der spezifischen Anpassung eines Transaktionsobjektes an die individuellen Kundenanforderungen (Weiber 1997) und *transaktionsbeziehungsspezifische* Investitionen ausschließlich der Stützung einer Einzeltransaktion. Beide Arten spezifischer Investitionen sind damit auch im TM relevant. Demgegenüber dienen *geschäftsbeziehungsspezifische* Investitionen der Stützung einer Geschäftsbeziehung und dem Erlangen von Vorteilspositionen bei Folgetransaktionen (Kleinaltenkamp und Ehret 2006). Solche spezifischen Investitionen adressieren vor allem die *Beziehungsqualität* und stellen z. B. Investitionen in den Aufbau von Vertrauen, Loyalität und Commitment dar (Weiber und Kleinaltenkamp 2013).

4.2 Gestaltungsparameter des GBM im IGM

Das GBM läuft in der Gesamtbetrachtung immer in Phasen ab, wobei in der Literatur unterschiedlich weit bzw. eng gefasste Phasenkonzepte vorgeschlagen werden, durch die der *Lebenszyklus* einer Geschäftsbeziehung beschrieben wird (vgl. zu einem detaillierten Überblick: Beinlich 1998). Im Folgenden konzentriert sich der vorliegende Beitrag auf die drei Hauptphasen einer Geschäftsbeziehung, die in Abb. 5 in ihren zentralen Charakteristika und Aufgaben zusammengefasst sind. Da die Kernprobleme der drei Phasen in diesem Handbuch durch jeweils eigenständige Beiträge behandelt werden, sind diese in der letzten Zeile der Abbildung aufgeführt.

Im Folgenden fokussieren die Betrachtungen die im vorangegangenen Abschnitt herausgestellten Besonderheiten des GBM im IGM. Dabei wird in der Akquisitionsphase die Perspektive des *Out-Suppliers* eingenommen, der sich bisher noch nicht in einer Geschäftsbeziehung zum Kunden befindet. Diese Anbieterposition wechselt dann in den folgenden Phasen, in denen der Anbieter zum *In-Supplier* wird und er die akquirierte Geschäftsbeziehung erfolgreich verteidigen muss.

Akquisitionsphase
Im Unterschied zu sich „schleichend" entwickelnden Geschäftsbeziehungen basieren *geplante Geschäftsbeziehungen* auf *bewusst* getroffenen Entscheidungen der Partner. Diese spielen im IGM deshalb eine große Rolle, da die Transaktionsobjekte später in den Prozessen des Kundenunternehmens eingesetzt oder in dessen Absatzobjekte integriert werden. Dadurch gerät der Kunde häufig in eine **Lock-in-Situation**, und es kommt zu einer *Zwangsbindung* an den gewählten Anbieter, die sich erst im Zeitablauf durch die Amortisation der spezifischen Kundeninvestitionen abbaut. Für den Kunden ist damit ein (kurzfristiger) Anbieterwechsel meist mit hohen Kosten verbunden; denn Investitionen in

Abb. 5 Hauptphasen des Geschäftsbeziehungsmarketing

spezifische Anbieterlösungen sind mit einer *Quasi-Rente* verbunden. Aufgrund der entstehenden Zwangsbindung ist die Ersttransaktion für den Nachfrager mit hoher *Unsicherheit* behaftet, die sich vor allem in der Frage niederschlägt, ob ein Anbieter seine Position in den Folgetransaktionen opportunistisch ausnutzen wird. Der Anbieter muss deshalb in der Akquisitionsphase zum einen seine Kompetenz und den Nettonutzenvorteil seines Leistungsangebotes für den Kunden herausstellen. Zum anderen muss er aber auch glaubhaft machen, dass für ihn die zukünftigen Folgetransaktionen einen höheren Wert besitzen (*shadow of the future*) als der Vorteil aus einem kurzfristigen opportunistischen Verhalten in der Ersttransaktion sowie den Folgetransaktionen (Jacob 2011).

In ähnlicher Weise entsteht durch spezifische Kundenlösungen häufig aber auch auf der Anbieterseite eine Quasi-Rente, die bei Beendigung der Beziehung ebenfalls verloren ist. Für den Anbieter ist deshalb der Wert einer Geschäftsbeziehung (*Customer Lifetime-Value*; CLV) bereits in der Akquisitionsphase ein wesentliches Entscheidungskriterium, wobei dessen Bestimmung aufgrund der notwendigen Antizipation der Profitabilität zukünftiger Folgekäufe besondere Probleme bereitet (Günter und Helm 2006). Die Zwangsbindung des Nachfragers führt weiterhin dazu, dass ein Kunde bei Folgetransaktionen auch nicht wechseln kann, womit er für Out-Supplier auch für längere Zeit „verloren" ist. Abell (1978) spricht in diesem Zusammenhang von einem „Strategischen Fenster", das sich bspw. bei Produktneueinführungen, Technologiesprüngen oder grundsätzlichen Änderungen der Sourcing-Strategien potenzieller Kunden öffnet. In diesem Zusammenhang ist die Akquisitionsstrategie des **„Buy In-Follow On"** von besonderer Bedeutung (Weigand 1991): In diesem Fall wird in der Ersttransaktion meist ein sehr günstiger Preis geboten, um auf diese Weise insbesondere die Risikowahrnehmung bzgl. der in der Ersttransaktion häufig hohen Anschaffungsinvestition und der fundamentalen Transformation des Neukunden zu reduzieren. Gelingt damit die Kundenakquisition, so werden in den Folgetransaktionen, die mit dem Erstkaufprodukt in Verbindung stehenden Leistungen mit höherem Gewinnmargen an den gebundenen Nachfrager verkauft.

Phase der Folgetransaktionen
Die Phase der Folgetransaktionen ist bei geplanten Geschäftsbeziehungen insbesondere dadurch gekennzeichnet, dass eine **fundamentale Transformation** erfolgt ist und die Folgetransaktionen damit immer auch im Schatten der Abhängigkeit erfolgen (sog. Gebundenheit). Für den Anbieter ist in dieser Phase deshalb entscheidend, die vor allem aus *Wechselkosten* und *Lock-in-Effekten* (Weiber und Kleinaltenkamp 2013) resultierende *unfreiwillige* Bindung in eine freiwillige Bindung zu überführen, bei der der Kunde aufgrund seiner Zufriedenheit den In-Supplier gar nicht wechseln möchte (sog. Verbundenheit). Der Aufbau von **Zufriedenheit** ist deshalb ein wesentliches Ziel in den Folgetransaktionen (Backhaus und Bauer 2003). Hierbei kann vor allem das Customer Relationship Management (CRM-) System helfen, das nicht nur für das interprozessuale Management der Folgetransaktionen wertvolle Informationen liefern kann, sondern auch dem Aufbau und der Sicherung eines profitablen Kundenstamms dient (Götz et al. 2008). Weiterhin gilt es, die zentralen Gründe des Kunden zu verstehen, die ihn zu einem Wiederkaufverhalten be-

		Wertdimensionen	
		Nutzen der Geschäftsbeziehung	Kosten der Geschäftsbeziehung
Quellen der Wertschaffung	Kernleistung	• Produktqualität • Liefertreue	Direkte Kosten
	Beschaffungsprozess	• Service Support • Persönliche Interaktion	Akquisitionskosten
	Kundenaktivitäten	• Lieferanten Know-How • Time-to-Market	Betriebskosten

Abb. 6 Dimensionen des Geschäftsbeziehungswertes (Ulaga und Eggert 2006, S. 122; deutsche Übersetzung)

wegen. Nach Jacob (2011) lassen sich diese in zwei Kategorien fassen: Wiederkauf durch die Elemente des Austauschs und Wiederkauf durch Bindung. Im ersten Fall gilt es, den Kunden durch die *Leistungsqualität* der Angebote vergangener und zukünftiger Transaktionen zum Verbleib in einer Geschäftsbeziehung zu überzeugen. Beim Wiederkauf durch Bindung kann Gebundenheit in Verbundenheit vor allem durch den Aufbau von Vertrauen und Commitment erzeugt werden. Während **Vertrauen** (Plötner 1995) aus ökonomischer Sicht als bewusster Verzicht auf Kontrolle bezeichnet werden kann, ist **Commitment** eine auf positiver Einstellung beruhende subjektiv empfundene Bindung an den Partner (Söllner 1993). Saab (2007) kommt in seiner Analyse zum Commitment zu dem Ergebnis, dass neben den negativ konnotierten Wechselkosten insbesondere der *Beziehungswert* die Stabilität einer Geschäftsbeziehung stützt.

Für das interprozessuale Management von Geschäftsbeziehungen ist schließlich eine **Beziehungsqualitätspolitik** von herausragender Bedeutung. Hierbei ist es notwendig den nachfragerseitigen Beziehungswert zu kennen, um zentrale Ansatzpunkte für die Gestaltung der Geschäftsbeziehung zu erhalten. Ulaga und Eggert (2006) identifizieren hierbei drei *Quellen* des Beziehungswertes (vgl. Abb. 6), an denen der Anbieter sich orientieren kann: die ausgetauschte Kernleistung (core offering), der Beschaffungsprozess (sourcingprocess) und den Kundenaktivitäten in ihrem *eigenen* Leistungserstellungsprozess, in denen die Anbieterleistung beim Kundenunternehmen eingesetzt wird (customer operations). Der *Beziehungswert* bildet sich in Abhängigkeit dieser Quellen auf der Basis von Nutzen- und Kostenaspekten.

Eine empirische Überprüfung des Modells erbrachte, dass für die kundenseitige Einschätzung des Beziehungswertes einer Geschäftsbeziehung die wahrgenommenen Nutzenaspekte (*Relationship Benefits*) stärker zu Buche schlagen als die empfundenen Kostensenkungen (Ulaga und Eggert 2006).

Reflexionsphase

Mit der Bezeichnung „Reflexionsphase" wird zum Ausdruck gebracht, dass die Entwicklung von Geschäftsbeziehungen keinem fest vorgeschriebenen Phasenverlauf folgt, sondern ihr Verlauf eher als „offen" zu bezeichnen ist. Im Lebenszyklus einer Geschäftsbeziehung kommt es immer wieder auch zu „**Gefährdungssituationen**", in denen ein Kunde über den Abbruch einer Beziehung nachdenkt. Gehen dabei attraktive Kunden verloren, so ist durch ein gezieltes **Kundenrückgewinnungsmanagement** (Bruhn 2013) zu versuchen, die In-Supplier-Position wieder herzustellen. Allerdings existieren auch Ereignisse, bei denen zu erwarten ist, dass ein Kunde besonders über einen Anbieterwechsel nachdenkt. Zu nennen sind hier vor allem die Amortisation der beim Erstkauf vom Kunden getätigten spezifischen Investitionen, die Notwendigkeit von Ersatzinvestitionen, das Aufkommen neuer Lösungsmöglichkeiten (Technologien) oder das Ende des Produktlebenszyklus. In diesen Situationen werden auch Out-Supplier verstärkt versuchen, das sich öffnende Strategische Fenster zu nutzen und in eine Geschäftsbeziehung einzudringen. Der Anbieter sollte deshalb vor allem das **Wechselverhalten** (Weiber und Adler 2003) seiner Kunden verstehen. Um dies zu erreichen, können z. B. die in einem CRM-System vorhandenen Informationen wertvolle Dienste leisten (Götz et al. 2008).

In der Reflexionsphase gilt es allerdings auch, die Attraktivität von Kunden *aus Anbietersicht* zu überprüfen. Dabei steht die Frage im Vordergrund, ob es gute Gründe gibt, an der Weiterführung einer Beziehung festzuhalten oder ob es sinnvoller ist, die Beziehung zu beenden. Es ist deshalb immer wieder eine Neu-Evaluierung des **Customer Lifetime Value** (CLV) erforderlich (Hofmann und Mertiens 2000) und auf dieser Basis in letzter Konsequenz auch eine *Kundenelimination* vorzunehmen.

5 Entscheidungskriterien für die Wahl der Handlungsebene

Der vorliegende Beitrag hat das TM und das GBM als *strategische Handlungsebenen* im IGM betrachtet und dabei zentrale Charakteristika sowie Gestaltungsparameter der beiden Marketingansätze analysiert. Entscheidend war dabei, solche Aspekte herauszuarbeiten, die für die Entwicklung konkreter *Marketing-Programme* von besonderer und allgemeiner Bedeutung sind. Diese erfahren nämlich für das jeweilige Handlungsfeld (anonymer Markt, Marktsegment, Einzelkunde) durchaus eine sehr unterschiedliche Ausgestaltung: So ist z. B. ein TM, das auf den anonymen Markt abzielt, deutlich anders zu gestalten als ein TM für einen Einzelkunden. Gleiches gilt für das GBM in einem bestimmten Marktsegment im Vergleich zum GBM beim Einzelkunden (Key Account Marketing). Weiterhin wurde gezeigt, dass die beiden Ansätze nicht disjunkt sind, sondern das GBM Transaktionen als integrativen Bestandteil enthält. Dies spiegelt sich auch in der aktuellen Literatur wider (vgl. Abschn. 2.1.2). Die Bildung und Pflege von Geschäftsbeziehungen sowie die gemeinsame Wertschaffung und -schöpfung stehen im Fokus der aktuellen IGM-Literatur.

Letztendlich ist die Entscheidung für die strategische Handlungsebene TM oder GBM an der Möglichkeit zur Erzielung von **Wettbewerbsvorteilen** zu orientieren:

Das *Transaktionsmarketing* sollte zum einen immer dann verfolgt werden, wenn davon ausgegangen werden kann, dass eine Einzeltransaktion nicht im Konflikt mit anderen Geschäften steht. Zum anderen ist ein TM auch dann zu wählen, wenn keine Ansatzpunkte für den Aufbau einer attraktiven Geschäftsbeziehung bestehen und die Einzeltransaktion *allein* als profitabel anzusehen ist.

Demgegenüber ist ein Agieren auf der *Geschäftsbeziehungsebene* für einen Anbieter immer dann vorteilhaft, wenn die Geschäftsbeziehung zum Kunden einen *zusätzlichen* Beitrag zur Verbesserung seiner Wettbewerbsposition liefert. In diesem Fall ist die Profitabilität einer einzelnen Transaktion mit einem Kunden immer auch vor dem Hintergrund der Geschäftsbeziehung zum Kunden zu prüfen. Das bedeutet, dass ggf. auch solche Transaktionen durchgeführt werden, die in der isolierten Betrachtung des TM nicht verfolgt würden. Die einzelnen Transaktionen im Rahmen des GBM sind somit immer vor dem Hintergrund der gesamten Geschäftsbeziehung (Customer Lifetime Value) zu sehen. Zusammenfassend und grundsätzlich kann festgehalten werden, dass immer dann eine Geschäftsbeziehung aufgebaut werden sollte, wenn ein Kunde als bedeutend für das Unternehmen zu bezeichnen ist und sich aus der Kundenbeziehung ein zusätzliches Vorteilspotenzial für den Anbieter erschließen lässt. Ist das nicht gegeben, so ist auf das TM unter Berücksichtigung der Profitabilität der Einzeltransaktion zurückzugreifen.

Literatur

Abell, D.F. 1978. Strategic Windows: The time to invest in a product or market is when a strategic window is open. *Journal of Marketing* 42(3): 21–26.

Alchian, A.A., und H. Demsetz. 1973. The property rights paradigm. *Journal of Economic History* 33(1): 16–27.

Alderson, W. 1957. *Marketing Behavior and Executive Action*. Homewood: Illinois, Richard D. Irwin.

Anderson, J., und J. Narus. 1984. A model of distributor's perspective distributor-manufacture firm working partnerships. *Journal of marketing* 48(4): 62–74.

Arndt, J. 1983. The Political Economy Paradigm: Foundation for Theory Building in Marketing. *Journal of Marketing* 47(4): 44–54.

Axelsson, B., und G. Easton (Hrsg.). 1992. *Industrial Networks – A New View of Reality*. London: Cengage Learning EMEA.

Backhaus, K. 1998. Relationship Marketing: Ein neues Paradigma im Marketing? In *Marktorientierte Unternehmensführung*, 2. Aufl., Hrsg. M. Bruhn, H. Steffenhagen, 19–35. Wiesbaden: Gabler.

Backhaus, K., und M. Bauer. 2003. Zufriedenheit in industriellen Geschäftsbeziehungen,. In *Relationship Marketing*, Hrsg. M. Rese, A. Söllner, B.P. Utzig S. 105–138: Berlin.

Bagozzi, R.P. 1978. Marketing as Exchange – A Theory of Transactions in the Marketplace. *American Behavioral Scientist* 21(4): 535–556.

Ballantyne, D., C. Martin, und A. Payne. 2003. Relationship marketing: looking back, looking forward. *Marketing Theory* 3(1): 159–166.

Beinlich, G. 1998. *Geschäftsbeziehungen zur Vermarktung von Systemtechnologien*. Aachen: Shaker Verlag.

Berry, L.L. 1983. Relationship marketing. In *Emerging Perspectives on Services Marketing*, Hrsg. L.L. Berry, G.L. Shostock, G.D. Upah, 25–28. Chicago: American Marketing Association.

Blois, K.J. 2002. Business to business exchanges: a rich descriptive apparatus derived from MacNeil's and Menger's analyses. *Journal of Management Studies* 39(4): 523–551.

Bruhn, M. 2013. *Relationship Marketing*, 3. Aufl. München: Vahlen.

Carman, J.M. 1980. Paradigms for marketing theory. In *Research Marketing*, Hrsg. J.N. Sheth, 1–36. Greenwich: Jai Press.

Commons, J.R. 1934. *Institutional Economics*. New York.: Transaction Publishers.

Coviello, N.E., R.J. Brodie, P.J. Danaher, und W.J. Johnston. 2002. How firms relate to their markets: An empirical examination of contemporary marketing practices. *Journal of Marketing* 66(6): 33–49.

Day, G.S., und D.B. Montgomery. 1999. Charting New Directions for Marketing. *Journal of Marketing* 63(1): 3–13.

Dietl, H. 1993. *Institutionen und Zeit*. Tübingen: Mohr Siebeck.

Fließ, S. 2001. *Die Steuerung von Kundenintegrationsprozessen*. Wiesbaden: Gabler.

Fließ, S. 2006. *Prozessorganisation in Dienstleistungsunternehmen*. Stuttgart: Kohlhammer.

Ford, D. (Hrsg.). 1990. *Understanding Business Markets: Interaction, Relationships and Networks*. London: Academic Press.

Geiger, S., und S. Martin. 1999. The internet as a relationship marketing tool – some evidence from Irish companies. *Irish Marketing Review* 12(2): 25–36.

Gillenson, M., D. Sherell, und L. Chen. 1999. Information technology as the enabler of one-to-one marketing. *Communications of the association for information systems* 2(1): 25–36.

Göbel, E. 2002. *Neue Institutionenökonomik*. Stuttgart: UTB.

Götz, O., W.D. Hoyer, M. Krafft, und W.J. Reinartz. 2008. Der Einsatz von Customer Relationship Management zur Steuerung von Kundenzufriedenheit. In *Kundenzufriedenheit*, 7. Aufl., Hrsg. C. Homburg, 375–397. Wiesbaden: Gabler.

Goldberg, V. 1976. Toward an Expanded Economic Theory of Contract. *Journal of Economic Issues* 10(1): 45–55.

Grönroos, C. 1994. Quo Vadis, Marketing? Toward a Relationship Marketing Paradigm. *Journal of Marketing Management* 10(5): 347–360.

Günter, B., und S. Helm (Hrsg.). 2006. *Kundenwert*, 3. Aufl. Wiesbaden: Gabler.

Gummesson, E. 1987. The New Marketing – Developing Long-Term Interactive Relationships. *Long Range Planning* 20(4): 10–20.

Gummesson, E. 1996. Relationship marketing and imaginary organizations: a synthesis. *European Journal of Marketing* 30(2): 31–44.

Gwinner, K.P., D.D. Gremler, und M.J. Bitner. 1998. Relational Benefits in Services Industries: The Customer's Perspective. *Journal of the Academy of Marketing Science* 26(2): 101–114.

Hennig-Thurau, T., und U. Hansen. 2000. Relationship Marketing – Some reflections on the State-of-the-Art of the relational concept. In *Relational Marketing: Gaining competitive advantage through customer satisfaction and customer retention*, Hrsg. T. Hennig-Thurau, U. Hansen, 3–27. Berlin: Springer.

Hofmann, M., und M. Mertiens (Hrsg.). 2000. *Customer-Lifetime-Value-Management*. Wiesbaden: Gabler.

Hunt, S.D. 1976. The nature and scope of marketing. *Journal of Marketing* 40(7): 17–28.

Jacob, F. 2002. *Geschäftsbeziehungen und die Institutionen des marktlichen Austauschs*. Wiesbaden: Deutscher Universitäts-Verlag.

Jacob, F. 2011. Wiederkaufverhalten in Geschäftsbeziehungen. In *Geschäftsbeziehungsmanagement*, 2. Aufl., Hrsg. M.Plinke.W. Kleinaltenkamp, I. Geiger, F. Jacob, A. Söllner, 81–112. Wiesbaden: Gabler.

Jacob, F. 2013a. Auftragsmanagement. In *Auftrags- und Projektmanagement*, 2. Aufl., Hrsg. M. Kleinaltenkamp, W. Plinke, I. Geiger, 1–57. Wiesbaden: Gabler.

Jacob, F. 2013b. Solutions Buying. *Marketing Review St. Gallen*. Schwerpunktheft Nr. 4/2013 „Industriegütermarketing", S. 26–35.

Jenkinson, A. 1995. *Valuing your customers, from quality information to quality relationship through database marketing*. London.: McGraw-Hill.

Kleinaltenkamp, M. 1992. Investitionsgüter-Marketing aus informationsökonomischer Sicht. *Zeitschrift für betriebswirtschaftliche Forschung* 44(9): 809–829.

Kleinaltenkamp, M. 2000. Einführung in das Business-to-Business-Marketing. In *Technischer Vertrieb: Grundlagen des Business-to-Business-Marketing*, 2. Aufl., Hrsg. M. Kleinaltenkamp, W. Plinke, 171–247. Berlin: Springer.

Kleinaltenkamp, M., und M. Ehret. 2006. The value added by specific investments: a framework for managing relationships in the context of value networks. *Journal of Business & Industrial Marketing* 21(2): 65–71.

Kleinaltenkamp, M., W. Plinke, und A. Söllner. 2011. Geschäftsbeziehungen – empirisches Phänomen und Herausforderung für das Management. In *Geschäftsbeziehungsmanagement*, 2. Aufl., Hrsg. KleinaltenkampM, W. Plinke, I. Geiger, F. Jacob, A. Söllner, 17–44. Wiesbaden: Gabler.

Kotler, P. 1972. A Generic Concept of Marketing. *Journal of Marketing* 36(2): 46–54.

Kotler, P. 1991. *Marketing Management*, 7. Aufl. Englewood Cliffs: Addison-Wesley Verlag.

Macneil, I.R. 1978. Contracts: Adjustment of Long-term Economic Relations Under Classical, Neoclassical, and Relational Contract Law. *Northwestern University Law Review* 72(6): 854–907.

Macneil, I.R. 1980. *The New Social Contract: An Inquiry into Modern Contractual Relations*. New Haven: Yale University Press.

Mattson, L.G. 1985. An application of a network approach to marketing: defending and changing marketing positions. In *Changing the course of marketing alternative and paradigms for widening marketing*, Hrsg. N. Dholakia, J. Arndt, C. Greenwich, 52–65. Greenwich: Jai Press.

Morgan, R.M., und S.D. Hunt. 1994. The Commitment-Trust-Theory of relationship marketing. *Journal of Marketing* 58(3): 20–38.

Peppers, D., und M. Rogers. 1997. *Enterprise One to One Tools for Compering in the Interactive Age*. New York: Crown Business.

Picot, A. 1991. Ökonomische Theorie der Organisation. In *Betriebswirtschaftslehre und Ökonomische Theorie*, Hrsg. D. Ordelheide, B. Rudolph, E. Büsselmann, 143–170. Stuttgart: Schäffer-Poeschel Verlag.

Plinke, W. 1989. Die Geschäftsbeziehung als Investition. In *Marketing-Schnittstellen*, Hrsg. G. Specht, G. Silberer, H.W. Engelhardt, 305–325. Stuttgart: Schäffer-Poeschel Verlag.

Plinke, W. 1997. Grundlagen des Geschäftsbeziehungsmanagements. In *Geschäftsbeziehungsmanagement*, Hrsg. M. Kleinaltenkamp, W. Plinke, 1–62. Berlin: Gabler.

Plinke, W. 2000. Grundlagen des Marktprozesses. In *Technischer Vertrieb: Grundlagen des Business-to-Business-Marketing*, 2. Aufl., Hrsg. M. Kleinaltenkamp, W. Plinke, 3–99. Berlin: Springer.

Plötner, O. 1995. Das Vertrauen des Kunden. Relevanz, Aufbau und Steuerung auf industriellen Märkten. Wiesbaden: Gabler-Verlag.

Rabl, W. 2013. Projektmanagement. In *Auftrags- und Projektmanagement*, 2. Aufl., Hrsg. M. Kleinaltenkamp, W. Plinke, I. Geiger, 301–381. Wiesbaden: Gabler.

Saab, S. 2007. *Commitment in Geschäftsbeziehungen*. Wiesbaden: Deutscher Universitäts-Verlag.

Sheth, J.N., und A. Parvatiyar. 1995. The Evolution of relationship marketing. *International Business Review* 4(4): 397–418.

Simon, H. 1985. *Goodwill und Marketingstrategie*. Wiesbaden: Deutscher Universitäts-Verlag.

Söllner, A. 1993. *Commitment in Geschäftsbeziehungen*. Wiesbaden: Gabler.

Styles, C., und T. Ambler. 2003. The coexistence of transaction and relational marketing: Insights from the Chinese business context. *Industrial Marketing Management* 32(8): 633–642.

Ulaga, W., und A. Eggert. 2006. Value-Based Differentiation in Business Relationships – Gaining and Sustaining Key Supplier Status. *Journal of Marketing* 70(1): 119–136.

Töllner, A., Ulrich, J., Blut, M., und H. H. Holzmüller. 2013. Interaktionskompetenz: Erfolgsfaktor im industriellen Vertriebsmanagement. *Marketing Review St. Gallen*, Schwerpunktheft Nr. 4/2013 „Industriegütermarketing", S. 74–87.

Ullrich, F. 2004. *Verdünnte Verfügungsrechte*. Wiesbaden: Deutscher Universitas-Verlag.

Webster, F.E. 1992. The Changing Role of Marketing in the Corporation. *Journal of Marketing* 56(10): 1–7.

Weiber, R. 1997. Das Management von Geschäftsbeziehungen im Systemgeschäft. In: Geschäftsbeziehungsmanagement, Hrsg. M. Kleinaltenkamp, W. Plinke, 277–348. Berlin: Gabler.

Weiber, R., und J. Adler. 1995. Informationsökonomisch begründete Typologisierung von Kaufprozessen. *Zeitschrift für betriebswirtschaftliche Forschung* 47(1): 43–65.

Weiber, R., und J. Adler. 2003. Der Wechsel von Geschäftsbeziehungen beim Kauf von Nutzungsgüter: Das Beispiel Telekommunikation. In *Relationship Marketing*, Hrsg. M. Rese, A. Söllner, B.P. Utzig, 71–103. Berlin: Springer.

Weiber, R., und K. Ferreira. 2014. Entwicklungen im Relationship Marketing: Eine taxonomische Studie für den industriellen Business-to-Business-Sektor, Forschungsbericht zum Marketing Nr. 10 des Lehrstuhls für Marketing und Innovation der Universität Trier, hrsg. von R. Weiber, Trier 2014.

Weiber, R., und M. Kleinaltenkamp. 2013. *Business- und Dienstleistungsmarketing*. Stuttgart: Kohlhammer.

Weigand, R.E. 1991. Buy In-Follow On Strategies for Profit. *Sloan Management Review* 32(3): 29–38.

Williamson, O.E. 1990. *Die ökonomischen Institutionen des Kapitalismus – Unternehmen, Märkte, Kooperationen*. Tübingen: Mohr Siebeck.

Vom Produkt- zum Lösungsanbieter

Robert Wilken und Frank Jacob

Inhaltsverzeichnis

1	Warum spricht man zunehmend über „Lösungen"?	147
2	Was bietet die Marketingtheorie zur „Lösung von Lösungen"?	149
	2.1 Die Grundstruktur von Austauschprozessen auf Märkten	149
	2.2 Die Service-Dominant Logic	151
3	Was wissen wir bereits über Lösungen?	153
	3.1 Was sind Lösungen?	153
	3.2 Was muss ein Lösungsanbieter tun, um erfolgreich zu sein?	154
	3.3 Wie sollten Preise für Lösungen festgesetzt werden?	158
4	Was müssten wir zusätzlich über Lösungen wissen? Denkanstöße für weitere Forschung	160
Literatur		162

1 Warum spricht man zunehmend über „Lösungen"?

Eine Studie aus dem Jahr 2002 zeigt, dass bereits vor gut zehn Jahren rund zwei Drittel der Fortune 100-Unternehmen sich als „solution seller" sahen (das Beispiel ist dem Beitrag von Woisetschläger et al. 2010, S. 5, entnommen; weitere Verweise finden sich bei Tuli

---

Prof. Dr. Robert Wilken ✉
ESCP Europe Wirtschaftshochschule Berlin, Lehrstuhl für Internationales Marketing,
Berlin, Deutschland
e-mail: rwilken@escpeurope.eu

Prof. Dr. Frank Jacob
ESCP Europe Wirtschaftshochschule Berlin, Lehrstuhl für Marketing, Berlin, Deutschland
e-mail: fjacob@escpeurope.eu

© Springer Fachmedien Wiesbaden 2015
K. Backhaus und M. Voeth (Hrsg.), *Handbuch Business-to-Business-Marketing*,
DOI 10.1007/978-3-8349-4681-2_8

et al. 2007, S. 1). Diese Selbsteinschätzung vieler Unternehmen verdient eine genauere Untersuchung.

Mit „solutions" – im Folgenden verwenden wir den deutschsprachigen Begriff Lösungen bzw. Lösungsangebote ohne weitere Spezifizierung des Kontextes – sind in Abgrenzung zu separat angebotenen Produkten und Dienstleistungen integrierte Produkt- und Dienstleistungspakete gemeint, die durch die Bündelung und damit gegenseitige Abstimmung der Leistungskomponenten einen Mehrwert für den Kunden bieten sollten. Die Anfänge des Denkens in Lösungen werden daher gelegentlich in „die frühen [19]60er-Jahre" (Woisetschläger et al. 2010, S. 8; vgl. hierzu auch Ansoff und Stewart 1967) einsortiert, in jenes Jahrzehnt also, in dem Unternehmen auf Industriegütermärkten erstmals strategische Umpositionierungen in Richtung „Systemlieferant" vornahmen. Eine Vielzahl an wissenschaftlichen Publikationen hat sich seitdem dem Thema Lösungen (bzw. Angebot von Lösungen) gewidmet und eine eigene Literatur hervorgebracht.

Das erste Ziel dieses Beitrages besteht darin, die wesentlichen Erkenntnisse dieser Literatur zusammenzufassen. Ein solches Vorhaben bringt zwar naturgemäß ein hohes Maß an Reproduktion von Wissen und damit ein niedriges Maß an neuen Erkenntnissen mit sich; allerdings scheint uns eine Kurzzusammenfassung des „status quo" für ein Nachschlagewerk wie das vorliegende zweckmäßig. Einschlägig publizierte Zusammenfassungen ausgewiesener Kollegen werden hierbei eine wesentliche Bedeutung einnehmen.

Das zweite Ziel besteht darin, im Sinne eines „consensus shifting" (Grant und Pollock 2011, S. 874), die den bisherigen Erkenntnissen zugrunde liegenden Annahmen oder Perspektiven zu hinterfragen. Auf diese Weise werden Wissenslücken identifiziert, die zu schließen sich Marketingwissenschaftler bemühen sollten, um Unternehmen auf Industriegütermärkten sinnvolle (und fundierte) Handlungsempfehlungen geben zu können. Dabei werden die „Service-Dominant Logic" (Vargo und Lusch 2004) im Allgemeinen und die Grundstruktur von Austauschprozessen im Speziellen eine wesentliche Rolle spielen und weitaus reichhaltigere Konsequenzen eröffnen als die eingangs dieses Beitrages verwendeten Formulierungen „solution seller" und „Mehrwert für den Kunden", die allerdings immerhin die Notwendigkeit einer gemeinsamen Betrachtung beider Marktparteien implizieren sollen.

Zur Beantwortung der in der Überschrift aufgeworfenen Frage verweisen wir, stellvertretend für zahlreiche andere Arbeiten, auf drei Beiträge, die alle der „Special Issue: Service and Solution Innovation" entstammen (Industrial Marketing Management, 40. Jg., Nr. 5; dort genannte Literaturverweise sind jeweils entfernt und in den folgenden Zitaten durch (..) gekennzeichnet worden):

- „Particularly production-oriented firms in industrialized environments have been starting to recognize that competition in manufactured goods is fierce and mainly price-driven (..), that margins in services can be higher than in goods (..), and that customer loyalty and retention can be increased through individualized combinations of products and services" (Evanschitzky et al. 2011, S. 657);

- „The global economy is increasingly driven by services and growing service intensity among manufacturers has been noted as key to sustained competitiveness in the face of commoditization, slower growth, and declining profitability in core product markets (..)" (Salonen 2011, S. 683);
- „[I]ncreased competition due to globalization and therefore, increased commoditization of products, have led firms in several industries to competitively differentiate their offerings through the development of sales of solutions (..)" (Sharma und Iyer 2011, S. 723).

Diese ähnlich lautenden Einleitungen ins Thema verdeutlichen, dass stets die Bedeutung einer Differenzierungsstrategie des Anbieters im Vordergrund steht, eine Strategie, die angesichts immer ähnlicher werdender Leistungsangebote angebracht erscheint (zum Marketing auf Commodity-Märkten vgl. Enke et al. 2014).

Außerdem steht jeweils das „Wohl" des Anbieters (d. h. die Aufrechterhaltung oder gar Stärkung der Wettbewerbsfähigkeit eines Anbieters) im Vordergrund und nicht das Wohl des nachfragenden Unternehmens, das eine (Problem-)Lösung benötigt. Wenn auch viele Beiträge, die zitierten eingeschlossen, die Bedeutung einer von Anbieter und Kunde gemeinsam erarbeiteten Lösung sowie den Wert einer funktionierenden Geschäftsbeziehung zur erfolgreichen Entwicklung solcher Lösungen hervorheben, ist die Kundensicht paradoxerweise weitaus weniger häufig und weniger systematisch eingenommen worden. Dieser Umstand hat u. a. bei Tuli et al. (2007) sowie Woisetschläger et al. (2010) Verwunderung ausgelöst; die genannten Autoren haben folglich Studien über „Solution Selling aus Kundensicht" durchgeführt (vereinfachend wird inzwischen von „Solution Buying" gesprochen, vgl. z. B. Jacob 2013). Abgesehen von diesen Studien lässt sich allerdings sagen, dass die Frage nach dem Impuls für die Entwicklung „vom Produkt- zum Lösungsanbieter" recht ausführlich beantwortet werden kann, eine umfassende Antwort aus Kundensicht jedoch bislang ausgeblieben ist. Damit steht bereits ein Ergebnis hinsichtlich des zweiten Ziels des Beitrages fest; die folgenden Abschnitte arbeiten nun chronologisch das skizzierte Programm ab.

2 Was bietet die Marketingtheorie zur „Lösung von Lösungen" (in Anlehnung an Johansson et al. 2003)?

2.1 Die Grundstruktur von Austauschprozessen auf Märkten

Formalanalytisch lässt sich die Logik einer Lösungsstrategie mit Hilfe von austauschtheoretisch basierten Modellen nachweisen. Diese haben eine lange Tradition im Marketing (vgl. z. B. Jacob 2009, S. 24 ff; vgl. hierzu auch den Komparativen Konkurrenzvorteil [KKV®], Backhaus und Voeth 2014, S. 37 ff.) und fokussieren sich auf den dezidierten Austausch zwischen Anbieter und Nachfrager als Elementareinheit des Geschehens auf Märkten. Demnach kann eine Nachfrager- von einer Anbieterperspektive unterschieden werden. Die Nachfragerposition ist durch die Möglichkeit der Auswahl zwischen unterschiedlichen Angeboten gekennzeichnet. Jedes Angebot ist wiederum durch den entstehenden Nutzen für den Nachfrager und den vom Nachfrager zu entrichtenden Preis gekennzeichnet. Überlegen aus Nachfragersicht sind solche Angebote, die eine Nettonutzendifferenz aufweisen. Nettonutzendifferenz bedeutet, dass ein höherer Nettonutzen vorliegt, welcher sich wiederum als Differenz zwischen Nutzen und Preis ergibt. Im Lösungsgeschäft ist die Auswahlmöglichkeit des Nachfragers zwischen einer Standardleistung und einer Leistung als Lösung maßgeblich. Der Idee nach sollte der vom Nachfrager wahrgenommene Nutzen der Leistung aufgrund ihrer Individualisierung und Integration im Vergleich zur Standardleistung höher sein. Hieraus ergäbe sich wiederum für den Anbieter die Möglichkeit, den eingeforderten Preis soweit zu erhöhen, wie die Nettonutzendifferenz positiv verbleibt: „ ... the parts snap together in beneficial ways, enabling vendors to charge a premium" (Johansson et al. 2003, S. 119). Der Zusammenhang ist im linken Teil von Abb. 1 zum Ausdruck gebracht.

Die Anbieterperspektive ist mit der Nachfragerperspektive über den Preis verbunden. Während dieser für den Nachfrager ein (monetäres) Opfer darstellt, ist er für den Anbieter der Anreiz zur Beteiligung am Austausch. Referenzgröße aus Anbietersicht ist jedoch nicht der Nutzen, sondern sind die Kosten. Eine positive Differenz wird als Gewinn bezeichnet. Ein weiterer Unterschied zur Nachfragerperspektive ist darin zu sehen, dass keine Möglichkeit zur Auswahl besteht, sondern eine Besserstellung gegenüber dem Wettbewerb zu erzielen ist. Eine solche Besserstellung ergibt sich aus einer Gewinndifferenz, wie sie beispielhaft im rechten Teil von Abb. 1 dargestellt ist. Im Lösungsgeschäft

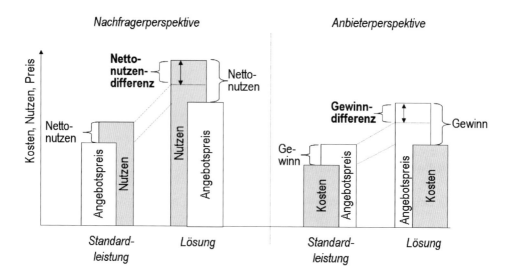

Abb. 1 Grundstruktur von Austauschprozessen für das Lösungsgeschäft (in Anlehnung an Jacob 2009, S. 18)

ist also der Gewinn aus dem Austausch einer Lösung mit dem Gewinn aus dem Austausch einer Standardleistung zu vergleichen. Spielräume für eine Gewinndifferenz im Lösungsgeschäft ergeben sich zunächst aus der Möglichkeit, höhere Preise aufgrund eines höheren Nutzens beim Nachfrager durchzusetzen. Eingeschränkt werden diese Spielräume jedoch durch die üblicherweise mit der Bereitstellung von Lösungen einhergehenden höheren Kosten (Sharma und Iyer 2011).

Dabei ist es nicht selbstverständlich, dass die Lösungen die im Vergleich zur Standardleistung höheren Kosten durch höhere Zahlungsbereitschaften auf Seiten des Nachfragers kompensiert werden; dies wäre nur dann gegeben, wenn der Zusatznutzen der Lösung demjenigen der Summe ihrer Komponenten übersteigen würde (Sharma und Iyer 2011, S. 723). Preisentscheidungen des Anbieters werden also maßgeblich seinen Erfolg eines Lösungsangebotes beeinflussen. Die reine Bündelung (von Produkten und Dienstleistungen) wäre ein großer Fehler, weil Nachfrager bei Bündeln eher Preisabschläge als -aufschläge erwarten. Auch Johansson et al. (2003) warnen davor, dass nachfragende Unternehmen bei „add-on services", also solchen, die zwar gemeinsam mit einem Produkt, aber eben nicht integriert angeboten werden („bundling"), einen Preisabschlag erwarten. Ein Nachfrager, der bereit ist, mehr als „nur" das Produkt vom Anbieter zu kaufen, erwartet daher für den „add-on service" eine Art Mengenrabatt. Zentral wird daher die Frage, worin die Nettonutzendifferenz einer Lösung zustande kommt – wodurch sich dann Preisaufschläge gegenüber der Standardleistung rechtfertigen ließen.

Für das Lösungsgeschäft ergibt sich demnach folgende Logik: (1) Lösungen tragen das Potenzial in sich, einen höheren Nutzen als Standardleistungen für den Nachfrager zu generieren. (2) Hieraus ergeben sich preisliche Spielräume, die jedoch aufgrund der Wettbewerbssituation mit Standardleistungen nicht unbegrenzt sind. (3) Kostennachteile aus der Erstellung von Lösungen bedrohen den positiven Einfluss der genannten Preisvorteile auf die Gewinndifferenz eines Lösungsanbieters.

2.2 Die Service-Dominant Logic

Eine weitere Plattform für den Gewinn von Einsichten in die Logik des Lösungsgeschäfts stellt die ursprünglich in einem Beitrag von Vargo und Lusch (2004) eingeführte und so bezeichnete Service-Dominant Logic for Marketing (im Folgenden: S-D Logic) dar. Sie wurde unlängst als Paradigmenwechsel im Kuhnschen Sinne bzw. als „Non-Cumulative Scientific Progress" klassifiziert (Haase und Kleinaltenkamp 2013, S. 95). Tuli et al. (2007, S. 1; auch Cova und Salle 2008) bringen das Lösungsgeschäft und die S-D Logic in einen direkten Zusammenhang: „customer solutions embody the new service dominant logic". Vargo und Lusch betreiben in späteren Beiträgen (Lusch und Vargo 2006; Vargo und Lusch 2013) eine stärkere Ausdifferenzierung, die sich vor allem in einer begrifflichen Abgrenzung zwischen der so bezeichneten ‚customer co-production' und der so bezeichneten ‚customer co-creation' niederschlägt. Letztgenannte ist konstituierend für ‚service' und bringt zum Ausdruck, dass Wert bzw. ‚value' für Nachfrager nicht aus dem

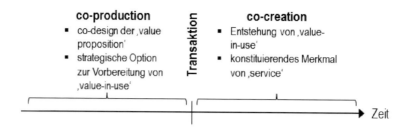

Abb. 2 ‚Co-production' und ‚co-creation' in der S-D Logic

marktlichen Austausch per se (‚value-in-exchange'), sondern aus der Nutzung (‚value-in-use') entsteht. Zur Entstehung von ‚value-in-use' tragen folglich Anbieter und Nachfrager gleichermaßen bei, daher die Bezeichnung ‚co-creation'. Das Prinzip ist universeller Natur. ‚Co-production' hingegen ist der ‚co-creation' zeitlich vorgelagert und bezeichnet „the customer's participation in the creation of the value proposition (the firm's offering) such as through co-design, customer-assembly etc." (Vargo and Lusch 2013, S. 92). ‚Co-production' ist nicht universeller Natur, sondern aus der Perspektive eines Anbieters eine Option der Leistungsgestaltung. Sie korrespondiert insofern weitgehend mit einem Verständnis von Lösungen als strategische Option (Stremersch et al. 2001). Abb. 2 illustriert den Zusammenhang grafisch, wobei mit dem Begriff der Transaktion der förmliche Akt des marktlichen Austauschs (‚exchange') gemeint ist.

Wie ‚co-production' bzw. die Gestaltung von Lösungen zur Entstehung von ‚value-in-use' beitragen können, wird in der Literatur zur S-D Logic bisher nicht ausdrücklich diskutiert. Hilfreich bei der Überwindung dieser Lücke kann der Rückgriff auf eine weitere Prämisse der S-D Logic sein, die die Rolle von Ressourcen betrifft (Vargo und Lusch 2004). Maßgeblich für die Entstehung von ‚value-in-use' ist demnach die Integration von Ressourcen, die der Anbieter zur Verfügung stellt, und Ressourcen, die vom Nachfrager beigetragen werden. Im Zusammenhang des Konzeptes der „Customer Integration" (Kleinaltenkamp und Haase 2000) wird ebendiese Integration von Ressourcen als charakteristisch für das Lösungsgeschäft eingeführt.

Zusammenfassend kann damit vor dem Hintergrund der S-D Logic gefolgert werden, (1) dass es sich beim Lösungsgeschäft um eine Strategie zur Vorbereitung von ‚value-in-use' handelt, und (2) dass ein solcher ‚value-in-use' maßgeblich durch die Integration beiderseitiger Ressourcen befördert wird.

3 Was wissen wir bereits über Lösungen?

3.1 Was sind Lösungen?

Bevor wir zentrale Erkenntnisse hinsichtlich Lösungen und vor allem deren erfolgreiche Vermarktung zusammenfassen, ist eine Begriffsklärung notwendig. Die Literatur hat zahlreiche solcher Begriffsklärungen hervorgebracht, die erwartungsgemäß nicht alle deckungsgleich sind. Die Unterschiedlichkeit der einzelnen Auffassungen („views") lässt sich beispielsweise sehr gut an der von Tuli et al. (2007, S. 7) gebotenen Übersicht illustrieren.

Trotzdem kann man, insbesondere unter Rückgriff auf jüngere Quellen, eine Tendenz zu einem einigermaßen einheitlichen Verständnis feststellen. In ihrem Versuch einer Begriffsfestlegung sprechen Woisetschläger et al. (2010, S. 6) von einer „Reihe konstitutiver Merkmale (..), bei deren überwiegender Erfüllung von Lösungen gesprochen werden kann". Diese Merkmale umfassen (a) ein gewisses Maß an Komplexität beim Kundenproblem, (b) die Bündelung mehrerer Komponenten (Produkte und Dienstleistungen) zu einem Gesamtangebot und (c) einen „integrativen Mehrwert" dieses Gesamtangebotes im Vergleich zur Summe der einzelnen Komponenten. Eine kleine, aber bedeutende „Zugabe" liefern Evanschitzky et al. (2011, S. 657); sie sehen Lösungen als

> individualized offers for complex customer problems *that are interactively designed* [Kursivdruck ergänzt, Anm. d. Verf.] and whose components offer an integrative added value by combining products and/or services so that the value is more than the sum of its components.

Diesem Verständnis gemäß stehen die Komplexität des (Kunden-)Problems, eine Individualisierung des Leistungsangebotes als Kombination von Produkten und Dienstleistungen, die von Anbieter und Nachfrager gemeinsam geleistete Entwicklung des Leistungsangebotes sowie ein integrativer Mehrwert als Kernmerkmale von Lösungen fest. Mit Verweis auf die in Abschn. 2.1 dargestellte Grundstruktur von Austauschprozessen ist allerdings anzumerken, dass der Mehrwert einer Lösung im Vergleich zu einer traditionellen Kombination von Produkt und Dienstleistungen gerade zur Diskussion steht. Vielmehr sollte man daher statt von „Kombination von Produkten und Dienstleistungen" von „Integration" sprechen; ob sich dann ein Mehrwert – d. h. eine Nettonutzendifferenz im Sinne unserer Aussagen von Abschn. 2.1 – ergibt bzw. erzeugen lässt, wäre im Einzelfall zu klären. Dabei besteht die (praktische) Schwierigkeit häufig darin, einen Mehrwert durch (Leistungs-)Individualisierung („customization") und Integration von Produkten und Dienstleistungen zu erzielen. Zusammenfassend machen also folgende Merkmale eine Lösung aus:

1. Komplexität des (Kunden-)Problems,
2. Individualisierung des Leistungsangebotes als *Integration* von Produkten und Dienstleistungen sowie
3. die von Anbieter und Nachfrager gemeinsam geleistete Entwicklung dieses Lösungsangebotes.

Die gemeinsame Entwicklung von Lösungen macht deutlich, dass eine Lösung nicht bloß der Befriedigung eines Kundenbedürfnisses dient, sondern als kontinuierlicher relationaler Prozess verstanden werden sollte, in dessen Verlauf sich auch die Rahmenbedingungen der Geschäftsbeziehung, die Bedürfnisse und Anforderungen des Kunden usw. ändern können. Ballantyne et al. (2011) sprechen in diesem Zusammenhang von „reciprocal value propositions"; Lusch et al. (2006) betonen, dass die Kommunikation zwischen Anbieter und Nachfrager keine „Propaganda" (des Anbieters) ist, sondern als „conversation and dialogue" verstanden werden müsse (S. 265); und Van den Valk (2008) unterstreicht die kontinuierliche Interaktion zwischen Anbieter und Nachfrager als ein konstituierendes Merkmal von Dienstleistungen.

Diese Auffassung vertreten auch Tuli et al. (2007). Ihre Studie bezieht sich auf Tiefeninterviews mit Managern beider Marktseiten und deckt auf, dass anbietende und nachfragende Unternehmen unterschiedliche Auffassungen über den Kern von Lösungen besitzen. Während Anbieter in Lösungen im Kern eine auf individuelle Kundenbedürfnisse zugeschnittene Kombination von Produkten und Dienstleistungen sehen, liegt der Ansatzpunkt für nachfragende Unternehmen in einer Reihe von Austauschprozessen (mit dem anbietenden Unternehmen), die (1) die Festlegung von Kundenbedürfnissen, (2) die Leistungsindividualisierung und Integration von Produkten und Dienstleistungen sowie (3) deren Bereitstellung und (4) anschließende Kundenbetreuung umfassen (Tuli et al. 2007, S. 1). Diese Autoren plädieren also dafür, die zwischen den Marktparteien stattfindenden Austauschprozesse (d. h. den im Rahmen ihrer Geschäftsbeziehung auftretenden Austausch) zum Kern der Definition von Lösungen zu machen und damit die „interaktive Entwicklung" als einen Baustein von Lösungen maßgeblich um „Implementierung" und „Nachbetreuung" (Woisetschläger et al. 2010, Abb. 2-1, S. 7) zu erweitern.

3.2 Was muss ein Lösungsanbieter tun, um erfolgreich zu sein?

Gemäß der Darstellung von Evanschitzky et al. (2011, S. 658) lässt sich die bestehende Literatur zu Lösungen und Lösungsangeboten in drei Klassen einteilen. So widmet sich ein Teil der Literatur der Kategorisierung von Lösungen, ein weiterer betrachtet Erfolgsfaktoren bzw. Erfordernisse auf Anbieterseite, und ein dritter rückt die Analyse von (u. a. ökonomischen) Auswirkungen in den Vordergrund.

Hierbei konzentrieren wir uns auf diejenigen Aspekte, die sich auf Voraussetzungen bzw. Bedingungen für ein erfolgreiches Angebot von Lösungen beziehen. Dabei werden wir zunächst Voraussetzungen besprechen, bevor wir die bislang verwendeten Erfolgsmaße betrachten. Diese Chronologie bringt folgende Erkenntnis zum Ausdruck: Es gibt gar nicht so viel Uneinigkeit darüber, was Lösungsanbieter tun (bzw. im Vergleich zu „Produktanbietern" ändern) müssen, um erfolgreich zu sein; allerdings ist mitnichten klar, was die „Lösungsliteratur" unter Erfolg versteht.

Voraussetzungen für ein erfolgreiches Lösungsgeschäft

Woisetschläger et al. (2010) sprechen hinsichtlich der o. g. Voraussetzungen bzw. Bedingungen drei Kategorien an: „Ausrichtung der internen Organisation auf das Solution-Marketing", „Bedeutung der Mitarbeiter im Kundenkontakt" und „Ausgestaltung des Leistungsangebotes". Diese Systematisierung weist große Überschneidungen mit jener von Salonen (2011) vorgeschlagenen auf. Salonens Vorschlag, entwickelt auf Basis einer Studie mit Unternehmen zweier Industriezweige (Wärtsila, einem Hersteller von Antriebselementen und -systemen bei Schiffen, und Kone, einem Hersteller von Aufzügen, Rolltreppen und automatischen Türen), bezieht sich auf Herausforderungen von solchen Unternehmen, die sich als Lösungsanbieter begreifen wollen. Der Ansatz führt die Anpassung der Organisationskultur, die Effektivität der Schnittstelle zum Kunden sowie die Effizienz interner Abläufe („efficiency") als die zentralen Herausforderungen von Unternehmen auf, die sich als Lösungsanbieter positionieren möchten:

- Was die Organisationskultur betrifft, wird v. a. ein Umdenken dahingehend postuliert, dass die Kundenbedürfnisse in den Mittelpunkt rücken. Ein derart grundlegendes Umdenken ist nicht ohne weiteres möglich; vielmehr ist eine „Transformation der gesamten Organisation" und dabei insbesondere die „Unterstützung des Top-Managements" erforderlich (Woisetschläger et al. 2010, S. 24 f.). Im Wesentlichen lässt sich ein Wandel dieses Ausmaßes nur durch geeignetes Change Management umsetzen (vgl. hierzu Backhaus et al. 2010, S. 190 ff.; phasenspezifische Empfehlungen sprechen Davies et al. (2006, S. 44 ff.) aus).
- Eine effektive Kommunikation mit dem Kunden erfordert besondere Fähigkeiten im Vertrieb, der in der Lage sein muss, die Auswirkungen einer Lösung (im Vergleich zur Standardleistung) beim Kunden hinsichtlich Kosten, Risiken und Einnahmen einzuschätzen. Nur speziell geschulte Key Account Manager, die als „Bindeglied des Unternehmens zur Außenwelt" fungieren (Woisetschläger et al. 2010, S. 21), können dies leisten: „Many companies that succeed in moving from selling products to selling solutions replace up to three-quarters of their sales reps and often recruit high-level executives from the industry they are targeting" (Johansson et al. 2003, S. 122).
- Gleichzeitig muss das anbietende Unternehmen stets Potenziale der Standardisierung im Auge behalten, um letztlich auch (kosten-)effizient zu sein; diese Ansicht steht nur scheinbar im Widerspruch zur Leistungsindividualisierung als Kernelement einer Lösung.

Storbacka (2011) geht noch einige Schritte weiter und schlägt ein Rahmenkonzept für Geschäftsmodelle vor, die auf Lösungen basieren (siehe hierzu Abb. 3; wir haben bewusst auf eine Übersetzung der englischsprachigen Begriffe verzichtet). Zentral ist die geänderte Perspektive auf das Geschäft; diese Perspektive betont die herausragende Bedeutung von Fähigkeiten („capabilities").

Dieses „holistische Rahmenkonzept integriert die vielfältige und unterschiedliche Literatur zu Lösungen" (die Bedeutung ist Storbacka 2011, S. 709, entnommen; wörtlich heißt

beeinflussende Größe nicht die Lösungsorientierung eines anbietenden Unternehmens im Allgemeinen fungierte, sondern dessen „customer integration competence". Der Markterfolg („market success") wird hier über die Indikatoren Zufriedenheit, Wiederkaufabsicht, Weiterempfehlung (jeweils auf der Seite des Nachfragers gemessen) sowie den finanziellen Erfolg des Anbieters operationalisiert (siehe Jacob 2006, S. 53).

Die Bedeutung der Kundenzufriedenheit, d. h. die subjektive Einschätzung der angebotenen Leistung durch den Leistungsempfänger, wird schon seit Langem propagiert und ist wesentlicher Bestandteil der so genannten „service-profit chain" (Heskett et al. 1994). Außerdem ist anzumerken, dass der Großteil der bislang genannten Erfolgsmaße vorökonomische, potenzialbezogene (oder, salopp ausgedrückt, „weiche") Zielkategorien betreffen. Letztlich erfordert ein für den Anbieter wirtschaftliches Lösungsgeschäft allerdings, dass die Erreichung solcher „weicher" Ziele auch die in der Grundstruktur von Austauschprozessen verwendete ökonomische Zielgröße positiv beeinflusst.

Zu ökonomischen („harten") Zielgrößen ist in der Lösungsliteratur hingegen recht wenig untersucht worden. Prencipe et al. (2003) zeigen anhand einer fallstudienbasierten Untersuchung, dass die Anwendung einer „solution strategy" den wirtschaftlichen Erfolg („firm performance") positiv beeinflusst. Smirnova et al. (2011) betrachten „overall business performance" als Erfolgsmaß. Fang et al. (2008) verwenden „Tobin's q" (das Kurs-Substanzwert-Verhältnis) zur Messung von „firm performance". Möglicherweise wird die Verwendung von „harten" Kennzahlen zur Untersuchung des Erfolgs von Lösungen (bzw. von auf Lösungen basierenden Strategien) dadurch erschwert, dass aufgrund des relationalen Charakters des Lösungsgeschäftes eine längerfristige Perspektive notwendig ist. Insofern ist an dieser Stelle anzumerken, dass die in Abschn. 2.1 dargelegte Grundstruktur von Austauschprozessen nicht transaktionsspezifisch anzuwenden ist, sondern den (längeren) Zeitraum einer Geschäftsbeziehung, die eine Reihe von miteinander verbundenen Transaktionen umfasst, von denen sich jede wiederum, wie im Zusammenhang mit Storbackas (2011) Rahmenkonzept erläutert, über mehrere Phasen erstreckt.

3.3 Wie sollten Preise für Lösungen festgesetzt werden?

Abschnitt 2.1 hat die Bedeutung des Preises (bzw. der Festsetzung von Preisen für Lösungen) betont, da gerade über diese Größe die beiden Perspektiven der Grundstruktur von Austauschprozessen – Anbieter und Nachfrager – miteinander verbunden sind. Aus diesem Grund ist der Frage der Preisfestsetzung ein gesonderter Abschnitt gewidmet.

Storbacka (2011, S. 706) ordnet diese Fragestellung der Fähigkeitskategorie namens Lösungskonfiguration („solution configuration") zu und spricht sich, unter Berufung auf Bonnemeier et al. (2010), für die Logik des so genannten „value-based pricing" aus. Auch Sharma und Iyer (2011, S. 725) zeigen, dass traditionelle Formen der Preissetzung nicht oder allenfalls stark eingeschränkt auf Lösungen übertragen werden können und sollten, eine Empfehlung, die sich bereits in den Arbeiten von Johansson et al. (2003) und Davies et al. (2006) findet. Hinterhuber (2004) erstellt ein Rahmenkonzept für „value-based pricing". Die Zweckmäßigkeit solcher oder ähnlicher Prinzipien der Preisfestsetzung wird verstärkt auch auf Konsumgütermärkten diskutiert. Eine Sammlung interessanter Ideen liefern Bertini und Wathieu (2010); als Beispiel für das so genannte „usage-based pricing" führen sie das Unternehmen Goodyear an: „Goodyear (..) priced tires according to how many miles they would last" (Bertini und Wathieu 2010, S. 86).

Die ausführlichste Übersicht und Diskussion verschiedener für das Lösungsgeschäft geeigneter Preisfestsetzungsmechanismen liefern Bonnemeyer et al. (2010).

Es werden drei Kategorien von Preissetzungen hervorgehoben: „usage-based", „performance-based" und „value-based", bei denen, mit zunehmender Bedeutung von der ersten bis zu letztgenannten Kategorie, der „customer value" der zentrale Parameter ist (diese Ausrichtung entspricht der in Abschn. 3.2 hervorgehobenen Bedeutung der Kundenperspektive im Lösungsgeschäft und den dadurch erforderlichen organisationalen Veränderungen beim Anbieter). Den Unterschied zu klassischen Methoden der Preissetzung erläutern die Autoren wie folgt: „These approaches differ from classical methods therein, that the parameters for price setting are no longer related to the supplier's internal variables (for example, costs), but to the performance of the solution in the customer's business environment" (Bonnemeier et al. 2010, S. 231). Im Einzelnen ist unter den Kategorien Folgendes zu verstehen (alle zitierten Beispiele sind Bonnemeier et al. 2010, S. 232, entnommen):

- „usage-based pricing": Der Kunde zahlt, in Abhängigkeit von der tatsächlichen Inanspruchnahme der Lösung, eine im Vorfeld verhandelte Nutzungsgebühr; diese Methode der Preissetzung ist dann sinnvoll, wenn die Lösung einen Input für den Produktionsprozess des Kunden darstellt. Als Beispiele dienen „time or intensity of use of machines, web servers or telephone systems".
- „performance-based pricing" (diese wie die folgende Variante erscheinen angebracht, wenn die Lösung einen Output aus Sicht des Kunden bedeutet): Der Lösungsanbieter garantiert eine vorab spezifizierte „performance". Wird dieses Versprechen eingehalten, zahlt der Kunde einen vorab verhandelten Preis; bei Nichteinlösung des Versprechens fallen u. U. Strafzahlungen auf Seiten des Anbieters an. Als Beispiel führen die Autoren „guaranteed response times for support services or assured quality levels" an.
- „value-based pricing": Bei dieser Methode liefert der Anbieter ein Ergebnis im Sinne einer optimierten Größe oder Produktivität, etwa „amount of cost savings generated by employing the solution (..)" (die Klammern deuten das Auslassen einer in Bonnemeier et al. 2010 angeführten weiteren Quelle an).

Eine ähnliche Kategorisierung findet sich bei Hünerberg und Hüttmann (2003). Diese Autoren sprechen zwar nur von „performance-based pricing" und damit scheinbar von (nur) einer der drei von Bonnemeier et al. (2010) dargestellten Kategorien, meinen aber im Prinzip dasselbe: „There are three major price categories (..): input-based prices [damit ist „usage-based pricing" gemeint]; output-based prices relating to performance levels of the investment in question [damit ist „value-based pricing" gemeint] (..) and output-based prices regarding the customer's economic results [damit ist „performance-based pricing" gemeint]" (Hünerberg und Hüttmann 2003, S. 718).

4 Was müssten wir zusätzlich über Lösungen wissen? Denkanstöße für weitere Forschung

Die Literatur zu Lösungen und Lösungsangeboten ist umfangreich und hat für Unternehmen – anbietende wie nachfragende – bereits zahlreiche interessante Impulse gegeben. Dennoch sind einige wichtige Fragen bislang unbeantwortet geblieben. Wir skizzieren einige dieser offenen Fragen, die als Denkanstöße für weitere Forschung dienen sollen.

Ermittlung von Zahlungsbereitschaften für Lösungen
Wenn auch am Ende der Präsentation von Storbackas Rahmenkonzept (2011) die Konsistenz des Konzeptes mit der Grundstruktur bei Austauschprozessen (Abschn. 2.1) und den dort verwendeten Begriffen betont wurde, ist anzumerken, dass dieser Zusammenhang recht abstrakt ist, d. h. umfassende empirische Untersuchungen zur Profitabilität von Lösungen existieren bislang nicht (Abschn. 3.3). Es wird lediglich problematisiert, dass „eine Lösung (..) so zu gestalten [ist], dass sie für den Kunden ausreichend individuell und für den Anbieter möglichst profitabel ist" (Zimmer et al. 2010, S. 120). Wege zur Erreichung höherer Profitabilität bestünden dabei in organisatorischen Restrukturierungen, der Verwendung von Lösungsplattformen sowie einer Kundensegmentierung anhand von Zahlungsbereitschaften.

Allerdings ist nicht selbsterklärend, welche Preise sich für eine gegebene Lösung tatsächlich durchsetzen lassen; dadurch wird eine Abschätzung der Wirtschaftlichkeit von Lösungen im Gegensatz zu traditionellen Produkt- und Dienstleistungsangeboten schwierig. Auch jüngere Literatur zum Thema beklagt das Fehlen eines Beweises dafür, dass nachfragende Unternehmen tatsächlich höhere Zahlungsbereitschaften für Lösungen aufweisen als für traditionell vermarktete Produkte, die um Dienstleistungsangebote ergänzt werden (vgl. hierzu Evanschitzky et al. 2011, S. 659: „there is no proof that customers are actually willing to pay more for solutions").

Trotz der Schwierigkeit dieser Aufgabe wird sich zukünftige Forschung zum Lösungsgeschäft Fragen der Ermittlung von Zahlungsbereitschaften widmen müssen. Offensichtlich ist diese Aufgabe bereits in einer frühen Phase des „Solution Selling"-Prozesses zentral, wenn es darum geht, die Kundenanforderungen zu eruieren (Woisetschläger et al. 2010, S. 21). In diesem Zusammenhang sind zwei Aufgabenbereiche angesprochen; zum einen die Festlegung einer aus konzeptionellen Gesichtspunkten sinnvollen Logik der Preisfestsetzung und zum anderen die Anwendung (oder gar Entwicklung) eines geeigneten Messinstrumentariums zur Ermittlung von Zahlungsbereitschaften. Während zur Beantwortung der ersten Teilfrage überzeugende Antworten vorliegen (siehe hierzu Abschn. 3.3), ist bezüglich des zweiten Aspektes – der geeigneten Erfassung von Zahlungsbereitschaften für Lösungen – ein Forschungsdefizit empirischer Natur festzustellen.

Zukünftige Forschung sollte daher in ausgewählten Anwendungsbeispielen, die stellvertretend für Typen von Lösungen sind, Zahlungsbereitschaften von *nachfragenden* Unternehmen für Standardleistungen und Lösungen im Vergleich erheben, um den mutmaßlich höheren Nettonutzen bei Lösungen zu quantifizieren. Diese Werte – d. h. die am Markt durchsetzbaren Preise – müssten anschließend mit den *anbieterseitigen* Kosten verglichen werden, um herauszufinden, ob die mutmaßlich höhere Gewinndifferenz zwischen Standardleistung und Lösung beim Anbieter auch tatsächlich vorliegt (siehe hierzu den Abschluss von Abschn. 2.1). Nur so wäre die Datengrundlage für die in Abschn. 3.2 skizzierte Optimierungsaufgabe lösbar – d. h. nur anhand dieser Informationen könnte die Abwägungsentscheidung zwischen Standardisierung und Differenzierung getroffen werden.

Eine besondere Herausforderung stellt dabei unserer Einschätzung nach die in Abhängigkeit vom Grad der „customization" und „integration" der Lösung darzustellende Kostenfunktion beim Anbieter dar. Wenn auch analytische Lösungswege (d. h. Optimierungsmethoden) bekannt sind, liegt die Schwierigkeit in der Praxis gerade häufig darin, diese Funktion verlässlich zu schätzen, insbesondere bezüglich der Einflussgröße Integration (die Differenzierung verursacht i. d. R. überproportional steigende Kosten).

Ausgehend von dem spezifischen Problem der Zahlungsbereitschaftsermittlung lässt sich ferner allgemein die Frage in den Raum stellen, ob traditionelle Marktforschungsverfahren und -methoden überhaupt geeignet sind, um Kundenbedürfnisse zu ermitteln, die wiederum die Grundlage zur Entwicklung von Lösungen darstellen: Müssten nicht solche Marktforschungsverfahren entwickelt werden, die eher auf gegenseitiges Verständnis (der Marktparteien) und weniger auf das Verstehen des Kunden durch den Anbieter (d. h., um mit Lusch et al. (2006) zu sprechen, auf „dialogue" statt auf „propaganda") abzielen? Ist eigentlich die getrennte Betrachtung von (Lösungs-)Nutzen und (monetärem) Opfer auf beiden Seiten des Austausches sinnvoll, oder wäre es nicht sinnvoller, angesichts der starken Betonung des gegenseitigen Austausches bzw. angesichts der kontinuierlichen Kundenintegration im Lösungsgeschäft die Geschäftsbeziehung zwischen Anbieter und Kunde als eine Einheit zu begreifen und diese als Ganzes zu optimieren?

Exploratorische Erhebung des Mehrwertes bei Lösungen
Die im vorangegangenen Absatz geforderte quantitative Erforschung von Zahlungsbereitschaften für Lösungen im Vergleich zu Standardleistungen erfordert die Benennung von Eigenschaften (Attributen), die den recht abstrakt lautenden Begriffen „customization" und „integration" eine konkrete Bedeutung geben.

Häufig liegen diese Attribute allerdings nicht auf der Hand; vielmehr müssen die Geschäftspartner erst einmal herausfinden, worin der Mehrwert einer Lösung bestehen kann (dieser Prozessschritt nannte sich bei Storbacka (2011) „value research"). Die Analyse der Interaktion zwischen Lösungsanbieter und Nachfrager, insbesondere in den frühen Phasen der Lösungsentwicklung, bietet möglicherweise einen geeigneten Ansatzpunkt, um herauszufinden, wie nachfragende Unternehmen die durch „customization" und „integration" entstehende Mehrwerte artikulieren. Eine derartige (Inhalts-)Analyse der Interaktion zwischen beiden Marktparteien könnte sogar als erster Schritt zur (späteren) Zahlungsbereitschaftsmessung verwendet werden. Zukünftige Forschung sollte also verstärkt Interaktionen zwischen Lösungsanbieter und Nachfrager untersuchen, und zwar für unterschiedliche Typen von Lösungen (siehe hierzu die Literaturverweise bei Evanschitzky et al. 2011, S. 658), so dass typenabhängige Kataloge von „Differenzierungs- und Integrationsattributen" entstehen.

Die ergänzende Perspektive des Solution Buying

Allgemein wird im Marketing gefordert, der Entwicklung von Gestaltungsvorschlägen stets eine fundierte Analyse von Gegebenheiten vorauszuschicken (Jacob 2009). Analyse betrifft dabei maßgeblich das Kaufverhaltens der Nachfrager. Studien wie die hier bereits zitierte von Tuli et al. (2007) legen nun den Schluss nahe, dass das Kaufverhalten im Falle von Lösungen Besonderheiten aufweist, die weitgehende Implikationen nach sich ziehen können. Ein jüngerer Beitrag (Jacob 2013) verweist in diesem Sinne für das Solution Buying auf (1) besondere Formen von nachfragerseitig wahrgenommenen Unsicherheiten im Lösungsgeschäft, (2) die Bedeutung und Besonderheiten von Zufriedenheit mit der Beratungsleistung eines Lösungsanbieters, (3) Spezifika der Zusammensetzung von Kaufgremien bzw. Buying Center bei der Beschaffung von Lösungen, (4) spezielle Implikationen des Lösungsgeschäfts für die Unterscheidung von Kaufphasen und (5) die Möglichkeit, aus dem Geschäftsmodell eines Nachfragers auf seinen speziellen Lösungsbedarf zu schließen. Festzuhalten ist jedoch, dass die Beschäftigung mit dem Solution Buying noch am Anfang steht, bisherige Beiträge eher problematisierender Natur sind und insbesondere die empirische Auseinandersetzung mit dem Komplex noch aussteht. Wir glauben also, dass es nach einigen Jahren Forschung zu „Solution Selling" an der Zeit ist, die Defizite bei der Erforschung der anderen, einkaufenden Marktseite aufzuholen.

Literatur

Ansoff, I.H., und J.M. Stewart. 1967. Strategies for a Technology-Based Business. *Harvard Business Review* 45(6): 71–83.

Backhaus, K., U. Herbst, M. Voeth, und R. Wilken. 2010. *Allgemeine Betriebswirtschaftslehre – Koordination betrieblicher Entscheidungen*, 4. Aufl. Berlin und Heidelberg: Springer-Verlag.

Backhaus, K., und M. Voeth. 2010. *Internationales Marketing*, 6. Aufl. Stuttgart: Schäffer-Poeschel.

Backhaus, K., und M. Voeth. 2014. Industriegütermarketing, 10. Aufl. München: Vahlen Verlag.

Ballantyne, D., P. Frow, R.J. Varey, und A. Payne. 2011. Value propositions as communication practice: Taking a wider view. *Industrial Marketing Management* 40(2): 202–210.

Bertini, M., und L. Wathieu. 2010. How to Stop Customers from Fixating on Price. *Harvard Business Review* 88(5): 84–91.

Bonnemeier, S., F. Burianek, und R. Reichwald. 2010. Revenue models for integrated solutions: Concept and organizational implementation. *Journal of Revenue & Pricing Management* 9(3): 228–238.

Cova, B., und R. Salle. 2008. Marketing solutions in accordance with the S-D logic: Co-creating value with customer network actors. *Industrial Marketing Management* 37(3): 270–277.

Davies, A., T. Brady, und M. Hobday. 2006. Charting a Path Toward Integrated Solutions. *MIT Sloan Management Review* 47(3): 39–48.

Enke, M., A. Geigenmüller, und A. Leischnig (Hrsg.). 2014. Commodity Marketing: Grundlagen - Perspektiven – Erfahrungen, 3. Aufl. Wiesbaden: Springer Fachmedien.

Evanschitzky, H. , v. Wangenheim, F. , Woisetschläger, und D.M. . 2011. Service & solution innovation: Overview and research agenda. *Industrial Marketing Management* 40(5): 657–660.

Fang, E., R.W. Palmatier, und J.-B.E.M. Steenkamp. 2008. Effect of Service Transition Strategies on Firm Value. *Journal of Marketing* 72(5): 1–14.

Grant, A.M., und T.G. Pollock. 2011. Publishing in AMJ – Part 3: Setting the Hook. *Academy of Management Journal* 54(5): 873–879.

Haase, M., und M. Kleinaltenkamp. 2013. S-D Logic as an Example of Non-Cumulative Scientific Progress in the Marketing Discipline. *Die Betriebswirtschaft* 73(2): 95–112.

Heskett, J.L., T.O. Jones, G.W. Loveman, W.E. Sasser, und L.A. Schlesinger. 1994. Putting the service-profit chain to work. *Harvard Business Review* 72(2): 164–170.

Hinterhuber, A. 2004. Towards value-based pricing – An integrative framework for decision making. *Industrial Marketing Management* 33(8): 765–778.

Hünerberg, R., und A. Hüttmann. 2003. Performance as a Basis for Price-setting in the Capital Goods Industry: Concepts and Empirical Evidence. *European Management Journal* 21(6): 717–730.

Jacob, F. 2006. Preparing industrial suppliers for customer integration. *Industrial Marketing Management* 35(1): 45–56.

Jacob, F. 2009. *Marketing: Eine Einführung für das Masterstudium*. Stuttgart: Kohlhammer Verlag.

Jacob, F. 2013. Solutions Buying – Herausforderungen für die Kaufverhaltensanalyse in Industriegütermärkten. *Marketing Review St. Gallen 2013* 4: 26–35.

Johansson, J.E., C. Krishnamurthy, und H.E. Schlissberg. 2003. Solving the solutions problem. *McKinsey Quarterly* 3: 116–125.

Kleinaltenkamp, M., und M. Haase. 2000. Externe Faktoren in der Theorie der Unternehmung. In *Die Theorie der Unternehmung in Forschung und Praxis*, Hrsg. H. Albach, E. Eymann, A. Luhmann, M. Steven, 167–194. Berlin: Springer.

Kutschker, M., und S. Schmid. 2011. *Internationales Management*, 7. Aufl. München: Oldenbourg Verlag.

Lusch, R.F., und S.L. Vargo. 2006. Service-dominant logic: reactions, reflections and refinements. *Marketing Theory* 6(3): 281–288.

Lusch, R.F., S.L. Vargo, und A.J. Malter. 2006. Marketing as Service-Exchange: Taking a Leadership Role in Global Marketing Management. *Organizational Dynamics* 35(3): 264–278.

Prencipe, A., A. Davies, und M. Hobday (Hrsg.). 2003. *The business of systems integration*. Oxford: Oxford University Press.

Salonen, A. 2011. Service transition strategies of industrial manufacturers. *Industrial Marketing Management* 40(5): 683–690.

Sharma, A., und G.R. Iyer. 2011. Are pricing policies an impediment to the success of customer solutions? *Industrial Marketing Management* 40(5): 723–729.

Smirnova, M., P. Naudé, S.C. Henneberg, S. Mouzas, und S.P. Kouchtch. 2011. The impact of market orientation on the development of relational capabilities and performance outcome. *Industrial Marketing Management* 40(1): 44–53.

Storbacka, K. 2011. A solution business model: Capabilities and management practices for integrated solutions. *Industrial Marketing Management* 40(5): 699–711.

Stremersch, S., S. Wuyts, und R.T. Frambach. 2001. The Purchasing of Full-Service Contracts: An Exploratory Study within the Industrial Maintenance Market. *Industrial Marketing Management* 30(1): 1–12.

Töllner, A. 2010. Anforderungserhebung bei der Erstellung integrierter Lösungen. In *Marketing von Solutions. Innovative Ansätze und Best Practices*, Hrsg. D. Woisetschläger, M. Michaelis, A. Eiting, C. Backhaus Wiesbaden: Gabler Verlag.

Tuli, K.R., A.K. Kohli, und S.G. Bharadwaj. 2007. Rethinking Customer Solutions: From Product Bundles to Relational Processes. *Journal of Marketing* 71(3): 1–17.

Van den Valk, W. 2008. Service procurement in manufacturing companies: Results of three embedded case studies. *Industrial Marketing Management* 37(3): 301–315.

Vargo, S.L., und R.F. Lusch. 2004. Evolving to a New Dominant Logic for Marketing. *Journal of Marketing* 68(1): 1–17.

Vargo, S.L., und R.F. Lusch. 2013. Service-Dominant Logic: Prologue and Prospects. *Die Betriebswirtschaft* 73(2): 91–93.

Woisetschläger, D.M., C. Backhaus, M. Michaelis, A. Eiting, und H. Evanschitzky. 2010. Marketing von Solutions. Grundlagen des Solution Marketing und Herausforderungen auf dem Weg zum Solution Seller. In *Marketing von Solutions. Innovative Ansätze und Best Practices*, Hrsg. D.M. Woisetschläger, M. Michaelis, A. Eiting, C. Backhaus Wiesbaden: Gabler Verlag.

Zimmer, M., C. Scholze, und F. v. Wangenheim. 2010. Kundenbindungsmanagement von B2B-Lösungen. In *Marketing von Solutions. Innovative Ansätze und Best Practices*, Hrsg. D.M. Woisetschläger, M. Michaelis, A. Eiting, C. Backhaus Wiesbaden: Gabler Verlag.

E-Business im Industriegütermarketing

Rolf Weiber und Tobias Wolf

Inhaltsverzeichnis

1 Entwicklung zum E-Business 165
2 Charakteristika des E-Business und betriebswirtschaftliche Konzepte 167
   2.1 Vielfalt im E-Business Verständnis 167
   2.2 Charakteristika und Leitidee des E-Business 169
   2.3 Koordinationsaufgaben und Aktivitätsfelder eines integrativen E-Business-Ansatzes 171
3 Ausgestaltung integrativer E-Business-Systeme im Industriegütersektor 174
   3.1 ERP und APS als integrative Systeme im Unternehmens- und Partnerprozess . . 177
      3.1.1 Zielsetzung und Umfang von ERP- und APS-Systeme 177
      3.1.2 ERP-System und E-Procurement 179
   3.2 CRM als integratives System im Marktprozess 181
      3.2.1 Zielsetzung und Umfang von CRM-Systemen 181
      3.2.2 CRM-System und E-Marketing 183
4 Kritische Würdigung und Ausblick 185
Literatur 187

1 Entwicklung zum E-Business

Mit der Entwicklung der Computertechnologie wurde auch das Informationszeitalter eingeläutet, in dessen Anfängen vor allem die Entwicklung von Softwarelösungen für einzelne Arbeitsfelder im Vordergrund stand. Der Fokus lag dabei im ersten Schritt vor

---

Univ.-Prof. Dr. Rolf Weiber ✉ · Dipl.-Kfm. Tobias Wolf
Universität Trier, Fachbereich IV - Betriebswirtschaftslehre AMK, Trier, Deutschland
e-mail: weiber@uni-trier.de, marketing@uni-trier.de

© Springer Fachmedien Wiesbaden 2015
K. Backhaus und M. Voeth (Hrsg.), *Handbuch Business-to-Business-Marketing*,
DOI 10.1007/978-3-8349-4681-2_9

allem auf der Automatisierung der Fertigung und der Entwicklung sog. „*Computer Aided-(CAx)-Systeme*", welche später vernetzt im Computer Integrated Manufacturing (CIM) aufgingen. Der Fertigungsautomatisierung, als großes Thema der 1970er Jahre sowie der damaligen Vision von der „Fabrik der Zukunft", folgten in den 1980er Jahren die Visionen vom „Büro der Zukunft" und dem „Netz der Zukunft". Mit der Entwicklung konkreter und zunehmend ausdifferenzierter Lösungen für die Fabrik, das Büro und das Netz der Zukunft sowie dem Bemühen, eine umfängliche Integration von Daten und Netzen zu erreichen, wurde der Begriff des Electronic Business (E-Business) Anfang der 1990er Jahre geprägt.

Nach einer aktuellen Definition des Unternehmens IBM (2015), das als prägend für den Bereich der informationstechnischen Entwicklungen gesehen werden kann, ist E-Business der Prozess „about transforming key business processes by using Internet technologies". Diese Definition zielt damit direkt auf die Transformation von Offline- in Online-Prozesse sowie die *informationstechnischen Anwendungen* als Basis des E-Business ab. Die technologischen Entwicklungen sind mittlerweile jedoch so weit vorangeschritten, dass im Prinzip alle Aktivitäten in den meisten Unternehmen sowie im Austausch der Unternehmen mit ihren Marktpartnern (Schlagwort „Electronic Industries") durch elektronische Systeme bzw. informationstechnische Anwendungen gestützt werden. Damit lässt sich heute feststellen: „*Every Business is E-Business*".

Bei einem solch weiten Verständnis verliert der Begriff allerdings naturgemäß an Schärfe und Aussagekraft, und es ist nicht verwunderlich, dass sich schnell Missverständnisse einstellen, wenn von E-Business gesprochen wird. Es ist dann letztendlich die spezifische *Perspektive*, die darüber entscheidet, was jeweils unter E-Business zu verstehen ist. In jüngster Zeit ist zudem als Besonderheit herauszustellen, dass auch auf der Konsumentenseite informationstechnische Anwendungen insbesondere durch Smartphones und Social Media eine weite Verbreitung gefunden haben. Hierdurch stellen heute für viele Kunden von Industriegüterunternehmen die direkte Interaktion mit den Konsumenten und die daraus folgenden Eingriffsmöglichkeiten der Konsumenten in die Unternehmensprozesse zentrale Herausforderungen dar. Die *Electronic Industries* werden dabei erweitert auf die „*Electronic Consumer*" und erfordern die Gestaltung von sog. *Open Networks*. Da sich somit das Käuferverhalten auf den Absatzmärkten der Kundenunternehmen verändert, sind auch die Industriegüteranbieter gefordert, diesen Veränderungen durch entsprechende Maßnahmen zu begegnen.

Der vorliegende Beitrag beschäftigt sich *nicht* mit einzelnen E-Business-Anwendungen und deren konkreten technischen Realisierungen, sondern nimmt eine übergreifende, betriebswirtschaftlich und wettbewerbsorientierte Perspektive ein. Im Vordergrund steht die Frage, wie sich die technischen Vorteilspositionen von E-Technologien in *ökonomische Vorteilspotenziale* transformieren lassen und durch das E-Business die *Wettbewerbsposition* von Industriegüterunternehmen gestärkt werden kann. Dabei wird vor allem die Vernetzung elektronischer Systeme und deren Integration fokussiert, da sich insbesondere aus diesen Kernmerkmalen – bei entsprechender Umsetzung durch geeignete ökonomische Konzepte – auch zentrale ökonomische Vorteile ableiten lassen.

Entsprechend werden im ersten Schritt (Abschn. 2) – nach den grundlegenden Begriffsabgrenzungen – die Leitideen und die zentralen Aktivitätsfelder eines *integrativen E-Business-Ansatzes* erläutert. Im zweiten Schritt (Abschn. 3) konzentrieren sich die Überlegungen sodann auf solche Anwendungssysteme im E-Business, die in besonderer Weise über Integrationspotenziale verfügen und zur Stärkung der Wettbewerbsposition im Sinne von Effizienz- und Effektivitätssteigerungen beitragen können. Im Vordergrund stehen dabei aufgrund ihrer integrativen Ausrichtung Enterprise Ressource Planning- (ERP-), Advanced Planning and Scheduling- (APS-) und Customer Relationship Management- (CRM-) Systeme. Der Beitrag schließt mit einer Zusammenfassung der Kernaussagen und einem Ausblick auf zukünftige Entwicklungen im Bereich von E-Technologien und deren Konsequenzen für das E-Business im IGM.

2 Charakteristika des E-Business und betriebswirtschaftliche Konzepte

2.1 Vielfalt im E-Business Verständnis

Der Begriff „Electronic Business" wird sowohl in der wissenschaftlichen Literatur als auch in der Unternehmenspraxis mit unterschiedlichsten Inhalten belegt und unterschiedlich weit interpretiert. Grundsätzlich ist aber allen Begriffsfassungen gemeinsam, dass sie auf den Einsatz von E-Technologien zum Zwecke der Steuerung sowie Gestaltung der unternehmerischen und marktbezogenen Prozesse abstellen. Unter **E-Technologien** werden insbesondere Informations- und Kommunikationstechnologien, Technologien zum Betreiben elektronischer Netzwerke und im Speziellen das Internet verstanden (Maaß 2008). Besondere Relevanz hat dabei die Unterstützung der Austauschbeziehungen zwischen den Marktparteien, wobei sich im Hinblick auf die betrachteten *Transaktionspartner* die in Abb. 1 dargestellten Abgrenzungen allgemein durchgesetzt haben.

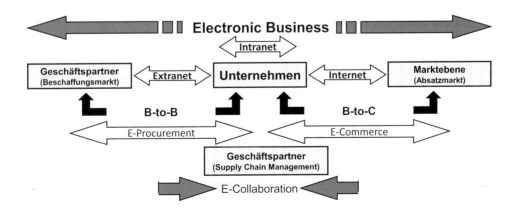

Abb. 1 Transaktionspartner im E-Business

In der Wissenschaft beschäftigen sich insbesondere die Informatik, die Wirtschaftsinformatik und die Betriebswirtschaftslehre mit dem E-Business. In vielen Fällen wird der Begriff jedoch vornehmlich mit dem **Informatik-Bereich** verbunden, da es letztendlich die elektronischen Systeme sind, die ein E-Business erst ermöglichen. Diskutiert werden hier vor allem die technischen Aspekte von E-Technologien im Hinblick auf z. B. konkrete Softwarelösungen, Datenbanksysteme und Netztechnologien. Heute sind IT-Lösungen im Prinzip in allen betrieblichen Funktionen anzutreffen, beginnend bei elektronischen Beschaffungssystemen über Dokumentensysteme, Produktionsplanungs- und Steuerungssysteme (PPS-Systeme), CIM-Systeme bis hin zu Call Center-Anwendungen. Abbildung 2 zeigt am Beispiel der Wertkette von Porter (1986) den Einsatz von exemplarischen IT-Lösungen auf, wobei die eingezeichneten Pfeile das „*Zusammenspiel*" der aufgeführten Anwendungen im Netzwerk andeuten sollen.

Im Gegensatz zur Informatik richten die **Wirtschaftsinformatik** und auch die **betriebswirtschaftliche Literatur** ihren Blick vor allem auf die *Nutzung* von IT-Lösungen in betrieblichen Anwendungssituationen. Die betriebswirtschaftliche Relevanz von E-Technologien wird dabei auch unter dem Begriff des „**Information Management**" (bzw. Informationsmanagement) diskutiert, das nach Krcmar (2005) auf das *Management* von Informationen, Informationssystemen und der notwendigen Informations- und Kommunikationstechnik abzielt. Die systematische Analyse von Schellmann (1997) zu unterschiedlichen Ansätzen des Informationsmanagement in der *Wirtschaftsinformatik* hat ergeben, dass hier vor allem die folgenden Themenfelder betrachtet werden:

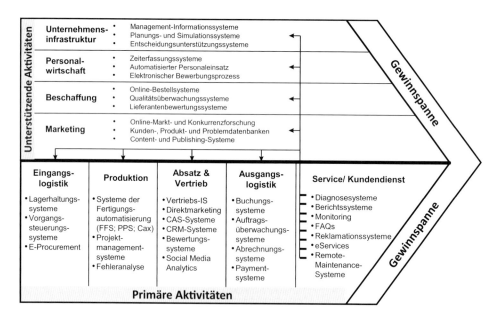

Abb. 2 Unterstützung der Wertschöpfungsaktivitäten durch E-Technologien

betriebliche Datenverarbeitung, technische Kommunikationskanäle und IT-Einsatz in den unterschiedlichen Funktionen der Unternehmen (vgl. auch Gabriel und Hoppe 2002).

Die vielfältigen IT-Systeme im E-Business werden vor allem als „*elektronische Unterstützungslösungen*" für die einzelnen Aufgaben und Aktivitäten im Wertschöpfungsprozess gesehen. Entsprechend verstehen Chaffey und White (2012) unter E-Business den digitalen Datenaustausch „supporting business processes that are mediated through internet technology including transactions within and between organizations." Ein zentraler Fokus dieser Begriffsbestimmung liegt in der *gemeinsamen Betrachtung* von internen und externen *Geschäftsprozessen*. Ähnlich verstehen Meier und Stormer (2009) die Initiierung, Organisation und Durchführung von elektronischen Geschäftsprozessen als Electronic Business. Im Vordergrund stehen dabei meist die Fragen nach der Vorteilhaftigkeit von IT-Lösungen, den Problemen im konkreten Anwendungsumfeld und möglichen Anpassungserfordernissen in der Organisation oder dem Handling der einzelnen Wertschöpfungsaktivitäten aufgrund informationstechnischer Lösungen. So orientiert z. B. Kollmann (2013a) sein Lehrbuch an den Systemen, den Prozessen, dem Management, dem Marketing und der Implementierung elektronischer Systeme. Diese Fragen werden dann durchgängig für die zentralen Unternehmensfelder diskutiert; nämlich die Beschaffung (E-Procurement), die Vermarktung (E-Shop), den Handel (E-Marketplace) und die Kooperationsbeziehungen (E-Company). Ähnlich stellt auch Wirtz (2013) das E-Procurement und das E-Marketing besonders heraus.

Neben den operativen Fragen des E-Business wird aber auch die strategische Perspektive betont und Informationen als *strategische Ressource* zur Steigerung der betrieblichen Leistungsfähigkeit hervorgehoben (Chaffey und White 2012). Auch für den Industriegütersektor betont Griese (2013), dass im Rahmen des Informationsmanagement erworbenes *Wissen* zu einem Informationsvorsprung führt, welcher der Unternehmung entsprechende Wettbewerbsvorteile bringen kann. Vor diesem Hintergrund werden dann auch durch das E-Business veränderte oder neue *Geschäftsmodelle* diskutiert (Maaß 2008; Wirtz 2013).

2.2 Charakteristika und Leitidee des E-Business

In diesem Beitrag wird dem *Managementansatz* im E-Business gefolgt und dabei eine auf Unternehmens- und Marktprozesse erweiterte und integrierende Sicht eingenommen. Dabei wird im Folgenden mit Weiber (2002b) unter E-Business „die Gesamtheit der aufeinander abgestimmten Verfahrensweisen verstanden, die durch den Einsatz von E-Technologien eine ressourcensparende Koordination und Integration von Geschäfts-, Kommunikations- und Transaktionsprozessen auf der Markt- und der Unternehmensebene mit dem Ziel der Effizienz- und Effektivitätssteigerung im Wettbewerb ermöglicht". Nach diesem Verständnis können folgende Aspekte als konstituierende Merkmale für das E-Business herausgestellt werden:

- **Wettbewerbsaspekt:** E-Business ist eine *alle* Wertschöpfungsaktivitäten umfassende Unternehmensstrategie, durch welche die technischen Vorteilspotenziale von E-Technologien in ökonomische Vorteilspositionen im Sinne der Erzielung von *Wettbewerbsvorteilen* transformiert werden sollen.
- **Koordination, Vernetzung und Integration:** Vernetzung und Integration bilden die zentralen Charakteristika von E-Technologien, womit sie in besonderer Weise zur Unterstützung der *Koordination der Geschäftsprozesse* geeignet sind. Damit zielt der Technologieeinsatz im E-Business vor allem auf das Management der drei zentralen Koordinationsebenen der Unternehmung ab: Marktebene, Unternehmensebene und Geschäftspartnerebene.
- **Kooperation und Beziehungen:** Alle Koordinationsebenen der Unternehmung betreffen auch die Zusammenarbeit mit *Partnern* (Kunden, Mitarbeiter, Geschäftspartner), die durch den Einsatz von E-Technologien effektiver und effizienter gestaltet werden kann.

Die grundlegende Zielsetzung des E-Business liegt nach obigem Verständnis in der Entwicklung von Vorteilspotenzialen im Wettbewerb und damit in den zentralen Zielkriterien des unternehmerischen Handelns, nämlich der Effektivität und der Effizienz (Weiber 2002b). Als konkrete Zielsetzungen des Einsatzes von E-Technologien werden vor allem die Erzielung von Rationalisierungs-, Kostensenkungs-, Schnelligkeits-, Flexibilisierungs- und Erlössteigerungspotenzialen genannt. Diese Ziele lassen sich aber nur erreichen, wenn es gelingt, durch geeignete Konzepte die aus der *Integration und Vernetzung* von E-Technologien resultierenden technischen Vorteile in *ökonomische* Vorteilspotenziale zu transformieren. Im Vordergrund steht dabei zum einen die Realisierung von **Erlössteigerungspotenzialen** auf der Basis *individualisierter Leistungsangebote* (vgl. Jacob und Kleinaltenkamp, Leistungsindividualisierung und -standardisierung). Zum anderen werden zentrale **Kostensenkungspotenziale** vor allem in der Integration und der Vernetzung der Prozessabläufe durch den Einsatz von E-Technologien gesehen. Grundsätzlich ist die Leistungsindividualisierung gegenüber der Produktion von Standardleistungen aber mit höheren Kosten verbunden, andererseits können aber auch die folgenden *Vorteilspotenziale* erzielt werden:

1. Durch die *Leistungsindividualisierung* können Differenzierungsvorteile und höhere Preisbereitschaften erzielt sowie *economies of learning* realisiert werden.
2. Leistungsindividualisierung begünstigt den Aufbau von *Geschäftsbeziehungen* und führt so zu *economies of relationship*. Weiterhin lassen sich zusätzliche Erlössteigerungspotenziale z. B. durch sog. *Cross Selling* erschließen.
3. Durch den *integrierten* Einsatz moderner Fertigungstechnologien können *economies of scope* (Synergieeffekte) sowie *economies of efficiency* und damit erhebliche Rationalisierungs- und Kostensenkungspotenziale erzielt werden.

Im Ergebnis wird erwartet, dass die mit der Leistungsindividualisierung verbundenen Kostensteigerungen deutlich durch die zuvor begründeten Kostensenkungen kompensiert und übertroffen werden. Das E-Business eröffnet damit im Industriegütermarketing (IGM) verstärkt die Möglichkeit zu **Lösungs-Geschäften** (vgl. Wilken und Jacob, Vom Produktangebot zum Lösungsanbieter). Im Hinblick auf die im IGM häufig vorgenommene Unterscheidung von Geschäftstypen (vgl. Backhaus und Mühlfeld, Geschäftstypen im Industriegütermarketing) bedeutet das insbesondere, dass auch beim Produkt- bzw. Commodity-Geschäft durch den Einsatz von E-Technologien zum einen eine „De-Commoditisierung" herbeigeführt und zum anderen Spot-Geschäfte effizienter durchgeführt werden können (Weiber und Kleinaltenkamp 2013).

Besonders hervorgehoben sei an dieser Stelle, dass das E-Business primär mit einem **beziehungsorientierten Marketing-Ansatz** einhergeht. Hierfür stellen einerseits Leistungsindividualisierungen eine solide Basis dar, und andererseits führt die Abstimmung von E-Technologien zwischen Anbieter und Kundenunternehmen sowie Geschäftspartnern meist auch zu entsprechenden (technischen) Lock-in-Effekten (Backhaus und Voeth 2014). Umfängliche informationstechnische Integrationen mit dem Kunden erfordern i. d. R. spezifische Investitionen auf Anbieter- und Kundenseite, sodass hier *geplante Geschäftsbeziehungen* als besonders typisch anzusehen sind. Das Management von Einzelkundenbeziehungen und damit das *Geschäftsbeziehungsmarketing* sind deshalb mit dem E-Business fest verknüpft (vgl. Weiber und Ferreira, Transaktions- versus Geschäftsbeziehungsmarketing).

2.3 Koordinationsaufgaben und Aktivitätsfelder eines integrativen E-Business-Ansatzes

Als zentraler Vorteil des vernetzten Technologieeinsatzes im E-Business ist die bessere Unterstützung, Gestaltung und Steuerung von Prozessabläufen auf der Markt- und Unternehmensseite hervorzuheben. Aus der Sicht der Unternehmensführung zielt der Einsatz von E-Technologien damit auf die *Koordination* von Geschäftsaktivitäten ab. Hierbei lassen sich vor allem drei primäre Koordinationsfelder herausstellen, die in besonderer Weise durch informationstechnische Anwendungen unterstützt werden und deshalb auch als *originäre Aktivitätsfelder* des E-Business bezeichnet werden können (Weiber 2002b):

Koordinationsaufgaben im Marktprozess:
Diese Koordinationsaufgaben betreffen zum einen die Kommunikationsaktivitäten der Unternehmung und zum anderen die Abwicklung von Transaktionen mit den Kunden. Das zentrale (elektronische) Interface zur Marktseite ist heute das Internet, das den Unternehmen sowohl als Informations- und Kommunikationsplattform als auch als Präsentations- und Distributionsplattform dient. Zur Koordination der Aktivitäten im Marktprozess bedarf es eines geeigneten **Marktprozess-Managements**, dem als zentrale Aufgaben die Gewinnung von Marktinformationen, die Markt- bzw. Kundenkommunikation sowie die Leistungspräsentation zuzurechnen sind. Diese Aufgaben

sind vor allem vor dem Hintergrund der Geschäftsbeziehungen zu den Kunden zu sehen, wobei hier dem CRM-System eines Unternehmens die größte Bedeutung beizumessen ist.

Koordinationsaufgaben im Unternehmensprozess:
Diese Koordinationsaufgaben betreffen die internen Geschäftsprozesse. Dabei ist es die Aufgabe des **Geschäftsprozess-Management**, die unternehmensinternen Ressourcen und Prozesse so über das Intranet zu steuern, dass sie in effizienter Weise die Erstellung attraktiver (effektiver) Leistungsangebote für den Markt erlauben. Zur technischen Unterstützung der internen Planungs-, Steuerungs- und Abwicklungsaufgaben ist dem ERP-System eines Unternehmens die größte Bedeutung beizumessen.

Koordinationsaufgaben im Partnerschaftsprozess:
Diese Koordinationsaufgaben betreffen die Wertschöpfungspartnerschaften (E-Collaboration). Gerade im Industriegüterbereich agieren die Anbieter bei der Leistungserstellung nicht isoliert, sondern verfügen über vielfältige Partnerschaften. Deren Management kann im Rahmen des **Supply Chain-Management** unter Nutzung des Extranets effizient und effektiv erfolgen, wobei hier APS-Systeme als zentrale integrative E-Technologie zu nennen sind.

Abbildung 3 verdeutlicht die zentralen Koordinationsfelder im E-Business nochmals graphisch und stellt die Integration der Prozessabläufe über die Datenbanken eines Unternehmens (*Data-Warehouse-System*) und die Internet-Technologien heraus.

Zur Erfüllung der Koordinationsaufgaben stellt die Informationstechnik eine Vielzahl an Anwendungen bereit (vgl. Abb. 2). Die im E-Business erwarteten Vorteilspotenziale lassen sich jedoch aus technischer Sicht erst umfassend realisieren, wenn auch eine weitgehende Integration der unterschiedlichen IT-Anwendungen erreicht wird, was unter dem Begriff der **Enterprise Application Integration** diskutiert wird (Aier und Schönherr 2007; Mentzas und Friesen 2010). Die aus der Integration erwachsenden Vorteilspotenziale beziehen sich vor allem auf Zeit-, Flexibilitäts- und Rationalisierungsvorteile

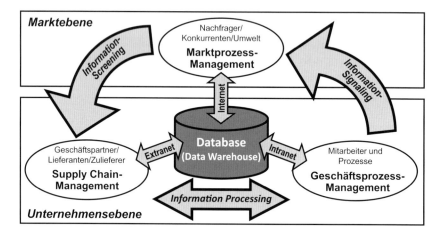

Abb. 3 Koordinationsaufgaben und Aktivitätsfelder des E-Business im Informations-Dreisprung

und resultieren aus den durch E-Technologien realisierbaren *economies of scope* (Synergieeffekten). Der Einsatz von E-Technologien führt jedoch nicht *automatisch* zu den gewünschten Vorteilspositionen. Unter dem Schlagwort „*Paradox of Information Technology*" (Noam 1997) wird vor allem der Mangel an geeigneten Umsetzungskonzepten in den Unternehmen diskutiert. Die Informationsparadoxie zeigt sich dabei sowohl bei der Realisierung von Effektivitäts- als auch von Effizienzvorteilen und kann in weitere Paradoxien aufgespalten werden (Weiber und Krämer 2002). Damit die grundsätzlich mit dem Einsatz von E-Technologien erwarteten Vorteile im Ergebnis nicht negative Auswirkungen zeigen ist ein betriebswirtschaftlicher Ansatz erforderlich, durch den die resultierenden Potenziale umgesetzt und in ökonomische Vorteile transformiert werden können. Weiber (2002b) schlägt hierzu mit dem *wettbewerbsorientierten Informationsmanagement* einen entsprechenden *integrativen* E-Business-Ansatz vor.

Den Ausgangspunkt des **wettbewerbsorientierten Informations-Managements** bildet zunächst die Überlegung, dass der konsequente Einsatz von E-Technologien grundlegende Möglichkeiten zur Steigerung der Informationsqualität, zur Senkung der Informationskosten und zur Beschleunigung der Informationszeiten eröffnet. Es ist damit insbesondere die *Informationsebene*, die durch E-Technologien beeinflusst wird. Mit Porter und Millar (1985) wird davon ausgegangen, dass jede Wertschöpfungsaktivität immer auch eine *informatorische Komponente* besitzt, durch welche diese erst in eine sinnvolle und zielkonforme Verwendung gebracht werden kann. Weiterhin kann zwischen zwei, für den Wettbewerbserfolg relevanten, Informationsebenen im Unternehmen unterschieden werden:

Die erste Informationsebene betrifft das relevante Wissen um Umwelt-, Nachfrager- und Konkurrenzsituation (*Marktebene*), während die zweite Informationsebene Informationen zu Logistik-, Produktions-, Geschäftsprozessen usw. (*Unternehmensebene*) adressiert. Erfolgreiche Leistungsangebote lassen sich letztendlich immer auf *Informationsvorsprünge* auf diesen beiden Ebenen zurückführen. Es sind somit die „besseren" Informationen, welche die conditio sine qua non für Wettbewerbsvorteile bilden. Um die Integrationspotenziale von E-Technologien umfänglich nutzen zu können, ist demnach ein die Markt- und Unternehmensseite verbindender Informationsprozess zu etablieren, der von Weiber (2002a) informationsökonomisch begründet und in Anlehnung an die Entscheidungstheorie abgeleitet wird.

Dieser (Meta-)Informationsprozess wird als **Informations-Dreisprung** bezeichnet (vgl. auch Abb. 3) und lässt sich in den Kernaussagen wie folgt beschreiben:

- In der ersten Phase des Informations-Dreisprungs werden durch das **Information Screening** im Marktprozess die Informationen für die unternehmerische *Leistungsbestimmung* gewonnen. Dabei eröffnen insbesondere IuK-Technologien und Online-Systeme den Unternehmen die Möglichkeit zu interaktiven Kundenkontakten, wodurch sie die Wünsche der Nachfrager individueller, schneller und kostengünstiger erfassen können. Je wirkungsvoller dies im Vergleich zur relevanten Konkurrenz geschieht,

desto größer sind dann auch die Chancen, mit effektiveren und damit überlegeneren Leistungsangeboten am Markt auftreten zu können.
- Die über das Information Screening im Marktprozess gewonnenen Informationen (insb. Kundeninformationen) sind anschließend durch das **Information Processing** so in *Steuerungsinformationen* für die unternehmerischen Prozesse zur *Leistungsgestaltung* zu transformieren, dass sich in effizienter Weise wettbewerbsfähige Leistungsangebote erstellen lassen. Durch die steuernde Kraft der Kundeninformationen wird der Einzelkunde gleichsam Koproduzent im Leistungserstellungsprozess des Anbieters (vgl. Fließ, Kundenintegration). Ziel des Information Processing ist es weiterhin, die IT-gestützte Transformation der Markt- in Prozessinformationen möglichst ohne Reibungsverluste zu realisieren. Durch diese Transformation lassen sich dann insbesondere durch die Nutzung von Synergieeffekten zwischen den E-Technologien *Economies of Scope* und durch Nutzung der Integrationspotenziale der Informationstechnik *Economies of Efficiency* (z. B. Produktivitätsvorteile) im Unternehmensprozess erzielen.
- Im dritten Schritt sind die unternehmerischen Leistungsangebote dem Markt bekanntzumachen. Die Aktivitäten im Rahmen des **Information Signaling** dienen dementsprechend dazu, eine *Leistungsbegründung* gegenüber dem Nachfrager vorzunehmen, die jedoch nicht nur auf die Kommunikationspolitik beschränkt ist, sondern vielmehr eine Aufgabe darstellt, der alle Marketinginstrumente dienen können und dienen müssen (Kaas 1990). Dabei wird gleichzeitig auch wieder die Verbindung zum Information Screening hergestellt, da die Gewinnung und die Übertragung von Informationen eng mit einander verzahnt sind. Im Folgenden werden mit den besonders auf Integration ausgerichteten ERP-, APS- und CRM-Systemen die zur Erfüllung der Koordinationsaufgaben im E-Business als zentral anzusehende Systeme für ein wettbewerbsorientiertes Informationsmanagement vorgestellt.

3 Ausgestaltung integrativer E-Business-Systeme im Industriegütersektor

Gemäß der vorgestellten Leitidee eines *integrativen* E-Business-Ansatzes im Sinne eines **wettbewerbsorientierten Informationsmanagement**, zielt die Integration und Vernetzung der Markt- und Unternehmensaktivitäten durch E-Technologien final auf die Erzielung von *Wettbewerbsvorteilen* ab. Das E-Business erlaubt dabei sowohl Effektivitäts- als auch Effizienzvorteile zu erreichen, was jedoch aufgrund der Besonderheiten des IGM mit Problemen und Unsicherheiten verbunden ist (vgl. Backhaus und Voeth, Besonderheiten des IGM). Die Ursachen hierfür sind insbesondere darin begründet, dass Leistungsangebote im IGM überwiegend *Leistungsbündel* und aufgrund der häufigen Integrationserfordernis von Kundenunternehmen auch *Leistungsversprechen* darstellen (Weiber und Kleinaltenkamp 2013). Um diesen Unsicherheiten zu begegnen, müssen Industriegüterunternehmen umfassende Informationstätigkeiten durchführen. Das Management von Informationen entwickelt sich so zu einer Kernherausforderung für Industriegüterunternehmen (Chaffey und White 2012). Abbildung 4 zeigt in Abhängigkeit der zentralen Besonderheiten des IGM die Konsequenzen für das Informationsmanagement in zentralen Aspekten auf.

Zentrale Besonderheit des IGM	Konsequenzen für das wettbewerbsorientierte Informationsmanagement im IGM
Abgeleitete Nachfrage: Die Nachfrage der Abnehmer ist i. d. R. abhängig von deren Abnehmern	• Informationsaktivitäten müssen teilweise über mehrere Wertschöpfungsstufen hinweg durchgeführt werden • Auch die Kunden des Kunden sind Informationslieferanten und potenzielle Ansatzpunkte des Beziehungsmanagements
Multipersonelle Entscheidungen: Beschaffungsentscheidungen werden von mehreren Personen gemeinsam getroffen	• Standardisierte Informationssysteme müssen Abstimmungsprozesse zwischen den Beteiligten unterstützen • Formalisierte Prozesse werden beschleunigt
Hoher Individualisierungsgrad: Leistungen werden kundenindividuell auf den jeweiligen Nachfrager angepasst	• Digitale Informationsübertragung reduziert Fehler im Individualisierungsprozess • Transparente Prozessinformationen vermeiden Fehlentwicklungen und erhöhen Integralqualitäten
Hoher Beschaffungsumfang: Standardisierte Leistungen werden häufig in großem Umfang und routinemäßig beschafft	• Digitale Informationsübertragung reduziert Fehler in den Transaktionsroutinen • Standardisierte Informationssysteme erleichtern die Ermittlung optimaler Bestellmengen
Langfristige Geschäftsbeziehungen: Langlebigkeit der Güter und nachgelagerten Service-Angebote führen zu eher langfristige ausgerichteten Geschäftsbeziehungen	• Aufgrund langfristiger Geschäftsbeziehungen lohnen sich spezifische Investitionen in vereinheitlichte und integrierte IT-Lösungen • Es resultieren besondere Anforderungen an das CRM-System
Hoher Interaktionsgrad: Leistungsindividualisierung und langfristige Geschäftsbeziehungen führen zu umfänglichen Interaktionen	• Interaktionen führen zu großen Datenmengen (Big Data), deren Handhabung besondere Anforderungen an die Informationssysteme stellen • Es resultieren besondere Anforderungen an das CRM-System

Abb. 4 Konsequenzen für das Informationsmanagement im IGM

Dem Bedürfnis nach *unternehmensinternen Kontrollinformationen* kann durch vernetzte betriebliche Informationssysteme begegnet werden, deren Ziel eine weitgehend automatische, wirklichkeitsnahe sowie entscheidungsorientierte Darstellung des Unternehmensgeschehens und somit hohe interne Transparenz ist. Auf diese Weise ist es dem Management möglich, sich besser über die Prozesse sowie die nach bestimmten Kriterien definierte Qualität des Outputs dieser Prozesse zu informieren.

Eine stärkere Systemanbindung kann dabei insbesondere hinsichtlich der Interaktion der beteiligten Transaktionsparteien drei zentrale Mehrwerte erbringen (Baaken und Bobiatynski 2002):

- Permanente und zeitnahe Interaktionen erhöhen die *Prozess-Effizienz*.
- Individualisierte Marktbearbeitung erhöht die *Leistungseffektivität*.
- Integration in die Geschäftsprozesse erhöht die *Transparenz* innerhalb einer Transaktion.

Bevor im Weiteren auf die konkrete Ausgestaltung integrativer E-Business-Anwendungen eingegangen wird, ist herauszustellen, dass gerade in jüngster Zeit die sog. *Cloud* bzw. das Cloud Computing eine zentrale Rolle im Hinblick auf die im nachfolgenden vorgestellten Informationssysteme einnimmt: Nach Baun et al. (2010) nutzt das **Cloud Computing** die „Virtualisierung und das moderne Web, um Ressourcen verschiedenster Art als elektronisch verfügbare Dienste dynamisch bereitzustellen." Eine anerkannte Systematisierung der verschiedenen Arten von Cloud-Diensten stellt die Unterscheidung des NIST (National Institute of Standards and Technology) in Infrastructure as a Service (IaaS), Platformas a Service (PaaS) und Software as a Service (SaaS) dar (vgl. hierzu auch Baun et al. 2010; Pohl und Weiber 2014). Während Unternehmen bisher selbst im Besitz von geeigneter Infrastruktur (Hardware), Plattformen und Software sein mussten, liefert beim Cloud Computing ein Anbieter diese Ressourcen als Service, durch den die jeweilige Inanspruchnahme auf den konkreten Bedarf angepasst ist. Nach Tanenbaum und Steen (2008) wird für die Unternehmen so vor allem der Zugriff auf IT-Ressourcen vereinfacht, transparenter sowie offener und leichter skalierbar. Insbesondere können Anwendungen von verschiedenen Nutzern mit unterschiedlichen Systemvoraussetzungen über eine verteilte Systemschicht und eine gemeinsame Schnittstelle genutzt werden, wobei dem Verwender die tatsächliche Hardware verborgen bleibt.

Wie bereits dargestellt wurde, können durch ein integratives Informationsmanagement diverse Vorteilspositionen erzielt werden. Dabei lassen sich *Effizienzvorteile* insbesondere durch ERP- und APS-Systeme realisieren, wohingegen *Effektivitätsvorteile* vor allem durch ein umfängliches Relationship-Management (CRM-Systeme) umgesetzt werden können (vgl. Abb. 5). Im Rahmen der nachfolgenden Ausführungen werden diese drei, für die Integrationsidee im E-Business grundlegenden Anwendungssysteme, einer genaueren Betrachtung unterzogen. Dabei wird vor allem auch deren Relevanz für die zentralen Bereiche der elektronischen Beschaffung (E-Procurement) und der elektronischen Vermarktung (E-Marketing) fokussiert.

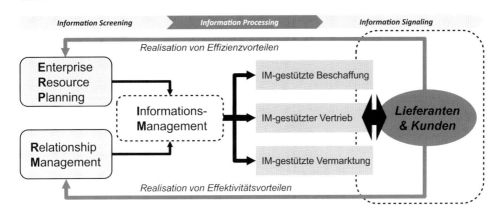

Abb. 5 Zentrale Informationssysteme im E-Business

3.1 ERP und APS als integrative Systeme im Unternehmens- und Partnerprozess

3.1.1 Zielsetzung und Umfang von ERP- und APS-Systeme

Enterprise Resource Planning-Systeme (ERP-Systeme) stellen komplexe Anwendungssysteme dar, mit deren Hilfe die **Ressourcenplanung** eines Unternehmens elektronisch gestützt wird. Die in einem ERP-System enthaltenen Funktionen (Module) können von der Materialwirtschaft über Forschung & Entwicklung, die Produktions- und Personalplanung bis hin zum Marketing und Dokumentenmanagement reichen und sind über eine *gemeinsame Datenbasis* miteinander verbunden (vgl. Abb. 6). Allgemeines Ziel von ERP-Systemen ist die bestmögliche Versorgung des Unternehmens mit Produktionsfaktoren und die Sicherstellung von effizienten Ablaufprozessen, um dadurch letztendlich zur Optimierung des Geschäftsprozess-Managements beizutragen. Die Versorgung eines Unternehmens mit Produktionsfaktoren und deren Steuerung ist dabei im Rahmen der *Kundenintegration* (Kleinaltenkamp 1997) auf den Kunden und im Rahmen des *Supply Chain-Management* (Zentes et al. 2004) auch auf Lieferanten und die Geschäftspartner ausgerichtet.

ERP-Systeme erfüllen sowohl strategische wie auch operative Aufgaben (Arnolds et al. 1996): *Operative Aufgaben* betreffen objektbezogene Aspekte sowohl mit Blick auf Lieferanten (z. B. Angebotsselektion, Bestellung, Wareneingangskontrolle), die meist auch als *Einkauf* bezeichnet werden, als auch im Hinblick auf Kunden. Gerade im IGM sind Auftragsfertigungen, Anpassungen sowie die Integration von Produkten in die Geschäftsprozesse der Kundenunternehmen von großer Relevanz, sodass hier vor allem das *Projekt-Management* besondere Bedeutung erlangt, das ebenfalls durch ERP-Systeme gestützt werden kann. Zu den *strategischen Aufgaben* zählen demgegenüber verrichtungsbezogene Funktionen wie z. B. die Marktforschung, die Lieferantenauswahl oder auch Auftragsverhandlungen mit dem Kunden. Zunehmend setzen die Anbieter von ERP-Systemen dabei

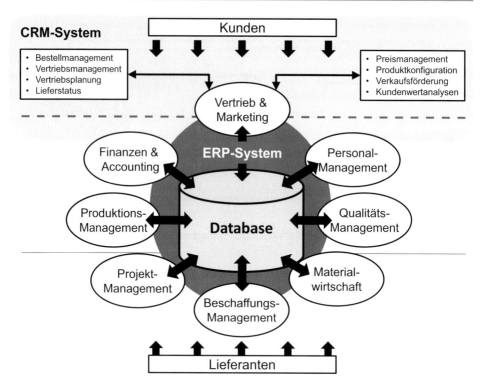

Abb. 6 Zentrale Komponenten und Anwendungsfelder eines komplexen ERP-Systems

auf Cloud-Anwendungen mit browserbasierter Oberfläche. Der große Vorteil liegt hier darin, dass auch unternehmensexterne Zugriffe auf das eigene System realisiert werden können, ohne die entsprechenden Anwendungen zu installieren (Weiber und Pohl 2015). Hierdurch können auch Lieferanten und Kunden in die Prozesse miteinbezogen werden, um z. B. Bestellungen aufzugeben oder Liefertermine festzulegen. Insbesondere bei *Lösungs-Geschäften* im IGM ist dabei der Integration des Kunden eine große Bedeutung beizumessen. Da hier in verstärktem Maße ein Customizing der Leistungen erforderlich ist, können ERP-Systeme in wesentlichen Bereichen unterstützen.

In gleicher Weise gelten obige Überlegungen auch für die Zusammenarbeit mit Lieferanten und Geschäftspartnern im Rahmen des **Supply Chain-Management**: Ziel ist hier die *unternehmensübergreifende* Planung und Steuerung von Geschäftsprozessen. Zu diesem Zweck können klassische ERP-Systeme um den zwischenbetrieblichen Informationsaustausch in Richtung einer durchgängigen Prozessunterstützung erweitert (sog. ERP II-Systeme) oder durch **Advanced Planning and Scheduling-Systeme** (APS-Systeme) unterstützt werden (Corsten 2002). APS-Systeme dienen vor allem der Integration der ERP-Systeme verschiedener Unternehmen. Sie erhöhen dadurch die Transparenz in der Zusammenarbeit und erlauben durch simultane Planungsmethoden eine Integration der

Prozesspläne. APS-Systeme dienen damit der **Supply Chain Integration (SCI)**, die allgemein die integrative Vernetzung der Wertschöpfungsprozesse von Lieferanten und Herstellern beschreibt (Weiber et al. 2004). Wichtig ist dabei die sog. *logistische IT-Prozesskette*, welche die Logistikprozesse steuert und dabei auf Systeme „unterhalb" des ERP-Systems (wie z. B. das Produktionsplanungs- und Steuerungssystem oder das Lagerverwaltungssystem) zurückgreift. Für die SCI ist entscheidend, dass Informationen zu den Prozessen der Partner (z. B. Produktions- und Kapazitätsdaten) zeitnah zur Verfügung stehen, um auf diese Weise vor allem Zeit- und Kostenersparnisse zu erzielen sowie Fehlentwicklungen zu vermeiden.

Der Zugang und der Austausch von Unternehmensdaten stellen aber auch besondere Anforderungen an die SCI-Infrastruktur und erfordern meist gegenseitig spezifische Investitionen der Partner. Diese sind letztendlich aber nur dann sinnvoll, wenn langfristige Partnerschaften geplant sind, was eher für komplexere, zwischen den Partnern abgestimmte Prozesse (z. B. Just-in-Time Konzepte, Entwicklungspartnerschaften) typisch ist. Von besonderer Bedeutung ist es dementsprechend, die informationstechnischen Systeme nicht isoliert und zur Effizienzsteigerung bei einzelnen Unternehmensaktivitäten zu betrachten, sondern deren *integratives Zusammenspiel* im gesamten Wertschöpfungsprozess. Durch den Informationsaustausch z. B. über den Stand von Lieferungen oder gemeinsamen Entwicklungsaktivitäten kann letztendlich auch das Qualitäts-Management verbessert werden. Allerdings erfordert auch das *Qualitäts-Management* aus Sicht eines integrativen E-Business-Ansatzes die Zusammenführung von Markt- und Unternehmensinformationen. Der für das E-Business postulierte Informations-Dreisprung kann dabei auch auf das Qualitäts-Management in Form eines „*Qualitäts-Dreisprungs*" übertragen werden (Weiber und Wolf 2013, 2014a).

3.1.2 ERP-System und E-Procurement

Neben den dargestellten Formen der intensiveren Zusammenarbeit zwischen den Unternehmen in der Supply Chain (E-Collaboration), müssen von Industriegüterunternehmen aber auch weitgehend standardisierte Leistungen wie z. B. C-Güter (Roh-, Hilfs- und Betriebsstoffe) oder sog. Maintenance-Repair-and-Operations-Produkte (MRO-Produkte) beschafft werden. In diesem Zusammenhang wird auch von Beschaffung i. e. S. gesprochen, wobei hier die engere Zusammenarbeit mit Lieferanten oder Geschäftspartnern bei der Leistungserstellung nicht relevant bzw. von nur untergeordneter Bedeutung ist. Diese Aufgabe fällt im Rahmen von ERP-Systemen dem **Beschaffungs-Management** bzw. dem Modul des *E-Procurement* zu. Die insbesondere im Industriegütersektor stetig abnehmende Fertigungstiefe und die damit einhergehende Reduzierung des eigenen Wertschöpfungsanteils forciert die Bedeutung der Fremdteilebeschaffung in diesem Bereich noch zusätzlich. Eine erhöhte Standardisierung der Beschaffungsgüter, Integrationsvorteile durch das Zusammenspiel elektronischer Systeme und der Wegfall von Wertschöpfungsstufen führen in Summe zu einem geringeren Koordinationsaufwand und zu Kosteneinsparungen in der Distribution. Durch eine elektronische Transaktionsabwicklung können Beschaffungsprozesse so deutlich effizienter gestaltet und überwacht werden. Die Abbildung von beschaffungsbezogenen Prozessstrukturen in elektronischen Systemen eröffnet Vorteilspotenziale z. B. im Hinblick auf Produktivität, Geschwindigkeit und Flexibilität. Die unter dem Begriff E-Procurement zusammengefassten Beschaffungssysteme bieten dabei Einsparpotenziale sowohl in Prozess- wie auch Produktbereichen (Weiber et al. 2008).

Prozesseinsparungen entstehen vorwiegend aufgrund gesenkter *Transaktionskosten* durch entfallene Prozessschritte, die Reduzierung aufwendiger Genehmigungsverfahren oder verringerte Fehlerquoten. Durch geeignete Möglichkeiten der Prozessintegration können Prozessabläufe aufgrund einer reduzierten Schnittstellenzahl vereinfacht werden. In der Praxis werden hierfür sog. *Direct Purchasing-Systeme* (DP-Systeme) implementiert. Weitere Einsparpotenziale können durch eine schnittstellenfreie und unternehmensübergreifende Integration entlang der Wertschöpfungskette sowie eine elektronisch integrierte einheitliche Disposition realisiert werden, die sich in geringeren Lager- und Kapitalbindungskosten niederschlagen. Die Automatisierung der Beschaffungsprozesse und die damit einhergehende Minimierung manueller Prozessschritte können die Prozesslaufzeiten beschleunigen (Nenninger und Gerst 1999).

Die Einsatzformen des E-Procurement lassen sich in Sell-Side-Lösungen (ein Anbieter – mehrere/viele Nachfrager), Buy-Side-Lösungen (ein Nachfrager – mehrere/viele Anbieter) und Marktplatzlösungen (mehrere/viele Anbieter und Nachfrager) differenzieren. Diese drei grundlegenden Varianten sind mit verschiedenen Vor- und Nachteilen verbunden und finden Anwendung in unterschiedlichen Beschaffungssituationen. Abbildung 7 gibt einen Überblick über diese Erscheinungsformen sowie deren zentrale Problemfelder. Zu detaillierten Diskussionen der aufgeführten Formen sei der Leser stellvertretend auf die Beiträge von Griese (2003), Kollmann (2013a), Weiber et al. (2007); Weiber et al. (2008) sowie Meier und Stormer (2009) verwiesen.

Zusammenfassend kann festgehalten werden, dass die Vorteile der in Abb. 7 dargestellten E-Procurement-Lösungen insbesondere bei weitgehend standardisierten Leistungen mit geringer Warenkomplexität auftreten und vor allem in der verbesserten Gestaltung von Beschaffungsprozessen, der Reduzierung der Beschaffungskosten und der Verkürzung der Bestellvorgänge liegen. Letztlich sind diese Vorteile auf eine erhöhte Qualität des *Informationsmanagements* zurückzuführen: So kann der Nachfrager über Webseiten der Anbieter, Datenschnittstellen und elektronische Marktplätze auf Informationen zugreifen, die eine zielgerichtete Analyse der Beschaffungsmärkte, Produkte, Lieferanten und teilweise auch Preise und Konditionen erlauben (Koppelmann et al. 2001).

Erscheinungsform des E-Procurement	Charakteristika	Problemfelder
Sell-Side-Lösung (z. B. E-Shops)	• Bereitstellung und Katalogmanagement durch Anbieter • Systemunabhängiger Zugriff (z. B. über Browser) • Höheres Informationsniveau durch personalisierte Inhalte und individualisierte Sortimente	• Keine Unterstützung bei Angebotsvergleichen • Integration in das ERP-System des Nachfragers nur bedingt möglich
Buy-Side-Lösung (z. B. DP-Systeme)	• Bereitstellung und Katalogmanagement durch Nachfrager • Multilieferantenkataloge • Optimale Einbindungsmöglichkeiten in das ERP-System des Nachfragers • Umfangreiches Prozesstracking	• Nur bei standardisierten Produkten und hoher Wettbewerbsintensität geeignet • Begrenzte Lieferantenauswahl
Marktplatzlösungen	• Bereitstellung und Katalogmanagement durch Drittanbieter • Kombination aus Buy-Side- und Sell-Side-Lösung • Hohe Markttransparenz • Mehrere potenzielle Anbieter treffen auf mehrere potenzielle Nachfrager	• Integration in das ERP-System des Nachfragers nur bedingt möglich • Einbindung einer dritten Partei mit eigenen Interessen in den Beschaffungsprozess

Abb. 7 Charakteristika der Erscheinungsformen des E-Procurement

3.2 CRM als integratives System im Marktprozess

3.2.1 Zielsetzung und Umfang von CRM-Systemen

Customer Relationship Management-Systeme (CRM-Systeme) dienen der elektronischen Unterstützung des **Geschäftsbeziehungsmarketing** und somit der Entwicklung und Pflege von Kundenbeziehungen. Die Zielsetzung liegt dabei darin, die kundenbezogenen Geschäftsprozesse an den zentralen Kontaktpunkten (Marketing, Vertrieb, Service) möglichst zu automatisieren und so zu gestalten, dass *profitable Kunden* langfristig an das Unternehmen gebunden werden können (Gersch 2011). Die in einem CRM-System enthaltenen Funktionen (Module) reichen von der Kundenkontaktpflege über das Beschwerdemanagement bis hin zum After-Sales-Management und besitzen entsprechende Schnittstellen zu den bereits im vorherigen Kapitel dargestellten Systemen im sog. „Back Office" (vgl. Abb. 8).

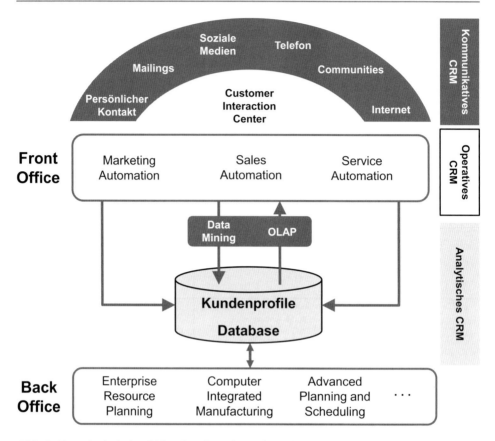

Abb. 8 Zentrale Aufgabenfelder eines komplexen CRM-Systems (in Anlehnung an Hippner und Wilde 2008, S. 207)

Durch die Zusammenführung der Informationen in den zentralen Datenbanken (Customer Data Warehouse) liefern CRM-Systeme Ansatzpunkte, mit deren Hilfe die kundenbezogenen Geschäftsprozesse optimiert werden können. Zur Analyse und Optimierung wird vor allem auf Methoden des *Data Mining* oder des *Online Analytical Processing* (OLAP) zurückgegriffen (Berson und Smith 1997). Im Ergebnis soll ein „lernendes System" (Closed Loop Architecture) aufgebaut werden, mit dessen Hilfe vor allem Kundenreaktionen dazu genutzt werden können, unmittelbar die Leistungen sowie die Kommunikation in effektiver Weise anzupassen (Hippner und Wilde 2008). Das CRM-System eines Unternehmens bildet die zentrale E-Technologie, die im Rahmen des **Marktprozess-Managements** nicht nur die Interaktionen mit dem Kunden unterstützt, sondern auch der Gewinnung von Kundeninformationen dient. Es verbindet damit im Sinne des Informations-Dreisprung in besonderer Weise das *Information Signaling* mit dem *Information Screening*.

Aktuell stehen aber auch andere Bereiche wie z. B. die Logistik oder das Personalwesen im Fokus des **Beziehungsmanagements**. Die Verknüpfung der beteiligten Parteien findet hierbei auch verstärkt organisationsübergreifend statt (Britsch et al. 2012). Als Weiterführung und Überbegriff für konkrete Anwendungsfälle wie das Supplier Relationship Management (SRM), Partner Relationship Management (PRM) oder das Customer Relationship Management (CRM) existiert in der neueren Literatur der Begriff des *Anything Relationship Management* oder auch xRM (Schubert 2005). Dabei kann xRM analog zum CRM sowohl aus einer betriebswirtschaftlichen wie auch technologischen Perspektive betrachtet werden. In ersterem Fall handelt es sich um ein strategisches Managementkonzept, welches alle Beziehungsebenen integriert und somit auf ein systematisches Management der Beziehungen zu sämtlichen Partnern abzielt. Diese Partner können dabei sowohl in einem horizontalen wie auch vertikalen oder lateralen Kontext stehen. Das Objekt der Beziehungspflege sind dementsprechend nicht mehr nur die Kunden des Unternehmens, sondern sämtliche Stakeholder. In der Regel werden xRM-Lösungen als erweiterbare Plattformen realisiert, welche Kernfunktionalitäten bieten, die von mehreren über Schnittstellen miteinander interagierenden Modulen genutzt werden (Tiwana et al. 2010). Ähnlich wie ERP-Systeme werden auch xRM-Plattformen mittlerweile zumeist in Form von Cloud-Diensten angeboten. Diese Vorgehensweise ermöglicht es den Unternehmen nicht nur auf eine eigene IT-Infrastruktur weitestgehend zu verzichten, sondern darüber hinaus auch den unternehmensexternen Zugang zu den Systemen. Hierdurch können auch die verschiedenen Stakeholder Zugriff zum System erhalten und z. B. Informationen direkt eingeben.

3.2.2 CRM-System und E-Marketing

Die Entwicklungen des Internets haben die Gestaltungsmöglichkeiten im Instrumentalbereich des Marketing nicht nur durch vielfältige „elektronische-Optionen" erweitert (Kollmann 2013b), sondern insbesondere auch das Ausmaß der Interaktivität mit dem Kunden grundlegend verändert (Zühlke 2007; Weiber und Fälsch 2007). Im Sinne des hier verfolgten *integrativen E-Business-Ansatzes* erscheint aufgrund dieser Entwicklungen die Fokussierung auf den klassischen Instrumentalansatz im elektronischen Marketing, wie er auch im IGM verfolgt wird (Kleinaltenkamp und Saab 2009), nicht hinreichend (Wegmann 2002).

Aufgrund der Charakteristika und der Leitidee des hier vorgestellten integrativen E-Business-Ansatzes (Abschn. 2.2) ist ein Wechsel zu einem **Interactive Marketing** erforderlich, bei dem das Management und die Maximierung des *Customer-Lifetime-Value* im Vordergrund stehen (Hofmann und Mertiens 2000; Weiber 2006). Die Leitidee dieses Interactive Marketing ist die permanente und interaktive Erfassung von Kundeninformationen mit Hilfe von E-Technologien. Diese Informationen gehen sodann unmittelbar als *Steuerungsinformationen* in die Geschäftsprozesse ein und dienen der Erstellung individualisierter Leistungen. Nach Weiber (2001) ergeben sich auf Basis dieser Leitidee fünf Phasen („Five Cs"), die den Informations-Dreisprung für das Interactive Marketing in einem Kreislaufprinzip abbilden (Abb. 9). Die Marketing-Instrumente besitzen dabei für

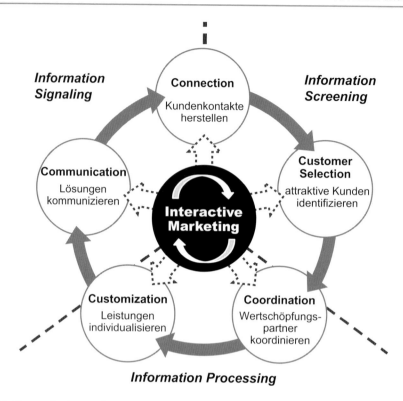

Abb. 9 Phasen des Interactive Marketing im Informations-Dreisprung (Weiber 2001, S. 3)

die fünf Phasen jeweils unterschiedliches Gewicht und Relevanz. Aufgrund der aktuellen Bedeutung konzentrieren sich die weiteren Darstellung auf die Entwicklungen im Bereich von Social Media sowie von Online-Communities und deren Konsequenzen für das IGM.

Im Bereich des *Information Screening* bieten insbesondere die auf das gemeinsame Gestalten und Verbreiten von Informationen ausgerichteten sozialen Medien den Industriegüterunternehmen neue Möglichkeiten (Georgi und Mink 2013; Martin und Clark 1996) und stellen eine umfassende Informationsquelle dar (Cooke und Buckley 2008; Kumar et al. 2013). Vor allem die zunehmende Interaktion und Integration haben dabei im Kundenbeziehungsmanagement deutliche Entwicklungspotenziale (Weiber und Wolf 2014a): So können die Beiträge aus *Nutzerinteraktionen* relevante Informationen über Kundenanforderungen enthalten (Voeth et al. 2013). Darüber hinaus können insbesondere *Community-Analysen* wichtige Erkenntnisse hinsichtlich der Identifikation von z. B. Innovationsideen erbringen (Mühlhaus 2013). Die zunehmende Einbeziehung dieser ursprünglich aus dem Endkonsumentenbereich stammenden Technologien in die Unternehmenskommunikation (Weiss et al. 2012) führt dabei zu deutlichen Veränderungen in den Informationsaustauschprozessen. Anstelle der bisher dominierenden Vorgehensweise, bei welcher die Unternehmen die benötigten Informationen periodisch bzw. zu festen Zeitpunkten für die eigenen Systeme erheben, werden diese jetzt direkt aus den stattfindenden Interaktionen herausgezogen oder aber selbstständig von den Nachfragern übermittelt (Schillewaert et al. 2008; Branthwaite und Patterson 2011). Zu diesem Zweck werden die traditionellen kundenbezogenen Daten (darunter Kaufdaten, Wiederkaufrate, kampagnenbezogene Reaktionsdaten, Daten aus dem Service und Beschwerdemanagement usw.) sowie sonstige externe Daten mit individuellen Profildaten und aus Kundeninteraktionen in sozialen Medien sowie Communities gewonnenen Daten kombiniert. Dabei kann insbesondere der Einbezug von Kundennetzwerken in die Leistungserstellung ein geeignetes Mittel sein. In Abhängigkeit des Aktivitätsgrades können die Unternehmen hierbei nicht nur auf bereits bestehende Online-Communities zurückgreifen und diese durch gezielte Anreizkonzepte unterstützen (Mühlhaus 2013), sondern auch eigene Communities entwickeln (Zinnbauer und Schnitzer 2008). Die Unterstützung bzw. Unterhaltung einer Community bietet den Unternehmen eine Vielzahl an Vorteilen:

So beinhaltet die Analyse der Diskussionsinhalte die Möglichkeit der Ermittlung von marktseitigen Informationen über Bedürfnisse, Anwendungsprobleme und Nutzungseigenheiten der Teilnehmer. Darüber hinaus bietet eine Community aber auch eine gute Möglichkeit zur Ableitung zukünftiger Bedürfnisse auf der Marktebene. Die so gewonnenen *Potenzialinformationen* können dann auch in sog. *Episodeninformationen* transformiert werden (Jacob und Weiber 2015), die als Produktionsfaktoren in die Gestaltung eines spezifischen Leistungserstellungsprozesses mit einem konkreten Kunden eingehen. Im Prozess der Datengewinnung aus sozialen Medien steht nicht mehr die sporadische Erfassung von Kundenvorstellungen im Vordergrund, sondern die permanente Erfassung von Aktionsdaten des einzelnen Kunden über soziale Netzwerke. Diese Vorgehensweise kann in finaler Konsequenz zu einer optimalen Anpassung von Produkten und Leistungen an die individuellen Vorstellungen der Kunden bzw. Nutzer führen (Weiber und Wolf 2014b).

4 Kritische Würdigung und Ausblick

Im Zuge der voranschreitenden technologischen Entwicklungen werden mittlerweile in den meisten Industriegüterunternehmen und über alle Geschäftsprozesse hinweg die Aktivitäten durch elektronische Systeme bzw. informationstechnische Anwendungen gestützt. Die zentrale Aufgabe des Managements liegt deshalb darin, einen E-Business-Ansatz zu implementieren, der gleichermaßen die Markt- und Unternehmensprozesse integriert und die elektronischen Vertriebskanäle mit den internen Geschäftsprozessen technisch sowie organisatorisch verknüpft. In diesem Zusammenhang wird daher in jüngerer Zeit auch seltener der Begriff E-Business gebraucht, und stattdessen vermehrt von **Business Intelligence** gesprochen (Gluchowski und Kemper 2006). Im vorliegenden Beitrag wurden im Sinne der Business Intelligence auch nicht einzelne Anwendungen fokussiert, sondern die übergreifende Perspektive eines *wettbewerbsorientierten Informationsmanagement* eingenommen. Dabei wurde mit dem Informations-Dreisprung eine integrative Betrachtung von Markt- und Unternehmensprozessen gewählt, welche dazu geeignet ist, die Wettbewerbsposition von Industriegüterunternehmen zu stärken. Neben der konzeptionellen Vorstellung des Dreisprungs wurden weiterhin auch Anforderungen an dessen Umsetzung sowie ausgewählte Maßnahmen des ERP, APS und CRM diskutiert und insbesondere auf die Vernetzung elektronischer Systeme und deren Integration abgestellt.

Die informationstechnische Vernetzung zwischen Unternehmen sowie ihren Kunden und Lieferanten wird auch zukünftig an Bedeutung für das Wirtschaftsgeschehen gewinnen und weiter voranschreiten. Insbesondere die Fertigkeiten und Fähigkeiten im Umgang mit der Ressource Information werden über Umfang und Dauer des Markterfolgs entscheiden (Lee et al. 2012). Dabei verspricht die datenbasierte Marktbearbeitung im IGM aus verschiedenen Gründen hohe Erfolgspotenziale (vgl. hierzu Bloching et al. 2012): So ist aufgrund der eher geringeren Anzahl an Kunden die Datenbasis besser handhabbar und das Kundenverhalten stabiler und leichter zu prognostizieren. Aufgrund der höheren Bereitschaft zum Informationsaustausch sind zudem geringere Anforderungen an den Datenschutz zu berücksichtigen. Eine wichtige Entwicklung in diesem Zusammenhang stellt der schnell wachsende Bereich des *Cloud Computing* dar, welcher aufgrund der niedrigen Kostenpositionen auch zunehmend aus einem wirtschaftlichen Fokus heraus interessant wird. Die offenen Schnittstellen sind zudem ideal für einen schnellen und einfachen Datenaustausch geeignet. Werden noch momentan vorhandene Hürden in Bezug auf die Datensicherheit und Verfügbarkeit genommen, ist zukünftig von einer weiter steigenden Akzeptanz auszugehen (Albisser 2010). Dann dürften auch die Auswirkungen des Cloud Computing auf die Unternehmens-IT und die gesamte IT-Industrie in den nächsten Jahren noch erheblich stärker ausfallen (Buxmann und Hoffmann 2011).

Die zukünftigen Herausforderungen für Unternehmen werden neben der besseren Vernetzung der Systeme vor allem darin liegen, Lösungsansätze zur Verarbeitung der im Rahmen der zunehmenden Interaktion und Kollaboration anfallenden großen Mengen digitaler Daten zu entwickeln. Dieses sog. *Big Data-Problem* (Lohr 2012) wird derzeit von einer Vielzahl von Unternehmen und Dienstleistern adressiert. Allen gemein ist der Versuch, die entstehenden Datenmengen in Echtzeit zu verfolgen und derart zu strukturieren sowie zu analysieren, dass anschließend bessere Entscheidungsgrundlagen verfügbar sind und so eine Stärkung der Wettbewerbsposition im Sinne von Effizienz- und Effektivitätssteigerungen erreicht werden kann. Gelingt es dann, die so gewonnenen Daten auch innerhalb der gesamten Organisation zu verteilen und verwendbar zu machen, sind ideale Voraussetzungen geschaffen, um besonders effektive und effiziente Leistungsangebote für die eigenen Nachfrager bzw. deren Nachfrager im Sinne einer abgeleiteten Nachfrage zu generieren (Rogers und Sexton 2012).

Literatur

Aier, A.S., und M. Schönherr. 2007. *Enterprise Application Integration – Flexibilisierung komplexer Unternehmensarchitekturen*, 2. Aufl. Berlin: Gito.

Albisser, E. 2010. Die Wolke im IT-Himmel. *Technische Rundschau* 1(10): 78–79.

Arnolds, H., F. Heege, und W. Tussing. 1996. *Materialwirtschaft und Einkauf*, 9. Aufl. Wiesbaden: Springer Gabler.

Baaken, T., und E. Bobiatynski. 2002. Customer Relationship Management. In *Business-to-Business-Kommunikation*, Hrsg. T. Baaken, 11–30. Berlin: Erich Schmidt.

Backhaus, K., und M. Voeth. 2014. *Industriegütermarketing*, 10. Aufl. München: Vahlen.

Baun, C., M. Kunze, J. Nimis, und S. Tai. 2010. *Cloud Computing*. Berlin: Springer.

Berson, A., und S.J. Smith. 1997. *Data Warehousing, Data Mining, and Olap*. New York: Springer.

Bloching, B., L. Luck, und T. Ramge. 2012. *Data Unser – Wie Kundendaten die Wirtschaft revolutionieren*. München: Redline.

Branthwaite, A., und S. Patterson. 2011. The power of qualitative research in the era of Social Media. *Qualitative Market Research* 14(4): 430–440.

Britsch, J., S. Schacht, und A. Mädche. 2012. AnythingRelationship Management. *Wirtschaftsinformatik* 54(2): 83–85.

Buxmann, P., und A. Hoffmann. 2011. Cloud Computing. *WiSt* 40(6): 824–828.

Chaffey, D., und G. White. 2012. *Business Information Management*, 2. Aufl. Edinburgh: Financial Times Prentice Hall.

Cooke, M., und N. Buckley. 2008. Web 2.0, Social Networks and the future of market research. *The market research society* 50(2): 267–292.

Corsten, H. 2002. Herausforderungen an das Supply Chain Management im internationalen Unternehmensverbund. In *Handbuch Internationales Management*, 2. Aufl., Hrsg. K. Macharzina, M.-J. Oesterle, 943–968. Wiesbaden: Oldenbourg Wissenschaftsverlag.

Gabriel, R., und U. Hoppe (Hrsg.). 2002. *Electronic Business*. Heidelberg: Springer.

Gersch, M. 2011. Customer Relationship Management. In *Geschäftsbeziehungsmanagement*, 2. Aufl., Hrsg. M. Kleinaltenkamp, W. Plinke, I. Geiger, F. Jacob, A. Söllner, 309–357. Wiesbaden: Gabler.

Georgi, D., und M. Mink. 2013. Social Media und Kundenbeziehungen – Einfluss der Qualität elektronischer Kunde-zu-Kunde-Interaktion auf den Beziehungserfolg. In *Dienstleistungsmanagement und Social Media*, Hrsg. M. Bruhn, K. Hadwich, 397–422. Wiesbaden: Springer Gabler.

Gluchowski, P., und H.-G. Kemper. 2006. Quo Vadis Business Intelligence? *Business Intelligence Spektrum* 1(1): 12–19.

Griese, I. 2013. *Wissensentwicklungskompetenz im Business-to-Business-Bereich*. Wiesbaden: Gabler.

Griese, J. 2003. E-Procurement. In *Lexikon Electronic Business*, Hrsg. T. Schildhauer München: Oldenbourg Wissenschaftsverlag.

Hippner, H., und K.D. Wilde. 2008. Data Mining im CRM,. In *Effektives Customer Relationship Management*, 4. Aufl., Hrsg. S. Helmke, M. Uebel, W. Dangelmaier, 205–225. Wiesbaden: Springer Gabler.

Hofmann, M., und M. Mertiens (Hrsg.). 2000. *Customer-Lifetime-Value-Management*. Wiesbaden: Gabler.

IBM. 2015. ohne Titel. http://www-03.ibm.com/ibm/history/ibm100/us/en/icons/ebusiness/transform. Zugegriffen: 15.01.2015.

Jacob, F., und R. Weiber. 2015. Business Market Research. In *Fundamentals of Business-to-Business-Marketing*, Hrsg. M. Kleinaltenkamp, W. Plinke, I. Wilkinson, und I. Geiger. Berlin/Wiesbaden: Springer.

Kaas, K.P. 1990. Marketing als Bewältigung von Informations- und Unsicherheitsproblemen im Markt. *Die Betriebswirtschaft* 50(4): 539–548.

Kleinaltenkamp, M. 1997. Kundenintegration. *Wirtschaftswissenschaftliches Studium* 26(7): 350–354.

Kleinaltenkamp, M., und S. Saab. 2009. *Eine praxisorientierte Einführung in das Business-to-Business-Marketing*. Berlin: Springer.

Kollmann, T. 2013a. *E-Business*, 5. Aufl. Wiesbaden: Springer Gabler.

Kollmann, T. 2013b. *Online-Marketing*, 2. Aufl. Stuttgart: Kohlhammer.

Koppelmann, U., K. Brodersen, und M. Volkmann. 2001. Electronic Procurement im Beschaffungsmarketing. *Wirtschaftswissenschaftliches Studium* 30(2): 79–85.

Krcmar, H. 2005. *Informationsmanagement*, 4. Aufl. Berlin: Springer.

Kumar, V., V. Chattaraman, C. Neghina, B. Skiera, L. Aksoy, A. Buoye, und J. Henseler. 2013. Data-driven services marketing in a connected world. *Journal of Service Management* 24(3): 330–352.

Lee, R., J.L. Johnson, und X. Tang. 2012. An investigation into the role of IT integration, relationship predictability and routinization in interfirm relationships. *Industrial Marketing Management* 41(2): 368–377.

Lohr, S. 2012. *The Age of Big Data, in: New York Times, 11.02.2012*. http://www.nytimes.com/2012/02/12/sunday-review/big-datas-impact-in-the-world.html

Maaß, C. 2008. *E-Business Management*. Stuttgart: UTB.

Martin, C.L., und T. Clark. 1996. Networks of Customer-to-Customer Relationships in Marketing. In *Networks in Marketing*, Hrsg. D. Iacobucci Thousand Oaks: SAGE Publications Inc.

Meier, A., und H. Stormer. 2009. *E-Business & E-Commerce – Managing the Digital Value Chain*. Heidelberg: Springer.

Mentzas, G., und A. Friesen (Hrsg.). 2010. *Semantic Enterprise Application Integration for Business Processes*. Hershey: Business Science Reference.

Mühlhaus, D. 2013. *Anreizkonzepte und Motivationswirkung in Communities of Innovation*. Hamburg: Dr. Kovac.

Nenninger, M., und M.H. Gerst. 1999. Wettbewerbsvorteile durch Electronic Procurement – Strategien, Konzeption und Realisierung. In *Management Handbuch Electronic Commerce*, Hrsg. A. Hermanns, M. Sauter, 283–295. München: Vahlen.

Noam, E.M. 1997. Systematic Bottlenecks in the Information Society. In *Exploring The Limits, European Communication Council (ECC) Report*, 35–44.

Pohl, A., und R. Weiber. 2014. Neue Technologien – neue Marketing-Regeln. *Wisu* 43(6): 754–759.

Porter, M. 1986. *Wettbewerbsvorteile (Competitive Advantage) – Spitzenleistungen erreichen und behaupten*. Frankfurt: Campus-Verlag.

Porter, M., und V.E. Millar. 1985. How information gives you competitive advantage. *Harvard Business Review* 63(4): 149–160.

Rogers, D., und D. Sexton. 2012. *Marketing ROI in the Era of Big Data*. http://www.iab.net/media/file/2012-BRITE-NYAMA-Marketing-ROI-Study.pdf

Schellmann, H. 1997. *Informationsmanagement: Theoretischer Anspruch und betriebliche Realität*. Wiesbaden: Deutscher Universitätsverlag.

Schillewaert, N., T. de Ruyck, und A. Verhaeghe. 2008. Connected research. How market research can get the most out of semantic web waves. *International Journal of Market Research* 51(1): 11.

Schubert, V. 2005. XRM: integrated customer relationship management for pharmaceutical innovation. Dissertation, Technische Universität Berlin.

Tanenbaum, A.S., und Steen M. v. 2008. *Verteilte Systeme. Prinzipien und Paradigmen*, 2. Aufl. München: Pearson Studium.

Tiwana, A., B. Konsynski, und A. Bush. 2010. Platform evolution: coevolution of platform architecture, governance, and environmental dynamics. *Information Systems Research* 21(4): 675–687.

Voeth, M., V. Austen, und T. Becker. 2013. Social Media für B2B-Services – ein „Allheilmittel"? In *Forum Dienstleistungsmanagement 2013: Dienstleistungsmanagement und Social Media*, Hrsg. M. Bruhn, K. Hadwich, 303–319. Wiesbaden: Springer.

Wegmann, C. 2002. Der E-Services Marketingmix. In *Electronic Services*, Hrsg. M. Bruhn, B. Stauss, 243–262. Wiesbaden: Springer.

Weiber, R. 2001. Interactive Marketing – Erfordert das Electronic Business einen neuen Denkansatz? *Polydata News* (3): 1–3.

Weiber, R. 2002a. Herausforderung Electronic Business – Mit dem Informations-Dreisprung zu Wettbewerbsvorteilen auf den Märkten der Zukunft. In *Handbuch Electronic Business*, 2. Aufl., Hrsg. R. Weiber, 1–37. Wiesbaden: Gabler.

Weiber, R. 2002b. Markterfolg im Electronic Business durch wettbewerbsorientiertes Informationsmanagement. In *Handbuch Electronic Business*, 2. Aufl., Hrsg. R. Weiber, 143–180. Wiesbaden: Gabler.

Weiber, R. 2006. Ansätze zur Steigerung des Kundenwertes im Electronic Business. In *Kundenwert*, 3. Aufl., Hrsg. B. Günter, S. Helm, 747–779. Wiesbaden: Gabler.

Weiber, R., und H. Fälsch. 2007. Ubiquitous Computing – Eine neue Dimension in der Gestaltung von Interaktionsbeziehungen im Direktmarketing. *ZfB-Sonderheft* 2007(3): 83–116. Direct Marketing.

Weiber, R., und M. Kleinaltenkamp. 2013. *Business- und Dienstleistungsmarketing*. Stuttgart: Kohlhammer.

Weiber, R., und T. Krämer. 2002. Paradoxien des Electronic Business und empirische Befunde. In *Handbuch Electronic Business*, 2. Aufl., Hrsg. R. Weiber, 181–209. Wiesbaden: Gabler.

Weiber, R., J. Meyer, und P. Billen. 2004. E-Procurement – Steuerungsinstrument der Kundenbeziehung im Industriegütermarketing. In *Handbuch Industriegütermarketing*, Hrsg. K. Backhaus, M. Voeth, 553–576. Wiesbaden: Gabler.

Weiber, R., D. Mühlhaus, und C. Egner-Duppich. 2007. Instrumente des E-Procurement. *Wisu* 36(7): 1449–1454.

Weiber, R., D. Mühlhaus, und C. Egner-Duppich. 2008. Vorteile des E-Procurement. *Wisu* 37(8): 727–732.

Weiber, R., und A. Pohl. 2015. *Marketing und Innovation*. Stuttgart: Kohlhammer.

Weiber, R., und T. Wolf. 2013. Der Qualitäts-Dreisprung: Ein konzeptioneller Ansatz zur Verbesserung des Qualitätsmanagements bei Dienstleistungen durch Social Media. In *Forum Dienstleistungsmanagement 2013: Dienstleistungsmanagement und Social Media*, Hrsg. M. Bruhn, K. Hadwich, 397–422. Wiesbaden: Springer Gabler.

Weiber, R., und T. Wolf. 2014a. Der Qualitäts-Dreisprung bei integrativ erstellten Leistungen. In *Service Management – Research on Operations Management and Marketing, Post-proceedings zur Frühjahrstagung 2013 der Erich-Gutenberg-Arbeitsgemeinschaft Köln e. V.*, Hrsg. H. Corsten, R. Gössinger, A. Meyer, 25–53. Konstanz/München: UVK Verlagsgesellschaft.

Weiber, R., und T. Wolf. 2014b. Social Screening mit dem Privacy Research. *Marketing Review St. Gallen* 31(4): 48–56.

Weiss, F., und J.M. Leimeister. 2012. Consumerization – IT-Innovationen aus dem Konsumentenumfeld als Herausforderung für die Unternehmens-IT. *Die Wirtschaftsinformatik* 54(6): 351–354.

Wirtz, B.W. 2013. *Electronic Business*, 4. Aufl. Berlin: Springer Gabler.

Zentes, J., B. Swoboda, und D. Morschett. 2004. *Internationales Wertschöpfungsmanagement*. München: Vahlen.

Zinnbauer, M., und T. Schnitzer. 2008. Das Web als Fenster zum Kunden. NeueRegelnfürneue Insights. *Marketing Review St. Gallen* 25(6): 6–10.

Zühlke, S. 2007. *Electronic Business Transformation*. Hamburg: Dr. Kovac.

Kundenbindung im Industriegütergeschäft

Ove Jensen

Inhaltsverzeichnis

1 Entwicklung der Kundenbindungsdiskussion 192
2 Das Kundenloyalitätskonstrukt im Industriegütergeschäft 195
   2.1 Überblick zu Bezugspunkten der industriellen Kundenloyalität 195
      2.1.1 Forschungsarbeiten zum Kundenloyalitätskonstrukt 196
      2.1.2 Forschungsarbeiten zu industriellen Geschäftsbeziehungen 197
   2.2 Loyalitätsrelevante Merkmale industrieller Kunden 198
      2.2.1 Notwendigkeit von Leistungsindividualisierung und geschäftsbeziehungsspezifischen Investitionen 199
      2.2.2 Seriencharakter des Geschäfts 200
      2.2.3 Teilbarkeit der Beschaffungsvolumina 201
      2.2.4 Verhandelbarkeit der Preise 201
      2.2.5 Möglichkeit beziehungsspezifischer Zusatzinvestitionen 202
      2.2.6 Multipersonalität der Beschaffungsentscheidungen 202
      2.2.7 Abgeleiteter Charakter der Nachfrage 202
      2.2.8 Wirtschaftliche Orientierung und Rationalität der Beschaffungsentscheidung 203
   2.3 Ein erweitertes Modell der Kundenloyalität im Industriegütergeschäft . . . 203
      2.3.1 Zeitliches Commitment zum Anbieter 205
      2.3.2 Mengenbezogenes Commitment zum Anbieter 206
      2.3.3 Preisliches Commitment zum Anbieter 207
      2.3.4 Ressourcenbezogenes Commitment zum Anbieter 208
      2.3.5 Typische Konstellationen eines loyalen Organisationsverhaltens im Industriegütergeschäft 209

Prof. Dr. Ove Jensen ✉
WHU – Otto Beisheim School of Management, Lehrstuhl für Vertriebsmanagement und Business-to-Business Marketing, Vallendar, Deutschland
e-mail: ove.jensen@whu.edu

© Springer Fachmedien Wiesbaden 2015
K. Backhaus und M. Voeth (Hrsg.), *Handbuch Business-to-Business-Marketing*,
DOI 10.1007/978-3-8349-4681-2_10

3	Kundenbindungsinstrumente im Industriegütergeschäft	210
	3.1 Stoßrichtungen von Kundenbindungsaktivitäten	210
	3.2 Kundenbindungsinstrumente auf der organisationalen Ebene	213
	3.3 Kundenbindungsinstrumente auf der individuellen Ebene	215
4	Zusammenfassung	217
Literatur		217

1 Entwicklung der Kundenbindungsdiskussion

Lässt man das Stichwort „Kundenbindung" in einer Runde von Managern aus dem Industriegütergeschäft fallen, sind die Reaktionen sehr unterschiedlich. Vier typische Reaktionsmuster verdeutlichen, wie relevant das Thema für Industriegüterunternehmen ist, aber auch, wie unterschiedlich die Kontextbedingungen in verschiedenen Branchen dafür sind. Was ich hier als Aussagen einzelner Manager präsentiere, höre ich branchenübergreifend in vielen Runden und mit bemerkenswerter Konsistenz:

- Ein Marketingmanager eines Baustoffherstellers empfindet Kundenbindung als ein Standardinstrument: „Klar, Kundenbindung ist ein fester Bestandteil unseres Budgets. Wir haben ein Programm für unsere Vertriebspartner im Handel und ein Programm für Handwerker, die unsere Produkte verarbeiten. Für exklusive Vertriebspartner haben wir Sonderkonditionen, Marketingunterstützung, das ganze Spektrum. Verarbeiter, die wir zertifizieren, dürfen mit unserer Marke bei deren Kunden werben. Und dann gibt es natürlich die persönlichen Bindungsmaßnahmen, wie Karten für besondere Events."
- Ein Key Account Manager eines Automobilzulieferers verzieht an dieser Stelle gequält das Gesicht: „Im Vergleich zu früher geht da gar nichts mehr. Die Kunden dürfen sich ja nicht mal mehr zum Essen einladen lassen, das ist dann schon ein Verstoß gegen die Compliance-Regeln. Geschenke sind schon in zweistelliger Euro-Höhe kritisch, die müssen das intern melden. Unsere Business-Lounge im Fußballstadion haben wir gekündigt, weil uns immer mehr Kunden absagen mussten. Die ganze persönliche Bindungsebene fällt weg, die Kundenbeziehung spielt sich nur noch auf der sachlich-rationalen Ebene ab. Das hat alles mit Ignacio Lopez im Einkauf von GM und Volkswagen begonnen und sich von dort aus wie ein Virus verbreitet."
- Ein Vertriebsleiter eines Formteileherstellers verweist auf eine Änderung in der Beschaffungsorganisation: „Früher hatten wir direkten Zugang zu den Produktionsleitern. Die können unsere Qualität beurteilen. Jetzt ist immer der Einkauf dazwischen geschaltet. Die Einkäufer verstehen unsere Technologie nicht. Deren Job ist nur, den Preis zu drücken. Die Einkäufer werden in regelmäßigen Abständen rotiert, damit da bloß keine menschlichen Sympathien wachsen. Nichts fürchten die so sehr, wie von einem Anbieter abhängig zu sein: Die bauen sich ganz gezielt alternative Beschaffungsquellen auf

und spielen die dann preislich gegeneinander aus." Der Inhaber eines mittelständischen Druckunternehmens ergänzt: „Die Kundenloyalität hat in den letzten 15 Jahren stark abgenommen. Früher hatten wir mit manchen Kunden gar keine Verträge, da reichte ein Handschlag des Eigentümers. Die nachrückenden Kinder der Gründergeneration kennen solche ‚Gentlemen-Agreements' nicht mehr. Bei den kommerziell getriebenen Einkäufern gibt es Loyalität ohnehin nicht. Nur bei den Technikern der Kunden haben wir noch so etwas wie Fans."

- Der Vorstand eines weltweit tätigen Anlagenbauers widerspricht: „Unsere Branche ist nach wie vor ein Beziehungsgeschäft, ein echtes ‚People-Business'. Die Leute auf Anbieter- und Kundenseite wechseln nur ganz selten. Die haben alle ein Elefantengedächtnis. Ohne persönliche Netzwerke kommen Sie da nicht weiter. Es dauert Jahre, bis Sie diese aufgebaut haben. Nehmen Sie dann noch den asiatischen Raum. Hier spielen persönliche Beziehungen eine viel stärkere Rolle als in der westlichen Welt. Da brauchen Sie ganz viel Geduld, bis Sie reinkommen. Doch dann sind die treu wie Gold."

Die vier Reaktionen unterscheiden sich hinsichtlich der Erfolgsaussichten für Kundenbindung. Die erste und vierte Reaktion sehen Kundenbindungsinstrumente und Kundenloyalität als erfolgversprechend an. Die zweite und dritte Reaktion beurteilen die Möglichkeiten für Kundenbindung deutlicher skeptischer. Nicht nur in der Praxis, sondern auch in der Marketingwissenschaft ist mittlerweile ein gemischter Blick auf Kundenbeziehungs- und Kundenbindungsmanagement zu verzeichnen.

Ausgangspunkt der wissenschaftlichen Diskussion über Kundenbindung waren Standortbestimmungen der Marketingwissenschaft in den 70er Jahren. Die einflussreichen Aufsätze von Kotler (1972) sowie Bagozzi (1974) stellten Transaktionen als Austausch (exchange) von Nutzen in den Mittelpunkt der Marketingdisziplin. In den 80er Jahren verschob sich die Untersuchungseinheit der Disziplin von der Transaktion zur Geschäftsbeziehung, und damit zu Phänomenen wie langjährigen, wiederkehrenden Transaktionen, die in eine Atmosphäre des Vertrauens eingebettet sind. Wichtige Impulse dazu gaben Arbeiten aus dem Industriegütermarketing, insbesondere der IMP-Gruppe (Hakansson 1982; Turnbull und Valla 1986). In den 90er Jahren war das Relationship-Marketing (Backhaus 1997; Diller und Kusterer 1988; Sheth und Parvatiyar 1995) ins Zentrum der Marketingdisziplin gerückt.

Dem Relationship-Marketing Paradigma liegt ein „Vertrauen auf Reziprozität" zugrunde. Nüchterner ausgedrückt, lautet seine Grundhypothese, dass sich Investitionen in Kundenzufriedenheit im Laufe einer Geschäftsbeziehung auszahlen (Homburg et al. 2009; Reichheld und Teal 2003). Zahlreiche Studien unternahmen, den Zusammenhangs zwischen Kundenzufriedenheit und Kundenloyalität sowie zwischen Kundenloyalität und Kundenprofitabilität zu bestätigen (für einen Überblick: Homburg 2012). Um die Jahrtausendwende mischten sich dann kritische Stimmen und falsifizierende Befunde in das Bild (z. B. Backhaus und Büschken 1999; Ittner et al. 2009; Morgan und Rego 2006; Reinartz und Krafft 2001; Reinartz und Kumar 2003; Wetzel 2012): „No company should ever take for granted the idea that managing customers for loyalty is the same as managing them for profits" (Reinartz und Kumar 2002).

Hält man sich vor Augen, was die einleitenden Managementstimmen über das Vorgehen industrieller Einkäufer berichten, liegt die Frage nahe, ob professionelle Einkäufer Teile der Industriegüterpraxis unsanft von einem Beziehungsfokus auf einen Transaktionsfokus zurückwerfen. Vertrieb und Einkauf werden insbesondere durch große Kundenunternehmen systematisch de-personalisiert. Die De-Personalisierung der Kundenbeziehungen beginnt damit, dass rotierende Profi-Einkäufer den Verkäufer vom Nutzer der Produkte in der Kundenproduktion isolieren. Sie setzt sich fort mit Ausschreibungen, die konkurrierende Anbieter auf ihre technischen Spezifikationen und Preise reduzieren und persönliche Aspekte ausblenden. Sie findet ihren Höhepunkt in elektronischen Auktionen, die direkte menschliche Interaktion minimieren.

Nach meinem Eindruck ist die Härte und Kälte, die vielen industriellen Vertriebsleuten heute einkaufsseitig entgegenschlägt, von der Marketingwissenschaft noch nicht ausreichend aufgenommen worden. Die Marketingwissenschaft sollte sich stärker mit den Strategien industrieller Einkäufer und möglichen Gegenstrategien industrieller Verkäufer beschäftigen. Die jüngere Diskussion um eine „service-dominant logic" (Vargo und Lusch 2004) als neues Paradigma der Marketingdisziplin trägt noch immer stark die Züge eines Glaubens an Reziprozität. Wer auf Reziprozität vertraut, kann sich auf Service, Kundenzufriedenheit und die Schaffung von „Value for Money" konzentrieren. Wer die Beobachtung einer Rückwärtsrolle zur Transaktion teilt, muss sich viel stärker um „Money for Value" kümmern. Erforderlich wäre deutlich mehr Forschung über industrielles Preismanagement (Homburg et al. 2012).

All dies schmälert nicht die Aktualität und Relevanz einer Diskussion über Kundenbindung im Industriegüterbereich. Im Gegenteil! Weil es heute im Industriegüterbereich schwieriger denn je ist, Kundenbindung aufzubauen, bedarf es einer verstärkten Auseinandersetzung mit diesem Thema. Wo die Kräfte des Einkaufs die Anbieter auf ihren Preis und eine Transaktion reduzieren, sollten die Gegenkräfte des Vertriebs den Blick für Kundennutzen öffnen und Kundenbeziehungen knüpfen.

Der vorliegende Beitrag diskutiert im Folgenden zwei Perspektiven der Kundenbindung. Diese ziehen sich bereits durch die eingangs geschilderten Managementstimmen. Die ersten beiden Stimmen sprechen über Kundenbindung als Aktivität und als Instrument. Die letzten beiden Stimmen schildern die Kundenbindung als einen Zustand, als eine Einstellung, die teilweise das Ergebnis von Kundenbindungsaktivitäten ist. Die zwei Perspektiven greift der Beitrag wie folgt auf:

- Aus der Perspektive der Beziehungsatmosphäre erörtert der Beitrag das Konstrukt der *Kundenloyalität* für Organisationen. Er betrachtet Kundenbindung aus Sicht des Kunden als „Gebunden-Sein und Verbunden-Sein" (Bliemel und Eggert 1998). Im Kern steht die Frage: *Was ist Kundenloyalität von Industriegüterkunden?*
- Aus der Perspektive der beziehungsbezogenen Aktivitäten diskutiert der Beitrag die *Kundenbindungsinstrumente* von Industriegüteranbietern. Hier betrachtet er Kundenbindung aus Sicht des Anbieters als das „Binden von Kunden" Es geht um die Frage: *Wie können Industriegüteranbieter Kundenloyalität erzeugen?*

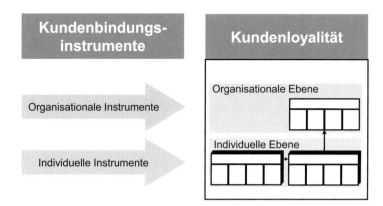

Abb. 1 Konzeptioneller Bezugsrahmen des Beitrags

Die Unterscheidung zwischen Kundenloyalität und Kundenbindung ist konsistent mit den Definitionen von Diller (1996) und Homburg und Bruhn (2013). Gerade die Trennung zwischen Kundenloyalität als „Ge- und Verbunden-Sein" auf der einen Seite und Kundenbindung als „Aktivitäten zum Binden von Kunden" auf der anderen Seite erscheint sinnvoll, um eine „unzweckmäßige Überfrachtung" (Diller 1996) und Missverständnisse des Begriffs Kundenbindung zu vermeiden. Abbildung 1 stellt den Bezugsrahmen des Beitrags dar.

2 Das Kundenloyalitätskonstrukt im Industriegütergeschäft

Dieser Abschnitt nähert sich in drei Schritten der Frage, was Kundenloyalität im Industriegütergeschäft ist. Zunächst identifiziert er die Bezugspunkte der industriellen Kundenloyalität in der Literatur. Im zweiten Schritt arbeitet er heraus, aus welchen Eigenschaften des Industriegütergeschäfts sich Besonderheiten für die Kundenloyalität ergeben. Hieraus entwickelt er im dritten Schritt ein erweitertes konzeptionelles Modell des Kundenloyalitätskonstrukts im Industriegütergeschäft.

2.1 Überblick zu Bezugspunkten der industriellen Kundenloyalität

Zwei Literaturströmungen tragen in besonderer Weise zum Verständnis der Kundenloyalität im Industriegütergeschäft bei:

- An erster Stelle sind natürlich die Forschungsarbeiten zu nennen, die sich unmittelbar mit dem Kundenloyalitätskonstrukt befassen.
- An zweiter Stelle sind die Forschungsarbeiten aufzuführen, die sich mit loyalitätsverwandten Eigenschaften industrieller Geschäftsbeziehungen befassen.

2.1.1 Forschungsarbeiten zum Kundenloyalitätskonstrukt

In der Literatur war es lange Zeit umstritten, ob ein Kunde schon dann als loyal anzusehen ist, wenn er ein Produkt tatsächlich wiederholt nachfragt (zur Kundenloyalitätsdiskussion: Homburg et al. 2013). Das Problem einer solchen verhaltensbezogenen Sichtweise ist offensichtlich, dass die Ursachen des Kaufs unberücksichtigt bleiben. So wird nicht differenziert, ob der Wiederholungskauf allein durch Zufälle und Zwänge zustande kommt (sogenannte „spurious loyalty"; Day 1969) oder ob hinter dem Wiederholungskauf eine positive Bewertung, Einstellung und Handlungsabsicht mit Blick auf den Anbieter stehen.

Die verhaltensbezogene Dimension der Kundenloyalität wurde deshalb um eine einstellungsbezogene Dimension ergänzt (Dick und Basu 1994; Oliver 1999). Diese Unterscheidung zwischen den zwei Loyalitätsdimensionen Einstellung/Verhaltensabsicht und faktisches Verhalten, wie sie Abb. 2 veranschaulicht, ist in der Literatur heute breit akzeptiert (Homburg und Giering 2001; Mittal und Kamakura 2001).

Erweiterungen erfuhr das Kundenloyalitätskonzept ferner durch drei inhaltliche Facetten, welche die Wiederkauf- bzw. Wiederkaufabsichtskomponente ergänzen:

- Weiterempfehlung bzw. Weiterempfehlungsabsicht (z. B. Duhan und Johnson 1997; Mittal et al. 1999),
- Zusatzkäufe bzw. Zusatzkauf-Absichten (z. B. Peter 2001; Verhoef 2003) sowie
- Preiserhöhungsakzeptanz bzw. Preiserhöhungstoleranz (Homburg und Bruhn 2013).

Die zuletzt genannte Komponente der Kundenloyalität, die Preiserhöhungsakzeptanz bzw. -toleranz, erfährt erst in jüngerer Zeit verstärkte Beachtung (Anderson 1996; Homburg und Koschate 2003) und ist noch nicht so eingehend untersucht worden wie die anderen Komponenten. Abbildung 2 stellt die in der Literatur diskutierten Komponenten der Kundenloyalität im Überblick dar.

Wertet man die wissenschaftliche Kernliteratur zur Kundenbindung unter dem Blickwinkel des Industriegütergeschäfts aus, fallen zwei Punkte auf:

- Das Kundenloyalitätskonstrukt wird häufig aus dem Blickwinkel des Geschäfts mit Endverbrauchern behandelt (z. B. Olsen 2002; Roehm et al. 2002; Sirdeshmukh et al.

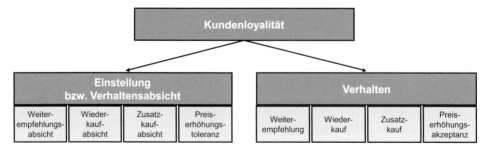

Abb. 2 Das Kundenloyalitätskonstrukt in der Literatur

2002; Singh und Sirdeshmukh 2000). Nur wenige Beiträge arbeiten spezifisch das organisationale Kaufverhalten heraus (z. B. Backhaus et al. 2013; Gierl et al. 2004). Gerade im Industriegütergeschäft gilt nach wie vor die Aufforderung von Oliver (1999): „It is time to begin the determined study of loyalty with the same fervor that researchers have devoted to a better understanding of customer satisfaction".
- Die am häufigsten untersuchte Facette der Kundenloyalität ist der Wiederkauf bzw. die Wiederkaufabsicht (Szymanski und Henard 2001).
- Die meisten der Arbeiten, die sich mit dem Kundenloyalitätskonstrukt befassen, behandeln es aus dem Blickwinkel des Zusammenhangs zwischen Kundenzufriedenheit und Kundenloyalität heraus. Dieser Zusammenhang konnte inzwischen vielfach bestätigt werden (Szymanski und Henard 2001). Homburg und Bucerius (2012) geben einen Überblick über die funktionale Form des Zusammenhangs und über moderierende Größen. Gerade im Industriegütergeschäft ist jedoch auch eine vertiefte Untersuchung weiterer Determinanten der Kundenloyalität relevant.

Jüngere Arbeiten zu den Determinanten der Kundenloyalität stellen immer mehr den (monetären) Kundennutzen (Customer Value) in den Mittelpunkt, z. B. Bliemel und Eggert (1998), Cannon und Homburg (2001), Verhoef (2003) sowie Yi und Jeon (2003). Wenn später in diesem Beitrag die Aktivitäten zur Kundenbindung angesprochen werden, muss die Nutzenschaffung für den Industriegüterkunden somit eine zentrale Rolle spielen.

2.1.2 Forschungsarbeiten zu industriellen Geschäftsbeziehungen

Die Arbeiten zu industriellen Geschäftsbeziehungen bilden eine Untergruppe der Forschung über Relationship-Marketing: „The term relationship marketing is applied to a number of different marketing activities ranging from consumer frequency marketing programs to selling activities directed toward building partnerships with key business-to-business customers" (Weitz und Bradford 1999).

Die von diesen Arbeiten untersuchten Phänomene in Geschäftsbeziehungen lassen sich anhand verschiedener Merkmale klassifizieren: Eine zentrale Unterscheidung ist die zwischen der *individuellen* und der *organisationalen* Ebene einer Geschäftsbeziehung. Doney und Cannon (1997) differenzieren zwischen individuellem und organisationalem Vertrauen. Johnston et al. (1999) sprechen von „actor bonds" auf der individuellen und „activity links" sowie „resource ties" auf der organisationalen Ebene.

Eine zweite zentrale Unterscheidung ist die zwischen *einstellungsbezogenen* und *verhaltensbezogenen* Konstrukten auf der Kundenseite der Anbieter-Nachfrager-Dyade:

- Zu den einstellungsbezogenen Konstrukten zählen Zufriedenheit (z. B. Geyskens et al. 1999), langfristige Orientierung (z. B. Anderson und Weitz 1989; Ganesan 1994), (affektives) Commitment (z. B. Anderson und Weitz 1992; Geyskens et al. 1996; Gundlach et al. 1995), Vertrauen (z. B. Doney und Cannon 1997; Geyskens et al. 1998; Moorman et al. 1993). Insbesondere die langfristige Orientierung und die affektive Komponente des Commitments weisen deutliche Überschneidungen mit dem Loyalitätskonstrukt auf, wie es der vorige Abschnitt beschrieben hat.

- Zu den verhaltensbezogenen Konstrukten zählen die (tatsächliche) langfristige Fortführung der Geschäftsbeziehung (z. B. Haugland 1999), die Vergabe einer größeren Anteils am Beschaffungsvolumen an den Anbieter (z. B. Leuthesser und Kohli 1995) oder das Bezahlen einer Preisprämie (z. B. Mishra et al. 1998). Hier wiederum bestehen Parallelen zu den verschiedenen Facetten der Kundenloyalität. Darüber hinaus diskutieren die Relationship-Marketing-Arbeiten jedoch noch einen weiterer Verhaltensaspekt, der vom oben beschriebenen Kundenloyalitätskonstrukt nicht abgedeckt wird. Dieser Verhaltensaspekt wird mit Begriffen wie Anpassungen (von Produkten, Prozessen und Planung; Hallén et al. 1991), spezifische Investitionen (z. B. Cannon und Perreault 1999) und gemeinsame Aktivitäten (Heide und John 1990; Joshi und Stump 1999) charakterisiert. Es geht also darum, dass sich der Kunde durch Investition von Ressourcen stärker an eine Geschäftsbeziehung bindet.

Zusammenfassend lässt sich somit festhalten, dass die Literatur zu industriellen Geschäftsbeziehungen zwar nicht *explizit* ein als Kundenloyalität bezeichnetes Konstrukt untersucht. Sowohl die einstellungsbezogenen als auch die verhaltensbezogenen Konstrukte dieser Arbeiten decken jedoch inhaltlich die verschiedenen Facetten der Kundenloyalität ab. Es lässt sich daher mit Berechtigung sagen, dass Kundenloyalität *implizit* im Kern der Literatur über industrielle Geschäftsbeziehungen steht.

Interessant ist, dass die Literatur über industrielle Geschäftsbeziehungen eine verhaltensbezogene Facette der organisationalen Kundenloyalität beisteuert, die in der Kundenloyalitätsliteratur keine große Rolle spielt: die Selbstbindung des Kunden durch beziehungsspezifische Investitionen, die über das zur Durchführung der Transaktion nötige Maß hinausgehen. Im Einzelnen lassen sich subsumieren: das Teilen von Informationen (z .B. Mohr et al. 1996), gemeinsame Verkaufsförderung (z. B. Bergen und John 1997; Murry und Heide 1998), Abstimmung der Logistik (z. B. Dahlstrom et al. 1996) und Abstimmung der Produktion (z. B. Frazier et al. 1988).

2.2 Loyalitätsrelevante Merkmale industrieller Kunden

Wie der Vergleich der Literatur zum individuellen Kundenloyalitätskonstrukt einerseits und zur industriellen Geschäftsbeziehung andererseits gezeigt hat, hat die Kundenloyalität im Industriegütergeschäft eine Reihe von Besonderheiten im Vergleich zum Endverbrauchergeschäft. Es ist daher sinnvoll zu ergründen, *aus welchen Merkmalen* industrieller Kunden und industrieller Beschaffungsprozesse sich Implikationen für Kundenloyalität und Kundenbindungsaktivitäten ergeben.

Tabelle 1 stellt die im Folgenden zu diskutierenden Merkmale überblickshaft dar. Jedes Merkmal wird kurz erläutert (ausführlich: Backhaus und Voeth 2014; Homburg 2014), um daraus ableiten, welche Besonderheiten für die industrielle Kundenloyalität resultieren.

Tab. 1 Überblick über kundenloyalitätsrelevante Merkmale industrieller Kunden

Besonderheiten im Industriegütergeschäft mit Implikationen für …			
die Bedeutung der Kundenbindung	das Wesen der Kundenloyalität	die Zielgruppe von Kundenbindungsmaßnahmen	die Determinanten der Kundenloyalität
Notwendigkeit von Leistungsindividualisierung und geschäftsbeziehungsspezifischen Investitionen des Anbieters	Seriencharakter des Geschäfts	Multipersonalität der Beschaffungsentscheidungen	Wirtschaftlichkeitsorientierung und Rationalität der Beschaffungsentscheidungen
	Teilbarkeit der Beschaffungsvolumina	Abgeleiteter Charakter der Nachfrage	
	Verhandelbarkeit der Preise		
	Möglichkeit beziehungsspezifischer Zusatzinvestitionen		
	Multipersonalität der Beschaffungsentscheidungen		

2.2.1 Notwendigkeit von Leistungsindividualisierung und geschäftsbeziehungsspezifischen Investitionen

Die Notwendigkeit spezifischer Investitionen bezeichnet die Erfordernis, für eine Geschäftsbeziehung individualisierte Leistungen zu erbringen oder Ressourcen aufzuwenden, deren Amortisation nur in dieser Geschäftsbeziehung erfolgen kann. Hierdurch entstehen Wechselkosten. Die Notwendigkeit geschäftsbeziehungsspezifischer Investitionen kann sowohl auf der Seite des Anbieters als auch auf der Seite des Nachfragers bestehen (Backhaus et al. 2013).

Auf der Seite des *Anbieters* sind in diesem Zusammenhang Akquisitionsinvestitionen in der Anbahnungsphase oder Entwicklungs-, Produktions- und Logistikinvestitionen in der Realisierungsphase zu nennen.

- In der Anbahnungsphase sind in der chemischen Industrie z. B. Versuchsläufe auf den Anlagen des Kunden durchzuführen, um überhaupt eine technische Zulassung für die eigenen Produkte zu bekommen. Im Maschinenbau passiert es nicht selten, dass ein Anbieter in der Angebotsphase umfassende Beratungs- und Planungsleistungen erbringt und der Kunde dann mit einem preisgünstigeren Anbieter zusammenarbeitet. Nicht zuletzt sind hier auch Investitionen in das Vertrauen des Kunden zu nennen, das zu Beginn einer Geschäftsbeziehung durch eine Vielzahl von persönlichen Besuchen aufgebaut werden muss. Kurzgefasst heißt dies, dass beim Industriegüterhersteller Kos-

ten in substantieller Höhe auflaufen, bevor der erste Auftrag erteilt wird. Diese gehen „verloren", wenn der Auftrag nicht erteilt wird. Hier liegt ein wichtiger Unterschied zum Endverbrauchergeschäft, wo zwar auch Vorauskosten (z. B. Bereitstellungskosten) anfallen, die aber in der Regel nicht konsumentenspezifisch sind.
- In der Realisierungsphase sind dann oft kundenspezifische Produkte zu entwickeln, Produktanpassungen vorzunehmen, Produktionsprozesse umzustellen und Logistikabläufe einzurichten, deren Kosten vom ersten Auftrag des Kunden in keiner Weise gedeckt werden und die sich erst bei Folgeaufträgen amortisieren. Dieser höhere Individualisierungsgrad stellt einen weiteren wichtigen Unterschied zum Endverbrauchergeschäft dar.

An dieser Stelle ist darauf hinzuweisen, dass die hier thematisierten notwendigen spezifischen Investitionen nicht deckungsgleich mit den von der Relationship-Marketing-Literatur unter dem gleichen Begriff oder unter „adaptions" diskutierten sind. Während es sich hier um das *unvermeidliche Mindestmaß* an spezifischen Investitionen handelt, handelt es sich dort um *„freiwillige" Zusatzinvestitionen*. Die Möglichkeit zu freiwilligen Zusatzinvestitionen werden weiter unten besprochen.

Die Konsequenz des hohen Individualisierungsgrades und der nachfragerspezifischen Investitionen ist offensichtlich: Kundenbindung hat für Industriegüteranbieter tendenziell eine noch höhere Bedeutung als für Anbieter im Endverbrauchergeschäft (ähnlich: Gierl et al. 2004). Dies gilt besonders für den von Backhaus und Voeth (2014) als Projektgeschäft bezeichneten Geschäftstyp.

Andererseits bestehen im Industriegütergeschäft auch größere Chancen zur Kundenbindung. Schließlich fallen auch auf der Kundenseite anbieterspezifische Kosten an, die einen Anbieterwechsel erschweren. Hierzu zählen die Kosten der Evaluation eines Lieferanten in der Anbahnungsphase, aber auch Produktionsanpassungen, Logistikumstellungen und IT-Einrichtungen in der Realisierungsphase. Dies ist besonders im dem von Backhaus und Voeth (2014) so genannten Systemgeschäft der Fall.

2.2.2 Seriencharakter des Geschäfts

Mit Seriencharakter des Industriegütergeschäfts ist gemeint, dass die Entscheidung für einen Anbieter in der Regel eine Vielzahl einzelner Beschaffungsakte, Verträge und Bestellungen bedeutet. Im Integrationsgeschäft und Systemgeschäft von Backhaus und Voeth (2014) sind Folge- und Verbundkäufe bereits definitionsimmanent.

Dieses Charakteristikum ist für die Loyalitätsdiskussion deshalb bedeutsam, weil Kundenloyalität in endverbraucherbezogenen Studien meist als Wiederkauf bzw. als Wiederkaufabsicht operationalisiert wird, z. B. als erneuter Kauf in einem Einzelhandelsgeschäft, als erneute telefonische Bestellung bei einem Versandhaus oder als Vertragsverlängerung bei einem Mobilfunkanbieter. Der Wiederkauf ist im Industriegütergeschäft aber ein problematisches Konzept, weil wir es mit mehreren Ebenen von „Käufen" zu tun haben, z. B. dem Rahmenvertrag, dem Einzelvertrag und dem Bestellvorgang.

Dies hat für das Kundenloyalitätskonstrukt im Industriegütergeschäft mehrere Implikationen:
- Kundenloyalität kann nicht an der einzelnen *Kauf- und Bestelltransaktion* bei einem Anbieter festgemacht werden. Stattdessen muss das Konstrukt auf die (Grundsatz) *Entscheidung* für einen Anbieter abstellen, da aus einer Entscheidung in der Regel viele Kauf- und Transaktionsakte resultieren.
- Es stellt sich nicht nur die Frage, *ob* der Kunde sich wieder für einen Anbieter entscheidet, sondern *wie lange* er sich (rahmen-)vertraglich bindet.

2.2.3 Teilbarkeit der Beschaffungsvolumina

Mit der Teilbarkeit der Beschaffungsvolumina ist gemeint, dass die Nachfrager von Industriegütern pro Bedarfskategorie oft eine Vielzahl von Einheiten einkaufen und dabei mit einem oder mehreren Anbietern zusammenarbeiten können. Dies gilt insbesondere für das Produktgeschäft nach Backhaus und Voeth (2014). Ein Farbenhersteller benötigt z. B. ein bestimmtes Volumen an Pigmenten mit einer festgelegten chemischen Formulierung, ein Automobilhersteller benötigt eine bestimmte Anzahl von Schleifscheiben mit einer festgelegten Körnigkeit. Homburg und Jensen (1999) diskutieren Kriterien, nach denen zwischen Single-Sourcing und Multiple-Sourcing entschieden werden kann.

Dagegen handelt es sich im Endverbrauchergeschäft häufig um die Beschaffung einer einzelnen Produkteinheit pro Zeit (z. B. ein Autokauf, ein Zeitungsabonnement, ein Girokonto). Dies macht auch verständlich, warum in der endverbraucherbezogenen Loyalitätsliteratur der Wiederkauf bzw. die Absicht dazu im Mittelpunkt steht. Für das Kundenloyalitätskonstrukt im Industriegütergeschäft rückt der „Share-of-Customer" in den Vordergrund: Es geht nicht nur darum, *ob* ein Kunde bei einem Anbieter einkauft, sondern *welchen Anteil* seines Beschaffungsvolumens er an ihn vergibt.

2.2.4 Verhandelbarkeit der Preise

Während die Preise im Endverbrauchergeschäft häufig nicht zwischen dem Anbieter und dem Konsumenten verhandelt werden (z. B. bei Lebensmitteln), ist die Preisverhandlung im Industriegütergeschäft der Regelfall. Hinzu kommt, dass das Ausmaß von Preisvergleichen durch den Nachfrager im Industriegütergeschäft tendenziell höher ist als im Endverbrauchergeschäft.

Hieraus erklärt sich die Tatsache, dass die Loyalitätsliteratur der Preistoleranz bisher eine eher geringe Bedeutung zugemessen hat (Koschate 2012). Viele Studien betrachten Güter oder Dienstleistungen, die im Markt zu einem einheitlichen und festen Preis angeboten werden.

Für das Kundenloyalitätskonstrukt im Industriegütergeschäft muss jedoch beachtet werden, dass sich ein Anbieter den Wiederkauf und einen hohen Beschaffungsanteil seines Kunden auch über den Preis „erkaufen" kann. Am deutlichsten wird dies daran, dass viele Konditionensysteme so genannte Loyalitäts- oder Exklusivitätsrabatte enthalten. Die Frage ist somit nicht nur, *ob* eine bestimmte Einkaufsmenge gehalten (Wiederkauf) oder gewonnen (Zusatzkauf) wird, sondern auch *zu welchem Preis*.

Die Preisfacette der Kundenloyalität im Industriegütergeschäft ist daher sehr bedeutsam. Die Implikation für das Kundenbindungsmanagement ist, dass es die Balance zwischen Menge und Preisniveau halten muss.

2.2.5 Möglichkeit beziehungsspezifischer Zusatzinvestitionen

Weiter oben klang bereits an, dass im Industriegütergeschäft ein Mindestmaß an beziehungsspezifischen Investitionen notwendig ist. Als der Möglichkeit beziehungsspezifischer Zusatzinvestitionen wird die Option bezeichnet, dass sowohl der Kunde als auch der Anbieter über das Mindestmaß hinaus weitere Investitionen in die Geschäftsbeziehung tätigen kann. Beispielsweise kann der Kunde seine Abwicklungsprozesse per EDI mit dem Anbieter vernetzen, um auf mittlere Sicht Kosten zu sparen. Dahinter steht die Einsicht, dass in der Optimierung der gemeinsamen Wertschöpfungskette häufig noch ein weit größeres Kostensenkungspotential steckt als in den Einkaufspreisen (z. B. Sengupta et al. 1997).

Die Möglichkeit beziehungsspezifischer Zusatzinvestitionen entspricht somit den in der Relationship-Marketing-Literatur diskutierten „adaptions" (Hallén et al. 1991). Da anbieterspezifische Zusatzinvestitionen für Konsumenten weit weniger Relevanz besitzen als für Industriegüterkunden, hat die endverbraucherbezogene Kundenloyalitätsliteratur diesen bisher wenig Aufmerksamkeit geschenkt. Die beziehungsspezifischen Zusatzinvestitionen bilden eine eigene Facette der Kundenloyalität im Industriegütergeschäft.

2.2.6 Multipersonalität der Beschaffungsentscheidungen

Unter der Multipersonalität der industriellen Beschaffungsentscheidung versteht man, dass mehrere Stimmen innerhalb und außerhalb der Organisation am Kaufentscheidungsprozess beteiligt sind (Sheth 1973). Dazu können z. B. der Einkauf, das General Management, die Produktion, der Zentraleinkauf im Konzern sowie externe Berater gehören. Hier liegt die wohl wichtigste Besonderheit des Industriegütergeschäfts im Vergleich zum Endverbrauchergeschäft. Sie beeinflusst das Wesen der industriellen Kundenloyalität entscheidend.

Aufgrund der Multipersonalität gibt es im Industriegütergeschäft zwei Ebenen der Kundenloyalität: die individuellen Kundenloyalitäten der verschiedenen Mitglieder des Buying-Centers (Johnston und Bonoma 1981) und die daraus resultierende organisationalen Kundenloyalität. Dementsprechend können Kundenbindungsaktivitäten sowohl am Nutzen für die Organisation als auch am Nutzen für die Individuen ansetzen. Dabei ist es ratsam, die Rollen und Zielkonflikte der Individuen (Backhaus und Büschken 1995) zu verstehen.

2.2.7 Abgeleiteter Charakter der Nachfrage

Der abgeleitete Charakter der Nachfrage bezeichnet die Tatsache, dass das Kaufverhalten eines Industriegüterkunden in quantitativer wie qualitativer Hinsicht von den Anforderungen der Kunden auf den verschiedenen Marktfolgestufen abhängt. So hängt bspw. in quantitativer Hinsicht der Absatz eines Druckmaschinenherstellers bei Druckern und

Verlagen davon ab, wie sich die Nachfrage nach deren Druckerzeugnissen entwickelt, was – man denke an Etikettendruck – wiederum von der Konjunktur in anderen Branchen abhängt. In qualitativer Hinsicht beeinflusst bspw. die in der Bauwirtschaft oder Automobilindustrie präferierte Technologie das Absatzverhältnis von Kunststoff- gegenüber Metallerzeugnissen.

Hieraus resultiert für Kundenbindungsaktivitäten eine wichtige Implikation: Deren Zielgruppe kann entweder der direkte Kunde sein oder aber die Kunden des Kunden. Im ersten Fall kann man von einem Kundenbindungs-Push sprechen, im zweiten von einem Kundenbindungs-Pull. Zwei viel zitierte Paradebeispiele für einen Pull-Ansatz zur Kundenbindung sind der Verpackungsmaschinenhersteller TetraPak sowie der Prozessorhersteller Intel.

2.2.8 Wirtschaftliche Orientierung und Rationalität der Beschaffungsentscheidung

Die wirtschaftliche Orientierung und Rationalität stellt darauf ab, dass die Beschaffungsentscheidungen im Industriegütergeschäft tendenziell stärker als im Endverbrauchergeschäft unter Preis-Nutzen-Gesichtspunkten, z. B. im Sinne eines Return on Investment, getroffen werden. Hierzu tragen die Multipersonalität sowie die Formalisierung des Entscheidungsprozesses bei.

Für das Kundenloyalitätskonstrukt bedeutet dies, dass Olivers (1997) Konzept der „ultimate loyalty", die den Anbieter „against all odds and at all costs" bevorzugt, zumindest auf die organisationale Ebene der Kundenloyalität schwer übertragbar ist. Auf der organisationalen Ebene ist es wegen der Wirtschaftlichkeitsorientierung stattdessen erforderlich, dem Kunden klar den ökonomischen Nutzen der eigenen Produkte und Dienstleistungen zu demonstrieren, um in den Verhandlungen ein Gegengewicht zum Preisdruck in die Waagschale werfen zu können (Heilmann 2013; Jensen 2013). Dies wird im Industriegütergeschäft häufig dadurch erschwert, dass ein im Wettbewerbsvergleich höherer Nutzen z. B. gegenüber der Produktion und der Logistik des Kunden erbracht wird, während ein höherer Preis durch den Einkauf des Kunden attackiert wird.

2.3 Ein erweitertes Modell der Kundenloyalität im Industriegütergeschäft

Wie die vorausgegangenen Abschnitte deutlich gemacht haben, ist das in der Literatur verwendete Kundenloyalitätskonzept stark an Einzelentscheidern im Endverbrauchergeschäft orientiert. Das Industriegütergeschäft weist jedoch eine Reihe von Besonderheiten auf, welche nur durch eine Erweiterung des Kundenloyalitätskonzepts zu erfassen sind. Ein solches, erweitertes Modell wird im Folgenden entwickelt.

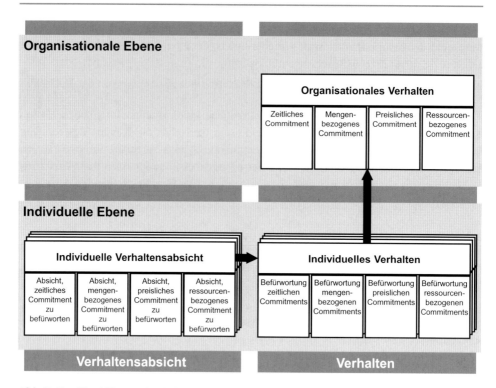

Abb. 3 Das Zwei-Ebenen-Modell der Kundenloyalität im Industriegütergeschäft

Das Modell spannt zwei Dimensionen auf (Abb. 3):

- Die erste Dimension sind die Ebenen der Kundenloyalität. Aufgrund der Multipersonalität der Beschaffungsentscheidungen, unterscheidet das Modell zwischen der individuellen Ebene der Kundenloyalität und der organisationalen Ebene.
- Die zweite Dimension sind die inhaltlichen Facetten der Kundenloyalität. Wie beim endverbraucherbezogenen Kundenloyalitätskonzept unterscheidet das Modell zwischen einstellungsbezogenen und verhaltensbezogenen Facetten.

Die einstellungs- und die verhaltensbezogenen Facetten sind allerdings auf der individuellen und der organisationalen Ebene differenziert zu sehen (Abb. 3):

- Auf der individuellen Ebene existieren sowohl Einstellungs- als auch Verhaltensfacetten. Da wir es nicht mit einem Alleinentscheider zu tun haben, bezieht sich das individuelle Verhalten auf die *Befürwortung eines bestimmten organisationalen Verhaltens* im multipersonalen Entscheidungsprozess. Die individuellen Einstellungen betreffen dementsprechend die *Absicht, bestimmte organisationale Verhaltensweisen zu befürworten*.

- Auf der organisationalen Ebene existieren dagegen nur Verhaltensfacetten, da das organisationale Verhalten aus dem individuellen Verhalten resultiert. Von der Einstellung einer Organisation zu sprechen, ist nicht sinnvoll.

Um die Teilfacetten des Verhaltens bzw. der Einstellungen zu spezifizieren, bietet es sich an, mit dem Endresultat zu beginnen, d. h. dem organisationalen Verhalten. Was macht somit loyales Verhalten von Industriegüterkunden aus? Als Ausgangspunkt für diese Überlegungen kann das individuelle Loyalitätsverhalten dienen. Es unterscheidet vier Facetten: Wiederkauf, Zusatzkauf, Preiserhöhungsakzeptanz und Weiterempfehlung. Das Modell für das Industriegütergeschäft erweitert es zu den folgenden vier Facetten (Abb. 3):

- zeitliches Commitment zum Anbieter,
- mengenbezogenes Commitment zum Anbieter,
- preisliches Commitment zum Anbieter und
- ressourcenbezogenes Commitment zum Anbieter.

Das zeitliche Commitment korrespondiert dabei grob mit dem Wiederkauf, das mengenbezogene Commitment mit dem Zusatzkauf und das preisliche Commitment mit der Preiserhöhungsakzeptanz. Das ressourcenbezogene Commitment stellt eine Erweiterung des Loyalitätskonzepts dar. Das Weiterempfehlungsverhalten aus dem individuellen Loyalitätskonzept lässt sich nicht überzeugend auf organisationales Loyalitätsverhalten übertragen. Die Weiterempfehlung taucht im industriellen Loyalitätsmodell stattdessen in Form der individuellen Befürwortung bestimmter organisationaler Verhaltensweisen auf – einer *internen* Weiterempfehlung.

2.3.1 Zeitliches Commitment zum Anbieter

Beim Wiederkauf im individuellen Loyalitätskonzept geht es um die zeitliche Stabilität der Geschäftsbeziehung. Diese Facette ist auf das Industriegütergeschäft übertragbar. Allerdings bedeutet der Seriencharakter des Industriegütergeschäfts, dass im Industriegütergeschäft der Begriff Entscheidung treffender ist als der Begriff Kauf. Als erste Facette der Kundenloyalität im Industriegütergeschäft bezeichnet das *zeitliche Commitment zum Anbieter das Ausmaß, in dem die Entscheidung des Kunden für den Anbieter über die Zeit stabil ist* (Gundlach et al. 1995).

Abb. 4 Ausprägungen des zeitlichen Commitments

Abbildung 4 veranschaulicht verschiedene Ausprägungen des zeitlichen Commitments. Als eine hohe Form des zeitlichen Commitments ist ein Verhalten anzusehen, bei dem der Kunde sich mit einem langfristigen Vertrag an den Anbieter bindet. Eine schwächere Form des zeitlichen Commitments liegt vor, wenn sich der Kunde zwar nicht langfristig vertraglich bindet, aber einen Folgevertrag ohne Reevaluation möglicher Anbieter und Konditionen abschließt. Eine noch schwächere Form des zeitlichen Commitments ist dann gegeben, wenn der Kunde sich zwar immer wieder für den gleichen Anbieter entscheidet, dies allerdings erst nach Reevaluation der Alternativen. Von fehlendem zeitlichen Commitment wäre schließlich zu sprechen, wenn der Kunde im Zeitablauf zwischen verschiedenen Anbietern wechselt.

2.3.2 Mengenbezogenes Commitment zum Anbieter

Der Zusatzkauf im individuellen Loyalitätskonzept bezieht sich auf einen mengenbezogenen Ausbau der Geschäftsbeziehung. Auch diese Facette ist auf das Industriegütergeschäft übertragbar. Dort, wo teilbare Mengen vorliegen, sind allerdings zwei Formen des mengenbezogenen Ausbaus einer Geschäftsbeziehung zu unterscheiden: Zum einen kann die Zahl der Produktkategorien, in denen mit dem betreffenden Anbieter zusammengearbeitet wird, erhöht werden. Beispielsweise könnte ein industrieller Abnehmer von Glas nicht nur Spezialglas, sondern auch Standardglas beim betreffenden Anbieter beziehen. Zum anderen kann der innerhalb der Bedarfskategorien der Bedarfsdeckungsanteil („Share-of-Customer"), der mit dem betreffenden Anbieter abgewickelt wird, erhöht werden. Um im Beispiel zu bleiben, könnte der Glaskunde statt 40 % seines Spezialglasvolumens 60 %

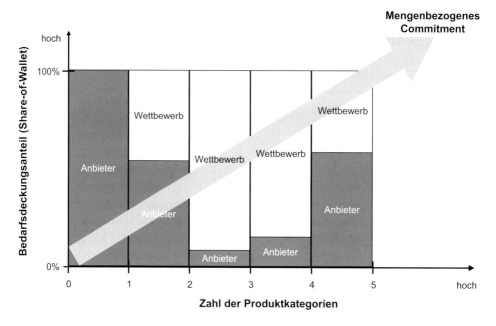

Abb. 5 Ausprägungen des mengenbezogenen Commitments

bei dem Anbieter einkaufen. Es lässt sich somit als zweite Facette der Kundenloyalität im Industriegütergeschäft das *mengenbezogene Commitment zum Anbieter als das Ausmaß definieren, in dem der Kunde die Beschaffung verschiedener Produktkategorien und innerhalb der Produktkategorien seinen Bedarfsdeckungsanteil auf den betreffenden Anbieter konzentriert.* Abbildung 5 veranschaulicht diese Idee. Von einem hohen mengenbezogenen Commitment ist dann zu sprechen, wenn in vielen relevanten Bedarfskategorien ein hoher Bedarfsdeckungsanteil mit dem Anbieter durchgeführt wird. In je weniger der möglichen Bedarfskategorien und mit je weniger Bedarfsanteil der Anbieter berücksichtigt wird, als desto niedriger ist das mengenbezogene Commitment des Kunden anzusehen.

2.3.3 Preisliches Commitment zum Anbieter

Das individuelle Loyalitätskonzept umfasst die Facette der Preiserhöhungsakzeptanz. Auch diese ist auf das Industriegütergeschäft übertragbar. Allerdings ist es sinnvoll, statt der Preis*erhöhung*, also statt einer Veränderungsgröße, das Preis*niveau* zu betrachten. Als dritte Facette der Kundenloyalität im Industriegütergeschäft bezeichnet das *preisliche Commitment zum Anbieter das Ausmaß, in dem der Kunde eine, gemessen an der Leistungsrelation zum Wettbewerb, überproportionale Zahlungsbereitschaft für den Anbieter besitzt.*

Das preisliche Commitment zum Anbieter ist gerade im Industriegütergeschäft eine extrem wichtige Facette der Kundenloyalität. Man versetze sich in die Automobilzulieferindustrie hinein, die von ihren Kunden nicht selten feste jährliche Preissenkungen diktiert bekommt. Auch wenn hier ein zeitliches Commitment der Kunden zu ihren Zulieferern vorliegt, hat die Gesamtsituation eher mit einer „tödlichen Umarmung" zu tun als mit umfassender Kundenloyalität.

Wie in obiger Definition zum Ausdruck kommt, hängen die Ausprägungen des preislichen Commitments von der Leistungsrelation des Anbieters zum Wettbewerb ab. Abbildung 6 veranschaulicht das Kontinuum des preislichen Commitments für den Fall der Leistungsgleichheit und für den Fall der Leistungsüberlegenheit.

Abb. 6 Ausprägungen des preislichen Commitments

Kunde beim Preis einen Loyalitätsabschlag verlangt und keinerlei spezifische Ressourcen investiert. Diese Situation muss als *erkaufte Loyalität* eingestuft werden.
- Während die Graphiken a) und b) eher „ungesunde" Loyalitätskonstellationen beschrieben haben, stellt Graphik c) den „gesunden" Fall der *Mengen-Loyalität* dar. Diese ist dadurch gekennzeichnet, dass der Kunde zu akzeptablem Preisniveau Zusatzkäufe und Folgekäufe tätigt – allerdings ohne Ressourcen zu investieren, langfristige vertragliche Bindungen einzugehen oder eine Preisprämie zu bezahlen.
- Graphik d) schließlich schildert die Situation einer *verschenkten Loyalität*. Auffällig ist, dass der Kunde hohe beziehungsspezifische Zusatzinvestitionen getätigt hat, jedoch weder einen höheren Preis zahlt, erhöhte Menge abnimmt noch eine zeitliche Bindung eingeht. Solche Konstellationen können zustande kommen, wenn es der Anbieter versäumt, den Kunden „festzunageln". Hier wird also eine Gewinnchance verschenkt.

3 Kundenbindungsinstrumente im Industriegütergeschäft

Dieser Abschnitt nähert sich in drei Schritten der Frage, wie ein Industriegüteranbieter Kundenloyalität erzeugen kann. Zunächst wird diskutiert, welche Stoßrichtungen der Kundenbindung zugrunde liegen. Der zweite und dritte Schritt umreißen dann kurz einzelne Kundenbindungsinstrumente, indem zunächst Bindungsinstrumente auf der organisationalen Ebene und dann Bindungsinstrumente auf der individuellen Ebene aufgezählt werden.

3.1 Stoßrichtungen von Kundenbindungsaktivitäten

In der Literatur finden sich zahlreiche Klassifizierungen der Stoßrichtungen, mittels derer Kundenloyalität erzeugt werden kann. Tabelle 2 vergleicht einige typische Klassifizierungsansätze. Die Klassifizierungen trennen die Stoßrichtungen vor allem nach drei Kriterien:

- der *Ebene*, an der die Kundenbindungsaktivitäten ansetzen (Individuum vs. Organisation),
- dem *Anreizmechanismus* (Belohnungen bei Fortsetzung der Geschäftsbeziehung vs. Wechselkosten bei Abbruch der Geschäftsbeziehung) sowie
- der *Art* des Anreizes (psychisch/sozial/emotional vs. ökonomisch).

Die folgenden Überlegungen sollen zur Diskussion über die Stoßrichtung der Kundenbindung im Industriegütergeschäft in zwei Punkten beitragen: Zum einen schlagen sie eine gedankliche *Trennung zwischen individuellen, d. h. personenbezogenen, und organisationsbezogenen Aktivitäten* vor. Diese Unterscheidung trägt der Zwei-Ebenen-Struktur der Kundenloyalität im Industriegütergeschäft Rechnung.

Tab. 2 Vergleich der Stoßrichtungen von Kundenbindungsaktivitäten in der Literatur

Bliemel/Eggert (1998)	Verbundenheit („Nicht-Wechseln-Wollen") durch Kundenzufriedenheit und Vertrauen	Gebundenheit („Nicht-Wechseln-Können") durch Wechselbarrieren
Cannon/Perreault (1999)	Kommunikation	Prozessintegration
	Informationsaustausch	Rechtliche Vereinbarungen
	Investitionen durch Anbieter	Kooperative Normen
		Investitionen durch Nachfrager
Diller (1996)	Macht	auf Sachebene
	Recht	Organisationsebene
	Vertrauen	emotionaler Ebene
Gierl/Gehrke (2004)	Psychisch-soziale Bindung	Ökonomische Bindung
Homburg (2014)	Interaktion	Wechselbarrieren
	Belohnung	
Dieser Beitrag	Bestärkende Bindungsinstrumente	auf individueller Ebene
	Balancierte Bindungsinstrumente	organisationaler Ebene
	Barrierebauende Bindungsinstrumente	

Zum anderen schlagen sie eine *erweiterte Sicht auf den Anreizmechanismus* vor, der die Bindungswirkung entfaltet: Den Ausgangspunkt der Überlegungen bildet der Nutzen, den das Kundenbindungsinstrument für den Kunden schafft. Dieser Nutzen ist gewissermaßen ein Output des Kunden aus der Geschäftsbeziehung. Den Input des Kunden in die Geschäftsbeziehung bildet seine Loyalität, d. h. sein zeitliches, mengenbezogenes, preisliches oder ressourcenbezogenes Commitment. Der Nutzenoutput des Kunden aus dem Kundenbindungsinstrument lässt sich nun als *Funktion* seines Inputs, d. h. seines Commitments bzw. seiner Loyalität, auffassen. Auf Basis der Symmetrie bzw. Asymmetrie des Verlaufs dieser Loyalitäts-Nutzen-Funktion lässt sich eine verfeinerte Klassifikation von Kundenbindungsinstrumenten formulieren (vgl. Abb. 9):

- *Barrierebauende Instrumente* sind Kundenbindungsaktivitäten, deren Zusatznutzen bei Steigerung der Loyalität geringer ist als der Nutzenschaden bei Verringerung der Loyalität. Ein Beispiel ist der „Lock-in"-Effekt eines geschlossenen technischen Systemstandards: Der Kauf zusätzlicher Systemkomponenten bringt keinen besonderen Zusatznutzen, aber die Migration auf ein anderes, inkompatibles System ruft erhebliche Kosten hervor.
- *Bestärkende Instrumente* sind Kundenbindungsaktivitäten, deren Zusatznutzen bei Steigerung der Loyalität höher ist als der Nutzenschaden bei Verringerung der Loyalität. Hierzu zählen solche Zusatzleistungen des Anbieters, die der Kunde auch nach Beendigung der Geschäftsbeziehung weiternutzen kann. Beispielsweise finanzie-

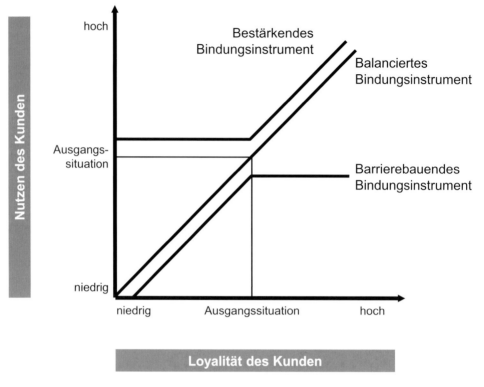

Abb. 9 Anreizmechanismen von Kundenbindungsinstrumenten

ren manche Chemieunternehmen ihren Kunden Teile von Anlagen (Dosiersysteme etc.), über die der Kunde auch Produkte von Wettbewerbern verarbeiten kann. Viele Industriegüterunternehmen übertragen Know-how auf den Kunden, z. B. durch Beratungsleistungen bei der Optimierung der Kundenproduktion, das auch beim Wechsel im Kundenunternehmen verbleibt.

• *Balancierte Instrumente* sind solche Kundenbindungsaktivitäten, bei denen der Zusatznutzen einer Loyalitätssteigerung in etwa dem Schaden bei Verringerung der Loyalität entspricht. Hierzu zählt bspw., wenn der Anbieter die gegenseitigen Logistik- und Produktionsprozesse aufeinander abstimmt. Dem Kunden erwachsen daraus Effizienzvorteile, die ihm aber beim Wechsel des Anbieters verloren gingen.

Der Beitrag dieser Klassifikation liegt in zwei Aspekten. Zum einen verknüpft diese Klassifikation die Kundenloyalität in systematischer Weise mit der Determinante, die in jüngeren Veröffentlichungen immer mehr in den Mittelpunkt rückt: dem *Kundennutzen*. Zum anderen differenziert sie die in der Literatur häufig als *Belohnung* diskutierte Bindungsstoßrichtung (Homburg 2014) einerseits in Bestärker, die im Wesentlichen einen „beuteartigen" Einmaleffekt haben, und andererseits in balancierte Bindungsinstrumente, die beziehungsspezifisch sind. Die Einteilung in bestärkende, balancierte und barrierebauende Bindungsinstrumente lässt sich sowohl auf die organisationale als auch auf die individuelle Bindungsebene anwenden.

In welche Art von Kundenbindungsaktivitäten sollten Unternehmen nun investieren? Legt man als Entscheidungskriterium einen „Return on Loyalty Activities" („ROLA") zugrunde, so hängt die Auswahl von den Kosten und von der Effektivität der einzelnen Bindungsinstrumente ab. Bezüglich der *Kosten* lässt sich an diese Stelle keine pauschale Aussage treffen. Bezüglich der *Effektivität* postuliere ich, dass es tendenziell am effektivsten ist, in balancierte Bindungsaktivitäten zu investieren. Bei bestärkenden Aktivitäten besteht die Gefahr, dass diese nach einem „Strohfeuereffekt" verpuffen. Barrierebauende Aktivitäten riskieren, die Kunden zu verärgern und langfristig Vergeltungsreaktionen zu provozieren. Die Überlegenheit der balancierten Bindungsaktivitäten ließe sich auch equitytheoretisch fundieren (für eine Darstellung der Equitytheorie: z. B. Koschate 2002).

3.2 Kundenbindungsinstrumente auf der organisationalen Ebene

Dieser Abschnitt stellt einige typische Kundenbindungsaktivitäten auf der organisationalen Ebene dar. Tabelle 3 führt Beispiele für bestärkende und für barrierenbauende Bindungsaktivitäten auf. Zu den bestärkenden Instrumenten zählen unter anderem Preiskonzessionen, insbesondere nachträgliche Gutschriften. Aufgrund ihres tendenziell einmaligen, rückwärtsorientierten Charakters sind diese besonders kritisch zu prüfen.

Das Schwergewicht der Ausführungen soll jedoch auf den balancierten Aktivitäten liegen. Beispiele dafür sind in Abb. 10 dargestellt. Intuitiv lassen sich die balancierten Kundenbindungsaktivitäten als Schalen einer „Nutzenzwiebel" auffassen, die sich um das

Tab. 3 Beispiele für barrierebauende und für bestärkende Bindungsinstrumente auf der organisationalen Ebene

Barrierebauende Bindungsinstrumente auf der organisationalen Ebene	Balancierte Bindungsinstrumente auf der organisationalen Ebene	Bestärkende Bindungsinstrumente auf der organisationalen Ebene
Nichtkompatibilität der eigenen Produkte mit Wettbewerbsprodukten	(Abb. 10)	Nachträgliche Gutschriften
Langfristige Lieferverträge		Bonus für Umsatzsteigerung
Spiel mit der Angst vor Nichtbelieferung bei wichtigen anderen Produkten		Know-how-Transfer (z. B. einmalige Beratung)
Zweistufige Tarife		Training
		Finanzierung von nicht beziehungsspezifischem Equipment

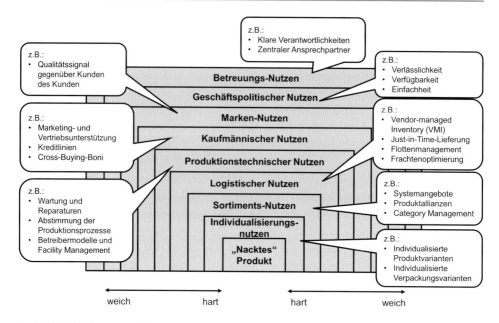

Abb. 10 Die „Nutzen-Zwiebel" der balancierten Kundenbindungsinstrumente auf der organisationalen Ebene (in Anlehnung an Homburg und Jensen 2004; Müllner 2002)

„nackte" Produkt legen (ähnlich: Homburg und Jensen 2004; Müllner 2002). Die inneren Schalen sind dabei eher produktbezogen und technisch orientiert, die äußeren Schalen sind dagegen eher kundenbezogen und kaufmännisch orientiert. Man könnte in diesem Zusammenhang auch von organisationalen „Hard Factors" und organisationalen „Soft Factors" der Kundenbindung sprechen.

Wie die Ergebnisse von Homburg et al. (2002) und Workman et al. (2003) im Kontext der Bindungsaktivitäten für industrielle Key-Accounts zeigen, kommt es bei den Kundenbindungsaktivitäten auf organisationaler Ebene jedoch nicht nur darauf an, *was* man tut. Wichtig ist vielmehr auch, *wie proaktiv* man es tut. Unternehmen, die mit ihren bereichernden Aktivitäten nur auf Kundenforderungen reagieren, sind weniger erfolgreich als Unternehmen, die aktiv Vorschläge zur Gestaltung der Geschäftsbeziehung an ihre Kunden herantragen. Wer der „Getriebene" ist, muss bspw. häufiger zu Preiskonzessionen greifen, um die Kunden zu halten (Jensen 2004).

Die permanente Gefahr der organisationalen Kundenbindungsaktivitäten liegt nach darin, gerade für kleine Kunden zu viele Leistungen ohne Gegenleistung des Kunden zu erbringen, z. B. Beratungsleistungen, Angebotserstellung oder Produktanpassungen. Die erbrachten – und in der Regel exzellenten – Leistungen verpuffen, wenn sie nicht in einen Verhandlungsvorteil umgemünzt werden, z. B. in ein preisliches oder ressourcenbezogenes Commitment der Kunden. Industriegüteranbieter sollten ihre Geschäftsbeziehungen dabei aus der betriebswirtschaftlichen Sicht ihrer Kunden durchrechnen. Wer seinem

Kunden dessen Erlössteigerungen aufgrund von Marketingunterstützung, dessen Lagerkostenersparnis aufgrund von Logistikservices und dessen Produktionskostenersparnis aufgrund von Beratungsservices nicht vorrechnen kann, tut sich sehr schwer, einen höheren Preis für die eigenen Produkte durchzusetzen und Kundenloyalität zu erzielen.

3.3 Kundenbindungsinstrumente auf der individuellen Ebene

Letztlich ist das organisationale Verhalten von Industriegüterkunden die Summe vieler individueller Stimmen im Buying-Center, die der Anbieter für sich gewinnen muss. Dennoch fehlt in vielen Industriegütervertrieben ein schlüssiges Konzept, um das gesamte Buying-Center systematisch zu bearbeiten und an das eigene Unternehmen zu binden. Nicht selten offenbaren sich bei einer Strukturierung der individuellen Kundenbindungsmaßnahmen erhebliche Kenntnislücken über die Verflechtungen im Buying-Center, sogar bezüglich der formalen Berichtswege. Um Kundenbindung auf der individuellen Ebene effektiv zu betreiben, sind aber nicht nur Kenntnisse der formalen, sondern auch der informellen Entscheidungswege nötig (ausführlich: Homburg und Jensen 2004).

Ein Schlüssel, mit dem viele Industriegütervertriebe das Buying-Center erschließen, ist die Anlage von Entscheiderprofilen, wie in Abb. 11 darstellt (Homburg und Jensen 2004). Entscheiderprofile segmentieren das Buying-Center nach den individuellen Präferenzen. Vier Fragen sind dabei im Industriegütergeschäft von besonderer Bedeutung:

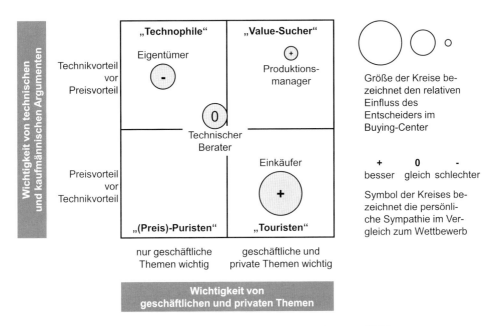

Abb. 11 Die Buying-Center-Map (in Anlehnung an Homburg und Jensen 2004)

Tab. 4 Beispiele für Bindungsinstrumente auf der individuellen Ebene

Art des Anreizes	Barrierebauende Bindungsinstrumente auf der individuellen Ebene	Balancierte Bindungsinstrumente auf der individuellen Ebene	Bestärkende Bindungsinstrumente auf der individuellen Ebene
emotional	Aufbau eines sozialen Verpflichtungsgefühls	Aufbau guter persönlicher Beziehungen	Außendienstbesuche
		Versorgung mit Material zur Selbstdarstellung im eigenen Unternehmen (z. B. Präsentationen)	Kunden-Events mit deutlicher sozialer Komponente
		Bieten einer Plattform zur Selbstdarstellung in der Branche (z. B. Verschaffen von Konferenzteilnahmen, Platzieren von Zeitschriftenbeiträgen)	Kundenzeitschriften
ökonomisch	Aufzeigen von persönlichen finanziellen Nachteilen bei einem Anbieterwechsel	Blindes Verständnis der Erwartungen des Managers an Prozessabläufe	Einladung zu Events

- Ist der Entscheider für technische Argumente (und damit die langfristigen Kosten) offen oder interessiert er sich nur für den Einkaufspreis?
- Ist der Entscheider neben geschäftlichen auch für private Themen offen?
- Wie groß ist der Einfluss des Entscheiders im Buying-Center?
- Wie sieht uns der Entscheider im Vergleich zum Wettbewerb?

Die „Buying-Center-Map" ist ein Instrument, um diese vier Aspekte in Synopsis darzustellen. Gute Ansatzpunkte für individuelle Kundenbindungsaktivitäten bieten sich bei „Value-Suchern", nur wenige Chancen dagegen bei „Puristen".

Aufbauend auf der Buying-Center-Map lassen sich nun Strategien für personenbezogene Kundenbindungsaktivitäten entwerfen. Neben dem Anreiz*mechanismus* (barrierebauend, balanciert, bestärkend) können die Bindungsinstrumente auf der individuellen Ebene noch nach der *Art* des Anreizes (emotional vs. ökonomisch) differenziert werden. Über Jahrzehnte gehörte es zum Standardrepertoire des Vertriebs, einen Vertragsabschluss auch dadurch günstig zu beeinflussen, dass Schlüsselentscheider samt Ehegatten zu Events und ähnlichem eingeladen wurden. Der rechtliche Rahmen zu Bestechung setzt derlei Kundenbindungsversuchen inzwischen aber sehr enge Grenzen. Tabelle 4 stellt Beispiele für individuelle Bindungsinstrumente zusammen.

4 Zusammenfassung

Das Ziel dieses Aufsatzes war, zwei Fragen zu beantworten:

- Was ist Kundenloyalität von Industriegüterkunden?
- Wie können Industriegüteranbieter Kundenloyalität erzeugen?

Zur ersten Frage hat der Beitrag ein erweitertes Kundenloyalitätsmodell für den Industriegüterbereich vorgeschlagen, das eine individuelle und eine organisationale Ebene umfasst. Das Modell berücksichtigt mit dem preislichen Commitment und dem ressourcenbezogenen Commitment des Kunden zwei Loyalitätsfacetten, die in der endverbraucherbezogenen Loyalitätsliteratur eher wenig Beachtung erfahren haben.

Hinsichtlich der zweiten Frage hat der Beitrag einige häufig zitierte Typologien von Kundenbindungsinstrumenten miteinander verglichen. Er entwickelte eine Systematisierung von Kundenbindungsinstrumenten, die drei Dimensionen differenziert: die Ebene des Kundenbindungsinstruments (individuelle vs. organisationale), den Anreizmechanismus (bestärkend vs. balanciert vs. barrierebauend) und die Art des Anreizes (emotional vs. ökonomisch).

Literatur

Anderson, E.W. 1996. Customer Satisfaction and Price Tolerance. *Marketing Letters* 7(3): 19–30.

Anderson, E., und B.A. Weitz. 1989. Determinants of Continuity in Conventional Industrial Channel Dyads. *Marketing Science* 8(4): 310–323.

Anderson, E., und B.A. Weitz. 1992. The Use of Pledges to Build and Sustain Commitment in Distribution Channels. *Journal of Marketing Research* 29: 18–34.

Backhaus, K. 1997. Relationship Marketing – Ein neues Paradigma im Marketing? In *Marktorientierte Unternehmensführung: Heribert Meffert zum 60. Geburtstag*, Hrsg. M. Bruhn, H. Steffenhagen, 19–36. Wiesbaden: Gabler Verlag.

Backhaus, K., und J. Büschken. 1995. Organisationales Kaufverhalten. In *Handwörterbuch des Marketing*, 2. Aufl., Hrsg. B. Tietz, R. Köhler, J. Zentes, 1954–1966. Stuttgart: Schäffer-Poeschel Verlag.

Backhaus, K., und J. Büschken. 1999. The Paradox of Unsatisfying but Stable Relationships. A Look at German Car Suppliers. *Journal of Business Research* 46(3): 245–257.

Backhaus, K., und M. Voeth. 2014. *Industriegütermarketing*, 10. Aufl. München: Vahlen Verlag.

Backhaus, K. et al. 2013. Kundenbindung im Industriegütermarketing. In *Handbuch Kundenbindungsmanagement*, 8. Aufl., Hrsg. M. Bruhn, Ch. Homburg, 235–272. Wiesbaden: Gabler Verlag.

Bagozzi, R.P. 1974. Marketing as an Organized Behavioral System of Exchange. *Journal of Marketing* 38(4): 77–81.

Bergen, M., und G. John. 1997. Understanding Cooperative Advertising Participation Rates in Conventional Channels. *Journal of Marketing Research* 34: 357–369.

Bliemel, F., und A. Eggert. 1998. Kundenbindung – die neue Sollstrategie? *Marketing ZFP* 20(1): 37–46.

Bruhn, M., und Ch. Homburg (Hrsg.). 2013. *Handbuch Kundenbindungsmanagement*, 8. Aufl. Wiesbaden: Springer Verlag.

Cannon, J.P., und Ch. Homburg. 2001. Buyer-Supplier-Relationships and Customer Firm Costs. *Journal of Marketing* 65(January,): 29–43.

Cannon, J.P., und W.D. Perreault. 1999. Buyer-Seller Relationships in Business Markets. *Journal of Marketing Research* 36 (November): 439–460.

Dahlstrom, R., K.M. McNeilly, und T.W. Speh. 1996. Buyer-Seller Relationships in the Procurement of Logistical Services. *Journal of the Academy of Marketing Science* 24(2): 110–124.

Day, G. 1969. A Two-Dimensional Concept of Brand Loyalty. *Journal of Advertising Research* 9(3): 29–35.

Dick, A.S., und K. Basu. 1994. Customer Loyalty: Toward an Integrated Conceptual Framework. *Journal of the Academy of Marketing Science* 22(2): 99–113.

Diller, H. 1996. Kundenbindung als Marketingziel. *Marketing ZFP* 18(2): 81–94.

Diller, H., und M. Kusterer. 1988. Beziehungsmanagement – Theoretische Grundlagen und explorative Befunde. *Marketing – Zeitschrift für Forschung und Praxis* 10(3): 211–220.

Duhan, D., und S.D. Johnson. 1997. Influences on Consumer Use of Word-of-Mouth Recommendation Sources. *Journal of the Academy of Marketing Science* 25(4): 283–295.

Doney, P.M., und J.P. Cannon. 1997. An Examination of the Nature of Trust in Buyer-Seller Relationships. *Journal of Marketing* 61: 35–51.

Frazier, G.L., R.E. Spekman, und C.R. O'Neal. 1988. Just-in-Time Exchange Relationships in Industrial Markets. *Journal of Marketing* 52 (October): 52–67.

Ganesan, S. 1994. Determinants of Long-Term Orientation in Buyer-Seller-Relationship. *Journal of Marketing* 58: 1–19.

Geyskens, I., J.B. Steenkamp, L.K. Scheer, und N. Kumar. 1996. The Effects of Trust and Interdependence on Relationship Commitment: A Trans-Atlantic Study. *International Journal of Research in Marketing* 13(4): 303–317.

Geyskens, I., J.-B. Steenkamp, und N. Kumar. 1998. Generalizations About Trust in Marketing Channel Relationships Using Meta-Analysis. *International Journal of Research in Marketing* 15: 223–248.

Geyskens, I., J.-B. Steenkamp, und N. Kumar. 1999. A Meta-Analysis of Satisfaction in Marketing Channel Relationships. *Journal of Marketing Research* 36: 223–238.

Gierl, H., und G. Gehrke. 2004. Kundenbindung in industriellen Zuliefer-Abnehmer-Beziehungen. *Zeitschrift für betriebswirtschaftliche Forschung* 56: 203–236.

Gundlach, G.T., R.S. Achrol, und J.T. Mentzer. 1995. The Structure of Commitment in Exchange. *Journal of Marketing* 59 (January): 78–92.

Hakansson, H. (Hrsg.). 1982. *International Marketing and Purchasing of Industrial Goods: An Interaction Approach*. Chichester/New York/Brisbane: John Wiley & Sons.

Hallén, L., J. Johanson, und N. Seyed-Mohamed. 1991. Interfirm Adaptation in Business Relationships. *Journal of Marketing* 55: 29–37.

Haugland, S.A. 1999. Factors Influencing the Duration of International Buyer-Seller Relationships. *Journal of Business Research* 46: 273–280.

Heide, J.B., und G. John. 1990. Alliances in Industrial Purchasing: The Determinants of Joint Action in Buyer-Relationships. *Journal of Marketing Research* 54: 27–36.

Heilmann, L. 2013. Wie eine finanzielle Nutzenrechnung im Mittelstand umgesetzt werden kann. *Sales Management Review* 9/10: 48–56.

Homburg, Ch. 2014. *Marketingmanagement*, 5. Aufl. Wiesbaden: Gabler-Verlag.

Homburg, Ch., A. Becker, und F. Hentschel. 2013. Der Zusammenhang zwischen Kundenzufriedenheit und Kundenbindung. In *Handbuch Kundenbindungsmanagement*, 8. Aufl., Hrsg. M. Bruhn, Ch. Homburg, 101–134. Wiesbaden: Springer Gabler-Verlag.

Homburg, Ch., und M. Bruhn. 2013. Kundenbindungsmanagement – Eine Einführung in die theoretischen und praktischen Problemstellungen. In *Handbuch Kundenbindungsmanagement*, 8. Aufl., Hrsg. M. Bruhn, Ch. Homburg, 3–42. Wiesbaden: Springer Gabler-Verlag.

Homburg, Ch., und M. Bucerius. 2012. Kundenzufriedenheit als Managementherausforderung. In *Kundenzufriedenheit*, 8. Aufl., Hrsg. Homburg, Ch, 53–92. Wiesbaden: Gabler-Verlag.

Homburg, Ch., und A. Giering. 2001. Personal Characteristics as Moderators of the Relationship Between Customer Satisfaction and Loyalty – An Empirical Analysis. *Psychology&Marketing* 18(1): 43–66.

Homburg, Ch., und O. Jensen. 1999. Lieferantenzahl. In *Lexikon der Logistik*, Hrsg. C. Schulte, 240–243. München/Wien: R. Oldenburg Verlag.

Homburg, Ch., und O. Jensen. 2004. *KAM-Excellence: Key-Account-Management mit System, Arbeitspapier M85, in: Reihe Management Know-how*. Universität Mannheim: Institut für Marktorientierte Unternehmensführung.

Homburg, Ch., und N. Koschate. 2003. Kann Kundenzufriedenheit negative Reaktionen auf Preiserhöhungen abschwächen? *Die Betriebswirtschaft* 63(6): 619–634.

Homburg, Ch., O. Jensen, und A. Hahn. 2012. How to Organize Pricing? Vertical Delegation and Horizontal Dispersion of Pricing Authority. *Journal of Marketing* 76(5): 49–69.

Homburg, Ch., J. Wieseke, und W.D. Hoyer. 2009. Social Identity and the Service–Profit Chain. *Journal of Marketing* 73(2): 38–54.

Homburg, Ch., J.P. Workman, und O. Jensen. 2002. A Configurational Perspective on Key Account Management. *Journal of Marketing* 66(2): 38–60.

Ittner, C., D. Larcker, Taylor, und D. . 2009. Commentary – The Stock Market's Pricing of Customer Satisfaction. *Marketing Science* 28(5): 826–835.

Jensen, O. 2004. *Key-Account-Management: Gestaltung, Determinanten, Erfolgsauswirkungen*, 2. Aufl. Wiesbaden: Deutscher Universitäts-Verlag.

Jensen, O. 2013. Finanzielle Nutzenrechnung als Basiskompetenz der Preisdurchsetzung, Sales. *Management Review* 9(10): 38–46.

Johnston, W.J., und T.V. Bonoma. 1981. The Buying Center: Structure and Interaction Patterns. *Journal of Marketing* 45(Summer): 143–156.

Johnston, W.J., J.E. Lewin, und R.E. Spekman. 1999. International Industrial Marketing Interactions: Dyadic and Network Perspectives. *Journal of Business Research* 46: 259–271.

Joshi, A.W., und R.L. Stump. 1999. The Contingent Effect of Specific Asset Investments on Joint Action in Manufacturer-Supplier Relationships: An Empirical Test of the Moderating Role of Reciprocal Asset Investments, Uncertainty, and Trust. *Journal of the Academy of Marketing Science* 27(3): 291–305.

Kalwani, U.M., und N. Narayandas. 1995. Long-Term Manufacturer-Supplier Relationships: Do They Pay Off for Supplier Firms? *Journal of Marketing* 59(January,): 1–16.

Kundenintegration

Sabine Fließ

Inhaltsverzeichnis

1 Erscheinungsformen der Kundenintegration 223
2 Ziele der Kundenintegration 228
3 Prozessevidenz als Voraussetzung erfolgreicher Kundenintegration 229
4 Management der Kundenintegration mit Hilfe des Service Blueprints 234
    4.1 Das Service Blueprint im Überblick 234
    4.2 Die Line of Interaction 238
    4.3 Die Line of Visibility 240
    4.4 Die Line of Internal Interaction 241
    4.5 Die Line of Order Penetration 243
5 Zusammenfassung 244
Literatur 245

1 Erscheinungsformen der Kundenintegration

Kundenintegration bezeichnet vereinfacht die Mitwirkung des Kunden an der Erstellung einer Leistung. Als empirisches Phänomen ist Kundenintegration derzeit in vielen Bereichen zu beobachten. Es lassen sich vereinfacht drei Bereiche der Kundenintegration unterscheiden (Fließ et al. 2011):

- Industrielles Lösungsgeschäft,
- Kundenmitwirkung im Rahmen der Massenmarktproduktion,
- Dienstleistungsgeschäft.

Prof. Dr. Sabine Fließ ✉
FernUniversität in Hagen, Douglas-Stiftungslehrstuhl für Dienstleistungsmanagement,
Hagen, Deutschland
e-mail: sabine.fliess@fernuni-hagen.de

Das **industrielle Lösungsgeschäft** ist dadurch gekennzeichnet, dass gemeinsam mit dem Kunden eine für das spezifische Kundenproblem geeignete individuelle Lösung erarbeitet wird. Die Komplexität reicht dabei vom Großanlagengeschäft bis hin zum Sondermaschinenbau. Die Mitwirkung des Kunden kann dabei unterschiedliches Ausmaß annehmen. So erfordert bspw. das Großanlagengeschäft eine sehr intensive Zusammenarbeit zwischen Anbieter und Nachfrager, die bei der Planung und dem Bau von Fabrikanlagen von der Erstellung von Bedarfsanalysen und Vorstudien über die Konzeption der technischen Lösung und die Sicherstellung der Finanzierung bis hin zur eigentlichen Ausführung und zur Abwicklung der Gewährleistungsansprüche reicht. In jeder dieser Phasen ist der Anbieter auf die Mitwirkung des Kunden angewiesen. Der Kunde muss ihm die notwendigen Informationen zur Verfügung stellen, wie etwa bei der Durchführung der Bedarfsanalyse oder der Konzeption der technischen Lösung, und der Kunde bringt sich über seine Mitarbeiter ein, wie etwa bei Verhandlungen oder bei der Inbetriebnahme.

Im Rahmen individualisierter Leistungen, z. B. Softwarearchitektur oder Sondermaschinenbau, liefert der Kunde Informationen über die Nutzungskonzeption oder Anbieter und Kunde erarbeiten diese gemeinsam (Hildebrandt 1997; Jacob 1995; Mayer 1993). Allerdings stoßen Anbieter von stark individualisierten Leistungen zunehmend auch an Grenzen, da die mit der Individualisierung und den dahinter stehenden produkt- und auftragsspezifischen Prozessen verbundenen Komplexitätskosten nicht immer durch entsprechend hohe Preise des Marktes entgolten werden (Schweikart 1997). Diesem tragen Anbieter durch eine Kombination aus standardisierten und individualisierten Elementen Rechnung. Jacob hat in einer explorativen Studie herausgefunden, dass der optimale Individualisierungsgrad zwischen 20 % und 30 % liegt, da die höheren Kosten der Individualisierung nicht durch höhere Preise gedeckt werden können (Jacob 1995).

Neben dem industriellen Lösungsgeschäft hat die Leistungsindividualisierung jedoch auch im Bereich der **Massenmarktproduktion** zunehmend an Bedeutung gewonnen. Eine Ursache hierfür liegt darin, dass durch flexible Fertigungstechnologien Kunden in allen Branchen in zunehmendem Maße an der Leistungserstellung beteiligt werden können. Die Bemühungen, standardisierte Leistungen stärker zu individualisieren, werden unter dem Schlagwort „Mass Customization" oder „Maßgeschneiderte Massenfertigung" behandelt (Pine 1993; Schnäbele 1997). Dieser hybride Strategieansatz versucht strategische Elemente des Kostenwettbewerbs und des Differenzierungswettbewerbs zeitgleich zu realisieren und erlaubt mit Hilfe moderner Informations- und Produktionstechnologien sowohl eine kostengünstige Fertigung als auch den Absatz von individualisierten Gütern für Massenmärkte. Durch die Modularisierung von Produkten und Prozessen kann der klassische Zielkonflikt zwischen hoher Variantenvielfalt und geringen Kosten entschärft werden (Grasmugg und Schoder 2002). Typischer Anwendungsbereich ist die Computerindustrie, in der der Kunde seinen PC oder Laptop über einen Konfigurator „designt" und der Anbieter diese Lösung produziert und ausliefert.

Kundenintegration findet in der Massenmarktproduktion aber auch bereits während der Entwicklungsphase statt. Eines der bekanntesten Beispiele sind die Studien Hippels über die Zusammenarbeit mit Lead-Usern. In seinen Untersuchungen über Innovationen im Bereich wissenschaftlicher Messgeräte bzw. Produktionsmaschinen fand er heraus, dass in 77 % bzw. 67 % der Fälle Nutzer von Messgeräten Verbesserungen der Geräte vorschlugen und vornahmen. Darüber hinaus verbreiteten sie Ergebnisse und Anwendungsinformationen durch Publikationen und Vorträge auf Symposien und bauten zum Teil sogar ihre eigenen Geräte (Von Hippel 1988). Ausgehend von diesen Erkenntnissen entwickelte Hippel eine Vorgehensweise, einzelne Kunden, sog. Lead User, systematisch in den Produktentwicklungs- und Markteinführungsprozess einzubinden, um so in der Produktentwicklung und -einführung näher an den Marktbedürfnissen zu operieren und damit vor „Flops" gefeit zu sein (Von Hippel 1988).

Zunehmende Verbreitung hat die Einbindung des Kunden in den Innovationsprozess auch durch die Weiterentwicklung des Internets erfahren. War beim Lead-User-Ansatz der Kreis der integrierten Nachfrager noch geschlossen und i. d. R. auf Experten oder ausgewählte Nutzer beschränkt, wird er im Zuge der „Open Innovation" (Chesbrough 2006) auch auf andere Gruppen ausgedehnt. Von Hippel spricht in diesem Zusammenhang von der Demokratisierung der Innovation (Von Hippel 2005), Howe vom „rising of the amateur" (Howe 2008). Unternehmen bauen eigene Plattformen auf, um nicht nur spezifische Probleme lösen zu lassen, sondern auch generell Anregungen für neue Leistungsangebote zu erhalten. Daneben entwickeln sich Plattformen, auf denen Unternehmen Probleme zur Lösung ausschreiben, um gezielt am spezifischen Wissen Anderer zu partizipieren (z. B. InnoCentive.com; vgl. zu einer Übersicht der Nutzung des Crowdsourcing durch Unternehmen Gassmann 2010). Die zu lösenden Probleme sind dabei nicht auf Produkt- und Dienstleistungsentwicklungen beschränkt, sondern können sich auch auf die Produktion oder die Logistik beziehen und somit große Teile des Leistungserstellungsprozesses umfassen.

Während die Einbindung von Kunden in die Erstellung materieller Leistungsergebnisse, wie im industriellen Lösungsgeschäft, bei der Mass Customization oder bei der Entwicklung neuer Produkte, als eine Option des Anbieters anzusehen ist, gilt Kundenintegration im **Dienstleistungsbereich** als obligatorisch (Fließ et al. 2011). Kundenintegration bildet ein konstitutives Merkmal von Dienstleistungen (Berekoven 1974; Kleinaltenkamp 1998a). So stellt der Kunde etwa bei der Maschinenreparatur die zu reparierende Maschine zur Verfügung oder bei der Reinigung von Büroräumen das zu reinigende Gebäude. Hierbei wird die Dienstleistung an dem vom Kunden zur Verfügung gestellten Objekt erbracht. Ohne dieses Objekt, und damit ohne die Mitwirkung des Kunden, ist eine Dienstleistungserstellung nicht möglich.

Die Besonderheit, dass der Nachfrager an der Leistungserstellung des Anbieters mitwirkt, ist in der Literatur durch die Prägung neuer Begriffe und Bezeichnungen immer wieder herausgestellt worden. So spricht man im deutschen Sprachraum von der „Integration des Nachfragers und seiner Verfügungsobjekte", von der „Kundenintegration" bzw. der „Customer Integration" oder der „Integrativität" (Engelhardt und Freiling 1995; Kleinaltenkamp et al. 1996). Im englischsprachigen Bereich finden sich Begriffe wie „customer co-creation", „customer participation" oder „customer co-production" (Kelley et al. 1990; Möller 2008; Vargo und Lusch 2008).

Während der Begriff der Kundenintegration die Anbieterperspektive betont, stellen die Begriffe der Customer co-creation die Gleichgewichtigkeit von Anbieter und Kunde in den Mittelpunkt (Kleinaltenkamp et al. 2009). In ihrer „Service-Dominant Logic of Marketing" gehen Vargo und Lusch (Vargo und Lusch 2004) sogar von einer Dominanz des Kunden aus, indem sie postulieren „the customer is always a co-creator of value" (Vargo und Lusch 2004). Sieht man die Erzielung von Nutzen als ultimatives Ziel ökonomischer Prozesse an, so kann ohne eine Beteiligung des Nachfragers, zumindest in der Nutzungsphase von Produkten, überhaupt kein Nutzen erzeugt werden. Der Nachfrager als Co-Producer ist demnach lediglich eine Konkretisierung und Weiterführung dieser Rolle (Möller 2008). Andere Autoren betrachten als Spiegelbild der Kundenintegration die Anbieterintegration (Fließ und Becker 2006).

Betrachtet man die verschiedenen Erscheinungsformen der Kundenintegration, so lassen sich verschiedene Schwerpunkte der Kundenmitwirkung in den einzelnen **Phasen der Kundenintegration** erkennen. Die Individualisierung der Leistung erfordert die Mitwirkung des Kunden in der Konzeptions- oder Designphase. Hier äußert der Kunde seine individuellen Vorstellungen über die Leistung und stellt in erster Linie Informationen zur Verfügung. In der Designphase können sowohl ein individueller Kunde als auch eine Mehrzahl von Kunden, z. B. über Online-Plattformen, integriert werden. In der Produktionsphase wirkt der Kunde mit, indem er Objekte, Daten oder Rechte zur Verfügung stellt oder selbst im Rahmen der Produktion Aufgaben übernimmt. Ergebnis der Leistungserstellung kann dabei sowohl ein materielles Produkt, z. B. Maschine zur Plastifizierung kundenspezifischer Kunststoffe, als auch eine immaterielle Dienstleistung, z. B. Maschinenreparatur, sein. Darüber hinaus können Kunden auch in der Nutzungsphase integriert werden, so dass eine gemeinsame Konsumption entsteht. Obwohl diese Form der Kundenintegration im Business-to-Consumer-Bereich weiter verbreitet ist als im Business-to-Business-Bereich, lassen sich auch hier entsprechende Formen beobachten. Man denke etwa an gemeinsame Führungen von Kundengruppen durch das Unternehmen, an Vortragsveranstaltungen oder Schulungen. In der Nachkaufphase werden Kunden integriert, indem sie anderen Kunden von ihren Erfahrungen berichten, z. B. als Referenzkunden, bei Vortragsveranstaltungen oder über entsprechende Internetplattformen.

Die Mitwirkung des Kunden erfolgt dabei grundsätzlich in folgender Weise:

- Der Kunde vermittelt dem Anbieter *Informationen* über sein Problem und seine Vorstellung der zu erstellenden Leistungen, z. B. spezifiziert er bei der Beauftragung einer Unternehmensberatung seine Probleme. Diese Kundenintegration ist charakteristisch für jegliche Form der Leistungsindividualisierung – sei es im Rahmen von Innovationsprozessen oder von kundenspezifischer Leistungserstellung.
- Der Kunde stellt *Objekte, Personen oder Daten* zur Verfügung, an denen bzw. mit deren Hilfe die Leistung erstellt wird. So werden etwa bei der Maschinenreparatur die zu reparierende Maschine zur Verfügung gestellt. An Schulungen nehmen Personen teil und bei der Wirtschaftsprüfung werden Daten integriert.

- Der Kunde stellt dem Anbieter *Ressourcen* zur Verfügung, indem er *Aktivitäten* übernimmt. So kann er bspw. mittels eines Internetkonfigurators seinen eigenen PC zusammenstellen und übernimmt damit die Aktivität des Konfigurierens vom Anbieter. Hierbei können auch Personen für die gesamte Dauer des Kundenintegrationsprozesses abgestellt werden, die etwa bei der Softwareerstellung die Aufgabe haben, die bereits erstellten Bausteine zu testen und freizugeben. Die Übernahme von Aktivitäten im Rahmen der verschiedenen Phasen des Leistungserstellungsprozesses wird auch als Externalisierung bezeichnet (Corsten und Gössinger 2007) und findet sich bei der Erstellung sowohl materieller als auch immaterieller Leistungen.

In einem Kundenintegrationsprozess können alle drei Formen der Kundenmitwirkung auftreten, es können aber auch lediglich Informationen integriert werden. Die Mitwirkung des Kunden wird aus einer produktionstheoretischen Sicht auch als „Integration externer Faktoren" bezeichnet, da die vom Kunden eingebrachten Informationen, Objekte, Personen, Daten und Ressourcen aus Sicht des Anbieters als Produktionsfaktoren angesehen werden können. Externe Faktoren werden vom Nachfrager zeitlich beschränkt in den Verfügungsbereich des Anbieters eingebracht und stehen dem Anbieter für die Dauer dieses Prozesses zur Verfügung. Gleichzeitig werden dem Anbieter auch bestimmte Verfügungsrechte übertragen (Ullrich 2004). Bei einer Maschinenreparatur handelt es sich bspw. um das Recht, den externen Faktor „Maschine" zu verändern. Im Verlauf des Leistungser-

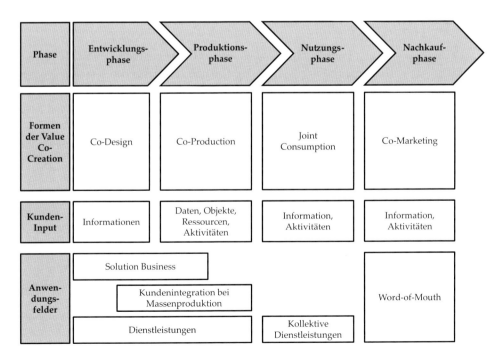

Abb. 1 Erscheinungsformen der Kundenintegration (in Anlehnung an Fließ et al. 2011)

stellungsprozesses werden die externen Faktoren in unterschiedlichem Umfang mit der Bereitstellungsleistung eines Anbieters, also den internen Produktionsfaktoren, kombiniert (Kleinaltenkamp 1993).

Die verschiedenen Erscheinungsformen der Kundenintegration lassen sich, wie in Abb. 1 dargestellt, zusammenfassen.

2 Ziele der Kundenintegration

Eine Mindestmitwirkung des Kunden ist bei allen Leistungen erforderlich. Der Kunde muss dem Anbieter immer mindestens mitteilen, welche Art von Leistungen er wünscht, d. h. die Integration einer Mindestmenge von Informationen ist immer erforderlich (Engelhardt et al. 1993). Darüber hinaus bestehen Wahlmöglichkeiten für den Anbieter:

- Er kann die Leistung mehr oder weniger individualisieren und dem Kunden dadurch mehr oder weniger Gestaltungsrechte einräumen.
- Er kann den Kunden mehr oder weniger an der Erstellung der Leistung beteiligen und ihm mehr oder weniger Aktivitäten übertragen (Externalisierung).

Mit der Entscheidung, den Kunden im Rahmen von Individualisierung und Externalisierung stärker in den Leistungserstellungsprozess zu integrieren, kann der Anbieter folgende Ziele verfolgen:

- Durchsetzung höherer Preise und Erzielung höherer Gewinne: Individualisierten Leistungen messen Nachfrager einen höheren Wert zu und sind daher bereit, höhere Preise zu zahlen (Minculescu 2013). Gleichzeitig erschwert die Individualisierung den Leistungsvergleich auf dem Markt, so dass ggf. auch Preisintransparenz besteht und sich deshalb höhere Preise durchsetzen lassen. Leistungsindividualisierung führt dabei nicht notwendigerweise zu höheren Kosten und damit zu Effizienznachteilen (Minculescu 2013).
- Erhöhung der Qualität: Dadurch, dass der Kunde seine eigenen Vorstellungen in den Leistungserstellungsprozess einbringt, lässt sich die Qualität der Leistung verbessern, da diese genauer an den Vorstellungen des Nachfragers ausgerichtet werden kann (Lengnick-Hall 1996). Dadurch können Nachfrager wiederum auf ihren Märkten Wettbewerbsvorteile erlangen.
- Steigerung der Produktivität: Durch die Verlagerung von Aktivitäten vom Anbieterunternehmen an das Kundenunternehmen (Externalisierung) lassen sich Kosten senken und ggf. Produktivitätssteigerungen erzielen (Lovelock und Young 1979).
- Erhöhung der Kundenbindung: Kunden investieren während der Leistungserbringung in Ressourcen (sog. spezifische Faktoren, vgl. Williamson 1985). Hierdurch können gegenseitige Abhängigkeiten entstehen, die im positiven Fall zu einer Stärkung der Kundenbeziehung, im negativen Fall zu „Befreiungsstrategien" des Kunden führen.

Durch die Zusammenarbeit im Leistungserstellungsprozess entstehen Vertrauen und Commitment, so dass sich die Wechselkosten erhöhen und somit die Kundenbindung gestärkt wird (Kleinaltenkamp 1998b).
- Nutzung des Kundenwissens: Kunden verfügen über Wissensvorsprünge hinsichtlich der Bedarfe, der Einsatzbedingungen und der konkreten Nutzung von Leistungen, so dass der Anbieter sich implizites Wissen zu erschließen vermag (Möller 2004). Dieses Wissen kann wiederum seine eigenen Fähigkeiten stärken (Kleinaltenkamp 1997) und so wiederum zu Wettbewerbsvorteilen führen, etwa indem schneller überlegene Produkte am Markt etabliert werden. Im Innovationsprozess lassen sich durch Kundeneinbindung neue Ideen generieren und Risiken der Entwicklung und Vermarktung reduzieren (vgl. den Überblick bei Veßhoff und Freiling 2009).

Die verstärkte Einbindung des Kunden im Rahmen von Individualisierung und Externalisierung ist jedoch auch an bestimmte Voraussetzungen auf Kunden- und Anbieterseite geknüpft.

3 Prozessevidenz als Voraussetzung erfolgreicher Kundenintegration

Grundlegende Voraussetzung für einen erfolgreichen Ablauf von Kundenintegrationsprozessen ist Prozessevidenz auf Kunden- und Anbieterseite. Prozessevidenz setzt sich aus drei Dimensionen zusammen: Problemevidenz, Integrationsevidenz und Faktorevidenz (vgl. zum Folgenden Fließ (2001); vgl. Abb. 2).

Problemevidenz lässt sich auf die beiden Komponenten Problembewusstsein und Problemtransparenz zurückführen. Mangelndes Problembewusstsein ist gegeben, wenn der Nachfrager nicht einmal erkennt, dass er die Leistungen des Anbieters benötigt. Setzt man voraus, dass der Leistungserstellungsprozess erst durch einen Kontakt zwischen Anbieter und Nachfrager angestoßen wird, liegt das Problembewusstsein im Vorfeld des Leistungserstellungsprozesses. Mangelnde Problemtransparenz ist gegeben, wenn der Nachfrager zwar erkennt, dass er die Leistungen des Anbieters benötigt, aber außer Stande ist, sie zu präzisieren, oder aber ihm aufgrund einer falschen oder unzureichenden Problemanalyse Leistungsspezifikationen vorschweben, die zur Lösung seines Problems ungeeignet sind. Mangelnde Problemevidenz stellt vor allem bei individualisierten Leistungen ein Problem für den Anbieter dar. Hilfreich ist es dann, die Nutzungskonzeption des Nachfragers zu präzisieren, so dass der Anbieter hieraus entsprechende Schlussfolgerungen bezüglich der benötigten Technologiekonzeption ziehen kann (Gemünden 1980). Möchte der Kunde etwa ein vertriebsunterstützendes Informationssystem erwerben, so ist es für den Anbieter wichtig zu wissen, wie der Außendienst des Kundenunternehmens organisiert ist und ob lediglich Produktinformationen oder auch Kundeninformationen in das Informationssystem eingehen sollen und ob das System auch Informationen für die Provisionszahlungen der Außendienstmitarbeiter enthalten soll.

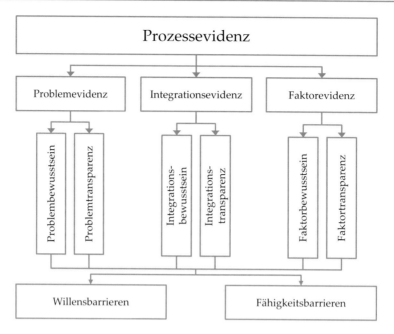

Abb. 2 Dimensionen der Prozessevidenz

Analog zur Problemevidenz lässt sich die **Integrationsevidenz** auf die beiden Komponenten Integrationsbewusstsein und Integrationstransparenz zurückführen. Integrationsbewusstsein liegt vor, wenn der Nachfrager um die Bedeutung seiner Mitwirkung an der Leistungserstellung weiß und ihm insbesondere bewusst ist, dass seine Mitwirkung einen Einfluss auf die Prozessdauer, die Qualität des Leistungsergebnisses und seinen eigenen Nutzen hat (Marion 1996). Integrationstransparenz bezieht sich darauf, dass der Nachfrager Kenntnisse über den Ablauf des Prozesses besitzt und weiß, an welchen Stellen seine Mitwirkung erforderlich oder gewünscht ist. Fehlende Integrationstransparenz kann auf Diskrepanzen hinsichtlich der Vorstellungen und Erwartungen auf Anbieter- und Nachfragerseite zurückzuführen sein, die sich in unterschiedlichen „Scripten" des Integrationsprozesses ausdrücken (Bateson 1985). Unter einem „Script" wird dabei eine kognitive Struktur verstanden, die in einer bestimmten Situation eine Folge von Ereignissen beschreibt (Abelson 1976). Das Script leitet die Person bei der Interpretation von Informationen, der Entwicklung von Erwartungen und geeigneten Verhaltensroutinen. Mit Hilfe eines solchen Scripts sind Personen in der Lage, sich in Situationen zurechtzufinden und stereotype Verhaltensweisen zu entwickeln. Sind auf Nachfragerseite, wie im Business-to-Business-Bereich üblich, mehrere Personen am Kundenintegrationsprozess beteiligt, so können sich die Schwierigkeiten durch die zwischen den Beteiligten erforderlichen Abstimmungsprobleme noch weiter verstärken.

Sowohl fehlendes Integrationsbewusstsein als auch fehlende Integrationstransparenz führen zu Verzögerungen im Kundenintegrationsprozess, da der Kunde sich nicht reibungslos in den Prozess integriert. Hier besteht die Aufgabe des Anbieters darin, den Kunden über seine Mitwirkung im Prozess aufzuklären und ggf. zu den erforderlichen Zeitpunkten die Beiträge des Nachfragers abzurufen.

Faktorevidenz besteht schließlich, wenn dem Nachfrager zum einen bewusst ist, welche Informationen und Objekte er bereitstellen muss und/oder welche Aktivitäten er zu übernehmen hat (sog. Faktorbewusstsein). Zum anderen muss er in der Lage sein, die erforderlichen Informationen, Objekte und Aktivitäten zur richtigen Zeit an der richtigen Stelle in der notwendigen Qualität und Quantität zu erbringen (Faktortransparenz). Fehlendes Wissen des Nachfragers über die erforderliche Qualität kann ebenso zu mangelnder Faktorevidenz beitragen wie mangelnde Bereitschaft des Nachfragers, die – möglicherweise mit mehr Anstrengungen verbundene – Beschaffung zu veranlassen. Gelingt ihm dies nicht, so führt dies nicht nur zu Verzögerungen im Prozess, sondern insbesondere die mangelnde Qualität der eigenen Beiträge kann die Qualität des gesamten Leistungsergebnisses mindern.

Fehlende oder mangelnde Problem-, Integrations- und Faktorevidenz auf Nachfragerseite können sich in **Willensbarrieren** manifestieren (vgl. zum Begriff der Willensbarrieren Witte 1973). Willensbarrieren liegen vor, wenn dem Kunden die Motivation fehlt, sich in den Leistungserstellungsprozess zu integrieren. So kann der Nachfrager sich etwa auf den Standpunkt stellen, dass er den Anbieter mit der Erstellung der Leistung beauftragt hat, dafür den Kaufpreis entrichtet und daher eine Mitarbeit nicht erwartet werden kann (Fließ 1996a, Fließ 1996b). Willensbarrieren können durch Anreizsysteme überwunden werden.

Darüber hinaus kann sich fehlende oder mangelnde Prozessevidenz auf Nachfragerseite auch in **Fähigkeitsbarrieren** niederschlagen. Fähigkeitsbarrieren sind auf mangelnde Qualifikation und Kompetenzen zurückzuführen (vgl. zum Begriff der Fähigkeitsbarrieren Witte 1973). Fähigkeitsbarrieren lassen sich durch Customer Empowerment überwinden (Gouthier 2003).

Ebenso wie der Nachfrager kann auch der Anbieter durch fehlende bzw. mangelhafte Problem-, Integrations- und Faktorevidenz gekennzeichnet sein. Die Problemevidenz des Anbieters bezieht sich analog zur Problemevidenz des Nachfragers auf das Wissen um das zu lösende Kundenproblem. Ursachen mangelnder Problemevidenz können in fehlenden Erfahrungen des Anbieters mit ähnlichen Problemen begründet liegen, so dass er nicht in der Lage ist, die Schilderungen des Nachfragers nachzuvollziehen oder die für eine Problemdefinition notwendigen Fragen zu stellen. Sie können aber ebenso auf fehlerhafte Kommunikation zwischen Anbieter und Nachfrager zurückzuführen sein (Zeithaml et al. 1988).

Zusätzlich zur mangelnden Problemevidenz kann es auch dem Anbieter an Integrationsbewusstsein fehlen. Nicht immer ist sich der Anbieter darüber im Klaren, in welchem Maße der Nachfrager an der Leistungserstellung mitwirken möchte, und nicht immer ist der Anbieter bereit, den Nachfrager in dem Maße, das ihm vorschwebt, an der Leistungserstellung mitwirken zu lassen. Dies kann etwa darauf zurückgeführt werden, dass der Nachfrager stärker auf das Leistungsergebnis als auf den Leistungserstellungsprozess fixiert ist und sich daher gewissermaßen überengagiert an der Leistungserstellung beteiligt. In diesem Sinne ist der Kundenintegrationsprozess indeterminiert, so dass sich der Integrationsgrad erst im Laufe des weiteren Prozessverlaufes ergibt bzw. zwischen Anbieter und Nachfrager ausgehandelt wird. Die jeweilige Arbeitsteilung kann zwischen Anbieter und Nachfrager dann erst während des Prozesses vereinbart werden, d. h. erst im weiteren Verlauf des Leistungserstellungsprozesses wird festgelegt, welche Beiträge der Anbieter benötigt und welche dieser Beiträge der Nachfrager zu stellen bereit ist.

Neben mangelndem Integrationsbewusstsein kann auch auf Anbieterseite – analog zur Nachfragersituation – fehlende Integrationstransparenz für Probleme der Prozesssteuerung verantwortlich sein. Fehlende Integrationstransparenz manifestiert sich in fehlendem Wissen über Zeit, Ort, Qualität und Quantität der benötigten externen Faktoren. Ursache hierfür ist mangelndes Wissen hinsichtlich der Produktionsvorgänge und der daraus resultierenden Schrittfolge.

Schließlich kann auch der Anbieter mit Problemen mangelnder Faktorevidenz konfrontiert sein. Auf Anbieterseite sind als Produktionsfaktoren vor allem Humanressourcen, d. h. Menschen, an der Leistungserstellung beteiligt. Hierbei können mangelnde Erfahrungen, aber auch fehlende Qualifikationen die Ursache dafür sein, dass die Mitarbeiter nicht wissen, wie sie den Prozess durchführen und steuern oder an welchen Stellen sie welche Leistungsbeiträge welcher Qualität vom Kunden abfordern müssen. Mangelnde Faktorevidenz liegt aber auch dann vor, wenn der Anbieter nicht in der Lage ist, die Qualität der externen Faktoren zu beurteilen, etwa weil die Qualitätsprüfung mit zu hohen oder vielleicht sogar prohibitiv hohen Kosten verbunden ist (Hempe 1997). So erfährt der Anbieter häufig erst dann, über welche Fähigkeiten die an der Softwareentwicklung auf Kundenseite beteiligten Mitarbeiter verfügen, wenn diese bereits in den Leistungserstellungsprozess integriert sind.

Prozessevidenz kann unterschiedlich zwischen Anbieter und Nachfrager verteilt sein. Dem entsprechend lassen sich die vier in Abb. 3 dargestellten Kundenintegrationsprozesse unterscheiden (Fließ 1996b).

Verfügt keine der beteiligten Parteien über die notwendige Prozessevidenz, muss das Wissen während des Kundenintegrationsprozesses erzeugt werden. Hierbei versuchen Anbieter und Nachfrager gemeinsam, Problemevidenz, Integrationsevidenz und Faktorevidenz zu schaffen. Es handelt sich um einen Kundenintegrationsprozess vom Typ I, der als „trial and error" bezeichnet werden kann. Ein Beispiel hierfür stellt die gemeinsame Entwicklung eines innovativen Produktes dar, bei dem Anbieter und Nachfrager erstmalig zusammenarbeiten.

Ist die Prozessevidenz ungleich zwischen Anbieter und Kunde verteilt, so handelt es sich um asymmetrische Kundenintegrationsprozesse. Bei Typ II besitzt der Nachfrager einen Wissensvorsprung, der ihn befähigt, seine eigenen Leistungsbeiträge und den Verlauf des Prozesses zu bestimmen und ggf. sogar die Anbieterseite zu koordinieren. Beispiele für Integrationsprozesse dieser Art finden sich in Branchen mit ausgeprägtem Supply-Management, bspw. in der Automobilindustrie, oder bei der Beschaffung wehrtechnischer Güter.

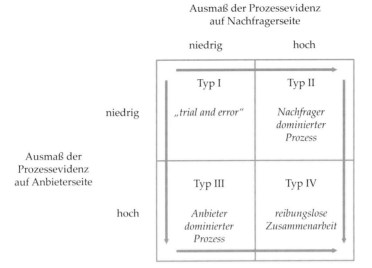

Abb. 3 Typen von Kundenintegrationsprozessen (Fließ 1996b, S. 95)

Typ III ist dadurch gekennzeichnet, dass der Anbieter hohe Prozessevidenz besitzt, die Prozessevidenz des Nachfragers jedoch nur in geringem Maße ausgeprägt ist. Um einen Fall eines solchen Kundenintegrationsprozesses handelt es sich bei einem Mittelständler, der zum ersten Mal mit einem Unternehmensberater zusammenarbeitet, oder bei einer Firma, die erstmals ein Kraftwerk baut.

Ist die Informationsverteilung bekannt, so könnte bei den Typen II und III das Steuerungsproblem in der Form gelöst werden, dass die jeweils besser informierte Partei bzw. Person die Steuerung des Schrittes übernimmt, in dem sie einen Informationsvorsprung besitzt. Eine solche Steuerung wäre in höchstem Maße effizient und effektiv.

Erschwert wird jedoch eine solche Arbeitsteilung durch die folgenden Aspekte. Zum einen ist die Informationsverteilung zwischen Anbieter- und Nachfragerseite häufig nicht genau bekannt, so dass sowohl Anbieter als auch Nachfrager mit dem Informationsparadoxon konfrontiert sind. Selbst wenn bekannt ist, welche Seite über mehr Informationen (nicht über welche Informationen) verfügt, ist der Austausch von Informationen nicht kostenlos. Sowohl das Ausfindigmachen der fehlenden Informationen, die Übermittlung der Informationen, die Prüfung der Informationsqualität, die Verarbeitung und die Speicherung sind mit Kosten verbunden. Die Kosten sind dabei umso höher, je größer der Anteil des sog. „tacit knowledge" (Polanyi 1962) ist. Hierbei können die Kosten der Informationsübertragung sogar prohibitiv hoch sein. Schließlich müssen Anbieter und Nachfrager mit Opportunismus der jeweils anderen Seite rechnen, der dazu führt, dass das Wissen zum jeweils eigenen Vorteil und zum Nachteil des jeweils anderen angewendet wird. Hieraus resultieren Konflikte, die zwischen Anbieter und Nachfrager zu lösen sind.

Kundenintegrationsprozesse „reibungsloser Zusammenarbeit" (Typ IV) sind dadurch gekennzeichnet, dass sowohl Anbieter als auch Nachfrager über ein Höchstmaß an Prozessevidenz verfügen. Beide Seiten sind sich bewusst, dass der Abstimmung ihrer Leistungsbeiträge besondere Bedeutung für das Leistungsergebnis zukommt. Die Beteiligten besitzen auch eine gewisse Transparenz bezüglich des Prozessablaufs. Solche Integrationsprozesse sind durch eine starke Kooperation der Beteiligten und geringe Schnittstellenprobleme gekennzeichnet. Diese Art von Prozessen ist charakteristisch für langjährige Geschäftsbeziehungen oder enge Kooperationsbeziehungen. Ein Beispiel hierfür stellt der Kunde dar, der seine spezifischen Werkzeugmaschinen bereits seit Jahren bei demselben Anbieter anfertigen lässt. Die Partner und ihr Verhalten sind weitgehend bekannt. Beide Seiten besitzen Erfahrungen aus ähnlichen Prozessen, so dass sich bereits bestimmte Strukturen der Kundenintegration gebildet haben.

Alle vier Prozesstypen können effektiv verlaufen, wenn bezüglich der Arbeitsteilung Konsens besteht. Fehlt dieser Konsens, so treten Konflikte auf, die die Qualität des Leistungsergebnisses beeinträchtigen und sich auch auf die Effizienz des Leistungserstellungsprozesses auswirken.

Um Prozessevidenz zwischen den beiden beteiligten Parteien herzustellen und den Kundenintegrationsprozess optimal zu gestalten und zu steuern, kann das Service Blueprint herangezogen werden.

4 Management der Kundenintegration mit Hilfe des Service Blueprints

4.1 Das Service Blueprint im Überblick

Ein Blueprint ist eine abstrakte Darstellung der Aktivitäten innerhalb eines Kundenintegrationsprozesses auf zwei Dimensionen: Die horizontale Dimension bezieht sich auf die chronologische Darstellung der Aktivitäten, die bei der Erstellung von Dienstleistungen jeweils vom Anbieter und Kunden durchzuführen sind. In der horizontalen Betrachtungsweise wird demnach die zeitliche Dimension der Leistungserstellung berücksichtigt. Die vertikale Dimension enthält verschiedene Ebenen, wobei die Aktivitäten in abnehmender Bedeutung für den Kunden sortiert werden.

Während die chronologische (horizontale) Betrachtung als ein Kernelement des Blueprints im Laufe der Zeit keinen Veränderungen unterlag, gab es bezüglich der Unterteilung der vertikalen Dimension im Verlauf der letzten 20 Jahre verschiedene Entwicklungsstufen (Zu den einzelnen Entwicklungsstufen vgl. Fließ 2001; Kleinaltenkamp 2000). Die Betrachtung wird sich hier auf die dritte Entwicklungsstufe von *Kleinaltenkamp* und *Fließ* beschränken (Fließ 2001; Kleinaltenkamp 2000).

Abbildung 4 zeigt das Blueprint in allgemeiner Form und Abb. 5 den Verlauf und die Systematisierung des Akquisitionsprozesses der Erstellung einer kundenspezifischen Maschine mit Hilfe des Blueprints.

Beginnt man die Betrachtung der vertikalen Dimension von oben nach unten, ist die erste Linie des Blueprints die **Line of Interaction** oder **Kundeninteraktionslinie**. Sie

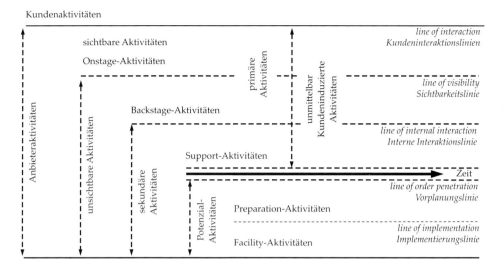

Abb. 4 Die Struktur des Service Blueprints (Fließ 2001, S. 45)

trennt die Ebene der Kundenaktivitäten (oberhalb der Interaktionslinie) von den Anbieteraktivitäten (unterhalb der Interaktionslinie). Diese Linie bildet die Schnittstelle zwischen dem Kunden und dem Anbieter. Mit der Betrachtung dieser Schnittstelle wird der Integration des externen Faktors und dem daraus resultierenden Kundenkontakt Rechnung getragen. Die einzelnen Punkte, an denen Kunde und Anbieter die Interaktionslinie berühren, werden auch „Kontaktpunkte" oder „Augenblicke der Wahrheit" genannt (Stauss 1991). Diese spielen besonders bei der Qualitätswahrnehmung der Kunden eine bedeutende Rolle. Durch die Visualisierung des Prozesses mit Hilfe des Blueprints kann so die Kundenmitwirkung verdeutlicht werden. Im Akquisitionsprozess der kundenindividuellen Maschine gehören zur Interaktion die Kontaktaufnahme zwischen Anbieter und Kunde, die Entwicklung von Lasten- und Pflichtenheft sowie die Übergabe und Verhandlung des Angebots.

Die zweite Linie wird als **Line of Visibility** oder **Sichtbarkeitslinie** bezeichnet und trennt damit die Bereiche der für den Kunden sichtbaren Aktivitäten des Anbieters von denen für den Kunden nicht sichtbaren Aktivitäten. Damit wird eine Trennung von Backstage-Aktivitäten und Onstage-Aktivitäten erreicht (Fließ 2001). Alle Interaktionsaktivitäten des Akquisitionsprozesses sind für den Kunden sichtbar; sichtbare Aktivitäten des Anbieters ohne Interaktion mit dem Kunden gibt es nicht.

Während die Kundeninteraktionslinie die Schnittstelle zwischen Kunden und Mitarbeitern abbildet, stellt die **Line of Internal Interaction** oder **interne Interaktionslinie** die Schnittstelle zwischen den unterstützenden Aktivitäten bzw. Support-Aktivitäten und den Backstage-Aktivitäten dar. Support-Aktivitäten werden dabei von anderen Personen durchgeführt als dem Kundenkontakt-Personal. Dies erfordert eine interne Interaktion. Die Modifikation von Lasten- und Pflichtenheft sowie Angebot sind Aktivitäten, die nicht

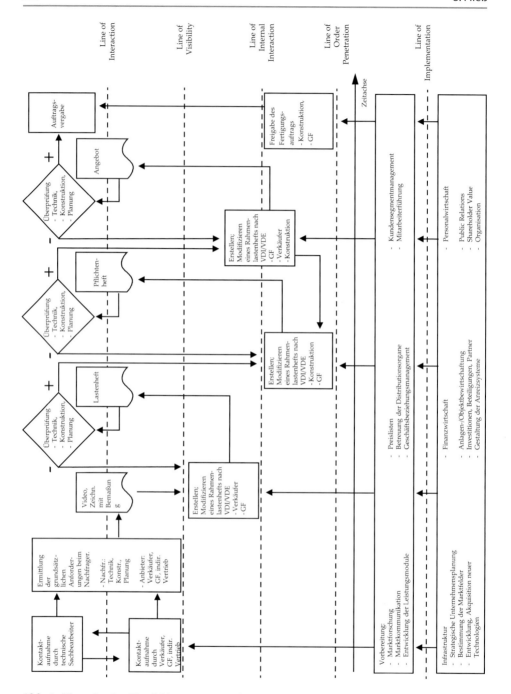

Abb. 5 Blueprint des Akquisitionsprozesses einer kundenindividuellen Maschine (Fließ 2004)

vom Akquisiteur vorgenommen werden, sondern in der für den Kunden nicht sichtbaren und in diesem Fall auch nicht im Kundenkontakt stehenden Konstruktionsabteilung.

Die **Line of Order Penetration** oder **Vorplanungslinie** trennt die vom Kunden induzierten Aktivitäten von den nicht durch den Kunden induzierten Aktivitäten, d. h. oberhalb der Vorplanungslinie werden die Aktivitäten dargestellt, die vom Kunden angestoßen werden. Unterhalb der Vorplanungslinie werden solche Aktivitäten abgetragen, die der Anbieter durchführen kann, ohne dass ein konkreter Kunde in den Prozess involviert ist. Zu den autonomen Aktivitäten gehören etwa die Erstellung von Preislisten oder Marktforschungsaktivitäten.

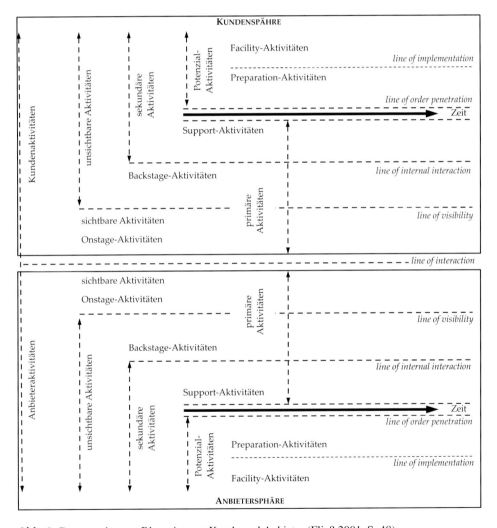

Abb. 6 Das gemeinsame Blueprint von Kunde und Anbieter (Fließ 2001, S. 48)

Die autonomen Aktivitäten können wiederum in Preparation-Aktivitäten und in Facility-Aktivitäten unterteilt werden. Zwischen beiden ist die **Line of Implementation** oder **Implementierungslinie** einzuziehen. Preparation-Aktivitäten umfassen solche Aktivitäten, die autonom vom Anbieter disponiert werden, aber dazu dienen, den Leistungserstellungsprozess vorzubereiten.

Zu den Facility-Aktivitäten sind die autonomen Dispositionen zu rechnen, die den Preparation-Aktivitäten logisch und meist auch zeitlich vorgelagert sind, etwa die Disposition über die Mitarbeiter sowie Management-Entscheidungen. Das Blueprint kann aufgrund seiner visuellen Darstellung des Leistungserstellungsprozesses als Grundlage für die Gestaltung und Steuerung des Kundenintegrationsprozesses herangezogen werden. Hierzu kann analog die Kundenseite mit einbezogen werden (vgl. Abb. 6).

4.2 Die Line of Interaction

Die Line of Interaction zeigt das Ausmaß der Externalisierung an. Oberhalb des Blueprints werden die Aktivitäten des Kunden dargestellt, unterhalb die Aktivitäten des Anbieters. Die Aufteilung der Arbeitsschritte zwischen Anbieter und Nachfrager beeinflusst den Verlauf des Kundenintegrationsprozesses hinsichtlich der Erreichung von Effizienz- und Effektivitätszielen. Übernimmt der Nachfrager nämlich Leistungsbeiträge, die aufgrund des Know-how-Vorsprungs besser vom Anbieter hätten übernommen werden sollen, so ergibt sich daraus möglicherweise eine Beeinträchtigung des realisierten Leistungsergebnisses: der Wunsch des Kunden und die Umsetzung dieses Wunsches stimmen nicht überein. Maßgebend ist somit das Ausmaß an Prozessevidenz auf Anbieter- und Nachfragerseite.

Der Wissensvorsprung des Anbieters oder des Nachfragers kann dafür sorgen, dass das gewünschte Leistungsergebnis zu geringeren Kosten erreicht wird als wenn der jeweils andere die Leistungsbeiträge übernommen hätte. Hierbei ist auch zu berücksichtigen, dass die Aufteilung der Prozessschritte zwischen Anbieter und Nachfrager die Koordination dieser Prozessschritte erfordert. Hiervon ist auch und gerade die Festlegung der Kontaktpunkte betroffen.

Die Kundenkontaktpunkte werden auf der Interaktionslinie des Service Blueprints eingezeichnet. Kundenkontaktpunkte haben folgende Funktionen für den Ablauf des Kundenintegrationsprozesses:

- Sie markieren den Übergang der Informationen, Objekte und Leistungsbeiträge des Nachfragers. Diese gelangen damit in den Verfügungsbereich des Anbieters, z. B. die Übergabe des Lastenheftes.
- Sie stellen Kontakte des Nachfragers mit dem physischen Umfeld des Anbieters dar, z. B. bei der Eingabe von Informationen in einen Internet-Konfigurator.
- Sie dienen der sozialen Interaktion zwischen Anbieter und Nachfrager zur Koordination der Aktivitäten.

- Sie bilden die Grundlage des Nachfragers für Beurteilung der Qualität des Kundenintegrationsprozesses und des Leistungsergebnisses und determinieren damit auch das Ausmaß seiner Zufriedenheit.
- Sie repräsentieren das Kontakterlebnis des Nachfragers im Rahmen der sozialen Interaktion, das einen zusätzlichen Nutzen schaffen kann.

Bei der Gestaltung der Kundenkontaktpunkte sind die Häufigkeit, die Dauer und die Zeitpunkte festzulegen (Engelhardt et al. 1993).

Bei der Festlegung der Kundenkontaktpunkte ist auf ein angemessenes Kosten-Nutzen-Verhältnis sowohl aus Sicht des Kunden als auch des Anbieters zu achten. Als Basis lässt sich die Austauschtheorie von Thibaut und Kelley heranziehen (Thibaut und Kelley 1959). Hiernach zieht der Kunde bei der Bewertung zwei Vergleichsmaßstäbe heran: das „Comparison Level" (CL) und das „Comparison Level for Alternatives" (CLalt). Das Comparison Level stellt ein allgemeines Vergleichsniveau dar. Es entspricht der allgemeinen Erwartung und stellt gewissermaßen den Durchschnitt aller eigenen und kommunizierten Fremderfahrungen der Vergangenheit dar. Es wird bestimmt durch die Kommunikationspolitik des Anbieters, aber auch durch Äußerungen bisheriger Kunden, z. B. Word-of-Mouth, Referenzen, Äußerungen in Nutzerforen. Das Comparison Level for Alternatives gibt die erwarteten Erträge aus der besten Alternative wieder. Hier vergleicht der Kunde den Anbieter mit seinen Wettbewerbern. Maßgebend sind dabei nicht alle Anbieter, die diese Leistung anbieten, sondern nur diejenigen Anbieter, die der Kunde als geeignet ansieht und von denen er Kenntnis besitzt. Welche Anbieter er jeweils in Erwägung zieht, wird vom Beschaffungsmotiv, dem Budget oder auch der Zusammensetzung des Buying Centers, d. h. der an der Kaufentscheidung Mitwirkenden, bestimmt (Backhaus und Voeth 2014).

Der Vergleich des Anbieters und seiner Leistungen mit dem CL und dem CLalt erfolgt zu verschiedenen Zeitpunkten im Kundenintegrationsprozess: a) vor Beginn des Kundenintegrationsprozesses, um zu entscheiden, ob mit diesem Anbieter überhaupt eine Beziehung eingegangen werden soll, b) während des Kundenintegrationsprozesses, um zu entscheiden, ob der Prozess fortgeführt werden soll, und c) nach Abschluss des Kundenintegrationsprozesses, um festzustellen, ob die erbrachten Leistungen den Anforderungen entsprechen oder nicht und ggf. eine weitere Transaktion angestrebt werden soll. Grundsätzlich können die folgenden Situationen auftreten: (1) Der Kunde ist zufrieden, wenn die erhaltenen Leistungen zu den verschiedenen Beurteilungszeitpunkten oberhalb seines CL und CLalt liegen. (2) Er ist nicht zufrieden, wechselt aber zu keinem anderen Anbieter, wenn die erhaltenen Leistungen oberhalb des CLalt, aber unterhalb des CL liegen, da ihm zur Zeit keine bessere Alternative bekannt ist. Möglicherweise bricht er aber den Prozess ab, da seine Anforderungen nicht erfüllt werden. (3) Er ist zufrieden, wenn die Leistungen in seiner Bewertung oberhalb seines Anspruchsniveaus CL liegen, wechselt aber zu einem anderen Anbieter, wenn die Leistungen unterhalb von CLalt liegen und die Wechselkosten den Nutzen aus dem Wechsel unterschreiten. (4) Er ist unzufrieden und wechselt den

Anbieter, wenn die erhaltenen Leistungen unterhalb des CL und des CLalt liegen, sofern die Wechselkosten den zu erwartenden Nutzen bei einem Wechsel nicht überschreiten.

4.3 Die Line of Visibility

Der sichtbare Bereich umfasst sowohl die Kontaktobjekte des Anbieters, z. B. Website, Räumlichkeiten, als auch die für den Kunden sichtbaren Aktivitäten des Anbieters. Der sichtbare Bereich wird auch als Dienstleistungsumgebung oder Servicescape bezeichnet (Bitner 1992).

Neben der Gestaltung des sichtbaren Bereichs hat der Anbieter darüber zu entscheiden, welche Aktivitäten für den Kunden sichtbar sein sollen und welche nicht. So kann eine Werbeagentur bspw. ausgewählte Phasen des Prozesses über Webcam an den Kunden übertragen.

Bei der Entscheidung über die Sichtbarmachung von Aktivitäten kann die Austauschtheorie nach Thibaut/Kelley geben (Thibaut und Kelley 1959) Hilfestellung geben: Alles, was dem Kunden einen Nutzen stiftet, kann in den sichtbaren Bereich gerückt werden. Sichtbare Aktivitäten erhöhen die Sicherheit hinsichtlich der Leistungsqualität des Anbieters und ermöglichen es dem Kunden, diese überhaupt erst zu beurteilen. Die Werbebroschüre kann dem Kunden zu verschiedenen Zeitpunkten zugänglich gemacht werden, so dass er den Fortschritt beurteilen und gleichzeitig Veränderungen veranlassen kann. Dadurch wird eine schnellere Anpassung an die Kundenanforderungen erreicht und die Qualität steigt.

Die Sichtbarmachung von Aktivitäten oder Leistungsbestandteilen kann darüber hinaus dazu führen, dass für den Nachfrager die Kosten sinken, insbesondere die Transaktionskosten (Fließ 2001). Er erhält mehr Prozesstransparenz und kann sich über den Verlauf und den Stand des Integrationsprozesses informieren. Dadurch wird es ihm erleichtert, Faktorevidenz zu entwickeln und seine Leistungsbeiträge rechtzeitig zu liefern. Auch dies beeinflusst die Qualität des Prozesses und des Ergebnisses positiv.

Allerdings ist bei der Sichtbarmachung von Aktivitäten zu beachten, dass der Nachfrager meistens nicht über die gleiche Fachkompetenz verfügt wie der Anbieter. Möglicherweise ist er daher nicht unbedingt in der Lage, die Qualität und Art der Anbieteraktivitäten zu beurteilen. Somit wird er eher irritiert als dass er Transparenz und Sicherheit erlangt.

Bei der Gestaltung des sichtbaren Bereichs sind die Erwartungen des Nachfragers zu berücksichtigen. Diese spiegeln sich im Comparison Level. Das Comparison Level for Alternatives gibt Antwort auf die Frage, ob sich der Dienstleister durch die Sichtbarmachung positiv von den Wettbewerbern abheben kann oder nicht.

4.4 Die Line of Internal Interaction

Die Line of Internal Interaction oder interne Interaktionslinie gibt Auskunft über die Art der Arbeitsteilung innerhalb des Anbieterunternehmens. Sie ist für den Nachfrager nicht sichtbar. Im Rahmen der Arbeitsteilung können horizontale und vertikale Differenzierung unterschieden werden. Die horizontale Differenzierung fragt nach der Spezialisierung der Organisationseinheiten, d. h. wie viele Aufgaben soll eine Organisationseinheit innerhalb des Dienstleistungsprozesses übernehmen? Die vertikale Differenzierung fragt nach der Entscheidungsautonomie, d. h. in welchem Maße sollen Ausführungsaufgaben mit Aktivitäten des dispositiven Faktors (Gutenberg 1983) gekoppelt werden? Aufgrund ihrer höheren Bedeutung im Rahmen des Service Blueprints wird hier lediglich die horizontale Differenzierung betrachtet (zur vertikalen Differenzierung Fließ 2006).

Im Rahmen der horizontalen Differenzierung von Kundenintegrationsprozessen stehen grundsätzlich zwei Möglichkeiten zur Verfügung: die prozessorientierte Stellenbildung und die funktionsorientierte Stellenbildung (Picot et al. 2008). Bei der prozessorientierten Stellenbildung werden mehrere konsekutive Tätigkeiten in einer Stelle zusammengefasst, etwa die Aktivitäten der Angebotserstellung. Bei der funktionsorientierten Stellenbildung sind Stellen demgegenüber auf eine Tätigkeit spezialisiert, die dann in mehreren Kundenintegrationsprozessen ausgeübt werden, etwa die technische Angebotserstellung und die Kalkulation.

Grundsätzlich geht es darum, eine Arbeitsteilung zu finden, die die Kosten minimiert, ohne die Qualität zu beeinträchtigen. Hierbei sind zum einen Produktionskosten, zum anderen Transaktionskosten zu beachten. Produktionskosten resultieren aus der Spezialisierung, d. h. je stärker sich ein Mitarbeiter auf einen Arbeitsvorgang spezialisiert, desto geringer sind die Produktionskosten je Arbeitsvorgang und damit bei gleich bleibender Zahl an Arbeitsvorgängen auch insgesamt. Transaktionskosten resultieren demgegenüber aus der Organisation der ökonomischen Aktivitäten, d. h. je mehr Schnittstellen zwischen den Stellen bestehen, desto höher sind die Transaktionskosten. Um die Gesamtkosten zu minimieren, muss daher eine Arbeitsteilung gefunden werden, die einerseits Spezialisierungsvorteile nutzt, ohne dass jedoch andererseits die Transaktionskosten zu hoch werden. Da Produktions- und Transaktionskosten aus verschiedenen Gründen nicht direkt messbar sind (vgl. hierzu Fließ 2001 und die dort angegebene Literatur), hängt die Frage, ob in stärkerem Maße eine funktionsorientierte oder eine prozessorientierte Stellenbildung vorgenommen wird, von den Merkmalen der Aufgabe ab. Maßgebend sind (Picot et al. 2008):

- die Interdependenzen zwischen den Teilaufgaben,
- die Aufgabenteilung in den Stadien „wissensökonomischer Reife",
- die Messbarkeit der durch die Aufgabenerfüllung geschaffenen Werte.

Interdependenzen können bestehen, weil (Thompson 1967)

1. Kundenintegrationsprozesse auf die gleichen Ressourcen zugreifen (gepoolte Interdependenzen), z. B. nutzen verschiedene Prozesse die gleiche Software,
2. der Output eines Prozesses den Input eines anderen darstellt (sequentielle Interdependenzen); dies gilt insbesondere für interne Prozesse wie etwa Einstellungen, Ressourcenbeschaffungen etc.,
3. die Aktivitäten wechselseitig voneinander abhängig sind (reziproke Interdependenzen),
4. Aktivitäten innerhalb eines Kundenintegrationsprozesses interaktiv und gleichzeitig ausgeübt werden (teamorientierte Interdependenzen), z. B. kann es bei Akquisitionsprozessen für komplexere Projekte aufgrund des verteilten Fachwissens nötig sein, dass verschiedene Stellen (Vertrieb, Entwicklung, Konstruktion, Produktion) mit dem Kunden kommunizieren.

Je höher der Grad der Interdependenzen zwischen den Teilbereichen ist (von (1) nach (4) ansteigend), desto eher müssen die Bereiche zusammengefasst werden.

Das Konzept der wissensökonomischen Reife stellt auf die dynamischen Transaktionskosten ab. Dynamische Transaktionskosten entstehen durch die Aneignung von Wissen, das notwendig ist, um einen Kundenintegrationsprozess durchführen zu können (Langlois und Robertson 1995). Hierzu zählen bspw. Kosten, die mit der Anwendung einer neuen Technologie verbunden sind (Einarbeitungskosten, Lernkosten) oder die durch die Übertragung von Informationen entstehen, die zur weiteren Bearbeitung des Vorgangs notwendig sind. Die dynamischen Transaktionskosten sind dann besonders, u. U. sogar prohibitiv hoch, wenn es nicht gelingt, Wissen zu kodifizieren, zu artikulieren und damit zu übertragen, wie dies bei sog. „tacit knowledge" (Polanyi 1962) gegeben ist. Wissensökonomische Reife haben solche Leistungen erlangt, die weiterverwendet werden können, ohne dass auf das zu ihrer Erstellung notwendige Wissen zurückgegriffen werden muss (Dietl 1993). Dem Konzept entsprechend sind Aufgaben – vereinfacht gesagt – so zusammenzufassen, dass eine Übertragung des impliziten Wissens möglichst nicht notwendig ist. Damit kommt dem jeweiligen Know-how der entsprechenden Stellen bzw. Abteilungen bezüglich der Leistungserbringung erhebliche Bedeutung zu. Ist eine Zusammenfassung der Aufgaben bspw. aus Kapazitätsgründen nicht möglich – ein Mitarbeiter kann nicht alle Aufgaben übernehmen, die einen Grad unzureichender ökonomischer Reife aufweisen – ist ein Transfer des Wissens erforderlich.

Ist die Beurteilung des Ergebnisses einer Aktivität schwierig, so kann der Erfolg dieser Aktivität nicht eindeutig einer Organisationseinheit zugerechnet werden. Somit steigt die Gefahr, dass die Mitarbeiter sich nicht in gleichem Maße anstrengen und die Aufgaben ggf. nicht sorgfältig erledigen (Fama und Jensen 1983). Daher sollten Aufgaben so zusammengefasst werden, dass ihr Ergebnis eindeutig der Organisationseinheit (Stelle, Abteilung) zugerechnet werden kann, die mit der Durchführung betraut wurde. Sofern gemischte Aufgabenstrukturen vorliegen – sowohl Aufgaben mit leicht messbarem als auch Aufgaben mit schwer messbarem Ergebnis – müssen geeignete Anreizstrukturen gefunden werden, um die Mitarbeiter zur Erledigung beider Aufgaben gleichermaßen zu motivieren.

Die Einflussfaktoren lassen sich nicht nur zur Entscheidung über eine effiziente interne Arbeitsteilung, sondern auch zur Entscheidung über die effiziente Arbeitsteilung zwischen Anbieter und Nachfrager heranziehen.

4.5 Die Line of Order Penetration

Die Line of Order Penetration oder Vorplanungslinie trennt die kundeninduzierten von den autonomen Aktivitäten des Anbieters. Sie zeigt somit das Ausmaß der Individualisierung. Je mehr Aktivitäten oberhalb der Vorplanungslinie liegen, desto stärker geht der Anbieter auf spezifische Kundenwünsche ein und desto mehr Eingriffsmöglichkeiten in den Prozess erlaubt er dem Kunden.

Der Begriff der Line of Order Penetration bezieht sich auf die Unterscheidung zwischen Markt- und Kundenproduktion (Riebel 1965). Im Extremfall der reinen Marktproduktion werden alle Aktivitäten vom Anbieter autonom disponiert und alle Produkte vorgefertigt, bevor sie auf den Markt gebracht werden. Im Extremfall der reinen Kundenproduktion findet keine autonome Produktion statt, sondern alle Aktivitäten werden erst disponiert, wenn der Kunde den Auftrag erteilt. Bei der Kundenproduktion findet somit keine Lagerhaltung statt, bei der Marktproduktion werden alle Produkte zunächst auf Lager gelegt und dort vorgehalten, bis ein Kunde eine Anfrage stellt. Im Falle der Kundenproduktion besteht ein Produktionsrisiko, derart, dass der Anbieter nicht sicher sein kann, die gewünschte Leistung in der gewünschten Qualität zum vereinbarten Zeitpunkt zu erstellen. Im Fall der Marktproduktion besteht ein Markt- oder Absatzrisiko, da der Anbieter nicht weiß, ob er für die produzierten Leistungen einen Abnehmer finden wird. In der Logistik bezeichnet der Order-penetration-Point den Punkt in der Abfolge der Wertschöpfungsstufen, bis zu dem eine Lagerhaltung notwendig ist, um das Verhältnis aus Markt- und Produktionsrisiko zu optimieren. Die Line of Order Penetration als Trennlinie zwischen Leistungserstellungsprozess und Leistungspotenzial bzw. zwischen autonomer und integrativer Disposition greift diese aus der Logistik stammende Idee auf: Leistungsergebnisse, die aufgrund autonomer Disposition erzeugt werden, sind einem Absatzrisiko ausgesetzt, während der Anbieter bei der Erstellung von Leistungsergebnissen aufgrund integrativer Disposition ein verstärktes Produktionsrisiko gegenwärtigt. Dem entsprechend muss sich der Anbieter bspw. entscheiden, ob er Standardkomponenten bereits beschafft, ohne einen Auftrag zu haben und damit schnell liefern zu können, wenn der Auftrag kommt, oder ob er die Komponenten erst bei Eingang des Kundenauftrages bestellt mit der Folge ggf. längerer Lieferzeiten. Die Line of Order Penetration gibt damit einen Anhaltspunkt für das Verhältnis von Produktionsrisiko zu Marktrisiko, das ein Unternehmen trägt.

Durch die Verschiebung des Order-Penetration-Points (sog. Postponement) können Kosten und Risiken spekulativer Bestände gesenkt werden (Schnäbele 1997). Allerdings

Fließ, S., F. Jacob, und G. Fandel. 2011. Von der Kundenintegration 1.0 zur Kundenintegration 2.0 – Implikationen für Praxis und Forschung. *Zeitschrift für Betriebswirtschaft* 05 (Sonderheft „Kundenintegration 2.0"): 5–20.

Gassmann, O. 2010. *Crowdsourcing. Innovationsmanagement mit Schwarmintelligenz*. München: Carl Hanser Verlag GmbH & Co. KG.

Gemünden, H.-G. 1980. Effiziente Interaktionsstrategien im Investitionsgütermarketing. *Marketing – ZFP* 2: 21–32.

Gouthier, M.H.J. 2003. *Kundenentwicklung im Dienstleistungsbereich*. Wiesbaden: Deutscher Universitätsverlag.

Grasmugg, S.L., und D. Schoder. 2002. MassCustomization im Kontext des Electronic Business: Empirische Untersuchung der Erfolgswirksamkeit, Proceedingsof Multi-Konferenz Wirtschaftsinformatik 2002. In *E-Commerce, Netze, Märkte, Technologien*, Hrsg. D. Weinhardt, C. Holtmann, 129–142. Heidelberg: Springer Verlag.

Gutenberg, E. 1983. *Grundlagen der Betriebswirtschaftslehre*. Berlin: Springer Verlag.

Hempe, S. 1997. *Grundlagen des Dienstleistungsmanagements und ihre strategischen Implikationen*. Bayreuth: P.C.O. Verlag.

Hildebrandt, V.G. 1997. *Individualisierung als strategische Option der Marktbearbeitung. Determinanten und Erfolgswirkung kundenindividueller Marketingkonzepte*. Wiesbaden: Deutscher Universitätsverlag.

Von Hippel, E. 1988. *The Sources of Innovation*. New York – Oxford: Oxford Univ-Press

Von Hippel, E. 2005. *Democratizing innovation*. Cambridge, Mass.: The MIT Press.

Howe, J. 2008. *Crowdsourcing. Why the power of the crowd is driving the future of business*. New York: Crown Business.

Jacob, F. 1995. *Produktindividualisierung*. Wiesbaden: Gabler.

Kelley, S.W., J.H. Donnelly, und S.J. Skinner. 1990. Customer Participation in Service Production and Delivery. *Journal of Retailing* 66: 315–335.

Kleinaltenkamp, M. 1993. Investitionsgüter-Marketing als Beschaffung externer Faktoren. In *Dienstleistungsmarketing*, Hrsg. E. Thelen, G.B. Mairamhof, 101–119. Frankfurt a. Main: Peter Lang.

Kleinaltenkamp, M. et al. 1997. Integrativität als Kern einer umfassenden Leistungslehre. In *Marktleistung und Wettbewerb: Strategische und operative Perspektiven der marktorientierten Leistungsgestaltung*, Hrsg. K. Backhaus, 83–115. Wiesbaden: Dr. Th. Gabler Verlag.

Kleinaltenkamp, M. 1998a. Begriffsabgrenzungen und Erscheinungsformen von Dienstleistungen. In *Handbuch Dienstleistungsmanagement. Von der strategischen Konzeption zur praktischen Umsetzung*, Hrsg. M. Bruhn, H. Meffert, 31–52. Wiesbaden: Dr. Th. Gabler Verlag.

Kleinaltenkamp, M. 1998b. Kundenbindung durch Kundenintegration. In *Handbuch Kundenbindungsmanagement. Grundlagen – Konzepte – Erfahrungen*, Hrsg. M. Bruhn, C. Homburg, 257–272. Wiesbaden: Dr. Th. Gabler Verlag.

Kleinaltenkamp, M. 2000. Blueprinting – Grundlage des Managements von Dienstleistungsunternehmen. In *Neue Aspekte des Dienstleistungsmarketing*, Hrsg. H. Woratschek, 3–28. Wiesbaden: Deutscher Universitätsverlag.

Kleinaltenkamp, M., T. Bach, und I. Griese. 2009. Der Kundenintegrationsbegriff im (Dienstleistungs-)Marketing. In *Kundenintegration. Forum Dienstleistungsmanagement*, Hrsg. M. Bruhn, B. Stauss, 35–62. Wiesbaden: Gabler Verlag.

Kleinaltenkamp, M., S. Fliess, und F. Jacob (Hrsg.). 1996. *Customer Integration – Von der Kundenorientierung zur Kundenintegration*. Wiesbaden: Dr. Th. Gabler Verlag.

Langlois, R.N., und P.L. Robertson. 1995. *Firms, Markets, and Economic Change: A Dynamic Theory of Business Institutions*. London.: Routledge Chapman & Hall.

Lengnick-Hall, C.A. 1996. Customer Contributions to Quality: A Different View of the Customer-Oriented Firm. *Academy of Management Review* 21: 791–824.

Lovelock, C.H., und R.F. Young. 1979. Look to Consumers to Increase Productivity. *Harvard Business Review* 57(Mai-June): 168–179.

Marion, F. 1996. La Participation du Client à la Réalisation du Service en Milieu Interorganisationnel, Diss. an der Université Jean Moulin Lyon III, Institut d'Administration des Entrepises, Lyon.

Mayer, R. 1993. *Strategien erfolgreicher Produktgestaltung: Individualisierung und Standardisierung*. Wiesbaden: Deutscher Universitätsverlag.

Minculescu, I. 2013. *Leistungsindividualisierung im B-to-B-Bereich*. Wiesbaden: Gabler Verlag.

Möller, S. 2004. Innovationspotenziale von Interaktionsepisoden zwischen Kunde und Kundenkontaktmitarbeiter. In *Forum Dienstleistungsmanagement: Dienstleistungsinnovation. Forum Dienstleistungsmanagement*, Hrsg. M. Bruhn, B. Stauss, 281–302. Wiesbaden: Gabler Wissenschaft & Praxis.

Möller, S. 2008. Customer Integration – A Key to an Implementation Perspective of Service Provision. *Journal of Service Research* 11: 197–210.

Picot, A., H. Dietl, und E. Franck. 2008. *Organisation. Eine ökonomische Perspektive*, 5. Aufl. Stuttgart: Schäffer-Poeschel.

Pine, B.J. 1993. *Mass customization*. Boston, Mass.: Harvard Business Press.

Polanyi, M. 1962. *Personal Knowledge*. Chicago: University of Chicago Press.

Riebel, P. 1965. Typen der Markt- und Kundenproduktion in produktions- und absatzwirtschaftlicher Sicht. *Zeitschrift für betriebswirtschaftliche Forschung* 17: 663–685.

Schnäbele, P. 1997. *Mass Customized Marketing. Effiziente Individualisierung von Vermarktungsobjekten und -prozessen*. Wiesbaden: Deutscher Universitätsverlag.

Schweikart, J. 1997. *Integrative Prozesskostenrechnung. Kundenorientierte Analyse von Leistungen im industriellen Business-to-Business Bereich*. Wiesbaden: Deutscher Universitätsverlag.

Stauss, B. 1991. Augenblicke der Wahrheit. *absatzwirtschaft* 22(6): 96–105.

Thibaut, J.W., und H.H. Kelley. 1959. *The Social Psychology of Groups*. New York: University of California Libraries.

Thompson, J.D. 1967. *Organizations in Action*. New York: Transaction Publishers.

Ullrich, F. 2004. *Verdünnte Verfügungsrechte*. Wiesbaden: Deutscher Universitätsverlag.

Vargo, S., und R. Lusch. 2004. Evolving to a New Dominant Logic for Marketing. *Journal of Marketing* 68: 1–17.

Vargo, S., und R. Lusch. 2008. Customer Integration and Value Creation. Paradig-matic Traps and Perspectives. *Journal of Service Research* 11(2): 211–215.

Veßhoff, J., und J. Freiling. 2009. Kundenintegration im Innovationsprozess – Eine kompetenztheoretische Analyse. In *Kundenintegration. Forum Dienstleistungsmanagement*, Hrsg. M. Bruhn, B. Stauss, 135–155. Wiesbaden: Gabler Verlag.

Williamson, O.E. 1985. *The Economic Institutions of Capitalism. Firms, Markets, Relational Contracting*. New York: Macmillan USA.

Witte, E. 1973. *Organisation für Innovationsentscheidungen*. Göttingen: Schwartz.

Zeithaml, V.A., L.L. Berry, und A. Parasuraman. 1988. Communication and Control Processes in the Delivery of Service Quality. *Journal of Marketing* 52: 35–48.

Beendigung von Geschäftsbeziehungen

Thomas Ritter

Inhaltsverzeichnis

1   Kundenmanagement und Beendigung   249
2   Beendigungs-Prozess & Beendigungs-Kompetenz   251
3   Organisationale Beendigungs-Kompetenz   252
   3.1   Akzeptanz der Beendigung   252
   3.2   Identifikation unprofitabler Kunden   253
   3.3   Entwicklung von Beendigungsroutinen   255
   3.4   Entwicklung von Beendigungsanreizen   255
4   Zusammenfassung   256
Literatur   257

1 Kundenmanagement und Beendigung

Viele Beiträge zur Entwicklung von Geschäftsbeziehungen fokussieren auf die positive Entwicklung von Geschäftsbeziehungen (z. B. Ford 1980; Dwyer et al. 1987), also darauf, wie Beziehungen angebahnt werden (Kundenakquisition), wie Beziehungen verbessert werden können (Kundenentwicklung) und wie Beziehungen erhalten werden können (Kundenbewahrung) (z. B. Morgan und Hunt 1994). Jedoch geht es nicht in allen Geschäftsbeziehungen nach vorn oder zumindest gerade aus. Geschäftsbeziehungen können ihren Wert teilweise oder vollständig verlieren oder die Art und Weise des Beziehungsmanagements passt nicht mehr zur Wertschöpfung der Geschäftsbeziehung. In diesen

Prof. Dr. Thomas Ritter ✉
Copenhagen Business School, Department of Strategic Management and Globalization,
Frederiksberg, Dänemark
e-mail: tr.smg@cbs.dk

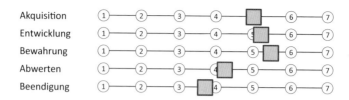

Abb. 1 Kompetenzniveaus der verschiedenen Geschäftsbeziehungsstrategien (Geersbro und Ritter 2011)

Fällen muss eine Geschäftsbeziehung „negativ entwickelt" werden. Neben dem Abwerten („Runterfahren") von Beziehungen (z. B. Wechsel von kundenspezifischen Produkten zu Standardproduktion; Abwertung von Schlüsselkunde zu Standardkunde) ist die Beendigung von Geschäftsbeziehungen mit Kunden eine drastische, jedoch oftmals sinnvolle Alternative.

Der Bedarf, Geschäftsbeziehungen abzuwerten oder zu beenden, ist nicht zu vernachlässigen. Eine Studie zeigte auf, dass 85 % der teilnehmenden Unternehmen Geschäftsbeziehungen mit Kunden unterhalten, die keinen Wert schaffen (Geersbro und Ritter 2011). Der potentielle Bedarf in Unternehmen, Geschäftsbeziehungen zu beenden, ist daher gegeben. Jedoch zeigt die Studie auch, dass die Kompetenz von Unternehmen im Bereich Beendigung deutlich unter dem Bereich Anbahnung und Entwicklung von Geschäftsbeziehungen liegt (siehe Abb. 1). Es besteht also ein großes Potential in Unternehmen, die Kompetenz zur Beendigung von Geschäftsbeziehungen zu verbessern.

Eine Kompetenz ist ein Prozess, der aus Aktivitäten zusammengesetzt ist – in der Managementliteratur wird dies zunehmend als Fähigkeit („capability") bezeichnet (e. g. Winter 2003). Prozesse werden oft an ihrem Ergebnis definiert, also an dem erstrebten Zustand, der eintritt, nachdem der Prozess erfolgreich durchgeführt wurde. Beendigungs-Kompetenz wird daher als die Fähigkeit einer Person oder eines Unternehmens zur Durchführung eines Prozesses, der zur Beendigung einer Geschäftsbeziehung führt, definiert. Hierbei ist anzumerken, dass eine Geschäftsbeziehung nicht in allen Dimensionen enden muss und kann, um in wirtschaftlicher Hinsicht aus beendet zu gelten (Havila und Wilkinson 2002). Giller und Matear (2001) sprechen daher von „schlafenden Beziehungen", die bei Bedarf wieder aktiviert werden kann. In wirtschaftlicher Hinsicht betrachten wir eine Geschäftsbeziehung als beendet, wenn keine ökonomischen Transaktionen mehr durchgeführt werden. Da die Akteure sich auch über das Ende hinaus kennen und positive oder negative Erinnerungen an einander haben, kann durchaus eine Beziehung zwischen den Akteuren fortbestehen. Die Beendigungs-Kompetenz, bzw. der Beendigungsprozess, hat in der Literatur verschiedene Bezeichnungen erhalten, wie Tab. 1 illustriert.

Die Qualität der Beendigungs-Kompetenz kann daran festgemacht werden, wie erfolgreich der Beendigungsprozess durchgeführt wird. Hierbei kann zwischen Effektivität (werden alle unerwünschten Kundenbeziehungen beendet?) und Effizienz (in welchem Verhältnis stehen Kosten und Ertrag des Beendigung?) unterschieden werden. Alajoutsi-

Tab. 1 Studien zur Beendigung von Geschäftsbeziehungen, aufgeteilt anhand des benutzten Begriffs (in Anlehnung an: Ritter und Geersbro 2011; Tähtinen und Halinen 2002)

dissolution	Alajoutsijärvi et al. 2000; Beloucif et al. 2006; Havila und Wilkinson 2002; Hocutt 1998; Perrien und Ricard 1995; Pressey und Qiu 2007; Tähtinen und Halinen-Kaila 1997
ending	Halinen und Tähtinen 2002; Helm et al. 2006; Holmlund und Hobbs 2009; Michalski 2004; Tähtinen 2002; Tähtinen und Halinen 2002; Tidström und Åhman 2006
exit	Alajoutsijärvi et al. 2000
termination	Giller und Matear 2001; Reinartz et al. 2005; Tähtinen und Halinen-Kaila 1997

järvi et al. (2000) bezeichnen den gelungenen Ausstieg aus einer Geschäftsbeziehung als die Strategie, die zu einer Minimierung des Schadens für Beendiger, den Partner und das verbundene Netzwerk führt.

Dieses Kapitel stellt wesentliche Aspekte der Beendigung von Geschäftsbeziehungen dar. Im nächsten Abschnitt wird zunächst auf den Beendigungsprozess eingegangen und anschließend die persönliche Beendigungskompetenz definiert. Aufbauend auf dieser Basis wird auf die Beendigungs-Kompetenz auf organisatorischer Ebene eingegangen und damit die Handlungsparameter zur Verbesserung von persönlicher Beendigungs-Kompetenz in Unternehmen aufgezeigt. Hierbei wird insbesondere eine Definition von unprofitablen Kunden vorgestellt. Abschießend werden die wesentlichen Erkenntnisse zusammengefasst.

2 Beendigungs-Prozess & Beendigungs-Kompetenz

Der Beendigungsprozess wird oft in vier oder fünf Unterprozesse unterteilt (Duck 1982; Baxter 1979, 1983; Beloucif et al. 2006; Halinen et al. 2002; Tähtinen 2002):

- Analysephase: In der Analysephase macht sich ein Akteur (in diesem Abschnitt der Lieferant) Gedanken über eine bestimmte Kundenbeziehung und analysiert den Wert und die Struktur der Beziehung. Helm et al. (2006) zeigen in ihrer Studie den Mangel an Kundenanalysen in vielen Unternehmen auf.
- Entscheidungsphase: In dieser Phase wird Klarheit geschaffen, ob und warum die Beziehung beendet werden soll und in welcher Art und Weise die Beendigung stattfinden soll. Alajoutsijärvi et al. (2000) unterscheiden vier Beendigungsstrategien entlang der beiden Dimensionen Kommunikation (variiert zwischen direkt und indirekt) und Orientierung (zwischen Selbstorientierung und Orientierung auf andere).
- Verhandlungsphase: In dieser Phase wird die Beendigung als solche und die Durchführung mit dem Kunden verhandelt. Abhängig von der Beendigungstaktik kann diese Phase auch ausgelassen werden – wenn ein Partner die Entscheidung souverän trifft

und daher kein Verhandlungsbedarf besteht. Die ersten drei Phasen entfallen, wenn die Geschäftsbeziehung von Dritten beendet wird (z. B. durch eine Konzernleitung oder durch staatliche Stellen).
- Implementierungsphase: Während der Implementierung der Beendigung werden die ökonomischen Transaktionen gestoppt und eventuelle Strukturen aufgebrochen, z. B. zieht der Zulieferer seine Mitarbeiter aus dem Kundenunternehmen nach dem in der Verhandlungsphase entwickelten Plan zurück; oder IT-Systeme werden entkoppelt. Alajoutsijärvi et al. (2000) unterscheiden zwischen direkter (offen kommunizierter) und indirekter (stiller bzw. verdeckter) Beendigung.
- Konsolidierungsphase: Nach der Beendigung einer Geschäftsbeziehung muss „ein neuer Alltag" gefunden werden, d. h. neue Routinen werden aufgebaut. Die beteiligten Mitarbeiter bekommen andere Aufgaben.

Die Durchführung dieser Phasen beruht auf den Mitarbeitern, die die Prozesse abarbeiten. Mitarbeiter können in ihren Fähigkeiten variieren, welches sich in einer Mitarbeiter-Beendigungs-Kompetenz zusammenfassen lässt. Geersbro und Ritter (2013) belegen einen signifikanten Einfluss der Beendigungs-Kompetenz von Vertriebsmitarbeitern und dem Wert des Kundenportfolios dieser Mitarbeiter: je besser die Beendigungs-Kompetenz, desto wertvoller das Portfolio.

3 Organisationale Beendigungs-Kompetenz

Um diesen positiven Erfolgseinfluss aktiv für Unternehmen nutzen zu können, müssen die organisationalen Voraussetzungen identifiziert werden, die die persönliche Beendigung-Kompetenz fördert. Aus Literatur zu Organisationen im Allgemeinen und zum Vertriebserfolg im Speziellen (z. B. Churchill et al. 1985) können die folgenden vier zentralen Elemente der organisationalen Beendigungs-Kompetenz identifiziert werden. Ritter und Geersbro (2011) und Geersbro und Ritter (2013) konnten empirisch nachweisen, dass vier organisationalen Voraussetzungen sowohl den Unternehmenserfolg (gemessen als Anteil an unerwünschten Kunden) als auch die Beendigungs-Kompetenz von Vertriebsmitarbeitern sowie den Wert derer Kundenportfolios steigern (siehe Abb. 4).

3.1 Akzeptanz der Beendigung

Für die Beendigung von Geschäftsbeziehungen ist es notwendig, dass Unternehmen diese Maßnahme überhaupt als Möglichkeit wahrnehmen und Beendigung von Geschäftsbeziehungen im Unternehmen legitimiert ist. Was bisher in diesem Beitrag als logisch und sinnvoll dargestellt wurde, ist in Unternehmen leider nicht immer gegeben: Sätze wie z. B. „Alle Kunden sind guten Kunden" und „Alle Kundenbeziehungen können entwickelt werden" tragen dazu bei, dass die Beendigung von Geschäftsbeziehungen nicht als

Handlungsoption wahrgenommen wird. Vielmehr wird in solchen Unternehmen mangelnde Profitabilität eines Kunden als strategisches Potential betrachtet, welches jedoch nicht umgesetzt wird.

3.2 Identifikation unprofitabler Kunden

Eine klare Identifikation von unerwünschten Kunden ist eine Grundvoraussetzung für die Beendigung – wenn ein Unternehmen nicht eindeutig die unprofitablen Kunden identifizieren kann, können die entsprechenden Kundenbeziehungen auch nicht beendet werden. Für die Identifikation sind sowohl Informationen und Modelle notwendig, als auch regelmäßige Prozess, die die vorhandenen Informationen in Nicht-Kunden-Listen umsetzt.

Das übergeordnete Ziel eines jeden Unternehmens ist Profit. Daher können und müssen Kundenbeziehungen daran gemessen werden, in welchem Ausmaß sie zur Profitabilität des Unternehmens beitragen. Bei der Analyse des Kundenwerts sollten neben der rein finanziellen Bewertung der Kundenbeziehung (Deckungsbeitrag und Absatzvolumen) auch die „weichen" Beiträge betrachtet werden. Ritter und Walter (2012) schlagen zur Bewertung des Kundenwerts folgende acht Kategorien vor (alternative Kundenwertmodelle schlagen z. B. Andersen et al. 2009; Ulaga und Eggert 2006 vor):

- Bezahlung: Ein Kunde kann für einen Zulieferer durch seine Bezahlungen (Transfer finanzieller Ressourcen) Wert schaffen – dies ist die klassische Version der Wertschöpfung in Kundenbeziehungen. Ein höherer Preis und damit ein höherer Deckungsbeitrag verbessern die Profitabilität des Lieferanten. Neben dem absoluten Betrag können auch Zahlungsform und Zahlungszeitpunkt Werttreiber sein, z. B. sind Zahlungen ohne administrative Transaktionskosten und kürzere Zahlungsziele Werttreiber.
- Volumen: Ein Kunde kann durch sein Einkaufsvolumen Wert schaffen. Volumen kann in einer Produktgruppe entstehen (Anzahl an Produkten), durch die Breite der nachgefragten Produkte entstehen (Anzahl verschiedener Produkte/Produktgruppen) und durch die zeitliche Akkumulation der Nachfrage entstehen (Länge des Zeitintervalls). Unter Voraussetzung der Profitabilität der einzelnen Transaktion (Werttreiber Bezahlung) vergrößert sich der Wert einer Geschäftsbeziehung durch höhere Anzahl an Produkten (Mehr-Verkauf), höhere Anzahl der Produktgruppen (Kreuz-Verkauf) und längere Laufzeit des Vertrages.
- Qualität: Für ein Unternehmen ist es wichtig, dass die abgesetzten Produkte qualitativ zu den Unternehmenskompetenzen passen. Top-Berater sollten keine Junior-Projekte durchführen, flexible Produktionsanlagen sind mit standardisierten Massenserien nicht optimal ausgelastet. Eine „Unterlastung" des Unternehmens nutzt das vorhandene Potential nicht aus und hat im Vergleich zur Leistungserstellung zu hohe Kosten, d. h. die Profitabilität des Unternehmens ist nicht optimal. Außerdem erodieren nicht genutzte Kompetenzen, was eine weitere Verschwendung von Ressourcen bedeutet.

- Sicherheit: Optimaler und planbarer Absatz aller Produkte eines Unternehmens ist eine Illusion. In der Realität müssen Unternehmen auf Absatzschwankungen reagieren können. Insbesondere bei Überkapazität ist es wichtig, alternative Absatzkanäle zu haben. Diese Sicherheitskunden können Überproduktion oder Fehlproduktion abnehmen. Die Wertschöpfungslogik von Sicherheitskunden ist, eventuelle Verluste zu minimieren und damit die Profitabilität des Unternehmens zu sichern. In der Beratungsbranche sind „pro bono" Projekte ein Sicherheitsmechanismus, für Konsumartikelhersteller erfüllen „2. Wahl Geschäfte" die gleiche Funktion.
- Innovation: Seit vielen Jahren wird über die Rolle des Kunden im Innovationsprozess geforscht (Herstatt und Hippel 1992; Håkansson 1990). Das Interesse an innovativen Kunden hat in den letzten Jahren unter Themen wie „open innovation" (z. B. Laursen und Salter 2006) oder „connect and develop" (Hustom und Sakkab 2006) sogar zugenommen. Der Kunde kann im Innovationprozess mit guten Ideen, Konzeption und Tests den Innovationsprozess verkürzen, treffsicherer machen und Kosten sparen oder Ressourcen beitragen. Die Innovationsfunktion beschreibt aktive Integration in den Innovationsprozess des Lieferanten, und geht damit über die folgende Innovationsfunktion hinaus.
- Information: Kunden haben oftmals für Lieferanten wertvolle Informationen: Marktdaten über weitergelagerte Wertschöpfungsstufen (der Kunde ist eine Stufe näher an allen weiteren Kunden), Verständnis der Technologien und Arbeitsabläufe, in die die Leistungen des Zulieferers passen müssen, Informationen zur Wettbewerbssituation, etc. Die Bereitstellung solcher Informationen wird in der Informationsfunktion von Geschäftsbeziehungen beschrieben.
- Zugang: Kunden können also Türöffner wertvolle Beiträge zur Entwicklung des Unternehmens leisten. Eine klassische Rolle des Kunden ist die Empfehlung des Zulieferers an potentielle Kunden („word-of-mouth", „Botschafter", „Referenzkunde"). Darüber hinaus kann ein Kunde Zugang zu anderen Akteuren geben, z. B. Politiker, Innovatoren, Finanzierungsquellen, usw.
- Motivation: Die Zusammenarbeit mit Kunden kann für die Mitarbeiter des Zulieferers motivierende Wirkung haben – die gesteigerte Effizenz der Mitarbeiter trägt zur Verbesserung der Profitabilität bei. Beispiele hierfür sind die Zusammenarbeit mit bekannten Kunden, Kunden mit interessanten Herausforderungen oder technologischen Möglichkeiten, oder Kunden mit sozialem Fokus.

Für die Messung und Beurteilung von Kunden eines spezifischen Unternehmens können und sollen diese Kategorien für das einzelne Unternehmen angepasst werden. Zum Beispiel finden es manche Unternehmen wichtig und aussagekräftig, die Innovationsfunktion in inkrementelle Innovation und strategische Innovation aufzuteilen. Wichtig ist, dass alle möglichen Beiträge eines Kunden zur Profitabilität des Unternehmens berücksichtigt werden – eine graphische Variante ist in Abb. 2 abgebildet.

Wenn der Kundenwert der einzelnen Geschäftsbeziehung ermittelt ist, ergeben sich drei Möglichkeiten (Geersbro und Ritter 2013):

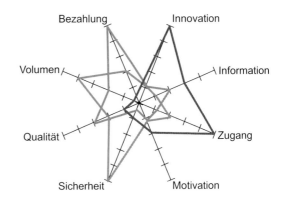

Abb. 2 Radar-Chart der Wertschöpfungsfunktionen von Geschäftsbeziehungen (Ritter und Walter 2012)

- Der Wert der Beziehung ist negativ, d. h. das Unternehmen kann einen höheren Profit ohne diesen Kunden erzielen.
- Der Wert der Beziehung ist positiv, jedoch geringer als der Wert alternativer Beziehungen, d. h. die bestehende Geschäftsbeziehung kann mit einer anderen, mehr profitablen Geschäftsbeziehung erstattet werden.
- Der Wert der Beziehung ist positiv und es gibt keine bessere Alternative.

Mit dieser Beschreibung können nun der Begriff der unprofitablen Kunden definiert werden. Unprofitable Kunden werden definiert als die Kunden, die in keiner Weise zur Profitabilität des Unternehmens beitragen oder Kunden, die mit besseren Alternativen erstattet werden können. Damit sind unprofitable Kunden die Kunden, bei denen die Beendigung der Geschäftsbeziehung einen wirtschaftlichen Vorteil bedeutet.

3.3 Entwicklung von Beendigungsroutinen

Damit die Mitarbeiter eines Unternehmens erfolgreich Beziehungen beenden, also hohe Beendigungs-Kompetenz zeigen, muss ein Unternehmen Beendigungsroutinen entwickeln und zu Verfügung stellen: ein Handbuch oder Best-Practice Fallbeispiele geben Anweisung und Hilfestellung, damit die Mitarbeiter wissen, wie Geschäftsbeziehungen beendet werden können und sollen. Routinen sind wiederholbare Abläufe (Winter 2003), die Mitarbeitern die effiziente und effektive Durchführung dieser Abläufe ermöglichen. Reinartz et al. (2005) zeigen, dass das Vorhandensein von Beendigungsprozessen und -systemen einen positiven Einfluss auf den Firmenerfolg haben.

3.4 Entwicklung von Beendigungsanreizen

Mitarbeiter werden nur dann Geschäftsbeziehungen beenden, wenn dies in positiven Zusammenhang mit deren Belohnungssystem steht. Leider ist die Belohnung von Beendi-

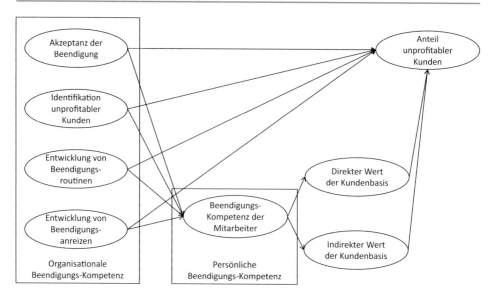

Abb. 3 Übersicht über die vorgestellten Konstrukte (in Anlehnung an: Ritter und Geersbro 2011; Geersbro und Ritter 2013)

gungsaktivitäten ein sehr unterentwickelter Teil von Belohnungssystemen. Allzu oft werden in Unternehmen Mitarbeiter nicht am Wert einer Geschäftsbeziehung gemessen und werden damit nicht motiviert, unprofitable Geschäftsbeziehungen zu beenden. Darüber hinaus werden oft die positiven Beziehungsentwicklungen mehr belohnt als die negativen: Mitarbeiter, die einen neuen Kunden geworben haben oder die das Auftragsvolumen in einer bestehenden Geschäftsbeziehung deutlich erhöht haben, werden als „Mitarbeiter des Monats" gepriesen und erhalten einen Bonus. Im Gegensatz dazu hört man vergleichsweise wenig, wenn überhaupt, von den Mitarbeitern, die die Profitabilität des Unternehmens durch die Auflösung von Geschäftsbeziehungen vorantreiben.

4 Zusammenfassung

Die Beendigungs-Kompetenz von Unternehmen ist ein wichtiger Baustein zur Optimierung der Profitabilität des Unternehmens. Natürlich kann diese Kompetenz nicht allein stehen – die anderen Disziplinen wie z. B. Anbahnung und Entwicklung von Geschäftsbeziehungen sind ebenfalls wichtig. Jedoch liegt in der Beendigung von unprofitablen Geschäftsbeziehungen ein oft übersehenes Verbesserungspotential. Daher empfiehlt sich die kritische Analyse der vorhandenen Beendigungs-Kompetenz, und darauf aufbauend die Entwicklung eines Handlungsplans zur Verbesserung der Beendigungs-Kompetenz, sollte diese nicht zufriedenstellend entwickelt sein. Für die Bewertung der organisationalen Beendigungs-Kompetenz sind in Abb. 4 kurze Bewertungsskalen widergeben, die eine erste Analyse ermöglichen.

Beendigung von Geschäftsbeziehungen

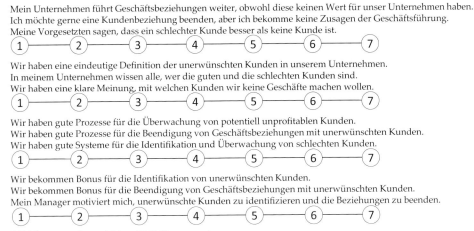

Abb. 4 Bewertung der organisationalen Beendigungs-Kompetenz (in Anlehnung an: Ritter und Geersbro 2011; Geersbro und Ritter 2013)

Darüber hinaus muss ein Vertriebsleiter auch die persönlichen Beendigungs-Kompetenzen direkt bewerten, da die organisationale Beendigungs-Kompetenz nur den Rahmen und damit nicht direkt Ergebnisse liefert. Vertriebsleiter müssen sich vergewissern, ob alle Mitarbeiter den geschaffenen Rahmen im Unternehmen gut ausnutzen.

Insgesamt bleibt zu wünschen, dass die Beendigungs-Kompetenz in Unternehmen verbessert wird und damit deren Jahresergebnis sich verbessert. Da in allen Unternehmensbereichen optimiert wird, sollte die Kundenoptimierung kein Tabu sein.

Literatur

Verwendete Literatur

Alajoutsijärvi, K., K. Möller, und J. Tähtinen. 2000. Beautiful exit: how to leave your business partner. *European Journal of Marketing* 34(11/12): 1270–1290.

Anderson, J.C., J.A. Narus, und D. Narayandas. 2009. *Business market management: understanding, creating and delivery value*. Upper-Saddle River: Pearson Education.

Baxter, L.A. 1979. Self-disclosure as a relationship disengangement strategy. *Human Communication Research* 5(Spring): 215–222.

Baxter, L.A. 1983. Relationship disengagement: an examination of the reversal hypothesis. *Western Journal of Speech Communication*, 47(2): 85–98.

Beloucif, A., B. Donaldson, und M. Waddell. 2006. A systems view of relationship dissolution. *Journal of Financial Services Marketing* 11(1): 30–48.

Churchill, G.A.J., N.M. Ford, S.W. Hartley, und O.C.J. Walker. 1985. The determinants of salesperson performance: a meta-analysis. *Journal of Marketing Research* 22(2): 103–118.

Duck, S. 1982. A topography of relationship disengangement and dissolution. In: Duck, S. (Ed.), Personal Relationships 4: Dissolving Personal Relationships, Academic Press, London, pp. 1–30.

Dwyer, F.R., P.H. Schurr, und S. Oh. 1987. Developing buyer-seller relationships. *Journal of Marketing* 51(2): 11–27.

Ford, D. 1980. The development of buyer-seller relationships in industrial markets. *European Journal of Marketing* 14(5/6): 339–353.

Geersbro, J., und T. Ritter. 2011. Terminating relationships: presentatition of results of the 2010 survey. *Presentation prepared for Business Danmark*, 1–8.

Geersbro, J., und T. Ritter. 2013. Antecedents and consequences of sales representatives' relationship termination competence. *Journal of Business and Industrial Marketing* 28(1): 41–49.

Giller, C., und S. Matear. 2001. The termination of inter-firm relationships. *Journal for Business and Industrial Marketing* 16(2): 94–112.

Håkansson. 1990.

Halinen, A., und J. Tähtinen. 2002. A process theory of relationship ending. *International Journal of Service Industry Management* 13(2): 163–180.

Halinen, Rolfes, Günter. 2002.

Havila, V., und I.F. Wilkinson. 2002. The principle of the conservation of business relationship enery: or many kinds of new beginnings. *Industrial Marketing Management* 31(3): 191–203.

Helm, S., L. Rolfes, und B. Günter. 2006. Suppliers' willingness to end unprofitable customer relationships. *European Journal of Marketing* 40(3/4): 366–383.

Herstatt, C., und Hippel Ev. 1992. From experience: developing new product concepts via the lead user method: a case study in a "low-tech" field. *Journal of Product Innovation Management* 9(3): 213–221.

Hocutt, M.A. 1998. Relationship dissolution model: antecedents of relationship commitment and the likelihood of dissolving a relationship. *International Journal of Service Industry Management* 9(2): 189–200.

Holmlund, M., und P. Hobbs. 2009. Seller-initiated relationship ending: an empirical study of professional business-to-business services. *Managing Service Quality* 19(3): 266–285.

Hustom, L., und N. Sakkab. 2006. Connect and develop: inside Proctor & Gamble's new model for innovation. *Harvard Business Review* 84(3): 58–66.

Laursen, K., und A. Salter. 2006. Open for innovation: the role of openness in explaining innovation performance among U.K. manufacturing firms. *Strategic Management Journal* 27(2): 131–150.

Michalski, S. 2004. Types of customer relationship ending processes. *Journal of Marketing Management* 20(9): 977–999.

Morgan, R.M., und S.D. Hunt. 1994. The commitment-trust theory of relationship marketing. *Journal of Marketing* 58(3): 20–38.

Perrien, J.Ricard.L. 1995. Dissolution of a relationship. *Industrial Marketing Management* 24(2): 317–327.

Pressey, A., und X.X. Qiu. 2007. Buyer-supplier relationship dissolution: the Chinese context. *Journal of Business & Industrial Marketing* 22(2): 107–117.

Reinartz, W., M. Krafft, und W.D. Hoyer. 2005. The customer relationship management process: its measurement and impact on performance. *Journal of Marketing Research* 41(3): 293–305.

Ritter, T., und J. Geersbro. 2011. Organizational relationship termination competence: a conceptualization adn an empirical test. *Industrial Marketing Management* 40: 988–993.

Ritter, T., und A. Walter. 2012. More is not always better: the impact of relationship functions on customer-perceived relationship value. *Industrial Marketing Management* 32: 136–144.

Tähtinen, J. 2002. The process of business relationship ending: its stages and actors. *Journal of Market-Focused Management* 5(4): 331–353.

Tähtinen, J., und A. Halinen-Kaila. 1997. The death of business triads: the dissolution process of a net of companies. In: *IMP Conference Proceedings, 13th IMP Conference*, Lyon, France.

Tähtinen, J., und A. Halinen. 2002. Research on ending exchange relationships: a categorization, assessment and outlook. *Marketing Theory* 2(2): 165–188.

Tidström, A., und S. Åhman. 2006. The process of ending inter-organisational cooperation. *Journal of Business and Industrial Marketing* 21(5): 281–291.

Ulaga, W., und A. Eggert. 2006. Value-based differentiation in business relationships: gaining and sustaining key supplier status. *Journal of Marketing* 70(1): 119–136.

Winter, S.G. 2003. Understanding dynamic capabilities. *Strategic Management Journal* 24(10): 991–995.

Weiterführende Literatur

Håkansson, H. 1987. *Industrial technological development: a network approach*. London et al: Croom Helm.

Teil IV
Industriegütermarketing-Entscheidungen: Produktpolitik

Produktpolitik auf Industriegütermärkten – ein Überblick

Klaus Backhaus und Thorsten Wiesel

Inhaltsverzeichnis

1   Einleitung 263
2   Definition der Produktpolitik 264
3   Geschäftstypologisch ausgerichtete Produktpolitik 265
    3.1   Geschäftstypenübergreifende Fragestellungen 265
    3.2   (Massen)Marktorientierte Produktpolitik (Produkt- und Systemgeschäft) 266
    3.3   Einzelkundenorientierte Produktpolitik 270
4   Zusammenfassung: Produktpolitik ist geschäftstypenspezifisch ... 274
Literatur 275

1 Einleitung

Produktpolitik spielt eine wichtige strategische Rolle für Unternehmen – gleichgültig, ob sie im B-to-C oder B-to-B-Bereich tätig sind. Für den B-to-B-Bereich existieren aber Besonderheiten, die die Produktpolitik im B-to-B-Bereich besonderes spannend machen. Wesentlichen Einfluss haben dabei die verschiedenen Geschäftstypen. (vgl. Backhaus und Mühlfeld, Geschäftstypen im Industriegütermarketing sowie Backhaus und Voeth 2014). Wesentliche Unterschiede bestehen zwischen den Geschäftstypen insofern, als sich das Leistungsangebot z. B. im Projektgeschäft erst endgültig im Dialog mit dem Kunden her-

---

Prof. Dr. Dr. h.c. Klaus Backhaus ✉
Universität Münster, Institut für Anlagen u. Systemtechnologien, Münster, Deutschland
e-mail: backhaus@wiwi.uni-muenster.de

Prof. Dr. Thorsten Wiesel
Universität Münster, Institut für Wertbasiertes Marketing, Münster, Deutschland
e-mail: t.wiesel@uni-muenster.de

auskristallisiert (es wird über das Design des Leistungsangebots „verhandelt") und steht erst fest, wenn der Vermarktungsprozess abgeschlossen ist. Im Produktgeschäft dagegen ist das Leistungsangebot vor Beginn des Vermarktungsprozesses definiert und häufig auch schon produziert. Vergleichbares gilt für die beiden Geschäftstypen „System-" und „Integrationsgeschäft". Im Folgenden wird deutlich gemacht, dass es einige geschäftstypenübergreifende Grundsatzfragen der Preispolitik gibt, während andere Ausprägungen der Produktpolitik geschäftstypspezifisch sind.

2 Definition der Produktpolitik

Unter **Produktpolitik auf Industriegütermärkten** versteht man die Gestaltung eines Leistungsprogramms (Angebot im engeren Sinne), welches beim Kunden zur Problemlösung führen soll. Die Gestaltung des Leistungsprogramms beinhaltet nicht nur die Produktgestaltung im „klassischen" Sinne, sondern auch die Gestaltung von Dienstleistungen sowie von mehr oder weniger komplexen Systemen (vgl. Abb. 1).

Das Leistungsprogramm bildet den eigentlichen Austauschgegenstand der Transaktion, unabhängig davon, um welche Art von Gütern es sich handelt (Produktionsgüter, Investitionsgüter, Systemtechnologien oder Dienstleistungen). Die Art der Transaktion und somit der Geschäftstyp beeinflusst jedoch die Produktstrategie und damit das offerierte Leistungsprogramm. In Verbindung mit den anderen Elementen des Marketing-Mix (z. B. Distribution, Kommunikation) hat das Leistungsprogramm das Ziel, die Bedürfnisse, Wünsche und Probleme der Kunden mit den Produkten und Dienstleistungen des Unternehmens zu befriedigen bzw. zu lösen.

Wir halten also fest: Die Gesamtheit aller positiven Eigenschaften eines Angebots lässt sich als Produkt oder Leistung kennzeichnen. Dabei zeigt die angebotene Leistung die Fähigkeit eines Produzenten, die Bedürfnisse der Nachfrager zu erfüllen, das heißt, ihnen eine Problemlösung zu liefern. Ein Anbieter hat darauf zu achten, dass die Nutzenstiftung den Nutzenerwartungen der Nachfrager entspricht, wobei nicht unbedingt ein nutzenmaximales Produkt von Interesse sein muss, sondern lediglich ein Produkt, welches den vorhandenen und zukünftigen Wettbewerbsprodukten in allen relevanten Nutzendi-

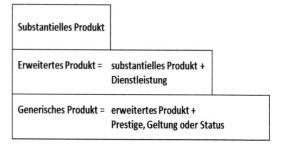

Abb. 1 Komponenten eines Produktes (Quelle: In Anlehnung an Herrmann und Huber 2000, S. 7)

1.	Die Nutzenstiftung muss der Nutzenerwartung in allen Belangen entsprechen.
2.	Nicht nur die objektive Beschaffenheit eines Gutes, sondern auch seine Wahrnehmung und Beurteilung bestimmen den Kauf- und das Konsumverhalten.
3.	Der Anbieter vermag nur die physikalisch-chemisch-technischen Eigenschaften eines Produkts direkt zu beeinflussen. Abnehmer entscheiden jedoch auf der Basis von Nutzenvorstellungen.
4.	Die nutzenorientierte Produktgestaltung führt dazu, dass neue Wettbewerbsrelationen zwischen Unternehmen entstehen.

Abb. 2 Herausforderungen der Produktpolitik (Quelle: In Anlehnung an Herrmann und Huber 2000, S. 10.)

mensionen voraus ist. Herrmann und Huber (2000) stellen die Herausforderungen der Produktpolitik wie in der Abb. 2 visualisiert dar.

3 Geschäftstypologisch ausgerichtete Produktpolitik

3.1 Geschäftstypenübergreifende Fragestellungen

Grundsätzlich sind die Herausforderungen der Produktpolitik sowohl für Konsumgütermärkte als auch Industriegütermärkte relevant, jedoch unterscheiden sich diese in zentralen Faktoren, die auch die unterschiedlichen Schwerpunkte der Produktpolitik deutlich werden lassen.

Basierend auf diesen generellen Zusammenhängen ist geschäftsübergreifend das grundlegende Leistungsprogramm zu bestimmen. Wie soll mein Leistungsportfolio generell gestaltet sein? Soll mein Leistungsangebot eher breit (diversifiziert) oder tief sein („Der Schraubenspezialist für jeden Schraubentyp")? In welcher Branche will ich tätig sein? Dies sind beispielhafte Fragen, die weitgehend geschäftstypunspezifisch sind. Diese Fragen sind von sehr grundlegender Natur. Sehr viel spezifischer sieht die Produktpolitik im Hinblick auf verschiedene Geschäftstypen aus.

3.2 (Massen)Marktorientierte Produktpolitik (Produkt- und Systemgeschäft)

Produktpolitische Entscheidungen im Produktgeschäft

Bewegt sich der Anbieter in einem anonymen Massenmarkt, der darüber hinaus auch noch transaktionsfokussiert ausgerichtet ist, dann sprechen wir vom Geschäftstyp „Produktgeschäft". Im Extremfall ist das Produktgeschäft ein Geschäft mit produktpolitischen Commodities (vgl. Enke et al. 2005). Commodities sind dadurch gekennzeichnet, dass sich alle am Markt befindlichen Produkte im Hinblick auf ihre Eigenschaften praktisch nicht unterscheiden. Es besteht vielmehr ein weitgehend standardisiertes Angebot, das primär über das Instrument der Preispolitik vermarktet wird. Klassisches Beispiel für dieses Szenario liefert die Halbleiterindustrie. Dynamische Speicherchips sind von Hersteller zu Hersteller kaum zu unterscheiden und erfüllen alle die gleiche Funktion. Hier helfen weder substantielle Produktvariationen noch ein erweitertes Design bzw. ein generisches Produkt (vgl. Abb. 1).

In diesem Geschäftstyp dominiert daher die Zeitdimension der Produktpolitik. Angesichts der vorherrschenden Strukturen im Wettbewerb, der Produktvariationen kaum zulässt, geht es vielmehr darum, die jeweilige Pionierposition bei der Einführung neuer Produktgenerationen inne zu haben. Angesichts der kürzer werdenden Produktlebenszyklen auf diesen Märkten (vgl. Abb. 3) ist damit die Produktpolitik auf eine effektive und effiziente Markteintrittspolitik für neue Produkte „reduziert".

Der produktpolitische Wettbewerb im Produktgeschäft vollzieht sich deshalb wesentlich über die Frage: Wer wird der neue Pionier bei der neuen Produktlebenszyklusgenerati-

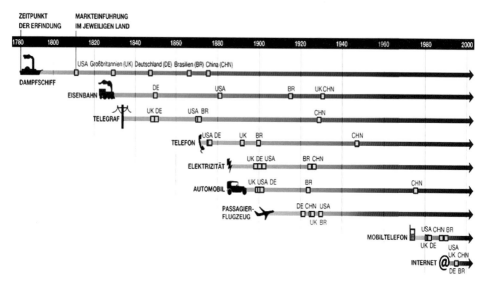

Abb. 3 Verkürzung der Produktlebenszyklen (Quelle: In Anlehnung an Cormin und Hobijn 2010, S. 2049)

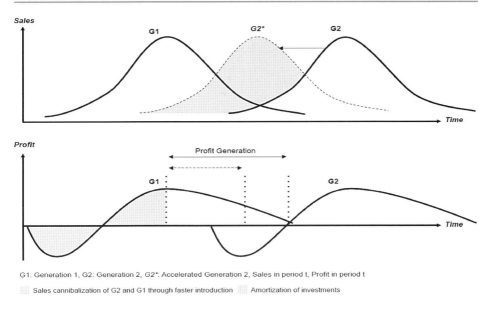

Abb. 4 Verkürzung des Rentabilisierungszeitraumes

on? Produktpolitik bedeutet dann, sich auf eine beschleunigte F&E-Politik zu fokussieren, die die angestrebte Pionierposition ermöglicht.

Diese Form der Produktpolitik über die zeitlich beschleunigte Einführung neuer Leistungsgenerationen steht allerdings vor der großen Frage: Wie schnell darf die Neueinführung von Produkten werden, ohne dass die Investitionen der Vorgenerationen nicht mehr rentabilisierbar sind?

Zentraler produktpolitischer Erfolgstreiber ist damit die benötigte Entwicklungs- und Markteinführungszeit, die es allerdings nicht zu maximieren bzw. zu minimieren, sondern zu optimieren gilt. Es hat sich nämlich in der Praxis herausgestellt, dass manche Märkte mit ihren Produktlebenszyklen so schnell werden, dass sich keiner der Lebenszyklen mehr rentabilisieren lässt, weil die immer schneller kommenden Produktgenerationen immer mehr Menge aus den vorhergehenden Lebenszyklen kannibalisieren. Die Problematik ist in Abb. 4 dargestellt. Die immer kürzer werdenden „intergeneration times" führen mittlerweile in manchen Bereichen dazu, dass überhaupt keine Leistungsgeneration mehr rentabel zu machen ist. Wir sprechen hier von der „Schattenseite der Beschleunigungsphilosophie" (dark side of the lifecycle acceleration, vgl. Backhaus et al. 2014).

Produktpolitische Entscheidungen bei Systemgeschäften

Im Systemgeschäft richtet sich das Angebot wie im Produktgeschäft an einen anonymen Markt. Nicht der einzelne Kunde steht im Vordergrund, sondern es erfolgt bestenfalls eine segmentspezifische Betrachtung. Insofern decken sich Systemgeschäft und Produktgeschäft auf dieser Dimension. Der Unterschied besteht darin, dass das System-

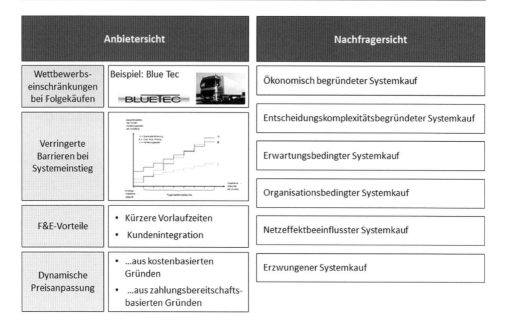

Abb. 5 Vorteile von Systemgeschäften aus Anbieter- und Nachfragersicht (Quelle: In Anlehnung an Backhaus und Voeth 2014, S. 463 ff.)

geschäft einen Gesamtkaufakt in mehrere Teilakte zerlegt, wobei je nach Ausgestaltung der Systemarchitektur ein mehr oder weniger intensiver Bindungseffekt (Lock-in) entwickelt wird. Wie beim Produktgeschäft auch, kommen grundsätzliche Maßnahmen im substantiellen, erweiterten und generischen Produktraum zum Zuge. Allerdings erweitert die Systemgeschäftsperspektive den Handlungsspielraum auch auf Folgetransaktionen. Beim Systemgeschäft wird das Gesamtsystem in verschiedenen Teilmodulen, die in sich selbst funktionsfähig sind, gekauft. Allerdings wird schon beim ersten Kauf (Initialkauf) berücksichtigt, dass aufgrund von proprietären oder teilproprietären Schnittstellen ein Lock-in-Effekt an den Anbieter des Initialkaufes entsteht. Es gibt gute Gründe, dass sowohl Nachfrager als auch Anbieter sich solchen verbundenen Kaufakten zu wenden.

Die in Abb. 5 dargestellte Tabelle zeigt die Gründe aus Nachfrager – und aus Anbieterperspektive für die Realisierung eines Systemgeschäfts auf. Aus der Abbildung wird deutlich, dass aus Anbietersicht aufgrund des Lock-ins (Wettbewerbseinschränkung bei Folgekäufen) Preisausbeutungsspielräume relevant werden, die der Anbieter für Preisanpassungsmaßnahmen nutzen kann. Gleichzeitig kann er durch einen zeitlichen preispolitischen Ausgleich – indem die Einstiegsphase preislich subventioniert wird – die Eintrittsbarrieren bei einem Systemgeschäft reduzieren. Schließlich kann er auch mit einem begrenzten F&E-Budget schon Teilleistungen am Markt platzieren.

Auch aus Nachfragersicht gibt es gute Gründe für einen Systemkauf. Im Einzelnen sprechen folgende Gründe für einen Systemkauf (vgl. Backhaus und Voeth 2014):

- Der Investitionsbedarf zur Realisation des Gesamtsystems „auf einen Schlag" kann den Käufer überfordern (ökonomisch begründeter Systemkauf).
- Die Komplexität der Entscheidung kann für den Entscheidungsträger zu hoch sein, so dass die Gesamtentscheidung in Teilentscheidungen zerlegt wird.
- Der Entscheidungsträger erwartet technologische Neuerungen bei einigen Modulen, so dass er Teilentscheidungen aufschieben möchte (erwartungsbedingter Systemkauf).
- Um eine stufenweise Einführung des Systems zu realisieren, kauft der Nachfrager in Teilschritten (organisationsbedingter Systemkauf).
- Schließlich kann der Anbieter die (Teil)Einführung verzögern, so dass der Nachfrager gezwungen ist, sukzessive zu kaufen.

Wenn diese Gründe in einer konkreten Situation ein Systemgeschäft bewirken, dann hat das erhebliche produktpolitische Konsequenzen, die wir im Folgenden kurz skizzieren. Dabei ist die Produktpolitik zweistufig zu interpretieren, denn beim Systemgeschäft ist sowohl die (intangible) Systemarchitektur als auch die möglicherweise tangiblen Produkte mit ihren Eigenschaften festzulegen. Beide Teilentscheidungen bedingen sich dabei zumindest partiell gegenseitig.

Produktpolitische Grundlage: Vertrauensposition und Systemarchitektur

Systemgeschäfte sind Vertrauensgeschäfte, denn der Käufer tritt ja angesichts der bekannten Lock-in Effekte mit einer Initialentscheidung für ein bestimmtes System in eine längerfristige Geschäftsbeziehung ein. Dies setzt die Existenz von (begründetem Vertrauen) in die längerfristige Anbieterlösung voraus. Die Produktpolitik im Sinne der Entwicklung einer Systemarchitektur muss Zukunftssicherheit vermitteln, um auch zukünftige Weiterentwicklungen nutzen zu können. Dazu kann unter anderem die Marke einen entscheidenden Beitrag leisten. Es ist festgestellt worden, dass im Industriegüterbereich Marken eine unsicherheitsreduzierende Wirkung erzeugen können, die auch als vertrauensschaffende Maßnahme interpretierbar ist (vgl. Backhaus et al. 2011).

Gestaltung der Systemprodukte

Aufbauend auf der Systemarchitektur sind die eigentlichen Produkte zu spezifizieren. Dabei sind im Systemgeschäft Entscheidungen in Bezug auf verschiedene Systemdimensionen zu treffen (vgl. Backhaus und Voeth 2014):

Determiniertheit

Im Rahmen der Determiniertheit des Systems unterscheiden wir unbestimmte Systeme von bestimmten Systemen. Bei bestimmten Systemen steht bereits zum Zeitpunkt der Erstinvestition fest, welche Folgeinvestitionen der Initialinvestition folgen werden, während bei unbestimmten Systemen die Folgeinvestitionen noch völlig offen sind.

Geschlossenheit

Der Grad der Geschlossenheit des Systems bestimmt die Höhe des Lock-in-Effekts. Je geschlossener, das heißt proprietärer ein System bzw. eine Systemarchitektur designt ist, umso stärker sind die Lock-in-Effekte in Bezug auf die einmal gewählte Lösung. Im Gegensatz zu geschlossenen Systemen gehen wir bei offenen Systemen davon aus, dass der Nachfrager der Folgeinvestition zwischen den Angeboten verschiedener Hersteller wählen kann. Im Grenzfall, d. h. bei völliger Offenheit des Systems, liegt eigentlich kein Systemgeschäft mehr vor, sondern ein Produktgeschäft.

Ausgewogenheit
Die Ausgewogenheit eines Systems ist dadurch gekennzeichnet, in wieweit ein vergleichbares Verhältnis zwischen der Höhe der Anfangsinvestition und der Summe der Folgeinvestitionen besteht. Wir sprechen von ausgewogenen Systemen, wenn der Wert des Initialkaufs etwa gleich hoch ist wie die Summe der Folgekäufe. Ist dies nicht der Fall, sprechen wir von unausgewogenen Systemen. Dabei sind verschiedene Ausprägungen denkbar:

- Kleine Initialinvestition bei großen Folgeinvestitionen,
- Große Initialinvestition mit kleinen Folgeinvestitionen (dann nähert sich das Angebot bereits einem Projektgeschäft).

Latenz
Schließlich unterscheiden wir nach dem Latenzgrad eines Systems, inwieweit es sich um ein transparentes oder latentes Systemgeschäft handelt. Beim transparenten Systemgeschäft sind alle beteiligten Marktparteien darüber informiert, dass es sich um ein bestimmtes Systemgeschäft handelt. Beim latenten System ist der Käufer häufig sich nicht im Klaren darüber, dass er nicht im Produktgeschäft kauft, sondern eine Einstiegsinvestition in einem erweiterten Markt tätigt.

Durch eine Kombination der verschiedenen Dimensionen des Systems entstehen konkrete Typen von Systemgeschäften, die als produktpolitische Ausprägungen des Systemgeschäfts zu charakterisieren sind.

3.3 Einzelkundenorientierte Produktpolitik

Eine gänzlich andere Perspektive ergibt sich bei den beiden Geschäftstypen Projektgeschäft und Integrationsgeschäft, die beide einzelkundenorientiert sind. Sowohl im Projekt- wie auch im Integrationsgeschäft – spielt die Individualisierung der Leistung eine große Rolle. (vgl. Jacob und Kleinaltenkamp, Leistungsindividualisierung und -standardisierung). Deshalb liegt der Vermarktungsprozess im Kern auch vor dem Fertigungsprozess. Der Nachfrager formuliert zunächst einmal seine Wünsche, die dann möglicherweise durch einen Anbieter befriedigt werden. Leistung und Gegenleistung werden somit im individuellen Verhandlungsprozess ausgehandelt. Bei der Erfüllung der kundenindividuellen Wünsche greift der Kunde tief in den Fertigungsprozess des Anbieters ein. Kleinaltenkamp bezeichnet dies als Kundenintegration (Customer Integration). (Vgl. Kleinaltenkamp 1995, 1997 sowie Kleinaltenkamp et. al.1996).

Produktpolitik im Projektgeschäft
Im Projektgeschäft werden einzelkundenbezogene Leistungen vermarktet, bei denen kein zeitlicher Kaufverbund zu anderen Leistungen besteht. Die Bezugsbasis ist also die Einzeltransaktion. Mit anderen Worten, das einzelne Projektgeschäft muss sich für den Anbieter rechnen. Kernelement des Projektgeschäfts sind auftrags- bzw. einzelgefertigte Industrieanlagen, die auf die lokalen Standortbedingungen und Kundenwünsche individuell zugeschnitten sind. Die im Projektgeschäft vermarkteten Leistungen stellen sogenannte Erfahrungsgüter dar. Erfahrungsgüter sind dadurch gekennzeichnet, dass die Qualität der Leistung nur begrenzt (wenn überhaupt) vor dem Kauf zu prüfen ist. Vielmehr benötigt der Käufer Erfahrung mit der Leistung, um sie endgültig beurteilen zu können (vgl. Nelson 1970).

Da er in der Regel nicht auf seine eigenen Erfahrungen bauen kann, spielt für den Nachweis der Leistungsfähigkeit das Instrument der Referenzen für die Leistungsfähigkeitsbeurteilung eine große Rolle. Produktpolitisch geht es im Projektgeschäft also darum, durch den Nachweis konkreter Leistungsergebnisse, die Fähigkeit nachzuweisen, dass man in der Lage ist, ein solches Projekt zu bewerkstelligen. Referenzen dienen daher quasi als Projektqualifikationen, „in denen die Anbieter u. a. nachweisen müssen, dass sie vergleichbare Projekte bereits abgewickelt haben und über entsprechendes Know-how verfügen. Sie werden damit in die Lage versetzt, die (produktpolitischen, Anm. d.V.) Stärken und Schwächen einzelner Anbieter zu ‚operationalisieren'". (Vgl. Backhaus und Voeth 2014).

Referenzen können sich auf verschiedene (Teil-)Leistungen beziehen. Wir unterscheiden mit Günter (1979)

- Gesamtprojektreferenzen,
- Know How Referenzen,
- Komponentenreferenzen.

Die Bezugsdimensionen (Gesamtprojekt, Know How, Komponenten) sind Ausdruck dafür, worauf sich die Referenzen produktpolitisch beziehen können.

Im Prinzip handelt es sich beim Projektgeschäft um ein Dienstleistungsangebot bzw. Leistungsversprechen, was insbesondere in dem Terminus „Turn Key Projekt" – also schlüsselfertige Leistungsübergabe – zum Ausdruck kommt. Sachleistungen und Dienstleistungen werden kundenindividuell kombiniert, so dass aus einem bestehenden Leistungskatalog unterschiedliche Projektergebnisse, die das produktpolitische Handlungsspektrum beschreiben, generiert werden können. Das in kundenindividuellen Verhandlungen festgelegte (Dienst-)Leistungsangebot wird aus einer Liste von Dienstleistungsangeboten heraus kombiniert. Das produktpolitische Leistungsangebot wird im Prinzip durch den strategisch determinierten Leistungsangebotskatalog definiert. Wie das Produkt konkret in einer bestimmten Kundensituation design ist, ist situationsabhängig. Im juristischen Sinne handelt es sich bei der Produktpolitik im Projektgeschäft somit nicht um den Abschluss eines Kaufvertrages, sondern um einen Werkvertrag. Es wird keine Leistung,

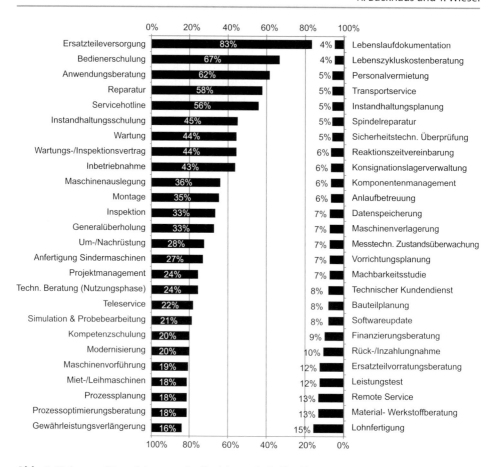

Abb. 6 Relevante Dienstleistungen im Projektgeschäft (Quelle: In Anlehnung an Bröker 2014)

sondern ein Leistungsergebnis geschuldet. Kundenübergreifende grundsätzliche produktpolitische Entscheidungen konzentrieren sich daher im Wesentlichen auf die Definition eines bestimmten Leistungskataloges, der mit Referenzprojekten untermauert ist. Beispiel für einen umfassenden Dienstleistungskatalog im Geschäftstyp Projektgeschäft zeigt Abb. 6. Die Basis für diese Auflistung ist die Analyse von 120 Unternehmenswebsites im Hinblick auf das Dienstleistungsangebot deutscher Maschinenbauunternehmen.

Dabei lassen sich fehlende Dienstleistungen durch einen Anbieter in einer konkreten Kaufsituation durch die Bildung von Anbietergemeinschaften, bei der mehrere Anbieter gemeinsam ein Angebot an Kunden abliefern schaffen, so dass die Produktpolitik im Projektgeschäft im Sinne eines Lösungsgeschäftes (Solution Selling) zu interpretieren ist.

Produktpolitik im Integrationsgeschäft
Beim Integrationsgeschäft tritt zur Leistungsindividualisierung, die durch den Einzelkundenbezug bedingt ist, zusätzlich noch eine transaktionsübergreifende Perspektive. Anbie-

ter und Nachfrager disponieren nicht nur im Hinblick auf eine einzelne konkrete Transaktion, sondern über eine Geschäftsbeziehung. Diese Geschäftsbeziehung ist charakterisiert durch gegenseitige Abhängigkeiten der Marktpartner, da beide Parteien spezifisch investieren. Zentrales produktpolitisches Instrument ist die Gestaltung der sogenannten Produktintegralqualität. Die Integralqualität bestimmt, in welchem Ausmaß die jeweiligen Leistungen des OEMs und der Zulieferanten „zueinander passen" (vgl. Backhaus und Voeth 2014).

Die Integralqualität kann sich dabei auf verschiedene produktpolitische Qualitäten beziehen. Wir unterscheiden drei Formen:

- Integrale Produktqualität im engeren Sinne
  Bei dieser Form der Produktqualität geht es darum, dass die gelieferten Leistungen kompatibel zu anderen Teilleistungen eines vom OEM erstellten Produktes sind. Die Kompatibilität kann sich auf verschiedene Produktdimensionen wie technische Kompatibilitäten, aber auch Designkompatibilitäten beziehen. Ein Beispiel liefert die Entwicklung, Produktion und Lieferung des Heckscheinwerfers für den Audi A4. Der Heckscheinwerfer wurde für den Audi A4 speziell entwickelt und wird mittlerweile auch gefertigt. Dieser Heckscheinwerfer passt in keines der übrigen Audi-Modelle, insbesondere auch nicht in konkurrierende Modelle. Die integrale Produktqualität in engerem Sinne ist dabei nur für den Audi A4 akzeptabel.

- Integrale Zeitqualität
  In Abhängigkeit vom relativen Wert eines Teilprodukts am Endprodukt kann es notwendig sein, die Lebensdauer eines Teilprodukts auf die Lebensdauer des Endproduktes abzustellen. Es beschränkt ein komplettes Produkt im Rahmen der zeitlich am kürzesten lebenden Teilelemente des Produktes. Je bedeutsamer dieses Teil ist, umso mehr hat es Einfluss auf die Lebensdauer. Es gilt daher, die Beziehungen zwischen den verschiedenen Leistungselementen im Hinblick auf die zeitliche Lebensdauer abzustimmen. Es nutzt wenig, wenn ein Motor zwanzig Jahre hält, das Getriebe aber in der Regel nur 5 Jahre. Zumindest ist hier ein Ersatzteilmarkt notwendig, der in der Lage ist, die Lebensdauer von Teilen und Endprodukt aufeinander abzustimmen.

- Integrale Verfügbarkeitsqualität
  Eine produktpolitisch relevante Qualitätsdimension ist auch die integrale Verfügbarkeit. Es geht dabei um die zeitgenaue Abstimmung zwischen Zuliefererprodukten und Lieferzeit des Gesamtproduktes.

Insgesamt lässt sich festhalten, dass das Integrationsgeschäft Geschäftsbeziehungen beschreibt, bei denen Anbieter und Nachfrager extrem aufeinander angewiesen sind. Dies macht produktpolitische Leistungsangebote erforderlich, die über eine hohe Qualitätsintegration verfügen.

Die produktpolitisch orientierte Geschäftsbeziehung ist damit von seiner Länge her vom Lebenszyklus des jeweiligen Produktes eines OEMs abhängig. Wir sprechen auch von produktlebenszyklusorientierter Geschäftsbeziehung.

Obwohl das konkrete Produkt noch nicht vorliegt, muss sich der Nachfrager für ein bestimmtes Produkt eines Lieferanten entscheiden. Der so charakterisierte Entscheidungsprozess umfasst zwei Phasen: Besondere Bedeutung hat dabei die Unterscheidung von produktbezogenen Leistungsmerkmalen und Leistungspotentialen (vgl. Pampel 1993; Stark 1994). Produktbezogene Leistungsmerkmale eröffnen Möglichkeiten zur Differenzierung der verschiedenen Wettbewerber. Differenzierungsmerkmale können sich auf verschiedenste Dimensionen beziehen. Die Differenzierungen erfolgen im Hinblick auf die in Abb. 1 dargestellten drei produktpolitischen Leistungsdimensionen.

Darüber hinaus spielen auch Potentialanalysen eine große Rolle. Es geht nicht nur darum, dass der Anbieter zum Zeitpunkt der Betrachtung über besonders erwünschte Leistungsmerkmale für einen Nachfrager verfügt. Vielmehr kommt es auch darauf an, dass er im Laufe der Geschäftsbeziehung in der Lage ist, eine bestimmte Qualität mit ausreichendem Innovationspotential garantieren und darüber hinaus hinreichendes Flexibilitätspotential zur Verfügung stellen kann. In der Praxis sind es häufig die Potentiale, die den Ausschlag für eine Kundenentscheidung geben. Das Innovationspotential stellt ein Set von Signalen zur Verfügung, die deutlich machen, inwieweit das Unternehmen in der Lage ist, neue Produkte und neue Verfahren im Laufe einer Geschäftsbeziehung zu generieren.

Das Integrationspotential liefert darüber hinaus Informationen darüber, inwieweit der Anbieter die Fähigkeit besitzt, Kunden in den Produkterstellungsprozess zu integrieren.

Das Flexibilitätspotential schließlich liefert Informationen über die Fähigkeit des Unternehmens, sich an veränderte Umweltbedingungen im Laufe einer Geschäftsbeziehung anpassen zu können.

Produktpolitik im Integrationsgeschäft bezieht sich also einerseits auf das konkrete Management einzelner Produktdimensionen, die zur Differenzierung im Wettbewerb notwendig sind, andererseits aber auch auf Potentiale, die bedingt durch den Aufbau einer Geschäftsbeziehung effektives und effizientes Verhalten im Sinne der Marktparteien während des Lebenszyklus einer Geschäftsbeziehung sicherstellen.

4 Zusammenfassung: Produktpolitik ist geschäftstypenspezifisch

Unsere Ausführungen haben gezeigt, dass es *die* Produktpolitik im Industriegütermarketing nicht gibt. Abgesehen von einigen geschäftstypenübergreifenden produktstrategischen Entscheidungen sind die produktpolitischen Entscheidungen abhängig vom Geschäftstyp. Produktpolitik im Anlagengeschäft ist eben etwas völlig anderes als Produktpolitik im Produktgeschäft.

Während es im ersteren Falle (Projektgeschäft) notwendig ist, einen Dienstleistungskatalog zu formulieren, der das Leistungsangebot im Projektgeschäft beschreibt, zeigen sich im Produktgeschäft kaum produktpolitische Handlungsalternativen ab. Vielmehr ist im Wesentlichen der einzige sich anbietende Weg darin zu sehen, durch die Schaffung von Innovationen den Markt jeweils neu zu definieren. Was bei der Innovationspolitik zu bedenken ist, zeigen die Ausführungen von Klarmann und Hildebrand (Innovationsmanagement in B2B-Märkten).

Wir haben darüber hinaus deutlich gemacht, dass die Frage nach der Bearbeitung von Einzelkunden bzw. von anonymen Märkten Einfluss auf die Produktpolitik hat. Etwas verkürzend könnte man auch sagen, es geht um Leistungsstandardisierung versus Leistungsindividualisierung. Dazu liefern Jakob und Kleinaltenkamp mit ihrem Beitrag einen wesentlichen Baustein (vgl. Jakob und Kleinaltenkamp, Leistungsindividualisierung und -standardisierung) Gerade im Rahmen der Einzelkundenorientierung wird deutlich, dass die beiden Geschäftstypen Projektgeschäft und Integrationsgeschäft eine starke Serviceorientierung notwendig machen. (Vgl. Kleinaltenkamp, Jacob und Plötner, Industrielles Servicemanagement).

Insgesamt hat sich gezeigt, dass Produktpolitik im Industriegütermarketing nicht nur zwischen Geschäftstypen differenzieren muss, sondern darüber hinaus ist auch deutlich geworden, dass ein großer Unterschied zwischen der Produktpolitik im Konsumgüterbereich und Investitionsgüterbereich besteht.

Literatur

Verwendete Literatur

Backhaus, K., M. Steiner, und K. Lügger. 2011. To invest, or not to invest, in brands? Drivers of brand relevance in B2B markets. *Industrial Marketing Management* 40(7): 1082–1092.

Backhaus, K., und M. Voeth. 2010. *Industriegütermarketing*, 9. Aufl. München: Vahlen Verlag.

Backhaus, K., und M. Voeth. 2014. *Industriegütermarketing*, 10. Aufl. München: Vahlen Verlag.

Backhaus, M., R. Wilken, und K. Lügger. 2014. Accelerating Innovations: When do they pay off? In *Proceedings of the EMAC conference*. Valencia.

Bröker, Ole 2014. *Full Service Contracts für industrielle Dienstleistungen*. Hamburg: Kovač.

Cormin, D., und B. Hobijn. 2010. An Exploration of Technology Diffusion. *American Economic Review* 100: 2049.

Enke, M., M. Reimann, und A. Geigenmüller. 2005. Commodity Marketing. In *Commodity Marketing*, Hrsg. M. Enke, M. Reimann, 13–33. Wiesbaden: Springer Gabler.

Günter, B. 1979. Die Referenzanlage als Marketing-Instrument. *Zeitschrift für betriebswirtschaftliche Forschung – Kontaktstudium* 1979(31): 145–151.

Herrmann, A., und F. Huber. 2000. Kundenorientierte Produktgestaltung – Ziele und Aufgaben. In *Kundenorientierte Produktgestaltung*, Hrsg. A. Herrmann, G. Hertel, W. Virt, F. Huber, 3–18. München: Vahlen.

Kleinaltenkamp, M. 1995. Marktsegmentierung. In *Technischer Vertrieb*. Hrsg. M. Kleinaltenkamp, W. Plinke, 663–702. Berlin: Springer Verlag.

Kleinaltenkamp, M. 1997. Kundenintegration. *Wirtschaftswissenschaftliches Studium* 26(7): 350–354.

Kleinaltenkamp, M., S. Fliess, und F. Jacob. 1996. Customer Integration: Von der Kundenorientierung zur Kundenintegration. Wiesbaden: Dr. Th. Gabler Verlag.

Nelson, P. 1970. Information and Consumer Behaviour. *Journal of Political Economy* 82: 729–753.

Pampel, J. 1993. Kooperation mit Zulieferern: Theorie Und Management. Wiesbaden: Gabler Verlag.

Stark, H. 1994. Single Sourcing und Lieferantenselektion. *Thexis* 11(1): 46–50.

Weiterführende Literatur

Backhaus, K., und R. Weiber. 1993. Das industrielle Anlagengeschäft – ein Dienstleistungsgeschäft? In *Industrielle Dienstleistungen*, Hrsg. H. Simon, 67–84. Stuttgart: Schäffer-Poeschel Verlag.

Belz, C., B. Birchner, M. Büsser, H. Hillen, H.J. Schlegel, und C. Willeé. 1991. *Erfolgreiche Leistungssysteme*. Stuttgart: Schäffer-Poeschel Verlag.

Engelhardt, W., und M. Reckenfelderbäumer. 2006. Industrielles Service-Management. In *Markt- und Produktmanagement. Die Instrumente des Business-to-Business-Marketing*, 2. Aufl., Hrsg. M. Kleinaltenkamp, W. Plinke, F. Jacob, A. Söllner, 207–316. Wiesbaden: Gabler.

Leistungsindividualisierung und -standardisierung

Frank Jacob und Michael Kleinaltenkamp

Inhaltsverzeichnis

1 Einführung 277
2 Individualisierung und Standardisierung als strategische Optionen der
  Leistungsgestaltung 279
  2.1 Leistungsindividualisierung 280
    2.1.1 Merkmale der Leistungsindividualisierung 280
    2.1.2 Instrumente der Leistungsindividualisierung 283
    2.1.3 Kritische Erfolgsfaktoren der Leistungsindividualisierung 285
  2.2 Leistungsstandardisierung 286
    2.2.1 Merkmale der Leistungsstandardisierung 286
    2.2.2 Instrumente der Leistungsstandardisierung 289
    2.2.3 Kritische Erfolgsfaktoren der Leistungsstandardisierung 290
3 Zusammenfassung: Die Dynamisierung von Strategien der Leistungsgestaltung 292
Literatur 293

1 Einführung

Bereits im Jahre 1957 formulierte der amerikanische Autor Wroe Alderson in seinem Grundlagenwerk zum Marketing, dass es für einen Anbieter auf Märkten grundsätzlich

---

Prof. Dr. Frank Jacob ✉
ESCP Europe Wirtschaftshochschule Berlin, Lehrstuhl für Marketing, Berlin, Deutschland
e-mail: fjacob@escpeurope.eu

Prof. Dr. Dr. h.c. Michael Kleinaltenkamp
Freie Universität Berlin, Professur für Business- und Dienstleistungsmarketing,
Berlin, Deutschland
e-mail: marketing@wiwiss.fu-berlin.de

zweierlei Möglichkeiten gibt, Leistungsangebote für die Nachfrager zu gestalten: entweder als individuelle und auf den einzelnen Kunden zugeschnittene Leistungsangebote oder als standardisierte und für mehrere Kunden vereinheitlichte Leistungsangebote (Alderson 1957). Alderson vermerkte weiterhin, dass diese Unterscheidung gerade auf solchen Märkten, die durch Industriegüter geprägt sind, von größerer Bedeutung ist als auf Konsumgütermärkten (Alderson 1957). Auch heute noch hat diese Unterscheidung ihre Gültigkeit (Woisetschläger et al. 2010).

Ceci und Massini kommen im Rahmen einer systematischen Marktanalyse über vier europäische Märkte (Italien, Großbritannien, Schweden und Spanien) zu dem Ergebnis, dass von insgesamt circa 6000 im IT-Sektor tätigen Unternehmen rund jeweils die Hälfte eine Individualisierungs- bzw. eine Standardisierungsstrategie verfolgen (Ceci und Masini 2011). Verschiedene Studien haben sich bereits vorher jeweils der einen oder der anderen Strategie gewidmet und deren Verbreitung bzw. Beitrag bei der Erzielung von Wettbewerbsvorteilen untersucht. Eine Übersicht zu solchen Studien, die insbesondere die Individualisierung in den Mittelpunkt stellen, findet sich bei Minculescu (2013). Zu verweisen ist dabei besonders auf das so bezeichnete NIFA-Panel (Widmaier 1996), das für die Branche des Maschinenbaus in Deutschland einen Anteil von 60 % für Leistungen nach Kundenspezifikation am gesamten Fertigungsprogramm benennt. Die Wettbewerbsrelevanz der Leistungsindividualisierung bestätigt eine neuere Studie, die ebenfalls im Bereich Maschinenbau angesiedelt ist (Sturm und Bading 2008). Im Rahmen einer Fallstudienanalyse benennt Ceci (2009) die Unternehmen IVECO, Rolls-Royce Aerospace and Defence sowie Loccioni Group als Beispiele mit Benchmark-Charakter für die Umsetzung von Strategien der individualisierten Leistungsgestaltung im Industriegüterbereich. Für Deutschland werden an anderer Stelle die Siemens AG, IBM Deutschland und die Festo AG benannt (AFSM international 2007). Den Bereich konsumnaher Handel und Dienstleistungen untersuchen Woisetschläger et al. (2010) und stellen auch dort hohe bis sehr Indexwerte bei für die Lösungsorientierung fest, was mit einer Leistungsindividualisierung einhergeht.

Die anhaltende Relevanz der Leistungsvereinheitlichung wurde unter anderem belegt durch Ergebnisse einer Studie, die im Auftrag des Deutschen Instituts für Normung DIN, des Österreichischen Normungsinstituts ON sowie der Schweizerischen Normenvereinigung SNV durchgeführt wurde. Die Studie basiert auf den Aussagen von etwa 640 Unternehmen aus unterschiedlichen industriellen Branchen in den drei Ländern. Gefragt nach der Wirkung der Vereinheitlichung wurden sowohl für die innerbetriebliche Leistungsvereinheitlichung („Werksnormen") als auch für die branchenbezogene Leistungsvereinheitlichung („Industriestandards") und für die Vereinheitlichung durch Normungsinstitutionen („überbetriebliche Normen") über insgesamt acht Einzelkriterien durchweg positive Effekte für die Stärke des Wettbewerbsvorteils eines Unternehmens ermittelt (Österreichisches Normungsinstitut 2002).

In diesem Beitrag sollen die Individualisierung und die Standardisierung als strategische Optionen der Leistungsgestaltung eines Anbieters von Industriegütern begrifflich weiter präzisiert und dann vertiefend dargestellt werden.

2 Individualisierung und Standardisierung als strategische Optionen der Leistungsgestaltung

Obwohl die beiden Begriffe Individualisierung und Standardisierung zunächst Eindeutigkeit suggerieren, erscheint eine weitere Präzisierung notwendig. Begriffliche Missverständnisse werden aus dem Weg geräumt, wenn zweierlei Blickrichtungen auseinander gehalten werden: Zum einen die Betrachtung der Leistungsgestaltung mit Bezug zum einzelnen Kunden und zum anderen die Leistungsgestaltung mit Bezug zum Wettbewerb (Frese et al. 1999). Mit Bezug zum einzelnen Kunden kann die Leistung entweder spezifiziert oder unspezifiziert sein, mit Bezug zum Angebot der Wettbewerber kann die Leistung entweder differenziert oder undifferenziert sein. Verbindet man diese beiden Dimensionen, so entsteht eine Matrix, die vier Erscheinungsformen der Leistungsgestaltung unterscheidet und in Abb. 1 wiedergegeben ist.

Mit der „Problemlösung" sind solche Leistungen gemeint, die ein hohes Ausmaß an Spezifität mit Bezug auf den einzelnen Kunden aufweisen und das eigene Angebot damit gegenüber den Angeboten der Wettbewerber differenzieren. Sie ist sicherlich typisch für die bereits genannte Branche des Maschinenbaus. Ist das Leistungsangebot dagegen nicht kundenspezifisch und im Vergleich zu den Wettbewerbern nicht differenziert, so liegen „Standardprodukte" vor. Sie spielen z. B. auf Märkten für elektrische Zubehörteile oder Steckverbindungen eine große Rolle. Zwischenformen der Individualisierung und der Standardisierung sind entweder als „Auftragsleistungen" oder als „Nischenprodukte" gekennzeichnet. Bei der Auftragsleistung wird die Leistung zwar kundenspezifisch erbracht, es erfolgt damit jedoch keine Differenzierung gegenüber den Wettbewerbern. Industrielle Zulieferleistungen entsprechen dem, aber auch viele Standarddienstleistungen, die zwar aufgrund ihres Prozesscharakters für jeden Kunden individuell zustande kommen, aber aufgrund ihrer Gleichförmigkeit keine Differenzierungskraft mit sich bringen. Nischenprodukte dagegen kommen für alle Kunden in vereinheitlichter Form zustande, ziehen jedoch aufgrund ihrer Andersartigkeit gegenüber Wettbewerbsprodukten einen Differenzierungsvorteil nach sich. Serienprodukte aus der Medizintechnik, die sich von

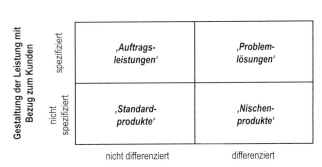

Abb. 1 Einzelkunden- und Wettbewerbsbezug der Leistungsgestaltung

den Angeboten des Wettbewerbs durch Technologievorsprünge unterscheiden, entsprechen diesem Typ.

Auftragsleistungen und Nischenprodukte werden an dieser Stelle nicht näher betrachtet. Kontrastiert werden die Problemlösungen als Erscheinungsformen der Individualisierung und die Standardprodukte als Erscheinungsform der Standardisierung. Dies erfolgt anhand konstatierender Merkmale, spezifischer Instrumente sowie kritischer Erfolgsfaktoren.

Konstatierende Merkmale ergeben sich vor allem aus der Art, wie die Leistungsindividualisierung und -standardisierung auf die Ausbildung von Wettbewerbsvorteilen einwirken. Dabei folgen wir einem Verständnis, wonach Wettbewerbsvorteile sowohl aus Kundenvorteilen als auch aus Anbietervorteilen resultieren (Plinke 2000; Jacob 2009). Der Kundenvorteil beschreibt die relative Vorteilhaftigkeit eines Angebots für den Nachfrager als Differenz von empfundenem Nutzen und zu entrichtendem Preis. Der Anbietervorteil beschreibt den Vorsprung des Anbieters als Differenz zwischen erzielbaren Erlösen und verursachten Kosten im Vergleich zu den Wettbewerbern.

Spezifische Instrumente dienen der Bewältigung von Managementaufgaben bei der Umsetzung der Strategien. Dabei können eine Analyse-, eine Findungs- und eine Begründungsaufgabe unterschieden werden (Kleinaltenkamp und Jacob 2002). Die Analyseaufgabe betrifft die Vorbereitung der Leistungsgestaltung durch die Beschaffung von Informationen, die Findungsaufgabe betrifft die Erstellung der Leistungen i. e. S. und die Begründungsaufgabe betrifft die Vermittlung von Informationen zur Überlegenheit des Leistungsangebots an die Nachfrager.

Für die Gegenüberstellung von kritischen Erfolgsfaktoren wird auf theoretische Modelle und empirische Ergebnisse zur Erfolgswirksamkeit der Strategien zurückgegriffen.

2.1 Leistungsindividualisierung

Mit Hilfe der drei genannten Aspekte soll nun zunächst die Betrachtung einer Strategie der Leistungsindividualisierung erfolgen.

2.1.1 Merkmale der Leistungsindividualisierung

In der jüngeren Vergangenheit war die Individualisierung als Option für die Gestaltung von Leistungsangeboten Gegenstand mehrerer Studien und Veröffentlichungen (vgl. z. B. die Darstellung bei Minculescu 2013). Durchaus Konsens besteht dabei darüber, dass die Individualität, die Integrativität und die Interaktivität als zentrale Merkmale angesehen werden dürfen, was im Folgenden näher erläutert werden soll.

Leistungsindividualisierung zielt darauf ab, Leistungsergebnisse in Form von Unikaten zu schaffen. Die Eigenschaften dieser Unikate sind geeignet, sehr individuellen Anforderungen der Verwendung der Leistung beim Nachfrager gerecht zu werden. Die Erfüllung von Sonderwünschen stellt sozusagen den Normalfall dar. Eine solche umfassende Ausrichtung der Leistungseigenschaften auf die individuellen Anforderungen jedes einzelnen

Leistungsindividualisierung und -standardisierung

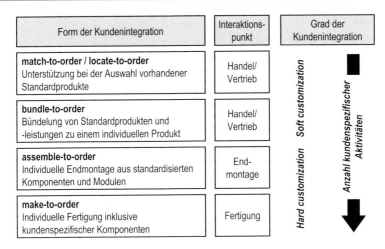

Abb. 2 Arten der kundenindividuellen Leistungsgestaltung (in Anlehnung an Piller 2003, S. 85)

Kunden bildet die Grundlage für einen Kundenvorteil. Die Formen der Produktindividualisierung reichen dabei vom „match-to-order" bzw. „locate-to-order", d. h. der Unterstützung des Kunden bei der Auswahl vorhandener Standardprodukte, bis hin zum „make-to-order", bei dem Leistungen speziell für einen einzelnen Kunden gefertigt werden (Piller 2003; Reinhart und Zäh 2003; vgl. Abb. 2).

Leistungsergebnisse als Problemlösungen in diesem Sinne sind aber nur möglich, wenn mindestens eine Problemspezifikation als externer Produktionsfaktor in den Leistungserstellungsprozess des Anbieters einfließt. Der Nachfrager muss also einen eigenen, i. d. R. sehr umfassenden Beitrag für den Leistungserstellungsprozess leisten. Der Anbieter hat andererseits seinen Leistungserstellungsprozess für diesen Beitrag des Nachfragers offen zu halten. Daraus lassen sich auch Anforderungen für die Gestaltung des Leistungspotenzials ableiten. Dieses Leistungspotenzial als Menge der internen Produktionsfaktoren, die der Anbieter dem Produktionsprozess zuführt, muss nämlich durch ein erhöhtes Maß an Flexibilität gekennzeichnet sein. Die Zuführung externer Produktionsfaktoren in einen offenen Leistungserstellungsprozess auf der Basis eines durch Flexibilität gekennzeichneten Leistungspotenzials wird als Kundenintegration bezeichnet (vgl. Fließ, Kundenintegration).

Da es sich aber bei den externen Produktionsfaktoren, die vom Nachfrager bei der Leistungsindividualisierung dem Leistungserstellungsprozess zugeführt werden, in erster Linie um Informationen handelt, ist die Leistungsindividualisierung durch ein erhöhtes Ausmaß an Interaktion zwischen dem Anbieter und dem Nachfrager gekennzeichnet. Leistungsindividualisierung hat immer auch den Charakter eines Beratungsprojektes für den Kunden (Kleipaß 2012) und zwingt somit die Transaktionspartner zum intensiven Austausch von Informationen.

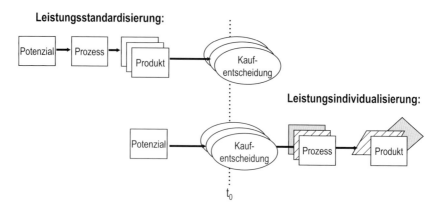

Abb. 3 Die zeitliche Reihenfolge der Aktivitäten bei der Leistungsindividualisierung

Diese Merkmale schlagen sich sehr offensichtlich in der Reihenfolge der Aktivitäten beim Zustandekommen einer Leistung nieder. In Abb. 3 ist dies zunächst grafisch dargestellt.

Während der Nachfrager bei standardisierten Leistungen eine Kaufentscheidung bzw. Lieferantenauswahl also erst trifft, nachdem die Leistung bereits vorliegt, erfolgt dies bei der Leistungsindividualisierung sehr viel früher. Der Entscheidung vorgelagert ist lediglich die Disposition des Leistungspotenzials durch den Anbieter, der eigentliche Leistungserstellungsprozess und das Zustandekommen des Leistungsergebnisses sind der Entscheidung nachgelagert.

Von diesen Merkmalen der Leistungsindividualisierung gehen unterschiedliche Wirkungen für die Art und das Ausmaß des Wettbewerbsvorteils eines Anbieters aus. Deutlich wurde bereits, dass die Einzigartigkeit und die erhöhte Problemlösungskraft individualisierter Leistungen den Nachfrager dazu bewegen können, einen erhöhten Nutzen wahrzunehmen. Ein vorhandener Kundenvorteil wird also durch zusätzliche Leistungsindividualisierung weiter ausgebaut. Die Notwendigkeit für den Nachfrager, eine Kaufentscheidung bzw. Anbieterauswahl bereits vor der Entstehung des eigentlichen Austauschobjektes treffen zu müssen, zieht aber auch Probleme nach sich (Jacob 2013). Im Prinzip liegt zum Entscheidungszeitpunkt für den Nachfrager nämlich lediglich ein Leistungsversprechen des Anbieters vor, welches erst zukünftig eingelöst wird. Leistungsversprechen sind jedoch unsicher, da ihre Einhaltung nicht in jedem Falle gewährleistet ist. Diese Art von Unsicherheit bezeichnet man als Verhaltensunsicherheit (Spremann 1990). Bei der Beurteilung des Nutzens aus der Leistungsindividualisierung ist der Nachfrager daher auf unsichere Erwartungen angewiesen, was in jedem Fall zu einer Verschlechterung des Kundenvorteils führt. Auch das hohe Ausmaß an Interaktionsintensität schränkt einen gegebenen Kundenvorteil ein. Interaktion ist schließlich für den Nachfrager mit dem Verbrauch von Ressourcen verbunden, auch wenn es sich dabei im Einzelfall lediglich um die

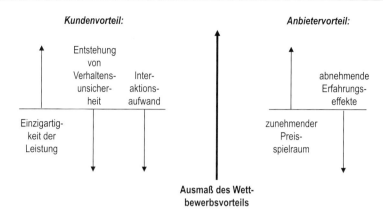

Abb. 4 Leistungsindividualisierung und Wettbewerbsvorteil

eingesetzte Zeit handelt. Dieser Ressourcenverbrauch schmälert den wahrgenommenen Nutzen aus dem Leistungsangebot und vermindert so den Kundenvorteil.

Die Einzigartigkeit und erhöhte Problemlösungskraft individualisierter Leistungen führt auf der Seite des Anbietervorteils zu einer Erhöhung des Preisspielraums und damit zu einer Verbesserung. Jedoch sind auch negative Effekte zu erwarten. Individualisierung geht nämlich i. d. R. mit erhöhten Produktionskosten einher, insbesondere weil Erfahrungseffekte weniger gut realisiert werden können. Zusätzliche Leistungsindividualisierung verschlechtert also den Anbietervorteil.

Die Art und die Richtung der Auswirkungen aus der Leistungsindividualisierung auf den Wettbewerbsvorteil sind in Abb. 4 zusammenfassend dargestellt.

2.1.2 Instrumente der Leistungsindividualisierung

Die Analyseaufgabe bei einer Strategie der Leistungsindividualisierung ist dadurch gekennzeichnet, dass für jede einzelne Transaktion mit jedem einzelnen Kunden Informationen zu dessen spezifischer Problemstellung beschafft werden müssen (Kleinaltenkamp 1993a). Um diese Art von Informationen von anderen zu unterscheiden, kann von externen Prozessinformationen gesprochen werden (Kleinaltenkamp und Haase 1999). Bei der Gestaltung von Systemen zur Beschaffung externer Prozessinformationen sind drei Teilaufgaben zu unterscheiden: die Festlegung der Kommunikationsinhalte, die Auswahl der Kommunikationsträger und die Gestaltung der Kommunikationswege (Jacob 1995). Die Kommunikationsinhalte betreffen die Spezifikation des Kundenbedarfs. Hilfreich erscheint in diesem Zusammenhang die Unterscheidung einer Problemkonzeption, in der aus Nachfragersicht die angestrebte Wirkung aus einer individualisierten Leistung beschrieben wird, und einer Lösungskonzeption, in der aus Anbietersicht die Mittel zum Erreichen dieser Wirkung zusammengefasst sind. Als Instrument zur Generierung von Inhalten für eine solche Struktur wird u. a. auf so bezeichnete „Means-ends-chains" verwiesen (Stiegenroth 2000). Kommunikationsträger bei der Leistungsindividualisierung

	vorgegebene Anfangskapazitäten	alternative Anfangskapazitäten
Economies (eine Periode)	Economies of Stream by Using of Synergy	Economies of Scale by Variation of Synergy
Savings (mehrere Perioden)	Savings by Using of Synergy	Savings by Variation of Synergy

Abb. 6 Kosteneffekte der verbundenen Produktion (Jacob 1995, S. 132)

zum einen auf fixe Kosten und die kurze Frist beziehen und werden dann als „Economies" bezeichnet. Betreffen sie dagegen variable Kosten und die lange Frist, so lautet die Bezeichnung „Savings". Weiterhin ist zu unterscheiden, ob die jeweilige Steuerungsentscheidung durch gegebene oder variierbare Kapazitäten geprägt ist. Vier Arten von Effizienzeffekten sind dann zu unterscheiden, die in Abb. 6 noch einmal grafisch systematisiert sind.

Alle vier Arten von Effekten können für die Steuerung des Anbietervorteils bei einer Strategie der Leistungsindividualisierung eingesetzt werden. Nur wenn dies geschieht, kommt zum Kundenvorteil der Anbietervorteil dazu und es entsteht ein Wettbewerbsvorteil. In der Umsetzung dieser Effekte besteht jedoch die zentrale Herausforderung für das Management der Leistungsindividualisierung.

2.2 Leistungsstandardisierung

In den folgenden Abschnitten soll nun der gleichen Struktur folgend die Strategie der Leistungsstandardisierung betrachtet werden.

2.2.1 Merkmale der Leistungsstandardisierung

Auch die Standardisierung als Option der Leistungsgestaltung war Gegenstand mehrerer Studien bzw. Veröffentlichungen (vgl. vor allem Ehrhardt 2001; Kleinemeyer 1998; Kleinaltenkamp 1993b). Standards sind diesen Beiträgen folgend vor allem durch ihre Reichweite gekennzeichnet. Dieses Merkmal kann jedoch weiter präzisiert werden, indem zwischen der Reichweite unter Anbietern, der Reichweite unter Nachfragern und der rechtlichen Verbindlichkeit von Standards unterschieden wird (Ehrhardt 2001), was im Folgenden näher erläutert werden soll.

Die Reichweite von Standards unter Anbietern beschreibt das Ausmaß der Ausbreitung vereinheitlichter Leistungsformen auf der Seite des Angebots. Geht diese Ausbreitung nicht über einen einzelnen Anbieter hinaus, so wird von einem herstellerspezifischen Stan-

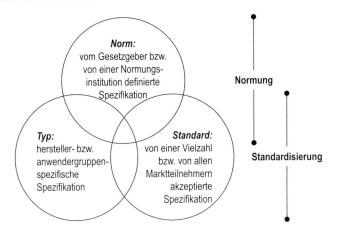

Abb. 7 Arten der Leistungsvereinheitlichung (Kleinaltenkamp 1993b, S. 20)

dard gesprochen. Umfasst die Ausbreitung mehr als einen einzelnen Anbieter, aber nicht alle Anbieter auf einem relevanten Markt, so liegt ein herstellerübergreifender Standard vor. Der Industriestandard bezeichnet solche Standards, dem sich alle Anbieter in einer Branche anschließen.

Die Reichweite von Standards unter Nachfragern beschreibt die Akzeptanz vereinheitlichter Leistungsangebote auf der Seite der Nachfrage. Findet nur ein einziger Standard diese Akzeptanz, so liegt ein branchenweiter Standard vor. Gelingt es mehreren Standards, Akzeptanz zu finden, so kann man von fragmentierten Standards sprechen.

Bezüglich der rechtlichen Verbindlichkeit wird zwischen De-facto-Standards, die auf freiwilligen Wahlentscheidungen der Marktakteure beruhen, und De-jure-Standards, die durch gesetzliche Regelungen Verbindlichkeit erlangen, unterschieden.

Auf der Basis ähnlicher Überlegungen wurden an anderer Stelle drei Arten der Leistungsvereinheitlichung unterschieden, wie sie in Abb. 7 dargestellt sind.

Typen sind in erster Linie Ergebnisse der herstellerspezifischen Leistungsvereinheitlichung. Standards sind dagegen Formen der Leistungsvereinheitlichung, die in jedem Fall durch die Akzeptanz der Nachfrager geprägt sind. Normen können durch die De-jure-Verbindlichkeit von den anderen Formen unterschieden werden.

Zwar in unterschiedlichem Ausmaß aber dennoch auf der gleichen Basis wirken die unterschiedlichen Arten der Leistungsvereinheitlichung auf die Struktur und das Ausmaß eines Wettbewerbsvorteils ein. Grundsätzlich führt jede Art der Leistungsvereinheitlichung zunächst zu einer Nivellierung des wahrgenommenen Nutzens auf der Seite der Nachfrage. Wenn mehrere alternative Angebote durch einen nivellierten Nutzen gekennzeichnet sind, führt dies dazu, dass der Nachfrager diese als austauschbar ansieht (Enke et al. 2011; Mayer 1993). Ein vorhandener Kundenvorteil wird in diesem Sinne mit zunehmender Vereinheitlichung zunehmend erodiert. Der gleiche Effekt ist für den Anbietervorteil zu berücksichtigen. Leistungsvereinheitlichung führt dazu, dass alle Anbieter Preisspielräume verlieren, wodurch ggf. vorhandene Anbietervorteile verloren gehen. Allerdings steigen gleichzeitig die Möglichkeiten, Vorteile der Erfahrungskurve zu nutzen und die Kosten zu reduzieren. Dies wirkt sich positiv auf den Anbietervorteil aus.

Weitere positive Effekte sind zu berücksichtigen. In vergleichbar grundsätzlicher Art und Weise führt jede Art von Leistungsvereinheitlichung nämlich auch zu einer Bewältigung von Problemen, die aus potenziell vorhandener Qualitätsunsicherheit bei den Nachfragern resultieren (Akerlof 1970). Qualitätsunsicherheit der Nachfrager rührt aus der allgemein zunehmenden Komplexität von Industriegütern und der zunehmenden Flut an zugänglichen Informationen (Fließ 2000). Liegt Qualitätsunsicherheit vor, so können die Nachfrager Elemente des Nutzens aus einem Leistungsangebot selbst nicht mehr abschließend bewerten. Sie können bestenfalls Erwartungen bilden. Insbesondere eine durch marktliche Akzeptanz oder durch juristische Verbindlichkeit gekennzeichnete Vereinheitlichung wird dann von den Nachfragern als Informationssurrogat bzw. als indirektes Signal für das Vorliegen von Qualität gewertet (Kleinemeyer 1998; Kleinaltenkamp 1993b). Standards und Normen eignen sich also, den Erwartungswert des Nutzens aus einem Leistungsangebot zu erhöhen. Sie verbessern dadurch den Kundenvorteil.

Weitere Wirkung entspringt dem Zusammenhang zwischen Leistungsvereinheitlichung und so bezeichneten Netzeffekten bzw. der Kompatibilität. Kompatibilität liegt dann vor, wenn ein Gut mit einem anderen Gut „verträglich" ist und beide miteinander in Interaktion treten können (Wey 1999; Kleinaltenkamp 1993b). Entsteht aus dieser Verträglichkeit bzw. Interaktion ein spezifischer Nutzen für den Nachfrager, so liegt ein Netzeffekt vor (Kleinaltenkamp 1993b; Voeth 2002). Zweierlei Arten von Netzeffekten werden unterschieden: Direkte Netzeffekte liegen dann vor, wenn die Interaktion zwischen Gütern der gleichen Klasse stattfindet, also z. B. beim Telefon oder bei Textverarbeitungsprogrammen. Ein Telefon kann seinen Nutzen für seinen Erwerber erst dann entfalten, wenn wenigstens ein weiterer Akteur auch ein Telefon erworben hat und die Erwerber miteinander telefonieren können. Der Nutzen aus dem Erwerb einer Textverarbeitungssoftware steigt, wenn auch andere Akteure die gleiche Textverarbeitungssoftware erworben haben und Textdateien somit ausgetauscht werden können. Indirekte Netzeffekte basieren dagegen auf der Verträglichkeit bzw. Interaktion von Gütern unterschiedlicher Klassen. Eine Enterprise-Resource-Planning-Software als Element einer ersten Klasse wird umso mehr und umso effizienter und effektiver eingesetzt, je mehr Schulungs- und Trainingsleistungen es als Elemente einer zweiten Klasse gibt, mittels derer Firmenangehörige lernen, mit einer solchen Software zu arbeiten. Weil das Ausmaß an Netzeffekten üblicherweise mit dem Ausmaß der Vereinheitlichung des Leistungsangebots einhergeht, darf auch ein positiver Effekt dieser Vereinheitlichung über die Netzeffekte auf den Kundenvorteil und damit den Wettbewerbsvorteil unterstellt werden.

Die Auswirkungen der Leistungsstandardisierung auf die Art und das Ausmaß von Wettbewerbsvorteilen sind in Abb. 8 noch einmal zusammenfassend dargestellt.

Auch zur Leistungsstandardisierung kann also festgehalten werden, dass sie auf Art und Ausmaß eines Wettbewerbsvorteils einwirkt. Verschiedene Effekte sind jedoch zu unterscheiden. Die Wirkung dieser Effekte weist teilweise in die entgegengesetzte Richtung.

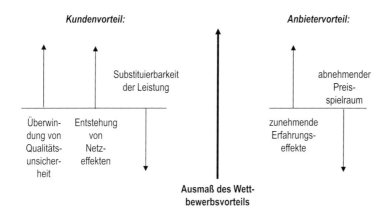

Abb. 8 Leistungsstandardisierung und Wettbewerbsvorteil

Für die Planung der Leistungsstrategie in der Praxis ist also eine umfassende Situationsanalyse erforderlich.

2.2.2 Instrumente der Leistungsstandardisierung

Die Analyseaufgabe bei einer Strategie der Leistungsstandardisierung ist durch das Erfordernis geprägt, die Leistungsvereinheitlichung durch die Sammlung von Informationen so vorzubereiten, dass die vereinheitlichte Leistung bei einer möglichst hohen Anzahl von Nachfragern eine möglichst hohe Akzeptanz erfährt. Es geht also darum, diejenigen Leistungsanforderungen zu identifizieren, die möglichst vielen Nachfragern gemeinsam sind, und daraus Leistungsmerkmale abzuleiten. Informationen dieser Art können als Potenzialinformationen gekennzeichnet werden (Haase 2003). Die Methoden der Gewinnung von Potenzialinformationen entsprechen den klassischen Methoden der Marktforschung. Grundsatzfragen betreffen die Auswahl der Informationsquellen, die Wahl der Erhebungsmethode, die Auswahl von Informationsträgern, die Gestaltung der Erhebungsinstrumente und die Verfahren der Datenauswertung bzw. Datenverdichtung (vgl. z. B. Weiber und Jacob 2000).

Ist die Leistungsvereinheitlichung in der beschriebenen Art vorbereitet, so stehen für die Leistungsfindung verschiedene Optionen zur Verfügung. Ehrhardt (2001) systematisiert diese entlang zweier Dimensionen: zum einen hinsichtlich des Zugangs zu dem Standard und zum anderen hinsichtlich der Führungsrolle, die ein Unternehmen bei der Vereinheitlichung einnehmen möchte. Die darauf aufbauende Unterscheidung von Optionen ist in Abb. 9 zunächst schematisch dargestellt.

Beim Sponsoring bzw. bei der Verteidigung engagiert sich ein Anbieter aktiv bei der Formulierung des Standards, versucht aber, diesen z. B. mittels formaler Eigentumsrechte vor dem Zugriff Dritter zu schützen. „Giveaway"-Strategien sind ebenfalls dadurch gekennzeichnet, dass der Anbieter eine aktive Rolle bei der Formulierung des Standards einnimmt. Anderen Unternehmen werden jedoch sogar Anreize für Übernahme gegeben

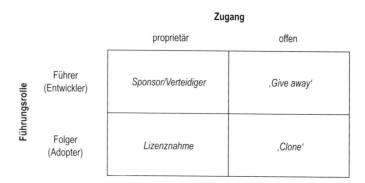

Abb. 9 Positionierungsstrategien der Leistungsvereinheitlichung (Ehrhardt 2001, S. 114)

etwa durch die kostenlose Vergabe von Lizenzen. Lizenznahme wiederum bedeutet, dass der Anbieter geschützte Spezifikation eines Standards von Dritten gegen Bezahlung von Lizenzgebühren übernimmt. „Clone" schließlich besagt, dass der Anbieter einen offenen, also frei zugänglichen Standard adoptiert.

Neben den Entscheidungen zur Leistungsfindung muss der Anbieter Entscheidungen treffen, wie die Leistungsbegründung, also die Kommunikation der Überlegenheit des eigenen Leistungsangebots an die Nachfrager, erfolgen soll. Genau wie im Falle der Leistungsvorbereitung durch Analyse geht es bei der Leistungskommunikation um die Übertragung von Informationen, nun allerdings in die entgegengesetzte Richtung, also vom Anbieter an die Nachfrager. Da bei der Leistungsvereinheitlichung das Ergebnis aus dem Leistungserstellungsprozess vor der Kaufentscheidung des Nachfragers bereits vorliegt, kann sich die Leistungskommunikation diese Leistungsergebnisse zum Gegenstand machen. Die Methoden der Kommunikation von Leistungsergebnissen haben ebenfalls eine Entsprechung im klassischen Methodenkatalog des Marketing. Betroffen ist in erster Linie die Werbung. Grundsatzfragen, welche eine solche Art von Ergebniskommunikation leiten, sind die Bestimmung des Kommunikationsziels, die Festlegung des Kommunikationsbudgets, die Auswahl des Kommunikationskanals, die Gestaltung der Kommunikationsmaßnahmen und die Kontrolle der Kommunikationswirkung (z. B. Plötner 2006).

2.2.3 Kritische Erfolgsfaktoren der Leistungsstandardisierung

Studien zur Erfolgswirksamkeit von Strategien der Leistungsstandardisierung liegen weniger umfangreich vor als zur Leistungsindividualisierung. Grundsätzlich kann auf die Ergebnisse von Coenenberg und Prillmann (1995) verwiesen werden, wo vor allem auf Anbietervorteile für solche Unternehmen verwiesen wird, die ihr Leistungsangebot in der Tat vereinheitlichen. Als kritisch vermuten wir bei der Leistungsstandardisierung eher die Sicherstellung des Kundenvorteils. Die Herausforderung besteht vor allem darin, in der überbetrieblichen Kooperation mit Wettbewerbern Marktstandards zum einen überhaupt zu gewährleisten und sie zum anderen so zu gestalten, dass tatsächlich die Akzeptanz der Nachfrager entsteht. Für die Bewältigung dieser Herausforderung müssen zusätzli-

Abb. 10 Struktur der Erfolgsfaktoren in der Studie von Ritter (in Anlehnung an Ritter 1998, S. 160)

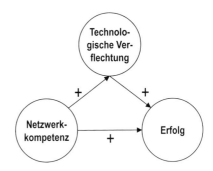

che und besondere Maßnahmen ergriffen werden. Diesbezüglich kann auf eine Studie von Ritter (1998) verwiesen werden, welche den Zusammenhang zwischen einer so bezeichneten Netzwerkkompetenz und dem Innovationserfolg eines Unternehmens untersucht. Die Struktur ist in Abb. 10 wiedergegeben.

Wie zu erkennen ist, hat die Netzwerkkompetenz zunächst einen positiven Einfluss auf die technische Verbundenheit mit anderen Unternehmen. Sowohl auf direktem als auch indirektem Wege ergibt sich weiterhin ein positiver Einfluss auf den Innovationserfolg. Die Netzwerkkompetenz ihrerseits resultiert aus weiteren Faktoren, insbesondere der Verfügbarkeit netzwerkrelevanter Ressourcen, der Netzwerkorientierung des Personalmanagements, der Kommunikationsstruktur und der Organisationskultur. Diese Ergebnisse legen den Schluss nahe, dass es sich bei der Netzwerkkompetenz um einen zentralen Hebel handelt, wenn durch die Zusammenarbeit mit anderen Anbietern Kundenvorteile sichergestellt werden sollen. Weil die überbetriebliche Leistungsvereinheitlichung genau diese Art von Zusammenarbeit erfordert, ist die Netzwerkkompetenz auch eine kritische Größe für den Erfolg einer Strategie der Leistungsvereinheitlichung.

Als Anhaltspunkt für die Gestaltung des Anbietervorteils kann, wie dies bereits für die Leistungsstandardisierung geschehen ist, auf Modelle aus der Kostentheorie zurückgegriffen werden (Jacob 1995). Zentrale Bedeutung kommt dabei sicherlich dem Gesetz der Erfahrungskurve zu, das in seiner einfachen Form grundsätzlich fallende Kosten bei einer mengenmäßigen Expansion vereinheitlichter Leistungen prognostiziert. Kloock et al. (1987) bzw. Kloock und Sabel (1993) haben dieses Gesetz einer Erklärung zugeführt, die u. a. in der vorne bereits eingeführten Unterscheidung von Economies als Effekte der kurzen Frist und der fixen Kosten sowie von Savings als Effekte der langen Frist und der variablen Kosten resultierte. Auch die Unterscheidung eines Entscheidungsrahmens mit vorgegebenen Kapazitäten und eines Entscheidungsrahmens mit alternativen Kapazitäten wurde dort eingeführt. Dies erlaubt für vereinheitlichte Leistungen die Formulierung von ebenfalls vier speziellen Kosteneffekten, wie sie in Abb. 11 schematisch zusammengefasst sind.

Auch diese vier Kosteneffekte gilt es, für Zwecke der Steuerung des Anbietervorteils bei einer Strategie der Leistungsstandardisierung zu berücksichtigen.

	vorgegebene Anfangskapazitäten	alternative Anfangskapazitäten
Economies (eine Periode)	Economies of Stream	Economies of Scale
Savings (mehrere Perioden)	Savings by Using of Know how	Savings by Variation of Know how

Abb. 11 Kosteneffekte der vereinheitlichten Produktion (in Anlehnung an Kloock und Sabel 1993, S. 220)

3 Zusammenfassung: Die Dynamisierung von Strategien der Leistungsgestaltung

In diesem Beitrag haben wir die Leistungsindividualisierung und -standardisierung als Alternativen für die Formulierung einer Strategie der Leistungsgestaltung vorgestellt. Für beide Strategien wurden Merkmale, Instrumente und kritische Erfolgsfaktoren untersucht. An anderer Stelle (z. B. Karger 2011; Marra 1999) wird jedoch darauf hingewiesen, dass Individualisierung und Standardisierung nicht zwangsläufig sich gegenseitig ausschließende Alternativen sind, sondern in aller Regel miteinander vereint auftreten.

Eine wesentliche Schwierigkeit jeder Leistungskonfiguration besteht somit darin, ein im Hinblick auf die ökonomischen Wirkungen optimales Verhältnis von standardisierter und individualisierter Leistungsgestaltung zu bestimmen. Dieses kritische Standardisierungs- oder Typisierungsmaß (Gutenberg 1983) kann dadurch bestimmt werden, dass man der preislichen Präferenzprämie, die durch eine Individualisierung aufgrund der Kundennähe der Problemlösung erzielt werden kann, die zusätzlichen Kosten des Informationsaustausches gegenüberstellt, die gleichfalls durch die Individualisierung verursacht werden. Empirische Untersuchungen dieses Zusammenhangs deuten darauf hin, dass eine solche optimale Relation im Produkt- und im Systemgeschäft zwischen Werten von 20 : 80 und 70 : 30 für den jeweiligen Anteil individualisierter und standardisierter Leistungsbestandteile liegt (Jacob und Kleinaltenkamp 1994; vgl. Abb. 12).

Ein solches optimales Standardisierungsmaß darf aber im Einzelfall nicht als über die Zeit stabil angenommen werden. Denn mit fortschreitendem Marktprozess ändern sich sowohl die Kaufrelevanz standardisierter und individualisierter Leistungsmerkmale und damit die Präferenzprämie als auch die für den Informationstransfer anfallenden Kosten. Im Rahmen so genannter Outpacing-Strategien geht die Initiative hierzu von den Unternehmen selbst aus (Kleinaltenkamp 1993b). Unternehmen legen sich demnach zunächst auf eine der beiden Alternativen – also die Leistungsindividualisierung oder – standardisierung – fest und versuchen, einen darauf basierenden Wettbewerbsvorteil zu

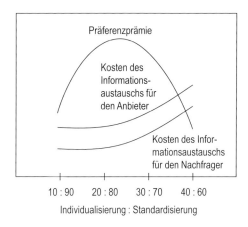

Abb. 12 Kosten- und Erlöseffekte der Individualisierung (Jacob 1995, S. 198)

verteidigen. Da ein solcher Vorteil aber ständig durch Wettbewerber bedroht ist, wird er immer weiter eingeschränkt. Schließlich bleibt nur die Möglichkeit, den ursprünglichen Vorsprung durch Wechsel der Strategie wieder herzustellen.

Allerdings kann der Impuls zum Strategiewechsel auch vom Markt an das Unternehmen herangetragen werden. Anstoß ist dann die Veränderung des allgemeinen Wissensstandes in einem Markt (Rese 2000). Dieses Wissen betrifft sowohl die Eigenarten der Kundenbedürfnisse als auch die Merkmale der Anbieterleistungen. Ist dieser Wissensstand gering, dann ist die Leistungsindividualisierung sowohl für die Nachfrager als auch für die Anbieter attraktiv. Weitet sich der Wissensstand jedoch aus, dann gewinnt die Leistungsstandardisierung für die Marktteilnehmer an Attraktivität. Wissen verändert sich, weil die Marktteilnehmer ständig lernen.

Insofern besteht also für einen Anbieter von Industriegütern nicht nur die Notwendigkeit, sich zu einem gegebenen Zeitpunkt für eine der beiden Leistungsoptionen zu entscheiden und sie zweckmäßig umzusetzen, vielmehr muss diese Entscheidung ständig validiert und ggf. modifiziert werden.

Literatur

Verwendete Literatur

international, A.F.S.M. 2007. *Erfolgsfaktoren im Lösungsgeschäft. Tagungsbericht der 56. AFSMI-Tagung 2007 in Garching*. München: AFSM.

Akerlof, G.A. 1970. The market for 'lemons. *Quarterly Journal of Economics* 84(3): 488–500.

Alderson, W. 1957. *Marketing Behavior and Executive Action*. Homewood, IL: Irwin.

Ceci, F., und A. Masini. 2011. Balancing specialized and generic capabilities in the provision of integrated solutions. *Industrial & Corporate Change* 20(1): 91–131.

Ceci, F. 2009. *The business of solutions*. Cheltenham: Edward Elgar.

Coenenberg, A.G., und M. Prillmann. 1995. Erfolgswirkungen der Variantenvielfalt und Variantenmanagement. *Zeitschrift für Betriebswirtschaft* 65(11): 1231–1253.

Dahlke, B. 2001. *Einzelkundenorientierung im Business-to-Business-Bereich.* Wiesbaden: Gabler, DUV.

Ehrhardt, M. 2001. *Netzwerkeffekte, Standardisierung und Wettbewerbsstrategie.* Wiesbaden: Deutscher Universitäts-Verlag.

Enke, M., A. Geigenmüller, und A. Leischnig. 2011. Commodity Marketing - Eine Einführung. In *Commodity Marketing*, 2. Aufl., Hrsg. Margit Enke, Anja Geigenmüller, 3–29. Wiesbaden: Gabler.

Fließ, S. 2000. Industrielles Kaufverhalten,. In *Technischer Vertrieb*, Hrsg. M. Kleinaltenkamp, W. Plinke, 251–369. Berlin: 2. Aufl..

Frese, E., M. Lehnen, und S. Valcárcel. 1999. Leistungsindividualisierung im Maschinenbau. *Zeitschrift für betriebswirtschaftliche Forschung* 51(9): 883–903.

Günter, B. 2013. Projektkooperationen. In *Auftrags- und Projektmanagement*, 2. Aufl., Hrsg. M. Kleinaltenkamp, W. Plinke, I. Geiger, 267–318. Wiesbaden: SpringerGabler.

Gutenberg, E. 1983. *Die Produktion* Grundlagen der Betriebswirtschaftslehre, Bd. 1. Berlin u. a: Springer.

Haase, M. 2003. Kommunikation in Produktionsprozessen, Arbeitspapier Nr. 14 der Berliner Reihe Business-to-Business-Marketing, Freie Universität Berlin.

Hildebrand, V. 1997. *Individualisierung als strategische Option der Marktbearbeitung.* Wiesbaden: Deutscher Universitäts-Verlag.

Jacob, F., und M. Kleinaltenkamp. 1994. Einzelkundenbezogene Produktgestaltung – Ergebnisse einer empirischen Untersuchung, Arbeitspapier Nr. 4 der Berliner Reihe Business-to-Business-Marketing, Freie Universität Berlin.

Jacob, F. 1995. *Produktindividualisierung.* Wiesbaden: Gabler.

Jacob, F. 2003. Kundenintegrations-Kompetenz. *Marketing Zeitschrift für Forschung und Praxis* 25(2): 83–98.

Jacob, F. 2009. *Marketing.* Stuttgart: Kohlhammer.

Jacob, F. 2013. Solutions Buying. *Marketing Review St. Gallen* 30(4): 26–35.

Johansson, J., C. Krishnamurthy, und H.E. Schlissberg. 2003. Solving the solutions problem. *McKinsey Quarterly* (3): 117–125.

Karger, M. 2011. *Zahlungsbereitschaftsmessung für industrielle Hybride Leistungsbündel.* Wiesbaden: Gabler.

Kleinaltenkamp, M. 1993. Investitionsgütermarketing als Beschaffung externer Faktoren. In *Dienstleistungsmarketing*, Hrsg. E.M. Thelen, G.B. Mairamhof, 101–126. Frankfurt/a. M.: Lang.

Kleinaltenkamp, M. 1993. *Standardisierung und Marktprozeß.* Wiesbaden: Gabler.

Kleinaltenkamp, M., und M. Haase. 1999. Externe Faktoren in der Theorie der Unternehmung. In *Die Theorie der Unternehmung in Forschung und Praxis*, Hrsg. H. Ahlbach, E. Eymann, A. Stevens, M. Luhmann, 167–194. Berlin: Springer.

Kleinaltenkamp, M., und F. Jacob. 2002. German approaches to business-to-business marketing theory. *Journal of Business Research* 55(2): 149–155.

Kleinemeyer, J. 1998. *Standardisierung zwischen Kooperation und Wettbewerb.* Frankfurt/a. M.: Peter Lang.

Kleipaß, U. 2012. *Beratungszufriedenheit bei B2B-Lösungen.* Wiesbaden: Gabler.

Kloock, J., und H. Sabel. 1993. Economies und Savings als grundlegende Konzepte der Erfahrung. *Zeitschrift für Betriebswirtschaft* 63(3): 209–233.

Kloock, J., H. Sabel, und W. Schuhmann. 1987. Die Erfahrungskurve in der Unternehmenspolitik. *Zeitschrift für Betriebswirtschaft*, 57(Ergänzungsheft 2): 3–51.

Marra, A. 1999. *Standardisierung und Individualisierung im Marktprozeß*. Wiesbaden: Gabler.

Mayer, R. 1993. *Strategien erfolgreicher Produktgestaltung: Individualisierung und Standardisierung*. Wiesbaden: Deutscher Universitäts-Verlag.

Minculescu, I. 2013. *Leistungsindividualisierung im B-to-B-Bereich*. Wiesbaden: SpringerGabler.

Österreichisches Normungsinstitut 2002. *Der Nutzen der Normung*. Wien: Österreichisches Normungsinstitut.

Piller, F. 2003. Individualisierung ist nicht genug. In *MassCustomization und Kundenintegration – Neue Wege zum innovativen Produkt*, Hrsg. Filler, C.M. Stotko, 29–42. Düsseldorf: Symposion-Verlag.

Plinke, W. 2000. Grundlagen des Marktprozesses,. In *Technischer Vertrieb*, Hrsg. M. Kleinaltenkamp, W. Plinke, 3–99. Berlin: 2. Aufl..

Plötner, O. 1995. *Das Vertrauen des Kunden*. Wiesbaden: Gabler.

Plötner, O. 2006. Grundlagen der Gestaltung der Kommunikationsleistung. In *Markt- und Produktmanagement*, 2. Aufl., Hrsg. M. Kleinaltenkamp, W. Plinke, F. Jacob, A. Söllner, 497–547. Wiesbaden: Gabler.

Plötner, O., und F. Jacob. 1996. Customer Integration und Kundenvertrauen. In *Customer Integration*, Hrsg. M. Kleinaltenkamp, S. Fließ, F. Jacob, 105–119. Wiesbaden: Gabler.

Reinhart, G., und M. Zäh (Hrsg.). 2003. *Marktchance Individualisierung*. Berlin: Springer.

Rese, M. 2000. *Anbietergruppen in Märkten*. Tübingen: Mohr Siebeck.

Ritter, T. 1998. *Innovationserfolg durch Netzwerkkompetenz*. Wiesbaden: Gabler.

Spremann, K. 1990. Asymmetrische Informationen. *Zeitschrift für Betriebswirtschaft* 60(5): 561–586.

Stiegenroth, H. 2000. *Bedarfsspezifizierung bei individuellen Investitionsgütern*. Wiesbaden: Deutscher Universitäts-Verlag.

Sturm, F., und A. Bading. 2008. Investitionsgüterhersteller als Anbieter industrieller Lösungen. *Wirtschaftsinformatik* 50(3): 174–186.

Voeth, M. 2002. Gruppengütermarketing. *Marketing ZFP* 24(2): 111–122.

Weiber, R., und F. Jacob. 2000. Kundenbezogene Informationsgewinnung,. In *Technischer Vertrieb*, 2. Aufl., Hrsg. M. Kleinaltenkamp, W. Plinke, 523–612. Berlin: Springer.

Wey, C. 1999. *Marktorganisation durch Standardisierung*. Berlin: Sigma.

Widmaier, U. (Hrsg.). 1996. *Betriebliche Rationalisierung und ökonomische Rationalität*. Opladen: Leske und Budrich.

Woisetschläger, D.M., C. Backhaus, M. Michaelis, A. Eiting, und H. Evanschitzky. 2010. Marketing von Solutions. In *Marketing von Solutions*, Hrsg. D.M. Woisetschläger, M. Michaelis, H. Evanschitzky, A. Eiting, C. Backhaus, 3–30. Wiesbaden: Gabler.

Weiterführende Literatur

DIN. 2000. Gesamtwirtschaftlicher Nutzen der Normung, Berlin u. a.

Jacob, F. 2002. *Geschäftsbeziehungen und die Institutionen des marktlichen Austauschs*. Wiesbaden: Gabler.

Innovationsmanagement in B-to-B-Märkten

Martin Klarmann und Anja Hildebrand

Inhaltsverzeichnis

1	Einleitung	297
2	Besonderheiten des Innovationsmanagements auf B-to-B Märkten	298
3	Überblick über die Forschung	301
	3.1 Entwicklung	301
	3.2 Markteinführung	303
4	Zentrale Fragestellungen für zukünftige Forschung	304
5	Empfehlungen für die Praxis	306
6	Zusammenfassung	307
Literatur		308

1 Einleitung

„Innovation wird immer wichtiger. Nur damit können wir uns differenzieren und unsere Effizienz steigern." Mit dieser Aussage in einem kürzlich veröffentlichten Interview in der Marketing Review St. Gallen (Steinbacher 2013) fasst Urs Hanselmann, Geschäftsführer der Marktorganisation der Hilti Schweiz AG, ein zentrales Element der Strategie vieler B-to-B-Unternehmen im deutschsprachigen Raum zusammen. Auch Simon (2012) führt „Beharrlich innovieren" als ein Schlüsselmerkmal der von ihm populär gemachten „Hidden Champions" an, d. h. unbekannter Weltmarktführer auf B-to-B-Märkten. In seiner populären Monographie „The new Industrial Revolution" prophezeit Marsh (2012):

Prof. Dr. Martin Klarmann ✉ · Anja Hildebrand
Karlsruher Institut für Technologie, Institut für Informationswirtschaft und Marketing,
Karlsruhe, Deutschland
e-mail: martin.klarmann@kit.edu, anja.hildebrand@kit.edu

„The application of new scientific thinking will play an increasing role in the way products are designed and made." Er unterlegt dies mit beeindruckenden Statistiken, z. B. einem Anstieg der Zahl in den USA jährlich registrierten Patenten um 143 % zwischen 1990 und 2010 (Marsh 2012).

Entsprechend spielt das Innovationsmanagement auf B-to-B-Märkten eine ganz zentrale Rolle. Dieser Beitrag soll einen kurzen Überblick zu dem Thema bieten. Der Fokus der Darstellung liegt dabei auf Aspekten des Innovationsmanagement, die sich durch Besonderheiten im B-to-B-Marketing ergeben. Diese werden im nächsten Abschnitt detaillierter dargestellt. Sie betreffen vor allem die Zusammenarbeit mit Kunden und die Rolle des Vertriebs. Darüber hinaus lassen sich viele Aspekte des Innovationsmanagements aber unabhängig vom Marktumfeld analysieren, z. B. die Bedeutung von Lead Usern (z. B. Urban und Von Hippel 1988), die Unternehmenskultur (z. B. Tellis 2013), die Integration von Marketing und F&E (z. B. Troy et al. 2008), offene Innovationsprozesse (z. B. Piller und Walcher 2006) und das Prozessmanagement (z. B. Cooper und Kleinschmidt 1991). Sie sind für B-to-B- und B-to-C-Märkte gleichermaßen relevant. Solche Aspekte werden in diesem Beitrag nicht betrachtet (eine dezidiert andere Herangehensweise wählen Tellis et al. 2012).

Der Beitrag ist wie folgt strukturiert. Zunächst werden Besonderheiten für das Innovationsmanagement identifiziert, die sich durch ein B-to-B-Umfeld ergeben (vgl. Abschn. 2). Im Anschluss wird abrissartig die bestehende Forschung zu B-to-B-Innovationen vorgestellt (vgl. Abschn. 3). Auf dieser Grundlage werden ausgewählte Fragestellungen für zukünftige Forschung in diesem Umfeld vorgestellt (vgl. Abschn. 4), bevor abschließend einige Empfehlungen für die B-to-B-Innovationspraxis gegeben werden (vgl. Abschn. 5).

2 Besonderheiten des Innovationsmanagements auf B-to-B Märkten

Die in zentralen Forschungsarbeiten abgeleiteten Besonderheiten des Business-to-Business-Marketing (insbesondere Backhaus und Voeth 2004, 2014) stellen das Innovationsmanagement vor zahlreiche Herausforderungen. Die Eigenheiten von Industriegütermärkten ergeben sich dabei vor allem aus der Tatsache, dass Kunden nicht individuelle Konsumenten, sondern andere Organisationen sind (Backhaus und Voeth 2014; Homburg 2012). Tabelle 1 gibt einen Überblick über die Besonderheiten von B-to-B-Märkten und die daraus resultierenden Konsequenzen für das Innovationsmanagement. Kernaspekte werden im Folgenden ausführlicher erläutert.

Eine erste für das Innovationsmanagement bedeutsame Besonderheit ist, dass auf Industriegütermärkten die *Nachfrage* der eigenen Kunden auch von nachgelagerten Kunden abhängt und somit einen *derivativen Charakter* hat. Für das Innovationsmanagement bedeutet dies, dass oft Nachfrageverschiebungen und Änderungen im Nutzungsverhalten auf nachgelagerten Stufen der Wertschöpfungskette ein wichtiger Treiber von Innovationen sind. Verschiebt sich z. B. das Einkaufsverhalten der Konsumenten dahingehend, dass zukünftig auch Lebensmittel weitestgehend über das Internet bezogen werden, so verändert

Tab. 1 Besonderheiten des B-to-B-Marketing (vgl. z. B. Backhaus und Voeth 2014; Homburg 2012) und resultierende Herausforderungen für das Innovationsmanagement

Besonderheiten des B-to-B-Marketing	Konsequenzen und Herausforderungen für das Innovationsmanagement
Abgeleiteter Charakter der Nachfrage	Variierende Bewertung der Innovationen durch Kunden auf unterschiedlichen Absatzstufen
	Notwendigkeit der Identifikation von Lead Usern und/oder Referenzkunden auf unterschiedlichen Absatzstufen
Organisationale Nachfrager	Teilweise sehr kleine Zielgruppen schränken Testmarketingaktivitäten ein
	Auch innerhalb der Abnehmerunternehmen Unterstützung der Diffusion von Neuprodukten nötig
Multipersonalität	Heterogene Anforderungen an das Neuprodukt innerhalb des Buying Centers
	Überzeugung mehrerer Mitarbeiter zur Sicherstellung der internen Adoption
Hoher Grad an Rationalität und Formalisierung bei Kaufentscheidungen	Ökonomischer Wert als Entscheidungskriterium: Wichtigkeit wertbasierter Preisfestlegungs- und Verkaufsansätze
	Hohe Kostentransparenz erschwert Erzielung eines Preispremiums bei Neuprodukten
	Referenzcases als zentrales Instrument zur Überzeugung neuer Kunden
Hoher Individualisierungsgrad	Fehlen von „Durchschnittskunden" als Bezugspunkt im Rahmen der Neuproduktentwicklung
	Schwierigkeit der Abgrenzung zwischen Innovation und kundenbezogenen Produktanpassungen: Kostenzurechnungsproblematik
	Negative Folgen bei zu hoher Konzentration auf einen Kunden im Rahmen der Entwicklung neuer Produkte (Referenzkundenfalle)
Multiorganisationalität	Große Bedeutung von F&E-Allianzen
	Problematische Zuordnung von Intellectual Property in F&E Kooperationen
Bedeutung von Dienstleistungen	Steigende Bedeutung von Service-Innovationen
	Aktive Integration der Kunden in einzelne Phasen des Entwicklungsprozesses als Value-Added Service
Langfristigkeit der Geschäftsbeziehungen	Vereinfachung der Kundenintegration in den Entwicklungsprozess
	Sehr gute Kenntnis der Kundenpräferenzen bei Neuprodukten aufgrund der langjährigen Beziehungen
	Nicht abgrenzbarer Neuproduktentwicklungsprozess durch kontinuierlichen Austausch mit dem Kunden
	Fehlende Klarheit über das intellektuelle Eigentum an Neuprodukten
Hoher Grad der persönlichen Interaktion	Vertriebsmitarbeiter als „Gatekeeper" an der Schnittstelle des Unternehmens zum Markt
	Hohe Bedeutung der Adoption des Neuproduktes durch Vertriebsmitarbeiter
	Hohe Bedeutung technischer Kompetenzen im Vertrieb
	Sammlung und Weitergabe von Vertriebsinformationen aus Kundenkontakten von großer Wichtigkeit für frühzeitige Neuproduktumsetzungen
	Gestaltung von Anreizsystemen ohne Fehlmotivation zum Verkauf bereits erfolgreicher bestehender Produkte

dies indirekt auch Anforderungen für Hersteller von Lieferwagen und deren Lieferanten. Effiziente Kühltechnologie für mittelgroße Fahrzeuge dürfte bspw. besonders wichtig werden. Entsprechend wird es immer wichtiger, zu verstehen, was die Kunden der eigenen Kunden denken (Anderson und Wouters 2013).

Von Bedeutung für das Innovationsmanagement ist auch, dass Einkaufsentscheidungen auf B-to-B-Märkten tendenziell rationaler gefällt werden als auf vielen Konsumgütermärkten. Entsprechend gewinnen wertbasierte Pricing- und Verkaufsansätze an Wichtigkeit (Anderson et al. 2007; Haas et al. 2013). Bei diesen Ansätzen geht es darum, den monetären Wert einer Innovation für den Kunden zu ermitteln und zu kommunizieren.

Eine weitere für das Innovationsmanagement wichtige Besonderheit von B-to-B-Märkten ist der häufig *hohe Individualisierungsgrad* der angebotenen Produkte. Eine sehr extreme Ausprägung stellt vor diesem Hintergrund die ganzheitliche Leistungsindividualisierung dar (Jacob und Kleinaltenkamp 2004). Der Kunde ist deshalb oft direkt in Entwicklungsprozesse integriert. Die Intensität der Kundeneinbindung kann dabei unterschiedlich stark ausgeprägt sein (Balderjahn und Schnurrenberger 2005; Backhaus und Voeth 2014). Diese kundenindividuelle Produktentwicklung stellt das Innovationsmanagement vor zahlreiche Herausforderungen. Zum einen müssen im Rahmen der Entwicklung entstandene Kosten verteilt werden. Die Frage ist dabei, ob die Individualisierung dem Kunden direkt zugerechnet werden soll oder ob es sich um allgemeine Entwicklungskosten handelt, die über mehrere Kunden verteilt werden sollen. Zum anderen kann eine zu starke Fokussierung auf einige wenige Kunden zu Lock-in Effekten führen und dazu, dass der Anschluss an Innovationstrends auf dem Markt verpasst wird (Fang 2008).

Eine weitere Besonderheit stellt der *langfristige Charakter der Geschäftsbeziehungen* dar. Dieser stete Austausch führt dazu, dass das Innovationsmanagement permanent neuen Informationsinput, über bspw. Technologietrends oder Kundenwünsche, erhält (Gruner und Homburg 2000). Gleichzeitig bewirkt der enge Kundenkontakt, dass Geschäftsbeziehungen oft einen freundschaftlichen und vertrauten Charakter besitzen (Doney und Canon 1997). Dies erleichtert wiederum die Einbindung der Kunden in den Innovationsprozess. Bei dieser Integration gilt jedoch zu beachten, dass Unternehmen, die regelmäßig bei Neuproduktentwicklungen kooperieren, im Vorfeld klären müssen, welcher Partei die Eigentumsansprüche an gemeinsam entwickelten Produktkonzepten zugewiesen werden (Roy und Sivakumar 2011). Zudem führt die Langfristigkeit der Geschäftsbeziehungen oft zu einer großen Abhängigkeit von bestimmten Kunden. Eine zu starke Ausrichtung der Geschäftstätigkeit an bestehenden Kunden kann aber dazu führen, dass disruptive Technologien von Unternehmen in ihrer Wichtigkeit zu spät erkannt werden (Christensen 1997; Boyd et al. 2010).

Zuletzt soll die Rolle des Vertriebs und sein *hoher Grad an persönlicher Interaktion* mit den Kunden hervorgehoben werden. Die Diffusion neuer Produkte erfolgt auf Industriegütermärkten zu meist über den direkten (persönlichen) Kontakt zwischen Vertriebsmitarbeitern und Kunden (Backhaus und Voeth 2014; Singh et al. 2012). Als Herausforderung für das Innovationsmanagement ergibt sich in diesem Zusammenhang, dass als erste interne

Instanz Vertriebsmitarbeiter von neuen Produkten überzeugt und meist in der Anwendung geschult werden müssen (Atuahene-Gima 1997). Akzeptieren Vertriebsmitarbeiter eine neue Innovation, wirkt sich dies enorm positiv auf den späteren Verkaufserfolg beim Kunden aus (z. B. Hultink und Atuahene-Gima 2000). Umfassende Kenntnisse des Vertriebs nicht nur über das neue Produkt, sondern auch über potentielle Kunden, den adressierten Markt sowie den bestehenden Wettbewerb sind für das Unternehmen vor diesem Hintergrund erfolgssichernd (Homburg et al. 2010).

3 Überblick über die Forschung

Dieser Abschnitt bietet einen Überblick über ausgewählte Forschungsarbeiten, die auf die eine oder andere Weise Besonderheiten des Innovationsmanagement in B-to-B-Märkten aufgreifen. Wie in Abb. 1 grafisch verdeutlicht, lassen sich diese Arbeiten grob in Arbeiten zur Produktentwicklung (inklusive Ideengewinnung) und Arbeiten zur Markteinführung unterscheiden.

3.1 Entwicklung

Ein erster Schwerpunkt von Arbeiten in diesem Forschungsfeld liegt auf der Einbindung von Kunden in den Entwicklungsprozess. Mehrere Studien belegen einen insgesamt positiven Effekt (z. B. Bonner und Walker 2004; Fang et al. 2008; Koufteros et al. 2005) auf den Innovationserfolg. Eine Befragungsstudie von Fang (2008) zeigt zudem, dass sich

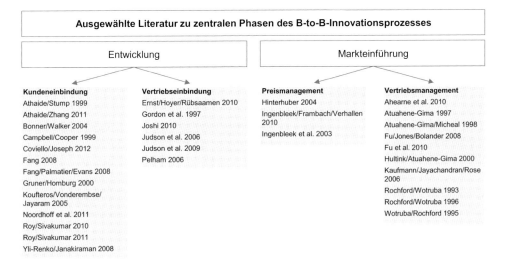

Abb. 1 Systematisierung ausgewählter Forschungsarbeiten zu B-to-B-Innovationen

die frühe Integration der Kunden verkürzend auf die Entwicklungsdauer auswirkt. Auch Gruner und Homburg (2000) finden heraus, dass sich erfolgreiche Entwicklungsprojekte dadurch charakterisieren lassen, dass Kunden gerade in frühen Prozessphasen eingebunden werden. Athaide und Zhang (2011) berichten zudem, dass die Anbieterzufriedenheit mit einer Kundeneinbindung in Entwicklungsprojekte vor allem in Märkten mit geringer Technologiedynamik gegeben ist.

Eine aktuelle qualitative Studie von Coviello und Joseph (2012) im Bereich junger Hochtechnologieunternehmen auf B-to-B-Märkten belegt aber, dass die Kundeneinbindung an sich noch keinen Erfolg garantiert. Auffällig ist z. B., dass von den von ihnen betrachteten sechs Startups nur die drei erfolgreich sind, denen es gelingt, mit Hilfe der Kundeneinbindung *latente* Kundenbedürfnisse aufzudecken. Das heißt, es gelingt den Unternehmen Kundenwünsche zu identifizieren, die die Kunden selbst nur schwer artikulieren können. Zudem ist es auch nur den drei erfolgreichen Startups gelungen, die Kunden tatsächlich zu proaktiven Kritikern der Innovation zu entwickeln.

Es überrascht deshalb nicht, dass dem Management der Kundeneinbindung in Entwicklungsprozesse große Bedeutung zukommt. Athaide und Stump (1999) belegen die Relevanz eines effektiven Beziehungsmanagements über alle Stufen der Kundeneinbindung in den Neuproduktentwicklungsprozess. Auch die aktuelle Studie von Noordhoff et al. (2011) beschäftigt sich mit dem Management der Kundeneinbindung. Konkret identifizieren die Autoren anhand einer Befragungsstudie bei etwa 150 niederländischen B-to-B-Unternehmen drei Faktoren, die mögliches opportunistisches Kundenverhalten bei der Einbindung in Innovationsprozesse abmildern: Länge und Formalisierungsgrad der Geschäftsbeziehung sowie kundenseitige Investitionen in die Geschäftsbeziehung. Negative Einflüsse der Kundeneinbindung auf den Innovationserfolg können auch durch Konflikte über unklare Eigentums- sowie Patentansprüche entstehen (vgl. Roy und Sivakumar 2011). Angesichts dieser Risiken raten die Autoren Campbell und Cooper (1999) dazu, vor jeder Kundenintegration genau abzuwägen, ob dies tatsächlich die bessere Alternative zu einer unternehmensinternen Entwicklung darstellt.

Wie im vorigen Abschnitt herausgearbeitet, ist der persönliche Verkauf ein wichtiges Merkmal von B-to-B-Geschäftsbeziehungen. Ein zweiter Schwerpunkt der Forschung zu B-to-B-Innovationen liegt deshalb auf der Rolle des Vertriebs im Entwicklungsprozess. Dabei lassen sich Studien zwei Untersuchungsebenen zuordnen. Zum einen gibt es Forschungsarbeiten, die die Vertriebsmitarbeiter selbst zum Betrachtungsgegenstand machen. Die zentrale Überlegung, die damit verbunden ist, illustriert die Studie von Gordon et al. (1997): Vertriebsmitarbeiter sind die zentrale Quelle von Kundeninformationen für Unternehmen, wobei Informationen über aus Sicht der Kunden „ideale" Produkte einen wichtigen Teil der Informationen darstellen. Anhand der gleichen Datengrundlage identifizieren Judson et al. (2006) dabei neue Produkteigenschaften und Qualitätsverbesserungen als wichtigste Beiträge durch die Vertriebsmitarbeiter.

Mehrere Studien beschäftigen sich mit Rahmenbedingungen, die das Einbringen von Kundenwissen in den Entwicklungsprozess durch Vertriebsmitarbeiter beeinflussen. Joshi (2010) beschäftigt sich dabei mit möglichen Einflussstrategien der Vertriebsmitarbeiter.

Diesbezüglich identifiziert er eine logisch-rationale Fundierung von Vorschlägen und ein vertrauenswürdiges Auftreten als besonders wirksame Verhaltensweisen. Pelham (2006) identifiziert Schulungen in beratendem Verkaufsverhalten sowie eine entsprechende Leistungsbewertung als Treiber des Einbringens von Vorschlägen durch Vertriebsmitarbeiter in Entwicklungsprozessen. Judson et al. (2009) identifiziert Key Account Management-Strukturen als förderlich.

Darüber hinaus kann die Einbindung des Vertriebs in Innovationsprozesse auch auf Abteilungsebene untersucht werden. Während es hier bereits eine größere Anzahl von Studien zur Marketingeinbindung gibt (z. B. die Meta-Analyse von Troy et al. 2008), sind Studien zur Vertriebseinbindung relativ selten. Eine Ausnahme stellt die Befragungsstudie von Ernst et al. (2010) dar. Die Autoren identifizieren eine Integration von Vertriebs- und Entwicklungsabteilungen in Innovationsprozessen als wichtigen Treiber des Neuprodukterfolgs.

3.2 Markteinführung

Die Markteinführung von Innovationen erfordert eine möglichst optimale Ausrichtung der vier Komponenten des Marketingmix, d. h. von Produkt-, Preis-, Kommunikations- sowie Vertriebsentscheidung (Hultink et al. 1997). Dies gilt gleichsam für Konsum- wie auch Industriegüterhersteller. In Bezug auf Industriegüter können sich jedoch in der Markteinführungsphase wichtige Besonderheiten ergeben. Die bisherige Forschung hat sich hier insbesondere mit Aspekten der Preisgestaltung und des Vertriebsmanagement befasst.

Die Festlegung eines Preises für Innovationen stellt B-to-B-Unternehmen vor eine große Herausforderung (Klarmann et al. 2011). Aufgrund der im zweiten Abschnitt angesprochenen tendenziell größeren Rationalität organisationaler Beschaffungsprozesse hat sich die Forschung in diesem Zusammenhang vordringlich mit der wertbasierten Preisfestlegung befasst (Hinterhuber 2004). Insbesondere zeigt sich, dass ein solches Vorgehen aufgrund seiner kundenorientierten Herangehensweise unter Berücksichtigung verschiedener Marktsituationen erfolgreicher abschneidet (Ingenbleek et al. 2003). Die Studien von Ingenbleek, Frambach und Verhallen (Ingenbleek et al. 2010; Ingenbleek et al. 2003) zeigen darüber hinaus, dass sich Value-Based Pricing sowohl indirekt über den relativen Produktvorteil als auch direkt positiv auf den Produkterfolg auswirkt.

Neben dem Preismanagement spielt auch die Ausgestaltung des Vertriebsmanagement eine wichtige Rolle bei der Herbeiführung von Neuprodukterfolgen in B-to-B-Märkten. Ein wichtiger Forschungsschwerpunkt zu B-to-B-Innovationen ist deshalb die Untersuchung des Verkaufsverhaltens von Vertriebsmitarbeitern bei Neuprodukten.

Die zentrale konzeptionelle Grundlage der Forschungsarbeiten in diesem Bereich ist die Arbeit von Atuahene-Gima (1997). Er beschäftigt sich mit dem Phänomen der Adoption von Neuprodukten durch Vertriebsmitarbeiter und unterscheidet hier zwei Dimensionen. Zum einen besitzen überzeugte Vertriebsmitarbeiter ein hohes Commitment zum Neuprodukt, zum anderen sind sie bereit, verglichen mit anderen Produkten, größere Anstrengungen für das Produkt in Kauf zu nehmen (Atuahene-Gima 1997). Die Herstellung positiver Assoziationen der Vertriebsmitarbeiter zum Neuprodukt ist wichtig, da sich diese Überzeugungen auf den Kunden übertragen und so den Verkaufserfolg erhöhen (Ahearne et al. 2010).

Inwieweit Vertriebsmitarbeiter Neuprodukte entsprechend in ihr Verkaufsprogramm aufnehmen, hängt von verschiedenen Faktoren ab, die in einer Reihe von Studien untersucht wurden. Neben produktspezifischen Faktoren wie bspw. dem Innovationsgrad, beeinflussen den Mitarbeiter auch mit dem Neuprodukt einhergehende, strategische Anpassungen seitens des Vertriebsmanagements (Fu et al. 2008). Zu diesen strategischen Maßnahmen können Änderungen im Vertriebskontrollsystem, der Verkaufsquotenhöhe aber auch Schulungen bzw. ausführliche Produktvorstellungen gehören (Ahearne et al. 2010; Hultink und Atuahene-Gima 2000). Schließlich spielt auch das Vergütungssystem eine zentrale Rolle (Fu et al. 2010; Hultink und Atuahene-Gima 2000; Rochford und Wotruba 1993).

Zudem wirken sich externe Einflüsse auf die Wahrnehmung des Neuproduktes durch die Vertriebsmitarbeiter aus. Ist die Wettbewerbsintensität hoch oder muss der Mitarbeiter neue Zielgruppen ansprechen, spiegelt sich dies in den Reaktionen auf das Neuprodukt und gleichzeitig im Erfolg des Vertriebsmitarbeiters wieder (Atuahene-Gima und Micheal 1998; Fu et al. 2008).

4 Zentrale Fragestellungen für zukünftige Forschung

Obwohl sich die Forschung zum Innovationsmanagement in den letzten Jahren zu einem sehr lebendigen und inzwischen kaum überschaubaren Feld entwickelt hat, sind Forschungsarbeiten zu spezifischen Aspekten des Innovationsmarketing in B-to-B-Märkten noch vergleichsweise selten. Dies hat auch der vorige Abschnitt deutlich gemacht. Im Folgenden sollen einige potenziell interessante Fragestellungen für zukünftige Forschungsprojekte entwickelt werden. Eine – teilweise durchaus anders gelagerte – Agenda für B-to-B-Innovationsforschung findet sich zudem auch bei Griffin et al. (2013).

1. *Theorie von B-to-B-Innovationen.* Im zweiten Abschnitt dieses Beitrags werden einige mögliche Besonderheiten des B-to-B-Innovationsmarketing entwickelt. Sowohl die konzeptionelle als auch die empirische Fundierung der dort angestellten Überlegungen ist aber noch schwach. Wünschenswert wären Forschungsarbeiten, die gezielt – auch empirisch – die Hypothese testen, dass sich das Innovationsmarketing in B-to-B-Unternehmen systematisch vom Innovationsmarketing in B-to-C-Unternehmen unterscheidet. Auf dieser Grundlage könnte dann gegebenenfalls auch eine empirisch besser fundierte Agenda für B-to-B-Innovationsforschung entwickelt werden.
2. *Buying Center im B-to-B-Innovationsmarketing.* Von den im zweiten Abschnitt skizzierten Besonderheiten des B-to-B-Marketing hat der Aspekt der Multipersonalität bislang kaum Aufmerksamkeit erfahren. Hier gibt es jedoch eine Reihe ungelöster

Fragen. Dies gilt sowohl für die Entwicklungsphase als auch für die Markteinführungsphase. Gerade angesichts der steigenden Bedeutung von Kunden in Innovationsprozessen stellt sich die Frage in B-to-B-Unternehmen: Welche Kunden? Der Lead User-Ansatz (z. B. Urban und Von Hippel 1988) rückt die Nutzerperspektive sehr stark in den Vordergrund. Die Nützlichkeit der Zusammenarbeit mit Lead Usern ist sicher heute weitgehend unumstritten. Es stellt sich aber die Frage, ob und wann darüber hinaus auch noch andere Buying Center-Mitglieder in Innovationsprozesse integriert werden sollten. Wann wäre es z. B. wichtig, auch Einkaufsabteilungen oder das Top Management der Kunden einzubinden? Gerade Entwicklungsingenieure tendieren manchmal dazu, diese Gruppen nicht oder nur sehr ungern zu konsultieren.

Auch im Kontext der Markteinführung hat die Multipersonalität von B-to-B-Einkaufsentscheidungen bislang nur wenig Aufmerksamkeit erfahren. Es wäre aber von großem Interesse (in Forschung und Praxis), besser zu verstehen, wie Adoptionsprozesse innerhalb von Buying Centern ablaufen. So stellt sich z. B. häufig die Frage, welche Gruppen in der Neuproduktkommunikation besonders angesprochen werden sollten.

3. *Integration Kunden nachgelagerter Abnehmerstufen in den Innovationsprozess.* Auch die B-to-B-Besonderheit der abgeleiteten Nachfrage ist wissenschaftlich im Kontext des Innovationsmanagement bislang tendenziell vernachlässigt worden. Dabei stellt es durchaus ein praktisches Problem dar, ob nur Kunden aus der direkt nachgelagerten Abnehmerstufe in Innovationsprozesse integriert werden sollen. Man denke z. B. an einen LKW-Hersteller. Sollen nur Logistikunternehmen integriert werden, oder z. B. auch deren Kunden wie Versandhändler. Oder wäre vielleicht sogar die Integration von Endabnehmern wichtig, um z. B. zu erfahren, wie sich mittelfristig die Erwartungen an die Lieferung bestellter Produkte verändern werden. Hier wäre ein spannender Ansatzpunkt für zukünftige Forschung.

4. *Value Selling.* In den letzten Jahren hat der von Anderson et al. (2007) entwickelte Ansatz des „Value Selling" immer mehr Interesse auf sich gezogen. Kernidee ist, dass die Leistungen der angebotenen Leistung als monetärer Wert ausgedrückt werden, der sich für den Kunden durch den Einsatz der Leistung ergibt. Gerade im Hinblick auf den Vertrieb von Neuprodukten in B-to-B-Umgebungen erscheint dieser Ansatz vielversprechend. Empirisches Wissen über die Leistungsfähigkeit des Value Selling-Ansatzes ist aber noch rar. Erste qualitative (Terho et al. 2012) und quantitative (Haas et al. 2013) Evidenz deutet bereits auf die grundsätzliche Leistungsfähigkeit hin. Inwieweit sich dieser Ansatz aber für den Vertrieb von Neuprodukten übertragen lässt, müsste dringend noch untersucht werden.

5. *Organisationale Umsetzung.* In vielen B-to-B-Unternehmen hat die Marketingabteilung nur eine untergeordnete Rolle und ist vor allem für die Kommunikation zuständig (Homburg et al. 2004). Es ist deshalb fraglich, inwieweit sich die Forschung zur abteilungsübergreifenden Zusammenarbeit zwischen Marketing- und Entwicklungsabteilung einfach so auf B-to-B-Kontext übertragen lässt. Zudem stellt sich die Frage nach der Einbindung des Vertriebs ganz anders. Welche Formen der Integration hier förderlich sind und welche Rahmenbedingungen erfüllt sein müssen, dies noch weiter zu klären, ist auch eine spannende Frage für zukünftige Forschung.

5 Empfehlungen für die Praxis

Wie die beiden vorigen Abschnitte verdeutlichen, steht die Forschung zum B-to-B-Innovationsmarketing noch eher am Anfang ihrer Entwicklung. Ein paar klare Implikationen für die Marketingpraxis lassen sich aber bereits jetzt identifizieren. Fünf davon sollen im Folgenden kurz angerissen werden.

1. *Kunden mit Bedacht in Innovationsprozesse integrieren.* Die eindeutigste Implikation der bisherigen Forschung ist sicher, möglichst früh Kunden in B-to-B-Innovationsprozesse zu integrieren. Dabei sollte aber mit Bedacht vorgegangen werden, insbesondere um rechtliche Schwierigkeiten im Hinblick auf intellektuelles Eigentum an Neuentwicklungen und im Hinblick auf die wettbewerbsrechtliche Schwierigkeit der Beteiligung mehrerer im Wettbewerb stehender Kunden aus dem Weg zu gehen. Zudem sollten Verfahren eingesetzt werden, bei denen ggf. auch schwierig zu artikulierende Bedürfnisse identifiziert werden können. Zudem ist Christensens (1997) bekannte Warnung vor einer zu engen Kopplung von Neuentwicklungen an bestehenden Kundeninteressen immer noch aktuell: Es besteht dabei immer das Risiko, radikale Innovationen zugunsten inkrementeller Innovationen zu vernachlässigen. Der bekannteste Ansatz zur Kundenintegration ist sicher das unter dem Oberbegriff „Voice of the Customer" bekannt gewordene Set an Verfahren, das sowohl in der Marketingforschung (z. B. Griffin und Hauser 1993) als auch in den Ingenieurwissenschaften (z. B. Shillito 2000; Yang 2007) detailliert diskutiert wird.
2. *Individualisierung und Innovation trennen.* Auf vielen B-to-B-Märkten werden Produkte in hohem Maße individualisiert. In diesem Kontext müssen häufig quasi als Beiprodukt innovative Lösungen entwickelt werden, die auch bei anderen Kunden Anwendung finden können. In vielen Unternehmen wird hier noch keine klare Verteilung der Kosten vorgenommen. Wünschenswert wäre, dass Aspekte der Produktanpassung direkt dem Kunden zugerechnet werden, weiterverwendbare technische Weiterentwicklungen aber separat kalkuliert werden. Ansonsten besteht das Risiko, dass Innovationstätigkeiten falsch nur einem Kunden zugerechnet werden. Ein solches Vorgehen kann den Preis unter Umständen so nach oben treiben, dass gar kein Abschluss zustande kommt.
3. *Informationsfluss aus dem Vertrieb sicherstellen.* Aufgrund der großen Wichtigkeit des persönlichen Verkaufs – der nicht selten auch mit einer beratenden Tätigkeit einhergeht – sind Vertriebsmitarbeiter eine wichtige Informationsquelle für Neuproduktideen. Gleichzeitig besteht aber häufig eine gewisse Furcht der Vertriebsmitarbeiter, solche Informationen auch tatsächlich weiterzuleiten. Hintergrund ist die Furcht vor der Austauschbarkeit. Kundenspezifisches Wissen wird so nicht selten als ein Instrument zur Absicherung der eigenen Position im Unternehmen angesehen. Es ist deshalb wichtig, aktiv den Informationsfluss aus dem Vertrieb sicherzustellen. Dies kann z. B. durch eine Einbeziehung in Neuproduktentwicklungsteams geschehen und durch eine vereinfachte, unbürokratische Erfassung von Besuchsberichten.

4. *Vergütungssysteme im Vertrieb auf Innovationstätigkeit abstimmen.* Gerade im Hinblick auf den eben genannten Aspekt der Sicherung des Informationsflusses aus dem Vertrieb werden Vergütungssysteme zu einem sehr wichtigen Steuerungsinstrument. Insbesondere gilt, dass stark abschlussorientierte Vergütungssysteme dazu führen, dass wichtige Informationen eben nicht dort ankommen, wo sie ankommen sollen. Je größer die abschlussbezogene Vergütungskomponente ausfällt, desto größer werden auch die Opportunitätskosten für die Mitarbeiter, wenn sie z. B. an Workshops im Rahmen der Neuproduktentwicklung teilnehmen. Stark abschlussorientierte Vergütungssysteme können sich auch negativ auf den Verkauf von Neuprodukten auswirken (z. B. Atuahene-Gima 1997). Oft ist es für Vertriebsmitarbeiter wesentlich einfacher etablierte Produkte zu verkaufen, weshalb sich der proaktive Verkauf der Neuprodukte für sie nicht finanziell auszahlt. So entstehen Flops. Schließlich können sich auch die mit abschlussorientierten Vergütungssystemen verbundenen Zielsetzungsprozesse negativ auswirken. Sie motivieren Vertriebsmitarbeiter oft dazu, im Hinblick auf den Erfolg neuer Produkte tiefzustapeln. Im schlimmsten Fall kann das dazu führen, dass eine eigentlich tragfähige Neuproduktidee nicht zur Entwicklung führt, weil die Absatzprognose zu pessimistisch ausfällt.
5. *Über den Kundenwert argumentieren.* Angesichts der Tatsache, dass Deutschland sowohl ein Hochlohnland als auch ein Hochsteuerland darstellt, können deutsche B-to-B-Anbieter nicht dauerhaft weltweit über Kosten konkurrieren. Die technische Überlegenheit der Produkte wird so zu einem zentralen Verkaufsargument. Dabei wird es immer wichtiger, diese technische Überlegenheit auch zu quantifizieren. Aus dem amerikanischen Sprachraum kommend (Anderson et al. 2007) hat sich hierfür der Begriff „Value Selling" breit gemacht (z. B. Terho et al. 2012). Das bedeutet, auch dass die Vertriebsmitarbeiter ganz neue Fertigkeiten benötigen. Um den ökonomischen Wert eines Neuprodukts für den Kunden prognostizieren zu können, ist eine Betätigung in etwas unumgänglich, was man als interorganisationale Kostenrechnung bezeichnen könnte. Hier bestehen noch umfangreiche Optimierungspotenziale in vielen Vertriebsorganisationen.

6 Zusammenfassung

Gerade für im deutschsprachigen Raum aktive B-to-B-Unternehmen sind Innovationen (sowohl im Hinblick auf Produkte als auch im Hinblick auf Dienstleistungen) ein zentrales Differenzierungsmerkmal. Es steht zu vermuten, dass die Bedeutung von Innovationen dabei im Zeitverlauf eher noch zunehmen wird. Interessanterweise gibt es jedoch nur vergleichsweise wenig Forschungsarbeiten, die sich mit den Besonderheiten des B-to-B-Innovationsmarketing befassen. Schwerpunkte der Forschung liegen auf der Kunden- und Vertriebseinbindung in den Entwicklungsprozess und vertriebs- und preisbezogenen Aspekten der Markteinführung. Darauf aufbauend entwickelt dieser Beitrag eine Agenda für zukünftige Forschung und zeigt einige erste Praxisempfehlungen auf.

Literatur

Ahearne, M., A. Rapp, D.E. Hughes, und R. Jindal. 2010. Managing the Sales Force Product Perceptions and Control Systems in the Success of New Product Introductions. *Journal of Marketing Research* 47(4): 764–776.

Anderson, J.C., N. Kumar, und J.A. Narus. 2007. *Value Merchants: Demonstrating and Documenting Superior Value in Business Markets*. Boston: Harvard Business Press.

Anderson, J.C., und M. Wouters. 2013. What You Can Learn From Your Customer's Customer. *MIT Sloan Management Review* 54(2): 75–82.

Athaide, G.A., und R.L. Stump. 1999. A Taxonomy of Relationship Approaches During Product Development in Technology-Based, Industrial Markets. *Journal of Product Innovation Management* 16(5): 469–482.

Athaide, G.A., und J.Q. Zhang. 2011. The Determinants of Seller-Buyer Interactions During New Product Development in Technology-Based Industrial Markets. *Journal of Product Innovation Management* 28(S1): 146–158.

Atuahene-Gima, K. 1997. Adoption of New Products by the Sales Force: The Construct Research Propositions, and Managerial Implications. *Journal of Product Innovation Management* 14(6): 498–514.

Atuahene-Gima, , und Micheal. 1998. A Contingency Analysis of the Impact of Salesperson's Effort on Satisfaction and Performance in Selling New Products. *European Journal of Marketing* 32(9/10): 904–921.

Backhaus, K., und M. Voeth. 2004. *Handbuch Industriegütermarketing*. Wiesbaden: Gabler.

Backhaus, K., und M. Voeth. 2014. *Industriegütermarketing*, 10. Aufl. München: Vahlen.

Balderjahn, I., und B. Schnurrenberger. 2005. Virtuelle Integration im Innovationsprozess. In *Technologiemanagement & Marketing*, Hrsg. J. Amelingmeyer, P.E. Harland, 415–432. Wiesbaden: Deutscher Universitätsverlag.

Bonner, J.M., und O.C. Walker. 2004. Selecting Influential Business-to-Business Customers in New Product Development: Relational Embeddedness and Knowledge Heterogeneity Considerations. *Journal of Product Innovation Management* 21(3): 155–169.

Boyd, D.E., R.K. Chandy, und M. Cunha. 2010. When do Chief Marketing Officers Affect Firm Value? A Customer Power Explanation. *Journal of Marketing Research* 47(6): 1162–1176.

Campbell, A.J., und R.G. Cooper. 1999. Do Customer Partnerships Improve New Product Success Rates? *Industrial Marketing Management* 28(5): 507–519.

Christensen, C.M. 1997. *The Innovator's Dilemma: The Revolutionary Book That Will Change the Way You Do Business*. Boston.: HarperCollins.

Cooper, R.G., und E.J. Kleinschmidt. 1991. New Product Processes at Leading Industrial Firms. *Industrial Marketing Management* 20(2): 137–147.

Coviello, N.E., und R.M. Joseph. 2012. Creating Major Innovations with Customers: Insights from Small and Young Technology Firms. *Journal of Marketing* 76(6): 87–104.

Doney, P.M., und J.P. Canon. 1997. An Examination of the Nature of Trust in Buyer-Seller Relationships. *Journal of Marketing* 61(2): 35–51.

Ernst, H., W.D. Hoyer, und C. Rübsaamen. 2010. Sales, Marketing, and Research-and-Development Cooperation Across New Product Development Stages: Implications for Success. *Journal of Marketing* 74(5): 80–92.

Fang, E. 2008. Customer Participation and the Trade-Off Between New Product Innovativeness and Speed to Market. *Journal of Marketing* 72(4): 90–104.

Fang, E., R.W. Palmatier, und K.R. Evans. 2008. Influence of Customer Participation on Creating and Sharing of New Product Value. *Journal of the Academy of Marketing Science* 36(3): 322–336.

Fu, F.Q., E. Jones, und W. Bolander. 2008. Product Innovativeness, Customer Newness, and New Product Performance: A Time-Lagged Examination of the Impact of Salesperson Selling Intentions on New Product Performance. *Journal of Personal Selling & Sales Management* 28(4): 351–364.

Fu, F.Q., K.A. Richards, D.E. Hughes, und E. Jones. 2010. Motivating Salespeople to Sell New Products: The Relative Influence of Attitudes, Subjective Norms, and Self-Efficacy. *Journal of Marketing* 74(6): 61–76.

Gordon, G.L., D.D. Schoenbachler, P.F. Kaminski, und K.A. Brouchous. 1997. New Product Development: Using the Salesforce to Identify Opportunities. *Journal of Business & Industrial Marketing* 12(1): 33–50.

Griffin, A., und J.R. Hauser. 1993. The Voice of the Customer. *Marketing Science* 12(1): 1–27.

Griffin, A., B.W. Josephson, G. Lilien, F. Wiersema, B. Bayus, R. Chandy, E. Dahan, S. Gaskin, A. Kohli, C. Miller, R. Oliva, und J. Spanjol. 2013. Marketing's Roles in Innovation in Business-to-Business Firms: Status, Issues, and Research Agenda, Online-Vorabveröffentlichung. *Marketing Letters* 24(4): 1–15.

Gruner, K.E., und C.H. Homburg. 2000. Does Customer Interaction Enhance New Product Success? *Journal of Business Research* 49(1): 1–14.

Haas, A., A. Eggert, H. Terho, und W. Ulaga. 2013. Erfolgsfaktor Value-BasedSelling – Verkaufen, wenn Kundenorientierung nicht zum Erfolg führt. *Marketing Review St. Gallen* 30(4): 64–73.

Hinterhuber, A. 2004. Towards Value-Based Pricing – An Integrative Framework for Decision Making. *Industrial Marketing Management* 33(8): 765–778.

Homburg, Ch. 2012. *Marketingmanagement*, 4. Aufl. Wiesbaden: Gabler.

Homburg, Ch., O. Jensen, und M. Klarmann. 2004. *Die Zusammenarbeit von Marketing und Vertrieb: Eine vernachlässigte Schnittstelle* Management Know-How, Bd. M86. Mannheim: Institut für marktorientierte Unternehmensführung.

Homburg, Ch., H. Schäfer, und J. Schneider. 2010. *Sales Excellence*, 6. Aufl. Wiesbaden: Gabler.

Hultink, E.J., und K. Atuahene-Gima. 2000. The Effect of Sales Force Adoption on New Product Selling Performance. *Journal of Product Innovation Management* 17(6): 435–450.

Hultink, E.J., A. Griffin, S. Hart, und H.S.J. Robben. 1997. Industrial New Product Launch Strategies and Product Development Performance. *Journal of Product Innovation Management* 14(4): 243–257.

Ingenbleek, P.T.M., M. Debruyne, R.T. Frambach, und T.M.M. Verhallen. 2003. Successful New Product Pricing Practices: A Contingency Approach. *Marketing Letters* 14(4): 289–305.

Ingenbleek, P.T.M., R.T. Frambach, und T.M.M. Verhallen. 2010. The Role of Value-Informed Pricing in Market-Oriented Product Innovation Management. *Journal of Product Innovation Management* 27(7): 1032–1046.

Jacob, F., und M. Kleinaltenkamp. 2004. Leistungsindividualisierung und –standardisierung. In *Handbuch Industriegütermarketing*, Hrsg. K. Backhaus, M. Voeth, 601–623. Wiesbaden: Gabler.

Joshi, A. 2010. Salesperson Influence on Product Development: Insights from a Study of Small Manufacturing Organizations. *Journal of Marketing* 74(1): 94–107.

Judson, K., G.L. Gordon, R.E. Ridnour, und D.C. Weilbaker. 2009. Key Account vs. Other Sales Management Systems: Is there a Difference in Providing Customer Input During the New Product Development Process? *Marketing Management Journal* 19(2): 1–17.

Judson, K., D.D. Schoenbachler, G.L. Gordon, R.E. Ridnour, und D.C. Weilbaker. 2006. The New Product Development Process: Let the Voice of the Salesperson be Heard. *Journal of Product & Brand Management* 15(3): 194–202.

Klarmann, M., K. Miller, und R. Hoffstetter. 2011. Methoden der Preisfindung auf B2B-Märkten. In *Preismanagement auf Business-to-Business Märkten*, Hrsg. Ch. Homburg, D. Totzek, 153–180. Wiesbaden: Gabler.

Koufteros, X., M. Vonderembse, und J. Jayaram. 2005. Internal and External Integration for Product Development: The Contingency Effects of Uncertainty, Equivocality, and Platform Strategy. *Decision Sciences* 36(1): 97–133.

Marsh, P.T. 2012. *The New Industrial Revolution: Consumers, Globalization and the End of Mass Production*. New Haven: Yale University Press.

Noordhoff, C.S., K. Kyriakopoulos, C. Moorman, P. Pauwels, und B.G.C. Dellaert. 2011. The Bright Side and Dark Side of Embedded Ties in Business-to-Business Innovation. *Journal of Marketing* 75(5): 34–52.

Pelham, A. 2006. Sales Force Involvement in Product Design: The Influence on the Relationship Between Consulting-Oriented Sales Management Programs and Performance. *Journal of Marketing Theory and Practice* 14(1): 37–55.

Piller, F., und D. Walcher. 2006. Toolkits for idea competitions: A Novel Method to Integrate Users in New Product Development. *R&D Management* 36(3): 307–318.

Rochford, L., und T.R. Wotruba. 1993. New Product Development under Changing Economic Conditions. *Journal of Business & Industrial Marketing* 8(3): 4–12.

Roy, S., und K. Sivakumar. 2011. Managing Intellectual Property in Global Outsourcing for Innovation Generation. *Journal of Product Innovation Management* 28(1): 48–62.

Shillito, M.L. 2000. *Acquiring, Processing, and Deploying: Voice of the Customer*. Boca Raton: CRC Press.

Simon, H. 2012. *Hidden Champions – Aufbruch nach Globalia: Die Erfolgsstrategie unbekannter Weltmarktführer*. Frankfurt: Campus Verlag.

Singh, J., D. Marinova, und S.P. Brown. 2012. Boundary Work and Customer Connectivity in B2B Front Lines. In *Handbook of Business-to-Business Marketing*, Hrsg. G.L. Lilien, R. Grewal, 433–455. Cheltenham: Edward Elgar Publishing.

Steinbacher, E.K. 2013. Innovation wird immer wichtiger. *Marketing Review St. Gallen* 30(4): 5–9.

Tellis, G.J. 2013. *Unrelenting Innovation: How to Create a Culture for Market Dominance*. San Francicso: Jossey-Bass.

Tellis, G.J., R.K. Chandy, und J.C. Prabhu. 2012. Key Questions on Innovation in the B2B Context. In *Handbook of Business-to-Business Marketing*, Hrsg. G.L. Lilien, R. Grewal, 582–595. Cheltenham: Edward Elgar Publishing.

Terho, H., A. Haas, A. Eggert, und W. Ulaga. 2012. It's almost Like Taking the Sales Out of Selling' – Towards a Conceptualization of Value-Based Selling in Business Markets. *Industrial Marketing Management* 41(1): 174–185.

Troy, L., T. Hirunyawipada, und A. Paswan. 2008. Cross-Functional Integration and New Product Success: An Empirical Investigation of the Findings. *Journal of Marketing* 72(6): 132–146.

Urban, G., und E. Von Hippel. 1988. Lead User Analyses for the Development of New Industrial Products. *Management Science* 34(5): 569–582.

Yang, K. 2007. *Voice of the Customer: Capture and Analysis.* New York.: McGraw-Hill Professional.

Industrielles Servicemanagement

Michael Kleinaltenkamp, Frank Jacob und Olaf Plötner

Inhaltsverzeichnis

1 Die steigende Bedeutung industrieller Serviceangebote 314
2 Begriffsauffassungen, Merkmale und Arten industrieller Serviceangebote 316
   2.1 Begriffsauffassungen und Merkmale industrieller Serviceangebote 316
   2.2 Arten industrieller Serviceangebote 319
      2.2.1 „Pre sales"-, „At sales"- und „After sales"-Services 319
      2.2.2 Obligatorische und fakultative Services 320
      2.2.3 Unentgeltlich und entgeltlich erbrachte Serviceleistungen 321
      2.2.4 Gekoppelt, autonom oder in Kooperation erbrachte Serviceleistungen ... 322
      2.2.5 Produktbegleitende Services, „Performance Contracting" und vom Produkt entkoppelte Services 323
      2.2.6 Marktstufenübergreifende Serviceangebote 324
3 Ausgestaltung des Serviceangebots 325
   3.1 „Bundling", „Unbundling" und „Mixed Bundling" von Serviceleistungen 325
   3.2 Preisgestaltung 327
   3.3 Träger industrieller Serviceangebote 327
4 Erfolgsfaktoren des industriellen Servicemanagement 328
5 Zusammenfassung und Ausblick 331
Literatur 331

Prof. Dr. Dr. h.c. Michael Kleinaltenkamp ✉
Freie Universität Berlin, Professor für Business- und Dienstleistungsmarketing,
Berlin, Deutschland
e-mail: marketing@wiwiss.fu-berlin.de

Prof. Dr. Frank Jacob
ESCP Europe Wirtschaftshochschule Berlin, Lehrstuhl für Marketing, Berlin, Deutschland
e-mail: fjacob@escpeurope.eu

Prof. Dr. Olaf Plötner
ESMT European School of Management and Technology, Berlin, Deutschland
e-mail: olaf.ploetner@esmt.org

© Springer Fachmedien Wiesbaden 2015
K. Backhaus und M. Voeth (Hrsg.), *Handbuch Business-to-Business-Marketing*,
DOI 10.1007/978-3-8349-4681-2_16

1 Die steigende Bedeutung industrieller Serviceangebote

Waren im Jahr 1970 in der Bundesrepublik Deutschland noch 46,5 Prozent der Erwerbstätigen im produzierenden Gewerbe beschäftigt, reduzierte sich dieser Anteil bis zum Jahr 1990 stetig auf 36,6 Prozent. Im Jahr 2012 war mit 24,7 Prozent schließlich nur noch knapp jeder vierte Erwerbstätige in Deutschland im sekundären Sektor tätig. Parallel hat sich die Bedeutung des Dienstleistungssektors kontinuierlich erhöht. Der Anteil der im tertiären Sektor Beschäftigten an allen Erwerbstätigen stieg in der Bundesrepublik Deutschland von 45,1 Prozent 1970 über 59,9 Prozent im Jahr 1990 auf 73,7 Prozent 2012. Dabei sind die Mitarbeiter, die innerhalb des produzierenden Gewerbes – also etwa in einem Maschinenbauunternehmen – mit der Erstellung von Dienstleistungen beschäftigt sind, in diesem Wert noch gar nicht enthalten.

In Zuge dieser Entwicklung hat sich auch die Struktur der vom Dienstleistungssektor angebotenen Leistungen erheblich geändert. Während sich Dienstleistungsangebote früher typischerweise eher an die Privathaushalte richteten (etwa Handel und Gastgewerbe), liegt der Schwerpunkt heute bei den unternehmensnahen Dienstleistungen (vgl. Wallacher et al. 2002).

Diese Entwicklung hat vielfältige Gründe, welche sowohl nachfrager- als auch anbieterbezogen sind:

- Auf der Seite der Nachfrager hat vor allem die zu beobachtende Veränderung von Wertschöpfungsstrukturen zu einer steigenden Nachfrage nach Services geführt (Kleinaltenkamp 2007). Die Kunden industrieller Leistungen konzentrieren sich selbst immer mehr auf ihre Kernkompetenzen oder versuchen, durch die Auslagerung von Teilaktivitäten Kosten einzusparen. Das führt zwangsläufig dazu, dass sie die Leistungsprozesse, welche sie nicht mehr selbst durchführen, von anderen Finnen erbringen lassen müssen. Zudem hat auch die in manchen Bereichen gestiegene technische Komplexität zu einem erhöhten Servicebedarf geführt. Denn wenn die Nachfrager aufgrund der hohen technischen Ansprüche nicht mehr in der Lage sind, bestimmte Aggregate oder Materialien ‚ohne fremde Hilfe' einzusetzen, dann resultiert aus der Notwendigkeit zur Überbrückung der Know-how-Lücken ebenfalls eine Nachfrage nach entsprechenden Diensten.
- Auf der Seite der Anbieter war vor allem der zunehmende Preis- und Kostendruck, dem viele Sektoren der Industrie ausgesetzt sind, der Ausgangspunkt für die Steigerung des Serviceangebots. Um ihr Preisniveau zu verteidigen, haben viele Industrieunternehmen zunächst versucht, den Anwendernutzen ihrer Produkte zu erhöhen, um so die Opportunitätskosten ihrer Nachfrager zu kompensieren. Je mehr dabei die Möglichkeiten zur Ausnutzung technologischer Potenziale ausgereizt waren, desto mehr bot es sich an, auch den um die Produkte herum angesiedelten „Dienstleistungskranz" in die Nutzengestaltung mit einzubeziehen (Belz 1991). Zusätzlich ermöglicht es das Angebot von Serviceleistungen in vielen Bereichen, Geschäftsbeziehungen zu intensivieren bzw. auch in solchen Bereichen zu etablieren, die ansonsten eher durch „Transaction

Buying" gekennzeichnet sind. Und schließlich bieten Services oft auch (noch) unausgeschöpfte Chancen der Ertragssteigerung. Dies wird nicht nur von Praktikern immer wieder behauptet, sondern auch durch eine Reihe von Studien belegt, die besagen, dass die im Servicegeschäft erzielbaren Renditen im Allgemeinen um ein Vielfaches höher sind als die, die bei der Vermarktung der betreffenden Hardware erreicht werden können (IMT Project GmbH 2002; HypoVereinsbank und Mercer 2003).

Beide Entwicklungslinien zusammengenommen haben dazu geführt, dass Industrieunternehmen heutzutage eine große und stetig steigende Anzahl von Serviceleistungen anbieten. Verschiedene Untersuchungen des Sachverhalts zeigen, dass hierzu in erster Linie Beratungs-, Schulungs-, Wartungs- und Instandhaltungsleistungen, Planungs- und Projektierungsleistungen, die Montage und Demontage von Anlagen und Systemen sowie die Erstellung von (technischen) Dokumentationen gehören. Zunehmend treten hier aber auch Leasing-, Vermietungs- und Finanzierungsgeschäfte, Softwareangebote, Teleservices, das Unterhalten von Hotlines oder der Betrieb von Anlagen hinzu (Lay 1998; VDMA 2002). In Abb. 1 ist die Entwicklung des jeweiligen Ausmaßes des Angebots verschiedener Serviceleistungen in den Jahren 2007 bis 2011 wiedergegeben, wie es sich aus einer weltweiten Erhebung bei mehr als 10.000 Unternehmen aus unterschiedlichen industriellen Branchen ergab (vgl. Neely et al. 2011).

Weltweit gesehen bieten ca. 30 % aller Hersteller Dienstleistungen an. Der Anteil hat sich über die letzten Jahre wenig verändert genauso wie die firmenbezogenen Umsatzanteile. Dabei ist das Ausmaß dieser auch als „Servitization" bezeichneten Entwicklung bezogen auf einzelne Länder allerdings sehr unterschiedlich, auch wenn sich die betreffenden Werte aneinander annähern (vgl. Abb. 2). So haben im Jahr 2007 58 % der Hersteller

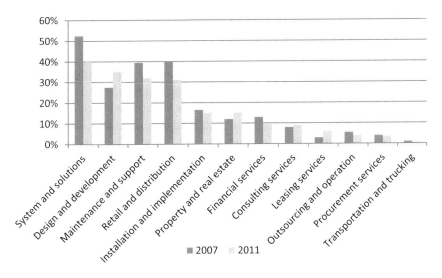

Abb. 1 Ausmaß des Angebots einzelner Arten von Serviceleistungen

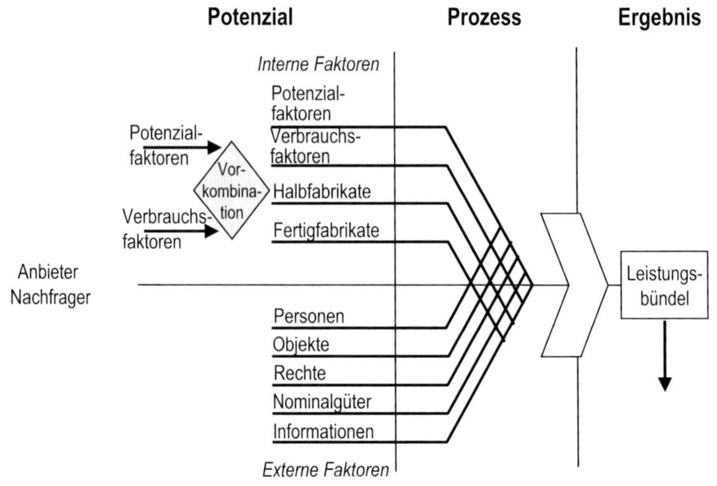

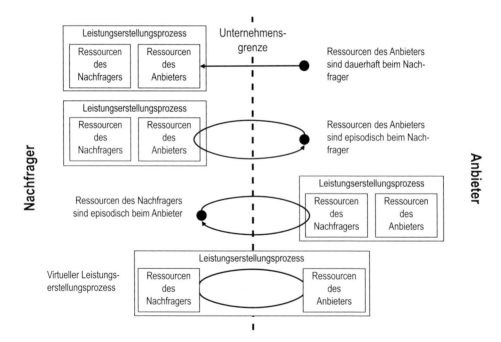

Abb. 3 Integrativität interner und externer Faktoren als Merkmal von Dienstleistungen. (Quelle: Kleinaltenkamp 1997, S. 351)

Abb. 4 Formen der Zusammenführung von Anbieter- und Nachfragerressourcen bei der Erbringung von Serviceleistungen (in Anlehnung an Jacob und Kleinaltenkamp 2004)

einer Dienstleistungserstellung zurückgeholt werden. Typische Beispiele hierfür sind Beratungsdienste oder Wartungs- und Instandhaltungsleistungen, die vor Ort beim Nutzer der Sachleistung erbracht werden können.
- Die dritte Form der räumlichen Kundenintegration besteht darin, dass der Nachfrager seine Ressourcen räumlich verlagert und der Leistungserstellungsprozess beim Anbieter stattfindet. Diese Bewegung wird in der Regel nur temporär erfolgen und ist typisch z. B. bei der Wartung von Schiffen oder Flugzeugen.
- Schließlich und viertens können die Anbieter- und Nachfragerressourcen aber auch allein virtuell zusammengeführt werden. Das bedeutet, dass die betreffenden Ressourcen physisch zwar bei ihren jeweiligen Eignern – Anbieter und Nachfrager – verbleiben, sie aber informatorisch so miteinander verknüpft werden, dass die Dienstleistungserstellung gleichwohl stattfinden kann. Diese Formen der virtuellen Zusammenführung von Anbieter- und Nachfragerressourcen werden insbesondere durch den Einsatz moderner Informations- und Kommunikationstechnologien ermöglicht bzw. zunehmend vereinfacht und kostengünstiger gestaltet. Beispiele hierfür bilden etwa Ferndiagnose- und -wartungssysteme.

Welche Form der räumlichen Ressourcenintegration bei der Erbringung von Serviceleistungen gewählt wird beziehungsweise werden muss, hängt von technischen und ökonomischen Faktoren ab. In vielen Fällen ist die Entscheidung technisch determiniert: Jede Montage und Inbetriebnahme technischer Einrichtungen muss zwangsläufig dort geschehen, wo die Maschinen und Geräte später genutzt werden sollen. Ebenso gibt es Fälle, bei denen die Ressourcen des Anbieters immobil sind, etwa im Falle einer Werft oder einer Reparaturwerkstatt. Wenn die Form der räumlichen Ressourcenintegration hingegen nicht technisch vorgegeben ist, hängt die Antwort auf die Frage, welche Ressourcen wohin verlagert werden, von ökonomischen Einflüssen, das heißt der Effektivität und/oder der Effizienz der jeweiligen Prozessgestaltung ab. Insbesondere virtuelle Leistungserstellungsprozesse können dann ihre Vorteile entfalten.

Das Angebot von Serviceleistungen zieht somit je nach Ausprägung der zuvor geschilderten Zusammenhänge ganz unterschiedliche Notwendigkeiten des Aufbaus und der Koordination von materiellen und humanen Ressourcen nach sich, was wiederum weitreichende Auswirkungen auf die Vorhaltung von Kapazitäten, die daraus resultierenden Kosten- und Kapitalbelastungen usw. hat.

Solchermaßen verstandene industrielle Serviceangebote können nun nach verschiedenen Kriterien weiter differenziert werden.

2.2 Arten industrieller Serviceangebote

2.2.1 „Pre sales"-, „At sales"- und „After sales"-Services

Eine erste wesentliche Unterscheidung betrifft die Tatsache, ob ein Service vor, während oder nach dem Kauf der betreffenden Sachgüter angeboten wird (vgl. dazu sowie zu ent-

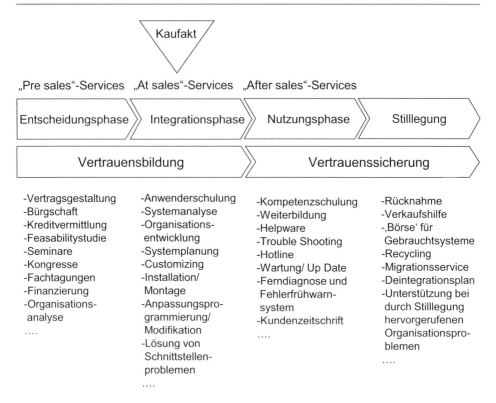

Abb. 5 Potenzielle Services-Systembausteine (Quelle: Wimmer und Zerr 1995, S. 84)

sprechenden Beispielen Abb. 5). Die Relevanz dieser Unterscheidung ergibt sich daraus, dass die betreffenden Leistungen im Hinblick auf die Vermarktung der jeweiligen Sachgüter unterschiedliche Funktionen einnehmen. Geht es bei den „Pre sales"-Services vor allem darum, Vertrauen zum Anbieter aufzubauen, ist es das wesentliche Ziel der „After sales"-Services, einmal erworbenes Kundenvertrauen zu sichern und für die Etablierung beziehungsweise erfolgreiche Fortführung von Geschäftsbeziehungen zu nutzen. Den „At sales"-Services kommt ebenfalls eine wesentliche Bedeutung beim Vertrauensaufbau zu, darüber hinaus spielen sie aber auch eine wichtige Rolle im Hinblick darauf, dass die Kundenwünsche richtig erfasst werden und dass das zu vermarktende Gut später auch tatsächlich erfolgreich zum Einsatz kommen kann.

2.2.2 Obligatorische und fakultative Services

Darüber hinaus stehen die betreffenden Services in einem unterschiedlich engen Bezug zum – meist materiellen – Hauptprodukt. Bestimmte Leistungen sind mit letzterem unauflöslich verbunden. Sie müssen mit ihm gemeinsam angeboten werden, weshalb sie auch als „obligatorisch" oder als „Muss-Leistungen" bezeichnet werden (Meffert 1982; Schönrock 1982; Forschner 1988; Bauche 1994; Friege 1995).

Der Grund hierfür kann erstens darin bestehen, dass solche Leistungen gesetzlich oder durch sonstige Regelungen vorgeschrieben sind, wie etwa bestimmte Garantieleistungen. In der weit größeren Zahl der Fälle resultiert die Kategorisierung einer Leistung als ‚obligatorisch' aber aus der Erwartungshaltung der Kunden und – damit oft eng verbunden – bestimmten Branchenusancen. So sehen es die Nachfrager in aller Regel als selbstverständlich an, dass sie beim Kauf eines Industrieguts auch beraten werden. In manchen Fällen gilt auch die Montage eines Sachgutes vor Ort beim Nachfrager, die Gewährung bestimmter Zahlungsbedingungen oder die Erbringung bestimmter kundenspezifischer Anarbeitungen als selbstverständlich.

Alle nicht-obligatorischen Services sind dementsprechend „fakultativ", das heißt, sie können, müssen aber nicht erbracht werden. Dies geschieht im Allgemeinen, um die Attraktivität des Gesamtangebotes zu steigern. Für die Vermarktungsfähigkeit des Hauptproduktes im engeren Sinne ist ihr Angebot allerdings nicht zwingend notwendig (Engelhardt und Reckenfelderbäumer 1993; Graßy 1993; Engelhardt 1996; Homburg und Garbe 1996). Zum Teil werden diese fakultativen Services noch weiter in „Soll-Leistungen" und „Kann-Leistungen" differenziert (Meffert 1982; Schönrock 1982; Forschner 1988; Bauche 1994; Friege 1995). Beispielhaft können hier etwa Wartungs- und Instandhaltungsleistungen genannt werden, die auch für Aggregate fremder Hersteller nutzbar sind.

2.2.3 Unentgeltlich und entgeltlich erbrachte Serviceleistungen

Aus der „Muss-" oder „Kann-" Eigenschaft einer Serviceleistung ergeben sich oft auch weitreichende Konsequenzen im Hinblick ihre Entgeltlichkeit, das heißt im Hinblick auf die Beantwortung der Frage, ob die Services überhaupt getrennt in Rechnung gestellt werden sollen beziehungsweise können. In dieser Hinsicht existieren innerhalb des produzierenden Gewerbes teilweise extrem voneinander abweichende Gepflogenheiten. Manche Leistungen, wie etwa Vermietung, Wartung und Inspektion oder Energieverteilung, werden hier sehr oft beziehungsweise immer separat bezahlt, während andere, wie z. B. Dokumentation, Schulung, Design oder Lagerhaltung, nur viel seltener direkt über einen eigenen Preis abgegolten werden können (Mai 1989). Werden solche Leistungen gleichwohl aus akquisitorischen Gründen erbracht, sind die für sie entstehenden Kosten aus den Deckungsbeiträgen, die von den übrigen Leistungselementen erzielt werden, zu bestreiten. Dabei ist etwa im deutschen Maschinenbau zu beobachten, dass im Durchschnitt nur etwa 45 % der erbrachten Dienstleistungen den Kunden getrennt in Rechnung gestellt werden. Das bedeutet im Umkehrschluss, dass im Mittel 55 % der Servicekosten über die Hardware-Entgelte erwirtschaftet werden müssen (VDMA 2002). Dieses auch in anderen Branchen beobachtbare Phänomen stellt vor dem Hintergrund oft fallender Hardware-Preise für viele Industriegüteranbieter eine wachsende Herausforderung dar. Verschärft wird sie oft noch dadurch, dass das unentgeltlich erbrachte Serviceangebot weiter ausgeweitet wird beziehungsweise werden muss. Gründe hierfür sind die steigenden Ansprüche der Kunden, der Wettbewerbsdruck, aber auch die oft zu beobachtende Neigung von Vertriebsmitarbeitern, Serviceleistungen mit dem Ziel, einen Verkaufsabschluss zu tätigen, zu ‚verschenken'. Gefördert wird diese Haltung zusätzlich noch dann, wenn die Kosten für

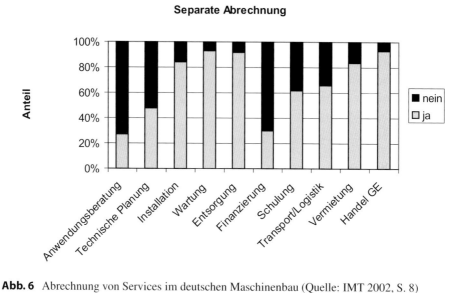

Abb. 6 Abrechnung von Services im deutschen Maschinenbau (Quelle: IMT 2002, S. 8)

die Serviceerbringung von einer anderen Kostenstelle getragen werden müssen und keine innerbetriebliche Verrechnung erfolgt.

Die aufgezeigten Entwicklungen haben in der Praxis in den letzten Jahren dazu geführt, vermehrte Anstrengungen zu unternehmen, Serviceleistungen als eigenständige Dienste entgeltlich anzubieten. So werden zwar schon heute im Durchschnitt knapp 20 % der Umsätze im deutschen Maschinenbau mit Services erzielt, gleichwohl wird hier ein großer Nachholbedarf gesehen, der sich in dem häufig geäußerten Wunsch niederschlägt, bestimmte Serviceleistungen zukünftig vermehrt in Rechnung zu stellen (VDMA 2002).In Abb. 6 ist wiedergegeben, wie Services in der bereits zitierten Stichprobe von 60 Industrieunternehmen abgerechnet werden.

2.2.4 Gekoppelt, autonom oder in Kooperation erbrachte Serviceleistungen

Eng verbunden mit der „Muss"- oder „Kann"-Eigenschaft einer Serviceleistung sowie ihrer Entgeltlichkeit ist auch die Frage zu sehen, wie fest sie mit der Sachleistung, auf die sie sich bezieht, vermarktungsmäßig verknüpft ist. In dieser Hinsicht können Serviceleistungen nach zwei Dimensionen unterschieden werden: erstens ob sie nur in Kombination mit der betreffenden Sachleistung oder auch selbstständig vermarktbar sind, und zweitens von wem sie angeboten werden: dem Anbieter der Hauptleistung selbst, einem Konkurrenten, einem spezialisierten Serviceanbieter oder in einer Kooperation mit einem Serviceanbieter.

Im Hinblick auf die erste Unterscheidung ist es bei obligatorischen Leistungen zwangsläufig, dass sie immer gemeinsam mit der betreffenden Sachleistung offeriert werden. Bei allen anderen Services hängt ihre mögliche Eigenständigkeit von der inhaltlichen

Verknüpfung mit der Sachleistung ab. Je weniger ein Serviceangebot in dieser Hinsicht spezifisch ist, desto eher kann es auch gegenüber Nachfragern erbracht werden, welche die fokale Sachleistung von einem Konkurrenten beziehen beziehungsweise bezogen haben. So ist bei vielen Wartungs- und Instandhaltungsleistungen, die sich auf technisch vergleichbare Produkte beziehen, zu beobachten, dass diese oft wechselseitig von den jeweils konkurrierenden Hardware-Anbietern angeboten und erbracht werden. Je mehr eine sachliche Verknüpfung zwischen dem Sachleistungs- und dem Serviceangebot besteht, desto eher wird ein Service dann auch vom jeweiligen Industriegüterhersteller selbst erbracht. Je weniger das aber der Fall ist, desto eher treten andere Anbieter der Services in Erscheinung. Dabei kann es sich – wie schon erwähnt – um konkurrierende Hersteller, aber auch um spezialisierte Serviceanbieter handeln. Diese treten zum Teil völlig eigenständig, zum Teil aber auch wiederum in Form einer Kooperation mit den betreffenden Industriegüter-Anbietern auf dem Markt auf. (Schwab 1984; Zapf 1990, S. 61 f.; Engelhardt und Reckenfelderbäumer 1993; Engelhardt 1996; Homburg und Garbe 1996).

In diesem Zusammenhang ist in der jüngeren Vergangenheit zudem die Entwicklung zu beobachten, dass das Servicegeschäft immer mehr als ein eigenständiges Dienstleistungsgeschäft betrachtet wird, welches von reinen Dienstleistungsfirmen betrieben wird, wobei es sich oft wiederum um mittlerweile verselbstständigte frühere Serviceabteilungen von Industriegüterunternehmen handelt (vgl. auch Abs. 2.2.5.). Andere Industriegüterhersteller sind dazu übergegangen, durch Aufkauf, Ausgliederung usw. Servicegesellschaften zu gründen bzw. zu etablieren, an denen sie kapitalmäßig beteiligt sind, um so einen Einfluss auf deren Serviceangebot zu erlangen beziehungsweise zu erhalten.

2.2.5 Produktbegleitende Services, „Performance Contracting" und vom Produkt entkoppelte Services

Ein weiteres wesentliches Unterscheidungsmerkmal von Services ist schließlich das Ausmaß, in dem in einem Bündel von Sach- und Serviceleistungen der Sachleistungs- bzw. Serviceanteil des Angebots überwiegt. In dieser Hinsicht existieren zum einen sog. produktbegleitende Services, die – wie es der Name schon sagt – eher in Ergänzung zu einer das gesamte Leistungspaket dominierenden Sachleistung angeboten werden. Hierzu zählen etwa im Maschinen- und Anlagenbau typischerweise Beratung, Montage, Inbetriebnahme u. ä. für den Bereich der chemischen Industrie sind hier insbesondere alle Formen anwendungstechnischer Services zu nennen, die den Kunden helfen sollen, die betreffenden Produkte in ihren Produktionsverfahren effektiv und effizient einzusetzen.

Wenn hingegen der Dienstleistungsanteil das gesamte Leistungspaket dominiert, handelt es sich typischerweise um Formen des „Performance Contracting" (Kleikamp 2002). Hierbei existieren zwei Typen: Bei der ersten Variante vermietet der Hersteller der Industriegüter das eigentliche Kernprodukt inklusive des Full-Service für einen bestimmten Zeitraum zu einem Festpreis an den Kunden. Der Hersteller stellt die Leistung des Produkts „care free" zur Verfügung und garantiert damit im Allgemeinen gewisse Mindestverfügbarkeiten der Maschinen, Anlagen und Aggregate. Er ist jedoch nicht für die Nutzung der Leistung selbst, das heißt deren Bedienung und damit das Personal verantwortlich.

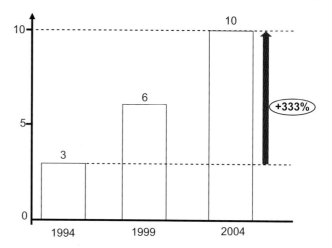

Abb. 7 Anzahl der Dax 30-Unternehmen, die in den letzten 10 Jahren Beratungsleistungen in Form von „Consulting-Spin offs" ausgelagert haben (Quelle: Jacob et al. 2006)

Beim zweiten Typ ist der Hersteller nicht nur für die ‚technische Seite' der Sachleistung zuständig, sondern auch für deren Betrieb. Das heißt, dass die betreffende Anlage – darum handelt es sich in aller Regel – von Mitarbeitern des Herstellers betrieben wird. Die Bezahlung solcher Serviceleistungen erfolgt dann zumeist nicht zu einem vorher vereinbarten festen Entgelt, sondern auf Grundlage der Menge der mit der Anlage tatsächlich erzeugten Güter („pay on production"; vgl. auch Hünerberg und Hüttmann 2003).

Einen dritten Fall und mit den ursprünglichen Industriegütern eines Herstellers nur noch bedingt in Zusammenhang stehende Variante stellen die vom Produkt entkoppelten Dienstleistungen dar. Hier ist insbesondere das Konzept der „Competence Commercialization" zu nennen, das heißt die Kommerzialisierung von im Unternehmen vorhandenen Kompetenzen in Form von Beratungsdienstleistungsangeboten außerhalb der (traditionellen) industriellen Wertekette (Jacob et al. 2006). Hierbei werden im Industrieunternehmen generiertes Prozess-Know-how, Fachwissen oder bestimmte Problemlösungsfähigkeiten extrahiert und an Kunden (in der Regel Herstellerunternehmen und Zulieferer ähnlicher Branchen oder eigene Zulieferer und Großkunden) im Rahmen von Beratungsprojekten verkauft. Nicht selten entspringt diese Art von Beratungsangebot eines Industriegüterherstellers der „unkonventionellen" Beratungsanfrage seitens bestehender oder neuer Kunden und mündet bei systematischer Fortführung später in die Ausgründung eines eigenen Consulting-Tochterunternehmens, wie eine Untersuchung über die Anzahl von „Consulting-Spin Offs" der Dax 30-Unternehmen in den vergangenen 10 Jahren zeigt (vgl. Abb. 7):

2.2.6 Marktstufenübergreifende Serviceangebote

Schließlich ist auch zu beobachten, dass Serviceleistungen im Industriegüterbereich nicht nur gegenüber den direkten Kunden, sondern im Zuge mehrstufig ausgerichteter Marketingaktivitäten auch seitens Vorprodukteherstellern gegenüber nachgelagerten Kunden erbracht werden (Kleinaltenkamp und Rudolph 2000). Die wichtigsten Arten solcher Zusatzleistungen sind (z. B. van Leer 1976; Kunkel 1977; Schüring 1986; Rudolph 1989; Kleinaltenkamp und Rudolph 2000): Abverkaufshilfen, Anwendungstechnischer Service, Beratung bei der Produktgestaltung, Beratung über neuere technische Entwicklungen, Entwicklung von Verarbeitungsverfahren, Garantieleistungen, Hilfestellungen bei Werbemaßnahmen, Informationsbereitstellung über Vor- und Folgeprodukte beziehungsweise Nachfrageentwicklungen oder ähnliches, Kontaktanbahnung mit potentiellen Kunden, Kosten- und Wirtschaftlichkeitsanalysen, Mitarbeiterschulungen, Technischer Kundendienst.

Sie werden angeboten, um dadurch einen Nachfragesog zu erzeugen, welcher die direkten Kunden letztlich mehr oder weniger ‚zwingen' soll, die betreffenden Produkte zu kaufen. Auch stellen solche Zusatzleistungen – gerade bei homogenen Gütern – oft die einzige Möglichkeit zur Differenzierung von Konkurrenzerzeugnissen dar.

Je höher dabei der Erklärungsbedarf eines Vorproduktes ist – z. B. im Hinblick auf seine Produkteigenschaften, Verarbeitungsvorschriften, Verwendungsmöglichkeiten und ähnliches –, desto notwendiger ist gerade das Angebot von Beratungsleistungen. Umso mehr Ansatzpunkte ergeben sich aber auch gleichzeitig für eine mehrstufige Marketingkonzeption.

Immer dann, wenn es für die Durchsetzung eines Produktes auf einem mehrstufigen Markt zudem notwendig ist, dass auch Akteure anderer Marktstufen Neuentwicklungen durchführen müssen, sind neben der entsprechenden Koordinationsleistung oft zahlreiche der genannten Services erforderlich. Der Wahl der richtigen Servicepartner auf den relevanten Marktstufen kommt dann eine ausschlaggebende Bedeutung für den Erfolg einer mehrstufigen Marketingkonzeption zu.

3 Ausgestaltung des Serviceangebots

Nachdem in den vorangegangenen Abschnitten das Phänomen der industriellen Serviceangebote einer gewissen Systematik zugeführt wurde, sollen nun einige Vorschläge zusammengestellt werden, wie eine Gestaltung solcher Leistungen aussehen kann. Sie beziehen sich auf die Form, die Bepreisung sowie die Trägerschaft der Leistung.

3.1 „Bundling", „Unbundling" und „Mixed Bundling" von Serviceleistungen

Aus dem verbundenen Angebot von Hauptleistung und Services resultieren als wichtigste betriebswirtschaftliche Fragestellungen, wie die verschiedenen *Teilleistungen* miteinander kombiniert und wie die Preise für die Einzelleistungen beziehungsweise das gesamte Leistungsbündel gestaltet werden sollen. Den Ausgangspunkt derartiger Überlegungen bildet sinnvollerweise eine Gliederung des gesamten Leistungsbündels in die eigentliche Kernleistung sowie die sie umrankenden obligatorischen und fakultativen Elemente (Le-

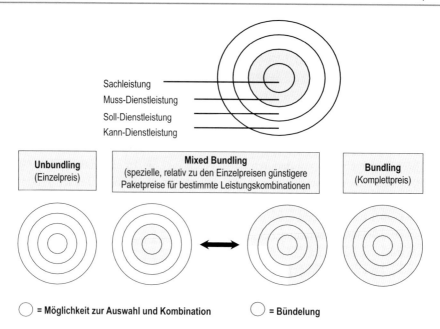

Abb. 8 Bundling, Mixed Bundling und Unbundling von Service-Leistungen (in Anlehnung an Friege 1995, S. 54)

vitt 1984; Chisnall 1989, der zwischen „Core product", „formal product" und „augmented product" differenziert). Ausgehend davon können drei Grundfälle der Leistungsgestaltung – wie in Abb. 8 aufgezeigt – unterschieden werden (Friege 1995): das „Unbundling", bei dem alle Teilleistungen separat angeboten werden, das „Bundling", das demgegenüber dadurch gekennzeichnet ist, dass die verschiedenen Elemente immer nur gemeinsam, das heißt „im Paket", bezogen werden können, sowie die verschiedenen Formen des „Mixed Bundling", bei denen in unterschiedlichem Umfang Leistungselemente gebündelt und/oder jeweils separat offeriert werden.

Obwohl die Eignung der unterschiedlichen Formen sicherlich stark von den jeweiligen Geschäftsusancen abhängt, werden insbesondere dem Mixed Bundling gewisse Vorteile (z. B. Simon 1995) zugesprochen: Mixed Bundling-Serviceangebote können relativ problemlos und sehr zeitnah verändert werden, so dass sehr schnell auf Veränderungen der Nachfrage oder des Wettbewerbs reagiert werden kann. Diese Vielfalt verbessert außerdem die Möglichkeiten, Nachfragerrenten gezielt abzuschöpfen. Mixed Bundling reduziert zudem die Neigung der Nachfrager zum Vergleich mit Angeboten des Wettbewerbs. Dieser Effekt tritt ein, weil bereits im Sortiment des Anbieters ein Vergleich zwischen Paketlösungen und ‚à la carte'-Lösungen möglich ist, der von den Nachfragern vielfach als ausreichend erachtet wird. Ein Nachteil des Mixed Bundling ist sicherlich darin zu sehen, dass aufgrund der hohen Gestaltungsflexibilität eine Gefahr ausufernder Sortimente droht. Diese sind für die Nachfrager nicht mehr überschaubar und führen beim Anbieter zu erhöhten Kosten der Sortimentskomplexität.

3.2 Preisgestaltung

Wie bei jeder Leistung sind bei der Preisgestaltung für industrielle Serviceangebote drei Eckpunkte zu berücksichtigen: die Kosten des Leistungsangebots für den Anbieter, die Preisforderung der Wettbewerber und der Nutzen des Leistungsangebots für den Nachfrager. Während bei traditionellen Sachleistungen eine Kosten- bzw. Wettbewerbsorientierung oft den einfacheren Weg für diese Preisfindung darstellt, ist dies bei industriellen Serviceangeboten nicht der Fall. Serviceangebote sind nämlich dadurch gekennzeichnet, dass der Anbieter sein Leistungspotenzial unabhängig von der jeweiligen Beschäftigung vorhalten muss. Hieraus resultieren Fix- bzw. Gemeinkostenblöcke, deren Umlage in der Kostenkalkulation grundsätzlich Schwierigkeiten nach sich zieht. Die Wettbewerbsorientierung bei der Preisbildung wird erschwert durch die Intransparenz, wie sie für Servicemärkte typisch ist (Engelhardt und Reckenfelderbäumer 1999). Die Intangibilität des Leistungsergebnisses und die Möglichkeit des Mixed Bundling erleichtern den Anbietern nämlich die Modifikation der Angebote und damit die Differenzierung von ihren Wettbewerbern. Gleichzeitig erschweren diese Merkmale aber den Preisvergleich und damit die wettbewerbsorientierte Preisgestaltung. Für die Preisgestaltung bei Serviceangeboten wird daher häufig auf eine Nutzenorientierung verwiesen (vgl. z. B. Tacke und Pohl 1998). Möglich wird eine solche Vorgehensweise vor allem durch die Verwendung moderner Methoden der Nutzenanalyse wie etwa des Conjoint Measurement (vgl. Teichert et al. 2008). Auf der Basis eines experimentellen Designs erlaubt diese Methode sowohl die Ermittlung des Gesamtnutzenwertes eines Serviceangebots als auch von Teilnutzenwerten einzelner Elemente des Serviceangebots. Die Natur eines Serviceangebots und die Vorteile solcher Methoden schaffen daher die besten Voraussetzungen für die Umsetzung eines ‚Value based'-Marketing (vgl. z. B. Anderson et al. 2009).

3.3 Träger industrieller Serviceangebote

Eine wesentliche Rolle für die Qualität industrieller Serviceangebote kommt den Mitarbeitern des Anbieters zu. Ursache dafür ist die Kontaktintensität bei Integration der Kunden als externe Faktoren in den Leistungserstellungsprozess des Anbieters (vgl. z. B. Stauss 2000). Verstärkung erfährt dieser Effekt durch den Umstand, dass viele Services zum Zeitpunkt der Kaufentscheidung des Nachfragers lediglich den Charakter eines Versprechens des Anbieters haben. Die Erfüllung dieses Versprechens erfolgt gewöhnlich erst nach der Beauftragung. Im Sinne der Informationsökonomik handelt es sich bei industriellen Services folglich typischerweise um so bezeichnete Vertrauensgüter (Jacob 1995). Ihre Qualität kann – jedenfalls zum Zeitpunkt der Kaufentscheidung – nicht in ausreichendem Umfang beurteilt werden. Nehmen die daraus resultierenden Risiken ein für den Nachfrager nicht mehr tragbares Ausmaß an, so scheidet in vielen Fällen die ‚Buy'-Entscheidung zugunsten einer ‚Make'-Entscheidung aus (Engelhardt und Reckenfelderbäumer 1999). Marktliche Serviceangebote verlieren dann ihre Daseinsberechtigung. Um dieser Problematik zu entgehen, können Serviceanbieter Maßnahmen zur Gestaltung ihrer eigenen Vertrauenswürdigkeit ergreifen. Einem Verständnis entsprechend, wie es von Plötner (1995) formuliert wurde, geht Vertrauen jedoch ausschließlich von Individuen aus und betrifft auch ausschließlich Individuen. Auf der Seite des Anbieters sind dies die Mitarbeiter. Obwohl Vertrauenswürdigkeit wohl niemals vollständig der Sphäre des Impliziten beziehungsweise des ‚Fingerspitzengefühls' enthoben werden kann, können verschiedene Maßnahmen zur systematischen Gestaltung empfohlen werden (Plötner und Jacob 1996): Vertrauen wird zunächst erleichtert durch empfundene Ähnlichkeit zwischen den betroffenen Individuen. Insofern kann ein Serviceanbieter Vertrauenswürdigkeit dadurch herstellen, dass im Kundenkontakt immer solche Mitarbeiter eingesetzt werden, die zu dem jeweiligen Servicekunden ‚passen'. Dies kann statusbezogene Ähnlichkeiten, Ähnlichkeiten im Erscheinungsbild und Lifestyle-Ähnlichkeiten betreffen. Weiterhin entsteht Vertrauenswürdigkeit immer dann, wenn das Verhalten desjenigen, dessen Vertrauen auf dem Prüfstand steht, als konstant und berechenbar anzusehen ist. Selbstvertrauen ist somit eine notwendige Voraussetzung für die Entstehung von Vertrauenswürdigkeit. Selbstvertrauen sollte damit ein Kriterium für die Personalauswahl im Kundenkontakt sein, es kann aber auch durch entsprechende Maßnahmen der Personalführung systematisch gefördert werden. Schließlich erfordert Vertrauen immer ein bestimmtes Ausmaß an Gegenseitigkeit. Vertrauensaufbau erfolgt am besten in kleinen Schritten, die den Partner jeweils zum Nachziehen einladen.

4 Erfolgsfaktoren des industriellen Servicemanagement

Internationale Vergleiche zeigen, dass hinsichtlich der Umsetzung eines industriellen Servicemanagements das sog. „Servitization-Paradoxon" existiert: In Bezug auf Profitabilität und Unternehmenswert gibt es einerseits Firmen mit einem hohen Grad an Servitization, die extrem erfolgreich sind, während es anderseits ebenso solche gibt, die dies nicht sind (Neely et al. 2011). Offensichtlich sind nicht das Ausmaß des Serviceangebots, sondern dessen Umsetzung und seine Einbettung in die Gesamtstrategie eines Unternehmens, verbunden mit der Etablierung der notwendigen organisationalen Fähigkeiten und einer adäquaten Servicekultur, ausschlaggebend für den Erfolg einer Servitization-Strategie (Visnjic und Van Looy 2013). Solche Veränderungen aber bedeuten in aller Regel, dass die betreffenden Unternehmen zu bestimmten Zeitpunkten tiefgreifende Veränderung ihrer Marketingprogramme vornehmen müssen. Die Notwendigkeit eines solchen Strategiewechsels wirft jedoch gewisse Probleme auf, da er oftmals einen tiefgreifenden Umdenkprozess erfordert, der vielen Unternehmen tendenziell schwerfällt, weil zusätzliche Ressourcen aufgebaut, Gewohnheiten in Frage gestellt und organisatorische Trägheiten überwunden werden müssen (vgl. Davies et al. 2007; Plötner 2008; Kapletia und Probert 2010). So war etwa der Unternehmensbereich Siemens Business Services (SBS) der Siemens AG im Gegensatz etwa zu der Entwicklung des Unternehmens IBM nicht in der Lage, einen Wandel zum Dienstleistungsanbieter erfolgreich umzusetzen. Als ein wesentlicher Grund hierfür wird angeführt, dass es dem Unternehmen u. a. nicht gelang, seine Aktivitäten im Rahmen der unpersönlichen, aber noch viel mehr im Rahmen der persönlichen Kommunikation von dem ursprünglich vor allem auf die Vermarktungen von Sachleistungen fokussierten Ansatz auf die nun neuen Erfordernisse des Dienstleistungsgeschäfts umzustellen (Plötner 2008).

In verschiedenen Studien wurde deshalb untersucht, auf welchen Faktoren der marktliche Erfolg für einen Anbieter industrieller Serviceleistungen basiert (Jacob und Ulaga 2008). Homburg et al. (2002) führen ihre Untersuchung auf der Basis eines vierstufigen Modells durch. Interessierende Zielgröße ist der wirtschaftliche Erfolg eines Anbieters. Dieser setzt sich zusammen aus der Dimension ‚Qualität der Kundenbeziehung' und der Dimension ‚Profitabilität der industriellen Dienstleistungen'. Implizit folgen die Autoren damit einer Sichtweise, die Wettbewerbsvorteile als resultierende Größe aus dem Kundenvorteil zum einen und dem Anbietervorteil zu anderen betrachtet (Plinke 2000). Der Kundenvorteil beschreibt die Attraktivität eines Leistungsangebots für einen Nachfrager, der Anbietervorteil die Wirtschaftlichkeit des Leistungsangebotes für den Anbieter. Unmittelbare Ursache des so verstandenen Dienstleistungserfolgs ist die betriebliche Implementierung einer entsprechenden Dienstleistungsstrategie. Diese Implementierung manifestiert sich in Merkmalen des betrieblichen Informationssystems, des betrieblichen Organisationssystems, der Unternehmenskultur und des betrieblichen Personalführungssystems. Die Zweckmäßigkeit dieser Implementierung ist jedoch ihrerseits von der Dienstleistungsstrategie selbst abhängig. Sie findet ihre Konkretisierung in der Breite des Angebots industrieller Dienstleistungen und der Intensität der Vermarktung industrieller Dienstleistungen. Die Zusammenhänge sind in Abb. 9 noch einmal veranschaulicht.

Auf der Basis einer Datenerhebung bei Anbietern industrieller Services können die Autoren ihr Modell im Wesentlichen bestätigen. Beachtenswert ist, dass die größere Wirkung von der Strategiedimension ‚Intensität der Vermarktung industrieller Dienstleistungen' ausgeht. Offensichtlich gilt, dass durch Fokussierung Vorteile stärker entfaltet werden

Abb. 9 Erfolgsfaktoren der Vermarktung industrieller Serviceangebote (nach Homburg et al. 2002, S. 491)

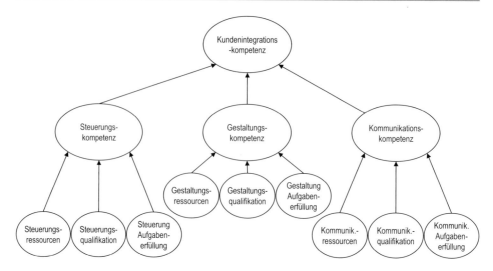

Abb. 10 Konzeptionalisierung von Kundenintegrationskompetenz (Quelle: Jacob 2003, S. 88)

können als durch Diversifizierung. Interessant ist zudem, dass der gesamte wirtschaftliche Erfolg des Anbieters stärker durch den Kundenvorteil, also die Qualität der Kundenbeziehung, beeinflusst wird als durch den Anbietervorteil, also die Profitabilität der industriellen Serviceleistung. Insofern erscheint es gar nicht unbedingt erforderlich, Serviceleistungen separat in Rechnung zu stellen.

Eine weitere Studie geht insbesondere auf den Zusammenhang zwischen der Implementierung von Maßnahmen der Kundenintegration und dem wirtschaftlichen Erfolg von Anbietern industrieller Leistungen ein (Jacob 2003). Bei der Kundenintegration handelt es sich, wie bereits erläutert, um ein konstituierendes Merkmal insbesondere industrieller Dienstleistungen. Die Untersuchung folgt ebenfalls einem mehrstufigen Ansatz. Kundenintegrationskompetenz wird dort abgeleitet aus dem Modell der Integrativität (vgl. Abb. 3) und verstanden als Größe, die – wie in Abb. 10 dargestellt – aus drei Teilkompetenzen resultiert: (1) der Fähigkeit zur materiellen Zusammenführung interner und externer Produktionsfaktoren im Leistungserstellungsprozess (‚Gestaltungskompetenz'), (2) der Fähigkeit zur Zuführung von Kundeninformationen als externen Produktionsfaktoren in den Leistungserstellungsprozess (‚Kommunikationskompetenz') und (3) der Fähigkeit zur Sicherstellung der Wirtschaftlichkeit des Leistungserstellungsprozesses (‚Steuerungskompetenz'). Jede dieser Teilkompetenzen resultiert wiederum aus dem Vorhandensein einer entsprechenden formalen Mitarbeiterqualifikation, der Möglichkeit des Rückgriffs auf entsprechende Erfahrungen in der Organisation des Anbieters und dem Vorliegen entsprechender organisationaler Ressourcen.

Im Rahmen einer empirischen Überprüfung konnte eine so verstandene Kundenintegrationskompetenz als Erfolgsfaktor bei der Vermarktung von industriellen Services bestätigt werden. Eine auf diesem Modell aufbauende Folgestudie (IMT Project GmbH 2002) ergab nun, dass Anbieter industrieller Services Nachholbedarf insbesondere im Bereich der organisationalen Ressourcen aufweisen, wie sie für die Kundenintegration benötigt werden. Die Anbieter verfügen zwar über ausreichend Fachwissen und Erfahrung, ihnen fehlen aber vor allem Management-Tools und Hilfsmittel für die systematische Faktorkombination im Leistungserstellungsprozess, für die systematische Kundenkommunikation und für die systematische Steuerung zur Sicherstellung der Wirtschaftlichkeit. Die Bewältigung dieses Nachholbedarfs stellt damit den wichtigsten Erfolgsfaktor im industriellen Servicegeschäft dar.

5 Zusammenfassung und Ausblick

Im vorliegenden Beitrag haben wir zunächst die Relevanz industrieller Serviceangebote dargelegt. Anschließend wurde eine begriffliche Präzisierung für das Phänomen der industriellen Services vorgenommen, des Weiteren wurden konstituierende Merkmale anhand des Modells der Integrativität aufgezeigt. Industrielle Serviceangebote können sehr unterschiedliche Erscheinungsformen annehmen. Für Zwecke einer Systematisierung dieser Erscheinungsformen wurden Dimensionen und Ausprägungen vorgestellt. In einem weiteren Abschnitt wurde aufgezeigt, welche speziellen Parameter für die betriebliche Gestaltung eines industriellen Serviceangebots zur Verfügung stehen. Schließlich wurden Studien vorgestellt, die der Ermittlung von Erfolgsfaktoren beim Angebot industrieller Serviceangebote gewidmet waren.

Die Relevanz industrieller Serviceleistungen wurde von den Anbietern bisher vorwiegend auf nationale Industriegütermärkte bezogen. Daten aus der Statistik des internationalen Handels machen jedoch deutlich, dass auch dieser Bereich von der Globalisierung betroffen ist. Gerade für Deutschland zeigen diese Daten Defizite beziehungsweise einen Nachholbedarf auf (Deutsche Bundesbank 2002). Aus der Globalisierung der Märkte für industrielle Serviceleistungen resultieren jedoch weitere spezifische Herausforderungen. Auch sie müssen systematisiert werden, zu ihrer Bewältigung sind spezifische Instrumente erforderlich (Jacob und Kleinaltenkamp 2004). Hierin sehen wir ein wichtiges Aufgabenfeld sowohl für die Praxis der Industriegütermärkte als auch für die Industriegütermarketing-Wissenschaft.

Literatur

Anderson, J., J. Narus, und N. Narayandas. 2009. *Business Market Management*, 3. Aufl. Upper-Saddle River, NJ: Pearson/Prentice Hall.

Bauche, K. 1994. *Segmentierung von Kundendienstleistungen auf investiven Märkten*. Frankfurt/M.: Lang.

Belz, C. 1991. *Erfolgreiche Leistungssysteme*. Stuttgart: Schäffer-Poeschel.

Buttler, G., und E. Stegner. 1990. Industrielle Dienstleistungen. *Zeitschrift für betriebswirtschaftliche Forschung* 42(11): 931–946.

Chisnall, P.M. 1989. *Strategic industrial marketing*, 2. Aufl. New York: Prentice Hall.

Davies, A., T. Brady, und M. Hobday. 2007. Organizing for solutions: systems seller vs. systems integrator. *Industrial Marketing Management* 36(2): 183–193.

Deutsche Bundesbank 2002. *Technologische Dienstleistungen in der Zahlungsbilanz* Statistische Sonderveröffentlichung, Bd. 12. Frankfurt/M.: Deutsche Bundesbank.

Engelhardt, W.H. 1996. Effiziente Customer Integration im industriellen Service Management. In *Customer Integration*, Hrsg. M. Kleinaltenkamp, S. Fließ, F. Jacob, 73–89. Wiesbaden: Gabler.

Engelhardt, W.H., und M. Reckenfelderbäumer. 1993. Trägerschaft und organisatorische Gestaltung industrieller Dienstleistungen. In *Industrielle Dienstleistungen*, Hrsg. H. Simon, 263–293. Stuttgart: Schäffer-Poeschel.

Engelhardt, W.H., und M. Reckenfelderbäumer. 1999. Industrielles Service-Management. In *Markt- und Produktmanagement*, Hrsg. M. Kleinaltenkamp, 181–280. Berlin: Springer.

Forschner, G. 1988. *Investitionsgüter-Marketing mit funktionellen Dienstleistungen*. Berlin: Duncker & Humblot.

Friege, C. 1995. *Preispolitik für Leistungsverbunde im Business-to-Business-Marketing*. Wiesbaden: DUV.

Graßy, O. 1993. *Industrielle Dienstleistungen*. München: FGM-Verlag.

Hilke, W. 1989. *Dienstleistungs-Marketing*. Wiesbaden: Gabler.

Homburg, C., und B. Garbe. 1996. Industrielle Dienstleistungen, Bestandsaufnahme und Entwicklungsrichtungen. *Zeitschrift für Betriebswirtschaft* 66(3): 253–282.

Homburg, C., M. Fassnacht, und C. Günther. 2002. Erfolgreiche Umsetzung dienstleistungsorientierter Strategien von Industriegüterunternehmen. *Zeitschrift für betriebswirtschaftliche Forschung* 54: 487–508.

Hünerberg, R., und A. Hüttmann. 2003. Performance as a Basis for Price-setting in the Capital Goods Industry. *European Management Journal* 21(6): 717–730.

HypoVereinsbank, und M.C. Mercer. 2003. *Maschinenbau 2010 – Steigerung der Ertragskraft durch innovative Geschäftsmodelle, Online-PDF-Dokument, verfügbar unter*. http://fk.hypovereinsbank.de/pdf/studie_maschinenbau_2306.pdf. Zugegriffen: 22.4.2004

IMT Project GmbH 2002. *Industrial Services – von der Pflichtübung zum Erlösträger*. Berlin: IMT Project GmbH.

Jacob, F. 1995. Produktindividualisierung als spezielle Form des Dienstleistungsmarketing im Business-to-Business-Bereich. In *Dienstleistungsmarketing*, Hrsg. M. Kleinaltenkamp, 193–223. Wiesbaden: Gabler.

Jacob, F. 2003. Kundenintegrations-Kompetenz. *Marketing ZFP* 25(2): 83–98.

Jacob, F., und M. Kleinaltenkamp. 2004. Herausforderungen bei der internationalen Vermarktung von Service-to-Business-Leistungen. In *Management internationaler Dienstleistungen*, Hrsg. M.A. Gardini, H.D. Dahlhoff, 135–159. Wiesbaden: Gabler.

Jacob, F., Plötner, O., und C. Zedler. 2006. Competence Commercialization von Industrieunternehmen, Arbeitspapier Nr. 17 der ESCP-EAP Europäische Wirtschaftshochschule Berlin, 2006.

Jacob, F., und W. Ulaga. 2008. The transition from product to service in business markets: An agenda for academic inquiry. *Industrial Marketing Management* 37(3): 247–253.

Jugel, S., und K. Zerr. 1989. Dienstleistungen als strategisches Element eines Technologie-Marketing. *Marketing-ZFP* 11(3): 162–172.

Kapletia, D., und D.R. Probert. 2010. Migrating from products to solutions: An exploration of system support in the UK defense industry,. *Industrial Marketing Management* 39: 582–592.

Kleikamp, C. 2002. *Performance Contracting auf Industriegütermärkten*. Lohmar: Eul.

Kleinaltenkamp, M. 1997. Kundenintegration. *WiSt* 26(7): 350–354.

Kleinaltenkamp, M. 2007. New Value Chains. In *Bringing Technology to Market*, Hrsg. O. Plötner, R. Spekman, 47–60. Weinheim: Wiley.

Kleinaltenkamp, M., und M. Rudolph. 2000. Mehrstufiges Marketing. In *Strategisches Business-to-Business-Marketing*, Hrsg. M. Kleinaltenkamp, W. Plinke, 283–319. Berlin: Springer.

Kunkel, R. 1977. *Vertikales Marketing im Herstellerbereich*. München: Florentz.

Lay, G. 1998. *Dienstleistungen in der Investitionsgüterindustrie* Mitteilungen aus der Produktionsinnovationserhebung, PI-Mitteilungen, Bd. 9. Karlsruhe: Fraunhofer-ISI.

Levitt, T. 1984. *Marketing imagination: die unbegrenzte Macht des kreativen Marketing*. Landsberg: Moderne Industrie.

Mai, H. 1989. Dienstleistungen im produzierenden Gewerbe. In *Wirtschaft und Statistik*, 57–64. Stuttgart: Metzler-Poeschel.

Meffert, H. 1982. Der Kundendienst als Marketinginstrument. In *Kundendienst-Management*, Hrsg. H. Meffert, 1–30. Frankfurt/M.: Lang.

Meyer, A., und R. Noch. 1992. Dienstleistungen im Investitionsgütermarketing. *Das Wirtschaftsstudium* 21(12): 954–961.

Neely, A., Benedettini, O., und I. Visnjic. 2011. The servitization of manufacturing: Further evidence, Academic paper presented at the 18th European Operations Management Association Conference, Cambridge, July 2011.

Plinke, W. 2000. Grundlagen des Marktprozesses. In *Technischer Vertrieb*, 2. Aufl., Hrsg. M. Kleinaltenkamp, W. Plinke, 3–99. Berlin: Springer.

Plötner, O. 1995. *Das Vertrauen des Kunden*. Wiesbaden: Gabler.

Plötner, O. 2008. The development of consulting in goods-based companies. *Industrial Marketing Management* 37(3): 329–338.

Plötner, O., und F. Jacob. 1996. Customer Integration und Kundenvertrauen. In *Customer Integration*, Hrsg. M. Kleinaltenkamp, S. Fließ, F. Jacob, 105–119. Wiesbaden: Gabler.

Rudolph, M. 1989. *Mehrstufiges Marketing für Einsatzstoffe*. Frankfurt/M.: Lang.

Schönrock, A. 1982. Die Gestaltung des Leistungsmix im marktorientierten Kundendienst. In *Kundendienst-Management*, Hrsg. H. Meffert, 81–112. Frankfurt/M.: Lang.

Schüring, H. 1986. Seminare, die verkaufen helfen. *Absatzwirtschaft* 29(12): 96–98.

Schwab, W. 1984. *Die Träger von Instandhaltungsleistungen im Anlagengeschäft*. Berlin – München: Duncker & Humblot.

Simon, H. 1993. *Industrielle Dienstleistungen*. Stuttgart: Schäffer-Poeschel.

Simon, H. 1995. *Preismanagement kompakt*. Wiesbaden: Gabler.

Stauss, B. 2000. Augenblicke der Wahrheit in der Dienstleistungserstellung. In *Dienstleistungsqualität*, 3. Aufl., Hrsg. M. Bruhn, B. Stauss, 321–340. Wiesbaden: Gabler.

Tacke, G., und A. Pohl. 1998. Optimale Leistungs- und Preisgestaltung mit Conjoint Measurement. In *Handbuch Dienstleistungsmarketing*, Hrsg. A. Meyer, 880–895. Stuttgart: Schäffer-Poeschel.

Teichert, T., H. Sattler, und F. Völckner. 2008. Traditionelle Verfahren der Conjoint-Analyse. In *Handbuch Marktforschung*, 3. Aufl., Hrsg. A. Herrmann, C. Homburg, M. Klarmann, 651–711. Wiesbaden: Gabler.

van Leer, R.K. 1976. Industrial Marketing with a flair. *Harvard Business Review* 6: 117.

V.D.M.A. (Hrsg.). 2002. *Produktbegleitende Dienstleistungen im Maschinenbau. Ergebnisse der Tendenzbefragung 2001*. Frankfurt a.M.: VDMA.

Visnjic, I., und B. Van Looy. 2013. Servitization: Disentangling the impact of service business model innovation on manufacturing firm performance. *Journal of Operations Management* 31: 169–180.

Wallacher, L., B. Petrauschke, und K.-H. Pesch. 2002. *Dienstleistungen in Deutschland*. Wiesbaden: Statistisches Bundesamt.

Weiber, R. 1985. *Dienstleistungen als Wettbewerbsinstrument im internationalen Anlagengeschäft*. Berlin: Duncker & Humblot.

Wimmer, F., und K. Zerr. 1995. Service für Systeme - Service mit System. *Absatzwirtschaft* 38(7): 82–87.

Zapf, H. 1990. *Industrielle und gewerbliche Dienstleistungen*. Wiesbaden: DUV.

Teil V
Industriegütermarketing-Entscheidungen: Kommunikationspolitik

Kommunikationspolitik für Industriegüter – ein Überblick

Manfred Bruhn

Inhaltsverzeichnis

1 Kommunikationspolitik für Industriegüter 337
    1.1 Notwendigkeit der Kommunikationspolitik für Industriegüter 337
    1.2 Besonderheiten der Kommunikationspolitik für Industriegüter 339
    1.3 Aufgaben und Ziele der Kommunikationspolitik für Industriegüter 344
2 Entwicklungsstand der Kommunikationspolitik für Industriegüter 347
    2.1 Einsatz von Instrumenten der Unternehmenskommunikation 349
    2.2 Einsatz von Instrumenten der Marketingkommunikation 352
    2.3 Einsatz von Instrumenten der Dialogkommunikation 353
    2.4 Einsatz von Instrumenten der Netzwerkkommunikation 355
3 Schlussbetrachtung und Ausblick 358
Literatur 359

1 Kommunikationspolitik für Industriegüter

1.1 Notwendigkeit der Kommunikationspolitik für Industriegüter

Die Bedeutung der Kommunikationspolitik als zentrales Element der Marketingstrategie im Konsumgüterbereich ist in Forschung und Praxis unbestritten (Voeth und Tobies 2009; Bruhn 2013). Kommunikationspolitischen Fragestellungen im Industriegüterbereich wird dagegen weniger Beachtung geschenkt. Nichtsdestotrotz ist die Kommunikationspolitik für Industriegüter nicht von geringer Bedeutung. Die Gründe hierfür sind vielfältig. So

---

Prof. Dr. Manfred Bruhn ✉
Universität Basel, Wirtschaftswissenschaftliche Fakultät, Basel, Schweiz
e-mail: manfred.bruhn@unibas.ch

zeichnen sich auf vielen Industriegütermärkten in den letzten Jahren zunehmend Sättigungstendenzen und eine Angleichung der Leistungen (Commoditisierung) ab, was eine Leistungsdifferenzierung erschwert (Voeth und Tobies 2009). Neben der stagnierenden Nachfrage und dem verstärkten Preisdruck steigen in vielen Industriegüterbranchen die vordisponierten Kosten, bei gleichzeitiger Verkürzung der Produktlebenszyklen, infolgedessen der Margendruck für Anbieter von Industriegütern zunimmt (Schmidt 2001; Backhaus et al. 2010). Der Mangel an Differenzierungsmöglichkeiten, die Schwierigkeit, langfristig erfolgreiche Geschäftsbeziehungen aufzubauen und zu pflegen sowie die zunehmend sinkende Markenloyalität (McDowell Mudambi et al. 1997; Masciadri und Zupancic 2010) erfordern zusätzlich ein effektives und effizientes Kommunikationsmanagement im Industriegüterbereich.

Seit einigen Jahren ist eine *Verschiebung der Kommunikationsbudgets* im Industriegüterbereich zu beobachten. Instrumente der Mediawerbung (insbesondere TV und Radio) sind mit großen Streuverlusten verbunden und werden daher nur wenig und mit abnehmender Tendenz im Industriegüterbereich eingesetzt. Die relativ größte und stetig zunehmende Bedeutung kommt den Fachzeitschriften, Online-Medien und dem Keyword-Advertising zu (TNS Infratest 2009). Wenngleich die Ausgaben für Social Media-Anwendungen noch verhältnismäßig gering sind, fließt nicht mehr das gesamte Budget in klassische Maßnahmen der Online-Kommunikation. Immerhin investieren Industriegüterunternehmen bereits zwischen 10 und 20 Prozent ihrer Kommunikationsgelder in One-to-One-Marketingmaßnahmen, Stichwortvermarktungen, Social Media-Plattformen und Mobile Media (Deutsche Fachpresse 2012). Hinsichtlich der zukünftigen Entwicklung der *Investitionsbereitschaft in Online-Medien* zeigen sich die Industriegüterunternehmen in Deutschland optimistisch. So vermuten 78 Prozent der befragten Industriegüterunternehmen, dass das Budget für die Netzwerkkommunikation in den nächsten zwei Jahren deutlich steigen wird (mittlere Steigerungserwartung von 15 Prozent; B2B Online Monitor 2012).

Vor dem Hintergrund dieser verschärften Wettbewerbssituation und dem veränderten Medienverhalten der Industriegüterunternehmen wird es für diese zunehmend wichtiger, über eine *effektive und effiziente Kommunikationsarbeit* die Bekanntheit der Produkte zu steigern und ihr Leistungs- und Wertgenerierungspotenzial zu kommunizieren. Wie die aufgezeigten Entwicklungen verdeutlichen, sind sich Industriegüterunternehmen dieser Notwendigkeit bewusst und messen dem Einsatz kommunikationspolitischer Maßnahmen zum Auf- und Ausbau von Wettbewerbsvorteilen eine zunehmende Bedeutung bei.

Zentrale Aufgabe der Kommunikationspolitik ist bei einer engen Sichtweise die Leistungsdarstellung des Industriegüterunternehmens gegenüber den verschiedenen Kundengruppen; bei einer erweiterten Sichtweise der Austausch von Informationen mit den unterschiedlichen Anspruchsgruppen des Unternehmens. Letztere umfasst dabei sowohl Maßnahmen der marktgerichteten externen Kommunikation (z. B. Anzeigenwerbung), der innerbetrieblichen, internen Kommunikation (z. B. Mitarbeiterzeitschriften oder das Intranet), der interaktiven Kommunikation zwischen Mitarbeitern und Kunden sowie der Kommunikation der Kunden untereinander. Als *Kommunikationspolitik* wird daher

„die Gesamtheit der Kommunikationsinstrumente und -maßnahmen eines Unternehmens bezeichnet, die eingesetzt werden, um das Unternehmen und seine Leistungen den relevanten Zielgruppen der Kommunikation darzustellen und/oder mit den Anspruchsgruppen eines Unternehmens in Interaktion zu treten" (Bruhn 2013, S. 199). Die Industriegüterkommunikation unterscheidet sich von der Konsumgüterkommunikation insbesondere dadurch, dass sich die Kommunikation nicht an Endkonsumenten richtet, sondern andere Unternehmen die Zielgruppe der Kommunikation darstellen. Die Industriegüterkommunikation bezieht sich auf all jene Kommunikationsaktivitäten, „die eine Unternehmung im Rahmen ihrer Vermarktungsprozesse gegenüber jenen Organisationen einsetzt, die Marktleistungen beziehen" (Masciadri und Zupancic 2010, S. 4).

Eine erfolgreiche Kommunikationsarbeit verlangt Professionalität und die Betrachtung der Besonderheiten der eigenen Branche. In diesem Beitrag werden daher, nach einer einleitenden Herausstellung der Notwendigkeit der Kommunikationspolitik für Industriegüterunternehmen, die relevanten Besonderheiten des Industriegütermarketing aus Anbieter- und Nachfragersicht dargestellt und aus diesen Implikationen sowie Aufgaben und Ziele für die Kommunikationspolitik abgeleitet. Daran anschließend wird ein selektiver Überblick über die wissenschaftliche Diskussion und den Einsatz verschiedener Instrumente und Mittel der Unternehmens-, Marketing-, Dialog- und Netzwerkkommunikation im Industriegüterbereich gegeben.

1.2 Besonderheiten der Kommunikationspolitik für Industriegüter

Auf *Seiten der Nachfrager* lassen sich fünf zentrale Besonderheiten herausstellen (vgl. Abb. 1). Das zentrale Unterscheidungsmerkmal zwischen Industrie- und Konsumgütermärkten ist, dass es sich bei den Nachfragern von Industriegütern nicht um Endkonsumenten handelt. Die Nachfrager sind Organisationen, die die von anderen Unternehmen erworbenen Güter zur Erstellung weiterer Leistungen verwenden. Hierzu zählen Industrieunternehmen, aber auch öffentliche Verwaltungen oder staatliche Außenhandelsorganisationen (Backhaus und Voeth 2014). Die Verwendung der vermarkteten Leistung ist demnach nicht konsumtiv, sondern investiv und/oder produktiv (Caspar et al. 2002). Es handelt sich folglich um eine *organisationale Nachfrage*, der sich Industriegüterunternehmen gegenübersehen. Diese ist dadurch gekennzeichnet, dass der Beschaffungsprozess für die Nachfrager Teil des beruflichen Aufgabenfeldes ist, in dem nicht die eigenen Bedürfnisse, sondern die der Organisation und ihrer Kunden befriedigt werden (Caspar et al. 2002). Diese Bedürfnisse der industriellen Nachfrager ergeben sich nicht durch die private Nutzung der Marke, sondern durch weitreichende, komplexe und kostenintensive Entscheidungen, die sie ihm Rahmen ihrer beruflichen Tätigkeiten zu treffen und zu rechtfertigen haben. Deshalb ist ihr Informationsverhalten wesentlich rationaler als im Konsumgüterbereich und die Beziehung zu der zu beschaffenden Leistung unpersönlicher (Kemper 2000; Caspar et al. 2002; Watkins und Hill 2009). Für die Kommunikationspolitik von Industriegüterunternehmen bedeutet dies eine primär rational geprägte Gestal-

Besonderheiten von Industriegütern	Implikationen für die Kommunikationspolitik
Organisationale Nachfrage	▪ Unterstützung des Aufbaus von persönlichen Beziehungen zu den Mitarbeitern ▪ Sicherstellung eines hohen Informationsgehalts in der Kommunikation ▪ Gratwanderung zwischen emotionaler und sachlicher Kommunikation ▪ Aufbau von Vertrauen in den Anbieter und Schaffung einer guten Reputation ▪ Hohe Bedeutung von Referenzkunden
Abgeleitete Nachfrage	▪ Schaffung langfristiger Präferenzen auf allen Marktstufen ▪ Erzeugung eines Nachfragesogs für die eigenen Komponenten und Leistungen ▪ Aufbau von Markenbekanntheit auf allen Marktstufen (Ingredient Branding) ▪ Schaffung eines positiven Images und Vertrauen ▪ Vermittlung von Produkt- und Komponentenwissen bei den Endkonsumenten
Multiorganisationalität	▪ Aufbau von Vertrauen und eines positiven Images bei den externen Partnern des nachfragenden Unternehmens ▪ Differenzierte Bearbeitung der verschiedenen Mitglieder im Marktsystem ▪ Analyse der Kommunikationsbeziehungen zwischen den Teilnehmern ▪ Einbindung aller Marktteilnehmer in eine frühzeitige und aktive Kommunikation
Multipersonalität	▪ Differenzierte Ansprache der einzelnen Mitglieder des Buying Centers ▪ Berücksichtigung des unterschiedlichen Informations- und Entscheidungsverhaltens ▪ Gratwanderung zwischen spezifischen und allgemeinen Kommunikationsinhalten und -botschaften ▪ Schaffung eines langfristigen Dialogs und Aufbau persönlicher Kontakte ▪ Sicherstellung der Kontinuität innerhalb der Rollenverteilung des Selling Centers und Klarheit über die jeweiligen Ansprechpartner ▪ Zielgerichtete Segmentierung und Aufbau sowie Pflege eines geeigneten und leistungsfähigen Database-Managements
Formalisierte Richtlinien	▪ Einschränkungen bei der Angebotskommunikation ▪ Notwendigkeit einer aktiven und glaubwürdigen Kommunikation sowie kompetenten und vertrauenswürdigen Unternehmensdarstellung

Abb. 1 Besonderheiten von Industriegütern auf Nachfragerseite und Implikationen für die Kommunikationspolitik

tung der Kommunikationsinhalte. Neben der Relevanz sachlich-funktionaler Angebotsqualitäten und der eher technik-dominierten Sichtweise gilt es, die detaillierteren Angebotskenntnisse der einkaufenden Fachleute, die eine stärkere Geltung objektiv-rationaler Entscheidungskriterien fördern, zu berücksichtigen (Masciadri und Zupancic 2010). Die Kommunikationsinhalte haben daher einen hohen Informationsgehalt aufzuweisen, um die Zielgruppen mit Argumenten überzeugen zu können sowie der Komplexität und der Erklärungsbedürftigkeit der angebotenen Leistungen gerecht zu werden.

In den letzten Jahren sind neben diese technisch und sachlich geprägten Kommunikationsbotschaften eine emotionalere Ansprache und die Forderung nach mehr Kreativität in der Kommunikation getreten (vgl. u. a. Gilliland und Johnston 1997; Lynch und De Chernatony 2004). Die Ansprache der Kunden wird somit zu einer Gratwanderung zwischen emotionalen und sachlichen Elementen.

Bei der Betrachtung von Industriegütermärkten ist zudem der *abgeleitete Charakter der organisationalen Nachfrage* zu berücksichtigen. Dieser bezieht sich darauf, dass der Bedarf von Organisationen nicht originär, sondern derivativ ist; er leitet sich aus dem Bedarf der Kunden der Organisationen ab. Für die Kommunikationspolitik von Industriegütern hat dies zur Folge, dass nachgelagerte Wertschöpfungsstufen sowie der Endverbrauchermarkt den Erfolg mitbestimmen und als relevante Zielgruppen der Kommunikationsaktivitäten zu berücksichtigen sind (Caspar et al. 2002). Ziel der kommunikationspolitischen Aktivitäten der Anbieter ist damit die Schaffung langfristiger Präferenzen auf allen Marktstufen und die Erzeugung eines Nachfragesogs für die eigenen Komponenten und Leistungen (Pull-Effekt; Kleinaltenkamp et al. 2012). Eine in diesem Zusammenhang erfolgreiche und bekannte Strategie stellt das „Ingredient Branding" dar (vgl. hierzu z. B. Freter 2004; Freter und Baumgarth 2005; Kotler und Pfoertsch 2010).

Eine weitere Besonderheit auf Industriegütermärkten ist die *Multiorganisationalität*. Darunter ist zu verstehen, dass am Beschaffungsprozess von Industriegütern zusätzlich neben den Anbieter- und Nachfragerorganisationen weitere Organisationen beteiligt sind. Dies können bspw. Banken, staatliche Institutionen, externe Experten oder Beratungsunternehmen sein. Sie verfolgen häufig eigenständige Ziele innerhalb des Beschaffungsprozesses (Backhaus und Voeth 2014) und können durch differierende Anreizsysteme bzw. Entscheidungsfaktoren beeinflusst werden (Caspar et al. 2002). Die Kommunikationsarbeit des anbietenden Unternehmens steht daher vor der Herausforderung, die unterschiedlichen Kommunikations- und Informationsbedürfnisse der am Beschaffungsprozess beteiligten Organisationen in Erfahrung zu bringen und individuell, mittels gezielter kommunikationspolitischer Maßnahmen, zu bedienen. Daher sind alle beteiligten Marktteilnehmer in eine frühzeitige und aktive Kommunikation des Anbieters einzubinden.

Aus der Tatsache, dass mehrere Personen einer Organisation auf Nachfrager- und Anbieterseite am Problemlösungs- und Kaufentscheidungsprozess beteiligt sind (*Multipersonalität*), ergeben sich zahlreiche Implikationen für die Kommunikationspolitik von Industriegütern. Die Existenz eines „Buying Centers" – die Zusammensetzung des kaufentscheidenden Gremiums auf Seiten der Nachfrager – beeinflusst das Beschaffungsverhalten der Organisation, denn es ist durch das aktive Informationsverhalten der Mitglieder und deren Interaktionen geprägt (Webster und Wind 1972; Backhaus und Voeth 2014). Die Buying Center-Mitglieder unterscheiden sich hinsichtlich ihrer Einflussnahme, Entscheidungsverhalten, Funktionen und Qualifikationen (Voeth und Herbst 2008). Daraus ergibt sich für die Kommunikationspolitik die Aufgabe, eine differenzierte Ansprache der einzelnen Mitglieder sicherzustellen. Unter Berücksichtigung ihrer individuellen Rollen sowie ihres Informations- und Entscheidungsverhaltens gilt es folglich, ihnen die passenden Kommunikationsinhalte und -botschaften zu offerieren. Als Grundlage einer differenzierten Zielgruppenansprache ist eine zielgerichtete Segmentierung und der Aufbau genauer Kenntnisse über die verschiedenen Mitglieder des Buying Centers notwendig (Backhaus und Voeth 2014). Unterstützung kann dabei der Aufbau und die kontinuierliche Pflege eines geeigneten Database-Managements gewährleisten. Kontinuität innerhalb der Rollenverteilung des Selling Centers und Klarheit über den jeweiligen Ansprechpartner auf Anbieterseite vermeiden Irritationen oder Informationsverluste beim Nachfrager. Zusätzlich können sich die Bedürfnisse der Zielgruppen und die Zielgruppe selbst in den verschiedenen Phasen des Beschaffungsprozesses verändern, weshalb die Kommunikation phasenspezifisch zu variieren ist (Backhaus und Voeth 2014). Neben der Befriedigung individueller Kommunikationsbedürfnisse der Mitglieder des Buying Centers haben Industriegüterunternehmen zu gewährleisten, dass ihre Kernkompetenzen und ihr Nutzenversprechen zielgruppenübergreifend erkennbar sind.

Schließlich erfolgen die Ausschreibungs- und Beschaffungsprozesse oftmals nach *formalisierten Richtlinien*. Der formalisierte Prozess der Auftragsvergabe findet sich häufig darin dokumentiert, dass dieser in Form einer Ausschreibung durchgeführt wird (Backhaus und Voeth 2014). Daher sind – vor allem bei öffentlichen Auftraggebern – verschiedene Rahmenbedingungen und Regelwerke zu beachten. Die Einflussmöglichkeiten der Kommunikationspolitik von Industriegüterunternehmen sind daher per se eingeschränkt (Caspar et al. 2002). So lassen ein für alle Anbieter gleichartiger Antragsbogen und allgemeingültige Ausschreibungsunterlagen keinen Raum für eine Selbstdarstellung des Unternehmens. Kommunikative Differenzierungsmöglichkeiten ergeben sich bspw., wenn Unternehmen in Zeiten, in denen keine Ausschreibung vorliegt, die Nachfrager über kommunikative Aktivitäten von ihren Leistungen und ihrer Vertrauenswürdigkeit überzeugen und sich darüber in Hinblick auf die nächste Ausschreibung einen Platz im Evoked Set der Entscheider sichern.

Auf *Seiten der Anbieter* werden im Folgenden vier Besonderheiten diskutiert (vgl. Abb. 2). Für den Industriegüterbereich sind vielfach *projektbezogene Anbietergemeinschaften* kennzeichnend, die sich zur Erlangung eines Auftrages zusammenschließen. Im Fall einer national geringen Bedarfsdichte und eines für komplexe Industriegüter national fehlenden Know-hows sind diese häufig international ausgerichtet. Somit ist auch der

Besonderheiten von Industriegütern	Implikationen für die Kommunikationspolitik
Projektbezogene Anbietergemeinschaften	▪ Sicherstellung einer einheitlichen und integrierten Kommunikation gegenüber den Kunden ▪ Notwendigkeit einer klaren Rollenidentifikation und Aufgabenverteilung der jeweiligen Projektpartner für die zu erfüllenden Kommunikationsaufgaben
Relative Markttransparenz und Konzentration auf einen/wenige Kunden	▪ Genaue Ansprache potenzieller Kunden möglich ▪ Fokussierung auf Einzelkunden und deren spezielle Probleme ▪ Vermittlung kundenindividueller Produktinformationen und Problemlösungen ▪ Schaffung eines hohen Wissensstandes über die Produkte und Leistungen des Anbieters auf Seiten der Kunden ▪ Aufbau von persönlichen Beziehungen und Kommunikation im Sinne eines Beziehungsmanagements ▪ Kooperationen mit Kunden in der Entwicklung, Kommunikation und Distribution ▪ Hohe Bedeutung von Lead Usern in der Kommunikation
Art der Leistungen und Produkte	▪ Notwendigkeit der eindeutigen Positionierung der Anbieter hinsichtlich der Kernkompetenzen ▪ Darstellung der Kompetenz und Vertrauenswürdigkeit in der Kommunikation ▪ Kommunikation eines leistungsübergreifend kohärenten Nutzenversprechens ▪ Abbau von Unsicherheiten und Informationsasymmetrien auf Seiten der Anbieter ▪ Informationen über Zusatzleistungen und mögliche Wiederkäufe
Bedeutung langfristiger Geschäftsbeziehungen	▪ Bedeutung der Mitarbeiter und deren Qualifikation ▪ Notwendigkeit der konsequenten Integration der Mitarbeiterkommunikation

Abb. 2 Besonderheiten von Industriegütern auf Anbieterseite und Implikationen für die Kommunikationspolitik

Vermarktungsprozess auf Anbieterseite durch Multipersonalität und Multiorganisationalität gekennzeichnet (Backhaus und Voeth 2014). Bei einer solchen Zusammenarbeit ist sicherzustellen, dass die jeweiligen Mitglieder auf Anbieterseite einheitlich und integriert gegenüber dem Kunden kommunizieren, damit es nicht zu Widersprüchen in der Kommunikation und damit zu Irritationen auf Seiten der Nachfrager kommt. Die Situation erfordert eine klare Rollenidentifikation und Aufgabenverteilung der jeweiligen Projektpartner für die zu erfüllenden Kommunikationsaufgaben.

Im Gegensatz zu Konsumgüterherstellern, die überwiegend mit Massenprodukten eine relativ homogene Zielgruppe bedienen, agieren Industriegüterhersteller oftmals auf Märkten mit einer überschaubaren Teilnehmerzahl (Fuchs 2012; Backhaus und Voeth 2014). Es kann daher in vielen Fällen von einer *relativen Markttransparenz* und einer häufigen *Konzentration auf einen bzw. wenige Kunden* ausgegangen werden. Diese Transparenz erweitert das Spektrum der kommunikationspolitischen Möglichkeiten, da eine Fokussierung auf Einzelkunden und deren spezifische Bedürfnisse möglich ist (Caspar et al. 2002). Die Informationen über Produkte und Leistungen können individuell auf den Kunden zugeschnitten und kommuniziert werden, um seinen Wissensstand und seine Produktkenntnisse zu verbessern. Der Anbieter kann mittels kommunikationspolitischer Maßnahmen eine persönliche Beziehung zu den Kunden aufbauen, aktiv mit diesen kommunizieren und dadurch Veränderungen in den Kundenbedürfnissen wahrnehmen.

Die *Art der Leistungen und Produkte* in Industriegütermärkten stellt eine weitere Besonderheit dar. Sie sind größtenteils durch eine hohe technische Komplexität gekennzeichnet, die hohe Risiken und Unsicherheiten mit sich bringt. Die Kommunikationspolitik von Industriegüterunternehmen muss in der Lage sein, zur Darstellung der Kompetenz und Vertrauenswürdigkeit des Industriegüterunternehmens beizutragen. Häufig handelt es sich auf Industriegütermärkten um individuelle Leistungen, deren Fokus auf Einzeltransaktionen oder einigen wenigen, großen Transaktionen liegt (Backhaus und Voeth 2014; Rauyruen und Miller 2007). Es muss dem Anbieter daher gelingen, innerhalb seiner Kommunikationsstrategie trotz der Einmaligkeit der angebotenen Leistung ein leistungsübergreifend kohärentes Nutzenversprechen zu kommunizieren (Caspar et al. 2002). Liegt keine transaktionsübergreifende Bindung vor, kann eine Nichterfüllung versprochener Nutzenpotenziale zu einem Wechsel aus einer bestehenden Geschäftsbeziehung führen (Backhaus et al. 2010). Die Kommunikationspolitik wird in diesem Zusammenhang eingesetzt, um Unsicherheiten und Informationsasymmetrien auf Seiten der Nachfrager abzubauen und damit den Fortbestand der Geschäftsbeziehung zu sichern. Darüber hinaus dienen kommunikationspolitische Maßnahmen dazu, die Kunden über mögliche Zusatzleistungen oder Wiederkaufsmöglichkeiten zu informieren (Backhaus et al. 2010).

Eine hohe Bedeutung auf Industriegütermärkten wird der *Langfristigkeit der Geschäftsbeziehung* zugesprochen. Zur Unterstützung des Aufbaus langfristiger Beziehungen sind das Personenvertrauen und die Übertragung des Vertrauens in eine firmenzugehörige Person auf die Unternehmung (Kenning 2002) zentral. In diesem Zusammenhang spielen die Mitarbeiter eines Industriegüterunternehmens eine entscheidende Rolle. Die Schaffung von Individuallösungen oder die Neuentwicklung von Produkten und

Leistungen erfordert eine hohe fachliche Qualifikation der Mitarbeiter des anbietenden Unternehmens. Die überwiegend persönlich stattfindenden Interaktionen im Industriegüterbereich setzen zusätzlich Kompetenzen der Mitarbeiter auf persönlicher Ebene voraus (Caspar et al. 2002). Ihr Kommunikationsverhalten im persönlichen Kontakt ist für den Aufbau einer starken Vertrauensposition und zur Durchsetzung der Unternehmensziele entscheidend. Aus diesen Gründen ist die konsequente Integration der Mitarbeiterkommunikation für Industriegüterunternehmen ebenso von Bedeutung wie die professionelle marktgerichtete, persönliche, aber auch mediale Kommunikation.

Bei einer gemeinsamen Betrachtung der Besonderheiten für die Kommunikation von Industriegütern auf Anbieter- und Nachfragerseite ist die *Langfristigkeit strategischer*, häufig *internationaler Beziehungen* zwischen Anbieter und Nachfrager anzuführen. Gründe für die Langfristigkeit sind darin zu sehen, dass es sich im Industriegüterbereich häufig um langlebige Produkte mit hohen Investitions-, Transaktions- sowie Wartungsvolumen und folglich um hohe Wechselkosten handelt. Die Kommunikation mit dem Kunden wird daher nicht mit der Erstellung eines Projektes enden. Vielmehr ist eine aktive Kommunikation mit dem Kunden im Sinne eines *Beziehungsmanagements* zu pflegen. Des Weiteren vollzieht sich der Kaufprozess aufgrund seiner Komplexität über mehrere Perioden und endet in Verträgen mit langen Laufzeiten. Hinzu kommt, dass Anbieter und Nachfrager die Produkte häufig gemeinsam und in enger Zusammenarbeit entwickeln, um den individuellen Anforderungen der jeweiligen Partei gerecht zu werden (Zimmer et al. 2010; Campbell et al. 2010; Homburg 2012). Dies erfordert großes Vertrauen zwischen den Beteiligten, da durch die enge Zusammenarbeit Einblicke in die internen Prozesse, Entwicklungen und Strategien des eigenen Unternehmens notwendig werden. Auf beiden Seiten hat die Bereitschaft zu einer offenen und intensiven Kommunikation vorzuliegen. Der strategische Aspekt bezieht sich auf die Bedeutung der langfristigen Beziehung für den Erfolg der Beziehungspartner (Campbell et al. 2010). Industriegütermärkte weisen eine hohe internationale Ausrichtung auf, weil häufig weltweit nur wenige Anbieter existieren, die über das benötigte Know-how verfügen (Backhaus und Voeth 2014).

1.3 Aufgaben und Ziele der Kommunikationspolitik für Industriegüter

Die aus den Besonderheiten von Industriegütermärkten herausgearbeiteten Implikationen für die Industriegüterkommunikation betonen die Durchsetzung ihrer unterschiedlichen Aufgaben und Ziele. Diese lassen sich in die Kategorien Unternehmens-, Marketing-, Dialog- und Netzwerkkommunikation bündeln. Abbildung 3 zeigt die charakteristischen Merkmale der verschiedenen Kommunikationskategorien.

Entsprechend lassen sich vier zentrale *Aufgabenbereiche für die Industriegüterkommunikation* herausarbeiten:

1. Der erste Aufgabenbereich ist auf der Unternehmensebene angesiedelt und beinhaltet strategische Aspekte. Die *Prägung des institutionellen Erscheinungsbildes* des Un-

Merkmale	Unternehmens-kommunikation	Marketing-kommunikation	Dialog-kommunikation	Netzwerk-kommunikation
Funktion(en)	Prägung des institutionellen Erscheinungsbildes des Unternehmens	Verkauf von Produkten und Dienstleistungen des anbietenden Unternehmens	Austausch mit Anspruchsgruppen durch persönliche Kommunikation	Interaktion mit Anspruchsgruppen in Netzwerken durch mediale Kommunikation
Zentrales Kommunikationsziel	Positionierung, Goodwill, Unternehmensimage, Unternehmensbekanntheit	Ökonomische (z. B. Absatz, Marktanteil, Umsatz) und psychologische (z. B. Image) Ziele	Aufbau/Intensivierung des Dialogs zur Kundenakquise, -bindung und -rückgewinnung	Aufbau und Intensivierung eines Dialogs zwischen Unternehmen und Netzcommunities
Weitere typische Kommunikationsziele	Aufbau von Vertrauen und Glaubwürdigkeit, Demonstration von Kompetenz	Abbau von Informationsasymmetrien, Vermittlung zuverlässiger Produktinformationen	Vertrauensaufbau, Pflege von Geschäftsbeziehungen, Informationen über Leistungsspezifika	Verstärkung der Aufmerksamkeit, Vertrauen und Weiterempfehlung des Unternehmens
Primäre Zielgruppen	Alle Anspruchsgruppen des Unternehmens	Aktuelle und potenzielle Kunden des Unternehmens, weitere Entscheidungsträger	Aktuelle und potenzielle Kunden, Kooperations- und Marktpartner	Aktuelle und potenzielle Kunden, Partner und Mitarbeiter
Typische Kommunikationsinstrumente	Institutionelle Mediawerbung, Corporate Sponsoring, Corporate Public Relations	Mediawerbung, Produkt-PR, Verkaufsförderung, Sponsoring, Events	Persönliche Kommunikation, Messen/Ausstellungen, Direct Marketing	Online-Kommunikation, Soziale Medien, Web 2.0
Organisatorische Stellung im Unternehmen	Stab bei der Unternehmensleitung, Corporate Communication	Linienstruktur in Sparten-, Regionen- oder Kundenorganisation	Spezialisierung im Rahmen des Marketing, zum Teil auch Vertrieb	Teilbereich des Marketing oder der Unternehmenskommunikation
Zusammenarbeit mit externen Agenturen	Zusammenarbeit mit CI- und PR-Agenturen	Zusammenarbeit mit Werbe-, Promotion-, Sponsoring- und Event-Agenturen	Zusammenarbeit mit Direct Marketing-, Internet- und CRM-Agenturen	Zusammenarbeit mit Social Media-, Internet- und PR-Agenturen

Abb. 3 Charakteristische Merkmale der Unternehmens-, Marketing-, Dialog- und Netzwerkkommunikation

ternehmens bei allen Anspruchsgruppen, die kommunikative Positionierung und das Bewerben der Firmenmarke stehen in der Regel im Mittelpunkt der kommunikationspolitischen Aufgaben auf dieser Ebene. Durch die hohe technische Komplexität der angebotenen Leistungen und Produkte nehmen die Nachfrager hohe Unsicherheiten wahr (Mudambi 2002). Für die Industriegüterunternehmen ergibt sich daraus das zentrale Ziel, die Unsicherheiten zu reduzieren und die Nachfrager von ihrem Problemlösungspotenzial zu überzeugen. In diesem Zusammenhang dient die Firmenmarke als ein Versprechen für eine dauerhafte Leistungsfähigkeit, den Leistungswillen des Anbieters und eine gute Reputation (Mudambi 2002). Der Aufbau von Vertrauen, Kompetenz und Glaubwürdigkeit erfolgt über die Unternehmensdarstellung, wie bspw. Symbole unternehmerischer Erfolge und die Kommunikation der Unternehmenswerte (Caspar et al. 2002). Solche intangiblen Merkmale können von gleicher oder noch größerer Bedeutung sein als die tangiblen (Produkt-) Merkmale (Mudambi 2002). Aufgrund des strategischen Charakters ist für die Durchsetzung dieser Aufgaben häufig die *Unternehmenskommunikation* eines Industriegüteranbieters zuständig.

2. Im Zentrum der kommunikationspolitischen Aufgaben steht auf operativer Ebene ferner der *Verkauf von Produkten und Dienstleistungen*. Ziel ist die Bekanntmachung der Leistungspotenziale des Unternehmens, der Abbau von Informationsasymmetrien auf Seiten der Nachfrager durch zuverlässige Produkt- und Problemlösungsinformationen und die Darstellung der Nutzendimensionen. Die Vermittlung dieses Produkt- und Komponentenwissens hat sich über alle Marktstufen zu erstrecken. Zur Erfüllung dieser Aufgabe setzen Anbieter vielfältige Instrumente und Maßnahmen der *Marketingkommunikation* ein.

3. Auf Interaktionsebene besteht die Aufgabe der Industriegüterkommunikation in der *Intensivierung des persönlichen Kundenkontakts*. Für den Erfolg von Industriegüterunternehmen ist deshalb die Umsetzung einer effizienten Zusammenarbeit mit allen Marktpartnern sowie die Stabilisierung langfristiger Geschäftsbeziehungen entscheidend. Das anbietende Unternehmen hat mit den Kunden und Marktpartnern einen langfristigen Dialog im Sinne eines Beziehungsmanagements aufzubauen, bei dem nicht nur die Verbreitung von Informationen, sondern auch emotionale Aspekte eine nicht unerhebliche Rolle zu spielen haben. Hierfür bieten sich die unternehmensgesteuerten Instrumente der *Dialogkommunikation* an, für deren Einsatz neben dem Vertrieb die Forschungs- und Entwicklungsabteilung sowie das Marketing zuständig sind. Aufgrund der Mehrstufigkeit der Industriegütermärkte stehen Ziele wie der Aufbau von Markenbekanntheit und Vertrauen, Förderung eines positiven Images des Unternehmens sowie die Vermittlung von Produkt- und Komponentenwissen bei den Endkonsumenten im Zentrum der kommunikationspolitischen Aktivitäten.
4. Das Aufkommen neuer Medien formuliert neue Ansprüche an die Kommunikationspolitik von Industriegüterunternehmen. Durch die zusätzlichen Kanäle bieten sich neue Möglichkeiten zur Intensivierung des Kundenkontakts. Hierbei steht jedoch nicht der unternehmensgesteuerte, persönliche Kontakt im Vordergrund. Vielmehr ist es Aufgabe der Industriegüterkommunikation, medial getriebene Kommunikationsbeziehungen in sozialen Netzwerken auf- und auszubauen. Industriegüterunternehmen sind dazu angehalten, sich an der nutzergenerierten Kommunikation zu beteiligen und die Kommunikation über eigens generierte Inhalte in sozialen Netzwerken mit zu steuern. Geeignete Instrumente hierfür liefert die *Netzwerkkommunikation*. Zu den Zielen der Netzwerkkommunikation zählen u. a. die Optimierung der Kommunikation, Kundenbindung und Verbesserung der Kenntnisse über die Zielgruppen (Pleil 2010).

Zur Erfüllung der diskutierten Aufgaben und Ziele kann ein Industriegüterunternehmen eine Vielzahl von Instrumenten einsetzen, die sich den Bereichen der Unternehmens-, Marketing-, Dialog- und Netzwerkkommunikation zuordnen lassen (vgl. Abb. 4). Dabei gilt es jedoch zu beachten, dass die Grenzen zwischen den vier Bereichen fließend verlaufen (Hartley und Pickton 1999; Peltier 2003). Auf die zentralen Punkte in Hinblick auf die Eignung verschiedener Kommunikationsinstrumente und deren Besonderheiten im Industriegütermarketing wird im Folgenden näher eingegangen.

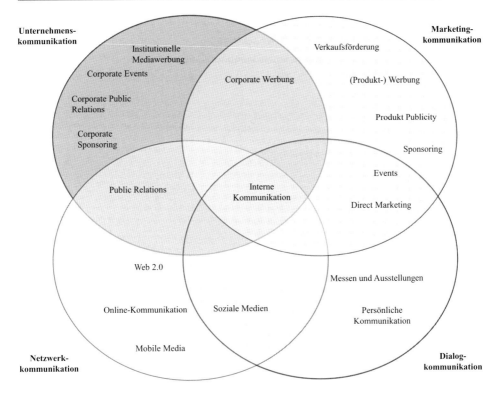

Abb. 4 Instrumente und Schnittstellen der Unternehmens-, Marketing-, Dialog- und Netzwerkkommunikation

2 Entwicklungsstand der Kommunikationspolitik für Industriegüter

Wenngleich die *wissenschaftliche Auseinandersetzung* mit Themen der Industriegüterkommunikation stetig zunimmt, steckt sie aktuell noch in den Anfängen. Die Dominanz konzeptioneller Behandlungen der Thematik verdeutlicht überdies den erheblichen Mangel an empirisch gestützten Erkenntnissen. Die bisher vorliegenden Forschungsarbeiten widmen sich allgemein der Industriegüterkommunikation (vgl. u. a. Lynch und De Chernatony 2004; Ballantyne et al. 2011) oder legen den Fokus auf einzelne Kommunikationsinstrumente wie Sponsoring, Messen und Internet. Neben den Besonderheiten und der Relevanz der Industriegüterkommunikation finden Aspekte wie die Wirkungen, der Aufbau und die Pflege von Beziehungen und Netzwerken sowie Kommunikationsprozesse eine verstärkte Beachtung. In jüngster Zeit sind vermehrt Forschungsbemühungen im Bereich der Netzwerkkommunikation, insbesondere dem Internet, zu beobachten (vgl. u. a. Andersen 2005; Michaelidou et al. 2011). Tabelle 1 gibt einen selektiven Überblick über Studien zur Industriegüterkommunikation. Die aufgeführten Studien wurden ausgewählt,

Tab. 1 Ausgewählte Studien zur Kommunikationspolitik im Industriegüterbereich

Autor (Jahr)	Datenerhebung	Datenauswertung	Inhalte
Unternehmenskommunikation			
Lynch und De Chernatony (2004)	Keine	Konzeptionell	Bedeutung emotionaler Elemente in der Industriegüterkommunikation.
Ballantyne et al. (2011)	Keine	Konzeptionell	Verständnis verschiedener Value Proposition-Perspektiven.
Marketingkommunikation			
Gilliland und Johnston (1997)	Keine	Konzeptionell	Wirkungsweise der Industriegüterkommunikation.
Westberg et al. (2011)	Qualitative Interviews (n = 14)	Qualitative Inhaltsanalyse	Einfluss von negativem Verhalten des gesponserten Sportlers auf die Sponsoringbeziehung im Industriegüterbereich.
Dialogkommunikation			
Deeter-Schmelz und Kennedy (2001)	Studie 1: Telefoninterviews (n = 400) Studie 2: Schriftlicher Fragebogen (n = 232)	Multivariate Varianzanalyse	Relevanz, Nützlichkeit und Nutzungsverhalten des Internet in der Industriegüterkommunikation.
MacDonald und Smith (2004)	Schriftlicher Fragebogen (n = 102)	Strukturgleichungsanalyse	Erfolgswirkungen von technologiebasierten Kommunikationstools zur Vertriebsunterstützung im Rahmen der Industriegüterkommunikation.
Lynch und De Chernatony (2007)	Keine	Konzeptionell	Relevanz der persönlichen Industriegüterkommunikation.
Ling-yee (2007)	Schriftlicher Fragebogen (n = 444)	Regressionsanalyse	Relevanz von Messen für den Kommunikationserfolg.
De Wulf et al. (2000)	Schriftlicher Fragebogen (n = 60), Beobachtung	Feldexperiment	Öffnungs-, Lese- und Reaktionsverhalten von E-Mail-Empfängern.
Netzwerkkommunikation			
Andersen (2005)	Keine	Konzeptionell	Relevanz und Wirkungsweise von Brand Communities als Instrument der beziehungsorientierten Industriegüterkommunikation.
Michaelidou et al. (2011)	Schriftlicher Fragebogen (n = 102)	Deskriptive Auswertungen	Barrieren, Gründe und Aktivitäten der Social Media-Kommunikation für kleine und mittelständische Industriegüterunternehmen.

weil sie häufig in der Literatur zitiert werden und sich thematisch explizit den Besonderheiten und Instrumenten im Rahmen der Industriegüterkommunikation widmen.

Instrumente der Unternehmens-, Marketing-, Dialog- und Netzwerkkommunikation im Industriegüterbereich werden jedoch nicht nur in der Forschung diskutiert, sondern auch in der Praxis eingesetzt.

Ein Blick auf den *Entwicklungsstand in der Praxis* zeigt, dass Industriegüterunternehmen insgesamt bereits eine große Bandbreite an Kommunikationsinstrumenten einsetzen. Eine eigene Homepage, Direct-Mailing, Außendienst und Werbung in Fachzeitschriften werden dabei von den meisten Industriegüterunternehmen eingesetzt. Sponsoring, TV-Werbung und Social Media finden dagegen weniger Anklang (AUMA 2013). Jedoch fokussiert jedes einzelne Industriegüterunternehmen seine Kommunikationsaktivitäten häufig auf einige wenige dieser Instrumente. Dabei betreiben Unternehmen aufgrund der hohen Risiken und Unsicherheiten im Industriegüterbereich sowohl eine zielgruppenübergreifende Kommunikation als auch eine zielgruppenspezifische Ansprache, die der Individualität vieler Produkte und Dienstleistungen Rechnung trägt. Die vielfältige Umsetzung der Kommunikation in Industriegüterunternehmen zeigt zwar, dass die Relevanz der Kommunikationspolitik bereits in der Praxis erkannt wird, im Vergleich zum Konsumgüterbereich jedoch noch deutlich weniger verankert ist. Insbesondere die Umsetzung integrierter Kommunikationskonzepte zur Ausschöpfung der Nutzenpotenziale sämtlicher einzusetzender Kommunikationsinstrumente ist kaum vorzufinden. Im Folgenden wird auf einige Instrumente, die Industriegüterunternehmen im Rahmen ihrer Kommunikationsarbeit einsetzen, eingegangen.

2.1 Einsatz von Instrumenten der Unternehmenskommunikation

Es ist Voraussetzung einer erfolgreichen Unternehmenskommunikation, dass die Anforderungen der Zielgruppen, die eigene Wettbewerbsposition, Stärken und Schwächen sowie Alleinstellungsmerkmale des eigenen Unternehmens erkannt werden. Das anbietende Unternehmen hat im Rahmen der Analyse der Kommunikationssituation mit geeigneten Instrumenten – wie bspw. Image- oder Positionierungsanalysen – die Unternehmens- und Leistungswahrnehmung aus Sicht der Kunden sowie relevanten Anspruchsgruppen zu analysieren. Aufbauend auf der kommunikativen Situationsanalyse ist aufgrund der immer schneller einholbaren technischen und technologischen Wettbewerbsvorsprünge eine langfristige und bedeutende Differenzierung zu den Wettbewerbern des Unternehmens erfolgsentscheidend. Dies macht eine eindeutige Positionierung der Anbieter hinsichtlich ihrer Kernkompetenzen notwendig (Caspar et al. 2002). Dabei ist darauf zu achten, dass die angestrebte Positionierung nicht für einzelne Produkte, sondern für das Unternehmen als Ganzes steht und sich auf dessen Qualitätsmerkmale sowie Imagewerte (Value Proposition) bezieht (Ballantyne et al. 2011). Beispielhafte Elemente sind generelle Merkmale wie Kompetenz und Vertrauen, die dann z. B. als Sicherheitsstandards beim Anlagenbau, hohe Qualität der Produkte, Innovationsfähigkeit, partnerschaftlicher Umgang mit den Kunden und hohe Mitarbeiterqualifikation spezifiziert werden. Die Unternehmenskommunikation hat sich an alle Anspruchsgruppen (Marktteilnehmer, Aktionäre, Öffentlichkeit, Staat, Meinungsführer, Medienvertreter usw.) des Anbieters zu richten, damit eine umfassende Selbstdarstellung erfolgt.

Zur Prägung des institutionellen Erscheinungsbildes bietet sich die Durchsetzung einer – in der Industriegüterbranche am häufigsten vorzufindenden – Dachmarkenstrategie an. Im Mittelpunkt steht das Unternehmen bzw. die Dachmarke selbst, daher kommt der *Corporate (Image-) Werbung,* der *Corporate Public Relations* – oftmals auch dem *Corporate Sponsoring* – eine entscheidende Rolle zu, um das Unternehmensbild sowie das Selbstverständnis des Unternehmens in der Öffentlichkeit zu kommunizieren.

Industriegüterunternehmen setzen das Instrument der *Corporate Werbung* ein, um das gesamte Unternehmen und nicht einzelne Produkte zu bewerben. Mit klassischen Werbeträgern erreichen sie eine zielgruppenspezifische Reichweite, um die Imagewerte, die Identität und die Reputation des Unternehmens weiter auszubauen und den Zielgruppen zu kommunizieren. Beispielsweise richtet sich die 2012 gelaunchte Kommunikationsoffensive „Solutions for a World under Pressure" von HAWE Hydraulik neben definierten Zielgruppen wie Bauunternehmen, Elektrizitätswerke, Maschinenbauunternehmen und (potenziellen) Mitarbeitern an die gesamte breite Öffentlichkeit. Ziel der Kampagne ist es, HAWE Hydraulik als Unternehmen zu positionieren, das seinen Kunden Lösungen für eine Welt zur Verfügung stellt, die unter Druck steht (siehe Abb. 5). Die Kampagne bringt zum Ausdruck, dass HAWE Hydraulik „Problemlösungen für Problemlöser" anbietet. Ihre Kunden sind Unternehmen, die eigene innovative Produkte entwickeln, mit denen wiederum Probleme gelöst werden können, wobei der Komfort der Kunden im Vordergrund steht (INDUKOM 2005; HAWE Hydraulik GmbH & Co. KG 2013). Kampagnentechnisch umgesetzt wird dies durch Anzeigen, die Situationen in Szene setzen, in denen die Welt unter Druck steht und HAWE Hydraulik als Anbieter der richtigen Lösungen positioniert.

Das grundlegende Ziel der *Corporate Public Relations* ist die Schaffung von Verständnis und Vertrauen bei den ausgewählten Zielgruppen. Die Dokumentation der Unternehmenswerte, Stellungnahmen in Krisensituationen oder Informationen über Produkte, Unternehmensleistungen sowie Aktivitäten des Anbieters können durch die Bereitstellung von Geschäftsunterlagen, Geschäftsberichten und Pressemappen sowie generellen Presseinformationen erfolgen. Dies erscheint vor allem dann angebracht, wenn es notwendig ist, das Unternehmensimage zu verbessern, um die geschäftsfeldspezifische Kommunikation nicht mit einem negativen Grundimage zu belasten (Fuchs 2012). Oftmals sind ganze Branchen von einem (Negativ-) Image betroffen. Eine effiziente PR-Arbeit kann in diesen Fällen bspw. durch Verbundkommunikation mit anderen Unternehmen der Branche erfüllt werden (z. B. durch Anzeigenwerbung von Unternehmen der chemischen Industrie; Backhaus und Voeth 2014). PR-Events wie ein „Tag der offenen Tür" oder Pressekonferenzen werden eingesetzt, um das Unternehmen und seine Werte darzustellen und dadurch das Unternehmensbild in der Öffentlichkeit und bei den Kunden sowie Geschäftspartnern zu prägen. Beispiele sind die Besichtigung des Würth Haus Rorschach, des Ausbildungszentrums der Robert Bosch GmbH in Bamberg sowie die Pressekonferenz die „LANGE

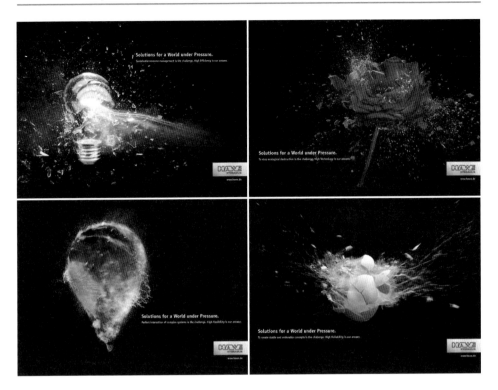

Abb. 5 Printanzeigen der Imagekampagne von HAWE „Solutions for a World under Pressure" (kl,company 2013)

NACHT DER INDUSTRIE" in Berlin 2013, an der Unternehmen wie Schindler, Siemens und Daimler teilnahmen.

Mit *Sponsoringengagements* streben Industriegüterunternehmen an, die Bekanntheit zu steigern, die Kommunikation mit den Kunden zu intensivieren und über die Dokumentation der Bereitschaft zu sozialer und gesellschaftlicher Verantwortung Vertrauen aufzubauen und das Unternehmensimage in positiver Weise zu beeinflussen (Westberg 2011). Das übergeordnete Ziel stellt jedoch die Schaffung einer Plattform für den Aufbau und die Pflege von Geschäftsbeziehungen dar (Tomczak et al. 2010). In der Praxis sind einige Erfolgsbeispiele vorzufinden. Beispielsweise ist Bosch seit mehreren Jahren Partner der DTM, BASF betreibt Sponsoringengagements in den Bereichen Kultur, Sport, Soziales und Bildung, Microsoft sponsert verschiedene Schulen durch die Bereitstellung von Software und ABB trägt seit Jahren als Sponsor der Special Olympics zur erfolgreichen Austragung der verschiedenen Events bei. Insgesamt ist jedoch das Sponsoring ein Instrument, das von verhältnismäßig wenigen Industriegüterunternehmen eingesetzt wird (AUMA 2013).

Die Prägung des institutionellen Erscheinungsbildes und die Ansprache aller Anspruchsgruppen des Unternehmens sind von weitreichender Bedeutung im Rahmen der

Industriegüterkommunikation, da der langfristige Erfolg von den verschiedenen Gruppen in unterschiedlicher Weise mitbestimmt wird. Das Erscheinungsbild bzw. das Image bei den verschiedenen Zielgruppen stellen eine *Kommunikationsplattform* dar, auf der die Instrumente der Marketing-, Dialog- und Netzwerkkommunikation aufbauen können, um mit den jeweiligen Zielgruppen differenzierter zu kommunizieren.

2.2 Einsatz von Instrumenten der Marketingkommunikation

Auf Ebene der Marketingkommunikation steht die *Leistungsdokumentation* im Vordergrund. Das primäre Ziel ist es, den Verkauf von Produkten und Leistungen des Unternehmens zu forcieren. Die Kommunikation hat zum Ziel, auf neue Produkte aufmerksam zu machen, über die spezifischen Produkte und Leistungen des Unternehmens zu informieren und deren konkreten Nutzen sowie Mehrwert zu vermitteln. Ausgangspunkt der kommunikationspolitischen Aktivitäten stellt die Analyse der eigenen Position und Stellung im Wettbewerb dar. Eine ausführliche Analyse des Unternehmens selbst, externer Rahmenbedingungen wie das Unternehmens-, Wettbewerbs- und Kundenumfeld sowie die Identifikation unternehmenseigener Schlüsselfaktoren unterstützen die Entwicklung einer spezifischen kundenorientierten Kommunikationsstrategie. Diese dient der Erfüllung der Erwartungen der einzelnen Abnehmer und der Differenzierung des eigenen Unternehmens vom Wettbewerb. Die Erwartungen der Kunden beziehen sich hinsichtlich der Produktfaktoren zumeist auf technische Details (Webster und Keller 2004), das Preis-Leistungs-Verhältnis im Vergleich zur Konkurrenz (Backhaus und Voeth 2014), auf Anschaffungskosten oder Life-Cycle-Costs (Hauser und Groll 2002). Die ermittelten Produktvorteile und -nutzen gilt es, den Zielgruppen so effektiv wie möglich zu kommunizieren. Ziel ist der Auf- und Ausbau des Wissensstandes der Zielgruppe, des positiven Images und Bekanntheit für die Leistungen des Anbieters, um die psychologischen und letztendlich die ökonomischen Ziele zu realisieren.

Die Marketingkommunikation richtet sich an Fachleute sowie Spezialisten, hat deren unterschiedliche (Informations-) Bedürfnisse zu berücksichtigen und zugleich die Fähigkeit des Unternehmens zu deren Befriedigung zu signalisieren. Zur Vermittlung konkreter Produkt- und Leistungsinformationen stehen dem Unternehmen eine große Anzahl kommunikationspolitischer Mittel und Maßnahmen der *Produktwerbung* und *Produkt-PR* zur Verfügung.

In der Industriegüterkommunikation ist die Wirksamkeit von *Produktwerbung* mittels Printanzeigen aufgrund geringer Streuverluste wesentlich höher als in der Konsumgüterkommunikation. Sie ist, im Gegensatz zur Firmenwerbung, ausschließlich oder vorwiegend auf das Produkt ausgerichtete Werbung, bei der der Werbungtreibende selbst mehr oder minder stark im Hintergrund steht (Focus 2004). Gegenstand sind Produkte und Dienstleistungen sowie deren Beschaffenheit und Nutzenvorteile. Anzeigen im Rahmen der Produktwerbung werden in der Regel in Form von Dokumentationen in Katalogen oder in Fachzeitschriften veröffentlicht, die bereits auf eine sehr spezielle Leserschaft zugeschnitten sind und produktspezifische, technische Informationen enthalten. Die Leistungsdokumentation erfolgt häufig auch über Schlüsselreferenzen oder neutrale Zeichen (z. B. Qualitätsauszeichnungen). Bei der Mediaselektion ist es entscheidend, jene Werbeträger einzusetzen, deren Empfänger optimal mit den relevanten Mitgliedern der anzusprechenden Buying Center übereinstimmen (Backhaus und Voeth 2014). Zudem lassen sich Printanzeigen in Fachzeitschriften teilweise mit einem redaktionellen Beitrag verbinden, wodurch sich ihre Wirksamkeit erheblich erhöht.

Wird mit gezielten Hintergrundinformationen über die Leistungen, Produkte und Innovationen berichtet, so handelt es sich um Maßnahmen der *Produkt-PR*, deren klares Ziel die Absatzförderung ist. Aspekte der Leistungsfähigkeit und Kompetenz der Produkte können im Rahmen der Produkt-PR über Betriebsführungen und Demonstrationszentren, aber auch über die Darstellung von Prototypen und Referenzanlagen transportiert werden. Der Zutritt über die Medien erfolgt im Fall der Produkt-PR über Beiträge und Artikel im redaktionellen Teil mit Nachrichtenwert oder durch einen redaktionellen Beitrag auf gekauftem Raum (Publireportage) (Müller und Kreis-Muzzulini 2010). Im Rahmen der Marketingkommunikation eines Industriegüteranbieters bietet sich daher zur Erreichung der kommunikativen Ziele eine gezielte Produkt-PR in ausgewählten Fachzeitschriften und Fachpublikationen an.

Ein Beispiel für eine Marketingkommunikationskampagne, die zielgruppen- und produktspezifisch gestaltete Werbebotschaften enthält, bietet die Firma MINK. In Anzeigen für ein rasch montierbares MINK-ZICK-ZACK-Bürstensystem vermitteln mehrere Kaufbeteiligte parallel die jeweils kaufrelevanten Produktvorteile. So werden z. B. die Unternehmensinhaber über die Verlässlichkeit und Kostensenkungspotenziale angesprochen, die Einkäufer über schnelle und pünktliche Lieferung sowie die Verwender über Qualität und sichere, rasche Montage (Backhaus und Voeth 2014).

2.3 Einsatz von Instrumenten der Dialogkommunikation

Die Dialogkommunikation eines Industriegüterunternehmens richtet sich durch eine differenzierte Ansprache an die (potenziellen) Kunden und Kooperationspartner. Aufgabe der Dialogkommunikation ist die *Intensivierung des Kundenkontakts* und die effektive und effiziente Befriedigung der sich in der Geschäftsbeziehung verändernden Informationswünsche der jeweiligen Nachfrager. Damit einher geht die Aufgabe des Aufbaus und Pflege erfolgreicher persönlicher Interaktionen mit dem Kunden. Sie bilden den Ausgangspunkt für Erfolgswirkungen, wie bspw. die Schaffung von Vertrauen, Zufriedenheit, Commitment und Vertrautheit in den Anbieter. Die Qualität der Dialogkommunikation wird dabei durch zahlreiche Faktoren beeinflusst. Je nach Branche, Kommunikationspartner, Anlass und Inhalt der Interaktion sind im Einzelfall Anforderungen wie Reaktionsfähigkeit, Offenheit, Flexibilität, Einfühlungsvermögen u. a. m. gefordert, um den Dialog in den verschiedenen Phasen der Geschäftsbeziehung (Neukundenakquisition, Kundenbindung, Kundenrückgewinnung) optimal zu gestalten.

Damit der Dialog mit den relevanten Kunden aufgebaut und intensiviert werden kann, ist eine genaue *Zielgruppenidentifikation* und der *Aufbau genauer Kenntnisse* über die Kunden von außerordentlicher Wichtigkeit (zur Zielgruppenauswahl im Industriegüterbereich und mögliche Kriterienbereiche der Zielgruppenauswahl siehe Bruhn 2012; Backhaus und Voeth 2014). Ein zentrales Hilfsmittel bei der Selektion der einzelnen Zielgruppen stellt die Einrichtung eines Database-Managements dar, d. h., die systematische Erfassung, Aufbereitung und Analyse verschiedener Merkmale aktueller und potenzieller Kunden innerhalb der verschiedenen Zielgruppen (Bruhn 2013; zu möglichen Informationsfeldern einer Industriegüter-Database siehe auch Belch und Belch 2011).

Individualisierbare und dialogorientierte Kommunikationsinstrumente, wie bspw. *Messen und Ausstellungen, Persönliche Kommunikation, Dialog-Medien* sowie *Direct Marketing* werden von Industriegüterunternehmen zur Bearbeitung der identifizierten Zielgruppen und zur Erreichung der genannten Kommunikationsziele spezifisch eingesetzt.

Messen und Ausstellungen sind geeignet, mehrere Kommunikationswünsche gleichzeitig zu erfüllen. Neben der Leistungspräsentation neuer und bestehender Produkte (Competence-Based Communication (CBC); Rinallo und Borghini 2003) und der Knüpfung neuer und Intensivierung bestehender persönlicher Kontakte zu unterschiedlichen Mitgliedern des Buying Centers dienen sie der Beobachtung der Markt- und Wettbewerbssituation (Ling-yee 2007). Sie übernehmen kommunikative Aufgaben zur Information und Motivation der Kunden sowie zum Dialog mit den (ausgewählten) Kunden. Ziele sind unter anderem die Kundenbindung, Kundenakquisition und Steigerung der Bekanntheit des Industriegüterunternehmens (Backhaus und Voeth 2014). Messen und Ausstellungen nehmen in der Industriegüterpraxis den Stellenwert eines zentralen Kommunikationsinstrumentes ein (Kirchgeorg und Springer 2010). Durch virtuelle Fachmessen ergeben sich weitere Dialog- und Informationschancen mit Kunden und Kooperationspartnern aus aller Welt (Backhaus und Voeth 2014). Messen und Ausstellungen stellen ein bedeutendes Kommunikationsinstrument im Industriegüterbereich dar (AUMA 2013). Beispielsweise nehmen namhafte Unternehmen wie IBM, SAP und Intel an der jährlich stattfindenden CeBIT in Hannover teil.

Die Bedeutung von Messen und Ausstellungen zeigt, dass – wenngleich einige Industriegüterhersteller mehrere Kommunikationsinstrumente gemeinsam einsetzen – bis heute Maßnahmen der *Persönlichen Kommunikation* dominieren (Baumgarth 2010; AUMA 2013). Neben Messen und Ausstellungen stellt der persönliche Verkauf ein zentrales Kommunikationsinstrument im Industriegüterbereich dar. Die persönliche Kommunikation erfolgt dabei in der Regel durch den Außendienst, der den Kontakt zum Kunden aufbaut. Hier können Maßnahmen wie Kontakt- und Verkaufsgespräche, Beschwerdestellen, Akquisitionsbesuche, Vorträge bei Fachtagungen, Gespräche mit Referenzkunden sowie der Austausch mit User Groups zur Durchsetzung einer intensiven und kontinuierlichen Kommunikation beitragen. Im Mittelpunkt der persönlichen Kommunikation steht dabei zum einen die Vermittlung der Markenwerte und zum anderen die Abgabe von Produktinformationen (Lynch und De Chernatony 2007).

Mit der Entwicklung neuer *Dialogmedien* hat sich das Repertoire der Verkaufshilfen deutlich erweitert. So kann ein Außendienstmitarbeiter die Unternehmens- und Leistungspräsentation unter Zuhilfenahme technologiebasierter Kommunikationstools vornehmen. Hierfür stehen ihm Firmenvideos- und -präsentationen sowie elektronische Produktkataloge oder Beratungssysteme zur Verfügung. Sie vermitteln dem Kunden Informationen über das Unternehmen, insbesondere aber über die Features und Vorteile eines Produktes und demonstrieren damit den erforderlichen Leistungsnachweis effektvoll (MacDonald und Smith 2004; Backhaus und Voeth 2014).

Ein umfassendes Datenbankmanagement verhilft Industriegüterunternehmen darüber hinaus, im Rahmen des *Direct Marketing* die Mitglieder des Buying Centers direkt und individuell anzusprechen und einen Dialog mit ihnen zu initiieren. Beispielsweise können über Mailings bzw. Mail Order Packages (De Wulf et al. 2000) oder Direct-Response-Werbung umfangreiche Beschreibungen des Leistungsangebotes zielgruppenspezifisch kommuniziert werden. Durch neue Technologien und technische Entwicklungen in der digitalen Kommunikation, dem elektronischen Datenaustausch und dem Internet bieten sich vielfältige Möglichkeiten, direkt mit den Kunden individuell zu kommunizieren (Holland 2011). Dadurch wird immer mehr ein sofortiger Dialog zwischen den Beteiligten möglich, der zudem das Berichts- und Informationswesen zwischen den Projektbeteiligten und Geschäfts- bzw. Kooperationspartnern erleichtert. Im Industriegüterbereich stellt dies eine relativ häufige Form der Kommunikation dar (AUMA 2013). Allerdings ist zu beachten, dass die steigende Nutzung elektronischer Kommunikationsmittel bei den Beteiligten zu Frustration führen kann, bspw. durch den Verlust des reinen persönlichen Kontakts oder den durch die Schnelligkeit der Medien empfundenen Arbeitsstress (Bean et al. 2003).

2.4 Einsatz von Instrumenten der Netzwerkkommunikation

Das Aufkommen neuer Medien und damit neuer Anwendungsmöglichkeiten hat die Kommunikationspolitik grundlegend verändert. Das Internet und Social Media-Anwendungen weisen im Konsumgüterbereich eine zentrale Bedeutung auf. Wenngleich dies für den Geschäftsalltag im Industriegüterbereich noch nicht in gleichem Maße anzutreffen ist, nehmen auch dort die sozialen Medien einen immer größeren Stellenwert ein. So ist das Internet bereits das wichtigste Medium für den Bezug von Erstinformationen im Vorfeld einer Investitionsentscheidung (Schmitz und Ahlers 2012). Die Netzwerkkommunikation umfasst die Online-Kommunikation (elektronische Datenträger, Internetanwendungen, Mobile Media), Soziale Medien (z. B. Facebook, Twitter, YouTube) und Web 2.0 (Kunde-Kunde-Interaktion, User Generated Content).

Verläuft die Kommunikation bei herkömmlichen Kommunikationsinstrumenten wie der Werbung, Direct Marketing oder Public Relations einseitig, ist die *Online-Kommunikation* infolge der direkten Interaktionsmöglichkeiten zwischen Unternehmen und Kunden durch eine zweiseitige Kommunikation gekennzeichnet. Ihre Merkmale sind neben dieser Zweiseitigkeit der Kommunikationsprozesse die Hypermedialität und globale Verfügbarkeit (Meffert et al. 2012). Durch die Sozialen Medien und das Web 2.0 entwickelt sich ein netzwerkorientiertes Kommunikationsmodell, das neben den Unternehmen-Kunde-Interaktionen die Interaktionen der Kunden untereinander berücksichtigt (Kunde-Kunde-Interaktionen). Das *Web 2.0* beschreibt dieses veränderte Verhalten der Nutzer. Sie interagieren nicht mehr nur mit dem Unternehmen und konsumieren passiv deren gesteuerte Inhalte, sondern sie kreieren eigene kommunikative Inhalte (User Generated Content) und tauschen sich mit dem Unternehmen und anderen Nutzern aus. Die *Sozialen Medien* bieten ihnen hierfür die technischen Plattformen (Pleil 2010; Meffert et al. 2012). Die Interaktionen zwischen den Netzwerkmitgliedern finden öffentlich oder in geschlossenen Netzwerken statt und können direkt, indirekt, persönlich und unpersönlich sein (Bruhn 2011).

Die *Aufgaben und Ziele* der Netzwerkkommunikation im Industriegüterbereich sind vielfältig. Vordergründig geht es um den Aufbau und die Pflege eines nutzenstiftenden Informations- und Erfahrungsaustausches. Weitere Aufgaben und Ziele stellen die Marken- und Imagepflege, die Verbesserung des Kundenservices, Neukundengewinnung, Kundenbindung und die Betreibung einer Plattform zur Unterstützung der Produktinnovationen und -entwicklungen dar (Michaelidou et al. 2011; Bulander und Wüstemann 2012). Industriegüterunternehmen stehen vor der Herausforderung, geeignete Netzwerke aufzubauen, zu identifizieren und zu managen, um gewinnbringend und nutzenstiftend mit den Zielgruppen in Interaktion treten zu können. Für die Industriegüterkommunikation weist dies eine besondere Relevanz auf. Die Komplexität von Industriegütern führt dazu, dass seitens der Kunden ein umfassendes Informationsbedürfnis vorliegt. Ein reger Austausch mit dem anbietenden Unternehmen, aber auch mit anderen Kunden, trägt zu dessen Befriedigung bei. Interaktionen mit anderen Kunden sind insbesondere aufgrund der hohen Unsicherheiten und Abhängigkeiten seitens der Nachfrager von Relevanz, die einen Austausch mit glaubwürdigen Interaktionspartnern erforderlich machen. Diese stellen überwiegend andere Kunden des anbietenden Unternehmens dar, da sie keine anbietereigenen, kommerziellen Interessen verfolgen, weniger formalisiert auf Anliegen reagieren und über eigene Erfahrungen mit den Produkten des Industriegüterunternehmens verfügen (Bickart und Schindler 2001). Im Industriegüterbereich kommt es daher noch sehr viel mehr auf Reputation und die Empfehlungen bestehender Kunden an (Hansen et al. 2008; Bear 2009). Eine mögliche und sinnvolle Vorgehensweise für einen Anbieter, den Vertrauensaufbau in seinem Sinne positiv zu beeinflussen ist es, besonders interessante Kunden zu Referenzkunden zu entwickeln.

Im Rahmen der Netzwerkkommunikation stehen den Industriegüterunternehmen eine Vielzahl verschiedener Instrumente und Maßnahmen wie bspw. das *Internet, Mobile Media, Weblogs, Online-Communities, Soziale Netzwerke* und *Videoportale* zur Verfügung, um Interaktionsbeziehungen zwischen Unternehmen und Kunden zu ermöglichen, aufzubauen und zu intensivieren.

Das *Internet* bietet online Möglichkeiten der Produkt- und Leistungsdokumentation. Die ausführliche Darstellung der Produkte und deren Vorteile auf der Unternehmenshomepage kann bspw. über Abbildungen, Videodateien oder detaillierte Informationen, die von den Nutzern über das Internet heruntergeladen werden können, erfolgen. Weiterhin erleichtern Online-Formulare den Kunden das Einholen zusätzlicher Informationen und ermöglichen ihnen die erstmalige Kontaktaufnahme mit dem Unternehmen. Mithilfe der Instrumente der Dialog- und Netzwerkkommunikation gilt es, den Kundenkontakt zu intensivieren.

Durch den Einsatz *mobiler Medien* zur Unterstützung von Transaktionen mit Geschäftspartnern, dem Service und Vertrieb tragen Industriegüterunternehmen dem zunehmend mobiler werdenden Kundenverhalten Rechnung. Unternehmensvertreter sind häufiger unterwegs und arbeiten mit und in mobilen Büros. Über mobile Endgeräte wie Smartphones oder Tablets können mobile Videos, Location Based Services, mobile E-Mails, mobile Servicefunktionen (Apps) oder mobile Werbung (QR-Codes, Couponing) zeit- und ortsunabhängig von Unternehmen eingesetzt und von Kunden genutzt werden. Geschäftskunden erhalten damit die Möglichkeit, bspw. während ihrer Geschäftsreisen überall und jederzeit auf wichtige Anwendungen und Informationsquellen zugreifen zu können. Gerade aufgrund der Komplexität und Erklärungsbedürftigkeit von Industriegütern sind mobile Medien wichtige Instrumente, um den Kunden die Produktvorzüge darzulegen und die Kaufentscheidung durch die Bereitstellung relevanter Informationen zu unterstützen. Die Umsetzung in der Praxis ist jedoch noch sehr verhalten (B2B Online Monitor 2012; Schuppe 2013). Ein Praxisbeispiel stellt der Effizienzrechner der KSB AG dar, der den Kunden als App zur Verfügung steht (KSB AG 2013).

Um relevante Geschäftsinformationen einem breiten Publikum verfügbar zu machen, bieten sich *Weblogs* an. Industriegüterunternehmen können online in regelmäßigen Abständen aktuelle und personalisierte Inhalte in Form von kurzen Artikeln publizieren. Weblogs eignen sich für Industriegüterunternehmen insbesondere aufgrund ihres Personalisierungscharakters. Die Blog-Aktivitäten werden nicht unter einem anonymen Firmenaccount getätigt, sondern von den Mitarbeitern eines Industriegüterunternehmens, die unter ihrem eigenen Namen Beiträge schreiben. Auf diese Weise können Industriegüterunternehmen ihre Leistungsführerschaft glaubwürdig kommunizieren und einen persönlichen Dialog mit den Zielgruppen führen (Pleil 2010). Der Corporate Blog von Daimler – „Das Daimler Blog" – demonstriert dies erfolgreich (Daimler Blog 2013).

Online-Communities stellen auch im Industriegüterbereich ein zentrales Instrument der Netzwerkkommunikation dar. Sie ermöglichen, vereinfachen und erleichtern den Austausch von Informationen, Erfahrungen, Ideen und Know-how zwischen Unternehmen und Kunden, aber auch der Kunden untereinander. Online-Communities können sich bspw. um eine Produktkategorie, ein Themengebiet oder eine Marke herum bilden (Kozinets 2002, S. 63). Durch aktive Partizipation in Online-Communities können Industriegüterunternehmen in aktiven Kontakt mit den relevanten Zielgruppen treten und durch das Einspeisen relevanter Inhalte die Interaktionen mit steuern (Andersen 2005). Reine Beobachtungen von Interaktionen erlauben es zusätzlich, aktuelle Trends und Kundenbedürfnisse frühzeitig zu identifizieren und entsprechend zu reagieren. Beispielsweise können die User des SAP Community Networks (SAP 2013) in einem Forum ihre Ideen und Verbesserungsvorschläge für die Leistungen von SAP einbringen, die Ideen anderer User bewerten und den Status der Ideenumsetzung von SAP verfolgen. Dies ist insbesondere vor dem Hintergrund der Individualität der Leistungen und der damit verbundenen gemeinsamen Entwicklung individueller Lösungen im Industriegüterbereich relevant.

Im Gegensatz zu Online-Communities sind *Soziale Netzwerke* nicht auf eine bestimmte Marke, Themenfeld oder Produktgruppe bezogen, sondern stellen Vernetzungen von miteinander in Beziehung stehenden Individuen dar, die primär dem Ausbau und der Pflege von Kontakten dienen (Katona 2011). Beispiele für Soziale Netzwerke sind Facebook, Xing und LinkedIn. Auf den Firmenprofilseiten können Unternehmen ihren Kunden Informationen bereitstellen und sie über Neuigkeiten informieren, wobei sie sich Text-, Video- und Audioelementen bedienen können. Im Gegenzug bieten Soziale Netzwerke den Kunden über Foren und Kontaktfunktionen die Möglichkeit, mit dem Unternehmen und anderen Kunden in Interaktion zu treten (Bruhn 2011). Die Gewährleistung der Unternehmens- und Produktdarstellung sowie Profilierung von Vertriebskontakten stellen weitere Vorzüge von Sozialen Netzwerken dar (B2B Online Monitor 2012). Insbesondere Unternehmen der IT-Branche (z. B. SAP, IBM, ORACLE) sind Vorreiter für den erfolgreichen Einsatz Sozialer Netzwerke im Geschäftsalltag.

Ein weiteres Instrument der Netzwerkkommunikation stellen *Videoportale* wie bspw. YouTube dar. Sie eignen sich sehr gut zur Befriedigung der Informationsbedürfnisse der Industriegüterkunden. So können Industriegüterunternehmen über die Bereitstellung von Image- und Produktvideos auf einem Online-Portal den Usern ein umfangreiches Bild von sich vermitteln. Darüber hinaus sind im Industriegüterbereich aufgrund der hohen Erklärungsbedürftigkeit der Produkte und Leistungen Anwendungsvideos von zentralem Nutzen für die User. Videoportale bieten Unternehmen und Kunden eine geeignete Plattform zur Bereitstellung und Nutzung solcher Videos. Die Inhalte auf den Videoportalen werden sowohl von den Unternehmen selbst als auch von dessen Kunden produziert und verbreitet, wobei letztere eine höhere Glaubwürdigkeit aufweisen (Schwarz 2011). Die Bayer AG nutzt bspw. YouTube sehr aktiv für Unternehmensvideos, Produktpräsentationen, Wissenschaftsbeiträge und Berichterstattungen über verschiedene Events (Bayer AG 2013).

Viele Industriegüterunternehmen stehen dem Einsatz von Social Media jedoch noch immer skeptisch gegenüber. Zum einen, weil sie ihre Relevanz noch nicht erkannt und Angst vor Kontrollverlusten haben. Zum anderen, weil sie intern nicht über die notwendigen Erfahrungen, das Know-how und die Kapazitäten verfügen (Michaelidou et al. 2011).

3 Schlussbetrachtung und Ausblick

Die Ausführungen haben gezeigt, dass aus den Besonderheiten der Industriegüterbranche eine Vielzahl von Implikationen für die Kommunikationspolitik eines Anbieters resultieren. Die Industriegüterkommunikation ist generell durch den persönlichen Kontakt und eine hohe Interaktivität gekennzeichnet. Aufgrund der Langfristigkeit der Geschäftsbeziehungen, der Komplexität der Entscheidungsprozesse und der weitreichenden Konsequenzen der Entscheidungen sind die betroffenen Personen stark involviert und weisen einen hohen Bedarf an rationalen und versierten Informationen auf. Besonderes Augenmerk gilt es, auf eine langfristige, konstante und kontinuierliche Kommunikation zu legen, die eine individuelle Ansprache der Zielgruppen sicherstellt und auch emotionale Elemente beinhaltet. Die Kommunikationspolitik dient folglich zum einen der Präsentation des Unternehmens und seiner Leistungen (Unternehmens- und Marketingkommunikation) und zum anderen dem Informationsaustausch sowie der Unterstützung des Beziehungsaufbaus zwischen Unternehmen und Kunden (Dialog- und Netzwerkkommunikation).

Bislang fokussiert sich die Industriegüterkommunikation überwiegend auf die Positionierung, Imagepflege und Leistungsdokumentation mit dem Ziel, Kompetenz und Vertrauen zu kommunizieren. Kommunikationskampagnen werden in einigen wenigen, ausgewählten Kommunikationsträgern lanciert, wobei die drei Branding-Elemente Name, Logo und Slogan die konstanten Gestaltungselemente darstellen. Neben einer rein formalen Integration bedarf es jedoch zusätzlich zentraler Kommunikationsbotschaften, die durch mehrere Kanäle im Sinne der inhaltlichen Integration einheitlich kommuniziert werden. Aus diesem Grund ist eine *Integrierte Kommunikation* zur Vermittlung eines einheitlichen Erscheinungsbildes auch für Industriegüterunternehmen unabdingbar.

Die Besonderheiten von Industriegütern skizzieren zwar vom Grundsatz her das für viele Industriegütermärkte übliche Absatzgeschehen und zeigen Implikationen für die Kommunikationspolitik auf, speziellere Vermarktungsprobleme sind aber immer davon abhängig, um welchen Geschäftstyp (Produkt-, Anlagen-, System- und Zuliefergeschäft) und welches Produkt (z. B. Schrauben, LKWs oder Kernkraftwerke) es sich handelt. Daher hat eine gesonderte Betrachtung und Analyse des jeweiligen Marktes zu erfolgen und in der Kommunikationspolitik Beachtung zu finden. Für das Marketing von Industriegütern wird es zukünftig erfolgsentscheidend sein, sich dem Thema der Kommunikation aktiv zu stellen und das Spektrum an möglichen Kommunikationsinstrumenten und -mitteln auf die eigene Branche zu übertragen.

Literatur

Verwendete Literatur

Andersen, P.H. 2005. Relationship Marketing and Brand Involvement of Professionals through Web-Enhanced Brand Communities: The Case of Coloplast. *Industrial Marketing Management* 35(6): 285–297.

AUMA. 2013. AUMA_MesseTrend 2013, Nr. 37, Berlin.

B2B Online Monitor. 2012. http://mw.hdm-stuttgart.de/~eichsteller/images/b2b_onlinemonitor_2012.pdf. Zugegriffen: 03.05.2013.

Backhaus, K., C. Baumeister, und K. Mühlfeld. 2010. Kundenbindung im Industriegütermarketing. In *Handbuch Kundenbindungsmanagement: Strategien und Instrumente für ein erfolgreiches CRM*, 7. Aufl., Hrsg. M. Bruhn, Ch. Homburg, 277–298. Wiesbaden: Springer Gabler.

Backhaus, K., und M. Voeth. 2014. *Industriegütermarketing*, 10. Aufl. München: Vahlen.

Ballantyne, D., P. Frow, R.J. Varey, und A. Payne. 2011. Value Propositions as Communication Practice: Taking a Wider View. *Industrial Marketing Management* 40(2): 202–210.

Baumgarth, C. 2010. Living the brand: Brand Orientation in the Business-to-Business Sector. *European Journal of Marketing* 44(5): 653–671.

Bayer AG. 2013. http://www.youtube.com/user/BayerTV. Zugegriffen: 21.05.2013

Bean, C.J., J.S. Boles, und C. Rodriguez Cano. 2003. Electronic Mail Appraisal: A Buyer and Seller Survey. *Journal of Business & Industrial Marketing* 18(4): 419–434.

Bear, J. 2009. *Crushing the Myth of B2B Social Media, in: Convince & Convert*. http://www.convinceandconvert.com/social-media-marketing/crushing-the-myth-of-b2b-social-media/. Zugegriffen: 02.05.2013

Belch, G.E., und M.A. Belch. 2011. *Advertising and Promotion: An Integrated Marketing Communication Perspective*, 9. Aufl. Boston: Mcgraw Hill Book Co.

Bickart, B., und R.M. Schindler. 2001. Internet Forums as Influential Sources of Consumer Information. *Journal of Interactive Marketing* 15(3): 31–40.

Bruhn, M. 2011. *Unternehmens- und Marketingkommunikation: Handbuch für ein integriertes Kommunikationsmanagement*, 2. Aufl. München: Vahlen

Bruhn, M. 2012. *Marketing: Grundlagen für Studium und Praxis*, 11. Aufl. Wiesbaden: Springer Gabler.

Bruhn, M. 2013. *Kommunikationspolitik: Systematischer Einsatz der Kommunikation für Unternehmen*, 7. Aufl. München: Vahlen.

Bulander, R., und J. Wüstemann. 2012. Studienergebnisse zum Einsatz von Social Media im B2B-Bereich. In *Dialogmarketing Perspektiven 2011/2012. Tagungsband 6. wissenschaftlicher interdisziplinärer Kongress für Dialogmarketing*, Hrsg. V. Deutscher Dialogmarketing Verband e, 127–151. Wiesbaden: Springer Gabler.

Campbell, C., L. Papania, M. Parent, und D. Cyr. 2010. An Exploratory Study into Brand Alignment in B2B Relationships. *Industrial Marketing Management* 39(5): 712–720.

Caspar, M., A. Hecker, und T. Sabel. 2002. *Markenrelevanz in der Unternehmensführung: Messung, Erklärung und empirische Befunde für B2B-Märkte, MCM/McKinsey-Reihe zur Markenpolitik, Arbeitspapier Nr. 4*. Münster: Universität Münster.

Daimler Blog. 2013. http://blog.daimler.de/. Zugegriffen: 21.05.2013.

De Wulf, K., J.C. Hoekstra, und H.R. Commandeur. 2000. The Opening and Reading Behavior of Business-to-Business Direct Mail. *Industrial Marketing Management* 29(2): 133–145.

Deutsche Fachpresse 2012. *Werbetrend-Studie der Deutschen Fachpresse prognostiziert stabile Aussichten für 2012*. http://www.deutsche-fachpresse.de. Zugegriffen: 18.04.2013

Focus 2004. *Focus Medialexikon*. http://medialine.focus.de/PM1D/PM1DB/PM1DBF/pm1dbf.htm. Zugegriffen: 03.02.2004

Freter, H. 2004. Ingredient Branding. In *Handbuch Markenführung*, 2. Aufl., Hrsg. M. Bruhn, 211–234. Wiesbaden: Gabler.

Freter, H., und C. Baumgarth. 2005. Ingredient Branding: Begriff und theoretische Begründung. In *Moderne Markenführung: Grundlagen – innovative Ansätze – praktische Umsetzungen*, 4. Aufl., Hrsg. F.-R. Esch, 455–480. Wiesbaden: Gabler.

Fuchs, W. 2012. Instrumente der B-to-B-Kommunikation. In *Business-to-Business-Kommunikation: Neue Entwicklungen im B-to-B-Marketing*, 2. Aufl., Hrsg. T. Baaken, T. Kesting, T. Kliewe, R. Pörner, 13–35. Berlin: Erich Schmidt Verlag.

Gilliland, D.I., und W.J. Johnston. 1997. Toward a Model of Business-to-Business Marketing Communication Effects. *Industrial Marketing Management* 26(1): 15–29.

Hansen, H., B.M. Samuelsen, und P.R. Silseth. 2008. Customer Perceived Value in B-to-B Service Relationships: Investigating the Importance of Corporate Reputation. *Industrial Marketing Management* 37(2): 206–217.

Hartley, B., und D. Pickton. 1999. Integrated Marketing Communications requires a new Way of Thinking. *Journal of Marketing Communications* 5(2): 97–106.

Hauser, T., und M. Groll. 2002. Kompetenz als Botschaft, Vertrauen als Ziel. *Absatzwirtschaft* 45(Sonderausgabe): 38–40.

HAWE Hydraulik GmbH & Co. KG. 2013. http://www.hawe.de. Zugegriffen: 26.04.2013.

Holland, H. 2011. *Direktmarketing: Im Dialog mit dem Kunden*, 3. Aufl. München: Vahlen.

Homburg, C. 2012. *Marketingmanagement: Strategie – Instrumente – Umsetzung – Unternehmensführung*, 4. Aufl. Wiesbaden: Springer Gabler.

INDUKOM. 2005. *Integrierte Kampagne für einen Nischenmarkt (2005)*. http://www.klondike.de/documents/kl-base/kl-ondike/presse/2006/kl_hawe_kampagne.pdf. Zugegriffen: 07.01.2015.

Katona, Z., P.P. Zubcsek, und M. Sarvary. 2011. Network Effects and Personal Influences: The Diffusion of an Online Social Network. *Journal of Marketing Research* 48(3): 425–443.

Kemper, A. C. 2000. *Strategische Markenpolitik im Investitionsgüterbereich*, Dissertation, Köln: Josef Eul Verlag.

Kenning, P. 2002. *Customer Trust Management: Ein Beitrag zum Vertrauensmanagement im Lebensmitteleinzelhandel*. Wiesbaden: Springer Gabler.

Kirchgeorg, M., und C. Springer. 2010. Relevanz und Ausgestaltung der Messebeteiligungen für B-to-B-Marken. In *B-to-B-Markenführung: Grundlagen – Konzepte – Best Practice*, Hrsg. C. Baumgarth, 539–559. Wiesbaden: Gabler.

Kleinaltenkamp, M., M. Rudolph, und M. Classen. 2012. Multistage Marketing. In *Business-to-Business Marketing Management: Strategies, Cases, and Solutions* Business Marketing and Purchasing, Bd. 18, Hrsg. M.S. Glynn, A.G. Woodside, 141–174. Bingley: Emerald Press.

Kotler, P., und W. Pfoertsch. 2010. *Ingredient Branding: Making the Invisible Visible*, Berlin u. a.: Springer.

Kozinets, R.V. (2002): The Field behind the Screen: Using Netnography for Marketing Research in Online Communities. *Journal of Marketing Research* 39(1): 61–72.

KSB AG. 2013. http://fluidfuture.ksb.com/fluidfuture/antrieb/ksb-supremeR/. Zugegriffen: 21.05.2013.

Ling-yee, L. 2007. Marketing Resources and Performance of Exhibitor Firms in Trade Shows: A Contingent Resource Perspective. *Industrial Marketing Management* 36(3): 360–370.

Lynch, J., und L. De Chernatony. 2004. The Power of Emotion: Brand Communication in Business-to-Business Markets. *Journal of Brand Management* 11(5): 403–419.

Lynch, J., und L. De Chernatony. 2007. Winning Hearts and Minds: Business-to-Business Branding and the Role of the Salesperson. *Journal of Marketing Management* 23(1–2): 123–135.

MacDonald, J.B., und K. Smith. 2004. The Effects of Technology-Mediated Communication on Industrial Buyer Behavior. *Industrial Marketing Management* 33(2): 107–116.

Masciadri, P., und D. Zupancic. 2010. *Marken- und Kommunikationsmanagement im B-to-B-Geschäft*. Wiesbaden: Gabler.

McDowell Mudambi, S., P. Doyle, und V. Wong. 1997. An Exploration of Branding in Industrial Markets. *Industrial Marketing Management* 26(5): 433–446.

Meffert, H., C. Burmann, und M. Kirchgeorg. 2012. *Marketing: Grundlagen marktorientierter Unternehmensführung. Konzepte – Instrumente – Praxisbeispiele*, 11. Aufl. Wiesbaden: Springer Gabler.

Michaelidou, N., N.T. Siamagka, und G. Christodoulides. 2011. Usage, Barriers and Measurement of Social Media Marketing: An Exploratory Investigation of Small and Medium B2B Brands. *Industrial Marketing Management* 40(7): 1153–1159.

Mudambi, S. 2002. Branding Importance in Business-to-Business Markets: Three Buyer Clusters. *Industrial Marketing Management* 31(6): 525–533.

Müller, B., und A. Kreis-Muzzulini. 2010. *Public Relations: Corporate Communications für Kommunikations-, Marketing- und Werbeprofis*, 3. Aufl. Frauenfeld: Huber.

Peltier, J.W., J.A. Schibrowsky, und D.E. Schultz. 2003. Interactive Integrated Marketing Communication: Combining the Power of IMC, the New Media and Database Marketing. *International Journal of Advertising* 22(1): 93–115.

Pleil, T. 2010. *Mehr Wert schaffen: Social Media in der B2B-Kommunikation*. Darmstadt: Books on Demand.

Rauyruen, P., und K.E. Miller. 2007. Relationship Quality as a Predictor of B2B Customer Loyalty. *Journal of Business Research* 60(1): 21–31.

Rinallo, D., und S. Borghini. 2003. *A Fair(y) Tale: The Semiotics of B2B Communication*, Paper presented at the 19th Industrial Marketing and Purchasing Conference, Lugano, 712–720.

SAP. 2013. *Idea Place, SAP Community Networks*. https://ideas.sap.com/. Zugegriffen: 02.05.2013

Schmidt, H.J. 2001. *Markenmanagement bei erklärungsbedürftigen Produkten*. Wiesbaden: Deutscher Universitätsverlag.

Schmitz, C., und M. Ahlers. 2012. Soziale Medien im Business-to-Business-Geschäft – ein Praxisbericht. In *Social Branding Strategien – Praxisbeispiele – Perspektiven*, Hrsg. M. Schulten, A. Mertens, A. Horx, 307–328. Wiesbaden: Springer Gabler.

Schuppe, D. 2013. http://www.doschu.com/2013/05/eher-social-als-mobile-sagt-b2b-online-monitor-2013/. Zugegriffen: 17.05.2013.

Schwarz, T. 2011. *Leitfaden Online-Marketing* Bd. 2. Waghäusel: Marketing-Börse.

Infratest, T.N.S. 2009. *Werbung im Business-to-Business 2009, TNS Infratest und Wer liefert was?*. http://www.onlinemarketing-praxis.de/uploads/pdf/studie-werbung-im-b2b-2009.pdf. Zugegriffen: 03.05.2013

Tomczak, T., S. Henkel, W. Heidig, und S. Molner. 2010. *Sponsoring Success: Eine Studie der IG Sponsoring und des Center for Customer Insight der Universität St. Gallen*. St. Gallen: Universität St. Gallen.

Voeth, M., und U. Herbst. 2008. Interaktives Marketing und Industriegütermarketing. In *Interaktives Marketing: Neue Wege zum Dialog mit Kunden*, Hrsg. C. Belz, M. Schögel, O. Arndt, V. Walter, 353–366. Wiesbaden: Gabler.

Voeth, M., und I. Tobies. 2009. Kommunikation für Industriegüter. In *Handbuch Kommunikation: Grundlagen – Innovative Ansätze– Praktische Umsetzungen*, Hrsg. M. Bruhn, F.-R. Esch, T. Langner, 1101–1116. Wiesbaden: Gabler.

Watkins, A., und R.P. Hill. 2009. A Simulation of Business-to-Business Decision Making in a Relationship Marketing Context. *Industrial Marketing Management* 38(8): 994–1005.

Webster, F.E. Jr., und K.L. Keller. 2004. A Roadmap for Branding in Industrial Markets. *Brand Management* 11(5): 388–402.

Webster, F.E. Jr., und Y. Wind. 1972. *Organizational Buying Behavior*. Englewood Cliffs/N. J.: Prentice Hall.

Westberg, K., C. Stavros, und B. Wilson. 2011. The Impact of Degenerative Episodes on the Sponsorship B2B Relationship: Implications for Brand Management. *Industrial Marketing Management* 40(4): 603–611.

Zimmer, M., C. Scholze, und F. von Wangenheim. 2010. Kundenbindungsmanagement von B2B-Lösungen. In *Marketing von Solutions: Innovative Ansätze und Best Practices*, Hrsg. D. Woisetschläger, M. Michaelis, H. Evanschitzky, 109–130. Wiesbaden: Gabler.

Weiterführende Literatur

Arnott, N. 1994. Inside Intel's Marketing Coup. *Sales & Marketing Management* 146(2): 78–81.

Deeter-Schmelz, D.R., und K.N. Kennedy. 2001. An Exploratory Study of the Internet as an Industrial Communication Tool: Examining Buyers' Perceptions. *Industrial Marketing Management* 31(2): 145–154.

GfK, und WirtschaftsWoche. 2003. *GfK-WirtschaftsWoche-Werbeklima I/2004*. Nürnberg: GFK.

kl-company. 2013. http://www.kl-company.de/index.php?id=13. Zugegriffen: 26.04.2013.

VMK – Verlag für Marketing + Kommunikation. 2001. Jahrbuch des Sponsoring – Hamburg.

Markenrelevanz auf Industriegütermärkten

Klaus Backhaus und Philipp Gausling

Inhaltsverzeichnis

1	Marken in Industriegütermärkten auf dem Vormarsch	365
2	Die Grundsatzfrage: Marke und Markenfunktionen	371
3	Auf Industriegütermärkten ist alles anders, oder?	373
	3.1 Die grundsätzlichen Unterschiede	373
	3.2 Die empirische Relevanz von Marken und Markenfunktionen auf Industriegütermärkten	375
4	Markenrelevanz im Industriegüterbereich: Ein Fazit	379
Literatur		380

1 Marken in Industriegütermärkten auf dem Vormarsch

Markenpolitik ist in aller Munde. Kenning attestiert dem Markenthema den Charakter einer Sonderkonjunktur: „Werbeagenturen werden zu Markenagenturen, Designstudios zu Markendesignern und Markenbücher werden momentan schneller geschrieben, als man sie lesen kann" (Kenning 2003, S. 106). So sind seit dem Jahre 2000 mehr als 372.000 wissenschaftliche Veröffentlichungen zum Thema Marke erschienen (Google Scholar 2013). Auch auf der Praxisseite lässt sich dieser Trend feststellen. Das Deutsche Patent- und Markenamt verzeichnete im Jahr 2012 bspw. insgesamt 784.820 Markenanmeldungen; im Jahr

---

Prof. Dr. Dr. h.c. Klaus Backhaus ✉
Universität Münster, Institut für Anlagen u. Systemtechnologien, Münster, Deutschland
e-mail: backhaus@wiwi.uni-muenster.de

Dipl.-Kfm. Philipp Gausling
Universität Münster, Institut für Anlagen u. Systemtechnologien, Münster, Deutschland
e-mail: p.gausling@uni-muenster.de

© Springer Fachmedien Wiesbaden 2015
K. Backhaus und M. Voeth (Hrsg.), *Handbuch Business-to-Business-Marketing*,
DOI 10.1007/978-3-8349-4681-2_18

Tab. 1 Markenwertranking nach Interbrand (Eigene Darstellung in Anlehnung an Interbrand 2008, 2013)

Rang 2013	Marke	Markenwert in Mrd. €		Veränderung Markenwert	Branche
		2013	2008		
1	Apple	98,32	13,72	616 %	Technologie
2	Google	93,29	25,59	265 %	Technologie
3	Coca-Cola	79,21	66,67	19 %	Getränke
4	IBM	78,81	59,03	34 %	Dienstleistungsgeschäft
5	Microsoft	59,55	59,01	1 %	Technologie
6	GE	46,95	53,09	− 12 %	Diversifiziert
7	McDonald's	41,99	31,05	35 %	Gastronomie
8	Samsung	39,61	17,69	124 %	Technologie
9	Intel	37,26	31,26	19 %	Technologie
10	Toyota	35,35	34,05	4 %	Automobil

2006 waren es noch 60.000 weniger (DPMA 2012, S. 28). Allein in Deutschland betrug der Umsatz mit Markenprodukten und -dienstleistungen im Jahr 2010 insgesamt 900 Mrd. Euro (Markenverband/McKindey 2011, S. 3). Vor diesem Hintergrund ist es nicht verwunderlich, dass Marken gemäß einer Studie von PWC im Durchschnitt sogar die Hälfte des gesamten Unternehmenswertes ausmachen (PriceWaterhouseCoopers 2012, S. 11).

Marken ermöglichen in einer Welt sich immer stärker angleichender Leistungsangebote eine Differenzierung sowie die Abschöpfung der erhöhten Zahlungsbereitschaften für Markenprodukte (vgl. Kenning 2003, S. 106). Dieses zusätzliche Erlöspotenzial kann quantifiziert, diskontiert und im sogenannten Markenwert verdichtet werden (für eine Übersicht über Markenbewertungskonzepte vgl. Burman et al. 2005, S. 327–335). Aus den ermittelten Markenwerten werden Ranglisten über die wertvollsten Marken gebildet (vgl. Tab. 1); ein Ansatz, der gerade für die Unternehmensbewertung eine zentrale Rolle spielt: So lässt sich z. B. der Markenwert bei Übernahmen im Goodwill aktivieren und über maximal fünfzehn Jahre abschreiben.

In dem entstandenen Markenhype wird jedoch manchmal übersehen, dass Markenbewertungen hohen Streuungen unterliegen. Abbildung 1 belegt am Beispiel IBM, welche enormen Unterschiede verschiedene Messansätze hervorrufen können.

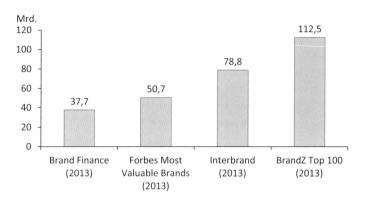

Abb. 1 Markenwerte der Marke IBM nach unterschiedlichen Messansätzen (Eigene Darstellung). (Quelle: BrandZ 2013; Forbes 2013)

Im Jahr 2013 bspw. kommen vier unterschiedliche Messansätze bezüglich der Marke IBM zu Markenwerten, die sich bis um das 3-fache im Wert unterscheiden. Die Aussagekraft solcher Bewertungsmethoden bleibt daher fraglich. Alternativ zu der quantitativen Markenbewertung, die durch hohe Schwankungen gekennzeichnet ist, können auch qualitative Markenbeurteilungen vorgenommen werden, zu denen ebenfalls Ranglisten veröffentlicht werden. Das Markenranking Best Brands 2013 in Tab. 2 zeigt eine solche Rangliste, die auf einer systematischen Beurteilung durch ein Konzept der GfK entstanden ist. Dieses Konzept rankt Marken nach ihrem tatsächlichen wirtschaftlichen Markterfolg und der Beliebtheit der Marken aus Sicht der Konsumenten.

Entscheidend für die Markenführung ist aber nicht, einen herausragenden Platz in einer der zahlreichen Ranglisten zu gewinnen, sondern sicherzustellen, dass sich die Investitionen in eine Marke rentieren.

Insbesondere im Konsumgütermarketing ist die hohe Bedeutung von Marken und deren Mehrwert für das Unternehmen unumstritten. Wenn es um Marken geht, denken die meisten Menschen direkt an typische Konsumgütermarken wie Coca-Cola, Apple oder Adidas (vgl. Kotler und Pfoertsch 2007, S. 357). Werbeslogans wie „Apple. Think different!", „Red Bull verleiht Flügel" oder „Praktiker – hier spricht der Preis" vermitteln dem Konsumenten ein ganz bestimmtes Markengefühl und Vorstellungsbild der Marke.

Tab. 2 Rangliste der wertvollsten Marken (Quelle: Absatzwirtschaft 2013)

Rang	Produktmarken	Wachstumsmarken	Unternehmensmarken	Sportmarken
1	Nivea	Samsung	Amazon	Adidas
2	Apple	De'Longhi	Volkswagen	Jack Wolfskin
3	Lego	Apple	Audi	Nike
4	Miele	Triumph	Miele	Odio
5	Gillette	Fit	Siemens	Puma

Eine Studie des Baylor College of Medicine belegt diese starke Wirkung von Marken auf den Konsumenten (vgl. hier und im Folgenden McClure et al. 2004, S. 379 ff.). In einem Blindtest tranken die teilnehmenden Probanden sowohl Pepsi- als auch Coca-Cola. Dabei gaben die meisten Probanden an, Pepsi-Cola lieber zu mögen. In der nächsten Runde wurde den Teilnehmern die Marke vor dem Trinken mitgeteilt. In diesem Durchgang entschied sich die Mehrheit jedoch – beeinflusst durch die Marke – für Coca-Cola. Vor diesem Hintergrund verwundert es nicht, wenn diverse Studien konstatieren, dass Marken eine zusätzliche Zahlungsbereitschaft bei Kunden erzeugen (vgl. Kenning 2003, S. 106). Diese liegt im Durchschnitt sogar um 40 % über der vergleichbarer Produkte (vgl. Kenning 2003, S. 106).

Während Markenpolitik im Konsumgüterbereich schon seit längerer Zeit zum thematischen Dauerbrenner avanciert ist, galt die Literatur zur Industriegütermarke noch vor einigen Jahren als „sparse and unfocused" (Michell et al. 2001; Egan et al. 1992) und der Themenbereich als „Stiefkind der Marketingwissenschaft" (Kemper 2000). Auch in der Praxis war der Einsatz des Instruments Marke bei weitem nicht so verbreitet wie im Konsumgüterbereich (vgl. den Beitrag von Backhaus/Voeth in diesem Band). Diese Meinung spiegelte sich auch in Äußerungen von Praktikern – wie z. B. Derrith Lambka, ehemalige Corporate Advertising Managerin bei Hewlett Packard – wider: „It's very hard for technology companies to embrace branding because branding and technology are opposites. [...] They clash." (Pettis 1995, S. 39). Dies verdeutlicht, dass Marken in der Vergangenheit oft auf eine emotionale Wirkung reduziert wurden, während Entscheidungen im Industriegütermarketing ein ausschließlich rationales Kalkül zugeschrieben wurde. Diese starre Sichtweise scheint sich in den letzten Jahren relativiert zu haben. Im Industriegütermarketing kommt Marken eine immer höhere Relevanz zu. So sind viele bekannte Marken wie Microsoft, Siemens und General Electric nicht nur auf den B-to-C-Bereich, sondern ebenso stark auf den B-to-B-Bereich ausgerichtet (vgl. McKinsey 2013, S. 3). Selbst Unternehmen mit vorwiegend B-to-B-Bezug wie IBM oder Intel verkörpern einige der derzeit wertvollsten Marken (vgl. Tab. 1). Auch in der Wissenschaft macht sich dieser Trend bemerkbar. In einem Sample der zehn renommiertesten Journals zum Thema B-to-B oder Branding finden sich insgesamt 98 Publikationen zum Thema Markenpolitik im Industriegütermarketing im Zeitraum von 1986–2011 (vgl. Herbst et al. 2012, S. 3–8). Die Hälfte dieser Publikationen entfällt dabei auf die letzten fünf Jahre, wie Abb. 2 zeigt.

Nicht nur anhand der Anzahl der Studien, sondern auch im Hinblick auf die empirischen Ergebnisse macht sich die zunehmende Relevanz von Marken im Industriegütermarketing bemerkbar. Tabelle 3 gibt eine Übersicht über ausgewählte wissenschaftliche Studien zur Markenbedeutung auf Industriegütermärkten. Diese Studien sind nach der Höhe der dort festgestellten Markenrelevanz in vier Gruppen eingeteilt.

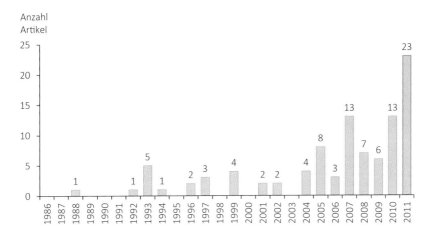

Abb. 2 Anzahl veröffentlichter Artikel zur Markenrelevanz im Industriegütermarketing zwischen 1986 und 2011 (Eigene Darstellung in Anlehnung an Herbst et al. 2012, S. 5)

Aus Tab. 3 wird deutlich, dass im Industriegüterbereich bis zum Jahr 2000 überwiegend eine geringe Markenrelevanz in empirischen Untersuchungen festgestellt wurde. Wie Abb. 2 zu entnehmen, ist auch die Anzahl an empirischen Studien bis zum Jahr 2000 noch recht überschaubar. In den letzten Jahren hat sich dies geändert. Es finden sich gehäuft empirische Untersuchungen zur Markenrelevanz im Industriegütermarketing. Die Häufung der empirischen Studien in den letzten Jahren sowie die Übersicht über die dort gefundenen Erkenntnisse zeigen, dass aus wissenschaftlicher Perspektive Marken im Industriegüterbereich an hohem Interesse gewonnen haben und ihnen eine deutlich höhere Bedeutung attestiert wird als noch vor einiger Zeit.

Vor diesem Hintergrund stellen sich einige Fragen: Woher kommt dieses zunehmende Interesse an Marken im Industriegüterbereich? Warum wird Marken derzeit eine deutlich höhere Bedeutung im Industriegüterbereich zugesprochen? Und haben Marken auf Industriegütermärkten und Konsumgütermärkten die gleiche funktionale Bedeutung? Um diese Fragen zu beantworten, wenden wir uns zunächst den Grundlagen von Marken und Markenfunktionen zu.

Tab. 3 Übersicht über empirische Studien zur Markenpolitik im Industriegüterbereich (Eigene Darstellung in Anlehnung an Caspar et al. 2002, S. 5 f.; Herbst et al. 2012, S. 9 f.)

Marken-bedeutung	Studie	Kernaussage [Einschränkungen der Studie]
Nicht existent	Saunders und Watt (1979)	Endverbraucher beurteilen Markennamen im amerikanischen Fasermarkt als konfus. Die Markenstrategie hilft der Positionierung nicht.
Gering	Udell (1972)	Markenbildung ist im Produktionsgütermarketing von vergleichsweise geringer Bedeutung.
	Sinclair und Seward (1988)	Preis und Verfügbarkeit sind trotz starken Einsatzes von Markenpolitik die wichtigsten Kauffaktoren im amerikanischen Holzmarkt. Das Markenbewusstsein ist kaum ausgeprägt.
	Krämer (1993)	Markenpolitik macht nur 5 % der Marketingaktivitäten von Produktionsgüterherstellern aus.
Existent	Shipley und Howard (1993)	In Großbritannien setzen Industriegüterhersteller Markenstrategien häufig ein und sind der Überzeugung, dass diese Strategien dem Unternehmen einen Nutzen stiften.
	Gordon et al. (1993)	Im amerikanischen Markt für Elektronikkomponenten wird u. a. die Qualität von Trennschaltern je nach Sichtbarkeit des Markenzeichens anders beurteilt; die Markentreue ist hoch.
	Firth (1993)	Neuseeländische Wirtschaftsprüfer konnten einen – zu einem großen Teil durch Markenpolitik evozierten – Preisaufschlag durchsetzen.
	Yoon und Kijewski (1995)	In der amerikanischen Halbleiterindustrie existiert eine positive, über Kaufprozesstypen variierende Korrelation zwischen Markenbekanntheit und -präferenz, die das Einflusspotenzial von Marken auf gewerbliche Kaufentscheide verdeutlicht.
	Hutton (1997)	Im amerikanischen Markt für Büromaterial existiert ein Markenwert im Sinne von Preisprämien, gesteigertem Empfehlungsverhalten und Cross-Selling-Potentialen.
	Baumgarth (1998)	Die Befragung von Entscheidern in Markeninhaberunternehmen der chemischen Industrie zeigt eine hohe Zufriedenheit mit ihren Ingredient-Branding-Strategien.
	PriceWaterhouseCooper und Sattler (2001)	Im Industriegüterbereich ist die Bedeutung von Marken existent, doch deutlich geringer als im Konsumgüterbereich.
	Bendixen et al. (2004)	In Südafrika werden Marken bei der Beschaffung von elektrischer Ausrüstung im Bereich der Mittelspannung von Preis und Liefereigenschaften dominiert. Nichtsdestotrotz lassen sich mit starken Marken Preisprämien erzeugen.

Tab. 3 (Fortsetzung)

Marken-bedeutung	Studie	Kernaussage [Einschränkungen der Studie]
Hoch	Mudambi et al. (1997)	Die Kaufentscheidung im amerikanischen Markt für Präzisionslager wird auch von intangiblen, emotionalen Faktoren beeinflusst. Die Marke hat einen hohen Stellenwert.
	Mudambi et al. 2002	In B-to-B Entscheidungsprozessen spielt Markenpolitik eine wichtigere Rolle als bisher vermutet. Die Wichtigkeit variiert je nach Unternehmen, Kunden und Kaufsituation.
	Roberts und Merrilees (2007)	Im B-to-B Dienstleistungsbereich sind starke Marken der wichtigste Faktor für Vertragserneuerungen mit den Kunden.
	Han und Sung (2008)	Ein hoher Markenwert wirkt positiv auf die Geschäftsbeziehung zwischen industriellen Anbietern und Nachfragern.
	Homburg et al. (2010)	Die Markenbekanntheit beeinflusst den Markterfolg signifikant, insbesondere in Märkten mit homogenen Buying Center Mitgliedern, hohem Zeitdruck, ähnlichen Produkten und schnellen technologischen Entwicklungen.
	Backhaus et al. (2011)	Die Relevanz der Marke variiert in Abhängigkeit von der Produktkategorie. Die Marke dient dabei in erster Linie dazu, Risiko zu reduzieren und Informationskosten zu senken.
	Leischnig und Enke (2011)	Eine Befragung von Kaufentscheidern in der Lebensmittelindustrie zeigt, dass Markenstabilität ein Schlüsselfaktor ist, um Risiko zu reduzieren, Markentreue zu erzeugen und einen Preisaufschlag zu verlangen.
	Brown et al. (2011)	In Situationen mit relativ hohem und relativ niedrigem Risiko reagieren Kunden besonders sensibel auf Marken.

2 Die Grundsatzfrage: Marke und Markenfunktionen

Nach Meffert et al. (2002, S. 6) ist die Marke ein „in der Psyche des Nachfragers verankertes Vorstellungsbild von einem Produkt oder einer Dienstleistung [, ..., einem System oder einem Anbieter, Anm. d.V.]." Folgt man diesem umfassenden Markenverständnis, so können der Marke eine Vielzahl von Markenfunktionen zugesprochen werden:

Das Vorstellungsbild Marke ist der Extrakt der gesamten Marketing-Konzeption und liefert somit eine Bündelung von Informationen, die für die Kaufentscheidung eine Schlüsselrolle einnehmen. Diese Bündelung wird als Chunk-Information bezeichnet (Jacoby et al. 1977, S. 296 ff.). Das Vorstellungsbild der Marke symbolisiert, wofür das Leistungsangebot des Anbieters steht und manifestiert die Differenzierungsposition des Markenanbieters. Marken führen so zur *effizienten Verarbeitung von Informationen*. Durch die Zusammenfassung aller relevanten Informationen in der Marke kann diese den Informationsverarbeitungsprozess des Nachfragers vereinfachen, beschleunigen und eine mögliche Informationsüberlastung vermeiden.

Das effektive und effiziente Management von KKVs trifft auf Konsumgütermärkten jedoch auf andere Herausforderungen als auf Industriegütermärkten. Die deskriptive Analyse von Backhaus und Voeth (Besonderheiten des Industriegütermarketing) zeigt, dass erhebliche Unterschiede zwischen den Transaktionsprozessen auf Industriegüter- und Konsumgütermärkten bestehen. Es sind die speziellen Transaktionsprozesse, die für Industriegütermärkte typisch sind und besondere Herausforderungen an das Management von KKVs stellen. Diese wirken sich auch auf die Relevanz der Marke und der beschriebenen Markenfunktionen aus. Dies soll exemplarisch anhand von vier Merkmalen erläutert werden:

(1) In Industriegütermärkten handelt es sich im Gegensatz zu Konsumgütermärkten definitionsgemäß um organisationale Käufer. Entscheidungen sind rationaler, da die Beschaffenden nicht unmittelbar ihre eigenen Bedürfnisse, sondern die der Organisation, für die sie arbeiten, befriedigen. Oft werden Beschaffungsprozesse von den Organisationen selbst gesteuert und sind *formalisiert*. Aufgrund des rationalen Vorgehens im Beschaffungsprozess von Industriegütern kann vermutet werden, dass vor allem die Risikoreduktionsfunktion und die Informationsfunktion der Marke im Industriegüterbereich in den Vordergrund treten, während der ideelle Nutzen eher untergeordneter Natur ist.

(2) Organisationale Käufe sind dadurch gesteuert, dass es sich i. d. R. nicht um die Befriedigung einer originären, sondern um eine *abgeleitete* bzw. *derivative Nachfrage* handelt. Daraus resultiert für Marketing-Entscheidungen häufig ein Mehrstufigkeitsproblem. Im Bereich der Markenpolitik betrifft dies z. B. die Funktion des Ideellen Nutzens. Die im Konsumgüterbereich bedeutsamen Aspekte des Ideellen Nutzens wie Selbstdarstellung und -ergänzung wirken im Industriegüterbereich zwar auch, nämlich im Hinblick auf die Zielgruppe der Mitarbeiter, die die beschafften Leistungen nutzen (z. B. Firmenwagen), und der des beschaffenden Unternehmens selber (z. B. Hauptverwaltungsgebäude). Auf nachgelagerten Wertschöpfungsstufen zeigt sich der Ideelle Nutzen einer Marke allerdings eher in einem potenziellen Reputationstransfer von der beschafften auf die produzierte Leistung. So wirkt die Marke nicht nur auf der Wertschöpfungsstufe der Käufer, sondern auch auf weiter nachgelagerten Stufen, und bietet damit mehr Ansatzpunkte als im Konsumgüterbereich. Zu nennen ist in diesem Zusammenhang das sogenannte Ingredient Branding (Baumgarth 1998), das bspw. bei Computerherstellern häufig Anwendung findet. So befindet sich auf Computern oft ein Aufkleber mit der Aufschrift „Intel Inside", mit dem der Computerhersteller den Kunden auf den eingebauten Prozessor der Marke Intel aufmerksam machen möchte.

(3) Schließlich sind organisationale Entscheidungen durch *Mehrpersonenentscheidungen* determiniert. Kaufentscheidungen fällt das so genannte Buying Center (Robinson et al. 1967). Die verschiedenen Mitglieder dieser einkaufsentscheidenden Gremien haben häufig unterschiedliche Präferenzen für unterschiedliche Lösungen, sodass das Marketing-Problem darin besteht, die Präferenzkonflikte effizient zu lösen. Obwohl solche Gruppenentscheidungen auch beim konsumtiven Kaufverhalten (z. B. Autokauf der Familie) eine Rolle spielen könnten, so sind sie doch eher für das Industriegütermarketing als repräsentativ zu bezeichnen. Hier kann eine Diskussion auf der aggregierten Ebene des

Informationsbündels Marke die Kommunikation im Buying Center erleichtern. Zudem wird der Marke ein harmonisierender Effekt sowie eine gewisse Mehrheitsfähigkeit gerade in Gruppenentscheidungen zugesprochen (Merbold 1995; Strothmann 1986): „Nobody ever got fired for buying an IBM" (DeChernatony und McDonald 2003).

(4) In Industriegütermärkten richtet sich das Leistungsangebot häufig an eine überschaubare Kundenanzahl, z. B. bei der Vermarktung von Kraftwerken, sodass sich die zeitliche Struktur des Vermarktungs- und Leistungserstellungsprozesses ändert. Beim *identifizierten Markt* liegt i. d. R. eine Auftragsfertigung vor, so dass der Vermarktungsprozess in seinen Kernelementen vor dem Leistungserstellungsprozess abgeschlossen ist. Das führt dazu, dass Leistung und Gegenleistung erst während des Verhandlungsprozesses festgelegt werden. Es existieren höchstens ähnliche, selten aber baugleiche Leistungen. Damit entstehen für den Käufer weitere Risiken: Er muss die Problemlösungskompetenz des Anbieters für das individuelle Problem abschätzen, kann sich dieser durch die Neuartigkeit aber nicht sicher sein. Zudem sind die zu erbringenden Auftragsleistungen im Projektgeschäft i. d. R. komplexer Natur, d. h. es besteht zudem das Risiko, dass einzeln funktionierende Teilleistungen in der Zusammensetzung nicht funktionsfähig sind. Auch die Kompetenz zur Lösung dieser potenziellen Probleme muss der Käufer dem Anbieter zutrauen. Die dargestellten zusätzlichen Risiken durch die Leistungsindividualität können ebenso über die Marke abgesichert werden wie das Risiko mangelnder Kontinuität und Kompatibilität bei Leistungen mit Systemcharakter. Auch die Funktion der Risikoreduktion wird also im Industriegüterbereich – mehr noch als im Konsumgüterbereich – relevant.

3.2 Die empirische Relevanz von Marken und Markenfunktionen auf Industriegütermärkten

Eine erste empirische Untersuchung der Bedeutung verschiedener Markenfunktionen auf Industriegütermärkten hat das Marketing Center Münster in Kooperation mit McKinsey vorgelegt (Caspar et al. 2002). Auf Basis einer Befragung von 799 Industriegüterunternehmen ergab sich das in Abb. 3 aggregiert dargestellte Ergebnis. Es wird deutlich, dass sich alle drei Markenfunktionen auf beiden Teilmärkten empirisch nachweisen lassen, wobei die generelle Markenrelevanz auf Industriegütermärkten nur wenig geringer als auf Konsumgütermärkten ausfällt (Caspar et al. 2002, S. 43).

Die durchschnittliche Bedeutung der einzelnen Markenfunktionen zur Erklärung der Markenrelevanz zwischen den Märkten variiert allerdings beträchtlich. Auf Konsumgütermärkten dominiert die Vermittlung des ideellen Nutzens durch die Marke vor der Funktion der Informationseffizienz und der Risikoreduktion, während auf Industriegütermärkten genau der umgekehrte Fall zu beobachten ist. Die Steigerung der Werte für die Funktionen Informationseffizienz und Risikoreduktion lassen sich durch die zusätzlichen Aspekte gut erklären. Ihre hohe Relevanz wird auch in der Literatur bestätigt (Hauser und Groll 2002; Büschken 1997). Die deutlich geringeren Werte des ideellen Nutzens lassen sich durch das

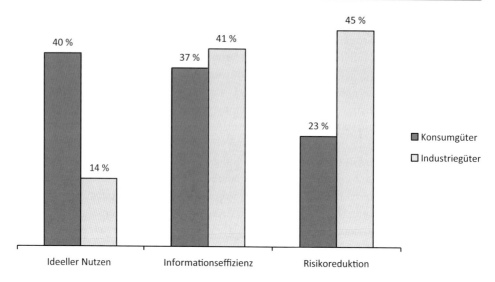

Abb. 3 Bedeutungsgewichte der Markenfunktionen im Industrie- und Konsumgütermarketing (Eigene Darstellung in Anlehnung an Caspar et al. 2002)

Argument des rationaleren und formalisierten Beschaffungsverhalten erklären (Mudambi 2002; Hintze-Lietze 1991).

Backhaus et al. (2011) stellen in einer weiteren Studie fest, dass die Risikoreduktion und die Informationseffizienz in Industriegütermärkten einen hoch signifikanten Einfluss auf die Markenrelevanz haben, der Einfluss des ideellen Nutzens hingegen nicht signifikant ist (vgl. Backhaus et al. 2011, S. 1088). Jedoch ist zu berücksichtigen, dass Transaktionen auf Industriegütermärkten relativ heterogen sind. Die Kauf- und Vermarktungsprozesse verlaufen anders, je nachdem ob man bspw. ein Kraftwerk oder Normschrauben vermarktet. Es stellt sich daher die Frage, ob die Relevanz der Marke bei verschiedenen Transaktionstypen auf Industriegütermärkten variiert. Zur Beantwortung dieser Frage greifen Backhaus et al. (2011) auf den Typologisierungsansatz von Backhaus (1998) zurück, der die Transaktionen in Industriegütermärkten in vier Geschäftstypen unterteilt (vgl. hierzu auch den Beitrag von Backhaus/Mühlfeld in diesem Band). Dabei können signifikante Unterschiede der Markenrelevanz zwischen den vier Geschäftstypen Produkt-, Projekt-, System- und Integrationsgeschäft festgestellt werden.

Eine einfaktorielle Varianzanalyse (zum methodischen Vorgehen vgl. Backhaus et al. 2011, S. 157–166) zeigt, dass der Geschäftstyp mit einer Vertrauenswahrscheinlichkeit von über 90 % einen Einfluss auf die Markenrelevanz hat (vgl. Tab. 5).

Daran knüpft sich die Frage, wie stark die Markenrelevanz unter den einzelnen Geschäftstypen variiert und ob zwischen allen Geschäftstypen ein signifikanter Unterschied in Bezug auf die Markenrelevanz besteht. Zu diesem Zweck wurden zunächst die Mittelwerte der Markenrelevanz je Geschäftstyp berechnet. Mithilfe eines *Least Significant Difference* Tests wurde anschließend eine Mehrgruppenvergleich durchgeführt, der die

Tab. 5 Einfaktorielle Varianzanalyse zur Überprüfung des Einflusses der Geschäftstypen auf die Markenrelevanz (Eigene Darstellung)

Streuungsursache	Quadratsummen	Freiheitsgrade	Mittlere Quadratsumme	$F_{empirisch}$	$F_{tabellarisch}$ ($\alpha = 0{,}1$)
Unterschiede zwischen den Geschäftstypen	6,33	3	2,11		
Unterschiede innerhalb der Geschäftstypen	517,97	594	0,87	2,42 >	2,09
Total	524,31	597			

Legende. α = Irrtumswahrscheinlichkeit.

Mittelwertdifferenzen zwischen den Geschäftstypen auf ihre Signifikanz überprüft (vgl. Duncan 1955, S. 34 f.).

Beim Produktgeschäft (Mittelwert = 2,99; Standardabweichung = 0,93) ist die Relevanz der Marke am geringsten. Im Systemgeschäft (Mittelwert = 3,18; Standardabweichung = 0,90) und im Integrationsgeschäft (Mittelwert = 3,19; Standardabweichung = 0,87) hat die Marke schon eine etwas höhere Bedeutung. Die höchste Markenrelevanz weist jedoch das Projektgeschäft (Mittelwert = 3,25; Standardabweichung = 0,74) auf. Ordnet man die Mittelwerte der Markenrelevanz im Geschäftstypenansatz den jeweiligen Geschäftstypen zu (vgl. Abb. 2), wird deutlich, dass die Relevanz der Marke ausgehend vom Produktgeschäft zum Systemgeschäft, Projektgeschäft oder Integrationsgeschäft hin steigt. Der anschließende Mehrgruppenvergleich zeigt zudem, dass sich die Markenrelevanz im Produktgeschäft signifikant von der Markenrelevanz der anderen Geschäftstypen unterscheidet. Zwischen dem Systemgeschäft, dem Projektgeschäft und dem Integrationsgeschäft hingegen bestehen keine signifikanten Unterschiede. Dieser Zusammenhang deutet darauf hin, dass die Markenrelevanz ausgehend vom Produktgeschäft zu den anderen Geschäftstypen hin radial zunimmt, was durch die gräuliche Färbung in Abb. 4 veranschaulicht wird.

Einen möglichen Erklärungsansatz für diesen Zusammenhang liefern Backhaus et al. (2013): Sie sehen im Risiko das ausschlaggebende Unterscheidungsmerkmal für Transaktionen im Industriegüterbereich (vgl. Backhaus et al. 2013, S. 12). Budt und Lügger (2013, S. 71 f.) unterscheiden dabei drei Risikoarten: Das funktionale Risiko (die Gefahr, ein nicht oder nur bedingt funktionsfähiges Leistungsangebot zu erwerben), das Verhaltensrisiko (die Gefahr, vom Anbieter ausgenutzt zu werden) und das finanzielle Risiko (die Gefahr eines monetären Verlusts). Je nach Geschäftstyp sind diese Risikoarten und somit das Gesamtrisiko der Transaktion unterschiedlich stark ausgeprägt.

Im *Produktgeschäft* handelt es sich weitgehend um standardisierte bzw. normierte Leistungsangebote (z. B. Normschrauben oder Mikrochips). Bei diesen Produkten ist das Risiko einer Transaktion sehr gering. Zum einen sind diese Produkte in der Regel bereits am Markt erprobt, sodass das funktionale Risiko sehr niedrig ist (vgl. Budt und Lügger 2013, S. 72). Zum anderen ist die Gefahr gering, vom Anbieter ausgenutzt zu werden, da

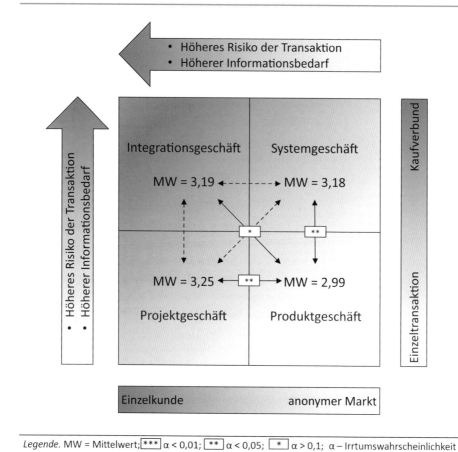

Abb. 4 Einfluss der Geschäftstypen auf die Markenrelevanz in Abhängigkeit vom Risiko und Informationsbedarf (Eigene Darstellung)

der Nachfrager bei Folgekäufen ohne Probleme auf einen anderen Anbieter zurückgreifen kann. Aufgrund des niedrigen Risikopotentials derartiger Produkte besteht hier ein geringer Informationsbedarf auf Seiten der Nachfrager. Vor diesem Hintergrund verwundert es nicht, wenn der Marke als Mittel zur Risikoreduktion und Informationseffizienz im Produktgeschäft nur eine vergleichsweise geringe Relevanz zukommt.

Anders verhält es sich im *Systemgeschäft*. Hier ist das Risiko deutlich höher als im Produktgeschäft, da der Nachfrager bei Folgekäufen langfristig an den Anbieter gebunden ist. Dies ist z. B. bei der Implementierung von Buchungssoftware der Fall (vgl. Backhaus et al. 2013, S. 10). Ein Wechsel auf eine andere Buchungssoftware würde bspw. zu teuren Umschulungen der Mitarbeiter führen. Dadurch hat der Anbieter die Möglichkeit, den Nachfrager durch hochpreisige Neuversionen der Software und Softwareerweiterungen auszubeuten. Mit zunehmender Bindung an den Anbieter nimmt daher sowohl das Verhaltensrisiko als auch das finanzielle Risiko für den Nachfrager (entlang der vertikalen Achse) tendenziell zu (vgl. Budt und Lügger 2013, S. 72). Aufgrund des erhöhten Risikos besteht im Systemgeschäft ein gesteigerter Informationsbedarf auf Seiten der Nachfrager. Die Relevanz der Marke ist im Systemgeschäft daher in der Regel höher als im Produktgeschäft. Marken wie z. B. SAP/R3 scheinen in der Lage zu sein, die benötigten Informationen effizient bereitzustellen und das Risiko für den Nachfrager zu reduzieren.

Beim *Projektgeschäft* ist das Risiko ebenfalls höher als im Produktgeschäft. Hier handelt es sich in der Regel um auftragsgefertigte, individualisierte Projekte wie bspw. industrielle Großanlagen. Das funktionale Risiko ist dabei außerordentlich hoch, weil die Leistung bspw. in Abhängigkeit von Standortgegebenheiten oder Größe individuell angefertigt wird (vgl. Backhaus et al. 2013, S. 10). Häufig werden Projektgeschäfte von einem hohen finanziellen Risiko begleitet, da bei einer Verzögerung oder einem Ausfall schnell hohe Schadenssummen entstehen. Mit zunehmendem Grad der Individualisierung des Leistungsangebotes nehmen das funktionale und das finanzielle Risiko (entlang der horizontalen Achse) deshalb tendenziell zu (vgl. Budt und Lügger 2013, S. 72). Die Buying Center sind aufgrund der Wichtigkeit der Transaktion bei solchen Beschaffungsvorgängen in der Regel relativ groß und verfügen über komplexe Strukturen, sodass einem effizienten Informationstransfer eine hohe Bedeutung zukommt. Wegen des relativ hohen Risikos sucht das Buying Center unter Rückgriff auf unterschiedliche Informationskanäle intensiv nach Informationen (vgl. Backhaus et al. 2013, S. 16). Marken können hierbei die Suche nach Informationen erleichtern und das Risiko von Transaktionen verringern. Dies erklärt die vergleichsweise hohe Markenrelevanz in diesem Geschäftstyp.

Das *Integrationsgeschäft* schließlich, bei dem z. B. ein Automobilzulieferer eine spezifische Scheinwerferlösung für das Heck eines bestimmten Automobils entwickelt, ist sowohl durch einen hohen Individualisierungsgrad der Leistung als auch durch eine enge Bindung zwischen Anbieter und Nachfrager geprägt. Bei diesem Geschäftstyp sind das funktionale Risiko und das Verhaltensrisiko sowie das finanzielle Risiko daher dementsprechend hoch. Ähnlich wie im Projektgeschäft ist der Informationsbedarf relativ hoch und das Buying Center verhältnismäßig groß, sodass eine effiziente Informationsvermittlung im Vordergrund steht. Marken spielen daher im Integrationsgeschäft im Vergleich zum Produktgeschäft eine wichtige Rolle.

4 Markenrelevanz im Industriegüterbereich: Ein Fazit

Unsere Ausführungen haben gezeigt, dass Marken im Industriegütermarketing sowohl aus wissenschaftlicher Perspektive als auch aus Praxissicht mittlerweile eine deutlich höhere Bedeutung zugesprochen wird als noch vor einigen Jahren.

Unsere Untersuchung macht jedoch deutlich, dass die Markenrelevanz im Industriegüterbereich anders zu beurteilen ist als im Konsumgüterbereich. Dies ist im Wesentlichen darin begründet, dass sich die Bedeutung der Markenfunktionen zwischen den beiden Bereichen elementar unterscheidet. Während im Konsumgüterbereich der ideelle Nutzen und die Informationseffizienz der Marke im Vordergrund stehen, spielen im Industriegüterbereich vor allem die Risikoreduktion und die Informationseffizienz eine wichtige Rolle. Die Heterogenität der Industriegütermärkte erfordert darüber hinaus eine differenzierte Betrachtung der Markenrelevanz, je nachdem welcher Geschäftstyp im Industriegütermarketing betrachtet wird. Gerade in Geschäftstypen, denen ein höheres Transaktionsrisiko anhaftet und bei denen dadurch ein höherer Informationsbedarf besteht, hat die Marke als Mittel zur Risikoreduktion und Informationseffizienz tendenziell eine höhere Bedeutung. Somit kommt dem System-, dem Projekt- und dem Integrationsgeschäft tendenziell eine höhere Markenrelevanz zu als dem Produktgeschäft.

Zusammenfassend lässt sich festhalten, dass eine effektive und effiziente Markenführung die gegensätzliche Funktionalität von Marken auf Industriegütermärkten und Konsumgütermärkten beachten und insbesondere im Hinblick auf Entscheidungen für Markeninvestitionen die unterschiedliche Markenrelevanz der einzelnen Geschäftstypen im Industriegütermarketing berücksichtigten sollte.

Literatur

Aaker, D.A. 1992. *Management des Markenwertes*. Frankfurt a. M: Campus-Verlag.

Absatzwirtschaft 2013. *Konsumenten bewerten Adidas, Amazon, Nivea, Samsung und Götz W. Werner als beste Marken, 05.12.2013.* http://www.absatzwirtschaft.de/content/marketingstrategie/news/_b=79149,_p=1003002,_t=fthighlight,highlightkey=best+brands

Backhaus, K. 1998. Industrial marketing: A German view. *Thexis* 15(4): 2–6.

Backhaus, K., und M. Voeth. 2014. *Industriegütermarketing*, 10. Aufl. München: Vahlen.

Backhaus, K., O. Bröker, P. Brüne, und P. Gausling. 2013. *Digitale Medien in B2B-Beschaffungsprozessen – eine explorative Untersuchung, Arbeitspapier Nr. 52*. Münster: 2013.

Backhaus, K., M. Steiner, und K. Lügger. 2011. To invest, or not to invest, in brands? Drivers of brand relevance in B2B markets. *Industrial Marketing Management* 40(7): 1082–1092.

Backhaus, K., B. Erichson, W. Plinke, und R. Weiber. 2011. *Multivariate Analysemethoden*, 13. Aufl. Berlin: Springer.

Baumgarth, C. 1998. *Vertikale Marketingstrategien im Investitionsgüterbereich*. Frankfurt a. M. u. a: Lang.

Bendixen, M., K.A. Bukasa, und R. Abratt. 2004. Brand equity in the business-to-business market. *Industrial Marketing Management* 33(5): 371–381.

Brand Finance 2013. *Brand Finance Global 500 (100), 07.12.2013*. http://brandirectory.com/league_tables/table/global-500-2013

BrandZ Top 100 2013. *BrandZ Top 100 Most Valuable Brand 2013, 05.12.2013*. http://www.millwardbrown.com/brandz/2013/Top100/Docs/2013_BrandZ_Top100_Chart.pdf

Brown, B.P., A.R. Zablah, D.N. Bellenger, und W.J. Johnston. 2011. When do B2B brands influence the decision making of organizational buyers? An examination of the relationship between purchase risk and brand sensitivity. *International Journal of Research in Marketing* 28(3): 194–204.

Bruhn, M. 2004. Begriffsabgrenzungen und Erscheinungsformen von Marken. In *Handbuch Markenartikel*, 2. Aufl., Bd. 1, Hrsg. M. Bruhn, 3–50. Stuttgart: Schäffer-Poeschel.

Budt, M., und K. Lügger. 2013. Vertriebsmanagement für Industriegüter. In *Führung von Vertriebsorganisationen – Strategie – Koordination – Umsetzung*, Hrsg. L. Binckebanck, A.-K.Tiffert.A. Hölter, 67–90. Wiesbaden: Springer Gabler.

Burmann, C., M. Kranz, und J.-P. Weers. 2005. Bewertung und Bilanzierung von Marken – Bestandsaufnahme und kritische Würdigung. In *Markenmanagement: Grundlagen der identitätsorientierten Markenführung*, 2. Aufl., Hrsg. H. Meffert, C. Burmann, M. Koers, 319–346. Wiesbaden: Gabler.

Büschken, J. 1997. Welche Rolle spielen Investitionsgüter-Marken? *Absatzwirtschaft* 40(Sondernummer Oktober): 192–195.

Büschken, J. 1999. *Wirkung von Reputation zur Reduktion von Qualitätsunsicherheit, Diskussionsbeitrag Nr. 123 der Katholischen Universität Eichstätt*. Ingolstadt.

Caspar, M., A. Hecker, und T. Sabel. 2002. *Markenrelevanz in der Unternehmensführung – Messung, Erklärung und empirische Befunde für B2B-Märkte, MCM/McKinsey-Reihe zur Markenpolitik, Arbeitspapier Nr. 4*. Münster.

DeChernatony, L., und M.H.B. McDonald. 2003. *Creating Powerful Brands in Consumer, Service and Industrial Markets*, 3. Aufl. Oxford: Elsevier/Butterworth-Heinemann.

D.P.M.A. 2012. *Deutsches Patent- und Markenamt – Jahresbericht 2012*. München: Weber Offset GmbH.

Duncan, D.B. 1955. Multiple Range and Multiple F Tests. *Biometrics* 11(1): 1–42.

Egan, C., D. Shipley, und P. Howard. 1992. The Importance of Brand Names in Industrial Markets. In *Perspectives on Marketing Management*, Bd. 2, Hrsg. M.J. Baker, 307–324. Chichester: Wiley.

Firth, M. 1993. Price-Setting and the Value of strong Brand Names. *International Journal of Research in Marketing* 10(4): 381–386.

Fischer, M., F. Völckner, und H. Sattler. 2010. How Important Are Brands? A Cross-Category, Cross-Country Study. *Journal of Marketing Research* 47(4): 823–839.

Forbes Most Valuable Brands 2013. *The World's Most Valuable Brands, 05.12.2013*. http://www.forbes.com/powerful-brands/list/

Google Scholar 2013. *Wissenschaftliche Artikel zum Thema "Branding" im Zeitraum von 2000 bis 2013, 11.12.2013*. http://scholar.google.de/scholar?q=branding&hl=de&as_sdt=0%2C5&as_ylo=2000&as_yhi=2013

Gordon, G.L., R.J. Calantone, und C.A. DiBenedetto. 1993. Brand Equity in the Business-to-Business Sector: An Exploratory Study. *Journal of Product & Brand Management* 2(3): 4–16.

Han, S.-L., und H.-S. Sung. 2008. Industrial brand value and relationship performance in business markets – A generalstructural equation model. *Industrial Marketing Management* 37(7): 807–818.

Hauser, T., und M. Groll. 2002. Kompetenz als Botschaft und Vertrauen als Ziel. *Absatzwirtschaft – Sonderausgabe Marken* 45(3): 38–40.

Herbst, U., N. Schmidt, S. Ploder, und V. Austen. 2012. *What Do We Know About B2B Branding in Marketing Research? A Comprehensive Status Quo Analysis, Arbeitspapier*, Hohenheim/Tübingen.

Hintze-Lietze, S. 1991. Marketing für Investitionsgüter. In *Marketing – Grundlagen, Instrumente und praktische Anwendungen*, 2. Aufl., Hrsg. H.G. Geisbüsch, R. Geml, H. Lauer, 847–860. Landsberg: Verlag Moderne Industrie.

Homburg, C., M. Klarmann, und J. Schmitt. 2010. Brand awareness in business markets: When is it related to firm performance? *International Journal of Research in Marketing* 27(3): 201–212.

Hutton, J.G. 1997. A study of brand equity in an organizational-buying context. *Journal of Product & Brand Management* 6(6): 428–439.

Interbrand 2008. *The Best Global Brands 2008, 04.12.2013.* http://interbrand.com/en/best-global-brands/previous-years/best-global-brands-2008.aspx

Interbrand 2013. *The Best Global Brands 2013, 04.12.2013.* http://interbrand.com/en/best-global-brands/2013/Best-Global-Brands-2013-Brand-View.aspx

Jacoby, J., G.J. Szybillo, und J. Busato-Schach. 1977. Information Acquisition Behavior in Brand Choice Situation. *Journal of Consumer Research* 3(1): 209–216.

Kapferer, J.-N. 1989. *La Marque: moteur de la compétitivité des entreprises et de la croissance de l'économie.* Paris: McGraw-Hill.

Kemper, A.C. 2000. *Strategische Markenpolitik im Investitionsgüterbereich.* Köln: Eul Verlag.

Kenning, P. 2003. Die sieben populärsten Irrtümer der Markenführung. *Harvard Businessmanager* 10(6): 106–109.

Kotler, P., und W. Pfoertsch. 2007. Being known or being one of many: the need for brand management for business-to-business (B2B) companies. *Journal of Business & Industrial Marketing* 22(6): 357–362.

Krämer, C. 1993. *Marketingstrategien für Produktionsgüter.* Wiesbaden: Deutscher Universitäts-Verlag.

Leek, S., und G. Christodoulides. 2011. A literature review and future agenda for B2B branding: Challenges of branding in a B2B context. *Industrial Marketing Management* 40(6): 830–837.

Leischnig, A., und M. Enke. 2011. Brand stability as a signaling phenomenon – An empirical investigation in industrial markets. *Industrial Marketing Management* 40(7): 1116–1122.

Markenverband, und McKinsey. 2011. *Die Marke machts – Die Bedeutung der Marke und Markenindustrie in Deutschland*

McClure, S., J. Li, D.Cypert.K.S. Tomlin, L.M. Montague, und P.R. Montague. 2004. Neural Correlates of Behavioral Preference for Culturally Familiar Drinks. *Neuron* 44(2): 379–387.

McKinsey 2013. Business branding – Bringing strategy to life, Marketing & Sales Practice. o. V., o. O.

Meffert, H., C. Burmann, und M. Koers. 2002. Stellenwert und Gegenstand des Markenmanagements. In *Markenmanagement: Grundlagen der identitätsorientierten Markenführung*, Hrsg. H. Meffert, C. Burmann, M. Koers, 3–15. Wiesbaden: Gabler.

Merbold, C. 1995. Die Investitionsgüter-Marke. *Markenartikel* 57(9): 414–417.

Michell, P., J. King, und J. Reast. 2001. Brand Values Related to Industrial Products. *Industrial Marketing Management* 30(5): 415–425.

Mudambi, S. 2002. Branding Importance in Business-to-Business Markets – Three Buyer Clusters. *Industrial Marketing Management* 31(6): 525–533.

Mudambi, S.M., P. Doyle, und V. Wong. 1997. An Exploration of Branding in Industrial Markets. *Industrial Marketing Management* 26(5): 433–446.

Pettis, C. 1995. *Techno Brands – How to create & use "brand identity" to market, advertise & sell technology products*. New York u. a: Amacom.

PriceWaterhouseCoopers 2012. *Markenstudie 2012, PricewaterhouseCoopers Aktiengesellschaft Wirtschaftsprüfungsgesellschaft*

PriceWaterhouseCoopers, und H. Sattler. 2001. *Praxis von Markenbewertung und Markenmanagement in deutschen Unternehmen*, 2. Aufl. Frankfurt a. M.: Fachverlag Moderne Wirtschaft.

Roberts, J., und B. Merrilees. 2007. Multiple roles of brands in business-to-business services. *Journal of Business & Industrial Marketing* 22(6): 410–417.

Robinson, P.J., C.W. Faris, und Y. Wind. 1967. *Industrial buying and creative marketing*. Boston.: Allyn & Bacon.

Saunders, J.A., und F.A.W. Watt. 1979. Do Brand Names Differentiate Identical Industrial Products? *Industrial Marketing Management* 8(2): 114–123.

Shipley, D., und P. Howard. 1993. Brand-Naming Industrial Products. *Industrial Marketing Management* 22(1): 59–66.

Sinclair, S.A., und K.E. Seward. 1988. Effectiveness of Branding a Commodity Product. *Industrial Marketing Management* 17(1): 23–33.

Strothmann, K.-H. 1986. Image-Politik für innovative Technologien. In *Jahrbuch der Industriewerbung 1986*, Hrsg. Meynen GmbH, 17–22. Wiesbaden: Verlag Technik und Wirtschaft.

Udell, J.G. 1972. *Successful Marketing Strategies in American Industries*. Madison: Mimir Publishers.

Voeth, M., und C. Rabe. 2004. Industriegütermarken. In *Handbuch Markenführung*, 2. Aufl., Hrsg. M. Bruhn, 75–94. Wiesbaden: Gabler.

Yoon, E., und V. Kijewski. 1995. The Brand Awareness-to-Preference Link in Business Markets. *Journal of Business-to-Business-Marketing* 2(4): 7–37.

B-to-B-Marken: Forschungsstand und Bezugsrahmen der Markenführung

Carsten Baumgarth

Inhaltsverzeichnis

1 Bedeutung von B-to-B-Marken 386
2 Markenrelevante Besonderheiten des B-to-B-Bereichs 387
3 Forschungsstand zur B-to-B-Marke 389
  3.1 Theoretische Positionen 389
  3.2 Empirische Forschungsarbeiten 392
4 Bezugsrahmen der B-to-B-Markenführung 394
  4.1 Überblick und Bezugsrahmen 394
  4.2 Elemente der B-to-B-Markenführung 396
    4.2.1 Markenorientierung 396
    4.2.2 Grundsatzentscheidung 396
    4.2.3 Positionierung 397
    4.2.4 Markenstrategie 398
    4.2.5 Branding 400
    4.2.6 Markenanreicherung 401
    4.2.7 Interne Markenführung 402
    4.2.8 Markenorientiertes Marketing 402
5 Fazit 404
6 Anhang: Empirische Arbeiten zur B-to-B-Marke (2006–2013) 405
Literatur 408

Prof. Dr. Carsten Baumgarth ✉
Hochschule für Wirtschaft und Recht Berlin, Fachbereich 1 Wirtschaftswissenschaften,
Berlin, Deutschland
e-mail: carsten.baumgarth@hwr-berlin.de

© Springer Fachmedien Wiesbaden 2015
K. Backhaus und M. Voeth (Hrsg.), *Handbuch Business-to-Business-Marketing*,
DOI 10.1007/978-3-8349-4681-2_19

1 Bedeutung von B-to-B-Marken

Lange Zeit konzentrierte sich die Markenforschung fast ausschließlich auf den Konsumgüterbereich. Auch belegen frühere Studien die geringe Relevanz des Markenansatzes für die B-to-B-Praxis. Beispielsweise bewertete die deutsche Investitionsgüterindustrie in einer 1992 durchgeführten Studie die Markenführung als unwichtigste Marketing-Strategie (o. V., 1993, S. 66). Auch in der Produktionsgüterstudie von Krämer (1993) wurde für die Markenpolitik nur ein Budgetanteil von rund 5 % am gesamten Marketingbudget ermittelt.

Allerdings beschäftigte sich in den vergangenen Jahren sowohl die Praxis als auch die Wissenschaft (vgl. Abschn. 3) verstärkt mit dem Thema B-to-B-Marke. Diese zunehmende Berücksichtigung ist auch gerechtfertigt, da neuere empirische Studien die Relevanz von Marken auch für den B-to-B-Bereich belegen. In einer aktuellen Studie im deutschen Mittelstand gaben nur 4 % der B-to-B-Verantwortlichen an, dass Markenführung nur für B-to-C-Unternehmen wichtig ist (cuecon 2013). Auch in der B-to-B-Studie von Richter (2007) stimmten die Vertreter aller Branchen darin überein, dass die zukünftige Bedeutung der B-to-B-Markenführung deutlich zunehmen wird. Eine weitere Studie (n = 769; 20 verschiedene B-to-B-Leistungen, Deutschland) von Caspar et al. (2002) zeigte, dass die Markenrelevanz aus Sicht der Abnehmer im B-to-B-Bereich nur 0,3 % unter der Markenrelevanz im Konsumgüterbereich liegt (Sechser-Skala). In einer englischen Studie konnte Mudambi (2002) aufzeigen, dass in einem speziellen Produktbereich (technische Lager) ein relevantes Cluster (37 % aller Befragten) an Einkäufern existiert, welches der Marke neben den Produkteigenschaften, dem Preis und den Lieferbedingungen eine hohe Relevanz zuordnet.

Auch Markenwertstudien belegen die hohe wirtschaftliche Bedeutung von B-to-B-Marken. Exemplarisch ist das jährliche Markenwert-Ranking von Interbrand (Interbrand 2012) zu nennen. In diesem Ranking befinden sich unter den Top 100 der weltweit wertvollsten Marken 20 Marken, die vollständig oder überwiegend im B-to-B-Bereich tätig sind. Nach diesem Ranking sind die B-to-B-Marken IBM (76 Mrd. USD), GE (44 Mrd. USD), Intel (39 Mrd. USD), Cisco (27 Mrd. USD), Oracle (22 Mrd. USD) und SAP (15 Mrd. USD) unter den Top-25 der wertvollsten B-to-B-Marken.

Gründe für die hohe und steigende Relevanz von B-to-B-Marken sind vielfältig. Unter anderem lassen sich folgende nennen (Baumgarth 2001):

- zunehmende Homogenisierung der Leistungen,
- Verringerung persönlicher Beziehungen durch die Zunahme der medialen und digitalen Kommunikation und häufigen Personalwechsel auf der Anbieter- und Nachfragerseite,
- zunehmende Komplexität der Leistungen (z. B. Systemlösungen),
- zunehmender Preisdruck.

Zusammenfassend lässt sich festhalten, dass die Bedeutung von Marken in der Praxis auch im B-to-B-Bereich steigt bzw. mittlerweile eine hohe Bedeutung aufweist. Im Folgenden ist zu klären, ob sich B-to-B-Marken im Vergleich zu klassischen B-to-C-Marken durch Besonderheiten auszeichnen, die zu Implikationen für die Markenführung führen.

2 Markenrelevante Besonderheiten des B-to-B-Bereichs

Die Markenführung für die B-to-B-Marken zeichnet sich durch einige Besonderheiten im Vergleich zur klassischen Marke im Konsumgüterbereich aus (z. B. Baumgarth, 2010a, S. 48 ff.; Caspar et al. 2002, S. 18 ff.; Kemper 2000, S. 34 ff.). Diese resultieren zunächst aus fundamentalen Unterschieden in der Marktleistung, den Nachfragern sowie den Marktprozessen.

1. Marktleistung

Die Markenführung im B-to-B-Bereich bezieht sich im Vergleich zum B-to-C-Bereich auf heterogene Leistungen. Beispielsweise zählen zum B-to-B-Bereich sowohl Massenprodukte (z. B. Commodities in der chemischen Industrie) als auch Individuallösungen (z. B. Kraftwerksanlagen), sowohl niedrig- als auch hochpreisige Leistungen, sowohl Standardleistungen als auch erklärungsbedürftige Leistungen. Dies führt dazu, dass im Rahmen der B-to-B-Markenführung Besonderheiten der Leistungen als Kontextfaktoren zu berücksichtigen sind.

2. Nachfrager

Im Gegensatz zu Konsumenten handelt es sich bei B-to-B-Nachfragern immer um Organisationen (Industrieunternehmen, staatliche und nicht-kommerzielle Institutionen etc.). Mit der organisationalen Beschaffung sind u. a. folgende Aspekte verbunden:

- höherer Formalisierungsgrad,
- rationalere Entscheidungen,
- kollektive Entscheidung (Buying Center).

Speziell das Buying Center ist für die B-to-B-Markenführung von Relevanz, da sich die Bedürfnisse und die Beurteilungen der Marke zwischen den verschiedenen Rollen deutlich unterscheiden können.

Eine weitere Besonderheit ist die i. d. R. relativ geringe Anzahl von Abnehmern und die daraus resultierende Markttransparenz. In B-to-B-Märkten mit einer hohen Markttransparenz spielt die Markenbekanntheit als Erfolgsgröße bzw. Bestandteil der Markenstärke häufig nur eine nachgeordnete Rolle.

Ferner handelt es sich bei der organisationalen Nachfrage immer um eine derivative Nachfrage, d. h. die Nachfrage entsteht nicht bei den direkten Abnehmern, sondern resultiert aus weiter nachgelagerten Bedarfen. Aus der derivativen Nachfrage und der damit verbundenen Mehrstufigkeit der Absatzmärkte resultiert die markenstrategische Entscheidung über die vertikale Reichweite der B-to-B-Marke.

3. Marktprozesse

Die Marktprozesse im B-to-B-Bereich zeichnen sich regelmäßig durch langfristige und persönliche Geschäftsbeziehungen aus, d. h. auf B-to-B-Märkten basiert die Bindung sowie auch ein Preis- bzw. Mengenpremium nicht nur auf den isolierten Wirkungen der Marke, sondern auch auf persönlichen Beziehungen. Dies hat auch Auswirkungen auf die B-to-B-Marke, da zum einen „Personenmarken" die Stärke der B-to-B-Marke direkt beeinflussen und zum anderen ein markenorientiertes Marketing die persönliche Kommunikation als zentrales Instrument berücksichtigen muss.

Neben diesen fundamentalen Besonderheiten zeichnet sich die B-to-B-Markenführung im Vergleich zum Pendant im B-to-C-Umfeld durch einige Akzentverschiebungen der praktizierten Markenführung aus, woraus weitere Anforderungen resultieren.

4. Dominanz von Dachmarken

Im B-to-B-Bereich dominieren Marken mit einer ausgeprägten Markenbreite. Nach einer Studie von Homburg (2003) setzen 80 % der befragten Marketing- und Vertriebsleiter eine Dachmarke isoliert oder in Kombination mit anderen Markenebenen ein (ähnlich o. V., 1993, S. 76 f.). Häufig handelt es sich dabei gleichzeitig um Firmenmarken (Corporate Brands). Falls Submarken zum Einsatz gelangen, weisen diese oftmals einen deutlichen Bezug zur Firmenmarke auf oder es handelt sich um bedeutungsarme alpha-numerische Kürzel. Ferner zeichnen sich die Dachmarken teilweise dadurch aus, dass die Positionierung dieser Marke nicht identisch ist, sondern für verschiedene Zielgruppen, Regionen und Produktkategorien unterschiedlich ausfallen. Die Dominanz der Dachmarke führt dazu, dass die Markenpositionierung und das damit verbundene Markenimage aus Abnehmersicht häufig nur abstrakte und generische Markenwerte umfasst. Weiterhin ist die Anzahl von möglichen Assoziationen auf einer Dachmarken- im Vergleich zu einer Produktmarkenebene eingeschränkter, weshalb der Wettbewerb zwischen den Marken eher in einem einheitlichen Wahrnehmungsraum stattfindet (Gordon et al. 1993, S. 7).

5. Budget für Markenführung

Da die Markenführung bislang in den meisten B-to-B-Unternehmen (noch) nicht die höchste strategische Bedeutung aufweist, sind für die Markenführung, aber auch für deren informatorische Absicherung und allgemein für das Marketing, nur beschränkte Budgets verfügbar. Diese Budgetknappheit wird noch dadurch verstärkt, dass der überwiegende Teil der Firmen mit B-to-B-Marken mittelständisch strukturiert ist.

6. Bewusstsein für Markenführung

Viele B-to-B-Unternehmen sind auf der Führungsebene und in der Unternehmenskultur ingenieurs- und zahlenorientiert. Daraus folgt, dass die Markenführung im Bewusstsein der Unternehmensführung häufig nicht die höchste Priorität innehat bzw. die Relevanz der B-to-B-Marke durch „harte" Zahlen belegt werden muss. Bedingt durch die fehlende interne Markenrelevanz fehlen häufig auch entsprechende Kompetenzen und Ressourcen (z. B. Wissen, Macht) zur Führung von B-to-B-Marken.

3 Forschungsstand zur B-to-B-Marke

3.1 Theoretische Positionen

Zur theoretischen Fundierung der B-to-B-Markenführung lassen sich in der bisherigen Forschung verschiedene theoretische „Scheinwerfer" identifizieren, die bestimmte Teilbereiche der B-to-B-Marke beleuchten. Wichtige und in der bisherigen Forschung häufig verwendete Positionen werden im Weiteren skizziert.

(1) Ressourcenorientierung

Der ressourcenorientierte Ansatz (zum Überblick Freiling 2004; Wolf 2011, S. 564 ff.) versucht, Wettbewerbsvorteile bzw. den Erfolg von Unternehmen durch die interne Verfügbarkeit und im Vergleich zu Wettbewerbern spezifische Ausstattung von Potentialen zu erklären. Dabei behandelt die ressourcenorientierte Forschung u. a. die Einteilung von Ressourcen (z. B. Barney 1991), die Eigenschaften von wertvollen Ressourcen (z. B. VRIO-Schema nach Barney 2010) sowie den Aufbau und die Entwicklung von Ressourcen (z. B. Thiele 1997).

Die Analyse von B-to-B-Marken kann von einer ressourcenorientierten Betrachtung in zweifacher Hinsicht profitieren. Zum einen können B-to-B-Marken als eigenständige, intangible Ressourcen aufgefasst werden, die entsprechend aufzubauen und zu schützen sind. Zum anderen kann analysiert werden, welche Ressourcen für den Aufbau oder die Führung von B-to-B-Marken relevant sind. Ressourcenorientierte Ansätze finden sich sowohl in konzeptionellen (z. B. Freiling und Sohn 2010) als auch empirischen (z. B. O'Cass und Weerawardena, 2010; Spyropoulou et al. 2010; Willrodt 2004) Arbeiten zur B-to-B-Marke.

(2) Verhaltenswissenschaften

Der Kerngedanke einer verhaltenswissenschaftlichen Betrachtung ist die Analyse, Erklärung und Prognose von tatsächlichem Verhalten von Einzelpersonen oder Gruppen von Personen (zum Überblick Kuß 2011, S. 189 ff.; Wolf 2011, S. 234 ff.). Dabei umfasst das Verhalten nicht nur beabsichtigte und zielgerichtet-rationale Handlungen, sondern auch gerade nicht-zielgerichtete, emotionale oder unterbewusste Aktionen. Im Regelfall basiert eine verhaltenswissenschaftliche Analyse auf den Rückgriff auf psychologische, sozial-psychologische und soziologische Ansätze. Prinzipiell könnte eine verhaltenswissenschaftliche Betrachtung sowohl das Anbieter- als auch das Abnehmerverhalten in Bezug auf B-to-B-Marken erklären (Baumgarth und Meissner 2010). Allerdings dominiert bislang der Einsatz einer verhaltenswissenschaftlichen Perspektive zur Erklärung der Abnehmerseite (z. B. Bausback 2007; Herbst und Merz 2011; Homburg et al. 2006). Teilweise erfolgt aber mittlerweile im Kontext der Internen Markenführung auch die Berücksichtigung von verhaltenswissenschaftlichen Ansätzen bei anbieterorientierten Forschungen (z. B. Schmidt 2009). Eine verhaltenswissenschaftliche Sichtweise dient im Rahmen der B-to-B-Markenführung insbesondere der Erklärung und Prognose der Konsequenzen von Markenführungsentscheidungen.

(3) Informationsökonomie

Die Informationsökonomik bildet einen Zweig der Neuen Institutionenökonomik (zum Überblick Richter und Furobotn 2010). Sie fokussiert auf die Informationsasymmetrien zwischen Parteien und mögliche Ansätze zur Behebung dieser. Ein zentraler Ansatz der Informationsökonomie ist die auf Nelson (1974) und Darby und Karni (1973) zurückgehende Typologie der Such-, Erfahrungs- und Vertrauenseigenschaften (Kaas und Busch 1996; Weiber und Adler 1995, S. 54 ff.). Speziell Vertrauenseigenschaften, die sich dadurch auszeichnen, dass sie weder vor noch nach der Transaktion mit adäquatem Aufwand überprüft werden können, sind typisch für das B-to-B-Geschäft (z. B. Vertragsunterzeichnung bei Zuliefergeschäften oder Beauftragung eines Consultingunternehmens). Da vor allem Vertrauenseigenschaften mit einem hohen Risiko für eine der beteiligten Parteien verknüpft sind und ein hohes Risiko Transaktionen erschwert oder verhindern kann, sind Mechanismen zur Unsicherheitsreduktion durch sog. Informationssurrogate notwendig. Eine B-to-B-Marke, die mit einer hohen Reputation verbunden ist, kann ein solches Informationssurrogat darstellen. Daher finden sich vereinzelt in der Forschung konzeptionelle (z. B. Freiling und Sohn 2010) und empirische Arbeiten (z. B. Leischnig und Enke 2011), die explizit eine informationsökonomische Sichtweise zur Analyse von B-to-B-Marken einnehmen.

(4) Markenidentität

Die identitätsorientierte Betrachtung von Marken (zum Überblick Burmann et al. 2012; Hatch und Schultz 2008; Kapferer 2012) geht im Kern davon aus, dass das Bild einer Marke beim Abnehmer (Markenimage) aus einer (starken) Identität entsteht, wobei die Identität die wesensprägenden Eigenschaften umfasst, wofür die Marke aus Sicht aller Mitarbeiter eines Unternehmens steht. Weiterhin propagieren die meisten identitätsbasierten Ansätze, dass die Identität nicht direkt gestaltet werden kann, sondern nur indirekt durch bestimmte Entscheidungen, die den Fit zwischen den einzelnen Bausteinen erhöhen und damit langfristig eine einheitliche Markenidentität erzeugen.

Diese theoretische Position ist besonders für den B-to-B-Bereich fruchtbar, da zum einen die B-to-B-Marke überwiegend identisch mit dem Unternehmen ist (Dachmarkendominanz), wodurch alle Mitarbeiter eines Unternehmens als Repräsentanten der Marke im professionellen wie auch im privaten Umfeld agieren. Zum anderen bedingt die geringe Anzahl an Abnehmern sowie die persönlichen, vielfältigen und intensiven Kontakte zwischen Mitarbeitern des Unternehmens und des Kunden eine hohe Relevanz der persönlichen Markenkontaktpunkte. Eine B-to-B-Marke wird gerade nicht durch mediale Kontakte oder Verpackungen, sondern durch vielfältige Face-to-Face-Kontakte geprägt. Zur Erklärung und Gestaltung dieser Face-to-Face-Kontakte kann der identitätsbasierte Ansatz wertvolle Impulse liefern. Mittlerweile kommt der identitätsbasierte Ansatz zur Analyse von B-to-B-Marken mehr und mehr zum Tragen (konzeptionell: Burmann und Launspach, 2010; empirisch: u. a. Coleman et al. 2011; Krause 2013).

(5) Unternehmenskultur und Strategische Orientierungen

Eng mit einer identitätsbasierten Markenbetrachtung verbunden sind Ansätze zur Unternehmenskultur und zur Strategischen Orientierung. Während die Unternehmenskultur alle Werte umfasst, die im Unternehmen tatsächlich gelebt werden (z. B. Schein 2004), legt der Ansatz der Strategischen Orientierungen seinen Fokus auf die grundsätzliche Philosophie des Unternehmens bzw. der Führungsebene sowie das daraus resultierende unternehmerische Verhalten (z. B. Gutignon und Xuereb 1997). Neben dem grundsätzlichen Aufbau von Unternehmenskulturen bzw. Strategischen Orientierungen ist für die B-to-B-Markenforschung insbesondere die inhaltliche Ausrichtung fruchtbar. Neben klassischen Orientierungen wie Markt- (z. B. Kohli und Jaworski, 1990; Narver und Slater 1990) oder Innovationsorientierung (z. B. Hurley und Hult 1998) ist dabei insbesondere das Konzept der Markenorientierung von Bedeutung.

Das Konzept der Markenorientierung wurde als Gegenkonzept zur klassischen Markt- bzw. Kundenorientierung in die wissenschaftliche Diskussion von den Schweden Mats Urde (1994, 1999) und Frans Melin (1997) eingeführt (auch Baumgarth et al. 2011; Urde et al. 2013). Kerngedanke ist, dass Markenorientierung eine spezielle Ausprägung der Unternehmenskultur bzw. der Strategischen Orientierung darstellt, die sich durch die hohe interne Relevanz der Marke im Top-Management und in der gesamten Unternehmung auszeichnet. Neben der Konzeptualisierung von Markenorientierung wird insbesondere der Einfluss einer (hohen) Markenorientierung auf weitere Konstrukte (z. B. Commitment der Mitarbeiter) und Entscheidungen (z. B. Kommunikationsentscheidungen) sowie auf den Unternehmenserfolg analysiert. Auch im B-to-B-Markenkontext kommt dieser theoretischer Scheinwerfer verstärkt sowohl in konzeptionellen (z. B. Baumgarth und Meissner, 2010, S. 146 f.) als auch empirischen Arbeiten (Baumgarth 2010a; Lee et al. 2008; Schultheiss 2011) zum Tragen.

Insgesamt bleibt festzuhalten, dass es vielfältige theoretische Zugänge zur Analyse von B-to-B-Marken gibt, welche von der bisherigen B-to-B-Marken-Forschung als theoretische Fundierungen Verwendung finden.

3.2 Empirische Forschungsarbeiten

Im Folgenden wird ein knapper Überblick zum empirischen Forschungsstand zur B-to-B-Marke gegeben. Dieser Überblick kann aufgrund des Artikelumfangs nicht vollständig sein. Nachfolgend werden nur empirische Forschungsarbeiten zum Gegenstand B-to-B-Marke aufgenommen, die seit 2006 in wissenschaftlichen Quellen erschienen sind (zum Forschungsstand bis 2005 vgl. Baumgarth und Douven 2006; vgl. zum internationalen Forschungsstand auch Glynn 2011; Leek und Christoulides 2011).

Darüber hinaus existiert noch eine Vielzahl von Branchen- und Praxisstudien, die Teilaspekte von B-to-B-Marken behandeln (z. B. Brand Trust 2010; cuecon 2013; RTS Rieger Team 2010). Weiterhin findet sich in der Literatur eine Vielzahl von Fallstudien. Exemplarisch sind die Marken BÖHLER (Himmelsbach 2007), MAGNA INTERNATIONAL (Strebinger 2010), SEW EURODRIVE (Will 2010) und HEIDELBERGER DRUCKMASCHINEN (Nuneva und Jensen, 2010) zu nennen. Auch liegen mittlerweile erste Textbücher (Hague und Jackson, 1994; Malaval 2001), praxisorientierte Monographien (Kotler und Pfoertsch, 2006; Pförtsch und Schmid, 2005; Masciadri und Zupancic, 2013; speziell zum Ingredient Branding: Pförtsch und Müller, 2006; Mattmüller et al. 2009) und umfangreiche Herausgeberwerke (Baaken et al. 2012; Baumgarth 2010c) speziell zur B-to-B-Markenführung vor.

Der Stand der empirischen Forschung basiert auf der Auswertung der wichtigsten Fachzeitschriften (u. a. Industrial Marketing Management, Journal of Business-to-Business Marketing, Journal of Business and Industrial Marketing, Journal of Product and Brand Management, The Journal of Brand Management, Journal of Marketing, Journal of Marketing Research, Marketing Science, Marketing ZFP, Marketing Letters), Datenbank- und Suchmaschinenabfragen (AMAZON, EBSCO, Google Scholar) sowie der Sichtung von wissenschaftlichen Monografien wie z. B. Doktorarbeiten. Abschließend wurden mit Hilfe des Closed-Circle-Verfahrens die Literaturverzeichnisse der identifizierten aktuellen Beiträge (2011–2013) nach weiteren empirischen Studien ausgewertet. Diese Vorgehensweise führt nicht zwangsläufig zu einer vollständigen Erfassung aller verfügbaren empirischen Studien, aber die Sammlung von insgesamt 54 Studien bzw. 58 empirisch basierten Forschungsbeiträgen für den Betrachtungszeitraum 2006–2013 verdeutlicht Entwicklungen und Schwerpunkte der aktuellen B-to-B-Markenforschung.

Zur Systematisierung ordnet die Tabelle im Angang die Beiträge zunächst den Elementen des Bezugsrahmens, der in Abschn. 4 diskutiert wird, zu. Dabei werden die drei Aspekte Markenführung (MF), Markenwirkung (MW) und Markencontrolling (MC) unterschieden. Weiterhin werden der jeweilige Leistungsbezug oder andere Faktoren als Kontextfaktor angegeben, da diese die Ausgestaltung der B-to-B-Markenführung maßgeblich beeinflussen. Schließlich erfolgt über den gewählten Forschungsansatz eine Charakterisierung der empirischen Forschungsmethodik.

Zunächst zeigt der Forschungsstand, dass im Betrachtungszeitraum 2006–2013 die Anzahl an themenspezifischen Veröffentlichungen im Vergleich zu früheren Perioden deutlich angestiegen ist. Im Durchschnitt sind im Zeitraum 2006–2012 (2013 wurde noch nicht berücksichtigt, da dieses Jahr zum Zeitpunkt der Analyse noch nicht abgeschlossen war) rund 8,1 empirisch ausgerichtete Forschungsstudien pro Jahr in wissenschaftlichen Outlets erschienen. Dieser Wert liegt im Vergleich zum Zeitraum 2000–2005 (3,3 empirische Arbeiten pro Jahr, vgl. Baumgarth und Douven 2006) fast dreimal so hoch.

Zudem lassen sich inhaltliche Schwerpunkte der aktuellen empirischen Forschung identifizieren. Zunächst dominieren mit fast Zweidrittel empirische Arbeiten zu den Wirkungen von B-to-B-Marken, wobei die Konzepte Markenrelevanz und (verhaltensorientierte) Markenstärke im Mittelpunkt der bisherigen Forschung standen. Empirische Arbeiten zur Markenführung sind deutlich seltener und weisen eine hohe thematische Heterogenität auf. Empirische Arbeiten zum Markencontrolling fehlen bislang. Lediglich die Markenwirkungsstudien zur Markenstärke und teilw. zur Markenrelevanz (z. B. MARKET-Q, vgl. Baumgarth 2008; Douven 2009) können Impulse für ein Controlling von B-to-B-Marken liefern.

In Bezug auf den Markenkontext dominieren mit 64 % kontextspezifische Arbeiten, wobei die Branche bzw. eine bestimmte Leistungskategorie in den meisten Fällen als Kontextfaktor fungiert. Weiterhin finden sich einige wenige Arbeiten, die explizit die Situation von KMUs und/oder Familienunternehmen als Markenkontextfaktor berücksichtigen. Bei den branchenübergreifenden Arbeiten sind insbesondere solche empirische Studien zu finden, die versuchen, allgemeine Aussagen zur B-to-B-Branche zu generieren oder die B-to-B-Branche explizit mit der B-to-C-Branche vergleichen. Branchenübergreifende Studien, die explizit auf einer der vielfältig existierenden B-to-B-Typologien (zum Überblick Backhaus und Voeth 2014, S. 195 ff.) aufbauen und Unterschiede zwischen den Typen analysieren, bilden bislang die Ausnahme.

In Bezug auf den empirischen Forschungsansatz dominieren mit 80 % quantitative Studien, wobei i. d. R. eine Abnehmer- oder Anbieterbefragung mit einem Strukturgleichungsmodell verknüpft wird. Empirische Mastertechniken, die in Bezug auf die Analyse von Kausalitäten als besonders valide gelten (z. B. Experimente), finden sich nur vereinzelt. Auch fehlt bislang der Einsatz von empirischen Techniken, welche auf eine Generalisierung des Wissens abstellen (z. B. Replikationen, Metaanalysen fehlen in der B-to-B-Markenforschung bislang vollständig). Qualitative Arbeiten wie Fallstudien, Action Research oder Tiefeninterviews finden sich nur in 20 % der berücksichtigten Arbeiten, wobei es sich dabei überwiegend um qualitative Interviews handelt, die interpretierend oder mit Hilfe von Inhaltsanalysen ausgewertet werden.

Zusammenfassend lässt sich festhalten, dass mittlerweile in Bezug auf die Quantität eine umfangreiche empirische Forschung zum Themenfeld B-to-B-Marke, die durchaus auch State-of-the-art-Methoden einsetzt, existiert. Allerdings lassen sich auch einige Defizite erkennen. Zunächst einmal findet das Thema Markencontrolling als gesondertes Thema bislang keine Berücksichtigung. Darüber hinaus ist auch im Bereich der Markenführung durchaus Potential erkennbar. Zentrale Themen der B-to-B-Markenführung wie die interne Verankerung der Marke bei den Mitarbeitern, die Relevanz der Schnittstelle Vertrieb – Marketing für die Stärke der B-to-B-Marke oder die Bedeutung der B-to-B-Marke im Persönlichen Verkauf und in Verhandlungen werden bislang nur vereinzelt empirisch untersucht. In Bezug auf die Markenwirkungen lassen sich Potentiale insbesondere in Bezug auf die Markenwirkungen in Abhängigkeit von den verschiedenen Rollen im Buying Center sowie in Bezug auf finale, ökonomische und finanzorientierte Wirkungsgrößen (z. B. Preispremium, Gewinn, Rentabilität, Tobin's Q) erkennen.

In Bezug auf die Markenkontexte eröffnen insbesondere typologiebasierte Untersuchungen sowie die Berücksichtigung von KMUs bzw. Familienunternehmen noch fruchtbare Forschungsfelder. Weiterhin fehlen bislang kulturvergleichende Studien fast vollständig, obwohl gerade das B-to-B-Geschäft traditionell einen hohen Internationalisierungsgrad aufweist.

Schließlich eröffnet der Einsatz von echten kausalanalytischen Studien (insbesondere Experimente), generalisierenden Untersuchungen (Replikationen, Metaanalysen), holistischen (insbesondere dyadische Ansätze oder Mehrebenenmodelle) und verstehenden Ansätzen wie Action Research oder umfassenden Fallstudienansätzen vielfältige methodische Erweiterungen zur Erforschung der B-to-B-Marke.

4 Bezugsrahmen der B-to-B-Markenführung

Zunächst wird in diesem Kapitel ein Bezugsrahmen zur Führung von B-to-B-Marken skizziert, der die wichtigsten Entscheidungsbereiche strukturiert. Anschließend erfolgt eine Diskussion der einzelnen Ebenen.

4.1 Überblick und Bezugsrahmen

Zur Strukturierung des Komplexes B-to-B-Marke bietet sich eine Einteilung in die drei Bausteine Markenführung i. e. S., Markencontrolling und Markenwirkungen an (ähnlich Baumgarth 2014, S. 30 ff.). Zentraler Aspekt bildet dabei die Markenwirkung, da diese darüber entscheidet, ob eine B-to-B-Marke erfolgreich ist bzw. ob überhaupt eine Marke im Sinne eines nachfragerorientierten Markenverständnisses vorliegt. Bei der Markenwirkung lassen sich verhaltensorientierte Wirkungen nach innen (z. B. Committment der Mitarbeiter), und nach außen (z. B. Kundenloyalität) sowie finale ökonomische Wirkungen (z. B. ökonomischer Markenwert) voneinander abgrenzen.

Die Markenwirkung wird aus Sicht des B-to-B-Unternehmens durch Entscheidungen im Rahmen der Markenführung i. e. S. beeinflusst. Dabei ist zunächst zu entscheiden, ob der Aufbau und die Pflege einer B-to-B-Marke überhaupt eine effektive Strategie darstellt (Grundsatzentscheidung). Darauf aufbauend erfolgt in einem nächsten Schritt die Festlegung der Markenpositionierung und der Markenstrategie. Aufbauend auf diesen Basisentscheidungen sind zur Realisierung der Marke Entscheidungen über die Gestaltung der Markierung (Branding), über die Verknüpfung mit anderen Imageobjekten (Markenanreicherung), über die interne Verankerung innerhalb des Unternehmens (Interne Markenführung) sowie über die Umsetzung der Markenpositionierung in konkrete Marke-

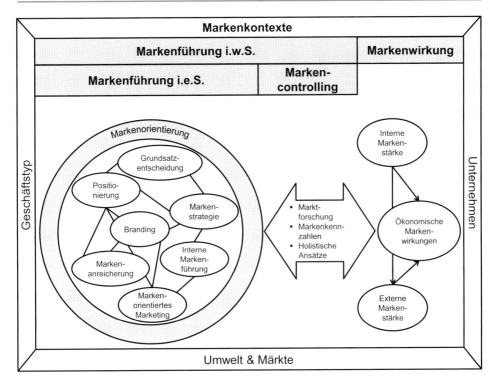

Abb. 1 Bezugsrahmen der B-to-B-Markenführung

tinginstrumente (Markenorientiertes Marketing) zu treffen. Die gesamte Markenführung i. e. S. wird beeinflusst durch die im B-to-B-Unternehmen gelebte Unternehmenskultur, wobei eine markenorientierte Unternehmenskultur (Markenorientierung) förderlich ist.

Diese Markenführung i. e. S. wird informatorisch unterstützt durch verschiedene Markencontrolling-Ansätze, die den Zusammenhang zwischen Markenführung i. e. S. und Markenwirkung analysieren. Das Markencontrolling wird instrumentell unterstützt durch Marktforschung (z. B. Imageanalysen), einzelne Markenkennzahlen (z. B. Markenbekanntheit) und holistische Ansätze (z. B. Markenstärke bzw. Markenwert, Markenaudit). Das Markencontrolling und die Markenführung i. e. S. bilden zusammen die Markenführung i. w. S.

Diese drei Bausteine werden moderiert durch Kontextfaktoren wie Besonderheiten des Geschäftstyps (z. B. Produkt- vs. Zuliefergeschäft), des Unternehmens (z. B. Konzern vs. KMU) und Umwelt & Märkte (z. B. nationaler vs. internationaler Markt) Abb. 1 fasst diesen Bezugsrahmen grafisch zusammen.

Im Folgenden findet eine Fokussierung auf den Bereich Markenführung i. e. S. statt, wobei jeweils auch auf Aspekte des Markencontrollings und der Markenwirkungen eingegangen wird.

4.2 Elemente der B-to-B-Markenführung

4.2.1 Markenorientierung

Die Markenorientierung als spezifische Ausprägung der Unternehmenskultur (vgl. Abschn. 3.1) bildet den Nucleus des unternehmerischen Denkens und Handelns. Speziell im B-to-B-Bereich, der traditionell dem Markenkonzept eher skeptisch gegenüber steht, bildet eine hohe Markenorientierung eine notwendige Voraussetzung für eine professionelle und effektive B-to-B-Markenführung. Dieser grundsätzliche Zusammenhang zwischen der Markenorientierung und dem Erfolg konnte auch für den B-to-B-Bereich empirisch mehrfach bestätigt werden (z. B. Baumgarth 2010b; Lee et al. 2008; Schultheiss 2011). Weiterhin beeinflusst eine hohe Markenorientierung auch die interne Verankerung der B-to-B-Marke bei allen Mitarbeitern (z. B. Baumgarth und Schmidt 2010a; Baumgarth und Schmidt 2010b) und weist eine Vielzahl von positiven Effekten auf die B-to-B-Kommunikation als zentrales Instrument des markenorientierten Marketing auf (Baumgarth 2012).

4.2.2 Grundsatzentscheidung

Aufbauend auf dem (weichen) Faktor Markenorientierung als Hintergrundvariable der B-to-B-Markenführung ist in einer ersten Entscheidung zu prüfen, ob die Etablierung einer Marke überhaupt eine effektive Konzeption für das jeweilige B-to-B-Unternehmen darstellt. Einen Vorschlag zur Prüfung hat Kemper (2000, S. 145 ff.) unterbreitet. Diese Entscheidungsheuristik prüft in zwei Stufen die Möglichkeit und die Vorteilhaftigkeit einer B-to-B-Marke. Tabelle 1 fasst diese Heuristik zusammen, die auch als Checkliste Verwendung finden kann.

Darüber hinaus liefern empirische Studien, welche die Markenrelevanz und die Markenwirkung in Abhängigkeit von Kontextfaktoren untersuchen, Hinweise zur Unterstützung der Grundsatzentscheidung. In der Studie von Caspar et al. (2002) wurde die Markenrelevanz, die den Grad der Wichtigkeit der Marke für den Kaufentscheidungsprozess misst, für 20 B-to-B-Leistungen untersucht. Dabei zeigte sich z. B. für Schaltanlagen, Werkzeugmaschinen und Dienstwagen eine hohe, und für Gebäudekomplexe, Alarmanlagen, Callcenter und Industriechemikalien eine geringe Markenrelevanz (auch Backhaus et al. 2011). In weiteren Studien zeigte sich, dass die Relevanz von B-to-B-Marken besonders in folgenden Situationen hoch ausfällt (Brown et al. 2011; Donnevert 2009; Homburg et al. 2006; Hutton 1997):

- hohes oder geringes Risiko für das Unternehmen und/oder Entscheider (u-förmiger Verlauf der Markenrelevanz),
- hoher Neuartigkeitsgrad der Kaufentscheidung,
- hohe Wichtigkeit der Kaufentscheidung,
- hoher Servicebedarf und hohe Produktkomplexität,
- hoher Zeitdruck bei der Entscheidung.

Tab. 1 Heuristik zur Prüfung der Vorteilhaftigkeit eines Markenkonzeptes im B-to-B-Bereich (zusammengefasst aus Kemper, 2000, S. 145 ff.)

1. Stufe: Kann eine B-to-B-Marke überhaupt gebildet werden (Markenbildungspotential)?
Lässt sich eine Markierung der Leistung bei der Zielstufe erreichen?
Lässt sich eine Differenzierung der Leistung gegenüber Konkurrenzleistungen erreichen?
Ist ein zeitlich kontinuierliches Qualitätsniveau der Leistungen erreichbar?
Ist eine hohe Verbreitung der Leistung im Markt möglich?
Ist die Abnehmergruppe genügend groß?
Ist ein Markenkonzept aufgrund unterschiedlicher Interessen und aufgrund der Machtstruktur auf dem Markt durchsetzbar?
Verwenden Konkurrenten Markenkonzepte?
Es bestehen keine unüberwindbaren Konflikte zwischen einer eigenen Markenkonzeption und den Markenkonzepten der nachfolgenden Stufen?
Besitzt das eigene Unternehmen ausreichende Ressourcen für eine langfristige Markenpolitik (z. B. finanzielle Ressourcen, Marketing-Know-how)?
2. Stufe: Soll eine B-to-B-Marke eingesetzt werden (positive Markenwirkungsdifferenz)?
Lässt sich das Beschaffungsverhalten der Abnehmer durch eine Marke positiv beeinflussen?
Besteht ein positives Kosten-/Nutzen-Verhältnis für die Markenpolitik?
Sind die Risiken einer Markenpolitik (z. B. Imageeinbußen aufgrund auftretender Qualitätsmängel in Verbindung mit der Identifizierbarkeit, Gefahr der Gattungsbezeichnung) kalkulierbar?

4.2.3 Positionierung

Ausgangspunkt aller konkreten Markenentscheidungen bildet die Festlegung der Positionierung der Marke. Die Positionierung, die auf der im Unternehmen vorhandenen Markenidentität aufbauen sollte, umfasst die aktive Gestaltung einer Marke im jeweils relevanten Markt (z. B. Esch 2005, S. 136). Eine Erfolg versprechende Positionierung von Marken setzt die Einhaltung folgender Anforderungen voraus (z. B. Baumgarth 2014, S. 210):

- Relevanz,
- Konzentration,
- Differenzierungsfähigkeit,
- Dauerhaftigkeit,
- Zukunftsorientierung,
- Flexibilität,
- Kontinuität.

Die Relevanz bedeutet, dass die Positionierung für die Abnehmer wichtig ist. Dabei ist bei B-to-B-Marken insbesondere auf die Bedürfnisheterogenität auf der Abnehmerseite zu achten. Diese resultiert zum einen aus der unterschiedlichen Branchenzugehörigkeit der Abnehmer und zum anderen aus den unterschiedlichen Rollen im Buying Center (z. B. Bendixen et al. 2004, S. 8). Hinweise auf relevante Positionierungsinhalte können die

Studien über die Markenrelevanz (z. B. Backhaus et al. 2011; Caspar et al. 2002; Kim et al. 1998; McDowell Mudambi et al. 1997) liefern. Diese belegen übereinstimmend, dass bei B-to-B-Marken insbesondere die Funktionen der Risikoreduktion und der Informationseffizienz von Bedeutung sind. Ferner belegen Studien zur Markenpersönlichkeit im B-to-B-Umfeld (Campbell et al. 2010; Herbst und Merz 2011; Veloutsou und Taylor 2012) und die Studie von Bausback (2007) die hohe Bedeutung auch von emotionalen Positionierungsinhalten wie Bodenständigkeit oder Ausstrahlung. Darüber hinaus ermöglichen Wettbewerbsanalysen und (qualitative und quantitative) Abnehmerbefragungen die Identifikation von relevanten Positionierungsinhalten.

Weiterhin ist es im Rahmen der Positionierung notwendig, sich auf wenige Positionierungsinhalte zu konzentrieren. Ferner müssen sich die relevanten Positionierungsinhalte von den Positionierungen der Wettbewerber abheben, damit die Assoziationen mit dem Produkt eine Basis für eine Kaufentscheidung darstellen können. Die weiteren Anforderungen beziehen sich mit der Dauerhaftigkeit, der Zukunftsorientierung, der Flexibilität und der Kontinuität insbesondere auf die zeitliche Komponente der Positionierung. Die Bedeutung einer hohen Markenstabilität für die Risikoreduktion, die Loyalität und das Preispremium wurde empirisch von Leischnig und Enke (2011) für den B-to-B-Bereich nachgewiesen.

Allerdings zeigt sich in der Praxis immer wieder, dass sich B-to-B-Unternehmen auf eine insgesamt geringe Anzahl von austauschbaren Markenwerten (z. B. Qualität, Innovation, Zuverlässigkeit) beschränken (z. B. Kilian 2012).

4.2.4 Markenstrategie

Im Rahmen der Markenstrategie erfolgt die Festlegung des Zusammenhangs zwischen der oder den Marke(n) und dem Leistungsportfolio. Dabei ist zunächst zwischen Unternehmens- und Leistungsmarke zu differenzieren. Während die Unternehmensmarke (Corporate Brand) nicht nur auf die Absatzmärkte ausgerichtet ist, sondern auch Stakeholder wie (potentielle) Mitarbeiter (Employer Branding), Investoren, Öffentlichkeit und Presse adressiert, fokussiert die Leistungsmarke auf den Absatzmarkt. Im Folgenden steht die Leistungsmarke im Mittelpunkt. Im Rahmen der Leistungsmarke sind Entscheidungen über die Anzahl von Leistungen unter einer Marke (Breite), die Anzahl von Marken in einem Leistungsbereich (Tiefe) sowie die Reichweite der Marke im Marktsystem (Reichweite) zu treffen.

1. Breite der Markenstrategie

Als Idealtypen lassen sich Dach-, Familien- (synonym: Produktgruppen-, Rangemarken) und Einzelmarken (synonym: Produkt-, Monomarken) voneinander abgrenzen. Allerdings handelt es sich bei der Markenbreite nicht um eine diskrete Zuordnung, sondern um ein Kontinuum. Tabelle 2 fasst die wichtigsten Vorteile einer breiten und einer schmalen Markenstrategie zusammen.

Tab. 2 Vorteile in Abhängigkeit von der Breite der Markenstrategie

Dachmarke	Familienmarke
Alle Leistungen tragen den notwendigen Markenaufwand gemeinsam	Klare („spitze") Positionierung einer Leistung ist möglich
Vorhandene Marke erleichtert die Einführung neuer Leistungen	Konzentration auf eine definierte Zielgruppe
Neue Leistungen partizipieren am Goodwill der Dachmarke	Gute Darstellungsmöglichkeit des Innovationscharakters einer neuen Leistung
Engagement in kleineren Teilmärkten möglich	Positionierungsfreiheiten im Lebenszyklus
Kurze Lebenszyklen der Leistungen gefährden nicht den Markenwert	Vermeidung von Badwill-Effekten (z. B. Flop) auf die anderen Leistungen
Verzicht auf die Suche nach schutzfähigen Markenelementen	

Im B-to-B-Bereich dominieren bedingt durch die hohe Anzahl an verschiedenen Leistungen, der kundenindividuellen Leistungs- und Konditionengestaltung sowie der hohen Anzahl von Innovationen Dachmarken (vgl. Abschn. 2). Problematisch an Dachmarken ist insbesondere die damit verbundene zu allgemeine und damit austauschbare Positionierung, da diese für alle Leistungen „passen" muss (vgl. Abschn. 4.2.3.).

2. Tiefe der Markenstrategie

Die Tiefe der Markenstrategie beschreibt die Anzahl der Marken in einem Leistungsbereich. Als Optionen kommen Ein- und Mehrmarkenstrategien in Betracht.

Bei der Mehrmarkenstrategie handelt es sich um die parallele Führung mehrerer Marken in einem Leistungsbereich, die sich in zentralen Merkmalen unterscheiden und auch von den Abnehmern als eigenständige Marken wahrgenommen werden. Mehrmarkenstrategien finden sich aufgrund der hohen Komplexität nur relativ selten in der B-to-B-Praxis (Ausnahmen: z. B. KION mit den Gabelstaplermarken LINDE, STILL, OM STILL, FENWICK, BAOLI, VOLTAS; AGCO mit den Landmaschinenmarken CHALLENGER, FENDT, MASSEY FERGUSON, VALTRA).

3. Reichweite

Falls die B-to-B-Leistung auf mehrstufigen Märkten angeboten wird, ist auch die Reichweite des Markenkonzeptes festzulegen. Als grundsätzliche Alternativen lassen sich Begleitende Marken und Verarbeitungsmarken voneinander abgrenzen (Kunkel 1977, S. 202 ff.). Diese Markenstrategie wird in der Literatur auch unter dem Begriff des Ingredient Branding diskutiert (ausführlich Norris 1992, Norris 1993; Baumgarth 1999;

Tab. 3 Vorteile in Abhängigkeit von der Reichweite der Markenstrategie

Verarbeitungsmarke	Begleitende Marke
iriodin® Valeo	GORE-TEX SHIMANO
Qualitätssicherung leicht realisierbar	Pull-Effekt
Keine negativen Badwill-Effekte durch nachgelagerte Marken	Geringere Substitutionsgefahr
Geringe Kosten für Koordination und Kommunikation (speziell: Konsumentenkommunikation)	Geringere Abhängigkeit von industriellen Abnehmern
Keine Konflikte mit nachgelagerten Stufen	Aufbau eines hohen Markenwertes
Vermeidung von Markeninflation auf der Endabnehmerstufe	Synergiewirkungen durch Markenkumulation auf der Endabnehmerstufe

Havenstein 2010; Pförtsch und Müller 2006; Mattmüller et al. 2009). Während begleitende Marken über alle Stufen hinweg bis zur Endabnehmerstufe geführt werden, adressieren Verarbeitungsmarken nicht alle Ebenen des mehrstufigen Marktsystems. Tabelle 3 vergleicht die Vorteile dieser beiden Strategietypen.

Speziell im Pkw-Zuliefergeschäft wird kontrovers über die Möglichkeiten zum Aufbau von Ingredient Brands diskutiert (z. B. König 2000; Chur 2003; Goll 2003).

4.2.5 Branding

Das Branding umfasst alle Gestaltungsparameter zur Markierung der Leistung. Wichtige Brandingelemente für B-to-B-Marken sind Name (z. B. SIEMENS), Logo (z. B. Elefantenlogo bei SCHMITZ CARGOBULL), Symbole und Farbe (z. B. GELB-ORANGE für CATERPILLAR), Slogan (z. B. STILL: „Wir wollen was bewegen"), Produktdesign (z. B. Gabelstapler von STILL) und Unternehmensarchitektur (z. B. SEW-EURODRIVE).

Anforderungen an ein gutes Branding sind u. a. die Eigenständigkeit, die Merkfähigkeit, die zeitliche Kontinuität, das Transferpotential (Leistungen, Regionen) sowie die Unterstützung der Positionierung (Esch und Langner 2005, S. 578 ff.; Keller 2013, S. 141 ff.; Kircher 2010, S. 393 f.). Darüber hinaus ist zu fordern, dass ein integriertes Branding vorgenommen wird, d. h. eine Konsistenz zwischen den einzelnen Elementen existiert. Abbildung 2 verdeutlicht am Beispiel von RITTAL ein konsistentes und langfristig konstantes Branding.

RITTAL
RITTAL ist das größte Unternehmen der Friedhelm-Loh-Gruppe und Weltmarktführer für Schaltschränke. Der 1984 eingeführte Slogan „Umschalten auf Perfektion" wird auch aktuell verwendet. Das Logo wurde in seinen Grundzügen 1969 entwickelt und in den Jahren 2000 und 2010 leicht überarbeitet. Das Logo findet sich nicht nur auf den Produkten und Kommunikationsinstrumenten (z. B. Katalog), sondern u. a. weltweit auch auf dem Teppichboden der Verwaltungsgebäude und auf den Kaffeetassen. Die Abbildung verdeutlicht auch die Brandingkonsistenz von RITTAL für die Architektur.

Abb. 2 Branding von RITTAL

4.2.6 Markenanreicherung

Die B-to-B-Marke kann durch Verbindungen mit anderen Imageobjekten gestärkt oder verändert werden. Dabei ermöglicht eine Markenanreicherung u. a. eine höhere Sichtbarkeit verbunden mit einer Steigerung der Markenbekanntheit und eine Betonung der in der Markenpositionierung festgelegten Markenwerte. Tabelle 4 skizziert anhand von B-to-B-Beispielen wichtige Markenanreicherungsoptionen.

Tab. 4 Markenanreicherung von B-to-B-Marken

Markenanreicherung	Prinzip	Beispiel
Country-of-Origin	Der Herkunftsort des B-to-B-Unternehmens wird explizit kommuniziert.	Die Maschinenbaufirma HEDELIUS setzt in ihrem Internetauftritt prominent „Made-in-Germany" ein.
Co-Branding	B-to-B-Marke bietet zusammen mit einer anderen Marke eine Leistung an.	MAKROLON kommuniziert u. a., dass es als Ingredient Brand bei der Marke UVEX enthalten ist.
Gütezeichen und Lizenzen	B-to-B-Marke verwendet neutrale Zertifizierungen oder von Herstellern vergebene Lizenzen.	AAREON, ein Anbieter für ERP-Lösungen in der Immobilienwirtschaft, kommuniziert den Gold-Standard der Partnerschaft mit MICROSOFT.
Preise und Auszeichnungen	B-to-B-Marke kommuniziert den Gewinn von Preisen oder Auszeichnungen.	Die Werbeagenturen Jung von Matt oder wob stellten ausführlich die gewonnen Auszeichnungen (z. B. Effie, GWA Profi) auf ihren Homepages vor.
Referenzen	Bekannte Projekte oder Kunden werden im Rahmen der Kommunikation eingesetzt.	Seit vielen Jahren setzt SAP mit verschiedene Marken eine Referenzkundenkampagne ein.
Sponsoring	B-to-B-Marke unterstützt materiell und ideell Sport, Kultur und/oder Wissenschaft.	Der Hersteller von Elektrosägen STIHL ist seit Jahren aktiv als Sponsor im Bereich des Holzfällersports tätig und hat die Veranstaltungsreihe STIHL TIMBERSPORTS etabliert.

4.2.7 Interne Markenführung

Speziell bei B-to-B-Marken erfolgt häufig ein direkter Kundenkontakt (z. B. Vertrieb, Entwicklung). Daher hängt die Wahrnehmung und Beurteilung einer B-to-B-Marke insbesondere von diesen persönlichen Kontakten ab. Dabei zeigt bspw. die qualitative Studie von Sheikh und Lim (2011), dass die Stärke der „Personenmarke" einzelner Berater höher als die eigentliche B-to-B-Marke ausfallen kann und das es bei zu starken Top-Down-Ansätzen zur Verankerung der Marke innerhalb des Unternehmens zu Friktionen und Widersprüchen auf der Mitarbeiterebene kommen kann.

Zur Verankerung einer angestrebten Markenpositionierung sind im Rahmen der Internen Markenführung Maßnahmen sowohl auf der Kultur- als auch auf der Mitarbeiterebene zu planen und zu implementieren (vgl. Abb. 3).

Da die Literatur mittlerweile ausführlich einzelne Aspekte und Instrumente der Internen Markenführung sowohl allgemein (z. B. Krobath und Schmidt 2010; Piehler 2011; Tomczak et al. 2012; Wittke-Kothe 2001) als auch speziell für den B-to-B-Bereich (z. B. Baumgarth und Schmidt 2010b; Kilian und Henkel 2010; Schmidt und Pfaff 2010) diskutiert hat, wird auf eine vertiefte Darstellung einzelner Instrumente hier verzichtet.

4.2.8 Markenorientiertes Marketing

Der Erfolg der Markenführung basiert nicht nur auf der Planung der Markenpositionierung und -strategie, dem Branding, der Markenanreicherung und der internen Markenveran-

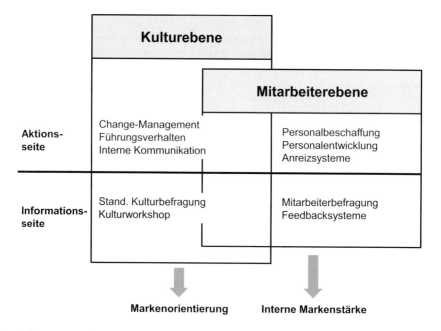

Abb. 3 Managementfelder der Internen Markenführung (Baumgarth und Schmidt 2010a, S. 345)

kerung, sondern auch auf einer markenorientierten Realisierung durch den Einsatz der Marketinginstrumente.

Bei der Umsetzung der B-to-B-Marke ist insbesondere darauf zu achten, dass diese die im Rahmen der Positionierung festgelegten Markenwerte ausdrückt und einhält. Dabei beschränkt sich diese Umsetzung nicht nur auf die mediale B-to-B-Kommunikation, sondern z. B. auch auf die markenorientierte Entwicklung von Produkten und Services, eine entsprechende Konditionengestaltung oder die persönliche Kommunikation des Vertriebs. Weiterhin ist zu fordern, dass die Umsetzung kohärent und konstant ist. Die Kohärenz bezieht sich auf die inhaltliche, formale und zeitliche Abstimmung der einzelnen Instrumente zu einem bestimmten Zeitpunkt. Die Konstanz bezieht sich auf die Gleichheit des Inhalts und der Form über die Zeit und alle Instrumente hinweg.

Neben dieser Integrationsanforderung wird auch für B-to-B-Marken zunehmend gefordert die vorherrschende sachlich-rationale Umsetzung um Markenerlebnisse zu ergänzen. Dabei handelt es sich bei Markenerlebnissen um subjektive, innere Abnehmerreaktionen, die durch Maßnahmen des B-to-B-Anbieters ausgelöst wurden und im Moment des Erlebnisses die Lebensqualität des Abnehmers steigern (allg. Weinberg 1992, S. 3). Zur Konkretisierung und Operationalisierung lassen sich fünf Erlebnisdimensionen voneinander abgrenzen (Brakus et al. 2009; Schmitt 1999). Tabelle 5 skizziert diese Erlebnisdimensionen anhand von ausgewählten B-to-B-Marken, wobei „gute" Markenerlebnisse möglichst viele Erlebnisdimensionen aufweisen sollten.

Tab. 5 Erlebnisdimensionen von B-to-B-Marken

Erlebnis-dimension	Erklärung	Beispiel
affektiv	Stimulierung von Emotionen.	Die Gabelstaplermarke STILL produziert seit Jahren Musicals zur Neuprodukteinführung.
kognitiv	Stimulierung von intellektuellen und kreativen Gedanken.	Der Baustoffkonzern HOLCIM betreibt in Süddeutschland mit dem WERKFORUM ein interaktives Museum (Fossilien im Ölschiefer) und Veranstaltungsforum.
multi-sensorisch	Gleichzeitige Ansprache von mehren Sinnen.	Der Stahlkonzern VOESTALPINE betreibt in Linz die STAHLWELT. Die Präsentation der Exponate spricht insbesondere die visuellen, auditiven und taktilen Sinne der Besucher an.
sozial	Stimulierung von Interaktionen mit anderen Personen.	Der ERP-Anbieter AAREON organisiert jährlich in Garmisch-Patenkirchen einen Kongress, der sich durch gemeinsame Sportveranstaltungen und „Bayerischen Abend" zu einem Branchentreffpunkt mit rund 1000 Teilnehmern entwickelt hat.
verhaltens-orientiert	Ansprache des gesamten Körpers durch eigenes Tun und Bewegen.	Der Roboterhersteller KUKA setzt auf Messen den ROBOCOASTER ein, der ähnlich wie die Fahrgeschäfte auf einer Kirmes oder in Freizeitparks die Fahrgäste durch die Lüfte wirbelt.

5 Fazit

Zunächst lässt sich festhalten, dass ein Markenkonzept auch für den B-to-B-Bereich ein effektives Konzept darstellen kann. Dies belegt auch das gestiegene Interesse an diesem Thema sowohl in der Praxis als auch in der Wissenschaft. Weiterhin bedingen leistungsimmanente Besonderheiten und die bislang praktizierte Markenführung eine gesonderte Diskussion von B-to-B-Marken.

Eine wissenschaftliche Analyse der B-to-B-Markenführung lässt sich durch verschiedene Zugänge wie Ressourcenansatz, Verhaltenswissenschaften, Informationsökonomie, Markenidentität und Unternehmenskultur theoretisch fundieren. Der Stand der empirischen Forschung zeigt, dass insbesondere eine Vielzahl von Arbeiten zu den Markenwirkungen wie Markenrelevanz, Markenstärke oder Markenimage inklusive Markenpersönlichkeit vorliegt. Die empirische Forschung zur Markenführung i. e. S. ist hingegen deutlich schwächer ausgeprägt. Vollständig fehlt bislang eine empirische Analyse zum Markencontrolling von B-to-B-Marken.

Aufbauend auf den Besonderheiten der B-to-B-Marke sowie dem bisherigen Forschungsstand wurde ein Bezugsrahmen zur Führung von B-to-B-Marken vorgeschlagen. Dieser setzt sich aus den Bausteinen Markenwirkungen, Markencontrolling und Markenführung i. e. S. zusammen, wobei letztere die Markenorientierung, Grundsatzentscheidung, Markenpositionierung und -strategie, Branding, Markenanreicherung, interne Markenführung sowie markenorientiertes Marketing umfasst. Die einzelnen, interdependenten Facetten der Markenführung i. e. S. wurden skizziert und durch wissenschaftliche Ergebnisse und praktische Beispiele erläutert. Für das Management von B-to-B-Marken liefert dieser Bezugsrahmen eine Strukturierung der notwendigen Entscheidungen im Rahmen der B-to-B-Markenführung. Die Integration der wissenschaftlichen Erkenntnisse sowie der Praxisbeispiele sollen darüber hinaus Anregungen für die praktische Führung von B-to-B-Marken liefern.

Für die zukünftige Forschung wurde zunächst eine Reihe von Forschungslücken identifiziert, die Anregungen für Forschungsprojekte liefern. Mögliche inhaltliche Erweiterungen der zukünftigen B-to-B-Markenforschung könnten sich mit der typologiebasierten Analyse der Markenführung bzw. der Markenwirkungen, mit interkulturellen Studien, mit dem Markencontrolling, den Wirkungen von B-to-B-Marken in Verhandlungen oder den finalen ökonomischen Wirkungen von B-to-B-Marken beschäftigen. In Bezug auf den Einsatz von empirischer Forschung wären zukünftig insbesondere experimentelle Studien sowie generalisierende Studienreihen mit Replikationen und Metaanalysen sinnvolle Erweiterungen.

6 Anhang: Empirische Arbeiten zur B-to-B-Marke (2006–2013)

Quelle	Behandelter Aspekt	Kontext	Forschungsansatz
Alexander et al. (2009)	MW: Markenrelevanz	Reifen für Industriefahrzeuge	Q1 (Conjoint, Buying Center-Rollen)
Backhaus et al. (2011)	MW: Markenrelevanz	BÜ	Q1 (AB, SM)
Baumgarth (2010b)	MF: Markenorientierung	BÜ	Q1 (ANB, SM)
Baumgarth und Binckebanck (2011); Binckebanck (2006)	MW: Markenstärke	BÜ	Q1 (ANB, SM)
Baumgarth und Schmidt (2010b); Schmidt (2009)	MF: Interne Markenführung/Interne Markenstärke	BÜ	Q1 (Dyadische Befragung von Mitarbeitern und Kunden, SM)
Bausback (2007)	MW: Emotionen als Positionierungsinhalt	BÜ	Q1 (AB, SM)
Beverland et al. (2007)	MF: Markenpositionierung, -strategie, -verankerung	BÜ	Q2 (F)
Biedenbach (2012); Biedenbach et al. (2011); Biedenbach und Marell (2010)	MW: Markenstärke	Wirtschaftsprüfung	Q1 (AB, SM)
Blombäck und Axelsson (2007)	MW: Markenimage	Zulieferindustrie	Q2 (Befragung von Abnehmern und Anbietern)
Bogomolova und Romaniuk (2010)	MW: Markeneinstellung und Markenimage	Geschäftsbanken	Q1 (AB)
Brown et al. (2011)	MW: Markenrelevanz	BÜ	Q1 (AB, SM)
Campbell et al. (2010)	MW: Markenpersönlichkeit	BÜ	Q1 (INH)
Coleman et al. (2011)	MF: Markenidentität	IT-Services	Q1 (ANB, SM, Skalenentwicklung)
Cretu und Brodie (2007)	MW: Markenimage und Reputation	Haarpflege für Friseursalons	Q1 (AB, SM)
Davis et al. (2008)	MW: Markenbekanntheit und Markenimage	Logistik	Q1 (AB, ANB, SM)
Davis et al. (2009)	MW: Markenstärke	Logistik	Q1 (AB, ANB, Skalenentwicklung)
Donnevert (2009)	MW: Markenrelevanz	B-to-B- vs. B-to-C	Q1 (AB, SM, explizite und implizite Messung)

Quelle	Behandelter Aspekt	Kontext	Forschungsansatz
Douven (2009)	MW: Markenwirkung im Vergleich zur Leistungs- und Beziehungsqualität	PKW-Zulieferindustrie/interkulturell	Q1 (AB, SM)
Glynn (2010)	MW: Markenstärke	FMCG-Handel	Q1 (AB, SM)
Glynn et al. (2007)	MW: Markennutzen für den Handel	FMCG-Handel	Q2 (Interviews mit Einkäufern, Grounded Theory)
Han und Sung (2008)	MW: Markenvertrauen, -loyalität, Beziehungsperformance	BÜ	Q1 (AB, SM)
Hansen et al. (2008)	MW: Reputation	Telekommunikation	Q1 (AB, SM)
Herbst und Merz (2011)	MW: Markenpersönlichkeit	BÜ	Q1 (AB, Skalenentwicklung)
Homburg et al. (2006)	MW: Markenrelevanz	BÜ	Q1 (AB, Conjoint)
Jensen und Klastrup (2008)	MW: Markenstärkemodelle	Pumpenhersteller	Q1 (AB, SM)
Juntunen et al. (2011)	MW: Markenstärke	Logistik	Q1 (AB, SM)
Kalafatis et al. (2012)	MW: Cobrands	Software	Q1 (Experiment)
Keh und Xie (2009)	MW: Markenvertrauen, -identifikation, Reputation	BÜ	Q1 (AB, SM)
Kim und Hyun (2011)	MF: Marketing-Mix	Software	Q1 (AB, SM)
Krause (2013)	MW: Marken-Kunden-Beziehungen	Druckmaschinen	Q1 (Dyadische Befragung von Mitarbeitern und Kunden, SM)
Kuhn et al. (2008)	MW: Markenstärke	Trackingsysteme für die Abfallwirtschaft	Q2 (halbstrukturierte Befragung mit offenen Fragen, Inhaltsanalyse)
Lambkin und Muzellec (2010)	MF: Mergers & Akquisitions	Baumaterialien	Q2 (F)
Langhof (2011)	MF: Markenidentität	Schiffbau, KMU	Q1 (ANB, deskriptive Statistik)
Lee et al. (2008)	MF: Markensystem/-orientierung	BÜ	Q1 (ANB, SM)
Leischnig und Enke (2011)	MW: Markenstabilität als Treiber der Risikowahrnehmung	Lebensmittelindustrie	Q1 (AB, SM)
Mäläskä et al. (2011)	MF: Markenanreicherung durch Netzwerke	High-Tech-Industrie	Q2 (Interviews, INH)

Quelle	Behandelter Aspekt	Kontext	Forschungsansatz
Michaelidou et al. (2011)	MF: Markenorientiertes Marketing (Social Media)	KMU	Q1 (ANB, deskriptive Statistik)
Nyadzayo et al. (2011)	MF: Markenverankerung in Franchising-Netzwerken	Franchising	Q2 (halbstrukturierte Interviews, INH)
O'Cass und Weerawardena (2010)	MF: Ressourcen und Kompetenzen als Treiber des Markenerfolgs	BÜ	Q1 (ANB, SM)
Persson (2010)	MW: Preispremium als Folge von Markenstärke und Markenimage	Verpackungsmaterial	Q2 (AB, INH)
Richter (2007)	MF: Markenrelevanz, -positionierung, -strategie, -verankerung, Markenorientiertes Marketing	BÜ	Q1 (ANB, SM)
Roberts und Merrilees (2007)	MW: Einfluss der Markenstärke auf das Vertrauen	Vermietung von Ladenflächen in Malls	Q1 (AB, SM)
Roper und Davies (2010)	MW: Markenpersönlichkeit, Interne Markenführung	Anlagenbau	Q1 (AB, ANB, SM)
Schmitt (2011)	MW: Markenbekanntheit, Markenerfolg	BÜ	Q1 (ANB, SM)
Schmitt (2011)	MW: Markenbekanntheit, Markenimage	B-to-B vs. B-to-C	Q1 (Experiment)
Schultheiss (2011)	MF: Markenorientierung	Familienunternehmen	Q1 (ANB, SM)
Sheikh und Lim (2011)	MF: Markenstrategie und -verankerung (Verhältnis von Dachmarke und Personenmarke)	Consulting	Q2 (F, Mitarbeiterbefragung, INH)
Spyropoulou et al. (2010)	MF: Finanzielle und Beziehungsmanagement-Kompetenzen als Basis der Markendifferenzierung	Exportindustrie	Q1 (ANB, SM)

Quelle	Behandelter Aspekt	Kontext	Forschungsansatz
Vallaster und Lindgreeen (2011)	MF: Interner Prozess zur Bestimmung der Markenpositionierung und -ausrichtung	Schwingungstechnik	Q2 (F)
Veloutsou und Taylor (2012)	MW: Markenpersönlichkeit	Ventile	Q2 (Leitfadeninterviews, INH)
Virtsonis et al. (2009)	MF: Markenorientiertes Marketing (Homepage)	Druckindustrie	Q1 (INH)
Walley et al. (2007)	MW: Markenrelevanz aus Abnehmersicht	Traktoren	Q1 (AB, Conjoint)
Zablah et al. (2010)	MW: Markenrelevanz bei modifiziertem Wiederkauf	BÜ	Q1 (AB, SM)
Zaichkowsky et al. (2010)	MW: Markenstärke (Y&R Brand Asset Valuator)	Ingenieursdienstleistungen	Q1 (AB, Deskriptive Statistik, Diskriminanzanalyse)

AB: (standardisierte) Abnehmerbefragung; ANB: (standardisierte) Anbieterbefragung; BÜ: branchenübergreifend; F: Fallstudie; INH: Inhaltsanalyse; MF: Markenführung; MW: Markenwirkung; Q1: Quantitativer Forschungsansatz; Q2: Qualitativer Forschungsansatz; SM: Strukturgleichungsmodelle.

Literatur

Alexander, N.S., G. Bick, R. Abratt, und M. Bendixen. 2009. Impact of branding and product augmentation on decision making in the B2B market. *South African Journal of Business Management* 40(1): 1–20.

Baaken, T., T. Kesting, T. Kliewe, und R. Pörner (Hrsg.). 2012. *Business-to-Business-Kommunikation*, 2. Aufl. Berlin: Erich Schmidt.

Backhaus, K., M. Steiner, und K. Lügger. 2011. To invest, or not to invest? *Industrial Marketing Management* 40(7): 1082–1092.

Backhaus, K., und M. Voeth. 2014. *Industriegütermarketing*, 10. Aufl. München: Vahlen.

Barney, J.B. 1991. Firm Resources and Sustained Competitive Advantage. *Journal of Management* 17(1): 99–120.

Barney, J.B. 2010. *Gaining and Sustaining Competitive Advantage*, 4. Aufl. UpperSaddle River: Prentice Hall.

Baumgarth, C. 1999. Ingredient Branding. *transfer-Werbeforschung & Praxis* 44(4): 18–21.

Baumgarth, C. 2008. Integrated Model of Marketing Quality (MARKET-Q) in the B-to-B- Sector. *Journal of Business Market Management* 2(1): 41–57.

Baumgarth, C. 2014. *Markenpolitik*, 4. Aufl. Wiesbaden: Springer Gabler.

Baumgarth, C. 2001. Markenpolitik im Business-to-Business-Bereich. In *Handbuch Kommunikationspraxis*, Hrsg. L. Weidner Landsberg: Verlag Moderne Industrie. Nachlieferung März

Baumgarth, C. 2010a. Status quo und Besonderheiten der B-to-B-Markenführung. In *Baumgarth, C.*, Hrsg. B-to-B-Markenführung, 37–62. Wiesbaden: Gabler.

Baumgarth, C. 2010b. Living the brand. *European Journal of Marketing* 44(5): 653–671.

Baumgarth, C. 2010c. *B-to-B-Markenführung*. Wiesbaden: Gabler.

Baumgarth, C. 2012. Markenorientierung als Nucleus einer erfolgreichen B-to-B-Markenkommunikation. In *Business-to-Business-Kommunikation*, 2. Aufl., Hrsg. T. Baaken, T. Kesting, T. Kliewe, R. Pörner, 129–150. Berlin: Erich Schmidt.

Baumgarth, C., und L. Binckebanck. 2011. Sales force impact on B-to-B- brand equity. *Journal of Product and Brand Management* 20(6): 487–498.

Baumgarth, C., und S.S. Douven. 2006. Business-to-Business-Markenforschung. In *Werbe- und Markenforschung*, Hrsg. A. Strebinger, W. Mayerhofer, H. Kurz, 135–167. Wiesbaden: Gabler.

Baumgarth, C., und S. Meissner. 2010. Verhaltenswissenschaftliche Betrachtung von B-to-B-Marken. In *B-to-B-Markenführung*, Hrsg. C. Baumgarth, 125–154. Wiesbaden: Gabler.

Baumgarth, C., B. Merrilees, und M. Urde. 2011. Kunden- oder Markenorientierung – Zwei Seiten einer Medaille oder alternative Routen? *Marketing Review St. Gallen* 28(1): 8–13.

Baumgarth, C., und M. Schmidt. 2010a. Markenorientierung und Interne Markenstärke als Erfolgstreiber von B-to-B-Marken. In *B-to-B-Markenführung*, Hrsg. C. Baumgarth, 333–356. Wiesbaden: Gabler.

Baumgarth, C., und M. Schmidt. 2010b. How strong is the business-to-business brand in the workforce? *Industrial Marketing Management* 39(5): 1250–1260.

Bausback, N. 2007. *Positionierung von Business-to-Business-Marken*. Wiesbaden: Deutscher Universitätsverlag.

Bendixen, M., K.A. Bukasa, und R. Abratt. 2004. Brand equity in the business-to-business market. *Industrial Marketing Management* 33(5): 371–380.

Beverland, M., J. Napoli, und A. Lindgreen. 2007. Industrial global brand leadership. *Industrial Marketing Management* 36(8): 1082–1093.

Biedenbach, G. 2012. Brand equity in the business-to-business context. *Journal of Brand Management* 19(8): 688–701.

Biedenbach, G., M. Bengtsson, und J. Wincent. 2011. Brand equity in the professional service context. *Industrial Marketing Management* 40(7): 1093–1102.

Biedenbach, G., und A. Marell. 2010. The impact of customer experience on brand equity in a business-to-business service setting. *Journal of Brand Management* 17(6): 446–458.

Binckebanck, L. 2006. *Interaktive Markenführung*. Wiesbaden: Deutscher Universitätsverlag.

Blombäck, A., und B. Axelsson. 2007. The role of corporate brand image in the selection of new subcontractors. *Journal of Business & Industrial Marketing* 22(6): 418–430.

Bogomolova, S., und J. Romaniuk. 2010. Brand equity of defectors and never boughts in a business financial market. *Industrial Marketing Management* 39(8): 1261–1268.

Brakus, J.J., B.H. Schmitt, und L. Zarantonello. 2009. Brand Experience. *Journal of Marketing* 73(3): 52–68.

Brand Trust 2010. *B2B-Marken in der Praxis*. Nürnberg.

Brown, B.P., A.R. Zablah, D.N. Bellenger, und W.J. Jonston. 2011. When do B2B brands influence the decision making of organizational buyers? *International Journal of Research in Marketing* 28(3): 194–204.

Burmann, C., T. Halaszovich, und F. Hemmann. 2012. *Identitätsbasierte Markenführung*. Wiesbaden: Springer Gabler.

Burmann, C., und J. Launspach. 2010. Identitätsbasierte Betrachtung von B-to-B-Marken. In *B-to-B-Markenführung*, Hrsg. C. Baumgarth, 155–178. Wiesbaden: Gabler.

Campbell, C., L. Papania, M. Parent, und D. Cyr. 2010. An exploratory study into brand alignment in B"B relationships. *Industrial Marketing Management* 39(5): 712–720.

Caspar, M., A. Hecker, und T. Sabel. 2002. *Markenrelevanz in der Unternehmensführung, Arbeitspapier des MCM – McKinsey – Reihe zur Markenpolitik, Arbeitspapier Nr. 4*. Münster.

Chur, W. 2003. Bosch. In *Markenmanagement in der Automobilbranche*, Hrsg. B. Gottschalk, R. Kalmbach, 247–266. Wiesbaden: Gabler.

Coleman, D., L. de Chernatony, und G. Christoulides. 2011. B2B service brand identity. *Industrial Marketing Management* 40(7): 1063–1071.

Cretu, A.E., und R.J. Brodie. 2007. The influence of brand image and company reputation where manufacturer market to small firms. *Industrial Marketing Management* 36(2): 230–240.

cuecon 2013. *Was ist die B2B-Marke wert?* Köln. www.cuecon.de/studien. Zugegriffen: 22.03.2015.

Darby, M.R., und E. Karni. 1973. Free Competition and the Optimal Amount of Fraud. *Journal of Law and Economics* 16(2): 67–88.

Davis, D.F., S.L. Golicic, und A.J. Marquard. 2008. Branding a B2B service. *Industrial Marketing Management* 37(2): 218–227.

Davis, D.F., S.L. Golicic, und A. Marquardt. 2009. Measuring brand equity for logistic services. *International Journal of Logistics Management* 20(2): 201–212.

Donnevert, T. 2009. *Markenrelevanz*. Wiesbaden: Gabler.

Douven, S.S. 2009. *Markenwirkungen in der Automobilzulieferindustrie*. Wiesbaden: Gabler.

Esch, F.-R. 2005. Markenpositionierung als Grundlage der Markenführung. In *Moderne Markenführung*, 4. Aufl., Hrsg. F.-R. Esch, 131–163. Wiesbaden: Gabler.

Esch, F.-R., und T. Langner. 2005. Branding als Grundlage zum Markenaufbau. In *Moderne Markenführung*, 4. Aufl., Hrsg. F.-R. Esch, 573–586. Wiesbaden: Gabler.

Freiling, J. 2004. A Competence-based Theory of the Firm. *Management Revue* 15(1): 27–52.

Freiling, J., und A. Sohn. 2010. Managementtheoretische Betrachtung von B-to-B-Marken. In *B-to-B-Markenführung*, Hrsg. C. Baumgarth, 103–123. Wiesbaden: Gabler.

Glynn, M.S. 2010. The moderating effect of brand strength in manufacturer-reseller relationships. *Industrial Marketing Management* 39(8): 1226–1233.

Glynn, M.S. 2011. Primer in B2B brand-building strategies with a reader practicum. *Journal of Business Research* 56(5): 666–675.

Glynn, M.S., J. Motion, und R.J. Brodie. 2007. Sources of brand benefits in manufacturer-reseller B"B relationships. *Journal of Business & Industrial Marketing* 22(6): 400–409.

Goll, S. 2003. ZF Friedrichhafen AG. In *Markenmanagement in der Automobilbranche*, Hrsg. B. Gottschalk, R. Kalmbach, 453–473. Wiesbaden: Gabler.

Gordon, G.L., R.J. Calantone, und Benedetto C.A. di. 1993. Brand Equity in the Business-to-Business Sector. *Journal of Product & Brand Management* 2(3): 4–16.

Gutignon, H., und J.-M. Xuereb. 1997. Strategic orientation of the firm and new product performance. *Journal of Marketing Research* 34(1): 77–90.

Hague, P.N., und P. Jackson. 1994. *The Power of Industrial Brands*. London: McGraw-Hill.

Han, S.-L., und H.-S. Sung. 2008. Industrial brand value and relationship performance in business markets. *Industrial Marketing Management* 37(7): 807–818.

Hansen, H., B.M. Samuelsen, und P.R. Silseth. 2008. Customer perceived value in B-t-B service relationships. *Industrial Marketing Management* 37(2): 206–217.

Hatch, M.J., und M. Schultz. 2008. *Taking Brand Initiative*. San Francisco: John Wiley & Sons.

Havenstein, M. 2010. Kaufverhaltensrelevanz von Ingredient Brands. In *B-to-B-Markenführung*, Hrsg. C. Baumgarth, 261–288. Wiesbaden: Gabler.

Herbst, U., und M.A. Merz. 2011. The industrial brand personality scale. *Industrial Marketing Management* 40(7): 1072–1081.

Himmelsbach, C. 2007. *Böhler*, 2. Aufl. Wien: WWG.

Homburg, C. 2003. Marken sind auch für Industriegüter ein Thema. *FAZ*, 11.08.2003.

Homburg, C., O. Jensen, und M. Richter. 2006. Die Kaufverhaltensrelevanz von Marken im Industriegüterbereich. *Die Unternehmung* 60(4): 281–296.

Hurley, R.F., und G.T.M. Hult. 1998. Innovation, Market Orientation, and Organizational Learning. *Journal Marketing* 62(3): 42–54.

Hutton, J.G. 1997. A study of brand equity in an organizational-buying context. *Journal of Product & Brand Management* 6(6): 428–439.

Interbrand 2012. *Best Global Brands 2012*. http://www.interbrand.com/en/best-global-brands/2012/Best-Global-Brands-2012-Brand-View.aspx,. Zugegriffen: 25.8.2013

Jensen, M.B., und K. Klastrup. 2008. Towards a B2B customer-based brand equity model. *Journal of Targeting, Measurement and Analysis for Marketing* 16(2): 122–128.

Juntunen, M., J. Juntunen, und J. Juga. 2011. Corporate brand equity and loyalty in B2B markets. *Journal of Brand Management* 18(4/5): 300–311.

Kaas, K.P., und A. Busch. 1996. Inspektions-, Erfahrungs- und Vertrauenseigenschaften von Produkten. *Marketing ZFP* 18(4): 243–252.

Kalafatis, S.P., N. Remizova, D. Riley, und J. Singh. 2012. The differential impact of brand equity on B2B co-branding. *Journal of Business & Industrial Marketing* 27(8): 623–634.

Kapferer, J.N. 2012. *The New Strategic Brand Management*, 5. Aufl. London: Kogan Page.

Keh, H.T., und Y. Xie. 2009. Corporate reputation and customer behavioral intentions. *Industrial Marketing Management* 38(7): 732–742.

Keller, K.L. 2013. *Strategic Brand Management*, 4. Aufl. Bosten et al.: Pearson.

Kemper, A.C. 2000. *Strategische Markenpolitik im Investitionsgüterbereich*. Köln: Josef Eul.

Kilian, K. 2012. Markenwerte, welche Markenwerte? *Markenartikel* 74(5): 64–66.

Kilian, K., und S. Henkel. 2010. Von der Markenbotschaft zum Markenbotschafter. In *B-to-B-Markenführung*, Hrsg. C. Baumgarth, 357–377. Wiesbaden: Gabler.

Kim, J.-H., und Y.J. Hyun. 2011. A model to investigate the influence of marketing-mix efforts and corporate image on brand equity in the IT software sector. *Industrial Marketing Management* 40(3): 424–438.

Kim, J., D.A. Reid, R.E. Plank, und R. Dahlstrom. 1998. Examing the Role of Brand Equity in Business Markets. *Journal of Business-to-Business Marketing* 5(3): 65–89.

Urde, M. 1994. Brand Orientation. *Journal of Consumer Marketing* 11(3): 18–32.

Urde, M. 1999. Brand Orientation. *Journal of Marketing Management* 1–3. 15: 117–133.

Urde, M., C. Baumgarth, und B. Merrilees. 2013. Brand orientation and market orientation. *Journal of Business Research* 66(1): 13–20.

Vallaster, C., und A. Lindgreen. 2011. Corporate brand strategy formation. *Industrial Marketing Management* 40(7): 1133–1143.

Veloutsou, C., und C.S. Taylor. 2012. The role of the brand as a person in business to busienss brands. *Industrial Marketing Management* 41(6): 898–907.

Virtsonis, N., und S. Harridge-March. 2009. Brand positioning in the B2B online environment. *Journal of Brand Management* 16(8): 556–570.

Walley, Custance P., S. Taylor, A. Lindgreen, und M. Hingley. 2007. The importance of brand in the industrial purchase decision. *Journal of Business & Industrial Marketing* 22(6): 383–393.

Weiber, R., und J. Adler. 1995. Informationsökonomisch begründete Typologisierung von Kaufprozessen. *ZfbF,* 1995(1): 43–65.

Weinberg, P. 1992. *Erlebnismarketing*. München: Vahlen.

Will, R. 2010. Corporate Design als effektives Mittel zur Stärkung der Marke SEW-EURODRIVE. In *B-to-B-Markenführung*, Hrsg. C. Baumgarth, 407–428. Wiesbaden: Gabler.

Willrodt, K. 2004. *Markenkompetenz*. Wiesbaden: Deutscher Universitätsverlag.

Wittke-Kothe, C. 2001. *Interne Markenführung*. Wiesbaden: Deutscher Universitätsverlag.

Wolf, J. 2011. *Organisation, Management, Unternehmensführung*, 4. Aufl. Wiesbaden: Gabler.

Zablah, A.R., B.P. Brwon, und N. Donthu. 2010. The relative importance of brands in modified rebuy purchase situations. *International Journal of Research in Marketing* 27: 248–260.

Zaichkowsky, J.L., M. Parlee, und J. Hill. 2010. Managing industrial brand equity. *Industrial Marketing Management* 39(5): 776–783.

Teil VI
Industriegütermarketing-Entscheidungen: Vertriebspolitik

Vertriebspolitik für Industriegüter – Ein Überblick

Klaus Backhaus

Inhaltsverzeichnis

1	Einführung: Die drei Ebenen vertriebspolitischer Entscheidungen	418
2	Ebenenspezifische Entscheidungsprobleme	420
	2.1 Strategische Vertriebsentscheidungen	420
	2.1.1 Vertriebskultur	420
	2.1.2 Geschäftstypenorientierung	422
	2.1.3 Institutionalisierung des Vertriebs	424
	2.2 Operative Vertriebsentscheidungen	427
	2.2.1 Verkaufsbudgetierung	427
	2.2.2 Verkaufsbezirksaufteilung	428
	2.2.3 Anzahl der Außendienst-Mitarbeiter (ADM)	429
	2.2.4 Besuchsplanung	430
	2.2.5 Routenplanung	430
	2.2.6 Selektion und Training der Mitarbeiter	430
	2.2.7 Anreizsysteme	431
	2.3 Technische Vertriebsunterstützung	432
3	Das Verhältnis von Vertrieb und Marketing	433
4	Fazit	434
Literatur		435

Prof. Dr. Dr. h.c. Klaus Backhaus ✉
Universität Münster, Institut für Anlagen u. Systemtechnologien, Münster, Deutschland
e-mail: backhaus@wiwi.uni-muenster.de

© Springer Fachmedien Wiesbaden 2015
K. Backhaus und M. Voeth (Hrsg.), *Handbuch Business-to-Business-Marketing*,
DOI 10.1007/978-3-8349-4681-2_20

1 Einführung: Die drei Ebenen vertriebspolitischer Entscheidungen

Wissenschaftliche Analysen zur Vertriebspolitik haben – ausgehend von der seit jeher gegebenen hohen Bedeutung des Vertriebs in der Praxis des Industriegütergeschäfts – schon immer eine zentrale Rolle gespielt (vgl. Lügger 2012). Das liegt nicht zuletzt daran, dass im Industriegüterbereich die Elastizitäten von Verkaufsbudgets dreimal so hoch sind wie für klassische Werbung (Albers und Greve 2004). Die Vertriebspolitik stellt nach Witt (1996) die „Speerspitze des Marketing" dar, weil der Verkäufer den direkten Kontakt zum Kunden steuert und damit Umsatzerlöse realisiert (vgl. Albers und Krafft 2013, S. 1). Das Management der Kundenkontaktbeziehungen bezeichnen wir als Vertriebspolitik (vgl. Fließ 2006; Budt und Lügger 2013).

Das vertriebspolitische Aufgabenspektrum wird trotz eines weitgehend gemeinsamen Verständnisses von Vertriebspolitik bzw. Vertriebsmanagement unterschiedlich definiert und begrifflich belegt:

- *Fließ* (2006) kennzeichnet die kundenorientierte Gestaltung und Steuerung der Vertriebsstrukturen, -prozesse und -kanäle als Vertriebsmanagement.
- Für *Binckebanck* et al. (2013) umfasst die Vertriebspolitik in Anlehnung an Dannenberg und Zupancic (2008), die Steuerung und Gestaltung des persönlichen Verkaufs, des Vertriebssystems (Vertriebsstrukturen, -prozesse und -kanäle) und der Distribution in nationalen und internationalen Märkten.
- *Budt und Lügger* (2013) differenzieren die Vertriebsfunktionen nach Geschäftstypen, weil die Heterogenität der Transaktionsprozesse auf Industriegütermärkten zu groß ist, um allgemeine Handlungsempfehlungen abgeben zu können (vgl. Belz und Weibel, Vertriebsdifferenzierung im Industriegütergeschäft).
- *Albers und Krafft* (2013) verstehen unter Vertriebsmanagement „neben dem Verkaufsmanagement auch Grundfragen des Vertriebs, bspw. ob ein Unternehmen überhaupt die Vertriebs- oder Verkaufsfunkton selbst ausfüllen oder ganz von Dritten erbringen lassen sollte. Und selbst wenn das Unternehmen diese Aufgabe selbst wahrnimmt, stehen bspw. eigene Fachhändler, E-Business oder das Telemarketing alternativ zum verkaufenden Außendienst oder als ergänzende Vertriebsoptionen zur Verfügung".

Obwohl die Definitionen durchaus Spezifitäten aufweisen, sind die Schnittmengen jedoch so groß, dass wir mit jeder dieser Definitionen letztlich drei Entscheidungsdimensionen der Vertriebspolitik unterscheiden können.

- *Strategische vertriebspolitische Entscheidungen*
  Dabei geht es um langfristige strukturelle Vertriebsentscheidungen, die die grundlegenden Weichen für den Marktauftritt stellen (vgl. Homburg et al. 2006).

Systematisierend lassen sich folgende Entscheidungstatbestände den strategischen vertriebspolitischen Entscheidungen zuordnen (vgl. zu anderen Einteilungen auch Backhaus et al. 2013; Albers und Krafft 2013 oder Homburg et al. 2006).

1. Die gelebte Vertriebskultur
   Unternehmen besitzen unterschiedliche Vertriebskulturen, die z. B. geprägt sein können durch „Hard- oder Softline Selling-Philosophien" (vgl. Hüffmeier et al. 2011; Albers und Krafft 2013)
2. Die Ausrichtung auf Geschäftstypen
   Da sich die Transaktionsprozesse auf verschiedenen Industriegüter-Märkten erheblich unterscheiden können (vgl. z. B. die Absatzprozesse von Schrauben und Kraftwerke), sollte der Vertrieb diese Unterschiede in der Selling Center Struktur widerspiegeln.
3. Die Institutionalisierung des Vertriebs
   Schließlich gehören die Entscheidungen über die Absatzkanäle und die Vertriebsorganisation zu den strategischen Entscheidungen. Insbesondere die Unterscheidung zwischen direktem und indirektem Vertrieb spielt hier eine zentrale Rolle.

- *Operative Geschäftsentscheidungen*
  Im Gegensatz zu strategischen Vertriebsentscheidungen, die einen Handlungsrahmen vorgeben, befassen sich operative Entscheidungen mit der konkreten Ausführung des strategischen Handlungsrahmens. Welche operativen Probleme zu lösen sind, zeigt Abb. 1.

Abbildung 1 macht deutlich, dass eine Vielzahl von operativen Teilproblemen zu lösen ist. Obwohl wir die sieben Entscheidungstatbestände getrennt behandeln, ist festzuhalten, dass die Entscheidungstatbestände zum Teil interdependent sind. So hängt z. B. die Verkaufsbezirksaufteilung auch davon ab, wie viele Außendienstmitarbeiter zur Verfügung stehen (et vice versa), was wiederum die Besuchs- und Routenplanung beeinflusst. Die Interpretation der isoliert gewonnenen Erkenntnisse ist deshalb unter Berücksichtigung von Verbundeffekten zu interpretieren. Die theoretisch saubere Alternative einer Simultanlösung für alle verbundenen Teilprobleme erscheint mindestens zum gegenwärtigen Zeitpunkt nicht realisierbar, da der Komplexitätsgrad zu hoch ist.

- *Technischer Vertriebssupport*
  Die 3. Dimension der Vertriebsentscheidungen richtet sich auf Art und Ausmaß der Verkaufsunterstützung durch technische Hilfsmittel.
  Dabei geht es um die technische Unterstützung des Vertriebs durch den Aufbau von Datenbanken oder ganzen CRM-Systemen. Diese Systeme sollen den Verkäufer im Außendienst bei seinen Entscheidungen und Handlungsnotwendigkeiten unterstützen, indem z. B. Informationen über Internet oder Smartphones online zur Verfügung gestellt werden. Durch die rasante technologische Entwicklung des IT-Bereichs werden in kürzester Zeit immer wieder neue Lösungen angeboten. Hier zeigt sich eine Verbindung zu den strategischen Vertriebsentscheidungen. Unter den Stichwörtern „customer insights" und „customer journey" werden Kunden(verhaltens)daten gesammelt und entsprechend ausgewertet. (Problematik von Big Data, vgl. Marz und Warren 2013)

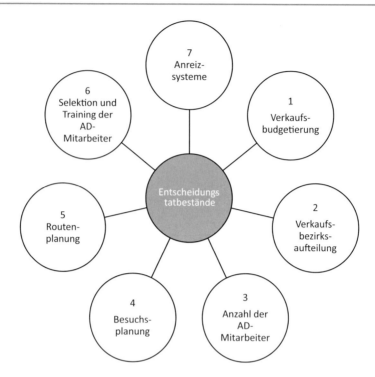

Abb. 1 Entscheidungstatbestände des persönlichen Verkaufs (in Anlehnung an Backhaus und Voeth 2014, S. 275)

Angesichts dieser drei Ebenen stellt sich die Frage, welche Möglichkeiten und Ansätze zur Lösung der ebenenspezifischen Entscheidungsprobleme verfügbar sind.

2 Ebenenspezifische Entscheidungsprobleme

2.1 Strategische Vertriebsentscheidungen

Die drei Dimensionen strategischer Vertriebsentscheidungen spannen einen dreidimensionalen Raum auf, in dem die Entscheidungstatbestände positioniert werden können (vgl. Abb. 2). Dabei machen die Zellen der Matrix deutlich, dass die Dimensionen immer auch kombiniert auftreten können.

2.1.1 Vertriebskultur

Das Konstrukt „Kultur" kennzeichnet einen sog. „weichen Faktor" im Vertriebsmanagement. Das heißt jedoch nicht, dass diese Dimension weniger bedeutsam ist – ganz im Gegenteil: Die Kultur steuert massiv das Verhalten (der Vertriebsmitarbeiter). Oder wie Edgar Schein (1995) ausdrückt: „This patterning of basic assumptions, or the cultural pa-

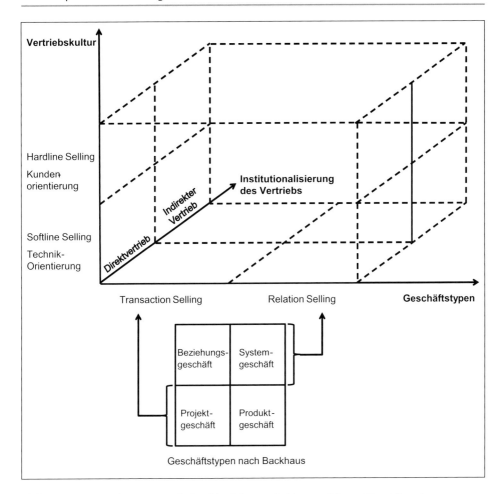

Abb. 2 Die Dimensionen strategischer Vertriebsentscheidungen (Eigene Darstellung)

radigm becomes the deepest and most strongly held level of culture because of the human need for consistency and order". Dieser Kern gilt nur langfristig als beeinflussbar (vgl. Backhaus und Bonus 1998).

Die Vertriebskultur kann viele Ausprägungen haben. Es handelt sich dabei um die „ungeschriebenen Gesetze und Werte", denen das Vertriebshandeln folgt. So gelten manche Vertriebsentscheider in ihren Kundenverhandlungen als Hardliner, andere eher als Softliner, wobei Metaanalysen gezeigt haben, dass unter bestimmten Bedingungen einmal die eine, ein andermal die andere Verhaltensausprägung vorteilhaft ist (vgl. Hüffmeier et al. 2011). Aber manche ADM sind in das Unternehmen eingetreten, weil die Mitarbeiter ein Image des Hardlinings präferieren.

Typischerweise wird die Kultur eines Vertriebs durch verschiedene Elemente beschrieben. Dazu zählen Werte, Normen und Artefakte (vgl. Pflesser 1999), die den Kern einer bestimmten Identität darstellen. „Besonders interessant ist der Fall des *identitätslosen Unternehmens*, dessen Identität sich im Laufe der Zeit aufgelöst hat. Ein solches Unternehmen steht für nichts. Früher oder später verliert es seine Orientierung und verfolgt einen unklaren Kurs. Seine Konturen verschwimmen, ihm fehlt das Besondere. Für seine Mitarbeiter ist es nicht mehr attraktiv, da sie für nichts einstehen können" (Backhaus und Bonus 1998).

Erfolgreiche Vertriebe in Unternehmen haben in der Regel eine ausgeprägte Kultur, die – vielleicht unbemerkt – das Verhalten im Vertrieb koordiniert (Homburg et al. 2006).

2.1.2 Geschäftstypenorientierung

Vertriebsstrategische Entscheidungen sind auf Industriegütermärkten häufig komplexer als auf Konsumgütermärkten (vgl. Belz und Reinhold 2012). Es ist deshalb für vertriebsstrategische Entscheidungen von Bedeutung, sich an diesen Besonderheiten der Transaktionsprozesse zu orientieren. Dabei zeigt sich, dass je nachdem, welche Besonderheiten des Transaktionsverhaltens auf Industriegütermärkten in den Vordergrund gestellt werden, unterschiedliche Marktverhaltenstypologien entstehen (vgl. Backhaus et al. 2013). Belz und Weibel zeigen in diesem Werk, welche Effekte eine solche Differenzierung nach Geschäftstypen für die Vertriebspolitik eines Industriegüterunternehmens hat. Aus einer anderen Perspektive des gleichen Geschäftstypenansatzes von Backhaus zeigen Budt und Lügger (2013), welche Bedeutung der Geschäftstypenorientierung für die differenzierte vertriebsstrategische Analyse zukommt. Einen systematisierenden Überblick liefert Abb. 3, in der geschäftstypenspezifisch konkrete Handlungsempfehlungen zusammengefasst sind. Albers und Krafft (2013) haben gezeigt, dass man die Geschäftstypen je nach Situation zu bestimmten Transaktionstypen verdichten kann. Eine Aufgabe der vertikalen Trennung und damit eine horizontale Betrachtungsweise bindet die beiden unteren Geschäftstypen in Abb. 3, das Produkt- und Projektgeschäft, zusammen zum Transaktionsgeschäft, während die beiden oberen Geschäftstypen, System- und Integrationsgeschäft, zu einer Geschäftsbeziehungsorientierung führen (Relationship Selling).

Gibt man die vertikale Trennung und die horizontale Trennung auf, schaut man also auf die Gemeinsamkeiten in der vertikalen Beziehung. Dann werden Produkt- und Systemgeschäft zusammengefasst und beide Typen gemeinsam beschreiben solche Geschäfte, die sich auf anonyme Märkte ausrichten, während das Integrations- und Projektgeschäft entsprechend einzelkundenorientiert ist. Dabei lassen sich symmetrische und asymmetrische Beziehungen unterscheiden. Von symmetrischen Beziehungen sprechen wir, wenn sowohl Anbieter als auch Nachfrager im gleichen Geschäftstyp kaufen bzw. verkaufen. Asymmetrische Beziehungen kennzeichnen Situationen, in denen der eine Marktpartner einen anderen Geschäftstyp zugrunde legt als der andere Marktpartner (vgl. Backhaus und Mühlfeld 2005). Als Beispiel möge ein latentes Systemgeschäft dienen (vgl. Backhaus und Voeth 2014). Der Anbieter vertreibt seine Leistung im Systemgeschäft, während der Nachfrager davon ausgeht, dass es sich nicht um ein Verbundgeschäft handelt, sondern dass ein Produktgeschäft vorliegt. In diesem Fall entstehen für den strategischen Vertrieb besondere Herausforderungen, da zu entscheiden ist, ob die Latenz des Systemgeschäfts im-

Vertriebspolitik für Industriegüter – Ein Überblick

Integrationsgeschäft: Gebundenheit in Verbundenheit überführen unter Berücksichtigung der Kundenerwartungen **In-Supplier** • Ziel: Zeitliches, mengenbezogenes und preisliches Commitment des Kunden • Bei Kunden mit hoher Preissensibilität: Direkte oder indirekte kundenorientiere Preisgestaltung, Vereinbarung von Ver-lustbeteiligung oder erfolgsabhängiger Vergütung • Bei Kunden mit hoher Beratungs- und Interaktionserwartung: Key Account Management und individuelles Partnerschaftsmarketing **Out-Supplier** • Ziel: Frühzeitige Identifizierung strate-gischer Einstiegsfenster in eine poten-zielle Geschäftsbeziehung • Nutzung persönlicher Kontaktaufnahme (z.B. Verkaufsgespräche) • Ansprache potenzieller Kunden zur Aufnahme in das Consideration Set • Betonung der Leistungsfähigkeit sowie nicht opportunistischer Verhaltens-absichten zur Reduktion nachfrage-seitiger Unsicherheit	**Systemgeschäft:** Vertrauensbildender Vertrieb unter Berücksichtigung der Beschaffungsschrittfolge **Initialkauf** • Ziel: Systemeinstieg eines potenziellen Kunden • Verdeutlichung der Leistungsfähigkeit des gesamten Systems durch persönlichen Verkauf und Einsatz von Referenzkunden • Signalisieren von Glaubwürdigkeit sowie nicht opportunistischer Verhaltensabsichten (z.B. durch Funktions- oder Erfüllungsgarantien) **Folgekauf** • Ziel: Aufbau einer langfristigen Geschäftsbeziehung • Aufzeigen von Systemerweiterungen mittels Kommunikationsmaßnahmen und verschiedener Vertriebsformen • Entwicklung kompatibler (Modul-) Innovationen und persönlicher Verkauf
Projektgeschäft: Geschäftsanbahnung durch Kundenkontaktpunktmanagement bei Beachtung der Projektgröße • Ziel: Optimierung von Qualität und Steigerung der Quantität von Kunden-kontakten • Bestandsaufnahme von bestehenden Touchpoints, insbesondere der Vorkauf- und Kaufphase • Selektion relevanter Touchpoints und entsprechender Ausbau der Vertriebs-strategie sowie Budgetallokation	**Produktgeschäft:** Auswahl des Vertriebskanals in Abhängigkeit von der Produktkomplexität **Geringe Produktkomplexität** • Ziel: Effiziente Marktbearbeitung • Einsatz klassischer unpersönlicher B2B-Verkaufskanäle (z.B. Telefon), aber insbesondere E-Commerce • Vertrieb über Online-Kanäle sowohl direkt (z.B. Webshops auf unter-nehmenseigenen Homepage) als auch indirekt (z.B. Webshops von Groß-handelspartnern) **Hohe Produktkomplexität** • Ziel: Effektive Vermarktung durch Beratungsleistung • Einsatz von persönlichem Vertrieb • Direkter Vertrieb (durch eigene ge-schulte Vertriebsmitarbeiter) tendenziell dem indirekten Vertrieb (z.B. durch Handelsvertreter) vorzuziehen

Abb. 3 Strategische Geschäftstypen-Auswirkungen (Eigene Darstellung)

Vertriebsprozess aufgehoben oder eine bewusste Verschleierungstaktik ergriffen wird. Welche der beiden Handlungsalternativen im operativen Bereich zum Tragen kommt hängt davon ab, welche übergeordnete vertriebsstrategische Entscheidung getroffen wurde.

Unabhängig davon, welche Vertriebsstrategien man in Bezug auf die Geschäftstypen verfolgt, eine Typologisierung der Geschäftstypen liefert zusätzliche Erkenntnisse für vertriebsstrategische Entscheidungen.

2.1.3 Institutionalisierung des Vertriebs
Vertriebsorganisation

Die dritte Dimension vertriebsstrategischer Entscheidungen betrifft die Institutionalisierungsentscheidung. Die beiden Kernfragen lauten:

1. Soll das Leistungsangebot direkt oder indirekt vertrieben werden?
2. Wenn verschiedene Absatzkanäle zur Verfügung stehen, soll man sich beim Vertrieb auf einen Kanal konzentrieren oder ein Multi-Kanalsystem aufbauen?

Von *Direktvertrieb* sprechen wir, wenn das Leistungsangebot ohne Einschaltung von rechtlich und wirtschaftlich selbstständigen Absatzproblemen an den Kunden herangetragen wird. *Indirekter Vertrieb* liegt demgemäß dann vor, wenn in den Vertriebsprozess rechtlich oder wirtschaftlich selbstständige Einheiten eingeschaltet sind, die den Vertrieb an die Endkunden betreiben. (vgl. Kleinaltenkamp 2006 und Homburg et al. 2006). Die Frage der Institutionalisierung des Vertriebs ist in der Literatur breit behandelt worden. (vgl. z. B. Backhaus 1974; Homburg et al. 2006).

Abbildung 4 macht deutlich, dass für die Institutionalisierung des Vertriebs eine große Bandbreite von Alternativen zur Verfügung steht. So lässt sich der Direktvertrieb über verschiedene Möglichkeiten realisieren (vgl. zum Folgenden auch Backhaus und Voeth 2014).

Von Direktvertrieb über *werksverbundene Verkaufsgesellschaften* sprechen wir dann, wenn der Vertrieb auf eine Gesellschaft ausgelagert ist, die zwar rechtlich selbstständig, jedoch andererseits so an ein Produktionsunternehmen, dessen Produkte sie vertreibt, gebunden ist (z. B. durch eine kapitalmäßige Beteiligung), dass sie als wirtschaftlich un-

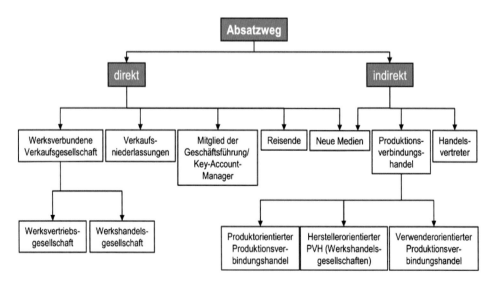

Abb. 4 Absatzkanal-Alternativen (Backhaus und Voeth 2014, S. 271)

selbstständig betrachtet werden kann. Vertreibt die Gesellschaft ausschließlich Leistungen der Muttergesellschaft, so bezeichnen wir sie als *Werksvertriebsgesellschaft*. In dem Falle, dass auch Fremdprodukte vertrieben werden, sprechen wir von einer *Werkshandelsgesellschaft*. *Verkaufsniederlassungen* beziehungsweise Verkaufsfilialen sind wirtschaftliche und rechtliche unselbstständige Outlets eines Unternehmens, die aber personell organisatorisch und räumlich selbstständige Teileinheiten darstellen. Beispiele sind Fabrikläden oder Filialen.

Insbesondere bei Großkunden kann sich auch die *Geschäftsleitung* in den Vertriebsprozess einbringen. Oftmals dient dieses Einbringen auch der Unterstützung anderer Vertriebsorgane des Unternehmens (z. B. Reisender).

Von *Direktvertrieb* sprechen wir auch, wenn die wichtigen Kunden durch *Key Account Manager* betreut werden, die alle Vertriebsmaßnahmen im Hinblick auf einen Kunden koordinieren.

Reisende sind Vertriebsorgane, die als Angestellte des absetzenden Unternehmens agieren, um für den betreffenden Unternehmer Geschäfte zu kontrahieren und zu kontrollieren.

Eine ähnliche Aufgabe wie der Reisende hat auch der *Handelsvertreter*. Vor allem wenn es sich bei dem Handelsvertreter um einen sogenannten *Ein-Firmenvertreter* handelt. Der Handelsvertreter ist ein selbstständiger Gewerbetreibender und somit entgegen dem Reisenden nicht dem direkten, sondern dem indirekten Vertrieb zuzurechnen. Er kann für eine Firma tätig sein oder auch für mehrere Firmen. Je nachdem ob es sich bei den Produkten der verschiedenen Firmen um komplementäre oder substitutive Produkte handelt, ergeben sich unterschiedliche Anforderungen. Bei Substituten ist der notwendige Kenntnisraum kleiner. Der Handelsvertreter bezieht im Gegensatz zum Reisenden in der Regel kein Festgehalt, sondern seine Vergütung richtet sich nach vorgegebenen Kriterien, die er selbst beeinflussen kann (z. B. Umsatz oder erzielter Deckungsbeitrag).

Genauso wie im Konsumgüterbereich spielt der Handel im Industriegüterbereich bei vielen Produkten eine zentrale Rolle im Vertriebsprozess. Das gilt insbesondere für die Vermarktung von Angeboten im Produktgeschäft (vgl. z. B. Keller 1975). Die Institutionen des Handels, die im B-to-B-Bereich tätig sind, bezeichnet man auch als *Produktionsverbindungshandel (PVH)* (vgl. Kleinaltenkamp 1993). Beim Produktionsverbindungshandel existieren verschiedene Ausprägungen. Wichtige Typen sind z. B. produkt-, hersteller- und verwendungsorientierte PVH-Betriebe. (vgl. Engelhardt und Kleinaltenkamp 1989; Kleinaltenkamp 1988).

Der *produktorientierte Produktionsverbindungshandel* stellt darauf ab, die Vermarktung eines definierten Portfolios von Produkten anzubieten. Ein Beispiel sind Baumaschinenhändler, die sich ausschließlich mit dem Handel von neuen oder gebrauchten Baumaschinen befassen.

Der *herstellerorientierte Produktionsverbindungshandel* ist dadurch gekennzeichnet, dass er das Sortiment offeriert, dass sein Mutterunternehmen (Hersteller) als Portfolio offeriert. Häufig bestehen hier auch kapitalmäßige Verflechtungen, die einen Durchgriff des Herstellers auf den Handel ermöglichen.

Kriterium	Direkter Vertrieb	Indirekter Vertrieb
Möglichkeit der Kundenbindung	+	-
Zugang zu Marktinformationen	+	-
Entscheidungsspielräume und Flexibilität bei der Marktbearbeitung	+	-
Unabhängigkeit von Händlern	+	-
flächendeckende Marktpräsenz	-	+
Effizienzgewinne durch Bedarfsbündelung	-	+
Vermeidung hoher Kapitalbindung	-	+
Effektivität der Vermarktung durch Sortimentsbildung	-	+

Abb. 5 Vor- und Nachteil des direkten und indirekten Vertriebs (Homburg et al. 2006, S. 50)

Richtet der Handel seine Absatzpolitik an den Interessen des Herstellers aus und erfolgt dies auf vertraglicher Basis, sprechen wir von *Vertragshandelssystemen*. Der Vertragshändler macht durch sein Auftreten am Markt seine Zugehörigkeit zum Vertriebssystem des Herstellers deutlich.

Schließlich bündelt der *verwenderorientierte Produktionsverbindungshandel* sein Sortiment so, dass komplette Lösungen angeboten werden, so dass der Nachfrager in einem One-Stop-Shopping Prozess alle Leistungen beim Händler vorfindet, die er z. B. zur Renovierung seiner Betriebskantine benötigt.

Abbildung 5 gibt zusammenfassend einen grundsätzlichen Vorteil-Nachteilvergleich des direkten und des indirekten Vertriebs nach Homburg et al. wieder.

Einer oder mehrere Absatzkanäle?

Neben der Frage direkter versus indirekter Vertrieb umfassen Vertriebskanalentscheidungen auch Entscheidungen über die Anzahl der Vertriebskanäle, über die das Produkt zum Kunden gelangt. Zu unterscheiden sind Einkanal- und Mehrkanalstrategien. Die besondere Problematik der Mehrkanalstrategien wird in dem Beitrag von Werani und Leitner (Multi-Channel-Marketing in Industriegütermärkten) behandelt. Die Vor- und Nachteile von Multikanalstrategien bewegen sich in dem Spannungsfeld der Möglichkeiten, einen Nachfrager auf unterschiedliche Art und Weise anzusprechen und dem Problem, dass Mehrkanalstrategien aus Anbieterperspektive erhebliche Koordinationsanstrengungen erfordern, da der Kunde möglicherweise versuchen wird, über die verschiedenen Kanäle unterschiedliche Konditionen zu erreichen.

Neben der Art und der Anzahl von Vertriebskanälen ergibt sich eine dritte Dimension aus der Tatsache, dass auch eine Entscheidung über die Anzahl der einzubeziehenden Vertriebsstufen zu treffen ist (vgl. Backhaus et al. 2013). Diese Frage stellt sich insbesondere im indirekten Vertrieb, wenn es darum geht zu entscheiden, wie viele Zwischenstufen auf dem Weg zum Endkunden eingeschaltet werden sollen.

2.2 Operative Vertriebsentscheidungen

Eingebettet in den strategischen Orientierungsrahmen sind die operativen Vertriebsentscheidungen, die vor allem aus Folgeentscheidungen für den Direktvertrieb resultieren. Denn gerade beim Direktvertrieb ergeben sich operative Probleme aus der Steuerung des persönlichen Verkaufs. Die verschiedenen Entscheidungstatbestände sind in Abb. 1 dokumentiert. Wir behandeln sie im Folgenden in der Reihenfolge der Nummerierung (vgl. hierzu Backhaus und Voeth 2014).

2.2.1 Verkaufsbudgetierung

Für die Verkaufsbudgetierung liegen sowohl theoretische Optimierungsansätze wie auch einfache Praxisregeln vor. Albers und Krafft (2013) zeigen, dass nach dem Dorfman-Steiner-Theorem das Budget für den Vertrieb dann optimal ist, wenn das Budget dividiert durch den entsprechenden Deckungsbeitrag der Elastizität des Instrumentes entspricht. „Auf der Basis dieses Theorems kann man nun prüfen, welche Annahmen Unternehmen treffen, wenn man unterstellt, dass diese versuchen, den Verkaufsaußendienst optimal zu gestalten. Kennt man die Marge, die ein Unternehmen durch den Verkauf seiner Produkte erzielt, dann kann man ganz einfach den Quotienten aus Verkaufsbudget und Marge multipliziert mit Umsatz bilden und dies mit aus der Literatur bekannten Elastizitäten vergleichen. Erhält man für diesen Quotienten z. B. den Wert 0,1, so ist dieser deutlich kleiner als der Mittelwert 0,34 aus der Meta-Analyse, was einen Analysebedarf aufzeigt, warum man offenbar so wenig in den Verkaufsaußendienst investiert oder nicht in der Lage ist, den Verkaufsaußendienst so zu trainieren, dass er mit einer größeren Effektivität arbeitet" (Albers und Krafft 2013).

Praktikerregeln sind dagegen einfacher strukturiert. So orientieren sich Praktiker bei der Festlegung von Verkaufsbudgets z. B. (vgl. Backhaus und Voeth 2014):

- an den Budgets vergleichbarer Wettbewerber oder
- an Prozent von Umsatz-Werten.

Die Praktikerregeln haben den Vorteil der leichten und unkomplizierten Budgetbestimmung. Die theoretischen Optimierungsansätze können erhebliche Zusatzeffekte bewirken, haben aber viel mehr Informationsbedarf, der nicht immer zu befriedigen ist.

2.2.2 Verkaufsbezirksaufteilung

Bei der Verkaufsbezirksaufteilung werden regional abgegrenzte Nachfragergebiete einzelnen oder mehreren Außendienst-Mitarbeitern zugeordnet (vgl. Albers 1989; Backhaus und Voeth 2014). Für die Verkaufsgebietsaufteilung liegt aufgrund der hohen praktischen Relevanz eine Reihe von konzeptionellen Modellen vor (vgl. z. B. Skiera und Albers 1998; Skiera und Albers 2002). Aber auch die Praxis hat hier Lösungsvorschläge unterbreitet, die häufig darauf gerichtet sind, möglichst gleich große Verkaufsgebiete einzurichten, da man sonst Motivationsprobleme befürchtet (Zoltners et al. 2001). Allerdings ist der „Gleichheitsansatz" dahingehend zu hinterfragen, was die Gleichheit im Einzelfall ausmacht: Gebiete mit

- gleicher regionaler Größe?
- gleicher Arbeitsbelastung?
- gleichem Absatzpotential?

Jede dieser Gleichheitskonkretisierungen hat Vor- und Nachteile, die sorgfältig gegeneinander abzuwägen sind (vgl. Albers und Krafft 2013).

Theoretische Modelle basieren häufig auf kombinatorischen Überlegungen. Ein Beispiel liefern Skiera und Albers (1998) mit dem computergestützten Planungsmodell

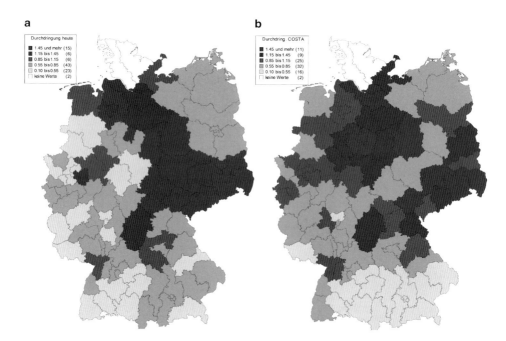

Abb. 6 Bearbeitungsintensität der kleinsten geographischen Einheiten durch den Verkaufsaußendienst vor (**a**) und nach (**b**) der Optimierung mit Hilfe von COSTA (Albers und Krafft 2013, S. 101)

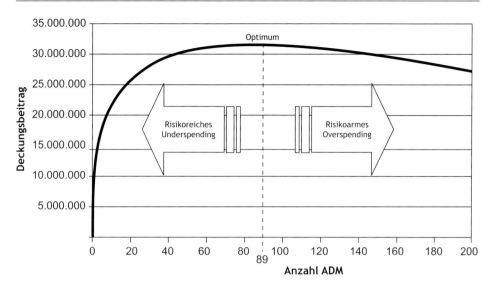

Abb. 7 „Flaches Optimum" bei der Bestimmung der Zahl von ADMs (Albers und Krafft 2013, S. 154)

COSTA (Contribution Optimizing Sales Territory Alignment), deren Ziel die Maximierung des Deckungsbeitrags ist. Der praktische Einsatz zeigt erhebliche Veränderungen in der Verkaufsgebietsaufteilung im Vergleich zu pragmatischen Ansätzen. So zeigen bspw. Albers und Krafft (2013) an einem Beispiel, wie durch Optimierung eine zu hohe Bearbeitungsintensität im Nordosten generell eine Verschiebung der Verkaufsgebiete nach Südwesten ergibt (vgl. Abb. 6).

2.2.3 Anzahl der Außendienst-Mitarbeiter (ADM)

Wie viele AD-Mitarbeiter ein Unternehmen beschäftigen soll, ist eine Frage, die in der Praxis häufig gar nicht gestellt wird, da die AD-Mannschaft oftmals historisch gewachsen ist und mehr oder weniger als gegeben angenommen wird (vgl. Albers 2000). Das Problem liegt darin, dass Vertriebsleiter in der Regel nicht in der Lage sind, die Frage zu beantworten, wie viel Mehr-Umsatz die Beschäftigung eines zusätzlichen AD-Mitarbeiters erbringt bzw. wie viel Deckungsbeitrag verloren geht, wenn man einen AD-Mitarbeiter entlässt. Deshalb greifen in der Praxis Vereinfachungsregeln, die z. B. die Anzahl der Mitarbeiter auf Basis eines Prozentsatzes vom Umsatz festgelegt – ein Verfahren, das nur zufällig zu einer optimalen Lösung führt (vgl. Albers und Krafft 2013). Allerdings haben Albers und Krafft (2013) gezeigt, dass optimale Lösungen ein flaches Maximum aufweisen, das asymmetrisch ist. Flaches Maximum bedeutet, dass man durch Aufstockung oder Reduzierung der ADM über bzw. unter dem Optimum nicht viel bewirken kann. Allerdings ist die Gefahr, bei einer zu geringen Zahl gegenüber zu vielen ADM, einen erheblichen Deckungsbeitrags-Rückgang zu erzielen, größer.

2.2.4 Besuchsplanung

Bei der Besuchsplanung geht es um die Lösung eines Allokationsproblems. Wie soll der ADM seine knappe Zeit auf die einzelnen Kunden verteilen? Das ist keine einfach zu beantwortende Frage, weil die Kunden in der Regel

- unterschiedlich groß sind,
- unterschiedlich auf Besuche reagieren und
- unterschiedliche Entfernung zum Standort des ADM aufweisen.

Auch bei der Besuchsplanung unterscheiden wir theoretische Optimierungsmodelle und praktische Vereinfachungen. In der Praxis haben sich sog. Besuchsnormen herauskristallisiert (vgl. Albers und Krafft 2013), wie z. B. dass in einem abgegrenzten Verkaufsgebiet alle sog. A-Kunden mindestens einmal im Monat besucht werden müssen, während C-Kunden im Vierteljahres-Rhythmus zu besuchen sind.

Aus theoretischer Perspektive können Besuchsnormen jedoch suboptimal ein, da sie nicht oder zu wenig auf die Erzielung des maximalen Deckungsbeitrags ausgerichtet sind. Deshalb wurden in der Literatur schon früh Modelle (z. B. CALLPLAN, Lodish 1971 oder CAPPLAN, Albers 1996) vorgelegt, die eine optimale Allokation der Besuchszeiten ermöglichen. Allerdings bestehen erhebliche Anforderungen an die notwendige Datengrundlage (vgl. im Detail Albers und Krafft 2013).

2.2.5 Routenplanung

Aufbauend auf der Besuchsplanung kann eine konkrete Routenplanung entwickelt werden. Dazu stehen computergestützte Modelle zur Verfügung, die sich an die jeweiligen Unternehmens-Spezifika anpassen lassen. Die Ansätze basieren im Wesentlichen auf Heuristiken. Besondere Prominenz haben dabei die so genannten *Savings Ansätze* gefunden (vgl. Albers und Krafft 2013). Dabei handelt es sich um eine Gruppe von Heuristiken, die z. B. mit einer Ausgangslösung starten, bei der jeder Kunde einzeln besucht wird, wobei nach jedem Besuch die Rückkehr zum Ausgangsstandort erfolgt. Die Lösung wird dann verbessert, indem geprüft wird, ob das Zusammenfassen von zwei Einzelbesuchen zu einer Ersparnis (Savings) an Fahrzeit führt. Dieser Verbesserungsprozess wird so lange fortgesetzt, bis keine Einsparungen mehr möglich sind.

Obwohl dieser Verbesserungsprozess nicht zwangsläufig zum Optimum führt, zeigen sich in der Praxis in der Regel doch gute Ergebnisse.

2.2.6 Selektion und Training der Mitarbeiter

Eine für den persönlichen Verkauf grundlegende Entscheidung liegt in der Selektion und Schulung von AD-Mitarbeitern. Während früher gute AD-Mitarbeiter durch generell gültige Persönlichkeitsmerkmale wie Überzeugungskraft, Flexibilität, Durchsetzungsvermögen etc. gekennzeichnet waren, hat sich aufgrund der Interaktionsstudien gezeigt, dass es „den guten Verkäufer" an sich nicht gibt. Erst dann, wenn die vom AD-Mitarbeiter zu bearbeitende Zielgruppe festgelegt ist, lässt sich das entsprechende Anforderungsprofil erstellen. Da der Verkaufsvorgang ein sozialer Interaktionsprozess ist, dessen Ausgang durch alle am Interaktionsprozess Beteiligten festgelegt wird, kommt es darauf an, Verkäufer zu finden, die zu den Partnern auf der Nachfragerseite passen (vgl. Backhaus und Voeth 2014). Diese Persönlichkeitsmerkmale werden auch durch Verkaufstraining nur begrenzt veränderbar sein. Dennoch haben Verkaufstrainings grundsätzlich eine wichtige Bedeutung für die Effizienzverbesserung beim Personal Selling (zu konkreten Beispielen des Verkaufstrainings vgl. Belz 1999).

Bezieht sich das Verkaufstraining auf das Verhandlungsverhalten vom ADM, kann auf Erkenntnisse der Verhandlungsforschung zurückgegriffen werden. Besonders effizient haben sich Trainings zu integrativem Verhandlungsverhalten erwiesen, weil durch die Trainings Übereinkommen erreicht werden können, die beide Parteien, Käufer und Verkäufer besser stellen. Neuere Untersuchungen zeigen, dass die Trainingseffekte bei Verkäufern auch über eine gewisse Zeit anhalten, so dass die Effizienz in einem abgesteckten Rahmen gesichert erscheint (vgl. Zerres et al. 2013).

2.2.7 Anreizsysteme

Um die Verkaufsmannschaft leistungsbezogen zu motivieren, kann der Entscheider auf ein ganzes Set von Anreizen zurückgreifen, die isoliert oder kombiniert eingesetzt werden können. Abbildung 8 gibt einen Überblick über materielle und immaterielle Anreize.

Die materiellen Anreize können monetär oder nicht-monetär ausgestattet sein, während die immateriellen Anreize personen-, arbeits- oder organisationsbezogen sein können (vgl. zu letzteren v. Rosenstiel 1975).

Materielle, monetäre Anreize werfen 2 Problembereiche auf:

- Worauf bezieht sich die Entlohnung?
- Wie wird entlohnt?

Die Beantwortung dieser beiden Fragen stellt das Kerngerüst der monetären Entlohnung der ADM dar. Es wird ergänzt durch die nicht monetären materiellen und die immateriellen Anreize. Die Vertriebsleitung muss darauf achten, dass das Anreizsystem so ausgestattet ist, dass die Anreize weder zu schwach wirken („underselling") noch dass der Verkäufer zum „Drücken" angeleitet wird („overselling"). „Geeignete Anreizsysteme sind demnach so zu gestalten, dass sie Leistung honorieren, die das Verhalten der Verkäufer im Sinne der Unternehmensziele steuern, die Mitarbeiterzufriedenheit und -bindung sicherstellen und die Kundenbeziehungsqualität erhöhen." (Zu Details der Bedeutung dieser Forderung vgl. Albers und Krafft 2013).

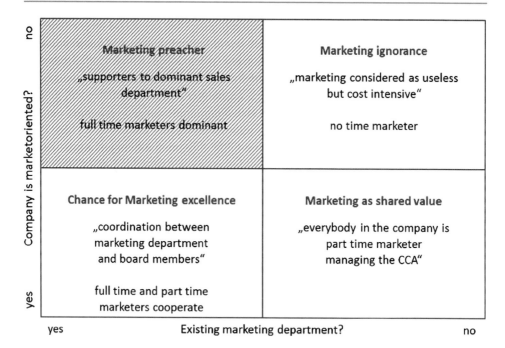

Abb. 9 Kombinationen von Unternehmensausrichtung und die Existenz von Marketingabteilungen (Eigene Darstellung)

gen Zusammenarbeit beider Bereiche im Strategieentwicklungsprozess des Unternehmens und mithin einer aktiven Integration des Vertriebs in diesen Prozess" (Malshe und Sohi 2009). Dies ist von zentraler Bedeutung, da der Vertrieb mit spezifischem Kunden- und Marktwissen über eine für den Strategieentwicklungsprozess zentrale Ressource verfügen sollte (Piercy und Lane 2009; Backhaus 2013).

4 Fazit

Dadurch, dass viele Industriegüter-Märkte zu Käufermärkten geworden sind, hat die Vertriebsfunktion eine noch größere Bedeutung erlangt, als sie es im B-to-B-Bereich immer schon hatte. Das hat dazu geführt, dass die Einbindung der seit jeher relevanten operativen Vertriebsentscheidungen in einen vertriebsstrategischen Kontext durch die neuen technischen Unterstützungsinstrumente ergänzt werden musste. Insofern hat der operative Prozess eine Ergänzung „von oben" (durch die Strategieeinbindung) und „von unten" (durch die technischen Supportleistungen) erfahren. Gleichzeitig haben die neuen (elektronischen) Absatzkanäle neue Vertriebsalternativen geschaffen, die insbesondere das Problem des Multikanal-Absatzes auf die Agenda gebracht haben.

Ein innerbetriebliches Problem kann das Verhältnis von Vertrieb zum Marketing aufweisen. Hier ist vorrangig die Unternehmensleitung gefordert. Die einfache Delegation des Marketing in eine Marketingabteilung schafft nicht immer die richtigen Voraussetzungen, um mit dem Vertrieb auf Augenhöhe zu verhandeln.

Literatur

Albers, S. 1989. *Entscheidungshilfen für den Persönlichen Verkauf*. Berlin: Duncker & Humboldt.

Albers, S. 1996. CAPPLAN: a decision-support system for planning the pricing and sales effort of salesforce. *European Journal of Marketing* 30(7): 68–82.

Albers, S. 2000. Wie die optimale Außendienstgröße bestimmt werden kann. In *Verkaufsaußendienst. Planung – Steuerung – Kontrolle, Symposium*, Hrsg. S. Albers, 13–27. Düsseldorf: Symposium Publishing.

Albers, S., und G. Greve. 2004. Kundenwertprognose. In *Prognoserechnung*, Hrsg. P. Mertens, S. Rässler, 431–438. Heidelberg: Physica.

Albers, S., und M. Krafft. 2013. *Vertriebsmanagement*. Wiesbaden: Springer.

Backhaus, K. 1974. *Direktvertrieb in der Investitionsgüterindustrie, in: Bochumer Beiträge zur Unternehmensführung und Unternehmensforschung* Bd. 16. Wiesbaden: Gabler.

Backhaus, K. 2013. Hindernislauf Marketing – Erleuchtung – Ernüchterung – Durchbruch, Wiesbaden: Springer

Backhaus, K., K. Mühlfeld. 2005. Strategy dynamics in industrial marketing: a business types perspective. *Management Decision* 43(1): 38–55

Backhaus, K., und H. Bonus. 1998. *Die Beschleunigungsfalle oder der Triumph der Schildkröte*, 3. Aufl. Stuttgart: Schäffer-Poeschel.

Backhaus, K., und M. Voeth. 2014. *Industriegütermarketing*, 10. Aufl. München: Vahlen.

Backhaus, K., Budt, M., Lügger, K. 2013. Direkter oder indirekter Vertrieb? Vertriebsstrukturelle Entscheidungen in Auslandsmärkten. In *Internationaler Vertrieb*, Hrsg. L. Binckebank, C. Belz, 439–468. Wiesbaden: Springer.

Belz, C. 1999. *Verkaufskompetenz: Chancen in umkämpften Märkten, Konzepte und Innovationen, Kunden- und Leistungskriterien, Organisation und Führung*, 2. Aufl. St. Gallen: Thexis.

Belz, C., und M. Reinhold. 2012. Internationaler Industrievertrieb. In *Internationaler Vertrieb – Grundlagen, Konzepte und Best Practices für Erfolg im globalen Geschäft*, Hrsg. L. Binckebanck, C. Belz, 3–223. Wiesbaden: Springer.

Binckebanck, L., A. Hölter, und A. Tiffert. 2013. *Führung von Vertriebsorganisationen*. Wiesbaden: Springer.

Budt, M., und K. Lügger. 2013. Vertriebsmanagement für Industriegüter. In *Führung von Vertriebsorganisationen*, Hrsg. L. Binckebanck, A. Hölter, A. Tiffert, 67–90. Wiesbaden: Springer.

Dannenberg, und Zupancic. 2008. *Spitzenleitungen im Vertrieb*. Wiesbaden: Springer.

Engelhardt, und Kleinaltenkamp. 1989. *Spitzenleitungen im Vertrieb*. Wiesbaden: Springer.

Fließ, S. 2006. Vertriebsmanagement. In *Markt- und Produktmanagement*, 2. Aufl., Hrsg. M. Kleinaltenkamp, W. Plinke, F. Jacob, A. Söllner, 369–496. Wiesbaden: Gabler.

Homburg, C., H. Schäfer, und J. Schneider. 2006. *Sales Excellence – Vertriebsmanagement mit System*, 4. Aufl. Wiesbaden: Springer.

Homburg, C., und O. Jensen. 2007. The Thought Worlds of Marketing and Sales: Which Differences Make a Difference? *Journal of Marketing* 71(7): 124–142.

Hüffmeier, J., A. Freund, A. Zerres, K. Backhaus, und G. Hertel. 2011. Being tough or being nice? A meta-analysis on hard- and softline strategies in distributive negotiations. *Journal of Management* 40(3): 866–892. doi:10.1177/0149206311423788.

Keller, U. 1975. *Die Bedeutung des Handels für den Investitionsgüterabsatz*. Göttingen: Schwartz.

Kleinaltenkamp, M. 1988. Marketing-Strategien des Produktionsverbindungshandels. *Thexis*, 5(5): 38–43.

Kleinaltenkamp, M. 1993. *Standardisierung und Marktprozess*. Wiesbaden: Gabler.

Kleinaltenkamp, M. 2006. Auswahl von Vertriebswegen. In *Markt- und Produktmanagement*, 2. Aufl., Hrsg. M. Kleinaltenkamp, W. Plinke, F. Jacob, A. Söllner, 321–367. Wiesbaden: Gabler.

Lodish, L. 1971. CALLPLAN: An Interactive Salesman's Call Planning System. *Management Science* 18(4): 25–40.

Lügger, K. 2012. Das B2B-Marketing zwischen Emanzipation und Reintegration. *DBW* 73: 51–72.

Malshe, A., und R.S. Sohi. 2009. What makes strategy making across the sales-marketing interface more successful? *Journal of the Academy of Marketing Science* 37(4): 400–421.

Marz, N., und J. Warren. 2013. *Principles and best practices of scalable real-time data systems*. New York: Big Data.

Piercy, N.F., und N. Lane. 2009. *Strategic Customer Management: Strategizing the Sales Organization*. Oxford: University Press.

Pflesser, C. 1999. *Marktorientierte Unternehmenskultur: Konzeption und Untersuchung eines Mehrebenenmodells*. Wiesbaden: Gabler.

Rouziès, D., E. Anderson, A.K. Kohli, R.E. Michaels, und B.A.Zoltners.A.A. Weitz. 2005. Sales and Marketing Integration: A Proposed Framework. *Journal of Personal Selling & Sales Management* 25(2): 113–122.

Schein, E.H. 1995. *Unternehmenskultur – Ein Handbuch für Führungskräfte*. Frankfurt a. M.: Campus.

Skiera, B., und S. Albers. 1998. Contribution Optimizing Sales Territory Alignment. *Marketing Science* 17: 196–213.

Skiera, B., und S. Albers. 2002. Die Verkaufsgebietseinteilung. In *Verkaufsaußendienst. Planung – Steuerung – Kontrolle, Symposium*, Hrsg. S. Albers, 29–56. Düsseldorf: Symposion.

Umble, E.J., R.R. Haft, und M.M. Umble. 2003. Enterprise resource planning: Implementation procedures and critical success factors. *European Journal of Operational Research* 146: 241–257.

Rosenstiel, V.L. 1975. *Die motivationalen Grundlagen des Verhaltens in Organisationen*. Berlin: Duncker & Humboldt.

Witt, J. 1996. *Prozessorientiertes Verkaufsmanagement*. Wiesbaden: Gabler.

Zerres, A., J. Hüffmeier, P.A. Freund, K. Backhaus, und G. Hertel. 2013. Does it Take Two to Tango? Longitudinal Effects of Unilateral and Bilateral Integrative Negotiation Training. *Journal of Applied Psychology* 98(3): 478–491.

Zoltners, A., P. Sinha, und G. Zoltners. 2001. *The Complete Guide to accelerating sales force performance*. New York: AMACOM.

Vertriebsdifferenzierung im Industriegütergeschäft

Christian Belz und Michael Weibel

Inhaltsverzeichnis

1	Einleitung und Problemstellung	437
2	Forschungsansatz und Vorgehen innerhalb der Studie	440
3	Unterschiede und Gemeinsamkeiten für den Vertrieb von Industriegütern	441
	3.1 Die Erfolgswirkung auf Unternehmensebene	442
	3.2 Die Erfolgswirkung auf Mitarbeiterebene	443
	3.3 Die relevanten Erkenntnisse zum Produktgeschäft	445
	3.4 Die relevanten Erkenntnisse zum Projektgeschäft	446
	3.5 Die relevanten Erkenntnisse zum Systemgeschäft	447
	3.6 Die relevanten Erkenntnisse zum Integrationsgeschäft	447
4	Folgerungen für das Management des Vertriebs von Industriegütern	448
	4.1 Handlungsempfehlungen für Produktanbieter	448
	4.2 Handlungsempfehlungen für Projektanbieter	450
	4.3 Handlungsempfehlungen für Systemanbieter	452
	4.4 Handlungsempfehlungen für Integrationsanbieter	454
5	Fazit	456
Literatur		457

1 Einleitung und Problemstellung

Anbieter haben immer mehr damit zu kämpfen, sich mit ihrem Kernprodukt gegenüber dem Wettbewerb zu profilieren (Bruhn 2011; Belz und Reinhold 2012). Der Vertrieb, oftmals als Speerspitze des Marketing verstanden, nimmt unbestritten als Bindeglied zwi-

---

Prof. Dr. Christian Belz ✉ · Dr. Michael Weibel
Universität St. Gallen, IfM-HSG, St. Gallen, Schweiz
e-mail: christian.belz@unisg.ch, michael.weibel@unisg.ch

schen Anbieter und Nachfragerunternehmen eine wichtige Stellung im Industriegütergeschäft ein. Im Austausch von Produkten und Dienstleistungen entstehen dabei häufig komplexe Transaktionen, die den Vertrieb besonders fordern. Aufgrund der Globalisierung wird es zudem immer schwieriger, die Wachstumsraten und Gewinne der Vergangenheit zu verteidigen. Verstärkte Internationalität, vermehrter Konkurrenzdruck, kürzere Produktlebenszyklen und zunehmend zu beachtende Regulatoren führen zu einer immer anspruchsvolleren Vermarktung (Belz 2013; Kleinaltenkamp 2007). Das bedeutet für Anbieter von heute, dass sie möglichst frühzeitig erkennen müssen, in welchen Bereichen sie ihren Ressourceneinsatz konzentrieren, ausbauen oder allenfalls reduzieren. In diesem Zusammenhang sehen Führungskräfte vermehrt das größte Potential zur Produktivitätssteigerung im eigenen Unternehmen in Vertrieb und Marketing (Homburg et al. 2010).

Die Bedeutung des Vertriebs als zentrales Instrument ist heute vielen Unternehmen bewusst, es fehlt jedoch häufig ein durchgehend integrativer Ansatz, um die unterschiedlichen Kundenbedürfnisse in den verschiedenen Geschäftsfeldern aus Vertriebssicht gesondert bearbeiten zu können (Krafft et al. 2004). Möchte z. B. ein klassischer Anbieter von C-Teilen (Produkt- oder Commodity-Geschäft) sich gegenüber dem Wettbewerb differenzieren und sich in Richtung Lösungsanbieter entwickeln, wird der Vertrieb anders gefordert (Kleinaltenkamp 2007). Dasselbe gilt auch für ein Zulieferunternehmen, welches nach einer strategischen Zusammenarbeit mit einem Kunden ihre exklusiven Produkte vermehrt auch im Massengeschäft vertreiben möchte (Backhaus und Voeth 2014). Innerhalb des bestehenden wie auch im Wechsel zu einem anderen Geschäftstyp kann der Vertrieb als Bindeglied zwischen Anbieter und Nachfrager einen entscheidenden Wettbewerbsvorteil bieten. Jedoch fehlen in der Praxis für den Vertrieb zum Teil handlungsleitende Maßnahmen, welche nach verschiedenen Geschäftstypen differenzieren oder es werden keine oder sogar falsche Schwerpunkte gesetzt. Unsere These: Mit den richtigen Schwerpunkten im Vertrieb für verschiedene Geschäftstypen, können Unternehmen weit erfolgreicher als bisher vorgehen.

Backhaus entwickelte für das Industriegütermarketing einen konzeptionellen Rahmen und erklärt handlungsleitend für das Produkt-, System-, Integrations- und Projektgeschäft, wie Industrieunternehmen ihre Kunden und Märkte in den jeweiligen Geschäftstypen unterschiedlich bearbeiten sollten (Büschken et al. 2007). Heute gehört dieser Ansatz zu einem der meistverwendeten Geschäftstypenansätze in der Marketingforschung und Unternehmenspraxis (Büschken et al. 2007). Das Modell hat den Vorteil, nicht nur erklärend, sondern gleichzeitig auch handlungsleitend zu sein, wobei andere Modelle selten beide Funktionen erfüllen können (Belz und Reinhold 2012). Zu dem erfasst das Modell das gesamte Industriegütergeschäft und es müssen keine weiteren Transaktionstypen zur Erklärung miteinbezogen werden.

Beim Produktgeschäft werden Leistungen vermarktet, die dadurch gekennzeichnet sind, dass sie nicht einzelkundenspezifisch, sondern für einen breiteren Markt, ein Marktsegment oder den Gesamtmarkt entwickelt wurden (Backhaus und Voeth 2014). Der Nachfrager ist nur über eine Transaktion an den Anbieter gebunden, der wiederum keine spezifischen Investitionen in den Kunden tätigt. In der Regel werden vorgefertigte und in Massenfertigung erstellte (homogene bzw. austauschbare) Leistungen oder auch Rohstoffe auf einem anonymen Markt vertrieben und der Nachfrager ist nicht in den Vermarktungsprozess eingebunden. Der Kunde fragt die Leistung des Anbieters nach, ohne dass dabei eine langfristige Geschäftsbeziehung zwischen den beiden Parteien etabliert werden muss (Backhaus und Mühlfeld 2004). Bei diesem Geschäftstyp ist der Bindungseffekt für beide Seiten sehr gering und die Verkaufs- und Beschaffungsprozesse sind hochgradig standardisiert. Eventuelle Abhängigkeiten nach den Transaktionen können lediglich bei Qualitätsproblemen auftauchen. Klassische Produktgüter sind z. B. Schrauben, Personal Computer und Rohstoffe.

Im Gegensatz zum Produktgeschäft wandelt sich beim Projektgeschäft die Anbieterperspektive von der Betrachtung anonymer Märkte hin zum Einzelkunden (Backhaus und Voeth 2014). Hier werden komplexe Anlagen oder Projekte vertrieben, die bereits vor der kundenindividuellen Erstellung und Vermarktung an den Kunden abgesetzt wurden. Folglich sind im Vorfeld für beide Parteien umfangreiche Abklärungen, langfristige Planungs- und Projektarbeiten notwendig. Grundsätzlich dominiert bei diesem Geschäftstyp die Herstellerbindung, weil fallweise hohe Vorleistungen seitens der Anbieter erbracht werden müssen (Gemünden 1981). Zudem sind sie gefordert bei der Geschäftsanbahnung das Vertrauen bei den Interessenten für eine erfolgreiche Umsetzung zu gewinnen. Wegen der kundenindividuellen Fertigung weisen die Leistungsangebote einen hohen Spezifitätsgrad auf und finden meist keinen weiteren Käufer am Markt (Pepels 2009). Beispiele sind Verpackungsanlagen und komplexe Werkzeugmaschinen.

Im Systemgeschäft werden aus Anbietersicht – in Abgrenzung zum Projektgeschäft – Leistungen nicht für einzelne Kunden, sondern für einen anonymen Markt konzipiert (Backhaus und Voeth 2014). Die Kaufprozesse im Systemgeschäft sind dadurch gekennzeichnet, dass die nachgefragten Leistungen zeitlich versetzt im Verbund mit anderen Leistungen bezogen werden. Dadurch ist der Abnehmer oftmals durch technische Verkettungen der einzelnen Komponenten langfristig an den Hersteller gebunden und ein möglicher frühzeitiger Wechsel zu einem anderen Unternehmen ist für ihn mit hohen Kosten verbunden (Belz und Reinhold 2012). Dieser sogenannte „Lock-in-Effekt" für das Kundenunternehmen zeichnet diesen Geschäftstyp aus (Backhaus und Voeth 2014). Dadurch entsteht eine langfristige Geschäftsbeziehung, bei der schon die erste Beschaffungsentscheidung die Vermarktungsaktivität des Anbieters beeinflusst (Kleinaltenkamp 1994; Kühlborn 2004). Der Anbieter ist aus Vertriebssicht gefordert, mögliche Vorbehalte gegenüber langfristigen Bindungen durch den Aufbau von vertrauensbildenden Maßnahmen zu reduzieren. Typisch sind umfassende Informatiksysteme für Kunden.

Im Integrationsgeschäft werden Herstellerunternehmen mit industriellen Vorprodukten und den dazugehörigen Dienstleistungen beliefert und beide Transaktionspartner gehen eine starke Bindung ein (Backhaus und Voeth 2014). Einerseits entwickelt der Anbieter für einen einzelnen Kunden im Rahmen einer langfristigen Geschäftsbeziehung kundenindividuelle Leistungen und andererseits bindet sich der Kunde durch die Anpassung seines Fertigungsprozesses an den Lieferanten. Produktentwicklungen werden gerne gemeinsam in Form von Vorproduktserien erstellt und anschließend die Vertragsparteien für die Dauer des Produktlebenszyklus vertraglich aneinander gebunden. Dadurch ist für innovative Produkte bzw. Leistungen ein besonders intensiver Interaktionsprozess zwischen Lieferanten und Verwender empfehlenswert (Gemünden 1981). Aus Vertriebssicht sollten alle Bereiche des Kunden (z. B. Einkauf, Entwicklung und Logistik) stark in den Vertriebsprozess miteinbezogen werden (Belz und Reinhold 2012). Mannigfaltige Beispiele finden sich bei wichtigen Zulieferanten der Automobil-Hersteller.

Marketing- und Vertriebsforschung setzen sich durchaus umfassend mit möglichen Erfolgsfaktoren im Vertrieb auseinander, jedoch gibt es bislang keine Abhandlung, die die vier Geschäftstypen gemäß Backhaus integriert aus Vertriebssicht betrachtet und vertieft untersucht. Diese Lücke versucht der vorliegende Beitrag zu schließen, indem aus Sicht des Vertriebs für die vier Geschäftstypen die wesentlichen Themenfelder identifiziert und deren Wirkung auf den Erfolg anhand einer empirischen Studie erklärt wird. Darauf aufbauend werden konkrete Handlungsempfehlungen für die Unternehmenspraxis erläutert und kurz anhand einer Fallstudie untermauert.

2 Forschungsansatz und Vorgehen innerhalb der Studie

Anhand einer explorativen Studie wurden in Expertengesprächen mit der Methode der „Critical Incident Technique" die spezifischen Herausforderungen des Vertriebs für den jeweiligen Geschäftstyp erfasst und die relevanten Themenfelder identifiziert. Aus den Aussagen der acht geführten Interviews ließen sich 128 kritische Ereignisse ableiten. Auf Grundlage einer Häufigkeitszählung wurden mithilfe der Inhaltsanalyse folgende Kategorien gebildet und darin eine Rangfolge auf Basis der Anzahl Nennungen erstellt: (1) Fähigkeiten des Vertriebsmitarbeiters, (2) verfügbare Informationen über Kunden, Wettbewerber und Zusammenarbeit, (3) Verhalten des Vertriebsmitarbeiters, (4) einheitliches Kundenverständnis und Bereitschaft zur Informationsweitergabe, (5) Führung und Zusammenarbeit mit unterschiedlichen Bereichen, (6) Vertriebsunterstützung durch integrierte Kommunikationsinstrumente und (7) persönlicher Verkauf im Vertriebsprozess.

Basierend auf den Ergebnissen wurden die Grundlagen geschaffen, um das Untersuchungsmodell zur Vertriebsdifferenzierung für die quantitative empirische Studie zu konzeptualisieren (vgl. Abb. 1).

Anhand von vier Rahmenmodellen (Gesamtstichprobe) und 16 Teilmodellen (differenziert durch die Geschäftstypen) wurden einerseits die vermuteten Zusammenhänge auf Unternehmens- und Mitarbeiterebene kausalanalytisch überprüft und andererseits deren Wirkung auf den Erfolg untersucht. Da eine quantitative Auswertung eine große Stichprobe erfordert, wurde auf eine standardisierte schriftliche Befragung zurückgegriffen. Die Grundgesamtheit der Untersuchung mit $n = 381$ bildeten Unternehmen in den produzierenden und dienstleistenden Sektoren in Deutschland, Österreich und der Schweiz, welche sich in die einzelnen Geschäftstypen wie folgt aufteilt: Produkt- (24 %), System- (31 %), Integrations- (24 %) und Projektgeschäft (21 %). Im Rahmen der Kovarianzanalyse wurden die vier Geschäftstypen als moderierende Effekte mithilfe eines multiplen

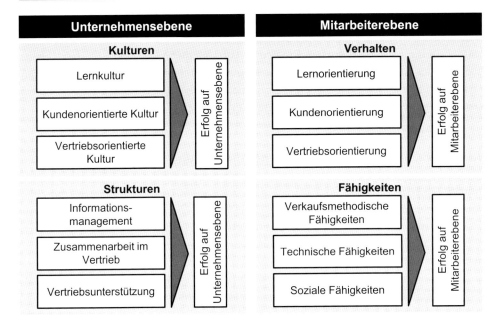

Abb. 1 Rahmenmodelle zur Untersuchung der Vertriebsdifferenzierung

Gruppenvergleichs auf das Untersuchungsmodell getestet. Die Ergebnisse der quantitativen Analyse bildeten neben der deskriptiven Analyse die Grundlage zur Ableitung praxisbezogener Handlungsempfehlungen zur Vertriebsdifferenzierung für jeden Geschäftstyp.

In der letzten Phase des Forschungsprozesses wurden die Ergebnisse aus der quantitativen Untersuchung mit weiteren Erkenntnissen aus der deskriptiven Analyse ergänzt und mit Hilfe einer Fallstudie je Geschäftstyp verifiziert. Um den Vertrieb in den jeweiligen Geschäftstypen tiefer durchdringen zu können, wurden anhand des traditionellen Phasenkonzepts von Dubinsky und Rudelius (1980) in leicht abgeänderter Form die erfolgreichen Verkäufer von den weniger erfolgreichen Verkäufern anhand von sechs Schritten im Vertriebsprozess unterschieden. Zudem wurde untersucht, welche Form der Vertriebsorganisation (nach Gebiet, Produkt, Kunde oder Funktion) erfolgreiche Unternehmen bevorzugt in ihrem Geschäftstyp wählen.

3 Unterschiede und Gemeinsamkeiten für den Vertrieb von Industriegütern

Wie bereits ausgeführt kommt zur Erzielung von Wettbewerbsvorteilen der Ausrichtung des Vertriebs innerhalb der vier Geschäftstypen eine bedeutende Rolle zu. Bezüglich einer differenzierten Gestaltung des Vertriebs in Industriegüterunternehmen herrscht jedoch weitestgehend Unklarheit darüber, welche Faktoren den Erfolg auf Unternehmens- und Mitarbeiterebene erklären. Im Zuge der Auseinandersetzung mit dieser Ausgangslage konnten vielfältige Einsichten und Erkenntnisse in Bezug auf die vier Geschäftstypen anhand dieser Studie gewonnen werden. Daher werden in diesem Abschnitt in einem ersten Schritt die kausalanalytischen Ergebnisse auf Unternehmens- und Mitarbeiterebene über die vier Geschäftstypen hinweg zusammenfassend dargestellt und kurz auf die deskriptiven Ergebnissen eingegangen. Anschließend werden die relevanten Ergebnisse pro Geschäftstyp aufgeführt und deren Bedeutung erläutert.

3.1 Die Erfolgswirkung auf Unternehmensebene

Grundsätzlich zeigen sich auf Unternehmensebene signifikante Unterschiede zwischen den vier untersuchten Geschäftstypen. Beim *Verbundgeschäft* (Integrations- und Systemgeschäft), welches sich i. d. R. durch eine langfristige Geschäftsbeziehung auszeichnet, wirkt die Lernkultur sehr stark auf die Kundenorientierung eines Industriegüterunternehmens. Hierbei können Anbieterunternehmen durch ausgeprägtes organisationales Lernen, indem sie ihre Potenziale nutzen, direkte Wettbewerbsvorteile erzielen (Gemünden et al. 1992). Das Gleiche gilt für die Kundenorientierung auf Unternehmensebene, welche wiederum stark auf den Unternehmenserfolg wirkt. Im Gegensatz zum Integrationsgeschäft ist die Wirkung auf den Erfolg im Systemgeschäft aber nur auf der Ebene des Unternehmens ausgeprägt vorhanden. Für beide Geschäftstypen, also für das Integrations- wie auch das Systemgeschäft, welche sich durch eine nachfrageseitig ergebende Quasirente auszeichnen, kann abgeleitet werden, dass die strukturellen Faktoren für den Vertrieb eine herausragende Bedeutung in Bezug auf den Unternehmenserfolg einnehmen. Das Abhängigkeitsverhältnis vom Nachfrager zum Anbieter durch den zeitlichen Kaufverbund bestätigt diejenigen Bereiche, wo Anbieterunternehmen im Vertrieb den Schwerpunkt legen sollten. Interessant ist in diesem Zusammenhang, dass beim *Produkt- und Projektgeschäft*, bei dem sich keine nachfrageseitige Quasirente ergibt, die Wirkung einer lernorientierten Kultur und der Kundenorientierung auf den Unternehmenserfolg, im Vergleich zum System- und Integrationsgeschäft, gering ausfällt. Nachfolgende Abb. 2 stellt die Ergebnisse der unterschiedlichen Wirkungsweisen auf Unternehmensebene innerhalb der vier Geschäftstypen zusammenfassend dar.

Auf Unternehmensebene wirken das Informationsmanagement, die Zusammenarbeit und die Vertriebsunterstützung in den vier Geschäftstypen wiederum sehr unterschiedlich auf den Unternehmenserfolg. Wie bereits bei den Ausführungen zum Einfluss der strukturellen Faktoren auf den Unternehmenserfolg beschrieben, weisen die postulierten Effekte im Rahmenmodell eine positive Wirkung auf den Erfolg des Unternehmens in allen vier Geschäftstypen aus. Jedoch fallen in den einzelnen Teilmodellen diese Effekte innerhalb der Geschäftstypen wiederum sehr unterschiedlich aus. Wie Håkansson und Östberg (1975) in ihrer Arbeit ausführen, bestätigen auch die Ergebnisse aus dieser Studie, dass bei standardisierten Produkten oder Dienstleistungen eine geringere Spezialisierung auf Unternehmensebene erforderlich ist. Jedoch gilt es bei einem hohen angebotenen In-

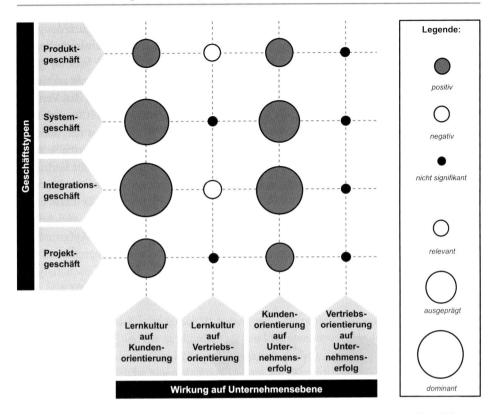

Abb. 2 Alle Geschäftstypen – Graphische Charakterisierung der Wirkung der kulturellen Faktoren auf Unternehmensebene

dividualisierungsgrad, wie z. B. beim Integrationsgeschäft, die Organisation sehr flexibel anzupassen.

Auch wenn von der Vermarktungssituation her betrachtet sich die vier Geschäftstypen markant unterscheiden, wird von allen erfolgreichen Unternehmen die Kundenorganisation bevorzugt gewählt. Bis auf das Systemgeschäft sind die Unterschiede zwischen den Top- und Low-Performer Unternehmen erheblich. Auch die Ergebnisse der vorliegenden Untersuchung bestätigen den Trend, dass sich die Anbieter immer stärker an einer Kundenorganisation ausrichten und dadurch den Vertrieb stärker gewichten. Damit wird die Wertschöpfung des Unternehmens nach weiteren Organisationskriterien wie Produktsparten, Ländern, Kanälen und Funktionen vermindert.

3.2 Die Erfolgswirkung auf Mitarbeiterebene

Auf der Mitarbeiterebene lassen sich die vier Geschäftstypen wiederum klar voneinander unterscheiden. Wie bereits im vorherigen Abschnitt erläutert, zeichnet sich beim System-

3.4 Die relevanten Erkenntnisse zum Projektgeschäft

Die Ergebnisse zur Unternehmens- und Mitarbeiterebene zeigen in allen vier untersuchten Feldern (Kultur, Struktur und Verhalten, Fähigkeiten) auf, dass die Wirkung auf den Erfolg im Projektgeschäft im Vergleich zu den anderen Geschäftstypen relativ gering ist. Die Besonderheiten des Projektgeschäfts machen deutlich, dass sich der Vermarktungsprozess aufgrund der Komplexität des Geschäfts über einen relativ langen Zeitraum erstreckt und vom Vertrieb besonders in der Akquisephase einiges an Einsatz erfordert. Auch wenn in der Regel eine kundenindividuelle und einmalige Leistungserstellung im Anlagenbau erfolgt (Backhaus und Voeth 2014), zeigen die Ergebnisse zur Unternehmensebene auf, dass eine möglichst standardisierte Kundenbearbeitung im Vordergrund stehen sollte. Dazu helfen einheitliche Prozesse und Abläufe, um den oftmals projektbezogenen Einsatz der Mitarbeiter im Vertrieb effektiv und effizient zu steuern. Die Ergebnisse zur Kundenorientierung auf Unternehmensebene untermauern die schwache Wirkung auf den Unternehmenserfolg. Die prozessgeleitete Kundenbearbeitung ermöglicht zudem, die Schnittstellen zu definieren und demzufolge wirtschaftlich zu arbeiten. Außerdem entstehen Kostenvorteile durch den hohen Produktionsausstoß von standardisierten Fertigungsteilen, welche nachträglich kundenindividuell zusammengestellt werden können (Engelhardt et al. 1981; Pepels 2009).

Das gleiche Bild zeigt sich bezüglich der Wirkung auf den Erfolg auf Mitarbeiterebene. Die Resultate zeigen auf, dass die erfolgreichen Vertriebsmitarbeiter über ausgeprägte Kenntnisse der Prozesse im eigenen und im Kundenunternehmen verfügen sowie den Wettbewerb außerordentlich gut kennen. Jedoch wird der Erfolg durch kundenorientiertes Handeln durch den Vertriebsmitarbeiter relativ schwach erklärt. Im Vertriebsprozess pflegen die Leistungsträger zur Geschäftsanbahnung ihre Kontakte intensiv über die sozialen Medien und werben über Fachartikel sowie Anzeigen in Fachzeitschriften. Zur Einschätzung des Kunden konsultieren sie interne Spezialisten und zur Angebotserstellung koordinieren sie Fachexperten aus den unterschiedlichen Bereichen. Zudem setzen sie den Fokus beim Ausbau ihres Geschäfts auf bestehende Kundenbeziehungen.

Aufgrund der hohen Bedeutung der grenzüberschreitenden Auftragsvergabe ist die internationale Ausrichtung der Anbieter im Projektgeschäft von hoher Bedeutung (Belz und Reinhold 2012; Backhaus und Klaus 2003). Demzufolge ist die Zuordnung des Vertriebs im Gesamtunternehmen (z. B. nach Sparten oder Ländern) eine anspruchsvolle Managementaufgabe und stark abhängig von dem zu vermarktenden Objekt (Voeth und Buyun 2011; Belz und Reinhold 2012). Daher kann abgeleitet werden, dass bei einer geringeren Komplexität des zu vermarktenden Gegenstandes, der Vertrieb dezentral organisiert werden sollte. Ist jedoch der kundenspezifische Anteil eher hoch, macht es Sinn, einen zentral geführten Vertrieb zu haben. Dadurch muss nicht in jeder Länderorganisation ein kostenintensiv differenzierter Vertrieb installiert werden. In der vorliegenden Untersuchung ist die *Kundenorganisation* bei den erfolgreichen Unternehmen ausgesprochen stark vertreten.

3.5 Die relevanten Erkenntnisse zum Systemgeschäft

Im Systemgeschäft finden wir eine andere Situation vor. Hier hat die Kundenorientierung des Unternehmens einen großen Einfluss auf den Erfolg. Der erwartete positive Effekt einer guten Zusammenarbeit auf den Unternehmenserfolg konnte eindrucksvoll für diesen Geschäftstyp bewiesen werden. Sowohl beim Einsatz von funktionsübergreifenden Teams, wie auch in der Zusammenarbeit über verschiedene Unternehmensbereiche hinweg. Dies wirkt insbesondere auf den Unternehmenserfolg, wenn es Anbieter schaffen, ihre Organisation auf den Kunden auszurichten (Belz 2013). Die Kundenorientierung des Vertriebsmitarbeiters hat jedoch auf Mitarbeiterebene nur eine relativ geringe Wirkung und dementsprechend wird der Erfolg des Vertriebsmitarbeiters auch vergleichsweise tief erklärt. Hieraus lässt sich schließen, dass sich Anbieter darauf fokussieren müssen auf Unternehmensebene eine hohe Kundenorientierung zu erreichen. Auf Ebene des Mitarbeiters sollten die Aktivitäten vor allem auf das Schnittstellenmanagement gelegt werden, um die Organisation auf den Kunden besser ausrichten zu können. Hierzu sind ihm die entsprechenden Möglichkeiten einzuräumen, die es ihm gestatten, die Beteiligten im Interesse der Kundenanliegen zu steuern. Die erfolgreichen Vertriebsmitarbeiter zeichnen sich in den einzelnen Phasen des Vertriebsprozesses dadurch aus, dass sie versuchen mögliche Engpässe aufgrund fehlender Ressourcen oder Unklarheiten frühzeitig zu klären. Zudem setzen sie im Vertriebsprozess den Schwerpunkt auf die Koordination und das Schnittstellenmanagement. Die Nähe zum Kunden durch Aufbau von Vertrauensleistungen sticht bei diesem Geschäftstyp besonders heraus.

Bei der Ausrichtung des Vertriebs tritt die Kundenorganisation am ehesten bei den Top-Unternehmen in den Vordergrund. Wegen des hohen Erklärungsbedarfs und den kundenspezifischen Anforderungen eignen sich Organisationsformen, die eine direkte und nahe Kundenbetreuung ermöglichen (Belz 1999).

3.6 Die relevanten Erkenntnisse zum Integrationsgeschäft

Die Ergebnisse zum Integrationsgeschäft zeigen auf, dass die Aktivitäten im Vertrieb auf Unternehmens- und Mitarbeiterebene, im Vergleich zu den anderen Geschäftstypen, ausgesprochen stark auf den Erfolg wirken. Die enge Verbindung des Anbieters mit dem Abnehmer liegt in der Natur des Integrationsgeschäfts und daraus folgernd wirkt eine lern- und kundenorientierte Kultur stark auf den Unternehmenserfolg. Durch die enge Verzahnung der beiden Unternehmen ist der Vertrieb immer wieder gefordert, seine Leistungen anzupassen und die Zusammenarbeit mit dem Kunden zu vertiefen. Demzufolge sind in der Regel Einzelaktivitäten im Vertrieb mit wenig Erfolg gekrönt und werden erst im Verbund mit den anderen Geschäftsbereichen wirksam.

Auf der Mitarbeiterebene zeichnen sich Top-Performer dadurch aus, dass sie den Interessenten von der Anfrage bis hin zur Realisierung eng betreuen. Im Gegensatz zu den Low-Performern sind sie aber bei Kundeninitiativen zurückhaltender und versuchen aufgrund der Erkenntnisse aus der eigenen Einschätzung den Kunden zu entwickeln. Zudem erkennen sie frühzeitig mögliche Hindernisse in der Zusammenarbeit und schützen ihre kundenspezifischen Investitionen durch Einfordern möglicher Gegenleistungen. Im Gegensatz zum Systemgeschäft ist aber der Vertriebsmitarbeiter weniger der „Beziehungspfleger", sondern übernimmt in der Kundenbearbeitung mehrheitlich inhaltliche Aufgaben, weshalb seine Rolle als „Vertriebsingenieur" umschrieben werden kann. Bezüglich der Vertriebsorganisation ist der größte Unterschied zwischen erfolgreichen und weniger erfolgreichen Unternehmen in deren Ausrichtung auf den Kunden zu finden.

4 Folgerungen für das Management des Vertriebs von Industriegütern

Die Ergebnisse der vorliegenden Studie haben gezeigt, dass im Vertrieb die Unternehmens- und Mitarbeiterebene je nach Geschäftstyp sehr unterschiedlich auf den Erfolg wirken. Unternehmen tun deshalb gut daran, den Vertrieb entsprechend darauf auszurichten. Basierend auf den Ergebnissen und Erkenntnissen der Studie werden in diesem Abschnitt die praxisbezogenen Handlungsempfehlungen abgeleitet. Die Ausführungen fokussieren dabei auf diejenigen Stellhebel, welche direkt auf den Erfolg wirken. Aufgrund der Komplexität des Themas erheben die Empfehlungen keinen Anspruch auf Vollständigkeit. Sie können Praktikern jedoch aufzeigen, welche Schwerpunkte im Vertrieb sie in ihrem Geschäftstyp legen sollten. Zum jeweiligen Abschnittsende eines Geschäftstyps wird kurz auf das Fallunternehmen eingegangen und deren Schwerpunkte im Vertrieb aufgezeigt.

4.1 Handlungsempfehlungen für Produktanbieter

Im Produktgeschäft steht der Vertriebsmitarbeiter bezüglich der Differenzierungsmöglichkeiten im Mittelpunkt des Vertriebs, denn gemessen an seiner Wirkung auf den Erfolg ist er von herausragender Bedeutung. Daraus lassen sich für die Gestaltung des Vertriebs die folgenden Handlungsempfehlungen ableiten.

Die Kundenbearbeitung sollte sich durch eine möglichst hohe Standardisierung auf Unternehmensebene auszeichnen: Aufgrund der regelmäßig wiederkehrenden Aktivitäten kann so eine hohe Kosteneffizienz in der Kundenbearbeitung erzielt werden. Daraus lassen sich folgende Schwerpunkte für die Kundenbearbeitung auf Unternehmensebene ableiten:

- Detaillierte Definition sowie Abgrenzung relevanter Prozesse, Rollen, und Verantwortlichkeiten.
- Standardisierter und hoch automatisierter Kundenbearbeitungsprozess zwischen Außen- und Innendienst.
- Segmentierung der Kunden nach (1) Gebieten, (2) Potenzial und (3) Branchen.
- Eigenständige Organisationseinheit (Profit Center), dediziert verantwortlich für den Vertrieb.

Einfache Anbindung des Kunden an das eigene Geschäftsmodell: Der Nachfrager sollte möglichst ohne Hürden auf das gesamte Leistungsportfolio des Anbieters zugreifen können. Daraus lassen sich folgende Empfehlungen ableiten:

- Anbindung des Kunden über eCommerce und Kundenkontaktcenter.
- Einfacher Zugriff auf adäquate Produktdokumentation und Leistungsbeschreibung über Katalog, CD und Internet.
- Durchgängige „Tool"-unterstützte Automatisierung von Bestellung bis Auslieferung.

Enge Führung der Vertriebsmitarbeiter durch Vorgesetzte: Die Zuteilung der Verkaufsgebiete und Segmentierung der Kunden sollte für den jeweiligen Vertriebsmitarbeiter durch Vorgabe der Unternehmung erfolgen. Dabei empfiehlt es sich zur Kundenbearbeitung folgende Faktoren zu berücksichtigen:

- Verpflichtung zur strikten Einhaltung der Kundenbearbeitungsprozesse.
- An der Verkaufsfront sind Vertriebsmitarbeiter einzusetzen, die nach Vorgabe ihre zugeteilten Gebiete bearbeiten.
- Führung der Vertriebsmitarbeiter mittels messbarer Zielvorgaben in kurzen Zeiträumen (z. B. Anzahl Kundenbesuche, Umsatz pro Woche, etc.).
- Zurverfügungstellung von Kundeninformationen, welche für den Vertriebsmitarbeiter jederzeit ortsunabhängig zugreifbar sein sollten (z. B. CRM-Systeme mit Zugriff über Notebooks und Tablets).
- Fördern und fordern der eigenständigen Weiterbildung von Verkaufsfähigkeiten bei den Vertriebsmitarbeitern.

Profilieren an der Kundenfront über die Verkäufer: Der Anbieter im Produktgeschäft sollte sich gegenüber dem Wettbewerber in der persönlichen Interaktion zum Kunden auszeichnen. Folglich lassen sich folgende Handlungsempfehlungen für die Vertriebsmitarbeiter herleiten:

- Vertriebsmitarbeiter verfügen über ausreichend Handlungsfreiheit und Entscheidungskompetenz gegenüber dem Kunden.
- Pflegen der Geschäftsbeziehung nicht nur über den persönlichen Kontakt, sondern auch durch die sozialen Netzwerke.
- Neben ausgewiesenen Verkaufsfähigkeiten ist ausgeprägte Sozialkompetenz bei Vertriebsmitarbeitern erforderlich.

Vertriebsmitarbeiter als Repräsentanten des Anbieters im Kundenkontakt: Die Verhaltensweise des Verkäufers als oftmals alleiniger Vertreter beim Kunden prägt die Kundenwahrnehmung intensiv. Zudem wirkt das kundenorientierte Verhalten durch den Vertriebsmitarbeiter stark auf den Erfolg. Daher sollten an der Kundenfront folgende Faktoren berücksichtigt werden:

- Statt Verkaufsteams sollte ein dezidierter Verkäufer eingesetzt werden, der die potentiellen Kunden betreut.
- Vertriebsmitarbeiter sind alleinige Repräsentanten des Unternehmens gegenüber ihren Kunden.

SFS unimarket (CH-Heerbrugg) als gewähltes Fallbeispiel zu diesem Geschäftstyp setzt im Bereich der Befestigungstechnik (z. B. Schrauben, Bohrer, etc.) auf effiziente Geschäftsprozesse und eine einfache Anbindung des Kunden an das eigene Geschäftsmodell. Dadurch erreichen sie eine äußerst hohe Effizienz im Vertrieb auf Unternehmensebene, welche wiederum für den Kunden in tiefe Beschaffungs- und Verwaltungskosten resultieren. Dafür legt SFS unimarket großes Gewicht auf die Kundenbearbeitung durch den Vertriebsmitarbeiter. Durch ein professionelles Beziehungsmanagement bei ausgewählten Kunden soll der Verkäufer als Botschafter des Unternehmens wahrgenommen werden und in der Zusammenarbeit mit dem Kunden einen Mehrwert bieten. Dies erreicht er, indem er sich an die Standards der Kundenbearbeitung von SFS unimarket hält und die vorgegeben Preise beim Kunden durchsetzt. Jedoch nimmt sich der Verkäufer gezielt Zeit für eine individuelle Kundenbearbeitung, womit er sich gegenüber den Wettbewerbern differenziert.

4.2 Handlungsempfehlungen für Projektanbieter

Wie die Ergebnisse zum Projektgeschäft aufgezeigt haben, ist die Wirkung der Kundenorientierung auf Unternehmens- und Mitarbeiterebene auf den Erfolg nur wenig ausgeprägt. Dennoch lassen sich folgende Ansätze für Handlungsempfehlungen ableiten.

Strikte Einhaltung der Vermarktungsprozesse auf Unternehmensebene: Aufgrund der Vermarktungskomplexität im Projektgeschäft, in welchem kundenindividuelle und oftmals einmalige Leistungen erstellt werden, müssen die Phasen der Vermarktung und Leistungserstellung strikt getrennt werden. Folgende Punkte sollten daher auf Unternehmensebene berücksichtigt werden:

- Klare organisatorische Trennung (Bereiche, Rollen und Verantwortlichkeiten) zwischen den einzelnen Phasen (Akquise, Produktion und Betrieb der Anlagen).
- Verpflichtung zur strikten Einhaltung der Prozesse für die Kundenakquise.
- Bereitstellen einer kompetenten und leistungsfähigen Kundendienst-Organisation.
- Kundennah agierende Vertriebsmitarbeiter, die bei Bedarf auf einen zentral geführten Vertriebssupport zurückgreifen können.
- Definiertes Key Account Management für identifizierte Kunden (z. B. für globale Kunden, welche weltweit mehrere Anlagen pro Jahr beziehen).

Qualifizierter Projektvertrieb für große Anfragen: Durch die kundenindividuelle und oftmals einmalige Leistungserstellung muss der Anbieter hohe Vorleistungen im Vertrieb erbringen (Gemünden 1981). Daher belasten nicht realisierte Kaufabschlüsse das

Betriebsergebnis stark negativ. Folgende Maßnahmen können eine höhere Erfolgsquote im Vertrieb sichern:

- Dokumentierte und eindeutige Kriterien, ob und wann eine Offerte unterbreitet wird.
- Vertriebsmitarbeiter leben ein klares Rollenverständnis.
- Höchstmögliche Kosteneffizienz bei der Offerterstellung (z. B. durch Standardisierung der Vorabklärung mittels vordefinierter modularer Checklisten).

Sich in der Kommunikation über vertrauensbildende Maßnahmen unterscheiden: Aufgrund der Tatsache, dass der Anbieter erst nach Vertragsabschluss zu produzieren beginnt, muss der Interessent bzw. Kunde über Vertrauensleistungen gewonnen werden (Günter 2006). Folgende Faktoren können dabei helfen:

- Bereitstellung von „Success Stories" zur Vertrauensbildung bei möglichen Kunden (z. B. Referenzinstallationen, Dokumentation in Broschüren oder im Internet).
- Auftritt an relevanten Messen zu Demonstrationszwecken und zur Kontaktpflege.
- Der Vertrieb muss in der Lage sein, das Image eines starken Anbieters auf den Interessenten bzw. Kunden übertragen zu können.
- Wenn möglich die Anlage zusammen mit produktbegleitenden Dienstleistungen vermarkten (z. B. Unterhaltsservices, Finanzierung).

Der Vertriebsmitarbeiter als Botschafter: Die Beschaffung von komplexen Anlagen ist für den Nachfrager mit einem hohen Risiko verbunden. Daher ist der Vertriebsmitarbeiter gefordert durch die richtige Informationspolitik das Vertrauen des Buying Centers beim Kunden zu gewinnen. Dabei sollten folgende Faktoren berücksichtigt werden:

- Vertriebsmitarbeiter an der Kundenfront können bei Bedarf für technisches Fachwissen auf einen zentral bereitgestellten Kompetenz-Pool zugreifen.
- Vertriebsmitarbeiter sind in der Lage die beteiligten Engineering-Abteilungen zu koordinieren.
- Vertriebsmitarbeiter benötigen neben ausgewiesenen technischen auch gute verkaufsmethodische Fähigkeiten.

Die kurzen Ausführungen zur Bühler AG (CH-Uzwil) sollen aufzeigen, wie ein Spezialist für Maschinen, Anlagen und Dienstleistungen sich im weltweiten Markt über den Vertrieb positioniert und die Schwerpunkte legt. Grundsätzlich sind die Vermarktungsprozesse bei Bühler über alle Geschäftsbereiche hoch standardisiert und die gesamte Organisation hat sich an einem fest vorgegeben „Sales Circle" auszurichten. Die Kundennähe wird grundsätzlich über den lokalen Vertriebsmitarbeiter sichergestellt, der laufend neue Geschäftsmöglichkeiten prüfen soll. Für komplexe Anfragen steht dem lokalen Vertrieb ein zentraler Verkaufssupport zur Verfügung, welcher gezielt die lokalen Verkaufsbereiche unterstützt. Dadurch hat Bühler weltweit sichergestellt, dass alle regionalen Verkaufsstellen auf das zentrale Wissen zugreifen können. Anhand verschiedener IT-Instrumente ist

Bühler in der Lage, das Risiko zur Angebotseingabe im Voraus zu prüfen und Angebote entlang des Kundennutzens auszuarbeiten. Dabei legt Bühler großen Wert darauf, dass beim Nachfrager eine Anbieterpräferenz erzielt wird. Daher werden die Vertriebsmitarbeiter intensiv über die Wettbewerber geschult, um den Mehrwert im Verkaufsprozess aufzeigen zu können. Die Zusammenarbeit mit dem Kunden zeichnet sich dadurch aus, dass die einzelnen Phasen (Angebotsanfrage, Angebotserstellung, Herstellung und Betrieb der Anlagen) in Verantwortung der verschiedenen Sparten bearbeitet werden. Der Vertrieb legt dabei seinen Schwerpunkt auf Kundenakquise, Angebotserstellung und anschließende Kundenbetreuung in der Nutzungsphase.

4.3 Handlungsempfehlungen für Systemanbieter

Zur Vertriebsdifferenzierung im Systemgeschäft stehen vor allem die Instrumente auf Unternehmensebene bezüglich ihrer Wirkung auf den Erfolg im Vordergrund. Aufgrund der Charakteristika des Systemgeschäfts und den Erkenntnissen aus der Untersuchung sollten bei der Gestaltung des Vertriebs folgende Schwerpunkte beachtet werden.

Ausrichtung des Vertriebs auf das Schnittstellenmanagement: Durch die Ausrichtung der Organisation auf das Schnittstellenmanagement ist der Anbieter in der Lage die bereichsübergreifende Kundenorientierung zu gewährleisten. Daher sollten auf Unternehmensebene folgende Maßnahmen umgesetzt werden:

- Klare Definition der übergreifenden internen Zusammenarbeit (z. B. Teamstrukturen, beteiligte Rollen, Lead beim Kunden, interne Verrechnung).
- Ausstattung der Vertriebsmitarbeiter mit ausreichenden Befugnissen gegenüber internen Geschäftseinheiten.
- Bereichsübergreifende Verknüpfung von Ziel- und Anreizsystemen.
- Einführung eines Key Account Management-Systems bei wichtigen Kunden.

Der Führung von Kundenteams in der bereichsübergreifenden Arbeit genügend Raum gewähren: Dadurch können bei den vielfach intern auftretenden Unklarheiten die Zuständigkeiten schnell geklärt und die kundenbezogenen Schnittstellen optimiert werden. Daraus werden folgende Empfehlungen abgeleitet:

- Den Vertriebsmitarbeitern muss ausreichend Zeit eingeräumt werden, um der Hauptaufgabe, der Koordination der Zusammenarbeit, nachgehen zu können.
- Einsatz moderner Informations- und Kommunikationstechnologie für Teamarbeit.
- Einrichtung von Zonen für den informellen Austausch zwischen den Beteiligten.
- Ergänzende Erfolgsmessung beim Vertriebsmitarbeiter mittels bereichsübergreifender Ziele.

In der Vertriebsunterstützung auf vertrauensbildende Maßnahmen setzen: Wie die Ergebnisse dieser Untersuchung zeigen, können die Kaufbarrieren bei Kunden durch die üblichen Kommunikationsmaßnahmen nicht reduziert werden. Deshalb sollte zur Förderung des Kundenvertrauens folgendes berücksichtigt werden:

- Bereitstellung von „Best Practice"-Beispielen als „Success Stories" zur Vertrauensbildung bei möglichen Kunden (z. B. Referenzinstallationen, Dokumentationen in Broschüren oder im Internet).
- Aufzeigen des Potenzials für Kosteneinsparungen beim Kunden.

Durch ein dezidiertes Risikomanagement den Offerterstellungsprozess überwachen: Aufgrund der bereichsübergreifenden Zusammenarbeit für die Angebotserstellung werden seitens des Anbieterunternehmens kostenintensive Ressourcen gebunden. Um eine möglichst hohe Trefferquote und Kostensicherheit zu erlangen, sollten auf Anbieterseite folgende Maßnahmen sichergestellt werden:

- Dokumentierte und eindeutige Kriterien, ob und wann eine Offerte unterbreitet werden soll.
- Klare Regelung des „Leads" für die Offerterstellung (idealerweise der Vertrieb mit Unterstützung durch Fachbereiche).

Der Vertriebsmitarbeiter als „Beziehungspromotor" zwischen den beteiligten Unternehmensbereichen und dem Kunden: Er zeichnet sich dadurch aus, dass er die Barrieren zwischen verschiedenen Organisationen überwinden kann (Gemünden und Walter 1996; Backhaus und Voeth 2014). Aufgrund der Komplexität der Zusammenarbeit zwischen Anbieter- und Kundenunternehmen sollte sich der Vertriebsmitarbeiter intern und beim Kunden durch Koordinationsaufgaben und einheitliche Kommunikation auszeichnen. Für eine reibungslose Zusammenarbeit sollten folgende Faktoren beachtet werden:

- Vertriebsmitarbeiter sind befähigt und motiviert ihre Hauptaufgabe, die Koordination der Zusammenarbeit nach innen und außen, wahrzunehmen.
- Koordination und Steuerung der einheitlichen Kommunikation zum Kunden durch den Vertriebsmitarbeiter (One Voice to the Customer).
- Die Fähigkeit, Menschen und Beziehungen zu managen, ist bei Vertriebsmitarbeitern hoch zu bewerten.

Das gewählte Fallunternehmen Swisscom IT Services AG (CH-Zürich und Bern) zu diesem Geschäftstyp bestätigt in weiten Teilen der Studie die hohe Bedeutung der Kundenorientierung auf Unternehmensebene. Mit dem System der automatisierten Kundenbefragung kann das Unternehmen gezielt und mit wenig Aufwand das Kundenbefinden erfassen und in den verschiedenen Fachbereichen Maßnahmen für Verbesserungen in die Wege leiten. Aufgrund der komplexen Zusammenarbeit, in welcher Produkte und Dienstleistungen aus unterschiedlichen Bereichen beim Kunden zum Einsatz gelangen, ist der Vertriebsmitarbeiter vielfach mit Koordinationsaufgaben konfrontiert. Diesem Umstand trägt Swisscom IT Services Rechnung, indem das Account Team in der Kundenakquise und -pflege die Schwerpunkte setzt, sowie gezielt auf Fachexperten aus den unterschiedlichen Bereichen zugreifen kann. Die branchenfachlich und technisch orientierten „Specialized Sales Manager" im Vertrieb sichern dabei die fachliche und technische Umsetzung beim Kunden ab. Diese klare Aufgabentrennung im Vertrieb garantiert einerseits die erfolgreiche Umsetzung der verkauften Leistungen beim Kunden und andererseits wird der Beziehungspflege durch das Account Team genügend Raum gegeben, um das Geschäft zu erweitern.

4.4 Handlungsempfehlungen für Integrationsanbieter

Die Ergebnisse zum Integrationsgeschäft bestätigen, dass die Unternehmens- und Mitarbeiterebene jeweils sehr stark auf den Erfolg wirken. Aufgrund dieser Tatsache lassen sich folgende Handlungsempfehlungen herleiten.

Durch den Vertrieb die Nähe der Organisation zum Kunden sicherstellen: Aufgrund der Charakteristika des Integrationsgeschäfts sind beide involvierten Unternehmen üblicherweise über mehrere Jahre hinweg eng miteinander in der Zusammenarbeit verbunden. Um die geforderte Kundenorientierung des Anbieterunternehmens als Organisation sicherzustellen sollten folgende Faktoren berücksichtigt werden:

- Bei Bedarf physische Nähe zum Kunden sicherstellen (z. B. durch eine Außenstelle beim Kunden).
- Elektronische Anbindung des Kunden an das eigene IT-System (z. B. durch EDI, RFID, etc.).
- Fördern von abteilungsübergreifender Zusammenarbeit im eigenen Unternehmen (z. B. Großraumbüro, gemeinsame Informationsplattformen).
- Strukturen mit flachen Hierarchien und kurzen Entscheidungswegen sind zu bevorzugen.

In der Führung die Innovationskraft der Teams und Vertriebsmitarbeiter nutzen: Wie die Ergebnisse in dieser Studie deutlich gezeigt haben, versuchen Top-Performer im Vertrieb den Kunden über die Innovationskraft des eigenen Unternehmens zu gewinnen. Folgende Maßnahmen ermöglichen ein proaktives Handeln:

- Bildung und Einsetzung von funktionsübergreifenden Teams.
- Vertriebsmitarbeiter müssen für die Dauer der gesamten Zusammenarbeit als alleiniger Kundenlead nominiert und autorisiert sein.
- Einfordern und Fördern der zentral wichtigen technischen Kompetenz (Problemlösung, innovatives Denken, etc.) der Vertriebsmitarbeiter.
- Über sogenannte „Sharing Points" den Austausch zwischen internen und externen Beteiligten fördern.

- Ergänzende Erfolgsmessung bei Vertriebsmitarbeitern mittels bereichsübergreifender Ziele.
- Steuerung und Motivierung der Teams über gemeinsame „Incentivierung".

In den Interaktionen zum Kunden vertrauensbildende Maßnahmen in den Vordergrund stellen: Durch die langfristige Bindung des Kundenunternehmens an den Anbieter (Lock-in-Effekt) sind zur Kundengewinnung und -bindung vertrauensbildende Aktivitäten im Vertrieb elementar. Dabei sollten folgende Schwerpunkte gesetzt werden:

- Bereitstellung von „Best-Practice" Beispielen als „Success Stories" für Kundenanwendungen (z. B. Applikationsbeispiele, Referenzinstallationen, Dokumentation in Broschüren oder im Internet).
- Ausweisen der vorhandenen Lösungskompetenz gegenüber dem Kunden (z. B. „White Papers", Kundenworkshops).
- Die anfänglich hohen Investitionskosten für die zu erbringenden Vorleistungen durch ein ausgeprägtes Risiko Management absichern.

Die Vertriebsmitarbeiter als „Drehscheibe" zwischen Kundenexperten und Projektleitern einsetzen: Durch die zentrale Rolle der Vertriebsmitarbeiter zwischen Anbieter- und Kundenunternehmen sollten sie einen engen Dialog zwischen den unterschiedlichen Bereichen führen. Damit sie personalisiert und bedürfnisorientiert handeln können, sind folgende Punkte zu berücksichtigen:

- Die Vertriebsmitarbeiter müssen als „Drehscheibe" zwischen Kunden und internen Entwicklungsabteilungen agieren.
- Die Vertriebsmitarbeiter müssen im höchsten Masse kundenorientiert handeln.
- Neben technischen, sind ebenso ausgeprägte Projektleiter-Fähigkeiten bei Vertriebsmitarbeitern erforderlich.

Beim Fallunternehmen Schurter (CH-Luzern) wird der Vertrieb der Geschäftseinheit EMV (elektromagnetische Verträglichkeit), die dem typischen Integrationsgeschäft entspricht, näher betrachtet. Schurter unternimmt allgemein sehr viel, um die Lernkultur und die Zusammenarbeit im gesamten Unternehmen zu fördern. Bei allen Maßnahmen zur Verbesserung der Innovationskraft im Integrationsgeschäft nimmt kein Bereich eine besondere Position ein. Vielmehr wird durch die Stärkung der bereichsübergreifenden Aktivitäten mittels Workshops, der Prozesssteuerung durch „Six Sigma" und der ausgeprägten Informationspolitik durch das Management das Unternehmen als innovativer Marktführer wahrgenommen. Dabei fördert der Vertrieb die Kundennähe und betreut den Kunden „End-to-End" von der Anfrage bis hin zur kundenindividuellen Realisierung. Der Vertriebsmitarbeiter nimmt in dieser Funktion eine starke Beraterfunktion ein und ist in vielen technischen Belangen auch der erste Ansprechpartner. Erst bei tiefergreifenden technischen Aufgabestellungen wird ein Fachexperte aus dem Entwicklungsbereich herbeigezogen. Dies erfordert Vertriebsmitarbeiter, welche über eine ausgesprochen gute technische Kompetenz und Projektleiter-Fähigkeiten verfügen.

5 Fazit

Die vorliegende Studie erweitert das Verständnis für den Vertrieb, indem sie auf der Basis von theoretischen Überlegungen, qualitativen Erkenntnissen und einer quantitativen empirischen Studie ein inhaltlich stringentes Modell entwickelt und überprüft, welches die wesentlichen Komponenten des Vertriebs vereint. Das Modell bietet insofern einen Neuigkeitsgehalt, als dass es die bislang einzeln betrachteten Aspekte zu einer integrativen Sichtweise zusammenführt und gleichzeitig empirisch belegt, wie die untersuchten Faktoren auf den Erfolg wirken. Die Untersuchung hat zudem gezeigt, dass die Gestaltungsformen recht unterschiedlich sind und großen Einfluss auf den Erfolg im jeweiligen Geschäftstyp besitzen.

Die vertiefende Analyse der Ergebnisse zu den einzelnen Geschäftstypen hat aufgezeigt, dass der Vertrieb unterschiedliche Schwerpunkte setzen sollte, um die Erfolgswirkung entfalten zu können. Es lässt sich daher daraus schließen, dass der Vertrieb eine zum jeweiligen Geschäftstyp passende Rolle einnehmen sollte. Basierend auf der Analyse der Ergebnisse der Studie, einem vertieftem Literaturstudium und dem Gegenprüfen der Fallstudien kann die Rolle des Vertriebs mittels vier Schlagwörtern umschrieben werden.

Produktgeschäft: Die Ergebnisse bestätigen zu diesem Geschäftstyp, dass sich Anbieter vor allem auf der Mitarbeiterebene gegenüber ihren Wettbewerbern unterscheiden können. Der Vertrieb sollte sich daher darauf fokussieren, dass sich seine Verkäufer als „Speerspitze" am Markt gegenüber dem Wettbewerber abheben. Diese Rolle kann kurzgefasst als „Differentiator" charakterisiert werden.

Projektgeschäft: Die Ergebnisse zu diesem Geschäftstyp zeigen auf, dass auf Unternehmens- und Mitarbeiterebene der Vertrieb nur begrenzt auf den Erfolg wirkt. Hier ist der Vertrieb besonders gefordert frühzeitig zu erkennen, wann eine neue Anlage benötigt wird und welche Anforderungen seitens des Nachfragers bestehen. Diese Vertriebsrolle kann als „Translator" bezeichnet werden.

Systemgeschäft: Die Ergebnisse bestätigen zu diesem Geschäftstyp, dass Anbieter vor allem auf der Unternehmensebene eine starke Wirkung auf den Erfolg erzielen. Daher sollte sich der Vertrieb hauptsächlich auf ein professionelles Schnittstellenmanagement ausrichten und es in der Kundenbearbeitung sicherstellen. Diese Vertriebsrolle kann als „Connector" bezeichnet werden.

Integrationsgeschäft: Die Ergebnisse bestätigen zu diesem Geschäftstyp, dass der Vertrieb sowohl auf Unternehmens- als auch auf Mitarbeiterebene auf den Erfolg außerordentlich stark wirkt. Durch den gezielten und individualisierten Vertriebsprozess nach Leistung und Kundenanforderung ist der Vertrieb besonders gefordert, den Kunden in der Zusammenarbeit zu befähigen (Belz und Reinhold 2012). Dabei leistet er langfristig in der Kundenentwicklung auch inhaltlich einen großen Beitrag. Die Rolle des Vertriebs kann im Integrationsgeschäft als „Enabler" umschrieben werden.

Man darf davon ausgehen, dass das Thema der Vertriebsdifferenzierung im Industriegütergeschäft für die Praxis und Forschung in der Zukunft an Bedeutung zunimmt. Einerseits sind Anbieter durch einen zunehmend verschärften Wettbewerb gefordert ihren

Abb. 4 Die Rolle des Vertriebs innerhalb der vier Geschäftstypen

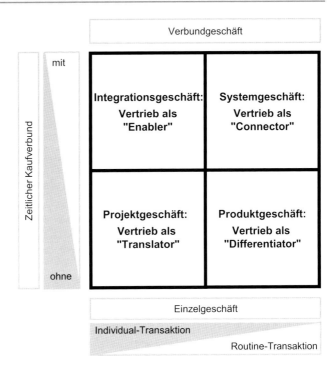

Vertrieb im jeweiligen Geschäftstyp laufend zu verbessern. Die richtigen Schwerpunkte im Vertrieb je nach Geschäftstyp, steigern den Erfolg. Andererseits können fundamentale Änderungen durch den Wechsel der (Marketing-) Strategie zu einem anderen Geschäftstyp führen (Backhaus und Mühlfeld 2004) und erfordern auch eine neue Ausrichtung im Vertrieb.

Literatur

Verwendete Literatur

Backhaus, Klaus 2003. *Industriegütermarketing*, 7. Aufl. München: Vahlen.

Backhaus, Klaus, und Katrin Mühlfeld. 2004. Geschäftstypen als Strukturierungsrahmen für Marketingstrategien auf Industriegütermärkten. In *Handbuch Industriegütermarketing*, Hrsg. Klaus Backhaus, Markus Voeth, 231–263. Wiesbaden: Gabler.

Backhaus, Klaus, und Markus Voeth. 2014. *Industriegütermarketing*, 10. Aufl. München: Vahlen.

Belz, Christian 1999. *Verkaufskompetenz. Chancen in umkämpften Märkten, Konzepte und Innovationen, Kunden- und Leistungskriterien, Organisation und Führung*, 2. Aufl. St. Gallen: Thexis.

Belz, Christian, und Michael Reinhold. 2012. Internationaler Industrievertrieb. In *Internationaler Vertrieb. Grundlagen, Konzepte und Best Practices für Erfolg im globalen Geschäft*, Hrsg. Lars Binckebanck, Christian Belz, 6–222. Wiesbaden: Gabler.

Belz, Christian 2013. *Stark im Vertrieb. Die 11 Hebel für ein schlagkräftiges Verkaufsmanagement.* Stuttgart: Schäffer - Poeschel.

Bruhn, Manfred 2011. Zufriedenheits- und Kundenbindungsmanagement. In *Grundlagen des CRM. Strategie, Geschäftsprozesse und IT-Unterstützung*, 3. Aufl., Hrsg. Hajo Hippner, Beate Hubrich, Klaus D. Wilde, 409–440. Wiesbaden: Gabler.

Büschken, Joachim, Markus Voeth, und Rolf Weiber. 2007. Aktuelle und zukünftige Forschungslinien für das Industriegütermarketing. In *Innovationen für das Industriegütermarketing*, Hrsg. Joachim Büschken, Markus Voeth, Rolf Weiber, 3–20. Stuttgart: Schäffer-Poeschel.

Dubinsky, Alan J., und William Rudelius. 1980. Selling Techniques for Industrial Products and Services: Are They Different? *Journal of Personal Selling & Sales Management* 1(1): 65–75.

Gemünden, Hans Georg 1981. *Innovationsmarketing. Interaktionsbeziehungen zwischen Hersteller und Verwender innovativer Investitionsgüter.* Tübingen: Mohr.

Gemünden, Hans Georg, Bernd Kaluza, und Franz Pleschak. 1992. Management von Prozessinnovationen. In *Innovationsmanagement und Wettbewerbsfähigkeit. Erfahrungen aus den alten und neuen Bundesländern*, Hrsg. Hans Georg Gemünden, Franz Pleschak, 33–53. Wiesbaden: Gabler.

Gemünden, Hans Georg, und Achim Walter. 1996. Förderung des Technologietransfers durch Beziehungspromotoren. *Zeitschrift Führung und Organisation* 65(4): 237–245.

Günter, Bernd 2006. Vertragsgestaltung im Business-to-Business-Marketing. In *Markt- und Produktmanagement. Die Instrumente des Business-to-Business*, 2. Aufl., Hrsg. Michael Kleinaltenkamp, 773–779. Wiesbaden: Gabler.

Engelhardt, Werner Hans, und Bernd Günter. 1981. *Investitionsgütermarketing. Anlagen, Einzelaggregate, Teile, Roh- und Einsatzstoffe, Energieträger.* Stuttgart: Kohlhammer.

Håkansson, Håkan, und Claes Östberg. 1975. An Organizational Problem? *Industrial Marketing Management* 4(2/3): 113–123.

Homburg, Christian, Heiko Schäfer, und Janna Schneider. 2010. *Sales Excellence. Vertriebsmanagement mit System*, 6. Aufl. Wiesbaden: Gabler.

Krafft, Manfred, Sönke Albers, und Rajiv Lal. 2004. Relative Explanatory Power of Agency Theory and Transaction Cost Analysis in German Salesforces. *International Journal of Research in Marketing* 21(3): 265–283.

Kleinaltenkamp, Michael 2007. Der Wandel vom Industriegüter- zum Dienstleistungsanbieter. In *Innovationen für das Industriegütermarketing*, Hrsg. Joachim Büschken, Markus Voeth, Rolf Weiber, 145–183. Stuttgart: Schäffer-Poeschel.

Kleinaltenkamp, Michael 1994. Typologien von Business-to-Business-Transaktionen. Kritische Würdigung und Weiterentwicklung. *Marketing - Zeitschrift für Forschung und Praxis* 16(2): 77–88.

Kühlborn, Sven 2004. *Systemanbieterstrategien im Industriegütermarketing: Eine Erfolgsfaktorenanalyse.* Wiesbaden: Gabler.

Pepels, Werner 2009. Anlagengeschäft. In *B2B-Handbuch Operations-Management. Industriegüter erfolgreich vermarkten*, 2. Aufl., Hrsg. Pepels, Werner, 47–69. Düsseldorf: Symposion.

Voeth, Markus, und Inna Buyun. 2011. Internationales Vertriebsmanagement. In *Handbuch Vertriebsmanagement.Strategie - Führung - Informationsmanagement - CRM*, Hrsg. Christian Homburg, Jan Wieseke, 159–178. Wiesbaden: Gabler.

Weiterführende Literatur

Cegarra-Navarro, Juan G., und Beatriz Rodrigo-Moya. 2007. Learning Culture as a Mediator of the Influence of an Individual's Knowledge on Market Orientation. *The Service Industries Journal* 27(5): 653–669.

Deshpandé, Rohit, John U. Farley, und Frederick E. Webster Jr.. 1993. Corporate Culture Customer Orientation, and Innovativeness in Japanese Firms. A Quadrat Analysis. *Journal of Marketing* 57(1): 23–37.

Behrman, Douglas N., und William D. Perreault Jr.. 1984. A Role Stress Model of the Performance and Satisfaction of Industrial Salespersons. *Journal of Marketing* 48(4): 9–21.

Belz, Christian 2004. Business-to-Business Marketing und Industrie. In *Customer Value. Kundenvorteile schaffen Unternehmensvorteile*, Hrsg. Christian Belz, Thomas Bieger, 527–576. Frankfurt am Main, St.Gallen: mi-Fachverlag.

Belz, Christian 2008. Verkaufsführung. Die unterschätzte Managementaufgabe. *Marketing Review St.Gallen* 3(3): 12–18.

Belz, Christian 2009. *Marketing und Vertrieb in einer neuen Welt. Die gegenwärtige Krise und bleibende Herausforderungen sind Motor für die wesentlichen Erneuerungen im Marketing*. St. Gallen: Thexis.

Gregori, Christoph 2006. *Instrumente einer erfolgreichen Kundenorientierung:Eine empirische Untersuchung*. Wiesbaden: Deutscher Universitäts-Verlag.

Hildebrand, Volker G. 1997. *Individualisierung als strategische Option der Marktbearbeitung.Determinanten und Erfolgswirkungen kundenindividueller Marketingkonzepte*. Wiesbaden: Deutscher Universitäts-Verlag.

Homburg, Christian, und Christian Pflesser. 2000. A Multiple-Layer Model of Market-Oriented Organizational Culture. *Measurement Issues and Performance Outcomes* 37(4): 449–462.

Lewis, und Kyle. 2003. Measuring Transactive Memory Systems in the Field. Scale Development and Validation. *Journal of Applied Psychology* 88(4): 587–604.

Liu, Sandra S., und Lucette B. Comer. 2007. Salespeople as Information Gatherers. Associated Success Factors. *Industrial Marketing Management* 36(5): 565–574.

Narver, John C., und Stanley F. Slater. 1990. The Effect of a Market Orientation on Business Profitability. *Journal für Betriebswirtschaft* 54(4): 20–35.

Plinke, und Wulff. 2000. Grundlagen des Marktprozesses. In *Technischer Vertrieb. Grundlagen des Business-to-Business Marketing*, 2. Aufl., Hrsg. Michael Kleinaltenkamp, Plinke, Wulff, 5–42. Berlin: Springer.

Rentz, Joseph O., C.David. Shepherd, Armen Tashchian, Pratibha A. Dabholkar, und Robert T. Ladd. 2002. A Measure of Selling Skill. Scale Development and Validation. *Journal of Personal Selling & Sales Management* 22(1): 13–21.

Saxe, Robert, und Barton A. Weitz. 1982. The SOCO Scale. A Measure of the Customer Orientation of Salespeople. *Journal of Marketing Research* 19(3): 343–351.

Schäfer, Heiko 2005. *Die Erschliessung von Kundenpotentialen durch Cross-Selling. Erfolgsfaktoren für ein produktübergreifendes Beziehungsmanagement*, 2. Aufl. Wiesbaden: Deutscher Universitäts-Verlag.

Stock, Ruth 2004. Kundenorientierung auf individueller Ebene. Das Einstellungs-Verhaltens-Modell. In *Perspektiven der marktorientierten Unternehmensführung. Arbeiten aus dem Institut für Marktorientierte Unternehmensführung der Universität Mannheim*, Hrsg. Christian Homburg, 203–225. Wiesbaden: Deutscher Universitäts-Verlag.

Sujan, Harish, Barton A. Weitz, und Nirmalya Kumar. 1994. Learning Orientation, Working Smart, and Effective Selling. *Journal of Marketing* 58(3): 39–52.

Wachner, Trent, Christopher R. Plouffe, und Yany Grégoire. 2009. SOCO's Impact on Individual Sales Performance. The Integration of Selling Skills as a Missing Link. *Industrial Marketing Management* 38(1): 32–44.

Walker Jr., Orville C., Gilbert A. Churchill Jr., und Neil M. Ford. 1977. Motivation and Performance in Industrial Selling. Present Knowledge and Needed Research. *Journal of Marketing* 14(2): 156–168.

Weibel, M. 2013. Vertriebsdifferenzierung im Industriegeschäft aus Anbietersicht – Untersuchung erfolgskritischer Faktoren nach Geschäftstypen, St. Gallen und Berlin: Dissertation (Publikation in Vorbereitung).

Multi-Channel-Marketing in Industriegütermärkten

Thomas Werani und Michaela Leitner

Inhaltsverzeichnis

1	Einleitung	461
2	Der Ansatz des wertbasierten Marketing als konzeptioneller Bezugsrahmen	463
3	Management mehrkanaliger Marketingsysteme in Industriegütermärkten	465
	3.1 Ziele des Multi-Channel-Marketing	465
	3.2 Gestaltungsmöglichkeiten mehrkanaliger Marketingsysteme	466
	3.3 Ein Prozess zur Entwicklung optimaler Mehrkanalsysteme	471
	3.4 Probleme multipler Kanalstrukturen und Lösungsansätze	473
	3.5 Geschäftstypenbezogene Besonderheiten mehrkanaliger Marketingsysteme	477
4	Zusammenfassung	478
Literatur		480

1 Einleitung

> Successful marketing channel architectures of the future will require that „go-to-market" strategies be constructed as „borderless marketing systems" that deliver a consistent, high-quality exchange experience across all channel alternatives. No longer will you be able to conduct your exchange relationships within a single, independent channel (...).

Die von Evan und Lewison (2007) skizzierte Zukunft ist bereits heute Realität: Während das unternehmerische Leistungsangebot industriellen Nachfragern lange Zeit einer „take-it or leave-it"-Mentalität folgend primär über einen einzigen Kanal zur Verfügung

Prof. Dr. Thomas Werani ✉ · Michaela Leitner
Johannes Kepler Universität Linz, Institut für Handel, Absatz und Marketing, Abteilung B2B-Marketing, Linz, Österreich
e-mail: thomas.werani@jku.at, michaelaleitner@gmx.at

© Springer Fachmedien Wiesbaden 2015
K. Backhaus und M. Voeth (Hrsg.), *Handbuch Business-to-Business-Marketing*,
DOI 10.1007/978-3-8349-4681-2_22

gestellt wurde (Webb und Lambe 2007), erschweren es Marktentwicklungen wie die Intensivierung des Wettbewerbs, die Homogenisierung von Produkten sowie die steigende Preistransparenz Anbietern zunehmend, auf herkömmliche Weise Wettbewerbsvorteile zu erzielen (Biesel 2002; Rosenbloom 2007). Vor diesem Hintergrund stellt die „route to market" eine alternative Differenzierungsquelle dar (Wilson et al. 2004; Wilson und Daniel 2007; Herhausen et al. 2009), um über ein auf die individuellen Kundenpräferenzen zugeschnittenes System von Marketingkanälen eine maßgeschneiderte Customer Experience zu bieten (Lewison 2007). Aufgrund der mit dieser Differenzierungsoption verbundenen verhältnismäßig hohen Investitionskosten ist diese von der Konkurrenz nicht ohne weiteres kopierbar, womit sie sich als relativ nachhaltig erweist (Rosenbloom 2007).

Als einer der Hauptauslöser für mehrkanalige Marketingsysteme ist der Wandel des Marketing von einem transaktions- hin zu einem beziehungsorientierten Verständnis zu sehen. Während bei Ersterem kundenseitige Beschaffungsvorgänge als einmalige Transaktion gesehen werden und somit allein der Verkauf von Leistungen im Mittelpunkt steht, werden beim Beziehungsmarketing alle Anstrengungen auf die langfristige Kundenzufriedenheit und -bindung gerichtet (Payne und Frow 2004; Gadde und Hulthén 2007). Damit rücken notwendigerweise auch Nutzenstiftungspotenziale auf der Ebene von Marketingkanälen in den Fokus.

Unterstützt wird der Trend hin zum Multi-Channel-Marketing durch die informations- und kommunikationstechnischen Entwicklungen der jüngeren Vergangenheit, die industriellen Anbietern ein breiteres Spektrum innovativer Marketingkanäle, wie bspw. E-Shops, eröffnen (Albers und Ratschow 2004). Solche technologiegestützten Kanäle dürfen allerdings nicht als Substitute für traditionelle Marketingkanäle verstanden werden, da viele Kunden nicht auf Gewohntes verzichten möchten. Folglich muss es in Multi-Channel-Systemen um die innovative Kombination traditioneller und neuartiger Marketingkanäle gehen (Merrilees und Fenech 2007; Wilson und Daniel 2007). Auch der bereits angesprochene Fokus auf die Entwicklung und Pflege von Kundenbeziehungen wäre ohne eine informationstechnische Integration der verschiedenen Marketingkanäle kaum möglich. Denn nur eine kanalübergreifende IT-Lösung erlaubt es, alle einzelkundenspezifischen Informationen, die durch den Kundenkontakt in unterschiedlichen Kanälen anfallen, zusammenzuführen. Die somit entstehenden Kundenprofile führen zu einem umfassenden und konsistenten Blick auf den Kunden, der letztlich eine einheitliche Customer Experience ermöglicht. Voraussetzung ist, dass sämtliche eingesetzten Marketingkanäle informationstechnisch vernetzt werden (Hippner et al. 2007).

Multi-Channel-Marketing wird in der Regel als parallele Nutzung mehrerer Vertriebs- bzw. Marketingkanäle mit dem Ziel des Absatzes von Produkten und Dienstleistungen definiert (z. B. Kleinaltenkamp 1999; Sharma und Mehrotra 2007; Backhaus und Voeth 2014). Whitwell et al. (2003) und Pepels (2009b) sehen die Funktion von Marketingkanälen jedoch nicht nur in der Steuerung des Waren- und Geldflusses, sondern auch im Austausch von Informationen, womit der Kommunikationsaspekt dieser Kanäle angesprochen wird. In der Tat hat sich die Funktion von Marketingkanälen von der reinen Distribution hin zur Kundennutzenstiftung entwickelt, die im Sinne des Beziehungsmarketing auch die individualisierte Zweiweg-Kommunikation mit dem Kunden umfasst (Lewison 2007). Auch Emrich und Brunner (2012) konstatieren, dass die Integration der Distributions- und Kommunikationsfunktion in ein geschlossenes mehrkanaliges Marketingsystem als erfolgskritisch anzusehen ist. Folglich soll unter Multi-Channel-Marketing die parallele Nutzung mehrerer Marketingkanäle, die sowohl Distributions- als auch Kommunikationszwecken dienen, verstanden werden.

Einer der zentralen Unterschiede zwischen Konsum- und Industriegütermärkten liegt darin, dass in Letzteren organisationale Kunden als Nachfrager auftreten. Deren Beschaffungsprozesse laufen nicht nur rationaler und systematischer ab, sondern weisen überwiegend einen multipersonellen Charakter auf. Dies bedeutet, dass mehrere Personen in die Kaufentscheidung involviert sind, die gedanklich unter dem Begriff des Buying Centers zusammengefasst werden (Webster und Wind 1972; Diller 2001b). Die Mitglieder eines Buying Centers stammen zumeist aus verschiedenen Unternehmensbereichen und haben nicht zuletzt deshalb unterschiedliche Anforderungen und Präferenzen (Godefroid und Pförtsch 2008). Zudem besitzen sie je nach Machtposition unterschiedlich großen Einfluss auf die zu treffende Kaufentscheidung (Godefroid und Pförtsch 2008). Daher ist es zweckmäßig, Marketingprogramme auf Basis einer Buying Center-Analyse auf die entlang des Beschaffungsprozesses individuell variierenden Bedürfnisse der Buying Center-Mitglieder abzustimmen, um diese zeit-, personen- und sachgerecht ansprechen zu können (Diller 2001a; Werani 2012). Somit erweist sich der Einsatz mehrkanaliger Marketingsysteme, die den kaufphasen- und positionsspezifischen Bedürfnissen der einzelnen Buying Center-Mitglieder Rechnung tragen, in Industriegütermärkten als sinnvoll.

2 Der Ansatz des wertbasierten Marketing als konzeptioneller Bezugsrahmen

Unter Nutzenstiftung wird die Fähigkeit eines Anbieters verstanden, kundenseitige Bedürfnisse zu erfüllen (Homburg und Beutin 2000), wobei entscheidend ist, dass der Nutzen aufgrund seines mehrdimensionalen Charakters nicht ausschließlich durch das Produkt, sondern auch durch immaterielle Leistungen bzw. Maßnahmen des Anbieters (z. B. Services oder optimierte Prozesse der Auftragsabwicklung) gestiftet wird (Werani 2012). Allerdings trifft der Kunde seine Kaufentscheidung nicht allein aufgrund des geschaffenen (Netto-)Nutzens (vgl. dazu Werani 2012), sondern bezieht auch die in Form des Preises zu tragenden Kosten in seine Überlegungen mit ein. Aus der Differenzbetrachtung von Nutzen und Kosten ergibt sich der Wert des Leistungsangebots für den Kunden, den dieser wiederum mit dem Wert der ihm zur Verfügung stehenden Alternativen vergleicht. Dabei bevorzugen Kunden generell jenes Leistungsangebot, das ihnen im Konkurrenzvergleich den höchsten und gleichzeitig einen positiven Wert stiftet, womit der Aspekt der Marketingeffektivität angesprochen ist (Werani 2012).

Obwohl der gestiftete Kundenwert die Basis für den Unternehmenserfolg darstellt, darf dieser keinen Selbstzweck erfüllen, sondern ist letztlich nur Mittel zum Zweck: „Ziel des Marketing ist Gewinn, sonst nichts" (Simon 2004). Dies bedeutet, dass trotz der notwendigen Forderung nach Kundenorientierung nicht der kundenseitige, sondern der anbieterseitige Wert die zu maximierende Größe darstellt. Folglich darf keine einseitige Fokussierung des Marketing auf den Effektivitätsaspekt erfolgen, sondern die Marketingeffektivität muss insofern effizient gestaltet werden, dass auch für den Anbieter selbst entsprechender Wert geschaffen wird (Werani 2012). Die Wertgleichung (Nutzen minus Kosten) bleibt dabei gegenüber der Kundenperspektive unverändert, allein die Rolle des Preises ist eine andere. Denn während der für ein Leistungsangebot zu entrichtende Preis aus Kundensicht die Kostenkomponente bildet, spiegelt dieser aus der Anbietersicht die Nutzenkomponente wider (Werani 2012). Abbildung 1 fasst die grundlegende Logik des wertbasierten Marketingansatzes zusammen.

Wie aus Abb. 1 ersichtlich, fordert der Ansatz des wertbasierten Marketing eine simultane Betrachtung von Marketingeffektivität (Wert für den Kunden) und Marketingeffizienz (Wert für den Anbieter), wobei Erstere eine notwendige, aber nicht hinreichende Bedingung für Letztere bildet. Der wertbasierte Ansatz kann insofern als konzeptioneller Bezugsrahmen des Multi-Channel-Marketing in Industriegütermärkten verstanden werden, als mehrkanalige Marketingsysteme nur dann erfolgversprechend sind, wenn diese sowohl die Marketingeffektivität als auch Marketingeffizienz steigern können. Somit müssen die Ziele des Multi-Channel-Marketing auf der Effektivitäts- und der Effizienzebene liegen (vgl. Abschn. 3.1). Der über die Effektivitäts- und Effizienzwirkung definierte Erfolg eines Multi-Channel-Marketing wird allerdings nicht als Resultat der bloßen Installation mehrerer Marketingkanäle eintreten, sondern muss durch ein aktives Multi-Channel-Management gewährleistet werden (Backhaus und Voeth 2014).

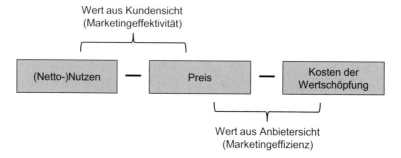

Abb. 1 Die Logik des wertbasierten Marketingansatzes (in Anlehnung an Werani 2012, S. 52)

3 Management mehrkanaliger Marketingsysteme in Industriegütermärkten

Das Management mehrkanaliger Marketingsysteme erfolgt einerseits auf der Mikroebene der einzelnen Marketingkanäle und andererseits auf der Makroebene der Gesamtheit aller Marketingkanäle, also der Ebene des Channel-Systems als Einheit (Schögel 2012). Dementsprechend wird unter Multi-Channel-Management in Anlehnung an Specht und Fritz (2005) das ganzheitlich betrachtete und aufeinander abgestimmte Entwickeln, Gestalten und Steuern von Waren- und Informationsflüssen über mehrere Marketingkanäle mit dem Ziel der Optimierung des Gesamtsystems hinsichtlich Marketingeffektivität und -effizienz verstanden.

Nachfolgend werden aufbauend auf den Zielen des Multi-Channel-Marketing, welche die Basis für die Entwicklung mehrkanaliger Marketingsysteme bilden, die Gestaltungsmöglichkeiten solcher Systeme in Industriegütermärkten aufgezeigt und anschließend ein Prozess zur Entwicklung optimaler Mehrkanalsysteme skizziert. Abgeschlossen werden die Ausführungen zum Management mehrkanaliger Marketingsysteme durch eine Diskussion der Probleme multipler Kanalstrukturen sowie entsprechender Lösungsansätze und Überlegungen zu geschäftstypenbezogenen Besonderheiten mehrkanaliger Marketingsysteme.

3.1 Ziele des Multi-Channel-Marketing

Vor dem Hintergrund des in Abschn. 2 erläuterten wertbasierten Marketingverständnisses müssen die Ziele des Multi-Channel-Marketing sowohl auf der Ebene der Marketingeffektivität (Wertschaffung für den Kunden) als auch der Marketingeffizienz (Wertschaffung für den Anbieter) liegen. In die gleiche Richtung argumentieren Sharma und Mehrotra (2007), wenn diese festhalten: „(...) a multichannel marketer's objectives are to distribute resources across the channel mix to satisfy customers and maximize profits".

Ein erstes effektivitätsgerichtetes Ziel des Multi-Channel-Marketing in Industriegütermärkten liegt darin, den individuellen Informationsbedürfnissen von Kunden bzw. Buying Center-Mitgliedern durch die Möglichkeit der (kaufphasenspezifischen) Nutzung alternativer Marketingkanäle besser Rechnung zu tragen. Beispielsweise können Nachfrager, die in der Vorkaufphase noch keinen persönlichen Kontakt zum Anbieter wünschen (Ammann 2009), über einen modular aufgebauten Online-Kanal dennoch mit individualisierten Informationen versorgt werden (Ammann 2009). Andere Nachfrager, die bereits persönliche Gespräche mit einem Anbieter führen wollen, können dies über einen Kanal wie den Vertriebsaußendienst tun. Darüber hinaus besteht die Möglichkeit, dass sich Marketingkanäle bei auftretenden Problemen gegenseitig „aushelfen", um das Ziel eines hohen Servicelevels zu gewährleisten, wie dies etwa im Fall von Lieferengpässen (Rosenbloom 2007) oder bei spezifischen Kundenanfragen, die ein fundiertes Fachwissen erfordern, der Fall sein kann.

Ein weiteres effektivitätsseitiges Ziel kann in der Ermöglichung einer besseren Ausrichtung des Leistungsangebots auf die Kundenanforderungen bestehen. In diesem Zusammenhang vereinfachen bspw. elektronische Marketingkanäle die Zusammenarbeit zwischen Anbieter und Nachfrager, wodurch die unternehmensübergreifende Kommunikation und der Know-how-Transfer verbessert sowie Lösungen gemeinsam entwickelt werden können, was letztlich zu besser auf den Kunden abgestimmten Leistungsangeboten führt (Ammann 2009). Nicht zuletzt aber kann durch das Multi-Channel-Marketing auch das Ziel verfolgt werden, den Kunden zu entlasten. So können etwa im Fall standardisierter Produkte durch die Einbettung eines Online-Katalogs in das kundenseitige Warenwirtschaftssystem Bestellvorgänge vom Kunden rascher und mit geringerem Aufwand abgewickelt werden (Ammann 2009).

Lässt man die genannten effektivitätsgerichteten Ziele Revue passieren, so zeigt sich, dass deren gemeinsamer Nenner in der Steigerung des Kundennutzens in verschiedenen Dimensionen liegt. Demgegenüber setzen die effizienzseitigen Ziele des Multi-Channel-Marketing an den Hebeln des Preises und der Kosten der Wertschöpfung an. Konkret geht es auf der Preisseite darum, die vom Anbieter intendierten Preise aufgrund der kundenseitigen Nutzenstiftungspotenziale eines Mehrkanalsystems besser durchsetzen zu können. Dazu ist es notwendig, dass der Anbieter diese Potenziale als (einen) Ankerpunkt einer konsequenten wertbasierten Argumentation einsetzt (Werani 2012). Anzumerken ist, dass der angesprochene Preiseffekt auch durch einen Mengeneffekt verstärkt werden kann. Dieser entsteht dadurch, dass aufgrund einer multiplen Kanalstruktur mehr Kundengruppen erreicht werden und bestehende Kunden, die über mehrere Kanäle agieren, mehr beim selben Anbieter kaufen (Sharma und Mehrotra 2007). Vor dem Hintergrund, dass nicht alle Kunden den unternehmerischen Erfolg im selben Ausmaß beeinflussen (Freter 2008), sollten mehrkanalige Marketingsysteme allerdings in dem Sinne selektiv eingesetzt werden, dass kostenintensive Kanäle nur solchen Kunden offen stehen, die diese auch preislich honorieren (Biesel 2002; Herhausen et al. 2009).

Hinsichtlich des Ziels der Senkung der Kosten der Wertschöpfung ist festzuhalten, dass es manche Marketingkanäle per se erlauben, die Kunden auf günstigere Art und Weise zu bedienen (Backhaus und Voeth 2014). Beispielsweise können durch die Nutzung eines Online-Kanals die Interaktionskosten zwischen Anbieter und Kunde erheblich gesenkt und deutliche Zeitersparnisse realisiert werden (Albers und Ratschow 2004). Generell sollte ein Mehrkanalsystem in letzter Konsequenz so konzipiert sein, dass Aufgaben von jeweils den Marketingkanälen wahrgenommen werden, die vergleichsweise am effizientesten sind.

3.2 Gestaltungsmöglichkeiten mehrkanaliger Marketingsysteme

Marketingkanäle entstehen durch die Auswahl und Kombination von Vertriebsorganen, die entsprechend der in Abschn. 1 vorgenommenen Definition sowohl Distributions- als auch Kommunikationsaufgaben wahrnehmen. Wie aus Abb. 2 ersichtlich, können diese

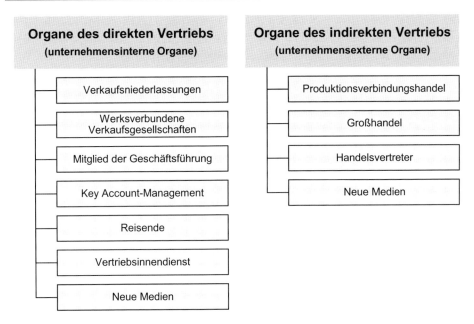

Abb. 2 Vertriebsorgane in Industriegütermärkten (in Anlehnung an Backhaus und Voeth 2014, S. 280; Werani 2012, S. 175)

Organe unternehmensintern oder -extern angesiedelt sein, wobei in ersterem Fall ein Geschäft aufgrund der rechtlichen und/oder wirtschaftlichen Unselbstständigkeit des jeweiligen Vertriebsorgans unmittelbar zwischen Anbieter und Nachfrager abgewickelt wird. Diesen Organen des direkten Vertriebs stehen solche des indirekten Vertriebs gegenüber, die rechtlich und/oder wirtschaftlich selbstständig sind. Letztere erwerben Leistungen nicht zum Zweck der eigenen Verwendung, sondern zur Weiterveräußerung an Dritte, welche als eigentliche Kunden des Anbieters zu verstehen sind (Kleinaltenkamp und Saab 2009).

Die Frage, welche Vertriebsorgane ein Anbieter einsetzen sollte, wird maßgeblich vom Geschäftstyp beeinflusst, in dem dieser tätig ist (Werani 2012). Da diese Wahlentscheidung jedoch nicht vollständig durch den jeweils vorliegenden Geschäftstyp bestimmt wird, gilt es unter Abwägung der spezifischen Vor- und Nachteile die erfolgversprechendsten Vertriebsorgane auszuwählen (Godefroid und Pförtsch 2008). Organe des direkten Vertriebs können nicht nur unmittelbarer und flexibler gesteuert werden, sondern setzen sich darüber hinaus ausschließlich für den jeweiligen Anbieter ein. Daher ist im Vergleich zu Organen des indirekten Vertriebs ein höheres Anbieter-Commitment zu erwarten. Darüber hinaus sind alle einzelkundenspezifischen Informationen direkt beim Anbieter lokalisiert, weshalb auch die in Abb. 1 aufscheinenden Werttreiber zielgerichteter gesteuert werden können. Diesen exemplarischen Vorteilen der Organe des direkten Vertriebs stehen Nachteile gegenüber, die wiederum Organe des indirekten Vertriebs ins

Spiel bringen. Beispielsweise werden durch Organe des direkten Vertriebs erhebliche Kosten verursacht, die vorwiegend fixen Charakter aufweisen, was eine kostenmäßige Anpassung an Geschäftsschwankungen kaum möglich macht. Problematisch ist des Weiteren, dass Organe des direkten Vertriebs tendenziell als parteilich zu klassifizieren sind, da naturgemäß die eigene Lösung immer als die beste angesehen wird. Zudem verbleiben bei Nutzung solcher Organe alle Vertriebsrisiken (Wolke 2008) allein beim Anbieter.

Mit Blick auf die Struktur eines Marketingkanal-Systems müssen Entscheidungen hinsichtlich der Kanaltiefe, -breite und -anzahl getroffen werden (Diller et al. 2011). Die Kanaltiefe definiert sich dabei über die Zahl der Vertriebsorgane, die zwischen Anbieter und Nachfrager geschaltet sind. Demzufolge liegt im Fall des Einsatzes von Organen des direkten Vertriebs stets ein Nullstufenkanal vor, wogegen bei Rückgriff auf Organe des indirekten Vertriebs ein- oder mehrstufige Marketingkanäle entstehen. Nur in diesen Fällen kommt auch der Gestaltungsaspekt der Kanalbreite zum Tragen, da dann eine Entscheidung hinsichtlich der Zahl der Vertriebspartner, die ein Vertriebsorgan repräsentieren, getroffen werden muss. Über die Anzahl der parallel eingesetzten Marketingkanäle ergibt sich schließlich die Breite eines Marketingkanal-Systems. Wie in Abschn. 1 erläutert, ist dabei ein Trend von der Nutzung eines einzigen Kanals (Monokanal-System) hin zur gleichzeitigen Nutzung mehrerer Kanäle (Multikanal-System) festzustellen. Hierbei gilt, dass ab der Kombination von zumindest zwei unterschiedlichen Marketingkanälen ein mehrkanaliges Marketingsystem entsteht, und zwar auch dann, wenn diese Marketingkanäle ausschließlich auf Organen des direkten oder indirekten Vertriebs beruhen (Godefroid und Pförtsch 2008).

Aufgrund unterschiedlicher Zielsetzungen von Anbietern haben sich verschiedene Formen mehrkanaliger Marketingsysteme herausgebildet (vgl. Tab. 1). Die einfachste Form (gesplittetes System) kann entweder kundensegment- oder leistungsspezifisch ausgerichtet sein, wobei in ersterem Fall jedem Kundensegment ein Marketingkanal zugeordnet wird (Specht und Fritz 2005). Dies ist insofern vorteilhaft, als ein Anbieter die einzelnen Kanäle auf segmentspezifische Bedürfnisse, die zumeist stark voneinander abweichen, anpassen kann (Whitwell et al. 2003). Zudem kann durch diese kundensegmentspezifische Abgrenzung das grundsätzliche Risiko mehrkanaliger Systeme, das in der Entstehung von Konkurrenzbeziehungen zwischen den eingesetzten Kanälen liegt, fast vollständig eliminiert werden (Kleinaltenkamp und Saab 2009). Nicht zuletzt können auch Effizienzvorteile realisiert werden, wenn die Kanalzuordnung anhand der Wertigkeit der jeweiligen Kundengruppe erfolgt. Ein klassisches Beispiel in diesem Zusammenhang ist die Betreuung von Großkunden durch ein personalintensives Key Account-Management, während die Anliegen kleinerer Kunden über ein kostengünstiges Call Center abgewickelt werden (Rosenbloom 2007).

Bei der zweiten Ausprägung des gesplitteten Systems, dem leistungsspezifisch ausgerichteten Ansatz, wird das Leistungsprogramm eines Anbieters in zumindest zwei Angebotsgruppen geteilt, wobei jeder Gruppe ausschließlich ein Marketingkanal zugeordnet ist (Pepels 2009a). Aufgrund der klar abgegrenzten Verantwortlichkeitsbereiche kommt es somit wiederum zu keinen Kannibalisierungseffekten zwischen den Kanälen (Kleinaltenkamp und Saab 2009). Auch ist es als vorteilhaft anzusehen, dass sich die einzelnen Kanalmitglieder voll und ganz auf einen spezifischen Teil des Leistungsprogramms konzentrieren können, wodurch es zu Spezialisierungsvorteilen kommt.

Obwohl in beiden bisher erläuterten Formen von Channel-Systemen mehrere Marketingkanäle parallel eingesetzt werden, besitzt der Kunde letztlich keine Wahlmöglichkeit, weshalb es sich bei gesplitteten Systemen aus Kundensicht de facto um Monokanal-Systeme handelt. Das erste auch aus Kundensicht mehrkanalige Design wird durch das multiple Channel-System repräsentiert, in welchem der Kunde aus dem für sein Segment zusammengestellten Portfolio an Marketingkanälen zu Beginn jedes Beschaffungsprozesses frei wählen kann (Evan und Lewison 2007). Dies erscheint vor dem Hintergrund, dass der Wiederholungsgrad einer Kaufentscheidung (Robinson et al. 1967) Einfluss auf die Eignung der Marketingkanäle zur Bedürfnisbefriedigung des Nachfragers hat, plausibel. Denn während Erstkäufe einen hohen Informationsbedarf auslösen, der zumeist durch die persönliche Interaktion mit dem Anbieter am besten gedeckt werden kann, ist bei reinen Wiederholungskäufen in der Regel ein internetbasierter Marketingkanal ausreichend (Madaleno et al. 2007).

Letztlich sind Kunden aber auch in multiplen Channel-Systemen insofern limitiert, als sie während des gesamten Beschaffungsprozesses den anfangs gewählten Kanal beibehalten müssen. Da kundenseitige Bedürfnisse jedoch beschaffungsphasenspezifischen Variationen unterworfen sein können, wäre es aus Kundensicht optimal, in jeder einzelnen Phase des Beschaffungsprozesses spezifische Marketingkanäle priorisieren zu können. Dieser Forderung werden Multi-Channel-Systeme gerecht, die eine komplementäre und grenzenlose Kanalnutzung ermöglichen (Payne und Frow 2004; Evan und Lewison 2007). Die Kanalnutzung kann dabei durchaus auch unter Effizienzgesichtspunkten gestaltet werden, wenn nicht alle Marketingkanäle dem gesamten Kundenstamm zur Verfügung stehen, sondern kundensegmentspezifische Kanal-Portfolios entwickelt werden. Anzumerken ist, dass in der Unternehmenspraxis der Begriff „Multi-Channel" wesentlich breiter verwendet wird als soeben aufgezeigt und in der Regel alle der in Tab. 1 aufscheinenden Mehr-

Tab. 1 Formen und Charakteristika mehrkanaliger Marketingsysteme (Eigene Darstellung)

Formen	Charakteristika
Kundensegmentspezifisch gesplittetes Channel-System	ein Kanal je Kundensegment
	keine kundenseitige Wahlmöglichkeit
Leistungsspezifisch gesplittetes Channel-System	ein Kanal je Leistungsgruppe
	keine kundenseitige Wahlmöglichkeit
Multiples Channel-System	mehrere Kanäle je Kundensegment
	zwar kundenseitige Wahlmöglichkeit, aber kein Kanalwechsel während des Beschaffungsprozesses erlaubt
Multi-Channel-System	mehrere Kanäle je Kundensegment
	kundenseitige Wahlmöglichkeit in jeder einzelnen Phase des Beschaffungsprozesses

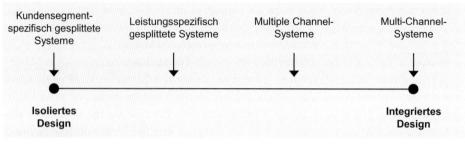

Abb. 3 Das Designkontinuum mehrkanaliger Marketingsysteme (in Anlehnung an Specht und Fritz 2005, S. 174)

kanalsysteme subsumiert. Diesem Aspekt trägt letztlich auch der Titel dieses Beitrags Rechnung.

Die vier skizzierten Formen mehrkanaliger Marketingsysteme bewirken unterschiedlich hohe Interdependenzen zwischen den eingesetzten Kanälen. Während ein Extrempunkt durch Systeme markiert wird, in denen Kanäle völlig unabhängig voneinander operieren (isoliertes Design), liegt am anderen Ende des in Abb. 3 dargestellten Designkontinuums, dem integrierten Design, eine kanalübergreifende, interdependente Aufgabenerfüllung vor. Ein integriertes Design kann dabei den Zielerreichungsgrad im System insgesamt und auf Ebene der einzelnen Kanäle erhöhen (Specht 2004), allerdings nimmt die Komplexität des Kanalsystems mit steigender Interdependenz zu, wodurch sich der Steuerungsaufwand entsprechend erhöht.

In einem kundensegmentspezifisch gesplitteten Channel-System sind sämtliche Kundenerfahrungen auf den für das jeweilige Segment vorgesehenen Kanal konzentriert, weshalb anbieterseitig keinerlei Abstimmung zwischen den jeweiligen Marketingkanälen erfolgen muss (Specht und Fritz 2005). Leistungsspezifisch gesplittete Systeme hingegen bedingen bereits eine verstärkte Kanalkoordination, da ein und derselbe Kunde je nach Leistungsart über unterschiedliche Kanäle mit dem Anbieter in Kontakt treten muss. Um eine einheitliche Customer Experience zu gewährleisten, ist daher eine entsprechende technologische Infrastruktur zur kanalübergreifenden Koordination erfolgskritisch.

Die Notwendigkeit einer kanalübergreifenden Koordination steigt bei einem multiplen Channel-System weiter an, da der Kunde für jeden einzelnen Beschaffungsprozess seine Kanalentscheidung auf Basis des für sein Segment zusammengestellten Portfolios an Marketingkanälen neu treffen kann. Die stärksten Kanal-Interdependenzen liegen jedoch im Fall einer Multi-Channel-Konfiguration vor, da der Kunde hier auch während des Beschaffungsprozesses den Marketingkanal wechseln kann. Somit muss es zu einer vollständigen

Integration der einzelnen Marketingkanäle (Specht und Fritz 2005) und einem zentral gesteuerten, kanalübergreifenden Echtzeit-Informationsaustausch durch IuK-Technologien kommen. Denn nur dann können Informationen, bspw. über Bestellungen oder Reklamationen, zeitgerecht fließen und entsprechend bearbeitet werden. Grundsätzlich müssen sich bei einem Multi-Channel-System alle involvierten Kanäle gegenseitig bei der Aufgabenerfüllung unterstützen. Nur wenn sämtliche Kanalmitglieder unabhängig von ihrer jeweiligen Funktion entsprechend koordiniert sind, wird sich letztlich der mit diesem System intendierte Erfolg einstellen.

3.3 Ein Prozess zur Entwicklung optimaler Mehrkanalsysteme

Um Mehrkanalsysteme optimal gestalten zu können, muss deren Entwicklung anhand eines systematischen Prozesses erfolgen. Als optimal gilt ein Mehrkanalsystem dabei dann, wenn die gesetzten Ziele auf der Ebene der Marketingeffektivät und -effizienz (vgl. Abschn. 3.1) erreicht werden. Der Begriff der Optimalität ist somit insofern relativ, als die gesetzten Ziele von unternehmensspezifisch variierenden situativen Bedingungen abhängen.

In der einschlägigen Literatur werden verschiedene Prozesse zur Entwicklung von Multi-Channel-Systemen diskutiert, die mehr oder weniger umfassend sind (z. B. Stone et al. 2002; Payne und Frow 2004; Specht und Fritz 2005; Lewison 2007; Sharma und Mehrotra 2007). Die jeweils vorgeschlagenen Prozessphasen wurden vor dem Hintergrund der bisherigen Ausführungen hinsichtlich ihrer Zweckmäßigkeit beurteilt und gehen entsprechend in den in Abb. 4 dargestellten Prozess zur Entwicklung optimaler Mehrkanalsysteme ein. Dieser Prozess beginnt mit der Festlegung der durch ein Multi-Channel-System angestrebten effektivitäts- und effizienzgerichteten Ziele.

Gegenstand der zweiten Prozessphase ist eine umfassende Analyse, die ihren Ausgang in der Identifikation der Bedürfnisse aktueller und potenzieller Kunden hinsichtlich der Kontaktpunkte mit einem Anbieter nimmt und auf die Gewinnung von Informationen zur Erreichung der effektivitätsgerichteten Ziele abstellt. Die angesprochenen Bedürfnisse können dabei je nach Kundensegment und Phase des Beschaffungsprozesses erheblich variieren (Whitwell et al. 2003; Payne und Frow 2004; Lewison 2007). Daran schließen sich Analysen der eigenen Marketingkanäle und jener der relevanten Konkurrenz mit dem Ziel an, diese Kanäle vor dem Hintergrund der im ersten Analyseschritt gewonnen Erkenntnisse kritisch hinsichtlich ihrer Eignung zur Erreichung der angestrebten effektivitätsseitigen Ziele zu hinterfragen. Der letzte Analyseschritt schließlich besteht in der Auseinandersetzung mit (innovativen) Kanaloptionen, die über die eigenen und die Marketingkanäle der Konkurrenz hinausgehen. Als Ergebnis der durchgeführten Analysen liegen alle Kanalalternativen vor, die grundsätzlich geeignet sind, die identifizierten kontaktpunktbezogenen Kundenbedürfnisse zu adressieren und somit dem Kriterium der Marketingeffektivität Rechnung tragen.

Abb. 4 Ein Prozess zur Entwicklung optimaler Mehrkanalsysteme (Quelle: Eigene Darstellung)

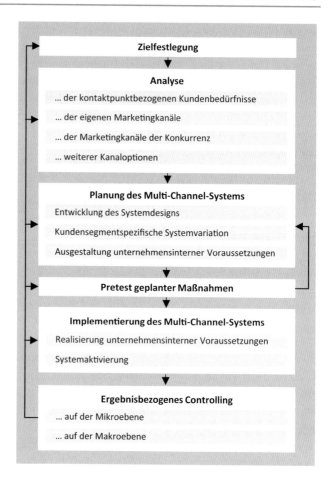

Aufbauend auf den Analyseergebnissen kann die Planung des Multi-Channel-Systems erfolgen. Dabei geht es zunächst um die Frage, wie dieses System im Kontinuum zwischen Kanalisolation und -integration gestaltet sein soll (vgl. Abb. 3), wobei die kanalbezogenen Effektivitätsüberlegungen aus der Analysephase um solche auf der Makroebene des Gesamtsystems und um eine kanal- und gesamtsystemspezifische Effizienzbetrachtung zu ergänzen sind. Letzterer Aspekt kann auch einen selektiven Einsatz spezifischer Marketingkanäle oder Kanalkombinationen entsprechend dem Wert der jeweiligen Kundensegmente für den Anbieter und damit eine kundensegmentspezifische Systemvariation bedingen (Wilson und Daniel 2007). Nicht zuletzt aber müssen mit Blick auf die Umsetzung eines Mehrkanalsystems die notwendigen unternehmensinternen Voraussetzungen gestaltet werden. Diese beziehen sich insbesondere auf unterstützende IuK-Technologien, adäquate Organisationsstrukturen und -prozesse, die Schaffung von Mitarbeiterfähigkeiten durch Schulungen sowie geeignete Mitarbeiter-Anreizsysteme, bspw. durch entsprechende Entlohnungsschemata (Stone et al. 2002; Wilson und Daniel 2007; Emrich und Brunner 2012).

Vor der Implementierung eines Multi-Channel-Systems sollte dieses einem Pretest unterzogen werden, wodurch sich frühzeitig Ansatzpunkte zur Verbesserung der geplanten Kanalstruktur (vgl. den Rückkoppelungspfeil in Abb. 4) ableiten lassen (Wilson und Daniel 2007). In der Regel wird sich ein Pretest aus ökonomischen Gründen allerdings nicht auf das gesamte System, sondern lediglich auf einzelne geplante Maßnahmen beziehen.

Mit Blick auf die Systemimplementierung sind zunächst die notwendigen unternehmensinternen Voraussetzungen operativ umzusetzen, bevor anschließend das Multi-Channel-System aktiviert werden kann. Diese Aktivierung kann entweder in Form eines Stufenkonzepts in mehreren Teilschritten oder simultan durch die gleichzeitige Umsetzung aller geplanten Maßnahmen erfolgen. Wie Emrich und Brunner (2012) ausführen, kann die zeitgleiche Änderung zu vieler Aspekte den Erfolg eines Multi-Channel-Systems gefährden, weshalb sich letztlich ein schrittweiser Roll-Out empfiehlt.

Der Prozess der Entwicklung optimaler Mehrkanalsysteme wird durch ein ergebnisbezogenes Controlling abgeschlossen, das aufzeigt, ob die zu Beginn des Prozesses festgelegten Ziele erreicht wurden. Dieses Controlling muss einerseits auf der Mikroebene einzelner Marketingkanäle, andererseits aber auch auf der Makroebene des Gesamtsystems erfolgen (Reinecke und Janz 2007). Die in Abb. 4 aufscheinenden Rückkoppelungspfeile signalisieren dabei die Notwendigkeit, bei mangelnder Zielerreichung entsprechende Maßnahmen auf einzelnen oder mehreren Stufen des skizzierten Entwicklungsprozesses zu ergreifen. Anzumerken ist, dass ein einmal entwickeltes Mehrkanalsystem kontinuierlich an sich ändernde Rahmenbedingungen angepasst werden muss (Lewison 2007). Folglich ist der vorgestellte Prozess iterativer Natur und die einzelnen Prozessschritte müssen vor dem Hintergrund einer permanenten Suche nach Optimierungspotenzialen immer wieder durchlaufen werden (Wilson und Daniel 2007; Specht und Fritz 2005).

3.4 Probleme multipler Kanalstrukturen und Lösungsansätze

Ein Multi-Channel-System kann mit einer Reihe von Problemen verbunden sein. Daher ist es notwendig, potenzielle Probleme rechtzeitig zu identifizieren und entsprechende Lösungsansätze zu entwickeln. Abbildung 5 ordnet den jeweiligen Problemen mögliche Lösungsansätze zu und bildet die Basis für die nachfolgende Diskussion.

Als zentrales Problem von Mehrkanalsystemen sind die potenziellen Konkurrenzbeziehungen zwischen den einzelnen Kanälen zu sehen (Kleinaltenkamp 1999). Vertriebsorgane in den einzelnen Marketingkanälen fühlen sich nicht selten gegenseitig in ihrer Wettbewerbsstellung bedroht, was ein erhebliches Konfliktpotenzial birgt (Specht und Fritz 2005). Ein solcher Multi-Channel-Konflikt kann vielfältige Ursachen haben (Coughlan et al. 2001; Webb und Lambe 2007). Zum einen tritt er auf, wenn die Ziele der einzelnen Marketingkanäle divergieren. Folglich gehen die zielkonformen Handlungen der Mitglieder eines Kanals auf Kosten zumindest eines anderen Kanals. Zum anderen können Konflikte aus voneinander abweichenden Realitätswahrnehmungen der Mitglieder unterschiedlicher Kanäle resultieren. Diese reagieren somit in der gleichen Situation mit

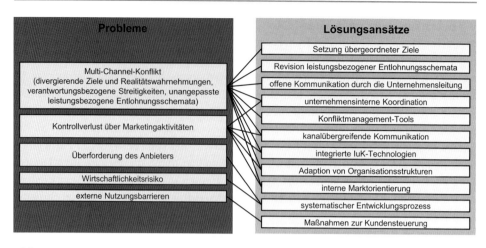

Abb. 5 Probleme und Lösungsansätze im Multi-Channel-Marketing (Eigene Darstellung)

andersgearteten Handlungen, wodurch die Erwartungshaltungen der jeweils anderen Seite nicht erfüllt werden können. Darüber hinaus führen häufig verantwortungsbezogene Streitigkeiten zu Konflikten in mehrkanaligen Marketingsystemen. Diese Streitigkeiten können daher rühren, dass eine Aufgabe von einem Kanalmitglied falsch ausgeführt wird, gar nicht wahrgenommen wird oder aber nicht wahrgenommen werden sollte, weil diese einem anderen Mitglied obliegt. Eine letzte Konfliktursache stellen leistungsbezogene Entlohnungsschemata dar (Wilson und Daniel 2007), die nicht an Mehrkanalsysteme angepasst sind. Informieren sich Kunden bspw. im Online-Shop eines Anbieters über eine bestimmte Leistung, kaufen diese dann allerdings in einer Verkaufsniederlassung, so kann der Erlös in einem Mehrkanalsystem nicht zur Gänze Letzterer zugerechnet werden. Somit stehen konventionelle Kennzahlen, an die leistungsabhängige Gehaltsbestandteile geknüpft sind, oft im Widerspruch zum Gedanken der Kanalintegration. Denn wenn Mitglieder eines Multi-Channel-Systems ausschließlich für den Zielerreichungsgrad des eigenen Kanals entlohnt werden, versuchen diese selbstverständlich, die Kunden in diesem Kanal zu halten und leiten diese nicht an den Kanal weiter, der die jeweilige Aufgabe am effektivsten und effizientesten erfüllt, worunter der Gesamterfolg des Systems leidet.

Tritt ein Multi-Channel-Konflikt auf, so kann dieser zur gegenseitigen Kannibalisierung der Umsätze anstatt zur Realisierung von Cross-Selling-Potenzialen führen (Specht und Fritz 2005). Im schlechtesten Fall entstehen mehrere Kanalsilos, deren Mitglieder jeweils das tun, was für ihren eigenen Kanal, nicht aber für das Unternehmen insgesamt am besten ist (Wilson und Daniel 2007). Diese Interkanalrivalität steigt im Verlauf des Produktlebenszyklus sukzessive, da die Absatzmöglichkeiten in der Regel zurückgehen (Webb und Lambe 2007). Zudem nehmen die Konkurrenzbeziehungen zwischen Marketingkanälen mit steigender Integration (vgl. Abb. 3) tendenziell zu (Kleinaltenkamp 1999). Allerdings ist anzumerken, dass ein Multi-Channel-Konflikt nicht immer dysfunktional sein muss, da ein gewisser Grad an Konkurrenz die Kanalmitglieder zu Optimierungen anregen kann (Coughlan et al. 2001).

Zur Konfliktvermeidung bzw. -lösung steht eine Reihe von Ansätzen zur Verfügung, wobei zunächst die Setzung übergeordneter Ziele (Webb und Lambe 2007) zu nennen ist. Über diesen Zugang können sämtliche Mitglieder der einzelnen Kanäle einheitlich ausgerichtet werden, was eine kanalübergreifende Zusammenarbeit begünstigt. An den übergeordneten Zielen müssen notwendigerweise die Leistungskontrolle sowie leistungsbezogene Entlohnungsschemata anknüpfen, womit Letztere gegenüber traditionellen Ansätzen zwingend zu revidieren sind. Eine weitere Möglichkeit der Konfliktbegegnung besteht in einer offenen Kommunikation seitens der Unternehmensleitung. Diese sollte alle Mitarbeiter frühzeitig in ihre Multi-Channel-Überlegungen einbinden und die Systemvorteile verdeutlichen, womit sich die mitarbeiterseitige Akzeptanz erhöht (Schögel und Herhausen 2011). Darüber hinaus kommt der unternehmensinternen Koordination ein wichtiger Stellenwert im Umgang mit Multi-Channel-Konflikten zu. Sind die Rollen und Aufgaben der einzelnen Marketingkanäle ausreichend abgestimmt, lassen sich viele der oben diskutierten Konfliktursachen von vornherein vermeiden. In diesem Zusammenhang empfiehlt es sich, Verantwortungsbereiche sowie Verhaltensrichtlinien im Umgang mit anderen Marketingkanälen schriftlich festzuhalten (Webb und Lambe 2007). Kommt es dennoch zu einem Multi-Channel-Konflikt, so können Techniken des Konfliktmanagements zum Einsatz kommen, um positive Konfliktauswirkungen zu nutzen und negative Konsequenzen zu vermeiden bzw. abzuschwächen (Specht 2004).

Damit sich die Mitglieder unterschiedlicher Marketingkanäle gegenseitig abstimmen und miteinander kooperieren können, muss eine regelmäßige, rechtzeitige und offene kanalübergreifende Kommunikation sichergestellt werden, wodurch das Konfliktpotenzial erheblich reduziert wird (Webb und Lambe 2007). Ermöglicht wird eine derartige Kommunikation dadurch, dass integrierte IuK-Technologien zur Verfügung stehen (Emrich und Brunner 2012). Da das Auftreten von Multi-Channel-Konflikten umso wahrscheinlicher ist, je eigenverantwortlicher die einzelnen Marketingkanäle geführt werden (Backhaus und Voeth 2014), sollten Organisationsstrukturen entsprechend angepasst werden (Emrich und Brunner 2012). Rosenbloom (2007) schlägt in diesem Zusammenhang vor, die Position eines „Channel Managers" zu schaffen, der für das Management aller Kanäle im System verantwortlich ist. Webb und Lambe (2007) hingegen diskutieren die Einrichtung einer formalisierten „Channel Management Group", die mit speziellen Befugnissen ausgestattet die kanalübergreifende Koordination fördern soll, während Wilson und Daniel (2007) die Etablierung einer Matrix-Struktur als besonders sinnvoll erachten. Ein letzter Problemlösungsansatz für Multi-Channel-Konflikte liegt in der Verfolgung einer internen Marktorientierung. Werden die Mitglieder der verschiedenen Marketingkanäle als interne Kunden gesehen, deren Bedürfnisse es zu erfüllen gilt, so erleichtert dies deren Koordination (Webb und Lambe 2007), was in der Folge zu geringeren Konfliktpotenzialen führt (Webb und Lambe 2007).

Ein zweiter Problembereich des Multi-Channel-Marketing resultiert aus der Tatsache, dass mit zunehmender Anzahl der Kanäle auch die Komplexität des Gesamtsystems steigt, wodurch sich der Steuerungsaufwand entsprechend erhöht. Werden keine geeigneten Steuerungsmaßnahmen ergriffen, kann es nicht nur zu einem Verlust der anbieterseiti-

ist nun insofern bedeutsam, als ein Anbieter dieser durch das Angebot unterschiedlicher Marketingkanäle Rechnung tragen sollte. Denn während es mit Blick auf die Initialentscheidung eines Kunden primär darum geht, dass der Anbieter dessen mit der Bindung an ein System einhergehendes wahrgenommenes Risiko reduziert, stellen Folgeentscheidungen häufig wenig erklärungsbedürftige Transaktionen dar. Die Logik, dem Kunden für die sukzessiven Beschaffungsentscheidungen im Systemgeschäft jeweils die Wahl zwischen unterschiedlichen Marketingkanälen zu lassen, findet im Ansatz des multiplen Channel-Systems (vgl. Abschn. 3.2) ihre Entsprechung. Das System sollte dabei sowohl Organe des direkten als auch indirekten Vertriebs integrieren, da sich Erstere durch den unmittelbaren Kontakt des Anbieters mit dem Kunden insbesondere zur Reduktion des wahrgenommenen Risikos im Kontext der Initialentscheidung eignen, während für die Abwicklung von Folgetransaktionen häufig Marketingkanäle ausreichend sind, die auf Organen des indirekten Vertriebs beruhen.

Im Gegensatz zum Systemgeschäft wird im Produktgeschäft mangels spezifischer Investitionen des Nachfragers kein Kaufverbund bewirkt, womit in diesem Geschäftstyp ein Fokus auf Einzeltransaktionen vorliegt. Somit ist auch die für das Systemgeschäft skizzierte Kanallogik nicht anwendbar. Da das Produktgeschäft durch eine relativ hohe Leistungsstandardisierung geprägt ist, könnte allerdings argumentiert werden, dass gerade multiple Channel-Systeme einem Anbieter Differenzierungspotenziale eröffnen könnten, die auf der Produktebene nicht in entsprechendem Ausmaß gegeben sind. Dem steht jedoch entgegen, dass angesichts einer fortschreitenden „Commoditisierung" vieler Produkte (Backhaus und Voeth 2014) eine Preisspirale nach unten in Gang gesetzt wird, die einem Anbieter im Produktgeschäft aufgrund von Marketingeffizienzüberlegungen wenig Spielraum für komplexere und damit aufwändigere Mehrkanalsysteme lässt. Vor diesem Hintergrund sind für das Produktgeschäft tendenziell kundensegment- oder leistungsspezifisch gesplittete Mehrkanalsysteme (vgl. Abschn. 3.2) geeignet, die einen geringeren Komplexitätsgrad aufweisen, aber bei entsprechender Ausgestaltung gegenüber einem Vertriebsansatz, der auf einem einzigen Kanal beruht, deutliche Effektivitätsvorteile aufweisen. Die einzelnen Marketingkanäle werden dabei überwiegend durch Organe des indirekten Vertriebs repräsentiert, da diese dem Anspruch des Produktgeschäfts, dass zur Vermeidung von Wettbewerbsnachteilen die jeweiligen Leistungen schnell verfügbar und möglichst in Kundennähe erhältlich sind, am besten gerecht werden (Specht 2004).

4 Zusammenfassung

Die parallele Nutzung von Marketingkanälen stellt auch in Industriegütermärkten eine potenzielle Differenzierungsquelle im Wettbewerb um Kunden dar. Der Einsatz von Mehrkanalsystemen wird dabei einerseits durch den Trend hin zu einem beziehungsorientierten Marketingverständnis und andererseits durch den Fortschritt im Bereich von Informations- und Kommunikationstechnologien unterstützt.

Ein erfolgversprechendes Multi-Channel-Marketing muss sowohl auf die Erreichung effektivitätsgerichteter (Wertschaffung für den Kunden) als auch effizienzgerichteter Ziele (Wertschaffung für den Anbieter) ausgerichtet sein. Erstere beziehen sich dabei auf die Steigerung des Kundennutzens in verschiedenen Dimensionen, während Letztere eine bessere Preisdurchsetzung, die Erhöhung der Absatzmenge sowie die Senkung der Kosten der Wertschöpfung umfassen. Die genannten Ziele bilden die Basis der Planung mehrkanaliger Marketingsysteme, welche integrierender Bestandteil eines systematischen, auf entsprechende Analysen gestützten Entwicklungsprozesses sein sollte. Eine der zentralen Entscheidungen im Rahmen der Systemplanung betrifft das Designs eines Mehrkanalsystems und umfasst neben der Frage der Kanalmitglieder die des Integrationsgrads der jeweiligen Marketingkanäle (isoliertes Design vs. integriertes Design). Zur Systemplanung zählen allerdings auch effizienzbasierte Überlegungen zu kundensegmentspezifischen Systemvariationen und die Ausgestaltung der notwendigen unternehmensinternen Voraussetzungen. Die Implementierung eines Multi-Channel-Systems sollte erst nach einem Pretest geplanter Maßnahmen erfolgen, um frühzeitig Ansatzpunkte für mögliche Systemverbesserungen zu erhalten. Ob die durch ein mehrkanaliges Marketingsystem angestrebten Ziele erreicht werden, muss nach erfolgter Systemimplementierung durch ein ergebnisbezogenes Controlling festgestellt werden. Denn nur wenn der Erfolg von Marketingmaßnahmen gemessen wird, kann auch tatsächlich ein wertbasiertes Marketingverständnis im Unternehmen verankert werden.

Multi-Channel-Systeme sind mit einer Vielzahl potenzieller Probleme behaftet, wobei als zentrales Problem die Konkurrenzbeziehungen zwischen den einzelnen Kanälen und der damit einhergehende Multi-Channel-Konflikt zu sehen sind. Dieser Konflikt führt im schlechtesten Fall zur Entstehung mehrerer Kanalsilos, wodurch das Erfolgspotenzial eines Mehrkanalsystems ausgehöhlt wird. Zur Problemvermeidung bzw. -lösung bieten sich bspw. die Setzung übergeordneter Ziele, die Anpassung leistungsbezogener Entlohnungsschemata an die Logik von Mehrkanalsystemen sowie eine offene Kommunikation durch die Unternehmensleitung an. Ein weiterer Problembereich betrifft den komplexitätsbedingten Verlust der Kontrolle über die Marketingaktivitäten, wodurch eine uneinheitliche Customer Experience entsteht. Die entsprechenden Lösungsansätze decken sich dabei großteils mit denen, die auch im Kontext des Multi-Channel-Konflikts vorgeschlagen werden. Zusätzliche Probleme beziehen sich auf eine mögliche Überforderung des Anbieters, das Wirtschaftlichkeitsrisiko und externe Nutzungsbarrieren, wobei den zwei erstgenannten Problem durch einen systematischen Entwicklungsprozess vorgebeugt werden kann, wie er in diesem Beitrag vorgeschlagen wird, wogegen letzteres Problem Maßnahmen zur Kundensteuerung hinsichtlich deren Kanalnutzung erfordert.

Da industrielle Anbieter je nach Geschäftstyp, in dem diese tätig sind, mit variierenden Anforderungen an das Marketing konfrontiert sind, empfiehlt sich die Anpassung eines mehrkanaligen Marketingsystems an Geschäftstypenspezifika. Aufgrund des hohen Individualisierungsgrads im Integrations- und Projektgeschäft, der eine enge Abstimmung und Interaktion mit dem Kunden erfordert, eignen sich hier vor allem Multi-Channel-Systeme. Denn diese tragen der Tatsache Rechnung, dass der Kunde im Integrations-

und Projektgeschäft über den Beschaffungsprozess hinweg die Möglichkeit haben muss, zwischen verschiedenen Marketingkanälen zu wechseln. Für das Systemgeschäft hingegen empfehlen sich tendenziell multiple Channel-Systeme, durch welche sich die diesem Geschäftstyp immanente Logik von Initial- und Folgeentscheidungen mit divergentem Anforderungsprofil kanaltechnisch abbilden lässt. Da sich im Produktgeschäft vor dem Hintergrund einer fortschreitenden „Commoditisierung" und der dadurch ausgelösten abwärtsgerichteten Preisspirale aufgrund von Marketingeffizienzüberlegungen wenig Spielraum für aufwändige Mehrkanalsysteme bietet, sind für diesen Geschäftstyp insbesondere gesplittete Mehrkanalsysteme geeignet.

Abschließend kann festgehalten werden, dass der Ansatz des Multi-Channel-Marketing einerseits mit teils erheblichen Setup-Kosten und verschiedenen Risiken verbunden ist. Wird dieser Marketingzugang andererseits aber selektiv, d. h. ausgehend vom kunden- und anbieterseitig generierbaren Wert, und gleichzeitig systematisch eingesetzt, dann liefert er einen wesentlichen Beitrag zum Erfolg eines industriellen Anbieters.

Literatur

Albers, S., und O. Ratschow. 2004. Einsatzfelder neuer Medien im Industriegütermarketing. In *Handbuch Industriegütermarketing. Strategien – Instrumente – Anwendungen*, Hrsg. K. Backhaus, M. Voeth, 749–778. Wiesbaden: Gabler.

Ammann, P.A. 2009. E-Business im B2B-Vertrieb. In *B2B-Handbuch Operations Management. Industriegüter erfolgreich vermarkten*, 2. Aufl., Hrsg. W. Pepels, 283–348. Düsseldorf: Symposion Publishing.

Backhaus, K., D. Aufderheide, und G.M. Späth. 1994. *Marketing für Systemtechnologien*. Stuttgart: Schäffer-Poeschel.

Backhaus, K., und M. Voeth. 2014. *Industriegütermarketing. Grundlagen des Business-to-Business-Marketings*, 10. Aufl. München: Vahlen.

Biesel, H.H. 2002. *Kundenmanagement im Multi-Channel-Vertrieb. Strategien und Werkzeuge für die konsequente Kundenorientierung*. Wiesbaden: Gabler.

Coughlan, A.T., E. Anderson, L.W. Stern, und A.I. El-Ansary. 2001. *Marketing Channels*, 6. Aufl. New Jersey: Prentice Hall.

Diller, H. 2001a. Buying Center. In *Vahlens Großes Marketinglexikon*, 2. Aufl., Hrsg. H. Diller, 200–202. München: Vahlen.

Diller, H. 2001b. Organisationales Beschaffungsverhalten. In *Vahlens Großes Marketinglexikon*, 2. Aufl., Hrsg. H. Diller, 1231–1233. München: Vahlen.

Diller, H., A. Fürst, und B. Ivens. 2011. *Grundprinzipien des Marketing*, 3. Aufl. Nürnberg: GIM-Verlag.

Emrich, O., und F. Brunner. 2012. *Online boomt: Die Voraussetzungen, 9.6.2013*. http://www.handelszeitung.ch/iomanagement/online-boomt-die-voraussetzungen

Evan, A., und D.M. Lewison. 2007. Borderless Marketing Systems: The Emerging Hybrid Multi-Channel Market System. In *Marketing in the 21st Century. Interactive and Multi-Channel*

Marketing, 2. Aufl., Hrsg. W.J. Hauser, D.M. Lewison, 119–138. Westport, Connecticut: Praeger.

Freter, H. 2008. *Markt- und Kundensegmentierung. Kundenorientierte Markterfassung und -bearbeitung*, 2. Aufl. Stuttgart: Kohlhammer.

Gadde, L.-E., und K. Hulthén. 2007. From Channel Management to Managing in Distribution Network Relationships. In *Handbuch Multi-Channel-Marketing*, Hrsg. B.W. Wirtz, 297–322. Wiesbaden: Gabler.

Godefroid, P., und W. Pförtsch. 2008. *Business-to-Business-Marketing*, 4. Aufl. Ludwigshafen: Kiehl.

Herhausen, D., A.K. Lohbeck, und M. Schögel. 2009. *The role of the sales force in multichannel distribution: Organizational determinants and consequences*, Conference Paper, European Marketing Association

Hippner, H., O. Hoffmann, und K.D. Wilde. 2007. Die Bedeutung von Data-Mining im Multi-Channel-Marketing. In *Handbuch Multi-Channel Marketing*, Hrsg. B.W. Wirtz, 579–600. Wiesbaden: Gabler.

Homburg, C., und N. Beutin. 2000. *Value-Based Marketing: Die Ausrichtung der Marktbearbeitung am Kundennutzen, Management Know-How-Papier Nr. M049 des Instituts für Marktorientierte Unternehmensführung*. Mannheim: Universität Mannheim.

Kleinaltenkamp, M. 1999. Auswahl von Vertriebswegen. In *Markt- und Produktmanagement. Die Instrumente des technischen Vertriebs*, Hrsg. M. Kleinaltenkamp, W. Plinke, 283–326. Berlin, Heidelberg: Springer.

Kleinaltenkamp, M., und S. Saab. 2009. *Technischer Vertrieb. Eine praxisorientierte Einführung in das Business-to-Business-Marketing*. Berlin, Heidelberg: Springer.

Lewison, D.M. 2007. Anywhere, Anytime, Anyway: The Multi-Channel Marketing Juggernaut. In *Marketing in the 21st Century. Interactive and Multi-Channel Marketing*, 2. Aufl., Hrsg. W.J. Hauser, D.M. Lewison, 3–25. Westport, Connecticut: Praeger.

Madaleno, R., H. Wilson, und R. Palmer. 2007. Determinants of Customer Satisfaction in a Multi-Channel B2B Environment. *Total Quality Management* 18(8): 915–925.

Merrilees, B., und T. Fenech. 2007. From catalog to Web: B2B multi-channel marketing. *Industrial Marketing Management* 36(1): 44–49.

Myers, J.B., A.D. Pickersgill, und E.S. Van Metre. 2004. Steering customers to the right channels. *McKinsey Quarterly* (4): 36–47.

Payne, A., und P. Frow. 2004. The role of multichannel integration in customer relationship management. *Industrial Marketing Management* 33(6): 527–538.

Pepels, W. 2009a. B2B-Indirektabsatz. In *B2B-Handbuch Operations Management. Industriegüter erfolgreich vermarkten*, 2. Aufl., Hrsg. W. Pepels, 389–399. Düsseldorf: Symposion Publishing.

Pepels, W. 2009b. Marketing-Mix-Akzente im B2B. In *B2B-Handbuch Operations Management. Industriegüter erfolgreich vermarkten*, 2. Aufl., Hrsg. W. Pepels, 13–33. Düsseldorf: Symposion Publishing.

Reinecke, S., und S. Janz. 2007. *Marketingcontrolling. Sicherstellen von Marketingeffektivität und -effizienz*. Stuttgart: Kohlhammer.

Robinson, P.J., C.W. Faris, und Y. Wind. 1967. *Industrial buying and creative marketing*. Boston: Allyn & Bacon.

Rosenbloom, B. 2007. Multi-channel strategy in business-to-business markets: Prospects and problems. *Industrial Marketing Management* 36(1): 4–9.

Schögel, M. 2012. *Distributionsmanagement. Das Management der Absatzkanäle*. München: Vahlen.

Schögel, M., und D. Herhausen. 2011. *Erfolgreiche Kundensteuerung in Mehrkanalsystemen: Forschungsbericht BWA, 16.4.2013*. https://www.alexandria.unisg.ch/Publikationen/Person/S/Marcus_Schoegel/82654

Sharma, A., und A. Mehrotra. 2007. Choosing an optimal channel mix in multichannel environments. *Industrial Marketing Management* 36(1): 21–28.

Simon, H. 2004. Das Elend des Marketing – Realismus statt Träumerei. *Thexis – Fachzeitschrift für Marketing* 21(2): 9–10.

Specht, G. 2004. Distributionsmanagement bei Industriegütern. In *Handbuch Industriegütermarketing. Strategien – Instrumente – Anwendungen*, Hrsg. K. Backhaus, M. Voeth, 825–862. Wiesbaden: Gabler.

Specht, G., und W. Fritz. 2005. *Distributionsmanagement*, 4. Aufl. Stuttgart: Kohlhammer.

Stone, M., M. Hobbs, und M. Khaleeli. 2002. Multichannel customer management: The benefits and challenges. *Journal of Database Marketing* 10(1): 39–52.

Webb, K.L., und C.J. Lambe. 2007. Internal multi-channel conflict: An exploratory investigation and conceptual framework. *Industrial Marketing Management* 36(1): 29–43.

Webster, F.E., und Y. Wind. 1972. *Organizational Buying Behavior*. Englewood Cliffs: Prentice Hall.

Werani, T. 2012. *Business-to-Business-Marketing. Ein wertbasierter Ansatz*. Stuttgart: Kohlhammer.

Whitwell, G., B.A. Lukas, und P. Doyle. 2003. *Marketing management. A strategic, value-based approach*. Milton: Wiley.

Wilson, H., und E. Daniel. 2007. The multi-channel challenge: A dynamic capability approach. *Industrial Marketing Management* 36(1): 10–20.

Wilson, H., M. Hobbs, C. Dolder, und M. McDonald. 2004. Multi-Channel Marketing. Optimizing Performance in an ICT-Enabled World. In *Evolution of Supply Chain Management. Symbiosis of Adaptive Value Networks and ICT*, Hrsg. Y.S. Chang, H.C. Makatsoris, H.D. Richards, 319–340. Boston: Kluwer Academic Publishers.

Wolke, T. 2008. *Risikomanagement*, 2. Aufl. München: Oldenburg.

Wertbasiertes Verkaufen auf Industriegütermärkten

Andreas Eggert, Alexander Haas, Wolfgang Ulaga und Harri Terho

Inhaltsverzeichnis

1	Wertorientierung auf Industriegütermärkten	484
2	Traditionelle Verkaufsansätze	485
3	Wertbasiertes Verkaufen	488
4	Erfolgswirksamkeit des wertbasierten Verkaufens	490
	4.1 Konzeptionelles Modell	490
	4.2 Empirische Studie	491
	4.3 Ergebnisse	492
5	Zusammenfassung und Ausblick	492
Literatur		493

Prof. Dr. Andreas Eggert ✉
Universität Paderborn, Lehrstuhl für Marketing, Paderborn, Deutschland
e-mail: marketing@wiwi.uni-paderborn.de

Prof. Dr. Alexander Haas
Justus-Liebig-Universität Gießen, Professur für Marketing, Gießen, Deutschland
e-mail: Alexander.Haas@wirtschaft.uni-giessen.de

Prof. Wolfgang Ulaga
IMD Lausanne, Lausanne, Schweiz
e-mail: wolfgang.ulaga@imd.org

Harri Terho
Turku School of Economics, Department of Marketing, Turun yliopisto, Finnland
e-mail: harri.terho@utu.fi

1 Wertorientierung auf Industriegütermärkten

Die Wertorientierung von Anbieterunternehmen hat in den vergangenen Jahren sowohl in der Marketingpraxis als auch in der Marketingwissenschaft an Bedeutung gewonnen (Lindgreen und Wynstra 2005; Terho et al. 2012; Wagner et al. 2010). Im Sinne des wertbasierten Marketing werden sich auf wettbewerbsintensiven Märkten nur die Anbieter dauerhaft durchsetzen, die ihren Kunden auf profitable Art und Weise einen überlegenen Nettonutzen stiften (Kotler et al. 2007). In der Folge bemühen sich Anbieterunternehmen verstärkt zu verstehen, welchen Nutzen und welche Kosten ihre Leistungsangebote in der konkreten Anwendungssituation der Kunden verursachen (Ulaga und Eggert 2006) und welchen Beitrag ihre Produkte zum Unternehmenserfolg der Kunden leisten.

Während das wertbasierte Marketing vom Grundsatz her sowohl auf Industriegüter- als auch auf Konsumgütermärkten von Relevanz ist (Anderson et al. 2004; Holbrook 1994), lässt sich dessen Kerngedanke besonders gut im Kontext von Industriegütermärkten umsetzen. Organisationen beschaffen Produkte, weil sie diese für ihre eigenen Produktionsprozesse benötigen und sie ihnen dabei helfen, ihre Effektivität und Effizienz zu optimieren (Backhaus und Voeth 2014). Damit stiften industrielle Güter und Dienstleistungen nur dann einen überlegenen Nettonutzen, wenn sie den Kundenunternehmen im Vergleich zum Status quo entweder zu mehr Umsatz oder aber zu einer Kostenreduktion verhelfen. Dieser Fokus auf Umsatz- und Kosteneffekte der zu beschaffenden Produkte in der konkreten Anwendungssituation des Kundenunternehmens erleichtert die Operationalisierung des Wertkonzepts auf Industriegütermärkten erheblich. So haben Anderson et al. (2004) einen einfachen Prozess zur Entwicklung von Kundenwertmodellen vorgeschlagen, mit dessen Hilfe Anbieterunternehmen den für ihre Kunden geschaffenen Wert monetär quantifizieren können. Im Gegensatz dazu erwerben Kunden auf Konsumgütermärkten ihre Produkte oftmals, weil ihnen der Besitz, z. B. eines weiteren Paars Schuhe oder eines Autos, einen Wert stiftet. In dieser Situation sind die aus Kundensicht relevanten Nutzen- und Kostendimensionen zumeist vielgestaltig und schwer monetär zu quantifizieren. Beispielsweise kann der Besitz eines bestimmten Produktes einen positiven Effekt auf die Selbstwahrnehmung und das Image des Konsumenten in seiner sozialen Bezugsgruppe besitzen. Obgleich von hoher Bedeutung für die Kaufentscheidung der Konsumenten, ließe sich dieser Nutzenbeitrag nur schwer in Geldeinheiten quantifizieren.

Obwohl die Wertorientierung im Industriegütermarketing an Bedeutung gewonnen hat und viele Anbieter die Schaffung eines überlegenen Nettonutzens für ihre Kunden in den Mittelpunkt ihrer Unternehmensstrategie stellen (Slater 1997), treten bei dessen Implementierung in der Unternehmenspraxis immer wieder fundamentale Probleme auf. Ein wesentlicher Erfolgsfaktor für die erfolgreiche Umsetzung einer Unternehmensstrategie ist die Verkaufsorganisation (Backhaus und Voeth 2014). Sie muss die Wertorientierung des Anbieterunternehmens in der Interaktion mit den Kunden umsetzen und mit Leben erfüllen. Vor diesem Hintergrund vermag es zu überraschen, dass trotz der hohen Bedeutung der Wertorientierung in der Marketingforschung und -praxis noch wenig Wissen über dessen konkrete Umsetzung auf der Vertriebsebene besteht. Wie sollte sich ein wertbasierter Verkäufer verhalten? Wie unterscheidet sich das wertbasierte Verkaufen von den traditionellen Verkaufsansätzen? Wie wirkt sich das wertbasierte Verkaufen auf den Verkaufserfolg aus? Diese Fragen werden in dem vorliegenden Beitrag erörtert. Dafür wird zunächst ein Überblick über die traditionellen Verkaufsansätze gegeben. Danach wird das wertbasierte Verkaufen als eine Weiterentwicklung der traditionellen Ansätze vorgestellt. Anschließend wird über die Ergebnisse einer empirischen Studie berichtet, welche den Erfolgsbeitrag des wertbasierten Verkaufens im Vergleich zu den beiden bekanntesten Verkaufsansätzen, dem kundenbasierten und dem adaptiven Verkaufen, herausstellt. Vor diesem Hintergrund endet der Beitrag mit einer Diskussion des wertbasierten Verkaufens und der Identifikation weiteren Forschungsbedarfs.

2 Traditionelle Verkaufsansätze

In der Marketingliteratur wurde eine Vielzahl von Verkaufsansätzen entwickelt und diskutiert. Tabelle 1 stellt die wesentlichen Ansätze zusammen, nennt die entsprechenden Quellen, definiert den jeweiligen Verkaufsansatz und benennt dessen zentrale Inhalte.

In einer Metaanalyse von mehr als hundert empirischen Studien der Vertriebsforschung gelangen Franke und Park (2006) zu dem Schluss, dass das kundenbasierte und das adaptive Verkaufen die größte Beachtung in der Forschung gefunden haben. Kundenbasiertes Verkaufen zielt auf langfristige Kundenzufriedenheit ab und äußert sich z. B. darin, dass Verkäufer versuchen, das für den Kunden am besten passende Angebot herauszufinden und anzubieten (Saxe und Weitz 1982). Adaptive Verkäufer besitzen ein großes Verhaltensrepertoire und können ihr Verhalten daher bei Bedarf flexibel ändern und der konkreten Verkaufssituation anpassen (Spiro und Weitz 1990).

Von den in Tab. 1 aufgeführten Verkaufsansätzen lässt sich ein Bezug zu dem Wertkonzept herstellen (Terho et al. 2012). So ist die im Rahmen des kundenbasierten Verkaufens angestrebte langfristige Kundenzufriedenheit nur durch das Angebot eines überlegenen Nettonutzens zu erreichen. Allerdings fokussiert der kundenbasierte Verkaufsansatz in seiner Operationalisierung insbesondere auf die Präsentationsfähigkeiten der Verkäufer und vermag daher nicht, das Konzept des wertbasierten Verkaufens in seiner ganzen konzeptionellen Breite abzudecken. In diesem Sinne resümiert Schwepker (2003) in seiner Literaturanalyse zum kundenbasierten Verkaufen: „[Saxe and Weitz (1982)] definition and measure of customer-oriented selling (i. e., SOCO) concentrates primarily on the communication behaviors (i. e. sales presentation behaviors) of the salesperson during a customer interaction. (...) Salespeople may take numerous actions (e. g., ... creating value, etc.) beyond merely presenting a solution that may help customers achieve their goals and thus satisfy customers. Yet such actions are not assessed with the current scale developed to measure customer-oriented selling."

Der adaptive Verkaufsansatz erfasst eine Voraussetzung des wertbasierten Verkaufens. Weil Kunden auf Industriegütermärkten den Beitrag verschiedener Leistungsangebote zu

Tab. 1 Verkaufsansätze in der Marketingliteratur (vgl. Terho et al. 2012, S. 177)

Verkaufsansatz	Autor(en)	Definition	Kerngedanke
Adaptive selling	Weitz et al. (1986); Spiro und Weitz (1990)	„the altering of sales behaviors during a customer interaction or across customer interactions based on perceived information about the nature of the selling situation"	1) Recognition that different selling approaches are needed, 2) Confidence to use a variety of different sales approaches, 3) Confidence to alter the sales approach during a customer interaction, 4) A knowledge structure that facilitates the recognition of different sales situations and access to sales strategies appropriate to each situation, 5) Collection of information about the sales situation to facilitate the adaptation, 6) Actual use of different approaches.
Agility selling	Chonko und Jones (2005)	„focuses on maintaining relationships on a daily basis by being in a position to proactively determine current and futurecustomer needs"	1) The ability to respond to changes in proper ways and in due time, 2) The ability to exploit changes and take advantage of them as opportunities.
Consultative selling	Liu und Leach (2001)	„process of professionally providing information for helping customers take intelligent actions to achieve their business objectives"	Credibility: 1) Perceived expertise, 2) Trusting the salesperson
Customer oriented selling	Saxe und Weitz (1982)	„degree to which salespeople practice the marketing concept by trying to help their customers make purchase decisions that will satisfy customer needs"	1) Desire to help customers make satisfactory purchases, 2) Help customers assess their needs, 3) Offer products that satisfy those needs, 4) Describe products accurately, 5) Avoid manipulative influence tactics, 6) Avoid use of high pressure.
Partnering oriented behaviors	Weitz und Bradford (1999)	„work with their customers and their companies to develop solutions that enhance the profits of both firms (…) [by devoting] their attention to ‚increasing the pie' rather than ‚dividing the pie'."	Key activities in partnering: 1) Building and maintaining customer relationships, 2) Organizing and leading a sales team, 3) Managing conflict

Tab. 1 (Fortsetzung)

Verkaufsansatz	Autor(en)	Definition	Kerngedanke
Relationship selling	Crosby et al. (1990)	„refers to a behavioral tendency exhibited by some sale representatives to cultivate the buyer-seller relationship and see to its maintenance and growth"	1) Co-operative intentions, 2) Mutual disclosure, 3) Intensive follow-up
	Jolson (1997)	„focuses on the building of mutual trust within the buyer/seller dyad with a delivery of anticipated, long term, value-added benefits to buyers"	Relationship selling is a multi stage process that emphasizes personalization and empathy in both acquiring and keeping customers

ihrem Unternehmenserfolg zur Grundlage ihrer Kaufüberlegungen machen, werden adaptive Verkäufer den ökonomischen Wert ihrer Marktangebote für den Kunden in den Mittelpunkt ihrer Verkaufsbemühungen stellen, um erfolgreich zu sein (Haas et al. 2013). Wie dies genau geschieht, ist dem Konzept des adaptiven Verkaufens jedoch nicht zu entnehmen. Das adaptive Verkaufen betont die Anpassungsfähigkeit der Verkäufer an die jeweilige Verkaufssituation, ohne konkrete Hinweise auf ein angemessenes Verkäuferverhalten auf Industriegütermärkten zu geben. So kritisieren Terho et al. (2012): „While adaptive selling concentrates on adapting interaction and sales style to the profile of a specific customer, the domain of adaptive selling is related to influence tactics (McFarland et al. 2006), and adaptive salespeople neither systematically nor necessarily display behaviors that aim at, and result in, the creation of customer value. In addition, the construct of adaptive selling provides no indications of what behaviors salespeople should engage in to create customer value."

Während die in Tab. 1 aufgeführten Verkaufsansätze wesentliche Bezüge zu dem Wertkonzept besitzen und Rackham und DeVincentis (1999) schon vor über einem Jahrzehnt betont haben, „[t]he only single ‚truth' that seems to be holding for all sales forces is that they will have to create value for customers if they are to be successful", fehlt es bislang an einem etablierten Verkaufskonzept, welches das Wertkonzept – d. h. die Identifikation, monetäre Quantifizierung und glaubwürdige Kommunikation eines überlegenen Nettonutzens für das Kundenunternehmen in seiner jeweiligen Anwendungssituation – in den Mittelpunkt der Verkäuferaktivitäten stellt. Erste Forschungsergebnisse in dieser Richtung werden im folgenden Abschnitt diskutiert.

3 Wertbasiertes Verkaufen

Auf der Grundlage einer qualitativen Studie unter Marketing- und Vertriebsmanagern entwickeln Terho et al. (2012) eine grundlegende Konzeptualisierung des wertbasierten Verkaufens auf Industriegütermärkten. Sie definieren das wertbasierte Verkaufen als „the degree to which the salesperson works with the customer to craft a market offering in such a way that benefits are translated into monetary terms, based on an in-depth understanding of the customer's business model, thereby convincingly demonstrating their contribution to customer's profitability" (Terho et al. 2012). Diese Definition identifiziert drei Dimensionen des wertbasierten Verkaufens: (1) das vertiefte Verständnis des Geschäftsmodells des Kundenunternehmens, (2) die gemeinsame Erarbeitung und monetäre Quantifizierung einer Value-Proposition mit dem Kundenunternehmen, sowie (3) die glaubwürdige Kommunikation dieser Value Proposition in das Kundenunternehmen.

Die erste Dimension des wertbasierten Verkaufens stellt auf das vertiefte Verständnis des Geschäftsmodells und der Geschäftsprozesse des Kundenunternehmens ab. Nur wenn Verkäufer verstehen, an welcher Stelle die anzubietenden Güter und Dienstleistungen in die Wertschöpfungsprozesse des Kundenunternehmens eingreifen und diese verbessern, kann ein wertbasierter Verkaufsansatz gelingen. Grundsätzlich können Verkäufer die Vorteilhaftigkeit ihres Marktangebots auf drei Ebenen darstellen: anhand der überlegenen Funktionalitäten der Güter und Dienstleistungen, anhand ihres überlegenen Kundennutzens oder aber anhand ihres überlegenen Kundenwerts (siehe Abb. 1).

Das wertbasierte Verkaufen setzt an der dritten Ebene an. Es zielt darauf ab, dem Kundenunternehmen den überlegenen Wert des eigenen Leistungsangebots in seiner konkreten Anwendungssituation aufzuzeigen. Dies setzt voraus, dass die Verkäufer nicht nur Experten ihres eigenen Güter- und Dienstleistungsangebots sind und wissen, durch welche besonderen Funktionalitäten sie dem Kunden einen Nutzen stiften können. Darüber hinaus müssen die Verkäufer die Geschäftsmodelle und -prozesse ihrer Kunden verstehen und ihnen erklären können, wie und warum der Einsatz ihrer Produkte zu einer Steige-

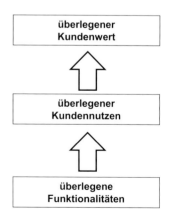

Abb. 1 Drei Konzeptionsebenen eines überlegenen Marktangebots (Eigene Darstellung)

rung des wirtschaftlichen Erfolgs des Kundenunternehmens beitragen wird. Damit geht das wertbasierte Verkaufen deutlich über die zuvor diskutierten Verkaufsansätze hinaus und erfordert u. a. eine wesentlich höhere wirtschaftliche Qualifikation des Verkaufspersonals. Terho et al. (2012) arbeiten in ihrer Analyse der Interviews mit Marketing- und Vertriebsmanagern heraus: „All respondents emphasized that value-based selling must be based on behaviors focusing on building a thorough understanding of the customer's business goals. The need for a thorough understanding was manifested in a variety of ways in the interviewees' comments, such as the need to understand the customer's goals, how the customer makes its money, the customer's earning logic, and to understand the customer's customers, which are all condensed into the business model concept."

Die zweite Dimension des wertbasierten Verkaufens stellt auf die gemeinsame Erarbeitung und monetäre Quantifizierung einer Value-Proposition mit dem Kundenunternehmen ab. Wertbasierte Verkäufer suchen proaktiv und in Zusammenarbeit mit ihren Kunden nach Möglichkeiten, die Effektivität und Effizienz ihrer Wertschöpfungsprozesse mit Hilfe der angebotenen Güter und Dienstleistungen zu optimieren. „Hence, value-oriented salespeople strive to actively indentify and craft offerings that have substantial potential to impact customer profits" (Terho et al. 2012). Die gemeinsam identifizierten Optimierungspotenziale sollten nach Möglichkeit monetärer quantifiziert werden, um den Beitrag des eigenen Leistungsangebots für den Unternehmenserfolg des Kundenunternehmens transparent zu gestalten und eine von beiden Marktpartnern akzeptierte Grundlage für die wertbasierte Preisgestaltung zu schaffen. Terho et al. (2012) resümieren: „In sum, we define crafting the value proposition as the degree to which a salesperson builds up quantified evidence about the size of the market offerings value opportunity in terms of its impact on the customer's business."

Die glaubwürdige Kommunikation der Value Proposition stellt die dritte Dimension des wertbasierten Verkaufens dar. Während Kunden die Vorteilhaftigkeit eines Leistungsangebots auf der Konzeptionsebene überlegener Funktionalitäten oftmals vor dem Kauf überprüfen können, bewegt sich der wertbasierte Verkaufsansatz unvermeidlich auf der Ebene eines Leistungsversprechens. Damit gewinnen alle Maßnahmen, welche die Glaubwürdigkeit des Leistungsversprechens aus Kundensicht untermauern, an überragender Bedeutung für die erfolgreiche Umsetzung des wertbasierten Verkaufsansatzes. „According to the interviews, the most salient aspect of the sales communication is the credible demonstration of the offering's contribution to the customer's businessprofits. While any salesperson might claim to save money or enhancecustomer revenues, value-based sellers provide persuasive evidence for their value claims" (Terho et al. 2012). Im Industriegütermarketing können insbes. ein gezielt aufgebautes Portfolio von Referenz und detaillierten Success Stories, der Einsatz von Garantien sowie Vor-Ort-Demonstrationen und Testläufe beim Kunden wirksame Maßnahmen zur Steigerung der Glaubwürdigkeit des Leistungsversprechens darstellen. Eine hohe Reputation des Anbieterunternehmens sowie enge Kundenbeziehungen erhöhen ebenfalls die Erfolgswahrscheinlichkeit des wertbasierten Verkaufens. „In sum, communicating the value proposition is defined as the degreeto which a salesperson focuses on convincing customers that the proposedoffering would impact their profit statement" (Terho et al. 2012).

Diese Diskussion verdeutlicht, dass es sich bei dem wertbasierten Verkaufen um einen eigenständigen Verkaufsansatz handelt, der sich in wesentlichen Elementen von den traditionellen Verkaufsansätzen unterscheidet und über sie hinausgeht. Das zentrale Unterscheidungsmerkmal ist in dem Bemühen zu erkennen, den Beitrag des Leistungsangebots des Anbieters für den wirtschaftlichen Erfolg des Kundenunternehmens zum Dreh- und Angelpunkt der Verkaufsinteraktionen zu machen. Welche Erfolgswirksamkeit der wertbasierte Verkaufsansatz auf Industriegütermärkten besitzt und in welchem Ursache-Wirkungszusammenhang er mit dem kundenbasierten und dem adaptiven Verkaufen steht, soll im folgenden Abschnitt erörtert werden.

4 Erfolgswirksamkeit des wertbasierten Verkaufens

4.1 Konzeptionelles Modell

Abbildung 2 zeigt den untersuchten Wirkzusammenhang zwischen den drei zentralen Verkaufsansätzen und dem Verkaufserfolg auf. Das Modell beruht auf den Erkenntnissen der Meta-Analyse von Franke und Park (2006). Demzufolge ist das adaptive Verkaufen eine Determinante des kundenorientierten Verkaufens (H1) – und nicht etwa umgekehrt. Analog dazu wird auch ein Einfluss des adaptiven Verkaufens auf das wertbasierte Verkaufen unterstellt (H2). Der ökonomische Wert der angebotenen Leistung ist ein wichtiges Kriterium für die Kaufentscheidung von Kundenunternehmen auf Industriegütermärkten und adaptive Verkäufer werden ihn daher in den Mittelpunkt ihrer Verkaufsbemühungen stellen, um erfolgreich zu sein. Weiterhin ist zu unterstellen, dass ein kundenorientierter Verkaufsansatz eine notwendige Bedingung für das wertbasierte Verkaufen darstellt (H3). Schließlich hat die Metaanalyse von Franke und Park (2006) gezeigt, dass das ad-

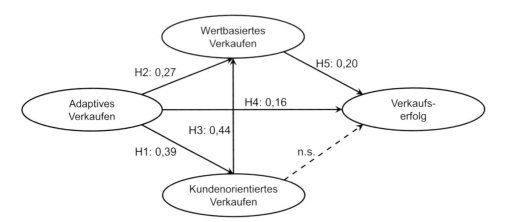

Abb. 2 Determinanten und Erfolgswirkungen des wertbasierten Verkaufens (Eigene Darstellung)

aptive Verkaufen den Verkaufserfolg neben der zuvor diskutierten indirekten Wirkung über das kundenorientierte und wertbasierte Verkaufen auch direkt beeinflusst (H4). Der Einfluss des kundenorientierten Verkaufens auf den Verkaufserfolg wird hingegen vollständig von dem wertbasierten Verkaufen vermittelt, so dass kein signifikanter direkter Zusammenhang mit dem Verkaufserfolg besteht. Weiterhin wird ein positiver Einfluss des wertbasierten Verkaufens auf den Verkaufserfolg erwartet (H5). Der Fokus des wertbasierten Verkaufens besteht darin, ein Angebot zu entwickeln, das nachweislich zum wirtschaftlichen Erfolg des Kunden beiträgt. Ein derartiger ökonomischer Wert sollte aus Kundensicht ein überzeugendes Argument für eine Kaufentscheidung darstellen und einen erfolgreichen Verkaufsabschluss wahrscheinlicher machen.

4.2 Empirische Studie

Zur empirischen Überprüfung der unterstellten Wirkzusammenhänge wurden im Rahmen einer internationalen Befragung Daten von Verkäufern führender Unternehmen auf Industriegütermärkten erhoben. Bei diesen Unternehmen handelte es sich um Anbieter komplexer Produkte und Dienstleistungen, wie sie für Industriegütermärkte typisch sind. Als geeignet für die Datenerhebung wurden solche Unternehmen festgelegt, die den Ansatz des wertbasierten Verkaufens in ihrer Verkaufsorganisation über ein Mindestmaß hinaus implementiert hatten.

Insgesamt wurden Daten von 816 Verkäufern aus 30 in der Regel europaweit agierenden Verkaufsorganisationen erhoben. Die befragten Verkäufer waren qualifiziert und erfahren, wie ihre Titel (z. B. Verkaufsmanager, Customer Engagement Manager, etc.) und ihre im Durchschnitt fast 14-jährige Erfahrung im Verkauf verdeutlichten.

Die Konstrukte wurden durch siebenstufige Multi-Item-Skalen erfasst. Die Messung des wertbasierten Verkaufens erfolgte mit einer neuen, sieben Items umfassenden Skala, die auf der von Terho et al. (2012) entwickelten Definition beruht. Die Skala beinhaltete Items wie z. B. „Ich arbeite darauf hin, den Gewinn meiner Kunden zu erhöhen." und „Mein Fokus liegt darauf, kundenseitige Möglichkeiten zur Gewinnsteigerung zu identifizieren." Das adaptive und das kundenorientierte Verkaufen wurden mit den Skalen von Robinson et al. (2002) und Thomas et al. (2001) erhoben, Verkaufserfolg auf Basis von Homburg et al. (2011).

Zur Analyse der Daten wurde auf die Mehrebenen-Strukturgleichungsanalyse mit dem Mplus Softwarepacket (Muthén und Muthén 2010) zurückgegriffen. Dieses Verfahren berücksichtigt bei der Parameterschätzung die Tatsache, dass die Daten in einer sog. genesteten Form erhoben wurden, d. h. die befragten Verkäufer lassen sich auf einer höheren Analyseebene den jeweiligen Anbieterunternehmen zuordnen (Raudenbush und Bryk 2002). Damit ist die fundamentale Annahme der Unabhängigkeit der Beobachtungen verletzt, die den üblichen statistischen Analyseverfahren, wie z. B. der OLS Regression oder auch der Einebenen-Strukturgleichungsanalyse, unterliegt (Cohen et al. 2003). Im Rahmen der Mehrebenen-Strukturgleichungsanalyse wird diese Annahme aufgehoben und es können hierarchisch strukturierte Datensätze (hier: Verkäufer, die einem Anbieterunternehmen zugeordnet sind) korrekt modelliert und geschätzt werden.

Die eingesetzten Skalen besitzen durchgängig gute psychometrische Eigenschaften, die über den in der Literatur geforderten Schwellenwerten liegen. Die Anforderungen an Cronbachs Alpha ($>0{,}7$), Faktorreliabilität ($>0{,}6$) und durchschnittlich erfasste Varianz ($>0{,}5$) werden ausnahmslos erfüllt. Diskriminanzvalidität wurde durch das Fornell-Larcker-Kriterium geprüft und ist gegeben.

4.3 Ergebnisse

Die Schätzung der Parameter bestätigt die unterstellte Modellstruktur. Alle dokumentierten Parameterschätzungen (siehe Abb. 2) sind auf dem fünf Prozent Niveau signifikant von Null verschieden. Mit einem Pfadkoeffizienten von 0,39 und 0,27 besitzt das adaptive Verkaufen einen positiven Einfluss auf das kundenorientierte bzw. wertbasierte Verkaufen. Das kundenorientierte Verkaufen ist eine wichtige Determinante (Pfadkoeffizient: 0,44) des wertbasierten Verkaufens. Adaptives Verkaufen erhöht neben seiner indirekten Wirkung auch direkt den Verkaufserfolg (Pfadkoeffizient: 0,16). Ebenso ist das wertbasierte Verkaufen als Determinante des Verkaufserfolgs bestätigt worden. In ihrer Gesamtheit führt die Modellschätzung zu der Erkenntnis, dass das wertbasierte Verkaufen auf den etablierten Verkaufsansätzen aufbaut und nicht als Ersatz, sondern als deren Konkretisierung und Weiterentwicklung im Kontext des Industriegütermarketing zu verstehen ist.

5 Zusammenfassung und Ausblick

Im dem vorliegenden Beitrag wurde das Konzept des wertbasierten Verkaufens auf Industriegütermärkten erörtert. Ausgehend von der zunehmenden Wertorientierung der Marketingwissenschaft und -praxis wurde ein Mangel an Konzepten zu dessen Umsetzung auf der Ebene des Vertriebs konstatiert. Dieser Mangel ist grundlegender Natur, weil eine wertorientierte Unternehmensstrategie nur dann erfolgreich implementiert werden kann, wenn sie von den Verkäufern in ihrer Kundeninteraktion auch umgesetzt wird.

Nach einem kursorischen Überblick über die traditionellen Verkaufsansätze mit Bezug zum Wertkonzept stellte der Beitrag die Ergebnisse einer qualitativen Studie vor, in deren Rahmen das wertbasierte Verkaufen konzeptualisiert wurde. Das wertbasierte Verkaufen umfasst drei Dimensionen: (1) das vertiefte Verständnis des Geschäftsmodells des Kundenunternehmens, (2) die gemeinsame Erarbeitung und monetäre Quantifizierung einer Value-Proposition mit dem Kundenunternehmen, sowie (3) die glaubwürdige Kommunikation dieser Value Proposition in das Kundenunternehmen. Anhand dieser drei Dimensionen wurde herausgearbeitet, dass es sich bei dem wertbasierten Verkaufen um einen eigenständigen Ansatz handelt, der sich in wesentlichen Elementen von den traditionellen Verkaufsansätzen unterscheidet und über diese hinaus geht. Der wesentliche

Unterschied besteht in dem Bemühen, den Beitrag des eigenen Leistungsangebots für den wirtschaftlichen Erfolg des Kundenunternehmens zur argumentativen Grundlage der Verkaufsinteraktion zu machen.

In einer großzahligen quantitativen Studie konnte die Erfolgswirksamkeit eines solchen wertbasierten Verkaufsansatzes in Industriegütermärkten nachgewiesen werden. Zusammen mit dem adaptiven Verkaufen besitzt der wertbasierte Verkaufsansatz einen direkten Einfluss auf den Verkaufserfolg. Das kundenorientierte Verhalten besitzt hingegen keinen direkten Erfolgsbeitrag – sein Einfluss auf den Verkaufserfolg wird vollständig vom wertbasierten Verkaufen mediiert, was die Bedeutung des wertbasierten Verkaufens im Kontext des Industriegütermarketing weiter unterstreicht.

Angesichts der zentralen Rolle des wertbasierten Verkaufsansatzes auf Industriegütermärkten sollten Geschäftsführung und Vertriebsleitung überdenken, wie sowohl auf Unternehmensebene als auch im Bereich der Führung der Vertriebsmitarbeiter begleitende Maßnahmen die Umsetzung eines solchen Ansatzes unterstützen können. So sollten etwa Kundenwert-Dokumentationswerkzeuge und Wertkommunikations-Unterlagen zur Verfügung stehen, bevor Vertriebsmitarbeiter wertbasiertes Verkaufen wirksam praktizieren können. Dies erfordert die Bereitschaft der Geschäftsführung, Investitionen in wertbasiertes Verkaufen vorzunehmen. Darüber hinaus sollten vom Top-Management klare Signale ausgesendet werden, damit im Unternehmen keine Zweifel an der Bedeutung des Ansatzes und dessen Umsetzung im Unternehmen entstehen. Die Einführung des wertbasierten Verkaufens ist zweifellos Gegenstand eines klassischen Transformationsprozesses, der durch begleitende Maßnahmen, wie etwa Schulung oder Motivierung der Vertriebsmitarbeiter, aktiv unterstützt werden muss. Nur so kann der Aufbau wertbasierter Verkaufskompetenzen gefördert werden (vgl. Haas et al. 2013).

Zukünftige Forschung sollte sich darauf konzentrieren, dem Management die noch kaum vorhandenen Erkenntnisse darüber zu liefern, welche organisationalen und personalen Voraussetzungen für die erfolgreiche Implementierung des wertbasierten Verkaufens erforderlich sind. Denn obwohl der Grundgedanke des wertbasierten Verkaufens leicht eingängig ist und dessen Anwendung insbesondere auf Industriegütermärkten auf der Hand liegt, tun sich bis heute viele Anbieterunternehmen mit dessen Implementierung schwer (Töytäri et al. 2011). Forschungserkenntnisse, die diese Implementierungslücke zu schließen helfen, könnten einen wichtigen Beitrag zur Weiterentwicklung des Industriegütermarketing leisten.

Literatur

Anderson, J.C., J.A. Narus, und D. Narayandas. 2004. *Business Market Management. Understanding, Creating, and Delivering Value*, 3. Aufl. Upper Saddle River: Pearson Prentice Hall.

Backhaus, K., und M. Voeth. 2014. *Industriegütermarketing*, 10. Aufl. München: Vahlen.

Chonko, L.B., und E. Jones. 2005. The Need for Speed: Agility Selling. *Journal of Personal Selling and Sales Management* 25(4): 371–382.

Cohen, J., P. Cohen, S.G. West, und L.S. Aiken. 2003. *Applied Multiple Regression/Correlation Analysis for the Behavioral Sciences*. Englewood Cliffs, NJ.: Lawrence Erlbaum.

Crosby, L.A., K.A. Evans, und D. Cowles. 1990. Relationship Quality in Services Selling: An Interpersonal Influence Perspective. *Journal of Marketing* 54(3): 68–81.

Franke, G.R., und J. Park. 2006. Salesperson Adaptive Selling Behavior and Customer Orientation: A Meta-Analysis. *Journal of Marketing Research* 43(4): 693–702.

Haas, A., A. Eggert, W. Ulaga, und H. Terho. 2013. Erfolgsfaktor Value-Based Selling: Erfolgreich Verkaufen, wenn Kundenorientierung nicht zum Erfolg führt. *Marketing Review St. Gallen* 30(4): 64–73.

Holbrook, M.B. 1994. The Nature of Customer Value: An Axiology of Services in the Consumption Experience. In *Service Quality: New Directions in Theory and Practice*, Hrsg. R.T. Rust, R.L. Oliver, 21–71. Thousand Oaks, CA: Sage.

Homburg, C., M. Müller, und M. Klarmann. 2011. When Should the Customer Really Be the King? On the Optimum Level of Salesperson Customer Orientation in Sales Encounters. *Journal of Marketing* 75(2): 55–74.

Jolson, M.A. 1997. Broadening the Scope of Relationship Selling. *Journal of Personal Selling and Sales Management* 17(4): 75–88.

Kotler, P., K.L. Keller, und F. Bliemel. 2007. *Marketing-Management: Strategien für wertschaffendes Handeln*, 12. Aufl. München: Pearson.

Lindgreen, A., und F. Wynstra. 2005. Value in Business Markets: What Do We Know? Where Are We Going? *Industrial Marketing Management* 34(7): 732–748.

Liu, A.H., und M.P. Leach. 2001. Developing Loyal Customers with a Value-Adding Sales Force: Examining Customer Satisfaction and the Perceived Credibility of Consultative Salespeople. *Journal of Personal Selling and Sales Management* 21(2): 147–156.

McFarland, R.G., G.N. Challagalla, und T.A. Shervani. 2006. Influence Tactics for Effective Adaptive Selling. *Journal of Marketing* 70(4): 103–117.

Muthén, L.K., und B.O. Muthén. 2010. *MplusUser's Guide*. Los Angeles: Muthén & Muthén.

Rackham, N., und J.R. DeVincentis. 1999. *Rethinking the Sales Force: Redefining Selling to Create and Capture Customer Value*. New York: McGraw-Hill.

Raudenbush, S.W., und A.S. Bryk. 2002. *Hierarchical Linear Models: Applications and Data Analysis Methods*. Thousand Oaks, CA: Sage.

Robinson, L., G.W. Marshall, W.C. Moncrief, und F.G. Lassk. 2002. Toward a Shortened Measure of Adaptive Selling. *The Journal of Personal Selling and Sales Management* 22(2): 111–118.

Saxe, R., und B.A. Weitz. 1982. The SOCO Scale: A Measure of the Customer Orientation of Salespeople. *Journal of Marketing Research* 19(3): 343–351.

Schwepker, C.H., und Jr.. 2003. Customer-Oriented Selling: A Review, Extension, and Directions for Future Research. *Journal of Personal Selling and Sales Management* 23(2): 151–171.

Slater, S.F. 1997. Developing a Customer Value-Based Theory of the Firm. *Journal of the Academy of Marketing Science* 25(2): 162–167.

Spiro, R.L., und B.A. Weitz. 1990. Adaptive Selling: Conceptualization, Measurement, and Nomological Validity. *Journal of Marketing Research* 27(1): 61–69.

Terho, H., A. Haas, A. Eggert, und W. Ulaga. 2012. It's Almost like Taking the Sales out of Selling': Towards a Conceptualization of Value-Based Selling in Business Markets. *Industrial Marketing Management* 41(1): 174–185.

Thomas, R., G. Soutar, und M. Ryan. 2001. The Selling Orientation-Customer Orientation (SOCO) Scale: A Proposed Short Form. *Journal of Personal Selling and Sales Management* 21(1): 63–69.

Töytäri, P., T.A. Brashear, P. Parvinen, I. Ollila, und N. Rosendahl. 2011. Bridging the Theory to Application Gap in Value-Based Selling. *Journal of Business and Industrial Marketing* 26(7): 493–502.

Ulaga, W., und A. Eggert. 2006. Value-Based Differentiation in Business Relationships: Gaining and Sustaining Key Supplier Status. *Journal of Marketing* 70(1): 119–136.

Wagner, S.M., A. Eggert, und E. Lindemann. 2010. Creating and Appropriating Value in Collaborative Relationships. *Journal of Business Research* 63(8): 840–848.

Weitz, B.A., und K.D. Bradford. 1999. Personal Selling and Sales Management: A Relationship Marketing Perspective. *Journal of the Academy of Marketing Science* 27(2): 241–254.

Weitz, B.A., H. Sujan, und M. Sujan. 1986. Knowledge, Motivation, and Adaptive Behavior: A Framework for Improving Selling Effectiveness. *Journal of Marketing* 50(4): 174–191.

Teil VII
Industriegütermarketing-Entscheidungen: Preispolitik

Preispolitik auf Industriegütermärkten – ein Überblick

Markus Voeth

Inhaltsverzeichnis

1	Einleitung	499
2	Besonderheiten preispolitischer Entscheidungstatbestände	501
	2.1 Preisinformationen	501
	2.1.1 Nachfragerbezogene Informationen	502
	2.1.2 Wettbewerbsbezogene Informationen	503
	2.1.3 Anbieterbezogene Informationen	504
	2.2 Preisfindung	506
	2.2.1 Preisbildung	506
	2.2.2 Preisdurchsetzung	509
	2.3 Preisabwicklung	511
3	Pricing-Prozesse in Industriegüterunternehmen	513
4	Fazit	514
	Literatur	515

1 Einleitung

Unter Preispolitik werden ganz allgemein alle unternehmerischen Maßnahmen verstanden, die die direkten oder indirekten monetären Gegenleistungen von Käufern der von einem Unternehmen angebotenen Sach- oder Dienstleistungen betreffen (Voeth und Herbst

---

Prof. Dr. Markus Voeth ✉
Universität Hohenheim, Institut für Marketing und Management, Lehrstuhl für Marketing und Business Development, Stuttgart, Deutschland
e-mail: markus.voeth@uni-hohenheim.de

- nachfragerbezogene Informationen,
- wettbewerbsbezogene Informationen und
- anbieterbezogene Informationen

eine Rolle.

2.1.1 Nachfragerbezogene Informationen

Klassischerweise wird bei nachfragerbezogenen Pricing-Informationen zwischen ökonomischen und verhaltenswissenschaftlichen Informationen differenziert (Voeth und Herbst 2013). Während es bei den verhaltenswissenschaftlichen Informationen um das Preisverhalten der Nachfrager, also um aktivierende Prozesse (z. B. Preisemotion), kognitive Prozesse (z. B. Preiswahrnehmung) und einstellungsrelevante Prozesse (z. B. Preisvertrauen) geht, steht bei den ökonomischen Informationen die Zahlungs- bzw. Preisbereitschaft der Nachfrager im Vordergrund. Hierbei geht es um den ökonomischen Betrag, den Nachfrager für eine bestimmte Leistung eines Anbieters (in einer bestimmten Wettbewerbssituation) zu zahlen bereit sind. Da sich Anbieter auf Industriegütermärkten organisationalen Käufern gegenübersehen, die ihren Beschaffungsprozess so organisieren, dass Risiken vermieden und eine größtmögliche Sachbezogenheit der Beschaffungsentscheidung sichergestellt wird, spielen Einflussfaktoren, wie sie durch die verhaltenswissenschaftlichen Preisansätze abgebildet werden, auf Industriegütermärkten tendenziell eine geringere Rolle. Folglich geht es bei nachfragerbezogenen Informationen auf Industriegütermärkten vor allem um die Ermittlung von Zahlungs- bzw. Preisbereitschaften.

Neben den in Bezug auf Zahlungsbereitschaften generell bestehenden methodischen Ermittlungsproblemen (Backhaus et al. 2005) kommen auf Industriegütermärkten als weitere Probleme

- (kundeninterne) Zahlungsbereitschaftsheterogenitäten und
- Zahlungsbereitschaftsunsicherheiten

hinzu.

Das Problem der Zahlungsbereitschaftsheterogenität entsteht auf Industriegütermärkten dadurch, dass auf Seiten des Kunden eine Mehrpersonenentscheidung (Buying Center) vorliegt, die häufig durch Präferenzunterschiede zwischen den an der Beschaffungsentscheidung Beteiligten gekennzeichnet ist. Wenn aber etwa Einkäufer, Techniker oder Abteilungsleiter auf Seiten des Kunden unterschiedliche Präferenzen innerhalb einer Beschaffungsentscheidung aufweisen, dann kann dies auch zu unterschiedlichen Zahlungsbereitschaften der Beteiligten. Dies macht die Zahlungsbereitschaftsermittlung für Anbieter noch schwieriger. Zusätzlich zur Frage, mittels welcher Methode (z. B. direkte Preisabfrage oder Conjoint-Analyse) sich Zahlungsbereitschaften messen lassen, kommt zusätzlich die Herausforderung hinzu, dass Zahlungsbereitschaften bei verschiedenen Auskunftspersonen (pro Kunde) ermittelt werden müssen und zudem die verschiedenen so bestimmten Zahlungsbereitschaften anschließend zu aggregieren sind. Ob dabei eine Vereinfachung, z. B. anhand des Key Informant-Ansatzes (vgl. Wilson und Lilien 1992) vorgenommen werden kann, hängt einerseits am Ausmaß der Zahlungsbereitschaftsheterogenität innerhalb des Buying Centers und andererseits an der Einflussverteilung zwischen den Buying Center-Mitgliedern. Die Messung, auf einen Key Informat zu fokussieren, erscheint so nur dann vertretbar, wenn das Ausmaß der Zahlungsbereitschaftsheterogenität im Buying Center gering und/oder einzelnen Buying Center-Mitgliedern eine zentrale Bedeutung im Buying Center zukommt, so dass sich diese für eine Key Informant-Auswahl anbieten.

Ein weiteres Problem der Zahlungsbereitschaftsmessung auf Industriegütermärkten stellt die Zahlungsbereitschaftsunsicherheit der Kunden dar. Bei vielen Industriegütern liegt so eine einzelkundenspezifische Fertigung vor. Wenn aber der Vermarktungsprozess dem Motto „erst Vertrieb, dann Fertigung" folgt, liegt zum Zeitpunkt der Kaufentscheidung (und davor) keine Leistung, sondern nur ein Leistungsversprechen des Anbieters vor. Da darüber hinaus auch keine vergleichbaren Leistungen im Markt erhältlich sind und demnach auch kein Marktpreis vorhanden ist, besteht häufig Unsicherheit auf Seiten des Kunden über seine Zahlungsbereitschaft. In einer solchen Situation kommt keine „klassische" Zahlungsbereitschaftsmessung in Frage, da diese voraussetzt, dass der Kunde zumindest eine ungefähre Vorstellung von seiner Zahlungsbereitschaft hat. Stattdessen muss sich der Anbieter zur Abschätzung der Zahlungsbereitschaft der Kunden am Umgang des Kunden mit der beschriebenen Situation orientieren. Um sich eine Vorstellung davon zu verschaffen, welcher Preis für die in Aussicht gestellte Leistung gerade noch akzeptabel ist, wird sich der Kunde an Zahlungsbereitschaftsindikatoren orientieren. Solche Zahlungsbereitschaftsindikatoren können etwa Marktpreise für Standardlösungen im Markt, Preise früherer Beschaffungen oder die Werte, die Kunden mit der zu beschaffenden Leistungen in ihrem eigenen Markt generieren können, sein. Die Orientierung am Wert einer Leistung wird als „Value Pricing" (Hinterhuber 2004) bezeichnet. Hierbei ist der Grenzbetrag zu ermitteln, bis zu welchem die Beschaffung einer Leistung für den Kunden gerade noch wirtschaftlich vertretbar ist. Ein solches Vorgehen kommt aus naheliegenden Gründen nur dann in Betracht, wenn die Leistung des Anbieters einen erheblichen Anteil an der Gesamtwertschöpfung des Kunden einnimmt.

Zusammengenommen zeigt sich, dass die Zahlungsbereitschaftsermittlung auf Industriegütermärkten mit verschiedenen zusätzlichen Herausforderungen zu kämpfen hat. Da zu den speziellen Problemen der Zahlungsbereitschaftsermittlung auf Industriegütermärkten bislang nur relativ wenige wissenschaftliche Arbeiten vorliegen (Ausnahmen stellen etwa die Arbeiten von Biong 2013; Bruno et al. 2012 oder García-Acebrón et al. 2010 dar), stellt dieses Thema in der Industriegütermarketingforschung bislang noch eine Forschungslücke dar.

2.1.2 Wettbewerbsbezogene Informationen

Da Kunden ihre Kaufentscheidung durch Vergleich der Angebote der unterschiedlichen, im Markt präsenten Wettbewerber treffen, spielen neben Zahlungsbereitschaften vor allem auch Wettbewerbspreise für die Preissetzung eines Unternehmen eine wichtige Rolle. Ein wichtiges Merkmal von Industriegütermärkten stellt dabei die Tatsache dar, dass sich Anbieter einem identifizierten Markt gegenübersehen. Ein identifizierter Markt liegt immer dann vor, wenn nur wenige Anbieter und Nachfrager im Markt aktiv sind und der einzelne Anbieter daher die aktuellen und potenziellen Nachfrager, aber auch seine wichtigsten Wettbewerber recht gut kennt. Daher liegt zunächst einmal der Gedanke nahe, dass auf Industriegütermärkten recht gute Kenntnisse über Wettbewerbspreise typisch sind. Hierbei ist allerdings zu beachten, dass die finalen Preise auf Industriegütermärkten in der Regel das Ergebnis von Preisverhandlungen sind (vgl. Voeth und Herbst, Preisverhandlungen). Inwieweit Wettbewerber allerdings Nachfragern innerhalb solcher Verhandlungen entgegenzukommen bereit sind, hängt von ihrer jeweiligen Marktsituation ab. Vor diesem Hintergrund darf sich die Suche nach wettbewerbsrelevanten Informationen auf Industriegütermärkten nicht allein auf die Identifikation von etwa Listenpreisen beschränken. Stattdessen müssen auch weitere Informationen zur augenblicklichen Marktsituation (z. B. Auslastung der Wettbewerbskapazitäten, Kundenstruktur des Wettbewerbs oder Gewinnsituation) eingeholt werden. Nur auf Basis solcher zusätzlichen Informationen kann eine Abschätzung vorgenommen werden, welche Preisnachlässe Kunden zurzeit vom Wettbewerb erwarten können, um dies bei der eigenen Preissetzung zu berücksichtigen.

2.1.3 Anbieterbezogene Informationen

Als besonders wichtige anbieterseitige Information im Rahmen der Preispolitik werden üblicherweise die Kosten eingestuft, die einem Anbieter durch das Angebot eines bestimmten Produktes oder einer bestimmten Leistung entstehen (Simon und Fassnacht 2008). Die Kosten sind dabei insofern für die Preissetzung relevant, da (zumindest) sie durch den erzielten Preis gedeckt werden sollten. Sie stellen die Preisuntergrenze eines Produktes bzw. einer Leistung dar (vgl. zur Bestimmung der Preisuntergrenze in unterschiedlichen Geschäftstypen des Industriegütermarketing Rese und Wulfhorst, Preise und Kosten – Preisbeurteilung im Industriegüterbereich).

Da viele Industriegütermärkte durch einen Einzelkundenfokus gekennzeichnet sind und hier eine kundenindividuelle Fertigung charakteristisch ist, stellt die Ermittlung der Preisuntergrenze im Vorfeld der Preissetzung eine zusätzliche Herausforderung dar. Um nicht Gefahr zu laufen, mit dem Kunden einen Preis zu vereinbaren, bei dem sich im Rahmen der späteren Leistungserstellung heraus stellt, dass dieser unterhalb der sich erst während der Leistungserstellung konkretisierenden Kosten liegt, müssen Anbieter hierauf im Rahmen des Pricing-Prozesses besondere Aufmerksamkeit richten. Benötigt werden dabei Kostenschätzverfahren, die möglichst valide die später im Rahmen der Leistungserstellung anfallenden Kosten abzubilden in der Lage sind. Backhaus und Voeth (2014) unterscheiden in diesem Zusammenhang zwischen Kalkulationsverfahren mit und ohne Mengengerüst (vgl. Abb. 2).

Während bei Verfahren mit Mengengerüst versucht wird, den Umfang der innerhalb der späteren Leistungserstellung eingesetzten Kostentreiber möglichst exakt zu kalkulieren (z. B. Manntage, Tonnen Stahl oder Anzahl von Hotelübernachtungen der Monteure)

Abb. 2 Typische Kalkulationsverfahren für die Preisuntergrenze auf Industriegütermärkten (Backhaus und Voeth 2014, S. 385)

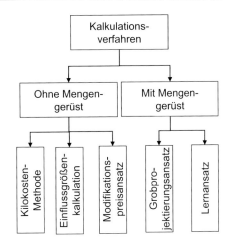

wird hierauf bei den Methoden „Ohne Mengengerüst" verzichtet. Ein Verzicht erscheint immer dann geboten, wenn der Leistungserstellungsprozess wenig absehbar ist und daher eine Abschätzung der benötigten Projektinputs vor Beginn der Leistungserstellung kaum möglich ist. In diesem Fall wird die Kalkulation der Preisuntergrenze stattdessen an Indikatoren ausgerichtet. Bei der „Kilokosten-Methode" etwa wird davon ausgegangen, dass die Kosten vor allem von einzelnen Indikatoren (z. B. Gewicht) der erstellten Leistung abhängig sind. So ist bspw. bekannt, dass die Kosten des Aufbaus eines Offshore-Windparks sehr stark von der Gesamtleistung des Windparks abhängen. Daher lassen sich die Kosten eines neuen Windparks relativ gut abschätzen, wenn die Gesamtleistung des geplanten Windparks bekannt ist.

Neben den Kosten stellt aber auch die Kapazitätsauslastung auf vielen Industriegütermärkten eine wichtige anbieterbezogene Basis-Information für das Pricing dar. Immer dann, wenn Leistungen nicht bzw. nur schwer lagerfähig sind und zudem große Bedarfsschwankungen im Markt auftreten, spielt die Frage für Anbieter beim Pricing eine zentrale Rolle, welcher Kapazitätsauslastungsgrad bereits erreicht ist. Ist der Auslastungsgrad gering und sind demnach noch große Restkapazitäten beim Anbieter vorhanden, so ist es für diesen sinnvoll, mit geringeren Preisforderungen im Markt aufzutreten. Sofern er nämlich wegen zu hoher Preise auf einem Teil der Kapazitäten „sitzenbleibt", fehlt die Deckung für die durch diese Kapazitätsanteile verursachten oder auf diese Anteile verrechneten Kosten, sodass Gewinneinbußen oder sogar Verluste auftreten können. In Märkten, die sehr stark durch solche Kapazitätseffekte geprägt sind, ist daher bei der Preissetzung ein dynamisches Preis- und Ertragsmanagement erforderlich. Dieses ermittelt situationsspezifische Preise, die auf angenommenen oder tatsächlich erreichten Kapazitätsauslastungsgraden basieren und vor diesem Hintergrund versuchen, die Erträge durch eine entsprechende Preissetzung zu maximieren („Yield-Management").

2.2 Preisfindung

Gegenstand der Preisfindungsphase ist die Suche nach einem Preis, der

- zum Auftrag durch den Kunden führt und
- nicht nur oberhalb der Preisuntergrenze des Anbieters liegt, sondern darüber hinaus auch der maximalen Zahlungsbereitschaft des Kunden entspricht.

Die Gestaltung der Preisfindung hängt dabei wesentlich von den jeweiligen Marktbedingungen ab, denen sich ein Anbieter in seinem Markt gegenübersieht. Nur selten ist der Anbieter dabei in der Marktposition, die Gestaltung des Preisfindungsprozesses allein nach seinen Vorstellungen vorzunehmen. Vielmehr muss er sich zumeist den vom Nachfrager vorgegebenen Spielregeln unterordnen. Dies gilt z. B. im öffentlichen Sektor, wo der Staat als Nachfrager auftritt. Hier sind praktisch alle Gestaltungsparameter durch Gesetze und Verordnungen geregelt (vgl. Bornemann und Hattula, Submissionen). Aber auch im privaten Sektor müssen sich Anbieter häufig an die vom beschaffenden Unternehmen vorgegebenen Regeln halten. Diese sind etwa in Form von Beschaffungsrichtlinien oder Beschaffungshandbüchern niedergelegt. Voeth et al. (2014) haben dabei in einer empirischen Untersuchung zum Beschaffungsverhalten von Unternehmen festgestellt, dass rund zwei Drittel aller befragten Unternehmen intern über konkrete Beschaffungsrichtlinien verfügen, die zumindest ab einem bestimmten Investitionsvolumen regeln, wie die Beschaffung im Einzelnen abzulaufen hat. Neben solchen formalen Vorgaben können die beschaffenden Organisationen darüber hinaus zusätzliche „Spielregeln" aufstellen, die die Anbieter zu einem bestimmten Angebots- und damit Preisverhalten zwingen. Eine besonders starke Formalisierung liegt z. B. dann vor, wenn sich die Einkaufsabteilung zur Durchführung sogenannter E-Bidding-Vergaben (vgl. Schrader et al. 2004) entschließt. Bei solchen elektronischen Auktionen können sich ausgewählte Anbieter in einem fest vorgegebenen und nur vom Nachfrager verlängerbaren Zeitfenster gegenseitig für ein fest vorgegebenes Lieferprogramm unterbieten, um entweder den Zuschlag direkt zu erhalten oder sich für anschließend, darauf aufbauende Preisverhandlungen zu qualifizieren.

2.2.1 Preisbildung

In Abhängigkeit von der Existenz und dem Formalisierungsgrad des Markt- bzw. Vergabeprozesses müssen Anbieter einen internen Preisbildungsprozess durchlaufen, der sie zu dem von ihnen (zunächst einmal) geforderten Preis führt. Dieser kann je nach Markt- und Unternehmenssituation in Form eines anbieterorientierten, wettbewerbsorientierten oder nachfragerorientierten Pricings ablaufen (Homburg und Totzek 2011). Eine Untersuchung von Schuppar (2006) bei 346 deutschen B-to-B-Unternehmen zeigt dabei, dass alle drei Preisbildungsformen in der Praxis vertreten sind. Am häufigsten wird dabei die anbieterorientierte Preisbildung (in Abb. 3 als kostenorientierte Preisbestimmung bezeichnet) eingesetzt. Weniger häufiger kommt hingegen die nachfragerorientierte (kundenorientierte) Preisbildung zum Einsatz (vgl. Abb. 3).

Preispolitik auf Industriegütermärkten – ein Überblick

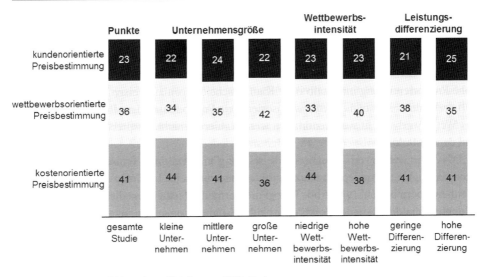

(N=346 deutsche B-to-B-Unternehmen; Verteilung von 100 Punkten)

Abb. 3 Ausprägungen von Preisbildungsverfahren in der B-to-B-Praxis (Schuppar B. 2006, S. 112)

Anbieterorientiertes Pricing

Beim anbieterorientierten Pricing richtet der Anbieter sein Pricing überwiegend oder ausschließlich an internen Informationen, in der Regel den Kosten seiner Leistung aus. In der Praxis wird diese Form der Preissetzung als „Cost Plus-Pricing" bezeichnet (Simon und Fassnacht 2008). Hierbei nimmt der Anbieter seine Kosten als Basis („Cost") und schlägt hierauf eine produktspezifische oder eine produktübergreifend übliche Marge hinzu („Plus"). Da diese Form der Preisbildung die Gefahr mit sich bringt, dass sich Anbieter entweder aus dem Markt kalkulieren (wenn sie eine zu hohe Marge ansetzen) oder nicht den maximal möglichen Produkt-/Auftragsgewinn realisieren (wenn sie eine zu geringe Marge ansetzen), ist diese Form der Preisbildung nur auf solchen Märkten angemessen, auf denen keine Informationen über Wettbewerbspreise oder Zahlungsbereitschaften der Nachfrager vorliegen. Eine weitere Hauptursache für die relativ starke Verbreitung des Cost Plus-Pricings in der Praxis dürfte allerdings auch darin zu sehen sein, dass in vielen Unternehmen das Pricing in der Vergangenheit in der Verantwortung marktferner Bereiche (z. B. Controlling, Geschäftsführung) gelegen hat, die sich bei der Preisbestimmung eher an internen Größen als an externen Bestimmungsfaktoren orientierten.

Wettbewerbsorientiertes Pricing

Beim wettbewerbsorientierten Pricing wird der Preis von einem Unternehmen an den vom Wettbewerb gesetzten Preisen ausgerichtet. Die Orientierung kann dabei in Form einer Preisübername oder einer Preisanpassung erfolgen. Bei der Preisübernahme wird der Preis in weitgehend identischer Höhe zu dem eines Wettbewerbers gesetzt. Der Wettbewerber, an dem sich andere Anbieter orientieren, wird als Preisführer bezeichnet. Als Preisführer

Ein Festpreiseinschluss liegt dann vor, wenn der Anbieter mögliche Preiserhöhungen der Zukunft durch einen pauschalen Kalkulationsaufschlag innerhalb der Preisbildung berücksichtigt. Hingegen spricht man von einem Preisvorbehalt, wenn der gebildete Preis nur dann gilt, wenn keine Kostensteigerungen auftreten. Sofern diese auftreten, ist der Anbieter beim Preisvorbehalt berechtigt, die Preissteigerungen an den Kunden weiterzureichen. Eine weitere Möglichkeit stellt die offene Abrechnung dar. Diese findet häufig dann Anwendung, wenn die Kosten für Teilleistungen im Vorfeld nicht planbar sind. Bei solchen Auftragsbestandteilen kann vereinbart werden, dass der Anbieter nach Erbringung dieser Teilleistungen seine hierbei angefallenen Kosten offenlegt und sich mit dem Kunden über die Übernahme dieser Kosten verständigt. Schließlich können auch Preisgleitklauseln zum Einsatz kommen. Bei diesen wird davon ausgegangen, dass für bestimmte Teile des Gesamtangebotes Fixpreise gelten, wohingegen die Preise für andere Bestandteile des Gesamtangebotes entsprechend der (nachweisbaren) Kostenentwicklung auf Seiten des Anbieters schwanken können.

Zum anderen gehört die Frage, ob und in welchem Umfang Preisnachlässe gewährt werden sollen, ebenfalls zum Aufgabenfeld der Preisdurchsetzung. In den wenigsten Industriegütermärkten können Anbieter bei der Preisfindung davon ausgehen, dass sich die von ihnen intern gesetzten Preise gegenüber Kunden vollständig durchsetzen lassen. Vielmehr wird kundenseitig im Regelfall erwartet, dass Preisnachlässe in Form von Rabatten, Boni, Prämien oder einfachen Abschlägen angeboten werden. Grundsätzlich lassen sich diese Preisnachlassformen dahingehend unterscheiden, inwieweit der Preisnachlass an bestimmte Leistungen des Kunden geknüpft wird. Während dies bei Funktionsrabatten für die Übernahme von Funktionen wie Qualitätssicherung, Lagerung oder Bezugsexklusivität gewährt wird, ist die kundenseitige Leistung bei Barzahlungsrabatten in der Zahlungsform und bei Mengenrabatten in der höheren Abnahmemenge pro Bestellung und bei Treuerabatten in der höheren Gesamtabnahmemenge innerhalb einer vorgegebenen Periode zu sehen. Schließlich honoriert der Anbieter beim Zeitrabatt den Bestellzeitpunkt des Kunden, wenn dieser etwa in Zeiträumen geringer Kapazitätsauslastung angesiedelt ist. Analog kann auch die Vergabe von Boni und Prämien an Leistungen des Kunden in zeitlicher, mengenorientierter oder funktionsorientierter Hinsicht geknüpft werden. Hingegen wird der Preisnachlass beim einfachen Abschlag an keine Leistung des Kunden geknüpft und ist eher Ausdruck der allgemeinen Wettbewerbslage.

Bei den Teilaufgaben der Preisdurchsetzung (Preissicherung und Preisnachlässe) ist davon auszugehen, dass Anbieter und Nachfrager entgegengesetzte Präferenzen aufweisen. Während sich der Anbieter z. B. Preisvorbehalte wünscht, werden Kunden eher nicht bereit sein, Teile des Kostenrisikos des Anbieters zu übernehmen. Analog hierzu strebt der Kunde beim Thema Preisnachlass etwa nach hohen Rabatten auf den Listenpreis, wohingegen der Anbieter hieran kein Interesse hat.

Angesichts dieser Präferenzgegensätze müssen sich Anbieter und Nachfrager über Fragestellungen der Preisdurchsetzung im Rahmen von Preisverhandlungen verständigen (vgl. Voeth und Herbst, Preisverhandlungen). Da Verhandlungen im Allgemeinen und Preisverhandlungen im Speziellen im Regelfall gegenseitige Kompromisse erforderlich machen, müssen die später im Rahmen der Preisverhandlung notwendigen Preiszugeständnisse bereits zuvor im Rahmen der Preisfindung eingeplant werden. Mit anderen Worten sind „Preispuffer" einzukalkulieren.

2.3 Preisabwicklung

Unter Preisabwicklung sind alle preispolitischen Maßnahmen zu fassen, die regeln, wie der zwischen den Marktparteien vereinbarte Preis für eine Leistung entrichtet werden soll (Voeth und Herbst 2013). Von besonderer Bedeutung auf Industriegütermärkten sind in diesem Zusammenhang

- der Zahlungszeitpunkt,
- die Zahlungsart sowie
- generelle Finanzierungshilfen.

Da auf Industriegütermärkten häufig Leistungen mit hohem Wertvolumen transferiert werden (Backhaus und Voeth 2014), spielt zunächst einmal die Frage des Zahlungszeitpunkts für Anbieter und Nachfrager eine wichtige Rolle. Durch das Einräumen von Zahlungszielen, z. B. 60 Tage nach Rechnungseingang, können Anbieter ihren Kunden Finanzierungsvorteile ermöglichen. Darüber hinaus ist es bei Aufträgen von hohem Wertvolumen bzw. bei kundenspezifischer Leistungserstellung üblich, dass der vereinbarte Preis nicht in einer Zahlung entrichtet wird, sondern dass der Kunde mehrere Teilzahlungen entrichtet. In diesem Fall können durch Abfolge und Höhe der kundenseitigen Teilzahlungen Zwischenfinanzierungserfordernisse auf Seiten des Anbieters entstehen.

Zur Verdeutlichung sei das in Abb. 4 dargestellte Beispiel betrachtet. Hier fallen die Kosten ab dem Auftragseingang kontinuierlich bis zum Zeitpunkt der Fertigstellung der Leistung an. Es stehen nun zwei verschiedene Zahlungsmodelle zur Disposition. Beim Zahlungsmodell 1 zahlt der Kunden den Gesamtpreis in zwei Zahlungen: Eine Zahlung entrichtet er einige Zeit nach dem Auftragseingang und die andere Zahlung kurze Zeit vor der Fertigstellung der Leistung. Wie der Vergleich zwischen kumulierter Kostenentstehung und kumulierten Einzahlungen zeigt, entsteht bei diesem Zahlungsmodell eine Zwischenfinanzierungsnotwendigkeit, da die kumulierten Kosten für einen gewissen Zeitraum oberhalb der kumulierten Einzahlungen liegen. Dieses Erfordernis tritt beim Zahlungsmodell 2 nicht auf. Hier liegen die kumulierten Einzahlungen stets oberhalb der kumulierten Kosten.

Neben dem Zahlungszeitpunkt kommt auch der Zahlungsart eine wichtige Bedeutung auf Industriegütermärkten zu. Hierunter ist zu verstehen, in welcher Form der vereinbarte Preis für eine Leistung entrichtet werden soll. Mitunter sehen sich Anbieter an dieser Stelle gezwungen, Fremdwährungsgeschäfte eingehen zu müssen. Hier nimmt der Kunde für sich in Anspruch, das Geschäft in seiner Landeswährung tätigen zu wollen, obwohl der Anbieter in einem anderen Währungsraum tätig ist, also dessen Kosten in einer anderen

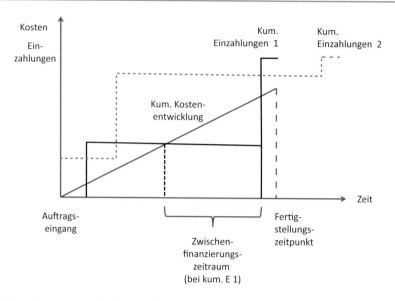

Abb. 4 Entstehung von Zwischenfinanzierungserfordernissen

Währung anfallen. Wenn der zum Zeitpunkt der Vertragsunterzeichnung gültige Wechselkurs angesetzt wird, zugleich aber zumindest Teile der vereinbarten Zahlung erst zu späteren Zeitpunkten anfallen, entsteht hierdurch für den Anbieter ein Währungsrisiko, da sich der Wechselkurs zwischenzeitlich zu seinen Ungunsten entwickeln kann. Ebenso gehört zur Frage der Zahlungsart, ob der Kunde den vereinbarten Kaufpreis in Teilen durch Kompensationsgeschäfte abdecken will. Hierunter versteht Schuster (1979) Geschäfte, bei denen „bestimmte Wirtschaftssubjekte bewusst wechselseitige Realgüter [...] aneinander abgeben, unabhängig davon, ob zusätzliche Zahlungen erfolgen oder nicht." Unabhängig davon, ob die Kompensationsgeschäfte in Form von Eigenkompensation (der Anbieter verwendet die als Gegenleistung bereitgestellten Güter selber) oder Fremdkompensation (der Anbieter gibt die als Gegenleistung bereitgestellten Güter an einen Dritten weiter) erfolgen, entstehen auch durch Kompensationsgeschäfte zusätzliche Risiken für Anbieter.

Insgesamt machen die Ausführungen zu Zahlungszeitpunkt und Zahlungsart die besondere Bedeutung der Auftragsfinanzierung im Industriegütermarketing deutlich (Backhaus und Molter 1989). Nicht nur, weil Finanzierungskosten für den Anbieter unmittelbar erfolgswirksam sind, sondern vor allem auch deshalb, weil Kunden häufig vom Anbieter erwarten, das dieser für den Kunden entsprechende Finanzierungsmittel zur Verfügung stellt oder bei Dritten organisiert, sind Möglichkeiten eines Unternehmens im Bereich der Auftragsfinanzierung mitunter wettbewerbsentscheidend. Zur Auftragsfinanzierung gehören dabei alle Maßnahmen, die zur Finanzierung eines Auftrags auf Seiten des Anbieters wie auch des Kunden erforderlich sind (Backhaus und Voeth 2014). Zu diesen Maßnahmen gehört auch die Einschaltung bzw. Vermittlung von Banken, die für Anbieter oder Kunde Zahlungsströme finanzieren.

3 Pricing-Prozesse in Industriegüterunternehmen

Die Festlegung der Pricing-Prozesse stellt einen wichtigen Erfolgsfaktor im Industriegüterunternehmen dar. Nur wenn es gelingt, die internen Preisprozesse entsprechend zu steuern, können die im zweiten Kapitel beschriebenen preispolitischen Entscheidungstatbestände entsprechend umgesetzt werden. Nach Homburg und Totzek (2011) sind Pricing-Prozesse – diese werden mit Diller (2007) auch als Fragen der internen Preisdurchsetzung bezeichnet – u. a. in folgender Hinsicht festzulegen:

- Verteilung der Preisverantwortung im Unternehmen,
- Gestaltung preisbezogener Anreize und
- Koordination preisbezogener Entscheidungsprozesse.

Hinsichtlich der Verteilung der Preisverantwortung im Unternehmen ist zunächst einmal festzuhalten, dass die Preisverantwortung in der Regel im Industriegüterunternehmen nicht ausschließlich dem Marketing zufällt. Vielmehr zeigen empirische Untersuchungen, dass Marketing in vielen Industriegüterunternehmen einen geringen Einfluss auf preispolitische Entscheidungen als der Vertrieb hat. Schuppar (2006) kommt etwa im Rahmen einer Befragung von 346 Industriegüterunternehmen zu dem Ergebnis, dass der Vertrieb bei allein untersuchten preispolitischen Entscheidungstatbeständen ein höheres Gewicht als das Marketing einnimmt (s. Abb 5).

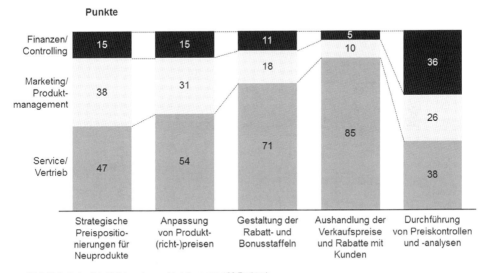

Abb. 5 Einfluss des Marketing auf preispolitische Entscheidungsfelder in Industriegüterunternehmen (Schuppar 2006)

Keinesfalls dürfen solche empirischen Untersuchungen allerdings als Empfehlung verstanden werden, dem Marketing eine geringere Preisverantwortung als dem Vertrieb zuzuordnen. Vielmehr spiegeln solche Ergebnisse nur den (augenblicklichen) Status quo in der Industriegütermarketing-Praxis wider, wonach das Marketing in vielen Unternehmen weniger einflussreich als der „mächtige" Industriegütervertrieb ist, was häufig vor allem historische Gründe hat. So verfügt der Vertrieb in vielen Industriegüterunternehmen über eine längere Tradition und hat nach Etablierung von Marketing zwar auf einzelne Aufgaben zu Gunsten des Marketing verzichtet, sich zugleich aber zentrale Aufgabenfelder wie z. B. den Einfluss auf die Preissetzung bewahrt. Orientiert man sich allerdings an den originären Aufgaben von Marketing (kundenübergreifende Vermarktung) und Vertrieb (kundenspezifische Vermarktung), so erscheint ein stärkerer Einfluss des Vertriebs im Vergleich zum Marketing zumindest bei den Themenfeldern „strategische Preispositionierung" sowie „Festlegung von Produktpreisen" nicht ideal. Hier sollte dem Marketing in Industriegüterunternehmen eine größere Verantwortung zugeordnet werden.

Darüber hinaus gehört zur Frage der Verteilung von Preisverantwortung im Industriegüterunternehmen auch die Aufteilung von Kompetenzen zwischen Zentrale und dezentralen Einheiten, z. B. dem Außendienst. Frenzen et al. (2010) kommen dabei in einer empirischen Untersuchung deutscher Industriegüterunternehmen zu dem Ergebnis, dass rund 60 % der untersuchten Unternehmen „erhebliche" Preissetzungskompetenz an dezentrale Einheiten delegieren. Auch hier ist allerdings sehr sorgfältig abzuwägen. So zeigen etwa Hake und Krafft (2011) die Gefahren auf, die mit einer Delegation von Preiskompetenz verbunden sind.

An der Gestaltung der Preisverantwortung im Unternehmen sind auch die preisbezogenen Anreize sowie die preisbezogenen Entscheidungsprozesse auszurichten. Bei ersterem geht es vor allem um die monetären und nicht-monetären Anreize, die Mitarbeitern im Vertrieb und Außendienst geboten werden. Diese müssen ebenso an der grundsätzlichen Preisverantwortung ausgerichtet werden, die dem Vertrieb zugeschrieben wird, wie dies für die preisbezogenen Entscheidungsprozesse der Fall ist. Hiermit ist die Festlegung von Informationspflichten und -rechten von Mitarbeitern, aber auch die Festlegung von Vorgaben für Preiskalkulationen oder die Bestimmung interner Verrechnungspreise gemeint (Diller und Kossmann 2007).

4 Fazit

Im vorliegenden Beitrag wurde ausgehend von den Besonderheiten von Industriegütermärkten ein Überblick über die Preispolitik von Industriegüterunternehmen gegeben. Es zeigte sich, dass sowohl im Bereich der „Preisinformationen" als auch in den Entscheidungsfeldern „Preisfindung" und „Preisabwicklung" zahlreiche Unterschiede zum Pricing von Konsumgüterunternehmen bestehen. An vielen Stellen – man denke etwa nur an die in der Industriegütermarketing-Praxis noch immer große Verbreitung des Cost Plus-Pricings – weicht das Pricing in der Praxis jedoch relativ stark von den idealtypischen

Vorgehensweisen und Ergebnissen ab, die in diesem Beitrag zusammengestellt wurden. Dies lässt sich vor allem auch auf die, was Pricing-Fragestellungen angeht, (noch immer) starke Dominanz des Vertriebs in vielen Industriegüterunternehmen zurückführen. Da der Vertrieb grundsätzlich weniger methodenorientiert ist, weniger systematisch in seinem Vorgehen arbeitet und zudem durch eine stärker kurzfristige Denkhaltung charakterisiert werden kann (vgl. Frenzen et al. 2010; Wilken et al. 2010), steht der starke Einfluss des Vertriebs auf preispolitische Entscheidungen in vielen Unternehmen einer weitergehenden Professionalisierung des Pricings tendenziell eher im Wege. Vor diesem Hintergrund ist der Weg zu einer stärkeren betriebswirtschaftlichen Fundierung des Pricing zunächst einmal in einer stärkeren Einflussnahme des Marketing auf die Preispolitik zu sehen.

Literatur

Backhaus, K. und W. Molter. 1989. Auftragsfinanzierung, internationale. In *Handwörterbuch Export und internationale Unternehmung*, Hrsg. K. Macharzina, M.K. Welgke. Stuttgart: Schäffer-Poeschel Verlag

Backhaus, K., und M. Voeth. 2014. *Industriegütermarketing*, 10. Aufl. München: Vahlen Verlag.

Backhaus, K., R. Wilken, M. Voeth, und C. Sichtmann. 2005. An empirical comparison of methods to measure willingness to pay by examining the hypothetical bias. *International journal of market research : JMRS* 47(5): 543–562.

Biong, H. 2013. Choice of subcontractor in markets with asymmetric information: reputation and price effects. *Journal of Business & Industrial Marketing* 28(1): 60–71.

Bruno, H.A., C. Hai, und S. Dutta. 2012. Role of Reference Price on Price and Quantity: Insights from Business-to-Business Markets. *Journal of Marketing Research* 49(5): 640–654.

Diller, H. (Hrsg.). 2007. *InnovativesIndustriegütermarketing* Marketingforschung aktuell, Bd. 10. Nürnberg: GIM, Wiss. Ges. für Innovatives Marketing.

Diller, H. 2008. *Preispolitik*, 4. Aufl. Stuttgart: Kohlhammer.

Diller, H., und J. Kossmann. 2007. Prozessorientiertes Preismanagement im Business-to-Business-Geschäft. In *Innovatives Industriegütermarketing* Marketingforschung aktuell, Bd. 10, Hrsg. Diller, 67–91. Nürnberg: GIM, Wiss. Ges. für Innovatives Marketing.

Frenzen, H., A. Hansen, M. Krafft, M.K. Mantrala, und S. Schmidt. 2010. Delegation of pricing authority to the sales force: An agency-theoretic perspective of its determinants and impact on performance. *International Journal of Research in Marketing* 27(1): 58–68.

García-Acebrón, C., R. Vázquez-Casielles, und V. Iglesias. 2010. The Effect of Perceived Value and Switching Barriers on Customer Price Tolerance in Industrial Energy Markets. *Journal of Business-to-Business Marketing* 17(4): 317–335.

Hake, S., und M. Krafft. 2011. Delegation von Preissetzungskompetenz an den Verkaufsaußendienst. In *Preismanagement auf Business-to-Business-Märkten*, Hrsg. C. Homburg, D. Totzek, 181–203. Wiesbaden: Gabler Verlag.

Hinterhuber, A. 2004. Towards value-based pricing—An integrative framework for decision making. *Industrial Marketing Management* 33(8): 765–778.

Homburg, C., und D. Totzek. 2011. Preismanagement auf B-to-B-Märkten: Zentrale Entscheidungsfelder und Erfolgsfaktoren. In *Preismanagement auf Business-to-Business-Märkten, Wiesbaden 2011*, Hrsg. C. Homburg, D. Totzek, 13–69.

Schrader, R.W., J.T. Schrader, und E.P. Eller. 2004. Strategic Implications of Reverse Auctions. *Journal of Business-to-Business Marketing* 11(1-2): 61–82.

Schuppar, B. 2006. *Preismanagement. Konzeption, Umsetzung und Erfolgsauswirkungen im Business-to-Business-Bereich*, 1. Aufl. Wiesbaden: Gabler Verlag.

Schuster, F. 1979. *Gegen- und Kompensationsgeschäfte als Marketing-Instrumente im Investitionsgüterbereich*. Berlin: Duncker & Humblot Verlag.

Siehler, P., und M. Voeth. 2014. *Customer acceptance of usage behavior-based prices.* In: Proceedings of the 43rd European Marketing Association Conference. Valencia.

Simon, H., und M. Fassnacht. 2008. *Preismanagement. Analyse - Strategie - Umsetzung*, 3. Aufl. Wiesbaden: Gabler Verlag.

Voeth, M., und U. Herbst. 2006. Supply-chain pricing—A new perspective on pricing in industrial markets. *Industrial Marketing Management* 35(1): 83–90.

Voeth, M., und U. Herbst. 2013. *Marketing-Management. Grundlagen, Konzeption und Umsetzung*. Stuttgart: Schäffer Poeschel Verlag.

Voeth, M., U. Herbst, M. Preuss und P. Sipos. 2014. Investitionsgütermessen – Aktuelle Trends und Entwicklungen aus der Perspektive von Messebesuchern. In *Hohenheimer Arbeits- und Projektberichte zum Marketing* Hrsg. Förderverein für Marketing e.V., Arbeitsbericht Nr. 25, Stuttgart.

Wilken, R., M. Cornelißen, K. Backhaus, und C. Schmitz. 2010. Steering sales reps through cost information: An investigation into the black box of cognitive references and negotiation behavior. *International Journal of Research in Marketing* 27(1): 69–82.

Wilson, E.J., und G.L. Lilien. 1992. Using single informants to study group choice: An examination of research practice in organizational buying. *Marketing Letters* 3(3): 297–305.

Zeng, F., Z. Yang, Y. Li, und K. Fam. 2011. Small business industrial buyers' price sensitivity: Do service quality dimensions matter in business markets? *Industrial Marketing Management* 40(3): 395–404.

Preise und Kosten – Preisbeurteilung im Industriegüterbereich

Mario Rese † und Valerie Wulfhorst

Inhaltsverzeichnis

1 Das Verhältnis von Preisen und Kosten 517
2 Preisuntergrenzen in unterschiedlichen Geschäftstypen 519
   2.1 Preisuntergrenze im Produktgeschäft 519
   2.2 Preisuntergrenze im Projektgeschäft 521
   2.3 Preisuntergrenze im Integrationsgeschäft 523
   2.4 Preisuntergrenze im Systemgeschäft 529
3 Die Ergebnisse im Überblick 531
Literatur 534

1 Das Verhältnis von Preisen und Kosten

Erfreulicherweise hat sich auch im Industriegüterbereich die Erkenntnis durchgesetzt, dass Preissetzung nicht kostenorientiert – Stichwort Cost Plus-Pricing – erfolgen sollte. Bei einseitiger Betrachtung der Kosten besteht einerseits Gefahr, dass die Preisbereitschaft des Kunden nicht vollständig abgeschöpft, also Produzentenrente „verschenkt" wird. An-

---

Die in diesem Beitrag entwickelten Ideen sind maßgeblich durch Mario Rese, Ruhr-Universität Bochum und European School of Management and Technology (ESMT), Berlin, geprägt worden. Leider ist er zwischenzeitlich mitten aus dem Leben gerissen worden. Mit der Überarbeitung dieses Kapitels möchte ich als Co-Autorin meinem Akademischen Lehrer Dank sagen für die vielfältige Förderung.

Mario Rese †

Prof. Dr. Valerie Wulfhorst ✉
Fachhochschule Südwestfalen, Fachbereich Elektrische Engergietechnik, Soest, Deutschland
e-mail: wulfhorst.valerie@fh-swf.de

© Springer Fachmedien Wiesbaden 2015
K. Backhaus und M. Voeth (Hrsg.), *Handbuch Business-to-Business-Marketing*,
DOI 10.1007/978-3-8349-4681-2_25

dererseits kann der Anbieter bei Übertreffen der Preisbereitschaft des Kunden Aufträge an Wettbewerber verlieren, obwohl eine geringe und auch mögliche Preisanpassung zum Auftragserfolg geführt hätte.

Bei der Preisfestlegung sollte man sich an der Preisobergrenze orientieren. Sie ergibt sich aus der Preisbereitschaft des Kunden, die vom wahrgenommenen Nutzen, aber auch von den Wettbewerberangeboten gesteuert wird. Ausnahmefälle, in denen eine Ermittlung der Preisobergrenze nicht möglich ist, stellen Individualleistungen oder Innovationen dar (Plinke 2000, S. 619; Plinke 1985, S. 13; Joos-Sachse 2006, S. 86), für die kein Marktpreis und auch keine Nutzenvorstellungen bekannt sind. In solchen Fällen kann es praktisch unmöglich sein, die Preisbereitschaft eines Kunden zu ermitteln, so dass eine kostenbasierte Preisbildung als „Not- bzw. Annäherungslösung" dienen kann (Schmalenbach 1908/1909, S. 59 f.).

In jedem Fall stellen die Kosten die untere Grenze des Entscheidungsspielraums des Anbieters bei der Preisfestlegung dar. Im Sinne eines niedrigsten möglichen Preises werden die Kosten zur Unterscheidung von auskömmlichen und nicht auskömmlichen Preisen verwendet (Plinke und Rese 2006, S. 20). Die kostenbezogene Preisbeurteilung sollte damit ein klares Entscheidungskriterium für die Annahme oder Ablehnung eines Geschäfts bieten (Plinke und Rese 2000, S. 694).

Der Blick in die Praxis offenbart nun aber, dass dieses schöne Instrument der Kosten als Preisuntergrenze lange nicht derart stringent verwendet wird, wie man es sich wünschen würde. Vielmehr wird eine einmal ermittelte Kostenbasis nicht selten in Frage gestellt. Fünf zentrale Ursachen hierfür lassen sich unterscheiden:

1. Höhe der Inputkosten;
2. Verteilung der Gemeinkosten;
3. Annahmen hinter den Plankosten;
4. Organisatorische Einflüsse auf die Kostenhöhen;
5. Die Wirkung von Anreizsystemen auf die Glaubwürdigkeit von Kostenansätzen.

Zunächst können die Höhen der Inputkosten in Frage gestellt werden. Z. B. kann durch nachträgliche Rückverhandlung mit Zulieferern eine Inputpreis- und damit Kostensenkung erreicht werden. Dass die Verteilung der Gemeinkosten ein ewiger „Zankapfel" in Unternehmen ist, ist hinreichend bekannt. Eine Veränderung der Schlüsselungsgrundlagen erzeugt automatisch eine Veränderung der Kosten pro Stück oder Projekt. Ähnlich gelagert ist das Problem der Plankosten. Annahmen über Auslastung etc. beeinflussen direkt die Kostenhöhen (vgl. Plinke/Rese 2006, S. 162 ff.; Bhimani et al. 2012, S. 142). Allen drei Einflüssen ist gleich, dass sie direkt mit der Kostenhöhe verbunden sind. Die letzten beiden Einflüsse haben hingegen eine andere Qualität. Hier sind die Argumente abgeleitet aus anderen unternehmerischen Entscheidungen. So entsteht im Fall einer Profit Center-Organisation die Situation, dass (virtuelle) Gewinne vorgelagerter Wertschöpfungsstufen zu Kosten in den nachgelagerten Stufen und letztlich im Vertrieb werden. Es tritt ein Kosten-Gewinn-Mix als Preisuntergrenze auf. Verbunden mit dem letzten Argument des Einflusses der Anreiz-System-Gestaltung wird die Dramatik offensichtlich: ein Vertriebsmitarbeiter wird die Kostengrenze immer in Frage stellen, wenn sein Lohn z. B. an Umsätze gekoppelt ist und ihn die Kosten als Preisuntergrenze am Verkaufen hindern.

Alle fünf Einflüsse gemeinsam führen dazu, dass die kostenorientierte Preisuntergrenze mehr als Grauzone und als gestaltbar wahrgenommen wird, denn als exakte Zahl, die ein klares Entscheidungskriterium darstellt. In diesem Beitrag soll die Frage geklärt werden, welche Spielräume tatsächlich bei der Bestimmung der kostenorientierten Preisuntergrenze bestehen und – was nicht weniger wichtig ist – welche überhaupt die „richtige" Preisuntergrenze ist. Gemeint ist die Diskussion um Deckungsbeiträge oder Vollkosten. Dabei soll die folgende These als Leitgedanke dienen:

Je nach Art des Geschäfts – Geschäftstyp im Sinne von Backhaus und Voeth (2014, S. 210 ff.) – sind die Kosten- und Erlösstrukturen unterschiedlich. Entsprechend ist die Frage nach der „richtigen" Preisuntergrenze immer verschieden zu beantworten.

Der Leitgedanke macht deutlich, dass hier nur auf die ersten drei Einflüsse geschaut wird. Die abgeleiteten Ursachen für das Infragestellen der Preisuntergrenze – Organisation und Anreizsysteme – sind generell gegeben, jedoch nicht Ergebnis der Erlös- und Kostenstrukturen, die hier im Vordergrund stehen. Entsprechend werden die zwei letzten Einflüsse erst im Schlussabschnitt wieder aufgegriffen.

Der Beitrag ist derart gestaltet, dass im Folgenden die vier verschiedenen Geschäftstypen auf ihre Erlös- und Kostenstrukturen untersucht werden, um darauf basierend Erkenntnisse für die Preisbeurteilung, d. h. die Ermittlung der „echten" Preisuntergrenze zu gewinnen. Insoweit gehen wir davon aus, dass Unternehmen mit ähnlichem Vermarktungsproblem – die Geschäftstypen nach Backhaus – auch ähnliche Kosten- und Erlösstrukturen sowie gleiche Entscheidungsgegenstände bei der Preisbeurteilung aufweisen. Für diese Unternehmenscluster lassen sich jeweils geeignete Konzepte zur Bildung und Verwendung von Preisuntergrenzen herleiten.

2 Preisuntergrenzen in unterschiedlichen Geschäftstypen

2.1 Preisuntergrenze im Produktgeschäft

Das Label Produktgeschäft beschreibt Prozesse, bei denen standardisierte Leistungen für einen Massenmarkt oder ein Marktsegment hergestellt werden. Dabei sind Specialty-Märkte durch einen hohen Innovationsgrad, Commodity-Märkte durch einen niedrigen gekennzeichnet (Backhaus und Voeth 2014, S. 224 und S. 278). In beiden Fällen geht der Anbieter durch die autonome Produktion der Leistung keine Bindung mit seinen Kunden ein. Auch die Kunden müssen sich nicht durch spezifische Investitionen an den Anbieter binden. Sie sind bei jeder neuerlichen Kaufentscheidung völlig frei, das Produkt vom gleichen Anbieter oder von einem Wettbewerber zu wählen (Backhaus und Voeth 2014, S. 224 ff.).

Das Nichtvorliegen von kundenspezifischen oder kundenübergreifenden Verbunden bedeutet für die Erlösseite, dass tatsächlich jeder Verkauf für sich genommen einen Erfolgsbeitrag bringen muss. Kundenbindungsargumente, Referenzen oder der Aufbau einer kritischen Masse von Kunden als Erfolgsvoraussetzung spielen hier keine Rolle. Man kann nicht darauf hoffen, dass z. B. ein Preisnachlass in einem Geschäft heute die Wahrscheinlichkeit des erfolgreichen Abschlusses eines zusätzlichen Geschäftes morgen beeinflusst. Mit Riebel (1994, S. 36, S. 111 f. und S. 181 ff.) gesprochen stellt jeder Erlös einen Einzelerlös dar (von Rabattmaßnahmen wird hier abgesehen). Das Bezugsobjekt der Verkaufsüberlegungen ist immer der einzelne Auftrag, das einzelne Produkt (Plinke und Rese 2000, S. 730; Rese 2002, S. 458).

Üblicherweise findet gerade in diesem Geschäftstyp eher standardisierte Massen- oder Serienfertigung Anwendung. Entsprechend stellt sich die Kostenstruktur dar. Der Einkauf findet i. d. R. produktübergreifend statt und ein Großteil der Kosten – Personal und/oder Maschinen – sind periodenübergreifend disponiert. Die Konsequenz ist ein großer Gemeinkostenanteil (in Bezug auf das einzelne Produkt). Entsprechend spielen Kostenschlüsselungen dieser nicht direkt zurechenbaren Kosten eine große Rolle (Plinke und Rese 2000, S. 720 f. und S. 730).

Die Frage nach der Preisuntergrenze ist in dieser Geschäftssituation je nach Problemstellung unterschiedlich zu beantworten. Kurzfristig stellen die variablen Kosten als Teil des Deckungsbeitrags entsprechend des Direct Costing-Verfahrens (Erlös minus variable Kosten) die vernünftige Preisuntergrenze dar (Kilger 2012, S. 77 ff.; Plinke und Rese 2006, S. 201). Der Grund ist, dass die fixen, i. d. R. vordisponierten und damit kurzfristig sowieso anfallenden Kosten nicht entscheidungsrelevant sind. Auf längere Sicht stellen hingegen die Vollkosten des Produktes die Preisuntergrenze dar, weil langfristig aus einem Produkt auch ein Gewinn entstehen sollte (vgl. auch Backhaus und Voeth 2014, S. 252). Und wenn keine Erlösverbunde existieren, gibt es auch keinen Grund, ein verlustbringendes Produkt im Programm zu behalten.

Der Graubereich der Preisuntergrenze in diesem Geschäftstyp liegt vor allem in der langfristigen Perspektive. Aus kurzfristiger Sicht gibt es kaum Spielraum für Interpretationen der Preisuntergrenze: das Gemeinkostenproblem tritt nicht auf, da wir Deckungsbeiträge betrachten. Eine Diskrepanz zwischen geplanten und tatsächlichen variablen Kosten wird eher gering ausfallen – sie sind pro Stück unabhängig von der Auslastung immer gleich – genauso wie die Möglichkeit, die Inputpreise deutlich nach unten zu verändern. Ein professionelles Einkaufsmanagement, langfristige Lieferverträge für immer die gleichen Teile etc. stellen hier eine quasi natürliche Grenze dar. Je niedriger der Innovationsgrad des Produkts ist, desto mehr Erfahrung wird ein Unternehmen im Bereich des Kostenmanagements dieses Produkts haben und desto geringer wird die Diskrepanz zwischen geplanten und tatsächlichen variablen Kosten ausfallen. Auf Specialty-Märkten kann man also erwarten, dass sich diese natürliche Grenze der variablen Kosten erst im Lebenszyklus des Produkts einspielen muss; auf Commodity-Märkten ist sie als gegeben zu erwarten (vgl. Backhaus und Voeth 2014, S. 278 f.).

Bezogen auf die langfristige Perspektive sieht das schon völlig anders aus. Hier sind es zwei Einflüsse, die die Preisuntergrenze vage erscheinen lassen: zum einen die Gemeinkostenschlüsselung, die die exakte Höhe der Kosten pro Produkt nicht bestimmbar macht. Schon die Veränderung einer Schlüsselungsbasis verschiebt die Kosten von einem Produkt zu einem anderen. Der zweite Effekt geht von den Ausgangsannahmen aus, wie sie der Plankostenermittlung zu Grunde liegen. Je mehr fixe Gemeinkosten in dem Produktionsprozess anfallen, desto abhängiger ist das Kalkulationsergebnis von den Ausgangsannahmen und hier insbesondere von der erwarteten Produktions- und Verkaufsmenge (Höffken 1990, S. 141 f.).

Versucht man die zwei Einflüsse hinsichtlich ihrer Stärke zu bewerten, muss dem Auslastungseffekt größere Bedeutung beigemessen werden. Im Rahmen der Gemeinkostenschlüsselung kann man davon ausgehen, dass ein Großteil der Schlüssel kaum in Frage zu stellen ist, weil sie z. B. technisch bedingt sind. Zudem betreffen die Schlüsselungen immer nur einzelne Kostenarten bzw. -stellen und insoweit einen i. d. R. kleinen Gesamtkostenanteil. Und zuletzt sind gerade in den Bereichen, wo offensichtlich Fehlschlüsselungen stattgefunden haben – Stichwort Variantenvielfalt – in den letzten Jahren vor allem mit dem Instrument der Prozesskostenrechnung Fortschritte in Richtung einer beanspruchungsgerechteren Schlüsselung erreicht worden (z. B. Reckenfelderbäumer und Welling, 2006; Plinke und Rese 2006, S. 134 ff.).

Umgekehrt wirkt der Auslastungseffekt auf alle fixen Gemeinkosten gemeinsam. Und er fällt umso stärker aus, je größer sich prozentual die Differenz zwischen geplanter und tatsächlich realisierter Produktions- bzw. Absatzmenge darstellt. Auch diese Differenz ist auf Specialty-Märkten eher zu erwarten als auf Commodity-Märkten, weil es für einen Anbieter schwerer abzuschätzen ist, mit welcher Absatzmenge er bei Produkten mit hohem Innovationsgrad zu rechnen hat (vgl. Backhaus und Voeth 2014, S. 224). Insoweit kann zusammengefasst werden, dass die Stückvollkosten als Preisuntergrenze im Bereich des Produktgeschäfts vor allem in Bezug auf den Einfluss der Verkaufsmenge hinterfragt werden können. Ansonsten gibt es nur wenige Gründe, der Kostenvorgabe als Preisuntergrenze zu misstrauen und sie insoweit zu ignorieren.

2.2 Preisuntergrenze im Projektgeschäft

Im Projektgeschäft gibt es, wie im Produktgeschäft auch, zwischen Anbieter und Nachfrager quasi keine Bindungen, die über das jeweils betrachtete Geschäft hinausgehen. Jedoch werden hier die Leistungen vom Anbieter kundenspezifisch entwickelt und hergestellt. Aufgrund dieser individuellen Leistungserstellung liegt der Vermarktungsprozess vor der eigentlichen Fertigung. Es wird über etwas verhandelt, das – wenn überhaupt – nur als Projekt vorliegt bzw. sich erst im Zeitverlauf entwickelt (Backhaus und Voeth 2014, S. 351 ff.).

Aufgrund dieses Verständnisses des Projektgeschäftes ergibt sich eine sehr charakteristische Erlös- und Kostenstruktur. Auf der Erlösseite wird es nur schwache Erlösverbunde geben. Der Verkauf der Anlage bzw. die Realisierung eines Projektes heute hat keinen oder nur einen geringen Einfluss auf die Projektdurchführung morgen. Der Grund ist, dass ein Kunde i. d. R. nur eine Anlage oder sehr wenige Anlagen innerhalb eines überschaubaren Zeitraumes anschafft (Plinke und Claßen 2013, S. 92). Je weiter aber die Beschaffungszeitpunkte auseinander liegen, desto mehr sorgen technologischer Fortschritt, organisatorische Veränderungen, neue Mitarbeiter etc. dafür, dass Bindungen kaum existieren. Jeder Anbieter muss sich bei jedem neuen Projekt immer wieder qualifizieren. Treten überhaupt Verbunde auf, so sind im Projektgeschäft die kundenübergreifenden wahrscheinlicher als die kundenbezogenen. Das Stichwort lautet Referenz. Jedoch ist auch bei Vorliegen einer Referenz in Form einer funktionierenden Pilotanlage nicht zu erwarten, dass ein Anbieter bei einem anderen Kunden relativ höhere Preise durchsetzen kann und insoweit Erlösverbundenheit vorliegen würde. Nach Realisierung des Referenzprojekts sind alle weiteren Projekte relativ unverbunden zu zukünftigen Anlagen/Projekten. Das unterstreicht nochmals die relativ schwachen Erlösverbundenheiten im Projektgeschäft (Plinke und Rese 2000, S. 709).

Für die Kostenseite stellt sich die Situation im Projektgeschäft derart dar, dass der Einzelprojektcharakter automatisch zu einem großen Anteil an direkt vom Projekt verursachten Einzelkosten führt. Die meisten Materialien und Bauteile, aber auch viele Fremdleistungen werden direkt nur für das Projekt beschafft. Die Kosten für das heutzutage meist mitangebote Finanzierungskonzept (Stichwort „Financial Engineering", vgl. Backhaus und Voeth 2014, S. 404 und S. 416) können ebenfalls direkt dem Projekt zugeordnet werden. Die Konsequenz ist, dass der Gemeinkostenanteil und damit die Schlüsselungsnotwendigkeit gering ausfallen. Ergebnis ist eine sehr klare und auch einfache Kostenstruktur (Plinke und Rese 2000, S. 720).

Bei gegebener Erlös- und Kostenstruktur zeigen sich die Projektvollkosten als die langfristige Preisuntergrenze (Plinke/Rese 2000, S. 729; Plinke/Claßen 2013, S. 98). Durch den hohen Einzelkostenanteil entspricht dies auch nahezu den relevanten Kosten, so dass zwischen kurz- und langfristiger Preisuntergrenze kaum ein Unterschied besteht. Nimmt der Gemeinkostenanteil zu, werden also mehr Leistungsbestandteile im Haus des Anbieters selbst realisiert, wächst die Diskrepanz zwischen lang- und kurzfristiger Preisuntergrenze, wie wir es vom Produktgeschäft her kennen. Jedoch sind hier die Kostenkategorien „variabel" und „fix" unbedeutend. Der Grund ist, dass gerade der (Groß-)Anlagenbau kein Mengengeschäft ist. Große Projekte erstrecken sich häufig über mehrere Jahre und eine Engineering-Firma hat kaum mehr als ein oder zwei parallel zu bearbeiten. Entsprechend macht die Unterteilung in (produktions-)mengenabhängige und -unabhängige Kosten keinen Sinn. Die kurzfristige Preisuntergrenze im Projektgeschäft wird durch die Einzelkosten als korrekter Gradmesser repräsentiert (Plinke und Claßen 2013, S. 124; Diehl 1977, S. 178 f.).

Bezüglich der Stellgrößen zur Verschiebung der Preisuntergrenze bieten sich eigentlich nur die Inputkosten an. Weder kann aus benannten Gründen sinnvoll über Mengeneffekte (Stichwort: Fixkostendegression) argumentiert werden, noch über eine veränderte Gemeinkostenschlüsselung (bei einem absolut geringen Gemeinkostenanteil). Im Bereich der

Inputkosten ist es hingegen realistisch, Kostensenkungspotenzial zu entdecken. Der Grund ist, dass der Einkauf von Teilen je nach Projekt immer verschieden ausfällt. Entsprechend gibt es keine derart etablierten Beziehungen und auch nur begrenzt Einkaufserfahrung. Auch basieren viele Plankalkulationen (vor Vertragsschluss) auf den bei einer ersten Anfrage genannten Zulieferpreisen. Der üblicherweise gegebene Verhandlungsspielraum in den Preisen der Zulieferer ist vielfach noch enthalten (Engelhardt 1977, S. 33; vgl. auch Voeth und Rabe in diesem Band), auch, weil die angefragten Lieferanten die Ernsthaftigkeit des Kaufbegehrens zum Zeitpunkt der ersten Anfrage kaum richtig einschätzen können. Alles in allem sind hier eine Vielzahl von Gründen anzuführen, dass gerade bei den Inputpreisen noch Spielraum gegeben sein könnte.

2.3 Preisuntergrenze im Integrationsgeschäft

Das Integrationsgeschäft ist durch die Entwicklung und Herstellung individueller Leistungen gekennzeichnet. Ein Anbieter baut kundenindividuell Zulieferteile. Hierfür muss er i. d. R. vorab spezifisch in Forschung und Entwicklung, Fertigungsanlagen etc. investieren. Spezifisch meint, dass er die einmal getätigten Investitionen nicht oder kaum für andere Kunden verwenden kann. Aber auch der Kunde bindet sich einfach dadurch, dass er zumindest kurz- bis mittelfristig keinen anderen Anbieter findet, der in der Lage wäre, diese spezifischen Teile zu liefern (Backhaus und Voeth 2014, S. 521 ff.).

Diese Beschreibung des Geschäftstyps macht deutlich, dass die Frage nach der Preisuntergrenze nicht derart klar ist, wie in den beiden Geschäftstypen zuvor. Tatsächlich kommt es auf den Entscheidungszeitpunkt des Anbieters an, will man die Frage der Preisuntergrenze beantworten. Steht der Anbieter vor der Entscheidung, ob er die Investition in den Kunden tätigen soll oder nicht, ist offensichtlich die Preisuntergrenze für das einzelne Zulieferteil dort, wo sich die Investition des Anbieters mindestens rechnet. Einflussgrößen sind die Investitionskosten plus die zu erwartenden Produktionskosten des oder der Bauteile dividiert durch die erwartete Menge an Zulieferteilen, die man über das ganze Projekt betrachtet absetzen kann. Aufgrund der Langfristigkeit dieses Kalküls können Zinseffekte Berücksichtigung finden (z. B. Roemer 2004). Was hier deutlich wird, ist, dass tatsächlich keine Preisuntergrenze bestimmt wird, sondern ein unterer Wert der Geschäftsbeziehung, den ein Kunde mindestens darstellen muss, um attraktiv zu sein und insoweit als Beziehungspartner in Frage zu kommen. Einfach ausgedrückt muss sich der Kunde über den gesamten Zeitraum der Geschäftsbeziehung „rechnen" (Weber 1991, S. 455 f.).

Völlig verschieden ist die Situation, wenn sich Anbieter und Nachfrager bereits in einer Beziehung befinden, die spezifischen Investitionen getätigt sind und z. B. neuerlich über den Preis für die Zulieferungen verhandelt wird. Die Preisuntergrenze des Anbieters wird nicht mehr durch die bereits geleisteten Investitionen beeinflusst. Und auch die sowieso anfallenden Produktionskosten sind für die Entscheidung nicht mehr relevant. Was zählt, sind die variablen Kosten ganz im Sinne der kurzfristigen Perspektive des Produktge-

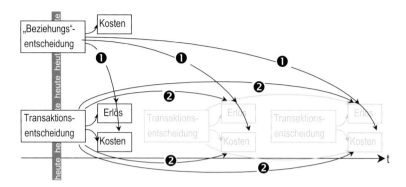

Abb. 1 Erlös- und Kostenverursachung im Fall verbundener Transaktionen (Rese 2006, S. 297)

schäfts. Abbildung 1 macht noch einmal die unterschiedlichen Entscheidungssituationen des Zulieferers deutlich:

Zu Beginn steht der Anbieter vor der Beziehungsentscheidung, also der Frage, ob eine spezifische Investition in den fraglichen Kunden getätigt werden sollte. Anschließend sind möglicherweise immer wieder Entscheidungen über die Durchführung weiterer Transaktionen (z. B. die Fertigung von Teilen) mit diesem Kunden zu treffen (Transaktionsentscheidungen), durch die sich sukzessive die spezifischen Investitionen amortisieren sollen (Rese 2006, S. 296 ff.).

Die Charakteristika des Integrationsgeschäfts spiegeln sich in der Erlös- und Kostenstruktur wider: Die Bindung an den Anbieter sorgt dafür, dass die Erlöse der einzelnen Transaktionen untereinander verbunden sind. Die Kostenstruktur weist ebenfalls Verbundeffekte zwischen der Anfangsinvestition in die Geschäftsbeziehung und den weiteren Transaktionen mit dem Kunden auf, da sich die spezifischen Investitionen i. d. R. erst über die Dauer der Geschäftsbeziehung amortisieren (Plinke und Rese 2000, S. 709 f. und S. 721). Die Investitionen stellen mit Blick auf den Kunden Einzelkosten dar, aus Sicht der einzelnen Transaktionen jedoch Gemeinkosten (1). Zudem sind auch größere Teile der Produktionskosten mit Blick auf das Zulieferteil Gemeinkosten, ganz wie im Fall des Produktgeschäfts (2). Im Gegensatz zum Produktgeschäft sind jedoch die Gemeinkosten des Produkts in größerem Maße durch einzelne Kunden verursacht.

Im Integrationsgeschäft sind die Erlöse vollständig und die Kosten zu einem sehr großen Teil jeweils von den einzelnen Geschäftsbeziehungspartnern verursacht. Kundenübergreifende Erlösverbunde sind kaum gegeben, und auch für die Kosten gilt, dass ein Großteil erst gar nicht anfällt, wenn die Beziehung nicht gestartet wird: Weder werden die spezifischen Investitionen realisiert, noch Kapazitäten aufgebaut bzw. bereitgehalten. Und genauso hängen die gesamten Erlöse dieses Partners zumindest in dem speziellen Projekt an der Beziehungsentscheidung (Plinke und Rese 2000, S. 731; Rese 2002, S. 459 f.).

Für diese Art Entscheidung noch von Preisuntergrenze zu sprechen, fällt schwer, denn tatsächlich geht es um die Gesamteinzelkosten des Kunden in diesem Projekt, die als Wertuntergrenze der Beziehung mindestens gedeckt werden müssen. Insoweit reden wir von einem Kundendeckungsbeitrag über die Projektlaufzeit, der unter Berücksichtigung von Zinseffekten mindestens null sein muss, um keine ökonomisch nachteilige Beziehung zu beginnen. Richtig ist aber auch, dass der Kunde i. d. R. den Wertbeitrag nur über die Erlöse mit den einzelnen Zulieferteilen erbringt. Und insoweit lässt sich doch von Preisuntergrenze sprechen in Form des Mindeststückpreises für das Bauteil. Der ergibt sich, wenn die geplanten Projektgesamtkosten auf die geplante Absatzmenge aufgeteilt werden. Berücksichtigt man zusätzlich die Kosteneinsparmöglichkeiten über die Zeit (Erfahrungseffekte etc.), ergibt sich ein Preisuntergrenzenpfad für die Bauteile über die Gesamtlaufzeit des Projekts. Die Einhaltung dieses Mindestpreispfades stellt sicher, dass zumindest die direkten Produktionskosten inkl. der kundenspezifischen Investitionen zurückgespielt werden.

Problematisch an der Kalkulation eines solchen Kundendeckungsbeitrags ist allerdings (ausführlich dazu Rese 2006, S. 301 ff.), dass vor der Entscheidung über das Eingehen einer Geschäftsbeziehung nur wenig über die tatsächlich absetzbaren Mengen bekannt ist, denn dies hängt vom Erfolg des Produktes des Kunden ab. Zudem ist schwer vorherzusehen, wie sich der Kunde im Verlauf der Beziehung verhält: Lässt er sich vertraglich auf (Mindest-)Preise und (Mindest-)Absatzmengen verpflichten? Steht er zu den Vereinbarungen, die getroffen wurden? Das Kundendeckungsbeitragskalkül ist immer nur so gut wie die Annahmen, die hinter den Werten stehen. Und genau diese sind aufgrund des unberechenbaren Einflusses des Kunden, aber auch wegen der erheblichen zeitlichen Erstreckung in die Zukunft häufig fraglich.

Es offenbart sich ein Dilemma: Der Kundendeckungsbeitrag über die Gesamtlaufzeit des Projektes ist aufgrund der Zukunftsunsicherheit kaum korrekt ermittelbar. Das gilt aber auch für den Erfolgsbeitrag jeder Einzeltransaktion mit Bauteilen aufgrund der erheblichen Erlös- und Kostenverbunde (Gemeinkostenschlüsselung, Mengendegression der Kosten etc.). Scheint sich damit das Integrationsgeschäft der Bestimmung von tragfähigen Preis- bzw. Wertuntergrenzen zu entziehen, ergibt eine genauere Analyse der Kosten- und Erlösstruktur sehr wohl Anknüpfungspunkte. Hilfreich für diese genauere Analyse ist die Unterteilung in die zwei Entscheidungssituationen im Integrationsgeschäft (Rese 2006, S. 303 ff.):

1. Entscheidung für oder gegen ein Projekt mit einem Kunden (vor dem Start der projektspezifischen Beziehung);
2. Entscheidung für oder gegen eine Transaktion innerhalb eines laufenden Projekts z. B. zur Preisanpassung.

Die Antwort für die Preisuntergrenze im zweiten Fall der Entscheidung für einzelne Transaktionen fällt relativ leicht. Entscheidend sind die Attraktivität des Auftrags an sich und die möglichen Verbindungen zu Folgegeschäften mit dem Kunden. Aus der Kombination dieser beiden Kriterien ergibt sich folgende Matrix (vgl. Abb. 2).

Im Fall nicht oder nur gering verbundener Transaktionen (Felder 1 und 2) stellt der Deckungsbeitrag im Sinne des Direct Costing ein korrektes (weil vollständiges) Entschei-

Abb. 2 Der Nutzen der Deckungsbeitragsrechnung bei der Entscheidung über eine Transaktion innerhalb eines laufenden Projekts (Rese 2006, S. 304)

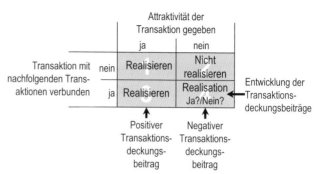

dungskriterium dar: Bei einem positiven Transaktionsdeckungsbeitrag (Feld 1) sollte der Auftrag realisiert werden. Bei einem negativen Transaktionsdeckungsbeitrag (Feld 2) ist der Auftrag unattraktiv, denn dieses negative Ergebnis kann nicht mit positiven Deckungsbeiträgen aus Folgetransaktionen aufgewogen werden, wenn kaum Verbunde bestehen. Die Preisuntergrenze besteht insoweit aus den variablen Kosten analog zum Produktgeschäft. Im Fall von Erlösverbunden zu nachfolgenden Transaktionen (Felder 3 und 4) sollte ein Auftrag mit einem positiven Deckungsbeitrag (Feld 3) realisiert werden, weil sich die Verbunde nur positiv auswirken können: zukünftige Transaktionen bergen allein Erlöschancen, die bei dem Transaktionsdeckungsbeitrag noch nicht berücksichtigt sind. Der Grund ist, dass der Anbieter auch in Zukunft nur Transaktionen realisieren wird, wenn sie mindestens die variablen Kosten übersteigen.

Unklar ist die Situation allein im Fall eines negativen Transaktionsdeckungsbeitrags – die variablen Kosten werden unterschritten – und verbundenen Transaktionen (Feld 4). Die Erlösverbunde könnten dazu führen, dass es ökonomisch sinnvoll ist, die anstehende, eigentlich nachteilige Transaktion doch zu realisieren, weil man in der Zukunft Erfolgsbeiträge erwartet, die den Verlust von heute überkompensieren, aber davon abhängen, dass das Geschäft heute realisiert wird. Bei der Frage, ob die zukünftigen Transaktionsdeckungsbeiträge hinreichend groß sind, um den anstehenden negativen Deckungsbeitrag auszugleichen, entsteht jedoch das beschriebene Vorhersageproblem zukünftiger Kosten und Erlöse.

Als Hilfsinformation könnte hier die Analyse der Transaktionsdeckungsbeiträge in der Vergangenheit für die Beurteilung der Attraktivität dienen. Prinzipiell sind zwei Verläufe der Transaktionsdeckungsbeiträge in der Vergangenheit denkbar:

1. Die Deckungsbeiträge streuen um eine horizontal verlaufende oder ansteigende Funktion.
2. Die Deckungsbeiträge streuen um eine Funktion mit negativer Steigung.

Im ersten Fall war zumindest in der Vergangenheit die Beziehung „in Ordnung". Es gibt keine Anzeichen dafür, dass der Kunde die Vorteile in der Beziehung sukzessive zu seinen Gunsten umverteilt. In diesen Fällen kann durchaus auch einem Auftrag mit negativem Deckungsbeitrag zugestimmt werden, die Entwicklung sollte aber weiter beobachtet werden. Liegt eine negative Steigung in der Deckungsbeitragsentwicklung, ist größte Vorsicht geboten. Die Umverteilung der Vorteile kann sich der Kunde eigentlich nur leisten, weil seine Bindung an den Anbieter nicht mehr derart stark ist, m. a. W.: er hat Alternativen. Ist dies der Fall, ist nicht damit zu rechnen, dass zukünftige Deckungsbeiträge besser ausfallen werden als der des zur Entscheidung stehenden Auftrags. Die Konsequenz ist, dass die Preisuntergrenze zwingend bei den variablen Kosten liegt.

Für die Entscheidung der Annahme oder Ablehnung eines ganzen Projektes mit einem Kunden ist die Beurteilungssituation deutlich schwieriger. Prinzipiell ist der prospektive Kundendeckungsbeitrag und damit die zu erwartenden Gesamtprojektkosten das Kriterium für Annahme oder Ablehnung. Allerdings ist dieser aufgrund der dargestellten Vorhersageprobleme praktisch nicht ermittelbar. Jedoch eröffnen sich auch hier Möglichkeiten. Handelt es sich tatsächlich um einen völlig neuen Kunden ohne gemeinsame Historie, schlagen die Schwierigkeiten vollkommen durch. Über die Zukunft weiß man wenig und Erfahrung ist nicht vorhanden. Gibt es jedoch eine gemeinsame Geschichte, d. h. man hat schon mehrere Projekte miteinander abgewickelt, sieht das anders aus: Die bisher realisierten Kundendeckungsbeiträge pro Projekt mit einem Kunden geben zumindest Aufschluss über die Amortisation der bisherigen Beziehungsinvestitionen. In Abhängigkeit von der Dauer der Geschäftsbeziehung zeichnet sich ein bisher attraktiver Kunde durch einen positiven Kundendeckungsbeitrag aus. Zudem lassen sich mit Hilfe der Entwicklung der vergangenen Transaktionsdeckungsbeiträge Verhaltenstendenzen des Kunden identifizieren, weil dessen Bindungsempfinden in dieser Entwicklung zum Ausdruck kommt: Eine konstante oder steigende Entwicklung der Transaktionsdeckungsbeiträge oder besser der Transaktionsdeckungsbeitrag/Umsatz-Relation signalisiert eine zumindest bisher stabile Geschäftsbeziehung. Eine deutlich negative Entwicklung ist hingegen als Signal zu deuten, dass der Kunde eine Ausbeutungsstrategie verfolgt, indem er die Produzentenrente des Anbieters zu Gunsten seiner Konsumentenrente umverteilt. Da der Kunde dabei die Gefahr eingeht, dass der Anbieter die Beziehung beendet, kann er sich das ausbeuterische Verhalten nur leisten, wenn sein Abhängigkeitsverhältnis zum Anbieter gering ist, z. B. weil die Geschäftsbeziehung eine geringe Bedeutung für ihn hat oder der Anbieter substituierbar ist. In diesem Fall ist eine weitere Investition in die Geschäftsbeziehung aus Sicht des Anbieters kritisch zu beurteilen.

Aus den Kriterien „Höhe des Kundendeckungsbeitrags" und „Entwicklung der Transaktionsdeckungsbeiträge" lässt sich wiederum eine Entscheidungsmatrix für die Problemstellung Beziehungsinvestition herleiten (vgl. Abb. 3).

Im Fall eines hinreichend hohen Kundendeckungsbeitrags und einer konstanten oder positiven Entwicklung der Transaktionsdeckungsbeiträge (Feld 1) ist die Investition zu tätigen. Das Signal für die Abhängigkeit des Kunden ist positiv und bislang hat sich dieser Kunde auch gerechnet. Bei negativem oder niedrigem Kundendeckungsbeitrag und negativer Entwicklung der Transaktionsdeckungsbeiträge (Feld 4) ist die Investition nicht zu tätigen und die Beziehung zu beenden. Falls der Kundendeckungsbeitrag hinreichend hoch ist, die Beziehung sich aber verschlechtert (Feld 3), sollte nicht mehr investiert, aber

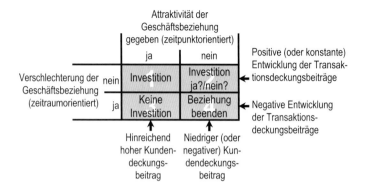

Abb. 3 Der Nutzen der Deckungsbeitragsrechnung bei der Entscheidung über ein Projekt mit einem Kunden (Rese 2006, S. 306)

positive Transaktionsdeckungsbeiträge so lange wie möglich abgeschöpft werden. Unklar ist die Situation bei niedrigem Kundendeckungsbeitrag, aber positiver Deckungsbeitragsentwicklung (Feld 2): Die Beziehung verschlechtert sich zwar nicht, hat sich bisher aber auch noch nicht gelohnt. Lediglich in diesem einen Fall leistet die Deckungsbeitragsrechnung keine Entscheidungshilfe.

Zusammenfassend kann festgestellt werden, dass die tatsächlich entscheidungsrelevanten Informationen der zukünftigen Beziehungsentwicklung im Integrationsgeschäft nicht ermittelbar sind. Jedoch stellen sich die eigentlich nicht relevanten, aber ermittelbaren Daten als wertvolle Informationen heraus. Bezogen auf die Frage der Preisuntergrenze ergibt sich ein differenziertes Bild: Zur Beurteilung von Transaktionsentscheidungen im Rahmen einer existierenden Beziehung sind die variablen Kosten die Maßgröße. Dies wird nur aufgeweicht für den Fall eines negativen Transaktionsdeckungsbeitrags und verbundenen Folgetransaktionen. Als Hilfe in diesem speziellen Fall kann die Entwicklung der vergangenen Transaktionsdeckungsbeiträge herangezogen werden. Im Fall der Projektentscheidung sind die Gesamtkosten des Projekts die Preisuntergrenze. Sie lassen sich nur nicht exakt ermitteln. Als Hilfsgrößen können der vergangene Kundendeckungsbeitrag und die Entwicklung der vergangenen Transaktionsdeckungsbeiträge herangezogen werden.

Bezüglich der Beeinflussbarkeit der jeweiligen Preisuntergrenze ergibt sich wiederum ein unterschiedliches Bild. Die variablen Kosten im Fall der (nächsten) Transaktionsentscheidung unterliegen kaum irgendwelchen Einflüssen. Sie sind unabhängig von Mengenveränderungen und auch weitgehend von Schlüsselungseffekten. Und auch die Inputpreise werden kurzfristig nicht viel Spielraum aufweisen. Anders stellt sich dies hingegen für die Projektkosten und das Pendant, die Projekterlöse, dar. Hier greifen zumindest zwei der drei Effekte. Die Inputpreise und ihre Preisveränderung über die Zeit sind aufgrund des Langfristcharakters nur bedingt zu bestimmen. Bedenkt man, dass gerade bei der Beschaffung von Komponenten und Material im Integrationsgeschäft versucht wird, den

Preisdruck des Kunden auf die vorgelagerten Marktstufen weiterzugeben, wird die Beeinflussbarkeit deutlich, die vor Projektstart kaum korrekt abschätzbar ist. Eine weitere Planungsunsicherheit, die im Integrationsgeschäft die Grenze eines klaren Entscheidungskriteriums verwischen könnte, ist die zum Angebotszeitpunkt häufig noch unbekannte Spezifikation der Teile. Aufgrund der individuellen Herstellung sind noch nicht alle (evtl. kostspieligen) Details und Probleme, die sich erst im Laufe der Entwicklung und Fertigung der Teile und damit auch der Produktionsanlage ergeben, bekannt. Die gleiche Unbestimmbarkeit gilt für die zu erwartenden Produktionsmengen und damit die Verteilungsbasis der fixen Gemeinkosten. Auch die Fristigkeit des Projektes spielt hier aufgrund von Zinseffekten eine Rolle. Allein das Schlüsselungsproblem ist im Integrationsgeschäft weniger bedeutsam. Sind ein Großteil der Anlagen etc. tatsächlich kundenspezifisch beschafft, handelt es sich um Kundeneinzelkosten und entzieht sich so der Schlüsselung auf dem Niveau des Projekts als Zurechnungsobjekt.

2.4 Preisuntergrenze im Systemgeschäft

Der vierte Geschäftstyp ist das Systemgeschäft, in dem – wie im Produktgeschäft – standardisierte Produkte für einen Massenmarkt oder ein Marktsegment geboten werden. Der Unterschied ist, dass der Kunde durch seine Systementscheidung in der oder den ersten Transaktionen eine Bindung eingeht. Er tätigt eine spezifische Investition, die bei einem Systemwechsel weitgehend oder vollkommen versunken wäre (Backhaus und Voeth 2014, S. 449 ff.). Das Paradebeispiel ist die IT-Umgebung eines Unternehmung. Hat sie sich für ein Enterprise Resource Planning (ERP)-System von SAP entschieden und ist dieses System erst einmal implementiert, wäre ein Wechsel auf z. B. Oracle mit erheblichen Wechselkosten verbunden, die nicht anfallen, wenn das Unternehmen beim SAP-System bleibt – ein per Systementscheidung eingebauter Wettbewerbsvorteil für den In-Supplier SAP (Backhaus und Voeth 2014, S. 454 ff.). Klingt dies noch sehr nach der Bindungssituation im Integrationsgeschäft, kommt im Systemgeschäft häufig ein zweiter Aspekt hinzu: der Nutzen für den Kunden kann auch von der Verbreitung des Systems (direkter Netzeffekt) und/oder der Anzahl an Komplementärprodukten (indirekter Netzeffekt) abhängen (Voeth 2003, S. 120). Im Fall SAP bedeutet dies, dass die große Verbreitung z. B. auch eine große Zahl kompetenter Berater erzeugt hat, die große Implementierungs- und Betreuungserfahrungen auf sich vereinen und damit das Verwenderrisiko des Kunden im Vergleich zu einem wenig verbreiteten ERP-System senken.

Analysiert man die Kosten- und Erlösstruktur in diesem Geschäftstyp, zeigt sich die Kostensituation nicht deutlich unterschiedlich zu der im Produktgeschäft. Die autonome Produktion für den Massenmarkt erzeugt einen größeren Teil fixer Gemeinkosten und auch die variablen Kosten sind i. d. R. den einzelnen Produkten nicht verursachungsgerecht zuordenbar. Ein Unterschied zum Produktgeschäft kann darin bestehen, dass gerade im Systemgeschäft ein Großteil der fixen Gemeinkosten nicht selten aus vorlaufenden Systementwicklungs- und Infrastrukturausgaben besteht und die variablen Kosten gerade im Bereich digitalisierbarer Leistungen nur noch einen marginalen Anteil aufweisen (Plinke und Rese 2000, S. 721). Das wirklich Charakteristische dieses Geschäftstyps findet sich auf der Erlösseite: Aus der Bindung des Kunden resultieren – wie auch im Integrationsgeschäft – kundenindividuelle Erlösverbunde. Die einzelnen Transaktionen eines Kunden weisen eine innere Verbindung auf, weil als Kaufgrund immer auch die Kompatibilität des Systems eine Rolle spielt (Backhaus und Voeth 2014, S. 450 f.). Jeder Erlös ist Gemeinerlös, weil er zusätzlich auch die Wahrscheinlichkeit zukünftiger Erlöse mit dem Kunden beeinflusst. Kommt hinzu, dass der Nutzen des Systems auch von dessen Verbreitung abhängt, ist zusätzlich auch der erwartete Nutzen eines Systems durch die bereits installierte Basis ein zentraler Kaufgrund für den Kunden. Als Konsequenz entstehen neben den kundenindividuellen Verbunden auch kundenübergreifende Erlösverbunde, denn die Kaufentscheidung eines Neukunden wird auch dadurch beeinflusst, dass schon früher andere Kunden die gleiche Entscheidung getroffen haben (Plinke und Rese 2000, S. 710 f. und S. 731 f.; Rese 2002, S. 460).

Die Beschreibung der Erlös- und Kostenstrukturen lässt das Problem schon erahnen. Tatsächlich sind die Erlöse und auch ein Großteil der Kosten verursachungsgerecht nur dem System als Ganzes über seine Lebenszeit zuzurechnen. Das interessiert jedoch in Bezug auf die Preisstellung gegenüber einem einzelnen Kunden kaum. Auf die Frage, ob es eine begründbare Preisuntergrenze für die einzelne Transaktion im Systemgeschäft gibt, muss man ehrlich mit „eigentlich nicht" antworten, wobei diese Aussage umso mehr zutrifft, je stärker die kundenindividuellen und kundenübergreifenden Verbunde, aber auch der Anteil an fixen Gemeinkosten ist (Plinke und Rese 2000, S. 733).

Im Fall der nur kundenspezifischen Verbunde ohne signifikante direkte Netzeffekte ist es bereits schwer, eine Preisuntergrenze zu bestimmen. Der Grund ist, dass die Vollkosten der Leistung erheblich von der Absatzmengenprognose abhängen. Je mehr Verkäufe erwartet werden, desto geringer sind die zurechenbaren Stückkosten. Gerade diese Absatzmenge ist aber aufgrund des schwer zu prognostizierenden Diffusionsprozesses eines Systems schwer vorherzusagen (vgl. Weiber 1992; bzw. zum Erwartungsmanagement Sichtmann 2005). Nur die variablen Kosten zu betrachten bringt wenig, da es kaum welche gibt und insoweit eine Preisuntergrenze von nahe null resultieren würde. Verschärft wird dies jedoch durch die positiven Erlösverbunde in die Zukunft. Will man den Kunden zunächst binden, kann es durchaus sinnvoll sein, ihm die erste Leistung zu schenken oder im Extrem sogar noch Geld hinzu zu geben. Der Erfolg mit dem Kunden wird dann über die Folgetransaktionen erreicht, die nicht nur kostendeckend abgewickelt werden, sondern zudem den akzeptierten Nachteil in der ersten Transaktion überkompensieren. Sind die zukünftigen Erlöschancen nach Bindung nur hoch genug, kann die Preisuntergrenze sogar ins negative sinken (Zuzahlung des Anbieters). Wo aber diese Grenze liegt, ist nur bei klaren Informationen über den zukünftigen Bedarf der Kunden, die dann gegebenen Wechselkosten, die zukünftigen Wettbewerberpreise und -leistungen sowie die Verkaufsmengenentwicklung möglich.

Das Problem der Erlösprognose verschärft sich noch, wenn Netzeffekte und damit kundenübergreifende Erlösverbunde berücksichtigt werden müssen. Gilt die Generierung von Kunden heute als Garant/Voraussetzung für neue Kunden morgen, ist auch hier eine Preisuntergrenze bei null oder darunter denkbar. Doch wo diese tatsächlich liegt, ist aufgrund der Vorhersageschwierigkeiten des Kunden- und Wettbewerberverhaltens mehr als schwierig. Insoweit lässt sich als Fazit festhalten, dass allein auf Basis von Investitions- und Kosteninformationen eine Preisuntergrenze nicht bestimmbar ist (Plinke und Rese 2000, S. 733).

Natürlich gibt es institutionelle Zwänge unserer Gesellschaft, die doch so etwas wie eine Preisuntergrenze bestimmbar machen. Zum Beispiel kann es sich kein Anbieter leisten, über mehrere Jahre Verluste zu erzeugen in der Hoffnung, dass der Erfolg morgen dafür umso größer ausfällt. Jedoch ist in dem Fall die Preisuntergrenze weniger im Wettbewerb motiviert als vielmehr in den existierenden Regeln.

3 Die Ergebnisse im Überblick

Fasst man das Beschriebene zusammen, lassen sich die folgenden Erkenntnisse extrahieren:

- Offensichtlich ist geworden, dass es keine einheitliche Regel zur Ermittlung der Preisuntergrenze gibt. Vielmehr hängt die Preisuntergrenze vom Geschäftstyp ab.
- Die Geschäftstypen weisen jeweils charakteristische Erlös- und Kostenstrukturen auf. Diese sind das Abbild der Anbieter- und Nachfragerbindungen, die die verschiedenen Geschäftstypen unterscheiden.
- Die Preisuntergrenzenbestimmung erfolgt immer dann rein kostenbasiert, wenn es keine Erlösverbunde in die Zukunft gibt. Generell besteht die Preisuntergrenze dann aus den Kosten, die zum Entscheidungszeitpunkt in ihrer Höhe noch beeinflussbar, d. h. relevant sind. Bereits vordisponierte, in ihrer Höhe nicht mehr beeinflussbare Kosten sind irrelevant für die Bestimmung der Preisuntergrenze.
- Erlösverbunde in die Zukunft machen die Preisuntergrenzenbestimmung schwierig. Der Grund ist, dass eine Auftragserlangung heute bei Unterschreitung der relevanten Kosten morgen zu interessanten Aufträgen und damit höheren Gewinnen führen könnte.
- Spielraum bei der Bestimmung der wahren Preisuntergrenze ist je nach Geschäftstyp in unterschiedlichem Maß gegeben. Dies gilt sowohl in Bezug auf die Höhe als auch auf die Quellen des Spielraums.

Abbildung 4 fasst die Ergebnisse noch einmal zusammen.

Die Ergebnisse belegen, dass die Ermittlung von Preisuntergrenzen ein nicht immer einfaches Unterfangen ist. Zudem ist zu bedenken, dass bislang zwei der fünf zu Beginn aufgezählten Einflüsse auf die Höhe der Preisuntergrenze – Organisationseinflüsse und Anreizstrukturen im Unternehmen – nicht betrachtet wurden. Sie sorgen in aller Regel

	Produktgeschäft		Projektgeschäft	Integrationsgeschäft		Systemgeschäft	
	kurzfristig	langfristig		Projektentscheidung	Transaktionsentscheidung	ohne Netzeffekte	mit Netzeffekten
Erlösverbunde	keine	keine	keine	kundenspezifisch	ja/nein (abhängig von den Alternativen des Kunden)	kundenspezifisch	kundenspezifisch und kundenübergreifend
Kostenverbunde	produkt- und kundenübergreifend		kaum (steigen mit zunehmender Fertigungstiefe)	pro Kunde schwach, pro Zulieferteil hoch	pro Auftrag hoch	systemspezifisch (kundenübergreifend)	systemspezifisch (kundenübergreifend)
Preisuntergrenze	variable Kosten des Produkts	Vollkosten des Produkts	Projekteinzelkosten (≈ Vollkosten des Projekts)	Projektvollkosten (des Kunden)	variable Kosten des Bauteils	(geringe) kundenspezifische Kosten des Projekts	nicht bestimmbar
Spielraum	keiner	Mengenplanung, Gemeinkostenschlüsselung	Inputpreise	Mengenplanung, Inputpreise	keiner	Mengenplanung, Gemeinkostenschlüsselung	n. a.

Abb. 4 Ergebnisse im Überblick

für eine weitere Aufweichung des Preisuntergrenzenkalküls. Offensichtlich ist, dass organisationale Strukturen und daran angepasste Abrechnungsregeln im Unternehmen sehr wohl einen zusätzlichen Einfluss auf die Höhe der Preisuntergrenze haben. Am deutlichsten wird dies bei der Organisationsform in Profit Centern und Unternehmen mit einer hohen Wertschöpfungstiefe. Schlägt jedes bearbeitende Profit Center seinen Gewinn auf und gehen diese Größen in die Kalkulation der nächsten Stufe als Inputkosten ein, ergibt sich unweigerlich ein Mix aus Kosten und Gewinnen, der im Vertrieb zur Bestimmung einer tendenziell zu hohen Preisuntergrenze führt (Spengler 1950; Machlup und Taber 1960, S. 102). Die Konsequenz sind nicht selten Daumenregeln im Vertrieb – z. B. 20 % Abschlag auf die Vollkosten –, die zu einem ineffizienten Marktmanagement führen. Etwas anders gelagert ist die Situation bezüglich der Anreizwirkungen im Unternehmen. Werden Vertriebsingenieure z. B. variabel nach Umsatzgenerierung bezahlt, existiert eine nachvollziehbare Tendenz, die Preisuntergrenze eher nach unten zu korrigieren, egal ob dies korrekt ist oder nicht. Genug Argumente gibt es in den ersten vier beschriebenen Einflüssen. Und hinzukommt, dass in dem Moment der Vertriebsingenieur mit dem Kunden eine unheilige Allianz bildet. Letztlich sind beide aus unterschiedlichen Motivlagen am Gleichen interessiert: Senkung der Preisuntergrenze. Aus dieser Perspektive kann nur gemutmaßt werden, dass gerade die Bedeutung von Erlösverbunden nicht unbedingt überschätzt, aber an manchen Stellen unsachgemäß missbraucht wird. Häufig gehörte Stichworte an dieser Stelle sind „Strategischer Kunde, Strategisches Projekt, Referenz", etc. Sowohl die organisationalen Einflüsse als auch die Anreizproblematik sind geschäftstypenunabhängig und insoweit auch in der oben dargestellten Diskussion nicht berücksichtigt worden. Es wäre jedoch fahrlässig, diese Einflüsse zu übersehen, will man Preisuntergrenzen beurteilen.

Der letzte Gedanke soll der Realitätsnähe der Überlegungen gewidmet sein. Dieser Beitrag versucht, die Unterschiede bei der Ermittlung der Preisuntergrenze in unterschiedlichen Geschäftstypen aufzudecken. Leitbild war die Systematisierung von Backhaus (vgl. Backhaus und Mühlfeld, Geschäftstypen im Industriegütermarketing). In der Realität werden sich die Unternehmen nicht vollständig korrekt dem einen oder anderen Geschäftstyp zuordnen lassen. Vielmehr gibt es Zwischenformen und Geschäftstypenwechsel (Mühlfeld 2004 und Mühlfeld 2007; Backhaus und Voeth 2014, S. 595 ff.). Weit verbreitet im Industriegüterbereich ist inzwischen die Verknüpfung der Angebote mit ergänzenden Serviceleistungen. Stichworte sind Performance Contracting (vgl. Freiling in diesem Band), Industrial Product Service Systems („IPS[2]") bzw. hybride Leistungsbündel, d. h. „eine integrierte und sich gegenseitig determinierende Planung, Entwicklung und Nutzung von Sach- und Dienstleistungsanteilen einschließlich ihrer immanenten Softwarekomponenten", wobei die Substitution der Sach- und Dienstleistungsanteile Voraussetzung ist (Meier et al. 2005, S. 529). All diese Phänomene machen die Einordnung einer Leistung in die vier Geschäftstypen weniger eindeutig. Das bedeutet aber nichts anderes, als dass es auch sehr viel mehr Nuancen an Erlös- und Kostenstrukturen gibt, als hier vorgestellt. Beispielsweise hat ein zunehmender Anteil an Serviceleistungen tendenziell höhere Gemeinkosten zur Folge. Gleichzeitig ist aber auch der Individualitätsgrad der Leistung höher aufgrund der erforderlichen Integration des Kunden (vgl. ausführlich zur Ermittlung von Preisober- und -untergrenzen bei IPS² Steven et al. 2009). Das ändert jedoch nichts an den grundsätzlichen Erkenntnissen, wie sie im ersten Teil dieser Ergebniszusammenfassung beschrieben wurden. Jedes Unternehmen muss sich fragen, wie viel von welchem Geschäftstyp sich in seinen Aktivitäten wieder findet. Dann lassen sich die Effekte auf die Preisuntergrenze ganz im Sinne eines Baukastens ermitteln.

Literatur

Verwendete Literatur

Backhaus, K., und M. Voeth. 2014. *Industriegütermarketing*, 10. Aufl. München: Vahlen Verlag.

Bhimani, A., S.M. Horngren, und M.V. Rajan. 2012. *Management and Cost Accounting*, 5. Aufl. Harlow: Pearson Prentice Hall.

Diehl, H. 1977. Probleme der Preisfindung im industriellen Anlagengeschäft. *Zeitschrift für betriebswirtschaftliche Forschung* (Sonderh. 7): 173–184.

Engelhardt, W.H. 1977. Grundlagen des Anlagen-Marketing. *Zeitschrift für betriebswirtschaftliche Forschung* (Sonderh. 7): 9–37.

Höffken, E. 1990. Probleme der Kosten- und Erlösschätzung als eine der Grundlagen für unternehmerische Entscheidungen. In *Kosten und Erlöse: Orientierungsgrößen der Unternehmenspolitik*, Hrsg. R. Steffen, R. Wartmann, 137–152. Stuttgart: Schäffer Verlag.

Joos-Sachse, T. 2006. *Controlling, Kostenrechnung und Kostenmanagement*, 4. Aufl. Wiesbaden: Gabler Verlag.

Kilger, W. 2012. *Flexible Plankostenrechnung und Deckungsbeitragsrechnung*, 13. Aufl. Wiesbaden: Gabler Verlag.

Machlup, F., und M. Taber. 1960. Bilateral Monopoly, Successive Monopoly, and Vertical Integration. *Economica* 27(2): 101–119.

Meier, H., E. Uhlmann, und D. Kortmann. 2005. Hybride Leistungsbündel – Nutzenorientiertes Produktverständnis durch interferierende Sach- und Dienstleistungen. *Werkstattstechnik online* 95(7/8): 528–532.

Mühlfeld, K. 2004. *Strategic Shifts between business types: A transaction cost theory-based approach supported by dyad simulation*. Wiesbaden: Gabler Verlag.

Mühlfeld, K. 2007. Geschäftstypendynamik. In *Innovationen für das Industriegütermarketing*, Hrsg. J. Büschken, M. Voeth, R. Weiber, 315–336. Stuttgart: Schäffer Poeschel Verlag.

Plinke, W. 1985. *Erlösplanung im industriellen Anlagengeschäft*. Wiesbaden: Gabler Verlag.

Plinke, W., und M. Claßen. 2013. Erlösgestaltung im Projektgeschäft. In *Auftrags- und Projektmanagement. Mastering Business Markets*, 2. Aufl., Hrsg. M. Kleinaltenkamp, W. Plinke, I. Geiger, 91–136. Wiesbaden: Springer Gabler.

Plinke, W. 2000. Grundlagen der industriellen Kosten- und Leistungsrechnung. In *Technischer Vertrieb: Grundlagen des Business-to-Business Marketing*, 2. Aufl., Hrsg. W. Plinke, M. Kleinaltenkamp, 615–689. Berlin: Springer Verlag.

Plinke, W., und M. Rese. 2000. Analyse der Erfolgsquellen. In *Technischer Vertrieb: Grundlagen des Business-to-Business Marketing*, 2. Aufl., Hrsg. W. Plinke, M. Kleinaltenkamp, 691–760. Berlin: Springer Verlag.

Plinke, W., und M. Rese. 2006. *Industrielle Kostenrechnung: Eine Einführung*, 7. Aufl. Berlin.

Reckenfelderbäumer, M., und M. Welling. 2006. Der Beitrag einer relativen Einzel- und Prozesskosten- und Deckungsbeitragsrechnung zur Ermittlung von Kundenwerten - konzeptionelle Überlegungen und Gestaltungsempfehlungen. In *Kundenwert*, 3. Aufl., Hrsg. B. Günter, S. Helm, 335–368. Wiesbaden: Gabler Verlag.

Rese, M. 2002. Erlösplanung und Erlöskontrolle. In *Handwörterbuch Unternehmensrechnung und Controlling*, Hrsg. H.-U. Küpper. Stuttgart: Schäffer Poeschel Verlag. Sp. 453-462

Rese, M. 2006. Entscheidungsunterstützung in Geschäftsbeziehungen mittels Deckungsbeitragsrechnung – Möglichkeiten und Grenzen. In *Kundenwert*, 3. Aufl., Hrsg. B. Günter, S. Helm, 293–310. Wiesbaden: Gabler Verlag.

Riebel, P. 1994. *Einzelkosten- und Deckungsbeitragsrechnung*, 7. Aufl. Wiesbaden: Gabler.

Roemer, E. 2004. *Flexibility in Buyer-Seller Relationships*. Wiesbaden: Gabler Verlag.

Schmalenbach, E. 1908. Theorie der Produktionskosten-Ermittlung. *Zeitschrift für handelswissenschaftliche Forschung* 3(09): 41–65.

Sichtmann 2005. *Erwartungsmanagement bei innovativen Kommunikationsdiensten: Eine institutionenökonomische Analyse*. Wiesbaden: Gabler.

Spengler, J.J. 1950. Vertical Integration and Antitrust Policy. *Journal of Political Economy* 58(4): 347–352.

Steven, M., M. Rese, T. Soth, W.-C. Strotmann, und M. Karger. 2009. Profitability of Industrial Product Service Systems (IPS^2) – Estimating Price Floor and Price Ceiling of Innovative Problem Solutions. In *Proceedings of the 1st CIRP Industrial Product-Service Systems (IPS^2) Conference, Cranfield University, 1-2 April 2009*, 243–248.

Voeth, M. 2003. *Gruppengütermarketing*. München: Vahlen Verlag.

Weber, J. 1991. Kostenrechnung als Controlling-Objekt: Zur Neuausrichtung und Weiterentwicklung der Kostenrechnung. In *Unternehmensdynamik: Horst Albach zum 60. Geburtstag*, Hrsg. K.-P. Kistner, R. Schmidt, 443–479. Wiesbaden: Gabler Verlag.

Weiber, R. 1992. *Diffusion von Telekommunikation: Problem der Kritischen Masse*. Wiesbaden.

Weiterführende Literatur

Backhaus, K., und K. Mühlfeld. 2013. Geschäftstypen im Industriegütermarketing. In *Handbuch Industriegütermarketing: Strategien – Instrumente – Anwendungen*, 2. Aufl., Hrsg. K. Backhaus, M. Voeth Wiesbaden: Springer Verlag.

Freiling, J. 2013. Performance Contracting. In *Handbuch Industriegütermarketing: Strategien – Instrumente – Anwendungen*, 2. Aufl., Hrsg. K. Backhaus, M. Voeth Wiesbaden: Springer Verlag.

Preisverhandlungen

Markus Voeth und Uta Herbst

Inhaltsverzeichnis

1 Zur Bedeutung von Preisverhandlungen auf Industriegütermärkten 538
2 Bestandteile eines systematischen Verhandlungsmanagements 539
3 Management von Preisverhandlungen 540
　3.1　Analyse 540
　3.2　Organisation 541
　3.3　Vorbereitung 543
　　　3.3.1　Analyse und Gestaltung von Verhandlungsgegenständen 544
　　　3.3.2　Festlegung von Verhandlungszielen, Verhandlungsstrategien und -taktiken 545
　3.4　Führung 550
　3.5　Controlling 552
4 Fazit 553
Literatur 554

Prof. Dr. Markus Voeth ✉
Universität Hohenheim, Institut für Marketing und Management, Lehrstuhl für Marketing und Business Development, Stuttgart, Deutschland
e-mail: markus.voeth@uni-hohenheim.de

Prof. Dr. Uta Herbst
Universität Potsdam, Lehrstuhl für Betriebswirtschaftslehre mit dem Schwerpunkt Marketing II, Potsdam, Deutschland
e-mail: uta_herbst@uni-potsdam.de

© Springer Fachmedien Wiesbaden 2015
K. Backhaus und M. Voeth (Hrsg.), *Handbuch Business-to-Business-Marketing*,
DOI 10.1007/978-3-8349-4681-2_26

1 Zur Bedeutung von Preisverhandlungen auf Industriegütermärkten

Industriegütermärkte sind im Vergleich zu Konsumgütermärkten dadurch gekennzeichnet, dass hier in der Regel eine geringere Anzahl von Marktteilnehmern auf der Anbieter- und der Nachfragerseite vorhanden ist, sehr spezifischer, kundenindividueller Bedarf besteht und die einzelnen Transaktionen ein relativ großes Wertvolumen aufweisen (vgl. Backhaus und Voeth 2014). Daher ist es auf Industriegütermärkten typisch, dass die Anbieter die Transaktionsbedingungen im Vorfeld nicht einseitig festlegen können, sondern im Rahmen eines Interaktionsprozesses mit dem Nachfrager entwickeln müssen. Diese für Industriegütermärkte charakteristischen Interaktionsprozesse, in deren Verlauf die Beteiligten versuchen, trotz vorhandener (partieller) Präferenzunterschiede eine Einigung zum gegenseitigen Vorteil herbeizuführen, können als Verhandlungssituationen aufgefasst werden, da sie die konstitutiven Merkmale von Verhandlungen wie z. B. Zielkongruenz, Präferenzkonflikt oder Vorhandensein eines Einigungsraums erfüllen (z. B. Bazerman 2006; Thompson 2011). Verhandlungen spielen daher auf Industriegütermärkten grundsätzlich eine zentrale Rolle (Backhaus und Voeth 2014).

Allerdings hängen Inhalt und Verlauf der Verhandlungen auf Industriegütermärkten wesentlich von den Charakteristika der konkreten industriellen Vermarktungskonstellation und damit vom „Geschäftstyp" ab (vgl. Voeth und Herbst 2011). Bei den von Backhaus (1997) differenzierten Geschäftstypen, die Backhaus und Voeth (2014) inzwischen mit Produkt-, System-, Projekt- und Integrationsgeschäft berichtigen, spielen Verhandlungen über den Preis jeweils eine zentrale, allerdings unterschiedlich dominante Rolle: Im Produkt- und Systemgeschäft treten Preisverhandlungen so in „Reinform" auf. Da in diesen Geschäftstypen keine kundenindividuelle Fertigung vorgenommen wird und stattdessen Produkte wie Werkzeugmaschinen, Büromöbel oder Software vom Anbieter für verschiedene Kunden, also ganze Märkte oder Marktsegmente entwickelt und angeboten werden, steht hier im Mittelpunkt der anschließenden Anbieter-Nachfrager-Interaktion vor allem oder sogar allein der Preis (neben eventuellen Zahlungs- und Lieferkonditionen oder After-Sales-Leistungen wie Wartung oder zusätzliche Garantien). Im Gegensatz dazu ist bei der Vermarktung im Projekt- oder Integrationsgeschäft neben dem Preis gleichberechtigt über die Ausgestaltung der eigentlichen Leistung zu verhandeln. Die Verhandlungen sind daher in diesen Geschäftstypen komplexer, da nicht allein über den Preis eine Einigung erzielt werden muss (Sanstede und Voeth 2008).

Obwohl Verhandlungen über den Preis damit auf nahezu allen Industriegütermärkten den Regelfall darstellen, spielen sie in der (Industriegüter-)Marketing-Forschung noch immer eine – wenn überhaupt – untergeordnete Rolle (Herbst et al. 2011). Wissenschaftliche Erkenntnisse zu Verhandlungen im Allgemeinen und zu Preisverhandlungen im Speziellen liegen daher eher außerhalb des Marketing-Bereichs in der allgemeinen Verhandlungsforschung vor (Herbst 2007). Bei der allgemeinen Verhandlungsforschung handelt es sich allerdings um ein stark parzelliertes Forschungsgebiet. So existiert dort zwar eine Vielzahl einzelner Forschungsergebnisse und -ansätze, die sich häufig auch recht gut auf Preisverhandlungen übertragen lassen, jedoch werden zumeist entweder sehr spezifische Fragestellungen behandelt oder die Ansätze sind so allgemein ausgerichtet, dass sie der Praxis allein grundsätzliche, aber keine situationsbezogene Hilfestellung für konkrete Verhandlungssituationen bieten. Daher stellt Diller (2007) noch vor wenigen Jahren im Hinblick auf die Preisverhandlungsforschung fest, dass ein schlüssiges Gesamtbild derzeit noch nicht erarbeitet worden sei.

Einen ersten Ansatz für ein solches „Gesamtbild" für das Management von Preisverhandlungen haben inzwischen Voeth und Herbst (2009) vorgelegt. Ähnlich wie Voeth und Herbst (2014) dies für Preisverhandlungen bei Commodities vorschlagen, wird dieser Ansatz für ein systematisches und umfassendes betriebswirtschaftliches Verhandlungsmanagement, der im Abschn. 2 kurz vorgestellt wird, auch hier als Referenzrahmen verwandt, um die vorhandenen Erkenntnisse zu Preisverhandlungen systematisch vorzustellen (Abschn. 3). Anschließend wird im Abschn. 4 ein kurzes Fazit gezogen, in dem vor allem ein Ausblick auf zukünftige Herausforderungen im Zusammenhang mit dem Management von Preisverhandlungen gegeben wird.

2 Bestandteile eines systematischen Verhandlungsmanagements

Bei dem Ansatz von Voeth und Herbst (2009) für das Management von Verhandlungen handelt es sich im Kern um einen sehr differenzierten Strukturierungsansatz. Angefangen von der vorgeschalteten Analyse der Verhandlungsausgangssituation (Analyse) über die Organisation von Verhandlung und Verhandlungsteam (Organisation) sowie die detaillierte Verhandlungsvorbereitung (Vorbereitung) bis zur eigentlichen Verhandlungsführung (Führung) und dem abschließenden Verhandlungscontrolling (Controlling) wird ein Regelprozess für das Management von Verhandlungen vorgeschlagen (vgl. Abb. 1). Mit Hilfe dieses Ansatzes können Unternehmen eine Systematisierung ihrer Aktivitäten im Bereich von Verhandlungen erreichen. Die Besonderheit des Ansatzes ist dabei in der eingenommenen Führungsperspektive zu sehen. So wird bei dem Ansatz weniger die Perspektive des Verhandelnden, sondern vielmehr die des ihn entsendenden Unternehmens eingenommen. Daher werden in dem Ansatz auch solche Steuerungs- und Planungsaspekte im Zusammenhang mit Verhandlungen aufgegriffen, die stärker an den übergeordneten Interessen des Unternehmens (Organisation des Verhandlungsteams, Controlling der Verhandlungsergebnisse) ansetzen.

Obwohl der Ansatz von Voeth und Herbst (2009) für Verhandlungen im Allgemeinen entwickelt wurde, eignet er sich auch für spezifische Verhandlungssituationen wie die im Rahmen dieses Beitrags im Vordergrund stehenden Preisverhandlungen. Daher soll er im Folgenden als Referenzrahmen für die im Folgenden diskutierten Maßnahmen zur Optimierung von Preisverhandlungen dienen.

2005). Hierbei wird eine begrenzte Zahl von Lieferanten eingeladen, während eines feststehenden Zeitraums Angebote für ein bestimmtes, fest definiertes Zulieferteil abzugeben. Da die Lieferanten dabei jeweils die Angebote ihrer Wettbewerber in Echtzeit einsehen können, erhofft sich der Einkauf bei solchen Bidding-Verfahren, dass sich die Lieferanten gegenseitig unterbieten und damit ein geringerer Preis als bei herkömmlichen Preisverhandlungen erzielt wird.

Je nachdem, ob und ggf. welche Spielregeln seitens des Verhandlungspartners für eine anstehende Preisverhandlung ausgegeben werden, sind die eigenen Organisationsentscheidungen zu treffen. Vor allem geht es dabei um die Frage, wer auf der eigenen Seite die Verhandlungen führen soll, wer also Mitglied im eigenen Verhandlungsteam („Negotiation Team") sein soll. Wesentlich ist dabei, dass die Frage, wer auf der eigenen Seite in eine anstehende Preisverhandlung geschickt wird, bewusst getroffen wird. Vielfach wird diese Entscheidung in der Praxis noch immer mehr oder weniger dem Zufall überlassen. So wird die Verhandlung dem Mitarbeiter übertragen, der gerade zeitlich verfügbar ist. Ein solches Vorgehen ist aber risikoreich, da von der personellen Besetzung des Verhandlungsteams wesentlich der Verhandlungserfolg abhängt. Ein umfassender Management-Ansatz für Preisverhandlungen sollte daher fundierte Entscheidungen über

- die Größe des Verhandlungsteams und
- die Zusammensetzung des Teams

beinhalten.

Bei der Festlegung der Größe des Verhandlungsteams ist dabei zu beachten, dass die Performance eines Verhandlungsteams nicht unbedingt mit zunehmender Teamgröße ansteigt (Thompson et al. 1996; Wood 2001). Daher ist die verhandlungsbezogen „richtige" Teamgröße zu ermitteln. Ansatzpunkte für die Ermittlung können die vermutete Teamgröße der Gegenseite sowie die im Negotiation Team benötigten Kompetenzen liefern.

Hinsichtlich der Team-Zusammensetzung ist zu beachten, dass nicht jeder Mitarbeiter in gleicher Weise geeignet ist, Preisverhandlungen durchzuführen. Die Verhandlungsforschung hat in diesem Zusammenhang gezeigt, dass soziodemografische, psychografische und organisationale Merkmale von Bedeutung sind (Levi 2013). In Bezug auf soziodemografische Merkmale (z. B. Alter, Bildung) kommen die Studien allerdings zu recht unterschiedlichen Ergebnissen. Allein beim Merkmal „Geschlecht" gleichen sich die Studienergebnisse weitgehend (Herbst 2007). So konnte in vielen Untersuchungen belegt werden, dass Männer stärker geneigt sind, Verhandlungen aufzunehmen, als Frauen (Alserhan 2009; Bear 2010) und schließlich auch in Verhandlungen, in denen es vor allem darum geht, die eigenen Interessen zulasten der Gegenseite durchzusetzen, zu besseren Ergebnissen als Frauen gelangen (Pinkley 1990; Gilkey et al. 1984).

Im Bereich psychografischer Merkmale wurde in der Literatur neben Werten (z. B. Wrightsman 1966) und Persönlichkeitsmerkmalen (Neale und Northcraft 1986) vor allem die Bedeutung von Erfahrung untersucht. Zu differenzieren ist dabei zwischen Fach- und Verhandlungserfahrung. Beides kann sich in Verhandlungen positiv auf das Ergebnis auswirken. In der Literatur wird in diesem Zusammenhang davon ausgegangen, dass am

Beginn von Verhandlungen eher Facherfahrung erforderlich ist, wohingegen gegen Ende eher Verhandlungserfahrung zählt (Voeth und Herbst 2009). Begründet wird dies mit der Überlegung, dass am Beginn von Verhandlungen zunächst fachliche Aspekte geklärt werden müssen, bevor dann gegen Ende eine Einigung bei solchen konträren Verhandlungsgegenständen herbeigeführt werden muss. Da es sich beim Preis in aller Regel um einen konträren Verhandlungsgegenstand handelt, sollte bei Preisverhandlungen demnach bei der Besetzung des Negotiation Teams insbesondere auf das Vorhandensein von Verhandlungserfahrung geachtet werden.

Im Mittelpunkt organisationaler Merkmale stehen schließlich Charakteristika wie hierarchische Position, Abteilungs- oder Rollenzugehörigkeit. Auch hierzu liegen verschiedene empirische Studien aus der Verhandlungsforschung vor (vgl. den Überblick bei Barisch 2011). Während Sherif und Sherif (1969) zu dem Ergebnis kommen, dass höhere Hierarchieebenen effizienter verhandeln können, da sie aufgrund ihrer größeren organisatorischen Verantwortung eher in der Lage sind, Zugeständnisse zu machen bzw. eigene Verhandlungspositionen durchzusetzen, kommt Barisch (2011) zu dem gegenteiligen Ergebnis, dass höhere Hierarchieebenen nicht effizienter, zugleich aber weniger effektiv verhandeln. Dies lässt sich damit begründen, dass Mitarbeiter höherer Hierarchieebenen einen größeren Verantwortungsbereich haben und daher der in einer einzelnen Preisverhandlung auf dem Spiel stehende Volumenwert für diese Ebenen relativ betrachtet weniger bedeutsam erscheint (Voeth und Herbst 2014).

Ist die Entscheidung über die Zusammensetzung des Verhandlungsteams getroffen, so gehört es zur Organisationsaufgabe auch, die Teammitglieder zu einer teaminternen Aufgabenteilung zu bewegen. Zu unterscheiden ist dabei zwischen einer fachlichen, prozessualen und entscheidungsbezogenen Aufgabenteilung. Insbesondere der zuletzt angeführten Art der Aufgabenteilung kommt bei Preisverhandlungen eine besondere Bedeutung zu, da im Vorfeld geklärt sein sollte, welches Teammitglied die letzte Entscheidung über die Annahme eines vorliegenden Gebotes trifft. Nur so lassen sich Kompetenzstreitigkeiten im Negotiation Team, aber auch mit dem Verhandlungspartner vermeiden.

3.3 Vorbereitung

Auch wenn natürlich jedem anderen Schritt des Managements von Preisverhandlungen ebenfalls Bedeutung beikommt, spielt die Phase der Verhandlungsvorbereitung – auch im Vergleich zur eigentlichen Verhandlungsführung – unzweifelhaft die größte Rolle. Thompson (2011) spricht sogar von der „80 : 20-Regel", wonach die Bedeutung der Verhandlungsvorbereitung im Verhältnis zur anschließenden Verhandlungsführung viermal größer ist. Im Einzelnen geht es innerhalb der Verhandlungsvorbereitung dabei um

- die Analyse und Gestaltung der im ersten Schritt des Verhandlungsmanagements identifizierten Verhandlungsgegenstände sowie
- die Festlegung von Verhandlungszielen, Verhandlungsstrategien und -taktiken (unter Einschluss der Gegenseite).

3.3.1 Analyse und Gestaltung von Verhandlungsgegenständen

Im Hinblick auf die im Rahmen der Verhandlungsanalyse ermittelten Verhandlungsgegenstände sind innerhalb der Verhandlungsvorbereitung verschiedene Analyse- und Gestaltungsfragen zu beantworten. Auf der Analyseebene geht es – sofern in der Verhandlung neben dem Preis über weitere Nicht-Preiselemente verhandelt werden muss – zunächst um die Bedeutung und den Charakter der übrigen Verhandlungsgegenstände. Sind diese für die eigene Verhandlungsseite, vor allem aber den Verhandlungsgegner wichtig? Liegen kompatible Präferenzen bei diesen Verhandlungsgegenständen vor (gleiche gewünschte Ausprägungen)? Handelt es sich bei nicht-kompatiblen Verhandlungsgegenständen um distributive (konstantes Win-Set) oder integrative Gegenstände (Win-Set hängt vom Verhandlungsergebnis und damit dem Verhandlungsgeschick der Parteien ab)? Die Beantwortung dieser Fragen ist wichtig, da hiervon die anschließenden Gestaltungsaufgaben beeinflusst werden. So wird das Verhandlungsergebnis bei einer reinen Preisverhandlung, in der allein über den Preis verhandelt wird, überwiegend von der Machtkonstellation der Parteien sowie von deren Alternativen beeinflusst. Gerade für den Vertrieb, der sich gegenüber dem Einkauf (auf Käufermärkten) tendenziell in einer schwächeren Position befindet (oder sieht), bedeutet dies, dass auch im Falle reiner Preisverhandlungen über die Einführung zusätzlicher Verhandlungsgegenstände nachgedacht werden sollte. Durch die Integration weiterer Verhandlungsgegenstände wird dann zwar die anschließende Verhandlungssituation komplexer, zugleich ergeben sich jedoch Spielräume, um den ansonsten für Preisverhandlungen typischen distributiven Charakter abzuschwächen bzw. integrativer zu machen. Integrative Verhandlungen liegen dabei immer dann vor, wenn die Verhandlungsparteien bei verschiedenen Verhandlungsgegenständen unterschiedliche Präferenzen aufweisen und daher ein wechselseitiges Entgegenkommen bei verschiedenen Verhandlungsgegenständen beide Seiten besser stellt („jeder gibt bei dem für ihn unwichtigeren Verhandlungsgegenstand nach").

Auch wenn dabei in „reinen" Preisverhandlungen, z. B. bei Commodities, häufig zunächst keine weiteren Verhandlungsgegenstände vorliegen und allein über den Verhandlungsgegenstand „Preis" verhandelt werden soll, kann es gelingen, eine integrativere Verhandlungssituation durch bewusste Einführung neuer Verhandlungsgegenstände herbeizuführen. Hierzu können Verhandelnde auf die Techniken des

- Splittings sowie
- Side Dealings

zurückgreifen.

Beim Splitting wird aus einem einzelnen distributiven Verhandlungsgegenstand durch Aufspaltung eine Gruppe von integrativeren Verhandlungsgegenständen erzeugt. Beim Preis kann es bspw. durch das Angebot eines nicht-linearen Preises – hierbei handelt es sich um eine Kombination aus mengenunabhängigem Basispreis und einem mengenabhängigen Preis für die nachgefragten Mengeneinheiten (Voeth und Herbst 2013) – gelingen, integratives Potenzial in einer Preisverhandlung zu entwickeln. Sofern der Kunde bspw. risikofreudig ist und der Anbieter über hohe Fixkosten, zugleich aber geringe variable Kosten verfügt, werden beide Seiten beim Angebot eines nicht-linearen Preises relativ leicht zu einer Einigung gelangen, da der Anbieter dem Kunden beim variablen Preisbestandteil entgegenzukommen bereit ist, wohingegen für den Kunden Zugeständnisse beim Basispreis denkbar sind.

Eine andere Möglichkeit zur Integration weiterer Verhandlungsgegenstände stellt das Side Dealing dar. Hierunter ist der Versuch zu verstehen, das Ergebnis oder den Prozess einer Verhandlung an das Ergebnis oder den Prozess einer anderen Verhandlung zu knüpfen (Voeth und Herbst 2009). Side Deals können dabei in Bezug auf die Faktoren „Zeit", „Objekt" und „Partner" geschlossen werden. Während beim zeitbezogenen Side Deal die Konditionen der augenblicklich anstehenden Verhandlung an Zusagen bei zukünftigen Verhandlungen über den gleichen oder ähnlichen Verhandlungsgegenstand geknüpft werden („wir können Ihnen im Preis noch weiter entgegenkommen, wenn wir auch den Zuschlag für den Auftrag des nächsten Jahres bekommen"), geht es bei objektbezogenen Deals um eine Verbindung zu anderen zeitgleich verhandelten Verhandlungsobjekten („wir können Ihnen im Preis bei Produkt A noch weiter entgegenkommen, wenn Sie uns dafür beim Produkt B entgegenkommen"). Schließlich liegen partnerbezogene Side Deals vor, wenn Verhandlungspartner Zusagen vom Verhalten ihres Gegenübers in Verhandlungen mit Dritten abhängig machen. Solche Deals sind in der Praxis durchaus üblich und stellen bspw. eine typische Verhandlungsgepflogenheit des Einkaufs dar („wir können Ihnen im Preis noch weiter entgegenkommen, wenn Sie sich im Gegenzug verpflichten, von unserem Wettbewerb keinen Order-Anteil zu beziehen").

3.3.2 Festlegung von Verhandlungszielen, Verhandlungsstrategien und -taktiken

Der nächste Schritt der Verhandlungsvorbereitung ist in der konkreten Benennung von Verhandlungszielen, Verhandlungsstrategien und -taktiken zu sehen. Verhandlungsziele, die durch grundlegende persönliche und organisationale Verhandlungsmotive und -interessen der Verhandelnden gesteuert werden (Schranner 2007), sind „gewünschte Ausprägungen bei zu verhandelnden Verhandlungsgegenständen einer bestimmten Verhandlung" (Voeth und Herbst 2009). Um diese Ziele tatsächlich zu erreichen, bedarf es dabei konkreter Verhandlungsstrategien und -taktiken. Während eine Verhandlungsstrategie eher einer grundsätzlichen Stoßrichtung oder Leitlinie für Verhandlungsverhalten gleichkommt, stellt die Verhandlungstaktik die Planung des abgestimmten Einsatzes von Verhandlungsargumenten, -angeboten und sonstigen Verhaltensweisen in Bezug auf Verhandlungsablauf und Verhandlungsgegnerin Verhandlungen dar (Bacharach und Lawler 1981) und entspricht demnach der Umsetzung der zugrunde liegenden Strategie in konkretes Verhandlungsverhalten.

Verhandlungsziele
Ganz abgesehen davon, dass in Preisverhandlungen natürlich auch Prozessziele (z. B. mit möglichst geringem Verhandlungsaufwand einen angemessenen Verhandlungsabschluss

zu erreichen) zu beachten sind, sollten in einer Preisverhandlung im Vorfeld vor allem die Ergebnisziele benannt werden. Hierauf wird in der Verhandlungspraxis allerdings häufig verzichtet, so dass eher ziellos nach dem Motto verhandelt wird: „Wir versuchen, so viel wie möglich ‚rauszuholen'". Ursächlich für den Verzicht der Konkretisierung von Verhandlungszielen ist dabei nicht selten die Befürchtung von Verhandlungsführern, ansonsten später an diesem Verhandlungsziel gemessen und damit im Hinblick auf die eigene Verhandlungsperformance beurteilt zu werden. Da genau dies aber das Ziel eines umfassenden Verhandlungsmanagement-Systems sein sollte, sind Verhandelnde dazu zu veranlassen, ihre Preisziele im Rahmen der Verhandlungsvorbereitung konkret zu benennen.

Eine solche Benennung hat dabei (aus Sicht des Verkäufers) in zweierlei Hinsicht zu erfolgen: Zum einen ist die Preisuntergrenze zu ermitteln, deren Unterschreiten zu einer Nicht-Einigung, also zum Abbruch der Verhandlungen führt. Diese Preisuntergrenze wird auch als Reservationspreis des Verkäufers bezeichnet (Walton und McKersie 1991). Zum anderen ist aber auch die Aspirationslösung näher zu spezifizieren, die der „Wunschlösung" beim jeweiligen Verhandlungsgegenstand (hier: Preis) entspricht (Pruitt 1981). Beim „Preis" ist die Aspirationslösung dabei in aller Regel vektoriell (aus Sicht des Verkäufers: „je höher desto besser"). Jedoch sollte ein Negotiation Team versuchen, durch Rückgriff auf Erfahrungen aus der Vergangenheit, bei anderen Produkten oder Kunden einen realistischen punktbezogenen Aspirationspreis zu ermitteln. Dieser wird dabei natürlich auch von den Reservations- und Aspirationslösungen des Verhandlungspartners bestimmt. Daher sollten sich Verhandelnde im Vorfeld von Preisverhandlungen vor allem auch über die Zielvorstellungen der Gegenseite Gedanken machen, da diese Vorstellungen die eigenen Verhandlungsziele beeinflussen. Eine Beschäftigung mit den Reservations- und Aspirationspreisen des Einkaufs ist auch deshalb für den Verkäufer erforderlich, da sich beim Vergleich mit den eigenen Preisvorstellungen zeigen kann, dass keine „Zone of Possible Agreement" (ZOPA) (Lewicki et al. 2009) zwischen den Verhandlungsparteien besteht. In den in Abb. 2 differenzierten Fällen besteht so nur in den ersten beiden Situationen eine Einigungschance, da der Reservationspreis (RP) des Verkäufers (V) unterhalb des Reservationspreises des Käufers (K) liegt. Den eigenen Aspirationspreis (AP) wird der Verkäufer dabei nur im ersten Fall erreichen können, da dieser nur hier unterhalb des Reservationspreises des Käufers liegt.

Naturgemäß ist die Ermittlung der Reservations- und Aspirationspreise des Kunden mit Schwierigkeiten verbunden, da diese Informationen dem Verkäufer in der Regel nicht verfügbar sind. Erste Ansatzpunkte für die Bestimmung dieser Preise kann allerdings die Analyse des BATNAs der Verhandlungsgegenseite liefern. Unter einem BATNA (Best Alternative To Negotiated Agreement) ist die beste Alternative zu verstehen, die dem Verhandlungsgegner zur Verfügung steht. Liegt der Gegenseite etwa im Beispiel von Abb. 2 das Angebot eines Konkurrenten von 53 € vor, so liegt es nahe, dass der Reservationspreis des Käufers genau diesen 53 € entspricht, da der Käufer bei Preisen, die oberhalb von 53 € liegen, auf das günstigere Konkurrenzangebot übergehen würde. Die Analyse des eigenen BATNAs kann darüber hinaus auch helfen, die eigenen Reservationspreise zu ermitteln.

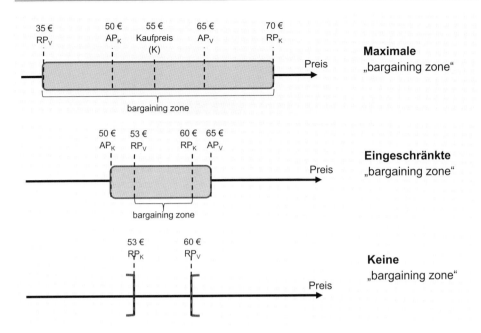

Abb. 2 Exemplarische Verhandlungssituationen mit unterschiedlichen Bargaining zones (in Anlehnung an Voeth und Herbst 2009, S. 105)

Verhandlungsstrategien

Im Hinblick auf das zuvor durch Reservations- und Aspirationslösungen eingegrenzte Verhandlungsziel ist anschließend festzulegen, wie dieses erreicht werden kann. Hierzu ist eine übergeordnete Leitlinie für das Verhandlungsverhalten zu entwickeln, an die sich die Verhandelnden in der späteren Preisverhandlung halten wollen (Verhandlungsstrategie). Die beiden fundamentalen Verhandlungsorientierungen stellen dabei problemlösungsorientierte Strategien auf der einen und aggressive Strategien auf der anderen Seite dar. Perdue und Summers (1991) definieren diese generischen Handlungsperspektiven dabei folgendermaßen: „Problem solving primarily involves discovering ways to increase the benefits available in the buyer-seller relationship, whereas aggressive bargaining addresses the issue of how the available benefits are to be distributed between the two parties." Nicht selten werden diese auch auf den internationalen Kontext übertragen, wonach bspw. die Anwendung einer problemlösungsorientierten Verhandlungsstrategie v. a. in westlichen Zivilisationen Verhandlungsergebnisse zu steigern vermag, während in Verhandlungen mit Verhandlungspartnern aus östlichen Zivilisationen (z. B. China) eher kompetitive Strategien den Output erhöhen (Campbell et al. 1988; Graham et al. 1988). In der Literatur werden (ergebnisbezogene) Verhandlungsstrategien über diese bipolare Betrachtung hinaus weiterhin dahingehend differenziert, inwieweit innerhalb der Verhandlung eigene und gegnerische Interessen Beachtung finden sollen (z. B. Lewicki et al. 1998). Wie in Abb. 3

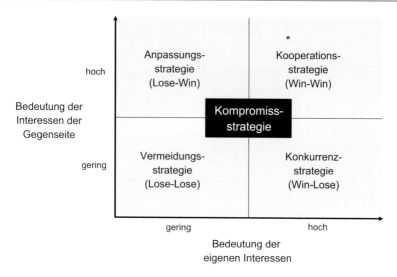

Abb. 3 Ergebnisbezogene Verhandlungsstrategien (in Anlehnung an Lewicki et al. 1998, S. 64)

dargestellt, können dabei fünf verschiedene Verhandlungsstrategien unterschieden werden.

Bei reinen Preisverhandlungen scheint dabei auf den ersten Blick eine Konkurrenzstrategie nahe zu liegen. Da es sich bei Preisverhandlungen um distributive Verhandlungssituationen handelt, wird jede Seite versuchen, ihren Anteil am Win-Set zu maximieren, und dabei in Kauf nehmen, dass diese Strategie den Anteil der Gegenseite am Win-Set automatisch verkleinert. Allerdings muss bei der Wahl einer solchen Strategie beachtet werden, dass auch die Gegenseite – ggf. sogar erst als Folge der eigenen Konkurrenzstrategie – diese Strategie verfolgt und der Erfolg dieser Strategie damit von der eigenen Verhandlungsmacht abhängt. Ist diese nicht einseitig auf der eigenen Seite angesiedelt, so wird man auch bei anfänglichem Verfolgen einer Konkurrenzstrategie später gezwungen sein, auf eine Kompromissstrategie überzugehen. Bei dieser ist es Bestandteil der Strategie, dem Verhandlungspartner dann entgegenzukommen, wenn auch dieser zu Zugeständnissen bereit ist. Da Konzessionen Wesensmerkmal der Kompromissstrategie sind, ist bei dieser Strategie im Vorfeld auch festzulegen, in welcher Abfolge Konzessionen gemacht werden sollen (zu Modellen für Konzessionsabfolgen bzw. -timing vgl. Pruitt und Drews 1969 und Kwon und Weingart 2004).

Anders stellt sich die Situation hingegen dar, wenn innerhalb von Preisverhandlungen in Folge von Splitting oder Side Dealing über verschiedene Verhandlungsgegenstände zu verhandeln ist. In diesem Fall bietet es sich an, zunächst die Möglichkeiten einer Kooperationsstrategie auszuloten. Durch gezieltes Einsetzen von Paketofferten („Logrolling") lässt sich dabei ermitteln, ob integratives Potenzial besteht und ob der Verhandlungspartner Interesse hat, dieses durch entsprechendes Verhandlungsverhalten zu realisieren.

Schließlich kommen auch Anpassungs- und Vermeidungsstrategien in Preisverhandlungen in bestimmten Fällen in Frage. Erstere bieten sich etwa an, wenn der Aspirationspreis des Käufers oberhalb oder zumindest in der Nähe des Aspirationspreis des Verkäufers liegt und dieser daher die eigenen Interessen nicht explizit verfolgen muss, da diesen auch bei Erfüllung der Interessen der Gegenseite entsprochen wird. Ebenso kommt eine solche Strategie in Frage, wenn die Verkäufer-Seite durch Entgegenkommen in der anstehenden Verhandlung Wohlwollen beim Käufer aufbauen will, um dies bei zukünftigen oder parallel geführten Verhandlungen über andere Verhandlungsobjekte zu nutzen. Eine Vermeidungsstrategie, die darauf gerichtet ist, keine Einigung zu erzielen, sollte schließlich immer dann angewandt werden, wenn dem Verkäufer bekannt ist, dass keine Bargaining zone vorhanden ist, er aber davon ausgehen muss, dass dies dem Käufer bislang noch nicht bekannt ist. Die Verhandlung dient hier nur dazu, dem Käufer klar zu machen, dass es für beide Seiten besser ist, keinen Abschluss herbeizuführen.

Verhandlungstaktiken

An Verhandlungstaktiken, die der Planung des zielgerichteten Einsatzes von Verhandlungsargumenten, -angeboten und sonstigen Verhaltensweisen in Bezug auf Verhandlungsablauf und Verhandlungsgegner dienen sollen, werden in Verhandlungsforschung und -praxis sehr viele verschiedene Vorgehensweisen diskutiert. Zum einen sind dies prozessbezogene Taktiken. Hier ist zwischen interaktionsbezogenen Taktiken wie etwa Zeitspielen oder Rollenspielen („Good guy/bad guy"), kommunikativen Taktiken (z. B. Berufung auf höhere Instanzen, asymmetrische Kommunikation) und partnerbezogenen Taktiken (z. B. Gesichtswahrung, Schmeicheln) zu unterscheiden. Zum anderen existieren viele ergebnisbezogene Taktiken, die sich zum Teil explizit auf Preisverhandlungen beziehen.

An erster Stelle ist hier die Taktik des „ersten Angebotes" anzuführen. Hiernach ist es in Preisverhandlungen eine erfolgversprechende Taktik, als erster ein Angebot zu machen (Mussweiler und Galinsky 2002). Eröffnet bspw. der Verkäufer in dem im oberen Teil von Abb. 2 dargestellten Fall die Verhandlung mit einer Preisforderung von 70 €, dann ist der Käufer gezwungen, sich argumentativ mit diesem kognitiven Anker auseinanderzusetzen und eigene darunter liegende Gebote hinsichtlich ihrer Abweichung im Vergleich zu 70 € zu begründen. Wichtig ist darüber hinaus, eine angemessene Höhe für die Einstiegsforderung zu wählen. Einerseits hat die Verhandlungsforschung nachgewiesen, dass es eine Tendenz in Verhandlungen gibt, wonach sich die Verhandlungsparteien zumeist in der Mitte ihrer Ausgangsangebote einigen. Hieraus könnte geschlussfolgert werden, dass es besonders günstig ist, mit einem extrem hohen Einstiegspreis in eine Verhandlung zu gehen. Zu beachten ist hierbei allerdings, dass „Mondpreise" die Gefahr beinhalten, dass die Gegenseite als Folge falsche Vorstellungen in Bezug auf den Reservationspreis des Mondpreis-Gebers entwickelt, ggf. davon ausgeht, dass keine Bargaining zone vorhanden ist und daher die Verhandlung abbricht.

Da es Verkäufern allerdings nicht immer gelingt, „erste Angebote" zu platzieren, stellt sich die Frage, wie reagiert werden soll, wenn die Gegenseite das erste Angebot unterbreitet. Für diesen Fall hat die Verhandlungsforschung zeigen können, dass die Wirkung eines ersten Angebotes zumindest deutlich abgeschwächt wird, wenn es gelingt, unmittelbar ein entsprechendes Gegenangebot zu machen. Eröffnet also im obigen Fall der Kunde die Verhandlung mit einem Eröffnungsgebot von 40 €, so kann verhindert werden, ausschließlich über diese 40 € verhandeln zu müssen, wenn der Verkäufer unmittelbar mit einem Gegenangebot von 70 € reagiert („Ihr Angebot überrascht mich nun aber doch! Wir waren von einem ganz anderen Betrag ausgegangen. Unsere Vorstellung lag bei 70 €.").

Schließlich ist für Preisverhandlungen auch die Taktik der Reziprozität wichtig. Diese Taktik besagt, dass Verhandlungen immer aus einem wechselseitigen Geben und Nehmen bestehen sollten (Putnam und Jones 1982). Folglich sollten Verhandlungsparteien nie den Fehler machen, mehrmals nacheinander Zugeständnisse zu machen, ohne dass die Gegenseite zwischenzeitlich ebenfalls Zugeständnisse gemacht hat. Auch in Bezug auf das bereits weiter oben angesprochene problemlösungsorientierte Verhandlungsverhalten konnte durch Studien gezeigt werden, dass dessen Anwendung unmittelbar an die Beobachtung dieses Verhaltens beim Verhandlungsgegner gekoppelt ist (Mintu-Wimsatt und Graham 2004).

3.4 Führung

Auch in der Phase der eigentlichen Verhandlungsführung sollte ein systematisches Vorgehen erfolgen. Einigkeit besteht in der Literatur, dass innerhalb einer Verhandlung im Zeitablauf wechselnde Aufgaben erfüllt werden müssen, so dass die Verhandlungsführung phasenspezifisch vorgenommen werden sollte (Pesendorfer et al. 2007). Aufbauend auf den Erkenntnissen der verhaltenswissenschaftlichen Verhandlungsforschung (vgl. Abschn. 2.1) differenzieren Voeth und Herbst (2009) zwischen der

- Einstiegsphase,
- Dialogphase,
- Lösungsphase und
- Abschlussphase.

Diesen Phasen weisen Voeth/Herbst die in Abb. 4 dargestellten Aufgaben zu. Die Einstiegsphase sollte demnach mit einer Vorstellung der Verhandlungspartner beginnen und anschließend der Vorstellung der verschiedenen Verhandlungspositionen dienen. Für Preisverhandlungen bedeutet dies, dass bereits in dieser Phase erste Angebote durch die beiden Marktseiten abgegeben werden sollten. Da diese Angebote – insbesondere wenn neben dem Preis über weitere Verhandlungsgegenstände Einigung erzielt werden muss – möglicherweise nicht selbsterklärend sind, sollte am Beginn der Dialogphase zunächst überprüft werden, ob beide Verhandlungsseiten die Angebote und Positionen der Gegenseite richtig aufgefasst haben. Für den Fall komplexerer Verhandlungen (Verhandlungen über mehr als einen Verhandlungsgegenstand) ist es in dieser Phase zusätzlich zweckmäßig, dem Verhandlungspartner deutlich zu machen, welche Verhandlungsgegenstände eine

Einstiegsphase	Dialogphase	Lösungsphase	Abschlussphase
Kennenlernen der Verhandlungspartner	Fakten klären	neue Verhandelnde	Abschlusszeitpunkt ermitteln
Vorstellung der Verhandlungspositionen	Präferenzen deutlich machen	neue Verhandlungsgegenstände	letztes Angebot machen
	Gegenseitige Angebote machen	neue Ausprägungen	Vertrag schließen
		neue Informationen	ggf. nachverhandeln
		veränderte Rahmenbedingungen	

Abb. 4 Phasenspezifische Aufgaben im Verhandlungsprozess

besondere Wichtigkeit aufweisen. Den letzten Schritt dieser Phase stellt dann die gegenseitige Annäherung dar. Hier sollten beide Marktseiten ggf. Konzessionen machen, um die Einigungschance zu bewahren. Werden nämlich in dieser Phase keine Annäherungen vollzogen, entsteht der Eindruck, dass sich die Verhandlungsparteien bereits in der Nähe ihrer Reservationspreise befinden, so dass beide Seiten einen Verhandlungsabbruch in Erwägung ziehen.

Zumeist kommt es am Ende der Dialogphase dabei zwar zu einer Annäherung, nicht immer jedoch bereits zu einer Einigung. Stattdessen sind die Parteien häufig zu weiteren Zugeständnissen nicht mehr bereit, weil sie sich nun erhoffen, durch Vermeidung weiterer Zugeständnisse bei der Gegenseite den Eindruck zu erzeugen, dass die eigene Reservationsgrenze erreicht sei und der Verhandlungspartner daher den „letzten" Schritt gehen müsse. Da jedoch auch die Gegenseite ähnlich taktiert, droht die Gefahr der Verschleppung der Verhandlung, da sich die Parteien blockieren. An dieser Stelle besteht häufig die einzige Chance, die Verhandlung noch zu einem erfolgreichen Abschluss zu bringen, darin, die Verhandlungssituation an entscheidender Stelle zu verändern. Dies kann bspw. in der Lösungsphase durch den Austausch der Verhandlungsführer (neue Verhandlungsführer müssen beim Abweichen von bisherigen Positionen keinen Gesichtsverlust befürchten), den Vorschlag von Side Deals (neue Verhandlungsgegenstände) oder die Entwicklung neuer Ausprägungen („ja wenn wir die Ware direkt in ihrem tschechischen Auslieferungslager erhalten") erfolgen.

Auf diese Weise kann es gelingen, die Positionen der Parteien einander noch weiter anzunähern. Ab einem bestimmten Annäherungsgrad besteht dann auf beiden Seiten ein Einigungswunsch. Die Verhandlung ist in die Abschlussphase gelangt. Die erste Aufgabe in dieser Phase besteht nun darin, den Zeitpunkt des beidseitigen Einigungswunsches richtig einzuschätzen. Wird der Zeitpunkt falsch eingeschätzt und liegt ein Einigungswunsch nur auf der eigenen Seite vor, so würde ein finales eigenes Angebot nur dazu führen, dass man einseitig der anderen Seite entgegengekommen ist. Daher sollte vor der letzten Offerte (die dann auch wirklich ein „letztes" Angebot darstellen sollte) der gegnerische Einigungswunsch sehr genau geprüft werden. Ist der Einigungswunsch allerdings richtig eingeschätzt worden, so führt die Abgabe eines „letzten Angebotes" in der Regel dazu, dass dieses – sofern es sich in der Mitte zwischen den inzwischen erreichten unterschiedlichen Positionen befindet – gute Chancen hat, von der Gegenseite angenommen zu werden. Nach dem sich anschließenden Vertragsabschluss kann sich allerdings noch die Notwendigkeit zu Nachverhandlungen ergeben, sofern sich nachträgliche Änderungen der Verhandlungsprämissen ergeben oder sich die Machtkonstellation zwischen den Parteien noch verschiebt (Schoop et al. 2008). Hierbei ist auch eine taktische Nutzung von Nachverhandlungen zum Zweck der Steigerung der Gewinne eines Verhandlungspartners in der Praxis beobachtbar, bei der bspw. gezielt bereits unterschriebene Verträge ignoriert und statt dessen versucht wird, vorteilhaftere Ausprägungen bei einzelnen Verhandlungsgegenständen auszuhandeln (Iyer und Villas-Boas 2003).

Generell kommt den angesprochenen Prozessphasen der Verhandlungsführung eine unterschiedliche Rolle bezüglich deren Bedeutung für den Verhandlungsausgang zu (Gulbro und Herbig 1996). Insbesondere die ersten beiden Phasen legen hierbei über den reziproken und beeinflussenden Informationsaustausch den Grundstein für gemeinsame Gewinne. Auch ist es für die Verhandlungsführer entscheidend, einschätzen zu können, in welcher Phase des Verhandlungsprozesses sich das Verhandlungsgegenüber momentan befindet und wann die richtige Zeit gekommen ist, die Verhandlung in die nächste Phase des Verhandlungsprozesses zu überführen.

3.5 Controlling

Den Abschluss des Management-Prozesses bei Preisverhandlungen sollte das Verhandlungscontrolling bilden. Wird unter Controlling dabei im Allgemeinen die „Beschaffung, Aufbereitung und Analyse von Daten zur Vorbereitung zielsetzungsgerechter Entscheidungen" (Berens et al. 1996) verstanden, so geht es bei diesem Führungssubsystem vor allem darum, aus den in einem Unternehmen vorhandenen oder beschaffbaren Informationen über vergangene Geschäftstätigkeiten Entscheidungsunterstützung für zukünftige Geschäftsaktivitäten zu generieren. Wird dieser Grundgedanke des Controllings auf den Bereich von Preisverhandlungen übertragen, so wird mit dem Controlling hier das Ziel verfolgt, aus Informationen über vergangene Preisverhandlungen Hilfestellung für die Gestaltung zukünftiger Verhandlungen abzuleiten.

Um dieser Aufgabenstellung gerecht zu werden,

- ist der Erreichungsgrad der im Vorfeld gesteckten Verhandlungsziele zu ermitteln (Soll/Ist-Abweichungen),
- sind Ursachen möglicherweise auftretender Soll/Ist-Abweichungen zu analysieren und
- sind Implikationen für zukünftige Preisverhandlungen abzuleiten.

Zur Ermittlung von Soll/Ist-Abweichungen kann auf den im Rahmen der Verhandlungsvorbereitung erstellten Verhandlungsreport zurückgegriffen werden. Indem das letztlich erzielte Verhandlungsergebnis zu dem ursprünglich angestrebten Verhandlungsziel ins Verhältnis gesetzt wird, lässt sich der Zielerreichungsgrad einer Preisverhandlung nachträglich ermitteln. Sofern in den Verhandlungen – wie im Projekt- und Integrationsgeschäft üblich – nicht ausschließlich über den Preis verhandelt worden ist, können auch Verhandlungsgegenstand-spezifische Zielerreichungsgrade berechnet werden. Durch Vergleich dieser Zielerreichungsgrade lässt sich feststellen, bei welchen Verhandlungsgegenständen besser und bei welchen schlechter verhandelt worden ist.

Sofern die Untersuchung von Zielerreichungsgraden Soll/Ist-Abweichungen aufgedeckt hat, sollte in einem zweiten Schritt der Frage nach den Ursachen nachgegangen werden. Bei der Ursachenanalyse ist allerdings zu beachten, dass Abweichungen, die verhandlungsübergreifend auftreten, anders als Abweichungen einzustufen sind, die sich nur in einzelnen Verhandlungen zeigen. Während erstere möglicherweise strukturelle Gründe haben und damit auch den einzelnen Verhandlungsführern nicht zuzuschreiben sind, ist bei verhandlungsspezifischen Abweichungen eine genaue, individuelle Ursachenanalyse durchzuführen. Eine mögliche Ursache für verhandlungsspezifisch negative Abweichungen kann dabei in geringerer Verhandlungsperformance der Verhandelnden bestehen.

Abschließend sollten im Verhandlungscontrolling aus den Analyseergebnissen Implikationen für zukünftige Preisverhandlungen gezogen werden.

4 Fazit

Gerade angesichts einer zunehmenden Commoditisierung, die sich auf vielen Industriegütermärkten in den letzten Jahren beobachten lässt, kommt dem Pricing eine immer größere Bedeutung für Industriegüterunternehmen zu. Die größere Management-Aufmerksamkeit sollte sich dabei aber nicht nur auf die Preisermittlung beziehen, sondern vor allem auch die Preisdurchsetzung einschließen. Die für industrielle Transaktionen typischen Preisverhandlungen müssen daher stärker in den Fokus des Marketing-Managements gerückt werden.

Im vorliegenden Beitrag wurde ein umfassender Management-Ansatz für das Preisverhandlungsmanagement vorgestellt. Dieser ermöglicht es, Preisverhandlungen fundiert zu analysieren, zu planen und zu steuern. Allerdings werden Unternehmen bei der Einführung eines solchen Management-Systems für Preisverhandlungen Widerstände in den eigenen Reihen überwinden müssen. Gerade Mitarbeiter, die mit der Führung von Preisverhandlungen betraut sind, werden einem solchen System eher kritisch gegenüber stehen und als Argumente anführen (Voeth und Herbst 2014), dass

- sie Teile der zu einem Verhandlungsmanagement-System gehörigen Instrumente schon immer eingesetzt haben,
- die übrigen, von ihnen bislang nicht eingesetzten Instrumente eigentlich überflüssig seien (sonst hätten sie diese ja auch bereits zuvor eingesetzt),
- Vieles in Verhandlungen im Vorfeld nicht planbar sei und sich daher auch der Anwendung von Management-Techniken verschließen würde,
- sie sich etwa durch die Benennung von Verhandlungszielen, -strategien und -taktiken im Vorfeld von Verhandlungen in einer flexiblen Verhandlungsführung beeinträchtigt sehen würden und dass es daher zu einer Verschlechterung von Verhandlungsprozessen und -ergebnissen kommen würde,
- man aus Erfahrungen vergangener Verhandlungen wenig für die erfolgreiche Gestaltung zukünftiger Verhandlungen lernen könne und daher die Grundidee des Verhandlungsmanagements, nämlich eine sukzessive Verbesserung von Verhandlungsprozessen und -ergebnissen unsinnig sei, oder
- Verhandlungsmanagement insgesamt eine weitere Form von „Überorganisation" sei.

Angesichts solcher möglichen Gegenstimmen kommt der Gestaltung des Implementierungsprozesses bei einem systematischen Preisverhandlungsmanagement eine besondere Bedeutung zu. Dieser Prozess sollte dabei schrittweise, integrativ und Nutzenkommunizierend erfolgen. Nur wenn dies beachtet wird, lässt sich seitens des Managements im Industriegüterunternehmen auf Preisverhandlungen Einfluss nehmen, um auch diese bislang häufig noch „Management-freie" Zone professionell zu gestalten.

Literatur

Alserhan, B.B.A. 2009. Propensity to bargain in marketing exchange situations: a comparative study. *European Journal of Marketing* 43(3/4): 350–363.

Bacharach, S.B., und E.J. Lawler. 1981. Power and tactics in bargaining. *Industrial and Labor Relations Review* 34(2): 219–233.

Backhaus, K. 1997. *Industriegütermarketing*, 5. Aufl. München: Vahlen Verlag.

Backhaus, K., und M. Voeth. 2014. *Industriegütermarketing*, 10. Aufl. München: Vahlen Verlag.

Barisch, S. 2011. *Optimierung von Verhandlungsteams: der Einflussfaktor Hierarchie*. Wiesbaden: Springer Verlag.

Bazerman, M. H. 2006. „The Mind of the Negotiator: Think Before You Blink". Negotiation.

Bear, J. 2010. *„Passing the buck": incongruence between gender role and topic leads to avoidance of negotiation* 23rd Annual International Association of Conflict Management Conference, Boston, Massachusetts, June 24-27.

Berens, W., B. Rieper, und T. Witte (Hrsg.). 1996. *Betriebswirtschaftliches Controlling: Planung, Entscheidung, Organisation*. Wiesbaden: Gabler Verlag.

Campbell, N.C.G., J.L. Graham, A. Jolibert, und H.G. Meissner. 1988. Marketing negotiations in France, Germany, the United Kingdom, and the United States. *Journal of Marketing* 52(2): 49–62.

Daly, S.P., und P. Nath. 2005. Reverse auctions for relationship marketers. *Industrial Marketing Management* 34(2): 157–166.

Diller, H. 2007. *Preispolitik*, 4. Aufl. Stuttgart: Kohlhammer Verlag.

Dukes, A.J., E. Gal-Or, und K. Srinivasan. 2006. Channel bargaining with retailer asymmetry. *Journal of Marketing Research* 43(1): 84–97.

Gilkey, R.W., und L. Greenhalgh. 1984. Developing effective negotiation approaches among professional women in organizations. In *Conference on Women and Organizations, Simmons College*. Boston.

Graham, J.L., D.K. Kim, C.-Y. Lin, und M. Robinson. 1988. Buyer-seller negotiations around the pacific rim: differences in fundamental exchange processes. *Journal of Consumer Research* 15(1): 48–54.

Gulbro, R., und P. Herbig. 1996. Negotiating successfully in cross-cultural situations. *Industrial Marketing Management* 25(3): 235–241.

Herbst, U. 2007. *Präferenzmessung in industriellen Verhandlungen*. Wiesbaden: Gabler Verlag.

Herbst, U., M. Voeth, und C. Meister. 2011. What do we know about buyer–seller negotiations in marketing research? A status quo analysis. *Industrial Marketing Management* 40(6): 967–978.

Iyer, G., und J.M. Villas-Boas. 2003. A bargaining theory of distribution channels. *Journal of Marketing Research* 40(1): 80–100.

Kwon, S., und L.R. Weingart. 2004. Unilateral concessions from the other party: concession behavior, attributions, and negotiation judgments. *Journal of Applied Psychology* 89(2): 263–278.

Levi, D. 2013. *Group dynamics for teams*, 4. Aufl. Thousand Oaks: SAGE Publications, Inc.

Lewicki, R.J., A. Hiam, und K.W. Olander. 1998. *Verhandeln mit Strategie: Das große Handbuch der Verhandlungstechniken*. St. Gallen, Zürich: Midas Management Verlag.

Lewicki, R.J., D.M. Saunders, und B. Barry. 2009. *Negotiation*, 6. Aufl. Boston: McGraw-Hill/Irwin.

Mintu-Wimsatt, A., und J.L. Graham. 2004. Testing a negotiation model on Canadian anglophone and Mexican exporters. *Journal of the Academy of Marketing Science* 32(2): 345–356.

Mussweiler, T., und A.D. Galinsky. 2002. Strategien der Verhandlungsführung:Der Einfluss des ersten Gebotes. *Wirtschaftspsychologie* S.(2): 21–27.

Neale, M.A., und G.B. Northcraft. 1986. Experts, amateurs, and refrigerators: comparing expert and amateur negotiators in a novel task. *Organizational Behavior and Human Decision Processes* 38(3): 305–317.

Perdue, B.C., und J.O. Summers. 1991. Purchasing agents' use of negotiation strategies. *Journal of Marketing Research* 28(2): 175–189.

Pesendorfer, E.-M., A. Graf, und S.T. Koeszegi. 2007. Relationship in electronic negotiations: tracking behavior over time. *Zeitschrift für Betriebswirtschaft* 77(12): 1315–1338.

Pinkley, R. 1990. Dimensions of conflict frame: disputant interpretations of conflict. *Journal of Applied Psychology* 75(2): 117–126.

Pruitt, D.G. 1981. *Negotiation behavior*. New York: Academic Press Inc.

Pruitt, D.G., und J.L. Drews. 1969. The effect of time pressure, time elapsed, and the opponent's concession rate on behavior in negotiation. *Journal of Experimental Social Psychology* 5(1): 43–60.

Putnam, L.L., und T.S. Jones. 1982. Reciprocity in negotiations: an analysis of bargaining interaction. *Communication Monographs* 49(3): 171–191.

Sanstede, C., und M. Voeth. 2008. *Differences in Negotiation Preparation, Process and Outcome between OEM-Business and Product Business* Proceedings of the 3rd International Conference on Business Marketing Management, St. Gallen, Switzerland, March 12-14.

Schoop, M., F. Köhne, D. Staskiewicz, M. Voeth, und U. Herbst. 2008. The antecedents of renegotiations in practice – an exploratory analysis. *Journal of Group Decision and Negotiation* 17(2): 127–139.

Schranner, M. 2007. *Der Verhandlungsführer: Strategien und Taktiken, die zum Erfolg führen*, 3. Aufl. München: Deutscher Taschenbuch Verlag.

Sherif, M., und C.W. Sherif. 1969. *Social psychology*. New York: Joanna Cotler Books.

Thompson, L. 2011. *The mind and heart of the negotiator*, 5. Aufl. New Jersey: Upper Saddle River.

Thompson, L., E. Peterson, und S.E. Brodt. 1996. Team negotiation: an examination of integrative and distributive bargaining. *Journal of Personality and Social Psychology* 70(1): 66–78.

Voeth, M., und U. Herbst. 2009. *Verhandlungsmanagement: Planung, Steuerung, Analyse*. Stuttgart: Schäffer Poeschel Verlag.

Voeth, M., und U. Herbst. 2011. Preismanagement auf Business-to-Business-Märkten: Preisstrategie–Preisbestimmung – Preisdurchsetzung. In *Preisverhandlungen*, Hrsg. C. Homburg, D. Totzek, 205–235. Wiesbaden: Gabler Verlag.

Voeth, M., und U. Herbst. 2013. *Marketing-Management: Grundlagen, Konzeption und Umsetzung*. Stuttgart: Schäffer Poeschel Verlag.

Voeth, M., und U. Herbst. 2014. Preisverhandlungen auf Commodity-Märkten. In *Commodity Marketing: Grundlagen – Besonderheiten – Erfahrungen*, Hrsg. M. Enke, A. Geigenmüller, 2. Aufl. Wiesbaden: Gabler Verlag.

Walton, R.E., und R.B. McKersie. 1991. *A behavioral theory of labor relations: an analysis of a social interaction system*. New York: McGraw-Hill.

Wood, T. 2001. Team negotiations require a team approach. In *The American Salesman, November 2001*, 22–26.

Wrightsman, L.S. 1966. Personality and attitudinal correlates of trusting and trustworthy behaviors in a two-person game. *Journal of Personality and Social Psychology* 4(3): 328–332.

Submissionen

Torsten Bornemann und Stefan Hattula

Inhaltsverzeichnis

1 Einleitung 557
2 Ausschreibungsphase 559
   2.1 Festlegung der Vergabeart 559
   2.2 Festlegung der Leistungskriterien 561
3 Angebotsbearbeitungsphase 562
   3.1 Anfragenselektion 562
   3.2 Preisfindung 566
        3.2.1 Entscheidungstheoretischer Ansatz der Preisfindung ... 567
        3.2.2 Spieltheoretischer Ansatz der Preisfindung 571
4 Entscheidungsphase 573
   4.1 Preisverhandlung 573
   4.2 Erteilung des Zuschlags 575
5 Fazit 577
Literatur 578

1 Einleitung

Das Nachfragevolumen öffentlicher Auftraggeber in Deutschland belief sich im Jahr 2007 auf über 300 Milliarden Euro, auf europäischer Ebene lag das Auftragsvolumen im selben Jahr bei ungefähr 1,7 Billionen Euro, wobei seitdem ein weiterer Volumenzuwachs des öffentlichen Auftragswesens zu beobachten ist (BDI 2007; BMBF 2010). Für privatwirtschaftliche Unternehmen stellt dieser Markt aufgrund seiner Größe, nicht zuletzt jedoch

Prof. Dr. Torsten Bornemann ✉ · Dr. Stefan Hattula
Universität Stuttgart, Lehrstuhl für ABWL und Marketing, Stuttgart, Deutschland
e-mail: torsten.bornemann@bwi.uni-stuttgart.de, stefan.hattula@bwi.uni-stuttgart.de

© Springer Fachmedien Wiesbaden 2015
K. Backhaus und M. Voeth (Hrsg.), *Handbuch Business-to-Business-Marketing*,
DOI 10.1007/978-3-8349-4681-2_27

auch aufgrund der Zuverlässigkeit der öffentlichen Hand als Auftraggeber, ein lukratives Betätigungsfeld dar.

Ein zentrales Charakteristikum der öffentlichen Auftragsvergabe ist der im Vergleich zur Privatwirtschaft höhere Formalisierungsgrad, welcher aus der Tatsache resultiert, dass bei der öffentlichen Auftragsvergabe Steuergelder verausgabt werden. Ziel des formalisierten Vergabeprozesses ist es daher zu gewährleisten, dass der Anbieter den Zuschlag erhält, der ein genau spezifiziertes Leistungsbündel am günstigsten erbringen kann.

Der Ablauf öffentlicher Ausschreibungen (lat. Submission) ist durch das Gesetz gegen Wettbewerbsbeschränkungen (GWB), die Vergabeverordnung (VgV), die Vergabe- und Vertragsordnungen für Leistungen (VOL) und Bauleistungen (VOB) sowie die Vergabeordnung für freiberufliche Dienstleistungen (VOF) geregelt. Während im Rahmen dieses Regelwerkes unterschiedliche Vergabearten je nach Auftragshöhe und Eigenart der zu erbringenden Leistung spezifiziert werden, ist die klassische Submission als Regelfall durch folgende Kriterien gekennzeichnet (Simon 1992):

- Vorgabe einer detaillierten Leistungsbeschreibung durch den Auftraggeber;
- Geheime und unabhängige Abgabe der Gebote durch die Bieter;
- Simultane Angebotseröffnung für alle Bieter;
- Keine Möglichkeit der Nachverhandlung beziehungsweise Reaktion auf Konkurrenzverhalten.

Unabhängig vom Kontext der öffentlichen Auftragsvergabe werden im angelsächsischen Sprachgebrauch derartige Bietverfahren, welche auch im privatwirtschaftlichen Bereich zur Anwendung kommen können, als *competitive bidding* bezeichnet (Phillips 2005). Daneben weisen Submissionsverfahren prinzipiell gewisse Ähnlichkeiten zu sogenannten *reverse auctions* auf, bei denen definitionsgemäß ein Kunde verschiedene Anbieter zur Abgabe eines Angebots auffordert und letztlich einen dieser Bieter auswählt. Derartige Auktionen, welche zunehmend in der Beschaffung im privatwirtschaftlichen Kontext zur Anwendung kommen, finden in der Regel auf Online-Plattformen statt und die unterschiedlichen Bieter haben im Gegensatz zur klassischen Submission die Möglichkeit, auf Konkurrenzverhalten zu reagieren. Darüber hinaus erhält in der Praxis auch nicht notwendigerweise der Bieter mit dem niedrigsten Angebot den Zuschlag (Jap 2002).

Neben der Einhaltung aller im genannten Regelwerk gestellten Anforderungen besteht seitens des Unternehmens, welches sich an Vergabeverfahren der öffentlichen Hand beteiligt, eine zentrale Herausforderung in der Bestimmung des Angebotspreises. Hierbei sind insbesondere die gegenläufigen Gewinnwirkungen der Zunahme des Preises bei gleichzeitiger Abnahme der Zuschlagswahrscheinlichkeit zu berücksichtigen (Simon 1992). Obwohl zur Unterstützung der Preisbestimmung eine Reihe von Bietmodellen und statistischen Techniken entwickelt wurden (Alznauer und Krafft 2004; Seydel 2003), werden diese in der Praxis nur selten angewendet (Ahmadi und Minkarah 1988; Dulaimi und Shan 2002). Beispielsweise verwendeten in einer Studie von Boughton (Boughton 1987) nur neun Prozent der befragten Unternehmen ein quantitatives Modell zur Preisbestimmung.

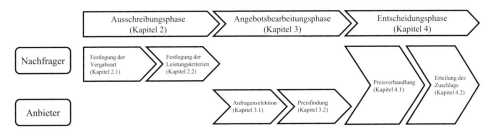

Abb. 1 Darstellung des Submissionsprozesses

Vor diesem Hintergrund ist es das Ziel dieses Beitrags, einen umfassenden Überblick über sämtliche Entscheidungstatbestände im Rahmen von Submissionsverfahren zu geben – sowohl auf Seiten des Anbieters als auch des Nachfragers. Die dabei diskutierten Methoden und Verfahren werden mit Hilfe von Beispielen veranschaulicht. Abbildung 1 gibt einen Überblick über die Phasen des Submissionsprozesses und die zugehörigen Kapitel.

So wird in Abschn. 2 zunächst aus der Perspektive des Nachfragers die Ausschreibungsphase behandelt, wobei auf die Festlegung der Vergabeart einschließlich einer eventuellen Anbietervorauswahl sowie die Festlegung der Leistungskriterien eingegangen wird. Insbesondere in dieser Phase spielt das zuvor erwähnte gesetzliche Regelwerk eine zentrale Rolle. Abschn. 3 beschäftigt sich aus der Perspektive des Anbieters mit der Phase der Angebotsbearbeitung. Hierbei wird auf die Anfragenselektion und insbesondere die zentrale Herausforderung der Preisfindung eingegangen. In Abschn. 4, welches die Entscheidungsphase beleuchtet, werden Nachfrager- und Anbieterperspektive zusammengeführt. Behandelt werden hier eine je nach Vergabeart stattfindende Preisverhandlung sowie die Erteilung des Zuschlags an einen Bieter.

2 Ausschreibungsphase

Im Rahmen der Ausschreibungsphase sind primär Entscheidungen seitens des Nachfragers von Bedeutung. Insbesondere gilt es zunächst zu entscheiden, ob die Vergabe als offenes oder beschränktes Verfahren stattfinden soll. Bei einer beschränkten Vergabe sind in diesem Zusammenhang Fragen bezüglich der Vorselektion von Anbietern zu klären. Hieran anschließend muss die zu vergebende Leistung detailliert und eindeutig spezifiziert werden.

2.1 Festlegung der Vergabeart

Die Literatur zum *competitive bidding* unterscheidet zwischen offenen und beschränkten Ausschreibungsverfahren (Cova und Allen 1989). Bei offenen Verfahren erfolgt eine öffentliche Bekanntmachung, auf die alle interessierten Bieter reagieren können. Im Zuge dieser Bekanntmachung werden alle relevanten Informationen (detaillierter Leistungskatalog, einzuhaltende Fristen) veröffentlicht. Bei beschränkten Verfahren hingegen werden nur vorab ausgewählte Bieter dazu aufgefordert, ein Angebot abzugeben. Im Rahmen dieser Vorauswahl können neben fachlicher Qualifikation auch Kriterien wie Reputation und weitergehende Kooperationsmöglichkeiten einfließen. Beschränkte Verfahren bieten für die teilnehmenden Bieter den Vorteil, dass bei Kenntnis des Auswahl- beziehungsweise Ausschlussprinzips die Identifizierung möglicher Mitbieter einfacher möglich ist, was eine wichtige Information für die Preissetzung darstellt (Barrmeyer und 1982; siehe auch Abschn. 3.2).

Das deutsche Vergaberecht greift beide Verfahren auf, darüber hinaus sind unterhalb gewisser Schwellenwerte auch Verhandlungsverfahren (freihändige Vergabe) relevant (§ 101 GWB). Letztere werden im Folgenden jedoch nicht weiter betrachtet, da sie kaum noch Charakteristika der klassischen Submission aufweisen und laut Vergaberichtlinien klar definierten Einzelfällen vorbehalten sein sollten (§ 3a VOB/A).

Das offene Verfahren (öffentliche Ausschreibung) – die klassische Submission – stellt den Regelfall der öffentlichen Ausschreibung dar. Da bei dieser Art der Vergabe eine unbegrenzte Anzahl von Bewerbern Angebote abgeben kann und der Bieter mit dem niedrigsten Preis den Zuschlag erhält, findet ein vollkommen freier Wettbewerb statt, bei dem jeder Bieter den Anreiz zur Abgabe eines möglichst niedrigen Gebots hat. Somit wird mit dem offenen Verfahren am besten den in § 97 GWB definierten Grundsätzen der Wirtschaftlichkeit, des Wettbewerbs, der Transparenz und der Gleichbehandlung Rechnung getragen. Es können jedoch solche Bewerber vom Vergabeverfahren ausgeschlossen werden, die nicht in der Lage sind, ihre Eignung zur Erbringung der ausgeschriebenen Leistung nachzuweisen (§ 8a VOB/A). Diesen generellen Vorteilen für den Kunden steht auf Bieterseite der große Nachteil gegenüber, dass einmal abgegebene Gebote nicht nachverhandelt werden dürfen.

Das nicht offene Verfahren (beschränkte Ausschreibung) sollte im Rahmen der öffentlichen Vergabe eine Ausnahme darstellen, da die im GWB definierten Grundsätze nur eingeschränkt erfüllt werden. Mögliche Begründungen für eine beschränkte Ausschreibung im öffentlichen Bereich sind bspw. eine vorangegangene öffentliche Ausschreibung ohne annehmbares Ergebnis oder ein im Verhältnis zum Auftragswert unverhältnismäßiger Aufwand durch ein öffentliches Verfahren. Bei beschränkten Ausschreibungen ist ein öffentlicher Teilnahmewettbewerb vorgesehen, der dem eigentlichen Verfahren vorangeht. Im Rahmen dieses Teilnahmewettbewerbs erfolgt zunächst analog zur öffentlichen Ausschreibung eine Bekanntmachung an eine unbegrenzte Zahl von Teilnehmern. Diese weisen im Teilnahmewettbewerb ihre Eignung in Bezug auf die Kriterien Zuverlässigkeit, Fachkunde und Leistungsfähigkeit nach (§ 6 Abs. 3 VOB/A; Burgi 2007). Die in Frage kommenden Unternehmen werden dann in einem zweiten Schritt gebeten, ein Angebot abzugeben, wobei die Anzahl der aufgeforderten Unternehmen einen echten Wettbewerb sicherstellen muss.

In der Praxis finden beschränkte Ausschreibungen häufig jedoch auch ohne expliziten Teilnahmewettbewerb statt. In diesem Fall fordert der öffentliche Auftraggeber ihm bekannte Unternehmen direkt auf, ein Angebot abzugeben. In diesem Zusammenhang empfiehlt es sich für Unternehmen, sich in eine sogenannte Präqualifizierungsdatenbank eintragen zu lassen. Hierzu muss das Unternehmen die bereits erwähnten Kriterien Zuverlässigkeit, Fachkunde und Leistungsfähigkeit nachweisen. Aus dieser Datenbank werden Unternehmen ausgewählt, wenn der vergebenden Stelle keine qualifizierten Unternehmen bekannt sind.

Aufgrund der besseren Steuerungsmöglichkeiten in Bezug auf die Qualifikation der teilnehmenden Anbieter ist das nicht offene Verfahren im privatwirtschaftlichen Bereich, welcher nicht an das Vergaberecht gebunden ist, häufiger vorzufinden als die offene Ausschreibung. Beispielsweise wurden 72 Prozent der von Jennings und Holt (1998) untersuchten Großaufträge im Rahmen nicht offener Verfahren, das heißt auf Basis einer Anbietervorauswahl, vergeben. Die zentralen Kriterien im Rahmen der Vorselektion waren bereits bestehende Erfahrung des Unternehmens mit der Erbringung von Leistungen ähnlich der ausgeschriebenen, Unternehmensreputation, finanzielle Situation sowie eine bereits bestehende Geschäftsbeziehung (Jennings und Holt 1998). Darüber hinaus zeigen Watt et al. (2009), dass ähnliche Kriterien im privatwirtschaftlichen Bereich auch zentrale Kriterien für die spätere Erteilung eines Zuschlags darstellen. Das heißt anders als im öffentlichen Bereich stellt hier der finale Preis in der Regel nicht das einzige Entscheidungskriterium dar, da neben wirtschaftlichen Aspekten auch der Aufbau von Geschäftsbeziehungen eine wichtige Rolle spielt.

2.2 Festlegung der Leistungskriterien

Insbesondere bei Vergabeprozessen, bei denen keine Nachverhandlungen möglich sind, ist eine detaillierte Festlegung der Leistungskriterien unabdingbar. Diese Festlegung erfolgt in der Leistungsbeschreibung (bei technischen Gegenständen auch Lastenheft; §§ 8, 8a VOL/A). § 8 Nr. 1 Abs. 1 VOL/A fordert in diesem Zusammenhang, dass die Leistung „eindeutig und so erschöpfend zu beschreiben sei, dass alle Bewerber die Beschreibung im gleichen Sinne verstehen müssen und die Angebote miteinander verglichen werden können." Berücksichtigt werden können in diesem Zusammenhang auch soziale oder ökologische Leistungskriterien. Auch sollten die definierten Leistungen in Lose aufgeteilt werden, um mittelständischen Unternehmen Zugang zu den Aufträgen zu gewähren.

Generell können im Rahmen von Ausschreibungen konstruktive und funktionale Leistungsbeschreibungen unterschieden werden (Gandenberger 1961). Während eine konstruktive Beschreibung anhand von konstitutiven Merkmalen der Leistung diese genau präzisiert, wird bei einer funktionalen Beschreibung das Ziel beziehungsweise die Funktion der Leistung definiert. Letztere Art der Leistungsbeschreibung lässt somit Gestaltungsspielräume bezüglich der zu wählenden Materialien und Techniken zu – ist aber mit komplexeren Berechnungen und Kalkulationen seitens des bietenden Unternehmens verbunden.

Bei konstruktiven Leistungsbeschreibungen gliedert der Auftraggeber die erwünschten Leistungen in einem Leistungsverzeichnis auf, welches alle zu erbringenden Teilleistungen enthält (Burgi 2007). Voraussetzung hierfür ist, dass bereits im Voraus alle Leistungen vollständig spezifiziert werden können. Wenn dies nicht der Fall ist, besteht mit der funktionalen Leistungsbeschreibung die Möglichkeit, die gewünschte Leistung in Form von Leistungs- beziehungsweise Funktionsanforderungen darzustellen (das sogenannte Leistungsprogramm). Im Rahmen der öffentlichen Auftragsvergabe ist nach § 97 Abs. 1 und 2 GWB die konstruktive Leistungsbeschreibung wenn möglich der funktionalen Leistungsbeschreibung vorzuziehen. Funktionale Leistungsbeschreibungen sind tendenziell eher im Kontext beschränkter Ausschreibungen sinnvoll, da sie mit erheblichem Aufwand seitens der Bieter verbunden sind. Darüber hinaus müssen auch funktionale Leistungsbeschreibungen so detailliert sein, dass sie seitens der Bieter eine sichere Preisbildung ermöglichen. Auf europäischer Ebene wurde in diesem Zusammenhang das *Common Procurement Vocabulary* erarbeitet, welches nahezu alle erdenklichen Leistungen spezifiziert und bei europaweiten Ausschreibungen Übersetzungsfehler vermeiden soll.

3 Angebotsbearbeitungsphase

Während innerhalb der Ausschreibungsphase des Submissionsprozesses insbesondere Entscheidungen des Nachfragers von zentraler Bedeutung sind, ist die Angebotsbearbeitungsphase vor allem durch zwei sequentielle Entscheidungsfelder des Anbieters gekennzeichnet. Im Speziellen entscheidet dieser hierbei zunächst über die grundsätzliche Teilnahme an der Ausschreibung (Anfragenselektion), ehe er anschließend im Falle der Teilnahme sein spezifisches Preisgebot festzulegen hat (Preisbildung) (Alznauer und Krafft 2004).

3.1 Anfragenselektion

Mit der Veröffentlichung einer Ausschreibung beziehungsweise dem Eingang einer Anfrage beginnt für den Anbieter die Angebotsbearbeitungsphase. Dabei hat im Laufe der letzten Jahrzehnte die Anfragenselektion, das heißt die grundsätzliche Entscheidung über die Teilnahme an einer Ausschreibung, an Bedeutung gewonnen. Bei der zunehmenden Anzahl von Ausschreibungen und einer verschärften Wettbewerbssituation ist eine Bearbeitung aller Anfragen und Ausschreibungen aufgrund finanzieller und zeitlicher Restriktionen kaum möglich (Geiger und Krüger 2013). So sind allein für die Angebotspreisfindung Kosten von mehreren Tausend Euro zu veranschlagen (Rothkopf und Harstad 1994). Auf der anderen Seite sinken die Erfolgswahrscheinlichkeiten stetig (Kleinaltenkamp und Saab 2009). Entsprechend ist eine konsequente und professionelle Prüfung der Teilnahme an einer Ausschreibung notwendig.

Zur Beurteilung von Aufträgen werden verschiedene Bewertungsverfahren herangezogen, welche qualitativer oder quantitativer Art sein können (Kuhlmann 2001). Dabei sind qualitative Bewertungsverfahren vor allem beschreibender Natur, entsprechend liegen die Beurteilungsgrößen nicht in metrischer Form vor. Diese Verfahren sind zwar relativ kostengünstig, können aufgrund des subjektiven Bewertungsspielraums allerdings bei unterschiedlichen Anwendern auch zu unterschiedlichen Ergebnissen führen. Dagegen basieren quantitative Verfahren der Anfragenbewertung auf metrischen und damit intersubjektiv eindeutig vergleichbaren Beurteilungsgrößen. Diese Verfahren sind zwar kostenintensiver, liefern allerdings auch zuverlässigere Ergebnisse. Schließlich existieren Mischformen beider Varianten, die die Vorteile qualitativer und quantitativer Ansätze miteinander verbinden sollen. Diese geben dabei vor, quantitative Daten zu verwenden. Aufgrund der subjektiven Schätzwerte kann jedoch ein Interskalenniveau nicht sichergestellt werden (Alznauer und Krafft 2004).

Innerhalb der qualitativen Verfahren der Anfragenbewertung werden Checklisten und Profilvergleiche unterschieden. Vor allem *Checklisten* sind aufgrund ihrer einfachen Handhabung und relativen Kostengünstigkeit in der Praxis weit verbreitet. Dabei finden sie insbesondere im Zusammenhang mit einer ersten Bestandsaufnahme und Untersuchung der allgemeinen und technischen Projektdaten Anwendung (Geiger und Krüger 2013). Zunächst werden dazu alle als relevant erachteten Kriterien erfasst und dokumentiert, ehe diese anhand von Notenskalen beziehungsweise Ja/Nein-Einschätzungen subjektiv beurteilt werden (Strebel 1975). Für Checklisten existieren allerdings keine Entscheidungsregeln, auf Basis derer anschließend die Einschätzungen der einzelnen Kriterien verdichtet werden und somit eine Bewertung der Anfrage erfolgen könnte. Entsprechend dienen die Ergebnisse dieses Verfahrens lediglich als Gedankenstütze für den Bearbeiter der Anfrage in dem Sinne, dass jede Anfrage auf die gleichen Kriterien hin überprüft wird (Geiger und Krüger 2013).

Profilvergleiche erweitern die Checklisten-Verfahren durch eine graphische Darstellung der Einschätzungen der verschiedenen Kriterien. Bei diesem qualitativen Verfahren werden anhand von speziell für den jeweiligen Kontext entwickelten Kriterien konkrete Punktwerte vergeben, die graphisch dargestellt werden. Ziel ist es dabei, die Anfragen zu ermitteln, die gewisse Mindestanforderungen in Bezug auf diese Kriterien erfüllen beziehungsweise überfüllen und somit für die Angebotserstellung als sinnvoll erachtet werden (Barrmeyer 1982). Dazu wird zunächst ein Mindestprofil gebildet, welches die Mindestanforderungen für die Kriterien graphisch aufspannt. Anschließend wird dieses mit den einzelnen Punktausprägungen der jeweiligen Anfragen (das sogenannte Realprofil) verglichen. Bei der Profilmethode werden die einzelnen Punkte über die Kriterien jedoch nicht verdichtet (Kunschert 2008), sodass eindeutige Entscheidungen für oder gegen die Weiterbearbeitung einer Anfrage nur dann möglich sind, wenn sich beide Profile nicht schneiden. Erfüllt das Realprofil das Mindestprofil nur bei bestimmten Kriterien nicht, muss entweder das gesamte Projekt abgelehnt oder Kompensationsmöglichkeiten im Modell berücksichtigt werden (Heger 1998). Abbildung 2 stellt exemplarisch einen

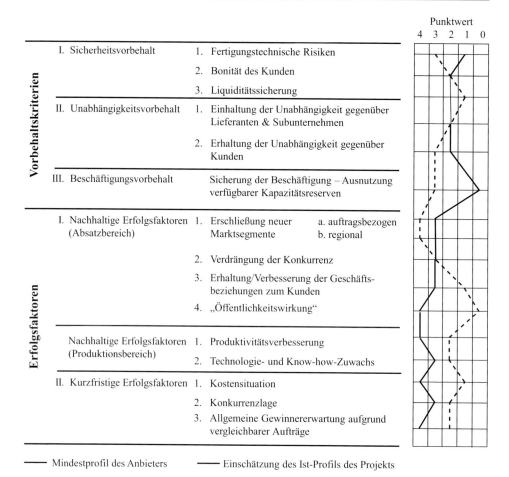

Abb. 2 Beispielhafter Profilvergleich eines Projektes (Heger 1998, S. 26)

Profilvergleich vor, wobei die durchgezogene Linie dem Mindestprofil und die gestrichelte Linie dem Realprofil entspricht.

Neben diesen qualitativen Verfahren der Anfragenbewertung haben sich als quantitative Verfahren das Angebotskosten-Erfolgskennziffern-Verfahren sowie der strategisch-operative Ansatz etabliert. Dabei basiert eine Anfragenbewertung auf Basis einer *Angebotskosten-Erfolgskennziffer* (AEK) rein auf Zahlengrößen und wirkt somit der Kritik des subjektiven Bewertungsspielraums von qualitativen Verfahren entgegen (Backhaus 1980). In diesem Zusammenhang bildet die Kennziffer die zu erwartende Rendite der Anfrage ab. Sie setzt sich zusammen aus dem Verhältnis von erwartetem Auftragsumsatz (das heißt Erfolgswahrscheinlichkeit für Auftragseingang × Preis) und den geschätzten Angebotskosten. Die Angebotskosten werden dabei durch eine multiple Regressionsanalyse ermittelt, welche bspw. den Angebotswert, das Land des Kunden oder den angefragten

Dokumentationsgrad als Einflussgrößen berücksichtigt (Geiger und Krüger 2013). Die Erfolgswahrscheinlichkeit für den Auftragseingang kann mittels Items zu den drei Faktoren Ungewissheit über den Auftragseingang, Ungewissheit bezüglich der anbieterseitigen Leistungserstellung sowie Ungewissheit über den Zahlungseingang ermittelt werden (Backhaus 1980). Letztlich lässt sich der Preis bspw. auf Basis von Erfahrungen schätzen. Die resultierende Angebotskosten-Erfolgskennziffer wird anschließend mit einem Grenzwert verglichen, der auf Basis bestehender Erfahrungswerte eine Mindestausprägung der Angebotskosten-Erfolgskennziffer festlegt und damit einer zu erfüllenden Mindestrendite des Angebots entspricht (Alznauer und Krafft 2004).

Im Gegensatz dazu stellt der *strategisch-operative Ansatz* einen zweistufigen Ansatz dar, bei dem in der Anfragenbewertung verschiedene strategische und operative Stufen durchlaufen werden, wobei ein Abbruch der Bewertung der Anfrage auf jeder Stufe möglich ist (Heger 1998). Auf einer ersten Stufe werden Anfragen hinsichtlich ihrer Eignung für den strategisch relevanten Markt bewertet. Dabei sind Anfragen im Sinne ihrer Übereinstimmung in Bezug auf die betrachtete Kunden- und Zielgruppe, die zu erfüllenden Funktionen und die zur Problemlösung verfügbaren Technologien zu untersuchen (Abell 1980). Sofern diese Übereinstimmung gegeben ist, ist die Bearbeitung der Anfrage aus strategischer Perspektive als sinnvoll zu beurteilen (Kleinaltenkamp und Saab 2009) und es wird mit Stufe zwei fortgefahren. Dabei wird eine Anfrage dahingehend bewertet, inwiefern sie gewissen Mindestanforderungen bezüglich der Auftragswahrscheinlichkeit sowie des Deckungsbeitrags genügt (Heger 1998). Dazu werden entsprechend der grauschattierten Fläche in Abb. 3 Anspruchsniveaus an beide Kennzahlen definiert. Sofern diese erlössteigernden Kriterien als ausreichend beurteilt werden, kann auch aus operativer Perspektive die weitere Bearbeitung der Anfrage positiv beurteilt werden. Im abgebildeten Beispiel trifft dies allein für Anfrage A_1 zu.

Letztlich stellen *Scoring-Modelle* die am weitesten verbreitete Mischform aus qualitativen und quantitativen Verfahren der Anfragenbewertung dar. Dieses auch als Punktbewertungsverfahren oder Nutzwertanalyse bekannte Verfahren dient der Beurteilung von Anfragen anhand zuvor festgelegter Kriterien, wobei im Gegensatz zu rein qualitativen Verfahren der Grad der Erfüllung dieser Kriterien durch die jeweilige Anfrage berücksichtigt wird (Homburg 2012). Dabei werden verschiedene Stufen der Anfragebewertung durchlaufen, von der Definition der relevanten und hinreichend überschneidungsfreien Bewertungskriterien über die Gewichtung dieser Kriterien und die Bewertung der Anfrage im Hinblick auf die Erfüllung einzelner Kriterien bis hin zur Berechnung eines Gesamtwerts für eine Anfrage durch Summierung der gewichteten Einzelwerte (Geiger und Krüger 2013). Diese Summe kann letztlich zum Vergleich verschiedener Anfragen herangezogen werden. Es wird deutlich, dass Scoring-Modelle zur Entscheidungsfindung auf quantitative Ergebnisse zurückgreifen, welche allerdings durch die subjektive Bewertung und Gewichtung der Kriterien auf qualitativen Schätzwerten basieren (Alznauer und Krafft 2004).

Abschließend bleibt festzuhalten, dass trotz ihrer Schwachstellen insbesondere Checklisten und Profilvergleiche in der Praxis weite Verbreitung gefunden haben. Quantitati-

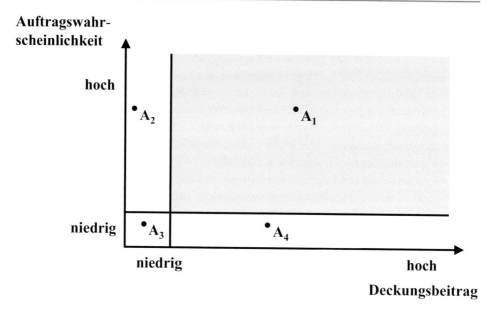

Abb. 3 Darstellung von operativen Anspruchsniveaus (Heger 1998, S. 98)

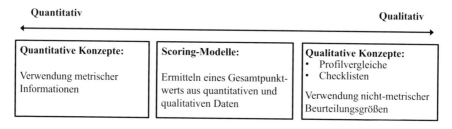

Abb. 4 Arten von Angebotsbewertungsverfahren (Kunschert 2008, S. 64)

ve Verfahren wie das Angebotskosten-Erfolgskennziffern-Verfahren oder der strategisch-operative Ansatz sind dagegen aufgrund von mangelnder Bekanntheit, zu geringer Flexibilität sowie hoher Komplexität der Modelle weniger praktikabel (Geiger und Krüger 2013). Entsprechend ist ihre Verbreitung nur sehr gering. Abbildung 4 fasst abschließend die drei Arten von Bewertungsverfahren im Rahmen der Angebotsselektion zusammen.

3.2 Preisfindung

Im Falle der positiven Bewertung einer Anfrage im Rahmen der Anfragenselektion steht der Anbieter im zweiten Schritt der Angebotsbearbeitung vor der Entscheidung der Festsetzung eines Angebotspreises. Diese Preisbestimmung erfordert in der Regel einen großen Aufwand, um trotz Unwägbarkeiten wie der fehlenden Kenntnis über die genaue Anzahl an Mitbietern und deren Gebote einen optimalen Angebotspreis bestimmen zu können (Simon und Fassnacht 2009). Entsprechend kann der Zuschlag oder Nicht-Zuschlag große Auswirkungen auf die finanzielle Situation des Anbieters haben (Nagle und Holden 1995).

Zur Preisfindung greifen Unternehmen auf *competitive bidding*-Modelle zurück, die eine positive Korrelation zwischen den Angebotspreisen der Wettbewerber und der eigenen Kostenkalkulation unterstellen (Klimm 1982). Mit Hilfe dieser Modelle lassen sich quantitative Aussagen bezüglich des Zusammenhangs zwischen der Höhe des eigenen Angebots und der Wahrscheinlichkeit der Erteilung eines Zuschlags für einen Auftrag ableiten und somit die optimale Höhe des Angebotspreises ermitteln. In diesem Zusammenhang haben sich zur Preisfindung insbesondere der entscheidungstheoretische und der spieltheoretische Ansatz etabliert (Näykki 1976). Wegen seiner weiten Verbreitung in der Praxis soll im Folgenden insbesondere der entscheidungstheoretische Ansatz näher vorgestellt werden.

3.2.1 Entscheidungstheoretischer Ansatz der Preisfindung

Zur Darstellung des entscheidungstheoretischen Ansatzes wird in Anlehnung an Phillips (2005) auf ein Fallbeispiel zurückgegriffen. Dabei wird zunächst der Preis als einziges Unterscheidungskriterium zwischen den Angeboten der verschiedenen Anbieter eingeführt. Im Beispiel schreibt eine deutsche Universität im Rahmen größerer Modernisierungsmaßnahmen von Vorlesungsräumen die Neuanschaffung von 100 Beamern aus. Dazu werden im Rahmen einer Vorselektion nur Anbieter A und B als mögliche Lieferanten identifiziert und entsprechend aufgefordert, in verdeckter Form ein Angebot abzugeben. Die Angebote sind final, das heißt es sind keine Nachverhandlungen möglich, und der Anbieter mit dem geringsten Angebotspreis erhält am Ende den Zuschlag für den Auftrag.

Im Rahmen der Anfragenselektion hat Anbieter A die Anfrage als sinnvoll zur Weiterbearbeitung beurteilt und steht daher nun vor der Entscheidung, welchen Preis er für den Auftrag bieten soll. Seine Produktionskosten betragen 50 € pro Beamer. In einem ersten Schritt muss Anbieter A sich nun fragen, welches Ziel mit dem Gebot verfolgt werden soll. In aller Regel streben Unternehmen die Maximierung des Gewinns aus dem Auftrag an (Phillips 2005). Dabei ist der Zuschlag allerdings nicht sicher, da der Wettbewerber den gebotenen Preis unterbieten könnte. Entsprechend muss die Zuschlagswahrscheinlichkeit in den Überlegungen zur Preisfindung berücksichtigt werden und es wird somit eine Maximierung des *erwarteten* Gewinns angestrebt. In Abhängigkeit des gewählten Preises bedeutet dies formal:

$$\text{Max } G(p) = w(p) \times (p - c) \times d \qquad (1)$$

wobei $G(p)$ der erwartete Gewinn des Anbieters zu einem Angebotspreis p ist. Zudem kennzeichnet $w(p)$ die Wahrscheinlichkeit des Zuschlags bei einem gegebenen Angebotspreis p. Letztlich beschreiben c die variablen Kosten pro Einheit und d die Anzahl an verkauften Einheiten des Produktes beziehungsweise der Leistung.

Auch Anbieter A verfolgt das Ziel der Gewinnmaximierung und steht daher nun vor der Frage, welche Zuschlagswahrscheinlichkeit er in seinen Kalkulationen berücksichtigen soll. Zur Bestimmung der Zuschlagswahrscheinlichkeit stehen grundsätzlich drei Möglichkeiten zur Verfügung (Phillips 2005). Erstens kann die Wahrscheinlichkeit mit Hilfe einer Bottom-up-Modellierung ermittelt werden, welche auf Vermutungen bezüglich der Handlungen der einzelnen Wettbewerber und den damit einhergehenden Wahrscheinlichkeiten basiert. Zweitens können Anbieter auf Urteile von Experten zurückgreifen, die Kenntnisse bezüglich der konkreten Ausschreibung oder Erfahrung mit dem Kunden haben, die Wettbewerber gut kennen und/oder Erfahrung mit der spezifischen Bietsituation haben. Letztlich stehen zur Ermittlung der Zuschlagswahrscheinlichkeit statistische Schätzverfahren zur Verfügung, welche auf Vergangenheitsdaten zu Zuschlägen und Absagen bei Ausschreibungen gleicher oder ähnlicher Nachfrager basieren. Dabei können zur Bestimmung der Funktion der Zuschlagswahrscheinlichkeit verschiedene Methoden wie die lineare Regression oder Logit- und Probit-Modellierungen zur Anwendung kommen. Solche Schätzverfahren sind allerdings nur anwendbar, wenn die folgenden drei Bedingungen erfüllt sind:

- Die historischen Daten enthalten Angebote für gleiche Produkte gleicher Nachfrager.
- Die aktuellen Marktbedingungen und -produkte ähneln denen der historischen Daten.
- Die Anzahl historischer Angebotsdaten ist groß genug, sodass die Zuschlagswahrscheinlichkeit statistisch signifikant geschätzt werden kann.

Idealerweise sollten alle drei Verfahren, das heißt Bottom-up-Modellierungen, Expertenurteile und statistische Schätzverfahren, zur Schätzung der Zuschlagswahrscheinlichkeit zur Anwendung kommen. Allerdings ist dies vor allem aufgrund von Kosteneffizienzgründen nicht immer sinnvoll. Bei Ausschreibungen großer Volumina hat der Zuschlag für den Auftrag beträchtliche Auswirkungen auf das Unternehmensergebnis oder sogar den Aktienkurs. Daher ist es nicht unüblich, dass ein Vertriebsmitarbeiter unter Einbindung von Analysten und Senior Managern über mehrere Monate daran arbeitet, das Gebot vorzubereiten. Bei Ausschreibungen kleinerer Volumina ist es hingegen Usus, 10–20 verschiedene Standard-Pricing-Programme zu gestalten, die dann ohne individuelle Anpassung für die Preisfindung angewendet werden (Phillips 2005).

Im vorliegenden Beispiel zur Ausschreibung der Universität greift Anbieter A auf die Bottom-up-Modellierung zurück und vermutet, dass Anbieter B mit einer gleichverteilten Wahrscheinlichkeit $f(q)$ ein eigenes Preisangebot q zwischen 40 € und 80 € abgeben wird. Graphisch entspricht dies der in Abb. 5 dargestellten Funktion.

Entsprechend beträgt die Wahrscheinlichkeit $w(p)$, dass Anbieter A den Zuschlag für den Auftrag erhält $w(p) = 1 - F(p)$, wobei $F(p)$ die kumulative Verteilungsfunktion für ein Preisangebot q des Wettbewerbers an der Stelle p kennzeichnet. $F(p)$ beschreibt somit die Wahrscheinlichkeit dafür, dass Anbieter B einen Preis q unterhalb des von Anbieter A gebotenen Preises p setzt und damit den Zuschlag erhält. Entsprechend repräsentiert $1 - F(p)$ die Zuschlagswahrscheinlichkeit für Anbieter A, welche in Abb. 6 für das vorlie-

Abb. 5 Bietverhalten des Wettbewerbers

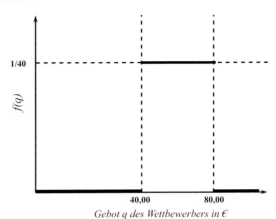

Abb. 6 Zuschlagswahrscheinlichkeit des Anbieters

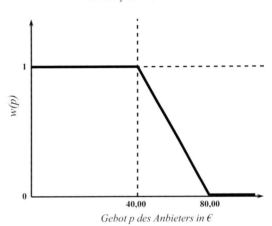

gende Beispiel abgebildet ist. Solange das Gebot von Anbieter A unter 40 € liegt, erhält dieser mit Sicherheit den Zuschlag für den Auftrag, da Anbieter B immer mehr als diesen Preis bieten wird. Andererseits erhält Anbieter A mit Sicherheit nicht den Zuschlag, wenn er mehr als 80 € bietet. Zwischen 40 € und 80 € sinkt die Wahrscheinlichkeit des Zuschlags für Anbieter A linear. Die entsprechende Zuschlagswahrscheinlichkeit lautet damit formal:

$$w(p) = \begin{cases} 1 & \text{für } p < 40\,\text{€} \\ 2 - (1/40)p & \text{für } 40\,\text{€} \leq p \leq 80\,\text{€} \\ 0 & \text{für } p > 80\,\text{€} \end{cases} \qquad (2)$$

Mit Kenntnis der Zuschlagswahrscheinlichkeit lässt sich nun der Preis bestimmen, der den erwarteten Gewinn von Anbieter A maximiert. Dazu wird die erste Ableitung von Gl. 3 über den Preis p von Anbieter A gebildet und mit null gleichgesetzt. Der gewinnoptimale Angebotspreis beträgt demzufolge:

$$G'(p^*) = 0 = (w'(p^*) \times p^* + w(p^*) - w'(p^*) \times c) \times d \qquad (3)$$

Im vorliegenden Beispiel ergibt sich damit ein optimaler Angebotspreis im Sinne der Maximierung des erwarteten Gewinns von Anbieter A von $p^* = 65$ €. Anbieter A erhält bei diesem Angebotspreis mit einer Wahrscheinlichkeit von $w(65\ €) = 37{,}5\%$ auch wirklich den Auftrag. Der maximale erwartete Gewinn beträgt entsprechend 562,50 €.

Ausschreibungen sind allerdings in der Regel nicht auf nur zwei Wettbewerber beschränkt, sondern richten sich in Form von offenen Ausschreibungen an viele verschiedene Anbieter. Somit muss ein Anbieter bei der Preisfindung das Entscheidungsverhalten von mehreren Mitbietern berücksichtigen. Im vorliegenden Beispiel ist dabei denkbar, dass neben Anbieter A und Anbieter B auch Anbieter C sich an der Ausschreibung beteiligt. Anbieter A muss daher nun auch Annahmen zur Wahrscheinlichkeit $f(r)$ eines Preisangebotes r von Anbieter C treffen, da er nur den Zuschlag für den Auftrag erhält, wenn sein Gebot unter denen seiner beiden Konkurrenten liegt. Der Einfachheit halber wird an dieser Stelle eine identische Erwartung hinsichtlich des Angebotsverhaltens von Anbieter C wie für Anbieter B angenommen. Allgemein gilt für die Zuschlagswahrscheinlichkeit $w(p)$ für gleichverteilte Angebotswahrscheinlichkeiten von n Konkurrenten:

$$w(p) = \left(\frac{o}{o-u} - \frac{p}{o-u}\right)^n \tag{4}$$

wobei o die obere und u die untere Grenze des Angebotspreises der Wettbewerber kennzeichnet.

Im vorliegenden Fallbeispiel ändert sich entsprechend die Zuschlagswahrscheinlichkeit $w(p)$ von Anbieter A für den Auftrag wie folgt:

$$w(p) = \begin{cases} 1 & \text{für } p < 40\ € \\ (2 - (1/40)p)^2 & \text{für } 40\ € \leq p \leq 80\ € \\ 0 & \text{für } p > 80\ € \end{cases} \tag{5}$$

Durch Einsetzen dieser neuen Zuschlagswahrscheinlichkeit in die Gleichung des erwarteten Gewinns von Anbieter A und Ableiten der Gewinngleichung nach dem Angebotspreis p kann wiederum der gewinnoptimale Angebotspreis p^* bestimmt werden. Dieser reduziert sich im Vergleich zum Fall mit nur einem Wettbewerber auf $p^* = 60$ €. Ebenso sinkt die Zuschlagswahrscheinlichkeit für Anbieter A auf $w(60\ €) = 25\%$ und entsprechend fällt auch der erwartete Gewinn mit nunmehr 250 € deutlich geringer aus. Somit ist mit zunehmender Anzahl an Wettbewerbern ein Rückgang der Zuschlagswahrscheinlichkeit, des Angebotspreises und in Konsequenz auch des erwarteten Gewinns zu beobachten. Aus diesem Grund hat ein ausschreibender Nachfrager immer einen Anreiz, die Zahl der bietenden Anbieter zu erhöhen und entsprechend seine eigenen Kosten des Auftrags zu minimieren.

Bisher wurde angenommen, dass der Käufer seine Entscheidung allein auf Basis des Preises fällt. Diese Annahme ist aber insbesondere im privatwirtschaftlichen Kontext eher die Ausnahme. In der Regel entscheiden Nachfrager anhand einer Kombination von verschiedenen Faktoren über die Auswahl des Anbieters (Phillips 2005). Neben dem Preis beziehen Nachfrager dabei Faktoren wie die frühere Erfahrungen mit dem Anbieter, die Reputation des Anbieters oder den technischen Fit der Produkte in ihre Entscheidung mit ein (Boughton 1987). Entsprechend müssen diese Faktoren in die Entscheidung des optimalen Angebotspreises mit einbezogen werden.

Im vorliegenden Fallbeispiel könnte es bspw. sein, dass die Universität ihre Beamer bisher immer von Anbieter B bezogen hat und dabei immer gute Erfahrung mit dem Anbieter gemacht hat. Dieses Wissen haben sowohl Anbieter B als auch Anbieter A, beide sind sich infolgedessen eines möglichen Preispremiums für Anbieter B bewusst. Beispielsweise könnte dieses Premium mit 10 € pro Beamer bewertet werden. Für die Zuschlagswahrscheinlichkeit bedeutet dies, dass Anbieter A immer 10 € pro Stück weniger bieten muss, um eine vergleichbare Zuschlagswahrscheinlichkeit ohne das Premium zu erreichen. Formal ausgedrückt ändert sich die Zuschlagswahrscheinlichkeit für ein Premium in Höhe von x:

$$w(p) = 1 - F(p + x) \qquad (6)$$

Im Beispiel ändert sich entsprechend die Funktion der Zuschlagswahrscheinlichkeit, insbesondere der Zuschlagsbereich für den Auftrag an Anbieter A. Solange das Angebot von Anbieter A nun unter 30 € liegt, erhält dieser mit Sicherheit den Zuschlag für den Auftrag, da Anbieter B immer mehr als 40 € bieten wird, jedoch ein Premium von 10 € genießt. Auf der anderen Seite erhält Anbieter A mit Sicherheit nicht den Zuschlag, wenn er mehr als 70 € bietet. Zwischen 30 € und 70 € sinkt die Wahrscheinlichkeit des Zuschlags für Anbieter A linear. Entsprechend gestaltet sich die neue Zuschlagswahrscheinlichkeit unter Berücksichtigung des Premiums der guten Erfahrung mit Anbieter B für Anbieter A nun wie formell in Gl. 7 und Abb. 7 dargestellt:

$$w(p) = \begin{cases} 1 & \text{für } p < 30\, \text{€} \\ 7/4 - (1/40)p & \text{für } 30\, \text{€} \leq p \leq 70\, \text{€} \\ 0 & \text{für } p > 70\, \text{€} \end{cases} \qquad (7)$$

Letztlich verringert sich damit im Fall nur zweier Anbieter der gewinnoptimale Angebotspreis für Anbieter A auf $p^* = 60$ €. Ebenso reduziert sich die Zuschlagswahrscheinlichkeit auf nun $w(60\, €) = 25\%$ und damit der erwartete Gewinn auf 250 €.

Zusammenfassend bleibt also festzuhalten, dass die Entscheidung, welcher Preis im entscheidungstheoretischen Sinne im Rahmen einer Submission angeboten werden soll, von vier Determinanten abhängt (Simon 1992):

- der Zielfunktion des Anbieters,
- den Kosten des Auftrags,
- dem Verhalten der Konkurrenten und
- den vom Nachfrager zugrunde gelegten Vergabekriterien.

3.2.2 Spieltheoretischer Ansatz der Preisfindung

Neben dem entscheidungstheoretischen Ansatz hat sich vor allem in der theoretischen Literatur der spieltheoretische Ansatz zur Preisfindung im Rahmen von Submissionen

Abb. 7 Zuschlagswahrscheinlichkeit des Anbieters mit Preispremium

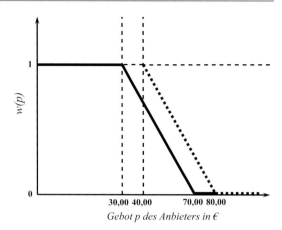

etabliert. Dabei werden ähnlich dem entscheidungsorientierten Ansatz Wahlhandlungen bei ungewissen Ergebnissen in den Mittelpunkt der Analyse gerückt (Römhild 1995). Im vorliegenden Beitrag soll allerdings nur ein kurzer Überblick über die zentralen Besonderheiten dieses spieltheoretischen Ansatzes gegeben werden, da er bis heute trotz seiner theoretischen Stringenz in der Praxis vergleichsweise wenig Akzeptanz gefunden hat (für eine ausführlichere Darstellung siehe Römhild 1995). Dies ist insbesondere auf praxisferne Annahmen wie rationales Entscheidungsverhalten, die fehlende Abbildung zentraler ökonomischer Kennziffern sowie auf aufwendige Ableitungen und komplexe Modellierungen zurückzuführen (Alznauer und Krafft 2004).

Im Zusammenhang mit Submissionen sind zwei Modelle zu unterscheiden: (1) das private-values-Modell und (2) das common-value-Modell. Diese Modelle begründen sich aus den zwei zentralen Unsicherheiten im Zusammenhang mit Submissionen, nämlich der Ungewissheit über die Kosten, die der Auftrag für das eigene Unternehmen impliziert und der Ungewissheit über die Kosten, die durch den Auftrag für die konkurrierenden Anbieter entstehen (Römhild 1995).

Unter den Annahmen des häufigsten Falls von Submissionen (verdeckte Gebote mit Zuschlag für den Bieter mit dem geringsten Angebotspreis) stellt das private-values-Modell den geeigneten spieltheoretischen Ansatz dar. Es bildet ab, dass jeder Bieter seine eigenen Kosten genau kennt, bezüglich des Wettbewerbs jedoch nur die Verteilung der Kosten bekannt ist (Römhild 1995). Entsprechend wird ein Bieter seinen Angebotspreis umso niedriger setzen, je wichtiger ihm der Auftrag ist, jedoch nicht niedriger, als es seine eigenen Kosten zulassen. Im Extremfall ist sein Angebotspreis somit gleich seinen Kosten. Dagegen werden Bieter, denen der Zuschlag weniger wichtig ist, spekulativ höher als die eigenen Kosten bieten und versuchen, die vermuteten Gebote der anderen Bieter nur knapp zu unterbieten. Somit führt das private-values-Modell zu tendenziell höheren Preisen und umgeht die Probleme des common-value-Modells im Zusammenhang mit dieser häufigsten Form von Submissionen.

Das common-value-Modell unterstellt nämlich, dass die Kosten des Auftrags für alle Bieter gleich hoch und a priori unbekannt sind. Jeder Bieter führt eine eigene Schätzung der Kosten durch, deren Genauigkeit, nicht jedoch der Wert selbst, den Wettbewerbern bekannt ist (Römhild 1995). Unter den Annahmen des common-value-Modells besteht dabei die Gefahr des sogenannten winner's curse („Fluch des Gewinners") (Nagle und Holden 1995). Hat etwa ein Anbieter ein verdecktes Angebot entsprechend seiner Schätzung der Auftragskosten abgegeben und bekommt den Zuschlag, stellt sich die Frage, was dies für den Bieter mit dem niedrigsten Gebot bedeutet. Entweder ist er bereit, auf Gewinn zu verzichten oder er unterschätzt die eigenen Kosten bei Angebotszuschlag (Simon 1992). Die Wahrscheinlichkeit eines Verlustes bei Zuschlag steigt zudem mit der Anzahl der Mitbieter.

4 Entscheidungsphase

Mit Abgabe der Angebotspreise durch die Anbieter geht der Submissionsprozess in die Entscheidungsphase. Bei offenen Ausschreibungsverfahren erhält der Anbieter mit dem geringsten Angebotspreis den Zuschlag für den Auftrag. Diese Vorgehensweise ist somit bei den meisten öffentlichen Ausschreibungen aufgrund der eingangs beschriebenen gesetzlichen Vorgaben üblich und macht weitere Preisverhandlungen unzulässig (Berz 2007). Im Gegensatz dazu zeigt die gängige Vergabepraxis von privatwirtschaftlichen Auftraggebern, dass nach der Angebotsabgabe oftmals weitere Angebotsrunden und Preisnachverhandlungen üblich sind, bevor ein Zuschlag erfolgt. Im Folgenden werden sowohl Preisverhandlungen als auch der Prozess der Zuschlagserteilung kurz vorgestellt. Für eine ausführliche Beschreibung von Preisverhandlungen im Industriegüterbereich sei an dieser Stelle auf Voeth und Herbst, Preisverhandlungen, verwiesen.

4.1 Preisverhandlung

Verhandlungen über den Preis im Zusammenhang mit Submissionen sind vor allem im internationalen Anlagengeschäft weitverbreitet, da hier die Beschaffung von Produkten und Leistungen durch öffentliche Ausschreibung eine gängige Art der Beschaffung darstellt (Gawlik 2004). Grundsätzlich werden in diesem Zusammenhang anhand ihres Abstraktionsgrades, ihres Aufbaus und ihrer Praxisnähe theoretische und managementbezogene Analyseansätze unterschieden (Voeth und Rabe 2004). Theoretische Ansätze fokussieren sich dabei auf eine Aufdeckung von allgemeinen Zusammenhängen, während managementbezogene Ansätze auf praktische Empfehlungen abstellen.

Theoretische Ansätze lassen sich nach Herbst (2007) weiter in analytisch-präskriptive, verhaltenswissenschaftliche sowie die sogenannte *Negotiation Analysis* differenzieren. Analytisch-präskriptive Ansätze sind vor allem durch spieltheoretische Verhandlungsmodelle geprägt, in denen die Verhandlungsparteien über individuelle Nutzenfunktionen verfügen, die sie unter Berücksichtigung der Entscheidung der anderen Akteure mit Hilfe von mathematisch-formalen Modellen zu maximieren versuchen (Osborne und Rubinstein 1994). Dabei wird den verhandelnden Parteien vollständige Informationen sowie rationales Verhalten unterstellt, wodurch Verhandlungsergebnisse logisch-stringent abgeleitet werden können. Grundsätzlich werden dabei kooperative und nicht-kooperative Verhandlungen unterschieden. Kooperative Verhandlungen zielen auf eine für den Nachfrager und den Anbieter gleichermaßen zufriedenstellende Lösung ab. Als bekanntester Vertreter dieser Verhandlungsform hat sich die Nash-Lösung etabliert, wonach eine Verhandlungslösung erst dann pareto-optimal ist, wenn eine Verhandlungspartei nur noch ein höheres Nutzenniveau erreichen kann, indem eine andere Partei schlechter gestellt wird (Nash Jr. 1950). Im Gegensatz dazu stellen nicht-kooperative Verhandlungen eine Variante dar, in der die Verhandlungsparteien versuchen, ihre Position auf Kosten der anderen Parteien um jeden Preis durchzusetzen. Ein weitverbreitetes Lösungskonzept dieser Art von Verhandlungen ist das sogenannte „Rubinsteinspiel" (Rubinstein 1982). Im Gegensatz zur Nash-Lösung ist bei diesem Verhandlungsmodell die optimale Lösung eine möglichst schnelle, da jeder Austausch mit einer Schmälerung des aufzuteilenden Gesamtbetrages einhergeht. Da hierbei alternierend Preisvorschläge durch die beteiligten Verhandlungsparteien unterbreitet werden, geht das Modell mit einem Vorteil für den Erstbietenden einher (Herbst 2007).

Im Gegensatz zu analytisch-präskriptiven Ansätzen unterstellen verhaltenswissenschaftliche Verhandlungsansätze keine stringente Formallogik und geben die Annahme vollständiger Rationalität auf. Sie berücksichtigen vielmehr individuelle Verhaltensdeterminanten und situative Faktoren (Thompson 1990). Dabei lassen sich theoretisch-konzeptionelle und empirisch-induktive Ansätze unterscheiden. Bei den erstgenannten Ansätzen wird zur Entwicklung von Verhandlungsmodellen insbesondere auf soziologische und psychologische Theorien zurückgegriffen (Sandstede 2010). So können bspw. für unterschiedliche Verhandlungsphasen spezielle Empfehlungen zu effektiven Verhandlungstaktiken gegeben werden (Douglas 1962). Dagegen werden in empirisch-induktiven Ansätzen Erfolgsfaktoren für Verhandlungen aus empirischen Erhebungen abgeleitet (Herbst 2007). Dabei wird insbesondere auf experimentelle Erhebungen zurückgegriffen, um Problemen der Beobachtung von realen Verhandlungen entgegenzuwirken.

Letztlich stellt die von Raiffa (1982) entwickelte *Negotiation Analysis* eine Synthese der analytisch-präskriptiven und verhaltenswissenschaftlichen Ansätze dar (Sandstede 2010). Ziel ist es dabei, den Verhandlungsparteien konkrete Systematiken an die Hand zu geben, wie optimale Verhandlungsergebnisse erreicht werden können. Zudem wird erläutert, wie reale Phänomene auf diese Ergebnisse Einfluss nehmen können. Dabei wird sich von der Annahme vollständiger Information gelöst, jedoch ein rationales Handeln unter Unsicherheit unterstellt (Herbst 2007).

Parallel zur Entwicklung von theoretischen Verhandlungsansätzen haben sich managementbezogene Ansätze entwickelt. Diese legen den Schwerpunkt auf den Verhandlungsprozess selbst und zielen auf die Bereitstellung von möglichst konkreten Handlungsempfehlungen im Sinne von Verhandlungsstrategien und -taktiken ab (Simon und Fassnacht 2009), wie bspw. spezielle Techniken der Preisargumentation oder Reaktionen auf Preiseinwände. In diesem Zusammenhang hat sich das Harvard-Verhandlungskonzept (Fisher et al. 2009) als wesentlicher Leitfaden innerhalb der managementbezogenen Verhandlungsansätze etabliert. Es basiert im Wesentlichen auf vier Handlungsempfehlungen für Manager bei Preisverhandlungen (Herbst 2007; Sandstede 2010):

- Gedankliche und argumentative Trennung von Personen und Problemen während der Verhandlung, um zwischenmenschliche Konflikte in der Verhandlung zu vermeiden.
- Abkehr von der Fixierung auf feststehende Lösungen und stattdessen eine Betonung der Interessen beider Verhandlungspartner, um Raum für integratives Potential zu ermöglichen.
- Alternative Problemlösungsvorschläge im Vorfeld der Verhandlung erarbeiten, um einem möglichen Scheitern von Verhandlungen aufgrund von festgefahrenen Verhandlungsprozessen frühzeitig vorbeugen zu können.
- Festlegung objektiver Bewertungskriterien zur Beurteilung der Angebote des Verhandlungspartners.

Insgesamt bleibt aber festzuhalten, dass sowohl theoretische als auch managementbezogene Ansätze der Verhandlungsforschung noch stark fragmentiert sind und insbesondere hinsichtlich ihrer praktischen Anwendbarkeit Limitationen aufweisen. So sind Annahmen wie die der vollständigen Rationalität in analytisch-präskriptiven Ansätzen realitätsfremd. Auch muss die Generalisierbarkeit von Untersuchungsergebnissen aus Laborsituationen in empirisch-induktiven Ansätzen hinterfragt werden. Somit kann festgestellt werden, dass diese Ansätze ein erstes Verständnis für die Bedeutung von Preisverhandlungen in der Praxis fördern, eine systematische Analyse von Wirkungszusammenhängen innerhalb von Preisverhandlungen auf dieser Basis jedoch kaum möglich ist (Sandstede 2010).

4.2 Erteilung des Zuschlags

Der letzte Schritt im Rahmen von Submissionsprozessen betrifft die abschließende Bewertung der eingegangenen Angebote durch den Nachfrager. Insbesondere bei öffentlichen Ausschreibungen werden die Angebote der Anbieter dabei einer Vier-Stufen-Prüfung unterzogen (VOB/A), deren aufeinander aufbauende Prüfungsabfolge auf jeder Stufe zum formalen Ausschluss oder einer weiterführenden Prüfung der Angebote führen kann:

- Prüfung möglicher formeller Ausschlussgründe,
- Eignungsprüfung,
- Preisliche Angebotsprüfung,
- Zuschlagserteilung.

Der Entscheidungsprozess beginnt mit der formellen Bewertung der Angebote. Dabei spielt die Preisreihenfolge der Angebote noch keine Rolle, womit unter Umständen selbst besonders wirtschaftliche Angebote ausgeschlossen werden können (Belke 2010). Aus Gründen der Fairness ist ein Angebot zwingend aus dem weiteren Submissionsprozess auszuschließen, wenn das Angebot nicht rechtzeitig bei der Angebotsöffnung vorlag (§ 16 Abs. 1 Nr. 1 VOB/A). So wird sichergestellt, dass nach Angebotsöffnung keine Informationen in ein verspätet abgegebenes Angebot einfließen können. Weitere zwingende Ausschlussgründe sind bspw. nicht unterzeichnete Angebote beziehungsweise eine fehlende elektronische Signatur, fehlende Preispositionen oder Angebote mit vorsätzlich falschen Erklärungen in Bezug auf Fachwissen, Leistungsfähigkeit und Zuverlässigkeit. Darüber hinaus können Angebote ausgeschlossen werden, wenn bspw. ein Insolvenzverfahren gegenüber dem Anbieter eröffnet wurde oder er in der Vergangenheit schwere Verfehlungen begangen hat (§ 16 Abs. 1 Nr. 2 VOB/A).

Ziel der Eignungsprüfung ist die Feststellung der Fachkunde, Leistungsfähigkeit und Zuverlässigkeit der Anbieter (§ 16 Abs. 2 VOB/A; Belke 2010). Dazu werden die eingegangenen Angebote anhand objektiver Maßstäbe – insbesondere der in der Ausschreibung fixierten Leistungskriterien sowie weiterer Kriterien, die einen eindeutigen Bezug zur ausgeschriebenen Leistung haben – bewertet. Dafür muss der Nachweis der Erfüllung der Kriterien durch den Anbieter selbst erbracht werden. Weitere Kriterien im Hinblick auf die Fachkunde können bspw. Zertifizierungen oder ein Handels- oder Berufsregisterauszug des Herkunftslandes darstellen. Hinsichtlich der Leistungsfähigkeit können Referenzlisten, Ausbildungsnachweise, Bankerklärungen oder auch Bilanzen herangezogen werden. Die Zuverlässigkeit ist in Form einer Eigenerklärung durch den Anbieter zu erbringen.

Die dritte Bewertungsstufe stellt die Prüfung der Angemessenheit der gebotenen Preise dar (§ 16 Abs. 6 VOB/A; Kuhlmann 2001). Auf Angebote, deren Preise in einem Missverhältnis zur Leistung stehen, darf der Zuschlag nicht erteilt werden. Von einem Missverhältnis ist dabei die Rede, wenn die Angebote im Vergleich zur zu erbringenden Leistung ungewöhnlich niedrig erscheinen (Fabry et al. 2007). Ebenso sollte ein rechnerisch ungeprüftes Angebot keinen Zuschlag erhalten (§ 16 Abs. 3 VOB/A). Beides dient dem Schutz des Auftraggebers, indem der Gefahr einer mangelhaften Leistungserbringung und schlimmstenfalls einer Insolvenz des Auftragnehmers vorgebeugt wird. Bei der Prüfung der Angemessenheit des Preis-Leistungs-Verhältnisses greifen Auftraggeber dabei in der Regel auf vergleichbare Erfahrungswerte, vorliegende Unterlagen des Anbieters und weitere eingegangene Angebote sowie die jeweils relevanten Marktverhältnisse zurück. Wichtig ist an dieser Stelle zu betonen, dass bei nicht kostendeckenden Angeboten nicht zwangsläufig ein Ausschluss erfolgt. Solche Unterkostenangebote können Unternehmen aus strategischen Motiven, wie bspw. der Erschließung neuer Märkte, abgeben und die Leistung trotz fehlender Kostendeckung ordnungsgemäß erbringen (Fabry et al. 2007).

In der letzten Stufe erfolgt schließlich die Zuschlagserteilung. In den meisten Vergabeverfahren wird dabei das wirtschaftlichste bzw. das Angebot mit dem niedrigsten Angebotspreis ausgewählt (Belke 2010). Wurden im Leistungskatalog als Bewertungskriterien neben dem Preis noch weitere Aspekte wie zum Beispiel Qualität, Reputation, Erfahrung oder Zweckmäßigkeit definiert (bei privatwirtschaftlichen Ausschreibungen), müssen auch diese in der Zuschlagserteilung berücksichtigt werden (Fabry et al. 2007).

5 Fazit

Der vorliegende Beitrag macht deutlich, dass der Submissionsprozess komplexer Natur ist und im Hinblick auf die verschiedenen Phasen zentrale Besonderheiten aufweist. So kommt innerhalb der Ausschreibungsphase zunächst dem Nachfrager eine bedeutende Rolle zu. Er entscheidet hierbei über die Vergabeart und das erwartete Leistungsspektrum zur Erbringung des Auftrags. Im Zusammenhang mit der Vergabeart stellt das offene Verfahren insbesondere aufgrund gesetzlicher Rahmenbedingungen, wie der Sicherung eines vollkommen freien Wettbewerbs, den Regelfall für Ausschreibungen des öffentlichen Sektors dar. Dagegen erweist sich gerade aufgrund der besseren Steuerungsmöglichkeiten in Bezug auf die Qualifikation der teilnehmenden Anbieter das nicht offene Verfahren im privatwirtschaftlichen Bereich als weitverbreiteter Ansatz. Im Hinblick auf das zu definierende Leistungsspektrum wird vom Nachfrager zudem eine eindeutige und erschöpfende Beschreibung des Auftrags verlangt, wobei neben klassisch funktionalen auch soziale oder ökologische Leistungskriterien formuliert werden können.

Die sich anschließende Angebotsbearbeitungsphase ist vor allem durch Entscheidungen der Anbieter geprägt. Einerseits müssen diese über die grundsätzliche Teilnahme an der Ausschreibung entscheiden. Dazu steht den Anbietern eine Vielzahl an Bewertungsverfahren zur Einordnung des ausgeschriebenen Auftrags zur Verfügung. In der Praxis wird aufgrund ihrer einfachen Handhabung und relativen Kostengünstigkeit vor allem auf Checklistenverfahren zurückgegriffen. Komplexere, strategisch-operative Ansätze finden dagegen nur selten Anwendung. Neben der Angebotsselektion stellt die Bestimmung des Angebotspreises eine weitere zentrale Herausforderung für Unternehmen dar. Hierbei müssen diese eine Entscheidung über die Höhe des Angebotspreises unter Berücksichtigung von Unsicherheit über die Anzahl und das Bietverhalten der Wettbewerber tätigen. Dabei sind in der Praxis vor allem entscheidungstheoretische Ansätze des *competitive bidding* weitverbreitet, wobei Annahmen zu Wettbewerbern auf Basis von Vermutungen, Expertise und/oder statistischen Schätzverfahren getroffen werden. Spieltheoretische Ansätze werden aufgrund von für die Praxis unrealistischen Annahmen dagegen nur wenig genutzt.

Letztlich werden in der Entscheidungsphase die Nachfrager- und die Anbieterperspektive zusammengeführt. Insbesondere bei privatwirtschaftlichen Auftraggebern sind dabei zunächst Preisnachverhandlungen üblich, bevor ein Zuschlag erfolgt. Im öffentlichen Sektor wird dagegen direkt auf Basis der abgegebenen Angebote entschieden. In Bezug auf Preisverhandlungen wird in der bisherigen Literatur bereits eine Vielzahl an theoretischen und managementbezogenen Ansätzen diskutiert, wobei diese Literatur bisher noch stark fragmentiert ist. Letztlich endet der Submissionsprozess mit der Zuschlagserteilung. Hierbei bewertet der Nachfrager die eingegangenen Angebote hinsichtlich möglicher formeller Ausschlussgründe sowie der technischen und wirtschaftlichen Eignung. Insbesondere im öffentlichen Sektor ist dazu ein breiter Katalog an Kriterien zur Prüfung der Angebote gesetzlich vorgeschrieben.

Es bleibt festzuhalten, dass die Komplexität des Submissionsprozesses ein systematisches Angebots- und Nachfragemanagement innerhalb der einzelnen Prozessschritte erfordert. Aufgrund der großen Ergebnisrelevanz der einzelnen Schritte ist auf Nachfrager- und Anbieterseite eine professionelle Planung, Durchführung und Kontrolle der zu verantwortenden Aufgaben notwendig.

Literatur

Abell, D.F. 1980. *Defining the Business – The Starting Point of Strategic Planning*. Englewood Cliffs: Prentice Hall.

Ahmadi, I., und I. Minkarah. 1988. Questionnaire Survey on Bidding in Construction. *Journal of Management in Engineering* 4(3): 229–43.

Alznauer, T., und M. Krafft. 2004. Submissionen. In *Handbuch Industriegütermarketing*, Hrsg. K. Backhaus, M. Voeth, 1057–78. Wiesbaden: Gabler.

Backhaus, K. 1980. *Auftragsplanung im industriellen Anlagengeschäft*. Stuttgart: Poeschel.

Barrmeyer, M.-C. 1982. *Die Angebotsplanung bei Submission*. Münster: Lit..

BDI. 2007. Nationale Vergaberechtsreform, BDI-Drucksache 404.

Belke, A. 2010. *Vergabepraxis für Auftraggeber: Rechtliche Grundlagen – Vorbereitung – Abwicklung*. Wiesbaden: Vieweg+Teubner.

Berz, G. 2007. *Spieltheoretische Verhandlungs- und Auktionsstrategien*. Stuttgart: Schäffer-Poeschel.

BMBF. 2010. „Einkäufer Staat" als Innovationstreiber, Bundesministerium für Bildung und Forschung – Abschlussbericht.

Boughton, P.D. 1987. The competitive bidding process: Beyond probability models. *Industrial Marketing Management* 16(2): 87–94.

Burgi, M. 2007. Die Umsetzungsebene der Gewährleistungsverantwortung: Leistungsbeschreibung und Qualitätsprüfung. *Zeitschrift für Staats- und Europawissenschaften* 5(1): 46–67.

Cova, B., und T. Allen. 1989. New Vistas in Competitive Bidding Strategies. *European Management Journal* 7(4): 451–456.

Douglas, A. 1962. *Industrial peacemaking*. New York: Columbia University Press.

Dulaimi, M.F., und H.G. Shan. 2002. The factors influencing bid mark-up decisions of large- and medium-size contractors in Singapore. *Construction Management and Economics* 20(7): 601–610.

Fabry, B., F. Meininger, und K. Kayser. 2007. *Vergaberecht in der Unternehmenspraxis*. Wiesbaden: Springer.

Fisher, R., W. Ury, und B. Patton. 2009. *Das Harvard-Konzept: Der Klassiker der Verhandtungstechnik*. NY: Campus-Verl: Frankfurt; New York.

Gandenberger, O. 1961. *Die Ausschreibung*. Heidelberg: Quelle & Meyer.

Gawlik, K. 2004. Der Einfluss der Kultur auf Verhandlungen im Beschaffungsmarketing unter besonderer Berücksichtigung des Anlagengeschäfts im empirischen Befund. In *Kulturelle Einflüsse im Beschaffungsmarketing*, 227–366. Wiesbaden: Deutscher Universitäts-Verlag.

Geiger, I., und S. Krüger. 2013. Anfragenbewertung und Angebotserstellung. In *Auftrags- und Projektmanagement*, Hrsg. M. Kleinaltenkamp, W. Plinke, I. Geiger, 59–89. Wiesbaden: Springer.

Heger, G. 1998. Anfragenbewertung. In *Auftrags- und Projektmanagement*, Hrsg. M. Kleinaltenkamp, W. Plinke, 69–115. Berlin, Heidelberg: Springer.

Herbst, U. 2007. *Präferenzmessung in industriellen Verhandlungen*. Wiesbaden: Deutscher Universitäts-Verlag.

Homburg, C. 2012. *Marketingmanagement: Strategie - Instrumente - Umsetzung - Unternehmensführung*. Wiesbaden: Springer Gabler.

Jap, S.D. 2002. Online Reverse Auctions: Issues, Themes, and Prospects for the Future. *Journal of the Academy of Marketing Science* 30(4): 506–25.

Jennings, P., und G.D. Holt. 1998. Prequalification and multi-criteria selection: a measure of contractors' opinions. *Construction Management and Economics* 16(6): 651–60.

Kleinaltenkamp, M., und S. Saab. 2009. *Technischer Vertrieb*. Berlin Heidelberg: Springer.

Klimm, J. 1982. *Optimale Gebote bei Ausschreibungen: Marktentwicklung und Kapazitätsauslastung als Parameter der Offertenpolitik*. Frankfurt am Main, Bern: Lang.

Kuhlmann, E. 2001. *Industrielles Vertriebsmanagement*. München: Vahlen.

Kunschert, M. 2008. *Der Kundenwert im Industriegütermarketing*. Köln: Kölner Wissenschaftsverlag.

Nagle, T.T., und R.K. Holden. 1995. *The Strategy and Tctics of Pricing*. Englewood Cliffs, NJ: Prentice Hall.

Nash Jr., J.F. 1950. The Bargaining Problem. *Econometrica* 18(2): 155–62.

Näykki, P. 1976. On Optimal Bidding Strategies. *Management Science* 23(2): 198–203.

Osborne, M.J., und A. Rubinstein. 1994. *Course in game theory*. London: MIT press.

Phillips, R. 2005. *Pricing and Revenue Optimization*. Stanford, Calif.: Stanford Univ. Press.

Raiffa, H. 1982. *The Art Science of Negotiation*. Cambridge: Harvard University Press.

Römhild, W. 1995. *Preisstrategien bei Ausschreibungen*. Berlin:: Duncker & Humblot.

Rothkopf, M.H., und R.M. Harstad. 1994. Modeling Competitive Bidding: A Critical Essay. *Management Science* 40(3): 364–84.

Rubinstein, A. 1982. Perfect Equilibrium in a Bargaining Model. *Econometrica* 50(1): 97–109.

Sandstede, C. 2010. *Verhandlungen unter Unsicherheit auf Industriegütermärkten*. Wiesbaden: Springer.

Seydel, J. 2003. Evaluating and Comparing Bidding Optimization Effectiveness. *Journal of Construction Engineering and Management* 129(3): 97–109.

Simon, H. 1992. *Preismanagement: Analyse–Strategie–Umsetzung*. Wiesbaden: Gabler.

Simon, H., und M. Fassnacht. 2009. *Preismanagement: Strategie–Analyse–Entscheidung–Umsetzung*. Wiesbaden: Gabler.

Strebel, H. 1975. *Forschungsplanung mit Scoring-Modellen*. Baden-Baden: Nomos.

Thompson, L. 1990. Negotiation behavior and outcomes: Empirical evidence and theoretical issues. *Psychological Bulletin* 108(3): 515–32.

Voeth, M., und C. Rabe. 2004. Preisverhandlungen. In *Handbuch Industriegütermarketing*, Hrsg. K. Backhaus, M. Voeth, 1015–1038. Wiesbaden: Gabler.

Watt, D.J., B. Kayis, und K. Willey. 2009. Identifying key factors in the evaluation of tenders for projects and services. *International Journal of Project Management* 27(3): 250–260.

Teil VIII
Industriegütermarketing-Controlling

Marketing- und Verkaufscontrolling in Industriegüterunternehmen

Überblick, Engpässe und Implementierungsansätze

Sven Reinecke

Inhaltsverzeichnis

1	Marketingcontrolling: Sicherstellen von Effektivität und Effizienz des Marketing	583
2	Engpässe des Marketingcontrollings in Industriegütermärkten	586
	2.1 Umsatzorientiertes Marketingcontrolling: Alles oder Nichts	586
	2.2 Trennung von Marketing und Verkauf	588
	2.3 Fehlendes Know-how und unklare Verantwortlichkeit für Controllership	589
	2.4 Mangelndes Vertrauen in die Marktforschung	590
	2.5 Unzureichend differenzierte Marketingplanung	591
3	Implementierung des Marketingcontrollings in Industrieunternehmen	591
	3.1 Instrumenteller Ansatz: Optimierung der Marketinginstrumente	592
	3.2 Holistischer Ansatz: Marketingaudit	593
	3.3 Kennzahlengestützter Ansatz: Entwicklung eines Marketingcockpits	598
4	Fazit: Lernprozesse in Marketing & Verkauf sicherstellen	601
Literatur		602

1 Marketingcontrolling: Sicherstellen von Effektivität und Effizienz des Marketing

Beim Marketingcontrolling handelt es sich um ein klassisches Schnittstellenthema zweier betriebswirtschaftlicher Teilgebiete. Marketing und Controlling stehen in einem ambivalenten Verhältnis zueinander. Einerseits werden sie als Zwillingsschwestern charakterisiert, weil beide übergreifende Konzepte sind, die nicht das Privileg einzelner Experten sein sollten (Deyhle 1988). Andererseits kommt ein natürlicher Ziel- und Interessenskon-

---

Prof. Dr. Sven Reinecke ✉
Universität St. Gallen, IfM-HSG, St. Gallen, Schweiz
e-mail: sven.reinecke@unisg.ch

© Springer Fachmedien Wiesbaden 2015
K. Backhaus und M. Voeth (Hrsg.), *Handbuch Business-to-Business-Marketing*,
DOI 10.1007/978-3-8349-4681-2_28

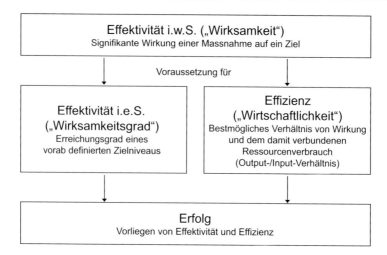

Abb. 1 Zusammenhang von Effektivität, Effizienz und Erfolg

flikt zum Ausdruck, wenn Marketing als „Führung vom Markt her" und Controlling als „Führung vom Ergebnis her" gesehen wird.

Horváth (1985) unterstreicht allerdings einen wesentlichen, allgemein akzeptierten Unterschied zwischen Marketing und Controlling: Marketing als unmittelbare Managementaufgabe schließt die Entscheidungsfindung ein, während Controlling „lediglich" eine entscheidungsunterstützende Aufgabe wahrnimmt.

Marketingcontrolling sollte jedoch keineswegs mit Rechnungswesen im Marketing gleichgesetzt werden, auch wenn Letzteres eine wesentliche Informationsquelle ist. Die Funktion des Marketingcontrollings besteht vielmehr darin, die Effektivität (Wirksamkeit) und Effizienz (Wirtschaftlichkeit) einer marktorientierten Unternehmensführung sicherzustellen (Reinecke und Janz 2007).

Ohne an dieser Stelle ausführlich auf Begriffsdiskussionen einzugehen (ausführlich Lasslop 2003 und Bonoma und Clark 1988), werden Effektivität und Effizienz nachfolgend wie folgt verstanden (Abb. 1): Effektivität bezeichnet im weiteren Sinne die Wirksamkeit und somit den Output der Leistungserstellung: Werden vorgegebene Ziele erreicht? Effektivität im engeren Sinne definiert den Wirksamkeitsgrad: Liegt die Zielerreichung über einem vorab formulierten Zielniveau? Effizienz bezeichnet den Grad der Wirtschaftlichkeit: Eine Maßnahme ist effizient, wenn es zu einem Output/Input-Verhältnis einer Maßnahme keine andere Maßnahme gibt, die ein besseres Verhältnis erzielt (wobei das Verhältnis mindestens 1 betragen muss).

Marketing wird nachfolgend als Oberbegriff verwendet, der den Verkauf als Subinstrument einschließt – insofern umfasst das Marketingcontrolling auch das Verkaufscontrolling.

Instrumente des Marketingcontrollings sind solche Methoden und Verfahren, die mit dem Ziel eingesetzt werden, die Effektivität und Effizienz einer marktorientierten Un-

Unterstützung der strategischen Marketingplanung & strategische Überwachung	Unterstützung der operativen Marketingplanung & operative Marketingkontrolle	Führungsübergreifende Koordinationsaufgaben
• Frühwarn-/-erkennungs-/-aufklärungssysteme • Branchenstrukturanalysen • Stärken-/Schwächenprofile, Benchmarking • Portfolios (zum Beispiel bzgl. Geschäftsfeldern, Kunden, Innovationen, Marken, Sortiment) • Segmentierungs-, Image- und Positionierungsstudien • Kunden- & Markenwertberechnungen, Markenstärkenanalysen • Investitionsrechnungen • langfristige Budgetierung • Audit-Methoden/-Checklisten • Kontrolle der Marketingkernaufgaben (Kundenakquisition & -bindung, Leistungsinnovation & -pflege)	• Versorgung der Marketing- und Verkaufsorganisationseinheiten mit Informationen u.a. aus Marktforschung, Außendienstberichten, Absatzstatistik und Rechnungswesen (z.B. Kundenzufriedenheitsstudien, Deckungsbeitragsrechnungen) • Informationen zur Planung und Abstimmung des Marketing-Mix • kurzfristige Budgetierung • Kontrolle des Marketing-Mix • Marktleistungsgestaltung • Preisgestaltung • Kommunikation/Marktbearbeitung • Distribution • Ergebnis- und Abweichungsanalysen • Beschwerdeanalysen	• Gestaltung von Kennzahlensystemen für Marketing und Verkauf • Gestaltung von Anreiz- und Provisionssystemen • Target Costing • Analyse, Planung und Kontrolle von Marketing- und Verkaufsprojekten (z.B. Überarbeitung des Markenportfolios) • Analyse, Planung und Überwachung von Marketing- und Verkaufskooperationen • Wissensmanagement in Marketing und Verkauf (z.B. Moderation von Erfahrungsaustausch, Datenbank mit Lernerfahrungen)

Abb. 2 Ausgewählte Methoden und Instrumente des Marketingcontrollings

ternehmensführung sicherzustellen; Methoden und Verfahren sind daher aber nicht von Natur aus Controllinginstrumente, sondern aufgrund ihrer Nutzung (Schäffer und Weber 2004).

In Abb. 2 werden ausgewählte Beispiele des Marketingcontrollings präsentiert. Zahlreiche Instrumente können gleichzeitig für Informationsversorgung, Planung und Kontrolle des Marketing eingesetzt werden, weshalb diese in der Abbildung zusammengefasst wurden. So liefern bspw. Positionierungsstudien einerseits Marktinformationen zum Status Quo der eigenen Positionierung, zum anderen unterstützen sie deren Planung, indem sie bspw. helfen, folgende Frage zu beantworten: Welche relevanten Bedürfnisse werden derzeit noch nicht gezielt mit spezifischen Angeboten befriedigt? Des Weiteren können diese Studien auch als Kontroll- und Auditinstrument verwendet werden, um zu überprüfen, ob die Ist-Positionierung der angestrebten Soll-Positionierung entspricht.

Auch die Zuordnung der Instrumente zu strategischen und operativen Marketingaufgaben ist keineswegs deterministisch. So weisen bspw. Sortimentsanalysen in High-Tech-Business-to-Business-Märkten oder in der Pharmabranche in der Regel strategisch-langfristigen Charakter auf, während sie im Handelsbereich durchaus im operativen Tagesgeschäft ihre Bedeutung haben. Ob ein Instrument als strategisch einzustufen ist, hängt davon ab, inwieweit dieses geeignet ist, aus Kundensicht die langfristige Ausrichtung von unternehmerischen Potenzialen im Verhältnis zur Konkurrenz maßgeblich zu beeinflussen. Instrumente, die die kurzfristigen, routinemäßigen Tätigkeiten unterstützen wie bspw. die jährliche Budgetierung, werden der operativen Ebene zugeordnet.

In der Marketingliteratur wird auch der Marketing-Mix schwergewichtig dieser Ebene zugeordnet, auch wenn jedes Marketinginstrument letztlich immer strategische und operative Elemente umfasst. So schließt bspw. ein umfassendes Preiscontrolling sowohl die strategische Überwachung des Preisimages als auch die operative Kontrolle der Preisdurchsetzung im Markt ein.

2 Engpässe des Marketingcontrollings in Industriegütermärkten

Während sich Marketingcontrolling bei schnelldrehenden Konsumgütern zunehmend etabliert, sind viele Industriegüterunternehmen diesbezüglich häufig noch deutlich zurückhaltender. Die Ursachen und Engpässe hierfür werden nachfolgend erläutert.

2.1 Umsatzorientiertes Marketingcontrolling: Alles oder Nichts

Jeder kennt das auf den berühmten amerikanischen Einzelhändler John Wanamaker zurückgehende Zitat: „Die Hälfte des Geldes, das ich für Werbung ausgebe, ist zum Fenster herausgeworfen. Leider weiß ich nicht, welche Hälfte es ist." Auch wenn die in Abb. 2 dargestellten Methoden und Instrumente des Marketing- und Verkaufscontrollings sicherlich sowohl die Effektivität als auch die Effizienz inzwischen deutlich erhöht haben, so bleibt doch selbst bei hochprofessionellen Unternehmen trotz aller Investitionen in Marketingcontrolling und Marktforschung noch ein großer Handlungsbedarf.

Gerade in Industriegüterunternehmen dominiert immer noch die *Messung der Marketingeffektivität und -effizienz* über Wachstumsgrößen, insbesondere Umsatz und Marktanteil (Reinecke und Eberharter 2010; Reinecke 2014). Umsatz ist zwar in der Regel sehr einfach messbar, aber als alleinige Größe zur Beurteilung von Marketingeffektivität und -effizienz denkbar ungeeignet, insbesondere weil Umsatz nur Wachstum, nicht aber die beiden anderen zentralen unternehmerischen Ziele Profitabilität und Risikominimierung (Diller 2001) misst. Doyle (2000) formulierte hierzu treffend: „Chasing profitless growth has been one of the most common sources of corporate failure." Außerdem ist Umsatz eine Globalgröße, die von allen Marketinginstrumenten beeinflusst wird und somit keinen Rückschluss auf die Wirkung einzelner Marketingmaßnahmen erlaubt.

Industrieunternehmen sind aber letztlich stark geprägt durch die Ingenieurs- und Naturwissenschaften, bei denen ein Denken in eindeutigen Ursache-Wirkungsbeziehungen dominiert. Dies führt auch zu „einfachen" Fragen nach dem genauen Wirkungsbeitrag einzelner Marketingmaßnahmen: „Welchen Zusatzumsatz bewirkt eine Kommunikationskampagne?" oder „Haben wir durch die Messeteilnahme mehr Geschäft gemacht?".

In Industriegüterunternehmen haben operative Marketing- und erst recht Werbemaßnahmen zwar sicherlich einen gewissen Einfluss auf Absatz und Umsatz, doch selten isoliert. Folgende Herausforderungen stellen sich dabei (Abb. 3; siehe Reinecke und Janz 2007 in Anlehnung an Berends 1996 und Janßen 1999):

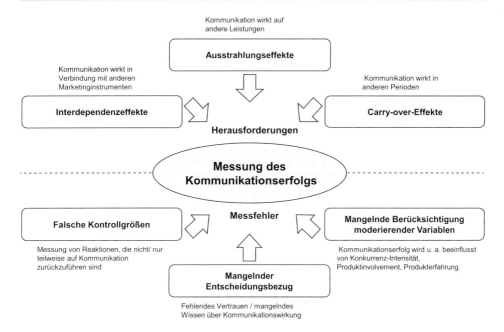

Abb. 3 Probleme und Messfehler bei der Kommunikationsmessung

- *Ausstrahlungseffekte:* Eine Marketingmaßnahme für ein Produkt hat sowohl positive als auch negative Auswirkungen auf den Absatz von Komplementär- und Substitutionsgüter desselben Anbieters.
- *Interdependenzeffekte:* Die Wirkung einer einzelnen Kommunikationsmaßnahme (bspw. eines Messeauftritts) hängt von den anderen Marketinginstrumenten ab (bspw. dem Innovationsgrad der Produkte sowie der Preisgestaltung). Werbung allein verkauft nicht, auch eine Messe reicht dazu kaum aus.
- *Carry-over-Effekte:* Gerade markenbildende Kommunikation schlägt sich häufig erst in späteren Perioden in Absatz und Umsatz nieder. Aufgrund der Dauer des Kaufprozesses bei Industriegütern (bspw. im Anlagengeschäft) können zwischen der Initialphase mit Messekontakt und dem späteren Auftrag durchaus mehrere Jahre liegen.
- *Ungeeignete Kontrollgrößen:* Umsatz ist nur teilweise auf Marketing und Kommunikation zurückzuführen, andere Einflüsse wie die Konjunkturlage, Wetter oder die aktuellen Devisenkurse können sich zumindest kurzfristig deutlich stärker auswirken.
- *Mangelnde Berücksichtigung moderierender Variablen:* Die Konkurrenzintensität sowie bspw. Technologie-, Innovations- und Investitionszyklen sind Faktoren, die die Wirkung der Marketingmaßnahmen maßgeblich beeinflussen.

Da selbst das professionellste Marketingcontrolling nicht in der Lage ist, die genaue Ursache-Wirkungsbeziehung mathematisch präzise zu belegen, führt dies häufig zu einer gewissen Reaktanz: Für ein angemessenes Marketingcontrolling sind gewisse Investitionen erforderlich (Faustformel: 3 bis 5 % des zu kontrollierenden Budgets), ohne dass es absolut eindeutige Ergebnisse liefert – dann wird besser gleich ganz darauf verzichtet.

2.2 Trennung von Marketing und Verkauf

Marketing und Verkauf („Vertrieb") sind in vielen Investitionsgüterunternehmen organisatorisch voneinander getrennt. Die Zusammenarbeit ist auch nicht konfliktfrei (Homburg und Jensen 2007): Ausbildung, Kundennähe, Internationalität der Ausrichtung, Zentralität der Tätigkeit, Zeithorizont der Maßnahmen, Karriereausrichtung und Verweildauer in der jeweiligen Position sind sehr unterschiedlich.

Marketing sollte weder eine reine Stabsabteilung des Verkaufs sein – noch sollte man den Verkauf ausschließlich als ausführende Instanz des Marketing ansehen. Eine gemeinsame Zielausrichtung ist erforderlich, um erste Ansätze eines Marketing- und Verkaufscontrollings umsetzen zu können. Aus einem Gegeneinander sollte möglichst ein Miteinander werden.

Doch Controlling wird noch häufig mit reiner Kontrolle gleichgesetzt, und insbesondere der Verkauf reagiert sehr kritisch auf ein aus der Zentrale angeordnetes Reporting, dessen Sinn sich dem einzelnen Mitarbeiter nicht erschließt. Ein Marketingcontrolling in Industriegüterunternehmen ist ohne Einbezug des Verkaufs zum Scheitern verurteilt. Beispielsweise werden bei vielen CRM-Systemen vom Verkauf die Daten nicht oder lediglich pro forma gepflegt, weil der einzelne Verkäufer keinen Mehrwert erkennt oder sogar Angst hat, sein implizites Kundenwissen zu teilen und somit die Kontrolle über die Kundenbeziehung zu verlieren.

Beispielsweise ist es nicht sinnvoll, in einem Unternehmen einerseits ein Verkaufskennzahlensystem zu erarbeiten – und andererseits eine separate Marketing-Scorecard einzuführen. Vielmehr ist es erforderlich, ein integriertes Marketing- und Verkaufskennzahlensystem zu implementieren, das unterschiedliche und benutzeradäquate Perspektiven ermöglicht (siehe Reinecke 2004).

Reines Verkaufscontrolling ohne Marketingbezug ist häufig sehr transaktional (z. B. Überprüfung der „Schlagfrequenz", d. h. der Kundenkontaktzahl pro Zeiteinheit) und sehr limitiert, weil zentrale Aspekte nicht berücksichtigt werden (Stichworte: Segmentierung, langfristige Mehrwertausrichtung und Lösungsverkauf). Umgekehrt ist Marketingcontrolling ohne eine Verankerung im Vertrieb zum Scheitern verurteilt, weil dann weder die Informationsbasis ausreicht noch die Umsetzung von Controllingerkenntnissen funktioniert.

2.3 Fehlendes Know-how und unklare Verantwortlichkeit für Controllership

Marketingcontrolling weist eine gewisse Gemeinsamkeit mit anderen Qualitätssicherungsmaßnahmen wie bspw. dem Beschwerdemanagement auf: Beides wird häufig als wichtig erachtet und zentraler Handlungsbedarf erkannt, aber in der unternehmerischen Realität dennoch häufig nicht professionell umgesetzt, weil es „zwischen die Verantwortungsbereiche" fällt. Für Beschwerdemanagement könnten bspw. theoretisch die Abteilungen Qualitätsmanagement, Kundendienst/Service, Innendienst, Außendienst, Marketing oder Unternehmensentwicklung zuständig sein, aber aus „innenpolitischen" Gründen übernimmt häufig keiner die Verantwortung (Angst vor Kompetenzstreitigkeiten, hoher Arbeitsaufwand bei geringem Profilierungspotenzial).

Ebenso verhält es sich häufig beim Marketingcontrolling: Dafür könnte einerseits der Bereich Finanzen & Controlling zuständig sein – und zunehmend regt er auch Projekte an (ausführlich Reinecke 2006). Leider sind diese finanzwirtschaftlichen Anstöße häufig mit unzureichenden Kenntnissen von Marketing- und Verkaufszusammenhängen verbunden. So fordern Finanzverantwortliche gerne die Erhebung der Kennzahl „Return on Marketing", ohne diese präzise zu definieren (Wofür steht Marketing? Für Werbung, für Kommunikation, für Verkauf oder für marktorientierte Unternehmensführung? Ist mit „Return" Absatz, Umsatz, Deckungsbeitrag oder Cash flow gemeint?). Auch werden häufig Kennzahlen gebildet, die ungeeignete Ursache-Wirkungszusammenhänge widergeben (bspw. lässt sich Return on Marketing maximieren, indem Marketing minimiert wird) oder die keinen ausreichenden Handlungsbezug haben: So ist es nicht zielführend, die Kundenzufriedenheit als Index in der Balanced Scorecard eines großen, diversifizierten Aktienkonzerns auszuweisen, weil sich diese Kenngröße aufgrund der vielfältigen Einflüsse niemals maßgeblich verändern wird und somit kaum Informationen vermittelt. (Auf Business-Unit-Ebene kann diese Kennzahl dagegen durchaus Handlungsrelevanz besitzen.)

Ebenso wie Finanzfachleuten häufig das Know-how im Marketing fehlt, verfügen Marketingführungskräfte nicht über ausreichende Sachkenntnisse im Bereich Finanzen & Controlling. Die fehlende „financial literacy" führt zu Berührungsängsten und Kommunikationsbarrieren mit dem zentralen Controlling.

Marketingcontrolling dient letztlich der Entscheidungsunterstützung des Marketing- bzw. Verkaufsmanagements – daher empfiehlt es sich in der Regel, ein Marketing- und Verkaufscontrolling disziplinarisch beim Marketing anzusiedeln, allerdings in enger fachlicher Abstimmung mit dem Bereich Controlling/Finance (siehe bspw. Köhler 2006, S. 55 ff.).

Auch im Bereich des Marketingaccounting ist eine enge Abstimmung erforderlich, bspw. bei der Definition gemeinsamer Kostenarten in der Kostenrechnung. Es ist nicht hilfreich, wenn das Controlling bspw. Kostenarten wie Druckkosten vorgibt, die Marketingabteilung aber Kampagnenkosten differenziert nach Kreation und Schaltung benötigt.

Eine zusätzliche Herausforderung in vielen Marketingabteilungen ist der schnelle Stellen- bzw. Personalwechsel. Wenn eine Marketingfachkraft bspw. für einen Messeauftritt eines Industrieunternehmens verantwortlich ist, diese Messe aber lediglich alle zwei Jahre stattfindet, so ist die Wahrscheinlichkeit groß, dass die Person lediglich ein- oder maximal zweimal die Gesamtverantwortung für die Messe innehaben wird, weil sie danach meist bereits eine neue Funktion im Unternehmen bekleidet. Ohne personelle Kontinuität ist es aber sehr schwierig, Lernprozesse umzusetzen. (Bei Messen wäre es daher in der Regel sinnvoll, den Verkauf stark in die Messeplanung und das -controlling zu integrieren, weil dort die personelle Kontinuität ausgeprägter ist.) Funktionale Marketinglernprozesse werden zusätzlich erschwert, wenn die Personen, die für das Marketing verantwortlich zeichnen, über keine primäre Ausbildung in den Bereichen Marketing, Kommunikation und Betriebswirtschaft verfügen – Know-how-Defizite schlagen sich dann insbesondere im Controlling nieder, weil dieses eher als Kür denn als Pflicht wahrgenommen wird (siehe auch Reinecke 2014).

2.4 Mangelndes Vertrauen in die Marktforschung

Marktforschung wird häufig mit „standardisierten Befragungen" gleichgesetzt – und aufgrund von Vorurteilen gelten diese häufig als teuer, unzuverlässig und widersprüchlich. Ferner wird gerade in High-Tech-Branchen kritisiert, dass der Kunde gar nicht wisse, was er wolle – weshalb es besser sei, gleich ganz auf Marktforschung zu verzichten.

Viele Industrieunternehmen beklagen eine im Vergleich zu Konsumgüterunternehmen mangelhafte Daten- und Marktinformationsbasis – und belassen es bei dieser Feststellung. Des Weiteren ist Marktforschung häufig landesspezifisch mit hohen Fixkosten verbunden, weshalb die Effizienz dieser Ausgaben gerade für stark international ausgerichtete Industriegüterunternehmen mit kleiner Zielkundengruppe je Land stark hinterfragt wird.

Auch wenn die Kritik an traditionellen standardisierten Befragungen oft durchaus berechtigt ist, so sollte dies Marketingverantwortliche nicht dazu verleiten, ganz auf Marktforschung zu verzichten. Der Kunde vergleicht das eigene Angebot fast immer mit jenem der Konkurrenz. Somit ist Konkurrenzmarktforschung ein wesentlicher Teil der Informationsversorgung des Unternehmens, weil andernfalls der Kunde besser informiert ist als der Anbieter selbst. Unternehmen wie Dell investieren bspw. intensiv in die Preismarktforschung, um möglichst einen genauen Überblick über die regionalen Marktpreise zu haben – eine wichtige Voraussetzung für ein professionelles Preismanagement.

Informationen über Kunden, Konkurrenten, Absatzmittler und -helfer sowie Markt- und Technologietrends sind unverzichtbare Grundlage für professionelles Marketing. Marketingcontrolling ohne Marktforschung ist ebenso unmöglich wie ohne Rechnungswesen: Will man die Wirkung von Marketinginstrumenten wie Messen, Social Media, persönlichem Verkauf, Direct Marketing oder Werbung erfassen und verstehen, so ist Marktforschung erforderlich.

Aber auch bei der Marktforschung gilt das klassische Pareto-Prinzip: Mit 20 % der Mittel lassen sich in der Regel 80 % der Ergebnisse erzielen. Diese 20 % müssen dann allerdings intelligent eingesetzt werden. Gerade bei klein- und mittelständischen Unternehmen sowie bei Industrieunternehmen mit kleinen Kundenzahlen sollten qualitative Marktforschung (bspw. Fokusgruppen oder halbstrukturierte persönliche Interviews), Beobachtungen und Experimente im Marktforschungsmix einen höheren Stellenwert erhalten.

2.5 Unzureichend differenzierte Marketingplanung

Peter Drucker wird das Zitat zugeschrieben „What you measure is what you get". Und Marketing scheint häufig nicht wirklich messbar zu sein. Diese Herausforderung hat ihre Ursache aber weniger im Marketingcontrolling, sondern vielmehr in einer ungenügenden Marketingplanung. Ein Hauptproblem des Marketing und somit der Beurteilung des Marketingerfolgs besteht darin, dass Ziele nicht klar festgelegt und erst recht nicht operationalisiert sind. Wenn eine klare Zielsetzung für das Gesamtmarketing sowie präzise Zielsysteme für einzelne Instrumente wie Messeauftritte oder Produktbroschüren fehlen, dann ist es auch mit einem hohen Ressourceneinsatz für Marktforschung und Marketingaccounting nicht möglich, den Erfolg zu messen. Wild (1974) fasste dies bereits im Jahr 1974 prägnant zusammen: „Planung ohne Kontrolle ist (…) sinnlos, Kontrolle ohne Planung dagegen unmöglich."

Daher ist es erforderlich, dass das Marketing nicht nur globale Umsatzziele verfolgt, sondern vielmehr differenziertere Ziele setzt, bspw.: Welche Marketingziele sollen mit einem bestimmten Großkunden im nächsten Jahr erreicht werden? Welche Kundenakquisitions-, Kundenbindungs- und ggf. sogar welche Marktforschungsziele werden mit dem nächsten Messeauftritt verfolgt? Welcher gestützte Bekanntheitsgrad soll in zwei Jahren bei der angestrebten Zielgruppe in China erreicht sein? Diese Ziele müssen vorgängig operationalisiert werden, so dass es später auch möglich ist, sie entsprechend zu messen.

Die entscheidende Herausforderung beim Marketingcontrolling ist somit nicht der Messvorgang an sich, sondern die differenzierte und operationalisierte Zielsetzung: Marketingcontrolling beginnt mit der Marketingplanung.

3 Implementierung des Marketingcontrollings in Industrieunternehmen

Die Umsetzung im Marketing ist eine der größten Herausforderungen (Backhaus und Voeth 2009); dies trifft erst recht auf das Marketingcontrolling zu. Gerade bei vielen Industriegüterunternehmen besteht aufgrund des relativ geringen Implementierungsstands die Möglichkeit eines „Grüne Wiese"-Ansatzes. Andererseits besteht durch die enorme

Vielfalt an Instrumenten und Funktionen des Marketingcontrollings durchaus die Gefahr, den Überblick zu verlieren und sich zu verzetteln.

Aufgrund der Erfahrung des Autors bei der Begleitung zahlreicher Unternehmensprojekte im Bereich des Marketingcontrollings seien nachfolgend drei Ansätze empfohlen, wie sich ein Marketingcontrolling schrittweise implementieren lässt:

1. *Instrumenteller Ansatz:* Diese eher traditionelle Vorgehensweise orientiert sich am klassischen Marketing-Mix. Ausgehend von der Budgetverteilung fokussiert man auf die relevantesten Marketingausgaben und strebt eine Optimierung an.
2. *Holistischer Ansatz:* Hierbei geht es darum, ein ganzheitliches Marketingaudit durchzuführen, um Stärken und Schwächen in der marktorientierten Unternehmensführung systematisch zu ermitteln. Darauf aufbauend werden die wichtigsten Ansatzpunkte analysiert, um Schwachstellen zu beseitigen und ausgeprägte Stärken im Wettbewerbsvergleich auszubauen.
3. *Kennzahlengestützter Ansatz:* Bei diesem Ansatz fokussiert man auf die wichtigsten Aspekte der Marketingstrategie eines Unternehmens bzw. Geschäftsbereichs; diese werden dann mit Hilfe eines strukturierten Systems geeigneter Kenngrößen operationalisiert. Ein solcher Cockpitansatz hilft dabei, die Marketingplanung mit dem Marketingcontrolling zu verbinden.

3.1 Instrumenteller Ansatz: Optimierung der Marketinginstrumente

Diese eher traditionelle Vorgehensweise orientiert sich am klassischen Pareto- bzw. 80:20-Prinzip. Ausgehend von der Budgetverteilung fokussiert man auf jene wenigen Marketinginstrumente (ca. 20 %), die die höchsten Marketingausgaben (ca. 80 %) verursachen (bspw. Produktbroschüren, Kundenanlässe, Messeauftritte oder Corporate Hospitality-Aufwendungen). Diese werden zunächst einzeln mit Hilfe von instrumentenspezifischen Checklisten hinsichtlich Effektivität und Effizienz überprüft (siehe z. B. Reinecke und Janz (2007) für die klassischen Marketinginstrumente), die im Kern folgende Aspekte hinterfragen.

- Sind die Ziele des jeweiligen Marketinginstruments, bspw. eines Messeauftritts, klar definiert und messbar operationalisiert (Ziel- und Adressatengruppe, inhaltliche Ausrichtung/Botschaft und Tonalität, monetäre Ziele wie Umsatz/Deckungsbeitrag, nicht-monetäre Ziele wie Anzahl Kontakte, Imageziele und Marktforschungsziele)?
- Ist die Botschaft für die jeweilige Zielgruppe(n) einzigartig, relevant und verständlich?
- Ist die operative Ausführung des Instruments vorbildlich (Beurteilung der Konsistenz, des Innovationsgrads und der handwerklichen Ausführung)? Wurden die sozialtechnischen Grundlagen berücksichtigt?
- Wird die Zielerreichung detailliert gemessen und überprüft?

> 1. **Macht es Sinn?** (Werbestrategie? Verständlichkeit?)
> 2. **Bewegt es Menschen und die Marke?** (Frische Idee? Talk of the Community?)
> 3. **Ist es vorbildlich?** (Exzellente Ausführung? Neuer Standard? Ethik?)

Abb. 4 3-Fragen-Check für wirksame Werbung

- Wie hat sich die Instrumenteffizienz (Output/Input, z. B. Kosten pro qualifizierten Kontakt) entwickelt, und wie ist sie im Vergleich zu den anderen Marketinginstrumenten zu beurteilen?
- Werden mit Hilfe der Instrumentkontrolle Lernprozesse für die künftige Gestaltung des jeweiligen Marketinginstruments initiiert?

Abbildung 4 zeigt beispielhaft einen 3-Fragen-Check, wie ihn der Schweizer Werber Frank Bodin zur Überprüfung der Effektivität klassischer Werbung einsetzt.

Neben den Instrument-spezifischen Aspekten sind anschließend auch die Wirkungen bezüglich des gesamten Marketing-Mix zu hinterfragen, bspw.:

- Decken die Instrumentalziele die im Marketingkonzept definierten Ziele und Zielgruppen (Stichwort: Buying-Center) ab?
- Sind die angestrebten Instrumentalwirkungen zeitlich synchronisiert und inhaltlich harmonisiert?
- Können zwischen den Marketinginstrumenten Synergien genutzt werden?

Ein solcher instrumenteller Ansatz der Einführung eines Marketingcontrollings ist sicherlich ein erster Schritt, um Lernprozesse im Marketing anzustoßen. Allerdings wird damit primär eine Optimierung einzelner Instrumente angestrebt – die grundsätzliche Ausrichtung des Marketing wird weniger hinterfragt. Dazu bedarf es eines ganzheitlicheren Ansatzes, der nachfolgend geschildert wird.

3.2 Holistischer Ansatz: Marketingaudit

Vorsorgeuntersuchungen in der Medizin haben sich bewährt. Im Marketing sind solche vorsorglichen Überprüfungen dagegen kaum üblich. Dabei liegen die objektiven Vorteile ebenso wie bei medizinischen Vorsorgeuntersuchungen eigentlich auf der Hand: Gerade für einen so dynamischen Bereich wie das Marketing ist es von Zeit zu Zeit absolut sinnvoll, sich die grundlegende Frage zu stellen: Sind unsere Maßnahmen in den Bereichen Marketing und Verkauf tatsächlich sinnvoll und effektiv?

Der häufigste Anlass für ein Marketingaudit ist sicherlich ein personeller Wechsel beim Top-Management oder beim Marketing- bzw. Verkaufsmanagement. Aber auch andere externe Gründe wie Übernahmen, Fusionen und Kooperationen können dazu führen, dass

Kundenorientierung
- Bedürfnisorientierung (Wichtigkeit)
- Marktsegmentierung (Einsatzintensität)
- Marketing-Systemperspektive bzgl. Kunden, Lieferanten, Wettbewerbern, Umfeld (gegeben - nicht gegeben)

Adäquate Marketinginformationen
- Einsatz von Marktforschung (Häufigkeit und Intensität)
- Kenntnis von Umsätzen, DB bzgl. Produkten Kunden(-gruppen), Gebieten, Absatzwege usw. (Qualität)
- Wirksamkeitskontrollen bzgl. der diversen Marketingaufwendungen (Häufigkeit und Intensität)

Strategische Orientierung
- Formale Verankerung der Marketingplanung (Umfang der Nutzung)
- Marketingstrategie (Qualität)
- Einsatz von Szenariotechnik und Eventualplanung (Ausmaß)

Operationale Effizienz
- Verankerung/Kommunikation/ Umsetzung der Marketingperspektive (Qualität)
- Wirksamkeit des Marketing-Mix (Grad)
- Reagibilität bzgl. plötzlicher Veränderungen (Schnelligkeit und Effizienz)

Integrierte Marketingorganisation
- Hierarchieebene/formale Bedeutung des Marketing in der Organisation (Möglichkeit der integrierten Steuerung wichtiger Marketingfunktionen gegeben - nicht gegeben)
- Kooperation zwischen Marketing und anderen Funktionsbereichen (Qualität)
- Produktentwicklungsprozess/Innovationsmanagement (Grad der Systematik)

Abb. 5 Prüfliste zur Bewertung der Marktorientierung der Unternehmensstrategie

man die Wirksamkeit der bisherigen Marketing- und Verkaufsanstrengungen kritisch hinterfragt. Ferner können von der Unternehmenszentrale initiierte Benchmarking-, Total Quality Management-, Zertifizierungs- oder Rationalisierungsprogramme in ein Marketingaudit münden.

In Anlehnung an Kotler/Keller (2012) kann ein Marketingaudit definiert werden als eine umfassende, systematische, nicht weisungsgebundene, regelmäßige Untersuchung von Marketingumwelt, -zielen, -strategien sowie von Marketingprozessen, -organisation und -maßnahmen einer strategischen Geschäftseinheit (Abb. 5; siehe ausführlich Reinecke und Janz 2007). Es dient dazu, Herausforderungen und Chancen aufzudecken sowie einen Maßnahmenplan zur Verbesserung der Marketingleistung aufzustellen (siehe Checkliste in Abb. 5). Die einzelnen Merkmale eines solchen Audits sollen nachfolgend kurz erläutert werden:

- *Ein Marketingaudit ist umfassend*: Ein „echtes" Marketingaudit muss sich immer auf den Gesamtbereich Marketing & Verkauf beziehen. Im Gegensatz zum Marketingaccounting steht nicht primär die Wirtschaftlichkeit (Effizienz), sondern vielmehr die Wirksamkeit (Effektivität) des gesamten Marketingmix im Mittelpunkt. So ist bspw. ein isoliertes Preisaudit nicht zielführend, weil nur im Zusammenhang mit der Marktleistungsgestaltung bzw. Produktpolitik beurteilt werden kann, ob Preisstrategien, -systeme und -konditionen zweckmäßig sind.
- *Ein Marketingaudit ist systematisch:* Ein Audit dient der koordinierten Überwachung und bedarf somit einer gewissen Ordnung. Systematik bewirkt grundsätzlich dreierlei: Entlastung, Vollständigkeit und Vergleichbarkeit. Entlastung, weil man nicht alles neu erfinden muss und somit effizienter agieren kann. Vollständigkeit, weil Audit-

Checklisten einem die Sicherheit geben, keinen zentralen Bereich des Marketing zu vernachlässigen oder gar zu vergessen. Vergleichbarkeit, so dass die Ergebnisse des Audits im Zeitverlauf oder mit den Resultaten des Audits anderer Geschäftsbereiche verglichen und somit für Lernprozesse genutzt werden können. Kotler (1977) hat Fragen zur Überprüfung der Marktorientierung der Unternehmensstrategie und somit der Marketingeffektivität entwickelt (Kotler und Bliemel 2006), welche sich ebenfalls als Auditinstrument eignen (Abb. 5).

- *Ein Marketingaudit ist nicht weisungsgebunden:* Während Marketingmanager gerade in kleinen und mittelständischen Unternehmen häufig viele Marketingcontrollingaufgaben selber übernehmen müssen und auch können, ist dies bei einem „echten" Audit kaum möglich. Nur die personelle Unabhängigkeit des Auditors gewährleistet die erforderliche kritische Distanz: Wer stellt sich oder seine Entscheidungen denn schon tatsächlich selber in Frage?
- *Ein Marketingaudit erfolgt regelmäßig:* Ein Marketingaudit sollte regelmäßig in größeren Zeitabständen (3 bis 5 Jahre) oder zumindest sporadisch durchgeführt werden. Die Häufigkeit hängt davon ab, wie dynamisch der Markt ist.
- *Ein Marketingaudit ist strategiebezogen:* Ein umfassendes Marketingaudit hinterfragt aufgrund einer Überprüfung der Umwelt sowohl das Zielsystem als auch die gewählte Marketingstrategie.
- *Ein Marketingaudit ist prozess- und organisationsbezogen:* Im Rahmen eines Audits wird auch geklärt, ob die Abläufe effizient gestaltet sind und ob die gewählte Marketingorganisation zweckmäßig ist. Beispielsweise müssen Marketing, Verkauf und F&E effizient zusammenarbeiten und sich nicht gegenseitig bekämpfen.
- *Ein Marketingaudit ist aktionsbezogen:* Ein Arzt bleibt nicht bei der Analyse stehen, sondern stellt eine Diagnose und empfiehlt eine Therapie. Marketingaudits dienen zwar zunächst der Überwachung, doch sollten auch sie zwingend eine kritische Beurteilung im Sinne einer Diagnose umfassen. Wünschenswert wäre sogar ein Ableiten unterschiedlicher Therapievorschläge, wobei die Auswahl der Therapiemaßnahmen keinesfalls mehr dem Auditor zukommen sollte, sondern ausschließlich dem Management vorbehalten bleibt. Grundsätzlich besteht jedoch ein wesentlicher Unterschied zur Medizin: Beim Marketingaudit geht es nicht nur darum, „gesundheitliche" Probleme herauszufinden, sondern gleichzeitig auch darum, Marktchancen aufzudecken.

Neben der Möglichkeit der Durchführung eines Marketingaudits via Checkliste (siehe Abb. 5) besteht auch die Möglichkeit, ein Markenaudit durchzuführen. Damit wird das Ziel verfolgt, möglichst umfassende Analysen sämtlicher Einflussgrößen des Markenwerts zu erstellen, um Hinweise für die strategische Markenführung zu erhalten (u. a. Keller 1998; Reinecke und Janz 2007).

Häufig wird der sogenannte Markentrichter (Brand Funnel; Braun et al. 2003 und Riesenbeck und Perrey 2004) als ein Instrument des Markenaudit eingesetzt. Der Markentrichter ist ein verhaltensorientierter Ansatz, um unterschiedliche Marken eines Unternehmens oder auch Konkurrenzmarken miteinander zu vergleichen. Er beruht letztlich auf

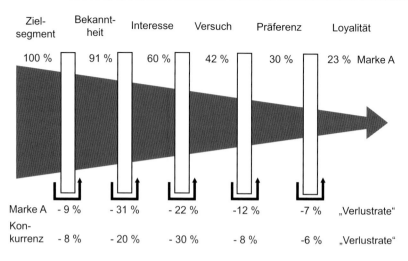

Abb. 6 Markentrichter

einem klassischen und dem in der Praxis (trotz berechtigter Kritik) aufgrund seiner Einprägsamkeit am weitesten verbreiteten Stufenmodell, dem AIDA-Modell (Ambler 2000). Diesem liegt die folgende von Lewis 1898 entwickelte Formel zugrunde (zit. nach Töpfer 2005): Kommunikation muss zunächst die Attention (Aufmerksamkeit) der Zielgruppe erregen, bevor sie Interest (Interesse) für die beworbene Leistung und schließlich Desire (Kaufwunsch) und Action (Kaufhandlung) auslösen kann. Der Markentrichter gliedert den Prozess von Kundenakquisition und -bindung analog für jedes Zielgruppensegment in die fünf Schritte Bekanntheit, Interesse, Versuch, Präferenz und Loyalität (Abb. 6).

Der Trichter visualisiert dabei Schwachstellen im Kundenprozess: An welcher Stelle gehen im Benchmarkingvergleich besonders viele (potenzielle) Käufer oder Kunden verloren?

Der Markentrichter ist ein einfaches, auf Effektivität ausgerichtetes Instrument, das danach strebt, dem Top-Management Hinweise für den wirkungsvollen Einsatz (knapper) Marketingressourcen zu geben. Häufig besteht das Ziel darin, ein reduziertes Marketingbudget effizienter einzusetzen. Der Einsatz des Markentrichters muss jedoch äußerst differenziert erfolgen; folgende Herausforderungen sind dabei zu berücksichtigen:

- *Ausbau von Stärken oder Abbau von Schwächen:* Häufig wird der Markentrichter als defensives Instrument interpretiert. In jene Bereiche, bei denen im Konkurrenzvergleich Schwächen vorhanden sind, sollte man investieren, um diese auszugleichen. Dagegen sollte man bei jenen Stufen, bei denen man relativ gut abschneidet, versuchen, Überinvestitionen zu vermeiden. Allerdings: Erfolgreiche Strategien beruhen häufig auf einem konsequenten Ausbau relativer Stärken; das würde bedeuten, dass gegebenenfalls insbesondere in Stufen, in denen man bereits sehr gut ist, noch zusätzliche Mittel investiert werden sollten.

- *Kundensegmentierung:* Eine segmentspezifische Analyse und Interpretation ist zwingend, weil eine aggregierte Betrachtung bezogen auf alle Kundengruppen zu Fehlschlüssen führen kann. So können sich bspw. die Trichter der Segmente „Lokale Kundenunternehmen" und „International Global Accounts" dramatisch unterscheiden. Insbesondere beim Vergleich mit der Konkurrenz ist zu beachten, dass nur die gleichen Zielkunden miteinander verglichen werden sollten.
- *Undifferenziertes AIDA-Modell:* Das wesentliche Grundproblem des Markentrichters beruht auf der Basisannahme des zugrunde liegenden AIDA-Modells, dass die verschiedenen Wirkungsstufen nacheinander durchlaufen werden müssen. Diese Modellannahme wurde heftig kritisiert und wird heute nicht mehr aufrechterhalten (Aaker und Day 1974). Beispielsweise ist zu berücksichtigen, dass die Einstellung nicht nur einseitig das Kaufverhalten beeinflusst, sondern dass auch umgekehrt das Kaufverhalten die Einstellung beeinflusst – bspw. durch die Nutzung der gekauften Leistung oder einen Probekauf. Der ATR-Theorie des „reinforcement" (Ehrenberg 1974) zufolge, die vor allem für Low-Involvement-Situationen postuliert wird, wirkt Werbung folgendermaßen: Awareness followed by Trial the reafter Reinforced by advertising. Werbung dient dann nicht der Überzeugung, sondern „lediglich" der Verstärkung (siehe auch Vakratsas und Ambler 1999).
- *Unzureichende Differenzierung nach Grad des Involvements:* Das Involvement der Konsumenten als Grad der inneren Beteiligung beziehungsweise des persönlichen Engagements, mit dem sich die Konsumenten z. B. der Kommunikation oder einem Produkt zuwenden (u. a. Kroeber-Riel et al. 2009), wird in den Markentrichter unzureichend integriert. Beispielsweise hat sich gezeigt, dass die aktive Markenbekanntheit bei einem geringen Involvement (bezüglich der Leistung) die höchste Verhaltensrelevanz aufweist, während das Kaufverhalten bei hohem Involvement in erster Linie durch die Markeneinstellung des Konsumenten bestimmt wird (Janßen 1999). Bei Industriegütern dürften zumindest bei Erstkäufen in der Regel High-Involvement-Käufe dominieren, weshalb das Trichtermodell grundsätzlich anwendbar erscheint. Dennoch sollte der Markentrichter für ein umfassendes Markenaudit durch einstellungsorientierte Verfahren ergänzt werden, die das Markenwissen differenzierter messen.
- *Gefahr gleichförmiger Handlungsimplikationen:* Häufig steht das Ziel der Anwendung des Markentrichters bereits im Voraus fest: Es sollen finanzielle Mittel eingespart werden, und die verbleibenden Mitteln sollen hocheffizient investiert werden. Dies führt in der Praxis insbesondere bei reifen Marken dazu, dass häufig finanzielle Mittel im vorderen Teil des Trichters bei der Awareness-Generierung eingespart werden, weil hierzu in der Regel teure Massenkommunikation erforderlich ist. Es erscheint rational, hier in diesem Bereich einzusparen, um dann einen Teil der Mittel bspw. in die Kundenloyalität zu investieren, falls dort im Konkurrenzvergleich überdurchschnittliche Verluste zu verzeichnen sind. Dies kann jedoch dazu verleiten, dass man starke Marken kurzfristig melkt.
- *Anspruchsvolle Zuordnung der Marketingbudgets zu den Trichterstufen:* Häufig ist es nicht einfach, die eingesetzten Marketinginstrumente und die damit verbundenen

Budgets den jeweiligen Trichterstufen zuzuordnen. Sponsoring kann bspw. sowohl auf Bekanntheit als auch auf Loyalität (durch Corporate Hospitality-Maßnahmen) ausgerichtet sein. Positiv ist allerdings, dass der Markentrichter dadurch die differenzierte Zielsetzung und -priorisierung von Marketinginstrumenten fördert.

- *Marktforschungsdaten:* Voraussetzung für die Anwendung des Markentrichters sind zuverlässige Marktforschungsdaten. Falls alle Budgetentscheidungen im Marketing auf Basis dieses Instruments getroffen werden, so müssen hohe Anforderung an Gültigkeit und Repräsentativität der Daten gestellt werden. Wie für die meisten Marktforschungsdaten gilt auch hier, dass sich ihr Informationspotenzial erst im Zeitverlauf durch Trackinganalysen voll entfaltet; einmalige Querschnittsdaten sind deutlich weniger ergiebig.

Insgesamt ist der Markentrichter bei differenziertem, segmentspezifischem Einsatz ein wertvolles Audit- und Controllinginstrument für Marketingführungskräfte, insbesondere weil er sehr konkurrenzorientiert ist und hilft, Marketingziele differenziert zu setzen, zu priorisieren und zu kontrollieren. Als undifferenziertes Globalinstrument zur (einmaligen) Identifikation von Einsparmaßnahmen ist er dagegen gefährlich; dies gilt insbesondere, wenn die Anwender sich der Grenzen des zugrunde liegenden AIDA-Modells nicht ausreichend bewusst sind.

Zusammenfassend lässt sich festhalten, dass Marketingaudits eine wichtige qualitative und auf Effektivität ausgerichtete Komponente eines integrierten Marketingcontrollings darstellen. Insbesondere für Unternehmen, die ein strukturiertes Marketingcontrolling einführen wollen, eignet sich ein Marketingaudit als grundlegende Basis und „Nullmessung". Ein checklistengestütztes Marketingaudit (Abb. 4) kann bereits bei einmaligem Einsatz wertvolle Erkenntnisse hervorbringen. Das Trichtermodell (Abb. 6) entfaltet sein volles Potenzial erst beim mehrmaligen Einsatz, das heißt bei der Beurteilung der Entwicklung im Zeitablauf.

3.3 Kennzahlengestützter Ansatz: Entwicklung eines Marketingcockpits

Häufig starten Projekte des Marketingcontrollings nicht in der Marketingabteilung, sondern im Finanzbereich. So fordert der Chief Financial Officer bspw. die Marketingleitung auf, eine begrenzte Anzahl an Kenngrößen zu definieren, mit denen der Erfolg (oder Misserfolg) sowie die Effizienz des Marketingmanagements belegt werden können (siehe hierzu ausführlich Reinecke 2006).

Grundsätzlich ist der Nutzen von Kennzahlen allgemein anerkannt: „Betriebswirtschaftliche Kennzahlen [...] sind Zahlen, die in konzentrierter Form über einen zahlenmäßig erfassbaren betriebswirtschaftlichen Tatbestand informieren" (Staehle 1967). Wesensimmanentes Merkmal von Kennzahlen ist somit die Verdichtung quantifizierter Informationen (Wolf 1977 und Gritzmann 1991). Dadurch reduzieren sie die Gefahr technischer und semantischer Kommunikationsstörungen auf dem Weg vom Sender zum

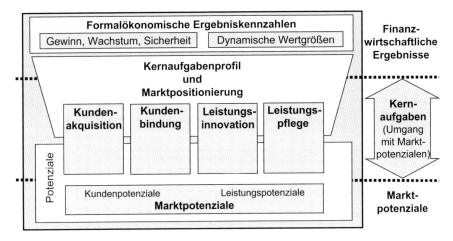

Abb. 7 Aufgabenorientiertes Kennzahlensystem für das Verkaufs- und Marketingmanagement – idealtypische Struktur

Empfänger der Information auf ein Minimum (Staehle 1973). Kennzahlen kommt somit auch im Rahmen des Verkaufs- und Marketingcontrollings eine hohe Bedeutung zu. Grundsätzlich erlangen sie allerdings nur durch Vergleiche Aussagekraft (Siegwart et al. 2010).

Wichtig ist es jedoch, im Marketing und Verkauf nicht nur isolierte Einzelkennzahlen zu messen, sondern vielmehr ein Kennzahlensystem aufzustellen: Es handelt sich um eine logische und/oder rechnerische Verknüpfung mehrerer Kennzahlen, die zueinander in einem Abhängigkeitsverhältnis stehen und sich gegenseitig ergänzen.

Die nachfolgenden Ausführungen beschreiben eine mögliche idealtypische Grundstruktur (Abb. 7), auf deren Basis für ein Unternehmen bzw. einen Geschäftsbereich ein situationsgerechtes, integriertes Kennzahlensystem entworfen werden kann (ausführlich und für einen Überblick über weitere Kennzahlensysteme siehe Reinecke 2004).

Die *erste Ebene* des Gesamtkennzahlensystems umfasst die zentralen finanzwirtschaftlichen Ergebniskennzahlen. Diese messen, inwiefern die festgelegten Gewinn-, Wachstums- und Sicherheitsziele eines Unternehmens bzw. Geschäftsbereichs erreicht wurden; dabei erscheint eine Verbindung zu finanzwirtschaftlichen Werttreiberkonzepten erstrebenswert, um sowohl die Dynamik als auch eine bestmögliche Koppelung mit den gesamtunternehmerischen Zielen sicherzustellen.

Da finanzielle Kenngrößen allein weder inhaltliche Verkaufs- und Marketingresultate wiedergeben noch Strategien operationalisieren können, wird auf der *zweiten Stufe* der Umgang mit Kunden- und Leistungspotenzialen operationalisiert. Dabei sind insbesondere die Schlüsselkennzahlen der Marktpositionierung als qualitative Ziel- und Ergebnisgrößen von Bedeutung (siehe Abb. 8).

Die weiteren Kennzahlen messen den Umgang mit den Marktpotenzialen und somit die vier Kernaufgaben im Marketing: Kundenakquisition, Kundenbindung, Leistungsinnovation und Leistungspflege (Tomczak und Reinecke 1996; Tomczak et al. 2009). Aufbauend

Kennzahl		Operationalisierung
Marktanteile	Mengenmäßig	Anteil des eigenen Absatzes an der Gesamtabsatzmenge aller Anbieter im relevanten Markt
	Wertmäßig	Anteil des eigenen Umsatzes am Gesamtumsatz aller Anbieter im relevanten Markt
	Feldanteil	Anteil der Zahl der eigenen Kunden an der Gesamtzahl der Bedarfsträger (beziehungsweise der angestrebten Kunden)
Preisstellung	Erzielter relativer Preis bzw. Preispremium	Verhältnis des wertmäßigen zum mengenmäßigen Marktanteil
	Preisbandeinhaltung (mengenmäßig)	Anteil des innerhalb des angestrebten Preisbands erzielten Absatzes am eigenen Absatz
	Preisbandeinhaltung (wertmäßig)	Anteil des innerhalb des angestrebten Preisbands erzielten Umsatzes am eigenen Umsatz
Marktdurch-dringung	Numerischer Distributionsgrad	Anteil der Zahl der markenführenden Geschäfte an der Gesamtzahl aller die entsprechende Warengruppe führenden Geschäfte
	Gewichteter Distributionsgrad	Umsatzanteil der markenführenden Geschäfte am Gesamtumsatz aller die entsprechende Warengruppe führenden Geschäfte
Bekanntheit	Ungestützter Bekanntheitsgrad (Recall)	Anteil der Zielkunden, die die eigene Marke spontan nennen
	Gestützter Bekanntheitsgrad (Recognition)	Anteil der Zielkunden, die die eigene Marke wiedererkennen
Image-position	(Marken-)Sympathie	Prozentualer Anteil der Kunden im relevanten Markt, die das eigene Unternehmen bzw. die eigene Marke als sympathisch einstufen
	(Marken-)Status	Verhältnis von Bekanntheit, (Marken-)Sympathie und (Marken-)Verwendung
	(Marken-)Image	Art und Ausprägung der (Qualitäts-)Eigenschaften und Kompetenzen, die mit dem Unternehmen, der Marke oder den Leistungen verbunden werden.
Kunden-zufriedenheit	Kundenzufriedenheitsindex	Anteil der Kunden, die mit dem Unternehmen bzw. der Marke oder Leistung (sehr) zufrieden sind
	Relative Kundenzufriedenheit	Eigener Kundenzufriedenheitsindex in Relation zum Kundenzufriedenheitsindex des Hauptkonkurrenten

Abb. 8 Auswahl zentraler Schlüsselkennzahlen der Marktpositionierung

auf der Marketingstrategie des jeweiligen Unternehmens ist zu prüfen, welche der vier Kernaufgaben für das jeweilige Unternehmen im Vordergrund stehen und somit sowohl bei Planung als auch bei Kontrolle besonders intensiv berücksichtigt werden sollten (siehe ausführlich Reinecke 2004). Abbildung 9 zeigt exemplarisch Kenngrößen, die sich bezüglich der jeweiligen Kernaufgaben bewährt haben. Allerdings sei davor gewarnt, diese Kennzahlen als Vorlage für ein Cockpit zu nehmen – vielmehr muss die Auswahl aufgrund von Ursache-Wirkungsbeziehungen sehr intensiv branchen- und unternehmensspezifisch begründet werden. Auch empfiehlt es sich in der Regel nicht, alle Kernaufgaben (in gleicher Intensität) zu messen.

Gerade bei Industriegüterunternehmen zeigt sich bei Implementierungsprojekten immer wieder, dass es vorteilhaft ist, wenige, aber dafür wohl überlegte und strategiegerechte Kenngrößen zu definieren. Die Datenverfügbarkeit ist in der Regel geringer als in

Kundenakquisition	Kundenbindung
• Verkäuferqualifikation • Anzahl Erstkundenkontakte • Anzahl Neukunden • Durchschnittlicher Umsatz beim Erstkauf	• Kundenkontaktqualität • Weiterempfehlungsbereitschaft • Kundendurchdringung (= Share of Wallet) • Kundenintegrationsquote („Churn")
Leistungsinnovation	**Leistungspflege**
• Anzahl Innovationen • Durchschnittliche Time to Market • Innovationsimage • Innovationserfolgsrate	• Ungestützter Bekanntheitsgrad • Markenimageindex • Verfügbarkeit/Distributionsgrad • Marktanteilsveränderungen

Abb. 9 Beispielhafte aufgabenorientierte Kennzahlen

Konsumgütermärkten, weshalb zu viele Kennzahlen mit hohen (Marktforschungs-)Kosten verbunden sein können. Vielmehr empfiehlt es sich, mit jenen Kennzahlen zu starten, die als Zielvorgaben für Marketing und Verkauf geeignet sind; diese wenigen Kenngrößen könnten später durch weitere, eher diagnostische Kennzahlen zur Erklärung von Ursache-Wirkungszusammenhängen ergänzt werden. Letztere können auch dazu dienen, die dritte Ebene des in Abb. 7 skizzierten Kennzahlensystems zu operationalisieren. So kann bspw. die Entwicklung der strategischen Kenngrößen „Kundenwert" und „Markenwert" als Indikator dafür genommen werden, wie sich die Marketingpotenziale eines Unternehmens im Zeitablauf entwickelt haben.

4 Fazit: Lernprozesse in Marketing & Verkauf sicherstellen

Marketing- und Verkaufscontrolling wird in Unternehmen immer wichtiger, um einen Erfolgsausweis des Marketing zu bieten. Der Stand der Umsetzung des Marketingcontrollings in der Praxis ist allerdings insgesamt noch auf bescheidenem Niveau (Reinecke 2014), wobei die Umsetzungsherausforderungen in Industriegüterunternehmen noch größer sind als bei Konsumgüterorganisationen.

Dennoch wurde im Rahmen dieses Beitrags gezeigt, dass es sehr wohl möglich ist, auch in Industriegütermärkten stufengerecht erste Ansätze eines Marketing- und Verkaufscontrollings umzusetzen. Wichtig ist in diesem Zusammenhang insbesondere die Botschaft, dass weniger die (nachträgliche) Rechtfertigungs- als vielmehr die (proaktive) Steuerungsfunktion des Marketingcontrollings im Vordergrund stehen sollte. Marketingcontrolling dient dazu, Lernprozesse in Marketing und Verkauf anzustoßen. Nur wenn klare Marketingziele definiert und deren (Nicht-)Erreichen eindeutig gemessen werden, ist es möglich, die Ursachen für Erfolg und Misserfolg im Marketing konsequent zu analysieren. Sofern dieser Regelkreis für die wichtigsten Marketingbereiche und -instrumente immer wieder durchlaufen wird, sind gute Voraussetzung für eine höhere Marketing Performance geschaffen.

Literatur

Aaker, D.A., und G.S. Day. 1974. A dynamic model of relationships among advertising, consumer awareness, attitudes, and behavior. *Journal of Applied Psychology* 59(3): 281–286.

Ambler, T. 2000. Persuasion, Pride and Prejudice: How Ads Work. *International Journal of Advertising* 19(3): 299–315.

Backhaus, K., und M. Voeth. 2009. *Industriegütermarketing*, 9. Aufl. München: Vahlen Verlag.

Becker, J. 2013. *Marketing-Konzeption*, 10. Aufl. München: Vahlen Verlag.

Berends, G. 1996. *Werbung: Entscheidung – Erklärung – Gestaltung*. München: Vahlen Verlag.

Bonoma, T.V., und B.H. Clark. 1988. *Marketing Performance Assessment*. Boston (Mass.): Harvard Business School Press.

Braun, M., U. Kopka, und T. Tochtermann. 2003. Promotions – ein Fass ohne Boden. *akzente* 27(4): 16–23.

Deyhle, A. 1988. Marketing-Controlling – Das Denken vom Kunden her. *Controller Magazin* 12(1): 15–20.

Diller, H. 2001. Programmstrukturanalyse, Programmanalyse. In *Vahlens Großes Marketinglexikon*, 2. Aufl., Hrsg. H. Diller, 1429. München: Vahlen Verlag.

Doyle, P. 2000. Value-Based Marketing. *Journal of Strategic Marketing* 8: 299–311.

Ehrenberg, A.S.C. 1974. Repetitive Advertising and the Consumer. *Journal of Advertising Research* 14(2): 25–34.

Gritzmann, K. 1991. *Kennzahlensysteme als entscheidungsorientierte Informationsinstrumente der Unternehmensführung in Handelsunternehmen*. Göttingen: G H S.

Homburg, C., und O. Jensen. 2007. The Thought Worlds of Marketing and Sales: Which Differences Make a Difference? *Journal of Marketing* 71(3): 124–142.

Horváth, P. 1985. Die Aufgaben des Marketing-Controllers. In *Marketing Controlling Österreichischer Controllertag 198.*, Hrsg. R. Eschenbach, 7–29. Wien: Service Fachverlag der Wirtschaftsuniversität Wien.

Janßen, V. 1999. *Einsatz des Werbecontrolling*. Wiesbaden: Dr. Th. Gabler Verlag.

Keller, K.L. 1998. *Strategic Brand Management*. Upper Saddle River (NJ): Prentice Hall.

Kotler, P. 1977. From Sales Obsession to Marketing Effectiveness. *Harvard Business Review* 11(6): 67–75.

Kotler, P., und F. Bliemel. 2006. *Marketing-Management: Analyse, Planung und Verwirklichung*, 10. Aufl. München: Addison-Wesley Verlag.

Kotler, P., und K.L. Keller. 2012. *Marketing Management*, 14. Aufl. Essex: Prentice Hall.

Kroeber-Riel, W., P. Weinberg, und A. Gröppel-Klein. 2009. *Konsumentenverhalten*, 9. Aufl. München: Vahlen Verlag.

Lasslop, I. 2003. *Effektivität und Effizienz von Marketing-Events*. Wiesbaden: Gabler Verlag.

Reinecke, S. 2004. *Marketing Performance Management, Empirisches Fundament und Konzeption für ein integriertes Marketingkennzahlensystem*. Wiesbaden: Deutscher Universitätsverlag.

Reinecke, S. 2006. Return on Marketing? Möglichkeiten und Grenzen eines Erfolgsnachweises des Marketing. In *Handbuch Marketingcontrolling*, 2. Aufl., Hrsg. S. Reinecke, T. Tomczak, 3–37. Wiesbaden: Gabler Verlag.

Reinecke, S. 2014. *Return on Marketing? Stand des Marketing- und Verkaufscontrollings – Empirische Ergebnisse*. St. Gallen: THEXIS. in Vorbereitung

Reinecke, S., und J. Eberharter. 2010. Marketingcontrolling 2010: Einsatz von Methoden und Verfahren des Marketingcontrollings in der Praxis. *Controlling* 22: 438–447.

Reinecke, S., und S. Janz. 2007. *Marketingcontrolling, Sicherstellen von Marketingeffektivität und -effizienz*. Stuttgart: Kohlhammer Verlag.

Riesenbeck, H., und J. Perrey. 2004. *Mega-Macht Marke*. Frankfurt a. M.: Redline Verlag.

Schäffer, U., und J. Weber. 2004. Thesen zum Controlling. In *Controlling – Theorien und Konzeptionen*, Hrsg. E. Scherm, G. Pietsch, 459–466. München: Vahlen Verlag.

Staehle, W.H. 1967. *Kennzahlen und Kennzahlensysteme – Ein Beitrag zur modernen Organisationstheorie*. München: NWB Verlag.

Staehle, W.H. 1973. Kennzahlensysteme als Instrumente der Unternehmungsführung. *Wirtschaftswissenschaftliches Studium* 2(5): 222–228.

Siegwart, H., S. Reinecke, und S. Sander. 2010. *Kennzahlen für die Unternehmensführung*, 7. Aufl. Bern: Haupt Verlag.

Töpfer, A. 2005. *Betriebswirtschaftslehre – Anwendungs- und prozessorientierte Grundlagen*. Berlin/Heidelberg.: Springer Verlag.

Tomczak, T., und S. Reinecke. 1996. *Der aufgabenorientierte Ansatz – Eine neue Perspektive für das Marketing*. St. Gallen: THEXIS.

Tomczak, T., A. Kuß, und S. Reinecke. 2009. *Marketingplanung: Einführung in die marktorientierte Unternehmens- und Geschäftsfeldplanung*, 6. Aufl.

Vakratsas, D., und T. Ambler. 1999. How Advertising Works: What do We Really Know? *Journal of Marketing* 63(1): 26–43.

Wild, J. 1974. *Grundlagen der Unternehmungsplanung*. Hamburg: VS Verlag für Sozialwissenschaften.

Wolf, J. 1977. *Kennzahlensysteme als betriebliche Führungsinstrumente*. München: Verlag Moderne Industrie.

Die Bewertung von Kundenbeziehungen im Industriegütermarketing

Bernd Günter und Sabrina Helm

Inhaltsverzeichnis

1	Die Bewertung von Kundenbeziehungen als Herausforderung für das Industriegütermarketing	605
2	Begriff und Determinanten des Kundenwertes	608
3	Ein Überblick über Methoden der Bewertung von Kundenbeziehungen	610
4	Kundenwertsteuerung in mehrstufigen Märkten	616
5	Fazit	618
Literatur		620

1 Die Bewertung von Kundenbeziehungen als Herausforderung für das Industriegütermarketing

Aus Perspektive des Marketing sind die Beziehungen zu Kunden die zentralen Ressourcen und Wertquellen eines Anbieterunternehmens. Wertorientiertes Management, das z. B. den Shareholder Value des Unternehmens erhöhen soll, findet in verschiedenen Aspekten der Kundenbeziehungen Werttreiber. Zudem sind Kundenbeziehungen selbst Objekte, deren Wert Veränderungen unterworfen ist und deshalb Gegenstand von Analysen und Gestaltungsmöglichkeiten. Unternehmerische Kernaufgaben liegen damit im Aufbau, in der

Prof. Dr. Bernd Günter ✉
Heinrich-Heine-Universität Düsseldorf, Lehrstuhl für BWL, insb. Marketing,
Düsseldorf, Deutschland
e-mail: guenter@hhu.de

Prof. Dr. Sabrina Helm
University of Arizona, College of Agriculture & Life Science, Tucson, USA
e-mail: helm@email.arizona.edu

© Springer Fachmedien Wiesbaden 2015
K. Backhaus und M. Voeth (Hrsg.), *Handbuch Business-to-Business-Marketing*,
DOI 10.1007/978-3-8349-4681-2_29

Selektion, in der Gestaltung und Sicherung von Kundenbeziehungen. Besonders beachtet wird die Bedeutung der individuellen Kundenbeziehung und des Relationship Management von Vertretern des Industriegütermarketing. Diese betonen die Besonderheiten des Industrie- gegenüber dem Konsumgütermarketing, die sie unter anderem in der Interaktion zwischen Anbieter und Kunde, der Ausrichtung vieler Marketing-Anstrengungen auf individuelle Kunden sowie der vergleichsweise kleineren Anzahl von Kunden und Anbietern auf einem Markt sehen (Backhaus und Voeth 2014; Engelhardt und Günter 1981). Allerdings tragen nicht alle Kunden in gleicher Weise zum wirtschaftlichen Erfolg eines Anbieters bei; aus Sicht eines Industriegüteranbieters ist deshalb ein *wertorientiertes Kundenmanagement* erforderlich, wie es z. B. bereits in Ansätzen des Key Account-Management zum Tragen kommt.

In einem funktionalen Verständnis umfasst wertorientiertes Kundenmanagement die Planung, Durchführung und Kontrolle bei Selektion, Aufbau, Gestaltung und Erhaltung bzw. Beendigung der Geschäftsbeziehungen zu bestimmten Kunden(gruppen) auf Basis ihres Wertbeitrags zu den Anbieterzielen (Helm und Günter 2006; Schneider 2007; Wortmann 2014). Generell ist Kundenmanagement „auf die Selektion und die ebenso ressourcen- wie potenzialorientierte Betreuung bestimmter Kunden bei allen Transaktionen" ausgerichtet (Diller 1995). Es baut also auf einer ressourcenorientierten Prioritätssetzung bezüglich bestimmter Kunden auf (Diller 1995). Voraussetzung für den Erfolg des Kundenmanagements ist damit die Orientierung an Effektivität und Effizienz.

Eher effektivitätsorientierte Ansätze, die sich in Zielen wie Kundenorientierung, Kundenzufriedenheit und Kundenbindung widerspiegeln, werden durch das effizienzorientierte „vierte K" des Kundenmanagement ergänzt: den Kundenwert. Das Zusammenspiel dieser Konstrukte sowie ihr Zusammenhang mit dem Unternehmenserfolg sind Gegenstand einer Reihe empirischer Untersuchungen (siehe z. B. Krafft 2007; vgl. auch Abb. 1).

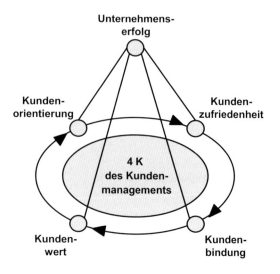

Abb. 1 Die „vier K" des Kundenmanagements

Aus Sicht des wertorientierten Managements sollte es entsprechend nicht darum gehen,

- Kundenorientierung um jeden Preis,
- maximale Kundenzufriedenheit und
- das Halten aller Kunden, also maximale Kundenbindung,

zu erreichen. Eine „Zero-Migration"-Strategie (Stahl 1996; Reichheld und Sasser 1990), die im Extremfall keinerlei Fluktuationen im Kundenstamm erlaubt, ist mindestens längerfristig zum Scheitern verurteilt, da sie betriebswirtschaftliche Grundanforderungen an die Effizienz des Relationship Management ignoriert. Der Grundgedanke wertorientierten Kundenmanagements liegt vielmehr darin, die richtigen Kunden zu finden und zu binden, also die Neukundenakquisition, die Selektion und die nachfolgende Pflege sowie u. U. auch die Auflösung von Geschäftsbeziehungen unter erfolgs- bzw. wertorientierten Gesichtspunkten vorzunehmen.

In strategischer Hinsicht beinhaltet das wertorientierte Kundenmanagement die Erarbeitung eines strategischen Konzepts für die Auswahl und Bearbeitung bestimmter Kundenbeziehungen (Bruhn 2009). Die Perspektive des Marketing wird auf diese Weise „von den Trägern des Markterfolges im Rahmen des Kundencontrolling (Wortmann 2014), den Produkten, auf die Zielobjekte umgeleitet. Nicht Produkte, sondern Kunden bzw. Kundenbeziehungen erbringen Umsatz und verursachen Kosten, die vom jeweiligen Beziehungsmanagement zu diesem Kunden abhängig sind" (Diller 1995). Schließlich lohnen sich aus Anbieterperspektive Investitionen in die Zufriedenstellung und Bindung von Kunden nur dann, wenn hierdurch profitable Kundenbeziehungen aufgebaut werden können (Berger und Nasr 1998; Blattberg und Deighton 1997). Für den Anbieter unprofitable Kundenbeziehungen stehen damit zur Disposition bzw. rechtfertigen nicht den Einsatz begrenzter Ressourcen (Krüger 1997), solange nicht interpersonelle oder -organisationale Kundenverbunde eine Legitimation bieten.

Das verstärkte Interesse von Forschung und Praxis an Fragen der Bewertung von Kundenbeziehungen entstammt vornehmlich dem Konsumgüterbereich bzw. den Bereichen konsumnaher investiver Dienstleistungen wie etwa Telekommunikation und Finanzdienstleistungen. Aus Kernbranchen des Industriegüterbereichs (z. B. Maschinen- und Anlagenbau) sind wenige einschlägige Beiträge bekannt. Dies mag zunächst an den dort engen Beziehungen zwischen Anbieter und Kunde liegen, die anders als im so genannten anonymen Massenmarkt wechselseitig über vielfältige wertbezogene Informationen verfügen.

Im Folgenden werden die Grundlagen der Bewertung von Kundenbeziehungen im Industriegüterbereich skizziert. Es werden Begriff und Determinanten des Kundenwertes vorgestellt sowie die wichtigsten Methoden der Bewertung von Kundenbeziehungen. Anschließend wird die Mehrstufigkeit von Märkten, welche den zentralen Unterschied zwischen Konsumgüter- und Industriegütermarketing ausmacht, auf ihre Bedeutung für die Kundenbewertung geprüft.

2 Begriff und Determinanten des Kundenwertes

Aus Kundensicht bedeutet Kundenwert oder „Customer Perceived Value", dass der Kunde bei seiner Entscheidung, eine Geschäftsbeziehung aufrechtzuerhalten oder zu beenden, den in dieser Beziehung erhaltenen oder noch zu erwartenden Nettonutzen beurteilt (Eggert und Ulaga 2002; Anderson und Narus 1998). Der vorliegende Beitrag ist jedoch der *Anbieter*perspektive gewidmet, in welcher der Nettonutzen der Geschäftsbeziehung aus Anbietersicht zu analysieren ist.

Als *Kundenwert* wird der vom Anbieter wahrgenommene, bewertete Beitrag eines Kunden bzw. des gesamten Kundenstamms zur Erreichung der monetären und nicht-monetären Ziele des Anbieters verstanden (Gelbrich 2001; Cornelsen 2000; Sauerbrey 2000). Folglich ist danach zu differenzieren, ob die Gesamtheit der Kundenbeziehungen eines Anbieters zu bewerten ist (Kundenstammwert bzw. „Customer Equity", vgl. z. B. Rust et al. (2000) und Kumar und Morris (2007) sowie Kumar et al. (2011) und Losch (2012)), einzelne Kundengruppen bzw. -segmente oder ob individuelle Kundenbeziehungen das Bewertungsobjekt bilden; auf letztgenannter Perspektive liegt der Schwerpunkt des Beitrags. Naturgemäß führt nur diese Bewertungseinheit zu individuellen Kundenwerten, während die anderen typischerweise Durchschnittswerte (Cornelsen 2000) und somit etwa für die Selektion von Kunden weniger Anhaltspunkte liefern. Verfahren zur Ermittlung des Kundenwerts werden bspw. von Mödritscher (2008) untergliedert in heuristische Verfahren, welche die Struktur der Zusammensetzung des Kundenstamms abbilden, sowie quasi-analytische, die Kundenbeziehungen bewerten. Sowohl heuristische als auch quasi-analytische Verfahren können statischer oder dynamischer Natur sein und monetäre und/oder nicht-monetäre Kundenbeiträge berücksichtigen.

Mit dem Kundenwert sind häufig nicht allein aggregierte Umsätze gemeint, die mit einem Kunden bereits getätigt wurden – auch wenn der Umsatz der wohl am häufigsten berücksichtigte Kundenbeitrag ist (Gelbrich 2001; Rieker 1995). Zu betrachten sind vielmehr die Wertbeiträge des Kunden in den verschiedenen Rollen bzw. Funktionen, die er für ein Anbieterunternehmen ausfüllt. Diese können z. B. in der Rolle des Kunden als Co-Produzent, als Informant, Parttime-Marketer oder auch Kostenverursacher gesehen werden (z. B. Rudolf-Sipötz und Tomczak 2001). Neben monokriteriellen bzw. eindimensionalen Messansätzen (Cornelsen 2000; Rieker 1995), die nur *einen* Baustein bzw. *eine* Rolle bei der Berechnung von Kundenwerten berücksichtigen, existieren multikriterielle bzw. mehrdimensionale Modelle. Letztere verbinden Kriterien gleicher oder unterschiedlicher Art miteinander und weisen damit eine höhere Komplexität auf (Rieker 1995; Schneider 2007). Dabei können unterschiedliche monetäre und nicht-monetäre Bestandteile in Kundenwertmodelle integriert werden. Als Kundenwertmodell sind alle modelltheoretischen Konzeptionen zu verstehen, deren Ziel in der Bestimmung des Wertes eines einzelnen Kunden oder von Kundengruppen bzw. der Einflussfaktoren des Kundenwertes liegt (Dittmar 2000; Steiner 2009, sowie Wortmann 2014, speziell zu CLV-Modellen).

In die Kategorie monetärer Wertbeiträge fallen etwa der relative oder absolute Umsatz oder der Kundendeckungsbeitrag. Zudem wird eine Vielzahl vorökonomischer Determinanten diskutiert: Rieker etwa nennt das Entwicklungs-, Ausstrahlungs-, Innovations-, Einfluss- und Kooperationspotenzial als Kriterien für die Identifikation bedeutender Kunden (Rieker 1995) und Cornelsen integriert qualitative Elemente wie Referenz-, Informations- sowie Cross Selling-Wert und weist diesen auf Basis empirischer Beobachtungen monetäre Werte zu (Cornelsen 2000).

Teilweise können vorökonomische und zunächst nicht-monetäre Bausteine in monetäre Größen überführt werden (zu einer Kritik hierzu siehe Helm und Günter 2006). Dabei sollte das Ziel der Kundenwertanalyse allerdings nicht allein darin liegen, den Kundenwert in einer einzigen Zahl bzw. einem konkreten Betrag auszudrücken, sondern vielmehr darin, die Werttreiber hinter diesem Konstrukt zu identifizieren und zu steuern (Rudolf-Sipötz und Tomczak 2001).

Kundenwertmodelle können dahingehend unterschieden werden, ob nur realisierte oder auch Erwartungsgrößen in die Berechnung einfließen und so statische bzw. einperiodige oder dynamische bzw. mehrperiodige Berechnungen durchgeführt werden (Krüger 1997). So können der Umsatz mit einem bestimmten Kunden in der vergangenen Periode wie auch sein Umsatzpotenzial in den nächsten Perioden berücksichtigt werden, wobei der Industriegüteranbieter hierbei auf Schätzungen der zukünftigen Umsatzentwicklung angewiesen sein wird (Krüger 1997; Rieker 1995). Soll der Kundenwert – wie im wertorientierten Management und speziell bei ertragswertbezogener Unternehmenssteuerung im Sinne des Shareholder Value – die langfristigen Entwicklungsmöglichkeiten eines Kunden und einer Geschäftsbeziehung akzentuieren, sind dynamische (mehrperiodige) Berechnungen den statischen (einperiodigen) überlegen. Modelle, die Kundenbeiträge über die gesamte Dauer der Kundenbeziehung hinweg berücksichtigen, führen zum so genannten Customer Lifetime Value (Dwyer 1989 und z. B. Losch 2012). Hierzu zählen auch die Kundenkapitalrechnungen, welche die Summe aller diskontierten Lebenszeitwerte der Kunden eines Unternehmens zur „Customer Equity" zusammenfassen (Rust et al. 2000).

Shapiro et al. definieren die „Customer Profitability" als Differenz zwischen kundenbezogenen Nettoerlösen und den Kosten der Kundenbetreuung (Shapiro et al. 1987). Raaij (2005) definiert Kundenprofitabilitätsanalyse als den Prozess der Allokation von Erlösen und Kosten zu Kundensegmenten oder individuellen Kundenbeziehungen mit dem Zweck der Ermittlung deren Profitabilität. Dabei werden zum Einen der Grad der Profitabilität jeder individuellen Kundenbeziehung und zum Anderen die Verteilung der Profitabilität zwischen Kunden im Kundenstamm ermittelt. Damit werden Analysen zu (1) Kosten und Erlösen, (2) Risiko und (3) strategischer Positionierung möglich (Raaij 2005; Wortmann 2014). Allerdings sind die überwiegend produkt-, prozess- oder organisationsorientierten Messsysteme im Marketing-Controlling nicht immer darauf ausgerichtet, den ökonomischen Beitrag einzelner Kunden oder Kundengruppen zu erfassen. Das traditionelle Rechnungswesen kann nur als Informationsquelle dienen, sofern eine verursachungsgerechte kundenbezogene Kostenaufspaltung erfolgt. Dasselbe gilt für eine kundenbezogene

Tab. 1 Kriterien zur Differenzierung von Kundenwertmodellen

Differenzierungskriterium	Ausprägungsformen
Bewertungseinheit/ Aggregationsgrad	Einzelkunde, Kundengruppen, Kundensegmente, gesamter Kundenstamm
Anzahl und Art der Komponenten/Bausteine	monokriterielle bzw. eindimensionale Ansätze, multikriterielle bzw. mehrdimensionale Ansätze, monetäre bzw. nicht-monetäre Ansätze, heuristische bzw. quasi-analytische Ansätze.
Zeithorizont	ein- und mehrperiodige bzw. statische und dynamische Ansätze, tatsächliche und Prognosegrößen
berücksichtigte Erfolgsgrößen	umsatz- bzw. erfolgsbezogene Kundenwerte

Zurechnung von Auszahlungen des Industriegüteranbieters. In vielen Unternehmen dienen mittlerweile Customer Relationship Management (CRM) Systeme der Erfassung und Aufbereitung kundenprofitabilitätsbezogener Daten auf Basis von Vertriebs- und Service-Interaktionen (Raaij 2005; Steiner 2009). Einen Überblick über die genannten Abgrenzungskriterien verschiedener Kundenwertmodelle bietet Tab. 1.

3 Ein Überblick über Methoden der Bewertung von Kundenbeziehungen

Das von vielen Unternehmen angestrebte hohe Ausmaß an Kundenorientierung ist nur auf Basis einer Kundenfokussierung erreichbar (Homburg und Daum 1997), für Unternehmen gilt also: „not all customers are worth attracting and keeping" (Rust et al. 2000). Ebenso ist es nicht sinnvoll, dass alle Kunden identisch (d. h. hervorragend) behandelt werden, sondern die Kosten der Kundenpflege müssen vor dem Hintergrund des Erfolgsbeitrages der jeweiligen Kunden beurteilt werden.

Ein einfacher Ansatzpunkt zur Kundenklassifikation liegt den eindimensionalen *ABC-Analysen* nach Umsatz bzw. Deckungsbeitrag einzelner Kunden zu Grunde. Auch die so genannte „80 : 20-Regel" wird hierbei häufig bestärkt: Auf 20 % der Kunden entfallen 80 % des Gesamtumsatzes (Homburg und Daum 1997; Plinke 1997; Wortmann 2014). Allerdings kann sich zeigen, dass bei einer erfolgsorientierten Betrachtung – also unter Berücksichtigung der mit einem Kunden erzielten Erlöse und der durch ihn verursachten Kosten – nicht nur die C-Kunden wegen stark fragmentierter Auftragsstruktur und hohen Bearbeitungsaufwandes, sondern auch A-Kunden zu Verlustbringern werden können. Dies kann etwa dadurch begründet sein, dass die starke Nachfrageposition großer Kunden zu Niedrigpreisen, hohen Rabattforderungen und Sonderleistungen führt. Gleichzeitig verlangen viele A-Kunden eine intensive Betreuung, die entsprechende Kostenwirkungen zeitigt. Auch bezüglich der C-Kunden wird in vielen Unternehmen ein Denkfehler gemacht, wenn man sich der geringen Bedeutung dieser Kunden zwar grundsätzlich bewusst

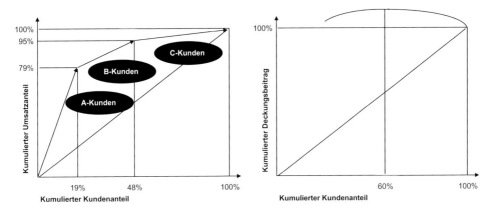

Abb. 2 Beispiel umsatzbezogener und deckungsbeitragsbezogener ABC-Analyse

ist, die mit diesen erzielten Umsätze jedoch als „Mitnahmegeschäft" interpretiert und das im Vergleich zu A-Kunden hohe Preisniveau positiv bewertet – ohne jedoch die Wirtschaftlichkeit zu prüfen (Homburg und Daum 1997). Als ein heuristisches Verfahren zur Kundenbewertung ist die ABC-Analyse damit auch als Kontrollinstrument für die Veränderung der Kundenstruktur im Zeitablauf zu verstehen, wenn bspw. der Anteil der A- und B-Kunden zu Lasten der C-Kunden ausgebaut werden soll (Homburg und Daum 1997; Mödritscher 2008).

Ein fiktives Beispiel der umsatzbezogenen ABC-Kundenanalyse ist in Abb. 2 links als so genannte Lorenz-Kurve dargestellt. Die Wölbung der Kurve über der 45°-Achse verdeutlicht den Grad der Umsatzkonzentration. In diesem Beispiel entfallen auf 19 % der Kunden 79 % des Gesamtumsatzes, die B-Kunden tragen weitere 16 % zum Umsatz bei, der große Anteil der C-Kunden 5 %. Der rechte Teil der Abbildung zeigt eine sogenannte Stobachoff-Kurve des kumulierten Deckungsbeitrags. Diese Kurve erlaubt eine dynamische Interpretation der Risikosituation eines Unternehmens. Die individuelle Risikosituation (etwa durch Verlust von Großkunden) zeigt sich in der Höhe und Volatilität zukünftiger Periodenerfolge bzw. Cashflows (siehe auch Mödritscher 2008). Im Beispiel erwirtschaften die ersten 60 % der Kunden circa 125 % des Deckungsbeitrags; die verbleibenden 40 % sind nicht profitabel und vernichten Teile des Wertbeitrags der ersten 60 % (Raaij 2005; Mödritscher 2008).

Weite Verbreitung besitzt auch das *Punktbewertungsverfahren (Scoring-Modelle)*. Es sind einfach strukturierte, dabei aber differenzierbare und anpassungsfähige quasianalytische Bewertungsverfahren, welche die Wertschätzung eines Objektes – hier: des Kunden – mit Hilfe eines Scoring-Wertes wiedergeben (Cornelsen 2000). In einem ersten Schritt sind alle aus Anbietersicht relevanten Kundenmerkmale aufzulisten, wobei quantitative und qualitative Kriterien herangezogen werden können. In einem zweiten Schritt können Gewichtungsfaktoren für die Merkmale integriert werden, welche in der Summe 1 bzw. 100 % ergeben. Anschließend sind die zu beurteilenden Kunden auf Basis jedes Kriteriums zu überprüfen und Punktwerte zuzuordnen. Die einzelnen Kundenbeziehungen können dann gemäß der Summe (Score) ihrer gewichteten Punkte in eine Rangreihung gebracht bzw. sie können analog der ABC-Analyse gemäß ihrer Bedeutung in Gruppen zusammengefasst werden (Plinke 1997). Ein von Schemuth vorgestelltes Scoring-Modell baut auf einer Befragung von Kundenbetreuern eines Anbieterunternehmens auf. Diese Mitarbeiter beurteilen bestimmte Kunden anhand einer Reihe von Kriterien, die zu den Kategorien monetärer Kundenwert, Referenzwert, informatorischer Kundenwert und sonstige Kriterien zusammengefasst werden können. Die Gesamtpunktsumme führt zu einer Zuordnung der Kunden zu verschiedenen Kategorien, z. B. A- bzw. Top-Kunden, B- und C-Kunden (Sauerbrey 2000).

Problematisch ist an diesen Verfahren u. a. die Subjektivität der Kriterienauswahl, der Zuordnung der Punktwerte zu individuellen Kunden, der Gewichtung der einzelnen Kriterien. Neben weiteren, generell mit Scoring-Modellen verbundenen Schwächen ist auch der kompensatorische Charakter des Modells zu bedenken (Weber 2011; Günter und Kuhl 1995).

Eine weitere Möglichkeit zur Bewertung von Kundenbeziehungen liegt in der Erstellung von *Kundenportfolios*. Diese sind im Hinblick auf Kriterien(-dimensionen) zweidimensional und können differenziertere Auskünfte über Kundenbeiträge bzw. -potenziale bieten. Die Methode der Kundenportfolios hat recht weite Verbreitung gefunden, wobei die Vorgehensweise analog zu den Unternehmensportfolios der strategischen Planung ist – z. B. dem Marktanteil-Marktwachstum-Portfolio (Plinke 1997; Rieker 1995). Auch hier wird ein zwei- oder mehrdimensionaler Beurteilungsraum aufgespannt, der die wichtigsten Merkmale zur Kundenbewertung umfasst.

Ein Beispiel für ein solches Portfolio stellt das Kundenattraktivität-Relative Lieferantenposition-Portfolio dar (Homburg und Daum 1997). Der Kundenwert wird hier anhand einer Mehrzahl von Kriterien gemessen. Wie in Abb. 3 ersichtlich, wird auf der

Abb. 3 Beispiel eines Kundenattraktivität-Relative Lieferantenposition-Portfolios

	schwach	stark
hoch	„Fragezeichenkunden" Schlüsselentscheidung Big Step or Out	„Starkunden" Position halten und ausbauen
niedrig	„Mitnahmekunden" Selektiver Rückzug	„Ertragskunden" Position halten

Kundenattraktivität / **Relative Lieferantenposition**

vertikalen Achse des Portfolios die Kundenattraktivität, auf der horizontalen die relative Lieferantenposition abgetragen. Die beiden Dimensionen sind typischerweise mit Hilfe des Scoring-Verfahrens aus einer Mehrzahl von Kriterien zusammengesetzt. Die relative Lieferantenposition beinhaltet als Kriterien u. a. die Produktqualität, Vollständigkeit des Angebots, Beratung/Service, Logistik, Größe der Aufträge, Dauer der Beziehung sowie das Preis-Leistungs-Verhältnis (Plinke 1997). Die Kundenattraktivität ergibt sich aus dem Kundenwachstum (dem jährlichen Bedarf des Kunden an den Anbieterleistungen und dem geschätzten Wachstum des Bedarfs) sowie einer Reihe qualitativer Kriterien wie bspw. erzielbares Preisniveau, Image, Kooperationsbereitschaft, Know-how, Innovationsrate des Kunden usw. (Homburg und Daum 1997).

Die Bedeutung des individuellen Kunden für den Anbieter kommt in diesem Modell nur teilweise zum Ausdruck. Je höher die Attraktivität und je besser die relative Lieferantenposition, desto „wertvoller" ist diese Kundenbeziehung. Jedoch wird dabei die Bedeutung eines Kunden allenfalls im Hinblick auf Chancen und Potenziale beurteilt, während Bedrohungen nicht erfasst werden. Mit Portfolio-Ansätzen wird oft die Ableitung von Normstrategien verbunden, die allerdings pauschal und theoretisch kaum begründet sind. Deshalb sollten Empfehlungen für Verhaltensweisen gegenüber unterschiedlichen Kunden hieraus nicht abgeleitet, sondern die Portfolios nur als Analyseinstrument eingesetzt werden (Plinke 1997). Entsprechend ordnet Mödritscher (2008) Kundenportfolios den heuristischen Methoden der Kundenbewertung zu. Einen Überblick über Portfolioansätze zur Kundenbewertung bieten Götz und Diller (1991).

Ergänzend zu den bereits beschriebenen, eher strukturbezogenen Ansätzen können auch Rentabilitätsanalysen durchgeführt werden, insbesondere in Form einer Kundendeckungsbeitragsrechnung (siehe Abb. 4). Hierzu ist die kundenspezifische Erfassung

	Kunden-Bruttoerlöse pro Periode
−	Erlösschmälerungen
=	Kunden-Nettoerlöse pro Periode
−	Kosten der vom Kunden bezogenen Produkte (variable Stückkosten lt. Produktkalkulation, multipliziert mit den Kaufmengen)
=	Kundendeckungsbeitrag I
−	Eindeutig kundenbedingte Auftragskosten (z. B. Vorrichtungen, Versandkosten)
=	Kundendeckungsbeitrag II
−	Eindeutig kundenbedingte Besuchskosten (z. B. Kosten der Anreise zum Kunden)
−	Sonstige relative Einzelkosten des Kunden pro Periode (z. B. Gehalt eines speziell zuständigen Key-Account-Managers; Engineering-Hilfen; Mailing-Kosten; Zinsen auf Forderungsaußenstände bei Kunden auf der Handelsstufe; Werbekostenzuschüsse, Listungsgebühren und ähnliche Vergütungen)
=	Kundendeckungsbeitrag III

Abb. 4 Grundaufbau einer Kundendeckungsbeitragsrechnung

von Kosten und Erlösen Voraussetzung. Einzelnen Kunden werden die kundenspezifischen Einzelkosten verursachungsgerecht zugerechnet, wobei sukzessiv produktspezifische Kosten einzelnen Aufträgen und diese wiederum einzelnen Kunden zugeordnet werden (Homburg und Daum 1997). Diese Vorgehensweise bietet sich vor allem deshalb an, da herkömmliche Kostenerfassungssysteme in der Regel produktbezogen sind. Typische kundenbezogene Kosten sind bspw. Kosten aufgrund von Sonderwünschen, besonderen Serviceleistungen wie kundenspezifische Verpackungen, Preisauszeichnungen oder Lieferkonditionen, Kosten der Kundenpflege bei Kundenbesuchen oder für den Kundendienst (Homburg und Daum 1997; Krüger 1997). Nicht kundenspezifisch zurechenbare Kosten (z. B. Verwaltungsgemeinkosten) werden getrennt behandelt bzw. es wird eine stufenweise Rechnung angelegt.

Erst die Durchführung dieser Analysen erlaubt einem Anbieterunternehmen, die Effizienz einzelkundengerichteter Maßnahmen zu beurteilen. Haag bspw. bezeichnet Kundendeckungsbeitragsrechnungen als den „Prüfstein des Key-Account-Managements" (Haag 1992) – was allerdings voraussetzt, dass die entsprechende Datenorganisation und -verfügbarkeit gewährleistet ist und eine Identifizierung von kundenrelevanten Kosten und Erlösen bspw. nach Kundennummern vorgenommen werden kann (Köhler 2008; Diller et al. 2005; siehe auch Schirmeister und Kreuz (2006), die eine kritische Analyse der Methodik vornehmen). Unvollständig bleibt die Betrachtung des Kundenwertes auf Basis der Kundendeckungsbeitragsrechnung im Hinblick auf die nicht in Kosten- und Erlösdaten vorliegenden Kundenbeiträge. Hierzu können bspw. der Referenz- und Informationswert eines Kunden gezählt werden. Erfolgreiche Weiterempfehlungen werden als Umsatz mit einem neuen Kunden berücksichtigt, nicht jedoch dem Empfehlenden zugerechnet (Köhler 2008), auf Kundeninitiative zurückgehende Produktinnovationen werden nicht als positiver Kundenbeitrag erfasst.

Ansätze einer kundenbezogenen Prozesskostenrechnung, bei der auch die Gemeinkosten auf die Kunden als Kalkulationsobjekte zu verteilen sind, werden in der Literatur ebenfalls diskutiert (Reckenfelderbäumer und Welling 2006; Diller et al. 2005).

Für die Ermittlung erwarteter mehrperiodiger Kundenwerte, auf deren Basis die Erfolgsträchtigkeit einer Investition in Kundenbeziehungen abgeschätzt werden kann, sind Methoden der dynamischen Investitionsrechnung heranzuziehen; die Geschäftsbeziehung wird also als Investitionsobjekt interpretiert (Plinke 1989). Ein solches Verfahren stellt die Berechnung des so genannten *Customer Lifetime Value* (CLV) dar, der definiert werden kann als „the net cash flows that the firm expects to receive from the customer over time" (Berger und Nasr 1998; vgl. auch für viele: Steiner 2009; Krafft 2007; Losch 2012). Aus der hierbei eingenommenen investitionspolitischen Perspektive ist die Akquisition und Bindung von Kunden dann erstrebenswert, wenn das Verhältnis der zu erwartenden kundenbezogenen Auszahlungen und Einzahlungen positiv bewertet wird (Homburg und Daum 1997; Venkatesan und Kumar 2004). Da eine Geschäftsbeziehung verschiedene Phasen durchläuft (ähnlich dem Produktlebenszyklus; vgl. z. B. Dwyer et al.1987; Bruhn 2009; Leschke 2014), werden als charakteristische Merkmale zur Beschreibung des Verlaufs Umsatzvolumen und Kostenverlauf herangezogen, die – wie in Abb. 5 dargestellt –

$$KW = \sum_{t=0}^{t=n} \frac{e_t - a_t}{(1+i)^t} = e_0 - a_0 + \frac{e_1 - a_1}{(1+i)} + \frac{e_2 - a_2}{(1+i)^2} + \cdots + \frac{e_n - a_n}{(1+i)^n}$$

e_t = (erwartete) Einzahlungen aus der Geschäftsbeziehung in der Periode t
a_t = (erwartete) Auszahlungen aus der Geschäftsbeziehung in der Periode t
i = Kalkulationszinsfuß zur Abzinsung auf einen einheitlichen Referenzzeitpunkt
t = Periode (t = 0, 1, 2, ..., n)
n = Dauer der Geschäftsbeziehung

Abb. 5 Berechnung des Kapitalwertes einer Geschäftsbeziehung

zur Berechnung des CLV etwa anhand der Kapitalwertmethode herangezogen werden. Die Kapitalwertmethode als Verfahren der dynamischen Investitionsrechnung basiert auf dem Prinzip, dass Zahlungen in der Zukunft weniger wert sind als gleich hohe gegenwärtige Zahlungen, zukünftige Ein- und Auszahlungen deshalb mit einem Kalkulationszinsfuß über die Anzahl der betrachteten Perioden abzuzinsen sind. Übrigens darf bei derartigen investitionstheoretischen Ansätzen nicht ohne weitere Annahmen mit Kosten- und Erlösgrößen gearbeitet werden, sondern bei strenger Anwendung mit den Zahlungsgrößen Einzahlungen/Auszahlungen.

Zum Bewertungszeitpunkt sind bei diesen Verfahren verschiedene Blickrichtungen möglich: die rückblickende Ermittlung von Ist-Daten bezüglich der Vergangenheitsbezogenen Kundenprofitabilität (siehe auch die Ausführungen zur Kundendeckungsbeitragsrechnung) sowie vorausschauend die Schätzung des prospektiven Kundenwertes bei mehrperiodigen Geschäftsbeziehungen (Köhler 2008, S. 489 f.). Beide Sichtweisen ergänzen sich jedoch, da der prospektive Kundenwert den Wert der gesamten Kundenbeziehung umfasst, abzüglich des bereits in der Vergangenheit abgeschöpften Anteils (= retrospektiver Kundenwert) (Krüger 1997).

Abschließend sei zu den Bewertungsmethoden angemerkt: Eine wirklich solide und umfassende Messung des Kundenwertes anhand einer einzelnen der vorgestellten Methoden ist nicht möglich. Der Aussagegehalt der Ansätze ist speziell; verfügt etwa der CLV über den großen Vorteil, mit nur einer Zahl eine Angabe über die Vorteilhaftigkeit einer Kundenbeziehung machen zu können, ist diese doch auf die monetisierbaren, in Ein- und Auszahlungsströmen erfassbaren Beiträge von Kunden reduziert. Demgegenüber ist es für eine Gesamtwürdigung zweckmäßig, ein Scoring-Modell einzusetzen, das offen für eine Beurteilung der Kundenbeiträge ist; es unterliegt allerdings durch Gewichtungsfaktoren, Punktzuordnung u. a. m. dem subjektiven Urteil des Bewertenden. Entsprechend ist auch bezüglich der Entscheidung für oder gegen bestimmte Bewertungsmethoden eine ziel- und strategieorientierte Vorgehensweise anzuraten. In jedem Fall ist eine methodengeleitete Bewertung transparenter und für das Anbieterunternehmen zielführender als rein individuelle Bewertungsvorgänge, in denen von Mitarbeitern z. B. persönlich favorisierte

Kunden oder lang etablierte Beziehungen zum Nachteil potenzialstarker, aber wenig bekannter Abnehmer vorgezogen werden. Zu einem Überblick über weitere Methoden der Kundenbewertung siehe etwa Mödritscher (2008), Tewes (2003), Rudolf-Sipötz (2001) und Wortmann (2014).

4 Kundenwertsteuerung in mehrstufigen Märkten

Die zentrale Besonderheit des Industriegütermarketing liegt in der derivativen Nachfrage, das heißt der *Mehrstufigkeit des Absatzes*. Mehrstufige Märkte umfassen Geschäftsbeziehungen und Markttransaktionen mit Leistungsbündeln, die mehr als zwei Marktstufen involvieren (Günter 1997), *mehrstufiges Marketing* beinhaltet „die Gesamtheit aller absatzpolitischen Maßnahmen, die auf eine (mehrere) den unmittelbaren Abnehmern nachfolgende Marktstufe(n) gerichtet sind" (Rudolph 1989). Damit liegt die Aufgabe eines Industriegüteranbieters darin, seinem direkten Kunden Wettbewerbsvorteile auf dessen Absatzmärkten zu verschaffen – besonders gut veranschaulicht in einem früheren DHL-Werbeslogan „Wir halten Ihr Versprechen". Mehrstufiges Marketing ist also „Ausdruck konsequenten nachfragerorientierten Handelns, denn ausschlaggebend für unternehmerische Aktivitäten auf allen Produktions- und Absatzstufen sind letztlich die Bedürfnisse der Endnachfrager" (Rudolph 1989). Direkte Wettbewerbsvorteile auf mehrstufigen Märkten sind Funktion von (indirekten) Wettbewerbsvorteilen auf Folgemärkten späterer Wertschöpfungsstufen. Dies impliziert die Ausdehnung der Markt- bzw. Kundenorientierung auf nachgelagerte Marktstufen sowie die mehrstufige Kundenanalyse (Günter 1997).

Obwohl sie das charakteristische Merkmal des gesamten Industriegüterbereichs ist (Engelhardt 2001), wurde die Mehrstufigkeit von Märkten in der wissenschaftlichen Behandlung des Industriegütermarketing und auch in der Unternehmenspraxis wenig analysiert. Auch im Hinblick auf die Bewertung von Kundenbeziehungen wurden die Implikationen einer marktstufenübergreifenden Betrachtung bislang vernachlässigt (Helm und Günter 2006). Dabei ist der Wert eines Firmenkunden vom Wert seiner eigenen Kundschaft abhängig, von deren Marktstrategien, Kaufverhalten, Anforderungen usw. In einer Ex post-Betrachtung des Kundenwertes ist dies nicht zwingend beachtenswert. In einer Ex ante-Bewertung des Kunden, etwa im Rahmen der Berechnung des Customer Lifetime Value, werden dagegen zentrale Determinanten des Kundenwertes vernachlässigt und entsprechende Analysen in ihrem Aussagegehalt stark eingeschränkt, wenn bspw. Prognosen hinsichtlich des zu erwartenden Umsatzes mit einem Kunden nicht auf Prognosen über den Markt bzw. die Geschäftsbeziehungen dieses Kunden aufbauen.

Mehrstufige Kundenbewertung umfasst die Ermittlung der bewerteten Beiträge eines Kunden zur Erreichung der monetären und nicht-monetären Ziele des Anbieters unter Berücksichtigung der für den zu bewertenden Kunden relevanten Kundenwerte *nachgelagerter* Marktstufen. Eine marktstufenübergreifende vertikale Bewertung von Kundenbeziehungen ist in der Praxis schwer durchführbar. Generell liegt bei mehrstufigem Marketing eine der Hauptschwierigkeiten in der Identifizierbarkeit von Leistungen bzw.

des Beitrags eines Anbieters zur Leistung des Kunden für nachgelagerte Marktstufen (Rudolph 1989). Bezogen auf das Problemfeld der Kundenbewertung liegt umgekehrt ein Identifikationsproblem für den Anbieter hinsichtlich der Beiträge nachgelagerter Marktstufen zu seinem Erfolg vor.

Dieses Identifikationsproblem kann nur gelöst werden, indem a) der Anbieter Informationen über die Kundenwerte nachgelagerter Markstufen ermittelt oder b) er diese von seinem direkten Kunden geliefert bekommt (und dieser wiederum von seinen Kunden usw.). Die zweitgenannte Option dürfte in aller Regel auf Widerstände des Kunden stoßen, die sowohl in Willens- als auch Fähigkeitsbarrieren liegen. Oft ist der Kunde aufgrund mangelnder Informationen gar nicht in der Lage, entsprechende Kundenwerte zu berechnen. Vor allem aber dürfte es ihm an der Bereitschaft mangeln, einem Lieferanten Informationen über seine Kunden und damit letztlich auch über seine wirtschaftliche Lage zu geben. Der Kunde hat vordergründig kein Interesse an der Übermittlung von Informationen über die Beiträge seiner eigenen Kunden zu seinen (finanziellen) Zielen, da hierdurch dem Anbieter z. B. Informationen über seine Gewinnsituation bzw. mögliche Zahlungsfähigkeit verfügbar würden. Andererseits kann aber auch argumentiert werden, dass die Abgabe positiver Kundenwertinformationen an Lieferanten die Bedeutung des betreffenden Abnehmers unterstreicht. Bei deutlichem Kooperationscharakter einer vertikalen Beziehung – wie etwa häufig im Zuliefergeschäft und bei längerfristigen Dienstleistungsverträgen – lässt sich derartiges Interesse ebenfalls beobachten.

Quelle der Information über den Wert von „Folge"-Kunden kann außer Kunden, Distributionsorganen, Marktforschern und anderen Experten auch eigenes Servicepersonal des Anbieters sein, etwa wenn ein Zulieferer marktstufenübergreifenden Service bietet, Händlernetze betreut oder der Anbieter über eigene Werkstattnetze verfügt und – an einem Original Equipment Manufacturer vorbei – einschlägige Informationen sammeln kann.

Grundsätzlich möglich, zweckmäßig und auch in der Praxis vorzufinden sind summarische, stark qualitativ ausgerichtete stufenübergreifende Bewertungen. Im Sinne von mehr oder weniger groben Klassifizierungen geben sie Hinweise auf besonders interessante, wachstumsstarke oder ausstrahlungskräftige Kunden der Folgestufen – ohne dabei allerdings zu umfassenden, quantitativen Bewertungen im oben dargestellten Sinne zu gelangen.

Es kann die These aufgestellt werden, dass mehrstufige Bewertung von Kundenbeziehungen nur dann möglich ist, wenn

- dem betrachteten Anbieter Marktbearbeitungsentscheidungen seines Kunden, dessen Strategien und vor allem Kundenselektionsentscheidungen bekannt sind oder wahrscheinliche Entwicklungen prognostizierbar sind,
- damit Kunden auf den nachgelagerten Marktstufen identifizierbar bzw. ansprechbar sind und
- den direkten – wie im marktstufenübergreifenden Fall auch den „Folge"-Kunden – durch die Kundenbewertung ein Nettonutzenvorteil (unter Berücksichtigung von Kosten der Informationsübermittlung und dem damit einhergehenden Risiko) vermittelt werden kann (z. B. Qualitäts- oder Preisvorteil aus resultierenden Strategien).

Festzuhalten ist, dass zwar in der Erzielung von Informationsvorsprüngen ein genereller Vorteil des mehrstufigen Marketing liegt (Rudolph 1989), sich dies jedoch nicht zwingend auf Informationen im Rahmen der Bewertung von Geschäftsbeziehungen als Element des Marketing-Controlling bezieht. Entsprechend konstatiert Rudolph (1989), dass generell große Schwierigkeiten bei der Erfolgsmessung für mehrstufige Marketing-Strategien bestehen. Die Analyse der direkten Abnehmer reicht für Aktivitäten im Rahmen des Marketing nicht aus, und auch für zukunftsgerichtete Kundenbewertungen greifen sie zu kurz. Die wichtigsten Einflussfaktoren auf den Wert eines Kunden sind dessen Erfolg auf seinem Absatzmarkt und die Charakteristika seines Geschäfts. Auf den ersten Blick scheinen jedoch Restriktionen der Datengewinnung, des Markt-Know-hows und des Aufwands mehrstufige Kundenbewertung auszuschließen. Überlegungen zu einer mehrstufig angelegten Analyse der Absatzpotenziale eines Kunden und deren Integration in Kundenwertmodelle sind aber zweckmäßig, auch wenn sie nicht umfassende Detailinformationen liefern, sondern eher summarisch strukturieren und klassifizieren. Zum Beispiel bieten Scoring-Verfahren einen einfachen, aber weiterführenden Ansatzpunkt angesichts begrenzter Möglichkeiten, Detailinformationen einzuholen.

Damit stützen mehrstufige Kundenbewertungsansätze Einschätzungen der Geschäftsbeziehungen als Basis für Steuerungsmaßnahmen wie etwa Selektion, Betreuungsintensität, Routinisierung oder maßgeschneiderte Angebote. So wird eine Art „vorlaufender Prognose" erzeugt. Allerdings wurden entsprechende Überlegungen in Praxis und Wissenschaft bislang allenfalls ansatzweise diskutiert.

5 Fazit

Der Überblick über den „State-of-the-Art" in Sachen Kundenwert bzw. „Customer Equity", wie auch speziell die Überlegungen zum Kundenwert auf mehrstufigen Märkten zeigen, dass viele Fragestellungen einer näheren Analyse bedürfen. Im Folgenden wird auf solche Forschungsfelder und Diskussionsbereiche hingewiesen und damit zu breiterer und tieferer Behandlung der Thematik angeregt.

Das wertorientierte Kundenmanagement bleibt nicht bei der Analyse der Bausteine des Wertes von Kundenbeziehungen und deren Messung stehen, sondern es stellt einen entscheidungsorientierten Ansatz dar, der markt-, segment- und einzelkundenbezogene Handlungsempfehlungen diskutiert. Kundenbeziehungen sind demnach auf Basis der wertorientierten Analyse zu selektieren und zu gestalten und die Ursachen für hohe oder zu geringe Wertbeiträge von Kunden zu untersuchen (siehe z. B. die Studie von Reinartz et al. 2005). In der Folge ist eine Ausrichtung von Marketing-Strategien und Marketing-Instrumenten auf bestimmte Kunden bzw. Kundengruppen zu fordern, die u. a. ein möglichst individuelles, auf die Bedürfnisse der Kunden zugeschnittenes Preis/Leistungs- und Kommunikationsangebot beinhalten. Der Umgang mit „Low end-Kunden", die nach der wertorientierten Betrachtung keine kostenintensiven Anbietermaßnahmen rechtfertigen, wirft eine Reihe bislang nicht hinreichend diskutierter Fragestellungen auf. Eine strikt wertorientierte Betrachtung von Kundenbeziehungen führt schließlich dazu, dass nur in wertträchtige (= erfolgversprechende) Kundenbeziehungen investiert wird. Solche potenziell wichtigen Kunden können sich jedoch zu einem späteren Zeitpunkt als nicht erfolgreich entpuppen, während die vormals als weniger relevant erachteten Kunden vielleicht zu Erfolgsträgern heranwachsen könnten. Dem Risiko einer rein monetären Betrachtung soll u. a. dadurch vorgebeugt werden, dass Kundenwertmodelle verschiedene Wertbestandteile enthalten. Mit der Integration sowohl monetärer als auch nicht-monetärer Komponenten, die auf Ist- und Planungsbasis berücksichtigt werden können, wird ein detailliertes Bild der Kundenbeziehung gezeichnet. Fehleinschätzungen durch Rekurs auf ein einzelnes Kriterium können mit Hilfe der weiteren Beurteilungskomponenten aufgewogen werden. Mit dem steigenden Detaillierungsgrad der Kundenbewertung gehen allerdings auch wachsende Kosten dieser Analyse einher.

Daneben führt das wertorientierte Kundenmanagement auch dazu, dass als nicht oder wenig erfolgsträchtig identifizierte Kundenbeziehungen überdacht werden müssen. In der Folge kann es zur Auflösung der Geschäftsbeziehung durch den Anbieter kommen (siehe z. B. Helm 2004; Helm et al. 2006). Kreative Ansätze für diese zumeist als heikel und diffizil angesehene Aufgabe des Kundenmanagements werden in der Literatur bisher kaum diskutiert (siehe aber Alajoutsijärvi et al. 2000; Gedeon et al 2009).

Der Verlauf einer Geschäftsbeziehung zwischen Lieferanten und Kunden wird in der Literatur idealtypisch oft als Lebenszyklus dargestellt (Dwyer et al.1987; Bruhn 2009). Auf einen derartigen Kundenbeziehungszyklus können Überlegungen zum Kundenmanagement aufgebaut werden, die je nach Kundenbewertung differenziert gestaltet werden.

Üblicherweise beginnt ein derartiger Zyklus mit einer Phase der Kundenakquisition, die in eine erstmalige Transaktion münden kann. Eine kundenwertorientierte Akquisition (siehe dazu etwa Reinartz et al. 2005; Venkatesan und Kumar 2004) stellt einen Segmentierungsansatz dar, der zukunftsorientiert versucht, die mögliche Profitabilität des Eingehens einer Kundenbeziehung und damit die Wirtschaftlichkeit der Investition in eine Kundenbeziehung zu kalkulieren.

In etlichen Darstellungen des Beziehungszyklus fehlt der Gedanke an Krisen und Konflikte ebenso wie die Erörterung möglicher Maßnahmen zur Aktivierung inaktiver Geschäftsbeziehungen („sleeping relationships"). Wertorientiertes Kundenmanagement bezieht im Falle solcher Entwicklungen natürlich Überlegungen zum bisherigen und zukünftig erwarteten Kundenwert in diese Analyse ein. Dies gilt insbesondere bei der geplanten Auflösung einer Kundenbeziehung (Tähtinen/Alajutsijärvi 2000; Helm et al. 2006) und möglichen Rückgewinnungsaktivitäten „verloren gegangener Kunden". Speziell qualitative Methoden wie etwa Scoring-Modelle (Rating) ermöglichen die Einbeziehung der Konsequenzen wertorientierter Entscheidungsaspekte im Rahmen des Regain Management (Michalski 2002; Sauerbrey 2000).

Es lässt sich abschließend konstatieren, dass die Bewertung von Kundenbeziehungen im Industriegüterbereich nach wie vor konzeptionell wie methodisch eine bedeutende Herausforderung darstellt. Sie kann aber nicht vernachlässigt werden, wenn ein Unternehmen dem Leitgedanken des wertorientierten Managements folgt. Die Methodik der Kundenwertermittlung erscheint derzeit weitgehend ausgereift. Informationsprobleme lassen sich gerade auf mehrstufigen Märkten nur partiell in befriedigender Weise lösen. Differenzierte qualitative Kundenwertmodelle bieten eine gewisse Sicherheit, nicht wichtige Werttreiber einer Kundenbeziehung zu übersehen, allerdings ohne dabei quantitativ verlässliche Kennzahlen zu liefern. Besonderer Analysebedarf besteht insbesondere im Anschluss an eine Ermittlung von Kundenwerten hinsichtlich der Management-Implikationen für Marketing-Strategien im Industriegüterbereich.

Literatur

Verwendete Literatur

Alajoutsijärvi, K., K. Möller, und J. Tähtinen. 2000. Beautiful exit: how to leave your business partner. *European Journal of Marketing* 34(11/12): 1270–1290.

Anderson, J.C., und J.A. Narus. 1998. Business Marketing: Understand What Customers Value. *Harvard Business Review* 76(6): 53–65.

Backhaus, K., und M. Voeth. 2014. *Industriegütermarketing*, 10. Aufl. München: Vahlen Verlag.

Berger, P.D., und N. Nasr. 1998. Customer Lifetime Value: Marketing Models and Applications. *Journal of Interactive Marketing* 12(1): 17–30.

Blattberg, R.C., und J. Deighton. 1997. Aus rentablen Kunden vollen Nutzen ziehen. *Harvard Manager* 19(1): 24–32.

Bruhn, M. 2009. *Relationship Marketing – Das Management von Kundenbeziehungen*, 2. Aufl. München: Vahlen Verlag.

Cornelsen, J. 2000. *Kundenwertanalysen im Beziehungsmarketing*. Nürnberg: GIM – Gesellsch. f. Innovatives Marketing.

Diller, H. 1995. Kundenmanagement. In *Handwörterbuch des Marketing*, 2. Aufl., Hrsg. B. Tietz, R. Köhler, J. Zentes, 1363–1376. Stuttgart: Schäffer-Poeschel Verlag.

Diller, H., A. Haas, und B. Ivens. 2005. *Verkauf und Kundenmanagement*. Stuttgart: Kohlhammer.

Dittmar, M. 2000. *Profitabilität durch das Management von Kundentreue*. Wiesbaden: Deutscher Universitätsverlag.

Dwyer, F.R. 1989. Customer Lifetime Valuation to Support Marketing Decision Making. *Journal of Direct Marketing* 3(4): 8–15.

Dwyer, F.R., P.H. Schurr, und S. Oh. 1987. Developing Buyer-Seller Relationships. *Journal of Marketing* 51(2): 11–27.

Eggert, A., und W. Ulaga. 2002. Customer perceived value: a substitute for satisfaction in business markets? *Journal of Business & Industrial Marketing* 17(2/3): 107–118.

Engelhardt, W.H. 2001. Mehrstufiges Marketing. In *Vahlens großes Marketinglexikon*, 2. Aufl., Hrsg. H. Diller, 1114. München: Vahlen Verlag.

Engelhardt, W.H., und B. Günter. 1981. *Investitionsgüter-Marketing*. Stuttgart: Kohlhammer Verlag.

Gedeon, I.M., A. Fearne, und N. Poole. 2009. The role of inter-personal relationships in the dissolution of business relationships. *Journal of Business and Industrial Marketing* 24(3-4): 218–226.

Gelbrich, K. 2001. *Kundenwert*. Göttingen: Cuvillier.

Götz, P., und H. Diller. 1991. Die Kundenportfolio-Analyse, Arbeitspapier Nr. 1 des Betriebswirtschaftlichen Instituts der Universität Erlangen-Nürnberg.

Günter, B. 1997. Wettbewerbsvorteile, mehrstufige Kundenanalyse und Kunden-Feedback im Business-to-Business-Marketing. In *Marktleistung und Wettbewerb*, Hrsg. K. Backhaus, B. Günter, M. Kleinaltenkamp, W. Plinke, H. Raffée, 213–231. Wiesbaden: Springer Verlag.

Günter, B., und M. Kuhl. 1995. Wirtschaftlichkeitsrechnung als Grundlage industrieller Beschaffungsentscheidungen. In *Technischer Vertrieb – Grundlagen*, Hrsg. M. Kleinaltenkamp, W. Plinke, 465–508. Berlin: Springer Verlag.

Haag, J. 1992. Kundendeckungsbeitragsrechnungen. *Die Betriebswirtschaft* 52(1): 25–39.

Helm, S., L. Rolfes, und B. Günter. 2006. Suppliers' Willingness to End Unprofitable Customer Relationships. *European Journal of Marketing* 40: 366–383.

Helm, S.V. 2004. Customer Valuation as a Driver of Relationship Dissolution. *Journal of Relationship Marketing* 3: 77–91.

Helm, S., und B. Günter. 2006. Kundenwert – eine Einführung in die theoretischen und praktischen Herausforderungen der Bewertung von Kundenbeziehungen. In *Kundenwert*, 3. Aufl., Hrsg. B.S.Helm. Günter, 3–38. Wiesbaden: Gabler Verlag.

Homburg, C., und D. Daum. 1997. Die Kundenstruktur als Controlling-Herausforderung. *Controlling* 9(6): 394–405.

Köhler, R. 2008. Kundenorientiertes Rechnungswesen als Voraussetzung des Kundenbindungsmanagements. In *Handbuch Kundenbindungsmanagement*, 6. Aufl., Hrsg. M. Bruhn, C. Homburg, 467–500. Wiesbaden: Springer Gabler Verlag.

Krafft, M. 2007. *Kundenbindung und Kundenwert*, 2. Aufl. Heidelberg: Physica.

Krüger, S. 1997. *Profitabilitätsorientierte Kundenbindung durch Zufriedenheitsmanagement*. München: FGM-Verlag.

Kumar, V., und G. Morris. 2007. Measuring and maximizing customer equity: a critical analysis. *Journal of the Academy of Marketing Science* 35: 157–171.

Kumar, V., und D. Shah. 2011. *Handbook of Research on Customer Equity in Marketing*. Cheltenham: Edward Elgar.

Leschke, S.-M. 2014. *Marketingabhängige Kundenwertbestimmung für Banken*. Hamburg: Kovac.

Losch, N. 2012. *Dynamic Customer Relationship Valuation*. Göttingen: Cuvillier.

Michalski, S. 2002. *Kundenabwanderungs- und Kundenrückgewinnungsprozesse - Eine theoretische und empirische Untersuchung am Beispiel von Banken*. Wiesbaden: Gabler Verlag.

Mödritscher, G.J. 2008. *Customer Value Controlling*. Wiesbaden: Gabler Verlag.

Plinke, W. 1989. Die Geschäftsbeziehung als Investition. In *Marketing-Schnittstellen*, Hrsg. G. Specht, G. Silberer, W.H. Engelhardt, 305–325. Stuttgart: Schäffer-Poeschel Verlag.

Plinke, W. 1997. Bedeutende Kunden. In *Geschäftsbeziehungsmanagement*, Hrsg. M. Kleinaltenkamp, W. Plinke, 113–159. Berlin: Gabler Verlag.

van Raaij, E.M. 2005. The strategic value of customer profitability analysis. *Marketing Intelligence & Planning* 23(4): 372–381.

Reckenfelderbäumer, M., und M. Welling. 2006. Der Beitrag einer relativen Einzel- und Prozesskosten- und Deckungsbeitragsrechnung zur Ermittlung von Kundenwerten – konzeptionelle Überlegungen und Gestaltungsempfehlungen. In *Kundenwert*, 3. Aufl., Hrsg. B. Günter, S. Helm, 335–368. Wiesbaden: Gabler Verlag.

Reichheld, F., und E. Sasser. 1990. Zero-Defections: Quality comes to Services. *Harvard Business Review* 68(5): 105–111.

Reinartz, W., J.S. Thomas, und V. Kumar. 2005. Balancing Acquisition and Retention Resources to Maximize Customer Profitability. *Journal of Marketing* 69(1): 63–79.

Rieker, S.A. 1995. *Bedeutende Kunden*. Wiesbaden: Springer Verlag.

Rudolf-Sipötz, E. 2001. *Kundenwert*. St. Gallen: Thexis Verlag.

Rudolf-Sipötz, E., und T. Tomczak. 2001. Kundenwert in Forschung und Praxis. *Thexis, Fachbericht für Marketing 2001* 18: 2. St. Gallen.

Rudolph, M. 1989. *Mehrstufiges Marketing für Einsatzstoffe*. Frankfurt: Peter Lang Verlag.

Rust, R.T., V.A. Zeithaml, und K.N. Lemon. 2000. *Driving Customer Equity*. New York.: Free Press.

Sauerbrey, C., und R. Henning. 2000. *Kundenrückgewinnung - Erfolgreiches Management für Dienstleister*. München: Vahlen Verlag.

Schemuth, J. 1996. *Möglichkeiten und Grenzen der Bestimmung des Wertes eines Kunden für ein Unternehmen der Automobilindustrie*. München: Fördergesellschaft Marketing.

Schirmeister, R., und C. Kreuz. 2006. Der investitionsrechnerische Kundenwert. In *Kundenwert*, 3. Aufl., Hrsg. B. Günter, S. Helm, 311–333. Wiesbaden: Gabler Verlag.

Schneider, N.C. 2007. *Kundenwertbasierte Effizienzmessung*. Wiesbaden: Deutscher Universitätsverlag.

Shapiro, B.P., V.K. Ragan, und R.T. Moriarty. 1987. Manage Customers for Profits (Not Just Sales. *Harvard Business Review* 65(5): 101–108.

Stahl, H.K. 1996. *Zero-Migration*. Wiesbaden: Gabler Verlag.

Steiner, V. 2009. *Modellierung des Kundenwertes*. Wiesbaden: Gabler Verlag.

Tewes, M. 2003. *Der Kundenwert im Marketing*. Wiesbaden: Deutscher Universitätsverlag.

Venkatesan, R., und V. Kumar. 2004. A Customer Lifetime Value Framework for Customer Selection and Resource Allocation Strategy. *Journal of Marketing* 68(4): 106–125.

Weber, J. 2014. *Einführung in das Controlling*, 14. Aufl. Stuttgart: Schäffer-Poeschel Verlag.

Wortmann, A. 2014. *Das Modell des integrativen Customer Value als Steuergröße des Kundencontrolling*. Göttingen: Cuvillier.

Weiterführende Literatur

Winkel, S. 2013. *Kundenwertorientierte Anreizsysteme für die Steuerung des Vertriebs*. Stuttgart: Nomos.

Vertriebssteuerung

Manfred Krafft und Christian Bosch

Inhaltsverzeichnis

1	Einleitung	623
2	Steuerung durch Leistungsbeurteilungen und Zielvorgaben	626
3	Steuerung durch Besuchsvorgaben	629
4	Steuerung durch Trainingsmaßnahmen	631
5	Steuerung durch Leistungsanreize	634
	5.1 Monetäre Anreize	634
	5.1.1 Einkommenshöhe	635
	5.1.2 Fixe versus variable Entlohnungsanteile	637
	5.2 Nicht-monetäre Anreize	641
6	Zusammenfassung	643
Literatur		645

1 Einleitung

In zahlreichen Unternehmen des Industriegütersektors stellt der Vertrieb das wichtigste Instrument des Marketing-Mix dar. Diese herausragende Stellung wird auch dadurch unterstrichen, dass Vertriebskosten im Industriegüterbereich vielfach etwa 10 % des Umsatzes ausmachen, während der Werbeaufwand meist unter 2 % des Umsatzes liegt (Albers und Krafft 2013; Krafft und Frenzen 2001; Zahn 1997). An der Schnittstelle zum Kunden lässt sich der Vertrieb zudem als Kulminationspunkt aller Aktivitäten charakterisieren, die zu einem langfristigen Unternehmenserfolg beitragen sollen. Schafft der Vertrieb es

Prof. Dr. Manfred Krafft ✉ · Christian Bosch
Westfälische Wilhelms-Universität Münster, Institut für Marketing, Münster, Deutschland
e-mail: marketing@uni-muenster.de, c.bosch@uni-muenster.de

© Springer Fachmedien Wiesbaden 2015
K. Backhaus und M. Voeth (Hrsg.), *Handbuch Business-to-Business-Marketing*,
DOI 10.1007/978-3-8349-4681-2_30

nämlich nicht, die angebotenen Produkte abzusetzen, so sind alle vorangegangenen Aktivitäten wie Neuproduktplanung oder die Erschließung von Distributionskanälen nur von geringem Wert für das Unternehmen (Goehrmann 1984).

Während im Konsumgüter- und Dienstleistungsmarketing Formen des unpersönlichen Vertriebs (z. B. Versandverkauf) von hoher Bedeutung sind, erfolgt der Vertrieb von Industriegütern vornehmlich über den *persönlichen Verkauf* mit Hilfe von Außendienstmitarbeitern (Meffert et al. 2012). Der persönliche Verkauf beinhaltet dabei alle Aktivitäten von Vertriebskräften, die darauf gerichtet sind, Kundenbeziehungen zu initiieren, zu entwickeln und zu fördern (Krafft 1995). Insbesondere bei der Präferenzbildung, der Einstellungsänderung und in der Kaufphase wird der persönliche Verkauf als wirkungsvollstes Absatzförderungs-Instrument der Kommunikationspolitik angesehen (Kotler und Bliemel 1999).

In mehreren Studien wurde empirisch nachgewiesen, dass dem persönlichen Verkauf im Industriegütersektor die größte Bedeutung im Vergleich zu anderen absatzpolitischen Instrumenten zukommt (Winkelmann 2013; Weis 2000; Droege et al. 1993). Tendenzaussagen zur relativen Bedeutung des persönlichen Verkaufs bzw. der Werbung bei Vorliegen bestimmter Merkmale des Unternehmens, der Verkaufssituation und der Marketing-Strategie werden in Abb. 1 wiedergegeben.

Typischerweise sind Verkaufsprozesse im Industriegüterbereich durch einen großen Wert der einzelnen Aufträge, die Beteiligung mehrerer Personen an der Kaufentscheidung (Multipersonalität) und komplexe Transaktionen gekennzeichnet. Dabei existiert im Verkaufsbereich oftmals in Analogie zum Buying Center auf der Anbieterseite ein Selling Center (Meffert et al. 2012). Da es sich bei Industriegütern zumeist um besonders erklärungsbedürftige Produkte handelt, erfordern sie mehr Beratungsleistungen, und ihr Verkauf wird häufig von Verhandlungen begleitet. Geschäftsbeziehungen sind i. d. R.

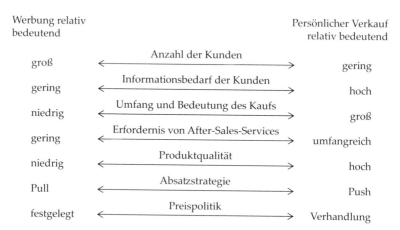

Abb. 1 Relative Bedeutung von Werbung und persönlichem Verkauf (Quelle: in Anlehnung an Cravens 2000, S. 363)

langfristiger Natur und durch ein hohes Maß an Interaktion zwischen Anbieter- und Nachfragerorganisation gekennzeichnet. Bei der Vermarktung von Industriegütern entstehen zwischen Anbieter und Nachfrager in einem interaktiven Prozess persönliche Kontakte, in dessen Rahmen dem persönlichen Verkauf eine herausragende Stellung zukommt (Backhaus und Voeth 2014; Homburg und Schneider 2001).

Vor diesem Hintergrund ist es nur allzu verständlich, dass die Vertriebsleitung ihre Mitarbeiter nach Maßgabe der Unternehmensziele steuern will. Das *Design eines geeigneten Steuerungssystems* stellt das Management jedoch keineswegs vor eine leichte Aufgabe. Zum einen muss dieses System in die Strategie des Gesamtunternehmens und in das langfristige Marketing-Konzept integriert werden. Zum anderen soll ein Vertriebssteuerungssystem zugleich einer Vielzahl weiterer Anforderungen gerecht werden, die teilweise diametral gegenläufig sind (Krafft 1995). So sollen bspw. Entlohnungssysteme den Mitarbeitern ein stetiges Einkommen sichern und darüber hinaus genügend Leistungsanreize bieten. Des Weiteren sind zahlreiche Instrumente (wie Zielvorgaben, Entlohnungshöhe, variable Anteile, nicht-monetäre Anreize) sinnvoll zu kombinieren. Die Vertriebsleitung wird dabei mit dem Problem konfrontiert, dass bei der Vielzahl möglicher Kombinationen dieser Instrumente generell nicht bekannt ist, welches Steuerungssystem der spezifischen Situation des Vertriebs angemessen ist (Krafft 1995). Die Entscheidung über das zu verwendende Vertriebssteuerungssystem ist also ebenso bedeutend wie komplex.

Der *Begriff Vertriebssteuerung* soll im Rahmen dieses Beitrags aus den oben dargelegten Gründen vorwiegend als Steuerung von Verkaufsaußendiensten aufgefasst werden. Hauptaufgaben der Vertriebssteuerung sind im Einzelnen die Beeinflussung, Lenkung und Kontrolle der Aktivitäten der Mitarbeiter einer Vertriebsorganisation mit Hilfe von Steuerungsinstrumenten. Die Steuerungsmaßnahmen sollen dabei dazu führen, dass ein erwünschtes Ergebnis im Sinne der im Voraus festgelegten Ziele erreicht wird (Krafft 1995; Rudolphi 1981).

Im vorliegenden Beitrag sollen ausgewählte Aspekte bzw. Instrumente der Vertriebssteuerung näher beschrieben werden, die im Industriegütermarketing von besonderer Bedeutung sind – darunter ist insbesondere die Steuerung durch Besuchsvorgaben, Trainingsmaßnahmen oder Leistungsanreize zu verstehen. Da eine umfassende Darstellung in diesem Rahmen nicht möglich ist, verweisen wir interessierte Leser bereits hier auf einige erschöpfende Werke (siehe u. a. Dalrymple et al. 2004; Ingram et al. 2012; Johnston und Marshall 2009; Spiro et al. 2008; Winkelmann 2013; Zoltners et al. 2001; Krafft 1995; Albers 1989; Rudolphi 1981). Im folgenden Abschn. 2 wird zunächst beleuchtet, wie Leistungsbeurteilungen und Zielvorgaben zur Vertriebssteuerung beitragen.

2 Steuerung durch Leistungsbeurteilungen und Zielvorgaben

Die Tätigkeit im persönlichen Verkauf unterscheidet sich von anderen Berufsfeldern insbesondere dadurch, dass ein Verkäufer überwiegend außerhalb des Betriebes arbeitet und somit eine direkte Beobachtung seines Arbeitseinsatzes generell schwierig ist (Albers 1989). Das Problem der räumlichen Trennung wird zusätzlich dadurch verstärkt, dass der Verkaufserfolg nicht allein auf den Einsatz des Außendienstmitarbeiters zurückzuführen ist, sondern von vielen anderen Einflussfaktoren abhängen kann (John und Weitz 1989; Albers 1988; Ryans und Weinberg 1979). Als *Leistung* des Mitarbeiters ist nämlich nur der Teil des Verkaufserfolges anzusehen, der auf seinen quantitativen und qualitativen Einsatz zurückzuführen ist (Johnston und Marshall 2009). Mit anderen Worten soll dem Mitarbeiter nur der Teil des Verkaufserfolges zugerechnet werden, den er selbst beeinflussen kann und der seiner Kontrolle unterliegt. Zu diesen Einflussgrößen gehören insbesondere sein quantitativer Einsatz (z. B. Arbeitszeit und Anzahl Kundenbesuche) sowie sein qualitativer Einsatz (Fähigkeiten, Fertigkeiten und Kenntnisse).

Die aufgezeigte Problematik der Leistungsmessung verdeutlicht, dass nicht ohne weiteres aus dem Verkaufsergebnis auf den Erfolgsbeitrag des Außendienstmitarbeiters geschlossen werden kann. So hat eine jüngere Untersuchung im Industriegüterbereich gezeigt, dass Umsatzdifferenzen von Verkäufern zu 49 % auf unterschiedliche Gebietspotenziale, aber lediglich zu 24 % auf direkte Leistungsunterschiede zurückzuführen sind. Trotz dieser Problematik wird in derselben Untersuchung beobachtet, dass der Umsatz das mit Abstand bedeutendste *Kriterium für die Leistungsbeurteilung* der Außendienstmitarbeiter darstellt (Krafft et al. 2000). Abbildung 2 zeigt die Ergebnisse einer weiteren

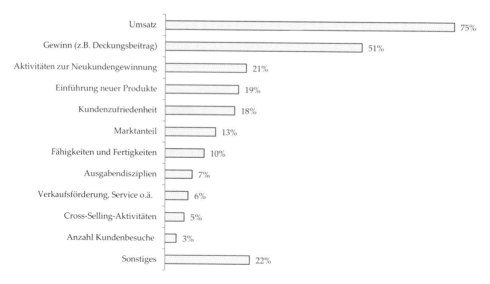

Abb. 2 Nutzung unterschiedlicher Bemessungsgrundlagen für die Entlohnung von Vertriebsteams (Quelle: Krafft et al. 2002, S. 43)

Untersuchung hinsichtlich der Nutzung unterschiedlicher Bemessungsgrundlagen für die Entlohnung von Vertriebsteams im B-to-B-Geschäft (Krafft et al. 2002).

Auch hier sind *Umsatz und Deckungsbeitrag* mit Abstand die gebräuchlichsten Bemessungsgrundlagen zur Entlohnung, obwohl eine Vielzahl weiterer unkontrollierbarer Faktoren die Verkaufsergebnisse beeinflussen. Qualitative oder verhaltensbezogene Kriterien finden dagegen nur selten Verwendung. Nur von jedem fünften Unternehmen werden strategische Faktoren wie Aktivitäten zur Neukundengewinnung, Einführung neuer Produkte oder Kundenzufriedenheit berücksichtigt, was auch darauf zurückzuführen ist, dass es häufig an einem aussagefähigen Berichtssystem mangelt. Dagegen sind Umsätze und Deckungsbeiträge Größen, die in den meisten Fällen ohnehin ermittelt werden. Beide Größen stehen zudem in engem Bezug zur Gewinnerzielung, so dass eine Verknüpfung der Ziele des Unternehmens mit dem der Verkäufer erreicht wird. Es ist jedoch zu bedenken, dass eine einseitige Betonung monetär-quantitativer Kennzahlen durchaus problematisch ist. Beispielsweise wirken Umsatzprovisionen zwar positiv auf den Umsatz, sie verleiten aber auch dazu, leicht realisierbare Umsätze mit gut eingeführten Produkten und bei Stammkunden vorzuziehen. Durch dieses „Absahnen" gehen auf längere Sicht Kunden mit Entwicklungspotenzial verloren (Krafft 1995). Auch eine einseitige Orientierung am Deckungsbeitrag kann sehr problematisch sein: Zwar werden hierbei vorrangig die profitablen Produkte gefördert, langfristige Ziele wie Servicequalität oder Cross-Selling beim Kunden werden dagegen vernachlässigt. Im Rahmen einer ausgewogenen Leistungsbewertung sollten daher sowohl finanzielle als auch qualitative Messkriterien berücksichtigt werden.

Nachdem die Kenngrößen zur Leistungsbeurteilung und Entlohnung für die konkrete Situation der Vertriebsorganisation gewählt wurden, stellt sich die Frage, wie die konkrete *Zielvorgabe* bemessen werden soll. Die vorangehende Diskussion der Leistungsmessung hat zwar gezeigt, dass nicht ohne weiteres aus dem Verkaufsergebnis auf den Erfolgsbeitrag des Außendienstmitarbeiters geschlossen werden kann. Sofern aber der Einfluss externer Einflussgrößen auf die Verkaufsergebnisse quantifizierbar ist, können Zielvorgaben ermittelt werden, die den unterschiedlichen Rahmenbedingungen in den Verkaufsgebieten Rechnung tragen.

Die *Bestimmung gerechter Zielvorgaben* lässt sich mit Hilfe des folgenden Ansatzes realisieren (vgl. hierzu ausführlich Albers und Skiera 2000; Albers 1988). Zunächst sind alle Faktoren zu identifizieren, welche die Erfolgspotenziale in den einzelnen Verkaufsgebieten beeinflussen, für die aber der Außendienstmitarbeiter nicht verantwortlich gemacht werden kann. Hierzu gehören insbesondere die Einflüsse des Verkaufsmanagements, der eigenen regional variierenden Marketing-Anstrengungen (z. B. Werbudget, Preis), der Verkaufsgebietspotenziale und der Konkurrenzintensität (Albers 1988; Ryans und Weinberg 1979). Anschließend lässt sich mit Hilfe einer Regressionsanalyse abschätzen, welche Umsätze man aufgrund der externen Einflussgrößen erwarten kann. Die auf Basis der gebietsbezogenen Umsatzreaktionsfunktionen berechneten Umsätze können dann als Soll-Vorgaben verwendet werden.

Tab. 1 Leistungsbeurteilung von Mitarbeitern nach Einsatz und Effizienz (Albers 2002a, S. 252)

Tatsächliche Verkäufe abzüglich der nach Potenzial möglichen Verkäufe	Anzahl der Kundenbesuche relativ zum Durchschnitt	
	höher als Durchschnitt	geringer als Durchschnitt
Mehr Verkäufe als geschätzt	hoch motivierte und effiziente Person (1)	wenig motivierte, aber effiziente Person (2)
Weniger Verkäufe als geschätzt	hoch motivierte, aber ineffiziente Person (3)	wenig motivierte und ineffiziente Person (4)

In einem weiteren Schritt lässt sich eine *Leistungsbeurteilung* der Außendienstmitarbeiter hinsichtlich ihrer Effizienz und ihres Arbeitseinsatzes vornehmen, die als Entscheidungsgrundlage für Maßnahmen der Vertriebssteuerung dienen kann (vgl. hierzu und im Weiteren Albers 2002b). Die ermittelten Soll-Vorgaben können mit den tatsächlich realisierten Erfolgen verglichen werden, um herauszufinden, ob der Außendienstmitarbeiter effizient arbeitet. Dem wird gegenüber gestellt, ob der Mitarbeiter auch quantitativ gesehen einen über- oder unterdurchschnittlichen Arbeitseinsatz zeigt. Hierbei kann die Anzahl der Kundenbesuche als Beurteilung für den Arbeitseinsatz herangezogen werden. Danach kann man anschließend die einzelnen Mitarbeiter so klassifizieren, wie es in Tab. 1 dargestellt ist. Auf diese Weise lassen sich differenzierte Hinweise für Entscheidungen bezüglich der Beförderung, des Trainings oder der Aufkündigung des Arbeitsverhältnisses von Mitarbeitern ableiten.

Ein Verkäufer, dessen Leistung in *Zelle 1* einzuordnen ist, verbindet ein hohes Maß an Einsatz mit hoher Effizienz. Ein solcher Mitarbeiter sollte im Unternehmen *gehalten* werden. Die in *Zelle 3* fallenden Mitarbeiter zeigen sehr viel Arbeitseinsatz und damit Motivation, sind aber eher ineffizient. In einem solchen Fall sollte der Mitarbeiter in Bezug auf seine *Verkaufsfertigkeiten geschult* werden. Ist die Leistung eines Verkäufers in *Zelle 2* einzuordnen, so arbeitet dieser hocheffizient, zeigt aber eine mangelhafte Motivation. Für diesen Mitarbeiter müsste somit ein *Motivationstraining* angeboten werden. Vertriebsmitarbeiter, deren Ergebnisse sich in *Zelle 4* einordnen lassen, zeigen eine geringe Motivation kombiniert mit mangelhafter Effizienz. Wenn in einem solchen Fall trotz Führungs- und Trainingsmaßnahmen keine deutliche Verbesserung sichtbar wird, ist eine *Kündigung* dieses Mitarbeiters zu erwägen.

Bei einer *Entscheidung über eine Kündigung* von unterdurchschnittlichen Verkaufsaußendienstmitarbeitern sind die damit verbundenen Auswirkungen zu analysieren. Dabei ist insbesondere die Tatsache zu berücksichtigen, dass eine hohe Fluktuation unter den Verkaufsaußendienstmitarbeitern die Kundenbeziehungen gefährden kann. Industrielle Kunden bevorzugen i. d. R. eine kontinuierliche und über die Zeit stabile Zusammenarbeit mit einem festen und für sie persönlich zuständigen Vertreter des Anbieters.

Neben diesen nicht-monetären Überlegungen muss auch die finanzielle Seite bei der Entscheidung über eine Entlassung von Verkaufsaußendienstmitarbeitern Berücksichtigung finden. Dabei sind nicht nur die entgangenen Umsätze aufgrund zeitweise vakanter

Verkaufsgebiete, sondern auch die Trennungs-, Rekrutierungs-, Auswahl- und Trainingskosten zu erfassen (Richardson 1999). Somit sind die Trennung und die Einstellung neuer Mitarbeiter mit hohen (Opportunitäts-)Kosten verbunden, die durch eine höhere Effizienz der neuen Verkaufsaußendienstmitarbeiter gerechtfertigt sein müssen. Im Übrigen ist im Voraus nicht absehbar, ob ein neuer Mitarbeiter tatsächlich eine bessere Leistung erbringen kann als der Entlassene (Albers 2002a).

3 Steuerung durch Besuchsvorgaben

Der Verkaufserfolg variiert i. d. R. mit der Häufigkeit von Besuchen bei einem Kunden. Sieht sich ein Außendienstmitarbeiter einem Stamm von Kunden gegenüber, der regelmäßig zu besuchen ist, so stellt sich für ihn das *Allokationsproblem*, die knappe Ressource der für Besuche einsetzbaren Arbeitszeit bestmöglich auf die zu betreuenden Kunden aufzuteilen (Albers 2002c).

Ein verbreitetes *Vorgehen in der Praxis* besteht darin, nach bestimmten Prinzipien gute Lösungen heuristisch zu bestimmen (vgl. hierzu ausführlich Albers 2002c). Dabei wird häufig so vorgegangen, dass Kunden nach bestimmten Charakteristika zu Segmenten zusammengefasst und für jedes Segment einheitliche Besuchnormen vorgegeben werden. Beispielsweise kann eine Klassifikation der Kunden nach Maßgabe ihres Umsatzvolumens in *A-, B- und C-Kunden* dazu genutzt werden, für jedes Segment einheitliche Besuchshäufigkeiten festzulegen. Aufgrund ihrer Einfachheit ist es nicht erstaunlich, dass ABC-Analysen von mehr als drei Viertel aller Industriegüterunternehmen eingesetzt werden (Krafft und Albers 2000). Problematisch an dieser Vorgehensweise ist allerdings, dass Umsätze nicht unbedingt mit Deckungsbeiträgen korreliert sind. So konnte fallweise nachgewiesen werden, dass gerade B-Kunden eine hohe Profitabilität aufweisen, während A-Kunden aufgrund hoher Preiszugeständnisse und C-Kunden aufgrund hoher Prozesskosten als Verlustbringer einzustufen sind (Winkelmann 2013; Homburg und Daum 1997; Scheiter Binder 1992). Unter solchen Bedingungen bietet sich eine Klassifikation nach dem erzielten Deckungsbeitrag an.

Eine alternative Vorgehensweise zur Kundensegmentierung besteht darin, *Kennzahlen für einzelne Kunden* zu ermitteln und die Besuchszeiten proportional dazu aufzuteilen (Albers 2002c). Solche Verfahren bieten sich insbesondere dann an, wenn Vertriebsmitarbeiter nur wenige Kunden betreuen, was im Industriegütergeschäft häufig der Fall ist. Als Kennzahlen werden meist einfache Größen wie erzielte oder geplante Umsätze oder Deckungsbeiträge herangezogen. Komplexer sind multikriterielle Verfahren in Form von *Kunden-Scorings*, bei denen zusätzlich qualitative Kriterien berücksichtigt werden, die z. B. die unterschiedliche Reaktion der Kunden auf Besuche widerspiegeln (Krafft und Albers 2000).

In der Literatur ist eine Reihe *quantitativer Planungsmodelle* zur Besuchszeitenallokation entwickelt worden (vgl. für eine Übersicht Albers 1989). Das wohl bekannteste dieser Systeme ist das CALLPLAN-Modell (Lodish 1971). Bei diesem Modell kann auf

Basis von tourenabhängigen Reisekosten und von Reaktionsfunktionen, die den Umsatz in Abhängigkeit von der Besuchshäufigkeit beschreiben, ein gewinnmaximaler Besuchsplan gefunden werden. Die Umsatzreaktionsfunktionen werden bei diesem Modell für jeden Kunden bzw. Interessenten auf Basis subjektiver Schätzungen ermittelt. Die Verkäufer bzw. das Verkaufsmanagement schätzen dabei die Umsatzerwartungen, die bei alternativen Besuchshäufigkeiten realisierbar sind.

Das Modell CALLPLAN ist am besten zur Anwendung geeignet, wenn eine repetitive Verkaufstätigkeit vorliegt und wenn die für einen Kunden aufgewendete Besuchszeit wesentlich das von ihm erhaltene Auftragsvolumen beeinflusst (Lodish 1971). Diese Voraussetzungen sind im Industriegütermarketing jedoch nur selten erfüllt (vgl. hierzu ausführlich Rudolphi 1981).

Es sei daher auf einen anderen Modelltyp hingewiesen, der für die *Bearbeitung von Interessenten* entwickelt wurde und besser auf die Außendienststeuerung im Industriegütermarketing zugeschnitten scheint. In diesen Modellen wird analysiert, wie sich die Wahrscheinlichkeit dafür, dass ein Interessent zu einem Kunden wird (Konversion), in Abhängigkeit von der Anzahl der Besuche entwickelt. Mit Hilfe von Markov-Ketten können dann z. B. Aussagen darüber gewonnen werden, ab welcher Besuchszahl der Versuch, einen Interessenten zu gewinnen, abzubrechen ist (Thompson und McNeal 1967). Ein potenzielles Einsatzfeld für derartige Modelle ist vorhanden, wenn die Initiative zur Kundenansprache vom Außendienstmitarbeiter ausgeht, was bei standardisierten Industriegütern anzunehmen ist (Rudolphi 1981).

Ein praktisch leicht durchzuführender Ansatz, mit dem anhand einer einfachen Kennzahl eine *optimale Besuchszeitenallokation* bestimmt werden kann, wird von Albers (2002c) vorgeschlagen. Demnach ist die knappe Arbeitszeit des Vertriebsmitarbeiters proportional nach Maßgabe des Deckungsbeitragssatzes, des bisherigen Umsatzes, der Besuchselastizität und der Gewinnungswahrscheinlichkeit (bei Interessenten) zu verteilen. Indem man dann die Arbeitszeit mit dem Besuchszeitenanteil multipliziert, erhält man schließlich die optimale Besuchszeit pro Kunde oder Kundengruppe. Da die für diesen Ansatz erforderlichen Daten oftmals in den jeweiligen Datenbanken bereits vorliegen bzw. durch subjektive Schätzungen leicht ermittelt werden können, erscheint der Aufwand für dieses Verfahren besonders gering. Bei den Gewinnungswahrscheinlichkeiten der Neukundenakquisition bietet es sich an, für bestimmte Gruppen von Neukunden eine Statistik darüber aufzustellen, wie viele Besuche erforderlich waren, um einen Kunden tatsächlich zu gewinnen. Die Gewinnungswahrscheinlichkeit ist dann der umgekehrt proportionale Wert. Besuchselastizitäten lassen sich direkt aus subjektiven Schätzungen der Außendienstmitarbeiter ableiten. Anhand einer Simulationsstudie und verschiedenen Praxis-Beispielen konnte gezeigt werden, dass mit einem relativ geringem Aufwand eine optimale Allokation ermittelt werden kann, bei der *erhebliche Gewinnsteigerungspotenziale* gegenüber üblichen Heuristiken in der Praxis bestehen (Albers 2002c).

4 Steuerung durch Trainingsmaßnahmen

Vertriebsmitarbeiter zählen zu den Berufsgruppen industrieller Anbieter, die in besonderem Maße betrieblichen Schulungsmaßnahmen unterzogen werden. Die Verkürzung der Produktlebenszyklen und die komplexer werdenden Beziehungen zwischen Unternehmen und ihren Kunden bedingen, dass dem Training für die Vertriebsmitarbeiter immer mehr Bedeutung zukommt. So können gut durchdachte und individuell ausgestaltete Trainingsprogramme dazu beitragen, die Leistung des gesamten Verkaufsaußendienstes nachhaltig zu verbessern (Morris et al. 1994; El-Ansary 1993; Ingram et al. 1992). Die hohe *praktische Relevanz* von Vertriebstrainings wird auch in vielen Beiträgen der Management-Literatur bestätigt (Furkel 2004; Mansfeld 2004; Schneider 2004). Es verwundert daher nicht, dass es in Deutschland schätzungsweise 30.000 bis 40.000 Trainer gibt, darunter mehr als 6000 Verkaufstrainer (Häuser 2004; Ballhaus und Stippel 1999).

Bei der Planung von Schulungsmaßnahmen muss zunächst geklärt werden, welche *Ziele* mit dem Schulungskonzept verfolgt werden sollen. Hierzu bieten sich vor allem die strategischen Marketing-Ziele des Unternehmens (wie Steigerung des Marktanteils oder Steigerung der Intensität der Kundenbetreuung) an. Zusätzlich können Ziele wie bspw. eine geringere Kündigungsneigung beim Verkaufspersonal, eine gesteigerte Moral, ein größerer Teamzusammenhalt, eine Verbesserung der Kommunikation oder ein effizienteres Zeitmanagement der Außendienstmitarbeiter verfolgt werden (Spiro et al. 2008).

Weiterhin ist die *Höhe des Gesamtbudgets* für Trainingsmaßnahmen zu bestimmen. Ein viel versprechender Lösungsansatz besteht darin, über Benchmarking-Studien zu ermitteln, in welcher Höhe erfolgreiche Unternehmen in das Training des Verkaufsaußendienstes investieren (zum Benchmarking im Vertrieb vgl. Krafft 2002).

In den USA werden für das Jahr 1999 jährliche Trainingsaufwendungen in Höhe von 7080 USD für neue und 4032 USD für erfahrene Verkaufsaußendienstmitarbeiter berichtet. Im Industriegütersektor liegen die entsprechenden Beträge mit 9893 USD bzw. 5149 USD deutlich über den Trainingsaufwendungen aller übrigen Sektoren. Ebenso liegt die Einarbeitungsdauer neuer Außendienstmitarbeiter im Industriegütersektor mit durchschnittlich 4,8 Monaten deutlich am höchsten (Heide 1999). Für deutsche Vertriebsorganisationen aus dem Industriegütersektor berichten Krafft et al. (2000) Gesamtkosten der Einarbeitung (für Schulung, Vergütung etc.) in Höhe von 25.000 EUR pro Verkäufer. Wie Abb. 3 verdeutlicht, liegt dabei das Hauptgewicht mit einem Anteil von fast 40 % auf der *Vermittlung von Produktkenntnissen*.

Dieser Schwerpunkt für die Außendienstschulung bei Industriegüterunternehmen ist angesichts der meist hohen Komplexität des Leistungsangebots nicht weiter erstaunlich. Andere Schulungsinhalte wie allgemeine Verkaufs- oder Arbeitstechniken sowie Kundenkenntnisse stehen dagegen deutlich hinter der Vermittlung von Produktwissen zurück. Technische Spezialkenntnisse und Produktwissen sind zwar unabdingbar für den industriellen Verkauf; dennoch sollten sich die Schulungsinhalte auch auf Marketing-Wissen, Managementfähigkeiten, betriebswirtschaftliches Verkaufen sowie Gebietsmanagement erstrecken (Krafft und Alznauer 2001).

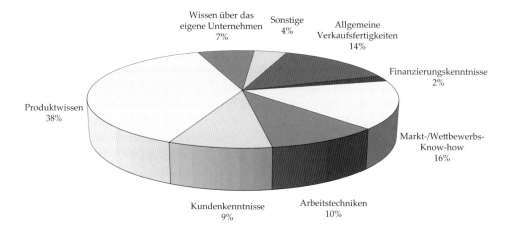

Abb. 3 Trainingsinhalte im Technischen Vertrieb (Quelle: Krafft et al. 2000, S. 38)

Zu den Fertigkeiten guter industrieller Verkäufer gehören insbesondere das Herstellen des Kundenkontakts, das richtige Herantreten an den Kunden, die Fähigkeit, diesem zuzuhören, vor Entscheidungsträgern der unterschiedlichsten hierarchischen und funktionalen Ebenen angemessen zu präsentieren, das Überwinden von Widerständen und schließlich auch die Fähigkeit, einen Verkauf tatsächlich abzuschließen. All dies lässt sich unter *Verkaufs- und Kommunikationsfertigkeiten* zusammenfassen.

Empirische Studien über Misserfolgsursachen von industriellen Verkäufern belegen, dass oftmals Defizite hinsichtlich der Bereitschaft und Fähigkeit bestehen, Kundenbedürfnisse durch genaues Zuhören zu erfassen und das Leistungsangebot entsprechend den Erfordernissen des Kunden anzupassen (Morris et al. 1994; Ingram et al. 1992). Diese als „*Adaptive Selling*" bezeichnete Fähigkeit ist aber gerade beim Industriegüterverkauf erfolgskritisch (Johnston und Marshall 2009; Spiro und Weitz 1990). Es kann sogar gezeigt werden, dass diese Fähigkeiten einen stärkeren Einfluss auf die Performance von Vertriebsmitarbeitern ausüben als das reine kundenorientierte Verkaufen (Franke und Park 2006). Ein Schulungsprogramm, das hieran anknüpft, muss einen Einblick in das industrielle Beschaffungsverhalten geben und insbesondere die Rollenerwartungen verdeutlichen, die Mitglieder von Buying-Centern potenziell an die Außendienstmitarbeiter richten. Es sollte auch darauf geachtet werden, die analytischen und kommunikativen Fähigkeiten von Verkäufern zu fördern. Die Schulung der kommunikativen Fähigkeiten eines Industriegüter-Verkäufers sollte dagegen weniger auf sein manipulatives Geschick als vielmehr auf sein didaktisches Vermögen gerichtet sein. Gerade bei der Beschaffung komplexer Anlagen sind der Abnehmerseite komplizierte Sachverhalte darzulegen, und der oft beträchtliche Umfang an Angebotsunterlagen kann die Orientierung der Abnehmerseite außerordentlich erschweren. In solchen Fällen ist eine didaktisch gut aufbereitete und kommunizierte Angebotspräsentation entscheidend für die Lieferantenauswahl (Rudolphi 1981).

Gerade im Industriegütersektor wird oftmals mit bereichsübergreifend zusammengesetzten Teams bzw. Selling-Centers gearbeitet, um den komplexen Anforderungen von Großkunden gerecht zu werden und den Mitgliedern des Buying-Centers kompetent gegenüber treten zu können (Ingram et al. 2012; Backhaus und Voeth 2014; Dwyer und Tanner 2008). In solchen Situationen können Verkaufserfolge nur durch ein optimales Zusammenspiel der Teammitglieder erreicht werden, so dass der Schulung von *Teamfähigkeiten* hier eine besondere Bedeutung zukommt (Dalrymple et al. 2004; Spiro et al. 2008).

Im Zuge des Computer-Aided Selling haben sich in den vergangenen Jahren immer mehr *technische Möglichkeiten* ergeben, mit deren Hilfe die tägliche Arbeit der Verkäufer wesentlich erleichtert werden kann. Beispielsweise durch den mobilen Zugriff auf zentrale Datenbanken per Laptop, Tablet-PC oder Smartphone ist es nun möglich, spezifische Fragen von Kunden schnell und kompetent zu beantworten. Die Anwendung solcher technischen Hilfsmittel muss allerdings fachgerecht gelehrt und vermittelt werden (Spiro et al. 2008).

Durch das Rekrutieren junger Vertriebsmitarbeiter und somit nachrückender Generationen in den Vertrieb rückt auch das Thema „socialmedia" immer mehr in den Fokus der Vertriebssteuerung. Dabei können die Instrumente dieser Sozialen Medien den Vertriebsmitarbeitern dabei helfen, Kundenbedürfnisse früher zu erkennen und diese umfassender zu befriedigen, um somit zur Wertschöpfung des Unternehmens beizutragen (Agnihotri et al. 2012). Dabei muss aber sichergestellt werden, dass die „socialmedia"-Strategie auf klar definierten Zielen basiert, den Informationsaustausch mit den Stakeholdern ermöglicht, die Gewinnung von Wettbewerbsinformationen erlaubt und die Erfolgskontrolle von erbrachten Leistungen umfasst (Rapp und Panagopoulos 2012). Neben einer derart umfassenden Strategie für den Umgang mit Sozialen Medien ist es erforderlich, dass die Vertriebsmitarbeiter auf den Einsatz dieser Medien richtig vorbereitet werden.

Zusätzlich zu den bereits erwähnten Schulungsinhalten für Außendienstmitarbeiter stehen immer wieder *Motivationstrainings* im Mittelpunkt, da diese dazu beitragen können, dass Außendienstmitarbeiter eine größtmögliche Anstrengung in die Aufgabe des Verkaufs einbringen. Mitarbeiter werden oftmals mit demotivierenden Erfahrungen konfrontiert. Hierzu zählen bspw. gescheiterte Vertragsabschlüsse, das Nichterreichen von Zielvorgaben für bestimmte Perioden oder eine Überbelastung durch Routineaufgaben. Zusätzlich mag es sein, dass das erzielte Einkommen den Verkäufer bereits zufrieden stellt, so dass es an Anreizen fehlt, um einen gesteigerten Einsatz zu zeigen (vgl. Albers 2002a). So haben empirische Studien gezeigt, dass mangelnde Motivation und Einsatzbereitschaft zu den am häufigsten genannten Misserfolgsursachen bei industriellen Verkäufern zählen (Morris et al. 1994; Ingram et al. 1992). Die Motivierung der Verkaufsaußendienstmitarbeiter wird damit zu einer bedeutenden und komplexen Herausforderung.

5 Steuerung durch Leistungsanreize

Motivierende Leistungsanreize stellen das bedeutendste Instrument zur Steuerung von Vertriebsmitarbeitern dar (Goehrmann 1984). Die Bedeutung der Motivierung von Verkäufern für den Vertriebserfolg wurde bereits in einer Serie von breit angelegten US-amerikanischen Studien nachgewiesen (Krafft 1999 und die dort zitierte Literatur). Es wurde dabei gezeigt, dass sich die Motivation von Verkäufern positiv auf deren Arbeitseinsatz auswirkt, der wiederum zu einer höheren Leistung führt. Die erhöhte Leistung führt zu einer höheren persönlichen Belohnung und in Folge zu einer größeren Mitarbeiterzufriedenheit. Diese Zufriedenheit wirkt sich wiederum positiv auf die Motivation aus usw. Daher ist es auf der einen Seite notwendig, diesen Motivationsprozess über Anreize aufrechtzuerhalten. Auf der anderen Seite muss allen Mitarbeitern mit Hilfe geeigneter Entlohnungsinstrumente gleichzeitig kommuniziert werden, welche Verkaufsanstrengungen zu tätigen sind und was das vom Unternehmen erwünschte Ergebnis dieser Verkaufsanstrengungen sein soll (Jaworski und Kohli 1991).

Leistungsanreize können monetärer oder nicht-monetärer Natur sein und stellen Belohnungen für die Zielerreichungsbeiträge dar, die dem Unternehmen durch die Aufgabenerfüllung des Außendienstmitarbeiters erwachsen.

5.1 Monetäre Anreize

Im Rahmen der Vertriebssteuerung ist die Gestaltung eines effizienten Entlohnungssystems von entscheidender Bedeutung für die Motivierung der Vertriebsmitarbeiter und für den Unternehmenserfolg (Krafft 1995; Zoltners et al. 2006). Der besondere Stellenwert des Entlohnungssystems für die Vertriebssteuerung wird zusätzlich dadurch unterstrichen, dass mehr als 60 % der gesamten Marketing- und Vertriebskosten von Industriegüterunternehmen auf die Vergütung von Vertriebsmitarbeitern entfällt (Krafft et al. 2000).

Sofern die Aufgaben des persönlichen Verkaufs an Handelsvertreter vergeben werden, reduziert sich die Gestaltung der Entlohnung auf das Design eines Provisionssystems, da Handelsvertreter nahezu ausschließlich variabel entlohnt werden (Albers 1984). Werden dagegen Reisende als vorteilhafte Vertriebsform angesehen, steht die Vertriebsleitung vor drei zentralen Entscheidungen hinsichtlich der Gestaltung des Entlohnungssystems:

- die Gestaltung der Einkommenshöhe,
- die Bestimmung des variablen bzw. fixen Entlohnungsanteils und
- das Design des erfolgsabhängigen Provisions- und Prämiensystems.

Das Entlohnungssystem wird dabei üblicherweise in obiger Reihenfolge gestaltet, d. h. zuerst wird die Einkommenshöhe festgelegt, zweitens das Verhältnis von fixer zu variabler Entlohnung bestimmt und drittens das erfolgsabhängige Anreizsystems mit Hilfe von Provisionen und zielvorgabe-basierten Prämien gestaltet (Johnston und Marshall 2009;

Zoltners et al. 2001; Krafft 1995). Im Weiteren folgen wir dieser empfohlenen Sequenz, verzichten jedoch aus Platzgründen auf eine Diskussion geeigneter Provisions- und Prämiensysteme (siehe dazu Dalrymple et al. 2004; Johnston und Marshall 2009; Spiro et al. 2008; Zoltners et al. 2001).

5.1.1 Einkommenshöhe

Der Planung eines zu erwartenden mittleren Einkommens für durchschnittliche Verkäufer kommt eine *zentrale Bedeutung* bei der Gestaltung eines Entlohnungssystems zu, da die Einkommenshöhe einen Anreiz darstellt, Verkäufer motiviert und diese langfristig im Unternehmen hält. Zudem signalisiert die Vertriebsleitung durch das Zieleinkommen, welchen Mitarbeitertyp sie sucht. Zu guter Letzt stellt die Summe der gezahlten Verkäufer-Einkommen für das Unternehmen Kosten des persönlichen Verkaufs dar, die im Rahmen der Unternehmensplanung im Voraus abzuschätzen sind.

Ein Blick in *kommerzielle Vergütungsstudien* zeigt, dass nachhaltige Unterschiede in der Entlohnungshöhe zwischen Verkäufern verschiedener Branchen bestehen. Diese Unterschiede können durch die jeweiligen Rahmenbedingungen, die fachlichen Anforderungen an Verkäufer, die Komplexität der Verkaufssituation oder die Erwartungen der Kunden bedingt sein. In Abb. 4 werden Einkommen von durchschnittlichen Verkäufern in 14 Branchen wiedergegeben, wie sie in der 2009 erschienenen Kienbaum-Vergütungsstudie berichtet werden. Die Abbildung verdeutlicht, dass die Mittelwerte durchschnittlicher Verkäufer zwischen 58.000 EUR für die Nahrungsmittelbranche und 81.000 EUR für den Maschinenbau variieren.

Bei der Bestimmung der mittleren Einkommenshöhe für durchschnittliche Verkäufer können *Argumente der Vertriebspraxis* und der Wissenschaft herangezogen werden. Aus Sicht der Vertriebspraxis herrscht die Meinung vor, dass bei komplexen Verkaufsaufgaben bzw. Produkten sowie einer umfassenden Qualifikation der Mitarbeiter höhere Einkommen zu gewähren sind (vgl. hierzu und im Weiteren Johnston und Marshall 2009; Zoltners et al. 2001). Mit der Komplexität verbunden ist die Frage, inwieweit einzelne Verkaufsaufgaben auf der Kundenseite einen umfassenden Beratungsbedarf sowie Informationswünsche hervorrufen. Sofern Abschlüsse im Vertrieb eher eine Folge starker Marken, überlegener Produkte, intensiver Verkaufsförderung oder langfristig bestehender Verträge sind, kommt dem Mitarbeiter eher die Rolle der Auftragsannahme zu, was eher für ein niedriges Gesamteinkommen spricht. Wenn Verkäufer dagegen entscheidend zum Abschluss beitragen und Transaktionen ohne ihren Einsatz, ihre Fertigkeiten und Qualifikationen gar nicht zu Stande gekommen wäre, sollten sie auch nachhaltig am Erfolg beteiligt werden, was für ein insgesamt höheres Einkommen spricht.

Da die Vertriebsleitung mit anderen Unternehmen im Wettbewerb um die besten Vertriebsfachkräfte steht, ist die Planung der mittleren Einkommenshöhe auch eine Entscheidung darüber, welcher Qualifikationsgrad von den Verkäufern erwartet wird. Vertriebs-Führungskräfte orientieren sich dabei häufig an den in der Branche üblicherweise gezahlten Einkommen, die von kommerziellen Anbietern wie der Kienbaum Vergütungsberatung ermittelt werden. Für eine Orientierung am *Branchendurchschnitt* spricht, dass

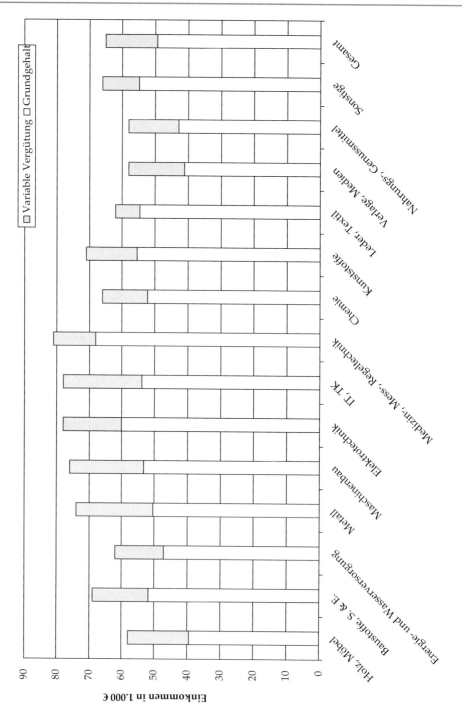

Abb. 4 Branchenbedingte fixe und variable Vergütung von durchschnittlichen Verkäufern (Quelle: eigene Darstellung in Anlehnung an Kienbaum Vergütungsberatung 2009, S. 37)

unterdurchschnittliche Einkommen mit einer niedrigen Arbeitszufriedenheit und in der Folge mit einer hohen Kündigungsneigung einhergehen. Zudem ist zu erwarten, dass mit unterdurchschnittlichen Einkommen nur gering qualifizierte oder leistungsschwache Mitarbeiter gewonnen werden können (Krafft 1995; Albers 1989). Fernerhin ist für den vorhandenen Mitarbeiterstamm zu befürchten, dass es Wettbewerbern in Krisenzeiten gelingen wird, gerade die effektivsten Mitarbeiter abzuwerben, während leistungsschwache Verkäufer im Unternehmen verbleiben. Mit anderen Worten kanalisiert die Einkommenshöhe den Arbeitsmarkt im persönlichen Verkauf: Spitzenverkäufer wechseln zu besser zahlenden Unternehmen, während unterdurchschnittliche Einkommen nur für ineffektive Reisende interessant sind. Zahlreiche Vertriebsorganisationen weichen daher von einer Orientierung am branchenüblichen Einkommen ab und bieten ihren Mitarbeitern bewusst überdurchschnittliche Einkommensniveaus. Insbesondere kleine und mittelständische Unternehmen sind zudem oft nicht in der Lage, umfangreiche Erstschulungs- und Trainingsmaßnahmen für jüngere Verkäufer mit geringer Vertriebserfahrung durchzuführen. Diese Unternehmen sind daher gezwungen, überdurchschnittliche Einkünfte in Aussicht zu stellen, um erfahrene Verkäufer anwerben zu können.

Überdurchschnittliche Einkommen weisen jedoch zwei zentrale Mängel auf: Einerseits besteht die Gefahr, dass bei den sonstigen Mitarbeitern des Unternehmens das Gefühl einer ungerechten Bezahlung aufkommt und sich Unmut regt. Andererseits ist fraglich, ob zusätzliches Einkommen stets motivierend wirkt. Empirische Studien zeigen nämlich, dass viele Verkäufer eher eine zufrieden stellende Gesamtvergütung anstreben, also Einkommens-Satisfizierer sind (Darmon 1974). Und auch eine Ausrichtung an branchenüblichen Einkommen ist problembehaftet, da unterstellt wird, dass die in Vergütungsstudien befragten Unternehmen der Branche dem eigenen Unternehmen strukturell sehr ähnlich sind, weitere Führungs- und Entlohnungsbestandteile die Anreizwirkung der Einkommenshöhe kaum berühren und alle Unternehmen optimal gestaltete Entlohnungssysteme aufweisen. Dies ist jedoch als äußerst fragwürdig anzusehen (Krafft 1995).

Tabelle 2 fasst die bisher diskutierten sowie weitere Effekte auf die Bestimmung der Einkommenshöhe im Überblick zusammen.

5.1.2 Fixe versus variable Entlohnungsanteile

Neben der gesamten Höhe des Einkommens wird auch deren Zusammensetzung aus Festgehalt und erfolgsabhängigen variablen Komponenten als wichtige Frage der Gestaltung des Anreizsystems von Verkäufern angesehen. Vor diesem Hintergrund verdeutlicht Abb. 4, dass die variablen Anteile für durchschnittliche Verkäufer je nach Branche zwischen 12 % (Leder, Textil, Bekleidung) und 32 % (Holz, Möbel; Metallbearbeitung, -waren) schwanken.

Bei der Gestaltung des Einkommens von Verkäufern kann sich die Unternehmens- bzw. Vertriebsleitung im Extrem für ausschließlich variable oder fixe Entlohnungspläne entscheiden, oder eine Kombination aus erfolgsabhängigen und fixen Komponenten wählen.

Tab. 2 Einflussgrößen auf das Einkommensniveau von Verkäufern (teilweise angelehnt an Zoltners et al. 2001, S. 281)

Niedriges Einkommen	Hohes Einkommen
Geringe Komplexität im Verkauf	Anspruchsvoller Verkaufsprozess
Geringer Informationsbedarf der Kunden	Hoher Informationsbedarf der Kunden
Niedriger Qualifikationsbedarf der Verkäufer	Hohe Qualifikationsanforderungen an die Verkäufer
Schwacher Einfluss der Verkaufsanstrengung auf die Abschlusswahrscheinlichkeit	Nachhaltiger Effekt des Einsatzes und der Fähigkeiten der Verkäufer auf den Abschluss
Verkäufer ist in erster Linie verantwortlich für die Pflege der Kundenbeziehung (u. a. Merchandising, Service)	Hoher Anteil von Neukundenakquisition, Cross- und Up-Selling
Regionale Verantwortung für viele Kunden	Verantwortung für wenige (inter-) nationale Kunden oder Key Accounts
Umfang und Bedeutung des Kaufs sind für den Kunden und das Unternehmen eher gering	Die meisten Abschlüsse sind für den Kunden und das Unternehmen von großer Bedeutung
Monopolartige Position des Unternehmens (starke Marken, hohe Wechselbarrieren)	Intensiver Wettbewerb (niedrige Wechselbarrieren, geringe Differenzierung)
Geringer Wettbewerb um beste Außendienstmitarbeiter bzw. kaum attraktive Alternativbeschäftigungen (bspw. aufgrund hoher Arbeitslosigkeit)	Konkurrenz versucht, beste Verkäufer abzuwerben bzw. es bestehen zahlreiche attraktive Alternativen zur Tätigkeit im persönlichen Verkauf des Unternehmens

Insbesondere im Industriegütersektor ist häufig festzustellen, dass viele Reisende ein *reines Festgehalt* beziehen (Krafft 1995).

In der einschlägigen Literatur werden folgende *Vorteile von Festgehältern* genannt (Johnston und Marshall 2009; Spiro et al. 2008):

- Fixa vermitteln den Reisenden ein Gefühl sozialer Sicherheit und garantieren ein stabiles Einkommen.
- Das Unternehmen kann mit einem festen Kostensatz je Verkäufer rechnen.
- Festgehälter verursachen nur geringe Verwaltungsaufwendungen.
- Verkaufsgebiete können leichter geändert und Reisende neuen Gebieten zugeordnet werden.
- Festgehälter ermöglichen eine verhaltensorientierte Vertriebssteuerung.
- Mit Festgehältern können Verkäufer zu einer verstärkten Langfristorientierung bewegt werden.
- Fixa regen zu gleichmäßigem Arbeitseinsatz an und fördern die Loyalität der Reisenden gegenüber dem Unternehmen.
- Festgehälter führen mit zunehmendem Umsatz zu sinkenden Kosten des persönlichen Verkaufs pro Umsatzeinheit.

Als *Nachteile von Festgehältern* sind dagegen hervorzuheben:

- Von Fixa gehen kaum leistungsmotivierende Wirkungen aus.
- Festgehälter fördern nicht die Selbststeuerung der Verkäufer, sondern erfordern eine umfassendere Führung durch das Vertriebsmanagement.
- Fixa führen dazu, dass leistungsschwache Verkäufer eher überbezahlt werden, während Top-Verkäufer tendenziell unterbezahlt sind.
- Mit sinkendem Umsatz steigen die Kosten des persönlichen Verkaufs pro Umsatzeinheit. Arbeitsrecht und tarifvertragliche Regelungen erschweren zudem eine Reduzierung von Grundgehältern.

Wenngleich reine fixe Vergütungen mit nachhaltigen Mängeln behaftet sind, können auch ausschließlich erfolgsabhängige Provisionssysteme nachhaltige Folgen für das Unternehmen haben. An dieser Stelle ist insbesondere die kurzfristige Orientierung der Vertriebsmitarbeiter und die damit verbundene übertriebene Abschlussorientierung der Verkäufer zu nennen, die dem Image des Unternehmens langfristig erheblich schadet. Nichtsdestotrotz sind auch Vorteile mit einer rein variablen Vergütung verbunden. Dabei ist insbesondere der positive Zusammenhang zwischen variablen Vergütungsbestandteilen und Motivationsanreizen zu nennen. Weiterhin führt eine rein variable Vergütung beim Unternehmen dazu, dass Entlohnungskosten für Vertriebsmitarbeiter nur im Erfolgsfall entstehen. Um die Vorzüge von erfolgsabhängigen und -unabhängigen Komponenten miteinander zu verbinden und die jeweiligen Nachteile durch ein balanciertes Mix der variablen und fixen Elemente weitestgehend zu vermeiden, greifen Vertriebsverantwortliche zumeist auf *kombinierte Pläne* zurück, die substanzielle erfolgsabhängige Anreize in Form von Provisionen und Prämien ebenso vorsehen wie eine nachhaltige Festgehaltskomponente. Kombinierte Pläne bieten der Vertriebsleitung eine höhere Flexibilität, bestimmte Erfolge stärker zu honorieren, und ermöglichen eine Feinsteuerung über Anreize. Je nach Motivationsstruktur und Karrierestatus der Mitarbeiter können unterschiedliche Akzente gesetzt werden, indem junge Mitarbeiter durch monetäre Anreize motiviert werden, ältere dagegen durch einen höheren Grad der Grundsicherung (Ingram et al. 2012; Johnston und Marshall 2009).

Die *Gestaltung des fixen bzw. variablen Anteils* im Außendienst entfaltet stets zwei Wirkungsrichtungen: Zum einen wird dadurch ein Signal nach außen gesendet, dass von potenziellen Bewerbern wahrgenommen wird. Es ist davon auszugehen, dass ein hoher variabler Anteil nur für die Bewerber interessant ist, die sich selbst als erfolgreiche Verkäufer einschätzen. Hohe Festgehaltsanteile werden dagegen eher Bewerber anziehen, die ihrer eigenen Leistungsfähigkeit oder -bereitschaft weniger vertrauen. Zum anderen wirkt die Gestaltung der Entlohnungsanteile auch nach innen auf die Mitarbeiter der Vertriebsorganisation. Hohe Festgehaltsanteile bieten zwar eine hohe Sicherheit, werden aber zugleich gerade von besonders effektiven Verkäufern als eher ungerecht empfunden, da ihre Leistung aufgrund geringer Anreizanteile nur unzureichend honoriert wird. Es ist daher zu befürchten, dass die besten Mitarbeiter eine hohe Abwanderungsneigung zeigen werden, wenn Konkurrenten versuchen, sie abzuwerben. Im Extrem führen die beschriebenen Außen- und Innenwirkungen von hohen Festgehaltsanteilen zu Vertriebsorganisationen, die nur aus leistungsschwachen Mitarbeitern bestehen (Krafft 1995; analog zu Akerlof 1970).

Bei der Gestaltung geeigneter Entlohnungspläne orientieren sich Führungskräfte häufig an einigen zentralen Rahmenbedingungen des persönlichen Verkaufs und den Zielen der Vertriebssteuerung (Ingram et al. 2012; Johnston und Marshall 2009), die im Folgenden kurz dargestellt werden.

Die *Verkaufszykluslänge* spiegelt den Zeitraum zwischen dem ersten Verkaufsgespräch und der Entscheidung des Kunden wider, die Produkte des Unternehmens zu bestellen. Wählt nun ein Unternehmen einen hohen variablen Vergütungsanteil bei relativ langen Zykluslängen, so ist zu befürchten, dass Vertriebsmitarbeiter kurzfristige Abschlüsse mit Stammkunden anstreben und gleichzeitig das Neukundengeschäft vernachlässigen. Sofern also große Zeitspannen zwischen den ersten Verkaufsanstrengungen und dem endgültigen Abschluss liegen, empfehlen sich eher hohe Festgehaltsanteile (Krafft 1995).

Vergleichbare Argumente sind im Zusammenhang mit der *Komplexität* des Verkaufsprozesses und der vertriebenen Produkte und Leistungen zu nennen (Donaldson 1998). Komplexe Verkaufssituationen, die im Industriegütergeschäft bspw. im Rahmen des Team Selling bzw. Systems Selling gegeben sind, führen dazu, dass ein individueller Erfolgsbeitrag kaum direkt zu ermitteln ist. Eine erfolgsabhängige Entlohnungskomponente würde daher problembehaftet sein, da die Bemessungsgrundlage in Form des Leistungsbeitrags nur schwer oder gar nicht messbar ist. In derartigen Situationen empfiehlt sich ebenfalls ein hoher Festgehaltsanteil.

Bei der Wahl von geeigneten fixen und variablen Entlohnungsanteilen ist des Weiteren zu berücksichtigen, inwieweit überhaupt ein *Beitrag* des Verkäufers vorliegt. Sofern ein Unternehmen überlegene Produkte anbietet, es sich dabei um bekannte und geeignet positionierte Marken handelt, die über ein dichtes Netz von Distributionspartnern angeboten werden, ist davon auszugehen, dass ein Abschluss kaum auf die Aktivitäten von Verkäufern, sondern vielmehr auf *das weitere Marketing-Mix* zurückzuführen ist (Johnston und Marshall 2009; Zoltners et al. 2001). Die Vorteilhaftigkeit von niedrigen variablen Anteilen, sofern der Abschlusserfolg kaum vom Einsatz und der Effektivität von Verkäufern abhängt, wird auch in Ansätzen der Prinzipal-Agenten-Theorie hervorgehoben (Krafft et al. 2004; Basu et al. 1985). Ähnlich ist die Wirkung der *Carryover-Effekte* zu sehen: Beim Carryover handelt es sich um den Teil des Umsatzes, der auf vergangene Verkaufsanstrengungen zurückzuführen ist. Wenn bspw. ein Medizinelektronik-Vertrieb in den vergangenen Jahren Magnetresonanz-Scanner an Krankenhäuser verkauft hat, für die nur spezielle Kontrastgeräte und -mittel verwendet werden können, handelt es sich beim Verkauf des Kontrastmittels um ein relativ problemloses Anschlussgeschäft, das kaum eine erfolgsabhängige Vergütung rechtfertigt. Vielmehr ist der ursprüngliche Verkauf des Scanners bzw. des Kontrastmittel-Injektionsgeräts eine nachhaltige Verkaufsleistung. Wenn Abschlüsse eher eine Folge des sonstigen Marketing-Mix bzw. von Carryover-Effekten sind, empfiehlt sich ein hoher Festgehaltsanteil, da variable Komponenten zu Mitnahmeeffekten führen, aber kaum höhere Erfolge bewirken, da die Verkäufer ohnehin kaum einen Einfluss auf den Verkaufserfolg haben (Dearden and Lilien 1990).

Neben diesen Rahmenbedingungen spielen auch *Ziele der Vertriebssteuerung* bei der Bestimmung fixer und variabler Entlohnungsanteile eine Rolle. Dabei ist zum einen abzuwägen, ob eher eine *Ergebnis- oder Verhaltensorientierung* der Verkäufer verfolgt wird (Albers und Krafft 2013; Krafft 1999; Anderson und Oliver 1987). Stehen Verkaufsergebnisse im Mittelpunkt des vertrieblichen Handelns und kann der Erfolgsbeitrag einzelner Verkäufer geeignet ermittelt werden, werden Vertriebsführungskräfte variable Einkommensbestandteile wählen, die zu Erfolgssteigerungen motivieren. Sollen die Verkäufer dagegen in größerem Umfang Non-Selling-Aktivitäten entfalten, würde eine variable, erfolgsorientierte Vergütung die falschen Signale setzen, da variable Anteile generell zu einer Erhöhung des Verkaufszeitenanteils an der gesamten Arbeitszeit motivieren (Zoltners et al. 2001).

Zum anderen sollte der variable bzw. fixe Entlohnungsanteil widerspiegeln, welche Bedeutung dem *Neu- vs. Stammgeschäft* zukommt. Die Betreuung und Intensivierung von Geschäftsbeziehungen mit Stammkunden, die im wesentlichen Maßnahmen zur Steigerung der Kundenloyalität, des Cross- und Up-Selling sowie des Weiterempfehlungsverhaltens umfasst (Reinartz et al. 2004), würde durch eine hohe variable Entlohnung möglicherweise konterkariert, da diese eher kurzfristige Erfolge honoriert, nicht aber die langfristige Pflege von Kundenbeziehungen. Für ein wirksames Beziehungsmanagement ist dagegen eine langfristige Sicht der Verkäufer nötig, die durch nachhaltige Festgehälter gefördert wird. Einige Unternehmen tragen dieser Problematik auch dadurch Rechnung, dass separate Vertriebsorganisationen für das abschlussorientierte Neugeschäft („hunting") und das beziehungsorientierte Stammgeschäft („farming") etabliert werden, wobei „hunter" überwiegend variabel, „farmer" dagegen eher erfolgsunabhängig entlohnt werden (Ingram et al. 2012).

Drittens ist abzuwägen, welcher *Zeithorizont* im Verkauf angestrebt wird. Festgehälter fördern durch den konstanten Geldfluss eine kundenorientierte Sicht und verringern den Erfolgsdruck der Vertriebsmitarbeiter. Die Verkäufer erhalten somit einen Anreiz, begleitende Aktivitäten des persönlichen Verkaufs zu entfalten, die erst mit deutlicher Verzögerung zu erfolgreichen Abschlüssen führen. Eine derartige *Langfristorientierung* wird insbesondere im Projektgeschäft des Industriegütersektors priorisiert (Backhaus und Voeth 2014). Beispielsweise sind im Anlagenbau langfristig aufgebaute Beziehungen, persönliches Vertrauen, die Beratungskompetenz sowie die Problemorientierung der Mitarbeiter erfolgsversprechender als ausgefeilte Verkaufstechniken, die eher kontraproduktiv wirken können.

5.2 Nicht-monetäre Anreize

Neben den monetären Entlohnungsanreizen kommt auch nicht-monetären Anreizen eine bedeutende Rolle im Rahmen der Vertriebssteuerung zu. Beispielsweise können Beförderungen, Dienstwagen, Auszeichnungen oder Incentive-Reisen eingesetzt werden, um die *extrinsische Motivation* der Verkäufer nachhaltig zu fördern. Darüber hinaus sollte nicht vergessen werden, dass jeder Mitarbeiter *intrinsisch motiviert* ist und seine Aufgaben im Beruf besonders dann gerne verrichtet, wenn diese Arbeit Freude und Spaß bereitet. Wenngleich wir davon ausgehen, dass monetäre Anreize eine substanzielle motivierende und steuernde Funktion haben, sollte stets bedacht werden, dass die Wirkung der Entlohnung auf das Verhalten von Verkäufern insbesondere von Vertriebsleitern tendenziell überschätzt wird (Spiro et al. 2008; Hassmann 2004).

Die Notwendigkeit immaterieller Anreize lässt sich anhand der *Motivationstheorie von Maslow* verdeutlichen. Maslow geht davon aus, dass es beim Menschen fünf Motivgruppen gibt, die sich hierarchisch ordnen lassen (Maslow 1970):

1. Grundbedürfnisse (z. B. Hunger, Durst, Schlafen),
2. Sicherheitsmotive (Schutz, Vorsorge, Angstfreiheit),
3. Soziale Motive (Kontakt und Zugehörigkeit),
4. Ich-Motive (Anerkennung, Status, Prestige, Achtung) und
5. Bedürfnisse nach Selbstverwirklichung.

Maslows zentrale These lautet, dass diese Motive nacheinander befriedigt werden, wobei jeweils ein Motiv so lange verhaltensbestimmend ist, bis es befriedigt worden ist. Dabei sind zunächst Grundbedürfnisse dominierend, bis es zuletzt um Selbstverwirklichung geht. Während mit monetären Anreizen insbesondere die Sicherheitsbedürfnisse befriedigt werden, sind nicht-monetäre Anreize vor allem auf die hierarchisch höher angesiedelten Bedürfnisse nach *Anerkennung, Status, Prestige und Selbstverwirklichung* gerichtet. Hieraus wird bereits deutlich, dass Entlohnungsanreize allein zur Mitarbeitersteuerung nicht ausreichen, sondern um immaterielle Anreize zu ergänzen sind, also etwa um Anerkennung durch Kollegen und Vorgesetzte. Die Ergebnisse einer Befragung von 555 Außendienstmitarbeitern zeigen in diesem Zusammenhang, dass gerade Verkäufer mit sehr hohen Einkommen eine niedrige Präferenz für Entlohnungsanreize haben (Alonzo 1999).

In Zusammenhang mit immateriellen Leistungsanreizen kommt dem *Führungsverhalten* durch Vorgesetzte eine entscheidende Rolle zu. Moderne Führungsstile betonen die Übertragung von Verantwortung und Entscheidungsautonomie („Empowerment"), ein vielfältiges Aufgabenspektrum („Job Enrichment") und in immer stärkerem Maße auch die Teamarbeit im Vertrieb (Perry et al. 1999). In ähnlicher Weise kann auch die von den Vertriebsmitarbeitern erlebte *Unternehmenskultur* als ganzheitliches Anreizsystem verstanden und eingesetzt werden, wenn gemeinsame Werte und Orientierungsmuster wie flache Hierarchien, soziale Kontakte, offene Kommunikation und Empowerment der Mitarbeiter von der Geschäftsleitung gefördert werden (Hassmann 2004).

Nicht-monetäre Anreize können vor allem durch *Karrierepläne bzw. Beförderungen* geschaffen werden. Dabei müssen Beförderungen nicht unbedingt mit der Übernahme von Management-Positionen mit Personalverantwortung verbunden sein. Als alternativen

Karrierepfad bieten einige Unternehmen ihren Außendienstmitarbeitern Aufstiegsmöglichkeiten im Verkauf selbst an, bspw. durch die Übertragung wichtiger Verantwortlichkeiten wie der Betreuung von Key Accounts (Johnston und Marshall 2009; Albers 1989).

Darüber hinaus kommt *Anerkennungen* für besondere Leistungen eine hohe Bedeutung zu. Die einfachste Form der Anerkennung ist die Hervorhebung der Leistung durch den Vorgesetzten, vor allem, wenn dies unternehmensöffentlich geschieht (Spiro et al. 2008). Dazu gehören insbesondere Belobigungen in Hauszeitschriften und Vertriebsmeetings. Der materielle Wert der bei dieser Gelegenheit überreichten Preise und Urkunden steht meist in keinem Verhältnis zu dem Imagegewinn für den Mitarbeiter. Ein typisches Beispiel für solche Anerkennungen stellen so genannte *100 %-Clubs* dar, in die nur solche Außendienstmitarbeiter aufgenommen werden, die ihre Quotenvorgaben zumindest zu 100 % erfüllt haben. Diese Clubs werden vorrangig zu dem Zweck gebildet, um die Anerkennung für verdiente Mitarbeiter gegenüber ihren Kollegen symbolisch zum Ausdruck zu bringen (Rudolphi 1981). Die Aufnahme in derartige Clubs kann auch mit der Erfüllung bestimmter Aufgaben verbunden sein, so dass sich dieses Instrument auch zur Steuerung des Verkaufsaußendienstes eignet (Goehrmann 1984). Eine weitere Form nicht-monetärer Anerkennungen sind *Incentive-Reisen*, zu deren Teilnahme sich nur Vertriebsmitarbeiter mit einem bestimmten Mindestergebnis qualifizieren können. Obwohl der materielle Wert der Reise relativ gering ist, entwickelt sich bei vielen Mitarbeitern eine hohe Motivation, sich für diese Reise zu qualifizieren und dabei notwendigerweise die Vertriebsziele zu erreichen. Durch derartige Wettbewerbe kann ein beachtliches Motivationspotenzial der Vertriebsmitarbeiter recht kostengünstig aktiviert werden. Zudem ist durch eine geschickte Gestaltung der Wettbewerbsbedingungen eine Forcierung bestimmter Produkte oder aber eine Verstärkung des Geschäfts in verkaufsschwachen Zeiten möglich (Pförtsch und Godefroid 2013).

6 Zusammenfassung

In den meisten Unternehmen des Industriegütersektors kommt dem Vertriebsbereich und damit auch der Vertriebssteuerung eine zentrale Bedeutung zu. Da Verkaufsprozesse im Industriegüterbereich oftmals durch einen hohen Wert einzelner Aufträge, eine hohe Erklärungsbedürftigkeit des Leistungsangebots und komplexe sowie interaktive Verhandlungen gekennzeichnet sind, erfolgt der Vertrieb von Industriegütern ganz überwiegend über den persönlichen Verkauf mit Hilfe von Außendienstmitarbeitern. Vor diesem Hintergrund wurden im vorliegenden Beitrag verschiedene Aspekte und Instrumente der Vertriebs- bzw. Außendienststeuerung näher beleuchtet, die im Rahmen des Industriegütermarketing von besonderer Relevanz sind. Zunächst wurde in Abschn. 2 der Frage nachgegangen, wie Leistungsbeurteilungen und Zielvorgaben im Rahmen der Vertriebssteuerung eingesetzt werden. Dabei zeigte sich, dass in der Praxis überwiegend einfache Größen wie Umsätze und Deckungsbeiträge zur Leistungsbeurteilung herangezogen werden. Problematisch hierbei ist, dass nicht ohne weiteres aus den erzielten Verkaufsergebnissen auf die Leistung eines Außendienstmitarbeiters geschlossen werden kann, da zahlreiche nicht kontrollierbare Größen wie Wettbewerbseinflüsse oder regional variierende Marketing-Anstrengungen das Verkaufsergebnis beeinflussen. Sofern jedoch der Einfluss dieser externen Einflussgrößen auf die Verkaufsergebnisse quantifizierbar ist, können mit Hilfe von Querschnitts-Regressionsanalysen gerechte Zielvorgaben ermittelt werden, die den unterschiedlichen Rahmenbedingungen in den Verkaufsgebieten Rechnung tragen. Auf dieser Basis lässt sich eine Leistungsbeurteilung der Verkäufer hinsichtlich ihrer Effizienz und ihres Arbeitseinsatzes vornehmen, aus der sich Hinweise für Steuerungsmaßnahmen bezüglich der Beförderung, des Trainings oder der Kündigung von Mitarbeitern ableiten lassen. Abschnitt 3 war der Fragestellung gewidmet, wie ein Außendienstmitarbeiter die knappe Ressource der für Besuche einsetzbaren Arbeitszeit bestmöglich auf bestehende oder potenzielle Kunden verteilen sollte. In der Praxis werden dazu häufig einfache heuristische Prinzipien herangezogen. Dabei werden entweder die Kunden nach bestimmten Charakteristika zu Segmenten zusammengefasst und für jede Gruppe einheitliche Besuchsnormen aufgestellt oder Kennzahlen zu einzelnen Kunden ermittelt und dann die Besuchszeiten proportional dazu aufgeteilt. Daneben existieren einige quantitative Planungsmodelle, mit denen das Problem der Besuchszeitenallokation computergestützt gelöst werden kann. Es wurde schließlich auf einen praktikablen Ansatz hingewiesen, bei dem auf Basis einer einfach zu ermittelnden Kennzahl eine optimale Aufteilung der Besuchszeiten auf Kunden bzw. Interessenten erzielt werden kann. In Abschn. 4 wurde erörtert, wie Vertriebsmitarbeiter durch Trainingsmaßnahmen in ihrem Verhalten gesteuert und damit letztlich auch in ihrer Effektivität verbessert werden können. Befunde aus der Vertriebspraxis deuten darauf hin, dass Verkaufstrainings gerade im Industriegüterbereich eine hohe Bedeutung beigemessen wird, dass aber die Schulungsinhalte sehr stark produktorientiert ausgerichtet sind. Gerade bei Industriegüterverkäufern, die häufig eine technisch fundierte Ausbildung besitzen, sollten auch Schulungsinhalte wie Marketing-Wissen, Managementfähigkeiten, betriebswirtschaftliches Verkaufen, kommunikative Fähigkeiten sowie Gebietsmanagement nicht vernachlässigt werden. Gegenstand von Abschn. 5 war schließlich die Fragestellung, wie eine vorteilhafte Vertriebssteuerung mit Hilfe monetärer und nicht-monetärer Leistungsanreize bewirkt werden kann. Zunächst wurden Hinweise für die Gestaltung der Einkommenshöhe von Verkäufern gegeben. Anschließend wurde ausführlich diskutiert, welche Einflussgrößen bei der Bestimmung des variablen und fixen Entlohnungsanteils zu berücksichtigen sind. Es wurde deutlich, dass es für beide Entscheidungen nicht genügt, sich lediglich an den branchenüblichen Entlohnungspraktiken zu orientieren. Vielmehr sind zahlreiche weitere Faktoren zu beachten, die den spezifischen Rahmenbedingungen der Vertriebsorganisation und der Verkaufsprozesse sowie den Zielen der Vertriebssteuerung Rechnung tragen. Da Entlohnungsanreize allein zur Motivierung von Mitarbeitern nicht ausreichen, wurde abschließend aufgezeigt, wie unterschiedliche nicht-monetäre bzw. immaterielle Leistungsanreize zur Vertriebssteuerung beitragen können.

Literatur

Agnihotri, R., P. Kothandaraman, R. Kashyap, und R. Singh. 2012. Bringing "Social" into Sales: The Impact of Salespeople's Social Media Use on Service Behaviors and Value Creation. *Journal of Personal Selling and Sales Management* 32(3): 333–348.

Akerlof, G.A. 1970. The Market for "Lemons": Qualitative Uncertainty and the Market Mechanism. *Quarterly Journal of Economics* 84: 488–500.

Albers, S. 1984. Zum Einsatz von umsatzabhängigen Provisionssätzen bei der Steuerung von Handelsvertretern. *Marketing ZFP* 6: 21–30.

Albers, S. 1988. Steuerung von Verkaufsaußendienstmitarbeitern mit Hilfe von Umsatzvorgaben. In *Betriebswirtschaftliche Steuerungs- und Kontrollprobleme*, Hrsg. W. Lücke, 5–18. Wiesbaden: Gabler.

Albers, S. 1989. *Entscheidungshilfen für den Persönlichen Verkauf*. Berlin: Duncker & Humblot.

Albers, S. 2000. Sales-Force Management. In *The Oxford Textbook of Marketing*, Hrsg. K. Blois, 292–317. Oxford: Oxford University Press.

Albers, S. 2002a. Salesforce Management – Compensation, Motivation, Selection and Training. In *Handbook of Marketing*, Hrsg. B. Weitz, R. Wensley, 248–266. London: Sage.

Albers, S. 2002b. Faire und vergleichbare Umsatzvorgaben richtig ermitteln. In *Verkaufsaußendienst. Planung – Steuerung – Kontrolle*, Hrsg. S. Albers, 153–171. Düsseldorf: Symposium Publishing.

Albers, S. 2002c. Besuchsplanung. In *Verkaufsaußendienst. Planung – Steuerung – Kontrolle*, Hrsg. S. Albers, 173–195. Düsseldorf: Symposium Publishing.

Albers, S., und M. Krafft. 2013. *Vertriebssteuerung*. Wiesbaden: Gabler.

Albers, S., und B. Skiera. 2000. Umsatzvorgaben für Außendienstmitarbeiter. In *Marktforschung. Methoden – Anwendungen – Praxisbeispiele*, 2. Aufl., Hrsg. A. Herrmann, C. Homburg, 957–978. Wiesbaden: Gabler.

Alonzo, V. 1999. Money Isn't Everything. *Sales & Marketing Management* 151: 28–29.

Anderson, E., und R.L. Oliver. 1987. Perspectives on Behavior-Based Versus Outcome-Based Salesforce Control Systems. *Journal of Marketing* 51: 76–88.

Backhaus, K., und M. Voeth. 2014. *Industriegütermarketing*, 10. Aufl. München: Vahlen.

Ballhaus, J., und P. Stippel. 1999. Training in Deutschland: Der Verkäufer als Erfolgsberater. *Absatzwirtschaft,* 42(8): 68–70.

Basu, A.K., R. Lal, V. Srinivasan, und R. Staelin. 1985. Salesforce Compensation Plans: An Agency Theoretic Perspective. *Marketing Science* 4: 267–291.

Cravens, D.W. 2000. *Strategic Marketing*, 6. Aufl. New York: McGraw-Hill Irwin.

Darmon, R.Y. 1974. Salesmen's Response to Financial Incentives: An Empirical Study. *Journal of Marketing Research* 11: 418–426.

Dalrymple, D.J., W.L. Cron, und T.E. DeCarlo. 2004. *Sales Management*, 8. Aufl. New York: Wiley.

Dearden, J., und G.L. Lilien. 1990. On Optimal Salesforce Compensation in the Presence of Production Learning Effects. *International Journal of Research in Marketing* 7: 179–188.

Donaldson, B. 1998. *Sales Management – Theory and Practice*, 2. Aufl. London: Palgrave Macmillan.

Droege, W., K. Backhaus, und R. Weiber. 1993. *Strategien für Investitionsgütermärkte: Antworten auf neue Herausforderungen*. Landsberg/Lech: Verl. Moderne Industrie.

Dwyer, F.R., und J.F. Tanner. 2008. *Business Marketing – Connecting Strategy, Relationships, and Learning*, 4. Aufl. Boston: McGraw Hill Irwin.

El-Ansary, A.I. 1993. Sales Force Effectiveness Research Reveals New Insights and Reward-Penalty Patterns in Sales Force Training. *Journal of Personal Selling and Sales Management* 13(2): 83–90.

Franke, G.R., und J.E. Park. 2006. Salesperson Adaptive Selling Behavior and Customer Orientation: A Meta-Analysis. *Journal of Marketing Research* 43: 693–702.

Furkel, D. 2004. Wie Vertriebsmitarbeiter heute lernen. *Acquisa*, 52(1): 58–60.

Goehrmann, K.E. 1984. *Verkaufsmanagement*. Stuttgart: Kohlhammer.

Häuser, J. 2004. Schwerpunkt Verkaufstraining: Wie Sie den richtigen Verkaufstrainer finden. *Absatzwirtschaft* 47(1): 70–71.

Hassmann, V. 2004. Nichtfinanzielle Anreizsysteme in Verkauf und Vertrieb. In *Verkauf: Kundenmanagement, Vertriebssteuerung, E-Commerce*, Hrsg. S. Albers, V. Hassmann, F. Somm, T. Tomczak, 1–15. Düsseldorf: Symposium Publishing.

Heide, C.P. 1999. *Dartnell's 30th Sales Force Compensation Survey, Dartnell*. Chicago: Dartnell Corporation.

Homburg, C., und D. Daum. 1997. *Marktorientiertes Kostenmanagement: Kosteneffizienz und Kundennähe verbinden*. Frankfurt am Main: Frankfurter Allgemeine Zeitung.

Homburg, C., und J. Schneider. 2001. Industriegütermarketing. In *Branchenspezifisches Marketing: Grundlagen, Besonderheiten – Gemeinsamkeiten*, Hrsg. D.K. Tscheulin, B. Helmig, 587–613. Wiesbaden: Gabler.

Ingram, T.N., R.W. LaForge, R.A. Avila, C.H. Schwepker, und M.R. Williams. 2012. *Sales Management – Analysis and Decision Making*, 8. Aufl. Chicago: M.E. Sharpe Inc.

Ingram, T.N., C.H. Schwepker Jr., und D. Hutson. 1992. Why Salespeople Fail. *Industrial Marketing Management* 21: 225–230.

Jaworski, B.J., und A.K. Kohli. 1991. Supervisory Feedback: Alternative Types and Their Impact on Salespeople's Performance and Satisfaction. *Journal of Marketing Research* 28: 190–201.

John, G., und B. Weitz. 1989. Salesforce Compensation: An Empirical Investigation of Factors Related to Use of Salary Versus Incentive Compensation. *Journal of Marketing Research* 26: 1–14.

Johnston, M.W., und G.W. Marshall. 2009. *Churchill/Ford/Walker's Sales Force Management*, 9. Aufl. Boston: McGraw-Hill Irwin

Kienbaum Vergütungsberatung 2009. *Vergütungsstudie 2009 – Führungs- und Fachkräfte in Marketing und Vertrieb*. Gummersbach: Kienbaum Management Consultants GmbH.

Kotler, P., und F. Bliemel. 1999. *Marketing-Management. Analyse, Planung und Kontrolle*, 9. Aufl. Stuttgart: Schäffer-Poeschel Verlag

Krafft, M. 1995. *Außendienstentlohnung im Licht der Neuen Institutionenlehre*. Wiesbaden: Gabler.

Krafft, M. 1999. An Empirical Investigation of the Antecedents of Sales Force Control Systems. *Journal of Marketing* 63: 120–134.

Krafft, M. 2002. Benchmarking im Vertrieb. In *Verkaufsaußendienst. Planung – Steuerung – Kontrolle*, Hrsg. S. Albers, 247–264. Düsseldorf: Symposium Publishing.

Krafft, M., und S. Albers. 2000. Ansätze zur Segmentierung von Kunden – Wie geeignet sind herkömmliche Konzepte? *Zeitschrift für betriebswirtschaftliche Forschung* 52: 515–536.

Krafft, M., S. Albers, und R. Lal. 2004. Relative Explanatory Power of Agency Theory and Transaction Cost Analysis in German Salesforces. *International Journal of Research in Marketing* 21: 265–283.

Krafft, M., und T. Alznauer. 2001. Investgüter-Vertrieb: Mehr an den Kunden denken. *salesBusiness* 10: 26–28.

Krafft, M., und H. Frenzen. 2001. *Erfolgsfaktoren für Vertriebsteams, Studie des Zentrums für Marktorientierte Unternehmensführung (ZMU)*. Vallendar: WHU.

Krafft, M., H. Frenzen, und M.S. Jeck. 2002. Anreizsysteme: Wie Vertriebsteams entlohnt werden. *Absatzwirtschaft*, 45(9): 40–44.

Krafft, M., H. Kainer, S.H. Marzian, P. Schwarz, und K. Wille. 2000. *VIP Vertriebs-Informations-Panel 2000*. Koblenz: WHU.

Lodish, L.M. 1971. CALLPLAN: An Interactive Salesman's Call Planning System. *Management Science* 18: P25–P40.

Mansfeld, H. 2004. Schwerpunkt Verkaufstraining: Der Spaßfaktor muss ein Ergebnisfaktor sein. *Absatzwirtschaft* 47(1): 66–69.

Maslow, A.H. 1970. *Motivation and Personality*, 2. Aufl. New York:Harper & Row .

Meffert, H., C. Burmann, und M. Kirchgeorg. 2012. *Marketing – Grundlagen marktorientierter Unternehmensführung*, 11. Aufl. Wiesbaden: Gabler.

Morris, M.H., R.W. LaForge, und J.A. Allen. 1994. Salesperson Failure: Definition, Determinants, and Outcomes. *Journal of Personal Selling and Sales Management* 14(1): 1–15.

Perry, M.L. , Pearce, C.L. , Sims, Jr., und H.P. . 1999. Empowered Selling Teams: How Shared Leadership Can Contribute to Selling Team Outcomes. *Journal of Personal Selling and Sales Management* 19(3): 35–51.

Pförtsch, W.A., und P. Godefroid. 2013. *Business-to-Business Marketing*, 5. Aufl. Herne: NWB Verlag.

Rapp, A., und N.G. Panagopoulos. 2012. Perspectives on Personal Selling and Social Media: Introduction to the Special Issue. *Journal of Personal Selling and Sales Management* 32(3): 301–304.

Reinartz, W., M. Krafft, und W.D. Hoyer. 2004. The CRM Process: Its Measurement and Impact on Performance. *Journal of Marketing Research* 41(3): 293–305.

Richardson, R. 1999. Measuring the Impact of Turnover on Sales. *Journal of Personal Selling and Sales Management* 19(4): 53–66.

Rudolphi, M. 1981. *Außendienststeuerung im Investitionsgütermarketing – Eine Problemanalyse unter praxeologischen Gesichtspunkten*. Frankfurt a.M., Bern, Cirencester: Peter Lang.

Ryans, A.B., und C.B. Weinberg. 1979. Territory Sales Response. *Journal of Marketing Research* 16: 453–465.

Scheiter, S., und C. Binder. 1992. Kennen Sie Ihre rentablen Kunden? *Harvard Manager* 14(2): 17–22.

Schneider, A. 2004. Die Trends bei Schulungen im Verkauf. *Acquisa* 52(11): 70–72.

Spiro, R.L., W.J. Stanton, und G.A. Rich. 2008. *Management of a Sales Force*, 12. Aufl. Boston: McGraw-Hill Irwin.

Spiro, R.L., und B.A. Weitz. 1990. Adaptive Selling: Conceptualization, Measurement, and Nomological Validity. *Journal of Marketing Research* 27: 61–69.

Thompson, W.W., und J.U. McNeal. 1967. Sales Planning and Control Using Absorbing Markov Chains. *Journal of Marketing Research* 4: 62–66.

Weis, H.C. 2000. *Verkauf*, 5. Aufl. Ludwigshafen: Kiehl.

Winkelmann, P. 2013. *Vertriebskonzeption und Vertriebssteuerung*, 2. Aufl. München: Vahlen.

Zahn, E. 1997. *Vertrieb und Verkauf 2000 – Zahlen, Fakten, Trends*. München: Verlag Norbert Müller.

Zoltners, A.A., P. Sinha, und S.E. Lorimer. 2006. *The Complete Guide to Sales Force Incentive Compensation – How to Design and Implement Plans That Work*. New York.: AMACOM.

Zoltners, A.A., P. Sinha, und G.A. Zoltners. 2001. *The Complete Guide to Accelerating Sales Force*. New York: Performance.

Sachverzeichnis

A

ABC-Analyse, 610, 629
Abhängigkeitstheorie, 62
Adaptive Selling, 632
Advanced Planning and Scheduling-Systeme (APS-Systeme), 178
After sale-Service, 320
AIDA-Modell, 596
Akteurs
  -beziehung, 125
  -perspektive, 96
Amortisation, 100
Anpassungskonzept, 109
Anreizsystem, 431
Anything Relationship Management, 183
At sale-Service, 320
Ausstrahlungseffekt, 587

B

Bargaining Transaction, 132, 137
Beendigungs
  -Kompetenz, 250, 252, 255, 256
  -prozess, 250, 251
  -routine, 255
Befragung, 79
Beschaffungs
  -Management, 179
  -richtlinien, 21
Besuchsplanung, 430
Beziehungs
  -geschäft, 193
  -qualitätspolitik, 141
Big Data-Problem, 186
Bindungsinstrumente, 213, 216
Blueprint, 234, 238, 244
Bottom-up-Modellierung, 568

Branding, 400
  -elemente, 400
B-to-B-Marketing, 19, 26, 27, 299
Bundling, 326
Business Intelligence, 185
Buying Center, 21, 37, 43, 49, 97, 341, 374, 463
  -Analyse, 33–35, 41, 47, 48
  -Eigenschaften, 40
  -Entscheidungsprozess, 40
  -Faktoren, 38, 39, 41, 42
  -Forschung, 34–37, 40, 46–48
  -Map, 216
  -Struktur, 34, 41
  -Systematisierungskategorien, 36

C

CALLPLAN-Modell, 629
Carry-over-Effekt, 587, 640
Cloud Computing, 176, 186
co-creation, 152, 225
Commitment, 141
  -Trust-Theorie, 61
Commodity, 266, 541
Common
  -Procurement Vocabulary, 562
  -value-Modell, 572, 573
Comparison Level for Alternatives" (CLalt), 239
Competence Commercialization, 324
competitive bidding, 558, 559, 567, 577
Computer Integrated Manufacturing, 284
Conjointanalyse, 75, 85
Controlling, 584, 588
co-production, 152, 225
Corporate
  -Public Relations, 350

-Sponsoring, 350
-Werbung, 350
Customer Lifetime Value (CLV), 614
Customer Relationship Management, 140
  -System, 181
Customizing, 132

D
Dachmarke(n), 388
  -strategie, 350
Dialogkommunikation, 346, 353
Dienstleistung, 317
Direktvertrieb, 424

E
E-Bidding-Verfahren, 541
E-Business, 166, 167, 169, 170, 174, 185
  -Aktivitätsfelder, 171
  -Ansatz, 174
  -Merkmale, 169
Emanzipationskonzept, 109
E-Marketing, 176
Enterprise
  Application Integration, 172
  Resource Planning-System (ERP-System), 177
E-Procurement, 94, 176, 179, 180
Erlebnisdimension, 403
E-Technologie, 167, 168, 170, 171, 173

F
Fähigkeitsbarriere, 231
Faktorevidenz, 231
Festgehalt, 638, 639, 641

G
Geschäfts
  -beziehungsmanagement, 136
  -beziehungsmarketing, 122, 124, 136, 139, 181
  -typen, 376, 377
  -typenansatz, 101, 110, 116, 438
  -typenmanagement, 110
  -typenwechsel, 112
Geschäftsbeziehung, 56–58, 61, 65, 67, 68, 126, 137, 197, 198, 249, 250
Gruppendiskussion, 80

H
Handelsvertreter, 425

I
Industriegüter
  -kommunikation, 339, 344, 352, 358, 359
  -marketing, 19, 20, 23, 24, 94–96, 116, 373, 616
  -marketing-Forschung, 24, 25, 33
Information(s)
  -Dreisprung, 173
  -management, 168
  -ökonomik, 390
  -Processing, 174
  -Screening, 173, 184
  -Signaling, 174
Ingredient Branding, 374
Innovation(s), 307
  -forschung, 304
  -management, 298, 300, 301
Integrationsevidenz, 230
Integrationsgeschäft, 270, 272, 273, 379, 439, 442, 447, 454, 456, 523
Interactive Marketing, 183
Interaktions
  -ansatz, 57
  -formen, 58
  -paradigma, 22
  -prozesse, 57, 58
Interdependenzeffekt, 587

K
Kapitalwertmethode, 615
Key Account Manager, 425
Kommunikations
  -instrumente, 349, 354
  -politik, 337–339, 341, 343
Kompatibilität, 288
Konsumgüter
  -kommunikation, 339
  -marketing, 20, 373
Kosten
  -effekte, 291
  -theorie, 291
Kunden
  -bindungsinstrumente, 194
  -deckungsbeitragsrechnung, 613
  -integration(s), 134, 223, 226, 228
    -kompetenz, 330
    -prozess, 227, 229, 232, 238, 244
  -loyalität(s), 194–196, 198, 200, 202, 205, 207, 210, 212

-konzept, 196, 203
-portfolio, 612
-profitabilitätsanalyse, 609
-wert, 254, 608, 615
  -analyse, 609
  -bewertung, 253
-zufriedenheit, 87
Kundenbindung, 192–194, 210

L

Lead User
  -Ansatz, 225
  -Methode, 82
Leistungs
  -anreize, 634
  -bündel, 325
  -erstellung(s), 284
    -prozess, 281
  -gestaltung, 278, 279, 292, 326
  -individualisierung, 170, 224, 278–283, 285, 477
  -standardisierung, 278, 279, 286, 288, 290
  -vereinheitlichung, 287
Lock-in-Situation, 138, 139
Lorenz-Kurve, 611

M

Managerial Transaction, 137
Marke(n), 366, 367, 371, 374
  -anreicherung, 401
  -führung, 367, 380, 387, 402
  -funktion, 372, 375, 379
  -identität, 390
  -orientierung, 391, 396
  -politik, 104, 368
  -positionierung, 397, 402
  -relevanz, 368, 369, 375–377, 379, 396
  -strategie, 398, 399
  -trichter, 595, 596, 598
  -wert, 372
  -wirkung, 394
Marketing, 23, 464, 584, 588, 590, 591
  -accounting, 589
  -audit, 593, 594, 598
  -controlling, 583–585, 587, 589, 591, 592
  -instrumente, 592
  -kommunikation, 345, 352
  -mix, 303
Marktforschung(s), 74, 75, 87, 590, 591

Marktforschungs
  -instrumente, 76
Mass Customization, 224
Mehrpersonenentscheidungen, 21
Mixed Bundling, 326
Motivationstheorie, 642
Multi-Channel
  -Management, 465
  -Marketing, 462, 464–466, 475, 479, 480
  -System, 469, 471–473, 479
Multiorganisationalität, 341
Multipersonalität, 202, 341

N

Negotiation Analysis, 574
Nettonutzendifferenz, 150
Netzeffekt, 288
Netzwerkkommunikation, 346, 355–357

O

Offsetting Investments, 63
Open Innovation, 225
Outpacing-Strategie, 292

P

Performance Contracting, 323
performance-based pricing, 159
persönlicher Verkauf, 624
Pre sale-Service, 320
Preis
  -abwicklung, 511
  -bildung, 506
  -durchsetzung, 509, 513
  -festsetzung, 158, 159
  -findung, 506, 567, 571
  -gestaltung, 327
  -obergrenze, 518
  -politik, 499
  -setzung, 158
  -untergrenze, 518–520, 531
  -verantwortung, 513, 514
  -verhandlung(s), 538, 540, 541, 575
    -management, 553, 554
Primärforschung, 79
private-values-Modell, 572
Problemevidenz, 229, 231
Produkt(s)
  -geschäft, 99, 101, 104, 266, 377, 438, 442, 445, 448, 456, 521

-individualisierung, 281
-politik, 264, 265, 274
-PR, 353
-verbindungshandel, 425
Profilvergleiche, 563
Projektgeschäft, 99, 101, 105, 270, 271, 379, 439, 442, 446, 450, 456, 521
Property Rights-Theorie, 131
Prozess
 -evidenz, 229, 232, 234
 -modelle, 65
Pyramiding-Methode, 83

Q
Quasirente, 97, 99

R
Relational Norms-Ansatz, 62
Relationship-Marketing, 136, 193
reverse auctions, 558

S
Savings Ansätze, 430
Scheinloyalität, 209
Scoring-Modell, 565, 611
Sekundärforschung, 77
Seriencharakter, 200
Service, 316, 317, 319, 323
 -Blueprint, 87
 -Dominant Logic, 151
 -leistung, 316, 317, 322, 324, 329
 -management, 328
Servitization, 315, 328
Side Dealing, 545
Solution Buying, 162
SOR-Paradigma, 22
Spezifität, 100
Splitting, 544
Stobachoff-Kurve, 611
Strukturmodelle, 63
Submission(s), 22, 558, 560, 572
 -prozess, 559, 577, 578
Supply Chain
 -Integration (SCI), 179
 -Management, 178
Systemgeschäft, 267–270, 378, 439, 442, 445, 447, 452, 456, 529

T
Tiefeninterview, 80

Transaktions
 -design, 130
 -kosten
  dynamische, 242
  -theorie, 62
 -marketing, 143
 -objekt, 131, 132
 -prozess, 132
Typologisierungsansatz, 94, 95, 99

U
Unbundling, 326
Unsicherheit(s)
 ex ante, 98, 103
 ex post, 98
 -reduktionspolitik, 135
Unternehmenskommunikation, 345, 349
usage-based pricing, 159

V
Value
 -in-exchange, 152
 -in-use, 152
 -Selling, 134, 305
value-based pricing, 159
Verbundgeschäft, 99, 101, 106, 442
Verhaltensparadigma, 22
Verhandlung(s)
 -analyse, 544
 -controlling, 552
 -führung, 550
 -strategie, 547
 -taktik, 549
 -vorbereitung, 543, 545
 -ziel, 546
Verkaufs
 -ansatz, 485, 490
 -bezirksaufteilung, 428
 -budgetierung, 427
 -zykluslänge, 640
Vermarktungsprozess, 22
Vertrags
 -handelssysteme, 426
 -theorie, 128
Vertrauenseigenschaften, 390
Vertrieb(s), 23, 433, 437, 438, 588, 623
 -kultur, 421
 -politik, 418
 -steuerung, 625, 634, 641, 643

W

Werks
- -handelsgesellschaft, 425
- -vertriebsgesellschaft, 425

Wertorientiertes Management, 605

Willensbarriere, 231